全国计算机技术与软件专业技术资格（水平）考试用书

系统规划与管理师教程

第2版

刘 玲 张树玲 主 编

李美翠 岳素林 肖 伟 副主编

清华大学出版社

北京

内 容 简 介

本书是由工业和信息化部教育与考试中心组织编写的考试用书,根据《系统规划与管理师考试大纲》（2024 年审定通过）编写,对系统规划与管理师岗位所要求的主要知识及应用技术进行了阐述。

本书主要内容包括:信息系统与信息技术发展、数字中国与数智化发展、系统科学与哲学方法论、信息系统规划、应用系统规划、云资源规划、网络环境规划、数据资源规划、信息安全规划、云原生系统规划、信息系统治理、信息系统服务管理、人员管理、规范与过程管理、技术与研发管理、资源与工具管理、信息系统项目管理、智慧城市发展规划、智慧园区发展规划、数字乡村发展规划、企业数字化转型发展规划、智能制造发展规划、新型消费系统规划、法律法规和标准规范等。

本书是系统规划与管理师考试应试者必读教材,也可作为信息化与数字化相关教育的培训与辅导用书,还可作为高等院校相关专业的教学与参考用书。

图书在版编目 (CIP) 数据

系统规划与管理师教程 / 刘玲 , 张树玲主编 ; 李美翠 , 岳素林 , 肖伟副主编 .
2 版 . -- 北京 : 清华大学出版社 , 2025. 1. -- (全国计算机技术与软件专业技术资格
（水平）考试用书). -- ISBN 978-7-302-67091-9

Ⅰ. G203

中国国家版本馆 CIP 数据核字第 20243J1M95 号

责任编辑: 杨如林　邓甄臻
封面设计: 杨玉兰
责任校对: 胡伟民
责任印制: 刘　菲

出版发行: 清华大学出版社
　　　　　网　　　址:https://www.tup.com.cn,https://www.wqxuetang.com
　　　　　地　　　址:北京清华大学学研大厦 A 座　　　邮　　编:100084
　　　　　社 总 机:010-83470000　　　　　　　　　邮　　购:010-62786544
　　　　　投稿与读者服务:010-62776969,c-service@tup.tsinghua.edu.cn
　　　　　质 量 反 馈:010-62772015,zhiliang@tup.tsinghua.edu.cn
印 装 者: 三河市铭诚印务有限公司
经　　销: 全国新华书店
开　　本: 185mm×230mm　　　**印　张:** 49.75　　**插 页:** 1　　**字　数:** 1305 千字
版　　次: 2017 年 8 月第 1 版　　2025 年 1 月第 2 版　**印　次:** 2025 年 1 月第 1 次印刷
定　　价: 199.00 元

产品编号:107480-01

前　言

计算机技术与软件专业技术资格（水平）考试（以下简称软考）通过以考代评为我国信息技术及其应用创新领域培育了大量的专业技术人才，这些人才在新时代建设与发展过程中发挥了重要作用，有力地支撑了各行业领域的创新发展和转型升级，为各类组织的持续高质量发展作出了积极贡献。

随着"数字中国""新型工业化"等国家战略的深度推进，数字化转型成为支撑各类组织高质量发展的重要活动，组织的信息系统建设发展与其业务战略持续深度融合。因此，信息系统规划与管理的理论与方法体系发生了重大变化，同时也得到了长足发展，比如数字环境下业务成熟度的开发利用，以及考虑信息系统复杂度大幅提升的因素，使得系统哲学需要在规划与管理中得到全面应用。随着规划与管理相关活动成为组织转型升级的关注焦点，相关人才能力建设也成为其发展效能的重要影响因素。系统规划与管理师作为组织的高级管理与技术人员，是组织实施相关人才能力建设的重中之重。系统规划与管理师的重要工作包括：参与组织的IT战略规划，参与组织的数字化转型战略确立，评估、指导、监督和实施信息系统及其发展规划，策划组织的信息系统及其服务目标和内容，确立组织的IT运营、管理和服务的体系、标准和制度，配置IT相关资源，监控IT相关计划和方案的执行，管理IT相关团队等重要工作。

为了适应新时代、新技术的发展，以及各类组织对信息系统规划和管理领域新理念、新思想、新模式的建设需要，工业和信息化部教育与考试中心广泛吸纳当前最新的研究成果，在原大纲的基础上，组织专家对《系统规划与管理师考试大纲》进行了修订。新大纲更新了信息技术及应用创新的相关基础知识要求；增加了系统科学与哲学在系统规划与管理中的应用要求；明确了系统规划活动的要点与重点；强化了应用系统、云计算、网络等主要系统类型的规划方法和要求；基于新时代信息系统管理需要，优化了治理、服务、人员、技术、资源等方面的管理能力要求；结合转型升级成熟度的一般方法，丰富和完善了智慧城市、智能制造、数字乡村、新型消费等领域的实践要求；更新、丰富和完善了系统规划与管理的相关标准与法律法规要求。

依据新修订的《系统规划与管理师考试大纲》（2024年审定通过），工业和信息化部教育与考试中心组织专家对《系统规划与管理师教程》（以下简称教程）进行了修订。教程共分为四篇，分别是基础篇、方法篇、能力篇和实践篇。基础篇中：对信息化、信息技术等基础知识的论述兼顾了最新发展情况及成熟的技术基础；系统科学与哲学领域，在对重点知识进行提炼的基础上，指出了与系统规划与管理相关的应用要点。方法篇中：给出了在具体规划工作中规划活动的基本路径和常用方法，以及各类系统规划的重点与要点。能力篇中：以能力建设为主线，在具体管理方面给出了相关管理的重点内容与方法。实践篇中：从重点领域实践的角度，结合领域的发展环境、特点以及最佳实践等内容，给出了对应的规划方法和要点及精选的部分案例。另外，为了便于参加软考的专业技术人员复习应考，本教程每篇提供了相应的练习样题。

　　第1章信息系统与信息技术发展由李京、姚勇、张树玲编写；第2章数字中国与数智化发展由蒋轶玮、刘娜、孙国忠、戴荣编写；第3章系统科学与哲学方法论由陈睿、崔春生、马莉、薛志文编写；第4章信息系统规划由刘玲、李娜、杨利克、马烈、王栋编写；第5章应用系统规划由刘玲、金桥、李英、黄锋编写；第6章云资源规划由王向东、郭浩、肖伟编写；第7章网络环境规划由谭国权、韩文哲、肖伟编写；第8章数据资源规划由肖筱华、郑明松、路平、牟海编写；第9章信息安全规划由刘瑞惠、马庆、张锋、由达、孟建编写；第10章云原生系统规划由肖伟、侯贺新、薛丽编写；第11章信息系统治理由岳素林、尹宏、董雷、李瑞鑫编写；第12章信息系统服务管理由李世喆、郭鑫伟、林林编写；第13章人员管理由陈艳军、徐兵编写；第14章规范与过程管理由牛景春、刘玲、岳素林编写；第15章技术与研发管理由熊健淞、岳素林编写；第16章资源与工具管理由马婧、张奇、白婷婷编写；第17章信息系统项目管理由张树玲、刘玲、魏峥编写；第18章智慧城市发展规划由孔宪君、赵萍、肖伟编写；第19章智慧园区发展规划由何奕岑、王琴、周静萍编写；第20章数字乡村发展规划由张红卫、李美翠编写；第21章企业数字化转型发展规划由李美翠、张继超编写；第22章智能制造发展规划由王永华、彭革非、李美翠编写；第23章新型消费系统规划由张斌、李美翠、王林编写；第24章法律法规和标准规范由李修仪、周静萍、王瑞鹏编写。

　　另外，李京、安红云、陈林、冯浩、刘畅、刘娜、孙佩、李超和张荣静参与了本书部分章节的编写与审校工作，刘玲、张树玲、肖伟、岳素林和李美翠等参加了本书的策划以及部分章节的审校，刘玲、张树玲依据考试大纲对全书进行了内容统筹、章节结构设计和统稿，岳素林和李美翠提供各类实践经验并对相关内容进行了提炼总结。清华大学出版社为本书的编写做了大量的组织管理工作，在此表示感谢。

　　由于编者水平所限，书中难免有不当之处，恳请读者不吝赐教并提出宝贵意见，相信读者的反馈将会为本书的再次修订提供良好的帮助。

编　者

2024年3月

目 录

第一篇 基础篇

第二篇　方法篇

第三篇　能力篇

第四篇　实践篇

第一篇　基础篇

第 1 章　信息系统与信息技术发展

人类社会经历了农业革命和工业革命，正在经历信息革命。以信息技术为代表的新一轮科技革命方兴未艾，信息技术与生物技术、新能源技术、新材料技术等交叉融合，引发以绿色、智能、泛在为特征的群体性技术突破。全球信息化进入全面渗透、跨界融合、加速创新、引领发展的新阶段。加快信息化发展，建设数字国家已经成为全球的共识。在信息技术发展过程中，以物联网、区块链、云计算、大数据、人工智能等技术为标志的新一代信息技术加速迭代升级和融合应用，为各行各业带来了前所未有的机遇与挑战，同时也引领着全球科技革命和产业变革。

1.1　信息系统及其发展

随着信息技术（Information Technology，IT）的飞速发展，现代社会越来越依赖于高效、安全且可靠的信息系统。这些系统在各个领域都发挥着重要作用，从商业和金融，到医疗和教育，再到国家安全和基础设施等诸多方面。在科技持续变革的时代，了解这些领域的最新进展，将有助于我们更好地把握数字时代的发展脉络，为未来的创新和发展做好准备。

1.1.1　信息化内涵与特征

信息化与工业化、现代化一样，是一个动态变化的过程，是计算机技术、网络技术、通信技术等信息技术的广泛应用与传统产业和现代服务业相结合的过程。与智能化工具相适应的生产力，称为信息化生产力。

1. 信息化的内涵

1）信息化概述

信息化强调信息技术在社会各领域的应用，推动产业升级和转型，促进信息资源的共享和利用，降低信息获取和传播的成本，改变人们获取、处理和传递信息的方式，提高信息素养和能力。信息化通过应用信息技术和信息资源来实现社会各领域的现代化，为推动人类社会进步提供技术支持。

信息化的核心是在经济和社会各个领域充分应用基于信息技术的先进社会生产工具（表现为各种信息系统或软硬件产品），提高信息时代的社会生产力，并推动生产关系和上层建筑的改革（表现为法律、法规、制度、规范、标准和组织结构等），使国家的综合实力、社会的文明程度和人民的生活质量全面提升。

2）信息化的内涵

信息化的内涵包括：

- **信息网络体系**：包括信息资源、各种信息系统和公用通信网络平台等。
- **信息产业基础**：包括信息科学技术研究与开发、信息装备制造和信息咨询服务等。
- **社会运行环境**：包括现代工农业、管理体制、政策法律、规章制度、文化教育和道德观念等生产关系与上层建筑。
- **效用积累过程**：包括劳动者素质、国家现代化水平和人民生活质量的不断提高，物质文明和精神文明建设的不断进步等。

信息化内涵具有如下启示：

- 信息化的主体是全体社会成员，包括政府、企业、事业、团体和个人。
- 信息化的时域是一个长期的过程。
- 信息化的空域是政治、经济、文化、军事和社会的一切领域。
- 信息化的手段是基于现代信息技术的先进社会生产工具。
- 信息化的途径是创建信息时代的社会生产力，推动社会生产关系及社会上层建筑的改革。
- 信息化的目标是推动国家综合实力、社会文明素质和人民生活质量的提升。

2. 信息化的特征

- **广泛性**。信息化涉及社会的各个领域，例如政府、企业、教育、医疗等。
- **深度性**。信息化改变了生产、经营、管理、服务等活动的方式和内容，对社会经济的发展具有深刻影响。
- **快速性**。随着信息技术的不断创新和普及，信息化进程在全球迅速推进。
- **数据量巨大**。随着信息技术的发展和普及，数据量呈现出爆炸式增长。这些海量数据包括文字、图像、音视频等各种形式，为人们提供了丰富的知识资源。
- **信息交流快速**。通过信息技术，实现了信息传输的高速度与低成本。人们可以在短时间内获取全球范围内的信息，缩小了地理距离带来的沟通隔阂。
- **信息处理能力强大**。信息技术使得信息处理能力不断提升。复杂的数据挖掘、分析和归类等任务，可以在短时间内完成，提高了信息利用率。
- **跨界整合**。信息化驱动了各行各业的跨界整合，促进了新型产业和商业模式的创新。例如，互联网+、大数据、人工智能等技术与传统产业的融合，为经济社会的发展注入了新的活力。
- **社会生产方式改变**。信息化不仅改变了企业的生产方式，还引发了人类生活方式、交流方式等方面的深刻变革。例如，远程办公、在线教育、电子商务等新兴模式逐渐成为主流。
- **信息安全问题突出**。随着信息化程度的加深，信息安全问题日益受到关注。保护个人隐私，防范网络攻击，预防虚假信息传播等成为信息化发展中必须面对的挑战。

3. 我国信息化发展战略

2016年7月中共中央办公厅、国务院办公厅颁布的《国家信息化发展战略纲要》强调国家信息化发展战略总目标是分"三步走"建设网络强国。

（1）第一步到 2020 年，核心关键技术部分领域达到国际先进水平，信息产业国际竞争力大幅提升，信息化成为驱动现代化建设的先导力量。

（2）第二步到 2025 年，建成国际领先的移动通信网络，根本改变核心关键技术受制于人的局面，实现技术先进、产业发达、应用领先、网络安全坚不可摧的战略目标，涌现一批具有强大国际竞争力的大型跨国网信企业。

（3）第三步到 21 世纪中叶，信息化全面支撑富强民主文明和谐的社会主义现代化国家建设，网络强国地位日益巩固，在引领全球信息化发展方面有更大作为。

当前，我国全面部署了"构建产业数字化转型发展体系"重大任务，明确我国信息化进入加快数字化发展、建设数字中国的新阶段。

《"十四五"国家信息化规划》明确了：建设泛在智联的数字基础设施体系，建立高效利用的数据要素资源体系，构建释放数字生产力的创新发展体系，培育先进安全的数字产业体系，构建产业数字化转型发展体系，构筑共建共治共享的数字社会治理体系，打造协同高效的数字政府服务体系，构建普惠便捷的数字民生保障体系，拓展互利共赢的数字领域国际合作体系和建立健全规范有序的数字化发展治理体系等重大任务。

4. 我国信息化管理体制演进

20 世纪 80 年代以来，我国的信息化发展取得了巨大成就。按照信息化管理体制的演进以及信息化发展侧重点的变化，我国的信息化发展可以划分为如下五个阶段。

（1）信息化研究探索阶段（1982—1992 年）；

（2）信息化形成实践阶段（1993—1997 年）；

（3）信息化加速推进阶段（1998—2001 年）；

（4）信息化全面发展阶段（2002—2011 年）；

（5）信息化创新跨越阶段（2012 年至今）。

1.1.2　信息系统内涵与特征

信息化是一个广义的概念，涉及社会各领域信息技术的应用和发展；而信息系统则是实现信息化目标的重要手段，是信息化中具体的技术和管理实践。

1. 信息系统的内涵

信息系统是由相互联系、相互依赖、相互作用的事物或过程组成的具有整体功能和综合行为的统一体。

狭义的信息系统指由计算机硬件、网络和通信设备、软件、信息资源、信息用户和规章制度组成的以处理信息流为目的的人机一体化系统。其任务是对原始数据进行收集、加工、存储并处理产生各种所需的有价值的信息，以不同的方式提供给各类用户使用。

广义的信息系统包含组织内和组织所处环境中的重要人员、地点和事情的信息，通过输入、处理和输出三个基本活动将原始数据转变为有用的信息，具有决策支持、协调、控制、协助管理者与员工分析问题、可视化复杂对象和创造新产品等功能。综上所述，广义的信息系统具有三个维度：组织、管理和信息技术。

2. 信息系统的特征

- 复杂性。信息系统由多个子系统组成，包括硬件、软件、数据、网络等要素，其相互关联和影响。
- 动态性。信息系统需要不断调整和改进，以适应外部环境的变化和内部业务需求的发展。
- 可扩展性。信息系统具有一定的灵活性和可扩展性，可以根据实际情况进行升级、扩展或重组。
- 易用性。信息系统应当简单易用，方便使用者访问和操作，提高工作效率。
- 实时性。信息系统需要对实时数据进行快速处理和响应，以便及时为决策者提供有效的支持。
- 安全性。为保证信息的完整性、可用性和机密性，信息系统应具备严格的安全措施来防止未经授权的访问和破坏。
- 可靠性。信息系统需要具备稳定、可靠的运行能力，确保在各种场景下都能正常工作，避免因系统故障对组织造成损失。
- 成本效益。信息系统的成本与收益应保持合理比例，确保投资产生积极回报。

3. 信息系统抽象模型

简单地说，信息系统就是通过输入数据，然后进行加工处理，最后产生信息的系统。面向管理和支持生产是信息系统的显著特点，以计算机为基础的信息系统可以定义为：结合管理理论和方法，应用信息技术解决管理问题，提高生产效率，为生产或信息化过程以及管理和决策提供支撑的系统。信息系统是管理模型、信息处理模型和系统实现条件的结合，其抽象模型如图1-1所示。

管理模型是指系统服务对象领域的专门知识，以及分析和处理该领域问题的模型，又称为对象的处理模型。信息处理模型指系统处理信息的结构和方法。管理模型中的理论和分析方法，在信息处理模型中转化为信息获取、存储、传输、加工和使用的规则；系统实现条件指可供应用的计算机技术和通信技术、从事对象领域工作的人员，以及对这些资源的控制与融合。信息系统的组成部件包括硬件、软件、数据库、网络、存储设备、感知设备、外设、人员以及把数据处理成信息的规程等。

4. 信息系统生命周期

信息系统面向现实世界人类生产和生活中的具体应用，是为了提高人类活动的质量、效率而存在的。信息系统的目的、性能、内部结构和秩序、外部接口、部件组成等由人来规划，它的产

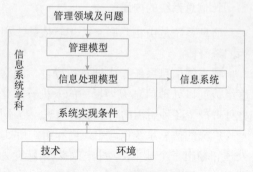

图1-1　信息系统抽象模型

生、建设、运行和完善构成一个循环的过程，这个过程遵循一定的规律。为了工程化的需要，有必要把这些过程划分为具有典型特点的阶段，每个阶段有不同的目标和工作方法，阶段中的任务也由不同类型的人员来负责。这个过程称为信息系统的生命周期。

软件在信息系统中属于较复杂的部件，可以借用软件的生命周期来表示信息系统的生命周期。软件的生命周期通常包括：可行性分析与项目开发计划、需求分析、概要设计、详细设计、编码、测试、维护等阶段。信息系统的生命周期可以简化为：系统规划（可行性分析与项目开发计划），系统分析（需求分析），系统设计（概要设计、详细设计），系统实施（编码、测试），系统运行和维护等阶段。

5. 信息系统的结构

信息系统的结构分为物理结构与逻辑结构两种。物理结构是指不考虑系统各部分的实际工作与功能结构，只抽象地考察其硬件系统的空间分布情况。逻辑结构是指信息系统各功能子系统的综合体。

1）信息系统的物理结构

按照信息系统硬件在空间上的拓扑结构，其物理结构一般可分为集中式与分布式两大类。

（1）集中式结构。集中式结构指物理资源在空间上进行集中配置，早期的单机系统是最典型的集中式结构，它将软件、数据与主要外部设备集中在一套计算机系统中。由分布在不同地点的多个用户通过终端共享资源的多用户系统，也属于集中式结构。集中式结构的优点是资源集中、便于管理、资源利用率较高。但是随着系统规模的扩大以及系统的日趋复杂，集中式结构的维护与管理越来越困难，也不利于用户发挥在信息系统建设过程中的积极性与主动性。此外，资源过于集中会造成系统的脆弱性，一旦主机出现故障，就会使整个系统瘫痪。

（2）分布式结构。分布式结构指通过计算机网络把不同地点的计算机硬件、软件和数据等资源联系在一起，实现不同地点的资源共享。各地的计算机系统既可以在网络系统的统一管理下工作，也可以脱离网络环境利用本地资源独立运作。由于分布式结构顺应了现代企业管理发展的趋势，即企业组织结构朝着扁平化与网络化的方向发展，因此它已经成为信息系统的主流模式。分布式信息系统可以根据应用需求来配置资源，提高了信息系统对用户需求与外部环境变化的应变能力，使系统便于扩展且安全性好，某个节点出现的故障不会导致整个系统停止运作。然而由于资源分散且又分属于各个子系统，系统管理的标准不易统一，协调困难，不利于对整个资源的规划与管理。

2）信息系统的逻辑结构

信息系统的逻辑结构是其子系统的功能综合体和概念性框架。由于信息系统的种类繁多且规模不一，在功能上存在较大差异，其逻辑结构也不尽相同。

目前，随着信息技术的不断发展，分布式的物理结构已经成为信息系统的主流，结合其逻辑结构，信息系统的通用结构自底向上可分为基础设施层、资源管理层、中间件层、业务逻辑层和应用表现层五个层次，如图 1-2 所示。

（1）基础设施层。基础设施层是系统整体架构的底层技术基础，基于多种软件、硬件、网络和信息安全技术之间的相互作用，支撑整个管控系统的正常应用，包括信息感知设备、网络传输设备和存储设备资源。

（2）资源管理层。资源管理层主要包括操作系统和数据库等，负责各类资源的管理与调度。

（3）中间件层。中间件层主要负责保障信息（数据）的传输和共享，负责提供某一类特定的基础数据服务，例如传输中间件、交易中间件、GIS 中间件、J2EE架构等。

图 1-2　信息系统通用结构

（4）业务逻辑层。业务逻辑层主要是通过软件研发创建统一的业务流程驱动引擎，例如工作流引擎、报表引擎和交易处理引擎等。

（5）应用表现层。应用表现层主要负责用户的交互界面，通过 UI（User Interface，用户界面）设计将信息交互在客户端进行展示。

1.1.3　信息系统发展

现代信息系统与计算机技术和网络技术的发展保持同步。随着社会的进步和技术的发展，信息系统的内容和形式也在不断发生着变化。1979 年，美国管理信息系统专家诺兰通过对 200多个公司、部门发展信息系统的实践和经验进行总结，提出了著名的信息系统进化的阶段模型，即诺兰模型。诺兰认为，任何组织由手工信息系统向以计算机为基础的信息系统发展时，都存在一条客观的发展路径和规律。数据处理的发展涉及技术的进步、应用的拓展、计划和控制策略的变化以及用户的状况四个方面。诺兰将计算机信息系统的发展道路划分为六个阶段：初始阶段、传播阶段、控制阶段、集成阶段、数据管理阶段和成熟阶段。

1. 初始阶段

计算机刚开始只作为办公设备使用，应用相对比较少，通常用来完成一些报表的统计工作，甚至大多数被当作打字机使用。在这一阶段，IT 的需求只被作为简单的办公设施改善的需求来对待，采购量少，只有少数人使用，在组织内没有普及。这一阶段的主要特点是：

（1）组织中只有个别人具有使用计算机的能力；

（2）该阶段一般发生在一个组织的财务部门。

2. 传播阶段

人们对计算机有了一定了解，想利用计算机解决工作中的问题，例如进行更多的数据处理，给管理工作和业务带来便利。于是，应用需求开始增加，组织对 IT 应用开始产生兴趣，并对开发软件的热情高涨，投入也开始大幅增加。这一阶段的主要特点是：

（1）数据处理能力得到快速提高；

（2）新的问题不断出现（例如，数据冗余、数据不一致、难以共享等）；

（3）使用效率偏低等。

3. 控制阶段

在经历前一阶段盲目购机、盲目定制开发软件之后，组织管理者意识到计算机的使用超出控制、IT 投资增长快、效率不理想等问题，于是开始从整体上控制计算机信息系统的投入与发展，组织需要协调并解决数据共享问题。此时，组织的 IT 建设更加务实，对 IT 的利用有了更明确的认识和目标。在这一阶段，一些职能部门在部门内部实现了网络化，例如财务系统、人事系统和库存系统等，但各软件系统之间还存在"部门壁垒"与"信息孤岛"。信息系统呈现单点、分散的特点，系统和资源的利用率不高。这一阶段的主要特点是：

（1）出现了计算机系统的管理组织；

（2）数据库（DB）技术得到应用；

（3）开始从计算机管理向数据管理转变。

4. 集成阶段

在控制的基础上，组织在集成阶段开始进行规划设计，建立基础数据库并建成统一的信息管理系统。组织的 IT 建设开始由分散和单点发展为成体系。组织的 IT 主管开始把内部不同的 IT 机构和系统统一到一个整体系统中进行管理，使人、财、物等资源信息能够在组织中集成共享，从而更有效地利用现有的 IT 系统和资源。这一阶段的主要特点是：

（1）建立集中式的数据库和相应的信息系统；

（2）增加大量硬件，预算费用随之迅速增长。

5. 数据管理阶段

组织高层意识到信息战略的重要性，信息作为组织的重要资源，组织的信息化建设也真正进入到数据处理阶段。在这一阶段，组织开始选定统一的数据库平台、数据管理体系和信息管理平台，统一数据的管理和使用，各部门、各系统基本实现资源整合和信息共享。IT 系统的规划及资源利用更加有效。

6. 成熟阶段

信息系统已经可以满足组织各个层次的需求，从简单的事务处理到支持高效管理的决策。组织真正把 IT 与管理过程结合起来，将组织内部与外部的资源充分整合和利用，从而提升了组织的竞争力和发展潜力。

诺兰的六阶段模型反映了计算机应用发展的规律性，前三个阶段具有计算机时代的特征，后三个阶段具有信息时代的特征。诺兰模型的预见性，其后被国际上许多组织的计算机应用与发展情况所证实。

1.2　信息技术及其发展

信息技术是在信息科学的基本原理和方法下，获取信息、处理信息、传输信息和使用信息的应用技术的总称。从宏观上讲，信息技术与信息化、信息系统密不可分。信息技术是实现信息化的手段，是信息系统建设的基础。信息化的需求驱动信息技术高速发展，信息系统的广泛应用促进了信息技术的迭代创新。

按表现形态的不同，信息技术可分为硬技术（物化技术）与软技术（非物化技术）。前者指各种信息设备及其功能，如传感器、服务器、智能手机、通信卫星、笔记本电脑。后者指有关信息获取与处理的各种知识、方法与技能，如语言文字技术、数据统计分析技术、规划决策技术、计算机软件技术等。

1.2.1 计算机软硬件

计算机硬件是指计算机系统中由电子、机械和光电元件等组成的各种物理装置的总称。这些物理装置按系统结构的要求构成一个有机整体，为计算机软件运行提供物质基础。计算机软件是指计算机系统中的程序及其文档。硬件和软件互相依存。硬件是软件赖以工作的物质基础，软件的正常工作是硬件发挥作用的重要途径。计算机系统必须要配备完善的软件系统才能正常工作，从而充分发挥其硬件的各种功能。硬件和软件协同发展，计算机软件随硬件技术的迅速发展而发展，而软件的不断发展与完善又促进了硬件的更新，两者密切交织发展，缺一不可。随着计算机技术的发展，在许多情况下，计算机的某些功能既可以由硬件实现，也可以由软件来实现。

1. 计算机硬件

计算机组成结构源于冯·诺依曼计算机结构，该结构是现代计算机系统发展的基础。冯·诺依曼计算机结构将计算机硬件划分为五部分，包括：控制器、运算器、存储器、输入设备和输出设备。但在现实硬件构成中，控制单元和运算单元被集成为一体，封装到中央处理器（Central Processing Unit，CPU）中；输入设备和输出设备则经常被设计者集成为一体，按照传输过程被划分为总线、接口和外部设备。

2. 计算机软件

按照软件所起的作用和需要的运行环境的不同，通常将计算机软件分为系统软件和应用软件两大类。

（1）系统软件是为整个计算机系统配置的不依赖特定应用领域的通用软件。这些软件对计算机系统的硬件和软件资源进行控制和管理，并为用户使用和其他应用软件的运行提供服务。也就是说，只有在系统软件的作用下，计算机硬件才能协调工作，应用软件才能运行。根据系统软件功能的不同，主要包括：操作系统、数据库和中间件等。

（2）应用软件是指为某类应用需要或解决某个特定问题而设计的软件，例如图形图像处理软件、财务软件、游戏软件和各种软件包等。在企事业单位或机构中，应用软件发挥着巨大的作用，承担了许多计算任务，例如人事管理、财务管理和合同管理等。按照应用软件使用面的不同，可以进一步将应用软件分为专用的应用软件和通用的应用软件两类。

1.2.2 计算机网络

计算机网络是利用通信线路将地理上分散的、具有独立功能的计算机系统和通信设备按不同的形式连接起来，依靠网络软件及通信协议实现资源共享和信息传递的系统。

计算机网络具有数据通信、资源共享、管理集中化、实现分布式处理和负荷均衡的功能。通过计算机网络可扩展计算机系统的功能及其应用范围，可提高系统可靠性，在为用户提供方便的同时，可减少系统的整体投资。从网络的作用范围可将计算机网络划分为个人局域网（Personal Area Network，PAN）、局域网（Local Area Network，LAN）、城域网（Metropolitan

Area Network，MAN）、广域网（Wide Area Network，WAN）。从使用者角度可以将计算机网络分为公用网（Public Network）和专用网（Private Network）。

1. 基本组成

1）网络硬件设备

网络硬件设备是连接到网络中的物理实体。网络设备的种类繁多，且与日俱增。基本的网络设备有集线器、中继器、网桥、交换机、路由器和防火墙等。

2）网络协议

在计算机网络中要实现资源共享以及信息交换，必须实现不同系统中实体的通信。

网络协议是计算机和其他设备进行通信所需遵循的一组规则和约定，是构建和维护计算机网络的基础。这些规则和约定确保了数据在网络中的传输可靠、高效和安全。

（1）OSI 模型。

国际标准化组织（International Standard Organization，ISO）公布了开放系统互连参考模型（Open System Interconnection Reference Model，OSI/RM）。OSI/RM 是一种分层的体系结构，为开放系统互连提供了一种功能结构的框架。参考模型共有七层，分层的基本想法是每一层都在它的下层提供的服务基础上提供更高级的增值服务，而最高层提供能运行分布式应用程序的服务。这样，通过分层的方法将复杂的问题分解，并保持层次之间的独立性。OSI/RM 的网络体系结构如图 1-3 所示，由低层至高层分别为物理层、数据链路层、网络层、传输层、会话层、表示层和应用层。

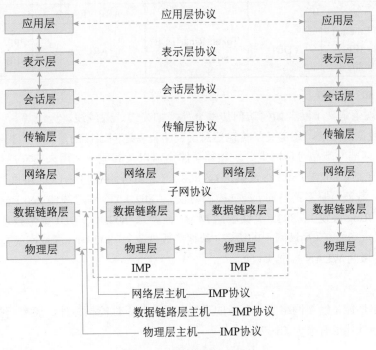

图 1-3　OSI 网络体系结构

国际标准化组织除了定义开放系统互连参考模型，还开发了实现七个功能层次的各种协议和服务标准，通称为 OSI 协议。与其他协议一样，OSI 协议是实现某些功能的过程描述和说明。每一个 OSI 协议都详细地规定了特定层次的功能特性。

（2）TCP/IP 协议模型。

TCP/IP（Transmission Control Protocol/Internet Protocol）协议模型共分为网络接口层、网际层、传输层和应用层四层。TCP/IP 作为因特网的核心协议，已被广泛应用于局域网和广域网中，TCP/IP 的主要特性为逻辑编址、路由选择、域名解析、错误检测和流量控制以及对应用程序的支持等。TCP/IP 是一个协议族，主要包括因特网协议（IP）、传输控制协议（TCP）、用户数据报协议（UDP）、虚拟终端协议（TELNET）、文件传输协议（FTP）、电子邮件传输协议（SMTP）、网上新闻传输协议（NNTP）和超文本传送协议（HTTP）等。

（3）OSI 模型与 TCP/IP 模型的对比。

OSI 和 TCP/IP 模型都为不同设备之间的网络通信提供了框架与规范，从而使得网络通信变得可靠和高效。OSI 模型与 TCP/IP 模型的对比如表 1-1 所示。

表 1-1　OSI 模型与 TCP/IP 模型的对比

OSI 模型	协议集					TCP/IP 模型
应用层	文件传输协议 FTP	远程登录协议 Telnet	电子邮件协议 SMTP	网络文件服务协议 NFS	网络管理协议 SNMP	应用层
表示层						
会话层						
传输层	TCP		UDP			传输层
网络层	IP		ICMP	ARP，RARP		网际层
数据链路层	Ethernet IEEE 802.3	FDDI	Token-Ring/IEEE 802.3 硬件层	ARCnet	PPP/ SLIP	网络接口层
物理层						硬件层

（4）IEEE 802 协议族。

IEEE 802 规范定义了网卡如何访问传输介质（如光缆、双绞线、无线等），以及如何在传输介质上传输数据的方法，还定义了传输信息的网络设备之间连接的建立、维护和拆除的途径。遵循 IEEE 802 标准的产品包括网卡、桥接器、路由器以及其他一些用来建立局域网络的组件。IEEE 802 规范包括：802.1（802 协议概论）、802.2（逻辑链路控制层 LLC 协议）、802.3（以太网的 CSMA/CD 载波监听多路访问 / 冲突检测协议）、802.4（令牌总线 Token Bus 协议）、802.5（令牌环 Token Ring 协议）、802.6（城域网 MAN 协议）、802.7（FDDI 宽带技术协议）、802.8（光纤技术协议）、802.9（局域网上的语音 / 数据集成规范）、802.10（局域网安全互操作标准）、802.11（无线局域网 WLAN 标准协议）。

2. 指标

计算机网络性能是衡量网络服务质量的重要体现，除了性能指标外，还有一些非性能特征，对计算机网络的性能也有很大的影响。

1）性能指标

可以从速率、带宽、吞吐量、时延、往返时间、利用率等不同方面来度量计算机网络的性能。

- 速率。网络速率指的是连接在计算机网络上的主机或通信设备在数字信道上传送数据的速率，也称为数据率（Data Rate）或比特率（Bit Rate）。速率是计算机网络中最重要的性能指标之一，单位是b/s（比特每秒）。
- 带宽。在计算机网络中，带宽用来表示网络的通信线路传送数据的能力。网络带宽表示在单位时间内从网络中一个节点到另一个节点所能通过的"最高数据率"。此处带宽单位是b/s（比特每秒）。
- 吞吐量。吞吐量表示在单位时间内通过某个网络（或信道、接口）的数据量。吞吐量受网络的带宽或网络额定速率所限制。吞吐量还可以用每秒传送的字节数或帧数来表示。
- 时延。时延是指数据（一个报文、分组甚至比特）从网络（或链路）的一端传送到另一端所需的时间。时延是一个很重要的性能指标，有时也称为延迟或迟延。网络中的时延由发送时延、传播时延、处理时延、排队时延等组成。
- 往返时间。往返时间（RTT）表示从发送方发送数据开始，到发送方收到来自接收方的确认（接受方收到数据后便立即发送确认）总共经历的时间。
- 利用率。利用率有信道利用率和网络利用率两种。信道利用率指信道被利用的概率（即有数据通过），通常以百分数表示。完全空闲的信道利用率是零。网络利用率是全网络信道利用率的加权平均值。

2）非性能指标

费用、标准化、可靠性、可扩展性、可升级性、易管理性和可维护性等非性能指标与前面介绍的性能指标有很大的相关性。

- 费用。构建网络的费用（网络价格）包括设计和实现的费用。网络的性能与其价格密切相关。一般说来，网络的速率越高，其价格也越高。
- 标准化。网络硬件和软件的设计既可以按照通用的国际标准，也可以遵循特定的专用网络标准。采用国际标准设计的网络，具有更好的互操作性，更易于升级换代和维护，也更容易得到技术上的支持。
- 可靠性。可靠性与网络的质量和性能都有密切关系。速率更高的网络，其可靠性不一定会更差。但速率更高的网络要可靠地运行，则往往更加困难，同时所需费用也会更高。
- 可扩展性和可升级性。网络在构造时就应当考虑到日后可能需要的扩展（即规模扩大）和升级（即性能和版本的提高）。网络性能越好，其扩展和升级的难度与费用往往也越高。
- 易管理性和可维护性。如果对网络不进行良好的管理和维护，就很难达到和保持所设计的性能。

3. 软件定义网络

软件定义网络（Software Defined Network，SDN）是一种新型的网络创新架构，是网络虚拟化的一种实现方式，它可通过软件编程的形式定义和控制网络，其通过将网络设备的控制面与数据面分离开来，从而实现了网络流量的灵活控制，使网络变得更加智能，为核心网络及应用的创新提供了良好的平台。

利用分层的思想，SDN 将数据与控制相分离。在控制层，包括具有逻辑中心化和可编程的控制器，可掌握全局网络信息，方便运营商和科研人员管理、配置网络和部署新协议等。在数据层，包括哑交换机（与传统的二层交换机不同，专指用于转发数据的设备），仅提供简单的数据转发功能，可以快速处理匹配的数据包，适应流量日益增长的需求。两层之间采用开放的统一接口（如 OpenFlow 等）进行交互。控制器通过标准接口向交换机下发统一标准规则，交换机仅需按照这些规则执行相应的动作即可。SDN 打破了传统网络设备的封闭性。此外，南北向和东西向的开放接口及可编程性，也使得网络管理变得更加简单、动态和灵活。SDN 的整体架构由下到上（由南到北）分为数据平面、控制平面和应用平面，具体如图 1-4 所示。

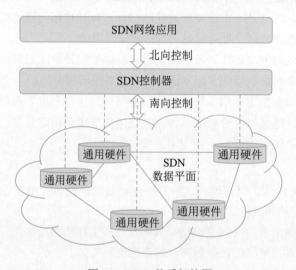

图 1-4　SDN 体系架构图

其中，数据平面由交换机等网络通用硬件组成，各个网络设备之间通过不同规则形成的 SDN 数据通路连接；控制平面包含了逻辑上为中心的 SDN 控制器，它掌握着全局网络信息，负责各种转发规则的控制；应用平面包含着各种基于 SDN 的网络应用，用户无须关心底层细节就可以编程、部署新应用。

SDN 中的接口具有开放性，以控制器为逻辑中心，南向接口负责与数据平面进行通信，北向接口负责与应用平面进行通信，东西向接口负责多控制器之间的通信。最主流的南向控制数据平面接口（Control Data Plane Interface，CDPI）采用的是 OpenFlow 协议。OpenFlow 最基本的特点是基于流（Flow）的概念来匹配转发规则，每一个交换机都维护一个流表（Flow Table），依据流表中的转发规则进行转发，而流表的建立、维护和下发都是由控制器完成的。针对北向接口，应用程序通过北向接口编程来调用所需的各种网络资源，实现对网络的快速配置和部署。东西向接口使控制器具有可扩展性，为负载均衡和性能提升提供了技术保障。

4. 第五代移动通信技术

第五代移动通信技术（5th Generation Mobile Communication Technology，5G）是具有高速率、低时延和大连接特点的新一代移动通信技术。5G 重点满足灵活多样的物联网需要。在正交频分多址（Orthogonal Frequency Division Multiple Access，OFDMA）和多入多出（Multiple Input Multiple Output，MIMO）基础技术上，5G 为支持三大应用场景，采用了灵活的全新系统设计。

（1）在频段方面，与 4G 支持中低频不同，考虑到中低频资源有限，5G 同时支持中低频和高频频段，其中中低频满足覆盖和容量需求，高频满足在热点区域提升容量的需求，5G 针对中低频和高频设计了统一的技术方案，并支持百兆赫兹的基础带宽。

（2）为了支持高速率传输和更优覆盖，5G 采用 LDPC（一种具有稀疏校验矩阵的分组纠错码）、Polar（一种基于信道极化理论的线性分组码）新型信道编码方案、性能更强的大规模天线技术等。

（3）为了支持低时延、高可靠，5G 采用短帧、快速反馈、多层 / 多站数据重传等技术。

国际电信联盟（ITU）定义了 5G 的三大类应用场景，即增强移动宽带（eMBB）、超高可靠低时延通信（uRLLC）和海量机器类通信（mMTC）。增强移动宽带主要面向移动互联网流量爆炸式增长，为移动互联网用户提供更加极致的应用体验；超高可靠低时延通信主要面向工业控制、远程医疗、自动驾驶等对时延和可靠性具有极高要求的垂直行业应用需求；海量机器类通信主要面向智慧城市、智能家居、环境监测等以传感和数据采集为目标的应用需求。

1.2.3　数据存储和数据库

1. 数据存储技术

数据存储是现代信息产业架构中不可或缺的底层基座。对信息的量与质的不懈追求，使得人们不断探寻更大容量、更高性能的存储模式，推动开发和应用更多、更先进的数据存储技术，使数据更好地储存和交互，提高数据使用的便捷性与持久性。

数据存储技术架构从底层到上层，由存储介质、组网方式、存储协议和类型、存储架构和连接方式五个部分组成，如图 1-5 所示。

（1）存储介质。存储介质包括机械硬盘（HDD）、固态硬盘（SSD）、磁带和光盘等。按照存储介质的不同，存储系统可以划分为磁盘存储（以磁盘为永久存储介质）、全闪存储（以固态硬盘为永久存储介质）、混闪存储、磁带和光盘等。

（2）组网方式。按照组网方式的不同，存储系统可以划分为采用以太网技术进行组网的 IP 组网存储、采用 FC 光纤技术进行组网的 FC 组网存储、采用无线带宽技术进行组网的 IB 组网存储等。

（3）存储类型和协议。按照存储类型和协议的不同，存储系统可以划分为文件存储、块存储、对象存储和其他存储。

（4）存储架构。按照存储架构的不同，存储系统可以划分为集中式存储和分布式存储。存储集群也是集中式存储的一种形态。三种典型存储部署架构如图 1-6 所示。

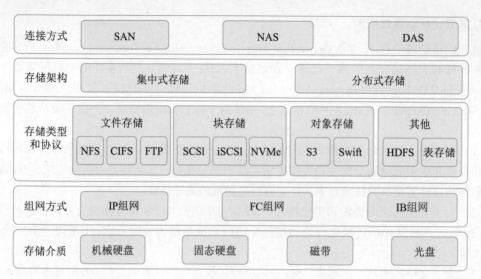

图 1-5　数据存储技术架构

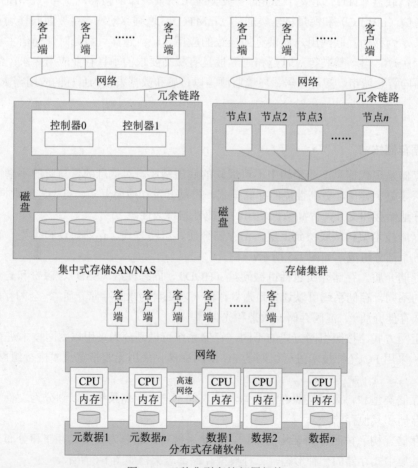

图 1-6　三种典型存储部署架构

（5）连接方式。按照连接方式的不同，存储系统可以划分为 SAN 存储、NAS 存储、DAS 存储。

- 存储区域网络（Storage Area Network，SAN）：指通过光纤通道交换机、以太网交换机等连接设备将磁盘阵列与相关服务器连接起来的高速专用存储网络。
- 网络接入存储（Network Attached Storage，NAS）：是一种专业的网络文件存储及文件备份设备，对不同主机和应用服务器提供文件访问服务。
- 直接附加存储（Direct Attached Storage，DAS）：将存储设备通过小型计算机系统接口（Small Computer System Interface，SCSI）或光纤通道直接连接到一台主机上，主机管理其本身的文件系统，不能实现与其他主机的资源共享。

DAS、NAS、SAN 等存储模式之间的技术与应用对比，如表 1-2 所示。

表 1-2　存储模式之间的技术与应用对比

存储系统架构	DAS	NAS	SAN
安装难易度	不一定	简单	困难
数据传输协议	SCSI/FC/ATA	TCP/IP	FC
传输对象	数据块	文件	数据块
使用标准文件共享协议	否	是（NFS/CIFS…）	否
异种操作系统文件共享	否	是	需要转换设备
集中式管理	不一定	是	需要管理工具
管理难易度	不一定	以网络为基础，容易	不一定，但通常很难
提高服务器效率	否	是	是
灾难忍受度	低	高	高，专有方案
适合对象	中小组织服务器捆绑磁盘（JBOD）	中小组织 SOHO 族 组织部门	大型组织 数据中心
应用环境	局域网 文档共享程度低 独立操作平台 服务器数量少	局域网 文档共享程度高 异质格式存储需求高	光纤通道 存储区域网网络环境复杂 文档共享程度高 异质操作系统平台 服务器数量多
业务模式	一般服务器	Web 服务器 多媒体资料存储 文件资料共享	大型资料库 数据库等
档案格式复杂度	低	中	高
容量扩充能力	低	中	高

各类型数据存储技术仍在不断地完善和创新，以适应日益增长和不断变化的数据存储需求，形成了多层级、广泛覆盖的产品体系结构，为用户提供了不同应用场景下的存储解决方案。

2. 数据结构模型

数据结构模型是数据库系统的核心。数据结构模型描述了在数据库中结构化和操纵数据的方法。模型的结构部分规定了数据如何被描述（例如树、表等）。模型的操纵部分规定了数据的添加、删除、显示、维护、打印、查找、选择、排序和更新等操作。 常见的数据结构模型有三种：层次模型、网状模型和关系模型。层次模型和网状模型又统称为格式化数据模型。

（1）层次模型。层次模型是数据库系统最早使用的一种模型，它用"树"结构表示实体集之间的关联，其中实体集（用矩形框表示）为节点，而树中各节点之间的连线表示它们之间的关联。在层次模型中，每个节点表示一个记录类型，记录类型之间的联系用节点之间的连线（有向边）表示，这种联系是父子之间的一对多的联系，这就使得层次数据库系统只能处理一对多的实体联系。

（2）网状模型。现实世界中事物之间的联系更多的是非层次关系的，一个事物和另外的几个事物都有联系，用层次模型表示这种关系很不直观，网状模型克服了这一弊病，可以清晰地表示这种非层次关系。这种用有向图结构表示实体类型及实体间联系的数据结构模型称为网状模型。网状模型突破了层次模型不能表示非树状结构的限制，两个或两个以上的节点都可以有多个双亲节点，将有向树变成了有向图。

（3）关系模型。关系模型是在关系结构的数据库中用二维表格的形式表示实体以及实体之间联系的模型。关系模型是以集合论中的关系概念为基础发展起来的。关系模型中无论是实体还是实体间的联系均由单一的结构类型关系来表示。关系模型允许设计者通过数据库规范化的提炼，去建立一个信息一致性的模型。访问计划和其他实现与操作细节由关系数据库（DBMS）引擎来处理，而不反映在逻辑模型中。关系模型的基本原理是信息原理，即所有信息都表示为关系中的数据值。

3. 常用数据库类型

数据库根据存储方式可以分为关系型数据库（SQL）和非关系型数据库（NoSQL）。

（1）关系型数据库。网状数据库和层次数据库已经很好地解决了数据的集中和共享问题，但是在数据独立性和抽象级别上仍有很大欠缺。用户在对这两种数据库进行存取时，仍然需要明确数据的存储结构，指出存取路径。为解决这一问题，关系型数据库应运而生，它采用了关系模型作为数据的组织方式。关系数据库是在一个给定的应用领域中，所有实体及实体之间联系的集合。关系型数据库支持事务的ACID原则，即原子性（Atomicity）、一致性（Consistency）、隔离性（Isolation）、持久性（Durability），这四种原则保证在事务过程当中数据的正确性。

（2）非关系型数据库。非关系型数据库是分布式的、非关系型的、不保证遵循ACID原则的数据存储系统。NoSQL数据存储不需要固定的表结构，通常也不存在连接操作。非关系型数据库在大数据存取上具备关系型数据库无法比拟的性能优势。

常见的非关系数据库分为：

● 键值数据库。类似传统语言中使用的哈希表。可以通过key来添加、查询或者删除数据库，因为使用key主键访问，所以会获得很高的性能及扩展性。Key/Value模型对于信息系统来说，其优势在于简单、易部署、高并发。

- 列存储（Column-oriented）数据库。列存储数据库将数据存储在列族中，一个列族存储经常被一起查询，如人们经常会查询某个人的姓名和年龄，而不是薪资。这种情况下姓名和年龄会被放到一个列族中，薪资会被放到另一个列族中。这种数据库通常用来应对分布式存储海量数据。
- 面向文档（Document-Oriented）数据库。文档型数据库可以看作是键值数据库的升级版，允许之间嵌套键值。文档型数据库比键值数据库的查询效率更高。面向文档数据库会将数据以文档形式存储。
- 图形数据库。图形数据库允许人们将数据以图的方式存储。实体会被作为顶点，而实体之间的关系则会被作为边。

（3）不同类型数据库的优缺点。

关系型数据库和非关系型数据库的优缺点如表 1-3 所示。

表 1-3　常用数据库类型优缺点

数据库类型	特点	描述
关系型数据库	优点	● 容易理解：二维表结构是非常贴近逻辑世界的一个概念，关系模型相对于网状、层次等其他模型来说更容易理解 ● 使用方便：通用的SQL语言使得操作关系型数据库非常方便 ● 易于维护：丰富的完整性（实体完整性、参照完整性和用户定义的完整性）大大降低了数据冗余和数据不一致的概率
关系型数据库	缺点	● 数据读写必须经过SQL解析，大量数据、高并发下读写性能不足（对于传统关系型数据库来说，硬盘I/O是一个很大的瓶颈） ● 具有固定的表结构，因此扩展困难 ● 多表的关联查询导致性能欠佳
非关系型数据库	优点	● 高并发：大数据下读写能力较强（基于键值对的，可以想象成表中的主键和值的对应关系，且不需要经过SQL层的解析，所以性能非常高） ● 基本支持分布式：易于扩展，可伸缩（因为基于键值对，数据之间没有耦合性，所以非常容易水平扩展） ● 简单：弱结构化存储
非关系型数据库	缺点	● 事务支持较弱 ● 通用性差 ● 无完整约束，复杂业务场景支持较差

4. 数据仓库

传统的数据库技术在联机事务处理中获得了成功，但缺乏决策分析所需的大量历史数据信息，因为传统的数据库一般只保留当前或近期的数据信息。为了满足人们对预测和决策分析的需要，在传统数据库的基础上产生了能够满足预测和决策分析需要的数据环境——数据仓库。

数据仓库是一个面向主题的、集成的、非易失的且随时间变化的数据集合，用于支持管理决策。常见的数据仓库的体系结构如图 1-7 所示。

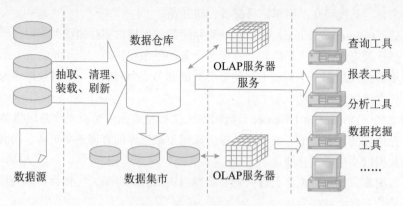

图 1-7　数据仓库体系结构

（1）数据源。数据源是数据仓库系统的基础，是整个系统的数据源泉。数据源通常包括企业内部信息和外部信息。内部信息包括存放于关系型数据库管理系统中的各种业务处理数据和各类文档数据。外部信息包括各类法律法规、市场信息和竞争对手的信息等。

（2）数据的存储与管理。数据的存储与管理是整个数据仓库系统的核心。数据仓库的真正关键是数据的存储和管理。数据仓库的组织管理方式决定了它有别于传统数据库，同时也决定了其对外部数据的表现形式。要决定采用什么产品和技术来建立数据仓库的核心，则需要从数据仓库的技术特点着手分析。针对现有各业务系统的数据进行抽取、清理并有效集成，按照主题进行组织。数据仓库按照数据的覆盖范围可以分为企业级数据仓库和部门级数据仓库（通常称为数据集市）。

（3）联机分析处理（OnLine Analytical Processing，OLAP）服务器。OLAP 服务器对分析需要的数据进行有效集成，按多维模型予以组织，以便进行多角度、多层次的分析，并发现趋势。其具体实现可以分为：基于关系数据库的 OLAP（Relational OLAP，ROLAP）、基于多维数据组织的 OLAP（Multidimensional OLAP，MOLAP）和基于混合数据组织的 OLAP（Hybrid OLAP，HOLAP）。ROLAP 基本数据和聚合数据均存放在 RDBMS 之中；MOLAP 基本数据和聚合数据均存放于多维数据库中；HOLAP 基本数据存放于关系数据库管理系统（Relational Database Management System，RDBMS）之中，聚合数据存放于多维数据库中。

（4）前端工具。前端工具主要包括各种查询工具、报表工具、分析工具、数据挖掘工具以及各种基于数据仓库或数据集市的应用开发工具。其中数据分析工具主要针对 OLAP 服务器，报表工具、数据挖掘工具主要针对数据仓库。

1.2.4　信息安全

随着我国经济社会信息化水平的持续提升，信息安全事件频繁发生，全社会对信息安全的需求与日俱增。有关部门先后出台了一系列法律法规推进信息安全行业的发展，信息安全工作逐步上升到了国家战略高度。

常见的信息安全问题包括：计算机病毒泛滥、恶意软件的入侵、黑客攻击、利用计算机犯罪、网络有害信息泛滥、个人隐私泄露等。随着物联网、云计算、人工智能、大数据等新一代信息技术的广泛应用，信息安全也面临着新的问题和挑战。

1. 信息安全基础

信息安全被定义为保护信息的保密性、完整性、可用性及其他属性，即为数据处理系统建立和采用的技术、管理上的安全保护，目的是保护计算机硬件、软件和数据不因偶然和恶意的原因而遭到破坏、更改和泄露。

信息安全的基本属性包括如下五个方面。

（1）保密性：即保证信息为授权者享用而不泄漏给未经授权者。

（2）完整性：即保证信息从真实的发信者传送到真实的收信者手中，传送过程中没有被非法用户添加、删除和替换等。

（3）可用性：即保证信息和信息系统随时为授权者提供服务，保证合法用户对信息和资源的使用不会被不合理地拒绝。

（4）可控性：即出于国家和机构的利益和社会管理的需要，保证管理者能够对信息实施必要的控制管理，以对抗社会犯罪和外敌侵犯。

（5）不可否认性：即人们要为自己的信息行为负责，提供保证社会依法管理需要的公证、仲裁信息证据。

信息必须依赖其存储、传输、处理及应用的载体（媒介）而存在，因此信息安全可以划分为四个层次：设备安全、数据安全、内容安全和行为安全。

2. 信息安全技术和措施

信息安全的主要技术和措施包括：身份认证、访问控制、入侵检测系统、防火墙、网闸、防病毒和数据加密技术等。

（1）身份认证。身份认证是指在计算机网络中确认操作者身份的过程。身份认证可以分为用户与主机之间的认证和主机与主机之间的认证，常见的认证措施包括：虚拟身份电子标识、静态密码、智能卡、短信密码、动态口令、USB Key、公钥基础设施（PKI）、生物识别和虹膜认证等。

（2）访问控制。访问控制是指防止对任何资源进行未授权的访问，从而使计算机系统在合法的范围内使用。通过身份认证能够确认用户的身份，而对用户的操作和访问行为的把控，就需要访问控制发挥作用了。访问控制通常用于系统管理员控制用户对服务器、目录和文件等网络资源的访问。常见的访问控制机制包括：自主访问控制、基于角色的访问控制、基于规则的访问控制、强制访问控制。

（3）入侵检测系统。入侵检测系统是依照一定的安全策略，通过软硬件对网络、系统的运行状况进行监视，尽可能发现各种攻击企图、攻击行为或攻击结果，以保证网络系统资源的机密性、完整性和可用性。入侵检测可以分为实时入侵检测和事后入侵检测两种。

（4）防火墙。防火墙的功能主要是及时发现并处理计算机网络运行时潜在的安全风险、数据传输风险等问题，同时可以对计算机网络安全中的各项操作进行记录与检测，以确保其正常运行。防火墙在内部网和外部网之间、专用网与公共网之间建立起一个安全网关，流入、流出的所有网络通信和数据包均需要经过它，从而保护内部网或专用网免受非法用户的侵入。防火墙主要由服务访问规则、验证工具、包过滤和应用网关四个部分组成。

（5）网闸。网闸是使用带有多种控制功能的固态开关读写介质，连接两个独立主机系统的信息安全设备。由于两个独立的主机系统通过网闸进行隔离，使得系统间不存在通信的物理连接、逻辑连接及信息传输协议，不存在依据协议进行的信息交换，只有以数据文件形式进行的无协议摆渡。因此，网闸从逻辑上隔离、阻断了外部网和公共网等对内部网、专用网具有潜在攻击可能的一切网络连接，使外部攻击者无法直接入侵、攻击或破坏内网，保障了内部主机的安全。

（6）防病毒。防病毒是指用户主动防范计算机等电子设备不受病毒入侵，从而避免出现用户资料泄露、设备程序被破坏等情况。病毒潜伏在电子设备中，即使还没有开始发作也总会留下一些"蛛丝马迹"，例如无故死机、异常重启、运行速度变慢、文件丢失等，需要有的放矢地设计病毒防护策略。病毒防护策略准则包括：拒绝访问能力、病毒检测能力、控制病毒传播能力、清除病毒能力、恢复能力、提供替代操作等。

（7）数据加密。为了保证信息的安全性，就需要采用信息加密技术对信息进行伪装，使得信息非法窃取者无法理解信息的真实含义，信息的合法拥有者可以利用特征码对信息的完整性进行校验。采用加密算法对信息使用者的身份进行认证、识别和确认，以对信息的使用进行控制。加密技术包括两个元素：算法和密钥。密钥加密技术的密码体制分为对称密钥体制和非对称密钥体制两种。相应地，对数据加密的技术分为两类，即对称加密（私人密钥加密）和非对称加密（公开密钥加密）。对称加密以数据加密标准（Data Encryption Standard，DES）算法为典型代表，非对称加密通常以 RSA（Rivest Shamir Adleman）算法为代表。对称加密的加密密钥和解密密钥相同，而非对称加密的加密密钥和解密密钥不同，加密密钥可以公开而解密密钥需要保密。

3. 安全行为分析技术

传统的安全产品、技术、方案基本上都是基于已知特征进行规则匹配，从而进行分析和检测。然而，以"特征"为核心的检测分析存在安全可见性盲区，如滞后效应、不能检测未知攻击、容易被绕过，以及难以适应攻防对抗的网络现实和快速变化的组织环境、外部威胁等。另一方面，大部分造成严重损坏的攻击往往来源于内部，只有管理好内部威胁，才能保证信息和网络安全。

用户和实体行为分析（User and Entity Behavior Analytics，UEBA）提供了用户画像及基于各种分析方法的异常检测，结合基本分析方法（利用签名的规则、模式匹配、简单统计、阈值等）和高级分析方法（监督和无监督的机器学习等），用打包分析来评估用户和其他实体（主机、应用程序、网络、数据库等），发现与用户或实体标准画像或行为异常的活动相关的潜在事件。UEBA 是一个完整的系统，涉及算法、工程等检测部分以及用户与实体风险评分排序、调查等用户交换、反馈。从架构来看，UEBA 系统通常包括数据获取层、算法分析层和场景应用层。

4. 网络安全态势感知

网络安全态势感知是在大规模网络环境中，对能够引起网络态势发生变化的安全要素进行获取、理解、显示，并据此预测未来的网络安全发展趋势。安全态势感知不仅是一种安全技术，也是一种新兴的安全概念。它是一种基于环境的、动态的、整体的洞悉安全风险的能力。安全态势感知的前提是安全大数据，其在安全大数据的基础上进行数据整合、特征提取等，然后应用一系列态势评估算法生成网络的整体态势状况，应用态势预测算法预测态势的发展状况，并使用数据可视化技术，将态势状况和预测情况展示给安全人员，方便安全人员直观便捷地了解网络当前状态及预期的风险。

网络安全态势感知的关键技术主要包括：海量多元异构数据的汇聚融合技术、面向多类型的网络安全威胁评估技术、网络安全态势评估与决策支撑技术、网络安全态势可视化等。

（1）海量多元异构数据的汇聚融合技术。目前，在大规模网络中，网络安全数据和日志数据由海量设备和多个应用系统产生，且这些安全数据和日志数据缺乏统一标准与关联，在此基础上进行数据分析，无法得到全局精准的分析结果。新的网络安全分析和态势感知要求对网络安全数据的分析能够打破传统的单一模式，打破表与表、行与行之间的孤立特性，把数据融合成一个整体，能够从整体上进行全局的关联分析，可以对数据整体进行高性能的处理，以及以互动的形式对数据进行多维度的裁剪和可视化。因此需要通过海量多元异构数据的汇聚融合技术实现 PB 量级多元异构数据的采集汇聚、多维度深度融合、统一存储管理和安全共享。将采集到的多元异构数据进行清洗、归一化后，采用统一的格式进行存储和管理。通过属性融合、关系拓展、群体聚类等方式挖掘数据之间的直接或潜在的相关性，进行多维度数据融合。这样才可以为网络安全分析、态势感知与决策提供高效、稳定、灵活、全面的数据支撑。

（2）面向多类型的网络安全威胁评估技术。从流量、域名、报文和恶意代码等多元数据入手，有效处理来自互联网探针、终端、云计算和大数据平台的威胁数据，分解不同类型数据中潜藏的异常行为，对流量、域名、报文和恶意代码等安全元素进行多层次的检测。通过结合聚类分析、关联分析和序列模式分析等大数据分析方法，对发现的恶意代码、域名信息等威胁项进行跟踪分析。利用相关图等相关性方法检测并扩建威胁列表，对网络异常行为、已知攻击手段、组合攻击手段、未知漏洞攻击和未知代码攻击等多种类型的网络安全威胁数据进行统计、建模与评估。只有通过网络安全威胁评估完成从数据到信息、从信息到网络安全威胁情报的完整转化过程，网络安全态势感知系统才能做到对攻击行为、网络系统异常等情况的及时发现与检测，实现全貌还原攻击事件和攻击者意图，客观评估攻击投入和防护效能，为威胁溯源提供必要的线索支撑。

（3）网络安全态势评估与决策支撑技术。网络安全态势评估与决策支撑技术需要以网络安全事件监测为驱动，以安全威胁线索为牵引，对网络空间安全相关信息进行汇聚融合，将多个安全事件联系在一起进行综合评估与决策支撑，实现对整体网络安全状况的判定。对安全事件，尤其是对网络空间安全相关信息进行汇聚融合后所形成的针对人、物、地、事和关系的多维安全事件知识图谱，是网络安全态势评估分析的关键。网络安全态势评估与决策支撑技术从"人"的角度评估攻击者的身份、团伙关系、行为动机意图；从"物"的角度评估其工具手段、网络要素、虚拟资产和保护目标；从"地"的角度评估其地域、关键部位、活动场所和途径轨迹；从"事"的角度评估攻击事件的相似关系、同源关系。

（4）网络安全态势可视化。网络安全态势可视化的目的是生成网络安全综合态势图，使网络安全态势感知系统的分析处理数据可视化、态势可视化。网络安全态势可视化是一个层层递进的过程，包括数据转化、图像映射、视图变换三个部分。数据转化是把分析处理后的数据映射为数据表，将数据的相关性以关系表的形式存储；图像映射是把数据表转换为对应图像的结构和图像属性；视图变换是通过坐标位置、缩放比例、图形着色等方面来创建视图，并可通过调控参数，完成对视图变换的控制。

1.2.5　信息技术发展

随着时代的不断发展，信息技术行业在经济社会中扮演着愈发重要的角色。作为信息技术的基础，计算机软硬件、网络、存储和数据库、信息安全等都在不断发展创新，引领着当前信息技术发展的潮流，令人们的生活和工作变得更加方便和高效。

在计算机软件方面，软件开发逐渐成为支撑数字化世界的基石。同时，各种操作系统、数据库管理系统、大数据处理框架、AI框架也应运而生，为各行各业提供了强大的技术支持。计算机软件越来越丰富，功能越来越强大，"软件定义一切"的概念成为当前发展的主流。

在计算机硬件方面，现代计算机性能已远超早期机型，计算机硬件技术将向超高速、超小型、平行处理、智能化的方向发展。计算机硬件设备在提高性能的同时，体积越来越小、速度越来越快、容量越来越大、功耗越来越低、可靠性越来越高。

在网络技术方面，自互联网诞生以来，计算机网络在全球范围内得到了普及。从有限的局域网到覆盖全球的因特网，网络连接着每一个角落，实现了信息的快速传播和共享。计算机网络与通信技术之间的联系日益密切，甚至已经融为一体。5G通信技术进一步加快了网络速度，降低了延迟，为物联网和工业互联网的发展奠定了基础。

在数据存储和数据库方面，随着数据量的不断爆炸式增长，数据存储技术也取得了重大突破，数据存储结构越来越灵活多样，从磁带、光盘到固态硬盘，存储介质不断刷新着纪录。云存储作为分布式存储系统的代表，为用户提供了安全、便捷的数据备份和访问服务。日益变革的新兴业务需求催生了数据库及应用系统的存在形式的愈发丰富，这些变化均对各类数据库的架构和存储模式提出了挑战，推动数据库技术不断向着模型拓展、架构解耦、存算分离的方向演进。

在信息安全方面，伴随着信息技术的飞速发展，信息安全问题日益凸显。电子商务、金融和政府等领域都面临着网络攻击、数据泄露等安全挑战。传统计算机安全理念将过渡到以可信计算理念为核心的计算机安全，由网络应用普及引发的技术与应用模式的变革，正在进一步推动信息安全网络化关键技术的创新；同时信息安全标准的研究与制定，信息安全产品和服务的集成与融合，正引领着当前信息安全技术朝着标准化和集成化的方向发展。

1.3　新一代信息技术及其发展

信息技术在传感器技术、通信技术和计算机技术的基础上，在智能化、系统化、微型化、云端化的基础上不断融合创新，孕育和产生了物联网、区块链、云计算、大数据、人工智能、边缘计算和数字孪生等新一代信息技术，成为支撑当今经济活动和社会生活的基石，代表着当今先进生产力的发展方向。

1.3.1 物联网

网络革命的本质是连接主体和连接方式的变化：互联网是计算机与计算机之间的联网，主要媒介是固网宽带；移动互联网的本质是人和人的联网，载体为智能手机等可移动设备，连接方式由固定线路向无线网络发展。人与物、物与物的万物互联，利用多种连接方式实现信息的主动或被动传输，即物联网，将成为新一代网络变革的方向。

1. 定义

物联网（Internet of Things，IoT）是指通过信息传感设备，按约定的协议将任何物品与互联网相连接，进行信息交换和通信，以实现智能化识别、定位、跟踪、监控和管理的网络。物联网主要解决物品与物品（Thing to Thing，T2T）、人与物品（Human to Thing，H2T）、人与人（Human to Human，H2H）之间的互连。另外，许多学者在讨论物联网时经常会引入 M2M 的概念：可以解释为人与人（Man to Man）、人与机器（Man to Machine）或机器与机器（Machine to Machine）。

2. 特点

从物联网本质的角度，物联网具有以下三个特点。

（1）互联。对需要联网的"物"一定要能够实现互联互通。

（2）识别与通信。纳入联网的"物"一定要具备自动识别物与物（Machine-To-Machine，M2M）通信的功能。

（3）智能化。网络系统应该具有自动化、自我反馈与智能控制的特点。

从产业的角度，物联网具备以下六个特点。

（1）感知识别普适化。无所不在的感知和识别将传统上分离的物理世界和信息世界高度融合。

（2）异构设备互联化。各种异构设备利用通信模块和协议自组成网，异构网络通过"网关"互通互联。

（3）联网终端规模化。物联网时代每一件物品均具有通信功能，可作为网络终端。

（4）管理调控智能化。物联网高效可靠，能组织大规模数据，与此同时，运筹学、机器学习、数据挖掘、专家系统等决策手段将广泛应用于各行各业。

（5）应用服务链条化。以工业生产为例，物联网技术覆盖了从原材料引进、生产调度、节能减排、仓储物流到产品销售、售后服务等各个环节。

（6）经济发展跨越化。物联网技术有望成为国民经济发展过程中从劳动密集型向知识密集型，从资源浪费型向环境友好型转化的重要动力。

从应用角度来看，物联网具备领域性、多样化的特征。物联网应用通常具有领域性，几乎在社会生活的各个领域都有物联网应用需求。

3. 技术基础

物联网架构可分为三层：感知层、网络层和应用层。感知层由各种传感器构成，包括温度传感器，二维码标签、RFID 标签和读写器，摄像头，GPS 等感知终端。感知层是物联网识别物体、采集信息的来源。网络层由各种网络，包括互联网、广电网、网络管理系统和云计算平台等组成，是整个物联网的中枢，负责传递和处理感知层获取的信息。应用层是物联网和用户的接口，它与行业需求结合以实现物联网的智能应用。

物联网的产业链包括传感器和芯片、设备、网络运营及服务、软件与应用开发和系统集成。物联网技术在智能电网、智慧物流、智能家居、智能交通、智慧农业、环境保护、医疗健康、城市管理（智慧城市）、金融服务与保险业、公共安全等方面有非常关键和重要的应用。

4. 关键技术

物联网的关键技术主要涉及传感器技术、传感网和应用系统框架等。

1）传感器技术

传感器是一种检测装置，它能"感受"到被测量的信息，并能将检测到的信息，按一定规律变换成为电信号或其他所需形式的信息输出，以满足信息的传输、处理、存储、显示、记录和控制等要求。它是实现自动检测和自动控制的首要环节，也是物联网获取物理世界信息的基本手段。

射频识别技术（Radio Frequency Identification，RFID）是物联网中使用的一种传感器技术，在物联网发展中备受关注。RFID 可通过无线电信号识别特定目标并读写相关数据，而无须识别系统与特定目标之间建立机械或光学接触。RFID 是一种简单的无线系统，由一个询问器（或阅读器）和很多应答器（或标签）组成。标签由耦合元件及芯片组成，每个标签具有唯一的电子编码，附着在物体上标识目标对象，它通过天线将射频信息传递给阅读器，阅读器就是读取信息的设备。RFID 技术让物品能够"开口说话"。这就赋予了物联网一个特性——可跟踪性，即可以随时掌握物品的准确位置及其周边环境。

2）传感网

微电子机械系统（Micro-Electro-Mechanical Systems，MEMS）是由微传感器、微执行器、信号处理和控制电路、通信接口和电源等部件组成的一体化的微型器件系统。其目标是把信息的获取、处理和执行集成在一起，组成具有多功能的微型系统，集成于大尺寸系统中，从而大幅地提高系统的自动化、智能化和可靠性水平。MEMS 赋予了普通物体新的"生命"，它们有了属于自己的数据传输通路、存储功能、操作系统和专门的应用程序，从而形成一个庞大的传感网。

3）应用系统框架

物联网应用系统框架是一种以机器终端智能交互为核心的、网络化的应用与服务。它将使对象实现智能化的控制，涉及 5 个重要的技术部分：机器、传感器硬件、通信网络、中间件和应用。基于云计算平台和智能网络，可以依据传感器网络获取的数据进行决策，改变对象的行为控制和反馈。

5. 应用和发展

物联网的应用领域涉及人们工作与生活的方方面面。物联网技术在工业、农业、环境、交通、物流、安保等基础设施领域的应用，以及与社会科学和社会治理的充分融合创新，有效推动了各领域的智能化发展，使得有限的资源能更加合理地使用分配，提高了行业效率、效益，实现了服务范围、服务方式和服务质量等方面的巨大变革和进步。

- 智能家居。借助物联网技术，可以实现家庭设备的远程控制和自动化管理。例如，智能灯光、智能门锁、智能恒温器等可根据用户的需求进行调节，而智能家电如洗衣机、烤箱等可通过手机App预设时间和模式。
- 智慧城市。物联网技术的应用改善了城市基础设施建设，提高了城市运行效率。智能交通系统、智能停车场、环境监测、能源管理等方面都得到了显著改善。
- 工业自动化。物联网技术在工业领域的应用提高了生产效率和安全性。例如，通过传感器收集数据，实现实时监控和预测性维护，降低故障率；又如，利用无线通信技术和机器人自动化完成烦琐、高危的生产环节。
- 医疗健康。物联网技术在医疗领域能远程监测病患情况，提高就医便利性。例如，通过穿戴设备收集生理数据，对疾病进行早期预警；又如，实现远程诊断和治疗，提高医疗水平，缓解医疗资源不均的问题。
- 农业智能化。物联网技术在农业领域的应用也取得了显著成果，提高了农业生产效率。例如，通过无人机和传感器对农田进行精准喷药和灌溉，降低资源浪费；又如，采集土壤、气候等信息，为种植作物提供科学指导。
- 物流追踪。物联网技术可以帮助企业优化物流链，提高配送效率。例如，运用GPS定位和RFID技术实时追踪货物位置，方便调度和监控；又如，基于大数据分析的智能仓储管理系统，自动进行库存调整、订单处理等操作。
- 能源管理。物联网技术有助于提高能源使用效率，实现可持续发展。例如，远程监控和优化设备的能耗；又如，利用智能电网技术平衡供需、减少损耗。

1.3.2　区块链

"区块链"概念于2008年被首次提出，并在比特币系统的数据加密货币体系中成功应用，已成为政府、组织和学者等重点关注和研究的热点。区块链技术提供了开放、分散和容错的事务机制，成为新一代匿名在线支付、汇款和数字资产交易的核心，被广泛应用于各大交易平台，为金融、农业、政治、监管机构及科技创新等领域带来了深刻的变革。

1. 定义

区块链是一种按照时间顺序将数据区块以顺序相连的方式组合成的一种链式数据结构，并以密码学方式保证的不可篡改和不可伪造的分布式账本。区块链可以理解为一个多方协作数据库，区块链技术是一种分布式账本的记账技术。狭义上，区块链是一种链式数据结构，一种分布式账本。广义上，区块链是一种技术，是利用块链式数据结构来验证与存储数据、利用分布式节点共识算法来生成和更新数据，利用密码学的方式保证数据传输和访问的安全，利用由自动化脚本代码组成的智能合约来编程和操作数据的一种全新的分布式基础架构与计算范式。

2. 特点

区块链具有如下特点：

（1）多中心化。链上数据的验证、核算、存储、维护和传输等过程均依赖分布式系统结构，运用纯数学方法代替中心化组织机构在多个分布式节点之间构建信任关系，从而建立去中心化的、可信的分布式系统。

（2）多方维护。激励机制可确保分布式系统中的所有节点均可参与数据区块的验证过程，并通过共识机制选择特定节点，将新产生的区块加入到区块链中。

（3）时序数据。区块链运用带有时间戳信息的链式结构来存储数据信息，为数据信息添加时间维度的属性，从而可实现数据信息的可追溯性。

（4）智能合约。区块链技术能够为用户提供灵活可变的脚本代码，以支持其创建新型的智能合约。

（5）不可篡改。在区块链系统中，因为相邻区块间后序区块可对前序区块进行验证，若篡改某一区块的数据信息，则须递归修改该区块及其所有后序区块的数据信息，且须在有限的时间内完成，然而每一次哈希的重新计算代价是巨大的，因此可保障链上数据的不可篡改性。

（6）开放共识。在区块链网络中，每台物理设备均可作为该网络中的一个节点，任意节点可自由加入且拥有一份完整的数据库拷贝。

（7）安全可信。数据安全可通过基于非对称加密技术对链上数据进行加密来实现，分布式系统中各节点通过区块链共识算法所形成的算力来抵御外部攻击，保证链上数据不被篡改和伪造，从而具有较高的保密性、可信性和安全性。

3. 关键技术

1）分布式账本

分布式账本是区块链技术的核心之一。分布式账本的核心思想是：交易记账由分布在不同地方的多个节点共同完成，而且每一个节点保存一个唯一、真实账本的副本，它们都可以参与监督交易的合法性，同时也可以共同为其作证；账本里的任何改动都会在所有的副本中被反映出来，反应时间是几分钟甚至是几秒钟，而且由于记账节点足够多，理论上除非所有的节点都被破坏，因此整个分布式账本系统是非常稳健的，从而保证了账目数据的安全性。

分布式账本技术能够保障资产的安全性和准确性，具有广泛的应用场景，特别是在公共服务领域，能够重新定义政府与公民在数据分享、透明度和信任意义上的关系，目前已经广泛应用到金融交易、政府征税、土地所有权登记、护照管理、社会福利等领域。

2）加密算法

区块数据的加密是区块链研究和关注的重点，其主要作用是保证区块数据在网络传输、存储和修改过程中的安全。区块链系统中的加密算法一般分为散列（哈希）算法和非对称加密算法。

哈希算法又称散列算法，其原理是将一段信息转换成一个固定长度并具备以下特点的字符串：如果某两段信息是相同的，那么字符也是相同的；即使两段信息十分相似，但只要是不同的，那么字符串将会十分杂乱、随机并且两个字符串之间完全没有关联。典型的散列算法有MD5、SHA和SM3，目前区块链主要使用SHA256算法。

非对称加密算法是由对应的一对唯一性密钥（即公开密钥和私有密钥）组成的加密方法。

任何获悉用户公钥的人都可用用户的公钥对信息进行加密，与用户实现安全信息交互。由于公钥与私钥之间存在的依存关系，只有用户本身才能解密该信息，任何未受授权用户甚至信息的发送者都无法将此信息解密。常用的非对称加密算法包括 RSA、ElGamal、D-H、ECC（椭圆曲线加密算法）等。

3）共识机制

在区块链的典型应用——数字货币中，面临着一系列相关的安全和管理问题，例如：如何防止诈骗？区块数据传输到各个分布式节点的先后次序如何控制？如何应对传输过程中数据的丢失问题？节点如何处理错误或伪造的信息？如何保障节点之间信息更新和同步的一致性？这些问题就是所谓的区块链共识问题。

区块链共识问题需要通过区块链的共识机制来解决。在互联网世界中，共识主要是计算机和软件程序协作一致的基本保障，是分布式系统节点或程序运行的基本依据。共识算法能保证分布式的计算机或软件程序协作一致，对外系统的输入输出做出正确的响应。

区块链的共识机制的思想是：在没有中心点总体协调的情况下，当某个记账节点提议区块数据增加或减少，并把该提议广播给所有的参与节点，所有节点要根据一定的规则和机制，对这一提议是否能够达成一致进行计算和处理。

目前，常用的共识机制主要有 PoW、PoS、DPoS、Paxos、PBFT 等。根据区块链不同应用场景中各种共识机制的特性，共识机制的分析可基于以下几个维度：

- 合规监管。合规监管指是否支持超级权限节点对全网节点和数据进行监管。
- 性能效率。性能效率指交易达成共识被确认的效率。
- 资源消耗。资源消耗指共识过程中耗费的CPU、网络输入输出和存储等资源。
- 容错性。容错性指防攻击、防欺诈的能力。

4. 应用和发展

1）区块链的应用现状

当前，TCP/IP 协议是全球互联网的"牵手协议"。将"多中心化、分布式"理念变成了一种可执行的程序，并在此基础上派生出了更多的类似协议。然而，回顾互联网技术的发展，当前的互联网技术成功实现了信息的多中心化，但却无法实现价值的多中心化。换句话说，互联网上能够多中心化的活动是无须信用背书的活动，需要信用做保证的都是中心化的、有第三方中介机构参与的活动。因此，建立全球信用的互联网技术就在发展中遇到了障碍：人们无法在互联网上通过多中心化方式参与价值交换活动。

随着加密技术和智能合约的发展，区块链技术在金融、供应链管理等领域得到了广泛应用。

- 数字货币。虚拟货币（例如比特币）将继续受到关注，可能成为主流支付手段。
- 金融服务创新。区块链将促进传统金融行业的变革，提高资产交易和清算效率。
- 供应链管理。区块链技术有望解决供应链透明度问题，提高企业竞争力。
- 数据安全与隐私保护。区块链将支持数据存储和传输的安全性，维护个人隐私权益。

从区块链技术研究的角度看：①在共识机制方面，如何解决公有链、私有链、联盟链的权限控制、共识效率、约束、容错率等方面的问题，寻求针对典型场景的、具有普适性的、更优的共识算法及决策将是研究的重点。②在安全算法方面，目前采用的算法大多数是传统的安全类算法，存在潜在的"后门"风险，算法的强度也需要不断升级；另外，管理安全、隐私保护、监管缺乏以及新技术（例如量子计算）所带来的安全问题需要认真对待。③在区块链治理领域，如何结合现有信息技术治理体系的研究，从区块链的战略、组织、架构以及区块链应用体系的各个方面，研究区块链实施过程中的环境与文化、技术与工具、流程与活动等问题，进而实现区块链的价值，开展相关区块链的审计，是区块链治理领域需要关注的核心问题。④在技术日益成熟的情况下，研究区块链的标准化，也是需要重点考虑的内容。

2）区块链的发展趋势

● 区块链将成为互联网的基础协议之一。本质上，互联网同区块链一样，也是去中心化的，并没有一个"互联网中心"存在。不同的是，互联网是一个高效的信息传输网络，并不关心信息的所有权，没有内生的、对有价值信息的保护机制；区块链作为一种可以传输所有权的协议，将会基于现有的互联网协议架构，构建出新的基础协议层。从这个角度看，区块链（协议）会和传输控制协议/因特网互联协议（TCP/IP）一样，成为未来互联网的基础协议，构建出一个高效的、去中心化的价值存储和转移网络。

● 区块链架构的不同分层将承载不同的功能。类似TCP/IP协议栈的分层结构，人们在统一的传输层协议之上，发展出了各种各样的应用层协议，最终构建出了今天丰富多彩的互联网。未来区块链结构也将在一个统一的、去中心化的底层协议基础上，发展出各种各样的应用层协议。

● 区块链的应用和发展将呈螺旋式上升趋势。如同互联网的发展一样，在发展过程中会经历过热甚至泡沫阶段，并以颠覆式的技术改变和融合传统产业。区块链作为数字化浪潮下一个阶段的核心技术，其周期将比大多数人预想得要长，而最终影响的范围和深度也会远远超出大多数人的想象，最终将会构建出多样化生态的价值互联网，从而深刻改变未来商业社会的结构和每个人的生活。

1.3.3 云计算

早期的云计算就是简单的分布式计算，经运算任务分发（给多台服务器进行处理）并对计算结果进行合并。当前的云计算不单是一种分布式计算，而是分布式计算、效用计算、负载均衡、并行计算、网络存储、热备份冗余和虚拟化等计算机技术混合演进并跃升的结果。

1. 定义

云计算是分布式计算的一种，指的是通过网络"云"将巨大的数据计算处理程序分解成无数个小程序，然后通过由多台服务器组成的系统处理和分析这些小程序最终将得到的结果并返回给用户。云计算将网络上配置为共享的软件资源、计算资源、存储资源和信息资源，按需求提供给网上的终端设备和终端用户。云计算也可以理解为向用户屏蔽底层差异的分布式处理架构。在云计算环境中，用户与实际服务提供的计算资源相分离，云端集合了大量计算设备和资源。当使用云计算服务时，用户不需要安排专门的维护人员，云计算服务的提供商会为数据和服务器的安全做出相对较高水平的保护。由于云计算将数据存储在云端（分布式的云计算设备中承担计算和存储功能的部分），业务逻辑和相关计算也都在云端完成，因此，终端只需要一个能够满足基础应用的普通设备即可。

云计算实现了"快速、按需、弹性"的服务，用户可以随时通过宽带网络接入"云"并获得服务，按照实际需求获取或释放资源，根据需求对资源进行动态扩展。云计算以实现一切即服务（Everything as a Service，EaaS）为首要任务。

按照云计算服务提供的资源层次，可以分为基础设施即服务（Infrastructure as a Service，IaaS）、平台即服务（Platform as a Service，PaaS）和软件即服务（Software as a Service，SaaS）三种服务类型。按部署范围的不同，云计算可以分为公有云、私有云和混合云。

2. 特点

云计算的核心思想是将大量用网络连接的计算资源纳入统一管理和调度范畴，构成一个计算资源池，向用户提供按需服务。云计算的特征主要表现为超大规模、高可扩展性、虚拟化、高可靠性、通用性、廉价性和灵活定制。

（1）超大规模。"云"具有相当大的规模，能赋予用户前所未有的计算能力，支持用户在任何有互联网的地方，使用任何上网终端获取应用服务。

（2）高可扩展性。"云"不仅规模超大，还可以动态伸缩，满足应用和用户规模增长的需要。

（3）虚拟化。云计算是一个虚拟的资源池，用户所请求的资源来自"云"，而不是固定的有形实体。

（4）高可靠性。用户无须担心个人计算机崩溃导致的数据丢失，因为其所有的数据都保存在"云"上。

（5）通用性。云计算没有特定的应用，同一个"云"可以同时支撑不同的应用。

（6）廉价性。由于"云"的特殊容错措施，因而可以采用廉价的节点来构成"云"。云计算将数据送到互联网的超级计算机集群中进行处理，个人只需支付低廉的服务费用，就可完成数据的计算和处理。企业无须负担日益高昂的数据中心管理费用，从而大大降低了成本。

（7）灵活定制。用户可以根据自己的需要来定制相应的服务、应用及资源；根据用户的需求，"云"来提供所需的服务。

3. 关键技术

云计算的关键技术主要涉及虚拟化技术、云存储技术、多租户和访问控制管理、云安全技术等。

1）虚拟化技术

虚拟化是一个广义术语，在计算机领域通常指计算元件在虚拟的基础而不是真实的基础上运行。虚拟化技术可以扩大硬件容量，简化软件的重新配置过程。CPU 的虚拟化技术可以单 CPU 模拟多 CPU 并行，允许一个平台同时运行多个操作系统，并且应用程序都可以在相互独立的空间内运行而互不影响，从而显著提高计算机的工作效率。

虚拟化技术与多任务以及超线程技术是完全不同的。多任务是指在一个操作系统中多个程序同时并行运行。在虚拟化技术中，则可以同时运行多个操作系统，而且每一个操作系统中都有多个程序运行，每一个操作系统都运行在一个虚拟的 CPU 或者虚拟主机上。超线程技术只是单 CPU 模拟双 CPU 来平衡程序的运行性能，这两个模拟出来的 CPU 是不能分离的，只能协同工作。

容器（Container）技术是一种全新意义上的虚拟化技术，属于操作系统虚拟化的范畴，也就是由操作系统提供虚拟化的支持。容器技术将单个操作系统的资源划分到孤立的组中，以便更好地在孤立的组之间平衡有冲突的资源使用需求。使用容器技术可将应用隔离在一个独立的运行环境中，可以减少运行程序带来的额外消耗，并可以在几乎任何地方以相同的方式运行。

2）云存储技术

云存储技术是基于传统媒体系统发展而来的一种全新信息存储管理方式，该方式整合应用了计算机系统的软硬件优势，可较为快速、高效地对海量数据进行在线处理，通过多种云技术平台的应用，实现了数据的深度挖掘和安全管理。

分布式文件系统作为云存储技术中的重要组成部分，在维持兼容性的基础上，对系统复制和容错功能进行提升。同时，通过云集群管理实现云存储的可拓展性，借助模块之间的合理搭配，完成解决方案拟定解决的网络存储、联合存储、多节点存储、备份处理、负载均衡等问题。云存储的实现过程中，结合分布式的文件结构，在硬件支撑的基础上，对硬件运行环境进行优化，确保数据传输的完整性和容错性；结合成本低廉的硬件的扩展，大大降低了存储的成本。

3）多租户和访问控制管理

云计算环境下访问控制的研究是伴随着云计算的发展而发展的，访问控制管理是云计算应用的核心问题之一。云计算访问控制研究主要集中在云计算访问控制模型、基于 ABE 密码机制的云计算访问控制、云中多租户及虚拟化访问控制。

- 云计算访问控制模型。云计算访问控制模型就是按照特定的访问策略来描述安全系统，建立安全模型的一种方法。用户（租户）可以通过访问控制模型得到一定的权限，进而对云中的数据进行访问，所以访问控制模型多用于静态分配用户的权限。云计算中的访问控制模型都是以传统的访问控制模型为基础，在传统的访问控制模型上进行改进，使其更适用于云计算的环境。根据访问控制模型功能的不同，研究的内容和方法也不同，常见的有基于任务的访问控制模型、基于属性模型的云计算访问控制、基于UCON模型的云计算访问控制、基于BLP 模型的云计算访问控制等。
- 基于ABE密码机制的云计算访问控制。基于ABE密码机制的云计算访问控制包括 4 个参与方：数据提供者、可信第三方授权中心、云存储服务器和用户。首先，可信授权中心生成主密钥和公开参数，将系统公钥传给数据提供者，数据提供者收到系统公钥之后，用策略树和系统公钥对文件加密，将密文和策略树上传到云服务器；然后，当一个新用户加入系统后，将自己的属性集上传给可信授权中心并提交私钥申请请求，可信授权中心针对用户提交的属性集和主密钥计算生成私钥，传给用户；最后，用户下载感兴趣的数据。如果其属性集合满足密文数据的策略树结构，则可以解密密文；否则，访问数据失败。
- 云中多租户及虚拟化访问控制。云中多租户及虚拟化访问控制是云计算的典型特征。由于租户间共享物理资源，并且其可信度不容易得到，所以租户之间就可以通过侧通道攻击来从底层的物理资源中获得有用的信息。此外，由于在虚拟机上要部署访问控制策略可能会带来多个租户访问资源的冲突，导致物理主机上出现没有认证的或者权限分配错误的信息流。这就要求在云环境下，租户之间的通信应该由访问控制来保证，并且每个租户都有自己的访问控制策略，使得整个云平台的访问控制变得复杂。目前，对多租户访问控制的研究主要集中在对多租户的隔离和虚拟机的访问控制方面。

4）云安全技术

云安全研究主要包含两个方面的内容，一是云计算技术本身的安全保护工作，涉及相应的数据完整性及可用性、隐私保护性以及服务可用性等方面的内容；二是借助于云服务的方式来保障客户端用户的安全防护要求，通过云计算技术来实现互联网安全，涉及基于云计算的病毒防治、木马检测技术等。

在云安全技术的研究方面，主要包含以下几个方面：

● 云计算安全性。云计算安全性主要是对于云自身以及所涉及的应用服务内容进行分析，重点探讨其相应的安全性问题，这里主要涉及如何有效实现安全隔离互联网用户数据的安全性，如何有效防护恶意网络攻击，如何提升云计算平台的系统安全性、用户接入认证以及相应的信息传输的审计与安全等方面的工作。

● 保障云基础设施的安全性。保障云基础设施的安全性主要就是如何利用相应的互联网安全基础设备的相应资源，有效实现云服务的优化，从而保障满足预期的安全防护的要求。

● 云安全技术服务。云安全技术服务的重点集中于如何保障实现互联网终端用户的安全服务工作要求，能有效实现客户端的计算机病毒防治的相关服务工作。从云安全架构的发展情况来看，关键点则在于云计算服务商的安全等级不高，会造成服务用户需要具备更强的安全能力以及承担更多的管理职责。

为了提升云安全体系的能力，保障其具有较强的可靠性，云安全技术要从开放性、安全保障、体系结构的角度考虑。①云安全系统具有一定的开放性，要保障开放环境下可信认证；②在云安全系统方面，要积极采用先进的网络技术和病毒防护技术；③在云安全体系构建过程中，要保证其稳定性，以满足海量数据动态变化的需求。

4. 应用和发展

云计算经历多年的发展，已逐步进入成熟期，在众多领域正发挥着越来越大的作用，"上云"将成为各类组织加快数字化转型、鼓励技术创新和促进业务增长的第一选择，甚至是必备的前提条件。

云计算将进一步成为创新技术和最佳工程实践的重要载体和试验场。从 AI 与机器学习、IoT 与边缘计算、区块链到工程实践领域的 DevOps、云原生和 Service Mesh，都有云计算厂商积极参与、投入和推广的身影。

云计算将顺应产业互联网大潮，下沉行业场景，向垂直化和产业化纵深发展。随着通用类架构与功能的不断完善和对行业客户的不断深耕，云计算自然渗透到更多垂直领域，成为提供更贴近行业业务与典型场景的基础能力。以金融云为例，云计算可以针对金融保险机构特殊的合规和安全需要，提供物理隔离的基础设施，还可以提供支付、结算、风控和审计等业务组件。

多云和混合云将成为大中型组织的刚需，得到更多重视与发展。当组织大量的工作负载部署在云端，新的问题则会显现：①虽然云端已经能提供相当高的可用性，但为了避免单一供应商出现故障时的风险，关键应用仍须架设必要的技术冗余；②当业务规模较大时，从商业策略角度看，也需要避免过于紧密的厂商绑定，以寻求某种层面的商业制衡和主动权。组织可以选择多个云服务提供商，并结合私有云和公共云，以满足不同业务的需求。

云的生态建设重要性不断凸显，成为影响云间竞争的关键因素。当某个云发展到一定规模和阶段之后，就不能仅仅考虑技术和产品，还需要站在长远发展的角度，建立和培养具有生命力的繁荣生态和社区。

综上所述，"创新、垂直、混合、生态"这四大趋势伴随着云计算快速发展。云计算对IT硬件资源与软件组件进行了标准化、抽象化和规模化，从某种意义上颠覆和重构了IT产业的供应链，是当前新一代信息技术发展的巨大革新与进步。

1.3.4　大数据

数据是重要的生产要素，是数据的集合，以容量大、类型多、速度快、精度准、价值高为主要特征。大数据产业是以数据生成、采集、存储、加工、分析和服务为主的战略性新兴产业，是激活数据要素潜能的关键支撑，是加快经济社会发展质量变革、效率变革和动力变革的重要引擎。

1. 定义

大数据是指无法在一定时间范围内用常规软件工具进行捕捉、管理和处理的数据集合，是需要新处理模式才能具有更强的决策力、洞察发现力和流程优化能力的海量、高增长率和多样化的信息资产。大数据通常是海量数据或巨量数据，其规模往往巨大到无法通过目前的主流计算机系统在合理时间内获取、存储、管理、处理并提炼以帮助使用者决策。

2. 特点

一般来说，大数据的主要特征包括4V：规模性（Volume）、多样性（Variety）、价值密度（Value）和速度（Velocity）。

（1）规模性。非结构化数据的超大规模和增长使其规模占总数据量的80%～90%，比结构化数据增长速度快10～50倍，导致数据集合规模的不断扩大，数据单位已从GB到TB（1TB=1024GB）再到PB（1PB=1024TB）级，甚至开始以EB（1EB=1024PB）和ZB（1ZB=1024EB）来计数。

（2）多样性。大数据的数据类型繁多，具有异构性和多样性的特点，一般分为结构化数据和非结构化数据。相对于便于存储的、以文本为主的结构化数据，非结构化数据越来越多，包括网络日志、音频、视频、图片、地理位置信息等，这些多类型的数据对数据的处理能力提出了更高要求。

（3）价值密度。大数据本身存在较大的潜在价值，但由于大数据的数据量过大，其价值往往呈现稀疏性的特点。单位数据的价值密度在不断降低，但是数据的整体价值在提高。以视频为例，一部一小时的视频，在连续不间断的监控中，有用数据可能仅有几秒。如何通过强大的机器算法更迅速地完成数据的价值"提纯"，成为目前大数据背景下亟待解决的难题。

（4）速度。要求大数据的处理速度快、时效性高，需要的是对大数据的实时分析而非批量式分析，以及对数据的输入、处理和分析的连贯性处理。为了从海量数据中快速挖掘数据价值，一般要求要对不同类型的数据进行快速处理，这是大数据区别于传统数据挖掘的最显著特征。

3. 关键技术

大数据技术作为信息化时代的一项新兴技术，其技术体系处在快速发展阶段，涉及数据的处理、管理和应用等多个方面。从总体上说，大数据技术架构主要包含大数据获取技术、分布式数据处理技术、大数据管理技术以及大数据应用和服务技术。

1）大数据获取技术

大数据获取技术的研究主要集中在数据采集、整合和清洗三个方面。数据采集技术实现数据源的获取，然后通过整合和清洗技术来提升数据质量。

- 数据采集技术主要是通过分布式爬取、分布式高速高可靠性数据采集和高速全网数据映像技术，从网站上获取数据信息。除了网络中包含的内容之外，对于网络流量的采集可以使用DPI或DFI等带宽管理技术进行处理。
- 数据整合技术是在数据采集和实体识别的基础上，实现数据到信息的高质量整合。数据整合技术需要建立多源多模态信息集成模型、异构数据智能转换模型、异构数据集成的智能模式抽取和模式匹配算法、自动容错映射和转换模型及算法、整合信息的正确性验证方法、整合信息的可用性评估方法等。
- 数据清洗技术一般根据正确性条件和数据约束规则，清除不合理和错误的数据，对重要的信息进行修复，保证数据的完整性。数据清洗技术需要建立数据正确性语义模型、关联模型和数据约束规则、数据错误模型和错误识别学习框架、针对不同错误类型的自动检测和修复算法、错误检测与修复结果的评估模型和评估方法等。

2）分布式数据处理技术

分布式计算是随着分布式系统的发展而兴起的，其核心是将任务分解成许多小的部分，分配给多台计算机进行处理，通过并行工作的机制，达到节约整体计算时间、提高计算效率的目的。目前，主流的分布式计算系统有 Hadoop、Spark 和 Storm。Hadoop 常用于离线的、复杂的大数据处理，Spark 常用于离线的、快速的大数据处理，而 Storm 常用于在线的、实时的大数据处理。

大数据分析技术主要指改进已有的数据挖掘和机器学习技术；开发数据网络挖掘、特异群组挖掘、图挖掘等新型数据挖掘技术；创新基于对象的数据连接、相似性连接等大数据融合技术；突破用户兴趣分析、网络行为分析、情感语义分析等面向领域的大数据挖掘技术。大数据挖掘就是从大量、不完全、有噪声、模糊、随机的实际应用数据中，提取隐含在其中的、人们事先不知道的、但又是潜在有用的信息和知识的过程。目前，大数据的挖掘技术也是一个新型研究课题，国内外研究者从网络挖掘、特异群组挖掘、图挖掘等新型数据挖掘技术展开，重点突破基于对象的数据连接、相似性连接、可视化分析、预测性分析、语义引擎等大数据融合技术，以及用户兴趣分析、网络行为分析、情感语义分析等面向领域的大数据挖掘技术。

3）大数据管理技术

大数据管理技术主要集中在大数据存储、大数据协同和安全隐私等方面。

- 大数据存储技术主要有三个方面。①采用MPP架构的新型数据库集群，通过列存储、粗粒度索引等多项大数据处理技术和高效的分布式计算模式，实现大数据存储。②围绕Hadoop衍生出相关的大数据技术，应对传统关系型数据库较难处理的数据和场景，通过扩展和封装Hadoop来实现对大数据存储、分析的支撑。③基于集成的服务器、存储设备、操作系统、数据库管理系统，实现具有良好的稳定性和扩展性的大数据一体机。

- 多数据中心的协同管理技术是大数据研究的另一个重要方向。通过分布式工作流引擎实现工作流调度和负载均衡，整合多个数据中心的存储和计算资源，从而为构建大数据服务平台提供支撑。

- 大数据安全隐私技术的研究，主要是在数据应用和服务过程中，在尽可能少损失数据信息的同时最大化地隐藏用户隐私，从而实现数据安全和隐私保护的需求。

4）大数据应用和服务技术

大数据应用和服务技术主要包含分析应用技术和可视化技术。

- 大数据分析应用技术主要是面向业务的分析应用。在分布式海量数据分析和挖掘的基础上，大数据分析应用技术以业务需求为驱动，面向不同类型的业务需求开展专题数据分析，为用户提供高可用、高易用的数据分析服务。

- 可视化技术通过交互式视觉表现的方式来帮助人们探索和理解复杂的数据。大数据的可视化技术主要集中在文本可视化技术、网络（图）可视化技术、时空数据可视化技术、多维数据可视化和交互可视化等。

4. 应用和发展

大数据像水、矿石、石油一样，正在成为新的资源和社会生产要素。从数据资源中挖掘潜在的价值，是当前大数据时代研究的热点。如何快速对数量巨大、来源分散、格式多样的数据进行采集、存储和关联分析，从中发现新知识、创造新价值、提升新能力的新一代信息技术和服务业态，是大数据应用价值的重要体现。

（1）在互联网行业，随着网络的广泛应用，社交网络已深入到社会工作、生活的方方面面，海量数据的产生、应用和服务出现一体化趋势。每个人都是数据的生产者、使用者和受益者。从大量的数据中挖掘用户行为，反向传输到业务领域，可以支持更准确的社会营销和广告、增加业务收入、促进业务发展。同时，随着数据的大量生成、分析和应用，数据本身成为了可以交易的资产，大数据交易和数据资产化成为当前具有价值的领域和方向。

（2）在政府的公共数据领域，结合大数据的采集、治理和集成，将各个部门搜集的信息进行剖析和共享，能够发现管理上的纰漏、提高执法水平、促进财税增收、加大市场监管程度、改变政府管理模式、节省政府投资、强化市场管理，提高社会治理水平、城市管理能力和人民群众的服务能力。

（3）在金融领域，大数据征信是重要的应用领域。通过大数据的分析和画像，能够实现个人信用和金融服务的结合，从而服务于金融领域的信任管理、风控管理、借贷服务等，为金融业务提供有效支撑。

（4）在工业领域，结合海量的数据分析，能够为工业生产过程提供准确的指导。例如，在航运大数据领域，能够使用大数据对未来航路的国际贸易货量进行预测分析，预知各个口岸的热度；能够利用天气数据对航路的影响进行分析，提供相关业务的预警、航线的调整和资源的优化调配方案，避免不必要的亏损。

（5）在社会民生领域，大数据的分析应用能够更好地为民生服务。以疾病预测为例，基于大数据的积累和智能分析，能够透视人们搜索"流感、肝炎、肺结核"等疾病发病时间和地点分布，结合气温变化、环境指数、人口流动等因素建立预测模型，能够为公共卫生治理人员提供多种传染病的趋势预测，帮助其提早进行预防部署。

1.3.5　人工智能

人工智能这一概念自 1956 年被提出后，已历经半个多世纪的发展和演变。随着大数据、高性能计算和深度学习技术的快速迭代和进步，人工智能进入新一轮的发展热潮，其强大的赋能性对经济发展、社会进步、国际政治经济格局等产生了重大且深远的影响，已成为新一轮科技革命和产业变革的重要驱动力量。

1. 定义

人工智能是利用计算机或者计算机控制的机器来模拟、延伸和扩展人类的智能和感知环境的能力，从而获取知识并使用知识获得最佳结果的理论、方法、技术及应用系统。

2. 特点

（1）由人类设计，为人类服务，本质为计算，基础为数据。

从根本上说，人工智能系统必须以人为本。这些系统是由人类设计，按照人类设定的程序逻辑或软件算法，通过人类发明的芯片等硬件载体来运行或工作，其本质体现为计算，通过对数据的采集、加工、处理、分析和挖掘，形成有价值的信息流和知识模型，为人类提供延伸人类能力的服务，实现人类期望的一些"智能行为"的模拟。在理想情况下，人工智能必须体现服务人类的特点，而不应该伤害人类，特别是不应该有目的性地做出伤害人类的行为。

（2）能感知环境，能产生反应，能与人交互，能与人互补。

人工智能系统应能借助传感器等器件产生对外界环境（包括人类）进行感知的能力，可以像人一样通过听觉、视觉、嗅觉、触觉等接收来自环境的各种信息，对外界的输入产生文字、语音、表情、动作（控制执行机构）等必要的反应，甚至影响到环境或人类。借助按钮、键盘、鼠标、屏幕、手势、体态、表情、力反馈、虚拟现实/增强现实等方式，人与机器间可以产生交互与互动，使机器设备越来越"理解"人类乃至与人类进行协作，从而实现优势互补。这样，人工智能系统能够帮助人类做不擅长、不喜欢但机器能够完成的工作，而人类则全身心投入需具备洞察力、想象力及具有创造性、灵活性、多变性等情感相关性工作。

（3）有适应特性，有学习能力，有演化迭代，有连接扩展。

在理想情况下，人工智能系统应具有一定的自适应特性和学习能力，即具有一定的随环境、数据或任务变化而自适应调节参数或更新与优化模型的能力；并且能够在此基础上通过与云、端、人、物，越来越广泛深入地进行数字化连接与扩展，实现机器客体乃至人类主体的演化迭代，使系统具有适应性、鲁棒性、灵活性和扩展性，以应对不断变化的现实环境，从而使人工智能系统在各行各业产生丰富的应用。

3. 关键技术

当前，人工智能技术的研究主要聚焦在热点技术、共性技术和新兴技术三个方面。其中以机器学习为代表的基础算法的优化、改进和实践，以及以神经网络、深度学习、强化学习、迁移学习、多核学习和多视图学习等为主的新型学习方法是研究与探索的热点；与自然语言处理相关的特征提取、语义分类、词嵌入等基础技术和模型研究，以及智能自动问答、机器翻译等应用研究也取得了诸多成果；以知识图谱、专家系统为逻辑的系统化分析也在不断地取得突破，大大拓展了人工智能的应用场景，对人工智能未来的发展具有重要的潜在影响。人工智能的关键技术领域还包括人机交互、机器思维、机器感知、机器行为、计算智能、分布智能、人工心理和人工情感、大模型等。

（1）机器学习。机器学习是一种自动将模型与数据匹配，并通过训练模型对数据进行"学习"的技术。机器学习是机器获取知识的根本途径，同时也是机器具有智能的重要标志。有人认为，一个计算机系统如果不具备学习功能，就不能称其为智能系统。机器学习有多种不同的分类方法，按照对人类学习的模拟方式，机器学习可以分为符号学习和网络学习（或连接学习）；按照直接采用数学方法的机器学习方式，主要有统计机器学习等。机器学习模型是以统计为基础的，而且应该将其与常规分析进行对比以明确其价值增量。它们往往比基于人类假设和回归分析的传统"手工"分析模型更准确，但也更复杂和难以解释。相比于传统的统计分析，自动化机器学习模型更容易创建，而且能够揭示更多的数据细节。

神经网络是机器学习的一种形式，该技术出现在 20 世纪 60 年代，并应用于分类应用程序。它根据输入、输出、变量权重或与输入与输出关联的"特征"来分析问题，其类似于人类神经元处理信号的方式。深度学习是通过多等级的特征和变量来预测结果的神经网络模型，得益于当前计算机架构更快的处理速度，这类模型有能力应对成千上万个特征。与早期的统计分析形式不同，深度学习模型中的每个特征通常对于人类观察者而言意义不大，这使得该模型的使用难度很大且难以解释。

（2）自然语言处理（Natural Language Processing，NLP）。NLP 是人工智能领域中的一个重要方向。它研究能实现人与计算机之间用自然语言进行有效通信的各种理论和方法，或实现自然语言理解和自然语言生成。

自然语言处理是十分困难的，根本原因是自然语言文本和对话在各个层次上广泛存在着各种各样的歧义性或多义性。自然语言处理解决的核心问题是信息抽取、自动文摘/分词、识别转化等，用于解决内容有效界定、消除歧义和模糊性、有瑕疵或不规范的输入、语言行为理解和交互等问题。

深度学习是自然语言处理的重要技术支撑，在自然语言处理中需要应用深度学习模型，例如卷积神经网络、循环神经网络等，通过对生成的词向量进行学习，以完成自然语言分类、理解的过程。自然语言处理主要应用于机器翻译（利用计算机实现从一种自然语言到另外一种自然语言的翻译）、语义理解（利用计算机理解文本篇章内容，并回答相关问题）、问答系统（让计算机像人类一样用自然语言与人交流），以及舆情监测、自动摘要、观点提取、文本分类、文本语义对比、语音识别、中文 OCR 等方面。

（3）计算机视觉（Computer Vision，CV）

计算机视觉是使用计算机模仿人类视觉系统的科学，让计算机拥有类似人类提取、处理、理解和分析图像以及图像序列的能力，将图像分析任务分解为便于管理的小块任务。自动驾驶、机器人、智能医疗等领域均需要通过计算机视觉技术从视觉信号中提取并处理信息。近年来随着深度学习的发展，预处理、特征提取与算法处理渐渐融合，形成端到端的人工智能算法技术。

（4）知识图谱。知识图谱本质上是结构化的语义知识库，是一种由结点和边组成的图数据结构，以符号形式描述物理世界中的概念及其相互关系。知识图谱就是把所有不同种类的信息连接在一起而得到的一个关系网络，提供了从"关系"的角度去分析问题的能力。知识图谱可用于反欺诈、不一致性验证、组团欺诈等对公共安全保障形成威胁的领域，需要用到异常分析、静态分析、动态分析等数据挖掘方法。知识图谱在搜索引擎、可视化展示和精准营销方面有很大的优势，已成为业界的热门工具。

（5）专家系统。专家系统是一个智能计算机程序系统，通常由人机交互界面、知识库、推理机、解释器、综合数据库、知识获取等六个部分构成，其内部含有大量的某个领域专家水平的知识与经验，它能够应用人工智能技术和计算机技术，根据系统中的知识与经验进行推理和判断，模拟人类专家的决策过程，以便解决那些需要人类专家处理的复杂问题。简而言之，专家系统是一种模拟人类专家解决领域问题的计算机程序系统。当前人工智能的专家系统主要研究大型多专家协作系统、多种知识表示、综合知识库、自组织解题机制、多学科协同解题与并行推理、专家系统工具与环境、人工神经网络知识获取及学习机制等。

（6）人机交互（Human Computer Interaction，HCI）。人机交互主要研究人和计算机之间的信息交换，包括人到计算机和计算机到人的两部分信息交换，是人工智能领域重要的外围技术。人机交互是与认知心理学、人机工程学、多媒体技术、虚拟现实技术等密切相关的综合学科的交叉。传统的人与计算机之间的信息交换主要依靠交互设备进行，主要包括键盘、鼠标、操纵杆、数据服装、眼动跟踪器、位置跟踪器、数据手套、压力笔等输入设备，以及打印机、绘图仪、显示器、头盔式显示器、音箱等输出设备。人机交互技术除了传统的基本交互和图形交互外，还包括语音交互、情感交互、体感交互及脑机交互等技术。

（7）机器思维。机器思维主要模拟人类的思维功能。在人工智能中的有关研究主要包括推理、搜索和规划等。

（8）机器感知。机器感知作为机器获取外界信息的主要途径，是机器智能的重要组成部分，有关的研究主要包括机器视觉、模式识别和自然语言处理。

（9）机器行为。机器行为既是智能机器作用于外界环境的主要途径，也是机器智能的重要组成部分。机器行为的研究内容较多，主要包括智能控制与智能制造等。

（10）计算智能。计算智能是借鉴仿生学的思想，基于人们对生物体智能机理的认识，采用数值计算的方法模拟和实现人类的智能。计算智能的主要研究领域包括神经计算、进化计算和模糊计算等。

（11）分布智能。分布式人工智能是随着计算机网络、计算机通信和并发程序设计技术发展起来的新的人工智能研究领域。它主要研究在逻辑上或物理上分布的智能系统之间如何相互协调各自的智能行为，实现问题的并行求解。分布式人工智能的研究目前有两个主要方向，一个是分布式问题求解，另一个是多代理系统。

（12）人工心理和人工情感。在人类神经系统中，智能并不是一个孤立现象，它往往和心理与情感联系在一起。心理学研究结果表明，心理和情感会影响人的认知，即影响人的思维，因此在研究人工智能的同时也应该开展对人工心理和人工情感的研究。

（13）大模型。大模型是指在机器学习中模型参数数量庞大的模型。这些模型通常由深度神经网络构建而成，通常包含数百万到数十亿个参数。随着硬件技术的进步和数据量的增加，大模型在自然语言处理、计算机视觉和推荐系统等领域取得了显著成果。目前，大模型的设计目的是提高模型的表达能力和预测能力，用于处理复杂的任务和数据等，大模型往往需要通过海量数据来学习复杂的模式和特征，从而获得更加广泛的能力，并应用于行业领域。

4. 应用和发展

经过数十年的发展，人工智能在算法、算力（计算能力）和算料（数据）等方面取得了重要突破，正处于从"不能用"到"可以用"的技术拐点，但是距离"很好用"还存在诸多瓶颈。实现从专用人工智能向通用人工智能的跨越式发展，既是下一代人工智能发展的必然趋势，也是研究与应用领域的重大挑战，是未来应用和发展的趋势。

（1）从人工智能向人机混合智能发展。借鉴脑科学和认知科学的研究成果是人工智能的一个重要研究方向。人机混合智能旨在将人的作用或认知模型引入到人工智能系统中，提升人工智能系统的性能，使人工智能成为人类智能的自然延伸和拓展，通过人机协同更加高效地解决复杂问题。

（2）从"人工＋智能"向自主智能系统发展。当前人工智能领域的大量研究集中在深度学习，但是深度学习的局限是需要大量人工干预，比如人工设计深度神经网络模型、人工设定应用场景、人工采集和标注大量训练数据、用户需要人工适配智能系统等，非常费时费力。因此，科研人员开始关注减少人工干预的自主智能方法，提高机器智能对环境的自主学习能力。

（3）人工智能将加速与其他学科领域的交叉渗透。人工智能本身是一门综合性的前沿学科和高度交叉的复合型学科，研究范畴广泛而又异常复杂，其发展需要与计算机科学、数学、认知科学、神经科学和社会科学等学科深度融合。借助于生物学、脑科学、生命科学和心理学等学科的突破，将机理变为可计算的模型，人工智能将与更多学科深入地交叉渗透。

（4）人工智能产业将蓬勃发展。随着人工智能技术的进一步成熟以及政府和产业界投入的日益增长，人工智能应用的云端化将不断加速，全球人工智能产业规模在未来10年将进入高速增长期。"人工智能＋X"的创新模式将随着技术和产业的发展日趋成熟，对生产力和产业结构产生革命性影响，并推动人类进入普惠型智能社会。

（5）人工智能的社会学将提上议程。为了确保人工智能的健康可持续发展，使其发展成果造福于民，需要从社会学的角度系统全面地研究人工智能对人类社会的影响，制定和完善人工智能法律法规，规避可能的风险，旨在"以有利于整个人类的方式促进和发展友好的人工智能"。

1.3.6　边缘计算

在介绍边缘计算（Edge Computing，EC）之前，有必要先介绍一下章鱼。章鱼就是用"边缘计算"来解决实际问题的。作为无脊椎动物中智商最高的一种动物，章鱼拥有巨量的神经元，但 60% 分布在章鱼的八条腿上，脑部仅有 40%，也就是说章鱼是用"腿"来解决问题的。类比于边缘计算，边缘计算将数据的处理、应用程序的运行甚至一些功能服务的实现，由网络中心下放到网络边缘的节点上。在网络边缘侧的智能网关上就近采集并且处理数据，不需要将大量未处理的原生数据上传到远处的大数据平台。

如果能像章鱼一样采用边缘计算的方式，海量数据则能够就近处理，大量的设备也能实现高效协同工作，诸多问题将迎刃而解。因此，边缘计算在理论上可满足许多行业在敏捷性、实时性、数据优化、应用智能，以及安全与隐私保护等方面的关键需求。

1. 定义

边缘计算是一种将主要处理和数据存储放在网络边缘节点的分布式计算形式，在靠近物或数据源头的网络边缘侧，融合网络、计算、存储、应用核心能力的开放平台，就近提供边缘计算服务，满足行业数字化在敏捷连接、实时业务数据优化、应用智能、安全与隐私保护等方面的关键需求。边缘计算可以作为连接物理世界和数字世界的桥梁，使能智能资产、智能网关、智能系统和智能服务。

2. 特点

边缘计算的业务本质是云计算在数据中心之外汇聚节点的延伸和演进，以"边云协同"和"边缘智能"为核心能力发展方向。软件平台需要考虑导入云理念、云架构、云技术，提供端到端实时、协同式智能、可信赖、可动态重置等能力；硬件平台需要考虑异构计算能力，例如 ARM、x86、GPU、FPGA 等不同计算架构的计算能力。

边缘计算具有如下特点。

（1）联接性。联接性是边缘计算的基础。所联接物理对象及应用场景的多样性，需要边缘计算具备丰富的联接功能，例如各种网络接口、网络协议、网络拓扑、网络部署与配置、网络管理与维护。联接性需要充分借鉴吸收网络领域先进研究成果，同时还要考虑与现有各种工业总线的互联互通。

（2）数据第一入口。边缘计算作为物理世界到数字世界的桥梁，是数据的第一入口，拥有大量、实时和完整的数据，可以基于数据全生命周期进行管理与价值创造，将更好地支撑预测性维护、资产效率与管理等创新应用；同时，边缘计算也面临数据实时性、确定性、多样性等挑战。

（3）约束性。边缘计算产品需要适配工业现场相对恶劣的工作条件与运行环境，例如防电磁、防尘、防爆、抗振动、抗电流/电压波动等。在工业互联场景下，对边缘计算设备的功耗、成本和空间也有较高的要求。边缘计算产品需要考虑通过软硬件的集成与优化，以适配各种条件约束，支撑行业数字化多样性场景。

（4）分布性。边缘计算的实际部署天然具备分布式特征。这要求边缘计算支持分布式计算与存储、实现分布式资源的动态调度与统一管理、支撑分布式智能、具备分布式安全等能力。

3. 关键技术

1）边云协同

边缘计算与云计算各有所长，云计算擅长全局性、非实时、长周期的大数据处理与分析，能够在长周期维护、业务决策支撑等领域发挥优势；边缘计算更适用于局部性、实时、短周期数据的处理与分析，能更好地支撑本地业务的实时智能化决策与执行。因此边缘计算与云计算之间不是替代关系，而是互补协同关系。边云协同将放大边缘计算与云计算的应用价值；边缘计算既靠近执行单元，更是云端所需高价值数据的采集和初步处理单元，可以更好地支撑云端应用；反之，云计算通过大数据分析优化输出的业务规则或模型可以下发到边缘侧，边缘计算基于新的业务规则或模型运行。边缘计算不是单一的部件，也不是单一的层次，而是涉及EC-IaaS、EC-PaaS、EC-SaaS 的端到端开放平台。因此边云协同的能力与内涵涉及 IaaS、PaaS、SaaS 各层面的全面协同，主要包括：资源协同、数据协同、智能协同、应用管理协同、业务管理协同、服务协同。

2）边缘计算的安全

边缘计算的 CROSS（Connection、Real-time、Optimization、Smart、Security）价值推动计算模型从集中式的云计算走向更加分布式的边缘计算，为传统的网络架构带来了极大的改变，这些改变促进了技术和业务的发展，同时也将网络攻击威胁引入了网络边缘。边缘安全是边缘计算的重要保障。边缘安全涉及跨越云计算和边缘计算纵深的安全防护体系，应增强边缘基础设施、网络、应用、数据识别和抵抗各种安全威胁的能力，为边缘计算的发展构建安全可信环境，加速并保障边缘计算产业发展。

边缘安全的价值体现在如下方面。

（1）提供可信的基础设施：主要包括计算、网络、存储类的物理资源和虚拟资源。基础设施是包含路径、数据交互和处理模型的平台面，应对镜像篡改、DDoS 攻击、非授权通信访问端口入侵等安全威胁。

（2）为边缘应用提供可信赖的安全服务：从运行维护角度，提供应用监控、应用审计、访问控制等安全服务；从数据安全角度，提供轻量级数据加密、数据安全存储、敏感数据处理与监测的安全服务，进一步保证应用业务的数据安全。

（3）保障安全的设备接入和协议转换：边缘计算节点的数量庞大，面向工业行业存在中心云、边缘云、边缘网关、边缘控制器等多种终端和边缘计算形态，复杂性、异构性突出。保证安全的接入和协议转换，有助于为数据提供存储安全、共享安全、计算安全、传播和管控、隐私保护。

（4）提供安全可信的网络及覆盖：安全可信的网络除了传统的运营商网络安全保障（例

如鉴权、密钥、合法监听、防火墙技术）以外，目前面向特定行业的时间敏感网络（Time Sensitive Netwrok，TSN）、工业专网等，也需要定制化的网络安全防护。提供端到端全覆盖的包括威胁监测、态势感知、安全管理编排、安全事件应急响应、柔性防护在内的全网安全运营防护体系。

4. 应用和发展

1）智慧园区

智慧园区建设是利用新一代信息与通信技术来感知、监测、分析、控制、整合园区各个关键环节的资源，在此基础上实现对各种需求做出智慧的响应，使园区整体的运行具备自我组织、自我运行、自我优化的能力，为园区企业创建一个绿色、和谐的发展环境，提供高效、便捷、个性化的发展空间。智慧园区场景中，边缘计算主要功能包括海量网络连接与管理、实时数据采集与处理和本地业务自治。

2）视频监控

视频监控正在从"看得见""看得清"向"看得懂"发展。行业积极构建基于边缘计算的视频分析能力，使得部分或全部视频分析迁移到边缘侧，由此降低对云中心的计算、存储和网络带宽需求，提高视频图像分析的效率。同时构建基于边缘计算的智能视频数据存储机制，可以根据目标行为特征确定视频存储策略，实现有效视频数据的高效存储，提高存储空间利用率。边缘计算使得安防领域的"事前预警、事中制止、事后复核"理念走向现实，提供有力的技术支撑。视频监控场景中，边缘计算主要功能包括：边缘节点图像识别与视频分析、边缘节点智能存储机制和边云协同。

3）工业物联网

工业物联网应用场景相对复杂，不同行业的数字化和智能化水平不同，对边缘计算的需求也存在较大差别。以离散制造为例，边缘计算在预测性维护、产品质量保证、个性化生产以及流程优化方面有较大需求。

在工业物联网场景中，边缘计算主要功能包括：

（1）基于 OPC UA over TSN 构建统一工业现场网络，实现数据的互联互通与互操作。

（2）基于边缘计算虚拟化平台构建可编程逻辑控制器，支持柔性生产工艺与流程。

（3）图像识别与视频分析，实现产品质量缺陷检测。

（4）适配制造场景的边缘计算安全机制与方案。

未来，边缘计算的市场空间广阔，将有数以百亿计的终端与设备联网，而大量的物联网将面临网络带宽的限制，海量的数据需要在网络边缘进行分析、处理与储存。边缘计算将成为与云计算平分秋色的新兴市场。边缘计算的广阔市场空间将为整个产业界带来无限的想象空间和崭新的发展机遇。

1.3.7　数字孪生

数字孪生技术是跨层级、跨尺度的现实世界和虚拟世界建立沟通的桥梁，是第四次工业革命的通用目的技术和核心技术体系之一，是支撑万物互联的综合技术体系，是数字经济发展的基础，是未来智能时代的信息基础设施。

1. 定义

数字孪生是现有的或将有的物理实体对象的数字模型，通过实测、仿真和数据分析来实时感知、诊断和预测物理实体对象的状态，通过优化和指令来调控物理实体对象的行为，通过相关数字模型间的相互学习来进化自身，同时改进利益相关方在物理实体对象生命周期内的决策。

2. 关键技术

建模、仿真和基于数据融合的数字线程是数字孪生的三项核心技术。能够做到统领建模、仿真和数字线程的基于模型的系统工程（Model Based System Engineering，MBSE），成为数字孪生的顶层框架技术，物联网是数字孪生的底层伴生技术，而云计算、机器学习、大数据、区块链则是数字孪生的外围使能技术。

1）建模

建模的目的是将人们对物理世界的理解进行简化和模型化。而数字孪生的目的或本质是通过数字化和模型化，用信息交换能量，以使较少的能量消除各种物理实体，特别是复杂系统的不确定性。建立物理实体的数字化模型或信息建模是创建数字孪生、实现数字孪生的源头和核心技术，也是"数字化"阶段的核心。

将数字孪生放在工业化、城市化和全球化所指向的人类文明可持续发展的大目标下，数字孪生所需的建模技术也需要放在数字孪生应用场景的参考框架下考察。具体地说，数字孪生的概念模型中，数字模型的视角类型的三个维度（需求指标、生存期阶段和空间尺度）构成了数字孪生建模技术体系的三维空间。

在某个应用场景下的某种建模技术，只能提供某类物理实体某个视角的模型视图。这时数字孪生和对应物理实体间的互动（状态感知与对象控制的数据流和信息流传递），一般只能满足单个低层次具体需求指标的要求。对于复合的、高层次的需求指标，通常需要有反映若干建模视角的多视图模型所对应的多个数字孪生与同一个物理实体对象实现互动。这时的多视图或多视角一般来自物理实体对象的不同生存期阶段或多个系统层次/物质尺度，多视图模型间的协同就需要数字线程技术的支持。

2）仿真

从技术角度看，建模和仿真是一对伴生体。如果说建模是模型化，是对物理世界或问题的理解，那么仿真就是用于验证和确认这种理解的正确性和有效性。所以，数字化模型的仿真技术是创建和运行数字孪生、保证数字孪生与对应物理实体实现有效闭环的核心技术，仿真是用将包含了确定性规律和完整机理的模型转化成软件的方式来模拟物理世界的一种技术。只要模型正确，并拥有了完整的输入信息和环境数据，就可以基本准确地反映物理世界的特性和参数。

3）其他技术

除了核心的建模和仿真技术，目前虚拟现实（VR）、增强现实（AR）以及混合现实（MR）等、数字线程、MBSE、物联网、云计算、雾计算、边缘计算、大数据、机器学习和区块链技术，也是数字孪生构建过程中的内外围核心技术。

3. 应用和发展

1）典型应用

（1）制造领域。在制造领域，一些传统的技术，例如 CAD 和 CAE，天然就是为物理产品数字化而生的；一些新兴技术，例如 AI、AR、IoT 也为更逼真、更智能、更交互的数字孪生插上了翅膀。可以预见数字孪生在研发设计和生产制造环节将会起到越来越大的作用，成为智能制造的基石。①在产品的设计阶段，使用数字孪生可以提高设计的准确性，并验证产品在真实环境中的性能，主要功能包括数字模型设计、模拟和仿真。使用数字孪生对产品的结构、外形、功能和性能（强度、刚度、模态、流场、热、电磁场等）进行仿真，在优化设计、改进性能的同时，也降低了成本。在个性化定制需求盛行的今天，设计需求及其变更信息的实时获取成为了企业的一项重要竞争力，可以实时反馈产品当前运行数据的数字孪生，成为解决这一问题的关键。曾经在实验科学中广为应用的半实物仿真也将在数字孪生中发挥重要作用。②在产品的制造阶段，使用数字孪生可以缩短产品的导入时间，提高设计质量，降低生产成本和加快上市速度。制造阶段的数字孪生是一个高度协同的过程，通过数字化手段构建起来的数字生产线，将产品本身的数字孪生同生产设备、生产过程等其他形态的数字孪生形成共智关系，实现生产过程的仿真、数字化、关键指标的监控和过程能力的评估。同时，数字生产线与物理生产线实时交互，物理环境的当前状态作为每次仿真的初始条件和计算环境，数字生产线的参数优化之后，实时反馈到物理生产线进行调控。在敏捷制造和柔性制造大为盛行的今天，对多个生产线之间的协调生产提出了更高要求，多个生产线的数字孪生之间的"共智"将是满足这一需求的有效方案。

（2）产业链。数字孪生以云计算、大数据、物联网、人工智能和区块链等 IT 和 DT 使能技术为支撑，与行业趋势和产业升级需求相结合，构建实体的数字镜像。通过多种组合集成形式，按照数字化互动、先知、先觉、共智的顺序逐渐深入应用，最终实现"服务型制造"和"数字经济"等产业发展目标。

数字孪生与各种 IT 和 DT 使能技术结合，在复杂产品的产业链中具有广泛的应用价值。构建全产业链的数字孪生，同时与制造技术相结合，促进传统产业向智慧化和服务型制造转型，迎接批量个性化定制时代的到来。数字孪生主要用在市场营销和电子商务、供应链和物流领域，侧重于如何向"批量"订单进行挑战；在产品使用和维保领域，则侧重于如何迎接"复杂"产品高可靠性的挑战。

数字孪生在全产业链上的应用，除研发和制造领域外，还在市场营销、供应链物流和维保服务三大领域发挥巨大作用。

（3）城市。要建成新型智慧城市，首先要构建城市的数字孪生。城市级的整体数字化是城市级智慧化的前提条件。数字孪生城市的发展与应用内涵，直接体现了新型智慧城市想要达到的愿景和目标。它是城市实现智慧管理的重要设施和基础能力，是技术驱动下城市信息化从量变走向质变的里程碑。

数字孪生在城市建设与发展中的核心价值在于，它能够在现实世界和数字世界之间全面建立实时联系，进而对城市物理实体全生命期的变化进行数字化、模型化和可视化。数字孪生城市具有传感监控即时性、城市信息集成性、信息传递交互性、发展决策科学性、控制管理智能性、城市服务便捷性等特征。通过数字孪生城市的建设，在数字空间再造一个城市，作为现实城市的映射和镜像。通过大规模仿真、推演和预测，定位分析未来城市运行中可能遇到的瓶颈问题与社会风险，以及与其他数字孪生城市进行"共智"，更好地实现传统智慧城市建设向数字孪生城市的过渡，进一步提高城市建设的智慧化程度，并促进城市群之间的互动协作。

（4）战争。人类文明史也可以说是一部战争史，战争是人类发展的主旋律。绝大多数技术总是首先应用并成熟于军事。虽然目前国内外数字孪生在军事领域应用的报告、文章和报道不多，但并不代表不用。

总体来讲，数字孪生作为一种新理论和新技术在战争应用的作用谓之于"察"，使战争进行和战争效果显性化，从而辅助于战争决策。数字孪生技术在军事方面的应用又可以分为单体装备应用和战场综合应用。前者主要用于装备的研发、维护和保养等，属于数字孪生制造的范畴；后者主要是通过数字孪生完成或服务于战场目标的达到，是一个复杂的、体系级的数字孪生高层次应用。

军事战争从上到下可以分为战略（决策）、战役和战术三个层次，从未来和理想角度上讲，数字孪生技术应当满足所有战争层面的应用。

2）发展

回顾数字孪生的发展，可以看到航天发射任务和航空武器装备研制的需求拉动作用，也可以看到建模、仿真和系统工程等的技术推动作用。总结并展望数字孪生的发展历程，可以分为四个阶段。

- 1960年—21世纪初，是数字孪生的技术准备期，主要指CAD/CAE建模仿真、传统系统工程等预先技术的准备。
- 2002—2010年，是数字孪生的概念产生期，主要指数字孪生模型的出现和英文术语名称的确定。这段时间，预先技术继续成熟，出现了仿真驱动的设计、MBSE等先进设计范式。
- 2010—2020年，是数字孪生的领先应用期，主要指NASA、美国军方和GE等航空航天、国防军工机构的领先应用。这段时间也是物联网、大数据、机器学习、区块链、云计算等外围使能技术的准备期。目前数字孪生的定义不下20个，大部分IT厂商、工业巨头和咨询机构都有自己的定义或与自身业务相关的数字孪生解决方案。从2018年开始，ISO、IEC、IEEE三大标准化组织陆续开始着手数字孪生的相关标准化工作。
- 2020—2030年，是数字孪生技术的深度开发和大规模扩展应用期。可以看出，在PLM领域，或者说以航空航天为代表的离散制造业，是数字孪生概念和应用的发源地。目前，数字孪生技术的开发正与上述外围使能技术深度融合，其应用领域也正从智能制造等工业化领域向智慧城市、数字政府等城市化、全球化领域拓展。

1.3.8　新一代信息技术发展

近年来，随着新一代信息技术的发展，信息及其相关的数据成为重要生产要素和战略资源、使得人们能更高效地进行资源优化配置，持续推动传统产业不断升级、社会劳动生产率的不断提升，从而带动全球信息化发展和数字化转型，新一代信息技术已成为世界各国投资和重点发展的战略性产业。在新一代信息技术的推动下，国民经济、国计民生和国家安全等诸多领域正在步入以信息技术、信息产业和应用为主导的新发展时期，人类文明正在进入全新的信息时代。

新一代信息技术不仅指信息技术的纵向升级，更主要的是指信息技术的整体平台和产业的代际变迁。《国务院关于加快培育和发展战略性新兴产业的决定》中，列出了国家战略性新兴产业体系，其中就包括"新一代信息技术产业"。新一代信息技术产业不仅重视信息技术本身和商业模式的创新，而且强调将信息技术渗透、融合到社会和经济发展的各个行业，推动其他行业的技术进步和产业发展。新一代信息技术产业发展的过程，实际上也是信息技术融入涉及社会经济发展的各个领域，创造新价值的过程。国家"十四五"规划中明确提出九大战略性新兴产业：新一代信息技术、生物技术、新能源、新材料、高端装备、新能源汽车、绿色环保以及航空航天、海洋装备，其中新一代信息技术产业居于首位。基于新一代信息技术的新基建就是一个典型的产业案例。

2018 年召开的中央经济工作会议，首次提出"加快 5G 商用步伐，加强人工智能、工业互联网、物联网等新型基础设施建设"，简称"新基建"。"新型基础设施建设"的提法由此产生，主要包括 5G 基建、特高压、城际高速铁路和城际轨道交通、新能源汽车充电桩、大数据中心、人工智能、工业互联网等七大领域。"新基建"是立足于高新科技的基础设施建设，与传统"铁公基"相对应，是结合新一轮科技革命和产业变革特征，面向国家战略需求，为经济社会的创新发展、协调发展、绿色发展、开放发展、共享发展提供底层支撑的具有乘数效应的战略性、网络型基础设施。新基建的内涵更丰富，更能体现数字经济的特征，能够更好地推动中国经济转型升级。

新基建是以新发展理念为引领，以技术创新为驱动，以信息网络为基础，面向高质量发展需要，提供数字转型、智能升级、融合创新等服务的基础设施体系。目前，新基建主要包括信息基础设施、融合基础设施和创新基础设施。信息基础设施主要指基于新一代信息技术演化生成的基础设施，信息基础设施凸显"技术新"，其内容包括：

- 以 5G、物联网、工业互联网、卫星互联网为代表的通信网络基础设施；
- 以人工智能、云计算、区块链等为代表的新技术基础设施；
- 以数据中心、智能计算中心为代表的算力基础设施等。

新一代信息技术正在全球范围内快速发展，为社会、经济和政治带来了深远影响，并将继续引领全球科技发展趋势。这些技术将使得社会更加智能化和高效化，并为各行各业带来巨大变革。

物联网、区块链、云计算、大数据、人工智能等新一代信息技术，虽然可以看作独立的研究领域，但随着信息技术的发展，各个研究领域的技术已经融合，在实际的应用中通常综合运用，以达到相辅相成的效果。例如，通过物联网技术完成大数据采集，大数据拥抱云计算，基于大数据云的人工智能等。新一代信息技术的发展不断呈现出数据驱动、网络边缘化、智能化以及数字与现实融合的趋势，总结起来就是创新、智能、跨界、融合。这些技术的交叉融合将释放巨大的创新潜力，在未来持续推动科技进步与产业变革。

第 2 章 数字中国与数智化发展

数字要素正在加速重构经济社会发展与治理模式的新形态，智能化既是方式和手段，也是方向和目标。数智化发展体现社会和经济向新范式的根本转变，带来产业组织模式、现代基础设施体系、科技人才培育体系、社会发展治理模式等的革新与重构。

2.1 数字化转型

数字化转型是建立在数字化转换、数字化升级基础上，进一步触及组织核心业务，以新建一种业务模式为目标的高层次转型。数字化转型是开发数字化技术及支持能力以新建一个富有活力的数字化商业模式，只有组织对其业务进行系统性、彻底的（或重大和完全的）重新定义，而不仅仅是 IT，而是对组织活动、流程、业务模式和员工能力的方方面面进行重新定义的时候，成功才会得以实现。

2.1.1 驱动因素

从全球视角来看，当前国际社会的主要矛盾聚焦在发达国家企图垄断市场、资源和技术与发展中国家的发展愿望之间的矛盾。发达国家的生产力没有飞跃式发展（第四次科技革命姗姗来迟），世界范围内的市场、资源开发程度越来越充分，众多发展中国家想进一步改善人民生活，进一步参与到世界市场和资源的竞争中。纵观历史，无论是国际竞争关系、产业转型升级和新经济发展，还是当前我国社会主要矛盾变化带来的新特征新要求，都有其发展规律和演进范式，即"生产力飞跃、生产要素变化、信息传播效率突破和社会'智慧主体'规模扩容的叠加，将会促使人类社会生产关系的创新变革，最终引发经济与民生的深层发展"。这个范式驱动完成了原始经济到农业经济，再到工业经济的转型过程，同样会驱动工业经济向数字经济的转型。

1）生产力飞升：第四次科技革命

科学技术是第一生产力。近代人类发展过程中，已经完成了三次科技革命，正在经历第四次科技革命，每次科技革命都对应一个科学范式，其深刻影响着世界格局的变化，是人类社会发展的根本动力，也是国际社会主要矛盾的发源地。

第一科学范式为经验范式。它偏重于经验事实的描述和明确具体的实用性的科学研究范式。在研究方法上以归纳为主，带有较多盲目性的观测和实验。第二科学范式为理论范式。它主要指偏重理论总结和理性概括，强调较高普遍的理论认识而非直接实用意义的科学研究范式。第三科学范式为模拟范式。它是一个由数据模型构建，采用定量分析方法以及利用计算机来分析和解决科学问题的研究范式。第四科学范式为数据密集型研究范式。它针对数据密集型科学，是由传统的假设驱动向基于科学数据进行探索的科学方法转变而生成的科学研究范式。其研究方法是基于计算机生产与实践产生的数据，按照驱动理论获得猜想与假设，完成数据自动化的计算和原理探索，即由计算机实施第一、第二、第三科学范式。第四科学范式通过新型信息技术的数据洞察，从大数据中自动化挖掘实践经验、理论原理并自行开展模拟仿真，完成基于数据的自决策和自优化，这将极大地繁荣应用科学技术。

2）生产要素变化：数据要素的诞生

数据是与土地、劳动力、资本和技术并列的主要生产要素，表明数据将会是未来社会数字化、智能化发展的重要基础。数据是一项重要的经济资源，其对经济社会的全面持续发展、经济组织转型和参与个体生活质量非常重要且不可或缺。数据记载信息，信息融合知识，知识孕育智慧，过去已经持续了几十年的信息化建设，人们把智慧解构成知识，把知识分解为信息，把信息拆解为数据。随着人工智能、区块链和大数据等技术的出现，过去分散在各个环节的数据，重新归集为显性信息、知识和智慧，数据的经济价值被凸显出来，因此数据对我国高质量发展的作用，与土地、设备、原材料、资本、劳动、技术同等重要，具备了单列为生产要素的现实条件。

3）信息传播效率突破：社会互联网新格局

随着科学技术的发展，各种网络服务随之而来，互联网社交网络就是其中之一。人们的日常生活逐渐从现实社交网络转移到互联网虚拟社交网络中。互联网社交网络下，人们可以跟不在身边的朋友进行面对面的交流，还可以寻找有共同爱好的陌生人。从而形成在线社区，构成了庞大的社交网络平台，为用户提供便捷交流的渠道。

社交网络信息传输具有永生性、无限性、即时性以及方向性的特征。永生性指尽管在传播过程中可以控制信息，但它并不会被破坏或者消灭。比如：收到一条信息且尚未传播该消息，但该消息实实在在地存在，信息的载体还可以继续传播。无限性是指信息可以像病毒一样无限地传播下去。即时性使社交网络信息传播的速度从通信器向接收者传播信息的时间大幅缩短，甚至可以忽略。方向性意味着信息传播具有目的性，某些信息的传播仅是为了传递给特定的人。

随着互联网的发展，在互联网上传播信息已成为信息扩散的主要渠道。互联网的特性是信息可以跨越时间和地理障碍在网络上迅速传播。

4）社会"智慧主体"规模：快速复制与"智能+"

过去，人们认为的"智慧主体"都是自然人，复制一个"智慧主体"的难度很大，需要教育、培育、培养等众多的手段方法。同时，其周期也较为漫长，培育一个自然人的"智慧主体"，往往需要超过 20 年的时间。另外，智慧融合也受到漫长而复杂的交互环境以及自然环境因素等限制，都制约了社会"智慧主体"规模的扩大与繁荣，从而使互联网的节点容量出现瓶颈，随着社会的进一步演进，这种瓶颈会阻碍人类社会的高质量建设，影响人类社会的进一步发展和演进。

现在，社会的"智慧主体"已经不单纯是自然人，它可以是一个互联网账号、一辆自动驾驶的汽车、一部智能手机，或者是工厂中的一套智能机器人。这些新兴"智慧主体"具有不同于自然人的全量社会化活动模式，如消费选择等，但其在数据生产、数据开发利用、劳动力贡献和决策能力等方面，具备了自然人的很多关键特征，在不知不觉中已经让这些新主体参与到了人们社会活动的方方面面，乃至与自然人享有同等的社会空间，如未来某一时刻无人驾驶的汽车主体与自然人道路参与主体享有同等的道路权。

新兴的"智慧主体"具备较强的可复制性、自我修炼能力、更加广泛的连接能力和更加标准的交互手段等。新兴"智慧主体"规模和种类的快速扩张，会引发人类社会的深层次变革，改变自然人主体的劳动方式，劳动密集型的社会劳动逐步消退，智力密集型的社会劳动持续强化，自然人"智慧主体"甚至会全面退出生产制造过程领域，让自然人的竞争力聚焦在新兴"智慧主体"不会具备的领域。这个领域是以"服务"为典型代表，因为该领域会面对更加复杂的交互过程、更多的风险融合应对和情感因素管控等。

2.1.2　基本原理

随着经济与社会的持续发展，同领域相关参与者因为数量的持续增多和发展水平趋于一致等，再加上我国处在中高速发展阶段，这些因素共同导致了经济与社会的竞争越来越充分、越来越激烈。随着我国社会主要矛盾从人民日益增长的物质文化需要同落后的社会生产之间的矛盾，转化为人民日益增长的美好生活需要和不平衡不充分的发展之间的矛盾，以及信息时代带来的信息高效、充分且大规模传播，信息对象过程加速，乃至出现信息淹没等情况，这进一步加剧了经济与社会参与者的竞争，这表现在产品和服务的生命周期迭代越来越快，组织运行决策越来越高效，组织的转型升级周期越来越短，组织的业务发展越来越敏捷等。

传统发展视角下，组织为提升自身的竞争力，往往通过优化组织结构体系（如组织结构扁平化），提升工艺技术与装备（如应用新技术或自动化装备），降低业务成本（如人员容量、材料成本、加工成本等）等方式展开，这种优化与提升从某种程度上实现了对组织竞争力和竞争优势的保持和增强。这种发展模式下，组织通过治理和管理体系来强化组织的协同性和创新力，并降低组织风险；通过减少客户个性选择来驱动业务规模化发展，以优化产品生产和服务交付成本。

数字经济时代，随着经济与社会竞争的进一步加剧，传统发展视角下的竞争力与竞争优势的保持和增强方法，越来越难以支撑组织的发展需求，主要体现在：

- 决策瓶颈。以组织架构构建的治理与管理体系决策效率容易遇到瓶颈，并且组织规模越大、行政层级越多、决策效率效能越容易达到瓶颈。
- 变革制约。组织变革是一项系统工程，这不仅仅包括新组织、新工艺、新产品、新营销等的策划、规划和设计等，其部署落实也是一组复杂的工作，变革的效能常常受组织文化、人员技能、技术现状等方面的制约，太多的变革一致性无法解决。
- 知识资产流失。组织研发或沉淀的各类经验，如使用传统的知识体系（如用文档资料管理），容易随着人员的流动而流失，这是因为传统知识方法需要相关人员全部掌握。
- 需求响应延迟。组织为了有效地控制成本，最常用的方法是固化管理、工艺等，通过"简单可复制"的模式，达到一致性和成本最优化，这会导致组织对客户或服务对象的个性化需求延迟满足乃至放弃满足。

组织的数字化转型就是基于组织既有的治理与管理体系、工艺路径和产品技术、服务活动定义等，打造更加高效的决策效率、更灵活的工艺调度、更多元的产品与服务技术应用和更丰富的业务模式等。数字化转型需要组织结合信息技术的开发利用，对组织完成深层次变革，可参考模型如图 2-1 所示。

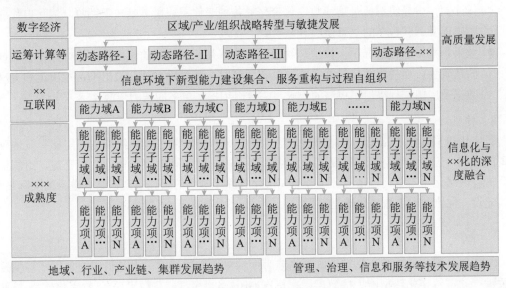

图 2-1 数字组织运行参考框架

1）能力因子定义和数字化"封装"

实施数字化转型，组织需要把各项能力和活动进行清晰的结构化并定义，形成细化的可灵活调度和编排的能力因子，这些能力因子是有层次或可组合的，如能力域、能力子域、能力项、能力分项、能力子项等，对于数字化转型不同成熟度的组织来说，主要体现在能力因子定义颗粒度、学科性和有效性等方面。

能力因子的定义可驱动组织的管理精细化，更重要的是能够实现对这些能力因子的数字化"封装"，这种封装不只是对业务流程、工艺过程和技术内容的"包装"，而是需要向具体活动的人员、技术（含内部控制等）、资源、数据、流程（过程和动作）的模块化"封装"，打造基于数据的标准化输入与输出，形成类似信息化系统中的对象、类、模块等组件。在工业类组织中体现为数字装备、数字化管理单元、数字产品等，目的是实现"智能＋"。

2）基于"互联网＋"的调度和决策

实施数字化转型，组织需要在既有治理与管理体系、工艺体系、服务体系、产品体系的基础上，通过使用"互联网＋"的模式，将组织沉淀的各类知识经验进行数字化提炼，形成数字算法、模型和框架等，满足信息系统能够理解和使用的方式，让调度和决策脱离"自然人"，从而提高调度和决策效率及其科学性。这部分工作是数字化转型中的一项持续性工作，其科技含量比较高，也是组织数字化转型中的难点，主要体现在：

● 业务融合。将知识经验形成数字化调用模式，需要业务和信息技术的充分融合，需要实施这些工作的业务人员，具备一定的数字技能，或者信息技术人员能够深入理解业务。

● 持续坚持。通过数字模式开展决策与调度活动，其开始时的效果、效率、效能并不一定理想，这就需要组织能够持续坚持，通过持续改进活动，提升数据模式的价值。

- 文化冲突。调度与决策的科学化、敏捷化，依赖组织的知识沉淀，这就需要组织解决文化冲突，引导组织成员适应数字化带来的各种变化，积极贡献知识经验，消除自我成长顾虑以及驾驭数字的"恐惧"等。
- 效果判别。通常情况下，治理和管理更加注重判断和决策的正确性，执行操作关注过程的精确性，而使用数字模式实施决策和调度时，其精确性被凸显出来，对决策和调度的数据及应用过程提出了更高的要求，需要组织投入更多的智力资源。

3）转型控制

数字化转型往往不是指一个结果的表达，而是一个持续的过程，组织需要能够有效地管控转型的过程，无论是服务组织还是工业组织，都不能一蹴而就地完成该项转型升级。组织需要充分借鉴信息化与工业化、信息化与领域现代化等深度融合的最佳实践，结合自身的实际情况，持续建设、优化和改进数字化转型过程。

2.1.3　数字化转型国家标准

对任何组织来说，数字化转型既是当前时期的重要发展战略，也是组织的各领域转型发展的关键行动。数字化转型能力成熟度国家标准 GB/T 43439《信息技术服务 数字化转型 成熟度模型与评估》给出了各类组织数字化转型的成熟度模型和转型路径等。

数字化转型成熟度模型遵照组织发展所需的能力域、能力子域定义方法，按照常用成熟度的定义方法（借鉴大多数成熟度的 5 级定义模式），用能力子域与成熟度等级交叉定义的方法，形成企业可遵循、借鉴的成熟度导向和要求等。

1. 模型定义

GB/T 43439 给出了组织数字化转型模型框架，如图 2-2 所示，模型框架由成熟度等级、能力域和成熟度要求描述，其中能力域由能力子域构成。各类组织数字化转型主要涉及组织、技术、数据、资源、数字化运营、数字化生产和数字化服务，前面四个能力域是组织开展数字化转型的基础能力，后面三个能力域是组织实施业务转型的重点关注对象。组织能力域包括组织建设、转型战略、流程管理和变革管理 4 个能力子域，技术能力域包括研发管理、技术创新、信息安全 3 个能力子域，数据能力域包括业务数据化、数据管理、数据资产、数据业务化 4 个能力子域，资源能力域包括基础设施、应用支撑资源、资金、知识 4 个能力子域，数字化运营能力域包括数字化营销、数字化财务、数字化供应链 3 个能力子域，数字化生产包括产品设计、工艺设计、计划调度、生产作业、质量管控、设备管理、仓储配送 7 个能力子域，数字化服务包括服务产品、服务能力、服务交付、服务运行 4 个能力子域。针对不同类型的组织，基于其所在行业属性等，可对能力域或能力子域进行裁剪和补充。

2. 等级定义

GB/T 43439 给出的数字化转型成熟度等级适用于根据组织现状和业务目标明确转型工作所要达成的成熟度等级目标，并根据目标等级的分级特征和要求制定详细的转型工作路径和各细

项目标。成熟度等级分为五个等级，自低向高分别为一级、二级、三级、四级和五级，如图 2-3
所示。

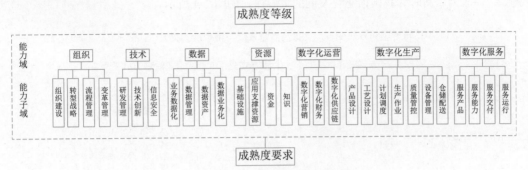

图 2-2　数字化转型能力成熟度模型

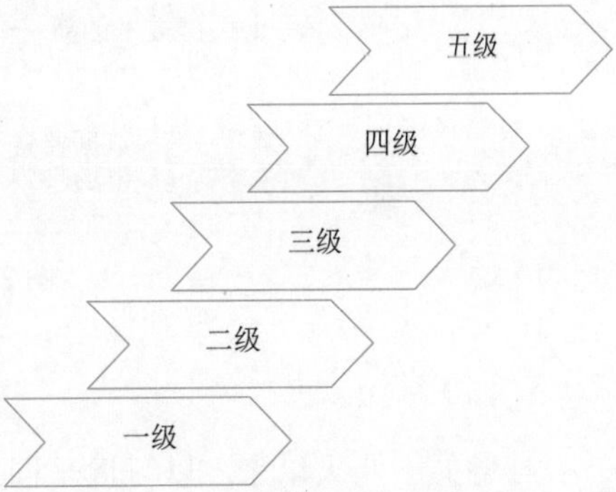

数字化转型成熟度等级中的各级特征如下：

- 一级：组织应具备转型意识，开始对实施数字
  化转型的基础和条件进行规划，在运营、生
  产、服务等业务领域基于内外部需求开展数字
  化转型探索工作。
- 二级：组织应对数字化转型的组织、技术、数
  据和资源进行规划，完成局部业务的数据收
  集、整合与应用，初步具备基于数据的运营和
  优化能力。
- 三级：组织应具备数字化转型总体规划并有序
  实施，完成关键业务的系统集成和数据交互，在运营、生产和服务领域实现基于数据的
  效率提升。
- 四级：组织应将数据作为支撑运营、生产和服务关键领域业务能力提升优化的核心要
  素，构建算法和模型为业务的相关方提供数据智能体验。
- 五级：组织应基于数据持续推动业务活动的优化和创新，实现内外部能力、资源和市场
  等多要素融合，构建独特生态价值。

图 2-3　数字化转型成熟度等级

2.2　数字中国

习近平总书记在党的十九大报告中指出：加强应用基础研究，拓展实施国家重大科技项目，
突出关键共性技术、前沿引领技术、现代工程技术、颠覆性技术创新，为建设数字中国等提供
有力支撑。数字中国是新时代国家信息化发展的新战略，是满足人民日益增长的美好生活需要
的新举措，是驱动引领经济高质量发展的新动力，涵盖经济、政治、文化、社会、生态等各领
域信息化建设，主要包括宽带中国互联网＋大数据、云计算、人工智能、数字经济、电子政务、

新型智慧城市、数字乡村等内容。"迎接数字时代，激活数据要素潜能，推进网络强国建设，加快建设数字经济、数字社会、数字政府，以数字化转型整体驱动生产方式、生活方式和治理方式变革"，成为了新时代我国信息化发展的主旋律，如图2-4所示。

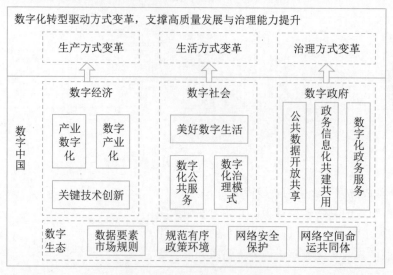

图2-4　数字中国概览示意图

2.2.1　起源与发展

自党的十八大以来，以习近平同志为核心的党中央高度重视大数据、人工智能等新一代信息技术对治国理政、民族复兴的战略支撑作用，对实施国家大数据人工智能战略，推进数字中国建设进行了全面的战略规划，从顶层设计上把舵定向，标定了前进路线，擘画了建设蓝图。2015年12月16日，第二届世界互联网大会如期在中国乌镇召开，习近平总书记在开幕式上的讲话中首次正式公开提出了"数字中国"的概念，并发布了"数字中国"的建设纲领。《"十三五"国家信息化规划》，提出了"数字中国"的具体发展目标。党的十九大将"数字中国"作为国民经济社会发展的重要推手纳入报告之中，提出要建设科技强国、质量强国、航天强国、网络强国、交通强国、数字中国、智慧社会，推动互联网、大数据、人工智能和实体经济深度融合，发展数字经济、共享经济，培育新增长点，形成新动能。"十四五"规划和2035年远景目标纲要设立专篇对"加快数字化发展 建设数字中国"作出重要部署，《国家信息化发展战略纲要》《"十四五"国家信息化规划》等相关战略规划相继出台，为数字中国建设擘画了宏伟蓝图，为信息化发展提供了良好政策环境。2023年2月，中共中央、国务院印发的《数字中国建设整体布局规划》（简称《规划》）指出，建设数字中国是数字时代推进中国式现代化的重要引擎，是构筑国家竞争新优势的有力支撑。加快数字中国建设，对全面建设社会主义现代化国家、全面推进中华民族伟大复兴具有重要意义和深远影响。

当前，以信息技术为代表的新一轮科技革命和产业变革突飞猛进，为加快建设数字中国，推进中国式现代化提供了强大发展动能。与此同时，世界之变、时代之变、历史之变正以前所未有的方式展开，数字中国建设面临着愈发纷繁复杂的发展形势。从外部看，关键核心技术之争加剧数字产业链动荡局势，数字领域标准体系与国际规则竞争日趋激烈，新技术、新应用持续涌现带来新变革与新影响。从内部看，数字技术创新潜能有待深入挖掘，数字化发展的系统性、整体性、协同性亟需提升，数字治理体系仍待深度优化，数字包容体系尚需健全完善。

2.2.2　内涵与外延

"数字中国"从学术界的地理信息系统的纯学术含义开始，逐渐走向了地方信息化的建设实践，并最终成为了国家科技发展战略。特别是"数字福建"的建设具有转折性意义，从此摆脱了国外赋予的狭窄含义而走上了自然、经济、社会的全面数字化、信息化。2015 年年底，习近平总书记的重要讲话将"数字中国"提高到国家发展战略高度，成为中国数字化、信息化建设的里程碑。"数字中国"建设将对中国经济、政治、文化、社会、生态诸多方面产生全方位的影响，并将指导中国快速走向全面数字化、信息化的现代化强国。加强数字中国建设整体布局，是党中央作出的一项重大战略部署，是我们党面向第二个百年奋斗目标，适应当今世界发展大势，经过系统思考、深谋远虑所提出的一项管全面、管长远的重要任务。《规划》指出，到2025 年，基本形成横向打通、纵向贯通、协调有力的一体化推进格局，数字中国建设取得重要进展。数字基础设施高效联通，数据资源规模和质量加快提升，数据要素价值有效释放，数字经济发展质量效益大幅增强，政务数字化智能化水平明显提升，数字文化建设跃上新台阶，数字社会精准化普惠化便捷化取得显著成效，数字生态文明建设取得积极进展，数字技术创新实现重大突破，应用创新全球领先，数字安全保障能力全面提升，数字治理体系更加完善，数字领域国际合作打开新局面。到 2035 年，数字化发展水平进入世界前列，数字中国建设取得重大成就。数字中国建设体系化布局更加科学完备，经济、政治、文化、社会、生态文明建设各领域数字化发展更加协调充分，有力支撑全面建设社会主义现代化国家。

2.2.3　主要内容

《规划》明确，数字中国建设按照"2522"的整体框架进行布局，即夯实数字基础设施和数据资源体系"两大基础"，推进数字技术与经济、政治、文化、社会、生态文明建设"五位一体"深度融合，强化数字技术创新体系和数字安全屏障"两大能力"，优化数字化发展国内国际"两个环境"。

1. 夯实数字中国建设基础

一是打通数字基础设施大动脉。加快 5G 网络与千兆光网协同建设，深入推进 IPv6 规模部署和应用，推进移动物联网全面发展，大力推进北斗规模应用。系统优化算力基础设施布局，促进东西部算力高效互补和协同联动，引导通用数据中心、超算中心、智能计算中心、边缘数据中心等合理梯次布局。整体提升应用基础设施水平，加强传统基础设施数字化、智能化改造。二是畅通数据资源大循环。构建国家数据管理体制机制，健全各级数据统筹管理机构。推动公共数据汇聚利用，建设公共卫生、科技、教育等重要领域国家数据资源库。释放商业数据价值潜能，加快建立数据产权制度，开展数据资产计价研究，建立数据要素按价值贡献参与分配机制。

2. 全面赋能经济社会发展

一是做强做优做大数字经济。培育壮大数字经济核心产业，研究制定推动数字产业高质量发展的措施，打造具有国际竞争力的数字产业集群。推动数字技术和实体经济深度融合，在农业、工业、金融、教育、医疗、交通、能源等重点领域，加快数字技术创新应用。支持数字企业发展壮大，健全大中小企业融通创新工作机制，发挥"绿灯"投资案例引导作用，推动平台企业规范健康发展。二是发展高效协同的数字政务。加快制度规则创新，完善与数字政务建设相适应的规章制度。强化数字化能力建设，促进信息系统网络互联互通、数据按需共享、业务高效协同。提升数字化服务水平，加快推进"一件事一次办"，推进线上线下融合，加强和规范政务移动互联网应用程序管理。三是打造自信繁荣的数字文化。大力发展网络文化，加强优质网络文化产品供给，引导各类平台和广大网民创作生产积极健康、向上向善的网络文化产品。推进文化数字化发展，深入实施国家文化数字化战略，建设国家文化大数据体系，形成中华文化数据库。提升数字文化服务能力，打造若干综合性数字文化展示平台，加快发展新型文化企业、文化业态、文化消费模式。四是构建普惠便捷的数字社会。促进数字公共服务普惠化，大力实施国家教育数字化战略行动，完善国家智慧教育平台，发展数字健康，规范互联网诊疗和互联网医院发展。推进数字社会治理精准化，深入实施数字乡村发展行动，以数字化赋能乡村产业发展、乡村建设和乡村治理。普及数字生活智能化，打造智慧便民生活圈、新型数字消费业态、面向未来的智能化沉浸式服务体验。五是建设绿色智慧的数字生态文明。推动生态环境智慧治理，加快构建智慧高效的生态环境信息化体系，运用数字技术推动山水林田湖草沙一体化保护和系统治理，完善自然资源三维立体"一张图"和国土空间基础信息平台，构建以数字孪生流域为核心的智慧水利体系。加快数字化绿色化协同转型。倡导绿色智慧生活方式。

3. 强化数字中国关键能力

一是构筑自立自强的数字技术创新体系。健全社会主义市场经济条件下关键核心技术攻关新型举国体制，加强企业主导的产学研深度融合。强化企业科技创新主体地位，发挥科技型骨干企业引领支撑作用。加强知识产权保护，健全知识产权转化收益分配机制。二是筑牢可信可控的数字安全屏障。切实维护网络安全，完善网络安全法律法规和政策体系。增强数据安全保障能力，建立数据分类分级保护基础制度，健全网络数据监测预警和应急处置工作体系。

4. 优化数字化发展环境

一是建设公平规范的数字治理生态。完善法律法规体系，加强立法统筹协调，研究制定数字领域立法规划，及时按程序调整不适应数字化发展的法律制度。构建技术标准体系，编制数字化标准工作指南，加快制定修订各行业数字化转型、产业交叉融合发展等应用标准。提升治理水平，健全网络综合治理体系，提升全方位多维度综合治理能力，构建科学、高效、有序的管网治网格局。净化网络空间，深入开展网络生态治理工作，推进"清朗""净网"系列专项行动，创新推进网络文明建设。二是构建开放共赢的数字领域国际合作格局。统筹谋划数字领域国际合作，建立多层面协同、多平台支撑、多主体参与的数字领域国际交流合作体系，高质量共建"数字丝绸之路"，积极发展"丝路电商"。拓展数字领域国际合作空间，积极参与联合国、世界贸易组织、二十国集团、亚太经合组织、金砖国家、上合组织等多边框架下的数字领域合作平台，高质量搭建数字领域开放合作新平台，积极参与数据跨境流动等相关国际规则构建。

2.3　数字经济

数字经济是继农业经济、工业经济之后的更高级经济形态。从本质上看，数字经济是一种新的技术经济范式，它建立在信息与通信技术的重大突破的基础上，以数字技术与实体经济融合驱动的产业梯次转型和经济创新发展为主引擎，在基础设施、生产要素、产业结构和治理结构上表现出与农业经济、工业经济显著不同的特点。

2.3.1　新技术经济范式

1962 年库恩在其代表作《科学革命的结构》中首先对"范式"（Paradigm）进行了定义。库恩认为："范式是指那些公认的科学成就，在一段时间里为实践共同体提供典型的问题和解答。"1982 年，技术创新经济学家多西将这个概念引入技术创新之中，并提出了技术范式（Technology Paradigm）的概念，将技术范式定义为解决所选择的技术经济问题的一种模式，而这些解决问题的办法立足于自然科学的原理。从这个定义出发，云计算、人工智能、大数据等技术在与社会经济活动的融合重构中，经过技术与经济的相互促进，形成了一些相对稳定的经济新结构和新形态，如平台经济、分享经济、算法经济、服务经济、协同经济等。进而，先一步形成的经济形态触发社会其他领域的连锁变革，最终实现整个经济领域的技术经济范式转换。数字经济的技术经济范式的结构主要包括驱动力、新结构、价值创造和经济增长。

（1）驱动力。数字经济发展的驱动力机制解释了数字经济为什么会产生以及数字经济为何能持续发展。大量研究文献证实，由新一代信息技术革命而形成的智能技术群被普遍认为是数字经济发生和发展的基本驱动力。智能技术群是包括云计算、大数据、人工智能、区块链、物联网、5G、VR/AR 等众多技术的集群，并通过不同的细分技术组合驱动经济活动发生变革。多种技术的组合形成乘数效应，并在不断融合重组中创造出新的技术组件，形成新的合力。智能技术群与经济活动融合，通过复杂经济学所描绘的经济与技术互动过程，最终展现出重构旧经济并形成新经济的强大力量，从而为数字经济发展提供了源源不断的驱动力。

（2）新结构。每一次技术经济范式转换都会带来全新的经济形态和经济结构。数字经济建立在智能技术群所独有的数字化、网络化、智能化等特征的基础上，具有前所未有的新特征。例如，基于网络连接而产生的网络效应和用户规模经济；基于全方位数字化而使得数据成为生产要素；由智能化技术应用而产生的自治化、无人化运行特征；数字世界和实体世界融合重构了产用关系，并在经济产出方面呈现出正递增效应。

（3）价值创造。新范式代替旧范式的本质是价值观的转换。数字经济的本质是技术经济范式转换，数字经济必然要创造出全新的价值，进而改变人们的价值观念。通过技术经济范式转换，数字经济与社会要素的互动进一步构成社会技术系统，从而把影响渗透到整个社会领域。2020 年突如其来的疫情对经济和社会结构造成了前所未有的冲击，在疫情的推动下，数字经济将加速影响和改变宏微观经济结构、组织形态和运行模式，并全方位推动全社会生产关系的再重建。疫情新常态下，数字技术对经济发展和政府治理模式加速重构，数字技术与工业、教育、医疗等行业领域深度融合，并延伸出全新的应用场景。同时，数据已经成为新型生产关系里最具潜力的生产要素，不断推动技术、价值、模式的新发展，加快驱动产业、社会、治理的新变革，全面助力全社会生产关系的再重建。

（4）经济增长。新技术驱动新经济，新经济创造新价值，新价值驱动经济增长，前述三个元素构建出数字经济的基本逻辑。但经济增长并非单纯是数字经济拉动的结果，而且也是数字经济持续发展的引擎，因而也是数字经济范式结构的构成元素。随着数字经济的持续推进，在增长预期的推动下，构成经济进一步增长的投资和消费也就更加活跃，更多的新经济形态不断出现，更多的新价值不断创造，从而形成一个正反馈的闭环，最终实现持续的经济增长。

2.3.2 主要内容构成

从产业构成来看，数字经济包括数字产业化和产业数字化两大部分。国家统计局发布的《数字经济及其核心产业统计分类（2021）》给出了数字经济的具体分类，分别是数字产品制造业、数字产品服务业、数字技术应用业、数字要素驱动业和数字化效率提升业，其中，前4类为数字产业化部分，第5类为产业数字化部分。从整体构成上看，数字经济包括数字产业化、产业数字化、数字化治理和数据价值化四个部分。

1. 数字产业化

数字产业化是指为产业数字化发展提供数字技术、产品、服务、基础设施和解决方案，以及完全依赖于数字技术、数据要素的各类经济活动，包括电子信息制造业、电信业、软件、信息技术、互联网行业等。数字产业化也成为了数字经济的基础部分。《中华人民共和国国民经济和社会发展第十四个五年规划和2035年远景目标纲要》（简称《国民经济"十四五"规划》）提出了强调加快推动数字产业化，培育壮大人工智能、大数据、区块链、云计算、网络安全等新兴数字产业，提升通信设备、核心电子元器件、关键软件等产业水平；构建基于5G的应用场景和产业生态，在智能交通、智慧物流、智慧能源、智慧医疗等重点领域开展试点示范；鼓励企业开放搜索、电商、社交等数据，发展第三方大数据服务产业；促进共享经济、平台经济健康发展。

数字产业化的发展重点包括：

- 云计算。加快云操作系统迭代升级，推动超大规模分布式存储、弹性计算、数据虚拟隔离等技术创新，提高云安全水平。以混合云为重点，培育行业解决方案、系统集成、运维管理等云服务产业。
- 大数据。推动大数据采集、清洗、存储、挖掘、分析、可视化算法等技术创新，培育数据采集、标注、存储、传输、管理、应用等全生命周期产业体系，完善大数据标准体系。
- 物联网。推动传感器、网络切片、高精度定位等技术创新，协同发展云服务与边缘计算服务，培育车联网、医疗物联网、家居物联网产业。
- 工业互联网。打造自主可控的标识解析体系、标准体系、安全管理体系，加强工业软件研发应用，培育形成具有国际影响力的工业互联网平台，推进"工业互联网+智能制造"产业生态建设。

- 区块链。推动智能合约、共识算法、加密算法、分布式系统等区块链技术创新,以联盟链为重点发展区块链服务平台和金融科技、供应链管理、政务服务等领域应用方案,完善监管机制。
- 人工智能。建设重点行业人工智能数据集,发展算法推理训练场景,推进智能医疗装备、智能运载工具、智能识别系统等智能产品设计与制造,推动通用化和行业性人工智能开放平台建设。
- 虚拟现实和增强现实。推动三维图形生成、动态环境建模、实时动作捕捉、快速渲染处理等技术创新,发展虚拟现实整机、感知交互、内容采集制作等设备和开发工具软件、行业解决方案。

2. 产业数字化

产业数字化是指在新一代数字科技支撑和引领下,以数据为关键要素,以价值释放为核心,以数据赋能为主线,对产业链上下游的全要素数字化升级、转型和再造的过程。产业数字化作为实现数字经济和传统经济深度融合发展的重要途径,是新时代背景下使用数字经济发展的必由之路和战略抉择。《国民经济"十四五"规划》明确提出了推进产业数字化转型,实施"上云用数赋智"行动,推动数据赋能全产业链协同转型。

产业数字化发展对经济和社会各项发展都具有重要意义。从微观看,数字化助力传统企业蝶变,再造企业质量效率新优势。传统企业迫切需要新的增长机会与发展模式;快速迭代及进阶的数字科技为传统企业转型升级带来新希望;传统产业成为数字科技应用创新的重要场景。从中观看,数字化促进产业提质增效,重塑产业分工协作新格局。提升产品生产制造过程的自动化和智能化水平;降低产品研发和制造成本,实现精准化营销、个性化服务;重塑产业流程和决策机制。从宏观看,孕育新业态新模式,加速新旧动能转换新引擎。

数字科技广泛应用和消费需求变革催生出共享经济、平台经济等新业态新模式;促进形成新一代信息技术、高端装备、机器人等新兴产业,加速数字产业化形成。产业数字化具有的典型特征包括:

- 以数字科技变革生产工具;
- 以数据资源为关键生产要素;
- 以数字内容重构产品结构;
- 以信息网络为市场配置纽带;
- 以服务平台为产业生态载体;
- 以数字善治为发展机制条件。

通过产业数字化全面推动数字时代产业体系的质量变革、效率变革、动力变革,推动新旧动能转换和高质量发展。产业数字化的理解需要兼顾社会与市场两个维度,以更加全面的视角理解其内涵本质。从社会维度看,产业数字化是建立在生产工具与生产要素变革基础上的一种社会行为;从市场维度看,产业数字化是以信息网络为市场配置纽带、以服务平台为产业生态载体的资源优化过程。数字善治是社会及市场两个维度有机融合的具体体现,其既是产业数字化发展的机制条件，也是驱动产业数字化发展的重要动力机制。

在数字经济背景下，企业逐步进入数据驱动时代。随着企业对数字技术的不断利用，各类主体在组织生产、业务重构、经营管理等方面的数字化程度日益完善，数据将成为企业各类信息汇集的载体。未来以数据驱动的业务形式将成为主流，全渠道的数据盘活将成为企业的核心竞争力。因此，数据资产有效盘活与运营，将成为数字经济时代下企业的核心竞争力。企业应加深对数据的利用水平和治理水平，通过数据积累与运营，打通企业内部不同层级、不同系统之间的数据壁垒，盘活数据资产价值，实现对内支撑业务应用和管理决策；对外加强数据服务能力输出，从而提升数据潜在价值向实际业务价值的转化率，使得企业在提升市场竞争力同时也强化了运营能力，以此获得业务的高速增长。

在国家战略层面，数字化转型已经成为支撑未来经济发展的核心驱动力。随着数字经济的蓬勃发展，产业数字化转型将形成以产业链为中心，促进产业链与创新链、供应链、要素链、资金链、政策链等相互融合发展的新场景，如图 2-5 所示。"六链融合"也将成为未来产业数字化转型的主要发展模式，基于此将彻底释放国家数字经济发展的新动能。在战略层面，要以产业链为转型基础，通过与供应链的稳定协同、与创新链的对接融合、与资金链的良性循环、与政策链的相互支撑、与要素链的互联互动，实现六链条的联动呼应，促使各链条内的数据效应、经济活力竞相迸发。在实施层面，要始终推进以科学技术为核心，发挥产业互联网效应，实现以大数据为主线、以人工智能为驱动的"数据链"穿插联动，进而释放国家层的多链协同下的数字效能。"六链融合"通过创新、政策、生产要素等赋能产业链，推动产业的升级转换，加快建设实体经济、科技创新、现代金融、人力资源协同发展的产业体系，最终开辟数字化转型的新路径。

产业链	创新链	供应链	要素链	资金链	政策链
基础研究 应用研究 产品开发 市场销售	高校 科研院所 企业研发中心 协同创新中心	国内大循环 国内国际双循环 平台经济	资金 技术 数据 人才	社会化基金 产业并购基金 国家引导基金	产业扶持 人才引进 财税政策 土地政策 区域协同 行业监管

图 2-5 "六链融合"推动产业数字化协同发展

3. 数字化治理

数字化治理通常指依托互联网、大数据、人工智能等技术和应用，创新社会治理方法与手段，优化社会治理模式，推进社会治理的科学化、精细化、高效化，助力社会治理现代化。数字化治理是数字经济的组成部分之一，包括但不限于多元治理，以"数字技术＋治理"为典型特征的技管结合，以及数字化公共服务等。

数字化治理的核心特征是全社会的数据互通、数字化的全面协同与跨部门的流程再造，形成"用数据说话、用数据决策、用数据管理、用数据创新"的治理机制。作为数字时代的全新治理范式，数字化治理至少包含 3 个方面的内涵：

- 对数据的治理。对数据的治理即将治理对象扩大到涵盖数据要素。作为新兴生产要素和关键的治理资源，数据要素成为大国竞争的主要领域，对数据的治理成为制定数字经济规则的重要内容，数据要素的所有权、使用权、监管权以及信息保护和数据安全等都需要全新治理体系。
- 运用数字技术进行治理。运用数字技术进行治理即运用数字与智能技术优化治理技术体系，进而提升治理能力。大数据、人工智能等新一代数字技术，可以为国家治理进行全方位的"数字赋能"，改进治理技术、治理手段和治理模式，实现复杂治理问题的超大范围协同、精准"滴灌"、双向触达和超时空预判。
- 对数字融合空间进行治理。随着越来越多的经济社会活动搬到线上，治理场域也拓展到数字空间。未来会有越来越多的经济社会活动发生在线上，数字融合空间会以全新的方式创造经济价值、塑造社会关系，这需要适应数字融合世界的治理体系，对数字融合空间的新生事物进行有效治理。

4. 数据价值化

价值化的数据是数字经济发展的关键生产要素，加快推进数据价值化进程是发展数字经济的本质要求。近年来，数据可存储与可重用呈现爆发增长、海量集聚的特点，是实体经济数字化、网络化、智能化发展的基础性战略资源。数据价值化包括但不限于数据采集、数据标准、数据确权、数据标注、数据定价、数据交易、数据流转、数据保护等。

数据价值化是指以数据资源化为起点，经历数据资产化、数据资本化阶段，实现数据价值化的经济过程。上述三个要素构成数据价值化的"三化"框架，即数据资源化、数据资产化、数据资本化。

- 数据资源化。数据资源化是使无序、混乱的原始数据成为有序、有使用价值的数据资源。数据资源化阶段包括通过数据采集、整理、聚合、分析等，形成可采、可见、标准、互通、可信的高质量数据资源。数据资源化是激发数据价值的基础，其本质是提升数据质量，形成数据使用价值的过程。
- 数据资产化。数据资产化是数据通过流通交易给使用者或者所有者带来的经济利益的过程。数据资产化是实现数据价值的核心，其本质是形成数据交换价值，初步实现数据价值的过程。
- 数据资本化。数据资本化主要包括两种方式，即数据信贷融资与数据证券化。数据资本化是拓展数据价值的途径，其本质是实现数据要素社会化配置。

2.4　数字政府

信息技术的革新改变了人们传统的工作、学习、生活和娱乐方式，同时对政府提供信息服务、公民参与政府民主决策的方式提出了挑战。利用信息技术改进政府工作及服务的效率，形成新的工作方式，这已成为各国政府所关心的问题。数字政府的出现便是其中之一。数字政府通常是指以新一代信息技术为支撑，以"业务数据化、数据业务化"为着力点，通过数据驱动重塑政务信息化管理架构、业务架构和组织架构，形成"用数据决策、数据服务、数据创新"的现代化治理模式。

2.4.1　数字新特征

2022年国务院印发的《关于加强数字政府建设的指导意见》提出加强数字政府建设是适应新一轮科技革命和产业变革趋势、引领驱动数字经济发展和数字社会建设、营造良好数字生态、加快数字化发展的必然要求，是建设网络强国、数字中国的基础性和先导性工程，是创新政府治理理念和方式、形成数字治理新格局、推进国家治理体系和治理能力现代化的重要举措，对加快转变政府职能，建设法治政府、廉洁政府和服务型政府意义重大。

数字政府既是"互联网＋政务"深度发展的结果，也是大数据时代政府自觉转型升级的必然，其核心目的是以人为本，实施路径是共创、共享、共建、共赢的生态体系。同时数字政府也被赋予了新的特征，包括协同化、云端化、智能化、数据化、动态化等。

- 协同化。协同化主要强调组织的互联互通，业务协同方面能实现一个跨层级、跨地域、跨部门、跨系统、跨业务的高效协同管理和服务。
- 云端化。云平台是政府数字化最基本的技术要求，政务上云是促成各地各部门由分散建设向集群或集约式规划与建设的演化过程，是政府整体转型的必要条件。
- 智能化。智能化治理是政府应对社会治理多元参与、治理环境越发复杂、治理内容多样化趋势的关键手段。
- 数据化。数据化也是现阶段数字政府建设的重点，是建立在政务数据整合共享基础上的数字化的转型。
- 动态化。动态化指数字政府是在数据驱动下动态发展和不断演进的过程。

数字政府建设的关键词主要包括：共享、互通和便利。

- 共享。推动政务数据共享，推进政务服务事项集成化办理。数字政府，数据先行。数据共享是提升政务服务效能的重要抓手。
- 互通。国家政务服务平台持续推动与各地区、各部门政务服务业务办理系统的全面对接融合，打破地域阻隔与部门壁垒，实现更大范围内的系统互联互通，有力推动了政务服务线上线下融合互通和跨地区、跨部门、跨层级协同办理。
- 便利。数字政府，利企便民。加强数字政府建设的根本目标是更好地服务企业和群众，满足人民日益增长的对美好生活的需要。

2.4.2　主要内容

《"十四五"国家信息化规划》中提出打造协同高效的数字政府服务体系，深入推进"放管服"改革，加快政府职能转变，打造市场化、法治化、国际化营商环境，坚持整体集约建设数字政府，推动条块政务业务协同，加快政务数据开放共享和开发利用，深化推进"一网通办""跨省通办""一网统管"，畅通参与政策制定的渠道，推动国家行政体系更加完善、政府作用更好发挥、行政效率和公信力显著提升,推动有效市场和有为政府更好结合,打造服务型政府。

数字政府从面向社会大众政务服务视角来看,主要内容重点体现在"一网通办""跨省通办""一网统管"。

1. 一网通办

随着互联网技术的发展,政务事项在一窗式办理的基础上,利用互联网技术将业务办理由实体大厅升级为网上大厅进行办理,各个政务部门的业务也只需要在同一个网上大厅即可办理,即"一网通办"的模式。群众可以少去甚至不去政务中心,通过网络即可将各类业务办理完成。2020 年国务院政府工作报告提出,推动更多服务事项"一网通办",做到为企业开办全程网上办理。"一网通办"是指打通不同政府部门的信息系统,群众只需操作一个办事系统就能办成不同领域的事项,解决办不完的手续、盖不完的章、跑不完的路这些"关键小事"。

"一网通办"是依托于一体化在线政务服务平台,通过规范网上办事标准,优化网上办事流程,搭建统一的互联网政务服务总门户,整合政府服务数据资源和完善配套制度等措施,推行政务服务事项网上办理,推动企业和群众线上办事只登录一次即可全网通办。"一网通办"和一窗式服务在本质上是一致的。两者均采用受办分离的模式,一窗式服务是由工作人员填报信息,"一网通办"是由个人在网上自主填写申报信息,后续均由具体业务经办部门进行审核处理。"一网通办"模式是在一窗式服务的基础上,以互联网技术为手段,逐步将原先政务大厅中办理的业务迁移至网上办事大厅进行申报。

信息共享对于"一网通办"平台的建设有着重大的意义。建立自然人库、法人库、电子证照库等基础共享库和业务数据共享库,一方面能极大地简化基础信息的录入工作,原本需要线下提供的材料,现在通过信息共享就能获得,杜绝了信息录入的错误和数据的造假;另一方面在规范数据的前提下,能够实现业务条件的智能匹配和判断,自动完成业务办理的初审甚至是最终审批。以数据的自动比对来代替人工判断,通过数据的流转来代替纸质材料的传递,在最大程度上降低工作的错误率,能够极大地提高事项审批的效率,改善用户体验。信息共享也为"一网通办"带来了更大的可行性。通过数据的共享,减少了信息录入,降低了业务自主办理难度,通过数据的智能比对与校验,使得更多的业务能在网上实现办理。

"一网通办"是政务服务发展的一个阶段性目标,在各类信息共享的基础上,能进一步优化业务流程,提升政务服务水平,提高政务服务效率。它的实现需要各部门通力合作,梳理政务服务事项,优化整个业务流程,在原有各部门业务系统的基础上进行升级改造,打破部门间的壁垒,实现深度的分工合作。

2. 跨省通办

"跨省通办"是一种政务服务模式。推进政务服务"跨省通办",是转变政府职能、提升政务服务能力的重要途径,是畅通国民经济循环、促进要素自由流动的重要支撑,对于提升国家治理体系和治理能力现代化水平具有重要作用。"跨省通办"从高频政务服务事项入手,2021年年底前基本实现了高频政务服务事项"跨省通办",同步建立清单化管理制度和更新机制,逐步纳入其他办事事项,有效满足各类市场主体和广大人民群众异地办事需求。

"跨省通办"是申请人在办理地之外的省市提出事项申请或在本地提出办理其他省市事项的申请，办理模式通常可分为：

- 全程网办。全程网办指政务服务平台提供申请受理、审查决定、颁证送达等全流程、全环节网上服务，以及为申请人提供事项申报、进度查询、获取结果等全过程线上指导和辅导。
- 代收代办。代收代办指在不改变各地区原有办理事权的基础上，通过"收办分离"打破事项办理属地限制，实现事项跨省市办理。
- 多地联办。多地联办指由一地受理申请，"跨省通办"事项相关业务系统与全国一体化政务服务平台互联互通，申请材料和档案材料通过全国一体化政务服务平台共享，实现信息少填少报，对于确需纸质材料的通过邮件寄递至业务属地部门，申请人只需到一地即可办理完成跨省事项。

政务服务"跨省通办"不仅是政务服务方式的改变，更有助于实现政务服务流程的优化，从而提高政府工作效能，激发社会活力，实现让利于民。从理念上讲，政务服务"跨省通办"是坚持以群众和企业需求为导向，推进政府自身的变革。从方法上讲，政务服务"跨省通办"体现了高效协同的方法路径。政务服务"跨省通办"涉及不同政府部门事权和支出责任的重新划分，需要健全不同部门、不同层级、不同地域之间协同配合机制，形成改革的合力。从手段上讲，政务服务"跨省通办"需要以数字化为技术支撑。新一代数字技术的发展为政务服务提供了重要的技术手段和平台，也为政务服务"跨省通办"奠定了坚实基础。政务服务"跨省通办"的一个重要内涵就是要充分运用大数据、云计算、人工智能等新技术手段，优化再造业务流程，强化业务协同，加强数据融合，促进条块联通和上下联动，提升政府治理能力。

3. 一网统管

"一网统管"作为新型智慧城市推进城市治理体系和治理能力现代化的重要创新模式，自被提出后已经逐步在各地落地并发挥着重要作用。"一网统管"围绕城市治理水平的提升，主要针对各类民生诉求和城市事件，用实时在线数据和各类智能方法，及时、精准地发现问题、对接需求、研判形势、预防风险，在最低层级、最早时间以相对最小成本，解决最突出问题，取得最佳综合效应，实现线上线下协同高效处置一件事。

"一网统管"通常从城市治理突出问题出发，以城市事件为牵引，统筹管理网格，统一城市运行事项清单，构建多级城市运行"一网统管"应用体系，推动城市管理、应急指挥、综合执法等领域的"一网统管"，实现城市运行态势感知、关键指标检测、统一事件受理、智能调度指挥、联动协同处置、监督评价考核等全流程监管。

"一网统管"建设通常重点强调：

- 一网。一网主要包括政务云、政务网和政务大数据中心等。
- 一屏。一屏是指通过对多个部门的数据进行整合，将城市运行情况充分反映出来。
- 联动。畅通各级指挥体系，为跨部门、跨区域、跨层级联勤联动、高效处置提供快速响应能力。

- 预警。基于多维、海量、全息数据汇集，实现城市运行体征的全量、实时掌握和智能预警。
- 创新。以管理需求带动智能化建设，以信息流、数据流推动业务流程全面优化和管理创新。

2.4.3 能力体系

随着数字政府发展的不断演进，2022 年国务院印发的《关于加强数字政府建设的指导意见》进一步明确"构建协同高效的政府数字化履职能力体系"发展目标。

（1）强化经济运行大数据监测分析，提升经济调节能力。将数字技术广泛应用于宏观调控决策、经济社会发展分析、投资监督管理、财政预算管理、数字经济治理等方面，全面提升政府经济调节数字化水平。

（2）大力推行智慧监管，提升市场监管能力。充分运用数字技术支撑构建新型监管机制，加快建立全方位、多层次、立体化监管体系，实现事前事中事后全链条全领域监管，以有效监管维护公平竞争的市场秩序。

（3）积极推动数字化治理模式创新，提升社会管理能力。推动社会治理模式从单向管理转向双向互动、从线下转向线上线下融合，着力提升矛盾纠纷化解、社会治安防控、公共安全保障、基层社会治理等领域数字化治理能力。

（4）持续优化利企便民数字化服务，提升公共服务能力。持续优化全国一体化政务服务平台功能，全面提升公共服务数字化、智能化水平，不断满足企业和群众多层次多样化服务需求，打造泛在可及的服务体系。

（5）强化动态感知和立体防控，提升生态环境保护能力。全面推动生态环境保护数字化转型，提升生态环境承载力、国土空间开发适宜性和资源利用科学性，更好支撑美丽中国建设，提升生态环保协同治理能力。

（6）加快推进数字机关建设，提升政务运行效能。提升辅助决策能力。建立健全大数据辅助科学决策机制，统筹推进决策信息资源系统建设，充分汇聚整合多源数据资源，拓展动态监测、统计分析、趋势研判、效果评估、风险防控等应用场景，全面提升政府决策科学化水平。

（7）推进公开平台智能集约发展，提升政务公开水平。优化政策信息数字化发布。完善政务公开信息化平台，建设分类分级、集中统一、共享共用、动态更新的政策文件库。加快构建以网上发布为主、其他发布渠道为辅的政策发布新格局。

2.5 数字社会

在新一轮科技革命推动下，人类正在加速迈向数字社会。新科技革命成果不断融入生产生活，改变传统的生产生活方式，改变人们的行为方式、社会交往方式、社会组织方式和社会运行方式，深刻影响人们的思想观念和思维方式，不断创造新的产业形态、商业模式、就业形态，推动我国现代化不断向纵深发展。

2.5.1　数字民生

随着互联网、物联网、大数据、区块链和人工智能交汇融合，集群互动形成一种呈指数级增长的信息技术体系，使得传统生产方式优化升级，在触发经济发展结构变革的同时，正以一种前所未有的势头向政治、文化、生活等民生领域延伸，将"人"与"公共服务"通过数字化的方式全面连接，将大幅提升社会整体服务效率和水平，实现数字民生。

《中华人民共和国国民经济和社会发展第十四个五年规划和2035年远景目标纲要》提出"聚焦教育、医疗、养老、抚幼、就业、文体、助残等重点领域，推动数字化服务普惠应用，持续提升群众获得感。推进学校、医院、养老院等公共服务机构资源数字化，加大开放共享和应用力度。推进线上线下公共服务共同发展、深度融合，积极发展在线课堂、互联网医院、智慧图书馆等，支持高水平公共服务机构对接基层、边远和欠发达地区，扩大优质公共服务资源辐射覆盖范围。加强智慧法院建设。鼓励社会力量参与'互联网＋公共服务'，创新提供服务模式和产品"。《"十四五"国家信息化规划》提出"构建普惠便捷的数字民生保障体系，坚持把实现好、维护好、发展好最广大人民根本利益作为发展的出发点和落脚点，着力以信息技术健全基本公共服务体系，改善人民生活品质，让人民群众共享信息化发展成果"。

我国在数字教育、数字医疗、数字就业、数字文旅等领域持续高速发展，涵盖内容既有"软件"层面的体制机制建设，又有"硬件"层面的平台系统建设。数字民生建设重点通常强调普惠、赋能和利民。

（1）普惠。充分开发利用信息技术体系，扩大民生保障覆盖范围，助力普惠型民生建设，解决民生资源配置不均衡等问题。

（2）赋能。信息技术体系与民生的深度融合赋予了民生建设新动能，促进民生保障实效指数式增长，如"互联网＋教育""互联网＋养老""互联网＋交通"等。

（3）利民。信息技术体系创新拓展了公共服务场景，推动数字技术全面融入社会交往和日常生活新趋势，使民生服务日趋智慧化、便利化和人性化。

无论是打造宜居城市，还是建设美丽乡村，都离不开基于大数据的民生需求洞察，拓展民生服务渠道。数字民生体现出的正是以数字思维破解民生难题，以信息技术赋能民生治理的新时代，也是对科技助力人民幸福美好生活追求的生动诠释。

2.5.2　智慧城市

智慧城市是运用信息通信技术，有效整合各类城市管理系统，实现城市各系统间信息资源共享和业务协同，推动城市管理和服务智慧化，提升城市运行管理和公共服务水平，提高城市居民幸福感和满意度，实现可持续发展的一种创新型城市。智慧城市从概念提出到落地实践，历经长期建设与发展，我国智慧城市建设数量持续增长。从在建智慧城市的分布来看，我国已初步形成京津冀、长三角、粤港澳、中西部四大智慧城市群。智慧城市作为一种新型城市发展形态和治理模式已被社会群体广泛认可和接受，新型智慧城市建设持续推动着城市的高质量发展，主要体现在：

- 智慧城市建设更加注重以人民为中心；

- 新技术持续赋能智慧城市的建设与发展；
- 城市治理现代化是智慧城市建设的必然要求；
- 智慧城市群区域一体化协同发展新格局逐步形成；
- 共建、共治、共享生态模式助力智慧城市高质量发展。

2020 年随着新冠疫情的蔓延，越来越多的国家开始意识到智慧城市建设的重要性，城市管理者可以借助先进的信息技术来应对危机。2020 年经济合作与发展组织（OECD）发布的《城市政策响应》报告中强调，数字化应用在疫情应急防控中起到关键作用，这促使许多城市将疫情防控系统长久地纳入到智慧城市应用场景中，用以监控和警惕公共卫生风险。同时，市政服务、医疗、办公、教育等模式的变革正在加速数字化转型。

智慧城市的建设与发展遵循一定的基本原理。随着智慧城市的持续迭代升级，智慧城市已经从信息化建设与信息技术产品应用阶段，演进到了信息化与城市现代化深度融合阶段，其基本原理也在发生变化。当前，随着新一代信息技术的发展与成熟应用，智慧城市关注焦点从使用信息化应用提高工作效率，转为通过数字关系计算提高决策效能；从局部信息技术应用，转为广泛互联互通环境下的综合应用创新；从强调管理体系和规范性，转为突出主动服务与精准施策等。

随着智慧城市步入新的发展阶段，以及以数字产业化和产业数字化为主旋律的数字经济高速发展，智慧城市基本原理表现为：①强调"人民城市为人民"，以面向政府、企业、市民等主体提供智慧化的服务为主要模式；②重点强化数据治理、数字孪生、边际决策、多元融合和态势感知五个核心能力要素建设；③更加注重规划设计、部署实施、运营管理、评估改进和创新发展在内的智慧城市全生命周期管理；④目标旨在推动城市治理、民生服务、生态宜居、产业经济、精神文明"五位一体"的高质量发展；⑤持续推动城市治理体系与治理能力现代化水平提升。智慧城市参考基本原理图如图 2-6 所示。

图 2-6　智慧城市参考基本原理图

该原理确立的智慧城市核心能力要素，揭示了当前及未来一段时期智慧城市发展的重心在于信息技术与社会发展的深度融合。智慧城市的五个核心能力要素密切关联且相互影响，但不可互为替代，均是开展新一阶段智慧城市整体、局部乃至具体项目建设、运行需要关注的核心能力要素。对核心能力要素解释包括：

- 数据治理。数据治理指围绕数据这一新的生产要素进行能力构建，包括数据责权利管控、全生命周期管理及其开发利用等。
- 数字孪生。数字孪生指围绕现实世界与信息世界的互动融合进行能力构建，包括社会孪生、城市孪生和设备孪生等，将推动城市空间摆脱物理约束，进入数字空间。
- 边际决策。边际决策指基于决策算法和信息应用等进行能力构建，强化执行端的决策能力，从而达到快速反应、高效决策的效果，满足对社会发展的敏捷需求。
- 多元融合。多元融合强调社会关系和社会活动的动态性及其融合的高效性等，实现服务可编排和快速集成，从而满足各项社会发展的创新需求。
- 态势感知。态势感知指围绕对社会状态的本质反映及模拟预测等进行能力构建，洞察可变因素与不可见因素对社会发展的影响，从而提升生活质量。

根据智慧城市参考基本原理，智慧城市建设与发展内容主要面向城市治理、惠民服务、生态宜居、产业发展等相关城市场景构建服务能力，为政府、企业、市民等提供服务。服务场景的构建，不仅仅需要技术与平台、基础设施等方面的共性技术支撑能力构建和数据要素支撑，也需要安全保障体系、运营体系的建设，同时还离不开产业环境、信息环境等环境的支撑。

2.5.3 数字乡村

数字乡村是伴随网络化、信息化和数字化在农业农村经济社会发展中的应用，以及农民现代信息技能的提高而内生的农业农村现代化发展和转型进程，既是乡村振兴的战略方向，也是建设数字中国的重要内容。2019年中共中央办公厅、国务院办公厅印发《数字乡村发展战略纲要》指出：立足新时代国情农情，要将数字乡村作为数字中国建设的重要方面，加快信息化发展，整体带动和提升农业农村现代化发展。进一步解放和发展数字化生产力，注重构建以知识更新、技术创新、数据驱动为一体的乡村经济发展政策体系，注重建立层级更高、结构更优、可持续性更好的乡村现代化经济体系，注重建立灵敏高效的现代乡村社会治理体系，开启城乡融合发展和现代化建设新局面。

《数字乡村发展战略纲要》明确了到2035年，数字乡村建设取得长足进展。城乡"数字鸿沟"大幅缩小，农民数字化素养显著提升。农业农村现代化基本实现，城乡基本公共服务均等化基本实现，乡村治理体系和治理能力现代化基本实现，生态宜居的美丽乡村基本实现。到21世纪中叶，全面建成数字乡村，助力乡村全面振兴，全面实现农业强、农村美、农民富。《数字乡村发展战略纲要》明确了十项重点任务。

（1）加快乡村信息基础设施建设，主要包括大幅提升乡村网络设施水平、完善信息终端和服务供给、加快乡村基础设施数字化转型。

（2）发展农村数字经济，主要包括夯实数字农业基础、推进农业数字化转型、创新农村流通服务体系、积极发展乡村新业态。

（3）强化农业农村科技创新供给，主要包括推动农业装备智能化、优化农业科技信息服务。

（4）建设智慧绿色乡村，主要包括推广农业绿色生产方式、提升乡村生态保护信息化水平、倡导乡村绿色生活方式。

（5）繁荣发展乡村网络文化，主要包括加强农村网络文化阵地建设、加强乡村网络文化引导。

（6）推进乡村治理能力现代化，主要包括推动"互联网＋党建"、提升乡村治理能力。

（7）深化信息惠民服务，主要包括深入推动乡村教育信息化、完善民生保障信息服务。

（8）激发乡村振兴内生动力，主要包括支持新型农业经营主体和服务主体发展、大力培育新型职业农民、激活农村要素资源。

（9）推动网络扶贫向纵深发展，主要包括助力打赢脱贫攻坚战、巩固和提升网络扶贫成效。

（10）统筹推动城乡信息化融合发展，主要包括统筹发展数字乡村与智慧城市、分类推进数字乡村建设、加强信息资源整合共享与利用。

2.5.4　数字生活

数字生活是依托互联网和一系列数字科技技术应用为基础的一种生活方式，可以方便快捷地带给人们更好的生活体验和工作便利。数字生活主要体现在生活工具数字化、生活内容数字化和生活方式数字化等方面。

（1）生活工具数字化。数字化生活时代，现代信息技术和产品成为极其重要的生活工具，人们将像享受空气、阳光、水一样享受数字化生活工具带来的舒适和便捷。根据摩尔定律和梅特卡夫定律，随着技术的不断创新与广泛扩散，其应用成本将显著下降，而其价值则显著增加。

（2）生活方式数字化。在数字社会中，借助于数字化技术，每个人的工作、学习、消费、交往、娱乐等各种活动方式都将具有典型的数字化特征，数字家庭成为未来家庭的发展趋势。体现在工作更加弹性化和自主化；终身学习与随时随地学习成为可能；网络购物跻身主流消费方式；人际交往的范围与空间无限扩大等。

（3）生活内容数字化。数字生活时代，人们工作、学习、消费和娱乐的内容具有典型的数字化特征。体现在工作内容以创造、处理和分配信息为主；学习内容个性化；信息成为重要消费内容；娱乐内容数字化等。

2.6　数字生态

随着新一代信息技术创新和迭代速度的明显加快，其在提高社会生产力、优化资源配置等方面的作用日益凸显。营造良好数字生态，有利于充分激发数字技术的创新活力、要素潜能、发展空间，引领和驱动经济结构调整、产业发展升级、消费需求增长、治理格局优化，为加快建设数字经济、数字社会、数字政府提供良好环境和有力支撑。特别要看到，世界主要国家均把信息化作为国家战略重点和优先发展方向，通过优化数字生态加快推动数字化转型发展。《国民经济"十四五"规划》指出："坚持放管并重，促进发展与规范管理相统一，构建数字规则体系，营造开放、健康、安全的数字生态。"

2.6.1   数据要素市场

随着数字经济的快速发展，数据作为数字经济的关键要素，对我国经济高质量发展的重要作用日益凸显。数据作为生产要素参与生产，需要进行市场化配置，形成生产要素价格及其体系。数据要素价格体系的建立，又是建立在数据所有制基础上的。因此谁掌握数据资产，在一定程度上就可以影响体系建立。数据作为新型生产要素，具有劳动工具和劳动对象的双重属性。首先数据作为劳动对象，通过采集、加工、存储、流通、分析环节，具备了价值和使用价值；其次，数据作为劳动工具，通过融合应用能够提升生产效能，促进生产力发展。

数据要素市场就是将尚未完全由市场配置的数据要素转向由市场配置的动态过程，其目的是形成以市场为根本调配机制，实现数据流动的价值或者数据在流动中产生价值。数据要素市场化配置是一种结果，而不是手段。数据要素市场化配置是建立在明确的数据产权、交易机制、定价机制、分配机制、监管机制、法律范围等保障制度的基础上。未来数据要素市场的发展，需要不断动态调整以上保障制度，最终形成数据要素的市场化配置。

保障数据要素市场化配置这一结果，不同产业链环节均被赋予了独特使命。数据采集环节，关注数据采集的准确度和全面性；数据存储环节，关注数据存储安全性和调用实时性；数据加工环节，关注数据加工精度；数据流通环节是数据要素市场的核心环节，关注在保障所有者权利的前提下，进行合理合规流通；数据分析环节，关注数据深度分析挖掘；数据应用环节，关注数据作为要素在合理、充分应用中产生价值，降低生产要素获取成本及提升其赋能水平。其中，数据流通作为数据要素市场的核心环节，需要针对不同类型的数据提出不同的解决方案。充分发挥数据要素市场化配置是我国数字经济发展水平达到一定程度后的必然结果，也是数据供需双方在数据资源和需求积累到一定阶段后产生的必然现象。

数据要素市场处于高速发展阶段，各要素市场规模实现了不同程度的增长，以数据采集、数据存储、数据加工、数据流通等环节为核心的数据要素市场增长尤为迅速。数据要素市场的培育将消除信息鸿沟、信任鸿沟，促进数据资源要素化体现，推进各方对数据资源的合作开发和综合利用，实现数据价值最大化，以新动能、新方向、新特征开启数据生态体系培育新征程。

《国民经济"十四五"规划》提出："建立健全数据要素市场规则。统筹数据开发利用、隐私保护和公共安全，加快建立数据资源产权、交易流通、跨境传输和安全保护等基础制度和标准规范。建立健全数据产权交易和行业自律机制，培育规范的数据交易平台和市场主体，发展数据资产评估、登记结算、交易撮合、争议仲裁等市场运营体系。加强涉及国家利益、商业秘密、个人隐私的数据保护，加快推进数据安全、个人信息保护等领域基础性立法，强化数据资源全生命周期安全保护。完善适用于大数据环境下的数据分类分级保护制度。加强数据安全评估，推动数据跨境安全有序流动"。

2.6.2   网络安全保护

网络安全（Cyber Security）是指网络系统的硬件、软件及其系统中的数据受到保护，不因偶然的或者恶意的原因而遭受破坏、更改、泄露，系统连续可靠正常地运行，网络服务不中断。随着数字经济时代的到来，网络安全已经从一个基础的技术问题，上升到经济与社会乃至国家安全的战略问题，上升到关乎人们工作和生活的重要问题。

随着《中华人民共和国网络安全法》《中华人民共和国数据安全法》《中华人民共和国个人信息保护法》《关键信息基础设施安全保护条例》等法律法规的颁布，以及网络安全等级保护2.0标准体系的发布，使我国网络安全法律法规和制度标准更加健全。但百年变局和世纪疫情交织叠加，国际环境日趋复杂，网络霸权主义对世界和平与发展构成威胁，全球产业链供应链遭受冲击，网络空间安全面临的形势持续复杂多变。网络空间对抗趋势更加突出，大规模针对性网络攻击行为增加，安全漏洞、数据泄露、网络诈骗等风险增加。针对这些问题，需要坚持总体国家安全观和正确的网络安全观，贯彻新发展理念，构建网络安全新格局，全面加强网络安全保障体系和能力建设，主要举措包括以下 5 个方面。

（1）健全国家网络安全法律法规和制度标准。细化相关法律法规实施细则和相关指导意见，进一步完善配套标准规范体系，构建个人信息、重要领域数据资源、重要网络和信息系统安全保障体系。

（2）加强网络安全风险评估和审查。强化新技术新应用安全评估管理。建立健全关键信息基础设施保护体系，提升安全防护和维护政治安全能力。

（3）加强网络安全基础设施建设，提高网络安全综合治理能力。强化跨领域网络安全信息共享和工作协同，提升网络安全威胁发现、监测预警、应急指挥、攻击溯源能力。

（4）推动网络安全教育、技术、产业融合发展。加强网络安全宣传教育和人才培养。强化网络安全关键技术创新，提升网络安全产业综合竞争力，形成人才培养、技术创新、产业发展的良好生态。

（5）加强网络安全国际交流合作。积极参与网络安全、数据安全等国际规则和数字安全技术标准制定。深化在人才培养、技术创新、应急响应和网络犯罪打击等领域的国际合作，推动国际网络安全保障合作机制建设。

强大的网络安全产业实力是保障网络空间安全的根本和基石。习近平总书记多次就网络安全产业作出重要指示，强调"要坚持网络安全教育、技术、产业融合发展，形成人才培养、技术创新、产业发展的良性生态"，为网络安全事业高质量发展指明了方向并提供根本遵循。

2.7　数智化发展

随着第四次科技革命的深入演进，大数据、移动互联网、人工智能、云计算等新一代信息技术，助力人类社会快速步入智能时代，万物互联、万物智能、万物皆数、万数皆物的趋势不断加快。第四次科技革命深刻改变了社会生产生活方式、社会资源配置方式、社会组织运行形态，以及社会与组织治理结构等。

2.7.1　科学范式与科技革命

计算机领域专家吉姆·格雷用"四种范式"描述了科学发现的历史演变。第一范式称为经验范式，它的起源可以追溯到几千年前，它是经验性的，基于对自然现象的直接观察，再通过假设和实验等方式，获得科学发现。虽然在这些观察中，有许多规律是显而易见的，但没有系统性的方法来捕获或表达这些规律，经验范式虽然使用最为普遍，但其效率与效能不高。第二范式称为理论方式，是以自然理论模型为特征，例如，17世纪的牛顿运动定律，或19世纪的麦克斯韦电动力学方程。这些理论由经验观察、归纳推导得出，可以推广到比直接观察更为广泛的情形。虽然这些理论可以在简单场景下解析求解，但直到20世纪随着电子计算机的发展，它们才得以在更广泛的情形下求解，从而产生了基于数值计算的第三范式，即模拟范式或仿真范式。21世纪初，计算再次改变了科学，这一次则是通过收集、存储和处理大量数据的能力，催生了数据密集型科学发现的第四范式。机器学习等技术是第四范式中日益重要的组成部分，它能够对大规模实验科学数据进行建模和分析。这四种范式是相辅相成、并存不悖，在不同的条件和场景下，发挥相应的关键价值。

社会科学研究借鉴第四范式，提出了数据驱动的社会研究范式，区别于传统的以理论和模型为主导的研究范式。它运用计算机科学技术设计的特定算法从大规模社会数据中识别关键变量，发现变量之间的关联性，归纳总结出隐藏在大数据背后的人类行为与社会运行模式。计算社会科学在数据驱动的基础上，并不排斥传统的理论和模型检验，强调理论与数据并重的双向驱动。

2021年10月18日十九届中央政治局第三十四次集体学习时，习近平总书记在《不断做强做优做大我国数字经济》中指出，发展数字经济意义重大，是把握新一轮科技革命和产业变革新机遇的战略选择。要统筹国内国际两个大局、发展安全两件大事，充分发挥海量数据和丰富应用场景优势，促进数字技术和实体经济深度融合，赋能传统产业转型升级，催生新产业新业态新模式，不断做强做优做大我国数字经济。要加强关键核心技术攻关，加快新型基础设施建设，推动数字经济和实体经济融合发展，推进重点领域数字产业发展，规范数字经济发展，完善数字经济治理体系，积极参与数字经济国际合作。

习近平总书记强调，人工智能是新一轮科技革命和产业变革的重要驱动力量，加快发展新一代人工智能是事关我国能否抓住新一轮科技革命和产业变革机遇的战略问题。未来人工智能技术将进一步推动关联技术和新兴科技、新兴产业的深度融合，推动新一轮信息技术革命，成为经济结构转型升级的新支点。而随着互联网、智能科技与传统行业融合创新发展，智能科技更是在除制造业外的教育、医疗、农业等各个领域发挥重要作用。

2.7.2　数字新空间

近年来，随着物联网、大数据、区块链、数字孪生、大模型等技术在各行业领域的深度应用，人类社会迎来了一个新空间——数字空间。由此，人类从由物理空间和社会空间共同构成的二元空间，发展成物理空间、社会空间和数字空间构成的三元空间。

物理空间中数字网络技术与传感技术的融合拉开了万物互联的大数据时代的帷幕，人与环境的高效信息交互产生的海量、异构、动态数据集，逐步形成了数字空间基础。政府、企事业单位等持续加强基于信息系统提升工作与生活的效率效能，社群越来越习惯使用信息平台开展社交、购物等，社会行为快照以数据的方式得到保存且持续活跃，铸造了数字空间的灵魂。数字空间的出现，对人类社会发展产生了深远的影响。通过对物理空间与社会空间中的元素或数据进行协同感知与获取,将其映射到数字空间中实现数据的有序组织、信息融合与整合分析,进而反向指导人类社会与物理空间的决策行为。通过数字空间,人类可以获取更多的方法实现对物理空间的改造,例如智慧城市就是三元空间条件下城市的智慧化转型,基本工程逻辑是建立城市物理空间和社会空间到数字空间的映射,再通过数字空间反馈到物理空间和社会空间,进而优化城市系统,解决城市问题。

数字空间以大数据、云计算、人工智能等技术为依托,贯通虚拟与现实,其内涵正随着第四次科技革命的深入发展而日益丰富与扩展。它日益成为链接物理空间和社会空间的中介系统,以映射和重塑的方式推动物理空间、社会空间以及数字空间的边界日益模糊和相互渗透,最终促生了人类社会生存和演进的三元空间。

2.7.3　数字营商环境

良好的营商环境是一个国家或地区经济软实力和综合竞争力的重要体现。市场化、法治化、国际化、便利化的营商环境是一个国家、一个地区经济社会高质量发展的重要因素。随着数字经济蓬勃发展,与传统的营商环境相对应,数字经济时代的新型营商环境成为广泛关注的议题。2022 年 1 月发布的《"十四五"数字经济发展规划》提出,要更加优化数字营商环境,加速弥合数字鸿沟。

《国民经济"十四五"规划》提出"营造规范有序的政策环境""构建与数字经济发展相适应的政策法规体系。健全共享经济、平台经济和新个体经济管理规范,清理不合理的行政许可、资质资格事项,支持平台企业创新发展、增强国际竞争力。依法依规加强互联网平台经济监管,明确平台企业定位和监管规则,完善垄断认定法律规范,打击垄断和不正当竞争行为。探索建立无人驾驶、在线医疗、金融科技、智能配送等监管框架,完善相关法律法规和伦理审查规则。健全数字经济统计监测体系"。

国家工业信息安全发展研究中心 2021 年 12 月提出的全球数字营商环境评价指标体系。该评价体系包含 5 个一级指标:①数字支撑体系,包含普遍接入、智慧物流设施、电子支付设施;②数据开发利用与安全,包含公共数据开放、数据安全;③数字市场准入,包含数字经济业态市场准入、政务服务便利度;④数字市场规则,包含平台企业责任、商户权利与责任、数字消费者保护;⑤数字创新环境,包含数字创新生态、数字素养与技能、知识产权保护。

2.7.4　数智化新业态新模式

习近平总书记在党的十九大报告中指出:"中国特色社会主义进入新时代,我国社会主要矛盾已经转化为人民日益增长的美好生活需要和不平衡不充分的发展之间的矛盾。"为此,党中央、国务院高度重视数字经济发展。习近平总书记多次指出,要加快数字经济发展,推进产业数字化和数字产业化。党的十八大以来,党中央、国务院审时度势实施数字经济战略,先后出台《"互联网+"行动指导意见》《促进大数据发展行动纲要》等重大政策文件,持续推动数字经济新业态新模式健康发展。

我国数字经济展现出了强大的活力和韧性,众多领域成为数字新技术的"试验场"、新模式的"练兵场"、新业态的"培育场"。大量新业态新模式快速涌现,在保障人民生活、对冲行业压力、带动经济发展、支撑稳定就业等方面发挥了不可替代的作用，新业态新模式催生了大量新职业，为广大群众开辟了新的创新创富渠道。2020年7月，党中央、国务院等部门联合印发了《关于支持新业态新模式健康发展激活消费市场带动扩大就业的意见》，提出了数字经济新业态新模式的15个重点方向和支持政策，促进新业态新模式健康发展，包括：大力发展融合化在线教育；积极发展互联网医疗；鼓励发展便捷化线上办公；不断提升数字化治理水平；培育产业平台化发展生态；加快传统企业数字化转型步伐；打造跨越物理边界的"虚拟"产业园和产业集群；发展基于新技术的"无人经济"；积极培育新个体，支持自主就业；大力发展微经济，鼓励"副业创新"；强化灵活就业劳动权益保障，探索多点执业；拓展共享生活新空间；打造共享生产新动力；探索生产资料共享新模式；激发数据要素流通新活力。

我国已经进入信息技术与实体经济深度融合的阶段。"新旧交织、破立并存"，在5G、人工智能、现代物流等先进生产力不断发展的同时，为消除数智化新业态新模式发展面临的制约因素，营造良好发展环境，需要从以下四个方面进行考虑。

一是优化业态治理方式，进一步激发市场创新能力。新业态新模式的发展往往会对传统业态的运行模式、流程等进行深层次变革，不可避免对监管政策提出新要求。传统业态"按行划片"管理方式对线上线下融合的新业态新模式发展形成制约，需要探索完善适合的管理政策，促进新业态新模式健康发展。

二是加强数字化转型协同，进一步提升数字化转型效益。当前，一些中小微企业在数字化转型中面临着"转型是找死，不转是等死"的困境。企业数字化上下游协同不够，单靠自己摸索，投入高、周期长、收益慢，难以形成规模效应和产业链协同效应，导致"不会转、不能转、不敢转"。需通过提升数字化转型公共服务能力，培育数字化转型生态，提高转型效益。

三是完善就业服务和保障制度，进一步激活新型就业潜力。灵活就业等就业新形态对就业服务保障提出了新的要求。基于互联网平台的就业人员与平台间属于较为灵活的"合作"关系，对于享受相关保障等也有同样的需求。需要探索适应新就业形态的权益保障政策，进一步激发全社会创新创业创富积极性。

四是改革生产资料管理制度，进一步提升要素利用效率。传统产权管理制度难以适应数字化带来的生产力和生产关系变革。通过数字化方式，将有利于进一步推进传统生产资料所有权和使用权分离改革，激活数字化对实物生产资料倍增作用，开辟新的发展空间。而从新型数字生产要素看，数据资源共享开放、流通交易的制度也需要完善。

第 3 章　系统科学与哲学方法论

　　系统科学是研究系统的结构与功能关系、演化和调控规律的科学，是一门新兴的综合性、交叉性学科。它以不同领域的复杂系统为研究对象，从系统和整体的角度，探讨复杂系统的性质和演化规律，目的是揭示各种系统的共性以及演化过程中所遵循的共同规律，发展优化和调控系统的方法，并进而为系统科学在科学技术、社会、经济、军事、生物等领域的应用提供理论依据。

　　哲学本质上是对世界基本和普遍的问题研究的学科，是关于世界观的理论体系。不同于针对一个特定的领域进行研究的具体科学，哲学为人们认识世界和改造世界提供具体方法的指导。

　　掌握系统科学和哲学方法论，是人们理解系统、做好系统规划的必要的基本能力。

3.1　矛盾论

　　《矛盾论》是毛泽东论述马克思主义的唯物辩证法关于矛盾规律的重要哲学著作。从理论上讲，《矛盾论》是对唯物辩证法的对立统一规律的极为系统和深刻的发挥，是马克思主义唯物辩证法思想在中国条件下的继承和发展，是中国社会生活的辩证法和错综复杂的矛盾运动在理论上的反映，是马克思主义普遍真理同中国革命实践相结合的认识论和辩证法。

3.1.1　主要思想

　　《矛盾论》全面系统地论述了唯物辩证法关于对立统一规律的基本原理。

　　（1）矛盾法则（规律）即对立统一规律，是唯物辩证法最根本的规律，是唯物辩证法的实质和核心。它是自然和社会的根本规律，因而也是认识的根本规律。它最根本的内容是说一切事物都是由矛盾双方构成的统一体，在统一体中，矛盾双方既相互排斥又相互联系，既斗争又统一，由此决定了事物运动的联系并推动事物的发展。

　　（2）唯物辩证法和形而上学，是两种根本对立的发展观。形而上学，亦称玄学，属于唯心论，在很长一段历史时间内，其在人们的思想中占据了统治的地位。这种发展观把世界一切事物，一切事物的形态和种类，都看成是永远彼此孤立和永远不变化的。如果说有变化，也只是数量的增减和场所的变更。而这种增减和变更的原因，不在事物的内部而在事物的外部，即是由于外力的推动。和形而上学相反，唯物辩证法的发展观主张从事物的内部、从一事物对他事物的关系去研究事物的发展，即把事物的发展看作是事物内部的必然的自己的运动，而每一事物的运动都与其周围的其他事物互相联系着且互相影响着。任何事物内部都有这种矛盾性，因此引起了事物的运动和发展。事物内部的这种矛盾性是事物发展的根本原因，一事物和他事物的互相联系和互相影响则是事物发展的第二位的原因。唯物辩证法认为外因是变化的条件，内因是变化的根据，外因通过内因而起作用。

（3）矛盾的普遍性和特殊性。按照辩证唯物论的观点看来，矛盾存在于一切客观事物和主观思维的过程中，矛盾贯穿于一切过程的始终，这是矛盾的普遍性和绝对性。矛盾着的事物及其每一个侧面各有其特点，这是矛盾的特殊性和相对性。

矛盾普遍性的有两种含义：①"不论是简单的运动形式，或复杂的运动形式，不论是客观现象或思想现象，矛盾是普遍存在的，矛盾存在于一切过程中"；②"矛盾存在于每一事物过程始终"。任何差异都是矛盾，差异往往是指矛盾的初始阶段，即没有激化的矛盾，是矛盾的量变阶段。

矛盾的特殊性主要表现在三个方面：①每一种运动形式中的矛盾都具有特殊性。每一种运动形式内部都包含着特殊的矛盾，正是这种特殊矛盾构成一事物区别于他事物的特殊本质；②每一个事物的发展过程中的矛盾都具有特殊性；每一个事物的发展过程都具有特殊性，这种特殊性就是由其内部的根本矛盾及其特殊性所决定过的。每一个事物都有其根本矛盾和非根本矛盾。根本矛盾规定和制约着非根本矛盾，非根本矛盾反过来影响根本矛盾，加速或延缓根本矛盾的解决，从而加速或延缓事物的发展过程，使其显示出阶段性的特点；③每一个事物中的矛盾及其不同方面的地位都具有特殊性。事物的性质、主要地位是由取得支配地位的矛盾的主要方面所规定的。

（4）主要矛盾、主要的矛盾方面和矛盾的诸方面的同一性。在许多矛盾构成的体系中，起领导作用并规定和影响其他矛盾的存在和发展的是主要矛盾。在矛盾体系中，主要矛盾以外的其他非主要矛盾，都是次要矛盾。矛盾的主要方面指在一个矛盾中起主导作用的方面，它决定了一个事物的性质。而所谓的同一性，是指事物发展过程中的每一种矛盾的两个方面，各以和它对立着的方面为自己存在的前提，双方共处于一个统一体中。同时矛盾着的双方，依据一定的条件，各向着其相反的方面转化。

3.1.2　在系统规划与管理中的应用

《矛盾论》是讲辩证法的，它主要讲人应如何分析社会矛盾与解决社会矛盾，促成事物的转化，达到改变社会结构、实现人的自由解放的目的。在人们日常工作生活中，矛盾无处不在，坚持用全面、联系、发展的观点，也就是用矛盾的观点来观察事物、分析事物，有助于接近客观、远离主观，真实地反映事物的本来面目，有利于加深对事物内部规律的认识，实现科学思维、立体思维。在工作中善于捕捉矛盾，善于把握矛盾，善于剖析矛盾，善于利用矛盾，能够推动实践创新、理论创新、科技创新、制度创新以及其他各方面的创新，不断推动工作向前发展。

系统规划和管理本质上也是分析并解决矛盾的过程。举例来说，信息系统规划与管理过程中，需要分析组织当前的内外部环境，为组织分析并解决如下主要矛盾。

- 需求与资源的矛盾。组织面临不断变化和增长的用户需求，而资源有限，如何在有限资源下满足不断变化的需求。
- 敏态与稳态的矛盾。信息系统需保持稳定以支持日常业务，同时需保持一定的灵活性以快速适应未来的变化。
- 安全与效率的矛盾。随着信息系统的复杂度增加，安全性问题日益突出。需要在保障信息安全的同时保持系统的高效运行。

● 文化与技术的矛盾。组织原有的文化和管理模式可能与新技术不匹配，如何调和这种文化和技术上的矛盾是规划和管理信息系统的重点考虑因素。

矛盾论是一种关于事物矛盾的哲学理论，在系统规划与管理过程中可以应用于分析问题、确定目标、制定方案、决策与权衡等诸多方面，帮助提高系统规划的科学性和有效性。例如，目前软件工程中最常用的迭代式开发模式，理论上是完全符合抓住主要矛盾和矛盾的主要方面这个指导方针的。迭代开发要首先设计一个最小原型，之后在此基础上多次迭代，最终实现所有功能。在设计最小原型时，就是要抓住系统的核心，首先考虑解决系统的主要问题。第一个迭代是最重要的一个迭代，如果不能抓住主要矛盾并解决主要矛盾，则后续迭代将付出更大的代价重新设计实现，很可能导致项目的整体失败。

3.2　实践论

《实践论》和《矛盾论》在学界被誉为"哲学星空明亮耀眼的双子星"。《矛盾论》是讲辩证法的，而《实践论》是研究认识论的，它们相互联系，统一于一个整体。《实践论》以认识和实践的关系为基本线索，结合中国具体的社会实践，系统地阐述了马克思主义认识论的主要内容，深刻地揭示了认识与实践的密切联系，指出："人的社会实践，不限于生产活动一种形式，还有多种其他的形式，阶级斗争，政治生活，科学和艺术的活动，总之社会实际生活的一切领域都是社会的人所参加的"，"实践是认识的来源，是认识发展的动力，是认识的目的，是检验认识的标准，二者不能分开来讲"。实践论认为认识的规律为：实践—认识—再实践—再认识循环反复至无穷的过程。

3.2.1　主要思想

《实践论》写于 1937 年 7 月，毛泽东同志用马克思主义的认识论揭露党内经验主义、教条主义的主观主义错误，阐述了认识和实践的关系，知和行的关系。

一切真知最终都是来源于实践。实践的发展不断提出新的认识课题，提高人的认识能力。实践是检验认识真理性的标准。实践是把主观和客观联系起来的桥梁，具有直接现实性的品格。实践是认识的目的。

由实践到认识的过程，即在实践基础上从感性认识上升到理性认识，这是认识过程的第一次能动的飞跃。人们应该从感性认识开始，通过去粗取精、去伪存真、由此及彼、由表及里的过程进入到理性认识，这样才有可能找到正确的结论。而无论感性认识还是理性认识都要以实践为基础，找到的结论必须通过实践来验证。经过实践得到的理性认识，还须再回到实践中去，这是认识过程的第二次能动的飞跃，是更重要的飞跃。此时，认识也具有能动的反作用，正确的认识通常会促进事物的健康发展，错误的认识则会阻碍事物的发展。实践、认识、再实践、再认识，通过这种循环往复以至无穷，不断进入一次比一次更高的程度，是人们探求真理的过程。

真理是一个辩证运动着的、不断发展的过程。人类认识的历史告诉我们，许多理论的真理性是不完全的，甚至有些理论是错误的，我们只能通过实践来检验它们的不完全性，来纠正它们的错误。通过分析相对真理和绝对真理的对立统一关系，实践论说明了实践与真理的关系，即相对真理和绝对真理相互统一的基础是实践，实践是检验真理的唯一标准。

3.2.2　在系统规划与管理中的应用

实践论指导着人们认识世界并不断实践。在系统规划与管理中，应遵循实践性原则，以实际问题为导向，注重实践经验，积累实践经验。系统规划的过程和规划的系统应具有可操作性、易于实施和操作，并在实际使用中持续优化调整。

在系统规划与管理的各项活动中，都有最佳实践和推荐方法来指导我们更快更好地执行，这些方法都是通过实践得来的，提升了我们对系统规划的认知，提高了规划的质量和成功率。结合实践论，我们还需要主要以下几个方面。

- 避免惯向思维。即使已经掌握了系统规划的知识，仍需要立足于实际问题才能更好地理解需求。要避免主观主义的思维方式，不能走入经验主义或教条主义的误区，应细致查勘地探究实际情况。不仅要有感性认识，还要有理性分析。
- 持续多次迭代。系统规划必须要遵循"认知—实践"反复循环的原理多次迭代完成，而不能也不可能一蹴而就。系统规划的每一个关键活动都要有实际验证的过程，可以用版本与变更控制的方式来管控系统规划的演进。
- 实验问题解决。无论在系统规划的哪个阶段，如果出现一个问题无法确认，可以用原型法来解决，即做出一个小的实验环境，快速验证和优化系统规划。

3.3　系统论

系统论、控制论和信息论是20世纪40年代先后创立并获得迅猛发展的系统理论的三门分支学科。它们被合称为"老三论"，人们摘取了这三论的英文名字的第一个字母，把它们称之为SCI论。无论航空航天、宇宙天体、原子核能源、军事兵器还是信息系统、电子商务，科研中庞大复杂的系统工程的目标实现，都离不开"老三论"的指导。

系统论研究系统的结构、特点、行为、动态、原则、规律以及系统间的联系，并对其功能进行数学描述。系统论的基本思想是把研究和处理的对象看作一个整体系统来对待。系统论的主要任务就是以系统为对象，从整体出发来研究系统整体和组成系统整体各要素的相互关系，从本质上说明其结构、功能、行为和动态，以把握系统整体，达到最优的目标。

系统论在具备系统科学之个性化属性的同时，又有别于数学方法、物理方法或化学方法等具体科学门类的技术方法，具有普遍意义上的哲学属性，像宗教观、物质观、信息观一样，具有世界观和方法论意义。

3.3.1　主要思想

系统论的核心思想是系统的整体观念，强调任何系统都是一个有机的整体，而不是各个部分的机械组合或简单相加，系统的整体功能是各要素在孤立状态下所没有的性质。系统中各要素不是孤立存在的，每个要素在系统中都处于一定的位置，起着特定的作用。要素之间相互关联，构成了一个不可分割的整体。要素是整体中的要素，如果将要素从系统整体中割裂出来，它将失去要素的作用。

世界上任何事物都可以看成是系统。系统是普遍存在的，大至渺茫的宇宙，小至微观的原子，一粒种子、一群蜜蜂、一台机器、一个工厂、一个学会团体……都是系统，整个世界就是系统的集合。系统是多种多样的，可以根据不同的原则和情况来划分系统的类型。按人类干预的情况可划分自然系统、人工系统；按学科领域可分成自然系统、社会系统和思维系统；按范围划分则有宏观系统、微观系统；按与环境的关系划分为开放系统、封闭系统、孤立系统；按状态划分为平衡系统、非平衡系统、近平衡系统、远平衡系统等。此外，还有大系统、小系统的相对区别。系统论中详细阐述了系统的八大基本原理。

1. 系统整体性原理

系统整体性原理指的是，系统是由若干要素组成的具有一定新功能的有机整体，各个作为系统子单元的要素一旦组成系统整体，就具有独立要素所不具有的性质和功能，形成了新的系统的质的规定性，从而表现出整体的性质和功能，不等于各个要素的性质和功能的简单加和。

系统中的要素是由于相互作用联系起来的。整体的线性相互作用可以看作各个部分的相互作用的简单叠加，也就是线性叠加。而对于非线性相互作用，整体的相互作用不再等于部分相互作用的简单叠加，每一个部分都是相互影响，相互制约的。于是每一个部分都影响着整体，反过来整体又制约着部分。从整体与部分的关系看来，系统具有整体性是必然的、普遍的和一般的。

2. 系统层次性原理

系统的层次性原理指的是，由于组成系统诸要素的种种差异，包括结合方式上的差异，从而使系统组织在地位与作用、结构与功能上表现出等级秩序性，形成了具有质的差异的系统等级，层次概念就反映这种有质的差异的不同的系统等级或系统中的高级差异性。

系统的层次性犹如套箱。系统是由要素组成的，一个系统被称为系统，实际上只是相对于子系统（即要素）而言的，而它自身则是上级系统的子系统（即要素）。客观世界是无限的，因此系统层次也是不可穷尽的。高层次系统是由低层次系统构成的，高层次包含着低层次，低层次属于高层次。高层次和低层次之间的关系，首先是一种整体和部分、系统和要素之间的关系。高层次作为整体制约着低层次，又具有低层次所不具有的性质。低层次构成高层次，就会受制于高层次，但却也会有自己一定的独立性。

系统的不同层次，往往发挥着不同层次的系统功能。以大脑为例，三脑理论将人的大脑分为三个层次：最内层的原始脑（也叫爬行脑），其信息加工主要涉及机体的生理活动，包括调节躯体、内脏活动、对环境做本能性适应等；次内层是边缘系统，这里的信息加工不仅涉及躯体内脏的活动，还体验着感情和情绪，与记忆密切相联系，即涉及机体的心理活动；最外层的新皮层，这里的信息加工不仅与机体的调节、情感和情绪的调节相联系，更重要的是与理智和智慧相联系，调节着认识、学习、意志、抽象、预见等高级的反映意识活动。

3. 系统开放性原理

系统的开放性原理指的是,系统具有不断地与外界环境进行物质、能量、信息交换的性质和功能,系统向环境开放是系统得以向上发展的前提,也是系统得以稳定存在的条件。

在矛盾论中我们已经了解到,事物的发展变化,内因是变化的根据,外因是变化的条件,外因通过内因而起作用。一个封闭的系统,如果系统与环境之间是没有任何联系的,内因与外因也就不可能发生任何联系,也就没有相互作用。现实世界中的系统都是开放系统,总是处于与环境的相互联系和相互作用之中,通过系统与环境的交互,潜在的可能性就有可能转化为现实性,转化为现实的东西。系统的开放,通常说的是向环境的开放。从系统的层次性角度来看,这种向环境的开放即意味着系统的低层次向高一层次的开放。反过来看,系统的开放同时也指系统向自己的内部的开放。系统向高层次开放,使得系统可以与环境发生相互作用,与环境之间既竞争又合作。而系统向低层次开放,使得系统内部可能发生多层次的、多水平的协同作用,更好地发挥系统的整体性功能。

4. 系统目的性原理

系统目的性原理指的是,系统在与环境的相互作用中,在一定的范围内,其发展变化不受或少受条件变化或途径经历的影响,坚持表现出某种趋向预先确定的状态的特性。

系统的目的性,在系统的发展变化之中表现出来,是与系统的开放性相联系的。由于系统是开放的,系统对于环境的输入必须作出反应,而且要把自己对于环境的反应输出给环境从而影响环境,进而系统又要对于受到影响后发生了改变的环境的输入作出新的反应。在一定的发展阶段,在一定的范围之内,无论环境条件怎样改变,系统总是要朝着某种确定的方向发展,异因同果。

5. 系统突变性原理

系统突变性原理指的是,系统通过失稳,从一种状态进入另一种状态的一种突变过程,它是系统质变的一种基本形式。突变方式多种多样,同时系统发展还存在着分支,从而有了质变的多样性,带来系统发展的丰富多彩。

经过突变而发展变化是系统发展变化的基本形式。系统的突变有两个层次:一层是在系统要素层次的突变,生物学中所谓的基因突变就属于系统的要素的突变;另一层是在系统层次的突变,系统整体的变化才会造成系统层级的突变。系统中要素的突变总是时常发生的,当要素的突变得到整个系统的响应,使得系统发生质变进入新的状态,则会发生层级的突变。

6. 系统稳定性原理

系统稳定性原理指的是,在外界作用下开放系统具有一定的自我稳定能力,在一定范围内有自我调节能力,从而保持和恢复原来的有序状态,保持和恢复原有的结构和功能。

系统的稳定性是系统在发展和演化之中的稳定性,是动态中的稳定性,而非绝对意义上的稳定性。即使一个系统在整体上是稳定的,系统之中也可能存在局部的不稳定性。虽然在一定条件下某些个别的、局部的不稳定的因素得以放大,会破坏系统保持自身稳定的能力,使得系统从整体上失稳,但是经过发展和演化,系统最终还是会重新进入新的稳定状态。所以系统的稳定性原理是在稳定与失稳的矛盾之中把握稳定性，系统整体的稳定也可能同时伴随着局部的不稳定，而系统中的不稳定因素，反而成为系统演化发展的积极因素。另外，一个组织系统之所以具有受到干扰后能够迅速排除偏差、恢复到正常的稳定状态的能力，关键在于其中的负反馈机制。通过负反馈机制，系统得以消除偏离系统稳定状态的失稳因素，使得系统可以稳定存在。

7. 系统自组织原理

系统的自组织原理指的是，开放系统在系统内外两方面因素的复杂、非线性相互作用下，内部要素的某些偏离系统稳定状态的情况可能得以放大，从而在系统中产生更大范围、更强烈的相关影响，系统会自发组织起来，使系统从无序到有序，从低级有序到高级有序。

自组织表示系统的运动是自发的、不受特定外来干预的进行，其自发运动是以系统内部的矛盾为根据，以系统的环境为条件的系统内部以及系统与环境的交叉作用的结果。系统的自组织作为一种客观的、普遍的现象，体现在世间万物都处在自发运动、自发形成组织结构、自发演化的过程之中。当然，我们也要运用矛盾论中对立统一的观点来看待自组织。系统的自组织也是相对的，系统的整体性很强，会强烈制约子系统的行为自由，使得这些低层子系统的组织受到系统整体的干预。

8. 系统相似性原理

系统的相似性原理指的是，系统具有同构和同态的性质，其体现在系统的结构和功能、存在方式和演化过程具有共同性，这是一种有差异的共性，是系统统一性的一种表现。

系统具有相似性，最根本原因在于世界的物质统一性。系统的相似性，不仅仅是指系统存在方式的相似性，也指系统演化方式的相似性。系统结构的相似性，几何的、相对静止的相似性，体现的是系统存在方式上的相似性。而系统的过程的相似性，运动节律的、显著变动之中的相似性，体现的就是系统演化的相似性。系统演化的每一相对完整的阶段，从一种有序到另一种有序的发展，也表现出相似性。系统理论追求系统的一般性，相似性也体现着一般性，但是系统之间的差异是绝对的，而相似是有条件的。相似性可以不仅仅是任何结构意义上的可见的相似性，也可以是功能的、无形的意义上的非实体的相似性。系统规律的相似性、思维活动的相似性和关系的相似性等，都是后一种意义上的相似性。

3.3.2　在系统规划与管理中的应用

系统论是一种研究复杂系统的理论和方法，它不仅是一种哲学思想，也是一种科学方法。系统论的核心思想认为系统是由多个相互作用的元素组成的，这些元素之间的相互作用和反馈机制形成了系统的结构和功能。通过学习系统论，人们可以理解各种复杂系统的特点和规律。这些特点和规律可以帮助人们更好地理解和控制各种复杂系统，包括自然系统、社会系统、经济系统、技术系统等。从而更好地利用这些系统的特点和规律来创造、控制、管理或改造系统，使系统能更好地提供服务并持续不断进行优化。

信息系统是一个复杂度很高的系统，系统论提供了一种从整体全局思考问题的维度，系统怎么组成的，输入是什么，输出是什么，如何交互的。依托系统论，人们可以将一件事情从起点到终点涉及的人和事物拆解出来，关系理清楚，流程画出来。条件许可的话，还可以用一套可量化的数学模型进行建模，推演各个时期的结果和要害所在，并从系统全局的角度来规划各个节点的优先级顺序。从事高价值、大规模的系统设计、分析和运作的相关工作需要掌握一定的系统分析方法。只有这样才能更好地完成系统规划和管理的工作。同时，尽管系统设计的产品经理／系统分析师都希望用一套简单模型满足所有复杂变化，但实际上外部条件千差万别，每个项目都必须要根据当前条件重新调整改变。所以在全局思考和规划的基础上，系统早期的设计表现出来的可拓展性、最小原子性、耦合性等基础特性也非常重要。早期系统设计的好坏决定了今后系统是否能够健康有效地演进并快速响应外部条件的变化。

以 IT 服务规划设计为例，在系统论思想的指导下，首先找出规划流程中的主要活动：服务需求识别、服务目录设计、服务方案设计（含服务模式设计、服务级别设计、人员要素设计、过程要素设计、技术要素设计、资源要素设计）、服务成本评估和服务级别协议设计。接着根据这些活动所处的阶段、活动的对象内容、活动之间的关系，画出规划设计活动结构图如图 3-1 所示。然后对每个活动的具体内容做出详细定义，确保每一个设计活动目的明确、重点突出、时间可控、结果有效。有了活动结构图和详细定义，就有了总体规划，才能进行详细设计和实现。

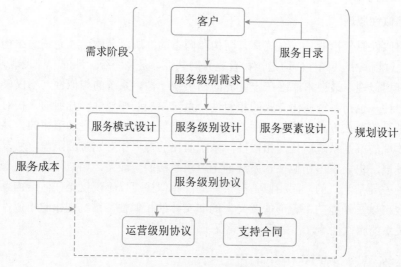

图 3-1   规划设计活动结构图

我们可以借鉴业界常用的规划设计方法，更重要的是要立足当前项目，根据当前项目的实际情况开展工作。不难发现，系统规划中一定是先有总体设计，才有详细设计，再进行实现和验证。这符合系统论从整体全局思考问题的思维方式，也是经过社会发展实践验证最有效的工作方式。

3.4   信息论

人类自古就需要从自然界获得信息，并在人与人之间交流信息。尤其当今时代，每人每时每刻都需要随时获取、传递、加工和利用信息。信息论（Information Theory）是"老三论"之一，是运用概率论与数理统计的方法研究信息、信息熵、通信系统、数据传输、密码学、数据压缩等问题的学科。为了正确认识并有效地控制系统，需要了解和掌握系统各种信息的流动与交换，信息论为人们提供了一般方法论的指导。

信息论诞生于 1948 年，创始人为香农。信息论可以分成两种：狭义信息论与广义信息论。狭义信息论是关于通信技术的理论，它是以数学方法研究通信技术中关于信息的传输和变换规律的一门科学。广义信息论也被称为信息科学，则超出了通信技术的范围来研究信息问题，它以各种系统、各门科学中的信息为对象，广泛地研究信息的本质和特点，以及信息的取得、计量、传输、储存、处理、控制和利用的一般规律。

3.4.1　主要思想

信息（Information）一词的含义包括情报、资料、消息、报导、知识。长期以来人们把信息看作是消息的同义语，简单地把信息定义为能够带来新内容、新知识的消息。但是后来发现信息的含义要比消息、情报的含义广泛得多，不仅消息、情报是信息，指令、代码、符号语言、文字等，一切含有内容的信号都是信息。广义信息论把信息定义为物质在相互作用中表征外部情况的一种普遍属性，它是一种物质系统的特性以一定形式在另一种物质系统中的再现。

信息论中相关定义包括：

- 信号。信号是消息的载体，是物理量。信息通过信号在通信系统中传递。
- 信息量。信息量是信息多少的量度。
- 信源。信源即消息的来源。信息一般以符号的形式发出，自然界的一切物体都可以成为信源。
- 信宿。信宿是信息的接收者，它能够接收消息并使消息再现。达到通信的目的信宿可以是人，也可以是机器。
- 信道。信道是信源和信宿之间存在着传递信息的通道。
- 信道容量。信道容量是指信道传输信息的多少以及速度。
- 编码。编码即使用特定符号、特定顺序将信息变成信号的过程。用符号来表达消息，称为信源编码；将符号转换成为信道所要求的信号，称为信道编码。
- 译码。译码是编码的逆过程，将信号还原为信息。

信息科学是具有方法论性质的一门科学。所谓信息方法就是运用信息观点，把事物看作是一个信息流动的系统，通过对信息流程的分析和处理，达到对事物复杂运动规律认识的一种科学方法，这种方法具有普适性。

迄今为止，人类社会已经发生过四次信息技术革命。

- 第一次信息技术革命是人类创造了语言和文字，接着出现了文献。语言、文献是当时信息存在的形式，也是信息交流的工具。
- 第二次信息技术革命是造纸和印刷技术的出现。这次革命结束了人们单纯依靠手抄、篆刻文献的时代，使得知识可以大量生产、存贮和流通，进一步扩大了信息交流的范围。
- 第三次信息技术革命是电报、电话、电视及其他通信技术的发明和应用。这次革命是信息传递手段的历史性变革，它结束了人们单纯依靠烽火和驿站传递信息的历史，大大加快了信息的传递速度。

- 第四次信息革命是电子计算机和现代通信技术在信息工作中的应用。电子计算机和现代通信技术的有效结合，使信息的处理速度、传递速度得到了惊人的提高；人类处理信息、利用信息的能力达到了空前的高度。

今天，人类社会已经步入了人工智能大数据信息化社会。信息的传播手段已随着信息技术发展水平的持续提高而日益精进。但信息本身的特性并没有发生变化。信息的特性有：

（1）传递性。在遥远的周朝，长城上防守的士兵就通过烽火来向后方告急，也留下了烽火戏诸侯的历史典故。名将韩信用两只信鸽将书信带给后方和家人，飞鸽传书的故事流传至今。这些示例都说明了信息是可以传递的，也就是说信息具有传递性。如今人们随时可以通过语音、视频与世界任何地方的人连线，信息已经可以通过网络无延迟传递。

（2）共享性。萧伯纳有一句名言：我有一个苹果，你也有一个苹果，假如互相交换的话，我们各自还是都有一个苹果；但如果你有一种思想，我也有一种思想，再彼此交换一下，我们就会各自同时拥有两种思想。信息就像苹果和思想，也是可以共享的。不过信息的共享并不是绝对的，而是有条件的。例如，如果是专利技术，就不能随便分享，必须在一定的规则下使用。

（3）依附性和可处理性。信息要进行存储则需要转化为信号写入存储器中，信息要进行展示必须使用显示器或者其他设备，这就是信息的依附性。例如，红绿灯显示了道路是否可以通行的信息，也就是说道路是否可以通行的信息依附于红绿灯来展示。

信息是可以通过各种手段进行更改的，这就是信息的可处理性。例如，对自拍照片的美颜处理，就是对照片的信息进行了更改和处理。

（4）价值相对性。信息是否有价值因人而异、因时而异，其是相对的。例如，中国古老的造纸术，随着技术的进步已经成为文化遗产，它的价值不再是生产的技术而是历史的记忆。王羲之的书法作品、齐白石的画作都会随着时间的推移而越来越贵重。

（5）时效性。还以红绿灯为例，道路是否可以通行的信息在按照一定的时间间隔而发生变化，且仅对当时那个时间段有效，一旦时间过去，信息就不再有效了。

（6）真伪性。正如前文提到的烽火戏诸侯典故所述，信息是客观存在的但并不全都是真实情况的反映。

信息论的方法是普适的，它是指通过对信息的观察来考察系统的行为结构和功能，通过对信息的获取、传递、存储、加工过程的分析，达到对某个复杂系统运动过程的规律性认识。它不需要对事物的整体结构进行剖析性分析，而仅仅对信息的流程加以综合考察，从而获得关于系统的整体性知识。

信息论方法有两个主要特点：①它完全撇开对象的具体运动形态，把系统的运动过程抽象为信息过程，在不考虑系统内具体物质形态、不打开机器或活体的条件下研究系统与外界之间的输入与输出的关系。②它不是为了说明客观对象，而是为了说明客观对象的过程，说明主、客体之间信息交换过程的方式，以达到对控制系统运动过程的规律性认识。

3.4.2　在系统规划与管理中的应用

信息是系统规划与管理的核心内容，抓住信息的特征，理解信息方法的特点，有助于高效、高质量地完成系统规划与管理工作。

以系统需求分析为例，由于认识到信息具有的共享性和真伪性，所以需要专门处理数据安全并进行权限管理；由于信息存在价值相对性，收集需求时必须抽丝剥茧地抓住核心，解决客户真正的痛点问题；由于信息的依附性和可处理性，才需要将信息收集起来并且用特定的方式进行处理。

另外，特别需要注意的是，在信息编码时需在准确性与简洁性之间找到一个平衡点，通过添加有限的冗余信息来确保信息编码的准确性和抗噪能力。在进行系统规划与管理时，也需要在确保效果一致的情况下，尽量将烦琐的流程简化，提高系统的易用性。

信息论中还有一些具体的数学方法，可以用在信息系统的实现过程中。

3.5　控制论

1948 年，美国数学家罗伯特·维纳把控制论（Control Theory）定义为动物和机器中控制和通信的科学。经过多年的发展，控制论不仅涉及自然科学和工程技术的各个方面，也渗透到社会经济的诸多领域，已成为自然科学和社会科学方法论的经典思想。钱学森于 1954 年在美国出版的《工程控制论》，也是该领域最具权威性的学术著作之一，有着非常广泛的影响。

控制论提供了一种方法论，它的研究对象是各种各样的系统，包括生物体、生物群、机器装置类的工程对象、人类社会、经济实体等。这些系统从控制论的角度可以统称为控制论系统。研究的方法是借助工程中的自动控制理论形成反馈控制建模等工程概念，用以解决信息的传输和利用问题，或者通过对系统施加控制，使得系统行为按人们预期的目标发展。

所谓控制，是指为了改善系统的性能或达到某个特定的目的，通过对系统输出信号的采集和加工而产生控制信号施加到系统的过程。在通常情况下，系统可以分为不可控系统和可控系统两大类，前者是指无法进行人工控制与干预的系统，后者是指可以进行人工控制与干预的系统。人们讨论的控制系统一般是指可控系统，它由控制部分和被控对象组成。控制部分一般由传感器（sensor）、控制器（controller）和执行器（actuator）组成。传感器用来采集信息，并把它变换到合适的形式，传送到控制器。控制器用来加工信息和产生控制信号，这是控制系统的核心。执行器则将控制器产生的控制信号进行放大和变换，以此产生控制作用，最终施加到被控对象上，如图 3-2 所示。

图 3-2　控制系统简单结构图

控制系统的输出也称为系统响应。一般情况下，控制的目的是使系统输出信号跟随某个设定的信号进行变化，称为伺服控制问题。如果要求系统输出信号保持在某个设定的固定值附近，则称为调节控制问题。在工业控制系统中，诸如温度、速度、压力、液位等参量的控制问题，大都属于参量保持恒定或在给定范围之内的调节问题。

3.5.1   主要思想

一般情况下，控制系统分为开环控制系统和闭环控制系统两大类。所谓开环控制系统，是指控制器形成控制信号时不依赖于系统输出信号。这是一种"不计后果"的主观控制方式，但对一些具有明确先验知识的系统仍然具有很好的控制效果，其结构如图 3-3 所示。但是，大多数控制系统的控制器在形成控制信号时要依赖于系统输出信号，这是一种"顾及后果"的客观控制方式，称为闭环控制系统。

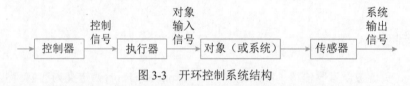

图 3-3   开环控制系统结构

所谓反馈是指将系统的实际输出和期望输出进行比较而形成的误差信号，控制器在形成控制信号时要依赖于这个误差信号，反馈控制系统的结构如图 3-4 所示。

图 3-4   反馈控制系统结构

开环控制系统必定是程序控制系统，它按事先规定的顺序或逻辑进行控制，其响应严格地由描述系统行为的数学模型、系统输入和初始条件所确定。对于反馈闭环系统而言，一般情况下并不严格地依赖于系统的数学模型，而对于设定信号和控制器参数的依赖程度是很高的。这两种控制方式在实际中都有广泛的应用。实际上，反馈对于一切自然系统、生物系统和社会系统具有普适性。例如，人和动物在行进中要不断地目视目标，不断地消除偏差，直至到达目的地。实际上，反馈的过程是信息传递和误差消除的过程，这是一种最基本的控制方式。如果反馈信息（系统实际输出）使得系统输出的误差逐渐减少，则称为负反馈；反之，称为正反馈。负反馈是反馈的基本形式，而在某些特殊情况下，正反馈也是十分有用的。

通过闭合负反馈环路，可以获得几个重要的特征使系统达到稳定（最重要的特征）；可以使系统具有鲁棒性，即减小了系统输出对系统参数变化（系统元件老化或系统内部干扰）的敏感度，减小了系统对测误差（测声）的敏感性；可以使系统具有抗干扰能力，即减小了外部干扰对系统输出的影响，可以改善系统输出的响应性能。

3.5.2　在系统规划与管理中的应用

控制论研究的对象就是系统，包括工业系统、信息系统、社会系统等具有控制思想的系统，例如综合自动化系统、计算机集成制造系统、网络化控制系统等。

1. 综合自动化系统

综合自动化，就是在自动化技术、信息技术、计算机控制和各种现代生产加工技术的基础上从生产过程的全局出发，通过集成生产活动所需的各种信息，把控制、优化、调度、经营、管理、决策融为一体，形成一个能适应各种生产环境和市场需求的高质量、高效益、高柔性的生产系统。综合自动化追求的是总体最优，而不是局部最优；依赖的是信息集成，而不是简单的生产技术集成。

综合自动化系统离不开人，是以人为中心的系统。在离散型工业中，综合自动化的一个重要成果是计算机集成制造系统（Computer Integrated Manufacturing System，CIMS）。它是在自动化技术、计算机技术及制造技术的基础上，通过计算机及其软件将制造工厂全部生产活动与整个生产过程有关的物料流与信息流实现高度统一的综合化管理。综合自动化系统把各种分散的自动化系统有机地集成起来，构成一个优化的、完整的生产系统，从而获得更高的整体效益，缩短产品开发制造周期，提高产品质量、生产率、企业的应变能力和竞争能力。

2. 计算机集成制造系统

计算机集成制造系统具有很大的柔性，能对市场需求变化做出快速反应，是适合于多品种、中小批量生产的高效益、高柔性的智能制造系统。一个基本的计算机集成制造系统，至少有自动化设计系统、自动化制造系统、计算机辅助质量保障系统以及管理与决策支持系统四大部分。自动化设计系统包括计算机辅助设计（CAD）、计算机辅助制造（CAM）、计算机辅助工程（CAE）、计算机辅助工艺设计（CAPP）等。自动化制造系统包括机械加工自动化系统、物流自动化系统、仓库自动化系统等。计算机辅助质量保障系统属于重要的辅助系统，主要功能是采集、储存、评价与处理在设计、生产及使用过程中与质量有关的数据，目的是实现产品的高质量与低成本，从而增强企业的竞争能力。管理与决策支持系统是为企业领导直接服务的系统，其主要功能包括制订中、长期的生产计划、物料需求计划、生产能力（资源）平衡以及财务库等各种管理计划，还包括市场预测及制订长期发展战略计划等。为使这四大部分集成起来，计算机集成制造系统还包括分布式数据库以及数据传输网络等支撑环境，最终实现所有信息集成的目的。

计算机集成制造系统通过信息集成，可以进一步改善产品质量，提高设备利用率，使企业管理、调度及决策科学化，同时增加新产品设计与生产的灵活性。例如，为了实现库存控制、库存状态的一目了然，就可以采用各种科学方法来管理库存，使库存降到最低水平，以压缩仓库面积和占用资金。设计、制造、管理、质量的信息集成，会大大提高企业生产、营销的效率以及企业应对市场变化的能力。由此可见，集成度的提高，使各种生产要素之间的配置得到更好的优化，各种生产要素的潜力得到更大的发挥，使实际存在于生产过程中的各种资源浪费减到最少，从而获得更好的整体效益。

3. 网络化控制系统

现代工业系统具有模型维数高、分布地域广等特点，现代控制系统正朝向更加分散化、智能化的方向发展，网络化已经成为必然趋势。随着微电子技术的高速发展，目前传感器、执行器、控制器都可以具有稳定可靠的网络通信接口，因此可以成为相对独立的网络节点，从而促进了控制系统朝网络化的方向发展。早期的直接数字控制（Direct Digital Control，DDC）以及目前广泛使用的分布式控制系统（Distributed Control System，DCS）虽然有一些缺点，但都是控制系统网络化的阶段性产品。网络化控制系统（Networked Control System，NCS）是一种分布式的实时反馈控制系统，通过数字网络实现控制功能，控制器、传感器，执行器是同等的网络节点，它们均共享相同的网络。

网络化控制系统是通信网络和控制系统相结合的产物，具有如下特点：①传统的计算机控制系统一般都采用等周期采样，这会使系统的分析与设计都大大简化，而在网络化控制系统中，数据采集与控制作用都不能确保是等周期的。②在网络化控制系统中，控制品质与性能不再仅依赖于控制算法，同时也受到网络调度算法的影响。调度算法发生在网络用户层，它决定了控制网络中数据传输的快慢以及被传输数据的优先权等问题，同时也可以调度控制回路的采样周期和采样时刻。③控制系统中的传感器、控制器和执行器通过网络传输信息，必然会导致网络的传导时延，不但会降低系统性能，还会导致系统的不稳定。时延的存在及其固有的不确定性，使控制系统的分析与设计变得复杂。④网络环境下被传输的数据包要经过多个网络节点，而且路径不唯一，这必然会导致数据包时序的错乱，甚至出现数据包丢失的现象。网络节点有多种驱动方式，主要有时钟驱动和事件驱动两种，传感器通常采用时钟驱动，而控制器和执行器既可以是时钟驱动，也可以是事件驱动。

总的来说，网络化控制系统在带来好处的同时，也出现了许多传统控制系统没有的问题，相应的控制理论尚不完善，是目前以至将来相当长一段时间内被关注的领域。

3.6　耗散结构理论

1969年，比利时布鲁塞尔自由大学的普里戈金教授提出了耗散结构理论。该理论认为：凡是由大量较小单位或层次构成的系统，其性质、结构、稳定、演化等都可以用热力学和统计物理学的理论和方法来研究。耗散结构主要研究一个开放系统在远离平衡态的非线性区如何从无序向有序的组织结构进行演化的机理、过程和规律，并试图描述系统在变化的临界点附近的相变条件和行为，它解释了无数个无规则微观粒子如何在一定条件下相互协同组织成更高级的有序状态的自组织形式。

与平衡相变不同，耗散结构理论是研究远离平衡的开放系统，通过不断地与外界交换能量和物质，系统可能从无序状态转变为时间、空间或功能的有序状态，这种新的有序结构就称为耗散结构。

当外界能量流、物质流达到一定值时，系统内部便自行组织起来，形成了耗散结构。普里戈金从热力学出发，根据平衡系统中熵减少相当于有序度增加的概念，认为非平衡系统形成有序结构时系统的熵应该减少。但在开放的非平衡系统中，系统的变化率$\dfrac{\mathrm{d}s}{\mathrm{d}t}$应该由两因素决定，即

$$\frac{\mathrm{d}s}{\mathrm{d}t} = \frac{\mathrm{d}es}{\mathrm{d}t} + \frac{\mathrm{d}is}{\mathrm{d}t}$$

其中，$\mathrm{d}es$ 表示系统从外界流入的熵流，它的大小是由外界控制的；$\mathrm{d}is$ 是系统内部自发产生的熵变化，根据平衡态中系统内分子无规则热运动只能造成系统的熵增加，因此

$$\frac{\mathrm{d}is}{\mathrm{d}t} \geqslant 0$$

其中，$\mathrm{d}is>0$ 表明系统经历着不可逆过程。由此看来，系统走上有序的唯一可能性是 $\mathrm{d}es/\mathrm{d}t<0$，即外界供给系统一个负流，也就是输入的是有序度较高的高品质的物质能量流，而输出的是低品质的物质能量流。这样一来，系统将自发产生的熵及时排到了外界环境，使本身有序度增高，同时"污染"了环境。当系统进入稳定的非平衡结构时，应该满足：$\dfrac{\mathrm{d}is}{\mathrm{d}t} \leqslant -\dfrac{\mathrm{d}es}{\mathrm{d}t}$，才能使系统的有序结构维持下去。系统内自发产生的熵是把系统的有序变为无序的根源，它是把有序能量耗散为无序能量的程度的量度。因此，这种结构的存在是以外界物质流、能量流产生的负熵流为代价的。它输入高品质能量，经此结构耗散为低品质能量后返回环境，因此被称为耗散结构。

3.6.1　主要思想

耗散结构理论是熵理论的延伸，它的基本内涵是：一个远离平衡的开放系统，当外界条件变化达到某一特定阈值时，系统通过不断与外界进行物质交换和能量交换，会从原来的无序状态转化为一种时间、空间或功能的有序状态，此时形成的远离平衡的、稳定有序的结构称为耗散结构。耗散结构理论指出非平衡是有序之源，平衡态是无序的，系统是朝向有序或无序发展。

耗散结构理论的研究就是热力学发展的第三个阶段。一个远离平衡的系统，当其内部的动力学过程存在着非线性的反馈时，不可逆过程不但会使系统原来的状态失去稳定性，而且还会从中产生出来新的有序结构，能量耗散在不可逆过程的非线性区能起到建设新的有序结构的积极作用。这种有序结构，不但在它形成中需要同外界环境交换物质和能量，而且它的存在和维持也需要时时刻刻同环境做物质和能量的交换。"如果平衡结构是一种'死'结构（因其必须同环境隔绝才能维持其存在），那么耗散结构则是一种动态的'活'结构。""这种活的有序结构，无论是在无机自然界、有机自然界，还是人类社会，都是普遍存在的"。

耗散结构的形成是有一定的条件的，普里戈金在提出耗散结构概念的同时也提出了如下耗散结构形成和维持的条件。

1）开放性

所谓开放性是指系统能够同周围环境进行能量、物质和信息的交换。根据熵定律，开放系统的熵 $\mathrm{d}s$ 由 $\mathrm{d}is$ 和 $\mathrm{d}es$ 构成，即 $\mathrm{d}s=\mathrm{d}is+\mathrm{d}es$，该方程被称为熵变化方程，其中 $\mathrm{d}is$ 称为熵增，也即正熵，是由系统内部的不可逆过程所引起的熵增加，且 $\mathrm{d}is \geqslant 0$，系统的内部矛盾导致正熵生成并持续增加，是系统不稳定的根源，对系统产生的是负作用；$\mathrm{d}es$ 称为熵流，是由系统与外界

交换能量及物质所引起的，des 可正可负可为零，但只有当 $des<0$ 时，des 才被称为负熵，负熵对系统产生的是正向作用，当这一负熵足够大时就可以抵消系统在自身发展过程中产生的熵增，并达到一定阈值时，可以实现系统从无序向有序的演化。

2）远离平衡态

系统想要朝向有序化发展，必须远离平衡态。所谓平衡态是指在与外界没有物质交换的条件下，系统的各部分在长时间不发生任何变化的状态，非平衡态是平衡态的对立面。而判断这一条件是否满足的方法是比较抽象的，一个系统要想实现远离平衡态的目标，需要与外界进行交换；需要研究系统的各个组成部分是否是均匀一致的，系统各个部分之间差异越大，系统就离平衡态越远。

3）线性耦合

在热力学领域，当热力学分支失稳时，系统重新稳定到新的耗散结构分支上的使命是由非线性来完成的。根据普里戈金的分析，当一个系统是线性系统时，那它就失去了形成耗散结构的可能性，只有非线性系统才能演化为有序的耗散结构系统。因此，将耗散结构理论运用到其他领域的系统分析中时，非线性相互作用依然是系统形成耗散结构的条件之一。要判断一个系统是否具有非线性特征，就要研究系统的组成部分在数量上和性质上是否相互独立并且具有相当的差异。

4）涨落现象

根据普里戈金的分析，所谓涨落是指微小偏差的发生，是系统形成耗散结构的触发器。涨落的发生是随机的、不可预测的，依赖于外界环境的刺激和内部运行产生的契机，只能大致地对涨落出现的阶段和意义做一定的描述。如果涨落出现在近平衡态区域，那么它的出现对系统形成耗散结构是没有建设性意义的，只有当涨落出现在原理平衡态的区域中时，才能起到其触发器的作用。

3.6.2　在系统规划与管理中的应用

可以认为，耗散结构系统描述的是系统的一种性质。一个组织或企业本身也属于系统，在系统规划与管理中，认识系统的耗散结构特征，可以有针对性地利用耗散结构的演化形成过程，提升信息系统的抗熵（抗干扰）能力，促进系统不断改进优化。

1. 物流网络的耗散结构

从耗散结构的形成过程来看，一个开放的远离平衡态的网络系统，若有熵流的持续"流入"，不断抵消系统内部的熵产生，在熵流大于熵产生的情况下，则形成稳定的耗散结构。在物流网络中，任何一个减少成本、节省时间、提高效率的有效组织或优化策略的执行都是熵流流入的过程，物流网络的演化完全可以在正负熵流的"斗争"中，通过系统能量的耗散与系统内非线性动力学机制来形成和维持与平衡结构完全不同的有序结构。因此，物流网络形成耗散结构是完全可行的，一个稳定运行的物流网络就是一个典型的耗散结构，物流网络的开放性、动态性和自组织演化是物流网络形成耗散结构的根源。

系统要想在实践中获得存在与发展，必须不断地从外界引入熵流，以抵消对象体内的熵产生，从而确保系统不断地走向更高层次的稳定有序结构。因此，通过某种适当的方式将物流网络系统的运作模式构造成一个典型的耗散结构的演化形成过程，使物流网络在这种模式下自组织演化为稳定的耗散结构，将是从物流网络系统整体角度对其进行协调优化的一种全新阐释。对于优化物流网络资源配置，协调物流网络的运作机能，提高物流网络的运作效率是具有重要意义的。

2. 企业管理信息系统的耗散结构

目前，我国不少企业管理信息系统都是一种封闭系统，它们与外界只有少量的信息交流（如劳动力信息、产品信息、资金信息等）和少量的实物交流（如人员、产品、资金、设备等），整个系统维持着一种低水平的稳定有序状态，这种结构是一种"死"结构。企业管理信息系统必须具备抗熵能力。所谓抗熵能力，就是抗干扰能力。企业管理信息系统的干扰来自内外两个方面，内部干扰是信息系统部件产生的噪声。一个正常的企业系统，随着时间的推移，自然会出现产品过时、技术老化、经营管理方法陈旧、产业结构不合理等问题。这说明信息系统的某个部件发生了故障，或是信息收集部门没有及时收集信息，或是信息处理部门的功能丧失，以致信息过程不顺利，信息量减少，系统的正熵增大。外部干扰是由于外界的正熵输入，大量的信息资料不加分析地输入信息处理部门，管理者很难找出有价值的信息，造成决策困难。

要增强系统的抗熵能力，必须完善系统各部件的功能，及时地从外界输入信息，并根据信息不断地改变企业的信息结构，使之适应外界环境的变化和发展，使企业管理信息系统维持一种稳定的耗散结构。当外界环境突然发生变化时，系统能够临危不惧，重新组成新的耗散结构，并且这种新的耗散结构比原来的耗散结构更协调、更高级，从而不断地给企业增添新的活力，推动经济不断发展。

3.7 协同论

协同论亦称协同学或协和学，是研究不同事物的共同特征及其协同机理的学科，它着重探讨各种系统从无序变为有序时的相似性。协同论的创始人哈肯说过，他把这个学科称为"协同学"，一方面是由于人们所研究的对象是许多子系统的联合作用，以产生宏观尺度上的结构和功能；另一方面，它又是由许多不同的学科进行合作，来发现自组织系统的一般原理。

协同学是一种复杂系统理论，它把一切研究对象看成是由组元、部分或者子系统构成的系统，这些子系统彼此之间会通过物质、能量或信息交换等方式相互作用。通过子系统之间的这种相互作用，整个系统将形成一种整体效应或者一种新型的结构。在系统这个层次，这种整体效应具有某种全新的性质，而这种性质可能在微观子系统层次是不具备的。协同学研究的是开放系统怎样从原始均匀的无序态发展为有序结构，或从一种有序结构转变为另一种有序结构。哈肯发现不论是平衡相变还是非平衡相变，系统在相变前之所以处于无序均匀态，是由于组成系统的大量子系统没有形成合作关系，它们各行其是、杂乱无章，不可能产生整体的新质。而一旦系统被拖到相变点，这些子系统仿佛得到某种"精灵"的指导，迅速建立起合作关系，以很有组织性的方式协同行动，从而引发系统宏观性质的突变。

协同指的是系统的各个部分协同工作，协同效应则指复杂系统内的各子系统的协同行为产生出的超越自身单独作用而形成的整个系统的聚合作用。协同论主要研究远离平衡态的开放系统在与外界有物质或能量交换的情况下，如何通过自己内部协同作用，自发地出现时间、空间和功能上的有序结构。协同论以系统论、信息论、控制论、突变论等为基础，吸取了结构耗散理论的大量营养，采用统计学和动力学相结合的方法，基于多维相空间理论，描述各种系统和现象中从无序到有序转变的共同规律。

协同论是在研究事物从旧结构转变为新结构的机理的共同规律上形成和发展的，它的主要特点是通过类比从无序到有序的现象，建立了一整套数学模型和处理方案，并推广到广泛的领域。它基于"很多子系统的合作受相同原理支配而与子系统特性无关"的原理，设想在跨学科领域内，考察其类似性以探求其规律。在协同论中，描述了临界点附近的行为，阐述了慢变量支配原则和"序参量"概念，认为事物的演化受序参量的控制，演化的最终结构和有序程度决定于序参量。不同的系统序参量的物理意义也不同。例如，在激光系统中，光场强度就是序参量；在化学反应中，浓度或粒子数为序参量；在社会学和管理学中，为了描述宏观量，采用测验、调研或投票表决等方式来反映对某项"意见"的反对或赞同，此时，反对或赞成的人数就可作为序参量。序参量的大小可以用来标志宏观有序的程度，当系统是无序时，序参量为零。当外界条件变化时，序参量也变化，当到达临界点时，序参量增长到最大，此时出现了一种宏观有序的有组织的结构。

3.7.1　主要思想

协同论由三大基本原理构成，即不稳定原理、支配原理和序参量原理。哈肯认为系统自组织取决于少数序参量，"涨落"在系统的结构演化中发挥着必不可少的关键作用，涨落是系统演化的诱因，没有涨落系统就无从认识新的有序结构，就没有非线性相干作用的关联放大和序参量的形成，也就不可能有系统的进化。

1. 不稳定原理

不稳定原理揭示的是一种模式的形成意味着原来的状态不再能够维持，从而变为不稳定的。协同论承认不稳定性具有积极的建设性作用，不稳定性充当了新旧结构演替的媒介。协同论的不稳定性原理如图 3-5 所示。

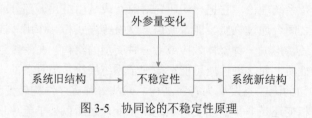

图 3-5　协同论的不稳定性原理

2. 支配原理

支配原理的主要概念是"慢变量不稳定模""快变量稳定模"和"支配"。根据不稳定性原理，当控制参量变化使系统达到线性稳定性被破坏的状态时，基本演化方程中包含的变量可以按其阻尼性质分为两类：一类变量联系着的阻尼作用很小；另一类变量联系着的阻尼作用很大。在接近临界点时，前一类变量随时间变化很慢，到达新的稳定态的弛豫时间 ① 很长，甚至趋于无穷，因而称为慢变量。慢变量在接近临界点时不是迅速衰减而是缓慢增长，代表不稳定模。后一类变量由于阻尼很大，以指数形式迅速衰减，弛豫时间很短，称为快变量。快变量代表系统的稳定模。

支配原理的核心思想是认为系统内部的各种子系统、参量或因素的性质和对系统的影响是有差异的、不平衡的，但在远离临界点时，这种差异和不平衡受到抑制，未能表现出来。当控制参量的改变把系统推过线性失稳点，逼近临界点时，这种差异和不平衡就暴露出来了，于是就区分出快变量与慢变量。快变量不会左右系统演化的进程，慢变量则主宰着演化进程，支配着快变量的行为，快变量跟随慢变量的变化而变化。支配原理认为有序结构是由少数几个缓慢增加的模或变量决定的，所有子系统都受这少数几个模的支配。

3. 序参量原理

序参量是指不论什么系统，如果某个参量在系统演化中从无到有地变化并能指示出新结构的形成，它就是序参量。序参量是描述系统整体行为的宏观参量。序参量的形成，不是外部作用强加于系统的，它的来源在系统内部。当多组分系统处于无序的旧结构状态时，众多子系统独立运动、各行其是，不存在合作关系，无法形成序参量。当系统趋近临界点时，子系统发生长程关联，形成合作关系、协同行动，导致序参量的出现。序参量一旦形成就成为主宰系统演化过程的力量。

由于序参量支配子系统的行为，主宰着系统的整体演化过程。寻找序参量，即建立和求解序参量方程，就成为用协同学理论研究系统演化的关键。序参量的求解过程即用绝热消去法把快变量从基本方程中消去，得到只有少数慢变量的金兹堡 - 朗道方程，就是序参量方程。

3.7.2　在系统规划与管理中的应用

在协同论的框架下，信息系统可以被视为一个由多个相互关联的子系统构成的自组织系统。这些子系统包括硬件、软件、人员和流程等，它们之间的协同作用决定了整个信息系统的性能和稳定性。在信息系统规划中，协同论的应用可以帮助人们更好地理解和分析信息系统的各个组成部分，优化各要素之间的协作关系，从而提高信息系统的整体性能。例如，机器识别模式是一个典型的协同作用过程。在大数据分析中，机器识别模式可以帮助人们快速地发现数据之间的关联和规律。通过发挥机器识别模式的协同作用，人们可以提高信息系统的智能化水平，更好地应对复杂多变的信息环境。

通过研究自组织系统的协同作用，人们可以更好地理解信息系统的内在机制和演化规律，为信息系统的规划和管理工作提供有益的启示。在信息系统中，自组织系统的协同作用表现在以下几个方面。

● 自适应能力。自组织系统能够根据外部环境的变化自动调整自身的结构和行为，以适应

---

① 弛豫时间：表示系统由不稳定定态趋于某稳定定态所需要的时间

新的环境和条件。例如，在云计算环境下，信息系统可以根据负载的变化自动调整资源的分配，保证系统的性能和稳定性。

- 自我修复能力。自组织系统在出现故障或异常时，能够自我修复和恢复。例如，某些分布式存储系统具有自动容错和纠错功能，能够在部分节点发生故障时自动恢复数据的一致性。
- 自我进化能力。自组织系统能够通过学习和演化，不断提升自身的性能和适应性。例如，人工智能技术可以通过不断的学习和优化，提高信息系统的智能化水平。

3.8　突变论

关于突变论的最早研究出现于数学研究领域，由法国数学家托姆提出。突变论研究自然界和人类社会中连续渐变如何引起突变或飞跃的现象，并力求以统一的数学模型来描述、预测并控制这些突变或飞跃。在物理学中，突变论被用于描述相变，例如从液体到气体，从固体到液体等。在生物学中，突变论被用来解释生物的演化和物种的突然出现。在经济学和社会科学中，突变论被用来研究系统的稳定性、变化以及社会现象的突然转变。突变论在系统科学领域与耗散结构论、协同论并称"新三论"。

3.8.1　主要思想

突变论研究的主要问题是质变产生的路径。该理论认为质变既可通过飞跃的方式实现，也可通过渐变的方式实现；同时提出，只要改变控制条件，一个飞跃过程可以转化为渐变，而一个渐变过程又可转化为飞跃，并给出了相应的数据模型进行验证。

突变论的数学基础是奇点理论和分岔理论。奇点理论主要用来描述系统中的突变或飞跃现象，即从一个状态转变为另一个状态的情况。在突变论中，奇点被视为一种数学模型，用于描述在特定条件下系统的状态变化。这些变化可能是突然的、不连续的，也可能是连续的、平滑的。奇点理论通过数学公式和几何图形来描述这些状态的变化，帮助人们更好地理解系统的行为。分岔现象是指系统在某些特定条件下，从一个稳定状态转变为另一个稳定状态的过程。这个过程可能是突然的、不连续的，也可能是连续的、平滑的。分岔理论主要用于研究这种转变的过程和规律，以及如何预测和控制这些突变或飞跃现象。分岔理论通过数学模型和计算机模拟来研究分岔现象，帮助人们更好地理解系统的动态行为和演化过程。

突变论解决了哲学上的一个难题：质变究竟是通过飞跃还是通过渐变来实现的？突变论认为，在严格控制条件的情况下，如果质变经历的中间过渡态是稳定的，那么它就是一个渐变过程；而质态的转化，既可以通过飞跃来实现，也可以通过渐变来实现，关键在于控制条件。

在突变论出现之前，微积分学主要研究的都是平滑的连续变化的过程，即函数在其自变量的微小变化下，因变量的变化也是微小而连续的。然而，随着科学技术的发展，人们开始需要考虑一些非连续的变化过程，即函数在其自变量的某些微小变化下，因变量的变化可能会出现突然的大幅度变化。为了能够对这种非连续的变化过程进行理论研究，突变论应运而生。突变论通过数学模型和几何图形来描述这种非连续的变化过程，研究这些突变的规律和机理。通过对突变论的研究人们可以更好地理解和预测复杂系统的行为，为自然现象和社会现象的研究提供新的视角和方法。

3.8.2　在系统规划与管理中的应用

突变论在系统规划与管理中既可以为系统规划提供思想体系，提升系统的性能、稳定性及安全性，其强大的数学理论基础也可以为算法设计及实际问题的求解提供有效的支撑。它可以帮助人们理解和描述系统中的复杂现象，例如非线性关系、分岔、混沌等，从而为算法设计提供更精确的模型和更有效的解决方案。

目前在系统稳定性分析领域，突变论的相关思想正在被广泛应用。系统规划人员通过数学模型来探讨奇点预测系统在不同条件下的行为和变化趋势，了解系统的特性和变化规律，从而更好地控制系统的变化，为系统规划提供稳定性分析的依据。

在人工智能和机器学习领域，模型的训练过程经常会出现分岔和混沌等现象，导致模型训练的不稳定和不收敛。将突变论应用于模型训练过程中，可以通过分析模型参数对训练结果的影响，优化模型的训练过程，提高模型的稳定性和精度。

3.9　复杂系统论

复杂系统论于 20 世纪中期兴起，比利时物理化学家普里戈金的"复杂性科学"、法国哲学家埃德加·莫兰的"复杂性方法"，以及美国圣菲研究所的"复杂适应系统理论"均为复杂系统论领域的研究做出了重要贡献。我国最早研究复杂系统论的科学家是钱学森教授，他基于此思想提出了开放的复杂巨系统理论。著名的物理学家霍金曾说，21 世纪将是复杂性科学的世纪。2021 年诺贝尔物理学奖颁发给完成基于复杂科学思想的地球气候相关研究的三位科学家，表彰其在理解复杂物理系统的开创性贡献。计算机和通信技术的发展，使得当今人类社会的复杂性进一步加剧，但也为复杂科学的研究提供了必要的工具，计算机科学与复杂系统论的结合将成为未来人类社会科技进步的重要方向。

复杂系统论是基于复杂性科学研究的哲学思想。复杂系统论客观承认世界的多样性、无序性及非线性，研究复杂系统特征及演化表现的理论思想。复杂系统论是对于经典科学"还原论"的修正。还原论在过去的数百年来为人类认识世界提供了理论指导。还原论将高层的、复杂的对象分解为较低层的、简单的对象来处理，如经典物理学中将物品简化为一个质点，忽略其形状、大小等因素，基于此假设开展力的作用研究。

基于复杂系统论的科学研究方法目前在全世界范围内引起了广泛关注，复杂系统论突破了还原论、脑科学、经济学、计算机科学研究等领域带来的理论瓶颈，基于复杂系统论的科学研究成为人类认识世界的新路径。

3.9.1　主要思想

复杂系统论认为，导致复杂性出现的核心原因是局部互动不可测。即在整个系统中，人们可以充分了解每个单元的特性，但是当这些单元组合在一起形成一个整体系统时，整体系统将呈现出单个单元所不具备的新特性，复杂系统研究须着眼于整体性，强调"整体大于部分之和"。

目前，应用复杂系统论认为复杂系统具备自我学习和适应能力，由反馈、异质性和随机性等原则创造。反馈是观测复杂系统是否积极向好的重要手段。由于复杂系统存在局部不互动、不可测的原因，观测复杂系统不可通过线性运算方法进行测量。异质性是保证复杂系统稳定运行的关键特性。由同质性主体构成的均匀系统，比起由异质性主体组成的复杂系统，均匀系统对新变量产生的反应更为剧烈。由此可见，异质性为复杂系统提供稳定性。接受随机性可有效提升人们研究复杂系统的能力。由人类设计的、支持精细控制的集约化系统并不符合现实世界的普遍原则，经常导致系统只能获得局部最优解而并非整体最优解。在复杂系统的研究中，让渡控制权，去理解和利用系统的自组织和自适应能力，接受随机性甚至引入错误概念，可帮助复杂系统获得整体最优解。

3.9.2 在系统规划与管理中的应用

复杂系统论提出的背景及时代都表明了科学研究将进入复杂科学研究时代。计算机则是人类了解复杂科学的重要工具。科学家通过计算机仿真、数学模型等手段，探索系统的内在结构和演化规律，揭示系统的整体涌现性和协同性。借助复杂系统论的思想体系，系统规划与管理可在以下方向进行扩展。

- 整体视角。复杂系统具有多层次、多子系统的特点，因此需要从整体视角出发，全面考虑系统的各个组成部分以及它们之间的相互作用。在系统规划与管理时，应将系统视为一个整体，分析其内部结构和外部环境，以便更好地理解和解决系统中的问题。
- 动态演化。复杂系统是动态演化的，具有自组织和适应环境变化的能力。在系统规划与管理中，需要考虑系统的历史、现状和未来趋势，分析系统在不同阶段的特点和规律，以便制定出更加符合实际情况的方案与措施。
- 非线性思维。复杂系统中的各个组成部分之间相互作用，往往呈现出非线性的关系。在系统规划与管理中，应该采用非线性思维，分析系统中存在的各种反馈机制和相互作用，以便更好地理解和预测系统的行为。
- 多样性原则。复杂系统中的个体和群体具有多样性，这种多样性可以促进系统的稳定性和适应性。在系统规划与管理中，应该充分考虑系统中存在的多样性，鼓励不同的策略、方案、方法和技术的融合，以便更好地应对复杂多变的情况。
- 适应性策略。复杂系统是不断变化的，需要具备适应性和灵活性。在系统规划与管理中，应该制定适应性策略，根据系统在不同阶段的特点和需求及时调整方案和方法，以便更好地适应系统的变化和发展。

第一篇练习

1. 选择题

（1）信息系统的通用结构自底向上的第四层是_____。

　　A．基础设施层　　　　　　　　B．资源管理层

　　C．业务逻辑层　　　　　　　　D．应用表现层

参考答案：C

（2）OSI 和 TCP/IP 模型都为不同设备之间的网络通信提供了框架与规范，从而使得网络通信变得可靠和高效，OSI 模型中的功能层次包括_____。

①应用层　②会话层　③网际层　④网络接口层　⑤物理层　⑥硬件层

　　A．①②③　　　　　　　　　　B．①③④

　　C．①②⑤　　　　　　　　　　D．②③⑥

参考答案：C

（3）在大规模网络中，网络安全数据和日志数据由海量设备和多个应用系统产生，且这些安全数据和日志数据缺乏统一标准与关联，在此基础上进行数据分析，无法得到全局精准的分析结果。因此需要通过_____实现 PB 量级多元异构数据的采集汇聚、多维度深度融合、统一存储管理和安全共享。

　　A．海量多元异构数据的汇聚融合技术

　　B．面向多类型的网络安全威胁评估技术

　　C．网络安全态势评估与决策支撑技术

　　D．网络安全态势可视化技术

参考答案：A

（4）从整体构成上看，数字经济包括数字产业化、产业数字化、数字化治理和数据价值化四个部分。不属于数字产业化发展重点的是_____。

　　A．云计算　　　　　　　　　　B．5G

　　C．大数据　　　　　　　　　　D．物联网

参考答案：B

（5）基于数据与知识模型实施城市经济、社会精准化治理，推动数据要素的价值挖掘和开发利用，推进城市竞争力持续提升，依托此发展规律，可将智慧城市发展成熟度划分到_____级别。

　　A．规划级　　　　　　　　　　B．引领级

　　C．协同级　　　　　　　　　　D．优化级

参考答案：D

（6）"六链融合"将成为未来产业数字化转型的主要发展模式，其中_____包含了基础研

究、应用研究、产品开发、市场销售。

  A．产业链   B．政策链

  C．资金链   D．创新链

 参考答案：A

 （7）随着互联网技术的发展，政务事项在一窗式办理的基础上，利用互联网技术将业务办理由实体大厅升级为网上大厅进行办理，各个政务部门的业务也只需要在同一个网上大厅即可办理，上述属于"_____"的模式。

  A．一网通办   B．一网统管

  C．跨省通办   D．数字政府

 参考答案：A

 （8）系统论、控制论和_____理论是 20 世纪 40 年代先后创立并获得迅猛发展的三门系统理论的分支学科。它们被合称为"老三论"。

  A．矛盾论   B．实践论

  C．信息论   D．协同论

 参考答案：C

 （9）协同论中，_____原理的核心思想是认为系统内部的各种子系统、参量或因素的性质和对系统的影响是有差异的、不平衡的，但在远离临界点时，这种差异和不平衡受到抑制，未能表现出来。

  A．不稳定   B．支配

  C．序参量   D．协同

 参考答案：B

 （10）_____refers to a network that connects any item to the Internet through information sensing devices according to agreed protocols for information exchange and communication，in order to achieve intelligent identification，positioning，tracking，monitoring，and management.

  _____mainly solves Thing to Thing，Human to Thing，and Human to Human. In addition，many scholars often introduce the concept of M2M when discussing the Internet of Things，which can be explained as Man to Man，Man to Machine，or Machine to Machine.

  A．Artificial Intelligence，AI

  B．Internet of Things，IoT

  C．Radio Frequency Identification，RFID

  D．Micro-Electro-Mechanical Systems，MEMS

 参考答案：B

2. 思考题

（1）请指出大数据的特点，并根据你的理解简要叙述大数据有哪些重要应用领域。

参考答案：略

（2）物联网（IoT）是什么？物联网有哪些关键技术？目前都应用在哪些领域？

参考答案：略

（3）数字化转型是建立在数字化转换、数字化升级的基础上，进一步触及组织核心业务，以新建一种业务模式为目标的高层次转型。基于系统规划和数字化转型的概念，简要叙述相互融合的发展意义。

参考答案：略

（4）大数据的管理技术是什么？简述大数据时代下，数据安全面临哪些挑战。

参考答案：略

（5）《实践论》和《矛盾论》在学界被誉为"哲学星空明亮耀眼的双子星"。结合你的理解，简要说明实践论对系统规划的意义。

参考答案：略

第二篇　方法篇

第4章 信息系统规划

组织需要从战略高度管理信息技术和信息系统，如果不考虑行业环境和自身条件，盲目引入信息技术，将造成资源浪费，并给未来发展留下隐患。因此，信息系统建设的关键问题之一是如何在组织战略的指导下制定合理的信息系统规划。信息系统规划是组织战略规划的有机组成部分，是组织关于数字能力的目标及其实现的总体谋划。它描绘了组织未来的信息系统蓝图，并明确了获取与整合这些蓝图的能力。

信息系统作为组织信息能力的核心组成部分，是组织发展和规划的重要组成部分。新时代，随着数据成为新的生产要素，信息系统的关键价值进一步凸显，使其成为组织战略层面的关注重点，信息系统规划自然成了组织战略的重要组成部分。科学有效的信息系统规划不仅能够确保信息系统高效支撑组织的发展，更有可能成为引领组织发展的关键因素之一。信息系统不仅可以提升组织执行效率，还能够提升组织决策效能，支撑组织业务模式创新。

当前，新时代的信息系统规划的复杂程度进一步提升，不仅涉及信息技术的开发、应用和创新，还涉及组织业务模式、治理结构、人员队伍，以及所在行业与业务领域发展状态和成熟度情况等。这些将成为今后一段时间内开展信息系统规划的重要关注点，另外，信息系统规划新的关注焦点还包括开放、弹性、人机融合等方面。

4.1 概述

信息系统规划是指在充分考虑组织内外部发展条件的基础上，基于组织发展战略，明确信息系统发展愿景、目标、系统框架，以及各系统及其组成部分的逻辑关系、建设模式和实施策略，从而促进和保障组织目标的达成。高质量的信息系统规划可以有效回避或减少问题的发生，使组织信息系统具有良好的整体性和较高的适应性，并使信息系统的建设和优化工作具有计划性和阶段性，让组织在节约费用的同时提升其数字能力。

1. 价值与意义

无论组织处于何种发展阶段和成熟度状态，组织的信息系统建设与发展都是一项长期且复杂的系统工程。盲目建设信息系统，不仅容易造成投资的浪费，还可能阻碍组织的发展，甚至造成组织发展的倒退。科学的规划可以确保组织的信息系统具备良好的整体性、较高的适应性、较强的可持续性、较好的投资价值等，提升组织数字能力，推动组织快速有序发展。信息系统规划的关键价值与意义主要体现在以下几方面：

（1）确立组织关键数字能力目标。新时代，组织的数字能力是组织运行效率的体现，同时也是组织可持续竞争力的关键载体。科学有效的数字能力建设，可促进组织经营模式、管理模式和生产模式等的变革，驱动组织的高质量发展。组织数字能力目标既是组织开发利用信息技术的重要成果，也是组织发展目标的关键组成部分。数字能力目标的确立有利于组织聚焦能力建设重点，带动相关资源的综合开发利用。信息系统规划作为组织数字能力的关键载体，其规划的主要内容就是帮助组织确立其数字能力目标。

（2）明确组织数字能力建设路径。组织的数字能力建设是一项持续迭代，不断趋近目标的过程。在该过程中，会受到技术发展、组织变革、人员认知、外界环境变化等各种因素的制约与干扰，因此需要组织使用工程方法，有节奏、有计划地有序开展数字能力建设等相关工作，包括找到合适的突破点、平衡各类资源和能力、适时开展改革与创新等。信息系统规划工作需要站在体系化的高度，使用"总分总"的思维方法，在总体目标的牵引下，策划关键路径及阶段性目标，从而促进组织数字能力成熟度不断提高。

（3）确保数字能力建设认识上的一致性。组织的数字能力建设需要全员参与，确保其有效性。组织的不同岗位和角色都需要对组织发展及其数字能力建设的理解达成一致，才能确保相关能力建设的良好效能。通常来说，决策层关注组织发展战略，对组织数字能力的愿景、目标和路径比较关注；管理层关注各项事务的发展过程，对数字能力建设带来的业务变革、管理变革和管理分工变化比较敏感；执行层则关注建设的具体任务和计划，以便清晰获知各项工作的具体内容以及指标。针对组织的不同类型群体，需要通过规划使其对能力建设达成一致性认识，信息系统规划正是解决该问题的主要手段。

（4）具象数字能力建设的关键任务。组织数字能力的打造、获取和保持是由一系列的工作和任务构成，为确保相关工作高效执行，以及价值的有效获取，需要明晰各项关键任务，包含明晰这些任务的具体时间计划、资源投入、责任分工、目标成果，以及这些任务之间的依存与关联关系等。组织信息系统作为其数字能力的显性表达，系统建设任务与数字能力建设任务存在较大的依存关系，因此，信息系统规划确立的关键任务往往也是组织数字能力建设的关键任务。

（5）明确数字能力标准与控制措施。能力建设离不开标准的保障和有效控制措施的支持。依托标准可以明晰各项工作的基础、做事方法、评估评测依据等；依托控制措施可以确保各项数字能力建设活动的有效性和高效性，通过持续纠偏和控制，保障数字能力目标的达成。信息系统规划活动的成果的重要组成部分，包括在分析组织内外部环境的基础上，基于组织管理现状和目标差距等，清晰定义并明确相关的标准需求和标准内容，以及关键控制措施及措施的演进过程等。

（6）统筹部署与管理相关建设资源。资源是开展能力建设的基础，资源投入容量和投入导向决定了能力建设的重点及其价值收益。资源管理影响着资源的开发利用效能及资源价值的发挥，对能力建设至关重要。与资源管理相关的信息系统规划活动，包含组织资源现状的评估，组织发展过程中资源的需求，以及如何有效管理资源。这些资源包含数据资源、网络资源、基础设施资源、软件资源等信息资源，同时也包含人力资源、管理资源、技术资源等。

2. 特点与原则

信息系统规划通常会涉及组织发展过程中新型概念和思想的形成，是组织新的能力获取、保持和更新的基础。信息系统规划面向组织全局性、长远性的关键问题，具有较强的不确定性、系统概括性和结构化程度低等特点。因此，信息系统规划活动需要组织全体成员充分参与，由组织决策层担任主要负责人，管理层作为工作主体，使用自顶向下分解、自底向上聚合等方法，确定组织信息系统的整体发展战略、总体框架、演进路径和资源分配策略等内容。由于规划参考和依据的是组织的现状，同时应变能力也是需要满足的关键特征，因此，信息系统规划不宜过细，规划的重点是为后续能力建设提供指导和指引，具体规划形成的系统的价值可通过敏捷等方法实现。信息系统规划是从整体视角考虑，综合评估各项工作开展所需的资源、技术、经济等方面的可行性，以及主要工作的可操作性、目标的可达成性等。开展信息系统规划通常遵循以下原则：

- **战略性。** 信息系统规划需要充分考虑组织内外部竞争力、经济、技术等方面的发展趋势，从战略视角定义信息系统的目标与价值，从而驱动、引领组织的建设与发展，并与组织战略保持一致，支撑组织业务战略目标的实现。
- **整体性。** 具体包括：①业务赋能整体性，信息系统规划需要覆盖组织业务的经营性、管理性和职能性等的各个方面；②系统框架整体性，信息系统规划需要覆盖应用系统、基础设施、数据、安全等诸多方面，最终形成整体解决方案；③建设实施整体性，信息系统规划覆盖多个不同系统的全生命周期，需要明确各阶段资源有效性需求及其相互关联约束因素等，确保多个系统的有序实施；④集成融合整体性，信息系统规划需要充分考虑技术与标准的有效性，从而确保各系统能够实现集成融合。
- **先进性。** 具体包括：①充分考虑系统全生命周期相互关联的技术的发展趋势，从而选择适当的技术路线，保障目标达成的有效性；②充分融合组织内外部最佳实践，借鉴成功经验，规避发展风险，形成符合组织自身特点的方案。
- **指导性。** 信息系统规划需要从业务需求、技术方案、实施管理、成本控制、范围界定、风险预防等方面，给出框架性的要求和建议，为系统的设计与实现提供基本依据和指导。
- **柔性。** 信息系统规划需要充分满足对组织内外部环境变化的适应性，在确保目标可获取的基础上，明确监测、调整和优化的基本原则，保障系统的柔性。
- **遵从性。** 具体包括：①信息系统规划需要充分识别相关法律法规的要求，并确保规划活动满足这些要求；②信息系统规划需要充分挖掘相关国家、行业、地方、团体、企业的标准规范，并明确对这些标准规范的引用或遵守情况；③信息系统规划需要满足组织战略、数字能力的发展需求，确保规划活动与相关内容的一致性。

4.2 信息系统规划主要内容

信息系统规划是组织数字能力建设的总体纲领，其主要内容覆盖组织的信息系统发展战略、系统框架、组织体系、技术体系、任务体系、资源体系、保障体系等。

4.2.1 信息系统发展战略

组织战略是对企业长远发展的全局性规划，是由组织的愿景和使命、政策环境、长短期发展目标及实现目标的策略组成的总体概念。组织信息系统战略是组织信息系统建设要实现的目标及实现这些目标的方法、策略、措施的总称，是组织为适应激烈的环境变化，通过集成融合信息技术，开发信息与数据资源，以期获取未来竞争优势的长远运作机制和体系。信息系统发展战略需要基于组织战略与目标，确立信息系统建设与发展的总体愿景与目标。在开展信息系统规划时，需要强调对组织战略及目标的调查和分析，评估已有信息系统的功能、环境和使用情况，然后再确认信息系统的使命，制定信息系统的战略目标及相关政策。信息系统的战略规划内容主要包括以下几方面。

1. 发展战略与目标

确定组织的信息系统战略与目标时，需要根据组织总体发展战略与目标、组织的发展现状以及数字能力建设重点，结合组织信息系统发展现状及其关联因素等开展。信息系统发展战略作为组织信息系统建设与优化的全局性策略，包含组织数字能力建设方向、纲领、方针、政策、技术等方面的内容。信息系统建设目标是对信息系统发展战略的阶段性定义，是由总体目标、分目标和多层次子目标构成的一个目标树。

1）基本趋势

发展战略需要组织全员获得一致性认识，因此，组织需要在其发展战略中，针对以信息技术为代表的新一轮科技革命、互联网的创新先驱作用、数字化转型与智能化发展的全球共识等组织发展的外部信息环境等情况进行阐述和论述，并基于组织业务发展的要点、特点和历程等，结合组织信息系统发展过程，针对信息系统发展对组织发展的战略机遇、关键价值等内容进行研判和总结。

2）指导思想、战略目标和基本方针

指导思想是组织开展相关活动的核心指引，信息系统发展的指导思想需要覆盖国家战略、行业与领域要求、上级主管部门与主要负责人的思想与意见。战略目标需要以时间为轴线，以阶段为区隔，对发展目标进行定性和定量的表达，并强调重点工作与活动，使其作为后续工作的关键依据。基本方针是针对还未细化或还未明确的工作内容实施时的基本准则，需要以高度概括的语言、动宾结构清晰的排比等方式进行表达，方便记忆和传播，从而形成易于开展相关工作的思维习惯和工作习惯。

2. 发展路径与阶段

无论是信息系统的发展，还是组织数字能力的建设，都需要遵循科学的发展规律，需要组织通过信息系统规划，明确其发展路径，并进行阶段性定义。

1）发展路径

组织的信息系统建设与发展是一项复杂且持续的过程，针对信息系统的发展战略与目标，实现路径和方法往往有多种选择，但对组织来说，每种路径的价值与效能存在较大差异，科学的路径能够有效促进组织的相关能力建设，反之会造成投资浪费，甚至延长达到目标的时间周期。在选择发展路径时，需要遵循以下基本原则：

- 业务一致。信息系统发展路径最好能够与组织业务发展路径保持一致，从而确保组织的

工作重心相对聚焦，避免重点分散带来的阻力或资源投入浪费或不足。

- 能力主线。信息系统发展需要找到符合组织发展需求的能力主线，如业财一体、经营敏捷、复杂决策、产业链协同等，对某一组织而言，能力主线可能有多条，需要进行归纳总结，找到关键主线。
- 基础优先。信息系统包含基础设施和应用系统等内容，包括数据基础和信息环境等在内的良好的信息基础设施是发挥信息系统整体价值的前提，在组织信息系统的发展路径中，这些信息基础设施需要进行优先规划和建设。
- 稳态先行。信息系统中包含稳态内容和敏态内容，为了提升组织信息系统的弹性和敏捷程度，需要组织从业务与技术视角进行稳敏分离。相对而言，稳态内容更加基础，且生命周期较长，需要先行规划和建设。

2）发展阶段

发展阶段可以认为是组织信息系统发展的里程碑，源自组织信息系统发展目标的阶段性划分。定义信息系统发展阶段的必要性主要体现在以下几方面：

- 便于理解。组织信息系统建设愿景具有较强的预测性，包含了新技术和新思想等，对于组织中很多人员来说，需要持续性建设自身的相关知识、技能和经验，才能感知和理解更高阶段的状态和重点。
- 响应目标。战略视角下的信息系统发展目标往往比较长远。目标的达成需要一个过程，通过对目标的阶段性拆解，一方面可以帮助科学地达成目标，另一方面能够提高相关人员对目标达成的信心。
- 定义主旨。在组织信息系统发展过程中，其主线或主旨并不是一成不变的，比如起步阶段的主旨是夯实基础，过程阶段的主旨是强化人才等，通过阶段性划分，可以在不同阶段明确其分阶段的主旨，从而有助于持续趋近目标。
- 调整优化。信息系统发展战略和目标的达成需要持续跟踪，并根据组织内外部的环境进行优化，通过阶段性的建设评估，有利于组织及时优化调整下一阶段内容、重点或主线。

组织的信息系统发展阶段可以参考行业最佳实践，按照成熟度的模式进行，比如数字化转型成熟度、智能制造成熟度、智慧城市成熟度等。这些成熟度通常将组织的相关发展定义为打基础、提效率、做协同、强决策、构生态 5 个等级。

- 打基础。侧重业务规范化和数字化意识，以及局部信息系统建设等。
- 提效率。侧重以团队或部门职能为基础，以提高工作效率为主线，全面推进各类信息系统建设。
- 做协同。侧重数据的共治共享，依托数据流，优化业务流，强调多元业务或职能之间的协同优化和创新。
- 强决策。侧重数据模型的开发利用，通过数据和模型的综合应用，提高组织的决策效率效能，变革组织的治理模式。

● 构生态。侧重跨组织间的信息系统融合应用，在生态链、城市群等环境下，依托云和互联网模式，形成广域的协同机制。

4.2.2　主要系统及框架

组织信息系统往往由多个子系统按照确定的关系构成，包括软件系统、硬件系统、网络系统等。随着信息技术及其应用创新的不断发展，组织信息系统的总体目标框架是趋同的，但不同组织在其所处的不同发展阶段，信息系统规划关注的重点却不同，定义的主要系统也不尽相同。当前，随着云计算、大数据等新一代信息技术的深入应用，大部分组织的信息系统总体框架主要使用"感、传、智、用、安"的框架模式，示意图如图 4-1 所示。

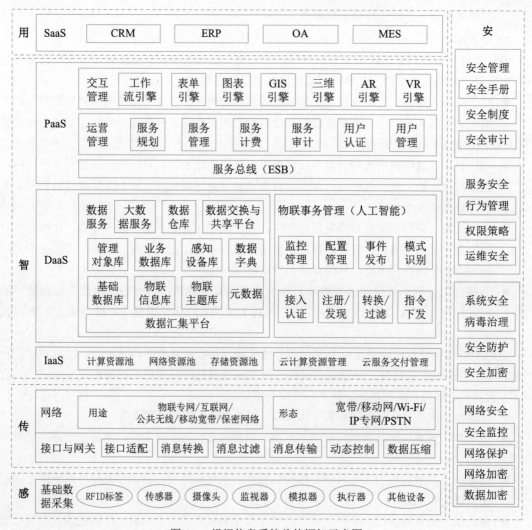

图 4-1　组织信息系统总体框架示意图

1. 系统总体框架

随着业务发展、数字化转型成熟度和信息技术等因素的发展变化，对于任何组织而言，其信息系统框架都在持续演进和变化。以工业企业为例，其框架演进一般为：①以应用功能为主线的框架；②以平台能力为主线的框架；③以互联网为主线的框架。采用哪种系统框架，本质上取决于组织业务发展的程度，表现为组织数字化转型的成熟度。

1）以应用功能为主线的框架

对于中小型工业企业或者处于信息化、数字化发展初级阶段的工业企业而言，其信息系统建设的主要目标是提高工作效能、降低业务风险。同时，受制于自身信息化队伍和人才的不足，以及业务体系对信息化、数字化理解的不深入等，往往采用"拿来主义"构建其信息系统，即直接采购成套且成熟的应用软件，并基于应用软件的运行需求建设相关的基础设施。

该阶段重点关注的是组织职能的细化分工以及行业最佳实践的导入。因此，组织的信息化建设往往以部门或职能为单元，信息系统规划、设计、部署和运行时，核心关注点是信息系统的软件功能，如财务管理、设备管理、资产管理等；同时，通过成套软件的部署，强化自身的管理或工艺水平。应用软件或模块间的集成融合主要通过系统的软件接口来完成。规划建设时往往采用统一规划、分步实施的方式进行，即需要什么功能，就部署上线什么功能，示例如图 4-2 所示。

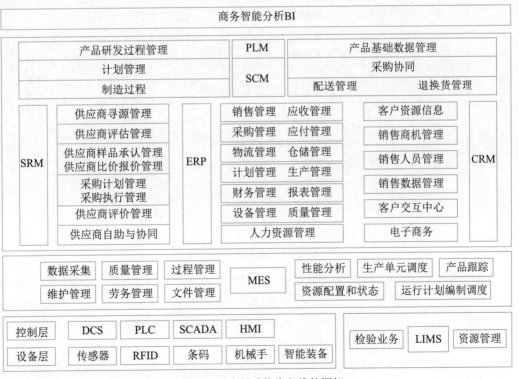

图 4-2　以应用功能为主线的框架

2）以平台能力为主线的框架

随着工业企业的发展，其组织规模和数字化转型能力成熟度逐步提升，可直接获取行业最佳实践，组织逐步进入自主知识沉淀和自主创新的发展时期，个性化、特色化得到快速发展，同时也会更加关注各业务体系的融合协同，需要信息系统能够基于数据共享，提升数据集成的灵活性和便捷性。在这种情况下，以成套软件及其标准功能为基础的以应用功能为主线的框架已经无法满足组织的发展需求，大多数组织开始转向以平台化为基础，采用功能灵活、可快速定制的新型系统框架，即以平台能力为主线的框架，示例如图4-3所示。

以平台能力为主线的框架起源于云计算技术的发展和云服务能力的提升。其核心理念是将"竖井式"信息系统的各个组成部分，转化为"平层化"建设方法，包括数据采集平层化、网络传输平层化、应用中间件平层化、应用开发平层化等，并通过标准化接口和新型信息技术，实现信息系统的弹性、敏捷等能力建设。平台化系统框架支撑的信息系统应用，可以结合专题建设或独立配置（或少量开发），快速获得满足组织需求的应用系统功能，从而突破成套软件商在个性化软件定制方面的不足。

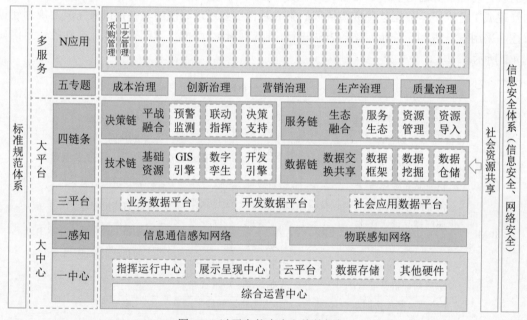

图4-3　以平台能力为主线的框架

在具体实践中，组织的系统框架转型是一个持续的过程，针对成熟的、少变化的应用继续采用成套软件部署模式，而对于新型的、多变的应用则采用平台化的系统框架，保持两种机制并存（俗称双态IT，即敏态与稳态融合）或全部转换到平台化的系统框架中。

3）以互联网为主线的框架

当组织发展到产业链或生态链阶段，或者成为复杂多元的集团化企业时，以平台能力为主线的框架往往无法满足需求。组织开始寻求向以互联网为主线的框架方向转移或过渡。此时组织需要包容集团分支机构、生态伙伴或产业链伙伴等，这些机构或伙伴的发展水平或数字化转型能力成熟度水平存在不一致的情况。在以平台能力为主线的框架中，全集团、生态链或产业链均使用相同的信息系统功能模块，这样会因各机构的管理或工艺水平差异而造成相关系统模块无法满足各单位的实际需求。比如采购管理，在数字化转型成熟度较高的组织中，其管理颗粒度往往较细致，每一种物料编码的获取与定义都有可能使用独立的管理流程，然而对于数字化转型成熟度相对较低的组织，其物料编码则直接分配（甚至不关注物料编码），此时过高的管理要求反而会成为负担。

以互联网为主线的框架强调将各信息系统功能最大限度地 App 化（微服务），如把采购管理中的编码管理作为一项 App 存在，示例如图 4-4 所示。通过 App 的编排与组合，可满足不同成熟度组织的使用需求。面向具体工业企业场景，其 App 的组合模式与方法可以借助于面向不同组织的能力成熟度控制来定义并实施（可具体到能力项的成熟度）。组织的相关管理处于同一个信息系统中，数据的流动和共享可以基于成熟度等级进行控制，比如采购管理的编码管理过程的数据，可以在相同等级的组织间实现共享，此时缺乏物料编码管理控制的组织可以实现与更高水平或同等水平组织间的物料采购、物料信息等数据的共享。

以互联网为主线的框架整合应用了更多的新一代信息技术及其应用创新，比如区块链与App 编排的融合应用、数字化能力封装与成熟度发展过程的融合应用、边缘计算与人工智能的融合应用、广域物联网技术应用、云原生技术的应用等。通俗地讲，就是把组织各项业务职能和工艺活动等进行细化拆分，实施数字化封装，通过云边端的融合，实现对职能或工艺活动的动态重组和编排，支持对不同成熟度组织的适配，以及组织各项能力的敏捷组合与弹性变革。

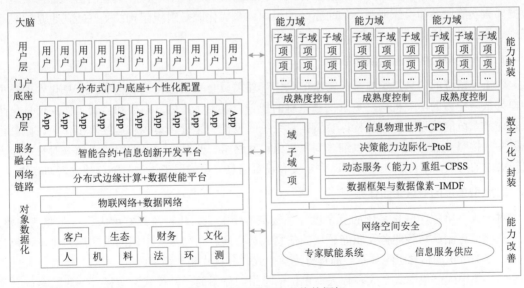

图 4-4　以互联网为主线的框架

2. 分系统划分原则

信息系统规划中的分系统划分会影响信息系统整体的灵活性和建设的有效性，因此分系统往往是一个具体建设项目或活动的关注重点。分系统划分通常遵循如下原则：

- 技术一致性。信息系统可以按照信息技术分类进行划分，如云计算、物联网、互联网等，这种划分方式可以确保技术架构和选型的一致性，从而保障信息系统整体集成的有效性和可持续性。

- 工程一致性。特点是针对需要持续建设、逐步达成目标、相对独立的场景。可以将其进行单独划分，比如智慧园区工程，虽然在该项工程中涉及很多技术系统，但其重点是物联体系和智能设施，考虑到投资的关联性，大多数组织会把它作为独立的分系统进行打造。

- 职能一致性。主要针对应用软件系统，即结合组织的职能分工实施对应的分系统划分，这种划分方式有利于确立相对清晰的系统边界。但这种划分方式对具备频繁变更情况的组织并不适用，此时可以按照业务边界进行分系统的划分。

- 数据一致性。针对大多数组织来说，数据活动需要作为独立且完善的系统存在，因为数据不仅成为了新的生产要素，而且数据算法和模型可以替代业务流程，进一步提升组织敏捷性。

4.2.3　组织体系优化

如果信息系统是组织用于提升工作效能的工具，我们关注的信息系统组织体系主要是信息技术部门或团队。如果信息系统用于组织驱动业务变革，则信息系统关联的组织体系就不仅仅是信息技术部门或团队，而是组织的全体人员。在新时代条件下，各种类型的组织都需要基于数据要素实施业务和组织变革，信息系统的组织体系优化既是组织架构的关注点，也是信息系统规划的主要关注点。

1. 中小型单位的信息组织体系

中小型单位的信息组织体系通常由信息化管理委员会和信息化团队构成。信息化管理委员会作为数字能力的治理机构，负责信息系统的规划、统筹、评估、指导和监督工作；信息化团队是信息系统的建设和管理机构，负责信息系统的设计、建设、集成和运维等工作。在信息化团队中，按照专业分工，还可以细分为主机组、网络组、开发组、桌面组等。部分对数字能力比较关注的组织，还可以在业务团队中定义和设置信息专员，用于与信息部门建立密切联络。

2. 大型单位的信息组织体系

对于大型单位，信息系统的复杂度往往较高，相关能力建设统筹难度大，按照业务需要，由专业的信息团队与各业务及职能领域的信息人员协同，共同落实组织的数字能力建设等相关工作，这类组织的信息组织体系一般可分为集中式、分权式和平衡矩阵式。

（1）集中式。集中式是大多数大型单位信息组织体系的一种模式，该模式一般都会设立具有一定规模的专业的信息部门，由组织的最高管理者作为第一责任人，并安排专职高级管理者进行统筹管理。相对于中小型单位来说，大型单位信息部门中的专业分工更加细致，往往会设置专职架构人员、质量人员、测试人员等，也会根据业务对象不同设置对应的专门的对接与服务人员。同时，为了提升组织数字能力整体建设的有效性，在这类组织中，会比较重视信息化管理委员会的建设，信息化管理委员会相关成员一般会覆盖组织关键部门和业务的骨干人员与负责人。

（2）分权式。分权式是大型单位信息组织体系的一种模式，这种模式往往存在于组织数字能力建设的中早期阶段，或业务单元间差异较大的组织中，也就是各业务单元自行规划建设所需的信息系统。同时组织为了确保整体数字能力建设的一体化和一致性，通常设定统筹整体工作的负责人或虚拟团队。这种模式的优势是信息系统往往能够比较快速地响应业务需求，但劣势也比较明显，就是相对分散的系统建设会带来集成融合以及重复投资的问题。

（3）平衡矩阵式。这种模式也是大型单位信息组织体系的常用模式，该模式集合了集中式和分权式的主要优点，即信息数字基础环境集中建设管理，而业务应用分权管理。这种模式的建设难度相对较大，需要组织信息治理与管理达到一定的成熟度，能够将数字能力区分为稳态部分和敏态部分。稳态部分集中建设，为各业务单元提供稳定的信息数字基础能力；敏态部分由业务单元自行构建，构建的重点往往不是信息技术的开发应用，而是侧重于信息技术与业务的深度融合，如系统配置和数据开发等。

3. 业务领域的信息组织体系

在新时代，对于大多数组织而言，数字能力建设成功的关键因素不是拥有专职团队，而是各业务领域相关数字能力的建设，这是因为数据要素开发利用的工作重心往往需要业务人员的深度参与。如何构建科学的组织体系，充分调动业务人员参与到信息工作中，是目前信息系统规划中通常会面临的难点，也是关键点和创新点。

信息技术与组织业务的深度融合需要信息技术人员积极获得业务相关知识、技能和经验，这在大多数组织中都比较容易实现，因为信息技术人员往往作为服务角色参与到组织数字能力建设中，在其岗位职责和工作责任中已经包含了相关要求。而驱动业务人员积极获取信息技术相关知识、技能和经验的难度较大。原因是：一方面信息技术的更新比较快，知识复杂程度比较高；另一方面信息技术的难度较大，前沿内容较多，这些都对业务人员学习、运行信息技术造成了一定程度的障碍。

针对业务领域的数字能力建设需要结合组织的整体情况，持续探索，并采取敏捷方法迭代改进。通常采用两种模式：①在业务相关的组织角色中设定和部署具有一定信息技术基础的人员，作为数字化转型和智能化改造的"能手"或"旗手"，通过重点培育的方式，驱动业务人员的数字能力提升；②对组织内全员开展信息技术基础培育和培养，重点聚焦在数字意识、数字素养等，可采用虚拟学习方式，全面带动相关人员数字能力的提升。

4.2.4　技术体系定义

技术体系是支撑和承载信息系统落地运行的基础，决定了组织的信息技术环境，体现了组织对信息技术开发应用的选择偏好和关键创新点。通过有效的技术体系定义，能够推动组织信息系统的深度集成，打造坚实可靠的信息环境基础，为业务的互操作、服务的融合共享提供连续性和时效性保障。

1. 技术体系定义原则

组织选择和确立技术体系时可以遵守以下基本原则：

（1）可用性原则。技术可用性也称技术可行性，是指技术提供的特征和能力能够满足组织信息系统建设、运行、发展的需要，即在给定条件下，技术是否能够满足信息系统相关功能和性能等要求。技术可行性一般并不是简单的"行与不行"的二元答案，而是一个可用程度的问题，需要组织按照功能、性能、风险等多维度对技术进行排序，从而精准抉择满足组织自身需求的技术内容。

（2）安全性原则。技术体系需要满足组织的安全要求，确保业务关键信息的保密性和完整性。在技术体系定义中需要注意：①充分了解每一种技术自身可能存在的安全漏洞；②通过技术特征或技术组合，最大可能减少故障对业务运行的影响；③技术体系与信息安全管理体系的匹配情况。组织需要根据各项技术特征与特点，构筑兼顾整体与局部安全的技术体系。

（3）可靠性原则。在技术体系中，需要尽可能选择高可靠的信息技术和产品，在体系定义阶段，需要预测和预防所有可能发生的故障和隐患。可靠性一般可从三个方面进行考察，即成熟性、技术整体性和技术风险性。成熟性需要从技术应用的时间长度、应用领域以及应用过程中的各种特征表现等方面进行考察；技术整体性需要从技术关联的理论基础完整性、技术应用领域多元性、技术及其分支的系统性等方面进行考察；技术风险性需要从技术存在的漏洞、应用创新的案例以及技术的稳定性等方面进行考察。

（4）灵活性原则。信息系统的迭代发展速度越来越快，组织的敏捷需求需要信息系统的敏捷响应，相对于信息系统的敏捷程度而言，技术体系的更迭相对较慢，一般处于稳态模式。因此，在进行技术体系定义时，需要充分考虑技术的灵活性，即当内外部需求发生变化时，技术体系能够通过少量变化或者不变来满足相关要求。这就需要组织从技术组件化以及技术组合的架构方面进行充分考虑，以实现灵活性需求。

（5）可扩展性原则。当组织面临业务系统、系统用户等快速增加时，技术体系需要能够通过韧性拓展，适应更多用户、更多业务、更多数据、更多交互带来的处理需求。可扩展性强调尽可能使用既有技术来满足新的需求，或者通过扩展技术应用或组件来实现。这就需要根据组织业务发展情况，在预测业务可能发生变更的情况下，进行技术体系定义。

（6）可驾驭性原则。组织需要对技术体系进行开发利用，让技术转换为生产力，这就需要组织能够充分驾驭信息系统的技术体系。驾驭的模式可以是多种多样的，包括采取直接、间接、混合方式，或者通过人员、商业、生态等掌控。无论采用哪种方式，都需要组织能够充分掌控其信息系统的技术体系，尤其是关键技术部分。

2. 技术体系的范围

技术体系的范围取决于信息系统规划涉及的领域，通常包括应用软件及开发技术、网络技术、数据库技术、中间件技术、计算机与存储技术、数据资源技术、客户端访问技术、容灾技术、信息安全技术等。不同的数字化成熟度等级对应的信息系统的部署和发展模式不同，技术体系的组件化方式也不尽相同，组织需要基于信息系统的组件化或子系统的部署结构，定义自身的技术体系内容。应用软件及开发技术领域可以重点关注面向服务的架构（Service-Oriented

Architecture，SOA）和微服务架构等；网络技术领域可以重点关注软件定义网络（Software Defined Network，SDN）、5G 和自组网技术等；计算机与存储技术领域可以重点考虑云计算、虚拟化相关技术；数据资源技术领域可以重点考虑大数据、平台化技术等；客户端访问技术领域可以重点考虑移动 App、小程序等；信息安全技术领域可以重点考虑具备智能化特点的安全技术。

3. 技术蓝图绘制

技术蓝图描述了组织信息系统技术体系的整体轮廓和各技术组件之间的相互关系、边界和约束条件。良好的技术蓝图可以让干系人快速理解，并主动遵守技术体系的各种定义和决策，同时，技术蓝图可以帮助解决沟通障碍，让干系人达成共识、减少歧义。常见的技术蓝图绘制方法有逻辑结构图和技术应用图两种，对于较为复杂的技术体系，两种绘制方法可融合使用。

（1）逻辑结构图。逻辑结构图是技术蓝图绘制最常用的方式，它基于信息系统的结构逻辑或技术组件的结构逻辑进行蓝图绘制，重点表达技术对信息系统的支撑情况，以及技术组件之间的关系。如组织信息系统采用"感 - 传 - 智 - 用 - 安"或者"云 - 边 - 端 - 网"框架，则需要在技术蓝图中，针对每个系统框架部分，表述对应的技术路线和技术组件。

（2）技术应用图。技术应用图是将某一组强关联的技术全面应用于组织信息系统的表达方式，如云计算技术族、大数据技术族、物联网技术族、数字孪生技术族等。不同类型的组织，技术族主线也存在较大差异，如单纯进行工业生产的加工企业通常会重点以数字孪生技术族作为数字集控中心的技术主线，某集团总体信息系统建设通常会强调云计算技术族的全面应用。

4.2.5　任务体系部署

任务体系是信息系统规划的重要组成部分，关系到系统建设、优化和运营的职能与工作分工等。任务体系需要进行层次化划分，包含领域、工程、项目、活动等多个层级。任务体系部署的主要过程包括：任务拆解、明确目标、匹配组织、制定策略、定义计划、监控实施。

1）任务拆解

任务拆解是任务体系部署的基础，一方面将任务体系进行层次化和精细化划分，满足从宏观导向到具体活动的结构化定义，另一方面分析和明确各项任务间的关系。任务拆解首先从领域开始，可以参考组织所在行业的业务领域的划分原则进行领域拆解，如治理、业财、研发、运营等，领域化拆解的目的是满足组织业务框架或高层管理者的分工。工程作为一系列关系紧密的工作组合，需要多方面建设共同推进、协同发展。在工程划分时，一般以能力建设为主线进行，如智能生产建设工程、社会治理提升工程等。项目作为一系列任务的组合，往往具备更为明确的目标，并围绕目标达成形成一组有序的活动。

2）明确目标

为确保各层级任务能够顺利实施，不同层级的任务都需要制定明确的目标，并且这些目标需要和系统发展目标保持一致。在定义任务目标时，通常遵循如下原则：①目标是具体的。任务目标清晰、明确，以便主要干系人能够有共同的理解。例如，2030 年组织治理现代化覆盖所有业务领域，决策效能提升200%；2025年全组织实现无纸化办公等。②目标是可测量的。确保目标可以通过具体的度量指标来进行衡量、计算和评估。例如，决策效率的定义是未来平均审批流程时长与当前平均审批流程时长的百分比。③目标是可实现的。要确保定义的目标可以实现，也就是要充分考虑影响目标实现的各种约束因素，包括技术因素、流程因素、人才因素、外部环境因素等，并对这些因素可能制约目标的风险给出规避措施。

3）匹配组织

任务的落实离不开组织中的各职能部门与业务团队，确定任务的具体方案需要充分考虑组织的职能与业务分工，从而确保每一层级的任务和目标都有对应的团队或团队组合来承担。在匹配组织过程中，需要考虑当前的组织团队，也需要考虑未来的组织团队。必要时，还需要对组织的架构或团队设置进行调整和优化，即在尽可能利用既有组织体系的前提下，可对组织体系进行架构模式、职能分工、团队设置等方面的优化，从而满足任务与组织的匹配性。

4）制定策略

约束任务实现的因素有很多，如预算投资、团队人员、时间编排、资源限制等都可能成为约束因素。我们需要围绕任务设定情况，对重点任务制定对应的实现策略，以突破约束因素对任务实现的影响。例如，针对制作三维模型的投资不足问题，可以采用动员组织成员自主制作的方式推进。另外，还可以通过对局部约束因素进行修订，从而达到整体约束条件的改变。例如，针对组织人员的技能水平无法达到相关需求的情况，可以通过持续培育培养和部分外包的模式，推进任务的实现。

制定任务策略还需要针对任务风险进行感知、预判和应对等，对实施任务时面临的各种风险进行评估，并针对风险给出应对策略。

5）定义计划

任务的具体实施需要计划的支撑，计划包括任务内容、干系团队、责任人、时间表和评估评测指标等。在任务内容方面，需要细化为可执行的活动；在干系团队方面，需要明确主要团队、相关团队；在责任人方面，需要明确具体的管理任务的负责人，对于无法确定具体人员的情况，需要明确到岗位，避免仅仅明确到团队的做法；在时间表方面，需要给出每项任务的开始和结束时间，并给出任务的优先级和依赖关系；在评估评测指标方面，需要为每个任务进行相关设定（覆盖不同层级任务），指标根据任务的特点可以是结果性指标、过程性指标和特征指标，或者这些指标的组合。

6）监控实施

有效的监控措施能够确保任务得到有效实施，也是统筹系统规划及优化调整的关键依据。组织需要基于任务情况或考核需要，定义每项任务的监测措施（覆盖不同层级任务），措施需要包括监测内容、监测方法、监测时间（频率）等。同时定义任务体系的会议与报告机制，从而确保干系人及时了解相关任务执行情况。

此外，在任务监控实施定义过程中，还需要明确任务间的沟通与协调机制，包括沟通渠道、进度共享、协同创新和问题解决等场景，确保各任务团队间的良好沟通和协作。

4.2.6　资源体系调度

对任何组织来说，资源都是有限的，有效的资源调度既是信息系统规划的重要组成部分，也是确保规划能够实施的重要内容。资源体系通常包括组织的人力资源、财务资源、技术资源、业务资源和软硬件资源等。高质量的资源体系调度能够确保信息系统规划所需资源的连续性和有效性，也是规避潜在风险和突破各种制约限制的关键。

1. 资源识别与评估

开展资源体系调度策划，需要充分挖掘组织的资源情况，明确各类型资源的容量及其变化趋势。资源识别可以基于能力要素开展，如人员、技术、流程、软硬件等，也可以基于每项任务的"人（人员）、机（软硬件）、料（数据）、法（技术）、环（流程）、测（监测）"的需要，按照资源类型进行定义。

根据识别的资源需求，对组织的相关资源情况进行评估，确定哪些资源是可用的，以及哪些资源需要补充或调配。资源可用性评估除了需要分析其特征、特性、特点的有效性，如技能、性能、容量等，还要充分考虑其时间属性和财务属性，以及资源随时间变化的趋势情况。

2. 资源关系与控制

资源关系与控制是指基于任务的优先级及依赖关系，确定资源分配的顺序和优先级，以及明确不同资源之间的依赖、依存、支撑和交互关系。同时还需要考虑资源之间的冲突与矛盾情况，比如人员投入与技术投入之间可能会存在人员投入多时技术投入也增加的情况，这是因为人员投入增加的情况下，协同效率会下降，协同技术的投入需要会增加。

有效的资源控制有利于提高资源效率、降低成本和保障资源的可持续性。常见的资源控制方法包括节约资源技术的使用、减少资源无效利用、优化资源开发利用管理等。对应的规划措施主要包括：①设定资源合理开发利用的指标，即在资源体系规划中精准明确资源的需求；②鼓励能够节约资源的技术创新，并通过宣传、宣贯、案例等方式，强化相关创新的使用，例如有效的数据意识与数字素养的培养，能够节约人员和时间资源；③充分考虑对先进资源开发技术的使用，例如利用版本管理工具，可提高信息系统项目文档和代码的资源开发利用能力。

3. 资源分配与调度

依据规划目标、任务部署的资源需求情况，以及组织资源分布情况，制定一个明确的资源分配策略，可确保资源的有效利用，包括确保资源的适当使用和优化、调动资源以应对临时需求、处理资源冲突等。在进行资源分配策划中，要充分考虑资源的分权体系，即组织权、所有权、保管权、调度权、使用权等在组织治理中的定义情况。

资源调度是指对各种资源进行合理有效的调节、测量、分析和使用。在信息系统规划中，需要重点考虑两种情况下的资源调度方法：①资源可能出现异常情况下的资源调度，包括相同资源再分配，或者相近资源的补充等；②应急情况下的资源调度，基于重大风险场景，给出对应资源调度的策略与方法。

4. 资源风险与优化

进行信息系统规划时，要充分意识到任何资源都存在风险，包括资源供给的容量风险、可持续供应的中断风险、资源使用中的质量与能力风险等。这就需要对重点资源可能存在的主要风险进行分析，并给出应对措施或规避措施。必要时，需要在信息系统规划中明确重点资源异常时的替代方案和纠正预防措施。

4.2.7 保障体系设定

保障体系是信息系统规划有效落实的保证，不仅包含组织对共同驱动整体战略的承诺，同时也需要强化组织对目标、任务、资源等规划内容的认识。保障体系重点关注无法量化定义的目标、任务等（明确的、可量化的内容通常在任务或资源体系中进行定义），包括组织保障、人员保障、技术保障、资源保障、数据保障、安全保障等方面。

1. 组织保障

组织保障的重点是组织决策层和管理层对相关内容的决策和承诺。在新时代，组织的决策重点除了投资外，更关注的是组织变革，因此，需要组织相关决策人员做好新思想、新业务、新模式的传递工作，起到带头引领的作用，并能够依托行政管理和业务决策等职能，为数字能力建设提供有力的支撑。

同时，数字能力建设过程中往往也会伴随组织框架的调整、虚拟团队的部署、多元项目团队构建等情况。组织保障一方面要使这些敏感且重要的变化能够获得决策层支持；另一方面，也需要通过全员思想认识的一致性建设，支撑相关改革的顺利推进。

2. 人员保障

人员供需矛盾是当前乃至今后一段时期，组织进行数字能力建设的重点矛盾，往往不仅体现在人员容量方面，更多地表现为数字化人才的供需方面。这是因为数据要素作为组织新的生产要素后，组织对数字化人才的需求大幅增加，既包括对信息技术人才的数字能力需求，也包括对业务人才的数字能力需求。在信息系统规划中，除了在任务体系中明确人员培育与相关任务外，还需要从保障措施角度强化人员数字能力建设的重要性和必要性。

人员保障重点涉及以下几方面：

- 大力培养培育全员数字能力，包括信息技术、数字素养、数字意识等方面。
- 所有涉及组织数字能力建设的部门和团队，需要强化相关能力培育、培养和储备。
- 强化组织全员接受变革（业务、组织、岗位等）的预期和意识。
- 重视人员碎片化时间的开发利用，提升学习效率。
- 引导和强化重点人员的新技能建设，以及对组织数字能力目标的认同。

3. 技术保障

技术是第一生产力，需要组织持续强化技术能力建设和科技创新，这里的技术不仅包括信息技术，也包括业务技术（如流程技术），还包括融合技术（如业财一体化、数字供应链等）。新时代是变革与创新的时代，需要组织通过适当的措施，强化创新氛围、优化创新环境，从细处着手、微处着眼，持续提升各领域的技术水平。

技术保障重点涉及以下几方面：

- 加大技术储备，做好技术预研。
- 优化技术创新考核，鼓励微创新的提出、实施、研制和推广等。
- 强化团队创新氛围，优化创新环境，形成崇尚创新的文化基础。
- 推动技术及其创新的标准化，依托标准化驱动技术创新应用和组合二次创新等。

4. 资源保障

资源是落实数字能力建设的基础，组织的资源利用偏好和投入方向对数字能力具有较大影响。在资源相对匮乏的环境下，资源的争夺是无法消除的问题。"重硬轻软"是大部分组织以往开展资源投入所遵循的内在逻辑，从数字能力角度，"软实力、软技能"等恰恰是大多数组织需要突破的重点，需要从深层次角度解决信息系统发展所需的资源保障问题。

资源保障主要涉及以下几方面：

- 充分重视数字能力等组织软实力建设，并将其作为组织各团队的主要职责之一。
- 面对资源投入矛盾，积极采用新型资源获取方法获得"硬"资源（如云服务），而不放弃和降低"软"资源建设。
- 结合组织发展目标，适当提升数字能力相关的资源优先级。
- 强化对资源管理人员的能力建设，持续优化资源开发利用方法，如循环资源利用、资源节约、资源碎片化使用等。

5. 数据保障

数据要素作为新的生产要素，成为组织发展中不可或缺的基本要素。对很多组织来说，数据治理、数据管理、数据质量、数据标准化、数据分析、数据资源等都是一个相对较新的领域和内容，需要组织持续提升相关能力，并按照数据全生命周期主线布局数字保障相关工作。

数据保障重点关注以下几方面：

- 强化组织各级人员和团队的数据治理能力，明晰数据生命周期价值。
- 持续优化数据管理措施与方法，完善数据管理体系。
- 紧抓数据质量，确保数据从源头到全过程的可靠性。
- 提升数据标准化能力，逐步实现全员对数据标准化的重视和规模化行动。
- 持续培育全员数据开发利用的能力，如大数据价值的挖掘。
- 将数据资源作为各领域发展的基础，并确保数据资源的有效性，以及保值增值等。

6. 安全保障

随着组织信息系统规模及复杂度的提高，系统面临的安全风险越来越高，组织不仅需要从信息技术本身解决安全问题（如安全技术与设备的使用等），还需要从意识与思想层面提升组织全员的安全能力。

安全保障重点关注以下几方面：

- 加强组织全员的信息安全意识。

- 提升组织全员信息安全相关的知识、技能和经验。
- 完善信息安全管理体系。

4.3　信息系统规划工作要点

信息系统规划是一项复杂的需要持续迭代的过程，针对不同类型和需求的规划，其规划过程也不尽相同。信息系统规划也是组织发展创新的一个重要关注点，因此，在大多数情况下，信息系统规划会采用创新的方法和过程开展相关工作。其工作要点主要包括：内外部需求挖掘、场景化模型分析、深度诊断与评估、整体与专项规划、持续改进。

4.3.1　内外部需求挖掘

组织的高质量发展需要其持续优化内部环境，从而适应外部环境变化，因此信息系统规划首先需要对组织内外部环境进行分析，挖掘组织的发展需求。通过对组织内外部环境的深入调研和分析，收集并明确信息系统发展的内外部需求。

1. 内部需求挖掘

组织内部需求挖掘是开展信息系统规划工作的重要环节，也是信息系统规划活动的第一个实质性工作。内部需求挖掘主要获取组织业务发展和各级管理者的意向，需要结合组织业务架构和组织职能分工，制订详细的工作计划，并依据工作计划有序开展相关工作。该阶段的工作方法包括资料收集、交流访谈、现有系统查勘、业务现场查勘、案头研究等。主要工作任务如下：

- 理解组织战略。了解组织的战略目标和长远发展方向，并通过与高层管理者沟通和研究组织的战略规划文件，理解组织对数字能力建设、信息系统发展的期望和定位。
- 熟悉业务流程。对组织的各个业务单元或领域进行深入了解，包括业务流程、工作方式、数据流动等。通过与业务人员交流并进行观察和反馈，了解当前业务流程可能存在的问题、痛点和改进空间。
- 收集用户需求。通过访谈、问卷调查等方式，与组织内部各级用户进行交流和沟通，了解他们对信息系统发展的需求和期望。收集并整理用户的建议和反馈，重点关注用户在业务操作、数据管理、系统功能、系统价值等方面的需求。
- 评估现有系统。对组织内已经存在的信息系统进行评估和分析，包括数据中心、网络实施、计算存储硬件设备、应用系统等的容量、功能、性能、稳定性，以及部署使用的时间、使用情况等。了解现有各类系统的优缺点，发现改进和升级的需求。
- 感知数字环境。对组织既有数据资产进行初步盘点，获悉组织对数据开发利用的动力、模式和水平，了解组织中信息技术人才分布情况、相关创新情况，以及各业务领域人员的数字素养、数字意识等。

本工作过程的重点是尽可能获得组织相关领域的真实状态，尽可能获得直接需求信息，但并不追求需求的有效性和精细化，要避免在该阶段进行过多的技术纠缠、路线纠缠、应用系统功能纠缠等。注意事项主要包括：

- 以原始信息获取为主。尽量获取组织数字能力建设相关的文件性资料、数据性资料、总结性资料、问卷性资料等。
- 避免直接给出解决方案。在该过程中，以听取各类人员的倾诉为主，仅在无法充分获得信任或打开话题的情况下给出引导性方案，避免在没有经过细致分析的情况下直接抛出解决问题的方案。
- 及时开展引导性培训。需要根据相关工作的开展情况，积极组织引导性培训工作，但培训内容需要得到负责人或组织高层的批准。
- 谨慎信息交叉传递。该过程是组织各类意见充分表达及问题暴露的过程，对未经确认、未曾公开的各方反映的内容，避免进行交叉传递。
- 关注隐性需求的推演。大多数情况下，组织数字能力相关干系人由于认知范围、惯性思维、团队顾忌、表达能力等的不同，未必能够切实反馈其需求，需要信息系统规划人员对获取的各类基本需求进行科学的隐性需求的推演。

2. 外部需求挖掘

外部需求是组织外部环境对组织能力建设的影响，包括国家战略、行业趋势、技术发展、竞争环境、客户期望、标准与规范要求等。从工作实施过程来看，外部需求挖掘和内部需求挖掘往往是相互交织的过程，针对不同的组织和信息系统规划需求场景而言，其局部先后顺序会有差异。比如对于集团性组织的分支机构，通常需要先进行外部需求挖掘。外部需求挖掘主要工作任务包括：

- 国家战略导入。国家战略是所有组织需要充分导入的内容，需要结合组织所处的领域、发展阶段、经济与社会使命进行导入，包括战略方向导入和关键任务导入等。
- 行业趋势分析。对组织所在行业的发展趋势进行研究和分析，了解行业的数字能力水平、信息技术应用和创新趋势。可充分借鉴行业研讨会议和行业协会发布的成果，获取行业发展的前沿信息。
- 技术趋势研究。关注新兴技术的发展和应用情况，如人工智能、大数据、云计算、物联网等。了解新技术对信息系统发展的影响和可能带来的机会，为信息系统规划提供技术支持。除了信息技术外，还需要重点关注组织所在行业或发展重点领域的技术发展情况，包括新型工艺技术、新型管理技术等。
- 竞争环境分析。对组织的竞争环境进行调研和分析，了解主要竞争者的数字能力水平和应用情况。通过竞争环境分析，有助于发现借助数字能力的改进点，有助于获得更好的竞争机会，包括竞争力提升和差异竞争能力的提升等。
- 客户期望调研。通过与组织外部的客户、供应商、合作伙伴进行交流和调研，了解他们对组织数字能力建设的需求或相关信息系统发展的期望和需求。
- 标准与规范引用。需要关注国家和地方政府针对组织数字化转型、信息系统发展的政策法规，以及相关行业的法规和标准，从而确保信息系统规划符合法律法规的要求。

在开展组织外部需求挖掘的过程中，重点是对外部各种信息的甄选。大多数情况下，组织外部需求信息的精准度较弱、颗粒度较大，对外部需求的分析研判需要全过程开展。注意事项主要包括：

- 国家战略与政策引用。在进行国家战略、政策等相关需求挖掘时，需要确保信息来源的可靠性，确保引用内容有明确的出处，且引用内容与分析说明要有明确的区分。
- 定性内容转定量对比。大多数情况下，在进行竞争环境或对标分析时，很难获得局部细节的数据内容，需要基于规划的需要，采用基于成熟度的分析模型或方法，定义颗粒度相对较大的量化内容，如5级成熟度水平等。
- 避免信息安全事件。在开展组织外部需求挖掘的过程中，无论是获得组织上级单位的需求，还是客户的需求，以及组织竞争环境的信息素材等，都需要注意信息安全的相关要求，避免信息安全事件给规划工作带来影响。

3. 整合与分析

在完成内外部需求挖掘后，需要对收集到的需求进行整合和分析，确定以下几个方面的内容：

- 组织信息系统发展过程中的主要矛盾及各种矛盾之间的关系。
- 整体或分领域的主要需求，以及它们之间的冲突、联系及优先级等。
- 关键干系人和干系群体的内在需求。
- 外部对组织相关建设的要求及引导性内容。
- 组织创新环境、数字环境的基本状态。
- 组织数字化发展所处的大致水平，以及目标水平。
- 组织治理与文化的基本模式，以及发展突破的历程。
- 信息系统规划可能面临的重大风险。
- 进一步开展工作的主要策略等。

在信息系统规划中，组织内外部需求挖掘并不是一个阶段性工作，而是一种过程性工作，伴随规划的全生命周期，需要采用工程管理模式，通过不断迭代的方式，逐渐趋近于精准需求这一目标，避免强化项目计划周期的概念，设定不切实际的阶段目标，导致规划活动基础不牢固。

4.3.2　场景化模型分析

在新时代，信息系统规划价值与方法都发生了较大变化。过往，大多数的信息系统规划往往解决信息系统及其功能的"有"与"无"的问题，或者系统功能、性能的提升问题。当前，更多的信息系统规划需要解决的是"好"与"不好"的问题。原因是，信息系统的关键价值已经从支撑组织工作的劳动效率，发展到支撑或引领组织业务发展，以及支撑组织的决策效率。信息技术与组织业务的深度融合，需要基于组织治理、经营、管理等业务场景，构建对应的信息系统建设与发展模式。

场景化模型分析是一种将信息系统应用场景与实际业务活动场景及需求相结合的分析方法。

通过对特定场景的分析，可以在信息系统规划过程中更好地理解系统的功能、性能需求，以及其价值定位，并为系统建设与发展提供指导。场景化模型分析的主要目的是准确把握系统的需求，从而使信息系统支撑和引领业务发展的价值最大化。通过对实际场景的深入研究和分析，可以提高系统的适应性、可用性和可靠性。

1. 场景拆解与选择

在信息系统规划活动中，并不是所有规划内容都适用于场景化分析，需要基于组织业务情况进行场景拆解和选择，基本方法和过程主要包括：①从信息系统目标价值链角度进行结构化拆解；②从业务发展能力链角度进行结构化拆解；③将信息系统目标价值链与业务发展能力链进行交叉融合，找出能力链与价值链的融合点；④在融合点中，找出组织特定价值与关键价值的部分，形成关键价值点；⑤对关键价值点进行聚合，定义出对应的场景化分析需求；⑥评价具有场景化分析需求的部分是否具备进行场景化分析的条件（场景是否可以清晰表达，相关人员的技术准备等），形成需要进行场景化分析的清单。

例如，某组织在信息系统规划中涉及业财一体化相关的业务需求，对应信息系统的关键价值主要体现在业务流程支撑、数据共享、数据自动计算等方面，业务能力需求主要体现在各项业务活动的财务计算方面，细分场景化可能包括仓储采购业财融合、生产加工业财融合、营销业财融合等。但组织营销方面的数据较弱，缺乏营销活动对品牌价值的数据获取，且对应的急迫性不高，因此，该组织设定的场景化分析则被定义为仓储采购业财一体化和生产加工业财一体化。

2. 场景化模型构建与分析

开展场景化模型分析需要构建对应的场景模型，模型的主要组成部分包括场景定义、角色分析、业务分析、数据分析、技术分析、组织分析、风险分析、政策与法律分析等。

- 场景定义。对场景分析的目标和范围进行明确定义。场景定义包括业务场景的背景、特点、目标和需求，以及信息系统所处的业务环境和利益相关者。
- 角色分析。对业务场景中的不同角色和用户进行分析，包括了解角色的职责、需求和行为，以及他们在相应业务活动中的作用和影响。
- 业务分析。对场景所涉及的业务领域进行分析，包括业务模式、业务流程、业务需求、业务发展、客户需求等方面，以期获得业务目标与系统价值之间的关系。
- 数据分析。对业务中涉及的数据流进行梳理，包括了解数据的来源、类型、结构和使用方式，以及关键数字资源需求、数据管理方法和数据开发利用价值。
- 技术分析。对业务的技术需求和现有技术进行分析，包括管理、工艺、决策、信息技术、业务逻辑等方面的技术现状与发展需求。通过技术分析可以确定业务的技术架构、技术实现方案，以及与信息技术融合创新的关键。
- 组织分析。对业务所涉及的组织结构和人员进行分析，包括了解组织文化、人员技能、组织流程等。通过组织分析可以确定系统在组织中的角色和影响力。
- 风险分析。对业务运营过程中可能面临的风险进行分析，包括技术风险、安全风险、管理风险等。通过风险分析可以制定相应的风险管理策略，以确保系统在风险治理方面的关键价值。

● 政策与法律分析。对业务所涉及的政策和法律要求进行分析，包括了解相关政策和法律法规，以确保业务与系统融合后的合规性。

3. 场景化模型分析应用

场景化模型分析在信息系统规划中可以分为三个阶段的应用：规划前、规划中和规划后。在规划前，场景化模型分析可以用来识别组织的关键需求、明确规划目标，并进行规划环境和资源的分析。在规划中，场景化模型分析可以用来评估不同规划方案的可行性和风险，并进行决策支持。在规划后，场景化模型分析可以用来监控和评估规划实施的效果，并进行必要的调整和优化。

4. 场景化模型分析关键价值

场景化模型分析的关键价值主要体现在以下几方面：

● 提高规划决策的科学性和实践性。通过将规划置于具体的业务场景中，综合考虑内外部因素，可以提高规划决策的科学性和实践性，增加规划的可行性和成功率。

● 确保规划与组织发展的衔接。通过分析和定义信息系统规划的目标和需求，可以确保规划与组织发展的衔接，使规划更好地为组织的战略目标和业务需求服务。

● 降低规划风险和成本。通过对场景化模型分析中的风险进行评估和管理，可以降低规划实施过程中的风险，减少资源浪费和投资风险。

● 促进信息系统规划的共识和沟通。通过场景化模型分析的应用，可以促进规划人员之间的共识和沟通，形成一致的理解和认知，提高规划的协同性和效果。

5. 场景化模型分析优缺点

场景化模型分析的优点主要体现在以下几方面：

● 贴近实际需求。场景化模型分析通过对实际场景的研究，能够更准确地理解系统的需求。

● 提供指导和参考。场景化模型分析为系统建设与发展提供了有效的指导和参考，可以减少持续发展过程中的错误和偏差。

● 提高系统适应性。通过场景化模型分析可以提高系统的适应性和可用性，满足用户不同的需求和使用场景。

场景化模型分析的缺点主要体现在以下几方面：

● 数据采集和分析困难。场景化模型分析依赖于对实际场景的深入研究和数据分析，可能增加信息系统规划的时间和成本。

● 可行性限制。由于业务场景的持续变化，场景化模型分析在信息系统规划过程中需要考虑可行性和可扩展性的问题。

4.3.3　深度诊断与评估

通过对内外部需求挖掘和场景化模型分析，并不能完全明确组织信息系统的全面需求。原因是在前面两个过程中，对需求上限及需求颗粒度没有限制，获得的需求在可行性方面可能具有一定的实现风险。因此，还需要对组织需求进行深度诊断与评估，从而进一步锁定目标、细化需求，以及确认各类需求间的依存关系。例如，在人员管理中识别出的一个需求：通过信息技术手段提高人才培育与培养的效率效能。场景化模型分析也已经覆盖到了该领域，系统规划者此时获得的是组织在内部培训、外部培训、师徒传递方面的具体需求，以及在场景范围内的可行性，但该需求放到整体组织内是否可行还需要进一步分析与研判。

1. 成熟度与需求控制

无论开展何种类型的规划活动，对于目标对象来说，需求永远可以是无止境的，差异主要体现在需求的精细度方面。相对而言，成熟度较高的组织在提出需求时，颗粒度相对较细致；而成熟度不高的组织在提出需求时，其颗粒度一般较为宏观。

在内外部需求挖掘过程中，组织获得的是基本现状和大颗粒度的需求及方向；在场景化模型分析过程中，针对重点领域进行精细化、多元化现状排查和需求方向确立。接下来系统规划者需要对各种需求方向进行目标与达成程度的管控，并进一步查漏补缺，最终确立精细、精准、全面的系统需求。

1）成熟度的概念

成熟度通常指事物发展到最高级或某理想目标状态过程中的一个阶段。从信息技术与组织业务融合发展角度而言，通常将其成熟度定义为 5 个等级。虽然在数字城市、智能制造、数字化转型、数字乡村等各领域中，受行业领域的习惯影响，成熟度的名称不同，但成熟度等级定义的基本内涵是相近的。

- 成熟度一级。以确立业务领域需要完成的主要工作和推动该领域数字化转型的基本策划为主，以及完成这些工作通常要开展哪些规范化建设。
- 成熟度二级。侧重管理精细化和流程化，并以解决业务领域的运行效率为聚焦点，强调在业务领域中对信息技术手段的使用（以数据为重点的部分）和信息应用系统的部署（以流程为重点的部分）。
- 成熟度三级。侧重业务领域中部分职能、分工之间的协同一体化，数据流动逐步替代业务流程化管理，关注集成平台化、数据平台化等对业务协同的优化和改革，以及对组织知识技能的沉淀与创新的支持等方面。
- 成熟度四级。侧重组织敏捷能力建设，强调如何快速响应客户的各种服务需求，以数据模型应用与预测和快速决策为重点，驱动组织治理与决策体系的深度改革。
- 成熟度五级。侧重围绕组织生态一体化建设为重点，持续推进业务自组织、管理自组织、生产自组织、服务自组织等，能够通过自组织模式提高对未知风险的应对能力。

2）成熟度的应用

对任何事物来说，成长都需要一个过程，这个过程在没有极小概率外部事件影响的情况下，一般都是一步一步发展成熟的。同理，对于任何组织来说，各项能力也是需要一点一点进行积累的，组织的下一个发展目标并不是可以无限度地直接到达理想状态，而是成熟度的下一个阶段。

此外，组织的各项能力构成了一个整体，它们相互影响、相互依赖、相互促进。根据"木桶原理"，组织的整体能力水平取决于最短板的能力水平状态。因此，对于组织来说，通过能力成熟度不仅能够找到最短板是什么，还能知道哪些能力发展需要延缓，乃至暂停。

3）需求控制

对于任何组织来说，无论何种目标、何种理由、何种场景，都需要对信息系统需求进行有效的控制。这种控制不是抑制需求范围或者降低需求目标，而是需要基于科学的方式方法，更加全面系统地识别需求范围，更加精细地标识需求范围，并对每项需求定义适当的、阶段性的目标控制。

2. 诊断与评估模型确立

诊断与评估模型主要分为两个维度：①业务能力维度，可逐步细分为能力域、能力子域、能力项、能力分项、能力子项和能力点等；②成熟度等级维度，可以根据成熟度的一般定义方法，将成熟度等级确定为5个等级。

组织需要基于信息系统规划整体范围的不同，对诊断与评估模型的能力维度层级进行定义，通常定义到本范围内的1～2个层级。例如，面向组织整体的信息系统规划需要定义到能力子域或能力项层面；面向专项业务领域的信息系统规划需要定义到能力项或能力分项层面；针对组织的运营管理系统的规划，其中采购能力子域可以定义到采购计划制订、跟踪、控制等方面的能力成熟度等级，如表4-1所示。

表4-1 诊断与评估模型示例（局部）

能力域	能力子域	能力项	能力分项	一级	二级	三级	四级	五级
运营	采购	计划	计划制订	明确采购计划的主要内容……	使用信息系统实现采购需求获取及采购计划生成等……	通过与办公、生产、仓储等系统的集成，自动生成采购计划……	使用数据模型实现采购预测……	基于云平台等，实现生态链采购与销售的自动化和自优化……
			计划跟踪	定义采购计划跟踪的主要节点……	使用信息系统实现采购全过程跟踪……	通过与企业资源管理系统集成，实现采购执行的自动发起等……	使用数据模型实现采购资金、采购到货等领域的预测……	通过跨组织平台融合，确保采购与供应商生产活动的自组织……
			计划控制	制定采购计划控制的管理规范……	使用信息技术手段对采购风险进行管理……	实现采购全过程数据可视化和风险提示等……	通过数据模型，针对采购风险自动给出纠正与预防措施……	通过大数据等手段，实现生态链采购风险的自处置……
…	…	…	…	…	…	…	…	…

围绕诊断与评估模型的确立，我国已经制定并发布了相关国家标准、行业标准和团体标准，这些可以作为组织诊断与评估模型的基础输入。例如数字化转型领域的成熟度国家标准 GB/T 43439《信息技术服务 数字化转型 成熟度模型与评估》，智能制造领域的成熟度国家标准 GB/T 39116《智能制造能力成熟度模型》，还有数字城市、IT 运维、智慧园区等方面的成熟度标准，组织可以在这些标准的基础上，按照成熟度定义的基本方法，对模型进行裁剪和扩展，以满足组织深度诊断与评估的需要。

3. 诊断与评估实施

诊断与评估工作既是对前期内外部需求挖掘和场景化模型分析结果的进一步细化，也是对组织业务体系的深度诊断与评估，其目标是精准、精细地把握组织需求，以及挖掘组织在信息环境下各项能力需要进一步提升的内容和路径。因此，诊断与评估本质上不是对组织信息系统及其需求的诊断与评估，而是对组织业务与能力发展的诊断与评估。

1）计划与打分

诊断与评估工作的开展需要制订详细的工作计划，并全面识别每项能力诊断与评估的干系人，诊断评估可以采用量化打分模式进行，以便发现最短板、最长板所在，以及组织各项能力的等级状态分布。量化打分需要针对每项能力的每个等级展开，由低到高逐次进行，可以参考如下分值定义方法：

- 0分：全部不能满足。
- 0.5分：能够部分满足，形成了系统性缺陷。
- 0.8分：大部分满足，在局部执行或非关键内容上存在缺陷和不足。
- 1分：全部能够满足。

2）权重与计算

在有些场景下，为确立组织整体或局部重点能力，在诊断与评估中也会引入分项权重的概念，从而获取并计算整体的情况，用于设定或分析整体的目标。相关权重可以参考国家、行业相关标准，也可以根据组织业务能力的重要程度进行自动设定。

3）记录与确认

在诊断与评估过程中，需要针对每条成熟度等级设定进行诊断与评估过程记录，形成记录底稿，如果存在不满足情况，要清晰标注对应的诊断与评估发现。诊断与评估记录用于信息系统规划需求的后期，能够支持对需求进行挖掘和确认。在本过程中，使用前期获得的信息推断结果时，需要与组织相关人员围绕着业务发展与技术融合，进行研讨与研判。诊断与评估的打分结果和评估发现需要得到主要干系人的确认。

4.3.4 整体与专项规划

在全面获取组织业务发展、能力建设等相关情况后，信息系统规划进入策划与设计阶段。该阶段主要包括对各类需求进行整合与确认、整体规划、专项规划和一致性检查等。

1. 需求整合与确认

经过内外部需求挖掘的初步获取、场景化模型分析的需求引导、深度诊断与评估的需求控制这些过程后，组织绝大部分需求都能够被充分激发出来，并且需求的精细化与精准化程度都得到了完善和提高，接下来需要对需求进行全面整合、透视和深度分析。需求整合需要多维展开，例如业务领域维、能力建设维、技术发展维等。

- 业务领域维需求整合。以业务领域为聚焦点，以组织部门与团队设置为主线，进行需求整合与推演，形成满足业务发展目标的需求集合，这些需求集合需要形成多层级结构。
- 能力建设维需求整合。以诊断与评估结果为基础，针对每项差距与问题的解决目标，提取解决问题所需要的能力要素需求，包括人员、技术、流程、资源、数据、知识等，并形成面向能力要素的需求集合。
- 技术发展维需求整合。基于业务领域维和能力建设维的需求集合情况，定义组织的信息技术发展需求、业务领域技术发展需求，并以技术发展可获取为条件，进一步挖掘与整合业务领域需求和能力建设需求。

2. 整体规划

常见的信息系统规划推演与策划模式为"自底向上"和"自顶向下"。在以解决业务效率为主的组织中，"自底向上"的模式相对更适合；在解决协同与敏捷的组织中，"自顶向下"的模式相对更适合。无论何种模式，组织都需要形成整体规划和专项规划。整体规划解决宏观问题，包括解决思路、框架和原则等。专项规划解决具体问题，形成可用于指导建设、规范设计、控制目标的具体要求等。

整体规划的目标是确保信息系统与组织的战略目标和业务需求相互协调和支持。整体规划的重点是确定整个信息系统的总体架构、发展方向和布局，整体规划需要充分使用系统哲学的方法进行，强调信息系统的完整性和系统性。需要重点关注以下内容：

- 确保信息系统与组织战略目标的一致性。整体规划将信息系统与组织的战略目标进行对齐，确保信息系统能够为组织的战略决策和业务运营提供有效支持。
- 提高信息系统的协同性和一体化程度。整体规划需要考虑信息系统的各个组成部分之间的协同关系，确保它们能够有机地结合在一起，实现信息的高效流动和共享。
- 优化资源配置和投资回报。整体规划需要考虑组织信息系统的全局需求，可以优化资源配置，提高资源利用率，并确保投资回报达到最大化。

3. 专项规划

专项规划是指对信息系统中的某个特定领域或问题进行详细规划和设计的过程。专项规划侧重于解决特定问题或满足特定需求，通常是在整体规划的基础上细化和完善。专项规划可包括应用系统规划、网络环境规划、云服务规划、数据中心规划、信息安全规划、云原生系统规划等。实施专项规划需要重点关注以下内容：

- 需要清晰明确信息系统的管理和使用主体，该主体可以是部门或团队，也需要明确关键责任人或岗位。

- 强调单项领域的规划系统性，但可以不用考虑较长时间周期，主要以管理和使用主体可理解、可接受为主。
- 技术路线和技术属性需要进一步明确和强化，需要进行细致的科学推理。
- 需要配套更加细致的实施路径或计划，往往不以阶段进行划分，而是以时间为主轴。

4. 一致性检查

整体规划和专项规划相辅相成，共同为组织提供科学合理的信息系统规划，确保信息系统能够为组织的战略决策和业务运营提供支持。在形成整体规划与专项规划的过程中，需要持续进行一致性检查，检查内容包括：

- 规划成果与需求之间的对应关系，规划成果与组织战略的一致性。
- 规划内容之间的协调一致性，包括组织、框架、人员、技术、资源和任务等。
- 规划内容的科学性和可行性。
- 规划内容与组织干系人理解的一致性等。

4.3.5　持续改进

信息系统规划是一个持续改进的过程，旨在确保信息系统能够满足组织的战略和业务需求。在迅速发展的科技环境下，信息系统规划需要不断适应新的挑战和机会。信息系统规划持续改进需要关注以下几方面：

- 持续跟踪组织的战略。组织的战略目标可能会随着时间的推移而发生变化，因此信息系统规划需要根据这些变化进行相应的调整。规划者需要与组织内的各个部门密切合作，了解他们的需求和优先事项，并根据这些信息来更新规划。
- 感知技术的发展创新。新的技术和创新不断涌现，给信息系统的规划和实施带来了新的机会和挑战。组织需要及时了解和评估这些新技术，并确定它们如何适用于组织的信息系统。可以通过与供应商、行业同行交流，以及参加技术研讨会和培训等方式来实现。
- 关注数据管理和信息安全。随着数据量的增加以及对数据安全和隐私的要求不断提高，规划者需要考虑如何有效地管理和保护组织的数据资产，包括确保数据的完整性、可靠性和可用性，并采取必要的安全措施来防止数据泄露和未经授权访问。
- 注重用户体验和用户参与。规划者需要与最终用户密切合作，了解他们的需求和偏好，并将其纳入规划过程中。这可以通过用户调研、用户测试和用户反馈等方式来实现。此外，组织还应该关注信息系统的易用性和用户界面设计，以确保用户能够方便地使用系统并达到预期的效果。
- 建立一个监测和评估机制。规划者应该定期审查和评估信息系统的实施情况，以确保规划的目标得以实现。监测和评估可以通过关键绩效指标、用户满意度调查和定期评估报告等方式来进行。根据评估结果，组织可以对规划进行修订和完善，以实现持续改进。

信息系统规划的持续改进是一个动态的过程，需要规划者具备敏锐的洞察力和持续学习的能力。只有通过不断地适应变化和改进，信息系统才能为组织提供可靠、高效和创新的支持。

4.4　信息系统规划常用方法

20世纪70年代以来，随着信息技术发展，许多专家和学者对信息系统规划方法进行了探索和研究，并且形成了众多信息系统规划的方法。这些方法大部分采用自顶向下的规划步骤，其不同在于规划周期、需求来源、关注点和主要目标。常见的规划方法包括战略目标集转移法（Strategy Set Transformation，SST）、企业信息系统规划法（Business System Planning，BSP）、关键成功因素法（Critical Success Factors，CSF）、价值链分析法（Value Chain Analysis，VCA）和Zachman框架等。在日趋复杂的组织环境及外部竞争压力下，信息系统规划面临非单一管理或非单一技术的问题，因此在组织实际规划过程中，常常将多个方法进行有机结合，以期得到更全面、更具前瞻性的信息系统战略规划。

4.4.1　战略目标集转移法

战略目标集转移法（SST）是William King于1978年提出的一种确定信息系统战略目标的方法。SST把组织的总战略、信息系统战略分别看成"信息集合"，信息系统战略规划的过程则是将组织战略集转换成与其相关联一致的信息系统战略集。

1. 组织战略集

组织战略集是组织本身战略规划过程的产物，包括组织的使命、目标、战略和其他一些与信息系统有关的组织属性。组织的使命描述该组织是什么，为什么存在，能做出什么贡献，简言之，描述该组织属于什么具体的行业或领域。组织的目标就是它希望达到的目的，这些目标可以是定量的也可以是定性的。组织的战略是为达到目标而制定的总方针。其他战略性组织属性包括管理水平、管理者对信息技术了解的程度、采用新技术的态度等，虽然难以度量，但对信息系统建设影响很大。

2. 信息系统战略集

信息系统战略集由系统目标、系统约束和系统建设战略构成。系统目标主要定义信息系统的服务要求，其描述类似组织目标的描述，但更加具体。系统约束包括内部约束和外部约束。内部约束产生于组织本身，如人员组成、资金预算等；外部约束来自于企业外部，如政府和企业界对组织报告的要求、同其他系统的接口环境等。系统建设战略是信息系统战略集的重要元素，相当于系统建设中应当遵循的一系列原则，如系统安全可靠、应变能力等要求，以及建设的科学方法及合理的管理等。

3. 信息系统战略规划过程

信息系统战略规划过程将组织战略集转换成与其相关联一致的信息系统战略集，首先要识别和验证组织战略集。

（1）识别和解释组织战略集。组织战略集的某些元素可能是书面的形式，如组织的战略计划或长期计划。但是，对这些元素的描述不一定适应管理及选择的目的。为此，信息系统规划者需要一个明确的战略集元素的确定过程，该过程可按以下三个步骤进行：

- 画出组织利益相关方的结构。利益相关方就是与该组织有利害关系者，如客户、决策者、成员等。
- 确定利益相关方的要求。
- 定义组织相对于每个利益相关方的任务和战略。

（2）进一步解释和验证组织战略集。有了一组关于组织使命、目标和战略的初步描述后，送交组织的最高管理者审查，收集反馈信息，分析最高管理者同意或不同意的态度，判断战略集元素优先次序，评价其他战略性组织属性。

4.4.2 企业信息系统规划法

企业信息系统规划法（BSP）是 IBM 公司在 20 世纪 70 年代提出的，旨在帮助企业制定信息系统规划，以满足企业近期和长期的信息需求。该方法是先通过全面调查，分析企业信息需求，然后制定信息系统总体方案。BSP 的 4 个基本步骤概括如下。

1. 定义管理目标

为了确定拟建的信息系统的目标，需要调查了解企业的目标和为了达到这个目标所采取的经营方针以及实现目标的约束条件。只有明确企业的管理目标，信息系统才可能给企业直接的支持。

目标调查是通过采访各级管理部门进行的，帮助他们提炼、归纳、汇总目标，绘制目标树。各子目标要服从它所属的目标，目标之间不能互相矛盾，也不应完全相关。子目标的指标是根据上级指标、本企业历年统计、同类组织的最好指标等数字确定的。各级管理部门的目标要服从总体目标。

2. 定义管理功能

定义管理功能就是识别企业过程中的主要管理活动。

管理功能是管理各类资源的各种相关活动和决策的组合。管理人员通过管理这些资源支持管理目标。BSP 方法强调管理功能应独立于组织机构，从企业的全部管理工作中分析归纳出相应的管理功能。这样设计的信息系统可以相对独立于组织机构，较少受体制变动的影响。例如，不论高等学校的招生工作是属于教务处的工作范围还是属于学生工作部的工作范围，其过程是基本相似的。

定义管理功能并进行分组是 BSP 方法的核心，管理功能主要是根据企业中的资源及其生命周期来识别的。

（1）识别资源。这里说的"资源"是广义的，指被管理的对象。有形资源比较容易识别，例如设备、零件、建筑物。有些资源是无形的，例如服务、科研项目等。战略计划是一类特殊的无形资源，是指一个企业的长期计划、资源开发计划、投资计划等，例如，产品开发计划、人力资源计划、销售分析与预测等。

（2）根据资源的生命周期识别功能。资源的生命周期是指一项资源由获得到退出所经历的阶段，一般划分为产生、获得、服务和归宿 4 个阶段。根据资源的生命周期可以识别功能。资源生命周期的 4 个阶段给出了确定功能的一般规律。但并非所有资源的生命周期都一定具有这

4 个阶段，在一个阶段中也不一定只有一个功能，应根据实际情况来决定。

（3）汇总分析。对以上识别出来的功能进行合并归类，减少不一致和重叠。在此基础上，将功能和组织之间的关系画在一张表上，这就是组织 / 功能矩阵。这张表不仅能表达组织与功能之间的关系现状，而且能表达它们的合理关系。系统分析阶段要按功能对各组织进行进一步的调查。

3. 定义数据类

在总体规划中，把系统中密切相关的信息归成一类数据，称为数据类，如客户、产品、合同等，也可称为数据大类。

识别数据类的目的在于了解企业目前的数据状况和数据要求，查明数据共享的关系，建立功能 / 数据类矩阵，为定义信息结构提供基本依据。定义数据类有两种基本方法：①实体法。与企业有关的可以独立考虑的事物都可定义为实体，如客户、产品、材料、现金、人员等。②功能法。每个功能都有相应的输入和输出的数据类型，对每个功能找出其必要的输入数据类和输出数据类，与第一种方法得到的数据类比较并进行调整，最后归纳出系统的数据类。一般有 10～20 个数据类比较恰当。

功能和数据类都定义好之后，可以得到一张功能 / 数据类表格，表达功能与数据类之间的联系。

4. 定义信息结构

定义信息结构也就是定义信息系统子系统及其相互之间的数据交换，这是 BSP 方法的最终成果，即获得最高层次的信息系统结构。有了功能 / 数据类矩阵之后，根据数据的产生、使用和控制对功能进行聚类分组。具体做法是通过一系列的矩阵行列调整，尽量把 C 汇聚到对角线上，从而使得一组紧密相关的数据类和功能形成一簇，簇外的 U 表示各个簇间的数据联系。这样做的目的是将有密切联系的数据和功能划分在一个子系统内，使得子系统之间的信息交换尽量少，从而形成科学合理、松耦合的系统结构。

BSP 方法产生于信息系统发展的初级阶段，对当时的信息系统建设具有突出指导意义。经过几十年的发展，管理领域和信息系统领域取得了长足进步，各类管理软件（如 ERP 等）经过长期应用积累和检验，已经形成了成熟的结构体系，大多数企业可以直接借鉴和使用。因此，在信息系统发展新形势下，BSP 方法虽然在理论上仍有借鉴价值，但针对新形势下的新问题，需要有新的规划方法和手段来解决。

4.4.3 关键成功因素法

关键成功因素法（CSF）由哈佛大学教授 William Zani 于 1970 年提出。他在管理信息系统（Management Information System，MIS）模型中使用了关键成功变量，这些变量是确定 MIS 成败的关键因素。10 年后麻省理工学院教授 John Rochart 把 CSF 提高成 MIS 开发规划战略，将其运用到管理信息系统规划中。

CSF 认为一个组织的信息需求是由少数的几个关键成功因素决定的，关键成功因素是帮助组织达到一定目标所不可缺少的业务、技术、资金以及人力因素，是由工业、企业、管理者和外部环境因素所构成的。在 CSF 中，组织通过分解自身的整体目标，识别组织的关键成功因素与核心竞争力以及这些因素的性能指标，然后根据这些因素确定组织分配资源的优先级别。CSF 需要识别与系统目标相关联的主要数据类及其关系，并依托数据来为组织发掘新的机遇。

1. CSF 的主要内容

CSF 设计的目的是为管理者提供一个结构化的分析方法，帮助组织确定其关键成功因素和信息需求。CSF 通过与管理者，尤其是与高层管理者的交流，根据组织战略确定的组织目标，识别出与这些目标成功相关的关键成功因素及关键性能指标，CSF 能够直观地引导高层管理者分析组织战略与信息系统战略和组织流程之间的关系。

关键成功因素的重要性置于组织所有目标和策略之上，寻求管理决策层所需的信息层级，并指出管理者应特别注意的范围。若能掌握几项影响组织战略的关键因素，便能确保组织的核心竞争力。如果组织想要保持持续成长，就必须对这些关键因素加以控制和管理，否则将无法达到预期的目标。关键成功因素有 4 个主要来源：①个别产业的结构。不同产业因其自身的特质和结构的不同，存在着不同的关键成功因素，此因素决定于产品本身的经营特性。②竞争策略、产业地位及地理位置。组织的产业地位是由其发展历史与现在的竞争策略所决定的，在产业中每一个组织因其竞争地位的不同，关键成功因素也会有所不同，对于以一两家大组织为主导的产业而言，核心组织的行为常为产业内的小组织带来重大的问题，所以对小组织而言，与核心竞争者的发展策略，可能就是其在生存中竞争的关键成功因素。③环境因素。组织外在因素（总体环境）的变动会影响每个组织的关键成功因素，如在市场需求波动大时，存货控制可能就会被高层管理者视为关键成功因素之一。④暂时因素。大部分是由组织内部特殊的原因引起的，存在于某一特定时期对组织的成功产生重大影响的活动领域。

关键成功因素的主要特征如下所示：
- 内部型CSF：针对组织机构内部的活动而言。
- 外部型CSF：与组织的对外活动有关，如与其他组织联系或获得对方的信贷。
- 监控型CSF：对现实情况的详细考察，如监测业务缺陷或异常百分比。
- 建立型CSF：与组织未来计划的变化有关，如改善产品或服务组合。

2. CSF 的实施步骤

CSF 的实施步骤包括：①确定组织的战略目标。②识别组织的所有成功因素。可以采用逐层分解的方法导出影响组织战略目标的各种因素以及影响这些因素的因子。③确定组织的关键成功因素。对所有成功因素进行评价，根据组织的现状和目标确定关键成功因素，可以采用德尔菲法或模糊综合评价法等。④识别各关键成功因素的绩效指标和标准以及测量绩效的数据，即给出每个关键成功因素的绩效指标与衡量标准，以及用以衡量相应指标的数据。

关键成功因素与组织战略规划密切相关。组织战略规划是描述组织期望的目标，关键成功因素则提供达到目标所需要的测量标准。关键成功因素是组织和处理过程的可观察、可测量的特性，分布于企业的战略层、战术层、应用层及组织的各个方面。在具体的信息系统规划中，企业需要对关键成功因素进行认真选择和度量，并对关键成功因素之间的关系进行动态调整。

关键成功因素法的特点是抓住主要矛盾，使得目标识别突出重点，主次分明。该方法简便可行，应用范围广，是企业信息系统规划最常用的方法。但是该方法一般适用于确定管理目标，在信息系统规划中该方法只考虑了目标怎么分解，很少涉及如何利用信息技术支持目标的实现，以及如何利用信息系统。

在评价哪些因素是关键成功因素时方法很多，不同企业会根据各自不同的组织文化采用不同的方法。等级区分严格的企业一般是高层管理者识别并确定关键因素，而一个习惯于群体决策的企业则会采取群体共同讨论的方法。可选的方法有头脑风暴法及德尔菲法等。此外，小型组织可能更倾向于选择聘用专业咨询专家、顾问来为组织做出关键成功因素分析。

关键成功因素法是一种战略规划方法，适用于信息系统的规划。一般在高层管理者中应用效果比较好，因为组织的高层领导是战略决策层，能够更直观地引导各级管理者纵览整个组织与信息技术之间的关系。

4.4.4　价值链分析法

价值链分析法（VCA）由美国哈佛商学院著名战略学家迈克尔·波特（Michael Porter）于1985 年提出。他认为组织在设计、生产、销售、交付产品及其辅助过程中进行了种种活动，每个活动都有可能相对于最终产品和服务产生增值行为，从而增强组织的竞争地位。所有这些活动可以用一个价值链来表明。

1. VCA 基本观点

波特的价值链分析法包含 4 个基本观点：

- 价值是组织一切活动的核心，组织不仅要谋求总收入最大化，控制总成本最低，更注重的是赢利最大化。价值管理就是努力追求包含利润在内的价值成就。
- 把组织内外价值增加的活动分为基本活动和支持性活动。基本活动涉及组织生产、销售、进料后勤、发货后勤、售后服务；支持性活动涉及人事、财务、计划、研究与开发、采购等。
- 组织的价值活动不是一些孤立的活动，基本活动和支持性活动相互依存，形成一个系统，构成了组织的价值链。
- 组织的效率或者竞争优势来自于价值活动的有效组合，来自于价值链的优化，这也是组织不同于或者优于其他厂商的特质，组织的竞争成功也产生于合理的价值链。

2. VCA 价值应用

由于信息技术的发展和它的社会应用日益广泛，信息技术在组织中的应用越来越受到重视，但组织数字能力和信息系统不可能一蹴而就，由于资金、技术等资源的限制，需要根据实际情况，让"好钢用在刀刃上"，方显信息技术这一"宝刀"的锋芒。在这种情况下，组织信息系统规划可以借鉴 VCA。该方法认为，不同的组织参与的价值活动中，并不是每个环节都创造价值，只有那些特定的能创造价值的经营活动才是价值链上的"战略环节"。战略制定者通过研究当前信息技术应用的活动环节及其增值潜力，优先考虑信息技术应用的战略环节，从而优化信息处理流程，最大限度地增加该活动的价值。

VCA 应用主要包括以下几个基本步骤：

（1）识别组织价值链。将组织的经营过程分割成一系列相互联系、相互作用的活动。其中，基本价值过程包含那些直接参与研发、制造或销售组织产品和服务的活动，它们构成一个完整的从产品创建直到顾客完成消费的价值链。基本价值过程具有线性特征，即缺少任何一个环节都不能达到最终产品或服务目的。而支持价值过程则类似于"幕后英雄"，它们作为整体为组织提供支持，用以保证基本价值过程的顺利进行，不能归入基本价值过程中的某个环节。

（2）确定关键价值增加环节。分析价值链所有环节，通过对客户和专家的调查来确定每个环节对价值的贡献率，标示出各环节对于增加价值所占的比例，比例大的活动就是价值链的关键环节。由此得到的关键环节，即对客户来说最明显、最显著的增加价值的环节。

（3）确定关键价值减少环节。与确定价值增加环节相对应，还要分析哪些环节会对价值减少、客户满意度降低有最关键的影响。同样可以通过收集客户或专家的反馈信息并统计得出关键价值减少环节。

（4）明确信息技术对关键价值环节的支持。通过对价值链的分析，可以识别出组织最为重要的增值或减值环节，并由此确定支持该环节的信息技术和信息系统。事实上，考虑到各个环节已有的信息化程度不一，以及为了保证信息流程的连贯性和畅通，应该对价值链所有环节进行信息技术支持的分析，找到该环节如何使用信息技术和信息系统，以最大限度地增加价值，然后在制定信息系统战略规划时优先考虑关键价值环节。

4.4.5 Zachman框架

Zachman 框架源于约翰·扎科曼（John Zachman）于 1987 年创立的企业架构理论，其全称为企业架构和企业信息系统结构（Zachman Framework for Enterprise Architecture and Information Systems Architecture）。Zachman 框架是一种逻辑结构，目的是为企业提供一种可以理解的信息表述，它对企业信息按照特定的要求进行分类，从不同的角度进行描述。

1. Zachman 框架的主要内容

Zachman 框架根据抽象规则，定义企业信息的一个方面，一个框架包括 6 行（纵向），每行中包含 6 个子单元的格式（横向）。横向维度采用 6W 进行组织，即 What（什么）、How（如何做）、Where（什么地点）、Who（谁）、When（什么时间）、Why（为什么），从纵向维度反应了 IT 架构层次，从上到下分别为范围模型、企业模型、系统模型、技术模型、详细模型和功能模型，如图 4-5 所示。

横向结合 6W，Zachman 框架分别由数据、功能、网络、人员、时间、动机对应回答 What、How、Where、Who、When 和 Why 6 个问题。纵向按企业中不同角色的关注点进行划分，表述如下：

- 规划人员关注范围模型，能够看到企业的发展方向、业务宗旨和系统边界范围。
- 系统所有者关注企业模型，能够用企业术语定义企业的本质，其看到的是企业的结构、处理及组织等。
- 体系架构师设计人员关注系统模型，能够用更严格的术语定义企业业务，其看到的是每项业务处理所要完成的功能。

- 构造人员关注技术模型，使用技术模型来解决企业业务的信息处理需求。
- 集成工作者关注详细模型，需要解决关于特定语言、数据库存储表格及网络状况等的具体细节。
- 使用人员也是系统的最终用户，关注的是功能模型，考虑系统能否支持自身职能工作的要求。

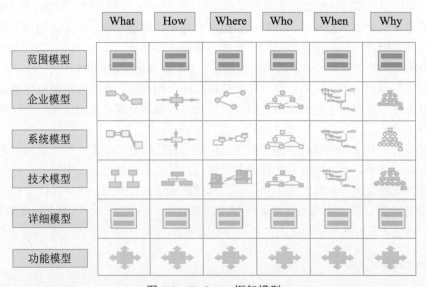

图 4-5 Zachman 框架模型

从这两个维度将所有 IT 构件进行分割，可以划分成更小的相对独立的模块，便于独立管理。扩展的 Zachman 模型如图 4-6 所示。

2. Zachman 框架实施步骤

采用 Zachman 框架进行信息系统规划的一般步骤如下：

（1）确定组织的愿景和原则。具体包括：

- 确定信息系统在业务和组织架构中的覆盖范围和边界，识别业务驱动力。
- 确定信息系统的愿景和原则。
- 识别信息系统相关需求。
- 业界信息系统规划最佳实践研究与学习。

（2）现状描述分析。具体包括：

- 搜集信息系统现状资料。
- 业务现状分析，识别现有信息系统对业务支撑上存在的问题。

（3）目标架构定义。具体包括：引入最佳实践，结合企业实际情况，定义目标系统架构，包括数据、应用和基础设施架构。

（4）差距与改进点分析。具体包括：

- 目标架构与现状的差距与改进点分析。

- 把具体信息系统需求纳入目标架构框架中。
- 对改进点及具体需求进行优先级排序。

		数据	功能	网络	人员	时间	动机
规划者	范围模型	业务事项	业务过程	业务地点	组织	重要事件	目标战略
所有者	企业模型	语义模型	过程模型	逻辑系统	工作流模型	主进度	业务计划
设计者	系统模型	逻辑数据模型	应用架构	系统架构	接口架构	处理结构	业务规划模型
构造者	技术模型	物理数据模型	系统设计	技术架构	屏幕架构	控制结构	规划设计
集成者	详细模型	数据定义	程序	网络架构	安全架构	时间定义	规则实现
使用者	功能模型	数据	功能	网络	组织	进度	战略

图 4-6　扩展的 Zachman 模型

（5）制订实施计划。具体包括：

- 确定向目标系统迁移的具体实施计划。
- 确定目标信息系统建设的主责部门。

（6）持续改进优化。具体包括：

- 信息系统规划过程中，各个环节不断优化。
- 制订目标信息系统持续改进计划。
- 建立信息系统管理维护机制。

第 5 章　应用系统规划

组织的应用系统建设是一项信息技术与组织各项活动深度融合的过程，是业务投资大、周期长、复杂度高的社会技术系统工程，是组织开发利用信息技术和数据的关键价值体现。相对于信息基础设施而言，应用系统的行业领域特点及个性化表现更加突出，行业领域之间、组织之间，甚至组织的不同发展阶段，应用系统的可复用性均较低。因此，科学的应用系统规划可以减少相关活动的盲目性，使应用系统具备良好的整体性、较高的适用性，同时，信息系统发展也具备有序的阶段性，有效管控信息系统的开发周期可以节约各类资源和费用投入。

5.1　基础知识

当前，一个组织内部一般会有多个不同时期投入的、不同 IT 服务机构提供的独立开发的应用系统，这些系统往往都有自己独特的理念、青睐的技术系统等。为了满足业务运行需要，组织也会在多个基础系统之上（或多个系统之外）构筑一个新系统，将所有基础系统的数据按照既定的需求处理后上传，以实现数据共享及跨系统的应用功能，因此，造成了组织内部系统层次不断增多，架构日益复杂，应用系统缺乏必要的弹性、可扩展性等问题。

针对组织的具体需求，应用系统规划设计的内容存在较大差异，覆盖了：①应用系统整体规划，即按照组织业务与信息发展战略等，对组织所有应用系统建设进行统筹，形成应用系统集合及应用系统间的关系，并明确每个应用系统的主要内容及发展路径等；②应用系统业务条线规划，即针对组织业务发展的条线划分及组织 IT 治理的定义等，对组织业务中某个条线的应用系统进行体系性定义，比如业财体系、仓储物流体系、服务体系等；③应用软件设计，即针对组织业务获得的某项具体职能或业务活动域等，进行应用软件模块定义，包括功能与非功能建设、模块划分等。

5.1.1　基本概念

无论是何种类型的应用系统规划设计，其基本业务逻辑都是基于组织业务发展的特定和个性化需求，针对应用系统不同颗粒和层次的体系架构、领域或模块、模式等，按照"需求 - 抽象 - 体系 - 配套"的过程，实现相关内容的定义。在应用系统规划设计发展过程中，诞生了一系列基本的应用系统规划设计概念。尽管多年来人们对于这些概念的关注程度不断变化，但它们都经历了时间的考验，每一种概念都为应用系统规划设计提供了基础，为定义应用系统规划设计的技术质量统一标准奠定了基础。M.A.Jackson 曾经说过："软件工程师的智慧开始于认识到'程序工作'和'使程序正确'之间的差异。"抽象、体系架构、模式、关注点分离、模块化、信息隐藏、功能独立、求精和重构等基本的应用系统规划设计的概念，为"使程序正确"提供了必要的框架。

1. 抽象

抽象是从众多的事物中抽取出共同的、本质性的特征，而舍弃其非本质的特征的过程。当组织考虑某个或某系列问题的体系化（模块化）解决方案时，可以进行多层级的抽象。在最高的抽象级上，使用问题所处环境的语言以概括性的术语描述解决方案，如业务效率提升、计划与调度可视化与敏捷化等术语。在较低的抽象级上，提供更详细的解决方案说明，如审批流定义、信息表单定义、前端界面定义等。当力图陈述一种解决方案时，面向问题的术语和面向实现的术语会同时使用。最后，在最低的抽象级上，以一种能直接实现的方式陈述解决方案。对应用系统的不同层次进行抽象时，应用系统规划设计人员需要创建业务抽象、过程抽象、数据抽象和技术抽象。

（1）业务抽象是将组织复杂的业务活动和业务逻辑，转化为可管控（管理）、可显性表达、可重用的业务区块与组件的过程，需要聚焦业务的价值本质，忽略或简化无价值或低价值活动。业务抽象实质上就是面向现实世界的不同"场景"进行建模的过程，它用高度概括性和结构化的内容来描述场景最核心的本质。

（2）过程抽象是指具有明确和有限功能的指令序列。过程抽象暗示了功能但隐藏了具体的细节。过程抽象的例子如"开门"，隐含了一长串的过程性步骤（例如，走到门前，伸出手并抓住把手，转动把手并拉开门等）。

（3）数据抽象是描述数据对象的具体数据集合。在过程抽象"开"的场景下我们可以定义一个名为"门"的数据抽象。同任何数据对象一样，"门"的数据抽象将包含一组描述门的属性（例如，门的类型、转动方向、开门方法、重量和尺寸）。因此，过程抽象"开"将利用数据抽象"门"的属性中所包含的信息。

（4）技术抽象是描述问题解决所需要的可持续开发利用的技术体系。技术抽象需要充分考虑业务发展相关的技术，如采购活动中的运筹博弈与供应商培育技术、服务质量活动中的期望质量与感知质量控制技术，同时需要考虑可以持续支撑业务发展的信息技术，如大数据技术、云计算技术等。技术的可持续性是进行技术抽象的关注要点，技术路线和技术架构等需要能够确保组织整体与局部问题解决的技术一致性。

2. 体系架构

从最简单的形式来看，体系架构是应用系统组成结构，根据需要可以覆盖应用系统、软件模块、程序构件等不同层次，以及这些组成部分交互的方式和所用数据的结构等。应用系统规划设计的目标之一是推导出应用系统体系架构示意图，该示意图作为一个框架，指导更细层级的应用系统规划设计，以及更详细的建设与实施活动。体系化的体系架构模式能够使应用系统相关人员重用规划设计的相关概念，从而确保组织应用系统的一致性和可维护性，降低安全风险和迭代成本等。

架构特性定义了系统的组成部分（如系统、模块、对象过滤器）及其被封装的方式，以及不同部分之间相互作用的方式。外部功能特性指出体系架构如何满足需求，这些需求可包括发展需求、性能需求、功能需求、可靠性需求、安全性需求、可适应性需求以及其他特征需求。一旦明确了架构特性，就可以用一种或多种不同的模型来表示应用系统体系架构。架构模型将体系架构表示为应用系统组成部分的有组织的集合。框架模型可以通过确定相似应用中遇到的可复用体系框架来提高抽象的级别；动态模型强调体系架构的行为方面，指明结构或系统配置如何随着外部事件的变化而产生变化；过程模型强调系统必须提供的业务或技术流程的设计；功能模型可用于表示系统的功能层次结构。在实际应用系统规划设计过程中，基于管控和建设需要，可以选择或定义不同的模型，从而满足体系架构特性表示的需要。针对各类体系架构模型的应用，一方面需要关注体系架构的表达（即显性化），另一方面也可以基于模型验证或推演架构的有效性和可拓展性等。

3. 模式

模式是一种最佳实践的表达方法，是应用系统规划设计人员基于实践经验、试验与教训等，总结出来的面向一般问题的解决方法，其承载了已证实的解决方案的精髓。应用系统规划设计模式描述了解决某个特定问题的应用系统架构、解决问题方法、技术措施等。面对不同的业务场景、应用系统建设需求，可以采用不同的模式，常见的模式包括创建型模式（如工厂模式、原型模式、建造者模式）、结构型模式（如组合模式、桥接模式、代理模式）和行为型模式（如责任链模式、状态模式、指令模式）等。每种模式通常用来解决特定环境的问题，该环境会影响模式的应用和使用方式。每种设计模式的目的都是提供一种描述，以使规划设计人员可以确定：

- 模式是否适用于当前的工作。
- 模式是否能够复用（节约设计时间）。
- 模式是否能够用于指导下一个相似的但功能或结构不同的模式。

4. 关注点分离

关注点分离是日常生活和生产中广泛使用的解决复杂问题的一种系统思维方法。它表明任何复杂问题如果被分解为可以独立解决或优化的若干块，该复杂问题便能够更容易地得到处理。关注点是一个特征或一个行为，可被指定为应用系统需求模型的一部分。将关注点分割为更小的关注点（由此产生更多可管控的块）便可用更少的工作量和时间解决一个问题。

另外，两个问题被结合到一起的认知复杂度经常高于每个问题各自的认知复杂度之和。这就引出了"分而治之"的策略，把一个复杂问题分解为若干可管理的块来求解时将会更容易。关注点分离在其他相关规划设计中，诸如模块化、功能独立、求精等概念中也有体现。

5. 模块化

模块化是应用系统的单一属性，它使应用系统能被智能化地管理。模块化是关注点分离最常见的表现，也是一个相对概念，对于不同的应用系统规划的设计场景，其定义模块的颗粒度也不同。应用系统被划分为独立命名的、可处理的模块（子系统、构件），把这些模块集成到一起可以满足问题的需求。对于单个大型程序，其控制路径的数量、引用的跨度、变量的数量和整体的复杂度使得理解这样的应用系统几乎是不可能的。绝大多数情况下，为了理解更容易，都应当将应用系统划分成许多部分，这样可以降低构建应用系统所需的成本。

6. 信息隐蔽

模块化概念面临的一个基本问题是：应当如何分解应用系统解决方案以获得最好的模块集

合。信息隐蔽原则建议模块应该具有的特征是每个模块对其他所有模块都隐蔽自己的规划设计决策。换句话说，模块应该被特别说明并规划设计，使信息（算法和数据）都包含在模块内，其他模块无须对这些信息进行访问。

将信息隐蔽作为应用系统模块化的一个规划设计标准，会在测试过程中以及随后的应用系统维护过程中需要进行修改时受益匪浅。由于大多数数据和过程对应用系统的其他部分是隐蔽的，因此，在修改过程中不小心引入的错误就不太可能传播到应用系统的其他地方。

7. 功能独立

功能独立的概念是关注点分离、模块化、抽象和信息隐蔽概念的直接产物。通过建设具有专一功能、避免与其他模块过多交集的模块，可以实现功能独立。换言之，应用系统规划设计时应使每个模块仅涉及需求的某个特定子集，并且当从系统架构的其他部分观察时，每个模块只有简单的接口。

独立性为什么如此重要？具有有效模块化的应用系统更容易建设，这是因为功能被分隔而且接口被简化。独立模块更容易维护（和测试），因为修改规划设计或修改程序所引起的副作用被限制，减少了错误扩散，而且模块复用也成为可能。总之，功能独立是良好规划设计的关键，而规划设计又是应用系统质量的关键。

独立性可以通过两条定性的标准进行评估：内聚性和耦合性。内聚性显示了某个模块相关功能的强度；耦合性显示了模块间的相互依赖性。内聚性是信息隐蔽概念的自然扩展，一个内聚的模块执行一个独立的任务，与应用系统的其他部分只需要很少的交互，简单地说，一个内聚的模块应该只完成一件（或一类）事情。

耦合性表明应用系统架构中多个部分之间的相互连接。耦合性依赖于各部分间的接口复杂性、互操作所在的点，以及什么数据通过接口进行传递。在应用系统规划设计中，应当尽力得到最低可能的耦合。各部分间简单的连接性使得软件易于理解并减少"涟漪效果"（当某个地方发生错误并传播到整个系统时，就会引起"涟漪效果"）。

8. 求精

逐步求精是一种自顶向下的规划设计策略，最初由尼古拉斯·威尔提出。通过逐步分解功能的宏观陈述（过程抽象）进行层次建设，直至最终到达程序语言的语句可描述的层级。

求精实际上是一个细化的过程，该过程从高抽象级上定义的功能陈述或信息描述开始。陈述概念性地描述了功能或信息，但并没有描述提供有关功能内部的工作或信息内部的结构。可以在原始陈述上进行细化，随着每次细化的持续进行，将提供越来越多的细节。

抽象和细化是互补的概念，抽象能够明确说明内部过程和数据，但对外部使用者隐藏了低层细节；细化有助于在规划设计过程中揭示低层细节。这两个概念均有助于规划设计人员在规划设计演化中构建出完整的模型。

9. 重构

重构是一种重新组织的技术，可以简化应用系统及其组成部分的规划设计而无须改变其功能或行为。在重构应用系统时，重点检查现有应用系统的冗余性、没有使用的元素、低效的或不必要的算法、拙劣的或不恰当的数据结构以及其他不足，修改这些不足，以获得更好的规划设计。例如，第一次规划设计迭代可能得到一个内聚性不高的应用系统的组成部分，在深思熟虑之后，规划设计人员可能决定将原构件重新分解为三个独立的部分，其中每个部分都表现出更高的内聚性。

5.1.2 基础架构

高楼大厦需要有稳固的基础，如地基结构、梁柱结构等，庞大的应用系统也需要有稳固的基础。应用系统的框架是指系统的一个或多个结构，包括软件构件、构件的外部可见属性以及它们之间的相互关系。应用系统体系架构是建立在系统支持环境基础上的系统基本框架，是应用系统生命周期中必须具备的骨骼，可作为构建、扩充与完善应用系统的基础。

对于只由少数几个程序模块构成的单一程序系统，其应用系统体系架构就是程序结构。而更大规模的应用系统往往需要包含多个子系统，涉及数据库、资源文件的支持，此时系统体系架构就不只是程序结构，而需要涉及更高层次的总体架构。

1. 分层体系

通常，应用系统从上至下可划分为界面交互层、业务处理层、数据处理层、数据存储层，如图 5-1 所示，各层面内部由协作元素（如子系统、组件、数据库）聚集，层面之间则依靠接口实现通信。分层的优势是系统可分层构建，各个层面有比较确定的功能目标，并有特征明确的构造元素与构造规则。

- 界面交互层。实现系统与环境的交互，需要面向用户确定操作规则，构造元素主要是界面控件，如按钮、文本框等。
- 业务处理层。实现业务流程控制与业务数据计算，构造元素是业务子系统，它们通常基于特定业务定义，构造元素是一些功能构件。
- 数据处理层。实现数据读写处理，构造元素主要是基于SQL语言的函数包，如数据视图、数据存储过程、数据触发器等。
- 数据存储层。实现数据有效存储，构造元素是数据集合体，如数据表、数据文件等。

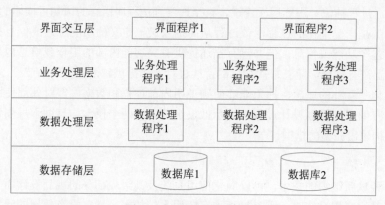

图 5-1 应用系统分层体系

按照应用系统的分层进行应用系统体系架构定义的过程中，基于应用系统的目标价值、迭代方法和部署模式等，可将应用系统架构分为以数据为中心的架构、客户机/服务器架构和组件分布架构。在规划设计过程中，规划设计师可以结合规划设计的目的选择一种或多种架构，形成满足规划设计需要的应用系统架构。

2. 以数据为中心的架构

对于以数据处理、统计、汇总为业务特征的应用系统，可以数据为中心构建应用系统架构，如图 5-2 所示。

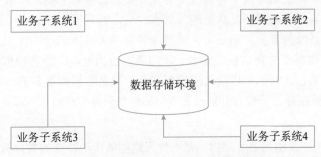

图 5-2 以数据为中心的应用系统架构

数据驱动是以数据为中心的应用系统的最常见的设计路线，即先规划设计好数据环境，如数据库、数据文件，然后按照系统对数据的业务应用划分来规划设计各个子系统。

3. 客户机/服务器架构

客户机/服务器架构基于网络构建，从最初的两层结构到三层结构，再到基于 Web 的 B/S 结构，反映了客户机/服务器架构在应用系统开发利用上的逐步发展。

1）两层客户机/服务器架构

初期的客户机/服务器架构将应用系统分为前端程序与后台数据两个部分，其中，前端程序（如界面程序、业务处理程序）被安置在客户机上，而后台数据则被安置在数据库服务器上，如图 5-3 所示。

两层客户机/服务器架构的优点是结构简单，容易实现，而且交互与业务处理程序运行在客户端，具有较好的操作性能，可方便客户端对数据的计算与表现。

但两层结构存在管理与维护的不便。客户端程序需要承担信息表示与业务处理双重任务，并且被分散在许多不同的客户机上，当界面风格或业务规则改变时，需要进行较大的客户机程序的变更，变更成本较大。

2）三层客户机/服务器架构

三层客户机/服务器架构是鉴于两层结构在管理与维护上的不便而提出的，即将原来安置在客户机上的业务处理程序提取出来，并把它放到一个专门的应用服务器上，如图 5-4 所示。

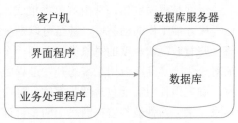

图 5-3 两层客户机/服务器架构

图 5-4   三层客户机 / 服务器架构

三层架构的作用是将应用系统中容易改变的业务处理部分集中到应用服务器上，使得当系统业务规则改变时，需要更新的不是数目庞大的客户机，而只需要针对应用服务器上的应用程序进行更新，有利于系统的维护。但是，三层架构的软件实现技术难度较大，并且在计算机硬件设备方面比两层结构需要更高的性能要求。还需要指出的是，三层客户机 / 服务器架构是逻辑结构，在物理上，某台计算机可以既是应用服务器，又是数据库服务器。在实际应用中，为了使系统有更好的性能指标，一般会分别设置专门的应用服务器和数据库服务器。

3）浏览器 / 服务器架构

浏览器 / 服务器架构又称为 B/S 架构，是一种互联网环境下特殊的客户机 / 服务器架构。在 B/S 架构中，原来客户机上的界面程序被 Web 服务器上的 Web 页替代，因此，B/S 架构中已不需要专门的客户端程序，而只需要有一个通用的 Web 浏览器，即可实现客户端对服务器的访问。B/S 架构如图 5-5 所示。

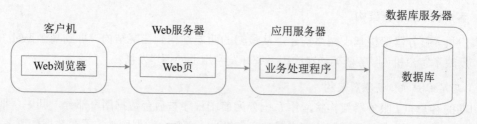

图 5-5   浏览器 / 服务器架构

B/S 架构的优越性是：无须对客户机专门维护，且能够较好地支持基于互联网的远程信息服务。B/S 架构的不足是：用户信息需要通过 Web 服务器间接获取，因此系统中数据的传输速度、数据安全性、稳定性都将低于传统客户机 / 服务器架构。

4. 组件分布架构

组件是程序实体，常由对象类集成，其形态多样，可以是可执行程序 / 文件，或是需要其他程序才能工作的动态库，甚至可以是一个具有一定综合处理功能的子系统。规划设计中通常将一些有较高依赖度的对象类加入到一个组件中，例如需要协同作业的对象类、需要共享数据的对象类。实际在应用系统的开发过程中，经常会按照一定的抽象原则定义组件与设定组件边界，确定组件中需要包含哪些类体。可通过组件集成软件，并可通过组件建立分布式应用系统体系，诸多组件被部署在网络上的多台计算机节点上，而不同机器上的组件可以相互通信、协同作业。

　　组件分布架构可突破传统客户机 / 服务器架构对分布的限制，基于传统客户机 / 服务器架构的系统的分布是不对称的，客户机与服务器具有不同的地位，而组件分布则可使分布对称，某个组件既可以是服务器，也可以是客户机，其角色只取决于它是在向其他组件提供服务，还是在请求获得其他组件提供的服务。

　　组件分布架构需要有组件分布中间层构件提供基础服务，组件分布中间层构件如同软件总线，可支持组件插拔，并可支持组件之间的通信与任务协作。基于中间层构件集成的组件分布架构如图 5-6 所示。

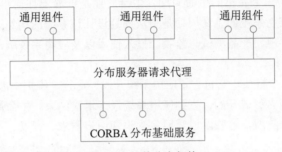

图 5-6　组件分布架构

　　目前应用中的主要的组件分布中间层构件有 CORBA、DCOM、EJB。

　　（1）CORBA（Common Object Request Broker Architecture，通用对象请求代理模型）是由对象管理组织（Object Management Group，OMG）定义的通用的并与机器无关的分布式对象计算准则。OMG 是一个由诸多有影响力的软件开发机构组成的集团组织，因此 CORBA 得到了非常广泛的应用支持，目前已在 UNIX、Linux 及 Windows 等诸多操作系统上有效应用。

　　（2）DCOM（分布式组件对象模型）是一系列微软的概念和程序接口，利用这个接口，客户端程序对象能够请求来自网络中另一台计算机上的服务器程序对象。DCOM 基于组件对象模型（COM），COM 提供了一套允许同一台计算机上的客户端和服务器之间进行通信的接口。DCOM 的通用性不如 CORBA。

　　（3）EJB 是基于 Java 的分布式组件对象模型，是由 Sun 公司定义的组件分布中间件标准，主要用在基于 Java 的组件网络分布计算中。

5.2　主要内容

　　应用系统规划设计包括对相关应用系统进行分级分类，并根据分级分类的结果，对应用系统进行生命周期选择、体系结构定义、接口定义、数据定义、构件定义等。生命周期选择是基于常见的生命周期模型，结合应用系统建设与发展需要，选择或组合形成适当的生命周期模型与关注要素。体系结构定义为提供应用系统的整体视图，定义了系统各主要成分之间的关系。接口定义确立了信息如何流入和流出系统，以及被定义为体系结构一部分的构件之间是如何通信的。接口规划设计有三个重要元素：①用户界面；②和其他系统、设备、网络或其他信息生产者或使用者的外部接口；③各种构件之间的内部接口。数据定义可创建基于高抽象级别上表示的数据模型和信息模型。然后,数据模型被精化为越来越多和实现相关的特定表示,即基于计算机的系统能够处理的表示。构件定义完整地描述了每个应用系统构件的内部细节,为所有本地数据对象定义数据结构,为所有在构件内发生的处理定义算法细节,并定义允许访问所有构件操作的接口。

5.2.1　生命周期选择

任何事物都有从产生到消亡的过程,事物从其孕育开始,经过诞生、成长、成熟、衰退,到最终灭亡,就经历了一个完整的生命周期。生命周期是世界上任何事物都具备的普遍特征,应用系统也不例外。应用系统的生命周期是指从规划设计该系统的构想开始,到系统需求的确定、系统设计、系统实现、产品测试与验收、投入使用以及应用系统版本的不断更新,到最终该应用系统退役的全过程。

生命周期模型是一个框架,它包含了应用系统开发、运行、维护中涉及的过程活动和任务。时间上指从应用系统概念形成开始,直到应用系统最终退役结束。生命周期模型是指把应用系统生命周期细分为几个阶段,这些阶段需要包含识别用户需求、开发、测试、安装、运行以及退役这几个步骤。

1. 瀑布模型

20世纪80年代之前瀑布模型是一个被广泛采用的生命周期模型,其特点如下:

- 阶段间具有顺序性和依赖性。其中包含两种含义:必须等前一阶段的工作完成后,才能开始后一阶段的工作;前一阶段的输出成果就是后一阶段的输入内容。
- 推迟实现的观点。瀑布模型在编码之前设置了系统分析和系统设计的各个阶段。分析与设计阶段的基本任务规定,在这两个阶段主要考虑目标系统的逻辑模型,不涉及物理实现。清楚地区分逻辑设计与物理设计,尽可能推迟程序的物理实现,是按照瀑布模型开发应用系统的一条重要的指导思想。
- 质量保证的观点。每个阶段都必须完成规定的内容,没有交出合格的成果就是没有完成该阶段的任务。每个阶段结束前都要对所完成的成果进行评审,以便尽早发现问题,改正错误。

2. V 模型

V模型是瀑布模型的变种,它主要描述了测试活动是如何与分析和设计活动相关联的。编码是V模型的顶点,分析和设计在模型的左侧,测试和维护在右侧。单元测试和集成测试关注程序的正确性。V模型说明单元测试和集成测试也可以用来验证程序设计。也就是说,在单元测试和集成测试期间,编码人员和测试团队成员应确保编码正确地实现了程序设计的意图。类似地,系统测试应能验证系统设计,确保系统设计得到正确实现。由用户而不是开发人员主导的验收测试,通过把测试和需求规格说明的每一个元素相关联,进行需求的确认,验收测试主要检查在系统交付之前所有的需求是否都被实现了。

3. 迭代模型

新时代，应用系统用户不能容忍等待很长时间才看见应用需求得到满足，迭代模型较好地解决了这一问题，迭代模型可以缩短应用系统的面世时间，能够在较短的时间内向用户提交一些有用的应用软件。迭代模型分为两种：一种是演化建设，即开始交付的就是一个完整的应用系统，然后在后续迭代中不断完善系统的功能和质量；另一种是增量建设，即将应用系统作为一系列的增量构件来规划设计、编码集成和测试，刚开始交付的是一个实现了部分功能的子系统，然后在后续迭代中不断增加新的功能。迭代模型的优点是：

- 逐步增加应用系统的功能可以使用户有较充裕的时间学习和适应新产品，从而减少全新的应用系统可能给用户带来的冲击。
- 建设失败的风险较低，虽然在某些增量构件中可能遇到一些问题，但其他增量构件将能够成功地交付给客户。
- 优先级最高的服务首先交付，然后再将其他增量构件逐次集成进来。这样带来一个必然的事实是，最重要的系统服务将接受最多的测试。这意味着系统最重要的部分一般不会遭遇失败。

采用迭代模型需注意的问题是：①在把每个新的增量构件集成到现有的应用系统体系架构中时必须不破坏原来已经部署的应用系统内容；②应用系统体系架构必须是开放的，即向现有应用系统中加入新构件的过程必须简单、方便。

4. 敏捷方法

2001 年，Kent Beck 和其他 16 位知名软件开发者、软件工程专家以及软件咨询师（称为"敏捷联盟"）共同签署了《敏捷宣言》。该宣言声明，我们正在通过亲身实践以及帮助他人实践的方式来揭示更好的软件开发之路。敏捷宣言，也叫敏捷软件开发宣言，正式宣布了 4 种核心价值和 12 条原则。

敏捷宣言的 4 种核心价值是：

- 个体和互动高于流程和工具。
- 工作的软件高于详尽的文档。
- 客户合作高于合同谈判。
- 响应变化高于遵循计划。

敏捷宣言的 12 条原则包括：

- 最高优先级的是，通过尽早和持续交付有高价值的软件，满足客户。
- 欣然面对需求变化，即使是在开发阶段的后期，敏捷流程就是用变化来为客户获得竞争优势。
- 频繁交付可工作的软件，从数周到数月，交付周期越短越好。
- 在项目过程中，业务人员、开发人员必须每天在一起工作。
- 以受到激励的个体为核心构造项目，为他们提供所需的环境和支持，信任他们可以把工作做好。

- 最有效的、最高效的沟通方法是面对面的交谈。
- 可工作的软件是衡量进度的首要标准。
- 敏捷流程倡导可持续开发，客户、开发人员、用户要能够共同、长期维持步调（节奏）、稳定向前。
- 持续地追求技术卓越和良好的设计，以此增强敏捷的能力。
- 简单，尽最大可能减少不必要的工作，简单是敏捷流程的根本。
- 最佳架构、需求和设计，来自自组织型的团队。
- 团队定期反思如何提升效率，并调节和调整自己的工作方式。

从本质上讲，敏捷方法是为了克服传统软件工程中认识和实践的弱点而形成的敏捷开发，可以带来多方面的好处，但它并不适用于所有的项目、所有的产品、所有的人和所有的情况。它也并不完全对立于传统工程实践，也不能作为超越一切的哲学理念而用于所有软件工作。

5. 生命周期模型选择

从前面所介绍的几种不同的生命周期模型中可以看到每个生命周期模型都会包含下面这些通用的活动：

- 和用户达成一致的需求。
- 基于需求的规划设计。
- 基于规划设计的构造。
- 基于所有优先级步骤的测试流程的构建。
- 每一阶段的出口和入口标准。

活动的某些部分会重叠，但基本上是顺序关系。除此之外，每个模型都会侧重描述业界的某些最佳实践。因此，在为应用系统建设选择生存周期模型时，需要基于几个生命周期模型或者来自这些模型的关键概念，选择或组合适合应用系统建设特征的模型元素，从而采用那些能满足用户和团队需求的活动，并指定任务、流程和评审的类型。

5.2.2　体系结构定义

相对于面向对象的方法而言，结构化方法更关注应用系统的功能，采用自顶向下、逐步求精的规划设计过程，以模块为中心来解决问题。组织可以采用结构化方法对应用系统体系结构进行定义，采用结构化方法的应用系统可以抽象成一组函数或过程的集合。在对应用系统进行体系结构定义时，首先从系统的功能入手，按照工程标准和严格的规范将目标系统划分为若干功能模块。结构化方法又划分为面向数据流的体系结构定义方法和面向数据结构的体系结构定义方法。

1. 面向数据流的定义方法

面向数据流的定义方法是常用的结构化规划设计方法，多在概要阶段使用。它主要是指依据一定的映射规则，将需求分析阶段得到的数据描述从系统的输入端到输出端所经历的一系列变换或处理的数据流图转换为目标系统的结构描述。在数据流图中，数据流分为变换型数据流和事务型数据流两种。所谓变换，是指把输入的数据处理后转变成另外的输出数据。信息沿输入路径流入系统，在系统中经过加工处理后又离开系统，当信息流具备这种特征时就是变换流。所谓事务，是指非数据变换的处理，它将输入的数据流分散成许多数据流，形成若干个加工，然后选择其中一个路径来执行。比如，对于一个邮件分发中心，把收进的邮件根据地址进行分发，有的用飞机邮送，有的用汽车邮送。信息沿输入路径流入系统，到达一个事务中心，这个事务中心根据输入数据的特征和类型在若干个动作序列中选择一个执行方式，这种情况下的数据流称为事务流，它是以事务为中心的。

通常，在一个复杂应用系统中，可能同时存在变换型数据流和事务型数据流。对于变换型数据流，应该重点区分其输入和输出分支，通过变换分析将数据流图映射为变换结构，从而构造出目标系统的结构图。针对变换型数据流的规划设计可以分为以下三个步骤：①区分变换型数据流中的输入数据、变换中心和输出数据，并在数据流图上用虚线标明分界线；②分析得到系统的初始结构图；③对系统结构图进行优化。

对于事务型数据流，应该重点区分事务中心和数据接收通路，通过事务分析将数据流图映射为事务结构。针对事务型数据流的规划设计可以分为以下三个步骤：①确定以事务为中心的结构，找出事务中心、接收数据、处理路径三个部分；②将数据流图转换为初始的系统结构图；③分解和细化接收分支和处理分支。

2. 面向数据结构的定义方法

顾名思义，面向数据结构的定义方法就是根据数据结构规划设计程序处理过程的方法。具体地说，面向数据结构的定义方法按输入、输出以及计算机内部存储信息的数据结构进行应用系统结构定义，从而把对数据结构的描述转换为对应用系统结构的描述。使用面向数据结构的定义方法时，分析目标系统的数据结构是关键。

面向数据结构的定义方法通常在详细设计阶段使用。比较流行的面向数据结构的定义方法包括 Jackson 方法和 Warnier 方法。Warnier 方法仅考虑输入数据结构，而 Jackson 方法不仅考虑输入数据结构，还考虑输出数据结构。Jackson 方法把数据结构分为三种基本类型：顺序型结构、选择型结构和循环型结构。它的基本思想是：在充分理解问题的基础上，找出输入数据、输出数据的层次结构的对应关系，将数据结构的层次关系映射为软件控制层次结构，然后对问题的细节进行过程性描述。

3. 表示应用系统体系结构的图形工具

常见的表示应用系统体系结构的图形工具主要有层次图和结构图。

1）层次图

通常使用层次图描绘应用系统的层次结构。在层次图中，一个矩形框代表一个模块，框间的连线表示调用关系（位于上方的矩形框所代表的模块调用位于下方的矩形框所代表的模块）。每个方框可以带编号，像这样带编号的层次图也称为 HIPO（Hierarchy Input Process Output）图，如图 5-7 所示。

2）结构图

结构图是进行体系结构定义的另一个有力工具。结构图和层次图类似，也是描绘体系结构的图形工具，图中一个方框代表一个模块，框内注明它们的名字或主要功能，方框之间的箭头

（或直线）表示它们间的调用关系。因为按照惯例总是图中位于上方的方框代表的模块调用下方的方框代表的模块，因此，即使不用箭头也不会产生二义性，为了简单起见，可以只用直线而不用箭头表示模块间的调用关系。

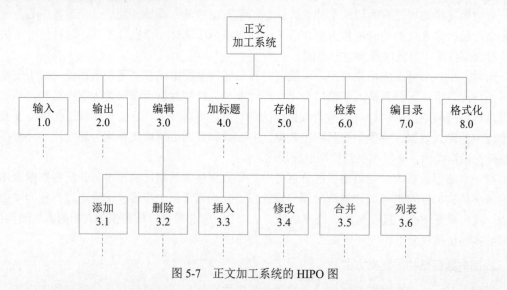

图 5-7　正文加工系统的 HIPO 图

在结构图中通常还用带注释的箭头表示模块调用过程中来回传递的信息。如果希望进一步标明传递的信息是数据还是控制信息，则可以利用注释箭头尾部的形状来区分，尾部是空心圆表示传递的是数据，尾部是实心圆表示传递的是控制信息。图 5-8 所示为产生最佳解的结构图的例子。

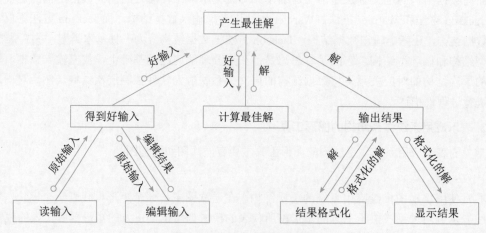

图 5-8　产生最佳解的结构图

5.2.3　接口定义

结合业务、功能、部署等因素将应用系统逐步分解到模块，那么模块与模块之间就必须根据各模块的功能定义对应的接口。规划设计中的接口定义主要用于系统间或模块之间进行各种交互。接口定义的内容应包括功能描述、接口的输入 / 输出定义、错误处理等。应用系统接口的种类以及规范很多，可以有 API（Application Programming Inferface，应用程序接口）、服务接口、文件、数据库等，所以定义方法也有很大的差异。但是总体来说，接口定义的内容应包括通信方法、协议、接口调用方法、功能内容、输入 / 输出参数、错误 / 例外机制等。接口定义通常需要包括以下几个方面：

- 用户接口。用来说明将向用户提供的命令和它们的语法结构以及应用系统回答信息。
- 外部接口。用来说明本系统同外界的所有接口的安排，包括软件与硬件之间的接口、本系统与各支持系统之间的接口关系。
- 内部接口。用来说明本系统之内的各个系统元素之间的接口的安排。

界面定义是接口定义中的重要组成部分。用户界面的定义要求在研究技术问题的同时对人的应用系统使用行为加以研究，指导用户界面定义活动的基本原则如下：

- 置用户于控制之下。①以不强迫用户进入不必要的或不希望的动作的方式来定义交互模式；②提供灵活的交互；③允许用户交互被中断和撤销；④当技能级别增长时可以使交互流水化并允许定制交互；⑤使用户隔离内部技术细节；⑥应允许用户和出现在屏幕上的对象直接交互。
- 减少用户的记忆负担。①减少用户对短期记忆的要求；②建立有意义的默认设置；③定义直觉性的捷径；④界面的视觉布局应该基于真实世界的隐喻；⑤以不断进展的方式揭示信息。
- 保持界面一致。①允许用户将当前任务放入有意义的语境，在应用系统内保持一致性；②如果过去的交互模式已经建立起了用户期望，则不要改变它，除非有不得已的理由。

明确系统界面是一个迭代的过程，其核心活动包括：①创建系统功能的外部模型；②确定为完成此系统功能，人和计算机应分别完成的任务；③考虑界面定义中的典型问题；④借助 CASE 工具构造界面原型；⑤评估界面质量。在界面定义中，应该考虑以下 4 个问题：

- 系统响应时间。指当用户执行了某个控制动作（如单击鼠标等）后，系统做出反应的时间（指输出信息或执行对应的动作），系统响应时间过长、不同命令在响应时间上的差别过于悬殊，用户将难以接受。
- 用户求助机制。用户都希望得到联机帮助，联机帮助系统有两类：集成式和叠加式。此外，还要考虑帮助范围（仅考虑部分功能还是全部功能）、用户求助的途径、帮助信息的显示、用户如何返回正常交互工作及帮助信息本身如何组织等一系列问题。
- 出错信息。应选用用户明了、含义准确的术语描述，同时还应尽可能提供一些有关错误恢复的建议。此外，显示出错信息时，若辅以听觉（如铃声）、视觉（专用颜色）刺激，则效果更佳。
- 命令方式。键盘命令曾经一度是用户与应用系统之间最通用的交互方式，随着面向窗口的点选界面的出现，键盘命令虽不再是唯一的交互形式，但许多有经验的熟练的软件人员仍喜爱这一方式，更多的情形是菜单与键盘命令并存，供用户自由选用。

5.2.4 数据定义

数据定义就是将需求分析阶段定义的数据对象转换为数据结构和数据库的过程，注意要对程序级的数据结构和应用级的数据库两个方面进行定义。程序级的数据结构定义是采用（伪）代码的方式定义数据结构（数据的组成、类型默认值等信息）。应用级的数据库定义是根据用户的需求，在某一具体的数据库管理系统上定义数据库的结构和建立数据库的过程。数据库的定义过程大致可分为以下 5 个步骤：

（1）需求分析。调查和分析用户的业务活动和数据的使用情况，弄清所用数据的种类、范围、数量以及它们在业务活动中交流的情况，确定用户对数据库系统的使用要求和各种约束条件等，形成用户需求规约。

（2）定义概念模型。对用户要求描述的现实世界（可能是一个工厂、一个商场或者一个学校等），通过对其中信息的分类、聚集和概括，建立抽象的概念数据模型。这个概念模型应反映现实世界各部门的信息结构、信息流动情况、信息间的互相制约关系以及各部门对信息存储、查询和加工的要求等。所建立的模型应避开数据库在计算机上的具体实现细节，用一种抽象的形式表示出来。

（3）定义逻辑模型。主要工作是将现实世界的概念数据模型转成数据库的一种逻辑模式，即某种特定数据库管理系统所支持的逻辑数据模式。与此同时，可能还需为各种数据处理应用领域产生相应的逻辑子模式。这一步的结果就是所谓的"逻辑数据库"。

（4）定义物理数据库。根据特定数据库管理系统所提供的多种存储结构和存取方法等依赖于具体计算机结构的各项物理设计措施，对具体的应用任务选定最合适的物理存储结构（包括文件类型、索引结构和数据的存放次序与位逻辑等）、存取方法和存取路径等。这一步的结果就是所谓的"物理数据库"。

（5）验证。在上述信息的基础上，收集数据并具体建立一个数据库，运行一些典型的应用任务来验证数据库定义的正确性和合理性。一般来说，一个大型数据库的定义过程往往需要经过多次循环反复。当某步发现问题时，可能就需要返回到前面去进行修改。因此，在做上述数据库定义时就应考虑到今后修改定义的可能性和方便性。

5.2.5 构件定义

对应用系统构件进行定义，将需求模型和架构模型中的信息转化为构件表示，这种表示提供了用来指导构件（编码和测试）活动的充分信息。进行构件定义的典型任务包括：

- 标识出所有与问题域对应的类。使用需求模型和架构模型，每个分析类和体系结构构件都要细化。
- 确定所有与基础设施域对应的类。在分析模型中并没有描述这些类，并且在体系结构设计中也经常忽略这些类，但是此时必须对它们进行描述。如前所述，这种类型的类和构件包括GUI（通用用户界面）构件（通常为可复用系统构件）、操作系统构件，以及对象和数据管理构件等。
- 细化所有不需要作为可复用构件的类。详细描述实现类需要的所有接口、属性和操作，在实现这个任务时，必须考虑采用设计的启发式规则（如构件的内聚和耦合）。

- 说明持久数据源（数据库和文件）并确定管理数据源所需要的类。数据库和文件通常都凌驾于单独的构件定义描述之上，在多数情况下，这些持久数据存储最初都作为体系结构定义的一部分进行说明。然而，随着细化定义过程的不断深入，提供关于这些持久数据源的结构和组织的额外细节常常是有用的。
- 开发并且细化类或构件的行为表示。UML状态图被用作需求模型的一部分，表示系统的外部可观察的行为和更多的分析类个体的局部行为。在构件级设计过程中，有时必须对设计类的行为进行建模。
- 细化部署图以提供额外的实现细节。部署图用作体系结构定义的一部分，并且部署图采用描述符形式来表示，在这种表示形式中，主要的系统功能（经常表现为子系统）都表示在容纳这些功能的计算环境中。在构件级定义过程中，应该对部署图进行细化，以表示主要构件包的位置。然而，一般在构件图中不单独表示构件，目的在于避免图的复杂性。某些情况下，部署图在这个时候被细化成实例形式，这意味着要对指定的硬件和使用的操作系统环境加以说明，而构件包在这个环境中的位置等也需要确定。
- 考虑每个构件级定义表示，并且时刻考虑其他可选方案。定义是一个迭代过程，创建的第一个构件级模型总没有迭代N次之后得到的模型那么全面、一致或精确，在进行定义时，重构是十分必要的。

5.3　主要过程

在进行应用系统规划设计时，主要过程包括初步调研、可行性研究、详细调研、系统分析和系统设计。首先是对已选定的对象与开发范围进行有目的、有步骤的实际调研和科学分析（虽然调研的具体方法和详尽程度可能不尽相同）。通过调研完成对用户问题的识别，在此基础上对任务进行可行性分析，若任务可行，则根据系统目标对系统进行详细调研。系统分析的目的是抽象出新系统的概念模型，锁定系统边界、功能、处理过程和信息结构，为系统设计奠定基础。系统设计的目标是将分析阶段所获得的系统概念模型转换成一个具体的计算机实现方案的物理模型。

5.3.1　初步调研

系统的开发工作是从接受用户提出的任务开始的。用户最初提出的任务往往只是一个简单的初始需求，而且常常是罗列一些需要解决的问题。开发人员的首要任务是对用户提出的要求做出准确的认识和估计。为此，必须在开展初步调研的基础上明确问题，并且对任务进行可行性分析。

1. 初步调研的目标

建设新系统的要求往往是对原系统进行全面优化，但在正式立项之前必须进行可行性研究，而可行性研究的基础是对系统的初步调研。原组织业务可能是手动系统，也可能是正在使用的应用系统。由于存在的问题可能涉及各个方面，导致内容分散，甚至含糊不清，因此初步调研的目标就是掌握用户的概况，对用户提出的各种问题和初始要求进行识别，明确新系统的初步目标，为可行性研究提供基础。

2. 初步调研的内容

初步调研主要围绕规划设计工作进行，应立足于宏观和全面，不需要过于具体和细致。通常是在使用组织的高层进行，站在高层角度观察使用组织的现状，分析现有系统的运行情况。初步调研的重点是了解用户的组织概况、系统外部环境、现行系统概况和重要性、组织内各部门和相关人员对新系统的态度以及系统研制工作的资源。

初步调研需要了解使用组织当前的信息流程，明确使用组织改造的需求以及确定系统目标和主要功能，调研组织系统的工作职责和活动以及各部门所要处理的数据，还需要了解环境信息，包括内部环境和外部环境。初步调研的具体内容主要包括：

- 组织概况。组织的规模、历史、行业性质、管理目标与模式、人力、物力、技术、设备、组织等。
- 组织环境。组织的自然环境和社会经济环境、上下级关系、横向联系，特别是与外部组织的信息来往等。
- 现行系统概况。现行系统的功能、技术水平、工作效率和可靠性、人才队伍与管理体制、现行系统在组织中的地位和作用以及存在的问题等。
- 各方面对新系统的态度。组织内部对建立新系统的迫切性、领导的决心以及管理人员和技术人员的积极性。
- 系统研制工作的资源情况。组织内部现有的人力、物力、设备、财力和环境条件，以及能够投入新系统的人力、物力、资金、时间和限制条件等。

5.3.2　可行性研究

可行性研究也称可行性分析，是所有项目投资、工程建设或重大改革在开始阶段必须进行的一项工作。它是经济活动中经常使用的一种决策程序和手段，也是投资前的必要环节。可行性研究是指在项目正式开发之前，为取得最佳经济效果，先投入一定的精力，通过一套准则，从经济、技术、管理、社会等方面对项目的必要性、可行性、合理性以及项目所面临的重大风险进行全面系统的分析和科学论证，得出项目是否可行的结论，供决策部门参考。简言之，可行性研究是一个特定的过程，用来识别项目可能存在的问题、机会或要求，确定项目目标，描述现有状况和成功后的成果，对问题的不同解决方案进行费用和收益的比较。可行性研究已被广泛应用于新产品开发、基建、工业企业、交通运输、商业设施等项目投资的多个领域。

1. 可行性研究概述

应用系统的建设是一项耗资多、周期长、风险性大的工程项目。在开展大规模的建设行动之前，必须对用户提出的目标的必要性和可行性进行论证。可行性研究的结果可分为三种情况：①可行，按计划进行；②基本可行，对项目要求或方案做必要修改；③不可行，不立项或终止项目。

可行性研究必须从系统总体出发，一般需要从经济、技术、社会、管理等多个方面进行综合分析和论证，我们把这四方面的分析工作分别称为经济可行性分析、技术可行性分析、社会可行性分析和管理可行性分析。经济可行性分析一般对项目进行成本和效益估算，要求效益大于成本。它需要综合进行比较，对一个项目提出几种方案，选择其中投入最小而收益最大的方案，对系统建设项目的效益进行分析时应该注意它的社会效益。除了经济可行性外，还需要从技术上进行论证。要论证项目所涉及的关键技术是否已经成熟以及是否还存在重大的技术风险，只有排除了重大技术风险的项目才能够立项开发。社会可行性包括的范围比较广泛，例如项目所要求的社会环境是否具备，项目的开发对社会公益是否会带来负面影响，是否存在与社会道德、法律、制度等相抵触的地方。对于应用系统来讲，还需要考虑组织员工的信息知识素养、组织管理水平、人们的社会生活习惯等方面的因素。最后，要从管理角度论证项目的可行性，管理可行性主要指管理人员对开发应用项目的态度和管理方面的条件。经济、技术、社会和管理四方面互有联系，需要综合考虑，以确定建设项目是否可行，为正确进行投资决策提供科学依据。项目的可行性研究是对多因素、多目标系统进行的不断分析研究、评价和决策的过程，它需要有各方面知识的专业人才通力合作才能完成。

应用系统可行性研究工作十分重要。首先要对系统的总体定义进行可行性论证；其次，要对在系统建设过程中各阶段的项目进行可行性分析；此外，随着环境、需求和技术的发展变化，还要及时根据变化对系统建设带来的影响进行可行性分析。

应用系统规划设计的可行性研究主要分析所制定的系统规划设计是否符合组织发展的实际，也是从经济、技术、社会和管理等方面进行分析。但更多的要考虑所制定的系统规划设计是否符合组织战略目标的需要、是否存在近期无法排除的重大风险、规划设计的安排是否符合组织现状等方面的问题。由于规划设计是组织应用系统建设的总纲领，它要指导组织应用系统的建设与发展，因此对应用系统规划设计的可行性研究必须慎之又慎。

应用系统建设是一个漫长的过程，需要分阶段、分步骤完成，对每一个时期计划建设的内容也需要进行可行性分析。这是因为系统规划设计的可行性研究是立足于长远和宏观的系统总体建设，每一时期所要建设的应用系统内容则比较具体，需要对其可行性进行深入细致的分析。对于不可行的项目要提前改换目标、需求或方案，否则会终止项目建设，造成无谓的损失。

2. 可行性研究的步骤

典型的应用系统可行性研究由以下 8 个步骤组成：

（1）复查系统目标和规模。通过访问关键人员，仔细阅读和分析有关材料，进一步复查确认系统的目标和规模，改正含糊或不确切的叙述，清晰地描述对目标系统的一切限制和约束。这个步骤实际上是为了确保正在解决的问题确实是需要解决的问题。

（2）研究目前正在使用的系统。仔细阅读和分析现有系统的文档资料及使用手册，并且实地考察现有系统，了解它的使用情况，目的是了解现有系统能做什么，而不是了解它如何做这些工作，故不必花费太多时间了解系统实现的细节。在这个步骤中，应该画出描绘现有系统的高层系统流程图，记录现有系统和其他系统之间的接口情况，并且请有关人员检验其正确与否。

（3）导出新系统的高层逻辑模型。通过前一步的工作，对目标系统应具有的基本功能和约束条件已有一定的了解，能够从现有的物理系统出发导出其逻辑模型，描绘数据在系统中的流动和处理情况，从而概括地表达出对新系统的设想。

（4）重新定义问题。新系统的逻辑模型实质上表达了对新系统必须做什么的思考。那么用户是否也认同？应该和用户一起复查问题定义，再次确定工程规模、目标和约束条件，并且修改已发现的错误。

可行性研究的前4个步骤实际上构成一个循环：定义问题，分析这个问题，导出一个试探性的解；在此基础上再次定义问题，再次分析，再次修改……继续这个过程，直到提出的逻辑模型完全符合系统目标为止。

（5）导出和评价供选择的方案。从系统的逻辑模型出发，导出若干较高层次的（较抽象的）物理解法供比较和选择。从技术、经济、操作等方面进行分析比较并估算开发成本、运行费用和纯收入。在此基础上对每个可能的系统进行成本/效益分析。

（6）推荐一个方案并说明理由。如果我们认为值得继续进行这项开发工程，则应推荐一个最好的方案，并且说明选择这个方案的理由。对被推荐的方案还需要进行仔细的成本/效益分析，这样才能让使用部门的负责人根据经济上是否划算决定该工程能否上马。

（7）草拟开发计划。进一步为推荐的系统草拟一份开发计划，包括工程进度表以及各种开发人员和资源的需求情况，并且指明什么时候使用以及使用多长时间。

（8）书写文档并提交审查。把上述可行性研究各步骤的结果写成清晰的文档（即可行性研究报告），请用户和使用部门的负责人仔细审查，以决定是否继续这项工程以及是否接受分析员推荐的方案。

3. 可行性研究的必要性

必要性来自组织内部对建设应用系统的需要和组织外部的要求，是从管理人员对系统的客观要求及现行系统的可满足性两个角度来分析新系统建设是否必要。如果发现管理人员对信息的需求并不迫切，或者感到原系统没有更换的必要，那么新系统的研制就不具备可行性。如果现行系统的处理速度和处理内容满足不了日益发展的管理要求，则认为系统建设是必要的。

4. 可行性研究的内容

可行性研究的目的不是解决问题，而是研究在当前的具体条件下建设新系统是否具备必要的资源和其他条件。为达到这个目的，必须认真了解用户的要求及现实环境，探索若干可供选择的主要解法，并且对每种解法的可行性进行仔细论证。一般来说应从以下几方面进行论证。

1）经济可行性

经济可行性分析也叫投资/效益分析或成本/效益分析，它是分析新系统项目所需的花费和项目建设成功之后所能带来的经济效益。通俗地讲，分析系统的经济可行性就是分析该系统是否值得建设。显然，在可行性分析中，经济可行性应该是最重要的。对于大多数组织来说，其所追求的目的就是效益和利润，如果收益小于支出，这显然不是其所期望的。

投资/效益分析需要确定所要建设的系统的总成本和总收益。然后对总成本和总收益进行比较，当总收益大于总成本时，这个项目才值得建设。总成本包括建设成本和运行成本，总效益包括直接经济效益和间接社会效益。

建设成本是指从立项到投入运行所需要的费用，而运行成本则是指系统投入使用之后运行、管理和维护所需要的费用。例如，新建一个图书馆需要规划、设计和施工，还需要购买所有的建筑材料。图书馆一旦建成投入使用，要保证日常运行，需要管理、操作和维护费用，如水电费、管理费、维护费和人员费用等。图书馆每年的运行成本可能只是整个建设成本的一个零头，但在图书馆的使用期间每年都有运行成本，因此累计的运行成本不一定比建设成本少。

在进行成本估算时，往往要加大一定的比例，以防由于意外或物价变动因素而出现预算偏低的现象。通常总成本主要由以下几项组成：①设备成本。购买计算机硬件、输入/输出设备、空调、电源和机房设施以及进行软件配置所需的一切费用。②人员成本。系统建设人员、运行人员和维护人员的工资、加班费和技术培训费等。③材料成本。系统建设用的材料、各种能源与消耗品所需的费用。④其他成本。由于新系统带来工作方式的改变而需要的其他开支、系统正常运行期间的设备维修与保养费等。

直接经济效益是系统能够直接获取的并且能够用资金度量的效益。例如降低的成本、提高的资金周转率、减少的人员成本以及减少的消耗等都是系统的直接经济效益，它们可以用资金进行计算。间接社会效益是能够整体提升组织信誉和形象、提高组织管理水平，但不能简单地或无法用资金计算的那部分效益。间接社会效益常常需要根据本组织的状况和不同组织之间的类比进行估计。

通过比较成本和效益，可以决定将要立项的新系统是否值得建设。一般可获得的结论有以下三种：①效益大于成本，建设对组织有价值；②成本大于效益，不值得建设；③效益和成本基本持平。

在进行成本/效益分析时不要忽视应用系统给组织所带来的间接社会效益，对于系统建设尤其要注意间接社会效益。简单地从经济角度看，有些系统可能投入大于直接效益，但它们给组织带来的间接效益很大，这类系统仍然要立项建设。

2）技术可行性

技术可行性是分析特定条件下技术资源的可用性和这些技术资源用于解决应用系统问题的可能性和现实性。在进行技术可行性分析时，一定要注意以下几方面的问题：

- 应该全面考虑系统建设过程中涉及的所有技术问题。系统建设过程涉及开发方法、软硬件平台、网络结构、系统布局和结构、输入输出技术、系统相关技术等，应该全面和客观地分析系统建设所涉及的技术以及这些技术的成熟度和现实性。
- 尽可能采用成熟技术。成熟技术是被多人采用并被反复证明行之有效的技术，因此一般具有较高的成功率。另外，成熟技术经过长时间的大范围使用、补充和优化，其精细程度、优化程度、可操作性和经济性要比新技术好。鉴于以上原因，在建设应用系统过程中，在可以满足系统建设需要、适应系统发展和保证建设成本的条件下，应该尽量采用成熟技术。
- 慎重引入先进技术。在系统建设过程中，有时为解决系统的一些特定问题，使所建设的系统具有更好的适应性，也需要采用某些先进或前沿技术。在选用先进技术时，需要全面分析所选技术的成熟程度。有许多报道的先进技术和科研成果实际上仍处在实验室阶段，其实用性和适应性并没有得到完全解决，也没有经过大量实践验证，在选择这种技术时必须慎重。

- 着眼于具体的开发环境和开发人员。许多技术总的来看可能是成熟和可行的，但在开发队伍中如果没有人掌握这种技术，而且在项目组中又没有引进掌握这种技术的人员，那么该技术对本系统的建设是不可行的。例如，分布对象技术是分布式系统的一种通用技术，但如果在开发队伍中没有人掌握这种技术，那么从技术可行性上看就是不可行的。

3）社会可行性

社会可行性具有比较广泛的内容，它需要从政策、法律、道德、制度、管理、人员等社会因素论证系统建设的可能性和现实性。例如，对于信息系统所服务的行业以及应用领域，国家和地方已经颁布的法律和行政法规是否与所建设的系统相抵触，组织的管理制度与系统建设是否存在矛盾的地方，人员的素质和心理是否为系统建设和运行做好了准备，诸如此类问题都属于社会可行性需要研究的问题。

社会可行性还需要考虑操作可行性。操作可行性是指分析和测定给定系统在确定环境中能够有效地工作并被用户方便使用的程度和能力。操作可行性需要考虑以下几方面：

- 问题域的手动业务流程和新系统的流程的相近程度和差距。
- 系统业务的专业化程度。
- 系统对用户的使用要求。
- 系统界面的友好程度以及操作的方便程度。
- 用户的实际能力。

分析操作可行性必须立足于实际操作和使用系统的用户环境。例如，A公司的全体收款员都能够熟练地运用收款计算机进行收款业务，这并不意味着B公司的收款员也能做同样的事情。可行性研究的内容之一就是要判断B公司收款员当前所具有的能力，以便下一步为他们的改变做出适当的决定。

4）管理可行性

最后，还要从组织管理上分析新系统建设的可行性。主管领导不支持的项目肯定不行。如果高中层管理人员的抵触情绪很大，那就需要积极做工作，创造条件。此外还要考虑管理方法是否科学、相应管理制度改革的时机是否成熟、规章制度是否齐全以及原始数据是否正确等。管理可行性包括如下内容：

- 组织领导、部门主管对新系统建设是否支持以及态度是否坚决。
- 管理人员对新系统建设的态度以及配合情况如何。
- 管理基础工作如何，现行管理系统的业务处理是否规范等。
- 新系统的建设运行会导致管理模式、数据处理方式及工作习惯的改变，这些工作的变动量如何以及管理人员能否接受。

5. 可行性研究报告

可行性研究完成之后要编写可行性研究报告。可行性研究报告是在制定某一建设项目或科研项目之前，对该项目实施的可能性、有效性、技术方案及技术政策进行具体、深入、细致的技术论证和经济评价，以求确定一个在技术上合理、经济上合算的最优方案而写的书面报告。

1）可行性研究报告的书写要求

可行性研究报告的内容千差万别，由于涉及的问题多、覆盖面广，因此一般都由集体汇写而成。写作上的要求各不相同，但在结构上都包括首页、正文、附件、日期等几部分。在写可行性研究报告时，要注意叙事清楚、文字简明、实事求是、客观公正、分析全面而准确。

可行性研究报告的首页是可行性研究报告正文前面的内容的统称，一般包括标题、研究人员名单、目录、前言几部分。

可行性研究报告的正文是可行性研究报告的主体部分，其核心是论证项目的可行性。要围绕影响项目的各种因素，运用大量的数据材料，以系统分析为主要方法进行论证。可行性研究报告写作的成功与否主要看这一部分写得是否有说服力以及是否清楚地说明投资人所关心和需要明确答复的问题。例如，项目实施的主客观条件有哪些？什么时机实施项目最佳？项目在实施过程中可能遇到什么问题？是否能解决？如何解决？项目实施后会获得什么样的经济效益？

可行性研究报告的附件主要包括项目建议书和批准书、有关的写作意向书、可行性研究委托书、实验数据、论证材料、计算附表附图、选址报告、环境调查报告、市场预测资料、工程项目时间表、工程设备材料一览表、上级主管部门的有关文件批复等。不同的可行性研究报告会有不同类型的附件材料，其作用是补充说明正文，避免因在正文中出现过多说明而影响正文内容的表达。在编制可行性研究报告时，要特别注意图表的绘制和编写以及附件涉及材料的完备性、准确性和合法性。正文的叙述内容与图表及附件要保持一致。

2）可行性研究报告的主要内容

可行性研究报告的主要内容包括：

- 建设任务的提出。说明建立系统的背景、必要性和意义。
- 系统的目标。说明系统的名称、目标功能和建设的进度要求。
- 初步调研概况。用户的组织与现行系统概况、用户的认识基础和资源条件等。
- 初步实施方案与比较。系统的规模、组成和结构；投资的数量与来源；人力的投入与培训计划等。如果有几种方案，应对它们进行比较并提出选择的意见。
- 可行性研究。技术、经济、社会和管理四方面的可行性分析。
- 结论。根据分析的结果，对新系统建设做出以下三种结论之一：①项目可行，条件成熟，可以立即建设；②需要修改目标，追加资源或等待条件；③不可能或没有必要进行，项目终止。

可行性研究报告是系统开发人员经过初步调研与可行性研究后所做的工作总结，反映了开发人员对建立新系统的看法。因此，必须认真起草并经过系统分析人员的集体讨论，然后提交给上级主管部门。

6. 可行性论证会

可行性研究报告提交给上级主管部门后，按规定应召开由主管部门主持，用户组织、研制组织和其他组织的专家学者参加的可行性论证会。这是第一次交流，要做好详细的会议记录。在会上，首先让系统分析人员或可行性研究小组的代表进行较详细的介绍和说明，然后让各方面的专家代表进行广泛而深入的讨论和研究。特别应引导与会者对各种方案进行比较分析，对少数人的意见要给予重视，充分估计各种可能出现的问题。只有这样，才能做出尽可能符合客观实际的判断。

讨论的结果有两种可能：一种是同意或基本同意报告中的结论，立即执行或修改目标、追加资源和等待条件，或者取消研制项目；另一种是对报告持不同意见，对某些问题的判断有不同看法。如果不同点不影响整个问题的结论，那么可以把问题留待详细调研时解决，项目可以照常进行；如果不同点影响整个问题的结论，那么就要回过头去重新进行调查分析，当然这时的调查应侧重于有不同意见的问题。

可行性研究报告一旦通过，这个报告就不再只是系统开发人员自己的看法，而是整个组织的领导、管理人员和系统开发人员的共同认识。这个文件不但明确规定了系统建设工作要达到的目标、工作量和进度要求，而且规定了所需的资源条件以及建设工作与各方面的关系。这样一个文件将成为以后工作的依据，因此必须有一个正式的报告文本和可行性论证会的结论。

5.3.3 详细调研

项目的可行性一旦被认定，系统的建设就进入实质性的阶段。通过初步调研，已对组织、系统功能等有了大致的了解，但对具体的业务处理过程及方法仍不十分清楚，需要做进一步的详细调研。详细调研是系统工作建设中最重要的环节之一，实事求是地全面调查是分析与设计的基础，也就是说，这一步工作的质量对于整个建设工作的成败来说是决定性的。

与初步调研不同，详细调研的目的主要是了解组织内部信息的处理和流通情况，其工作量比初步调研要大得多，细致程度要高得多，所涉及的业务和人、数据、信息都非常多。因此，除了需要增加人力的投入外，还要提倡深入调查研究的工作作风。

详细调研的重要性在于细致、准确地掌握用户信息处理的具体情况，为建立一个符合实际要求的逻辑模型以及顺利开展系统的规划设计与实现工作打下良好基础。

1. 详细调研的目标

详细调研的对象是现行系统（包括手动业务和已采用计算机的应用系统）。

详细调研的目的在于完整掌握现行系统的现状，查明其执行过程，发现问题和薄弱环节，收集资料和数据，为下一步的系统分析和提出新系统的逻辑设计做好准备。具体的调研内容包括管理业务状况与数据流程的调查和分析。

详细调研要目标明确，调研的内容紧紧围绕系统的任务。要注意调研方法，不断积累和分析有关资料，并且利用各种系统分析技术和工具，把系统确切地描述出来。

系统调研分析从一开始就应成立调研组。调研组由使用组织的业务人员和领导人员与规划设计团队共同组成。规划设计团队人员虽然掌握计算机应用技术，但对使用组织的业务不了解，而使用组织的人员则熟悉本身业务，通过二者结合就能取长补短，从数字能力建设视角出发，更深入地了解对象系统及存在的问题，共同研讨解决的方案。为全面及时地完成调研分析工作，调研组应拟定详细的调研计划，规定调查研究的范围，明确调研组每个成员的工作任务。

2. 详细调研的范围

详细调研的范围是组织内部信息流所涉及领域的各个方面。但要注意的是，信息流是通过物流而产生的，物流和信息流又都是在组织中流动的。故调研的范围就不能仅局限于信息和信息流，而应该包括企业的生产、经营、管理等各个方面，可大致归纳为以下 9 个方面：①组织和功能业务；②组织目标和发展战略；③工艺流程和产品构成；④数据和数据流；⑤业务流程和工作形式；⑥管理方式和具体业务的管理方法；⑦决策方式和决策过程；⑧可用资源和限制条件；⑨现存问题和改进意见。

围绕上述内容，可根据具体情况设计调研问卷或问卷调研表的栏目。总之，目的只有一个，就是真正弄清对象现阶段工作的详细情况，为后面的分析设计工作做准备。

3. 详细调研的原则

在进行详细调研过程中应始终坚持正确的方法，以确保调研工作的客观性、正确性。详细调研工作应该遵循如下几点原则：

（1）自顶向下全面展开。详细调研工作应严格按照自顶向下的系统化观点全面展开。首先从组织管理工作的最顶层开始，调研为确保最顶层工作完成的下一层（第二层）的管理工作支持。完成这两层的调研后，再进一步调研为确保第二层管理工作完成的下一层（第三层）的管理工作支持。以此类推，直至摸清组织的全部管理工作。这样做的目的是使调研者既不会被组织内部庞大的管理机构搞得不知所措，又不会因调研工作量太大而顾此失彼。

（2）用户参与。详细调研应遵循用户参与的原则，即由使用部门的业务人员和领导人员与设计部门的系统分析人员和系统设计人员共同进行，二者结合就能互补不足，更深入地发现对象系统存在的问题，共同研讨解决的方案。

（3）分析系统有无改进的可能性。组织内部的每一个管理部门和每一项管理工作都是根据组织的具体情况和管理需要而设置的。详细调研工作的目的是要搞清楚这些管理工作存在的道理、环境条件以及工作的详细过程，然后再通过系统分析讨论其在新的系统支持下有无优化的可行性。因此，在详细调研时应保持头脑冷静和思维开放，实实在在地搞清楚现实工作及其所在的环境条件，否则某些先入为主的想法会妨碍调研者接受调查的现实情况信息。这样往往会造成还未接触实质问题，就感觉到各种不合理，以致无法客观地了解实际问题。

（4）工程化的工作方式。对于任何一个工业企业来说，其内部的管理机构都是庞大的，这就给详细调研工作带来一定的困难。一个大型系统的详细调研一般都是由多个系统分析人员共同完成的，按工程化的方法组织调研可以避免调研工作中一些可能出现的问题。所谓工程化的方法，就是将工作中的每一步都事先计划好，对多个人的工作方法和调研所用的表格及图例都统一规范化处理，以使群体之间相互沟通，协调工作。另外，所有规范化调研结果（如表格、问题、图、所收集的报表等）都应整理后归档，以供进一步工作使用。

（5）全面与重点相结合。如果是开发整个组织的 MIS，则开展全面的调研工作是必然的。如果近期只需要开发组织内部某一局部的信息系统，那就必须坚持全面铺开与重点调研相结合的方法，即自顶向下全面展开，但每次都只侧重于与局部相关的分支。例如，若只需要开发企业生产的作业计划部分，调研工作必须是从组织管理的顶层开始，先了解总经理或厂长的工作、公司或工厂管理委员会的分工、下设各个部的主要工作、企业年度综合计划的制订过程以及所涉及的部门和信息，然后略去其他无关部门的具体业务调查，将工作重点放在生产部的计划调度和物资供应的具体业务上。

（6）主动沟通和友善的工作方式。详细调研涉及组织内部管理工作的各个方面及各种不同类型的人。故调研者主动地与被调研者在业务上进行沟通是十分重要的。创造出一种积极、主动、友善的工作环境和人际关系是调研工作顺利开展的基础，一个好的人际关系可能使调研和系统开发工作事半功倍，反之则可能根本进行不下去。但是这项工作说起来容易，做起来却很难。它要求开发者在主观上要积极主动，且对开发者的行为心理方面有要求。

4. 详细调研的内容

在详细调研阶段，以下几项活动必须全部完成，它们之间是互补的，并且通常同时完成。

1）收集信息

收集信息是指通过各种方式获取所需的信息。它是信息得以利用的第一步，也是关键的一步。信息收集工作的好坏直接关系到整个信息管理工作的质量。为保证信息收集的质量，应坚持以下原则：

- 准确性原则。该原则要求所收集到的信息要真实可靠，当然，这个原则是信息收集工作的最基本要求。为达到这样的要求，信息收集者必须对收集到的信息反复核实，不断检验，力求把误差减少到最低限度。
- 全面性原则。该原则要求所搜集到的信息要广泛、全面和完整，只有广泛、全面地搜集信息，才能完整地反映管理活动和决策对象发展的全貌，为决策的科学性提供保障。当然，实际所收集到的信息不可能做到绝对的全面、完整，因此，如何在不完整、不完备的信息下做出科学的决策是一个非常值得探讨的问题。
- 时效性原则。信息的利用价值取决于该信息是否能及时地提供，即它的时效性。信息只有及时、迅速地提供给它的使用者才能有效地发挥作用。特别是决策对信息的要求是"事前"的消息和情报，而不是"马后炮"。因此，只有信息是"事前"的，对决策才是有效的。

详细调研阶段需要收集大量的信息，可以通过和系统的使用者交谈或者通过观察他们的工作得到一些信息，通过回顾计划文档和方案说明，可得到另外一些信息，对现有系统的文档也要进行仔细的研究。此外，还可以通过参考其他公司（尤其是供应商）在遇到相似的问题时的做法获得一些额外的信息。简而言之，在调研时需要和几乎每一个要使用新系统或已经使用类似系统的人进行交谈，并且要阅读所有和现有系统有关的资料。

调研人员必须成为系统所支持的商业领域的专家。例如，如果你要实现一个订单录入系统，就必须熟悉订单的处理方法（包括计算在内）；如果你要实现一个贷款处理系统，就需要精通用来验证信用的一套规则；如果你为银行工作，就要把自己当作一个银行家。成功的分析员应完全融入其公司的主要业务中。

在完成这项活动时，应该回答的关键问题是"我们是否已经拥有全部的信息来定义系统必须完成的工作"。

2）系统需求建模

如果已经收集到所有的必要信息，把它们记录下来是很重要的。其中有一部分信息是描述技术需求的（例如所需的系统性能或期望的交易数目等），其他的信息包含了功能需求，即需要系统完成什么样的工作。定义功能需求并不是简单地写下一些事实和数据，而是要创建许多不同类型的模型帮助记录和关联系统需求。

随着模型的建立，我们越来越了解系统。在对各种信息进行收集的同时，建模过程也在继续，在这期间还要不断与最终的用户一起确保每个模型的完整性和正确性。此外，还要研究每一个模型，对它们进行添加和重排，并且要检查它们相互之间是否彼此合适。建模需要持续相当长的一段时间，并且通常没有明确的结束标志。

在详细调研阶段，要完成的是系统需求建模。需求模型（或模型的集合）是一种逻辑模型，它能够很详细地展示系统需要完成哪些功能，而不依赖任何技术。从中立的角度看待技术，开发组首先要将精力集中在"需要什么"上，而不是"它将采用什么形式"。例如，某个模型可以将系统的输出规范成一个数据元素列表，而不需要考虑其在纸张或屏幕上显示的形式。这种模型所关注的是用户需要什么样的信息。而另一方面，物理模型展示了系统实际上是如何实现的，输出的物理模型将会包括形式上的各种细节。

在完成这项活动时，应该回答的关键问题是"我们需要系统做什么（详细的）"。

3）需求的优先级划分

一旦我们充分了解了系统的需求，并且需求的细节模型也已经设计完成，这时确定哪种系统需求和技术需求对系统来说最重要是非常关键的。有时，用户建议了一些额外的系统功能，但这些功能不是必需的。因此，用户和分析员都要问问自己到底哪些功能是真正重要的，而哪些功能也很重要但却并不是绝对需要的。那些理解公司和用户所做工作的分析员在解决这个问题上会更有洞察力。

为什么要对用户提出的功能进行优先级的划分呢？因为资源往往是有限的，我们时常需要判断系统的作用域，所以了解究竟什么是绝对需要的非常重要。

在完成这项活动时，应该回答的关键问题是"系统要完成的最重要的事是什么"。

4）构建系统原型，检验可行性并发现问题

在系统分析过程中，构建新系统的一些原型是非常有价值的。在分析过程中构建原型（通常称之为发现原型）的主要目的是更好地理解用户的需求。发现原型的构建不是用来实现所有的功能，而是用来检验业务需求某种实现方法的可行性。许多时候，用户总是试着不断提高业务处理效率或使处理过程流线化。因此，为了简化对新的业务处理过程的调研工作，我们需要构建原型，通过使用简单的投影或报告，可以和用户讨论新系统如何支持新的处理过程，他们可以示范新系统的新的业务处理过程。这些原型有助于用户发现一些以前从未考虑过的问题，可以使他们跳出原来的思维模式。

如果系统含有一些新技术的话，在项目刚开始时对这种技术是否具有解决业务需求的能力进行评价是非常重要的。这样项目组才可以确保技术的可行性。利用原型，我们可以验证该技术所能够实现的功能。同样，如果系统含有一些创新的技术的话，用户在定义他们的需求时，需要把新技术所能提供的各种可能性可视化。利用原型可以满足这样的要求。

在系统分析阶段的原型构建有助于回答两个关键问题，即"我们是否可以证明这种技术能够实现我们想让它完成的那些功能"和"我们是否已经构建出一些原型，可以使用户完全理解新系统的潜在功能"。

5）产生和评估候选方案

系统的最终设计和实现会有各种不同的方案，因此，仔细地定义并评估所有的可能性是很重要的。当需求的优先级确定后，可以产生几个可选方案，消除一些不重要的需求。此外，技术也可以给系统带来一些解决方案。除了上面要考虑的那些因素外，诸如是自行开发系统还是让外面的公司进行开发的决定也影响最终的开销。一般一个或多个成型的软件包就可能满足用户的所有需求。

对项目组来说，有很多可以参考的方案，每一种方案都需要在一个高的（概括的）层次上进行描述或建模。我们对每一种方案的开销、利润以及其他一些特点需要进行认真衡量和评估，然后才可以选出最好的方案。不过，选择一种方案并不像听起来那么容易，因为开销和利润是很难计算的，并且许多设计细节还不是很确定。在项目计划阶段，始终考虑的是项目总体的可行性，而在分析阶段才确定每种方案的可行性。

在完成这项活动时，应该回答的关键问题是"创建系统的最好方案是什么"。

6）和管理部门一起复查各种建议

收集信息、定义需求、划分需求的优先级、构建系统原型以及产生和评估各种方案，所有这些活动都是并行执行的，而分析阶段的最后一项活动（和管理部门一起复查各种建议）通常是在所有分析活动已经完成或将要完成时进行。管理部门应该可以通过定期的项目报告了解整个项目的进程。最后，项目经理需要提交一份解决方案并从管理部门那里获得最终的决定。我们所要考虑的问题包括：项目是否应该继续下去？如果要继续，哪一个是最好的方案？如果已经有了推荐的方案，完成这个项目修订的所需预算以及进度表又是什么？

向资深的主管人员提交一份推荐书是整个项目管理中的一个主要检验点。每一个可选方案（包括已取消的）都必须探究。尽管项目中已经进行了大量的调研工作，但是取消这个项目仍可能是最好的选择。也许利润并不像原先设想的那么多，也许开销要比原先设想的多得多，或者由于千变万化的商业环境，从项目提出后公司的目标发生了改变，使得这个项目对公司来说并不重要了。一旦出现这些情况，最好的方案就是取消这个项目。

如果这个项目值得去做，并且项目组已经详细地做了关于系统需求的文档说明和建议的设计方案，项目经理就要制定出一份更加准确的预算估计和进度表。如果高层的管理者理解继续执行项目的基本原理，他们就可能会提供所申请的各种资源。要牢记，将项目带入设计阶段从来不是自动完成的。好的项目管理技术需要对项目的可行性进行反复评估，并且需要经常进行正式的管理总结。

在完成这项活动时，应该回答的关键问题是"我们应不应该继续设计和实现我们提出的系统"。

5. 详细调研的方法

为了便于分析人员和管理人员之间进行业务交流，在调研过程中应尽量使用各种形象而直观的图表工具。图表工具的种类很多，通常用组织结构图描述组织的结构，用管理业务流程图和表格分配图描述管理业务状况，用数据流程图描述和分析数据、数据流程及各项功能，用判定树和决策表等描述处理功能和决策模型。详细调研的方法包括以下几种：

（1）收集资料。将各部门、科室和日常业务中所用的计划、原始凭证、单据和报表等的格式或样本统统收集起来，以便对它们进行分类研究。

（2）发调研表征求意见。发调研表征求意见主要有两种方式：一种是重点询问，即列出影响应用系统成败的关键因素，编制一个调研问卷表，然后自顶向下对组织的各个管理层次进行访问，并分类整理结果，从而了解各部门的全部工作和设想；另一种是全面业务需求分析的问卷调研，即根据系统特点，针对所需调研的各项内容，设计相应形式的调研表，用调研表向有关组织和个人征求意见和设计数据，然后分析整理这些调研表，逐步得出所要调研的内容，这种方式适用于需要向许多组织进行调研，而调研的信息量又不大的情况，调研表要抓住中心，提问要简单、直接。

常见的调研表有如下几种：①上级组织对企业的要求调研表；②系统功能需求调研表；③企业业务流程调研表；④企业各业务部门组织结构及业务范围调研表；⑤信息需求调研表；⑥业务文件 / 报表调研表。

（3）开调研会。开调研会是一种集中征询意见的方法，适合于对系统做定性调查。开调研会可按两种方法进行组织：一种是按职能部门召开座谈会，了解各个部门的业务范围、工作内容、业务特点以及对新系统的想法和建议；另一种是各类人员联合座谈，着重听取使用组织提出的目前作业方式存在的问题以及对新系统的要求。

（4）访问。虽然开调研会有助于大家的见解互相补充，以便形成较为完整的印象。但是，由于时间限制等其他因素，不能完全反映每个与会者的意见，因此需要在会后再进行个别访问。访问是收集数据的主要来源之一，可以充分听取各方面的要求和建议。

（5）深入实际的调研方式。深入实际的调研方式即参加业务实践。如果条件允许，直接参加业务实践是了解当前系统的最好方法。通过实践，可以较深入地了解现行系统中数据产生、传递、加工、存储、输出等环节的工作内容。对于复杂的计算过程如能亲自实践，对以后设计和编写程序设计说明书都是很有益的。一个好办法是在这个阶段收集一套将来可供程序调试用的试验数据，这对系统实施阶段考核程序的正确性很有用处。

5.3.4　系统分析

系统分析是应用系统思想和方法，把复杂的对象分解成简单的组成部分，找出这些部分的基本属性和彼此间的关系。这一阶段产生的系统说明书（需求规格说明书）既是后续开发工作的依据，也是衡量一个信息系统优劣的依据。系统分析是系统开发中最重要也是最困难的阶段。结构化系统分析方法及数据流图、数据字典，面向对象系统分析方法及 UML 模型等工具是进行系统分析的有力武器。

1. 系统分析的任务

系统分析阶段的基本任务是，系统分析师与用户在一起，充分了解用户的要求，并把双方的理解用系统说明书表达出来。系统说明书审核通过之后，将成为系统设计的依据，也是将来验收系统的依据。

拟建的信息系统既要源于原系统，又要高于原系统。所谓"高于原系统"，就是要比现行系统功能更强，效率更高，使用更方便。但新系统不是无源之水，"源"就是现行信息系统。因此系统分析师要在总体规划的基础上，与用户密切配合，用系统的思想和方法，对企业的业务活动进行全面的调查分析，详细掌握有关的工作流程，收集票据、账单、报表等资料，分析现行系统的局限性和不足之处，找出制约现行系统的"瓶颈"，确定新系统的逻辑功能，根据企业的条件，找出几种可行的解决方案，分析比较这些方案的投资和可能的收益。

系统分析要回答新系统"做什么"这个关键性的问题。只有明确了问题，才有可能解决问题。否则，方向不明，无的放矢，费力不讨好。实际工作中常常有这种情形，即业务人员认为信息系统的开发只是技术人员的事，开发人员根据对用户要求的肤浅理解匆匆忙忙进行系统设计，编写程序。交给用户使用时，用户说"这不是我要的系统"。对系统分析缺乏足够的重视是导致研制工期一再延长甚至研制工作以失败告终的重要原因，也是系统分析难以进行的主观原因。

俗话说，"隔行如隔山"。系统分析师与用户的知识构成和经历不同，使双方的交流变得困难，因而系统调查容易出现遗漏和误解，这些遗漏和误解是研制系统的隐患，会使系统开发偏离正确方向，另外还使编写系统说明书变得十分困难。系统说明书是这一阶段工作的结晶，它实际上是用户与系统研发人员之间的技术合同。作为设计基础和验收依据，系统说明书应当严谨准确，无二义性，尽可能详尽；作为技术人员与用户之间的交流工具，它应当简单明确，尽量不用技术上的专业术语。系统分析阶段要通过调查分析，抽象出新系统的概念模型，锁定系统边界、功能、处理过程和信息结构，为系统设计奠定基础。但是，信息系统生存在不断变化的环境中，环境对它不断提出新的要求。只有适应这些要求，信息系统才能生存下去。

2. 系统分析的过程和方法

系统分析是分析领域业务和建立新系统逻辑模型的过程。系统分析的整个过程划分为三个阶段：问题分析阶段、需求分析阶段、需求定义阶段。

1）问题分析

问题分析是系统分析的起点，通过详细调查全面深入理解用户的业务，找出用户所面临的问题，准确把握用户真正的需要，为最终整理出符合用户需要的需求做准备。

问题分析实际上就是需求调研，需要从各种渠道收集大量资料和信息，从而获得对业务系统的理解并获得系统原始需求，这些原始需求是进行需求分析并建立系统逻辑模型的基础。

问题分析时重点明确以下事项：

- 需要明确系统建设的背景。要回答这些问题：为什么会有这个项目？用户为什么想做这个系统？如果没有这个系统会怎样？
- 在了解背景的基础上，需要进一步了解：本系统解决了用户的什么问题？本系统涉及什么人、什么单位？本系统建设的目标是什么？范围是什么？成功标准是什么？
- 找出关键利益相关人员及待解决的问题。系统需求的主要来源是系统的各种利益相关人员，他们是对系统成功感兴趣的所有人。在此过程中，尽可能多地列出可能的利益相关人员，并列出每类利益相关人员需要解决的问题。对于每一类利益相关人员，描述本系统是如何影响他的，以及他是如何影响本系统的。

- 详细调查和分析业务流程，建立业务流程模型以描述用户处理业务的过程及过程中数据的流转，快速让分析人员、用户、开发人员对企业业务流程和管理流程达成共识。

为了帮助用户更好地理解信息系统和信息技术的能力，引导他们发现现行组织管理和业务处理中所存在的问题，启发他们更好地表达原始需求，可以使用一些需求引导方法，例如原型法、JAD 会议、观摩法等。

- 原型法。通过快速构造原型，提交给用户，请用户提修改意见，使用户明确需求。原型可针对整个系统，也可针对具体功能。原型法能够给予用户直观的感受，促进分析人员和用户深度沟通，准确掌握用户需要，澄清和纠正模糊和矛盾的问题。缺点是要投入额外工作量和成本。
- JAD会议。联合应用开发（Joint Application Development，JAD）是一种类似于头脑风暴的技术，在一个或多个工作会议中将所有利益相关者集中到一起，共同讨论和解决最重要的问题。参加人员有组织领导、业务人员、开发人员等。JAD会议的优点是发挥群体智慧，提高生产力，对问题有更理智的判断，解决各部门及人员的目标冲突，减少犯错。缺点是会议参与人员多，难以控制，人员之间的意见容易互相干扰和影响。
- 观摩法。用户或开发人员参观同行业或同类型成功的信息系统，让他们通过观摩样板系统，对信息系统的作用、功能、外在效果、人机交互方式等产生认识，通过类比思维来获得新系统的需求，缩短需求分析的周期。

2）需求分析

在需求分析阶段，分析员与用户充分交流，准确、完整地获取系统需求。系统需求就是新系统必须完成的功能或其局限性。系统需求包括功能性需求和非功能性需求。

- 功能性需求。功能性需求是系统最主要的需求，表达系统必须完成的所有功能的必要性和相容性，以满足企业完成业务活动和管理的需要，例如提交申请、填写派工单、填写材料入库单、统计费用等。功能性需求包括系统的软件功能需求和数据需求。
- 非功能性需求。非功能性需求也称为技术性需求，是和环境、硬件和软件有关的所有可操作目标。通常是响应时间、安全性、可靠性、易用性等技术指标和系统的质量特性。例如，系统必须能支持100个并发用户，保存订单的时间不能超过0.5s等，涉及系统性能、可靠性、安全性等。

问题分析阶段调查并分析用户遇到的问题和对新系统的期望，反映了业务和用户的"需要"，可以采用自然语言表达，提出的是比较模糊和高层次的目标。需求分析则是对原业务抽象和升华的过程，包含业务管理流程的分析，设计流程改进和优化方案，根据业务和用户的"需要"确定计算机信息系统的"需求"。计算机系统容不得半点模糊的表示，因此系统需求的描述应该非常具体和确切，适合采用形式化程度比较高的图示模型表达。

"需要"层面上提出的目标相对稳定，系统需求层面的内容抽象层次低，容易受技术因素和环境因素影响，较易发生变化。

为了提高需求分析效果，各种需求分析方法都强调模型的使用，通过建立模型的方式来描述用户的需求，为用户、开发方及相关参与方提供一个交流的渠道。这些模型是对需求的抽象，以可视化的方式提供一个易于沟通的桥梁。根据建模特点，主要有以下几种常用的需求分析方法：

- 面向过程的结构化方法。基于自顶向下、逐层分解的方法对数据处理功能进行分析，每个处理功能有输入数据和输出数据，一个功能可以分解为多个更小的功能。数据流图是该方法最重要的模型。
- 面向数据的信息工程方法。信息工程是以数据为中心的分析方法。该方法关注系统中存储的数据的结构，在分析过程和功能之前先研究和分析数据需求。实体关系图是该方法最重要的模型。
- 基于UML的用例驱动方法。面向对象分析的方法中使用UML建立系统的需求模型。其中，用例图用于为软件系统的功能需求建模，用例图是用户导向的，主要通过用户与系统之间的交互来描述系统的行为和提供的功能。领域类图描述了业务领域概念、属性及概念和概念之间的关系，既可以用于为数据需求建模，也可以用于软件系统的静态结构建模。该方法兼顾了系统的功能和数据两方面的需求，是目前最为流行的方法。
- 基于敏捷过程的用户故事。采用非正式的自然语言，以最终用户的角度描述软件功能的方法。用户故事是最轻量级描述需求的手段，最初的文字可以非常短，只需要交代什么人因为什么原因要做什么事，然后通过口头交流细化具体需求和验证条件形成软件功能需求。一般用于快速迭代的敏捷开发过程中，如Scrum。

3）需求定义

需求分析是分析人员与用户反复沟通和谈判的过程，一旦双方就系统需求达成一致意见，接下来应该进行需求定义。需求定义阶段的任务是整理并建立最终的需求模型，详细定义和描述每项需求，确认约束条件及限制，编写需求规格说明。由于需求分析采用的方法和模型不同，需求定义的内容也有所不同，但基本上都会包括系统功能及流程、数据存储、人机操作方式等方面的需求细节的规定。

定义好的需求规格一般用 Excel 表格或 Word 文档来保存。在团队协作的需求分析中，文档的撰写、版本变更、合并等过程都由人工完成，很容易发生混乱，导致需求不一致、冲突和遗漏等问题。借助于一些软件工具进行需求采集和管理，能够帮助项目团队更好地实现需求沟通和需求同步，规范需求的采集和定义，还可以实现需求的组织、跟踪、审查、确认、变更和验证。特别是需求的跟踪，它确保了每项需求能与设计、编码和测试等开发行为关联，从而实现需求的追踪，增强团队协作开发能力。

3. 系统说明书

系统说明书是系统分析阶段的技术文档，也是这一阶段的工作报告，是提交审议的一份工作文件。系统说明书一旦审议通过，则成为有约束力的指导性文件，成为用户与技术人员之间的技术合同，成为下阶段系统设计的依据。因此，系统说明书的编写很重要。它应简明扼要，抓住本质，反映系统的全貌和系统分析师的设想。它的优劣是系统分析人员水平和经验的体现，也是系统分析师对任务和情况了解深度的体现。

总体来说，系统说明书应具有以下特征：

- 正确性。系统说明书中所表述的用户领域的业务、数据、功能等是正确的，新系统的逻辑模型应该与用户的期望相吻合。
- 完整性。系统说明书应包含新系统要完成的全部事情，不要遗漏任何有待解决的问题，对当前暂时不解决造成遗留的问题应进行说明，并注明什么人、什么时候去解决。系统说明书中的所有条目都有标识（页、图、表、参考资料）。
- 一致性。系统各项特征和需求的描述不相矛盾，避免冲突术语、冲突特性，不同人员在撰写文档时应使用统一的领域术语和文档风格。
- 无二义性。对系统每一项特征或需求有且只有一种解释，避免造成误解。
- 可修改性。文档的书写结构和风格易于后续的修改和维护。
- 可跟踪性。对每项需求实现条目化管理，记录其来源，为实现需求与设计、源代码和测试等环节的关联打下基础，从而方便在整个生命周期内进行需求跟踪。

对系统说明书的审议是整个系统研制过程中一个重要的里程碑。审议应由研制人员、企业领导、管理人员、局外系统分析专家共同进行。审议通过之后，系统说明书就成为系统研制人员与企业对该项目共同意志的体现，系统分析作为一个工作阶段宣告结束。若有关人员在审议中对所提方案不满意，或者发现研制人员对系统的了解有重大的遗漏或误解，就需要返回，详细调查，重新分析。也有可能发现条件不具备、不成熟，导致项目终止或暂缓。一般来说，经过认真的可行性分析之后，不应该出现后一种情况，除非情况有重大变动。

系统说明书通常包括以下三方面的内容：

（1）引言。说明系统建设项目名称、目标、功能、背景、引用资料（如核准的计划任务书、有关业务文件、项目合同等）、本文所用的专门术语等。

（2）概述。具体包括：

- 系统建设项目的主要工作内容。简要说明在系统分析阶段所进行的各项工作的主要内容。这些是建立新系统逻辑模型的必要条件，而逻辑模型是书写系统说明书的基础。
- 现行系统的调查情况。新系统是在现行系统基础上建立起来的。设计新系统之前，必须对现行系统调查清楚，掌握现行系统的真实情况，了解用户的要求和问题所在。列出现行系统的目标、主要功能、组织结构、用户要求、关键业务流程等，简要指出主要问题所在，并说明现行信息系统的概况和新系统的变动。
- 系统功能需求。采用数据流模型、用例模型或用户故事描述新系统的所有功能，并对每个处理功能或用例进行详细说明，包括数据处理过程、业务规则、输入数据和输出数据的基本组成等。当篇幅过大时，可单独作为附件，可取名为需求规格说明书。
- 系统数据需求。采用领域类图（或实体关系图）描述新系统的所有对象及相互关系，并对对象属性（或实体属性）进行详细说明。
- 系统其他需求。说明系统在性能、安全、故障处理、硬件环境等方面的要求。

（3）实施计划。具体包括：

- 工作任务的分解。指对开发中应完成的各项工作，按子系统（或系统功能）划分，指定专人分工负责。

- 进度。指给出各项工作的预定开始日期和结束日期，规定任务完成的先后顺序及完成的界面。可用PERT图或甘特图表示进度。
- 预算。指逐项列出本项目所需要的劳务以及经费的预算，包括各项工作所需人力及办公费、差旅费、资料费等。

5.3.5　系统设计

系统设计阶段主要从系统逻辑模型（概念模型）出发，在已获准的系统分析报告的基础上，结合实际的经济、技术条件及时间要求，进行系统物理模型设计，解决系统"如何做"的问题，为后续各项系统实施工作做好具体实施方案。

系统设计又称物理设计，就是根据新系统逻辑模型所提出的各项功能要求，结合实际条件，科学、合理地设计出新系统的解决方案，并且为系统实施阶段的各项工作准备好必要的技术资料和有关文件。

系统设计通常可分为两个阶段进行。首先是总体设计，其任务是设计系统的框架和概貌并向用户单位和领导部门做详细报告；若获得认可，在此基础上进行第二阶段的详细设计。这两部分工作是互相联系的，需要交叉进行。

1. 系统设计的目标

系统设计的目标是在保证实现逻辑模型功能的基础上，尽可能提高目标系统的性能，使所设计的系统安全可靠、易于理解、便于维护并具有良好的经济性，将分析阶段所获得的系统逻辑模型转换成一个具体的计算机实现方案的物理模型，包括计算机物理系统配置方案报告和一份系统设计说明书。

系统设计的目标是评价和衡量系统设计方案优劣的基本标准，也是选择系统设计方案的主要依据。评价与衡量系统设计目标实现程度的主要指标有以下几方面：

（1）系统的可靠性。系统的可靠性是指系统抵御外界干扰的能力及受外界干扰时的恢复能力。可靠性是对系统的基本要求。提高系统的可靠性可以从立法、系统的硬件、软件、运行环境以及运行规程等多方面综合考虑。要选用可靠性较高的设备，适当考虑硬件结构的冗余度。在软件中设置身份验证及数据操作校验等各种检验及保证措施，以防止误操作和非法使用。要设置防火墙及杀毒软件等各种安全保障措施，制定明确的规章制度及运行规程。

（2）系统的可变更性。系统的可变更性指系统的可维护性或可修改性。系统投入运行后，由于系统的环境和条件会不断变化，系统在设计上的缺陷和功能上的不完善以及在使用过程中出现的硬件、软件故障等会影响系统的正常运行。因此，系统要不断修改和完善。可变更性强的系统便于维护和扩充完善。软件设计水平是影响系统可变更性的主要因素。结构化模块设计、提高数据存储结构规范化程度、系统功能设计的前瞻性等都是提高系统可变更性的重要措施。

（3）系统的效率。系统的效率可以通过系统对处理的响应时间或单位时间内处理的业务量进行衡量。系统的效率主要与硬件平台的选择、系统软件的性能、参数的设置情况、应用软件结构设计的合理性及中间文件调用的次数和数量等因素有关。

（4）系统的通用性。系统的通用性是指同一软件系统在不同使用单位中的可应用程度。提高软件系统的通用性可以扩大它的应用范围，降低研发成本，减少系统扩充时的工作量和费用，增强系统的生命力。这一指标对于商品化软件尤为重要。为提高系统的通用性，要进行充分的系统分析，使业务处理规范化、标准化、完善化。

（5）系统的工作质量。系统的工作质量是指系统处理数据的准确性、输出各种信息的易懂性和系统操作的方便性等。系统的工作质量与系统的硬件设备及软件质量有直接关系。系统设计阶段的各项工作几乎都与系统的工作质量有关，直接影响系统的使用效果。因此，在系统设计时既要考虑实现系统功能的要求，又要考虑使用者的要求和反应。

2. 系统设计的原则

为保证系统设计的质量，在系统设计时要遵循以下原则：

- 系统性原则。系统是一个有机整体。因此，要从整个系统的角度进行考虑，系统中的信息代码要统一，设计规范要统一、标准，对系统的数据采集要做到数出一处、全局共享，使一次输入得到多次利用，系统功能应尽量完整。
- 灵活性原则。信息系统是需要修改和维护的。因此，系统设计人员要有一定的预见性，要从通用的角度考虑系统设计，系统应具有较好的开放性和结构的可变性，采用模块化结构，提高各模块的独立性，尽可能减少模块间的耦合，使各子系统间的数据依赖减至最低限度。
- 可靠性原则。一个成功的信息系统必须具有较高的可靠性，如安全保密性、检错及纠错能力、抗病毒能力、系统恢复能力等。只有系统是可靠的，才能得到用户的认可与接受。
- 经济性原则。经济性指在满足系统需求的前提下，尽可能减小系统的开销。一方面，在硬件投资上不能盲目追求技术上的先进，而应以满足应用需要为前提；另一方面，在系统设计中应尽量避免不必要的复杂化，各模块应尽量简洁，以便缩短处理流程，减少处理费用。
- 管理可接受原则。一个系统能否发挥作用和具有较强的生命力在很大程度上取决于管理上是否可以接受。因此，在系统设计时，要考虑用户的业务类型、用户的基础管理工作、用户的人员素质、人机界面的友好程度、掌握系统操作的难易程度等诸多因素的影响，设计出用户可接受的系统。

3. 系统设计的内容和步骤

系统设计一般分为总体设计和详细设计两个阶段。总体设计又称初步设计或概要设计，它的主要任务是完成系统总体结构和基本框架的设计。详细设计的主要任务是在系统总体设计的基础上，将设计方案进一步具体化、条理化和规范化。具体来说，系统设计的主要内容可以概括如下：

- 系统总体结构设计。系统总体结构设计是指根据系统分析阶段确定的新系统的目标和逻辑模型，科学合理地将系统划分成若干子系统和模块，确立模块间的调用关系和数据传递关系。

- 处理流程设计。主要包括系统处理流程设计和模块处理流程设计两方面。
- 代码设计。为系统处理的实体或属性设计易于处理和识别的代码。
- 人机界面设计。从系统角度出发，按照统一、友好、漂亮、简洁、清晰的原则设计人机界面。
- 输出设计。根据用户的要求设计报表或其他类型输出信息的格式及内容。
- 输入设计。设计系统运行所需输入的各种数据的输入格式，使其操作简单。
- 数据库设计。根据数据字典和数据存取要求，确定数据库的结构。
- 安全保密设计。为确保信息系统的运行安全和数据保密，提出安全保密设计方案。
- 系统物理配置方案设计。进行具体的计算机软硬件及网络的选择和配置。
- 编写系统设计说明书。将系统设计阶段的各种资料进行整理，按照规定的格式编写，为系统实施提供依据。

5.4   常用方法

应用系统规划设计的方法有很多，比如应用系统组合法（Application Portfolio Approach，APA）、TOGAF（The Open Group Architecture Framework，开放组架构框架）、面向服务的架构（Service-Oriented Architecture，SOA）等，组织在对应用系统进行规划设计时，可以结合自身实际情况选择适合的方法。

5.4.1   应用系统组合法

应用系统组合法（APA）是一种用于评估和管理组织应用系统的方法。它通过对现有应用系统进行分析和评估，以确定哪些应用系统需要保留、更新、替换或淘汰，从而优化应用系统组合，提高组织的业务价值和效率。APA 的主要目标是帮助组织管理其应用系统组合，确保应用系统与组织的业务目标和战略一致，同时降低应用系统的维护成本和风险。它可以帮助组织识别重复、冗余或过时的应用系统，并提供决策支持，以确定如何优化应用系统组合，以满足组织的需求。

APA 的过程通常包括以下几个步骤：

- 应用系统清单。收集和整理组织的应用系统清单，包括系统名称、功能描述、技术平台、使用情况等信息。
- 评估应用系统。对每个应用系统进行评估，包括业务价值、技术健康状况、维护成本、风险等方面的评估。评估可以通过问卷调查、专家访谈、数据分析等方法进行。
- 分析应用系统组合。根据评估结果，对应用系统进行分类和分析，识别重复、冗余或过时的系统，找出存在的问题和瓶颈。
- 制定优化策略。根据分析结果，制定优化应用系统组合的策略和计划。这可能包括更新或替换旧系统、整合重复系统、淘汰不必要的系统等。

- 实施优化计划。根据制定的优化策略，实施相应的优化计划。这可能涉及系统开发、数据迁移、培训等工作。
- 监测和评估。对优化后的应用系统组合进行监测和评估，确保优化效果的实现，并根据需要进行调整和改进。

5.4.2　TOGAF

TOGAF 是一种开放式企业架构框架标准，它基于一个迭代的过程模型，由一些最佳实践和一套可重用的现有架构资产支持，用于设计、评估并建立适合的企业 IT 架构。

1. TOGAF 基础

TOGAF 旨在通过以下 4 个目标帮助企业组织和解决所有关键业务需求：

- 确保从关键利益相关方到团队成员的所有用户都使用相同语言，这有助于每个人以相同的方式理解框架、内容和目标，并让整个企业在同一页面上打破任何沟通障碍。
- 避免被"锁定"到企业架构的专有解决方案，只要该企业在内部使用TOGAF而不是用于商业目的，该框架就是免费的。
- 节省时间和金钱，可以更有效地利用资源。
- 实现可观的投资回报（ROI）。

TOGAF 反映了企业内部架构能力的结构和内容，TOGAF 9 版本包括 6 个组件：

- 架构开发方法（Architecture Development Method，ADM）。架构开发方法是TOGAF的核心，是一种开发企业架构的分步方法。
- ADM指南和技术。这部分包含一系列可用于应用ADM的指南和技术。
- 内容框架。这部分描述了TOGAF内容框架，包括架构工件的结构化元模型、可重用架构构件块的使用以及典型架构可交付成果的概述。
- 企业连续体和工具。这部分讨论分类法和工具，用于对企业内部架构活动的输出进行分类和存储。
- TOGAF参考模型。这部分提供了两个架构参考模型，即TOGAF技术参考模型和集成信息基础设施参考模型。
- 架构能力框架。这部分讨论在企业内建立和运营架构实践所需的组织、流程、技能、角色和职责。

2. 架构开发方法

架构开发方法（ADM）对开发企业架构所需执行的各个步骤以及它们之间的关系进行了详细的定义，同时它也是 TOGAF 规范中最核心的内容。一个组织中的企业架构发展过程可以看成是其企业连续体从基础架构开始，历经通用基础架构和行业架构阶段，最终达到组织特定架构的演进过程，而在此过程中用于对组织开发行为进行指导的正是架构开发方法。由此可见，架构开发方法是企业连续体得以顺利演进的保障，而作为企业连续体在现实中的实现形式或信息载体，企业架构资源库也与架构开发方法有着千丝万缕的联系。企业架构资源库为架构开发方法的执行过程提供了各种可重用的信息资源和参考资料，而企业架构开发方法中各步骤所产生的交付物和制品也会不停地填充和刷新企业架构资源库中的内容，因此在刚开始执行企业架构开发方法时，各个企业或组织常常会因为企业架构资源库中内容的缺乏和简略而举步维艰，但随着一个又一个架构开发循环的持续进行，企业架构资源库中的内容日趋丰富和成熟，企业架构的开发也会越发明快。

　　架构开发方法由一组按照架构领域的架构开发顺序排列成一个环的多个阶段构成。通过这些开发阶段的工作，设计师可以确认是否已经对复杂的业务需求进行了足够全面的讨论。TOGAF 中最为著名的一个 ADM 的全生命周期模型如图 5-9 所示。此模型将架构开发全生命周期划分为预备阶段、需求管理、架构愿景、业务架构、信息系统架构（应用和数据）、技术架构、机会和解决方案、迁移规划、实施治理、架构变更治理 10 个阶段，这 10 个阶段是反复迭代的过程。

　　架构开发方法被迭代式应用在架构开发的整个过程中、阶段之间和每个阶段内部。在架构开发的全生命周期中，每个阶段都需要根据原始业务需求对设计结果进行确认，这也包括业务流程中特有的一些阶段。确认工作需要对企业的覆盖范围、时间范围、详细程度、计划和里程碑进行重新审议。每

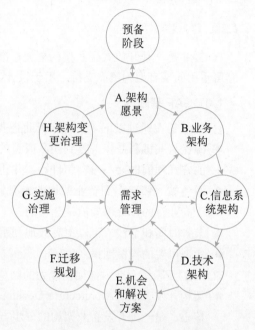

图 5-9　ADM 的全生命周期模型

个阶段都应该考虑到架构资产的重用。因此，ADM 便形成了三个级别的迭代概念：

- 基于架构开发整体的迭代。用一种环形的方式来应用架构开发方法，表明在一个架构开发工作阶段完成后会直接进入随后的下一个阶段。
- 多个开发阶段间的迭代。在完成了技术架构阶段的开发工作后又重新回到业务架构开发阶段。
- 在一个阶段内部的迭代。TOGAF支持基于一个阶段内部的多个开发活动，对复杂的架构内容进行迭代开发。

ADM 各个开发阶段的主要活动如表 5-1 所示。

表 5-1　ADM 各阶段的主要活动

架构开发阶段	架构开发阶段内的活动
预备阶段	为实施成功的企业架构项目做好准备，包括定义组织机构、特定的架构框架、架构原则和工具
需求管理	完成需求的识别、保管和交付，相关联的架构开发阶段则按优先级顺序对需求进行处理；TOGAF 项目的每个阶段都是建立在业务需求之上并且需要对需求进行确认

（续表）

架构开发阶段	架构开发阶段内的活动
阶段 A：架构愿景	设置 TOGAF 项目的范围、约束和期望。创建架构愿景，包括定义利益相关者、确认业务上下文环境、创建架构工作说明书、取得上级批准等
阶段 B：业务架构；阶段 C：信息系统架构（应用和数据）；阶段 D：技术架构	从业务、信息系统和技术三个层面进行架构开发，在每一个层面分别完成以下活动：开发基线架构描述，开发目标架构描述，执行差距分析
阶段 E：机会和解决方案	进行初步实施规划，并确认在前面阶段中确定的各种构建块的交付物形式，确定主要实施项目，对项目分组并纳入过渡架构，决定途径（制造 / 购买 / 重用、外包、商用、开源），评估优先顺序，识别相依性
阶段 F：迁移规划	对阶段 E 确定的项目进行绩效分析和风险评估，制订一个详细的实施和迁移计划
阶段 G：实施治理	定义实施项目的架构限制，提供实施项目的架构监督，发布实施项目的架构合同，监测实施项目以确保符合架构要求
阶段 H：架构变更治理	提供持续监测和变更管理的流程，以确保架构可以响应企业的需求并且将架构对于业务的价值最大化

5.4.3　面向服务的架构

面向服务的架构（SOA）是一种软件架构设计的模型和方法论。从广义上来看，SOA 是指一种新的组织应用架构和组织 IT 基础架构，它可以使组织实现跨应用、跨部门、跨组织甚至跨行业之间的离散系统互连。而狭义的 SOA 是指一种软件架构，它可以根据需求，通过网络对松散耦合的粗粒度应用组件进行分布式部署、组合和使用。服务层是 SOA 的基础，可以直接被应用调用，从而有效控制系统中与软件代理交互的人为依赖性。

简单地说，面向服务的体系架构是一个组件模型，它将应用程序的不同功能单元通过这些服务之间定义良好的接口和契约联系起来。接口是采用中立的方式进行定义的，它应该独立于实现服务的硬件平台、操作系统和编程语言。这使得构建在各种这样的系统中的服务可以以一种统一和通用的方式进行交互。

随着 XML、SOAP、WSDL、UDDI 等 Web 服务标准逐渐成熟，SOA 真正成长为可部署的技术、产品和下一代应用系统的方法论，开始被业界广泛接受，并进入了部署期。SOA 的远景目标为：让 IT 变得更有弹性，以更快地响应业务组织的需求。

1. 设计原则

在面向服务的架构中，继承了来自对象和构件设计的各种原则，例如封装和自我包含等。那些保证服务的灵活性和松耦合性及复用能力的设计原则，对面向服务架构来说同样非常重要。SOA 是一种粗粒度、松耦合的服务架构，其服务之间通过简单、精确定义的接口进行通信，不涉及底层编程接口和通信接口。SOA 的设计原则包括以下几点：

- 明确的接口定义。接口需满足稳定、明确、封装性等要求。
- 自包含与模块化。实现服务的功能实体是完全独立自主的，独立进行部署、版本控制、自我管理和恢复。
- 粗粒度。服务数量不应太多，依靠消息交互而不是远程过程调用。
- 松耦合。减少各个服务间的相互依赖和影响，各个服务的位置、实现技术、当前状态以及私有数据，对服务请求者不可见。
- 互操作性、兼容性和策略声明。

这些原则有助于确保 SOA 的灵活性和可维护性，使其能够更好地适应业务需求的变化。

2. SOA 的主要技术内容

SOA 的技术主要包括以下几个方面：

- 服务封装。服务封装是将业务功能封装成标准化服务的过程，每个服务都具有明确定义的接口，以供其他服务调用。服务封装使得服务可以被重用，并且可以独立于其他服务进行部署和升级。
- 服务编排。服务编排是指将多个服务组合成一个复杂业务流的过程。通过定义服务的依赖关系和调用顺序，可以实现复杂的业务逻辑和业务流程。
- 服务注册与发现。服务注册是指将服务的信息存储到注册中心的过程，以便其他服务可以查找和调用。服务发现是指通过查询注册中心，找到所需服务的地址、接口等信息的过程。
- 服务治理。服务治理是SOA的核心内容之一，它负责服务的生命周期管理、服务质量保障、服务间协同等。服务治理包括服务的注册、授权、监控、日志、告警等方面的管理。
- 服务安全。服务安全是SOA的一个重要方面，它负责保障服务的可用性、机密性和完整性。服务安全包括身份认证、访问控制、数据加密等方面的内容。
- 服务可靠性和可用性。服务的可靠性和可用性是SOA的重要指标之一，它关系到服务的稳定性和可靠性。通过合理的设计和部署，可以提高服务的可靠性和可用性。

3. SOA 的应用场景

SOA 适用于多种场景，以下是其主要适用场景：

- 组织级应用集成。组织级应用通常由多个不同的系统组成，这些系统可能使用不同的技术平台和编程语言开发，且功能耦合度高。SOA可以通过将这些系统封装为服务，通过定义统一的接口和数据交换格式，实现系统之间的无缝集成和协作。
- 业务流程管理。许多业务过程涉及多个部门或系统的协同工作。SOA可以将业务过程抽象为服务，通过定义服务之间的依赖关系和消息传递方式，实现业务流程的可配置、可编排和可监控。
- 系统扩展和重用。SOA将应用程序拆分为独立的服务，使得系统的各个功能模块可以独立扩展和重用。当需要增加新的功能时，可以通过创建新的服务来扩展系统，而不需要修改已有的服务。这样可以大大提高系统的灵活性和可维护性。

- 云计算和微服务架构。云计算提供了高度可扩展的资源和服务，而SOA可以帮助将应用程序和业务逻辑组织为云服务，并通过服务治理和自动化部署来管理和调度这些服务。微服务架构是一种基于SOA的架构风格，将应用程序划分为一系列小型的、自治的服务，以实现更高的可伸缩性和快速部署。
- 跨平台集成。在跨平台的应用集成中，SOA可以作为一种中间层，通过封装和转换不同平台上的功能和数据，实现系统之间的互操作。无论是不同操作系统、不同数据库还是不同编程语言，SOA都可以提供一个一致的接口和数据交换格式。

总体来说，SOA 适用于那些要求灵活、可扩展、可重用的组织级系统，尤其是在需要集成多个系统或服务、处理复杂业务流程、使用云计算资源或进行跨平台集成的场景中。

SOA 的一个中心思想就是使组织应用摆脱面向技术的解决方案的束缚，轻松应对组织中的商业服务变化和发展的需要。通过将注意力放在服务上，使应用程序能够集中起来提供更加丰富、目的性更强的商业流程。其结果就是，基于 SOA 的组织应用系统通常会更加真实地反映出与业务模型的结合。服务是从业务流程的角度来看待技术的，这是自上而下的视角。这种角度与一般的从可用技术所驱动的商业视角是相反的。服务的优势很清楚，它们会同业务流程结合在一起，因此能够更加精确地表示业务模型、更好地支持业务流程。相反，我们可以看到以应用程序为中心的组织应用模型迫使业务用户将其能力局限为应用程序的能力。

5.5　软件工厂

软件工厂是一种软件开发的组织和管理模式。基于软件工厂，可实现模板一次编写，生成多样化产品。软件工厂的这种软件产品开发模式，使软件系统的构建可以像工业系统生产流水线一样，通过用户简单的定制，选择不同类型的模板、数据模型，平台就能够按照用户的需求自动化生产，批量生成所见即所得的软件产品。与传统软件开发相比，软件工厂的开发过程更加标准化、规模化，开发工具更完备、自动化程度更高，开发人员分工合理、协作更高效，更注重知识共享与经验复用，减少重复工作。总体来说，软件工厂能够提高软件开发的效率、质量和可控性，使得开发过程更加工业化和可持续。它适用于大规模软件开发项目和组织，尤其在需要快速交付、高质量和可扩展性的场景下具有明显的优势。

5.5.1　发展现状

软件工厂最早由美国知名智库兰德公司于 1955 年提出，后由美国计算机科学家和软件工程师 Winston W. Royce 在 20 世纪 70 年代进一步完善。

1. 软件工厂概念

软件工厂将软件开发过程与传统制造生产过程进行类比，强调软件开发过程的组织化、可重复化和可预测化，实现更高效、更可控的软件开发。软件工厂的核心思想是将软件开发视为工业化的生产过程，类似传统制造业生产线。其借鉴了制造业工厂中的标准化、流程化和自动化的优点，将这些概念应用于软件开发领域。软件工厂通过模块化、组件化、规范化和工具化等手段，将软件开发过程划分为多个环节，各环节设有明确的任务和角色，并通过协作和工具支持来提高开发效率和质量。

软件工厂强调规模化和标准化，通过制定统一的开发流程、规范的编码标准和代码复用，实现高度的可重复性和一致性。同时，通过自动化工具和技术的应用，如自动化构建、自动化测试和自动化部署等，减少了手动操作和人为错误，提高开发效率和质量。此外，软件工厂还注重分工与协作，通过团队合作、知识共享和经验复用，提高整个开发团队的能力和效率。通过严格的过程管理和质量控制，软件工厂能够提供高度可控和可预测的软件开发过程。

总体而言，软件工厂的概念是将软件开发过程转化为工业化的生产过程，通过规模化、标准化、自动化和协作等手段来提高软件开发的效率、质量和可控性。

2. 软件工厂构成

典型软件工厂构成包含专业人员、基础设施和硬件、工具和技术、流程规范和方法论以及质量管理五方面：

（1）专业人员。他们是软件工厂的核心资源。软件开发和测试工程师、项目经理和产品主管等专业人员组成了一个高效团队。开发工程师负责编写代码，测试工程师负责验证软件的功能和质量，项目经理负责规划和协调项目进度，产品主管负责确保产品满足客户需求。这些专业人员通过协作和合作，共同推动软件开发项目的成功。

（2）基础设施和硬件。它们是软件工厂顺利运行的基石。基础设施包括终端计算机、服务器、网络设备等。软件开发需要使用高性能的终端计算机和服务器来运行开发环境、编译代码和进行测试。网络设备为团队成员之间提供连接和数据交换。

（3）工具和技术。它们是软件工厂的辅助工具和支持系统。项目管理工具帮助团队进行项目计划、任务分配和进度跟踪，确保项目按时交付。集成开发环境（IDE）提供了开发人员所需的编辑器、调试器和构建工具，简化了开发过程。自动化测试工具可以自动执行测试用例，并生成测试报告。版本控制系统帮助团队管理代码的版本和变更，确保团队成员之间的协作和代码的一致性。此外，编程语言和数据库也是软件开发过程中不可或缺的工具和技术。

（4）流程规范和方法论。它们是软件工厂的运作指南。规范的流程和方法论可以提高软件开发的效率和质量。例如，DevSecOps 开发模式将安全性和运维纳入软件开发过程，强调安全和可维护性。这种模式通过自动化和持续集成/持续交付（Continuous Integration/Continuous Delivery，CI/CD）实践，促进了开发团队的协作和软件交付的高效性。

（5）质量管理。它是软件工厂保证软件交付质量的一套保证机制。软件测试是质量管理的重要环节，通过验证软件的功能、性能和稳定性，确保软件符合规格和用户需求。代码审查则是通过对代码的检查和评审，发现潜在问题和改进空间。性能测试可以评估软件在不同负载下的性能表现。这些质量管理的活动帮助软件工厂提供高质量的软件产品，满足用户的期望和需求。

这五方面相互配合，共同构成了一个高效、可靠的软件开发组织。通过合理的组织和管理，软件工厂能够提高开发效率和质量，实现软件开发过程的工业化和规模化。

3. 国内外发展历程

软件工厂概念成型于 20 世纪 70 年代。随着计算机技术和互联网的迅速发展，软件工厂在 20 世纪 90 年代进入了工业化和自动化的阶段。软件开发过程中的自动化工具和技术得到广泛应用，例如集成开发环境（IDE）、自动化测试工具等。开源软件运动开始兴起，并对软件工厂的发展产生了深远的影响。开源软件的兴起促进了代码的共享和协作，为软件工厂提供了更多的代码复用，提高了开发效率。开源软件还推动了开放标准和互操作性的发展，使得不同软件厂商之间的合作更加顺畅。21 世纪初，敏捷开发方法成为软件工厂的主流开发方法之一。敏捷开发方法强调快速迭代和灵活响应变化，通过小团队的协作和自组织来推动软件开发的进展。敏捷开发方法的应用促进了软件工厂的灵活性和交付速度。21 世纪 10 年代，DevOps 和持续集成 / 持续交付（CI/CD）的概念开始受到广泛关注。DevOps 强调开发和运维团队之间的协作和沟通，以实现快速、可靠的软件交付。CI/CD 则强调通过自动化工具和流程，实现持续集成、持续测试和持续部署，提高软件交付的质量和效率。随着人工智能和机器学习等技术的迅速发展，软件工厂开始涉足这些领域。人工智能和机器学习的应用可以帮助软件工厂实现自动化测试、智能代码生成和自动化部署等任务，进一步提高软件开发的效率和质量。

5.5.2　与传统开发对比

软件工厂与传统开发在一些方面存在差异，软件工厂更加注重灵活性、自动化和创新，强调持续快速交付、质量保证和高效协作等。

1. 敏捷交付

敏捷交付是软件工厂实现快速、灵活、高质量交付的关键方法之一。它强调通过迭代、协作和自组织的方式，快速响应变化并持续交付软件产品。主要包括以下关键实践和原则：

（1）敏捷开发方法。敏捷交付的基础是敏捷开发方法，如 Scrum、Kanban 等。这些方法强调团队的自组织和协作，通过短周期的迭代开发来推动项目进展。团队根据优先级和可交付价值制订迭代计划，并持续进行需求分析、设计、编码、测试和部署等工作。

（2）用户需求和产品回溯日志。敏捷交付强调以用户需求的形式表达需求，并将其组织成产品回溯日志。用户需求是从用户角度说明功能和价值的简短描述，团队根据优先级和复杂度来规划和实现这些用户需求。产品回溯日志是一个优先级排序的需求列表，团队根据其进行迭代计划和开发工作。

（3）迭代开发。敏捷交付通过迭代开发来实现快速交付和持续改进。迭代周期通常较短，如 2 周或 4 周，团队在每个迭代中完成一部分功能并进行测试和验证。迭代计划会根据实际情况进行调整，并根据反馈进行迭代改进。

（4）自动化测试。敏捷交付强调自动化测试，以提高测试效率和质量。团队可以采用自动化测试工具和框架，编写自动化测试脚本来执行功能、性能和安全等方面的测试。自动化测试可以在每个迭代中持续运行，及早发现和解决问题。

（5）持续集成和持续交付（CI/CD）。敏捷交付倡导持续集成和持续交付的实践。持续集成是指团队成员频繁将代码集成到共享代码库中，并通过自动化构建和测试来验证代码的质量。

持续交付则是在持续集成的基础上，通过自动化部署和发布来实现快速交付。

（6）产品质量和用户反馈。敏捷交付强调产品质量和用户反馈的重要性。团队需要关注产品的质量，持续进行测试和验证，并及时修复问题。同时，团队需要倾听用户的反馈和需求，及时调整和优化产品功能。

（7）团队协作和沟通。敏捷交付强调团队的协作和沟通。团队成员需要密切合作，共同解决问题和推动项目进展。团队成员之间的沟通和协作可以通过日常站会、迭代评审会和冲刺回顾会等形式进行。

（8）可视化和透明度。敏捷交付倡导可视化和透明度的原则。团队可以使用看板、迭代仪表盘和信息可视化工具等，将项目进展、任务状态和问题可视化展示出来，以便团队成员和利益相关者了解项目的状态和进展。

综上所述，软件工厂实现敏捷交付的关键实践包括采用敏捷开发方法、使用用户需求和产品回溯日志、进行迭代开发、实施自动化测试、持续集成和持续交付、关注产品质量和用户反馈、加强团队协作和沟通，以及实现可视化和透明度。这些实践共同推动了软件工厂的敏捷交付能力，使其能够快速响应变化、持续交付高质量的软件产品。

2. 流水线作业

软件工厂的流水线作业是指将软件开发过程划分为不同的环节和任务，并通过流水线的方式将这些环节和任务连接起来，以实现高效、规范和持续的软件开发。每个环节都有明确的输入和输出，环节之间通过任务的流转和流转规则来实现衔接。通过并行处理和任务的分配，可以实现快速、高效地完成软件开发过程。流水线作业主要包括以下内容：

- 环节划分。首先，将软件开发过程划分为多个环节，如需求分析、设计、编码、测试、部署等。每个环节负责特定的任务，并有明确的输入和输出。
- 任务定义。对每个环节中的任务进行明确的定义，包括任务的输入要求、处理规则、输出要求和质量标准等。这样可以确保每个任务都能够按照规范进行处理。
- 流转规则。定义任务的流转规则，即任务从一个环节传递到下一个环节的条件和方式。可以根据任务的状态、依赖关系和质量标准等确定任务的流转规则。
- 并行处理。通过并行处理来提高开发效率。可以将一些独立的任务并行处理，以缩短整个开发过程的时间。同时，需要确保任务之间的流转和依赖关系得到合理处理。
- 自动化支持。为流水线作业提供自动化支持，包括自动化工具和流程。可以使用自动化工具来支持任务的自动化处理和流转，以及自动化测试和部署等。这样可以提高开发效率和质量。
- 监控和优化。对流水线作业进行监控和优化，及时发现和解决问题。可以通过监控任务的状态和流转情况，对流水线作业的效率和质量进行评估，并及时进行调整和优化。

通过软件工厂流水线作业的实践，可提高开发效率，降低开发成本，并确保软件质量和交付时间的可控性。同时，流水线作业也能够提供更好的可视化和透明度，使团队成员和多方用户能够清晰地了解项目的进展和问题。

3. 安全可靠

安全可靠是指在软件开发和交付过程中，保障软件系统的安全性和可靠性。软件工厂确保安全可靠性的关键实践和原则主要包括：

（1）安全开发实践。软件工厂通过采用安全开发实践来保障软件系统的安全性。

● 安全需求分析。在需求分析阶段，团队需要考虑安全需求，明确软件系统的安全要求和功能。这有助于在后续的设计和开发阶段有针对性地进行安全措施的设计和实施。

● 安全设计原则。在软件系统的设计过程中，团队需要遵循安全设计原则，如最小权限原则、防御性编程、数据加密和身份验证等。这些原则有助于减少安全漏洞和提高系统的安全性。

● 安全编码规范。在编码阶段，团队需要遵循安全编码规范，如避免使用已知的不安全函数和算法、防止代码注入和跨站脚本攻击（XSS）等。这有助于减少安全漏洞的出现。

● 安全测试和审计。在测试和审计阶段，团队需要进行安全测试和审计，包括漏洞扫描、代码审查和渗透测试等。这有助于发现和修复潜在的安全问题，并提高系统的安全性。

（2）数据和隐私保护。软件工厂需要重视数据和隐私保护，确保用户的数据得到合理的保护和使用。

● 数据加密。团队需要在数据传输和存储过程中采用加密技术，确保数据在传输和存储过程中的安全性。

● 访问控制。团队需要实施适当的访问控制措施，包括身份验证、权限管理和访问审计等，以确保只有授权的人员能够访问敏感数据。

● 隐私保护。团队需要遵守相关的隐私法规和政策，采取措施保护用户的个人隐私数据，如匿名化处理、数据最小化原则和明确的隐私政策等。

（3）持续集成和持续交付。软件工厂倡导持续集成和持续交付（CI/CD），这有助于减少人为错误和安全漏洞的引入，并提高系统的可靠性。

● 自动构建和测试。团队需要采用自动化工具和流程，实现代码的自动构建和测试。这有助于及早发现和解决问题，提高系统的质量和可靠性。

● 持续部署和发布。团队需要实施持续部署和发布的实践，将软件的变更快速、可靠地交付到生产环境中。这有助于减少部署错误和系统中断的风险。

● 监控和告警。团队需要建立监控和告警系统，及时发现和响应系统的异常和安全事件。这有助于提前预警和解决问题，确保系统的可靠性和安全性。

（4）团队安全培训和安全意识。软件工厂重视团队的安全培训和安全意识，确保团队成员具备必要的安全知识和技能。

● 安全培训。团队成员需要定期接受安全培训，了解最新的安全威胁和防护措施，并学习安全开发和测试的最佳实践。

● 安全意识。团队成员需要具备安全意识，注意安全风险和漏洞，并采取相应的措施进行预防和应对。

4. 协同开发

软件工厂的协同开发是指团队成员通过有效的协作和协同工具，共同参与软件开发项目，共同解决问题、分享知识和推动项目进展。协同开发的关键实践和原则主要包括：

（1）团队协作和沟通。软件工厂的协同开发强调团队成员之间的协作和沟通。

- 日常站会。团队成员可以每天举行短暂的站会，分享进展、问题和需求。这有助于团队成员了解彼此的工作和互相支持。
- 迭代评审会。团队成员可以定期举行迭代评审会，回顾已完成的工作、收集反馈和优化计划。这有助于促进团队成员之间的合作和学习。
- 冲刺回顾会。团队成员可以在每个冲刺结束后举行回顾会，总结经验教训并提出改进措施。这有助于团队成员的持续学习和团队协作的改进。

（2）共享知识和经验。软件工厂的协同开发强调共享知识和经验，以提高团队的整体能力和效率。

- 文档和知识库。团队可以建立文档和知识库，记录项目的相关信息、技术方案和最佳实践等。这有助于团队成员之间的知识共享和学习。
- 代码审查。团队成员可以进行代码审查，检查代码的质量和合规性，并提供建议和改进意见。这有助于团队成员之间的技术交流和知识分享。
- 技术分享会。团队成员可以定期组织技术分享会，分享自己的经验和技术成果。这有助于促进团队成员之间的学习和合作。

（3）协同工具和平台。软件工厂的协同开发需要借助适当的协同工具和平台，包括即时通信工具（如微信、钉钉等）、在线文档协作工具（如 WPS 等）、代码托管和协作平台、团队协作工具（如金山协作）、数字协同平台（如 WPS 365 等）。

5.5.3　建设方法

软件工厂建设方法通常是指建设、发展软件工厂所采用的方法和策略，主要包含组织建设、资源部署、业务管理和体系保障。

1. 组织建设

软件工厂的组织建设是确保软件开发团队高效运作和实现项目目标的关键要素之一。组织建设的重要性主要体现在：一是明确分工和责任。通过组织建设，可以明确团队成员的角色和职责，避免重复工作和责任不清的情况，提高工作效率和协作能力。二是提高团队协作。通过合理的组织结构和流程设计，可以促进团队成员之间的协作和沟通，减少信息孤岛和沟通障碍，提高团队的协同效能。三是提升决策效率。合理的组织结构可以确保决策的高效性和准确性，减少决策过程中的延迟和混乱，提高项目的决策效率。四是优化资源配置。通过组织建设，可以更好地规划和管理团队成员的工作和资源，提高资源的利用率和项目的整体效益。

组织建设的策略和最佳实践方法包括：

- 确定组织结构。根据项目的规模和需求，确定合适的组织结构。可以采用功能型、项目型、矩阵型等不同的组织结构形式，以适应不同的项目和团队需求。

- 制定明确的岗位和职责。明确每个岗位的职责和权限，确保团队成员清楚自己的工作范围和责任，避免角色重叠和责任不清的情况。
- 设计有效的流程和规范。制定适合团队的流程和规范，包括需求管理、项目管理、开发流程、测试流程等。确保流程简洁、规范和易于执行。
- 优化沟通渠道和协作工具。建立高效的沟通渠道，确保团队成员之间的信息畅通。使用协作工具和平台，如项目管理工具、即时通信工具、在线文档协作工具等，促进团队的协作和沟通。
- 培养领导力和团队文化。培养领导力，确保团队有明确的目标和愿景，并能够激发团队成员的潜力和创造力。塑造积极向上、创新和协作的团队文化，提高团队的凝聚力和战斗力。
- 定期评估和改进。定期评估组织结构和流程的有效性和效率，收集团队成员的反馈和建议，以不断改进和优化组织建设策略和实践方法。

通过实施上述策略和最佳实践方法，软件工厂可以建立一个高效、协作和创新的组织结构，提高团队的效率和工作质量，为组织的软件开发项目提供持续的价值和竞争优势。组织建设是软件工厂成功的关键要素之一，值得组织和团队高度重视和投入。

同时，组织建设也要做好人才培养和团队建设。制订培训和学习计划，包括内部培训、外部培训、在线学习等形式，以提升团队成员的技能和知识。建立导师制度，由有经验和技能的团队成员担任导师，指导和培养新人，帮助他们快速适应工作和团队文化。组织团队活动和团队建设活动，如团队建设训练、户外拓展活动等，以增强团队的凝聚力和合作能力。鼓励团队成员与其他部门和团队合作，分享知识和经验，促进跨功能的合作和学习。建立公平、有效的绩效评估和激励机制，奖励表现优秀的团队成员，激励团队的持续发展和创新。定期收集团队成员的反馈和建议，以改进培训和团队建设计划，满足团队成员的需求和期望。

2. 资源部署

软件工厂的资源部署是确保项目顺利进行和高质量交付的关键要素之一。合理分配资源可以提高工作效率，确保团队成员有足够的资源和工具来完成工作，减少等待时间和资源浪费。通过资源部署，可以更好地规划和管理团队成员的工作和资源，提高资源的利用率和项目的整体效益。合理的资源部署可以减少项目风险和延迟，确保项目按时交付，并满足客户的需求和期望。通过合理分配资源，可以确保团队有足够的时间和资源来进行测试和质量保证，提高软件产品的质量和可靠性。

以下是软件工厂资源部署的策略和最佳实践方法，这些策略和方法可以帮助组织高效地规划和分配资源：

- 项目规划和优先级。在项目规划阶段，确定项目的优先级和需求，以帮助确定资源的分配和优先级。通过与利益相关者的沟通，了解项目的重要性和紧急程度，将资源分配给最重要和紧急的项目，确保关键项目得到充分支持。
- 人员分配和技能匹配。根据项目需求和团队成员的技能和经验，合理分配人员。了解每个团队成员的专长和兴趣，将其技能与项目需求相匹配。确保团队中的每个成员都具备适当的技能和知识，以支持项目的成功实施。

- 工作量估计和调整。在项目计划阶段，对工作量进行合理估计，并根据实际情况进行调整。与团队成员合作，评估每个任务的时间和资源需求，确保团队成员的工作量合理分配，避免过度负载或资源浪费。
- 工具和设备支持。为团队成员提供必要的工具和设备，以支持他们的工作，包括开发工具、测试设备、硬件和软件资源等。确保团队有充足的资源来进行开发和测试工作，提高工作效率和质量。
- 项目管理和协调。建立有效的项目管理和协调机制，确保资源的合理分配和协作。使用项目管理工具和方法，如甘特图、敏捷方法等，以跟踪和管理资源的使用情况。确保团队成员了解项目进展和资源需求，及时调整资源分配。
- 优先级和变更管理。在项目执行过程中，根据项目的优先级和变更需求，及时调整资源的分配。识别并处理紧急任务和重要变更，确保团队能够灵活应对变化，优先处理重要和紧急的任务，以确保项目顺利进行。

3. 业务管理

软件工厂的业务管理主要由以下模块构成：①项目管理模块。项目管理模块用于规划、执行和控制软件开发项目。包括项目计划、任务分配、资源调配、进度跟踪、风险管理和变更控制等功能。该模块提供实时的项目状态和进度信息，帮助团队成员协同工作，确保项目按时交付。②资源管理模块。资源管理模块用于规划和管理软件工厂的资源，包括人力资源、技术资源、设备和预算等。该模块可以帮助团队了解资源的使用情况，优化资源分配，提高资源利用率和效率。③质量管理模块。质量管理模块用于制定和执行质量标准和流程，确保软件产品的质量和可靠性。该模块包括质量计划、质量控制、质量保证、缺陷管理和持续改进等功能。通过该模块，团队可以进行质量评估和问题跟踪，及时解决质量问题。④绩效管理模块。绩效管理模块用于评估和管理团队成员的绩效。该模块包括设定绩效目标、进行绩效评估和提供反馈等功能。通过该模块，可以对团队成员的工作进行定量和定性评估，激励团队成员的积极性和提高工作效率。⑤沟通与协作模块。沟通与协作模块用于促进团队成员之间的沟通和协作。该模块包括团队协作工具、实时聊天、讨论论坛和文件共享等功能。通过该模块，团队成员可以实时交流、分享信息和协同工作，提高团队的协同效能和工作效率。⑥数据分析与报告模块。数据分析与报告模块用于收集、分析和报告项目和团队的数据。该模块提供各种报表和图表，帮助管理层了解项目进展、资源利用率和绩效情况。通过数据分析，可以发现问题和改进机会，提高决策的准确性和效率。

实现业务管理主要采取以下步骤：

- 确定需求和目标。首先，与利益相关者合作，明确业务管理系统的需求和目标。了解软件工厂的业务流程、痛点和改进机会，确定系统的功能和特性。
- 选取合适的软件解决方案。根据需求和目标，选取适合软件工厂的业务管理系统。考虑系统的功能、灵活性、可扩展性、安全性和成本等因素，选择最合适的解决方案。
- 进行系统定制和开发。根据软件工厂的实际情况，对选定的解决方案进行定制和开发。

确保系统能够满足业务需求，并与现有系统和流程集成。

- 进行系统测试和验证。在正式投入使用之前，进行系统测试和验证，包括功能测试、性能测试、安全测试和用户验收测试等，确保系统的稳定性和可靠性。
- 系统部署和培训。在系统通过测试之后，进行系统部署和用户培训。确保系统能够平稳过渡到正式生产环境，并对团队成员和用户进行培训，使团队成员和用户能够熟练使用系统。
- 监控和维护。系统投入使用后，进行系统的监控和维护。

4. 体系保障

软件工厂的体系保障是一个全面的、结构化的系统，旨在确保软件开发和交付过程的质量和可靠性。它是一个集成的框架，包括一系列标准、流程、工具和实践，用于指导和管理软件开发团队。

首先，软件工厂的体系保障需要建立一个质量管理体系。这个体系包括质量策略、质量目标和质量标准的制定，以及质量管理流程和程序的定义。质量管理体系应该涵盖从项目启动到交付的全过程，确保每个阶段都符合质量要求。这包括需求管理、设计开发、测试和交付等关键环节。

其次，软件工厂的体系保障需要制定和实施流程规范。流程规范是为了确保团队成员在软件开发过程中按照标准的流程和方法进行工作。这些规范应该明确规定每个环节的工作内容、输入和输出，以及相应的质量控制措施。流程规范可以包括项目管理、需求管理、设计开发、测试和交付等方面。

资源配置也是软件工厂体系保障的重要组成部分。它涉及人员、设备和工具的合理配置，以支持软件开发和交付过程。必须确保团队成员具备所需的技能和知识，同时提供适当的工作环境和工具。资源配置还包括项目计划和任务分配，以确保项目按时交付和质量符合要求。

质量控制是软件工厂体系保障的核心内容。它包括一系列的质量控制措施和活动，以确保软件产品和过程的质量。质量控制措施可以包括代码审查、单元测试、集成测试、系统测试和用户验收测试等。这些措施通过检查、测试和评估软件的各个方面，从而发现和解决潜在的质量问题。

持续改进是软件工厂体系保障的关键要素之一。它涉及不断识别和改进软件开发和交付过程中的问题和风险。通过收集和分析质量数据、客户反馈和团队的经验教训，可以识别改进机会并采取相应的行动。持续改进可以涉及流程优化、技术提升、培训和知识共享等方面，以不断提高软件工厂的质量和效率。

此外，软件工厂的体系保障还需要建立一套完善的文档和记录体系，用于记录和追溯软件开发和交付过程中的关键信息。这些文档可以包括需求规格、设计文档、测试报告和用户文档等。通过有效的文档管理，可以确保团队成员之间的沟通和协作，并为项目的回顾和审计提供依据。

总之，软件工厂的体系保障是通过建立质量管理体系、流程规范、资源配置、质量控制和持续改进等措施，确保软件开发和交付过程的质量和可靠性。它需要全面考虑软件开发的各个方面，并与团队成员密切合作，以实现高质量的软件产品和服务。

5.5.4 应用场景

软件工厂适用的场景较多，主要有软件开发组织和软件项目交付等。

1. 软件开发组织

软件开发组织项目类型包括嵌入式软件开发、桌面应用软件开发、Web 应用软件开发、移动应用软件开发等。

嵌入式软件开发中的软件工厂应用如下：

- 建立规范化的开发流程和标准化的开发规范，例如需求分析、设计、编码、测试和集成等阶段的工作内容、输入和输出，以及相应的质量控制措施。这样可以确保嵌入式软件开发过程的一致性和质量。
- 使用版本控制系统来管理嵌入式软件的源代码和配置文件等资源，确保团队成员可以协同工作、追踪变更，并保留历史版本。这有助于团队协作和管理嵌入式软件的变更。
- 建立自动化构建和测试环境，利用工具和脚本自动化构建嵌入式软件的可执行文件和库文件，以及自动化执行单元测试、集成测试和系统测试等各种测试。这样可以提高开发效率、减少人为错误，并确保嵌入式软件的质量。
- 将嵌入式软件拆分为模块，并使用模块化设计和开发方法。每个模块有明确的功能和接口，可以独立开发和测试，然后集成到整个嵌入式系统中。这样可以提高开发效率以及嵌入式软件的可维护性和重用性。
- 建立自动化部署和配置管理流程，通过脚本和工具实现嵌入式软件的自动化部署和配置。这样可以减少人为错误、提高部署效率，并确保嵌入式软件在不同环境中的一致性。
- 将持续集成和持续交付的理念引入嵌入式软件开发中。建立持续集成环境，通过自动化构建、自动化测试和持续集成服务器等工具，实现频繁地集成和测试嵌入式软件。这样可以提高开发效率、减少集成问题，并实现持续交付高质量的嵌入式软件。
- 利用适合嵌入式软件开发的工具和框架，例如嵌入式操作系统、开发工具链、调试器和仿真器等。这些工具和框架可以提供便利的开发环境和调试能力，加速嵌入式软件的开发和调试过程。

相较于嵌入式软件开发，桌面应用软件开发、Web 应用软件开发、移动应用软件开发等的开发环境不同，需要软件工厂配置适合各类软件开发的集成开发环境，例如 Eclipse、Visual Studio、WebStorm 等。这样可以提供便利的开发环境，包括代码编辑器、调试器、构建工具等，并支持多种编程语言和框架。

2. 软件项目交付

软件项目交付阶段确保服务安全上线运营，具体内容包括：

（1）发布管理。有相应的发布安全流程与规范，发布操作具有明确的权限管控机制，发布应具有明确的安全检查节点，根据安全节点检查结果，有相关告警机制，针对发布流程具有安全回退、备份机制，制定发布策略，通过低风险的发布策略进行发布，如灰度发布或者蓝绿发布等方式，发布流程实现自动化，一键发布，根据安全节点检查结果，发现高危安全问题，自动阻断发布流程，对于发布流程具有监控机制，出现问题自动化回溯，建立稽核机制，发布前需要通过稽核部门的独立检查。

（2）安全性检查。进行病毒扫描以及数字签名验证等完整性校验，校验结果作为发布的前置条件。

（3）事件响应计划。具有预先的事件响应计划，包括但不限于安全事件应急响应流程，安全负责人与联系方式。

软件发布后运营阶段的具体内容包括：

（1）安全监控。具有运营阶段安全监控机制，覆盖全部业务场景，能够抵御常见威胁攻击，如 DDoS 攻击、暴力破解、病毒攻击、注入攻击、网页篡改，具有统一的安全监控平台，对网络攻击处理能统一监视并可视化展示，对于监控到的安全事件进行分级展示，具有智能化安全监控平台，对于监控事件统一关联分析，智能识别潜在的安全风险，实现智能化用户行为分析以及资产数据的安全画像。

（2）安全运营。定期进行常规安全检查与改进，运营人员有明确的权限管控机制与管理规范，监控运营数据加密存储，存储与备份机制符合安全要求，保证全生命周期安全，对于安全事件有多种方式的告警机制，通过统一平台对安全事件处置全流程进行跟踪，具备从外部接收相关漏洞通告和安全情报的能力，对于自动化运维工具进行安全加固并具备自动化监控机制，及时发现工具的操作安全风险，对于运营过程中的安全日志等数据进行自动化分析，发现安全风险并告警，可建设统一的安全运营中心，分布于不同位置的云平台接入统一运营中心，将管理数据统一进行处理，对于监控数据进行统计、展示，具备持续的安全漏洞、安全信息外部反馈机制，对于运营过程中的安全日志等数据进行智能化关联分析，发现潜在安全风险并告警，根据漏洞信息、业务场景等智能化推荐安全解决方案，进行智能化处置。

（3）风险评估。制订和实施安全风险评估计划，定期进行安全测试与评估，安全风险评估、测试范围应覆盖重要业务系统、应用，建立渗透测试流程，根据渗透测试流程，针对系统架构、应用程序、网络层面漏洞进行安全测试，制订漏洞奖励计划，鼓励第三方渗透测试，建立智能化的风险评估体系，对于生产环境中的安全风险进行分析、告警。

（4）应急响应。具有明确的应急事件响应流程，基于应急事件进行分级、分类处理，具备专门的应急响应安全团队，具有统一的技术平台，对于应急事件进行全流程跟踪与可视化展示，对于应急事件及时复盘，形成相关处理知识库，对于应急事件处理具有具体的量化指标，包括但不限于威胁处理时间、响应时间，定期开展应急事件演练，对于应急事件可以实现一定程度的自动化处理，对于应急事件具有全面的自动化以及一定程度的智能化处理能力。

（5）升级与变更管理。有明确的升级与变更操作制度流程，升级变更操作有明确的权限管控机制和审批授权机制，对于升级变更操作有明确的操作信息记录，包括但不限于变更升级内容、变更升级时间，用户对于变更升级操作无感知，对用户有影响的需要提前告知沟通，有相应的回溯机制，变更升级操作与版本系统同步，确保版本信息一致，对于重大变更升级有分级评审机制，实现自动化变更升级与回溯，变更升级操作有相应监控机制，出现问题自动化回溯。

（6）服务与技术支持。有明确的服务与技术支持方式，通过电话等方式对用户反馈的问题进行反馈、回访，对监管部门、运营商提出的安全问题及时响应，对用户反馈问题有分级处理机制，及时对处理结果进行反馈，说明处理结果、影响程度等，对反馈问题分类处理、记录、归档，方便知识的反馈、复用，针对安全类问题有专属反馈通道，确保安全问题的及时响应。

（7）运营反馈。定期收集运营过程中的安全问题，进行反馈，对反馈问题分类、分级处理，完善前期需求设计、研发等流程，具有明确的反馈改善管理流程与度量机制，有统一的运营安全问题反馈平台，统一收集反馈问题，分类、分级处理，反馈全流程跟踪，对收集的问题实现自动化汇总分析，实现智能化关联分析，发现潜在问题，优化研发、交付、运营全流程。

第 6 章　云资源规划

云资源规划是指在云计算环境中，对可用的云资源进行合理和有效的管理和分配的过程。它涉及对计算、存储、网络等资源进行规划和配置。云资源规划旨在确保云资源的合理使用、性能优化，满足安全性、合规性要求及成本控制。云资源规划是确保在云计算环境中获得最佳性能、最高安全性和最优成本的关键步骤，通过最佳实践与工具相结合，实现云资源的最佳利用和管理。云资源规划是一个持续的过程，需要定期审查和优化资源配置，以反映变化的需求和新技术的出现。

6.1　云资源规划概述

云资源是指由云服务提供商所提供的计算、存储、网络等基础设施和服务。这些资源可以通过互联网或专用网络进行访问和使用，用户无须拥有自己的物理设备或基础设施，而是通过租用云服务来满足需求。

维基百科中云计算的定义为：云计算就是一种按照需求通过 Internet 获取计算资源的形态。这些计算资源被包装成服务提供给用户，提供这些服务的主体称为云服务提供商（Cloud Service Provider）。

ISO/IEC 17788 和 GB/T 32400—2015 中关于云计算的定义为：云计算是一种通过网络将可伸缩、弹性的共享物理和虚拟资源池以按需服务的方式供应和管理的模式。（注：资源包括服务器、操作系统、网络、软件、应用和存储设备等）。

6.1.1　重要性和目标

云资源规划的目标是确保有效管理和利用云计算资源，以满足业务需求和目标。云资源规划的重要性在于优化资源利用、降低成本、确保可扩展性和提高可靠性，以支持业务需求和目标。这使得云资源规划成为成功实施和管理云计算环境的关键因素。

云资源规划的重要性和目标体现在如下几个方面：

- 提高效率。云资源规划使组织能够更有效地利用云计算资源，避免资源浪费和过度购买。通过准确评估和规划资源需求，可以避免资源瓶颈和性能问题，提高整体业务效率。
- 降低成本。有效的云资源规划可以帮助组织降低运营成本。通过优化资源配置、采用成本效益高的计算和存储解决方案，以及精确预测和控制成本，组织可以实现资源使用的最佳回报并降低总体运营支出。
- 确保可扩展性。云资源规划能考虑到业务增长和变化的需求，确保系统具备可扩展性。通过合理规划计算和存储资源的扩展能力，组织可以满足业务快速增长的需求，避免系统瓶颈和性能下降。云资源的扩展要根据业务需求，防止过度投入或者投入不足。

- 提高可靠性和弹性。云资源规划有助于提高系统的可靠性和弹性。通过合理分配冗余资源，以及实施高可用性和容灾策略，组织可以减少系统故障和停机时间，确保业务连续性。
- 支持业务需求。云资源规划与业务需求紧密结合，确保云计算资源能够满足组织的特定需求。通过深入了解业务需求，包括资源类型、性能、安全性、可靠性等要求，云资源规划能够为业务提供合适的资源支持。

6.1.2　关键要素

云资源规划的关键要素包括业务需求分析、资源评估和规划、预算管理、安全和合规性、弹性和可扩展性、性能优化以及监控和管理。这些要素相互关联，共同确保云资源能够满足组织的需求，并提供高效、可靠和安全的云计算环境。

- 业务需求分析。了解业务需求是云资源规划的基础，包括确定业务目标、预测资源需求、评估性能要求以及考虑数据安全和合规性需求。
- 资源评估和规划。对当前和未来的资源需求进行评估和规划是云资源规划的核心，包括确定计算、存储和网络资源的数量、类型和规模，以满足业务需求，并确保资源的高效利用。
- 预算管理。云资源规划需要考虑预算限制和成本效益，包括制订预算计划、预测运营成本、优化资源配置以及评估和控制云服务提供商的费用。
- 安全和合规性。云资源规划要考虑数据安全和合规性要求，包括确保云环境的数据保护措施、访问控制、身份验证和合规性标准的满足。
- 弹性和可扩展性。云资源规划需要考虑业务的弹性和可扩展性需求，包括评估系统的弹性需求，设计弹性架构，以及规划和准备资源的扩展能力，以适应业务的变化和增长。
- 性能优化。云资源规划要考虑系统的性能要求，包括评估和优化计算和存储资源的性能，选择适当的云服务提供商和配置选项，以满足业务的性能需求。
- 监控和管理。云资源规划需要包括监控和管理资源的能力，包括制定监控策略、选择适当的监控工具和技术，以及建立有效的资源管理流程，以确保资源的可见性和及时的干预。

6.1.3　基本流程

云资源规划的基本流程涵盖了从需求收集到规划设计、实施和持续优化的各个阶段。基本流程如下：

（1）需求收集。具体包括以下内容：

- 理解业务需求和目标，包括预测未来的增长和变化；
- 收集和分析相关的业务数据，如系统架构、用户量、交易量、存储需求等；
- 调研和了解利益相关者的需求和期望，包括业务部门和IT团队。

（2）资源评估和规划。具体包括以下内容：

- 评估当前的计算、存储和网络资源使用情况，包括性能、可用性和成本；
- 预测未来的资源需求，并根据业务增长和变化制定资源规划策略；
- 确定合适的云服务模型（如IaaS、PaaS、SaaS、FaaS）和提供商，根据业务需求选择适当的资源类型和配置。

（3）预算管理。具体包括以下内容：

- 制订预算计划，考虑资源采购、运营和维护的成本；
- 评估云服务提供商的定价模型和费用结构，并进行成本效益分析；
- 设定费用控制和预算监控的策略，确保资源使用符合预算要求。

（4）设计与实施。具体包括以下内容：

- 基于需求和资源评估，设计云架构和系统配置，包括计算、存储、网络和安全方面的规划；
- 选择适当的云服务提供商，并配置和部署云资源；
- 迁移应用程序和数据到云环境，并确保数据的安全和完整性。

（5）持续优化。具体包括以下内容：

- 监控和评估云资源的性能、可用性和成本效益；
- 根据实际使用情况和需求变化，进行资源调整和优化；
- 定期审查和更新资源规划，以确保与业务目标的一致性和适应性。

整个云资源规划流程应该是一个循环的过程，随着业务需求的变化和技术进展，不断进行评估和优化。这种持续的规划和优化能够确保云资源满足业务的需求，并提供高效、可靠和安全的云计算环境。

6.2　云计算架构

云计算架构是指在云计算环境下，将各种资源和服务组织起来以满足用户需求的框架。云计算架构旨在保障弹性、可靠性和高效性，以满足用户对云资源的需求。云计算架构包括服务类型、服务模式、内部特征和外部特征等要素，这些要素构成了云计算架构的基础。云计算架构如图 6-1 所示。

6.2.1　云计算服务类型

按照部署类型划分，云计算可分为公有云、私有云和混合云三类，每种类型都有其特点和适用场景，组织可以根据实际需求选择合适的云计算服务类型。

1）公有云

公有云通常指第三方提供商为用户提供的能够使用的云，公有云一般可通过互联网使用，通常是免费或价格低廉的，公有云的核心属性是共享资源服务。公有云的优势是成本低和扩展性好，作为一个支撑平台，能够整合上游的服务（如增值业务、广告）提供者和下游最终用户，打造新的价值链和生态系统。它使客户能够访问和共享基本的计算机基础设施，其中包括硬件、存储和带宽等资源。可以认为公有云是目前世界上最大规模的高等级软件定义数据中心，在私有云中鲜见的大规模分布式存储、硬件、SDN 等技术在公有云中均得到了广泛的运用。云服务提供商部署 IT 基础设施并进行运营维护，将基础设施所承载的标准化、无差别的 IT 资源提供给公众客户。

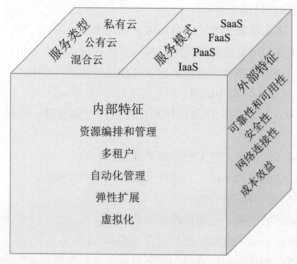

图 6-1　云计算架构图

公有云的核心特征是基础设施所有权属于云服务商，云端资源向社会大众开放，符合条件的任何个人或组织都可以租赁并使用云端资源，且无须进行底层设施的运维。公有云的优势是成本较低、无须维护、使用便捷且易于扩展，适应个人用户、互联网企业等大部分客户的需求。

在实际应用中，公有云可以提供多种服务模式，如基础设施即服务（IaaS）、平台即服务（PaaS）和软件即服务（SaaS）。这些服务模式可以根据用户的需求选择不同的资源和服务，从而更好地满足用户的需要。公有云是一种灵活、可扩展、高可用性和成本效益高的云计算服务模式，适用于各种规模和行业的企业，可以帮助企业提高计算资源的利用率和管理水平。

2）私有云

私有云是为一个客户单独使用而构建的，因而提供对数据、安全性和服务质量的最有效控制。用户拥有基础设施，并可以控制在此基础设施上部署应用程序的方式。私有云可部署在企业数据中心的防火墙内，也可以部署在一个安全的主机托管场所。私有云的核心属性是专有资源池。私有云的特点是数据安全性高、服务质量保障完善和较高的资源使用率。

私有云架构是基于私有云环境构建的云计算基础设施。它是为单个组织或实体而设计的，通常部署在自己的数据中心或由第三方托管。私有云架构提供更高的安全性和控制权，但可能缺乏公有云的灵活性和可扩展性。

要实现私有云需要大规模投资才能获得回报，其部署需要企业 CIO 们进行深入评估，并需要 IT 部门进行大规模投资和长期承诺。对于不希望将其信息放入公共访问云中的大型企业来说，这是一个很有吸引力的选择。对于私有云来说，其建设需要大量的投资，其成本需要三到五年得到回收。

3）混合云

混合云架构是将公有云和私有云结合使用的环境。根据需求将工作负载和数据部署在不同的云环境中。混合云架构可以提供灵活性、安全性和成本效益的平衡。混合云是指同时部署公有云和私有云的云计算部署模式。私有云主要是面向企业用户，出于安全考虑，企业更愿意将数据存放在私有云中，但是同时又希望可以获得公有云的计算资源，在这种情况下，混合云被越来越多地采用，它将公有云和私有云进行混合和匹配，以获得最佳的效果，达到了既省钱又安全的目的。

混合云将私有云和公有云协同工作，从而提高用户跨云的资源利用率。混合云帮助用户管理跨云、跨地域的 IT 基础设施，它是包含了公有云和私有云中各类资源和产品的一个有机整体系统。业务根据其自身特点的不同，总体上可以分为稳态业务和敏态业务两类，分别适合部署在私有云和公有云中。稳态业务常常通过物理机承载，要求高可靠、低时延等，通常部署在传统网络或私有云中，满足裸机、数据库、核心业务等业务诉求，以及各种不入云服务器的接入需求。混合云不是简单的私有云和公有云的叠加，混合云需要提供以下能力，即在公有云和私有云之间提供统一的服务体验，例如服务门户统一、资源监控界面统一、账户权限统一等。

6.2.2　云计算内部特征

云计算架构的内部特征是指在云环境内部的组件、技术和机制，用于实现资源管理、部署、弹性扩展和自动化管理等功能。

云计算架构的一些重要的内部特征如下：

- 虚拟化。虚拟化是云计算架构中的核心概念之一，它通过使用虚拟化技术，将物理资源（如服务器、存储和网络）抽象为虚拟资源。虚拟化可以将一台物理服务器划分为多个虚拟机（VM），每个虚拟机可以独立运行不同的应用程序和操作系统。虚拟化提供了更高的资源利用率和灵活性，使得资源可以按需分配和管理。
- 弹性扩展。弹性扩展是云计算架构的重要特征之一，它允许根据需求动态地增加或减少计算资源。云环境中的应用程序可以根据流量、负载或其他指标的变化自动扩展或缩减资源。弹性扩展可以通过自动化工具和机制实现，例如自动负载均衡、弹性自动缩放和自动资源调配。
- 自动化管理。云计算架构使用自动化管理来提高资源的管理效率和可靠性。自动化工具和机制可以自动执行各种管理任务，如资源配置、监控、部署、备份和恢复等。自动化管理减少了手动操作的需求，提高了操作的一致性和效率。常见的自动化工具包括自动化编排工具、配置管理工具和容器编排工具。
- 多租户支持。云计算架构通常是多租户的，即多个用户或组织可以共享同一云环境的资源。多租户支持需要强大的隔离和安全机制，以确保各个租户之间的数据和应用程序的隔离和保护。常见的隔离机制包括虚拟化技术、网络隔离、身份认证和访问控制。

● 资源编排和管理。云计算架构需要提供资源编排和管理的功能，以便有效地管理和利用云环境中的资源。资源编排涉及定义和部署应用程序、配置网络和存储等方面的任务。资源管理涉及监控资源使用情况、进行容量规划和优化资源分配等。资源编排和管理通常通过编排工具和管理平台来实现。

云计算架构的这些内部特征共同构成了云计算架构的基础，使其能够提供高效、可靠和灵活的计算环境。通过虚拟化、弹性扩展、自动化管理、多租户支持以及资源编排和管理，云计算架构实现了资源的高效利用、自动化的操作和强大的安全性，为用户提供了便捷的计算服务。

6.2.3　云计算外部特征

云计算架构的外部特征是指与云环境外部相关的方面，包括可靠性和可用性、安全性、网络连接性和成本效益等。下面对云计算架构的外部特征进行详细介绍：

● 可靠性和可用性。云计算架构致力于提供高可靠性和可用性的服务。为了实现这一目标，云计算架构采用了多种技术和策略。其中包括在不同地理位置部署冗余系统，如多个数据中心之间的数据备份和镜像，以确保即使在硬件故障或自然灾害发生时，服务仍然能够持续提供。

● 安全性。安全性是云计算架构的关键特征之一。云计算架构采用了多层次的安全措施来保护用户的数据和应用程序免受潜在的威胁和攻击。这些措施包括数据加密、身份认证、访问控制、漏洞管理和监控等。云服务提供商通常会遵循安全最佳实践，并持续更新和改进安全性措施。

● 网络连接性。云计算架构需要提供高速、可靠的网络连接，以确保用户和应用程序能够快速访问和传输数据，包括高带宽网络、低延迟的连接、负载均衡和内容分发网络（CDN）等技术。网络连接性的良好性能对于云服务的用户体验和应用程序的性能至关重要。

● 成本效益。云计算架构旨在提供具有成本效益的云计算服务。云计算提供按需分配和释放资源的灵活性，用户只需根据实际使用情况付费，避免了传统计算架构中需要购买和维护大量硬件设备的高成本。此外，云计算架构还提供了资源利用优化、自动化管理和经济实惠的计费模型等功能，帮助用户降低运营成本。

通过提供高可靠性和可用性的服务、强大的安全性、良好的网络连接性和经济实惠的计费模型，云计算架构的外部特征确保了用户能够安全、高效地使用云服务，并根据实际需求获得成本效益。

6.2.4　云计算服务模式

云计算的服务模式主要分为 IaaS（Infrastructure as a Service）、PaaS（Platform as a Service）、SaaS（Software as a Service）和 FaaS（Function as a Service）。在实际的商业模式中，PaaS 的发展促进了 SaaS 的发展，因为提供了开发平台后，SaaS 的开发难度降低了。组织可以根据实际需求和业务场景选择合适的云计算架构类型（公有云、私有云、混合云）和模式来满足需求。

1. IaaS

IaaS 即"基础设施即服务"，它提供了一种虚拟化的计算资源，如服务器、存储设备和网络设备等，用户可以通过云服务提供商租用这些资源来部署和管理应用程序。用户通过 Internet 可以获得完善的计算机基础设施获得服务，例如，AWS、OpenStack、CloudStack 提供的虚拟机计算服务。通过这种模式，用户可以从提供商那里获得所需要的虚拟机或者存储资源来装载相关应用，同时这些基础设施的烦琐的管理工作将由 IaaS 提供商来处理。IaaS 能通过提供虚拟机来支持众多的应用。IaaS 主要的用户是系统管理员。

IaaS 的优点包括：

● 灵活性。IaaS提供了一种灵活的虚拟化计算资源，用户可以根据自己的需求选择不同的硬件配置和操作系统。

● 可扩展性。IaaS可以根据用户的需求进行横向和纵向的扩展，提供了灵活的资源管理和调度能力。

● 高可用性和可靠性。IaaS提供商通常会提供高可用性和数据安全保障，确保用户的应用程序稳定可靠。

● 成本效益。用户可以根据实际使用情况付费，避免了传统的硬件购买和维护的高昂成本。

IaaS 的适用场景包括：

● Web应用程序部署。IaaS可以提供虚拟化的服务器和存储设备，用于部署Web应用程序。

● 大规模数据处理。IaaS可以提供大规模的计算和存储资源，用于处理大规模的数据集。

● 备份和灾难恢复。IaaS可以提供虚拟化的存储设备，用于备份和灾难恢复。

IaaS 是一种灵活、可扩展、高可用性和成本效益高的云计算服务模式，适用于各种规模和行业的企业，可以帮助企业提高计算资源的利用率和管理水平。

2. PaaS

PaaS 即"平台即服务"，它提供了一种构建和部署应用程序的中间件平台，用户可以使用该平台上的基础设施和应用程序运行时环境来开发、测试、部署和管理应用程序。而且，无论是部署还是运行，都无须为服务器、操作系统、网络和存储等资源管理操心，这些烦琐的工作都由 PaaS 提供商负责处理，而且 PaaS 的整合率非常惊人，比如，一台运行网络应用程序的服务器能够支撑成千上万的应用。PaaS 主要的用户是开发人员，它是把服务器平台作为一种服务提供的商业模式。例如 Sea，它是通过互联网就能直接使用的开发平台，不需要在本地安装各类的开发环境。

PaaS 的优点包括：

● 灵活性。PaaS提供了一种灵活的中间件平台，用户可以根据自己的需求选择不同的编程语言、框架和工具来开发应用程序。

● 简化部署和管理。PaaS提供商负责应用程序的运行环境和基础设施的维护，用户只需要关注应用程序本身的开发和部署。

- 可扩展性。PaaS可以根据应用程序的需求进行横向和纵向的扩展,提供了灵活的资源管理和调度能力。
- 高可用性和可靠性。PaaS提供商通常会提供高可用性和数据安全保障,确保用户的应用程序稳定可靠。

PaaS 的适用场景包括:

- Web应用程序开发。PaaS可以为Web应用程序提供完整的运行时环境,包括数据库、应用服务器、缓存等。
- 移动应用程序开发。PaaS可以为移动应用程序提供后端服务,如用户认证、数据存储、消息推送等。
- 物联网应用程序开发。PaaS可以为物联网应用程序提供设备管理和数据存储等服务。
- 大数据和人工智能应用程序开发。PaaS可以提供分布式计算、数据存储、机器学习等基础设施和服务,帮助用户快速构建大数据和人工智能应用程序。

PaaS 是一种灵活、简化部署和管理、可扩展、高可用性和可靠性的云计算服务模式,适用于各种类型的应用程序开发和管理。

3. SaaS

SaaS 即"软件即服务",它将应用程序作为一种服务提供给用户,用户可以通过互联网访问和使用应用程序,而不需要在本地安装和配置软件。国内通常将其称为软件运营服务模式,简称为软营模式,提供的是软件服务。SaaS 主要面对的是普通用户,尽管这些网页服务是用作商务和娱乐或者两者都有,但这也算是云技术的一部分。

SaaS 的优点包括:

- 方便性。用户可以通过互联网随时随地访问和使用应用程序,无须安装任何软件或配置相关硬件。
- 可靠性。SaaS提供商通常会提供高可用性和数据安全保障,确保用户的数据安全和应用程序的稳定性。
- 可扩展性。SaaS可以根据用户的需求进行横向和纵向的扩展,从而满足不同规模和复杂度的应用程序需求。
- 成本效益。用户可以根据实际使用情况付费,避免了传统的软件购买和维护的高昂成本。

SaaS 的适用场景包括:

- 办公软件,如在线文档编辑、电子表格、项目管理工具等。
- 客户关系管理(CRM),如销售管理、市场营销、客户支持等。
- 人力资源(HR)管理,如员工招聘、培训、绩效管理等。
- 供应链管理(SCM),如订单管理、物流配送、库存管理等。

SaaS 是一种方便、可靠、可扩展和成本效益高的云计算服务模式,适用于各种规模和行业的企业,可以帮助企业提高工作效率和管理水平。

4. FaaS

FaaS 即"功能即服务"，它将应用程序的不同功能拆分成独立的、可复用的函数，并以服务的形式提供给用户。每个函数都是独立的，可以单独部署、运行和扩展，而不需要考虑整个应用程序的复杂性。

FaaS 的优点包括：

- 灵活性。FaaS允许开发人员将应用程序的不同功能拆分成独立的函数，每个函数都可以独立部署、运行和扩展，这使得开发人员可以更加灵活地构建和部署应用程序。
- 可伸缩性。由于每个函数都是独立的，可以根据实际需求单独对某个函数进行横向或纵向扩展，从而实现更好的资源利用率和性能。
- 可靠性。由于每个函数都是独立的，一个函数的故障不会影响其他函数的运行，可以提高应用程序的可靠性。
- 高效性。FaaS提供商通常会对函数进行优化和缓存，从而提高函数的执行效率，降低成本。

FaaS 的适用场景包括：

- 微服务架构。FaaS可以将微服务架构中的不同服务拆分成独立的函数，实现更加灵活和可扩展的应用程序。
- 事件驱动架构。FaaS可以作为事件驱动架构的核心组件，将事件处理拆分成独立的函数，提高事件处理的灵活性和可扩展性。
- 云原生应用。FaaS可以作为云原生应用程序的基础设施，提供高可用、可伸缩和可靠的计算能力。

总之，FaaS 是一种高效、灵活、可扩展和可靠的云计算服务模式，适用于各种应用程序的开发和部署。

6.3　计算资源规划

云资源中的计算资源是指云服务提供商提供给用户的用于执行计算任务和处理数据的资源。计算资源规划是确保企业或组织在云计算环境中有效地管理和利用计算资源的关键过程。计算资源规划需要考虑多种因素，从需求分析、容量规划、云服务选择、虚拟化策略、安全性考虑到成本效益分析与持续监控和维护。通过有效的计算资源规划，企业可以在云计算环境中实现更高的效率、灵活性和可扩展性。

云计算的计算资源提供了灵活、可扩展和按需使用的能力，使用户能够根据实际需求获取所需的计算能力，提高效率并降低成本。

6.3.1　基本概念

在云资源规划中，计算资源规划是指对云计算环境中的计算资源进行有效管理和分配的过程。它涉及确定和配置所需的计算资源，以满足应用程序和服务的需求，并确保资源的高效利用。计算资源规划在云资源规划中起着重要作用，涉及对硬件资源的规划和管理、虚拟化和资源池化、弹性扩展和负载均衡、容量规划和预测，以及资源的管理和调度等方面。通过有效的计算资源规划，可以确保云计算环境中的计算资源能够满足应用程序和服务的需求，并实现资源的高效利用。

1. 计算资源的形态

计算资源可以包括以下几种形态：

- 虚拟机（Virtual Machine，VM）。虚拟机是一种仿真的计算环境，通过在物理服务器上创建多个虚拟实例来提供计算能力，每个虚拟机可以拥有自己的操作系统、应用程序和配置。
- 容器（Container）。容器技术是一种轻量级的虚拟化技术，它允许将应用程序及其依赖打包到一个独立的可执行单元中，使得应用程序可以在不同的计算环境中运行而无须重新配置。
- 裸金属（Bare Metal）。裸金属服务是云服务提供商以物理机形态提供云计算服务，裸金属服务主要面向租户的数据库、大数据、AI等对计算性能要求比较高的场景。
- GPU（Graphics Processing Unit）。GPU是一种高性能图形处理器，也可以用于并行计算任务。云服务提供商提供的GPU实例可以满足图形渲染、深度学习、科学计算等高性能计算需求。
- 弹性计算资源（Elastic Compute Resource，ECR）。弹性计算资源是指云平台根据用户的需求动态分配和释放的计算资源，在计算压力变化时能自动扩展或收缩，以满足业务需求。

2. 计算资源规划的范围

计算资源规划的范围如下：

- 硬件资源规划。计算资源规划涉及对硬件资源的规划和管理，如服务器、网络设备，包括确定所需的硬件规格、数量和配置，以及确保硬件的可靠性、可用性和性能。
- 虚拟化。云环境中的计算资源规划通常基于虚拟化技术，将物理资源划分为虚拟资源池。通过虚拟化，可以灵活地分配和管理计算资源，根据应用程序的需求进行资源的动态分配和释放。
- 容器化。容器化是将应用程序及其依赖项打包到容器中的过程。容器可以提供独立的运行环境，使得应用程序在不同的计算资源上进行部署和运行变得更加简单和可移植。
- 弹性扩展和负载均衡。计算资源规划需要考虑应用程序的负载情况，并根据需要进行弹性扩展，包括根据负载变化自动调整资源，确保应用程序的性能和可用性。负载均衡技术也是计算资源规划中的关键，通过分配请求到不同的计算资源节点上，实现负载均衡和资源优化。
- 容量规划和预测。计算资源规划需要进行容量规划和预测，以确保足够的计算资源可用于满足未来的需求。这涉及对应用程序的使用模式和趋势进行分析，并基于历史数据和预测模型进行容量规划。

- 资源管理和调度。计算资源规划涉及对资源的管理和调度，包括资源的分配、调度和释放。资源管理的目标是确保资源的合理分配和高效利用，以提供最佳的性能和用户体验。

6.3.2　方法和技术

计算资源规划涉及多种方法和技术，可以帮助确定和优化计算资源的配置和利用。以下是一些常用的计算资源规划方法和技术：

- 容量规划。容量规划是一种基于历史数据和趋势分析的方法，用于预测未来的计算资源需求。通过收集和分析工作负载数据、性能指标和业务需求，可以确定所需的计算资源规模和配置。
- 性能优化。性能优化是通过优化计算资源的配置和使用，以提高系统性能和效率，包括调整资源分配、优化算法、改进网络和存储性能等措施，以满足业务需求，并提高响应时间、吞吐量等性能指标。
- 负载均衡。负载均衡是一种将工作负载分布到多个计算资源上的方法，以确保资源利用的均衡和高效。负载均衡可以通过硬件或软件实现，将请求分发到多个服务器或虚拟机，以减轻单个资源的负荷并提高整体性能。
- 弹性伸缩。弹性伸缩是一种动态调整计算资源的方法，根据实际需求的变化自动扩展或收缩资源。这可以基于预设的规则和阈值，通过自动化工具和云服务提供商的功能来实现，以满足变化的负载需求。
- 虚拟化和容器化。虚拟化和容器化技术可以提高计算资源的利用率和灵活性。通过虚拟化技术，可以将物理服务器划分为多个虚拟机，使得资源可以更好地共享和利用。容器化技术则允许将应用程序和其依赖项打包成轻量级容器，实现更快速的部署和可移植性。
- 自动化管理。自动化管理工具和技术可以简化计算资源的管理和配置过程，提高效率和减少人工错误，包括自动化部署、配置管理、监控和报警、自动化修复等方面的工具和技术。
- 云资源管理。云资源管理平台和工具可以帮助监控、分配和优化云资源。这些平台提供了可视化的资源管理界面、自动化的资源调整和成本优化功能，帮助组织更好地管理和利用云计算资源。

上述这些方法和技术可以根据具体情况进行组合和应用，以满足计算资源规划的需求。根据业务需求的变化和技术的发展，可能需要采用新的方法和技术来不断优化和改进资源规划。

6.3.3　关键过程

计算资源规划是确保企业或组织在云计算环境中有效地管理和利用计算资源的关键过程。以下是计算资源规划的关键步骤：

（1）需求分析。首先，需要了解应用程序和工作负载的需求，包括对 CPU、内存、存储和带宽等资源的需求进行详细的评估。这可以通过性能测试和基准测试来完成。

（2）容量规划。基于需求分析，确定所需的计算资源容量。这涉及决定在任何给定时间内能够处理多少工作负载，以及需要多少资源来满足这个需求。

（3）云服务选择。根据需求和容量规划，选择合适的云服务。这可能包括 IaaS（基础设施即服务）、PaaS（平台即服务）或 SaaS（软件即服务）。每种服务类型都有其特定的优点和适用场景。

（4）虚拟化策略。考虑是否采用虚拟化技术来提高计算资源的利用率。虚拟化可以帮助企业更有效地管理和扩展计算资源，同时提高灵活性和可扩展性。

（5）安全性考虑。确保在规划计算资源时考虑到安全性需求，包括数据加密、访问控制、安全审计等方面。

（6）成本效益分析。计算资源规划也需要考虑成本效益。通过比较不同方案的成本和效益，可以确定哪些方案最符合企业的需求和预算。

（7）持续监控和维护。最后，需要建立一种持续监控和维护计算资源的机制，包括监控资源使用情况、检测性能瓶颈、定期维护和更新等。

总之，计算资源规划是一个多步骤的过程，需要考虑多种因素，从需求分析、容量规划、云服务选择、虚拟化策略、安全性考虑到成本效益分析与持续监控和维护。通过有效的计算资源规划，企业可以在云计算环境中实现更高的效率、灵活性和可扩展性。

6.4　存储资源规划

云资源中的存储资源指的是云计算环境中可用于存储数据的各种硬件和服务，这些存储资源用于存储应用程序的文件、数据库、备份、日志、媒体文件以及其他类型的数据。在云计算环境下，存储资源能够提供高可用性、灵活性和可扩展性，用户可以根据自身需求实现数据的可靠存储和高效管理。

云存储资源可以通过云服务商提供的接口进行访问和管理，用户可以根据自身需求选择适当的存储类型和容量来存储和管理数据。常见的云存储资源包括对象存储、文件存储和块存储等。

6.4.1　基本概念

在云资源规划中，存储资源规划是指对云计算环境中的存储资源进行有效管理和分配的过程。它涉及确定和配置所需的存储资源，以满足应用程序和服务的需求，并确保数据的安全性、可靠性和高性能访问。

存储资源规划的定义和范围包括以下几个方面：

- 存储类型选择。存储资源规划涉及选择适合应用程序需求的存储类型。云计算环境提供了多种存储类型，如块存储、文件存储、对象存储等。根据应用程序的访问模式、数据处理需求和可用性要求，选择合适的存储类型。

- 存储容量规划。存储资源规划需要进行容量规划，以确保足够的存储空间可用于存储数据。通过分析应用程序的数据量和增长趋势，结合预测模型和历史数据，确定所需的存储容量。

- 数据备份和冗余。存储资源规划需要考虑数据备份和冗余策略，以确保数据的安全性和可靠性。这包括选择适当的数据备份机制、冗余存储和灾难恢复方案，以防止数据丢失和服务中断。

- 存储性能优化。存储资源规划涉及优化存储性能，以满足应用程序的需求，包括选择具有高IOPS（每秒输入/输出操作数）和低延迟的存储设备，使用缓存技术、负载均衡和数据分区等方法来提高存储性能。

- 数据安全和隔离。存储资源规划需要确保存储数据的安全性和隔离性，包括采取数据加密措施、访问控制、身份认证和权限管理，以防止未经授权的访问和数据泄露。

- 存储管理和调度。存储资源规划涉及对存储资源的管理和调度，包括存储资源的分配、监控、容量管理和调整。存储管理的目标是确保存储资源的合理分配和高效利用，以提供良好的性能和可靠性。

存储资源规划在云资源规划中至关重要，涉及存储类型选择、存储容量规划、数据备份和冗余、存储性能优化、数据安全和隔离，以及存储资源的管理和调度等方面。通过有效的存储资源规划，可以满足应用程序和服务对于存储资源的需求，并确保数据的安全性、可靠性和高性能访问。

6.4.2　存储资源和技术

存储资源和技术可以根据其工作原理、访问方式和应用场景进行分类。常见的存储资源和技术的类型如下：

- 直接附加存储（Direct Attached Storage，DAS）。DAS是将存储设备直接连接到主机或服务器的存储方式。常见的DAS包括硬盘驱动器、固态硬盘和外部存储设备等。DAS提供本地存储和高性能访问，适用于小型环境或需要高带宽和低延迟的应用。

- 网络附加存储（Network Attached Storage，NAS）。NAS是通过网络连接提供存储服务的一种存储技术。NAS设备作为独立的存储服务器，通过网络协议（如NFS、CIFS/SMB）向客户端提供文件级别的访问。NAS提供易于管理和共享的存储解决方案，适用于文件共享、备份和存档等场景。

- 存储区域网络（Storage Area Network，SAN）。SAN是一种专用网络，将存储设备连接到服务器，提供块级别的存储访问。SAN使用光纤通道（Fibre Channel）或以太网（iSCSI）等协议，为主机提供高性能的块级别存储。SAN适用于对存储性能、可用性和扩展性要求较高的企业级应用。

- 对象存储（Object Storage）。对象存储是一种以对象为基本存储单元的存储技术，将数据和元数据组合成对象存储在分布式存储系统中。对象存储提供高可扩展性、可靠性和强大的元数据管理功能，适用于大规模数据存储、云存储和数据备份等场景。

- 云存储（Cloud Storage）。云存储是将数据存储在云服务提供商的存储设施中的一种存储方式。通过互联网连接，用户可以通过公有云或私有云访问和管理存储数据。云存储提供高度可扩展、弹性的存储解决方案，适用于数据备份、归档、共享和协作等需求。
- 分布式文件系统（Distributed File System）。分布式文件系统是一种将文件系统跨多个存储节点分布式管理的技术。它提供了高可用性、容错性和可扩展性，并支持文件共享和访问控制。分布式文件系统适用于大规模存储和分布式计算环境。
- 虚拟化存储（Virtualized Storage）。虚拟化存储是在物理存储设备上创建逻辑存储池，并将其分配给虚拟机或应用程序的一种技术。它提供了灵活的存储管理和资源利用，允许实现虚拟机迁移、存储快照和复制等功能。

以上是一些常见的存储资源和技术类型，实际应用中还有许多其他存储技术和解决方案，可以根据具体需求选择合适的存储资源和技术。

6.4.3 关键过程

存储资源规划是一个综合性的过程，涉及对存储需求、性能要求、可用性要求、安全需求等进行分析和评估，以确定适当的存储资源配置和管理策略。以下是存储资源规划的一般步骤：

（1）收集需求。与相关部门和用户合作，收集存储需求的相关信息，包括数据量、数据类型、数据访问模式、保留期限、性能要求、可用性要求、安全需求等。确保充分了解业务需求，以便进行后续的规划和决策。

（2）分析和评估存储需求。基于收集到的需求信息，进行存储需求的分析和评估，包括对数据增长趋势的预测、性能和容量要求的估算、可用性和安全需求的分析等。使用合适的工具和方法，如数据采样、趋势分析、性能测试等，帮助确定存储需求的特点和规模。

（3）技术选择。根据存储需求和预算限制，选择合适的存储技术和解决方案。考虑性能要求、可用性要求、扩展性、成本等因素，选择合适的存储类型，如 DAS、NAS、SAN、对象存储等。同时，考虑与现有系统和基础设施的兼容性和集成性。

（4）架构设计。根据存储需求和选择的存储技术，设计存储架构和拓扑。确定存储设备的布局、连接方式和存储协议。考虑到性能、可用性和扩展性要求，设计适当的存储集群、冗余配置、缓存策略等。

（5）安全规划。考虑存储数据的安全性和合规性要求，制定相应的安全规划，包括数据加密、访问控制、备份和恢复策略、灾难恢复计划等。确保存储资源符合相关的安全标准和合规性要求，保护数据资产的完整性和保密性。

（6）容量规划。根据存储需求和数据增长趋势，进行容量规划，评估存储容量的需求，考虑数据增长率、数据保留期、备份和快照需求等因素，确定适当的存储容量。考虑成本和资源利用的平衡，进行容量规划和资源配置。

（7）性能优化。根据性能要求，进行性能优化和调整，包括使用性能监控工具进行性能分析、调整存储设备的参数和配置、实施缓存策略和负载均衡等。持续监测和优化存储性能，确保满足业务需求。

（8）管理和监控。制定存储资源的管理策略，包括存储资源的配置管理、容量管理、性能监控、故障管理和变更管理等。使用合适的存储管理工具和技术，对存储资源进行有效的管理和监控，及时识别和解决潜在问题。

（9）定期评估和调整。存储资源规划是一个持续的过程，定期评估存储资源的使用情况、业务需求的变化和技术发展的动态，根据需要进行存储资源的调整和优化。及时跟踪新的存储技术和解决方案，保持存储资源规划的有效性和适应性。

以上步骤和方法可以根据组织的具体情况和存储需求进行调整和定制，确保存储资源规划的有效性和可持续性。

6.5　云数据中心规划

云数据中心是云计算数据中心（Cloud Computing Data Center，CDC）的简称，作为支撑云服务的物理载体，处于云计算技术体系的核心地位。它以基于云计算技术架构为特征，以调度技术及虚拟化技术等为手段，通过建立物理的、可伸缩的、可调度的、模块化的计算资源池，将 IT 系统和数据中心基础设施合二为一，以崭新的业务模式向用户提供高性能、低成本、弹性的持续计算能力、存储服务及网络服务。云计算数据中心可部署计算资源、存储资源、电力资源、交互能力以及弹性、负载均衡及虚拟化资源等，而所有的计算、存储及网络资源都是以服务的方式提供的。这种新型服务最大的好处在于合理配置整个网络内的资源，提高 IT 系统能力的利用率，降低成本，节能减排，真正实现数据中心的绿色、集约化。

6.5.1　基本概念

云数据中心规划是指在构建和运营云数据中心时所进行的策划和设计过程，它涉及确定数据中心的目标、范围、资源需求以及技术实施等方面，旨在确保数据中心能够高效地支持云服务的交付和运营。云数据中心规划是一个综合考虑业务需求、技术架构和资源管理等因素的过程，旨在确保云数据中心能够提供高效、可靠和安全的云计算服务。

1. 规划目标

云数据中心规划旨在实现高可靠性、高可扩展性、高性能和高安全性的云计算基础设施。云数据中心规划面临的挑战包括多样化的工作负载、快速增长的数据量、网络带宽和延迟、能源效率和环境影响等。通过综合考虑这些目标和挑战，可以建立可持续发展的云数据中心。云数据中心规划的目标包括：

- 可靠性和可用性。云数据中心规划旨在确保数据中心的高可靠性和持续可用性，可以采用冗余设计、备份和灾难恢复策略等，以保障云服务的连续性和用户体验。
- 可扩展性。云数据中心规划应具备良好的可扩展性，以适应不断增长的用户需求和业务扩展。它需要考虑资源的弹性伸缩、负载均衡和容量规划等，以满足不断变化的工作负载。
- 性能和效率。云数据中心规划的目标之一是提供高性能和高效率的云服务。通过优化网络架构、存储配置、服务器部署和负载管理等方面，提升数据中心的性能和资源利用效率。

- 安全和合规性。云数据中心规划应考虑安全和合规性的要求，包括物理安全、网络安全、数据安全、应用安全以及用户隐私和合规性要求等方面，确保用户数据的安全性和保密性。

2. 设计原则

云数据中心的设计应遵循可用性、冗余性、弹性、可扩展性、性能优化、安全和隐私、灵活性、可管理性、节能和环保等原则，以构建高效、可靠和可持续发展的云计算基础设施。

- 可用性和冗余性。设计云数据中心时，应考虑高可用性和冗余性，包括使用冗余电源和网络提供商、备份和灾难恢复策略、故障转移和负载均衡等措施，以确保系统持续可用并降低单点故障的风险。
- 弹性和可扩展性。云数据中心应设计成具有弹性和可扩展性的架构，以满足不断增长的用户需求，包括弹性资源分配和释放、自动化伸缩、负载均衡和容量规划等，以实现资源的灵活调配和扩展。
- 性能优化。设计云数据中心时，应考虑性能优化的要求，包括优化网络架构、存储配置、服务器部署和负载管理等，以提供高性能和低延迟的云服务。
- 安全和隐私。云数据中心设计应重视安全和隐私保护，包括物理安全措施、网络安全策略、访问控制、数据加密、合规性要求等，以确保用户数据的安全性和保密性。
- 灵活性和可管理性。云数据中心的设计应考虑灵活性和可管理性，包括管理和监控工具的选择、自动化配置和部署、统一管理平台等，以提高数据中心的运维效率和管理便捷性。
- 节能和环保。云数据中心设计应考虑节能和环保要求，包括能源管理、热管理、绿色数据中心设计和设备选择等，以降低能源消耗和对环境的影响。
- 高度可扩展的存储和网络架构。设计云数据中心时，应采用高度可扩展的存储和网络架构，可采用分布式存储系统、软件定义网络（SDN）、网络功能虚拟化（NFV）等技术，以支持大规模数据处理和高速网络传输。

3. 要素

云数据中心是传统数据中心适应市场需求的升级，也是数据中心演进的方向。云数据中心一般具有以下五大要素：

- 面向服务。云数据中心的整体结构都是以服务为导向。通过将自身的物理资源进行虚拟化和聚合，以松耦合的方式提供多种服务的综合承载。用户可从服务目录中选择自己所需的各类资源，而云数据中心底层实现这些资源供给的方法，对用户是完全透明的。
- 资源池化。面向服务是云数据中心对外提供服务的宗旨，而资源池化则是云数据中心的实现途径。在云数据中心内部，各类 IT 资源和网络资源一起构成了统一的资源池，以便对逻辑资源和各类物理资源进行去耦合。对于用户而言，所面对的都是以逻辑形式统一存在的资源，用户只需要关注如何使用和操作这些资源，不必关心这些资源与哪些实际物理设备相关联。

● 高效智能。云数据中心主要基于虚拟化和分布式计算等技术。现代的集群设备成本较低，利用这些低廉的硬件设备可以实现相对高效的信息承载、数据存储与处理。另外，云数据中心可以综合运用各种调度策略，达到负载均衡、资源部署与调度智能化的目的。

● 按需供给。通过资源池化将物理资源转化为统一的逻辑资源后，云数据中心的底层架构可以根据用户的实际需求对资源实现动态供给。另外，云数据中心还可以根据实际的需求趋势，对底层的物理硬件设备进行智能容量规划，从而保证在实际需求之前满足供给。

● 低碳环保。云数据中心通过虚拟化技术可以实现绿色节能的目标，综合运用各种基于能耗的调度策略，可以在满足需求的前提下有效降低云数据中心设备的投入和运营维护成本。

6.5.2　核心技术

1. 网络架构设计

随着网络技术的发展，数据中心已经成为提供 IT 网络服务、分布式并行计算等的基础架构，为加速现代社会信息化建设、加快社会进步发挥着举足轻重的作用。云数据中心对于网络有高带宽、低时延、高可靠性、高灵活性、低能耗的要求，因此，构建云数据中心网络需要具备以下要素：

● 良好的可扩展性。因为随着网络应用的不断发展，更多的服务器将会连接到数据中心中，这就要求数据中心拓扑能够具有容纳更多服务设备的能力。

● 多路径容错能力。为保证拓扑的容错性能，要求拓扑必须具有路径多样性，这样对于链路或是服务器故障等都有很好的容错效果，同时，并行路径能够提供充裕带宽，当有过量业务需要传输服务时，网络能动态实现分流，满足数据传输需求。

● 低时延。云数据中心为用户提供视频、在线商务、高性能计算等服务时，用户对网络时延比较敏感，需要充分考虑网络的低时延特性要求，实现数据的高速率传输。

● 高带宽网络传输能力。数据中心各服务器之间的网络通信量很大且很难预测，达到 TB、PB级，乃至EB、ZB级，这就要求拓扑结构能够保证很好的对分带宽，实现更大吞吐量的数据通信，这样才能有效地保证高带宽的应用请求得到服务响应。

● 模块化设计。充分利用模块化设计的优点，实施设备模块化添加、维护、替换等，降低网络布局和扩展的复杂度。另外，充分考虑业务流量特点及服务要求，保证通信频繁的设备处在同一模块内，降低模块之间的通信量，便于优化网络性能，实现流量均衡。

● 网络扁平化。随着融合网络的发展，网络扁平化要求构建网络的层数要尽可能少，以利于网络流量均衡，避免过载，方便管理。

● 绿色节能。由于云数据中心运营能耗开销甚大，合理的布局有利于数据中心散热，实现
降低能耗开销、保护网络设备的目的。

2. 网络融合技术

以太网、存储网络及高性能计算网络融合是数据中心网络的发展趋势，通过融合可以实现
降低成本、降低管理复杂度、提高安全性等目的。现阶段主要的网络融合技术有光纤以太网通
道技术、数据中心桥接技术及多链接透明互连技术等。

3. 网络性能测试

网络性能测试是通过测试工具对可用于系统设计、配置和维护的性能参数进行测试，然后得
到的一组能代表网络性能的结果。它与用户的操作和终端性能无关，体现的是网络自身的特性。
在视频数据、电子商务等应用场景中，因其数据业务占用带宽大且具有实时性，因此需要有效地
对网络进行预测和使用控制手段来保证网络服务质量。网络性能测试可以分析网络承载的关键业
务，因此可采用一定的测试方法来获取网络性能指标，最终确保用户应用服务体验质量。

网络测试技术由于网络的体系结构和安全因素而被广泛使用和研究。在不同层次上，如网
络层、传输层和应用层等都有各自对应的不同的测试指标：

● 网络层测试指标主要有连通性、带宽、时延和丢包率。
● 传输层测试指标主要有丢包率、吞吐量和连接数。
● 应用层测试指标主要有页面丢失率、应答延迟和吞吐量。

网络性能测试一般是利用 ICMP 和 TCP 等网络协议开展测试，主要有主动测试、被动测试
以及主、被动这两种测试相结合的测试方法。其中，主动测试只需要把测试工具部署在测试源
端上，由监测者主动发送探测流去监测网络设备的运行情况，通过从网络的反馈中观察、分析
探测流的行为来评估网络性能，从而得到需要的信息。被动测试是指在链路或路由器等设备上
对网络进行监测，为了解网络设备的运行情况，监测者需要被动地采集网络中现有的标志性数
据。主动测试比较适合端到端的时延、丢包以及时延变化等参数的测量，而被动测试则更适合
路径吞吐量等流量参数的测试。

4. 虚拟化技术

虚拟化（Virtualization）技术最早出现在 20 世纪 60 年代的 IBM 大型机系统中，在 20 世
纪 70 年代的 System 370 系列中逐渐流行起来。这些机器通过一种叫虚拟机监控器（Virtual
Machine Monitor，VMM，又称 Hypervisor）的程序在物理硬件之上生成许多可以运行独立操作
系统软件的虚拟机（Virtual Machine，VM）。虚拟化技术的本质在于对计算机系统软硬件资源
的划分和抽象。

1）虚拟化技术层次

计算机系统包括 5 个抽象层：硬件抽象层、指令集架构层、操作系统层、库函数层和应用
程序层。虚拟化可以在每个抽象层中实现。虚拟化平台是操作系统层虚拟化的实现。在系统虚
拟化中，虚拟机是在一个硬件平台上模拟一个或者多个独立的和实际底层硬件相同的执行环境。
每个虚拟的执行环境里面可以运行不同的操作系统，即客户机操作系统（Guest OS）。Guest OS

通过虚拟机监控器提供的抽象层来实现对物理资源的访问和操作。目前存在各种各样的虚拟机，但基本上所有虚拟机都基于"计算机硬件 + 虚拟机监控器（VMM）+ 客户机操作系统（Guest OS）"的模型，如图 6-2 所示。虚拟机监控器是计算机硬件和 Guest OS 之间的一个抽象层，它运行在最高特权级，负责将底层硬件资源加以抽象，提供给上层运行的多个虚拟机使用，并且为上层的虚拟机提供多个隔离的执行环境，使得每个虚拟机都以为自己在独占整个计算机资源。虚拟机监控器可以将运行在不同物理机器上的操作系统和应用程序合并到同一台物理机器上运行，减少了管理成本和能源损耗，并且便于系统的迁移。

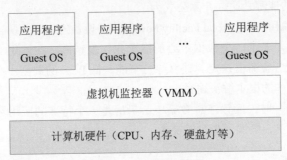

图 6-2　虚拟机模型

2）常用虚拟化技术

常用的虚拟化技术包括：

- 硬件仿真技术。该技术在宿主机操作系统上创建一个硬件虚拟机来仿真所想要的硬件，包括客户机需要的CPU指令集和各种外设等。
- 全虚拟化技术。该技术以软件模拟的方式呈现给虚拟机一个与真实硬件完全相同的硬件环境，使得原始硬件设计的操作系统或其他系统软件完全不做任何修改就可以直接运行在全虚拟化的虚拟机监控器上，兼容性好。
- 半虚拟化技术。该技术又称为泛虚拟化技术、准虚拟化技术、协同虚拟化技术或者超虚拟化技术，是指通过暴露给Guest OS一个修改过的硬件抽象，将硬件接口以软件的形式提供给客户机操作系统。
- 硬件辅助虚拟化技术。该技术是指借助硬件（CPU、芯片组以及IO设备等）的虚拟化支持来实现高效的全虚拟化，主要体现在以软件方式实现内存虚拟化和IO设备虚拟化。

5. 安全技术

云计算数据中心安全体系应包括安全策略、安全标准规范、安全防范技术、安全管理保障、安全服务支持体系等多个部分。安全体系贯穿云计算数据中心安全的各个环节，例如安全需求、安全策略制定、防御系统、监控与检测、响应与恢复等，并需要充分考虑各个部分之间的动态关系与依赖性。

6. 节能技术

从企业角度出发，电能开销是云数据中心运营的重要成本之一；从环境角度出发，保护环境、降低能源消耗也是每个企业应尽的社会责任。传统数据中心运行能耗及制冷能耗开销巨大，由此带来了很大的经济负担，也不利于资源节约及环境保护，因此，降低能耗也成为设计建设新一代数据中心的一个重要目标。在建设数据中心的地点选择上，大多数企业会考虑环境温度较低的地点，从而利用当地适宜的气候和空气进行冷却。在供电方面，对新一代数据中心的供电可以采用风能、太阳能等清洁可再生能源，减少碳排放，应对全球气候变暖问题。同时，可以选择一些功耗较低、具有节能设计的硬件设施，也能有效降低能耗。

PUE（Power Usage Effectiveness）是评价数据中心能源效率的指标，是数据中心消耗的所有能源与IT负载使用的能源之比。计算公式为

PUE= 数据中心的总用电量（Total Facility Power）/IT设备的总用电量（IT Equipment Power）

PUE的值越接近1，表示一个数据中心的绿色化程度越高。在固定IT设备不变的条件下，其能耗主要由承载的业务负荷值决定。建立绿色节能、低PUE的数据中心，是提高能源利用效率、降低运营商能耗成本的根本解决途径。

在引进节能技术的同时，应该注意数据中心机房是一个特殊的应用环境。机房因为通信设备的需求，必须保持恒温、恒湿及少尘的要求。

6.5.3　规划与建设

数据中心的规划由数据中心的性质、商业需求、规模、业务定位、扩展计划、可用性等级、能源效率综合决定。数据中心根据其使用的独立性可划分为自用型数据中心与商业化数据中心。根据企业不同业务的应用需求，数据中心的使用功能也不尽相同，主要有IT生产中心、IT开发与测试中心、灾难备份中心。各类用途的数据中心还可以根据其用户类型、业务领域等进行细分，如互联网数据中心、云计算数据中心、政务级数据中心等。根据GB 50174《数据中心设计规范》，数据中心分级的原则是由机房的使用性质、管理要求及重要数据丢失或网络中断对经济或社会造成的损失或影响程度确定的，从高到低分为A、B、C三级。国际分级依据TIA-942《数据中心电信基础设施标准》中，数据中心分级的原则是可用性，从高到低分为T4、T3、T2、T1四级。

1. 功能定位

数据中心的功能定位具体表现为：

● 城市数据中心向实时性和弹性化发展。从大数据防疫、智慧城市治理到居民信息消费等都需要数据中心提供底层算力支撑，面对突如其来的巨大流量，城市数据中心如果不能提前准备计算资源进行弹性扩容，显然会力不从心。随着我国城镇化进程的加速和5G商用的落地，未来对时延要求更为敏感的VR/AR、移动医疗、远程教育等场景将会得到更加广泛的推广应用，需要贴近用户聚集区域部署数据中心，以保证系统的稳定性和数据的实时性。此外，城市数据中心需要充分考虑大范围自然灾害等不可控因素影响，也应该考虑城市数据中心的异地灾备，保障数据的安全性和业务的连续性。

● 边缘数据中心实现计算能力下沉。随着5G、AI和工业互联网的发展，很多业务场景需要超低的网络时延和海量、异构、多样性的数据接入，"云计算+边缘计算"的新型数据

处理模式使云端数据处理能力下沉，未来大多数的数据需要边缘计算处理，对边缘数据中心的需求将迅猛增长。同时，边缘计算与处于中心位置的云计算之间的算力协同成为新的技术难题，需要在边缘计算、云计算以及网络之间实现云网协同、云边协同和边边协同，才能实现资源利用的最优化。

- 数据中心和网络建设协同布局。构建基于云、网、边深度融合的算力网络，满足在云、网、边之间按需分配和灵活调度计算资源、存储资源等需求。实施网络扁平化改造，推动大型数据中心聚集区升级建设互联网骨干核心节点或互联网交换中心。推进数据中心之间建设超高速、低时延、高可靠的数据中心直连网络，满足数据中心跨地域资源调度和互访需求。根据业务场景、时延、安全、容量等要求，在基站到核心网络节点之间的不同位置上合理部署边缘计算，形成多级协同的边缘计算网络架构。
- 试点探索建设国际化数据中心。面对全球广阔的市场前景，在自贸区、"一带一路"沿线地区等对外开放前沿地区试点探索国际化数据中心，面向亚太及全球市场，探索利用更优路由、更低时延、更低成本服务国际用户。数据中心企业加强云计算、人工智能、区块链等能力建设，丰富服务种类，提高国际竞争能力，创新商业模式，积极拓展海外市场。

2. 建设项目分类

云计算数据中心的建设应在遵循安全适用的基础上，以合理控制投资、降低成本、提高投入产出比为指导原则。建设项目分类主要包括建筑工程、机房空调与配电工程、供电系统工程、机房工艺工程等方面。

- 建筑工程。主要包括机房楼和动力中心工程，包括土建工程、外立面装饰工程、室内装饰工程、动力照明及防雷接地工程、火灾自动报警系统、给水排水及水消防工程、气体消防工程、通风及防排烟工程、辅助用房空调工程、智能化系统、电梯工程等。
- 机房空调与配电工程。主要包括机房防静电架空地板（含保温工程）、机房空调工程、空调配电工程、空调自控系统等。
- 供电系统工程。主要包括列头配电工程、UPS电源工程、变配电工程、油机工程、监控系统及外市电引入、变电站供电工程等。
- 机房工艺工程。主要包括数据中心机房内的服务器机柜、走线架、尾纤槽、列头柜至服务器机柜的电力电缆及服务器机柜接地电缆、主配线区至各数据机房水平配线区的综合布线及相关安装工程等。

6.5.4　发展趋势和挑战

1. 新基建背景下的数据中心产业发展

新型基础设施建设致力于科技端的基础设施建设，主要包括5G基站建设、特高压、城际高速铁路和城市轨道交通、新能源汽车充电桩、大数据中心、人工智能、工业互联网七大领域，涉及诸多产业链，是以新发展为理念，以技术创新为驱动，以信息网络为基础，面向高质量发展需要，提供数字转型、智能升级、融合创新等服务的基础设施体系。与传统基建相比，新基建更加侧重于突出产业转型升级的新方向，无论是人工智能还是物联网，都体现出加快推进产业高端化发展的大趋势。

新基建对数据中心提出新要求，大型数据中心对海量数据处理能力和能耗水平提出更高要求。海量数据将推动数据中心向超大规模发展。与此同时，数据中心对于电力、土地等资源的消耗也将日益增长，大型和超大型数据中心需在更大地域范围内进行选址，进一步降低综合成本和能耗水平。为保障用户数据访问和数据中心互连，需要配合大型数据中心布局来优化骨干网络组织架构，推进互联网技术升级，满足数据中心互连对网络资源的弹性需求和性能要求。

近年来，多地纷纷投资建设数据中心，但这些数据中心大多各自为政、相互分离，缺乏一体化的战略规划，容易造成烟囱效应和重复浪费。在新基建的背景下，数据中心建设应当加强统筹协调，立足国家战略层面，从全局角度进行顶层设计，为数据中心全国统筹布局提供战略性、方向性指引。同时，数据中心发展规划也要与网络建设、数据灾备等统筹考虑、协同布局，实现全国数据中心优化布局。新基建浪潮下数据中心的建设不能简单重复传统基建的方式方法，各地需因地制宜找准自身定位开展数据中心规划布局。对于仍存在较大需求缺口的北上广深等热点城市，综合考虑数据中心对计算能力提升效率和降低能耗之间的平衡，支持建设支撑 5G、人工智能、工业互联网等新技术发展的数据中心，保证城市基本计算需求，或在区域一体化的概念下在周边统筹考虑数据中心建设。对于各区域的中心城市，时延敏感、以实时应用为主的业务可选择在用户聚集地区依据市场需求灵活部署大中型数据中心。对于中西部能源富集地区，可利用自身能源充足、气候适宜的优势建设承接东部地区对时延敏感不高且具有海量数据处理能力的大型、超大型数据中心。对于部分对时延极为敏感的业务，如 VR/AR、车联网等，需要最大限度贴近用户部署边缘数据中心，满足用户的需求。

2. 面临的挑战及建议

未来云资源规划将受到多云环境、自动化和智能化、弹性和可扩展性、绿色和可持续发展、安全和合规性、数据治理和隐私保护、边缘计算以及 AI 和机器学习等因素的影响。面对这些挑战和机遇，云资源规划需要不断演进和创新，以满足不断变化的业务需求和技术发展。

- 多云和混合云环境。随着企业对云计算的广泛采用，多云和混合云环境将成为常态。云资源规划需要考虑跨多个云提供商和本地数据中心的资源管理，确保资源的统一管理和优化。

- 自动化和智能化。自动化和智能化技术将在云资源规划中发挥更大的作用。自动化工具和智能算法可以根据工作负载需求、性能指标和成本效益等因素，自动进行资源分配、负载均衡和容量规划。

- 弹性和可扩展性的提升。云资源规划需要更好地支持业务的弹性和可扩展性需求。未来的发展将注重更快速、更灵活地调整资源，以满足业务的变化和突发需求。

- 绿色和可持续发展。随着对环境可持续性的关注增加，云资源规划将越来越注重能源效率和环境友好性。优化资源使用、提高能源效率以及采用可再生能源等将成为关键的考虑因素。

- 安全和合规性的挑战。随着云计算的普及，安全和合规性将成为云资源规划中的重要挑战。保护用户数据的安全和隐私，以及符合不断增加的合规要求将需要更严格的控制和安全措施。
- 数据治理和隐私保护。随着数据规模和复杂性的增加，数据治理和隐私保护将成为云资源规划中的关键问题。确保数据的合规性、安全性和隐私保护将需要更强大的技术和策略支持。
- 边缘计算的崛起。边缘计算的兴起将为云资源规划带来新的挑战和机遇。资源的分布和管理将需要更灵活的策略，以支持边缘设备和边缘计算节点的需求。
- AI和机器学习的应用。AI和机器学习技术将在云资源规划中扮演重要角色。利用AI和机器学习算法，可以更好地预测工作负载需求、优化资源分配和自动化管理。

第 7 章　网络环境规划

　　信息网络系统是信息应用系统的网络基础，无论是在运营商通信网络中，还是在智慧城市、智慧政务和各类行业及组织的信息化工程中，信息网络系统都为上层信息化应用和业务系统提供了基础平台。网络环境规划是信息系统规划的重要组成部分，要根据客户网络、业务、管理的现状和需求，综合考虑网络和业务演进、财务状况、维护能力、建设步骤、设备折旧、技术未来走向等因素，做好网络架构设计、覆盖范围规划、技术选择、承载能力规划、业务适应性，以及关联设备和系统的选择推荐等工作，其目标是在客户人、财、物预算范围内，规划选择性价比高的网络架构、技术和设备进行组网，因地制宜适度超前，满足客户当前及可预见的将来的业务和管理需求。

7.1　网络架构和主要技术

　　合适的网络架构设计是做好网络规划的基础，要根据业务和管理需求、覆盖范围和特性、技术特性、接入和互通特性等因素，规划确定网络的层次结构、层级间和层级内设备间的连接关系、每一层设备的选择推荐等工作，网络架构的技术逻辑、业务逻辑、管理逻辑、业务流量流向等要科学合理，还要结合实际情况考虑容灾备份、与既有网络的演进关系、原有业务的迁移等有关事项。虽然各类网络架构差异大小不一，但其大的框架结构、基础原理和主要技术具有一定的一致性。

7.1.1　信息网络系统一般体系框架模型

　　信息网络系统负责各类终端设备的接入和互联互通，负责承载各种类型的信息化应用。信息网络系统一般由某个管理者或者运营者负责建设或维护，不同管理者或者运营者建设或维护的信息网络系统又需要一定程度的互联互通，才能满足跨地域跨管理域的终端用户间的互通或者应用访问；即使是一个管理域内的信息网络系统，也可能由不同厂家的不同设备（例如，计算机设备、服务器设备、存储设备、路由器设备、交换机设备、各类传感器设备，以及各类应用软件等）按照一定的协议标准互联互通而成。因此，信息网络系统往往是一个复杂的系统工程，如何将复杂的系统工程进行抽象简化，业界一般采取两种做法：一是将信息网络系统按照业务功能模块进行划分；二是以网络信息流七层协议模型进行抽象。

　　为简化整体系统的设计，一个相对完整的信息网络系统一般由若干相对独立又相互连接的功能模块组成，如图 7-1 所示。

　　1）网络传输平台

　　网络传输平台负责信息网络系统中的数据传输，关注点是根据最终用户和上层应用的需要，高效、高质量、准确、安全地传输各类信息数据。网络传输平台一般包括传输、路由、交换、有线和无线接入等设备和系统。

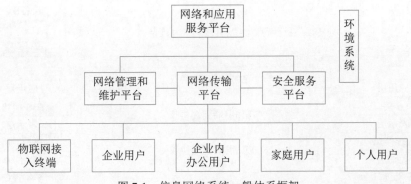

图 7-1　信息网络系统一般体系框架

2）网络和应用服务平台

网络和应用服务平台负责网络管理服务和业务应用层面的管理逻辑、业务逻辑和信息数据处理，包括域名解析系统（Domain Name System，DNS）、地址分配系统、业务应用系统（例如OA、WWW、电子邮件、语音会议、视频会议、VOD、人脸识别等系统）。

3）安全服务平台

安全服务平台负责网络、应用和用户的安全防护，包括信息加解密、防火墙、入侵检测、漏洞扫描、病毒查杀、安全审计、数字证书等。

4）网络管理和维护平台

网络管理和维护平台负责整个信息网络系统的管理和维护，如果对外提供业务服务，还需要专门的运营系统。

5）环境系统

现代信息网络系统对能源、安防等提出了更高的要求，环境系统包括机房建设、环境监控、智能安防、节能降耗、综合布线等。

7.1.2　开放系统互连七层模型

为了简化信息网络系统的设计和实现，尽量优化和保障各相关模块之间的互联互通，使不同专业的厂商研发的不同设备可以按照特定的标准规范进行互通，信息网络系统采用了功能分层的体系架构理念。即将整个信息网络系统分为自下而上的若干层，每一层侧重完成不同的功能，下层为上层提供业务和服务，上层调用下层的业务和服务能力，处于某个层级（或者某几个层级）的业务功能模块可以只关注自己的功能实现。业界最通用的分层模型是开放系统互连（Open System Interconnection，OSI）参考模型，该模型是由国际标准化组织（International Organization for Standardization，ISO）于 1984 年提出的一种标准参考模型，OSI 模型被公认为是信息网络通信系统的一种基本结构模型。

OSI 模型将信息网络系统中的通信和信息处理过程定义为上下衔接的七个层级，如图 7-2所示，自下而上分别是物理层、数据链路层、网络层、传输层、会话层、表示层和应用层，各层相对独立，上下层之间和同层之间根据特定的标准规范进行相互调用和互通。

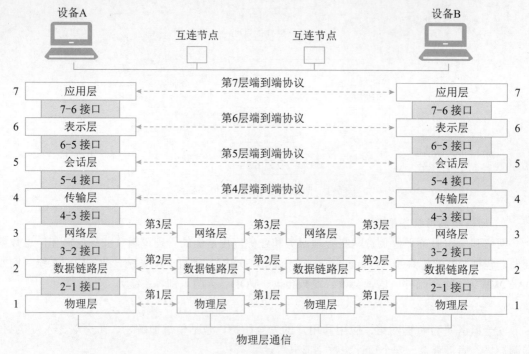

图 7-2　OSI 七层模型

第一层：物理层（Physical Layer）。物理层是 OSI 七层模型的最底层，规定了承载其上各层发送和接收具体数据的物理硬件方法。信息网络中各个节点模块之间，包括路由器、交换机、各种传输设备、服务器、计算机、移动基站、手机等设备之间，需要特定的物理信道进行基本数据的发送和接收。物理信道包括光纤、同轴电缆、双绞线、无线电信道等，信道两端的连接器包括光收发模块、以太网卡、各类无线收发模块等。物理层规定了相关设备、模块的机械特性、电气特性、功能特性和规程特性，各设备厂商按照这些特征标准进行模块和设备开发，相关设备之间才能进行物理层的互联互通。

第二层：数据链路层（Data Link Layer）。物理层提供的仅仅是原始的信息数据比特流，没有赋予任何意义，也没有任何差错保护机制。数据链路层负责将物理层透明传输过来的比特流组织成有意义的数据包，它规定了数据包的格式和大小，规范了发送和接收特定数据包的寻址方式、同步控制、差错控制和流量控制机制。网络中的每个设备模块在数据链路层都会有一个地址，称为 MAC 地址（媒体访问控制地址），有了数据链路层的服务，其上层就可以认为设备节点间链路的传输是可达并无差错的。

第三层：网络层（Network Layer）。物理层和数据链路层负责相连两个设备节点间的数据通信。信息网络系统由多个甚至成百上千个设备相互连接而成，多个网络（子网）相互连接组成一个规模更大的网络。在网络设备之间、系统之间，网络层定义和规范了不同网络间的通信规则，包括寻址和路由选择，链路连接的建立、保持和终止等。网络层提供的服务使得其上层不需要了解网络内部的具体架构和数据传输的具体过程。

以上三层从最低的物理比特流连接（物理层），到比特流组成一定规则的数据包（数据链路层），再到由多台物理设备及链路组网后互联互通（网络层），基本上解决了信息网络系统内外部及与之连接的各类终端设备之间的数据通达问题。然而，当今信息终端设备，无论是计算机、服务器、手机终端，还是各类五花八门的智能终端设备，大都会在同一台设备上安装和承载多种类型的应用，用户往往通过同一个物理设备享用多种丰富多彩的业务应用，这些机制需要通过 OSI 第三到第七层来实现。为了便于理解，先说人们感受最为密切的第七层。

第七层：应用层（Application Layer）。应用层是 OSI 模型的最顶层，直接向用户提供信息通信服务。信息通信服务五花八门，例如，常见的互联网网站访问服务（万维网）、邮件服务、视频会议服务、游戏服务等，都会对应不同的应用程序和相应的服务协议，万维网服务使用的是 HTTP（超文本传输）协议，诸如此类的应用程序和对应的应用服务协议就在第七层进行表现和规范。

第六层：表示层（Presentation Layer）。应用层要表述的应用信息多种多样，并且和应用本身紧密相关，信息发布 / 发送端与信息接收端的技术实现很难完全一致，因此需要一种信息数据转换的机制，这种机制被 OSI 定义为信息数据的表示方法。表示层定义若干信息数据的表示方法，向应用层的具体应用程序（计算机学科中称其为"实体"，既可能是一个具体应用程序进程，也可能是一个特定的硬件）提供一系列信息数据转换和传输服务，以使两个不同应用系统可以用共同的表示方法 / 语言进行通信。表示层的典型服务包括数据翻译（例如信息编解码、加密解密等）、格式化（例如数据格式转换、数据压缩等）、语法选择（语法的定义及不同语言之间的翻译）等。

第五层：会话层（Session Layer）。会话层的基本功能是向两个表示层实体提供建立、管理、拆除和使用连接的方法，这种表示层之间的连接叫作会话（Session）。在网络中传输数据之前，必须先建立会话，会话层确保正确建立和维护这些会话。

第四层：传输层（Transport Layer）。网络层解决的是由多台设备或多个子网组成的网状连接设备节点之间互联互通的问题，传输层则是为会话层提供建立可靠的端到端的透明数据传输机制，根据发送端和接收端的地址定义一个跨网络中多个设备甚至是跨多个网络的逻辑连接（并非物理层所处理的物理连接），同时完成发送端和接收端的差错纠正和流量控制功能。

7.1.3　TCP/IP协议族、IPv4协议、IPv6协议

TCP/IP 协议族、IPv4 和 IPv6 都是互联网通信中重要的协议和技术。TCP/IP 协议族是一组网络通信协议的集合，它是在互联网中被广泛使用的协议族，也是实现互联网通信的核心技术之一。IPv4 协议也称为互联网协议第 4 版，是 TCP/IP 协议族中的一种网络层协议。它使用 32 位地址来标识网络中的每个设备，提供了一种可靠的、有序的和错误校验的数据传输方式。IPv6 协议也称为互联网协议第 6 版，是 TCP/IP 协议族中的另一种网络层协议。与 IPv4 相比，IPv6 使用了 128 位地址，提供了更多的地址空间，并且支持更高级的功能，例如即插即用、自动配置、服务质量等。由于 IPv6 的地址空间更大，因此可以更好地支持物联网、人工智能等新兴技术的发展。

1. TCP/IP 协议族

传输控制协议 / 网络协议（Transmission Control Protocol/Internet Protocol，TCP/IP）是现代信息网络系统中最基础和通用的协议，TCP/IP 由一系列协议组成，由于 TCP 和 IP 是其中最重要的两个协议，所以一般将相关的系列协议统称为 TCP/IP 协议族。

TCP/IP 定义了 4 个相对独立的层级，自上而下分别是应用层、传输层、网络层、数据链路层。其中，应用层的主要协议有网络远程访问协议（Telnet）、文件传输协议（File Transfer Protocol，FTP）、简单电子邮件传输协议（Simple Mail Transfer Protocol，SMTP）等，用来接收来自传输层的数据，或按不同应用要求和方式将数据传输至传输层；传输层的主要协议有用户数据报协议（User Datagram Protocol，UDP）、TCP，负责上面应用层协议发送和接收具体数据的机制和过程；网络层的主要协议有 Internet 控制报文协议（Internet Control Message Protocol，ICMP）、IP、Internet 组管理协议（Internet Group Management Protocol，IGMP），主要负责网络中数据包的具体传输等；数据链路层也叫网络接口层或网络访问层，其主要协议有地址解析协议（Address Resolution Protocol，ARP）、反向地址转换协议（Reverse Address Resolution Protocol，RARP），主要功能是提供链路管理错误检测、对不同通信媒介有关信息细节问题进行有效处理等。

TCP/IP 和 OSI 模型的对应关系如图 7-3 所示。

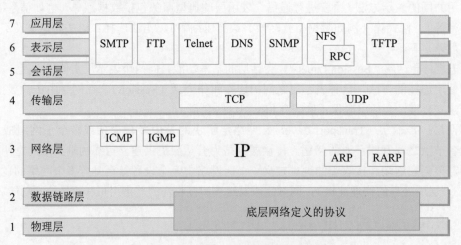

图 7-3　TCP/IP 和 OSI 模型的对应关系

1）应用层

应用层负责处理特定的应用程序细节，对应 OSI 七层模型中的应用层、表示层和会话层的部分功能，定义了与应用程序自身业务逻辑密切相关的全部规则（包括本地或异地属于一个应用不同模块之间的情形），以及利用下一层传输层进行业务数据传输的具体机制。在 TCP/IP 中，应用层以不同的协议规范实现不同的具体应用，例如 SMTP、FTP、Telnet、DNS、HTTP、NAT 等。应用程序的功能越来越多，一个应用程序可能会用到多个协议。

2）传输层

传输层负责应用层协议发送和接收具体数据的机制和过程，包括逻辑连接的建立、维护和拆除等，还包括可靠性传输和拥塞控制机制等。TCP/IP 中的传输层对应 OSI 中的传输层和会话层的部分功能。传输层主要包含 TCP 和 UDP 协议。TCP 是面向连接的协议，在收发数据前，必须和对方建立可靠的连接；UDP 是非连接协议，传输数据之前源端和终端不建立连接，并不保证数据一定能传送到，也不保证按顺序传输。

3）互联网络层

互联网络层负责基本的数据封装和全网传输，是整个网络内部、不同网络之间数据互联互通最重要的一层，对应 OSI 中的网络层。互联网络层最基本的协议栈是 IPv4 和 IPv6。

4）物理和数据链路层

物理和数据链路层是 TCP/IP 协议栈的最底层，对应 OSI 的下两层，基于各种物理介质实现对上层数据的成帧传输。局域网、城域网、广域网都在这一层定义。

2. IPv4 协议

IPv4 是第一个被广泛使用、构筑当今互联网基石的协议。主要技术概念包括 IPv4 数据包、IPv4 地址、IPv4 路由。

1）IPv4 数据包

IPv4 协议对在网络层传输的数据包进行了严格定义，如图 7-4 所示。

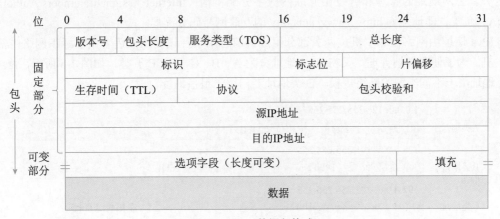

图 7-4　IPv4 数据包格式

IPv4 数据包由 IPv4 包头（Header）和实际的数据部分组成。包头由固定格式和顺序的 20 个字节的固定字段加上长度可变的选项字段组成，固定字段部分一般表示为上图的 5 行，每行 4 个字节。其中：

- 版本号。4比特，定义协议版本，IPv4协议中版本号为4。
- 包头长度。4比特，定义整个IP数据包包头的长度。
- 服务类型。8比特，定义供相关路由设备数据处理方式的基本服务类型。
- 总长度。16比特，表示整个IP数据包长度，表示的最大字节为65 535字节。

- 标识（16比特）、标志位（3比特）、片偏移（13比特）。用于IP数据包的分片与重组。
- 生存时间TTL（Time To Live）。8比特，表示数据包在网络中的生命周期，用通过路由器的数量来计量，即跳数（每经过一个路由器会减1），TTL指示数据包在网络中可通过的路由器数的最大值。
- 协议。8比特，定义该数据包所携带的协议类型，协议类型包括TCP、UDP、ICMP、IGMP、OSPF（Open Shortest Path First，开放最短路径优先）协议等。
- 包头校验和。16比特，对数据包包头本身的数据信息进行校验，不包括数据部分。
- 源地址。32比特（4字节），标识IP数据包的发送源IP地址。
- 目的地址。32比特，标识IP数据包的目的IP地址。
- 选项字段。可扩充部分，具有可变长度，定义了安全性、严格源路由、松散源路由、记录路由、时间戳等选项。
- 填充。用全0的填充字段补齐为4字节的整数倍。

2）IPv4 地址

IP 地址用来标识互联网中数据传输的发送方（源 IP 地址）和接收方（目的 IP 地址），任何设备想接入 IPv4 网络，都要申请一个 IPv4 地址。IPv4 地址由 32 位二进制数，即 4 个字节组成，为便于阅读和分析，通常使用点分十进制表示法（例如 192.121.123.56）。出于网络规划、全网路由、地址匮乏、网络安全等考虑，IPv4 地址有严格的规划格式，也有公网地址和私网地址之分。公网地址的管理和分发由互联网数字分配机构（Internet Assigned Numbers Authority，IANA）负责，即地址为 http: //www.iana.org/ 的互联网号码分配局。

IPv4 地址由网络位和主机位两大部分组成，前者用于标识网络，后者用于标识网络内部不同主机。为了便于规划管理，又将 IPv4 地址分为 A、B、C、D、E 五类，如图 7-5 所示，A、B、C 类地址用于不同类型的网络规模，D 类地址专门用于组播地址。

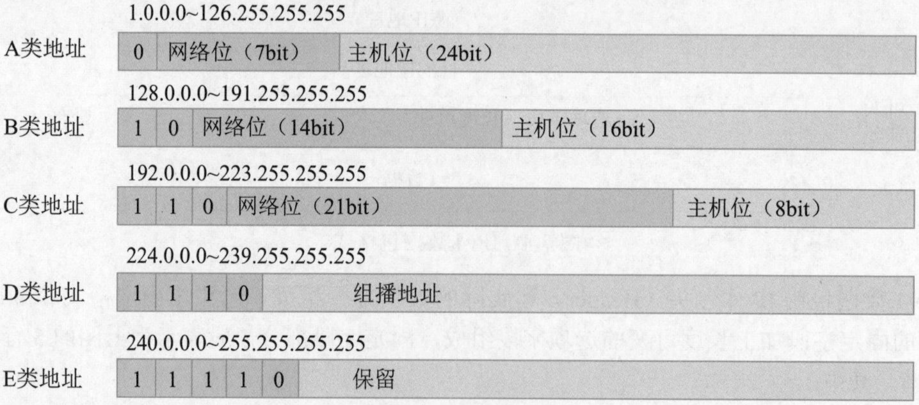

图 7-5   IPv4 地址类型

A 类地址适用于大型网络建设，支持 126 个网络，每个网络最多支持 16 777 214 个主机地址；B 类地址适用于中型网络建设，支持 16 384 个网络，每个网络最多支持 65 534 个主机地址；

C 类地址适用于小型网络建设，支持 209 万余个网络，每个网络最多支持 254 个主机地址。

理论上，IPv4 地址长度为 32 位，可以有超过 42 亿（2 的 32 次方）个地址可用，但实际上，一些地址是为特殊用途保留的（例如多播地址等），能够真正拿来使用的 IPv4 地址远少于 42 亿。2011 年 2 月 3 日，在最后 5 个地址块被分配给 5 个区域互联网注册管理机构之后，IANA 的主要地址池已经用尽。

实际规划操作中，IPv4 地址还有一个重要的概念，即私网地址。公网地址是全球唯一分配的地址，私网地址则是可以在多个内部局域网里重复使用的地址，例如，甲单位可以使用 192.168.0.234 作为私网地址，乙单位也可以使用这个私网地址。

在 IPv4 的 A 类、B 类和 C 类地址池中，都有一部分预留给了私网地址：A 类地址中私网地址可用范围是 10.0.0.0 到 10.255.255.255，B 类地址中私网地址可用范围是 172.16.0.0 到 172.31.255.255，C 类地址中私网地址可用范围是 192.168.0.0 到 192.168.255.255。注意，这些私网地址仅可以在内部网络中使用，不可以在公网中使用。

用户可以依据自己组织规模的大小，酌情选择使用哪类私网地址。家庭网络以及小规模的组织，通常设备数量比较少，使用 C 类私网地址即可；大中型组织在 IP 地址规划时，可以考虑使用 A 类或 B 类私网地址，能够支持更多的主机地址。使用私网地址的主机需要通过地址转换技术（Network Address Translation，NAT）与公网 IPv4 地址的主机进行通信。NAT 一般在家庭网关、企业网关或者接口路由器等设备上实现。通信前，NAT 将内部私网地址和端口号转换成家庭网关或者企业网关申请的公网地址，再与外部网络中的主机进行通信，实现数据转发，如图 7-6 所示。

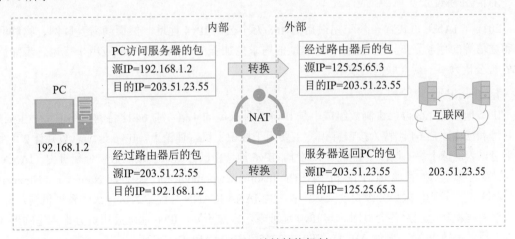

图 7-6　IPv4 地址转换机制

3）IPv4 路由

路由（Routing）是指路由器从一个接口上收到数据包，根据数据包的目的地址进行定向并转发到另一个接口的过程。TCP/IP 互联网络层实现不同网络中两个主机设备之间的数据传输，路由发挥了重要的作用，每一个 IP 数据包从发送端源头到接收端目的地，中间要经过若干路由器（或其他互联网络层设备）。每台路由器都会在本地建立和维护一个路由表，路由表中装载着路由器通过各种途径获知的路由条目（Routes），每一条路由条目由路由前缀（路由所关联的目的网络号及掩码长度）、路由信息来源、出接口或下一跳 IP、优先级、开销等信息元素构成。路由器获取路由条目并维护自己的路由表，路由表是每台支持路由功能的设备进行数据转发的依据和基础，任何一台支持路由功能的设备要执行数据转发或路由的动作，就必须拥有及维护一张路由表。当路由器每收到一个 IP 数据包，便会查找 IP 包头里的目的 IP 地址，然后根据目的 IP 地址到自己的路由表中进行匹配，找到"最匹配"的路由条目后，将数据包根据路由条目所指示的出接口或下一跳 IP 转发出去，这就是路由的概念。

路由器获得路由条目的方式（即路由的类型）包括：

● 直连路由。直连路由是由设备物理端口直接相连而获取的路由，设备自动获取。

● 静态路由。静态路由是由管理员亲自配置的路由，用于固定路径的流量转发。

● 动态路由。动态路由是与静态路由相对的概念，指路由器能够根据路由器之间交换的特定路由信息自动地建立自己的路由表，并且能够根据链路和节点的变化适时地进行自动调整。动态路由需要路由器之间可以互认的路由协议支持，主要有两大类路由协议：一是距离矢量路由协议，主要依据从源网络到目标网络所经过的路由器的个数来选择路由，包括路由信息协议（Routing Information Protocol，RIP）、边界网关协议（Border Gateway Protocol，BGP）；二是链路状态路由协议，综合考虑从源网络到目标网络的各条路径的情况选择路由，包括OSPF协议、中间系统到中间系统（Intermediate System to Intermediate System，IS-IS）协议。

3. IPv6 协议

2011 年 IANA 正式宣布分配完最后的 468 万个公网 IPv4 地址，然而随着互联网、物联网、移动通信等的蓬勃发展，全世界对 IP 地址的需求愈加强烈，IPv6 的部署应用步伐也逐步加快，IPv6 被公认为下一代互联网的核心。

1）IPv6 地址

IPv6 地址由 128 位二进制数组成，是 IPv4 地址长度的 4 倍，前 64 比特为网络前缀，主要用于寻址和路由，后 64 比特为接口标识，主要用于标识主机。理论上，IPv6 地址总数共计 2^{128} 个，几乎可以为地球上每一粒沙子分配一个地址。IPv6 地址由国际组织互联网数字分配机构（IANA）/互联网名称与数字地址分配机构（The Internet Corporation for Assigned Names and Numbers，ICANN）统一管理，采用分级管理架构，首先由 IANA/ICANN 分配给大区一级的管理机构，再由各大区管理机构分配给各会员国。与 IPv4 地址表示方法不同，IPv6 地址采用点分十六进制形式，分为 8 段，每段 16 位，例如 ABCD：EF01：2345：6789：ABCD：EF01：2345：6789。

2）IPv6 数据包

IPv6 数据包的整体结构分为 IPv6 包头、扩展包头和上层协议数据三大部分。IPv6 包头是必选数据包头部，长度固定为 40 个字节，包含该数据包的基本信息；扩展包头是可选包，可能存在 0 个、1 个或多个，IPv6 协议通过扩展包头实现各种丰富的功能；上层协议数据是该 IPv6 数据包携带的上层数据，可能是 ICMPv6 数据包、TCP 数据包、UDP 数据包或其他可能数据包。

IPv6 数据包头格式如图 7-7 所示。

各字段的含义如下：

● 版本。该字段的长度与IPv4相同，版本号4（二进制0100）、版本号6（二进制0110）分别代表IPv4和IPv6数据包。

● 传输等级。8位传输等级字段用于源节点或路由器识别和区分不同级别的IPv6信息包。

● 流标签。源节点用20位流标签字段来标识一系列属于同一流的信息包。一个流可以由源IPv6地址和非空的流标签唯一地标识，属于同一个流的信息包必须由IPv6路由器做专门的处理，至于做何种处理则由信息包本身或资源预留协议（Resource Reservation Protocol，RSVP）所给的信息来决定。

● 载荷长度。16位载荷长度字段，指出IPv6信息包除去包头之后的数据字段的长度，以字节为单位，IPv6数据包的最大载荷长度为65 535个字节。

● 下一个包头。8位下一个包头字段指出IPv6包头之后的包头类型。

● 路程段限制。8位路程段限制字段。数据包每向前经过一个转发节点（通常为路由器），路程段限制减1，当路程段限制减至0，则丢弃该数据包。

● 源地址。128位IPv6源地址。

● 目的地址。128位IPv6目的地址。

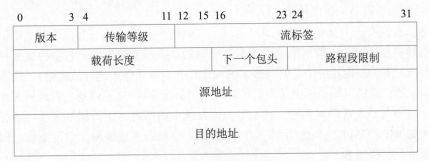

图 7-7　IPv6 数据包头格式

7.1.4　传输平台一般架构和主要技术

网络传输平台负责信息的传输，一般由传输媒介、传输设备、路由设备、交换设备、有线接入设备、无线接入设备和相关系统组成。传统的网络传输设备是软件和硬件一体，当前的趋势是软件和硬件分离，例如软件定义网络（Software Defined Network，SDN）技术就是将传统的路由、交换设备中的控制功能分离出来，专门设置 SDN 控制器系统，统一控制基于路由或者交换设备的数据转发。

网络传输平台的一般架构如图 7-8 所示。

1）网络传输媒介

网络传输媒介是指在传输系统中，借助电磁波能量承载的信号将数据由发送端传输到接收端的媒介，处于 OSI 的物理层。传输媒介一般分为有线和无线两大类，有线媒介包括光纤、双绞线、同轴电缆等；无线媒介一般按照波长来区分，包括长波（3～30kHz）、中波（0.03～3MHz）、短波（3～30MHz）、超短波（30～300MHz）、微波（0.3～300GHz）等。

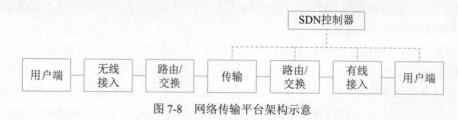

图 7-8　网络传输平台架构示意

2）网络传输技术

网络传输数据带宽、传输线路调度的灵活性、传输故障响应和切换的时效等，都反映通信网络的最底层承载能力。目前常用的网络传输技术包括基于光纤的同步数字序列（Synchronous Digital Hierarchy，SDH）、准同步数字序列（Plesiochronous Digital Hierarchy，PDH）、密集波分复用（Dense Wavelength Division Multiplexer，DWDM）等；基于同轴电缆的混合光纤同轴电缆（Hybrid Fiber-Coaxial，HFC）；基于无线媒介的 Wi-Fi、数字微波通信（Digital Microwave Communication，DMC）、卫星小数据站数字卫星通信系统（Very Small Aperture Terminal，VSAT）、2G/3G/4G/5G/6G 移动通信系统等。

3）网络路由、交换和组网技术

网络路由组网有一个重要概念，即路由域，也叫自治系统，是一个有权自主决定在本系统中应采用何种路由协议的小型网络单位。遍布全球的互联网系统由多个各自独立又相互连接的自治系统组成，有的自治系统由运营商或某机构建设和运营（例如运营商网络），用于其他自治系统的互联互通；有的自治系统由某个公司建设（例如企业网），通过路由器或网关设备接入运营商网络，进而与整个互联网连通。在一个自治系统中的所有路由器相互连接，运行相同的路由协议（例如 RIP、OSPF、IS-IS 等），同时分配同一个自治系统编号。自治系统之间的连接使用外部路由协议，例如 BGP。

从组网规模（自治系统规模）、数据转发效率、管理范围等多方面考虑，不可能在任何范围内都建设三层的路由网络，在一定的覆盖区域范围内或一定的管理范围内建设二层的交换网络更为普遍，业务能力也更强大。这里的二层交换网络更多是指由基于 MAC 地址实现数据交换转发的设备组建的网络，此类设备一般被称为二层交换机（可以无路由功能）；三层路由网络则是指由支持路由功能的路由器设备组建的网络。

4）有线、无线接入技术

网络接入是整个信息网络系统的重要组成部分，根据用户的不同需求，有不同的接入技术和设备供选择。早期的有线接入技术包括电话线调制解调器（Modem）、非对称数字用户环路（Asymmetric Digital Subscriber Line，ADSL）、高速数字用户环路（High-speed Digital Subscriber Line，HDSL）、电缆调制解调器（Cable Modem）。现阶段随着光纤接入网（Optical Access Network，OAN）的普及部署和应用，无源光网络（Passive Optical Network，PON）逐步获得广泛应用，PON 有几种类型，包括以太网无源光网络（EPON）、千兆无源光网络（GPON）和

10G 无源光网络（10G-PON）。无线接入技术包括 Wi-Fi 和蓝牙等。

7.1.5　网络规划常见网络拓扑结构

网络拓扑结构设计一般是网络规划中首先考虑的问题，在技术条件和底层传输允许的前提下，在满足安全性、可靠性的基础上，要尽可能地以降低费用、减少时延、提高链路利用率为原则考虑网络拓扑结构的设计问题。常见的有总线、星形、环形、树状、网状、复合型等类型。

1）总线网络拓扑

总线网络拓扑如图 7-9（a）所示，所有节点都连接在一个公共传输通道——总线上。这种网络结构需要的传输链路少，增减节点比较方便，但稳定性较差，网络范围也受到限制。

2）星形 / 双星形网络拓扑

星形网络拓扑如图 7-9（b）所示，星形网也称为辐射网，它将一个节点作为辐射点（转接交换中心），该点与其他节点均有线路相连。与后面提到的网状网络拓扑相比，星形网的传输链路少、线路利用率高，经济性较好，但安全性较差（因为中心节点是全网可靠性的瓶颈，中心节点一旦出现故障会造成全网瘫痪）。为解决安全性、可靠性问题，一般情况下会考虑双星形结构，设置两个或多个中心辐射点，下面的 N 个节点分别上联至两个或多个中心点，中心点之间也可进行互连。双星形结构结合了后面提到的网状结构的部分特点，但又可节省连接链路。

3）树状网络拓扑

树状网络拓扑如图 7-9（c）所示。树状网可以看成是星形拓扑结构的扩展。在树状网中，节点按层次进行连接，信息交换主要在上下节点之间进行。树状结构主要用于用户接入网或用户线路网中，另外，主从网同步方式中的时钟分配网也采用树状结构。

4）环形网络拓扑

环形网络拓扑如图 7-9（d）所示，各节点通过环路接口进行首尾相连组成环形网络，环形网的特点是结构简单，实现容易。而且，由于可以采用自愈环对网络进行自动保护，所以其稳定性比较高。另外，还有一种叫线形网的网络结构，与环形网不同的是，线形网首尾不相连。

5）网状网络拓扑

各节点之间进行全互连或者部分互连，可组成网状网络结构，如图 7-9（e）所示，当节点数增加时，传输链路将迅速增加。这种网络结构的冗余度较大，稳定性较好，但线路利用率不高，经济性较差，适用于局间业务量较大或分局量较少的情况。网孔形结构是网状结构的一种变形，如图 7-9（f）所示，其大部分节点相互之间有线路直接相连，一小部分节点可能与其他节点之间没有线路直接相连，哪些节点之间不需直达线路视具体情况而定（一般是这些节点之间业务量相对较少）。网孔形结构与网状结构相比，可适当节省一些线路，即线路利用率有所提高，经济性有所改善，但稳定性会稍有降低。

6）复合型 / 层级型

复合型网络拓扑如图 7-9（g）所示。复合型网由网状结构和星形结构复合而成。根据网络中业务量的需要，以星形结构为基础，在业务量较大的转接交换中心区间采用分层级网状结构，可以使整个网络比较经济且稳定性较好。复合型网具有网状结构和星形结构的优点，是通信网中普遍采用的一种网络结构，但网络设计应以交换设备和传输链路的总费用最小为原则。

层级型网络拓扑是将网络分层设计，每一层可采取不同的拓扑，如大型广域网在核心的第一层采取网络全互连或者部分互连的结构，在第二层采取双星形结构，在第三层的核心采取全互连结构，而在接入采取星形或双星形结构等。

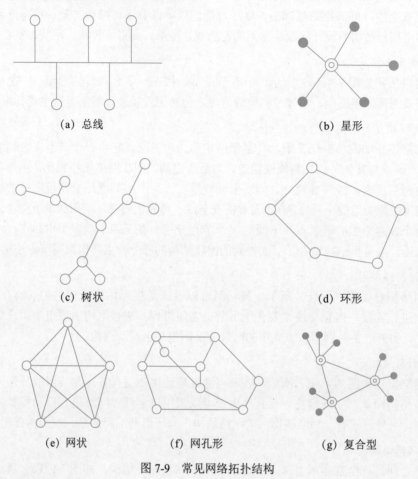

图 7-9　常见网络拓扑结构

7.2　广域网规划

广域网是跨地区、省市、国家的更大规模网络的统称，用来连接地区的局域网、城域网、省网和各个国家的网络，广域网一般可分为运营商广域网和企业 / 行业广域网，规划重点有所差异，下面分别阐述。

7.2.1　广域网一般架构

传统的运营商网络会按照不同的业务功能分别建设，例如 PSTN 网、DDN 网、FR 网、IP

网等，当前运营商网络建设已经走向融合，即建设支持多种业务能力的融合 IP 网络，来统一承载数据、语音、流媒体等多种业务应用。典型的运营商网络由全国骨干网、省级骨干网、城域网和接入网组成，如图 7-10 所示。

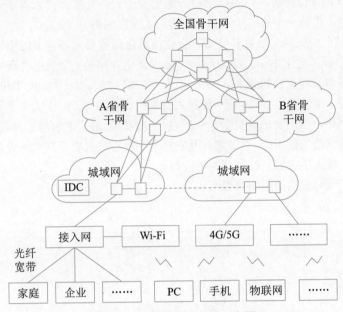

图 7-10　运营商网络架构示意图

全国骨干网负责省级骨干网的互联互通，以及与国内其他运营商网络、国际运营商网络的互联互通；省级骨干网负责省内各城域网之间的互联互通；业务量大的城域网之间也会设置直达路由线路进行互联互通。

当前的 IP 城域网已演变成以 IP 技术为基础，以光纤为传输媒介，集数据、语音、流媒体等业务服务于一体的高带宽、多功能、多业务接入的多媒体通信网络。它将承载综合业务，特别是快速发展起来的互联网用户群对宽带高速上网的需求，承载各类宽带用户接入和互连、IPTV、内容分发网络（Content Delivery Network，CDN）、互联网数据中心（Internet Data Center，IDC）、组播、游戏、AR 等宽带网络业务，满足政府机构、金融保险、大中小学校、公司企业等组织对高速率、高质量数据通信业务日益旺盛的需求。IP 城域网作为一个综合性多业务平台，提供多种宽带接入手段，并能提供城域内乃至连接国内外的 IP-VPN 业务。

典型的城域网一般由核心层、汇聚层和接入层三层架构组成。

（1）核心层部署核心路由器设备，提供本城域网的互联网出口，与省级骨干网相连，同时作为本城域内的 IDC、CDN 等中心节点的接入。

（2）汇聚层部署汇聚交换机设备，作为本城域网的区域性汇接点，上联核心层设备，下接光纤线路终端（Optical Line Terminal，OLT）等接入设备，同时作为各类边缘 IDC 节点、边缘计算节点的接入。

（3）接入层面向各类园区、楼宇、住宅小区等商业、家庭和个人用户，提供各种有线、无线接入方式。

运营商广域网建设的目的之一就是为企业广域网的建设提供联通服务。企业广域网就是将处于不同地域物理位置的企业总部、企业分支机构，以及企业自建或者租用运营商等的数据中心、算力中心、云计算资源等，以及移动办公的企业个人、外部有接入本企业需求的其他企业或者个人进行组网，组建一个服务于本企业运作的大型广域网。

企业组网根据企业规模、是否有分支、企业信息化部署要求等方面的不同情况，实际部署网络架构会有所差异。对于中小型企业网，一般设置企业网关 / 企业接口路由器设备，核心层设置若干台二层或者三层交换机设备，相关应用服务器、接入点（Access Point，AP）、PC、手机等设备通过光纤、双绞线、Wi-Fi 等手段接入交换机设备即可；对于大中型企业网，尤其是有多个分支的企业网络，组网就比较复杂，一般也会分为核心层、汇聚层、接入层三层部署架构，分支之间会租用运营商等的 VPN 通道进行互联互通，核心层主要是路由器设备，汇聚层主要是三层交换机设备，接入层主要是二层交换机设备。

典型的企业广域网架构如图 7-11 所示。

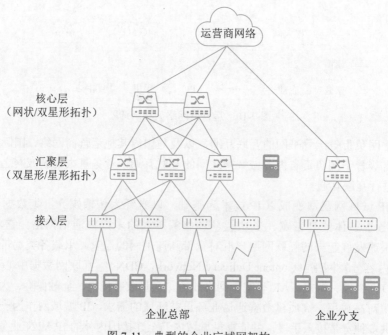

图 7-11   典型的企业广域网架构

7.2.2   广域网主要技术

早期的广域网组网技术包括数字数据网（Digital Data Network，DDN）、X.25 分组交换数据网、公共交换电话网（Public Switched Telephone Network，PSTN）、综合业务数据网（Integrated Services Digital Network，ISDN）、帧中继（Frame Relay，FR）、异步传输模式（Asynchronous Transfer Mode，ATM）等，当前广域网技术主要集中在 TCP/IP 领域，以及基于 TCP/IP 的多

协议标记交换（Multi-Protocol Label Switching，MPLS）技术、虚拟专用网络（Virtual Private Network，VPN）技术等。

MPLS 在 IP 数据包基础上，增加了一个标签（Lable），基于这个标签进行路由选择和数据转发。在基于 TCP/IP 的广域网中，要支持 MPLS 功能，需要将传统路由器升级为标记交换路由器，以支持 MPLS 的标记分发协议（Label Distribution Protocol，LDP），按照它们在 MPLS 网络中所处位置的不同，可划分为 MPLS 标记边缘路由器（Label Edge Router，LER）和 MPLS 标记核心路由器（Label Switching Router，LSR）。MPLS 支持流量工程、服务级别（Class of Service，CoS）、服务质量（Quality of Service，QoS）和 MPLS VPN 等应用。

VPN，即虚拟专用网，指通过 VPN 技术在运营商等公有网络中构建专用的虚拟网络，主要用于将企业的分支机构网络通过城域网和广域网实现互连，或个人用户终端通过 VPN 接入远程的企业网络，通过 VPN 可有效解决互通、安全、成本等问题。实现 VPN 的关键技术包括隧道（Tunneling）技术、认证协议、密钥交换技术等，隧道技术除了 MPLS 外，点对点隧道协议（Point-to-Point Tunneling Protocol，PPTP）、第二层隧道协议（Layer2 Tunneling Protocol，L2TP）、互联网安全协议（Internet Protocol Security，IPSec）、通用路由封装（Generic Routing Encapsulation，GRE）和 GPRS 隧道协议（GPRS Tunelling Protocol，GTP）等也被广泛应用。

在城域网和大中型企业组网中，虚拟局域网（Virtual Local Area Network，VLAN）和虚拟扩展局域网（Virtual eXtensible Local Area Network，VXLAN）技术也得到普遍应用，用来区分城域网 / 企业网中的用户和应用。专门的国际组织城域以太网论坛研究解决和规范定义相关技术问题，包括城域以太网的架构、城域以太网提供的业务、城域以太网的保护和服务质量、城域以太网的管理等。在传统的 VLAN 网络中，标准定义所支持的可用 VLAN 数量只有 4094 个，VXLAN 在其帧头中引入了类似 VLAN ID 的网络标识，称为 VXLAN 网络标识 VNI（VXLAN Network Identifier），由 24 比特组成，理论上可支持多达 16M 的 VXLAN 段，满足了大规模不同用户之间的标识和隔离需求。

7.2.3　广域网规划的主要内容

广域网规划的主要内容包括建设背景、需求分析、项目预算、技术方向、网络拓扑结构设计、IP 地址等逻辑资源规划等。

（1）建设背景。客户发起网络规划建设的原因和目标，是全新规划建设，还是在原有广域网基础上进行扩容或升级改造，还是将原来的几张网重新整合成一张新的网络？是仅仅作为其内部其他网络和业务的广域承载网络，还是为其客户提供网络和业务连接服务，还是二者都有？诸如此类，相关背景要调查了解清楚，并要做好归纳分析，只有这样，才能在后续的规划工作中有的放矢。

（2）需求分析。客户发起网络规划建设的总体需求是什么？可分解的功能需求、业务需求、运维需求有哪些？对这些需求进行汇总分析，再转化为对网络自身能力的需求，如业务 / 功能特性需求、流量流向需求、特殊技术选择的需求，等等，这些是后续确定网络架构、确定对下层承载的需求，甚至是设备选择的基础。

（3）项目预算。项目预算包括设备费用、承载 / 线路建设或租用费用、配套设施费用、建设成本、运维成本、优化成本等。

（4）技术方向。需要与客户沟通确定大的技术方向和技术路线，考虑的因素包括满足业务功能和管理功能的情况、网络性能指标情况（吞吐量、时延、抖动、丢包率等）、技术的成熟度情况。如果不是一个独立的网络，还要考虑技术接口对接情况、技术的演进方向等。比如，当前要重点考虑 IPv6、MPLS、承载业务特征等。

（5）网络拓扑结构设计。网络拓扑结构设计包括物理网络设计和逻辑网络设计。广域网的网络拓扑结构虽然大的方向差异不大，一般都采用分层级的复合型网络拓扑，但细节也在不断演进中，主要考虑承载业务类型的变化、流量流向特征的变化、业务云化、AI 算力部署 / 算网部署使用等情况，在城域网中还要考虑二层 VLAN、大二层 VXLAN 等方案，这些也都会影响网络拓扑结构的设计和优化。

（6）IP 地址等逻辑资源规划。IP 地址等逻辑资源规划包括 IPv4 地址、IPv6 地址的规划，尤其在 IPv4 阶段，公网 IP 地址资源十分紧张，要注意 IP 地址的划分方法，以及公网地址、私网地址的布局应用等。还要重点关注二层 VLAN、大二层 VXLAN 的具体规划等。

关于网络安全设计、网管和运维功能设计、机房环境设计、综合布线设计等方面，其内容相对专业且独立，具体见后续章节。

7.3 局域网规划

局域网是在比较小的管理范围或地理范围内（例如企业单位内部、家庭内部）组建的网络。早期的局域网技术包括以太网（Ethernet）、令牌环网（Token Ring）、光纤分布式数据网（Fiber Distributed Data Internet，FDDI）等。目前基本采用各类以太网交换机组建局域网，包括百兆、千兆、万兆以太网交换机，物理层通常用光纤或双绞线相连，无线局域网 Wi-Fi 作为局域网的无线接入，例如手机、PC 等各类终端设备可以通过 Wi-Fi 接入局域网。

7.3.1 局域网一般架构

局域网一般由计算机设备、网络连接设备、网络传输介质三大部分构成。其中，计算机设备包括服务器与工作站，网络连接设备则包含网卡、集线器、交换机，网络传输介质如同轴电缆、双绞线及光纤等。从 IP 网络域的角度来看，一般局域网都被设置成子网，通过网关路由器的 WAN 端口与外网互通。局域网的规模差异较大，根据客户业务需求、覆盖范围和接入情况、流量流向特点、安全性要求等，一般可归纳为多层级结构、二层结构、星形结构三大类。

大型、大中型的局域网一般会采用多层级结构，考虑到层级过多会带来转发时延加大等因素，通常仍采用典型的三层结构，包括核心层、汇聚层、接入层，如图 7-12 所示。

一般中型的局域网可采取核心层 - 汇聚层的二层的结构，更小规模的局域网可采取简单的星形结构组网，不再赘述。

7.3.2 局域网主要技术

局域网中的一个重要技术是虚拟局域网（VLAN），VLAN 相当于 OSI 参考模型的第二层的广播域，VLAN 将局域网设备从逻辑上划分成一个个虚拟网段（更小的局域网），从而实现局域网内虚拟工作组（单元）的数据交换技术。一个 VLAN 内部的广播和单播流量都不会转发到其他 VLAN 中，不同 VLAN 之间的数据传输是通过第三层（网络层）的路由来实现的。使用 VLAN 技术，结合数据链路层和网络层的交换设备，可搭建安全可靠的网络，可控制流量、减少设备投资、简化网络管理、提高网络的安全性。

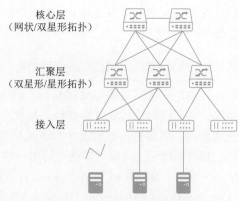

图 7-12　典型三层局域网架构

在局域网规划设计中，交换机的 VLAN 划分是重要内容之一。VLAN 划分方法大致有 6 类：

（1）按照端口划分 VLAN。根据以太网交换机的交换端口来划分 VLAN，将 VLAN 交换机上的物理端口和 VLAN 交换机内部的 PVC（永久虚电路）端口分成若干个组，每个组构成一个虚拟网，相当于一个独立的 VLAN 交换机。当不同部门需要互访时，可通过路由器转发，并配合基于 MAC 地址的端口过滤。这种划分方法的优点是定义 VLAN 成员时非常简单，只要将所有的端口都定义为相应的 VLAN 组即可，适合于任何大小的网络。它的缺点是如果某用户离开了原来的端口，到了一个新的交换机的某个端口，必须重新定义。

（2）按照 MAC 地址划分 VLAN。根据每个主机的 MAC 地址来划分，即对每个 MAC 地址的主机都配置它属于哪个组。这种方式的 VLAN 允许网络用户从一个物理位置移动到另一个物理位置时，自动保留其所属 VLAN 的成员身份。它的最大优点就是当用户物理位置移动时，即从一个交换机换到其他的交换机时，VLAN 不用重新配置。缺点是初始化时，所有的用户都必须进行配置，所以这种划分方法通常适用于小型局域网。

（3）基于网络层协议划分 VLAN。VLAN 按网络层协议来划分，可分为 IP、IPX、DECnet、AppleTalk、Banyan 等 VLAN 网络。这种按网络层协议组成的 VLAN，可使广播域跨越多个 VLAN 交换机。这对于希望针对具体应用和服务来组织用户的网络管理员来说是非常具有吸引力的。这种方法的缺点是效率低，因为检查每一个数据包的网络层地址是需要消耗处理时间的（相对于前面两种方法），一般的交换机芯片都可以自动检查网络上数据包的以太网帧头，但要让芯片能检查 IP 帧头需要更高的技术，同时也更费时。

（4）根据 IP 组播划分 VLAN。IP 组播实际上也是一种 VLAN 的定义，即认为一个 IP 组播组就是一个 VLAN。这种划分方法将 VLAN 扩大到了广域网，因此这种方法具有更大的灵活性，而且也很容易通过路由器进行扩展，主要适合于不在同一地理范围的局域网用户组成一个 VLAN，不适合局域网，主要是效率不高。

（5）按策略划分 VLAN。基于策略组成的 VLAN 能实现多种分配方法，包括 VLAN 交换机端口、MAC 地址、IP 地址、网络层协议等。网络管理人员可根据自己的管理模式和本单位的需求来决定选择哪种类型的 VLAN。

（6）按用户定义、非用户授权划分 VLAN。基于用户定义、非用户授权来划分 VLAN，是指为了适应特别的 VLAN 网络，根据具体的网络用户的特别要求来定义和设计 VLAN，而且可以让非 VLAN 群体用户访问 VLAN，但是需要提供用户密码，在得到 VLAN 管理的认证后才可以加入一个 VLAN。

7.3.3　局域网规划重点关注的内容

目前，局域网功能越来越复杂，网络性能、安全性、可靠性、管理维护能力要求也越来越高，与广域网的规划内容类似，局域网的规划也同样涉及建设背景、需求分析、项目预算、技术方向、网络拓扑结构设计、IP 地址等逻辑资源规划、网络安全设计、网管和运维功能设计、机房环境设计、综合布线设计等内容，除此以外，局域网规划还应重点关注 VLAN 划分、VLAN 编号、VLAN 间路由设计、STP（Spanning Tree Protocol，生成树协议）设计与 DHCP（Dynamic Host Configuration Protocol，动态主机配置协议）设计等。

（1）VLAN 划分。上节阐述了 6 类常见的 VLAN 划分方式，在实际规划中要特别注意 VLAN 的划分，要根据业务特性、地理连接情况、安全性要求等综合考量，来决定 VLAN 的划分方式。一个复杂的局域网络也可以有多种划分方式并存的情况。

（2）VLAN 编号。国际标准协议定义的 VLAN 编号（VLAN ID）取值范围是 1 ～ 4096，大型局域网规划中，VLAN ID 还是十分紧张的，所以要谨慎规划，同时还要方便运营管理和故障排查。

（3）VLAN 间路由设计。两个 VLAN 之间的通信需要第三层路由来实现，实际操作中，结合网络规模大小等因素，一般有三种设计方式，分别是直接使用多个物理接口实现 VLAN 路由（路由器为每个 VLAN 提供一个专门的物理接口）、同一个物理接口中通过创建子接口（Sub-Interface）实现该物理接口下的多个 VLAN 间的路由、使用三层交换机的 VLAN 间路由。

（4）STP 设计。STP 的目标是在逻辑上发现并阻断二层网络中存在的环路情况，避免因为环路而导致的广播风暴给网络带来的灾难性后果。局域网规划中 STP 设计非常重要，要根据网络结构和业务情况仔细设计 STP 方案。

（5）DHCP 设计。DHCP 用来在网络中自动为终端设备分配 IP 地址、默认网关地址、DNS 服务器地址等配置参数。在小型局域网中，一般用出口路由器（或网关）设备充当 DHCP 服务器；在中型局域网中，一般将核心层的三层交换机配置为 DHCP 服务器；在大型局域网中，一般要配置专门的 DHCP 代理服务器。

7.4　无线网规划

从规划的角度看，一般有三大类无线网：一是运营商专门对外提供移动语音、数据等通信业务的移动通信网，目前主要是指 4G、5G 移动通信；二是一些专门用于某种特定场景的，如 NB-IoT 等用于物联网等的无线通信网络；三是一般意义上的如 Wi-Fi 等常用的无线局域网络。

7.4.1　4G/5G 移动通信技术

从 20 世纪 70 年代到 21 世纪初，移动通信的发展历经三代：第 1 代模拟蜂窝通信系统；第 2 代数字蜂窝移动通信系统，即 2G 系统，包括全球移动通信系统（Global System for Mobile Communications，GSM）、码分多址（Code Division Multiple Access，CDMA）等；第 3 代数字移动通信系统，即 3G 系统，包括宽带码分多址（Wideband Code Division Multiple Access，W-CDMA）、CDMA2000、时分同步码分多址（Time Division-Synchronous Code Division Multiple Access，TD-SCDMA）等。

1. 4G 移动通信技术

2013 年 12 月 4 日我国正式向三大运营商发布 4G 牌照，标志着第 4 代移动通信系统建设的开启。相比于 3G 系统，4G 移动通信采用了正交频分复用（Orthogonal Frequency Division Multiplexing，OFDM）技术、软件无线电技术、智能天线技术、多输入多输出（Multiple-Input Multiple-Output，MIMO）技术、基于 IP 的核心网等技术，以提高无线通信网络效率和功能。

（1）4G 移动通信的优势包括：

- 高速率、高容量。4G 拥有比 3G 更快的通信传输速率，理论上最高下行速率可达100Mb/s，上行速率可达50Mb/s，当然这与用户的移动特征有关，移动越快，速率越低。
- 网络频谱更宽。每个4G信道将占100MHz频谱，相当于W-CDMA 3G网络的20倍。
- 智能性能更高。4G采用智能技术，使得终端设备具有智能化，同时系统可自适应地进行资源分配。
- 兼容性能更平滑。4G系统具备全球漫游功能，接口开放，能与多种网络互连，终端多样化，在不同系统间能够无缝切换、传输高速多媒体业务数据。
- 实现更高质量、更低费用的通信。4G系统可以提供良好的覆盖性、高速数据和高分辨率的多媒体服务，因此4G系统也被称为"多媒体移动通信"。
- 更好的安全性。4G安全已经与计算机网络安全、终端安全与认证系统安全融为一体，4G系统充分共享并利用计算机安全管理机制与技术加强4G移动通信的安全。

（2）4G 网络架构模型如图 7-13 所示。

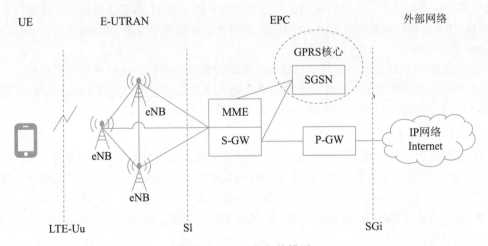

图 7-13　4G 网络架构模型

分组核心演进（Evolved Packet Core，EPC）核心网主要由移动性管理设备（Mobility Management Entity，MME）、服务网关（Serving GateWay，S-GW）、分组数据网关（PDN

GateWay，P-GW）等组成。EPC秉承了控制与承载分离的理念，将分组域中服务GPRS支持节点（Serving GPRS Support Node，SGSN）的移动性管理、信令控制功能和媒体转发功能分离出来。MME负责移动性管理、信令处理等功能，S-GW负责媒体流处理及转发等功能，P-GW承接原3G网络中网关支持节点（Gateway General Support Node，GGSN）网元的功能，S-GW和P-GW可以合设，也可以分设。

演进的通用地面无线电接入网（Evolved Universal Terrestrial Radio Access Network，E-UTRAN）中，eNodeB（eNB）之间底层采用IP传输，在逻辑上互相连接形成Mesh型网络，支持UE在整个网络内的移动性，保证用户的无缝切换。

4G用户设备包括4G手机或携带4G卡的PAD、笔记本、物联网等终端设备。

2. 5G移动通信技术

2019年6月，工信部正式向中国电信、中国移动、中国联通、中国广电发放5G商用牌照，中国进入第5代移动通信系统商用元年。

国际电信联盟（ITU）定义了5G的三大类应用场景，即增强移动宽带（Enhanced Mobile Broadband，eMBB）、超高可靠低时延通信（Ultra Reliable Low Latency Communication，uRLLC）和海量机器类通信（Massive Machine Type Communication，mMTC）。eMBB主要面向移动互联网流量爆炸式增长，为移动互联网用户提供更加极致的应用体验；uRLLC主要面向工业控制、远程医疗、自动驾驶等对时延和可靠性具有极高要求的垂直行业应用需求；mMTC主要面向智慧城市、智能家居、环境监测等以传感和数据采集为目标的应用需求。

1）5G系统主要性能指标

5G系统主要性能指标包括：峰值速率达到10～20Gb/s，以满足高清视频、虚拟现实等大数据量传输；空中接口时延低至1ms，满足自动驾驶、远程医疗等实时应用；具备百万连接/平方公里的设备连接能力，满足物联网通信；频谱效率比4G LTE提升3倍以上；连续广域覆盖和高移动性下，用户体验速率达到100Mb/s；流量密度达到每平方米10Mb/s以上；移动性支持500km/h的高速移动。

5G系统采用了更多的创新技术以实现上述功能和性能指标，包括网络功能虚拟化、控制面与用户面分离、网络切片、边缘计算、网络功能重构等新型网络技术和架构，以及极化码（Polar Code）编码、毫米波、小基站、MIMO等新型空中接口技术。

2）5G系统网络架构

5G系统采用总线式的微服务架构，将大型服务分解为若干个小型独立的服务，每个服务可以独立运行、扩展、开发和演化。微服务架构的采用为5G核心网的维护和扩展提供了极大的便利性，也利于切片技术的实现。5G网络架构模型如图7-14所示。具体包括以下内容：

- 用户设备（User Equipment，UE）。包括手机、电脑、各类物联网终端在内的各种接入终端设备。
- 接入网（Access Network，AN）。指由业务节点接入到用户网络接口间的传输网络。
- 应用功能（Application Function，AF）。指应用层的各种服务功能，AF与核心网交互以提供各种服务。

- 数据网络（Data Network，DN）。指5G系统可以对接的其他运营商网络、企业网或者互联网上的网络服务。
- 接入及移动性管理功能（Access and Mobility Management Function，AMF）。实现终端用户的接入和移动性管理，类似4G核心网中的MME（移动性管理实体）。
- 会话管理功能（Session Management Function，SMF）。用以实现会话管理，支持会话的建立、修改和释放，以及UE IP地址的分配和管理等，其作用相当于4G核心网中的MME、S-GW和P-GW的会话管理功能。
- 用户面功能（User Plane Function，UPF）。5G核心网中所有的用户面功能都由UPF完成，包括分组路由和转发、外部PDU与数据网络互连的会话点等，相当于4G核心网的S-GW和P-GW中的用户面功能。
- 统一数据管理功能（Unified Data Management，UDM）。用于管理用户数据，相当于4G核心网的归属用户服务器（Home Subscriber Server，HSS）中的用户数据管理功能。
- 鉴权服务功能（Authentication Server Function，AUSF）。用于实现用户鉴权，相当于4G核心网中的MME和HSS的用户鉴权功能，包括3GPP接入鉴权和非3GPP接入鉴权。
- 策略控制功能（Policy Control Function，PCF）。相当于4G核心网的PCRF中的策略控制部分，支持管控网络行为的统一策略框架，为控制面提供策略规则等。
- 网络开放功能（Network Exposure Function，NEF）。提供对外开放网络数据的功能，使非3GPP网络能够接入5G核心网。
- 网络切片选择功能（Network Slice Selection Function，NSSF）。用以实现网络切片功能，网络切片技术可以把网络切成多个虚拟的子网，以满足不同业务的个性化需求。
- 网络功能存储功能（NF Repository Function，NRF）。用于网络功能（NF）的注册、存储、管理和状态检测，实现所有NF的自动化管理。

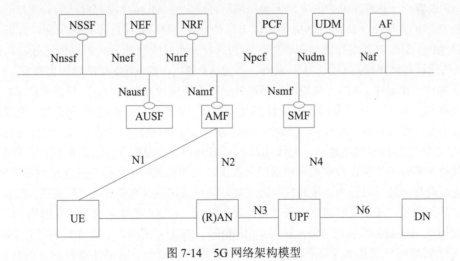

图 7-14　5G 网络架构模型

7.4.2 NB-IoT等专用无线通信网络技术

根据信息传输距离的远近程度，无线通信技术可分为短距离无线传输技术和广域无线传输技术。

短距离无线传输技术包括两大类：一类是以 Wi-Fi 和蓝牙等为代表的高速率短距离传输技术，主要应用于智能家居和可穿戴设备等场景；另一类是以 ZigBee 为代表的低功耗、低速率的近距离传输技术，主要应用于低速近距离人机交互、数据采集等场景。

广域无线传输技术中，NB-IoT（Narrow Band Internet of Things，窄带物联网）技术属于授权频谱技术，使用半双工通信，具有覆盖广、连接多、速率快、成本低、耗电少等特点，主要应用于远程设备运行状态的数据传输、工业智能设备及终端数据传输的低功耗、低速率场景。广域无线传输技术还包括高功耗、高速率的蜂窝通信技术，主要应用于导航与定位、视频监控等实时性要求较高的大流量传输场景，与之相对应的非授权频谱技术则是 LoRa、Sixfox 等。

NB-IoT 等专用无线通信网络的建设，要重点考虑频谱使用情况、承载业务属性、网络覆盖情况、安全性要求、成本情况等因素。如果是作为运营商运营的网络来规划建设，还要考虑运营维护的相关事项；如果是作为自己应用的专网，则要重点考虑支撑业务的能力和相关产业生态的支持情况。

7.4.3 无线局域网技术

无线局域网 Wi-Fi 是一种基于 IEEE 802.11 标准设备的无线局域网络技术，由 IEEE LAN/MAN 标准委员会（IEEE 802）进行维护。Wi-Fi 部署应用已十分普及，具体技术这里不再赘述。

无线局域网需要通过无线接入点（Access Point，AP）为无线客户端提供网络接入。无线接入点根据是否需要通过专门的管理设备进行集中式控制，分为瘦 AP 和胖 AP。瘦 AP 需要通过专门的无线控制器（Access Controller，AC）进行集中式管理，常用于需要部署大量 AP 且难以对各个 AP 进行一一管理和维护的大型无线局域网环境。瘦 AP 虽然没有自己的管理平面，但是在无线控制器的管理下，反而可以提供比较丰富的功能。胖 AP 则自带管理平面，管理员可以登录到胖 AP 上直接对其进行管理和维护。因为这种分布式管理的方式扩展性比较差，所以使用胖 AP 的无线局域网规模不会太大。此外，与瘦 AP 相比，胖 AP 支持的功能也较少。

限于规模，使用胖 AP 的无线局域网环境几乎不需要进行过多的设计，只需要把 AP 连接到接入层交换机上即可。需要专门进行设计的是使用瘦 AP 的环境。在这类环境中，无线局域网设计的核心是无线接入点（AP）和无线控制器（AC）之间的连接和通信方式。具体来说，根据 AP 和 AC 之间通过几层网络通信，无线局域网可以分为二层组网和三层组网两种不同的架构；针对无线控制器是否连接在数据流量的必经之路上，无线局域网可以分为直连组网和旁挂组网；此外，无线局域网还可以分为直接转发和隧道转发两种架构，区别是允许 AP 不经 AC 直接转发无线客户端的流量，还是需要建立一条业务流量的隧道，让 AP 把数据流量都发送给 AC。

无线局域网用服务集标识（Service Set Identifier，SSID）来标识一个无线网络，SSID 可以将一个无线局域网分为几个需要不同身份验证的子网络，每个子网络都需要独立的身份验证，只有通过身份验证的用户才可以进入相应的子网络，防止未被授权的用户进入本网络。

在实际无线局域网建设中，要特别注意 AP 的物理部署位置（会影响传输速率和稳定性）、IP 地址分配、VLAN 与 SSID 的映射关系、AC 可靠性设计、无线用户接入控制等事项。

7.4.4　无线网规划重点关注的内容

无线网种类繁多，专业性强，与广域网、局域网的规划内容类似，也同样涉及建设背景、需求分析、项目预算、技术方向、网络拓扑结构设计、网络安全设计、网管和运维功能设计等内容。除此以外，无线网规划还应重点关注无线频率规划、无线传输覆盖范围规划、无线传输容量规划、无线基站站址规划与无线组网规划等。

（1）无线频率规划。所有的无线传输都离不开无线频率，无线频率属于有限的、排他使用的资源，在国家有关部委对无线频率的整体规划原则下，要做好自身无线传输范围内的频率规划，降低频率干扰，提高频率利用效率。

（2）无线传输覆盖范围规划。每种无线通信技术都有覆盖范围的约束，要充分考察和考虑物理环境（如建筑遮挡、环境干扰等）因素，结合每种无线通信技术的不同穿透、抗干扰等特性，进行针对性的无线传输覆盖范围规划设计。

（3）无线传输容量规划。要根据无线网络所辖范围内用户规模、业务特征和业务量的预测，测算出无线传输容量需求，进一步测算所需的无线基站数量等信息。

（4）无线基站站址规划。在无线传输覆盖范围内，要规划 4G/5G 基站、NB-IoT 等基站、Wi-Fi AP 等的物理部署位置，要综合考虑地理位置、电力保障、网络连接、环境干扰、安全防护以及施工建设、维护等诸多因素，选准相关站址的具体位置，还要充分考虑相关射频天线的方向、隔离、挂高等参数，以达到最佳的无线通信效果。

（5）无线组网规划。要结合业务需求、无线传输技术特性、相应的网络架构模型、技术演进路线、网络现状等因素确定无线组网策略和技术，规划设计具体的无线组网方案、相关设备选型方案、无线网络安全方案等。

7.5　网络整体规划的重点事项

在网络整体规划中，要保障网络及其承载业务应用的正常运行，还要重点关注网络管理维护、网络安全、机房建设、综合布线、监控系统、节能降耗等事项。

7.5.1　网络管理和维护功能设计

随着网络规模的不断扩大，需要建设专门的网络管理和维护系统来管理、监测和控制网络的运行。一方面，通过网络业务流量流向等监测，可以有效优化和利用网络资源；另一方面，在网络发生故障时能够利用相关技术手段来及时检测、排查和修复故障，甚至要求在故障未实际发生前可以进行故障预警。

在运营商网络规划建设中，网络管理（一般简称"网管"）是一个非常大且非常专业的术语，国际标准化组织（ISO）专门定义了网络管理五大功能，分别是故障管理、配置管理、性能管理、计费管理、安全管理。

- 故障管理。通过收集网络中各类设备告警信息，运用各种技术手段，进行网络故障的判定和定位，为快速完成故障排除和网络恢复打下基础。
- 配置管理。配置网络以使其提供网络服务，同时采集网络中相关设备的配置数据，对其进行管理和分析，以便使网络整体运行达到最优。
- 性能管理。通过对网络各类性能数据的采集、分析和处理，更好地了解整个网络和其中设备的运行状况。
- 计费管理。记录各类网络资源的使用情况，目的是控制和监测网络操作的费用和代价。
- 安全管理。主要提供网络中各类设备和网络管理层面的安全性管理功能，目的是保障网络安全运行。

无论是运营商广域网，还是企业广域网，一般都会建设专门的网络管理系统，会根据网络规模、网络性质（是自建自用，还是向外部用户提供业务运营服务）和网络管理维护运营需求来建设不同规模架构和功能定位的网络管理系统。

网络管理系统的功能体系结构一般可以划分为三层，由下至上依次为网元/网络层、管理应用层和表示层。

- 网元/网络层。网元/网络层是网管系统的最底层，包括被管理的所有网元设备和网络系统，被管理的设备会按照一定的规范定义自身的管理信息，包括各种操作信息、告警信息、设备状态信息等。最著名的是TCP/IP网络管理协议标准框架定义的MIB（Management Information Base，管理信息库）规范和SNMP（Simple Network Management Protocol，简单网络管理协议）：MIB定义了受管设备必须保存的数据项、允许对每个数据项进行的操作及其含义，即管理系统可访问的受管设备的控制和状态信息等数据变量都保存在MIB中；SNMP主要涉及同信息通信相关的关系和消息流，定义了管理系统上运行的管理站软件如何与管理代理通信，包括两者之间交换的消息分组的格式、含义及名字与值的表示等，此外也定义了被管设备间的管理关系。
- 管理应用层。在管理应用层主要实现上面阐述的网络管理五大功能，并可根据具体的管理需求和扩展接口实现附加的管理功能模块或者网络管理子系统，如辅助决策子系统、资源管理子系统、测试评估子系统等。
- 表示层。表示层向用户提供直观、友好的人机交互界面，可以支持图形、文字、表格等多种形式，支持本地大屏显示、办公室PC展示以及远程手机接入等多种接入和展现手段，提供基于Web方式的和普通C/S应用方式的应用。

7.5.2 网络安全设计和安全管理

网络安全关注的重点包括：网络结构，包括网络结构合理性、安全域划分合理性等；访问控制，包括网络边界是否部署访问控制设备，是否制定了用户和系统之间的允许访问规则，访问控制策略和粒度是否合理等；网络入侵防护，包括拒绝服务攻击的监控和防御能力，对于端口扫描、IP碎片攻击、网络蠕虫等网络攻击的监控能力等；网络安全审计，包括对网络设备运行状况、网络流量、用户行为等进行日志审计的能力等。

网络安全的设备和手段具体如下：

- 防火墙是基本的网络层安全防护设备，目前基本上所有网络业务系统都部署了硬件防火墙。通过防火墙可以实现系统内外网边界的访问控制，对进出的网络数据包进行过滤和检测，并可实现对网络层分布式拒绝服务（Distributed Denial of Service，DDoS）攻击的防御功能。
- 利用VLAN等技术进行安全域划分是实现网络安全域结构优化的主要技术手段，目前大多数业务平台都进行了相应的VLAN网段划分，能够按照不同功能、级别、安全要求等对网络系统划分不同的安全域。
- 网络入侵检测和防护主要通过入侵检测系统/入侵防御系统（Intrusion Detection System，Intrusion Prevention System，IDS/IPS）安全设备进行，通过部署IDS/IPS，能够对已知的网络攻击进行监控和报警。
- 网络安全审计主要通过统一日志管理系统或安全运营中心（Security Operations Center，SOC）进行，通过部署SOC系统或统一的日志服务器，能够对网络安全日志进行统一管理和分析。

安全管理的重点内容包括：

- 安全组织和责任，包括建立安全工作组织架构，设置安全分管领导和安全管理专员，明确人员的安全责任等。
- 风险管理工作机制，包括实施定期的安全评估、漏洞管理、安全加固、残余风险评价等工作。
- 应急处理工作机制，包括安全风险监控、定期安全通告、安全紧急事件处理措施等。
- 容灾备份工作机制，包括制定完善的灾难恢复方案并制订定期的灾难恢复演练计划等。
- 制定系统上线、切换办法及安全运维方案等。

7.5.3　机房建设

现代的机房建设工程充分体现了新技术、新材料、新工艺、新设备的特点。一方面，网络机房运转是否正常将会影响信息网络系统日常经营业务的正常运行，所以对机房的安全性、可靠性和可管理性提出了很高的要求，机房建设要符合国家各项有关标准的规定，机房建设也给机房工作人员提供了一个舒适的工作环境；另一方面，现代机房建设越来越需要考虑建设、维护自身的性价比，有效降低运行功耗，提升机房本身、机房环境系统、机房内承载各类设备的故障处理能力，对机房建设和运行维护提出了更高的要求。

网络通信机房的建设工程是一个综合性的专业技术系统工程，它具有建筑设计、空调、通风、给排水、强电、弱电等各个专业所特有的专业技术要求，同时又具有建筑装饰关于美学、光学、色彩学等专业的技术要求。因此，机房建设常常需要专业技术单位来完成，从而在设计施工中确保机房先进、可靠、安全、精致。既满足国家对机房专业的各项技术条件要求，又具有建筑装饰现代艺术风格的机房，才能充分满足业主的使用要求。

机房建设包括机房装修、空调系统、电气系统、接地和防雷系统、消防系统、环境监控系统、节能降耗系统等。

7.5.4 综合布线

所谓综合布线系统，是指按标准的、统一的和简单的结构化方式编制和布置各种建筑物（或建筑群）内各种系统的通信线路，包括网络系统、电话系统、监控系统、电源系统和照明系统等。因此，综合布线系统是一种标准通用的信息传输系统。

综合布线系统是智能化办公室建设数字化信息系统基础设施，是将所有语音、数据等系统进行统一规划设计的结构化布线系统，为办公提供信息化、智能化的物质介质，支持将来语音、数据、图文、多媒体等综合应用。

综合布线系统设施的建设，应纳入建筑与建筑群相应的规划设计中，根据工程项目的性质、功能、环境条件和近/远期用户需求进行设计，应考虑施工和维护方便，确保综合布线系统工程的质量和安全，做到技术先进、经济合理。综合布线系统宜与信息网络系统、安全技术防范系统、建筑设备监控系统等的配线做统筹规划，同步设计，并应按照各系统对信息的传输要求，做到合理优化设计。

综合布线系统的基本构成应包括建筑群子系统、干线子系统和配线子系统。

综合布线系统工程的产品类别及链路、信道等级的确定应综合考虑建筑物的性质、功能、应用网络和业务对传输带宽及线缆长度的要求、业务终端的类型、业务的需求及发展、性能价格、现场安装条件等因素，并应符合国家相关标准规范的规定。

7.5.5 监控系统

机房监控系统主要对机房环境自身和所承载的信息网络设备进行集中监控和管理，通过监控系统收集机房运行的各种参数数据，进行实时分析和研判，当出现问题时或者有潜在隐患时，及时或者预先通知机房及专业维护人员，做出判断和进行相关处置动作。机房监控系统自身也经历了从简单到复杂，从分专业独立到综合，从功能性监测到基于人工智能的智能化监控的转变。

机房监控对象可涵盖机房环境、承载设备和运行所涉及的方方面面。具体包括：内部各类动力设备、各类环境设施、消防设施、安防设施、所承载的信息网络设备等。机房监控的具体作用包括：自动预警、报警，机房故障能及时处置，避免扩大故障影响；让运维人员从烦琐、复杂的运维工作中解脱出来，做到机房智能运维管理模式；机房得到有效管理，防护效果提升，业务系统能长期运行，为企业创造直接、间接的利益。

典型的机房监控功能系统（子系统）包括：

（1）机房动力环境系统监测。为保证其安全正常运行，与之配套的机房动力系统、环境系统、消防系统、安保系统必须时刻稳定协调工作。如果机房动力及环境设备出现故障，轻则影响电脑系统的运行，重则造成通信设备报废，后果不堪设想。因此，对通信机房的环境系统进行实时集中的监控极其必要。

（2）机房网络设备监控。机房里有成千上万的设备，监控这些设备的运行是非常必要的，如服务器运行的 CPU 内存主要参数、网络设备的端口流量、业务水平的监控等。设备的各种主要运行参数要清晰。

（3）机房监控门禁监控。为保证业务保密和机房运行安全，防止无关人员进入，主要监控进出机房的人员，在机房出入口部署摄像头，在机房内走廊及重要机房入口都要部署。

（4）机房环境消防监控。机房内存放的是精密电子设备，一旦发生火灾，对于机房来说就是毁灭性的打击。要时刻注意机房的温湿度、粉尘、气体和消防，防止机房发生火灾。

（5）统一运维管理平台。通过对网络设备管理、服务器管理、存储设备管理、业务应用管理、无线管理、日志分析、办公设备/联网设备、动环系统等本地和异地网络的实时监控、自动巡检，精准采集、分析故障信息，判断重要数据性能指标，实现大规模数据中心的集中统一管理。

7.5.6　节能降耗

随着网络通信系统规模的不断增长，也随着人们对减少温室气体排放、节能减排的越发重视，各类机房设施，尤其是数据中心等高耗能机房的节能降耗问题日益引发关注，绿色节能机房、绿色数据中心建设已经成为一种必选项。

机房的节能降耗是多方面的。在机房选址和规划建设方面，就要考虑选址是否有利于节能和降低能源成本，机房的密封、绝热、配风、气流组织等设计是否合理，能否降低空调的使用成本；机房内部的规划布局、机柜的布局排列是否能分隔冷热气流，形成良好的气流组织，提高空调使用效率；各种设备本身，如机柜、服务器等是否具备一定的节能降耗措施；基于人工智能等技术手段，通过对机房内的实时环境监测和对各类设备系统的能源消耗情况监测，进行智能分析和决策，如采取按需调节动态制冷的手段来整体降低机房的能耗。

第 8 章　数据资源规划

科学合理的数据资源规划能够保证数据资源得到有效的利用与分析，使得数据在不同平台上进行交换、共享和整合，为组织提供有价值的信息和洞察。数据资源规划首先需要对组织的数据资源进行全面、深入的调查和探索，然后制定数据资源建设规划方案、细化数据资源建设步骤、明确数据资源建设目标。作为数据工程生命周期的第一个重要环节，数据资源的规划是高质量信息化建设的必经之路，对加快各领域内数据的交易与流通，推动领域数据的生产、管理、服务和应用起到重要作用。同时，做好数据资源管理可以确保为组织提供有价值的数据资产，促进组织业务发展和创新。数据资源管理的概念非常宽泛且涉及多个方面，包括数据治理、数据质量、数据安全等诸多方面。

8.1　概述

8.1.1　数据的定义

人们对数据的理解不同，针对数据定义的描述也不同。有人认为，数据是对客观事物的逻辑归纳，用符号、字母等方式对客观事物进行直观描述；有人认为，数据是进行各种统计、计算、科学研究或技术设计等所依据的数值，是表达知识的字符的集合；有人认为，数据是一种未经过加工的原始资料，数字、文字、符号、图像都是数据；有人认为，数据是载荷或记录信息的按一定规律排列组合的物理符号。上述定义分别从数据的不同特点和应用出发，对数据本身的内涵进行了诠释。

综上所述，数据是对客观事物的性质、状态，以及相互关系等进行记载的物理符号或物理符号的组合。要充分理解数据的含义，需要区分以下关系。

1）数据与信息的关系

信息是指对数据进行加工处理，使数据之间建立相互联系，形成回答某个特定问题的文本，解释具有某些意义的数字、事实、图像等。信息普遍存在于自然界、社会以及人的思维中，是客观事物本质特征千差万别的反映，信息是对数据的有效解释，信息的载体就是数据。数据是信息的原材料，数据与信息是原料与结果的关系。

2）信息与知识的关系

知识是人们对客观事物运动规律的认识，是经过人脑加工处理过的系统化了的信息，是人类经验和智慧的总结。信息是知识的原材料，信息与知识是原料与结果的关系。

3）知识与智慧的关系

智慧是人类所表现出来的一种独有的能力，主要表现为收集、加工、应用、传播信息和知识的能力，以及对事物发展的前瞻性看法。知识是智慧的原材料，知识与智慧是原料与结果的关系。人类的智慧反映了对知识进行组合、创造及理解知识要义的能力。

综上所述，数据是信息的源泉，信息是知识的"子集或基石"，知识是智慧的基础和条件。数据是感性认识阶段的产物，而信息、知识和智慧是理性认识阶段的产物。从数据到信息到知识再到智慧，是一个从低级到高级的认识过程，层次越高，外延、内涵、概念化和价值就不断增加。总体而言，数据、信息、知识和智慧之间的联系在于前者是后者的基础与前提，而后者对前者的获取具有一定的影响。

8.1.2　数据资源的定义

资产是一种经济资源，能被拥有或控制、持有或产生价值，资产可以转化为货币。当前，数据已经被广泛认为是一种资产。如今的组织依靠数据资产做出更高效的决定，并拥有更高效的运营，运用数据去理解他们的客户，创造出新的产品和服务，并通过削减成本和控制风险的手段来提高运营效率。政府代理机构、教育机构以及非营利组织也需要高质量的数据来指导他们的运营、战术和战略活动。

1. 数据资源的定义

数据资源的定义源于数据的定义。2020 年，国家标准化管理委员会发布《信息安全技术 网络安全等级保护定级指南》，将数据资源定义为"具有或预期具有价值的数据，多以电子形式存在"。中国信息通信研究院在《数据价值化与数据要素市场发展报告（2021 年）》中，将数据资源定义为"能够参与社会生产经营活动，可以为使用者或所有者带来经济效益，以电子方式记录的数据"。综合上述定义，结合"数据"与"资源"的定义与性质，可以将数据资源理解为将无序、混乱的原始数据开发为有序、有使用价值的数据资源，其中包括数据采集、数据聚合、数据加工处理等环节，数据资源包括结构化数据和非结构化数据等各种形式的数据资料，如数据库、文本、图像、音频、视频等。2020 年 4 月，中共中央、国务院发布了《关于构建更加完善的要素市场化配置体制机制的意见》，将数据与传统要素（如土地、劳动力、资本和技术）并列，将其作为第五要素，并提出要加快数据要素市场培育。数据除了原本记录事务信息的功能外，还具有进一步挖掘更高价值的潜力，这时的数据就变成了数据资源。数据资源可以通过数据交易、数据赋能等方式来实现其价值。在现代社会，数据资源已经成为推动经济发展和社会进步的重要力量。

2. 数据资源的特征

数据资源相比于常见的自然资源和社会资源，具有无形性与可复制性、非竞争性与弱排他性、时效性、依附性、垄断性等特征。从这些特征中，可以看出数据资源是如何作为一种全新且特殊的资源投入到社会生产中的。

数据被誉为"21 世纪的石油"，说明数据资源和石油资源一样在各自的生产领域发挥着重要作用。过去竞争的关键是石油资源，而现在竞争的关键是数据资源。这是因为，石油资源是许多重要工业品的原料，而数据资源是信息提取的基础。在经济领域之外，数据资源还是一种新型武器。我国著名军事学家张召忠就提到过信息战，通过分析政治、经济、文化、思想等多方面的数据，可得出最有效的政策与战略，在国际竞争中占据先机。

数据资源通常被认为具有大宗商品的属性。比起商品，数据更像是一种原材料，类似于大宗商品。大宗商品与数据资源一样需要加工才能发挥更大价值，人们对获得的原始数据进行分析，并将分析结果投入到自己的生产活动中，而大宗商品也可通过不同方式的加工，从而生成不同类型的产品。

3. 数据资源的发展阶段

1）数据资源化

数据资源化阶段是将无序、混乱的原始数据开发为有序、有使用价值的数据资源的过程，包括数据采集、整理、分析等行为，最终形成可用、可信、标准的高质量数据资源。

2）数据资产化

2023年，中国信息通信研究院发布的《数据资产管理实践白皮书（6.0版）》中从资产的概念出发，规范明确了数据资产的范畴，具体是指由组织（政府机构、企事业单位等）合法拥有或控制的数据，以电子或其他方式记录，例如文本、图像、语音、视频、网页、数据库、传感信号等结构化或非结构化数据，可进行计量或交易，能直接或间接带来经济效益和社会效益。数据资产化阶段是基于既定的应用场景及商业目的，将数据资源进行一系列加工，形成可供组织应用或交易的数据产品。数据资产在该阶段拥有了场景赋能，预期可产生经济利益，形成数据交换价值。

3）数据资本化

数据资本化阶段是在数据资产化阶段发展后期，数据资产被进一步赋予金融属性。将数据与价值进行结合，通过交易等各种流动方式，能够产生新的产品和服务，最终变为资本。数据资本化是拓展数据价值的途径，其本质是实现数据要素的社会化配置。

8.1.3 数据资源规划的定义与作用

数据资源规划源于信息资源规划，广义的信息资源规划，不论是在一个具体的组织机构范围内还是在行业地区、国家等更大的范围内，都是指对信息资源描述、采集、处理、存储、管理、定位、访问、重组与再加工等全过程的全面规划工作。本书的数据资源规划是对企事业单位或政府部门的数据从产生、获取，到处理、存储、传输和使用的全面规划，是信息化建设的基础工程。数据资源规划的核心对象是数据本身，规划的数据对象必须相对稳定，最终用户必须真正参与数据资源规划工作。

数据资源规划在当前的信息化建设中发挥着重要作用，主要包括以下几方面：

- 提质增效。解决数据资源开发不足、利用不够、效益不高的问题，有利于整体信息化建设的提质增效。
- 缓解"数据孤岛"问题。减少重复建设和体系分割，避免长期存在的"数据孤岛"问题。
- 标准化与共享。有利于数据资源建设的标准化，促进数据资源的深层共享和共用，形成数据资源建设的良性循环。

- 市场化发展。推动数据资源建设的市场化发展，解决低产业化程度、小规模和缺乏国际竞争力等问题。

8.2　数据资源规划的方法

数据资源规划的理论方法较多，经过工程实践的不断验证提炼，逐步形成比较成熟的方法体系。目前主流的数据资源规划方法有三个：基于稳定信息过程的方法、基于稳定信息结构的方法和基于指标能力的方法。三种方法的适用场景和特点如下：

（1）基于稳定信息过程的方法。适用于业务场景相对固定，前期数据积累较少的情况。优点是理论成熟、易理解、实现难度不大；缺点是步骤繁杂、涉及因素多、数据稳定性较差。

（2）基于稳定信息结构的方法。适用于业务场景经常变化，前期数据积累较多的情况。优点是理论较成熟、实施周期较短、数据稳定性好；缺点是全局设计后置、初期工作量大、并行工作组织难度大。

（3）基于指标能力的方法。适用于业务场景涉及决策，前期数据积累较少的情况。优点是直接支撑决策需求、设计思路清晰、数据稳定性好；缺点是实现案例少、实施难度大、对设计人员要求高。

数据资源规划是数据资源建设的重要组成部分，是提高数据质量的重要保障手段，但不同的数据资源规划方法有不同的特点和应用场合，需要准确理解和灵活运用，才能为今后的数据资源建设提供有力指导。

8.2.1　基于稳定信息过程的方法

数据资源规划强调将需求分析与系统建模紧密结合起来，需求分析是系统建模的准备，系统建模是用户需求的定型和规范化表达。在进行数据资源规划时，首先要根据工作内容（而不是按照现行的机构部门）划分"职能域"，然后由业务人员和系统分析员组成小组，分别对各个职能域进行业务和数据的调研分析；进而建立信息系统的功能模型和信息模型，作为整个信息化建设的逻辑框架。在做业务调研分析时，要注意识别主要业务过程，研究新的管理模式，即与组织机构调整和管理创新相结合。在做数据调研分析时，要调研分析职能域之间、职能域内部、职能域与外单位间的数据流向。只有经过这样细致的调研分析，才能进行科学的综合，获得相应的模型，并以模型为载体使参与数据资源规划的所有人在信息化建设"要做什么"的问题上达成共识。基于稳定信息过程的数据资源规划步骤如图 8-1 所示，该数据资源规划方法可以概括为两条主线、三种模型、一套标准，其核心步骤如下：

- 定义职能域。职能域或称职能范围、业务范围，是指部门的主要管理活动领域。
- 各职能域业务分析。分析定义各职能域所包含的业务过程，识别各业务过程所包含的业务活动，形成由"职能域—业务过程—业务活动"三层结构组成的业务模型。
- 各职能域数据分析。对每个职能域绘出一、二级数据流程图，从而分析清楚职能域内外、职能域之间、职能域内部的信息流；分析并规范化用户视图；进行各职能域的输入、存储、输出数据流的量化分析。

- 建立领域的数据资源管理基础标准。包括数据元素标准、数据分类与编码标准、用户视图标准、概念数据库和逻辑数据库标准。
- 建立信息系统功能模型。在业务模型的基础上，对业务活动进行计算机化可行性分析，并综合现有应用系统程序模块，建立系统功能模型。系统功能模型由"子系统—功能模块—程序模块"三层结构组成，成为新系统功能结构的规范化表述。
- 建立信息系统数据模型。信息系统数据模型由各子系统数据模型和全域数据模型组成，数据模型的实体是"基本表"，这是由数据元素组成的达到第三范式的数据结构，是系统集成和数据共享的基础。
- 建立关联模型。将功能模型和数据模型联系起来，就是系统的关联模型，它对控制模块开发顺序和解决共享数据库的"共建问题"均有重要作用。

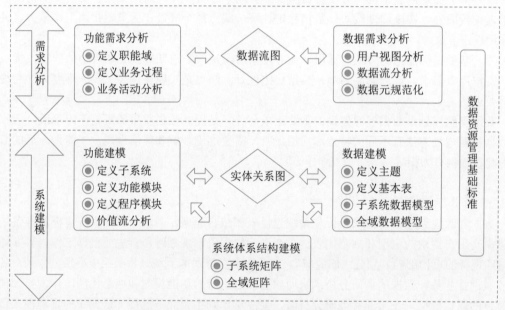

图 8-1　基于稳定信息过程的数据资源规划步骤

1. 可行性分析

数据资源规划工作是数据工程建设的重要阶段，需要对被规划对象进行大量调研、分析和研究，往往涉及的人员多、过程时间长、规划工作量大。因此，在数据资源规划实施之前，首先应结合已有基础、资金、人员、时间等资源情况，对数据资源规划的必要性和可行性进行认真论证和分析。一般而言，任何工作开始之前都需要规划，只是规划的合理性、细致度和所需资源规模上有差异。对数据资源规划的可行性，至少应从下述三个方面进行研究：

- 资源可行性。有足够的人力和资金资源支持数据资源规划工作吗？数据资源规划所占用的资源是否过大，以致后续工作无法开展？

- 操作可行性。是否有足够的时间来实施数据资源规划？是否有专业的技术规划人员参与数据资源规划？是否能得到高层部门领导的支持和认可？
- 技术可行性。使用现有的技术手段能支持数据资源规划吗？

2. 确定目标和范围

数据资源规划人员访问关键人员，仔细阅读和分析相关材料，以便对数据资源规划对象的规模和目标进行确认，以清晰地描述数据资源规划所涉及的范围和实施数据工程建设可行目标的内容。这个步骤的工作，实质上是为了确保数据资源规划人员正在规划的内容确实是用户需要规划的内容。

这个阶段的工作是后续工作的基础，应尽量避免规划的范围过宽，想面面俱到，结果造成规划工作量过大，严重影响数据资源建设的进度和质量；还要避免规划的范围过窄，导致在数据资源建设过程中才发现大量内容没有有效规划，从而失去了数据资源规划的实际意义。

3. 准备

数据资源规划实施前必须做好充分的准备工作，在准备阶段的主要工作如下：

（1）组建数据资源规划小组。由高层部门领导挂帅，从组织和业务部门选择有经验的、素质好的人员组成专职的数据资源规划小组，其职责就是对本业务领域的数据进行规划、管理、协调和控制。它的人员组成应有系统规划人员，负责总体规划和应用项目计划的编制和审查；数据资源管理人员，负责数据资源管理规范的制定、修改、发布与监督执行，负责总体数据资源规划和数据库建设计划的编制和审查，负责数据资源的使用与管理；系统分析员，负责应用系统的分析与设计、数据库的设计和功能详细设计。

（2）确定总体设计的技术路线。重视总体设计，重视数据环境的建设，建立稳定的数据基础，选择适合本业务数据特点的数据资源规划技术路线。

（3）人员培训。对系统进行总体数据资源规划，意味着要采用一套科学的方法进行信息工程的基础建设。这套方法对大多数参加者来说是新颖的，必须通过适当的培训使他们掌握这套方法。可以说，能否使参加规划的人员掌握科学的方法，是总体数据资源规划工作能否成功的另一个关键因素。

4. 业务活动研究

不论是研制开发信息系统，还是开展业务领域的数据资源建设，都是围绕当前的业务活动展开的。充分地分析和研究这些业务活动，是数据资源规划的前提和基础。虽然在数据资源规划可行性分析、确定数据资源规划的目标和范围等活动中已经对当前业务活动做过分析和研究，但其研究的基本目的是用较少的成本在较短的时间内确定数据资源规划的可行性和总体情况，因此许多细节被忽略了。然而详细研究当前的业务活动能够帮助数据资源规划人员捕获这些细节，并正确理解所要规划的数据到底是什么。

当然，需要指出的是，当前的业务活动不仅仅是人工活动，还应包括有信息系统支撑的业务活动，这些信息系统是数据资源规划的重要信息来源，应仔细阅读分析现有信息系统的文档资料和使用手册，也要实地考察现有的信息系统。

5. 建立业务逻辑模型

对业务活动的分析研究成果还需要经过系统分析员的分析、细化、整合、重组，形成能够为数据资源规划人员所理解的逻辑模型。建立逻辑模型的图形化工具有数据流图、实体 - 联系图、状态转换图、用例图、业务功能的层次结构图等，这些图形化工具通过不同的角度准确反映了当前业务的功能和活动。这些图形化工具大都在软件工程类书籍中有所介绍，这里不再详细讲解。

在建立当前业务逻辑模型时，往往会发现现实中的业务活动不能适应本部门的信息化建设，必须对这样的业务活动甚至业务组织进行调整或改革，这就需要对建立的逻辑模型进行多次调整和修改，以适应这种变化。

6. 导出并建立数据模型

建立业务逻辑模型的目的不仅仅是反映将来信息系统的功能，更主要的是能够反映数据资源建设的需求，以便进行统一的、一致的数据资源规划和设计，这就需要建立数据模型。

数据模型是根据已建立的业务模型，按照职能域去收集用户在业务过程中所处理的报表、单证等数据表单（统称用户视图），分析这些用户视图由哪些数据元素组成，与业务过程的关系（输入关系、输出关系、存储关系），要准确地找出这种关系，需要绘制各业务过程的业务过程图，图中反映每个业务过程中各项业务活动的名称、需要的数据、产生的数据和责任人，使信息系统分析员与用户对每个业务过程达成一致认识。从视图中抽取数据元素构成概念数据库，建立全局数据模型。

7. 建立管理标准

规划小组成员讨论并提出全域数据分类编码体系表；根据体系表和编码目录，结合主题数据库设计的要求，从数据元素库中提取全部可供信息编码的数据元素，填入各类信息编码的码表，逐一进行编码，并编写其编码原则和编码说明。属于程序标记类的编码可在应用开发时再做；一些码表内容非常庞大的信息编码，可另组队伍专门开发。完成后应组织专家评审。

8. 设计主题数据库

虽然已经设计并构建了数据模型，但还存在以下问题：相同的数据元素，被不同的开发小组生成多次，而且具有不同的结构，这样，应该相互协调的数据就不能相互协调，不同应用部门之间的数据传送也很难进行。一般情况下，所要规划的大多数数据都需要做统一的管理，相同的数据应被多个用户共享，不同的用户可以将这些数据用于不同的目的。只有通过规划与协调组织起来的数据，才能有效地为多个用户服务。为此，需要设计主题数据库。

主题数据库是面向业务主题的数据组织存储，这些主题数据库与本领域业务管理中要解决的主要问题相关联，而不是与通常的计算机应用项目相关联。主题数据库是对各个应用系统"自建自用"的数据库的彻底否定，强调建立各个应用系统"共建共用"的共享数据库。同时主题数据库要求调研分析业务活动中各个管理层次上的数据源，强调数据的就地采集，就地处理、使用和存储，以及必要的传输、汇总和集中存储。

设计主题数据库是数据资源规划非常重要的一步工作，如何设计出科学合理的主题数据库一直是数据资源规划人员的一项重要工作。一般而言，采用自顶向下规划和自底向上设计的数据资源规划方法来设计主题数据库。

主题数据库的一般设计过程如下：

- 统一数据标准。确定对应数据，统一数据标准，首先要统一数据的编码标准，使用统一的代码，消除数据间的重码现象；其次对数据的录入标准、存储标准、输出标准进行统一，以适应数据集成的需要；最后要规范数据的应用格式，建立统一的数据管理系统，统一数据使用和输出终端。
- 筛选数据。构建标准一致的主题数据库的结构和数据处理过程是相对独立的，是面向业务主体的，在建立的过程中需要对系统中所有的数据进行归类和标准化，在标准化的基础上进行整合、集成，形成数据标准一致的、规范化的、统一的、不需要数据接口的数据集合。
- 在数据标准统一和数据筛选、确定对应数据库的基础上，建立数据标准一致、信息共享的主题数据库，实现对分散开发的信息系统的数据集成、系统集成。

9. 数据的分布分析

结合数据存储地点，进一步调整、确定主题数据库的内容和结构，制定数据库开发策略。数据的分布分析要充分考虑业务数据的发生和处理地点，权衡集中式数据存储和分布式数据存储的利弊，还要考虑数据的安全性、保密性，以及系统的运行效率和用户的特殊要求等。根据这些调整数据实体的分组，制定主题数据库的分布或集中存储方案。

10. 制定方案

将前面步骤中形成的业务逻辑模型、数据模型、资源编码标准体系、主题数据库设计方案、数据分布分析方案整合形成整体数据资源规划方案，以便后续信息系统建设和数据工程建设参考分析。

11. 审核、评价方案

邀请部门领导、用户和领域专家共同分析、评估数据资源规划方案，分别从经济可行性、技术可行性和操作可行性等方面再细致地进行分析研究，以确保该数据资源规划方案确实能解决用户问题、提高业务部门信息化的管理效率和水平，并对该数据资源规划方案给出结论性意见。

在进行数据资源规划的过程中需注意以下问题：

- 数据资源规划这种信息资源的开发方法，必须来自最高层的策划。因此，高层管理人员的参与能使规划工作更全面、更深入、更易于开展。
- 数据资源规划的基础是建立业务模型和数据模型，这两个模型大致反映了整个业务活动情况。
- 数据资源规划的核心是模型分析，它需要系统设计人员深入细致地分析业务模型和数据模型，深刻理解它们，从而为设计数据库系统奠定基础。
- 数据资源规划的重点是建立主题数据库，确立整个信息系统的主题，并根据主题去组织数据。建立规范的数据库表是建立主题数据库的主要任务。

● 系统建设要与管理体制相互适应。业务本身是一个存在的系统，管理信息系统是一个新建的系统，要使管理信息系统能够充分发挥作用，必须解决两者之间的适配关系，两者不是简单的加减、模拟或替代关系，要为达到总体目标而互相适应。

8.2.2　基于稳定信息结构的方法

基于稳定信息结构的数据资源规划方法也是从组织的目标开始，但对组织目标和任务的确定和分解是为了更全面地收集初始数据集，数据收集完成后，通过数据项审查、主题数据集审查以及信息关系分析，直接从数据的角度得到组织的信息模型，然后通过数据的流程对应地分析出组织的业务，这是一种从组织信息及其关系到业务过程的认识过程。这种认识过程很大程度上减弱了对现行业务的依赖，由于数据及其关系对于组织来讲是稳定的，因此通过信息关系分析组织的信息模型，以及由信息模型得到的组织逻辑业务过程，通常不会由于现行业务过程的变化而发生改变，从而在最大限度上保持了模型的稳定性。

基于稳定信息结构方法的关键是建立"核心数据集"，再转换成满足不同的使用者需要的输出信息结构，即目标数据集，由于核心数据集的稳定性，通过更改输出信息结构即可满足不同的使用者，而输出信息结构的更改不会产生更多的"波及效应"。由于基于稳定信息过程方法需要先确定信息处理过程，这种过程一方面是当权的决策者和使用者的意志的反映，另一方面是组织与环境作用的结果。当然，这一过程不得违反，且必须符合逻辑过程，但一定会加入一些人为的、非逻辑的、不稳定的因素。由于基于稳定信息过程方法在本质上没有实现稳定因素与不稳定因素的分离，没有摆脱对于过程稳定性的过分依赖，致使当权者意志的变化、环境的轻微扰动等都可能形成病态信息，影响使用，甚至引致信息系统的崩溃。而基于稳定信息结构的方法是从分析组织的目标开始，从组织的目标到组织的任务，再到组织的数据以及数据关系分析，这样一步步展开的，其根本目的是通过一系列逻辑严密的步骤，分析提炼隐藏于组织机构和组织运行中的稳定的信息关系或信息流程，然后通过某种建模工具，将这种信息关系或信息流程描述出来，以作为今后组织信息系统建设的基础。

基于稳定信息结构的数据资源规划方法有 5 个步骤：①确定目标与系统边界；②获取初始数据集；③建立核心数据集；④完善目标数据集；⑤建立信息模型。其中，任一步骤都可返回前面的任一步骤，它是一个循环过程，如图 8-2 所示。步骤①确定目标与系统边界和其他方法基本一致，下面将从步骤②开始论述。

1. 获取初始数据集

初始数据集的收集应尽可能全，防止有用信息的丢失，从表面上看这些数据是杂乱无章的，但数据之间存在着必然的本质联系。因此，只要在一个具有强相关性的数据集合中，收集到了一项数据，那么经过严密的逻辑分析，就有可能得到这一数据集在逻辑意义上的全集。所谓"全"是指支持信息系统目标的每一功能项至少能有一定数量的数据，作为逻辑分析的基础。

数据收集工作和后面的数据分析工作在实际工作中一般是交替进行的，数据收集常伴以分析，而数据分析又常需要补充收集数据。初始数据集具有包罗万象、关系不明、冗余度较大、数据的来源和目的并不明确、不规范等特征，这些都是在后续的分析过程中重点解决的问题。

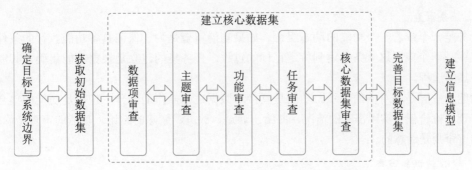

图 8-2 基于稳定信息结构的数据资源规划步骤

2. 建立核心数据集

建立核心数据集的过程是去粗取精、去伪存真、由此及彼、由表及里的分析过程，需要经过数据项审查、主题审查、功能审查、任务审查和核心数据集审查（与目标及功能的对比）等步骤。其中，后 4 个步骤中发现问题（主要是完整性问题）时还要返回前面若干步骤。

1）数据项审查

为了便于在建立组织的信息模型时能以精确、逻辑严密的数据作为基础，必须首先对收集到的单个数据项进行审查，以保证进入信息模型的各个数据项的概念是正确的，精度是足够的，采集是方便的。如果达不到要求，需进行适当的修正。数据项审查主要针对的是初始数据集中的单个数据项，它不一定能够表达一个完整的语义，该步骤的重点在于单个数据项自身的一些特性。

2）主题审查

主题是能构成一个完整语义的数据项组合。建立主题就是根据数据项之间的关系进行适当的组合，形成一系列的主题，这些主题的集合称为主题集。比如，当"兵器室数量"与"单位名称"和"计量单位"这三个数据项组合起来时，就可以得到一个完整的语义，得到"某一单位有多少兵器室"这样一个主题。主题审查是检查主题及其集合的指标是否达到满意的程度，并给出通过、改进、删除的结论。

在此步骤中，系统资源规划人员会发现在初始数据集中还缺少一些数据项，没有它们，有些数据是孤立的，无法构成一个完整的含义。此时，必须重复前面各个步骤，来不断完善整个数据集合。也许会发现一些多余的数据项，这些数据项似乎没有什么用途，可暂做保存，有可能在进一步的规划中还能使用。也可能出现一些类似的、相近的、交叉的和重复的主题，要给予一定的优化，这是规划中的难点所在。

3）功能审查

每个主题集是一个更大主题或主题子集的一部分，或者直接服务于一定的功能。基于这一情况，在完成主题集的基础上，需要对每个主题及其集合进行功能审查，即确定一组主题或主题子集能否完成一个特定的功能。功能的建立，就是根据主题集确定其能完成的功能集的过程；功能审查是检查功能及其集合是否达到满意程度的过程，并给出通过、改进、删除的结论。

4）任务审查

任务是一个或若干个功能的动态组合。如果功能审查是为了保证具备功能执行的条件，那么任务就是一个应用这些条件达到特定目标的过程。任务集的建立是根据功能集确定其能完成的任务集的过程。

功能与主题是多对多的关系。功能是直接对数据进行操作的部分，任务是功能的集合。任务的审查是检查任务实现需求的情况，并给出通过、改进、删除的结论。功能的审查是静态的，任务的审查则是动态的。

5）核心数据集审查

核心数据集是具有一定功能、支持一定任务的、能为实现组织目标（或信息系统目标）提供全部信息支持的数据集合。建立核心数据集的过程是在主题集的基础上，经过功能与任务分析将其逐步完善的过程。核心数据集的审查是检查其达到规定指标的程度，并给出通过、改进、删除的结论。

3. 完善目标数据集

核心数据集是一种纯理性的数据集，其格式、内容与实际应用有一定的差距，不能直接满足用户要求。而目标数据集是能够满足用户界面各种需要的数据集，这一阶段要有用户的充分参与，用户需求在这个阶段得到充分的展示，从这个意义上讲，完善目标数据集的过程也是用户需求的实现过程。目标数据集是由核心数据集经过一定的变换得到的。过程中只需要增加一些控制信息，而不需要增加数据本身，从这个意义上讲，完善目标数据集的过程也是对核心数据集的检验过程。如果存在核心数据集不能满足目标数据集要求的情况，需要重复以前的各步骤，以使其达到规定的要求。

4. 建立信息模型

前面的规划工作是分析，组织信息模型的建立则是一个综合过程。尽管前面的分析是动态的过程，但其结果的形式是静态的，这为动态的信息模型奠定了基础。信息模型的建立过程是根据数据之间的逻辑关系，找出信息的逻辑流程的过程，也是用这些过程联结各数据集合的过程。信息模型抽象地反映了组织运作过程中信息的流动过程，也就是数据资源规划的结果和归宿。

信息模型在逻辑上与信息系统是对等的，信息系统的建设是以信息模型为蓝本的，或者说，信息模型代表了组织（用户）的信息需求。也就是说，信息系统相关的设备、人员与组织机构及其相应的制度设计都是为满足组织信息需求服务的。

8.2.3　基于指标能力的方法

该方法以"决策—指标—数据模型"的分析为切入点，一步步反推出能够支持目标决策应用的核心数据集。为了能够精准地评估出各种能力，做出正确、适当的决策，经常需要辅以各种指标数据。各种能力的评估和决策的制定都应该有各自适当的指标体系。在指标体系中，随着对指标的深入分析，可以构造出层层细化的指标数据模型。根据底层指标数据模型的具体要求，分析并收集能够支撑这些底层指标数据模型的数据集，将所有从底层指标数据模型收集来的数据集合并整理，直至形成目标数据集。

基于指标能力的数据资源规划方法不需要关心具体的业务流程，也不需要收集大量的初始数据集。在规划过程中每一步分析的数据信息都是有方向的，服务于最终的能力评价、决策制定等。在该方法中，比较重要的内容是建立正确的指标体系。指标体系是否合理决定了能力评价和制定决策的正确程度，也关系到是否能够分析出关联有意义的数据。此外，由于指标体系的层次是从高层到底层不断分散的过程，在底层的指标中，可能会出现交叉使用同样的数据元素的情况，在形成的目标数据集中，对于这些表达相同意义的数据元素需要做一致性检验，避免数据元素的重复或同义不同名等现象。具体步骤主要包括决策评估收集、支撑指标分析、指标体系构建、建立指标数据模型并分析数据集、数据子集融合、核心数据集的一致性检验、核心数据集评价，通过审核评价的数据形成核心数据集，最后围绕决策分析需求，按需完善目标数据集，形成可以完全支撑目标应用需要的数据集，如图 8-3 所示。

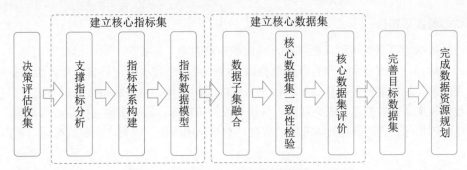

图 8-3　基于指标能力的数据资源规划步骤

1. 决策评估收集

基于指标能力的方法着眼于数据资源建设的最终目标，为能力的评估和决策的制定服务，因此以这些最终目标为导向分析数据资源，首要步骤就是要正确收集和分析需要评价的各种能力和制定的各类决策，将这些能力和决策分类细化，方便支撑指标的分析。

2. 支撑指标分析

能力评估和决策制定与数据之间需要各种指标作为连接的桥梁。根据能力评估和决策制定的需要，转换出相应的支撑指标。以评估军队主要作战能力为例，为做出正确的能力评估，需要建立相应的指标作为依据。指标中可以从侦察情报、指挥控制、立体突击、精确打击、综合保障等多个方面考察作战能力，由这些指标值的综合得分评判军队的主要作战能力。

3. 指标体系构建

围绕分析的支撑指标，通过分类组合等方法进行系统化设计，构建形成指标体系，该指标体系还需要经过专家审核和评价，形成一致的认识和理解。有时形成的指标体系可能是比较抽象的概念，无法直接分析出需要支撑的数据。指标体系建立后，可以进一步细化出更为详细的指标，由这些小指标组合形成大指标。

4. 建立指标数据模型、分析数据集

细化后的指标体系已经较为具体，根据这些具体指标，建立对应的信息逻辑模型。在这些模型中，分析并定义必要的数据元素，从而构成各小指标的数据子集。

5. 数据子集融合

每个数据模型的数据子集建立后，根据指标体系的层次结构，向上回溯，合并融合出上一层次的各个指标的数据集合。

6. 核心数据集的一致性检验

在数据子集不断合并融合的过程中，各个具体指标所分析的数据子集之间可能存在一些重复的数据元素。如果这些重复的数据元素表达的意义是一样的，可以只保留一个，其他删除。有些数据元素表达的实际意义是一样的，但是定义上存在差别，需要利用一定的技术方法做出辨别，删除同义不同名的数据元素。

7. 核心数据集评价

形成的数据集是否能够正确支撑能力评估和决策制定，需要有一定的标准做出评价。这里使用的评价体系，从准备级、平台级、数据级、利用级四个维度做出评价。准备级包括规章制度、行为准则、标准规范等指标。平台级是展示成果的载体，用于联系数据供与需，包括数据生成、数据收集、工具推荐、成果展现、传播与反馈等指标。数据级主要描述数据数量、质量、标准、范围等指标。利用级是数据开放的成果，包括利用促进、成果产出和数据利用等指标。

8.3　数据架构

8.3.1　数据架构定义与目标

架构是系统的整体设计或结构，旨在优化整个结构或系统的功能、性能、可行性、成本和用户体验，并用于描述信息系统的重要设计部分。通常在组织中包含多种不同的架构类型，如包括业务架构、数据架构、应用架构和技术架构等。良好的组织架构管理有助于组织了解系统的当前状态，加速向期待状态的转变，实现遵守规范、提高效率的目标。其中，数据架构的主要目标是有效地管理数据，以及有效地管理存储和使用数据的系统。

数据架构是数据管理的基础，能够有效地存储和使用数据，并对企业数据进行结构化、有序化治理，让企业从数据孤岛走向数据共享，让组织数据能够更好地被管理、流动和使用，充分释放数据价值。数据架构主要的构件包括当前状态的描述、数据需求的定义、数据整合的指引、数据管控策略中要求的数据资产管理规范。组织数据架构描述必须包括数据模型（如数据结构和数据规范）和数据流设计。最为详细的数据架构设计文件是正式的企业数据模型，包含数据名称、数据属性和元数据定义、概念和逻辑实体、关系以及业务规则。

数据架构的主要目标是数据的存储和处理需求，设计满足企业当前和长期的数据需求的结构和规划，其主要职责包括：

- 利用新兴技术所带来的业务优势，从战略上帮助组织快速改变产品、服务和数据。
- 将业务需求转换为数据和应用需求，确保能够为业务流程处理提供有效数据。
- 管理复杂数据和信息，并传递至整个企业。
- 确保业务和IT技术保持一致。
- 为企业改革、转型和提高适应性提供支撑。

8.3.2　数据模型

企业数据模型是组织中用于描述和表示数据的整体框架，它提供了一个通用、一致的数据视图，为所有数据和数据相关的项目提供了基础。企业数据模型通常是一个简化的高层级模型，表示不同抽象层级的数据实体、关系、规则和属性。

企业数据模型的设计和开发是一个复杂的过程，需要定义和管理企业词汇、业务规则和企业知识。此外，后续维护和丰富企业数据模型需要持续的时间和精力，以确保其与企业的变化和发展保持同步。采用行业标准模型可以提高企业数据模型的开发效率，提供有用的指南和参考。为了确保企业数据模型的实用性和有效性，它应该由利益相关方进行审核和批准。这有助于确保模型能够一致地代表企业的需求和业务规则。

随着时间的推移，企业需求会发生变化，通常会随之带来企业数据模型中的范围和各层级中的内容会扩张。大多数成功的企业数据模型会利用不同层级增量和迭代的方式来构建。图 8-4 显示了不同的模型是如何关联的，以及概念模型如何最终与物理模型关联。

企业概念模型是由主题域模型组合构建的。每个企业数据模型既可以采用自上而下，也可以采用自下而上的方法进行构建。自上而下是从主题域开始，先设计主题，再逐步设计下层模型。而采用自下而上的方法时，主题域结构则是基于现有逻辑数据模型向上提炼抽象而成。通常推荐两种方法相结合，即自下而上地从分析现有模型开始，自上而下地设计主题模型，通过两种方法的结合来共同完成企业数据模型的设计工作。

主题域的识别准则必须在整个企业模型中保持一致。常用的主题域识别准则包括：使用规范化规则，从系统组合中分离主题域，基于顶级流程（业务价值链）或者基于业务能力（企业架构）从数据治理结构和数据所有权（或组织）中形成主题领域。如果主题域结构是使用规范化规则形成的，那么它对于数据架构工作通常是最有效的。规范化过程将建立承载 / 构成每个主题域的主要实体。

8.3.3　数据流设计

数据流是描述数据在业务流程和系统中流动的过程，涵盖了数据的起源、存储、使用以及在不同流程和系统间的转化。这种数据流动的完整记录被称为数据血缘。数据流作为描述数据流动和利用的关键工具，对于组织来说具有重要意义。通过深入理解数据流及其在不同层级模型中的映射关系，我们可以更好地组织和管理企业数据，以满足业务需求并优化决策过程。

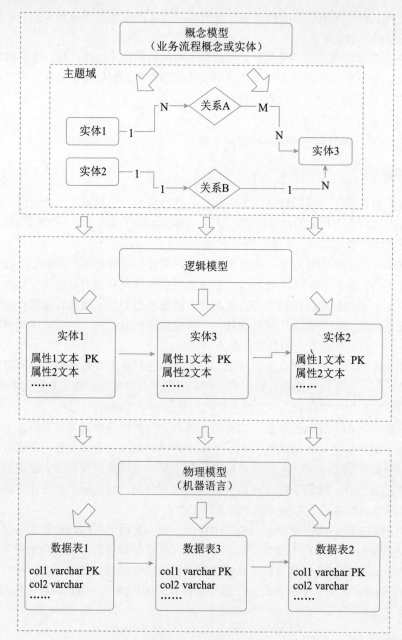

图 8-4　企业数据模型

数据流的表现形式多样，其中二维矩阵和数据流图是两种常见的方式。矩阵方法能够清晰地展示数据的创建和使用过程，特别适用于复杂的数据使用场景。在这些场景中，数据交换通常是多对多的，可能会在多个地方出现。数据流图是一种比较简单直观的方式，可以进一步扩展为更细层级的数据流图，如扩展至业务属性级别的数据处理、转换映射关系。数据流示意图如图 8-5 所示。

8.3.4　数据架构演化的驱动因素

数据架构的演化是一个逐步积累和完善的过程，数据架构受多种因素的影响也在不断演进，这些因素包括但不限于以下方面：

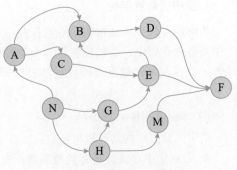

图 8-5　数据流示意图

- 技术的发展与进步。新兴技术（如大数据、云计算和人工智能等）不断发展，为数据架构的设计、实施及优化提供了新的可能性，且通过自动化和机器学习可以降低运营成本。
- 业务量的快速增长。企业内、外部数据量迅速增长，要求组织对数据架构进行调整，以满足不断扩大的数据处理和分析需求。
- 业务需求的变化。企业业务战略、发展方向的变化以及市场竞争激烈，都有可能促使企业调整数据架构以适应新的商业环境；分析数据经历了演进性变化，受到新的消费模式驱动，从支持业务决策的传统分析到通过机器学习增强的智能产品。
- 法律法规变化。随着数据隐私和保护的立法进一步完善，企业需要调整数据架构以适应新的法律法规要求。

8.3.5　传统数据架构

在信息化早期（20 世纪 80 年代），企业信息化初步建设，信息系统以单体应用为主，这个时期数据管理的概念还在萌芽期，数据架构比较简单，主要就是数据模型、数据库设计，满足系统业务使用即可。随着信息系统的使用，系统的数据也逐步积累起来。这时，人们发现数据对企业是有价值的，但是割裂的系统导致了大量信息孤岛的产生，严重影响了企业对数据的利用。于是，一种面向主题的、集成的、用于数据分析的全新架构诞生了，它就是数据仓库，如图 8-6 所示。此时的数据仓库通常采用集中式数据架构技术和分布式数据架构技术。

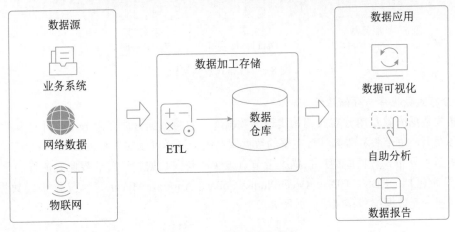

图 8-6　数据仓库架构

1. 集中式数据架构

集中式数据架构是指将企业数据集中存储和管理在一个中央数据仓库中，通过控制权和数据规则来实现数据一致性、数据保护和数据准确性的数据管理方式，如图 8-7 所示。

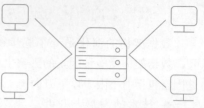

图 8-7　集中式数据架构

1）集中式数据架构特点

集中式数据架构具有以下特点：

- 数据集中存储。所有的数据都存储在一个中心服务器上，方便管理和维护。
- 数据处理集中。所有的数据处理和管理都由中心服务器完成，客户端只需要向服务器发送请求即可。
- 数据安全性高。由于所有的数据都存储在一个中心服务器上，可以采用一些安全措施来保护数据的安全性。

2）集中式数据架构应用场景

集中式数据架构技术适用于数据量较小、数据处理和管理需求不高的场景，例如小型企业的管理系统。

2. 分布式数据架构

分布式数据架构是指将数据分布式存储在多个节点之间，以提高数据的可靠性、可扩展性和高效性，如图 8-8 所示。

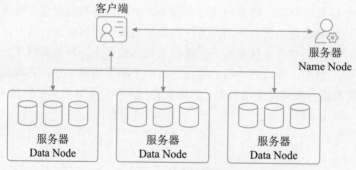

图 8-8　分布式数据架构

1）分布式数据库与存储系统

分布式数据库就是用分布式架构实现的数据库，它将数据分成多个分片，并将分片存储在多个服务器上，每个服务器都具有完整的数据库系统。这样可以实现数据在多个节点间的共享、读写和更新，分布式数据库通过扫描大量节点来快速获取数据。目前业界比较流行的分布式关系型数据库包括 DRDS、TiDB、GreenPlum、Cobar、Aurora、Mycat 等。在分布式数据库下，分为计算层、元数据层和存储层，如图 8-9 所示。

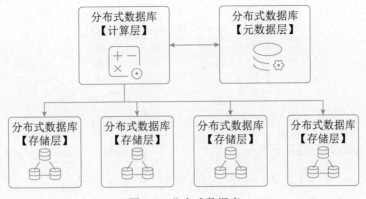

图 8-9　分布式数据库

分布式存储系统面向海量数据的存储访问与共享需求，提供基于多存储节点的高性能、高可靠性和可伸缩性的数据存储和访问能力，实现分布式存储节点上多用户的访问共享。目前业界比较流行的分布式存储系统包括 HDFS、OpenStack Swift、Ceph、GlusterFS、Lustre、AFS、OSS 等。

2）数据库分区与分片技术

数据库分片（Sharding）和分区（Partitioning）都是数据库处理大规模数据的常用技术，它们可以提高数据库的性能、可扩展性和可靠性。简单来说，数据库分片是将一个大型数据库分成多个较小的、互相独立的数据库实例，每个实例只存储数据的一部分，这些实例可以分布在不同的服务器上。而数据库分区是将一个大型表或索引分成多个小块，每个小块存储数据的一部分，通常是根据某个字段或键值范围进行分区，每个分区可以存储在不同的磁盘上。

数据库分片可以处理的数据量更大，因为每个实例只需要处理部分数据，可以提高数据库的处理能力和吞吐量。而数据库分区则可以提高查询效率和管理数据的灵活性，因为每个分区可以独立进行查询和维护，可以根据数据的特点制定不同的分区策略，例如根据时间、地理位置等进行分区。

数据库分片还需要考虑数据的一致性和可用性问题，因为每个实例之间需要同步数据，保证数据的一致性，同时需要考虑实例故障时如何保证数据的可用性。而数据库分区则可以在单个数据库实例中进行，不需要进行数据同步，但也需要考虑数据的备份和恢复等问题。

数据库分区通常有两种形式：水平分区和垂直分区。水平分区将数据库按行拆分，垂直分区会为数据库列创建不同的分区，示例如图 8-10 所示。

3）数据一致性与容错机制

在分布式存储系统中，往往将一台服务器或者服务器上运行的一个进程称为一个节点，节点与节点之间通过网络互连。然而，服务节点是不可靠的，网络也是不可靠的，它们之间的通信可能会出现各种异常。由于异常的存在，分布式存储系统在设计时往往将数据冗余存储多份，每一份称为一个副本（Replica）。这样，当一个节点出现故障时，可以从其他副本上读取数据。由于多个副本的存在，如何保证副本之间的一致性是整个分布式系统的理论核心。

源表

Person ID	Name	Sex	Age
1	张三	男	18
2	李四	男	28
3	王五	女	25
4	赵一	女	27

垂直分表

垂直分表1

Person ID	Name	Sex
1	张三	男
2	李四	男
3	王五	女
4	赵一	女

垂直分表2

Person ID	Age
1	18
2	28
3	25
4	27

水平分表

水平分表1

Person ID	Name	Sex	Age
1	张三	男	18
2	李四	男	28
3	王五	女	25

水平分表2

Person ID	Name	Sex	Age
4	赵一	女	27

图 8-10　数据库分区模式

在分布式系统架构下,CAP 理论已经成为公认的定理。CAP 指的是一个分布式系统的一致性(Consistency)、可用性(Availability)、分区容错性(Partition Tolerance)。一致性(C)指在分布式系统中的所有数据备份,在同一时刻是否有同样的值,即写操作之后的读操作,必须返回该值。一致性分为弱一致性、强一致性和最终一致性。可用性(A)指在集群中一部分节点故障后,集群整体是否还能响应客户端的读写请求。分区容错性(P)指以实际效果而言,分区相当于对通信的时限要求。系统如果不能在时限内达成数据一致性,就意味着发生了分区的情况,必须就当前操作在 C 和 A 之间做出选择。CAP 原则的精髓就是要么 AP,要么 CP,要么 CA,但是不存在 CAP,示意图如图 8-11 所示。

- CA模型。舍弃分区容错性意味着将所有的服务器搬到一个网络节点内,显然不满足分布式系统的可伸缩性扩展要求。因此在分布式系统中P是一个基本要求,不选 P,一旦发生分区错误,整个分布式系统就完全无法使用了,这是不符合实际需要的。所以,对于分布式系统,我们只能考虑当发生分区错误时,如何选择一致性和可用性。CA模型常见的例子包括单站点数据库、集群数据库、LDAP和XFS文件系统等,通常是通过两阶段提交和缓存验证协议实现的。

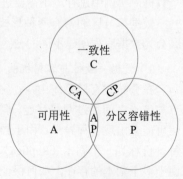

图 8-11　CAP 模型

- CP模型。舍弃A保证C,不同节点之间需要保证数据的一致性，但是因为网络分区的不稳定，可能出现其他节点的数据没有及时更新。如果一个分布式系统不要求强的可用性，即允许系统停机或者长时间无响应的话，就可以在CAP三者中保障CP而舍弃A。这样的分布式系统一旦发生网络故障或者消息丢失等情况，就要牺牲用户体验，等数据一致后再让用户访问系统。CP模型典型的场景是分布式数据库通过悲观锁机制或少数分区不可用来优先保证数据一致性。如分布式缓存Redis、分布式协调中心Zookeeper，满足分布式系统下的数据一致性是最基本的要求。

- AP模型。AP模型是在保证高可用性和分区容错性的同时，舍弃数据一致性。为了保证高可用性，分布式系统下的不同节点需要立即返回结果给客户端，这样可能会出现不同节点之间的数据不一致，也就是会出现全局数据的不一致。也可以说AP模型是舍弃了数据的强一致性，保证的是数据的最终一致性（BASE理论）。AP模型使用的场景非常多，在一些高并发的系统中，利用排队和乐观锁机制优先保证系统的可用性，避免造成系统的阻塞。

4）分布式数据架构应用场景

分布式数据架构技术适用于数据量较大、数据处理和管理需求较高的场景，例如大型企业的管理系统。

8.3.6　现代数据架构

1. 数据湖架构

1）数据湖的概念与特点

数据湖是一个集中存储区，用于存储、处理和保护大量结构化、半结构化和非结构化数据。它可以以原生格式存储数据，并处理任何转换格式，而无须考虑大小限制。数据湖的主要思想是对企业中的所有数据进行统一存储，从原始数据（源系统数据的精确副本）转换为用于报告、可视化、分析和机器学习等各种任务的目标数据。数据湖的主要特点包括：

- 储存原始数据。数据湖存储的是各种类型和格式的原始数据，包括结构化数据、半结构化数据和非结构化数据。
- 无模式或灵活模式。在数据湖中，数据可以是无结构的或半结构化的，数据的结构可以动态地随时间和需求进行改变和扩展，没有预定义的模式。
- 可扩展。数据湖可以处理和存储大规模数据的引入和处理需求。
- 实时数据处理。数据湖能够以实时方式处理原始数据、处理流数据和批处理数据。
- 海量数据处理。数据湖可以处理海量数据，以不同的方式对数据进行访问和处理，例如数据挖掘、机器学习、数据分析等。
- 数据多样性。不同类型的数据包括文本、图像、音频和视频等，在数据湖中可以全部处理。

2）数据湖架构与技术组件

数据湖架构是一个大规模的、高度可扩展的基础架构，由多种数据存储、管理、处理和分析组件组成，可处理从各个来源收集的大型多样数据集。数据湖通常采用基于云的解决方案，包括以下关键组件：

- 存储层。数据湖依靠存储层来存储原始数据，通常使用分布式文件系统（如Hadoop HDFS、Amazon S3等），以容纳海量的结构化和非结构化数据。
- 数据管理工具。数据管理工具是数据湖管理的核心技术组件，通常用于数据的提取、转换和加载（ETL）操作，并提供数据质量、数据模型和元数据管理等功能。流行的开源数据湖管理工具包括Apache Spark、Apache Hive、Apache Flink等。
- 数据治理工具。数据治理工具用于跟踪和管理数据湖中的数据，实现数据授权、安全和合规性。常用的开源数据治理工具有Apache Atlas、Apache Ranger等。
- 数据查询和分析工具。数据湖提供了多种数据查询和分析工具，用于查询和处理大规模的原始数据。流行的数据查询和分析工具包括Apache Spark SQL、Amazon Athena、Google BigQuery等。
- 数据可视化工具。数据可视化工具用于将数据转换为可读的图表和报表，支持数据可视化和交互式数据探索。常用的数据可视化工具有Table u、PowerBI、Zeppelin等。
- 流数据处理工具。流数据处理工具用于处理实时数据，并可将实时数据导入数据湖实现各种流分析应用，例如Apache Flink、Apache Spark Streaming等。
- 机器学习和人工智能工具。机器学习和人工智能工具可以通过数据湖支持模型构建、训练和推理，例如Apache Mahout、TensorFlow、PyTorch等。

3）数据湖的数据管理与治理

数据湖中的数据通常以其原始格式保留，并根据特定分析用途的需要进行分类、整理和过滤。如果数据湖没有得到很好的管理和治理，它可能会变成沼泽而不是湖泊。数据在没有被适当监督和记录的情况下被转储到平台中，数据管理和治理团队会难以跟踪数据湖中的内容。这可能会导致数据质量、一致性、可靠性和可访问性方面出现问题。因此，数据科学家、数据工程师和其他最终用户可能无法为分析应用程序找到相关数据。更糟糕的是，数据沼泽可能会导致分析错误，并最终导致糟糕的业务决策。数据安全和隐私保护可能无法正确应用，从而使企业的数据资产及其商业声誉面临风险。为了避免这种情况，企业必须加强管理数据湖环境。

与其他类型系统中的数据治理一样，数据湖治理的常见初始步骤包括：

- 记录管理数据湖的业务案例，包括数据质量指标和其他衡量管理工作收益的方法。
- 寻找高管或业务发起人，以帮助为治理工作获得批准和资金支持。
- 如果你还没有适当的数据治理架构，请创建一个架构，其中包括治理团队、数据管理团队以及数据治理委员会（由业务主管和其他相关数据所有者组成）。
- 与治理委员会合作，为数据湖环境制定数据标准和治理政策。

另一个好的初始步骤是构建数据目录，以帮助用户定位和理解存储在数据湖中的数据。或者，如果已经拥有其他数据资产的目录，则可以将其扩展为包括数据湖。数据目录捕获元数据并创建可用数据的清单，用户可以搜索清单以找到他们需要的数据。另外，还可以在目录中嵌入有关组织的数据治理策略的信息，以及强制执行规则和限制的机制。

总之，通过在设计、加载和维护数据环境中涵盖强大的数据治理以及元数据管理、数据质量和数据安全流程，可以显著提高数据湖的价值。经验丰富的专业人员在所有这些领域的积极参与也至关重要，否则，数据湖可能真的会变成更多的数据沼泽。

2. 云原生数据架构

云原生数据架构是一种在云环境下设计、构建和管理数据的方法，它充分利用云计算和容器化技术，并采用灵活的微服务体系结构，以达到高可扩展性、高可用性、高安全性、高性能和高效率的目标。云原生数据架构通常包括各种云原生组件和工具，例如容器编排工具、微服务框架、无服务器计算、多云数据管道、实时分析和流处理、大数据存储和处理等。

3. 实时数据架构

数据的时效性对企业的精细化运营越来越重要，在每天产生的海量数据中，如何实时有效地挖掘有价值的信息，对企业的决策运营策略调整有很大帮助。此外，随着 5G 技术的成熟及广泛应用，对于工业互联网、物联网等数据时效性要求非常高的行业，就更需要一套完整成熟的实时数据体系来提高自身的行业竞争力。

整个实时数据体系架构分为五层，分别是接入层、存储层、计算层、平台层和应用层，如图 8-12 所示。

图 8-12　实时数据体系架构

● 接入层。该层利用各种数据接入工具收集各个系统的数据，包括binlog 日志、埋点日志，以及后端服务日志，数据会被收集到Kafka中。这些数据不只是参与实时计算，也会参与离线计算，保证实时和离线的原始数据是统一的。

- 存储层。该层对原始数据、清洗关联后的明细数据进行存储，基于统一的实时数据模型分层理念，将不同应用场景的数据分别存储在Kafka、HDFS、Kudu、Clickhouse、HBase、Redis、MySQL等存储引擎中，各种存储引擎存放的具体的数据类型在实时数据模型分层部分会详细介绍。
- 计算层。计算层主要使用 Flink、Spark、Presto以及ClickHouse自带的计算能力等4种计算引擎。Flink计算引擎主要用于实时数据同步、流式 ETL、关键系统秒级实时指标计算场景；Spark SQL主要用于复杂多维分析的准实时指标计算需求场景；Presto和ClickHouse主要满足多维自助分析、对查询响应时间要求不太高的场景。
- 平台层。在平台层主要做三个方面的工作，分别是对外提供统一查询服务、元数据及指标管理、数据质量及血缘。
- 应用层。以统一查询服务对各个业务线数据场景进行支持，业务主要包括实时大屏、实时数据产品、实时OLAP、实时特征等。

实时数据架构一般有 Lambda 架构和 Kappa 架构两种。

Lambda 的数据通道分为两条分支：实时流和离线。实时流依照流式架构，保障了其实时性；而离线则以批处理方式为主，保障了最终一致性。Lambda 架构总共由三层系统组成，即批处理层（Batch Layer），速度处理层（Speed Layer），以及用于响应查询的服务层（Serving Layer），如图 8-13 所示。

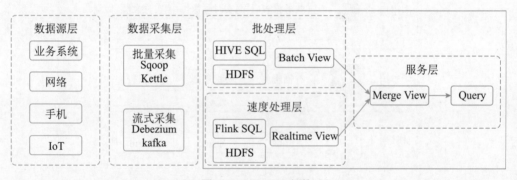

图 8-13　Lambda 架构

Kappa 架构在 Lambda 的基础上进行了优化，将实时和流部分进行了合并，将数据通道用消息队列替代。Kappa 架构解决了 Lambda 架构需要维护两套分别跑在批处理和实时计算系统上面的代码的问题，全程用流系统处理全量数据，如图 8-14 所示。

4. 数据应用架构

1）微服务与数据应用架构

微服务是一个软件架构模式，通过开发一系列小型服务的方式来实现一个应用。每个这样的小服务通常都是运行在自己的进程里面，并且通过轻量级的 HTTP API 方式进行通信。这些服务通常会以业务模块为界限，能够被单独开发部署，往往都会用自动化的部署工具来进行产品的发布。通过使用微服务方法，企业可以更快推出新产品和服务，使得开发团队与业务目标保持一致。

图 8-14　Kappa 架构

实施微服务架构可以使组织更快地将其应用程序推向市场。对整体应用程序的更改（即使很小）需要重新部署整个应用程序堆栈，从而引入风险和复杂性。相反，服务的更新可以立即提交、测试和部署，对个别服务的更改不会影响系统的其他部分。

微服务方法在扩展应用程序时也提供了灵活性。单片应用程序要求整个系统（及其所有功能）同时扩展。使用微服务，只需要缩放需要额外性能的组件或功能。可以通过部署更多微服务实例来扩展服务范围，从而实现更有效的容量规划，并降低软件许可成本，从而降低总体拥有成本。

2）数据 API 与数据服务

数据 API 服务系统（API 数据接口服务）是一种被广泛应用于互联网和移动应用中的数据服务系统，它通过 API 接口建立数据与应用程序之间的连接，为开发人员和企业提供了快捷、安全、高效地获取、管理和共享数据的方法。

API 数据接口服务的基础是 API，也称应用程序编程接口，它是一套接口规范，用于应用程序之间的交流和数据共享。API 可以将应用程序所需的数据、函数和方法暴露给外部程序，从而使外部程序可以与该应用程序进行交互，访问和操作其数据和功能。常见的 API 包括 Web API、RESTful API 和 SOAP API 等。

在数据 API 服务系统中，API 扮演着连接数据和应用程序的重要角色。通过 API，开发人员可以在应用程序中访问和操作数据，而无须了解数据存储的实现细节，从而实现快速开发和部署。数据 API 服务系统还提供了一系列管理工具，用于数据的整合、清洗、转换和管理，以确保数据的质量和可用性。

8.4　数据标准化

数据标准化是对数据进行有效管理的重要途径。数据标准化可理解为：通过制定、发布和实施数据相关标准，以获取最佳秩序和效益为目的，将数据组织起来，进行采集、存储、应用及共享的一种手段。

数据标准化的内容包括建立数据标准体系、元数据标准化、数据元标准化和数据分类与编码标准化等。其中，数据标准体系是指一定业务领域范围内的数据标准按其内在联系形成的有机整体，多以标准体系表的形式发布；元数据标准化主要是指对数据外部特征进行统一规范描述，包括数据标识、内容、质量等信息，便于使用者发现数据资源；数据元标准化是指对数据内部基本元素的名称、定义、表示等进行规范，便于数据集成、共享；数据分类与编码标准化是指对数据进行统一的分类和编码，避免对同一信息采用多种不同的分类与编码方法，造成数据共享和交换困难。

8.4.1　建立数据标准体系

某一领域需建立多层次、多类别的诸多标准时，通常首先建立其标准体系，以保证本领域标准的系统性、完整性和科学性。建立标准体系的关键在于对标准的分类或分层。从一般意义上，可将数据标准分为三类：指导标准、通用标准和专用标准。

1. 指导标准

指导标准是指与标准的制定、应用和理解等方面相关的标准。它阐述了数据共享标准化的总体需求、概念、组成和相互关系，以及使用的基本原则和方法等。指导标准一般包括标准体系及参考模型、标准化指南、数据共享概念与术语和标准一致性测试。

2. 通用标准

通用标准是指数据共享活动中具有共性的相关标准。通用标准一般分为三类：数据类标准、服务类标准和管理与建设类标准。

1）数据类标准

数据类标准一般包括：元数据、分类与编码、数据内容等方面的标准。元数据标准包括元数据内容、元数据 XML/XSD 置标规则和元数据标准化基本原则和方法，元数据标准用于规范元数据的采集、建库、共享和应用。分类与编码标准包括数据分类与编码的原则与方法、数据分类与编码方案，作为特定领域数据分类与编码时共同遵守的规则。数据内容标准包括数据元标准化原则与方法、数据元目录、数据模式描述规则和方法、数据交换格式设计规则、数据图示表达规则和方法、空间数据标准等。数据内容标准用于数据的规范化改造、建库、共享和应用。

2）服务类标准

服务类标准是提供数据共享服务的相关标准的总称，包括数据发现服务、数据访问服务、数据表示服务和数据操作服务，内容涉及数据和信息的发布、表达、交换和共享等多个环节，规范了数据的转换格式和方法，互操作的方法和规则，以及认证、目录服务、服务接口、图示表达等方面。

3）管理与建设类标准

管理与建设类标准用于指导系统的建设，规范系统的运行。该标准包括质量管理规范、数据发布管理规则、运行管理规定、信息安全管理规范、共享效益评价规范、工程验收规范、数据中心建设规范和门户网站建设规范等。

3. 专用标准

专用标准就是根据通用标准制定出来的满足特定领域数据共享需求的标准，重点是反映具体领域数据特点的数据类标准，如领域元数据内容、领域数据分类与编码、领域数据模式、领域数据交换格式、领域数据元目录和领域数据图示表达规范。

8.4.2　元数据标准化

元数据对于数据管理和数据使用来说都是必不可少的，所有大型组织都会产生和使用大量的数据，在整个组织中，不同的人拥有不同层面的数据知识，但没有人知道关于数据的一切。因此，必须将这些信息记录下来，否则，组织可能会丢失关于自身的宝贵知识。元数据管理提供了获取和管理组织数据的主要方法。

如果没有可靠的元数据，组织就不知道它拥有什么数据、数据表示什么、数据来自何处、它如何在系统中流转、谁有权访问它，或者对于数据保持高质量的意义。如果没有元数据，组织就不能将其数据作为资产进行管理，实际上，如果没有元数据，组织可能根本无法管理其数据。

1. 元数据的定义

元数据最简单的定义是：关于数据的数据（Data about Data）。这一定义虽然简洁地说明了元数据的性质，但却不能全面地揭示元数据的内涵。可从以下几个方面更全面地理解元数据的概念：

- 元数据是关于数据的结构化数据（Structured Data about Data），这一定义强调了元数据的结构化特征，从而使采用元数据作为信息组织的方式同全文索引有所区分。
- 元数据是用于描述数据的内容（What）、地址（Where）、时间覆盖范围（When）、质量管理方式、数据的所有者（Who）、数据的提供方式（How）的数据，是数据与数据用户之间的桥梁。
- 元数据提供了描述对象的概貌，使数据用户可以快速获得描述对象的基本信息，而不需要具备对其特征的完整认识。数据用户可以是人，也可以是程序。
- 元数据多是用于描述网络信息资源特征的数据，包含网络信息资源对象的内容和位置信息，促进了网络环境中信息资源对象的发现和检索。

简言之，元数据按照一定的定义规则从资源中抽取相应的特征，进而完成对资源的规范化描述。如对目前广泛使用的关系型数据库而言，其元数据就是对数据库模式信息特征和业务管理信息特征的抽取，可描述数据的内容、时间覆盖范围、质量管理方式、数据的所有者、数据的提供方式等有关的信息。元数据能够广泛应用于信息的注册、发现、评估和获取。

2. 元数据的结构

元数据的结构包括内容结构、句法结构和语义结构。

（1）内容结构。内容结构是指对元数据的构成元素及其定义标准进行描述。一个元数据由许多完成不同功能的具体数据描述项构成，这些具体的数据描述项称为元数据元素项或元素，如题名、责任者等，都是元数据中的元素。元数据元素一般包括通用的核心元素、用于描述某一类型信息对象的核心元素、用于描述某个具体对象的个别元素，以及揭示对象标识、版权等内容的管理性元素。

（2）句法结构。句法结构是指数据格式结构及其描述方式，即元数据在计算机应用系统中的表示方法和相应的描述规则。应采用 XML DTD、XML Schema、RDF 来标识和描述元数据的格式结构。

（3）语义结构。语义结构定义了元数据元素的具体描述方法，也就是定义描述时所采用的共用标准、最佳实践或自定义的语义描述要求。可参考国际标准 ISO/IEC 11179《信息技术　元数据注册》所规定的元数据描述方法进行描述，也可以根据描述对象所在领域的特点自行确定。

3. 元数据的作用

元数据可以为各种形态的数据资源提供规范、普遍适用的描述方法和检索方式，为分布的和由多种资源组成的数据体系提供整合的工具与纽带。元数据的作用主要体现在以下几方面：

- 描述。元数据最基本的功能就在于对信息对象的内容描述，从而为信息对象的存取与利用奠定必要基础。各元数据格式描述信息对象的详略与深浅是不尽相同的。
- 定位。元数据包含数据对象位置方面的信息，可以通过它确定数据对象的位置所在，促进数据对象的发现和检索。
- 寻找或发掘。元数据提供寻找或发掘的基础，将数据对象的重要特征抽出并加以组织，赋予语义，建立关系，使得检索结果更加精确，有利于用户发现真正需要的资源。
- 评价。元数据可提供数据对象的基本属性，便于用户在无须浏览数据对象本身的情况下，对数据对象有基本的了解和认识，对数据对象的价值进行评估，作为是否利用、如何利用的参考。
- 选择。用户根据元数据所提供的描述信息，参照相应的评价标准，结合现实的使用环境来做出决定，选择适合使用的数据对象。另外，元数据的作用还体现在对数据对象的保存、管理、整合、控制、代理等多个方面。

8.4.3　数据元标准化

数据元是由一组属性规定其定义、标识、表示和允许值的数据单元。数据元可以理解为数据的基本单元，将若干具有相关性的数据元按一定的次序组成一个整体结构，即为数据模型。

数据元一般由对象类、特性和表示三部分组成。

（1）对象类。对象类是现实世界或抽象概念中事物的集合，有清楚的边界和含义，并且其特性和行为遵循同样的规则，因而能够加以标识。

（2）特性。特性是对象类的所有个体所共有的某种性质，是对象有别于其他成员的依据。

（3）表示。表示是值域、数据类型、表示方式的组合，必要时也包括计量单位、字符集等信息。

1. 数据元的命名规则

数据元的名称是为了方便人们使用和理解而赋予数据元语义的、自然语言的标记。一个数据元是由对象类、特性、表示三个部分组成的，相应地，一个数据元的名称是由对象类术语、特性术语、表示术语和一些描述性限定术语组成的，数据元的命名规则主要对各术语成分的含义、约束、组合方式等进行规范。

数据元的命名规则主要包括以下内容。

1）语义规则

语义规则规定数据元名称的组成成分，使名称的含义能够准确地传达。具体规则包括：

- 对象类术语表示领域内的事物或概念，在数据元中占有支配地位，专用数据元的名称中必须有且仅有一个对象类术语。
- 特性术语用来描述数据元的特性部分，表示对象类显著的、有区别的特征，数据元名称中必须有且仅有一个特性术语。
- 表示术语用来概括地描述数据元的表示成分，数据元名称需要有且仅有一个表示术语。
- 限定术语是为了使一个数据元名称在特定的相关环境中具有唯一性而添加的限定性描述。限定术语是可选的。对象类术语、特性术语和表示术语都可以用限定术语进行描述。

2）句法规则

句法规则规定数据元名称各组成成分的组合方式，具体如下：

- 对象类术语应处于名称的第一位置。
- 特性术语应处于名称的第二位置。
- 表示术语应处于名称的最后位置。当表示术语与特性术语有重复或部分重复时，在不妨碍语义精确理解的前提下，可以省略表示术语。
- 限定术语应位于被限定成分的前面。

3）唯一性规则

为防止出现同名异义现象，在同一个相关环境中所有数据元名称应该是唯一的。

为规范数据元的命名，除了需要遵守上述的命名规则外，还需要对数据元名称各成分术语做统一的规范。数据元名称中的术语应采用领域标准、公认的术语，在数据元注册系统中可以构建一个领域的术语字典，作为数据元命名时各术语成分的统一来源。

2. 数据元定义的编写规范

数据元的定义是数据元含义的自然语言表述。数据元定义的规范化是数据元标准化的一项至关重要的内容。为了达成一致性理解，发挥数据元的功能，必须为数据元给出一个赋值完备、表述清楚、含义精确并能被普遍理解的定义。定义内容如果涉及军事训练领域的语言，应尽量选用术语字典中已收录的标准术语。

为使定义的内容表述规范、含义准确、简明扼要、易于理解，数据元定义的编写应遵守以下几项规范：

- 具有唯一性。每个数据元的定义在整个数据元目录中必须是唯一的，它是一个数据元区别于其他数据元的根本因素。
- 准确而不含糊。数据元的定义应该力求清楚明了，并且只存在一种解释。如有必要，可应用"一个""多个""若干"等数量词明确表示所涉及事物或概念的个数。
- 阐述概念的基本含义。要从概念的基本含义阐述该概念是什么，而不是阐述该概念不是什么。否定式的定义并没有明确说明数据元的实际含义，而是要人们利用排除法去理解，这样的定义不易于理解，且容易引起歧义。

- 用描述性的短语或句子阐述。不能简单地用数据元名称的同义词来定义数据元，必须使用短语或句子来描述数据元的基本特性。
- 简练。定义内容应尽量简单明了，不要出现多余的词语。表述中不应加入与数据元的定义没有直接关系的信息。表述中可以使用缩略语，但必须保证所用的缩略语是人们普遍理解的。
- 能单独成立。要让使用人员从数据元定义本身就能理解数据元的概念，不需要附加说明和引证。应避免两个数据元的定义中彼此包含对方的概念，造成相互依存关系。
- 相关定义使用相同的术语和一致的逻辑结构。采用相同的术语和句法表述具有相关性的数据元定义，有利于使用人员对定义内容的理解。

3. 数据元的表示格式和值域

数据元不是一个简单的数值，而是一种数据类型，它不仅描述了数据的含义及相互关系，还包括数据的存储类型、数据的表达方式、取值的约束规则等内容，这就是数据元的表示。数据元的表示主要包括数据类型、数据表示和值域。数据类型定义了数据项在计算机中存储的方式；数据表示描述了数据项展现的格式，包括表示格式、计量单位等；值域则对数据项的取值范围做约束。

8.4.4 数据分类与编码标准化

数据分类就是把具有某种共同属性或特征的数据归并在一起，通过其类别的属性或特征来对数据进行区别。为了实现数据共享和提高处理效率，必须遵循约定的分类原则和方法，按照信息的内涵、性质及管理的要求，将系统内所有信息按一定的结构体系分为不同的集合，从而使得每个数据在相应的分类体系中都有一个对应位置。换句话说，就是把相同内容、相同性质的数据以及要求统一管理的信息集合在一起，而把相异的和需要分别管理的数据区分开，然后确定各个集合之间的关系，形成一个有条理的分类系统。

1. 数据分类的基本原则

数据分类基本原则如下：

- 稳定性。依据分类的目的，选择分类对象的最稳定的本质特性作为分类的基础和依据，以确保由此产生的分类结果最稳定。因此，在分类过程中，首先应明确界定分类对象最稳定、最本质的特征。
- 系统性。将选定的分类对象的特征（或特性）按其内在规律系统化地进行排列，形成一个逻辑层次清晰、结构合理、类目明确的分类体系。
- 可扩充性。在类目的设置或层级的划分上，留有适当的余地，以保证分类对象增加时，不会打乱已经建立的分类体系。
- 综合实用性。从实际需求出发，综合各种因素来确立具体的分类原则，使得由此产生的分类结果总体最优、符合需求、综合实用和便于操作。
- 兼容性。有相关的国家标准则应执行国家标准；若没有相关的国家标准，则执行相关的行业标准；若二者均不存在，则应参照相关的国际标准。这样才能尽可能保证不同分类体系间的协调一致和转换。

2. 数据编码的基本原则

所谓数据编码，是将事物或概念赋予有一定规律性的、易于人或计算机识别和处理的符号、图形、颜色、缩减的文字等，是交换信息的一种技术手段。数据编码的目的在于方便使用，在考虑便于计算机处理信息的同时，还要兼顾手工处理信息的需求。数据编码应遵循唯一性、匹配性、可扩充性、简洁性等基本原则。

- 唯一性。在一个编码体系中，每一个编码对象仅应有一个代码，一个代码只唯一表示一个编码对象。
- 匹配性。代码结构应与分类体系相匹配。
- 可扩充性。代码应留有适当的后备容量，以便适应不断扩充的需要。
- 简洁性。代码结构应尽量简单，长度应尽量短，以便节省计算机存储空间和减少代码的差错率。

上述原则中，有些原则彼此之间是相互冲突的，例如一个编码结构为了具有一定的可扩充性，就要留有足够的备用码，而留有足够的备用码，在一定程度上就要牺牲代码的简洁性。代码的含义要强、多，那么代码的简洁性必然会受影响。因此，设计代码时必须综合考虑，做到使代码设计最优化。

8.5　数据管理

8.5.1　数据治理

数据治理的定义是在管理数据资产的过程中行使权力和管控，包括计划、监控和实施。在所有组织中，无论是否有正式的数据治理职能，都需要对数据进行决策，建立正式的数据治理规程及有意向性地行使权力和管控的组织，能够更好地增加从数据资产中获得的收益。

数据治理的职能是指导所有其他数据管理领域的活动，数据治理的目的是确保根据数据管理制度和最佳实践正确地管理数据，而数据管理的整体驱动力是确保组织可以从其数据中获得价值。数据治理聚焦于如何制定有关数据的决策，以及人员和流程在数据方面的行为方式。为了实现这些目标，数据治理时将制定制度和实施细则，在组织内多个层次上实践数据管理，并参与组织变革管理工作，积极向组织传达改进数据治理的好处以及成功地将数据作为资产管理所必需的行为。

1. 数据治理和数据管理

数据治理确保数据被恰当地管理而不是直接管理数据，数据治理相当于将监督和执行的职责分离。数据治理和数据管理的关系如图 8-15 所示。

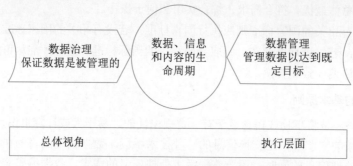

图 8-15　数据治理和数据管理的关系

2. 目标和原则

数据治理的目标是使组织能够将数据作为资产进行管理，数据治理提供治理原则、制度、流程、整体框架、管理指标，监督数据资产管理，并指导数据管理过程中各层级的活动。

指导原则是数据治理活动，特别是数据治理策略的基础。通常情况下，组织制定制度时没有正式的原则，他们只是在试图解决特定的问题，有时原则可以从具体策略通过逆向工程反推得到，然而最好把核心原则的阐述和最佳实践作为策略的一部分工作，参考这些原则可以减少潜在的阻力。随着时间的推移，在组织中会出现更多的指导原则与相关的数据治理组件共同对内部发布。

3. 数据治理活动

1）规划组织的数据治理

数据治理工作必须支持业务战略和目标，一个组织的业务战略和目标影响着组织的数据战略，以及数据治理和数据管理在组织的运营方式。数据治理与数据相关的决策责任可共享，数据治理活动跨越了组织和系统的边界，以支持整体的数据视图，成功的数据治理应当清楚地了解需要治理什么、怎么治理以及谁来执行治理。相对于孤立、特定的功能领域，当数据治理是一项企业层面的工作时，效果最为显著。在企业中定义数据治理的范围通常需要先定义企业的含义，反过来，数据治理控制了定义它的企业。数据治理规划中确定了在系统或应用程序开发生命周期中制定组织策略、流程和标准的控制点。

2）制定数据治理战略

数据治理战略定义了治理工作的范围和方法，应根据总体业务战略以及数据管理、IT战略全面定义和明确表达数据治理战略，应根据每个组织制定具体内容。数据治理战略交付物包括：

● 章程。确定数据管理的业务驱动愿景、使命和原则，包括成熟度评估、内部流程分析及当前问题和成功标准。

● 运营框架和职责。定义数据治理活动的结构和责任。

● 实施路线图。制订时间计划，其涉及最终发布的制度、指令、业务术语、架构、资产价值评估、标准和程序以及所期望业务和技术流程发生的改变、支持审计活动和法规遵从的交付成果。

- 为成功运营制订计划。为数据治理活动描述一个可持续发展的目标状态。

3）实施数据治理

数据治理不可能一夜之间实现，治理过程包含很多复杂性协调工作，需要对治理进行规划，不仅要考虑组织的变化，而且改变得要简单。最佳方式是创建一个实施路线图，说明不同活动间的关系和整体时间框架。例如，如果数据治理项目的重点是提高合规性，则优先事项可能由特定的法规要求驱动，在联合数据治理组织中根据不同业务线的参与程度、成熟度以及资金来源，可以在不同时间表上执行不同业务线的数据治理。

4）嵌入数据治理

数据治理组织的目标是将治理活动嵌入数据作为资产管理相关的一系列流程中，数据治理的持续运作需要规划。运营计划包含实施和运营数据治理活动所需的事件，其中包括维持成功所需的活动、时间和技术。可持续性意味着采取行动，保证流程和资金到位，以确保可持续地执行数据治理组织框架。这一要求的核心是组织接受数据治理，实现管理职能，监控和测量其结果，并克服常导致数据治理不稳定或失败的障碍。

8.5.2 数据质量

数据质量管理是数据管理的核心，低质量的数据意味着成本和风险，而不是价值。数据通常是作为操作过程的副产品创建的，数据的质量水平可能会受到一系列生命周期事件的影响，因此质量必须作为数据生命周期的一部分进行规划，有效的数据资源管理涉及一系列复杂的、相互关联的过程，它使组织能够利用他们的数据来实现其战略目标，而要充分发挥数据资源的利用价值，就必须有高质量的数据资源。数据质量管理是一项持续性工作，必须贯穿整个数据生命周期。

1. 基本概念

1）数据质量

数据质量一词既指高质量数据的相关特征，也指用于衡量或改进数据质量的过程。数据质量如达到数据消费者的期望和需求，也就是说，如果数据满足数据消费者应用需求的目的，就是高质量的，反之，如果不满足数据消费者应用需求的目的，就是低质量的，因此数据质量取决于使用数据的场景和数据消费者的需求。

2）关键数据

大多数组织都有大量的数据，但并非所有的数据都同等重要，数据质量管理的一个原则是将改进的重点集中在对组织及其客户最重要的数据上。这样做可以明确项目范围，并使其能够对业务需求产生直接的、可测量的影响。

3）数据质量维度

数据质量维度是数据的某个可测量的特性，术语"维度"可以类比于测量物理对象的维度（如长度、宽度、高度等）。数据质量维度提供了定义数据质量要求的一组词汇，通过这些维度定义可以评估初始数据质量和持续改进的成效。

常见的质量维度一般包括：

- 一致性。一致性可以指确保数据值在数据集内和数据集之间表达的相符程度，它也可以表示系统之间或不同时间的数据集大小和组成的一致程度。一致性可以在同一记录中的一组属性值和另一组属性值或不同记录内的一组属性值和另一组属性值之间定义，也可以在不同记录中的同一组属性值之间或在同一记录不同时间点的一组属性值之间定义，一致性也可以用来表示格式的一致性。

- 完整性。完整性包括与完备性、准确性和一致性相关的想法，在数据中，完整性通常指的是引用完整性（通过两个对象中包含的引用键实现数据对象之间的一致性）或数据集内部的一致性，这样就不至于缺失或不完整。

- 合理性。合理性是指数据模式符合预期的程度。合理性的衡量可以采取不同的形式，例如，合理性可能基于对基准数据的比较，或是过去相似数据集的实例（如上一季度的销售），有些关于合理性的观点可能被认为太主观，此时需要与数据消费者一同阐明他们对数据的期望，以制定客观的比较基准。

- 唯一性。唯一性是指数据集内的任何实体不会重复出现，数据集内的实体有唯一性，意味着键值与数据集内特定的唯一实体相关。

- 有效性。有效性是指数据值与定义的值域一致。值域可以被定义为参考表中的一组有效值或一个有效的范围，或者能够通过规则确定的值。在定义值域时，必须考虑期望值的数据类型、格式和精度。数据有效性的检验可以通过将其与域约束进行比较来进行，需要注意的是，数据可能是符合值域要求的有效值，但与特定记录的关联却是不准确或不正确的。

2. 目标和原则

数据质量管理专注于以下目标：

- 根据数据消费者的需求，开发一种受管理的方法，使数据符合要求。
- 定义数据质量控制的标准和规范，并作为整个数据生命周期的一部分。
- 定义和实施测量、监控和报告数据质量水平的过程。

数据质量管理应遵循以下原则：

- 重要性。数据质量管理应关注对企业及其客户最重要的数据，改进的优先顺序应根据数据的重要性以及数据不正确时的风险水平来判定。

- 全生命周期管理。数据质量管理应覆盖从创建或采购直至处置的数据全生命周期，包括其在系统内部和系统之间流转时的数据管理（数据链中的每个环节都应确保数据具有高质量的输出）。

- 预防。数据质量方案的重点应放在预防数据错误和降低数据可用性等情形上，不应放在简单的纠正记录上。

- 根因修正。提高数据质量不只是纠正错误，因为数据质量问题通常与流程或系统设计有关，所以提高数据质量通常需要对流程和支持它们的系统进行更改，而不仅仅是从表象来理解和解决。

- 治理。数据治理活动必须支持高质量数据的开发，数据质量规划活动必须支持和维持受治理的数据环境。
- 标准驱动。数据生命周期中的所有利益相关方都会有数据质量要求，在可能的情况下，对于可量化的数据质量需求应该以可测量的标准和期望的形式来定义。
- 客观测量和透明度。数据质量水平需要得到客观、一致的测量，应该与利益相关方一同讨论与分享测量过程和测量方法，因为他们是质量的裁决者。
- 嵌入业务流程。业务流程所有者对通过其流程生成的数据质量负责，他们必须在其流程中实施数据质量标准。
- 系统强制执行。系统所有者必须让系统强制执行数据质量要求。
- 与服务水平关联。数据质量报告和问题管理应纳入服务水平协议。

3. 数据质量活动

1）定义高质量数据

许多人看到质量差的数据时都能辨识出来，但是很少有人能够定义高质量数据，或者他们用非常不严谨的术语定义它，如"数据必须是正确的""我们需要准确的数据"。高质量的数据能满足数据消费者的需要，在启动数据质量方案之前，最好的做法是了解业务需求、定义术语、识别组织的痛点，并开始就数据质量改进的驱动因素和优先事项达成共识。根据一组问题，可以了解当前状态，并评估组织对数据质量改进的准备情况。利用利益相关方（包括数据管理专员、业务和技术领域专家）的输入，数据质量团队应定义数据质量的含义并提出项目优先级。

2）定义数据质量战略

提高数据质量要有一定的战略，应考虑需要完成的工作以及人们执行这些工作的方式。数据质量优先级必须与业务战略一致，采纳或开发一个框架及方法论将有助于指导战略和开展战术，同时提供衡量进展和影响的方法。

提高数据质量需要数据质量团队吸引业务和技术人员，定义一个解决关键问题的工作计划和最佳实践，并制定支持数据质量持续管理的操作流程，这样的团队通常是数据管理组织的一部分。数据质量分析人员需要与各级数据管理专员密切合作，并对制度施加影响，包括有关业务流程和系统开发的制度等。

3）识别关键数据和业务规则

并非所有的数据都同等重要，数据质量管理工作应首先关注组织中最重要的数据，如果数据质量更高，将为组织及其客户提供更多的价值。可以根据监管要求、财务价值和对客户的直接影响等因素对数据进行优先级排序。通常，数据质量改进工作从主数据开始，主数据是任何组织中最重要的数据之一，重要性分析结果是一个数据列表，数据质量团队可以使用该结果聚焦他们的工作。

在确定关键数据之后，数据质量分析人员需要识别能描述或暗示有关数据质量特征要求的业务规则。通常，规则本身并没有明确的文档记录，它们可能需要通过分析现有的业务流程、工作流、规则、政策、标准、系统编辑、软件代码、触发器和过程、状态代码分配和使用以及简单的常识进行逆向还原。例如，如果一家营销公司的目标锁定在特定人群，那么数据质量的潜在指标可能是人口统计领域（出生日期、年龄、性别和家庭收入等）的人口综合水平和合理性。

4）执行初始数据质量评估

一旦确定最关键的业务需求和支持它们的数据，数据质量评估的最重要部分就是实际查看数据、查询数据，以了解数据内容和关系，以及将实际数据与规则和期望进行比较。第一次这样做时，分析人员会发现许多问题，如数据中未被记录的依赖关系、隐含规则、冗余数据、矛盾数据等，当然还有实际符合规则的数据，在数据管理专员、其他领域专家和数据消费者的帮助下，数据治理分析人员需要对调查结果进行分类并确定其优先级。初始数据质量评估的目标是了解数据，以便定义可操作的改进计划，通常最好从聚焦一项较小工作开始。

5）识别改进方向并确定优先排序

在证明改进过程可行后，下一个目标是识别潜在的改进措施，并确定其优先顺序。识别可以通过对较大数据集进行全面的数据分析来完成，以了解现有问题的广度，也可以通过其他方式实现，如就数据的影响问题与利益相关方进行沟通，并跟踪分析这些问题的业务影响，最终，需要结合数据分析人员以及利益相关方的讨论排定最终优先顺序。

6）定义数据质量改进目标

初步评估获得的知识为特定的数据质量提升目标奠定了基础，数据质量提升可以采取不同的形式，从简单的补救（如纠正记录中的错误）到根本原因的改进。补救和改进计划应考虑可以快速实现的问题（可以立即以低成本解决的问题）和长期的战略性变化，这些计划的战略重点应是解决问题的根本原因，并建立问题预防机制。

7）开发和部署数据质量操作

许多数据质量方案都是从通过数据质量评估结果确定的一组改进项目开始的，为了保证数据质量，应围绕数据质量方案制订一个实施计划。允许团队管理数据质量规则和标准、监控数据与规则的持续一致性、识别和管理数据质量问题，并报告质量水平。为了支持这些活动，数据质量分析人员和数据管理专员也需要参与记录数据标准和业务规则、为供应商建立数据质量要求等活动。

8.5.3　数据安全

数据安全包括安全策略和过程的规划、建立与执行，为数据和信息资产提供正确的身份验证、授权、访问和审计。虽然数据安全的详细情况（如哪些数据需要保护）因行业和国家有所不同，但是数据安全实践的目标是相同的，即根据隐私和保密法规、合同协议和业务要求来保护信息资产。

有效的数据安全策略和过程确保合法用户能以正确的方式使用和更新数据，并且限制所有不适当的访问和更新。了解并遵守所有利益相关方的隐私、保密需求，符合每个组织的最高利益。

1. 要求来源

数据安全要求一般来自于以下几个方面：

（1）利益相关方。应识别利益相关方的隐私和保密需求，包括客户、公民、学生、供应商或商业伙伴等，组织中的每个人必须是对利益相关方数据负有责任的受托人。

（2）政府法规。政府法规制定的出发点是保护利益相关方的利益，政府法规目标各有不同，有些规定是限制信息访问的，而另一些则是确保公开、透明和问责的。

（3）特定业务关注点。每个组织的专有数据都需要保护，这些数据运用得当，组织就可以获得竞争优势，若保密数据遭窃取或破坏，则组织就会失去竞争优势。

（4）合法访问需求。组织在保护数据安全的同时，还须启用合法访问，业务流程要求不同角色的人能够访问、使用和维护不同的数据。

（5）合同义务。合同和保密协议对数据安全要求也有影响，合同中可能会以规定方式保护某些类型的数据（如强制加密客户密码）。

2. 目标和原则

数据安全活动的目标包括以下几个方面：

- 支持适当访问并防止对企业数据资产的不当访问。
- 支持对隐私保护和保密制度、法规的遵从。
- 确保满足利益相关方对隐私和保密的要求。

组织数据安全遵循以下指导原则：

- 协同合作。数据安全是一项需要协同的工作，涉及 IT 安全管理员、数据管理专员/数据治理专家、内部和外部审计团队以及法律部门等。
- 企业统筹。运用数据安全标准和策略时，必须保证组织的一致性。
- 主动管理。数据安全管理的成功取决于主动性和动态性、所有利益相关方的关注、管理变更以及克服组织或文化瓶颈，如信息安全、信息技术、数据管理以及业务利益相关方之间的传统职责分离。
- 明确责任。必须明确界定角色和职责，包括跨组织和角色的数据"监管链"。
- 元数据驱动。数据安全分类分级是数据定义的重要组成部分。
- 减少接触以降低风险。最大限度地减少敏感/机密数据的扩散，尤其是在非生产环境中。

3. 数据安全活动

当前尚无通用的数据安全实施方法来满足所有必需的隐私和保密要求，组织应设计自己的安全控制措施，并证明这些措施已达到或超过了法律法规的严格要求，记录这些控制措施的实施情况，并随着时间的推移进行监控和测量。数据安全活动包括确定需求、评估当前环境的差距或风险、实施安全工具与流程以及审核数据安全措施，以确保其有效。

1）识别数据安全需求

区分业务需求、外部监管限制和应用软件产品的规则很重要，尽管应用程序系统是执行业务规则和过程的载体，但这些系统通常具有超出业务流程所需的数据安全要求。在组织内实施数据安全的第一步是全面了解组织的业务需求，组织的业务需求、使命、战略和规模以及所属行业，决定了所需数据安全的严格程度。另外，当今全球环境瞬息万变，组织需遵从的法律法规愈来愈多，创建一份完整的清单，其中包含所有相关数据法规以及受每项法规影响的数据主题域，在为法规遵从而制定的相关安全策略和实施的控制措施之间建立链接关系。

2）制定数据安全制度

组织在制定数据安全制度时应基于自己的业务和法规要求，制度是所选行动过程的陈述以及为达成目标所期望行为的顶层描述，数据安全策略描述了所决定的行为，这些行为符合保护其数据的组织的最佳利益，要使这些制度产生可衡量的影响，它们必须是可审计且已经审计过的。

3）定义数据安全细则

制度提供行为准则，但并不能列出所有可能的意外情况，细则是对制度的补充，并提供有关如何满足制度意图的其他详细信息。例如，制度可能声明密码必须遵循强密码准则，强密码的标准将单独详细阐述，如果密码不符合强密码标准，将会通过阻止创建密码的技术强制执行该制度。

4）评估当前安全风险

安全风险包括可能危及网络和／或数据库的因素，识别风险的第一步是确定敏感数据的存储位置，以及这些数据需要哪些保护措施。

5）实施控制和规程

组织必须实施适当的控制以满足安全策略要求，控制和规程至少应涵盖：

- 用户如何获取和终止对系统和/或应用程序的访问权限。
- 如何为用户分配角色并从角色中去除。
- 如何监控权限级别。
- 如何处理和监控访问变更请求。
- 如何根据机密性和适用法规对数据进行分类。
- 检测到数据泄露后如何处理。

第 9 章　信息安全规划

为构建信息安全纵深防御体系和全面提升防护能力，应当对信息安全工作进行顶层设计和全面规划布局，明确总体思路、任务和重点，才能最终建立科学、合理、有效的信息安全管控体系。信息安全规划作为组织战略在信息安全方面的落实和扩展，是以组织整体发展战略、信息化规划为基础，考虑外部合规、内部管控需要，诊断、分析、评估企业信息安全差距和需求，并结合信息安全最佳实践以及发展趋势，总结和提炼出信息安全建设的远景、目标、框架、任务和行动路线的过程。

9.1　概述

信息安全规划应从企业的发展战略和业务需求出发，基于风险分析的方法，在企业信息化战略和规划的基础上，遵循合规性和上级监管要求，借鉴国内外先进理念和最佳实践，迎合企业加强内部管控的需要，从而形成完整的信息安全工作思路。信息安全规划应着眼于解决企业实际问题、指导具体工作开展，同时立足于企业作为经济利益个体的本质，要求具有良好的效益和性价比。

9.1.1　信息安全的定义

信息安全是指信息系统（包括硬件、软件、数据、人、物理环境及其基础设施）受到保护，不受偶然的或者恶意的原因而遭到破坏、更改、泄露，系统连续、可靠、正常地运行，信息服务不中断，最终实现业务连续性。同时，信息安全也包括防范商业企业机密泄露、防范青少年对不良信息的浏览、防范个人信息的泄露等。

信息安全的基本属性包括以下 5 个方面：

（1）保密性。即保证信息为授权者享用而不泄露给未经授权者。

（2）完整性。即保证信息从真实的发信者传送到真实的收信者手中，传送过程中没有被非法用户添加、删除、替换等。

（3）可用性。即保证信息和信息系统随时为授权者提供服务，保证合法用户对信息和资源的使用不会被不合理地拒绝。

（4）可控性。即出于国家和机构的利益和社会管理的需要，保证管理者能够对信息实施必要的控制管理，以对抗社会犯罪和外敌侵犯。

（5）不可否认性。即人们要为自己的信息行为负责，提供保证社会依法管理需要的公证、仲裁信息证据。

信息安全的重要性是任何一个国家、政府、部门、行业都必须十分重视的问题，是一个不容忽视的国家战略安全问题。对于政府、金融、电信和科研机构等来讲，信息安全的重要性毋庸置疑，但对于不同的部门、行业来讲，对信息安全的要求和重点策略还是有差异的。

9.1.2　信息安全面临的威胁

随着信息技术的发展，社会信息化进程得以加快，计算机及网络已经在各行各业得到了广泛的应用，加之我国云计算、边缘技术和人工智能技术突飞猛进的发展，推动了信息化的普及程度。目前，企业将更多的业务托管于混合云之上，保护用户数据和业务变得更加困难，本地基础设施和多种公、私有云共同构成的复杂环境，使得用户对混合云安全有了更高的要求。这种普及和应用将会产生两方面的效应：一是各行各业的业务运转几乎完全依赖于计算机、网络和云存储，各种重要数据如政府文件、档案、银行账目、企业业务和个人信息等将全部依托计算机、网络的存储、传输；二是人们对计算机的了解更加全面，有更多的计算机技术被较高层的人非法利用，他们采用种种手段对信息资源进行窃取或攻占。

对于信息系统来说，威胁可以是针对物理环境、通信链路、网络系统、操作系统、应用系统以及管理系统等方面。物理环境安全威胁是指对系统所用设备的威胁，如自然灾害、电源故障、操作系统引导失败或数据库信息丢失、设备被盗 / 被毁造成数据丢失或信息泄露；通信链路安全威胁是指在传输线路上安装窃听装置或对通信链路进行干扰；网络系统安全威胁是指由于互联网的开放性、国际化的特点，人们很容易通过技术手段窃取互联网信息，对网络形成严重的安全威胁；操作系统安全威胁是指对系统平台中的软件或硬件芯片植入威胁，如"木马"和"陷阱门"、BIOS 的万能密码；应用系统安全威胁是指对于网络服务或用户业务系统安全的威胁，也受到"木马"和"陷阱门"的威胁；管理系统安全威胁是指由于人员管理上的疏忽而引发人为的安全漏洞，如人为的通过拷贝、拍照、抄录等手段盗取计算机信息。

具体来讲，常见的安全威胁有以下几种：

- 信息泄露。信息被泄露或透露给某个非授权的实体。
- 破坏信息的完整性。数据被非授权地进行增删、修改或破坏而受到损失。
- 拒绝服务。对信息或其他资源的合法访问被无条件地阻止。
- 非法使用（非授权访问）。某一资源被某个非授权的人或以非授权的方式使用。
- 窃听。用各种可能的合法或非法的手段窃取系统中的信息资源和敏感信息。例如，对通信线路中传输的信号进行搭线监听，或者利用通信设备在工作过程中产生的电磁泄漏截取有用信息等。
- 业务流分析。通过对系统进行长期监听，利用统计分析方法对诸如通信频率、通信的信息流向、通信总量的变化等态势进行研究，从而发现有价值的信息和规律。
- 假冒。通过欺骗通信系统（或用户）达到非法用户冒充成为合法用户，或者特权小的用户冒充成为特权大的用户的目的。黑客大多采用假冒进行攻击。
- 旁路控制。攻击者利用系统的安全缺陷或安全性上的脆弱之处获得非授权的权利或特权。例如，攻击者通过各种攻击手段发现原本应保密，但是却又暴露出来的一些系统"特性"，利用这些"特性"，攻击者可以绕过防线守卫者侵入系统的内部。

- 授权侵犯。被授权以某一目的使用某一系统或资源的某个人，却将此权限用于其他非授权的目的，也称作"内部攻击"。
- 特洛伊木马（Trojan Horse）。软件中含有一个察觉不出的或者无害的程序段，当它被执行时，会破坏用户的安全，这种应用程序称为特洛伊木马。
- 陷阱门。在某个系统或某个部件中设置了"机关"，使得当提供特定的输入数据时，允许违反安全策略。
- 抵赖。这是一种来自用户的攻击，例如，否认自己曾经发布过的某条消息、伪造一份对方来信等。
- 重放。所截获的某次合法的通信数据备份，出于非法的目的而被重新发送。
- 计算机病毒。所谓计算机病毒，是一种在计算机系统运行过程中能够实现传染和侵害的功能程序。一种病毒通常含有两个功能：一种是对其他程序产生"感染"；另一种是引发损坏功能或者是一种植入攻击的能力。
- 人员渎职。一个被授权的人为了钱或其他利益，或由于粗心，将信息泄露给一个非授权的人。
- 媒体废弃。信息被从废弃的磁盘或打印过的存储介质中获得。
- 物理侵入。侵入者通过绕过物理控制而获得对系统的访问。
- 窃取。重要的安全物品被盗，如令牌或身份卡。
- 业务欺骗。某一伪系统或系统部件欺骗合法的用户或系统自愿地放弃敏感信息。

9.1.3　信息安全规划的原则

实现信息安全目标是一个长期的、持续的过程，在此过程中，必须坚持一些基本原则和工作方法，以确保其实现过程没有偏离预想的方向。信息安全规划与建设原则必须在信息安全工作中始终贯彻和执行，它可以为企业在信息安全工作中提供基本的指导和判断的标准。

制定战略性的工作规划，是为了解决战略性的问题，完成战略性的任务，让小的战略服务于集中的大战略（企业发展战略），通过一个个子战略规划的完成和实现，最终达到大任务、大战略的目标；制定工作规划，是在全局性、系统性、前瞻性、目标性思维下对工作的整体布局和顶层设计，进行信息安全的工作规划时，为保证规划的科学、合理、有效、适用，规划工作应考虑以下原则。

1）系统性

信息安全规划本身应是整体、全面、体系化的规划，不应局限于解决一事一项，要兼顾组织目前状况与长远发展等因素，放眼未来、统筹规划，按照"横向到边，纵向到底"的思路，对照已有规范、最佳实践，综合考虑安全组织、安全管理、安全技术、安全运维等多个信息安全领域，建立物理、网络、主机、应用、数据多层纵深防护体系，并有效结合企业实际和现状，既要着眼全局、不能遗漏，又要突出重点、防范要害，规划系统、体系化的信息安全管理体系。

2）适用性

对信息安全工作的规划绝对不是孤立的。信息安全"上承"信息化的保障工作，是对企业业务的有效支撑；"下启"系统的建设、运维、业务的监控与应急，指导日常工作安全、有序开展；横向上，与企业风险管控、内部审计、法律/监管合规、质量管理体系等管理工作衔接。因此，规划时应考虑与整体的企业文化、信息化、安全形势、监察审计要求、风险管控要求、合规等多种环境融合和衔接。

3）时效性

信息安全规划应具有时效性，在预想的规划时间阶段内，相关的信息安全工作是适用的、适时的。按照时间跨度不同，规划可分为短期规划、中长期规划、远景规划。短期规划主要适用于短期内针对风险比较严重或紧迫度较高的方面进行紧急规划，主要以方案性内容为主；中长期规划主要是针对 1～3 年的工作进行规划，主要以体系化规划为主，内容偏路线、任务性质，目前这种规划应用较多；远景规划则是 3 年以上的规划，通过对多种趋势的分析和研判，从战略、形势上进行思路性构想。

4）确定性

信息安全规划工作应当是明确的、没有歧义的，不能放大或者缩小工作内容，使得工作内容缺失或者存在过度建设，不能模棱两可或者语句模糊，应使用明确、可信的数据和语言进行表达，才能指导具体部门落实相关工作并有效执行下去，同时，各事项应当有明确主体和执行对象，不能造成推诿、无责任主体的情况。

5）可行性

信息安全规划所提出的内容应具有可指导性，应有具体的、可落地的方法和措施，指导具体工作的开展，应该结合实际情况、管理文化，指出主体工作的大致流程和方法。在规划信息安全时应充分考虑方案或设计的可行性，是否与企业文化相违背，是否与企业管理模式、部门职责边界不一致，是否与其他工作、流程相冲突，是否考虑到任务执行的效率、难度问题，规划时，应能在不降低信息安全效果的同时，尽量符合当前实际，不影响业务或现有工作流程。

6）易用性

在信息安全工作规划与建设中，要充分考虑系统的易用性，确保系统好用、可用与易用，决策层人员能抓住要点、理清方向；管理层人员能把握要素、覆盖全面，知道各方面的安全工作覆盖哪些工作任务、解决哪些风险、投入多少预算、哪些岗位配合、对应哪些技术和管理措施；执行层人员能流程清晰、照章办事，最好具有非常"傻瓜式"的工作流程和技术操作单。

7）合规性

合规性是指在信息安全方面应当遵守和满足合规要求，在国家法律法规、国家标准要求、行业监管、国际合作、上市协作、内部管控等方面都必须满足的合规性要求，且相关各标准要求与最佳实践等必须进行梳理和整合，将同类项合并，形成新的整合框架。在首先满足合规的要求下，再根据业务具体需要以及自身特点，设计全面性、体系化的安全管控体系。

9.1.4　信息安全规划的注意事项

在进行信息安全的规划之前，应该充分了解组织的主营业务。在当前的实践中，确实存在一个很现实的问题，就是领导听不懂信息安全，信息安全主管也不了解组织的业务和战略。我们要追求的是"有效益的信息安全",而不是"为了安全而安全",因此,所有的信息安全活动都应该围绕组织业务展开。例如,对于数据依赖组织,信息安全的首要目的是保护组织的数据,而对于一个制造企业,更重要的可能是保障系统的持续运行。当然,更多的组织对这两方面都要重视,无论哪方面出现问题都会严重影响组织主营业务的正常运营。

1. 追求有效益的安全

抛开以信息安全为主营业务的组织不谈,其他普通组织的信息安全一般不需要直接营利,信息系统、环境管理体系以及企业社会责任等领域也是类似的情况,例如,ERP 系统花费很高,对经济效益的贡献是间接的或长远的,企业社会责任与经济效益之间的关系应该更曲折。从这个角度来看,信息安全与经济效益之间的关系反而更直接一些。

对有些企业而言,安全本身就是价值,或者说是增值业务。例如,沃尔沃将安全作为卖点,定价就高一些。同样的道理,尤其是在互联网金融环境中,网络/信息安全也会成为用户购买定价的影响因素。对绝大多数企业而言,信息安全可以减少损失,这是间接的经济利益,不是直接的"挣钱",当然,这还关系到决策者对风险的偏好程度。所以,信息安全会带来直接或间接的经济效益,但是,在实践中有些组织对信息安全的热情并不高,甚至很大程度上全靠国家的强制推行,例如,信息系统安全等级保护就是强制标准。

另外,对信息安全来说,管理者的认知也是非常重要的影响因素,例如,有的管理者是风险厌恶型,甚至对风险较为焦虑,那么该组织可能会更热衷部署信息安全。但是有的管理者是风险喜好型,则可能觉得信息安全的影响没那么严重,不太倾向花费额外的费用去部署信息安全。

在信息安全风险评估中,资产价值越大,面临的威胁越多。很多组织虽然做得不错,但是对信息安全的认识不足,导致出现了很多信息安全的问题。所以,几乎所有的标准都持续强调信息安全意识、教育和培训的重要性。

2. 信息安全战略的校准

在信息安全情境中,战略校准非常复杂,不但要考虑组织战略,同时也要考虑信息系统战略。在信息系统出现之前,信息安全就早已存在。例如,在古代战争中,会抓住某个信使,截获信件。显然,这时的信息安全问题并不涉及信息系统,但信息的安全很重要,这是不言而喻的。随着信息系统的迅速普及,使得信息安全变得越来越重要。

即使在信息系统出现之后,信息安全的范畴还是要大于信息系统安全。员工掌握的敏感信息可能以各种载体存储,信息系统只是其中一种,有形载体的出现本质上只是由于人类大脑的局限性,或者说,如果都能记住就不需要载体了。例如,很少有人天天看着地图回家,靠记忆就行了。

信息安全与信息系统安全的关系如图 9-1 所示。

虽然信息安全的出现远早于信息系统的出现时间,但是信息安全引起重视却是因为信息系统的广泛使用。这意味着,绝大部分企业在考虑企业信息安全架构的时候,一般已经存在基于信息系统的企业架

图 9-1 信息安全与信息系统安全的关系

构,同时,在考虑信息安全战略的时候,一般都已经存在 IT 战略。

无论是否存在正式的信息安全战略,组织的 IT 战略与信息安全战略都需要与组织战略保持一致。信息安全战略虽然不需要与 IT 战略保持校准,但是应该充分考虑 IT 战略,防止两者有冲突之处。此外,信息安全战略与 IT 战略也互有重合之处。信息安全战略、IT 战略和组织整体战略三者的关系如图 9-2 所示。

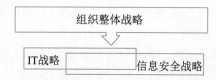

图 9-2　信息安全战略、IT 战略和组织整体战略三者的关系

3. 基于业务的风险理解

基于业务的风险理解是指对业务运营过程中可能面临的各种风险进行深入分析和评估,并制定相应的风险管理策略。从业务层面去理解风险,会让风险分析更具明确的目标,基于业务的风险分析需要综合考虑各种风险因素,包括市场风险、供应链风险、财务风险等,以全面评估企业的风险状况。基于业务的风险分析不仅是一个风险管理过程,也是一个决策支持过程。它可以帮助企业决策者更好地理解风险,从而做出更为科学和合理的决策。

以下两个方面可以帮助更好地从业务角度去理解风险。

1)关键风险区域

对关键的风险进行识别和分析,是安全规划的重要部分,这里所讨论的风险分析不能过于细致,尤其不能深入到信息系统,此处主要是指关键风险区域。我们知道,风险总是与机遇并存的,所以平衡风险与机遇的关系是非常重要的。

无论整体风险还是特定风险,分析的过程基本都是一致的。一个完整的风险管理过程应该包括:

- 风险识别。识别可能对业务目标产生负面影响的事项。这需要收集和分析关于潜在风险的信息,并考虑可能影响业务的内部和外部因素。
- 风险分析。评估已识别风险发生的可能性及可能造成的后果。这需要对风险进行量化和定性分析,以确定风险的大小和影响程度。
- 风险应对。制定策略和措施以处理已识别的风险。这可能包括风险规避、减轻、转移或接受等策略。
- 风险监控。持续监控风险的发展和变化,以及监控风险管理措施的效果。这需要定期回顾和更新风险管理策略,以应对新的风险和变化。
- 沟通与培训。确保员工了解风险管理的重要性,以及他们在风险管理中的角色。同时,需要及时、透明地进行风险沟通,使相关人员了解风险的状况和应对措施。
- 应急准备。制订应急计划,以应对可能对业务产生重大影响的突发事件或危机。应急计划应包括响应机制、资源分配和恢复策略。

● 审计与改进。定期对风险管理过程进行审计，以确保其有效性和合规性。同时，应不断寻求改进的机会，以提高风险管理过程的效率和效果。

2）风险偏好

风险偏好是组织对风险的态度，这个词汇应该来源于个体行为研究领域。风险偏好在个体行为层次表现得尤为突出。例如，有人厌恶风险，在所有的决策中都会尽量选择稳妥的途径；也有人喜欢风险，在决策中总是追求收益高但是概率可能小的途径。即使是同一件事，有人从中看到风险，有人却看到机遇。

一般而言，人们对待风险的态度是稳定的。但是有新的研究表明，风险偏好在不同的情境中表现不一致。例如，在盈利的状态下，人们厌恶风险，但是在亏损状态下，人们可能又追求风险。不过相反的情形也能讲得通，在顺境，人们有可能对自己的判断过度自信，或对自己的运气过度自信，从而追求风险；在逆境，人们可能又变得怕输，从而厌恶风险。

4. 识别出合规性要求

合规性是信息安全很重要的组成部分，其总体目标是"避免违反任何法律、法令、法规或合同义务以及任何安全要求"，具体内容则包括符合法律、合同、知识产权保护、隐私保护、审计合规、密码标准、信息安全评审、技术测试的要求。在国内审计方面有一个很常用的词与其近义，就是"合规"，这里指信息安全相关的状态或动作都遵循特定的规则、标准或原则。

"合规"是组织套用或遵循统一的标准、惯用的方法而执行规范性框架、流程、操作，以达到或满足相关利益方期望的一系列行为。合规有时是出于被动的"被监管"，有时是出于一定内在、外在需求的"主动遵从"，归根结底，都是出于业务或职能的需要，只不过是使用了成熟、标准、规范、体系化的框架和内容来指导具体工作的实施。

1）外部合规要求

外部合规是指企业与外部监管制度的符合程度，主要包括法律、法规和监管政策。企业作为一个实体，本身会制定很多管理制度，这些制度首先要保证与外部监管制度保持一致，不能有冲突。这个逻辑只是将法律体系延伸至更微观的领域，各个省、自治区、直辖市也有地方立法权，但是这些法律不能与国家立法冲突。

2）内部合规要求

内部合规是指信息安全规划应该与企业内部制度保持一致。如上所述，对于一个企业而言，信息安全规划是兴起比较晚的，在规划时就面临与其他已有制度的一致性问题。

信息系统的出现改变或简化了企业的业务流程，信息系统的使用改变了传统的业务流程，这种改变必须依赖于 IT 技术的进步，所以信息系统的部署必须考虑流程和 IT 技术。信息安全则不同，在没有信息系统之前，就早已有了信息安全问题。解决信息安全问题有两种基本途径：一是通过 IT 系统；二是通过制度。而且 IT 系统不是必选的，一个组织可以通过制度解决所有的信息安全问题。或者说，对于信息系统而言，是制度随着技术跑；对于信息安全而言，是技术随着制度跑。例如，ERP 系统上线后，组织的流程随之变化，然后会设计一系列的制度来规范系统的运维和使用。信息安全遵循相反的逻辑，组织先确定要解决什么问题，然后提出要求，最后确定如何控制，是靠系统，还是靠制度。两者的区别如图 9-3 所示。在信息安全中，控制措施不是随着 IT 系统产生的，恰恰相反，IT 系统只是作为控制措施存在，是为了实现管理要求。

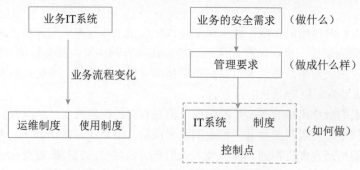

图 9-3　信息系统和信息安全的重要度对比

9.2　信息安全架构

信息安全架构是企业架构的子集，是指应用全面严格的方法描述当前/以后的安全结构、安全过程、信息安全系统、人员和组织子单元，并使之与组织的业务目标和战略方向保持一致的实践活动和行为。开发信息安全架构能确保安全工作以标准的和节省成本的方式与业务实践相结合。架构在抽象层面工作，提供一个可供参考的框架，使组织更好地实现互操作性、集成性、易用性、标准化和便于治理性。

9.2.1　安全架构的定义和范围

安全架构是架构面向安全性方向上的一种细分，细分领域还含有运维架构、数据库架构等。如果安全性体现在系统上，那么，通常的系统安全架构、安全技术体系架构和审计架构可组成三道安全防线。

（1）系统安全架构。系统安全架构指构建信息系统安全质量属性的主要组成部分以及它们之间的关系。系统安全架构的目标是如何在不依赖外部防御系统的情况下，从源头打造自身的安全。

（2）安全技术体系架构。安全技术体系架构指构建安全技术体系的主要组成部分以及它们之间的关系。安全技术体系架构的任务是构建通用的安全技术基础设施，包括安全基础设施、安全工具和技术、安全组件与支持系统等，系统性地增强各部分的安全防御能力。

（3）审计架构。审计架构指独立的审计部门或其所能提供的风险发现能力，审计的范围主要包括安全风险在内的所有风险。

我们在系统设计时，通常要识别系统可能会遇到的安全威胁，通过对系统面临的安全威胁和实施的相应控制措施进行合理评价，提出有效合理的安全技术，形成提升信息系统安全性的安全方案，这是安全架构设计的根本目标。

9.2.2　商业应用安全架构

SABSA（Sherwood Applied Business Security Architecture）是一套信息系统安全架构框架，它以业务视角作为起点，从 6 个层面提供了信息系统安全架构的完整解决方案。SABSA 是一套开放的架构，将不同的信息安全标准方法进行整合，形成一个端到端的安全解决方案，并可以与其他标准无缝结合（如 TOGAF 和 ITIL）。

1. 六层模型

SABSA 提供了一个六层模型，如表 9-1 所示，模型提供了 6 种视图，SABSA 从建筑学角度对这 6 种视图进行了解释说明，每一层的视图都代表了不同参与者在指定、设计、建造和使用建筑物的过程中的观点。6 种视图分别对应 6 种安全架构，具体是：情境安全架构、概念安全架构、逻辑安全架构、物理安全架构、组件安全架构和安全服务管理架构。在每个层次要回答以下问题：

- 你想在这一层做什么？通过回答该问题，从而确定安全架构要保护的资产。
- 你为什么要这样做？通过回答该问题，从而确定应用安全性的动机，以风险术语表示。
- 你是怎么做到的？通过回答该问题，从而确定实现安全性所需的流程和功能。
- 谁参与其中？通过回答该问题，从而确定安全架构的人员和组织。
- 你在哪里做？通过回答该问题，从而确定应用安全性的位置。
- 你什么时候做？通过回答该问题，从而确定与时间相关的安全事项。

表 9-1　SABSA 六层模型

视图	安全架构
业务视图	情境安全架构
架构视图	概念安全架构
设计视图	逻辑安全架构
构建视图	物理安全架构
实施视图	组件安全架构
服务管理视图	安全服务管理架构

2. SABSA 矩阵

SABSA 矩阵给出一个 6*6 的单元矩阵，通过解决矩阵中每个单元的问题，可以确保提出完整的信息安全架构。SABSA 矩阵如表 9-2 所示。

表 9-2　SABSA 矩阵

	资产 （是什么）	动机 （为什么）	流程 （如何）	人员 （谁）	位置 （何处）	时间 （何时）
情境	业务	业务风险模型	业务流程模型	业务组织和关系	业务地理位置	业务时间依赖关系
概念	业务属性概况	控制目标	安全战略和架构分层	安全实体模型和信息框架	安全域模型	安全相关生命周期和截止日期

（续表）

	资产 （是什么）	动机 （为什么）	流程 （如何）	人员 （谁）	位置 （何处）	时间 （何时）
逻辑	业务信息模型	安全政策	安全服务	实体架构和特权概况	安全域定义和关联	安全处理周期
物理	业务数据模型	安全规则、实务和程序	安全机制	用户、应用程序和用户界面	平台和网络基础设施	控制机构执行
组件	详细数据结构	安全标准	安全产品和工具	身份、职能、行动和ACL	流程、节点、地址和协议	安全措施时间安排和排序
运营	运营连续性鉴证	运营风险管理	安全服务管理和支持	应用程序和用户管理与支持	站点、网络和平台安全	安全运营日程安排

3. SABSA 生命周期

SABSA 生命周期如图 9-4 所示，开始为"战略与规划"活动，然后是"设计"活动，包含逻辑、物理、组件和服务管理架构的设计，第三个是"实施"活动，最后是"管理与衡量"活动。"管理与衡量"活动的意义在于，在流程的早期设置目标绩效指标，一旦系统投入运行，则必须根据目标衡量实际绩效，并管理观察到的任何偏差。

图 9-4　SABSA 生命周期

9.2.3　信息系统安全保障模型

信息系统安全保障是针对信息系统在运行环境中所面临的各种风险，制定信息系统安全保障策略，设计并实现信息系统安全保障架构或模型，采取工程、技术、管理等安全保障要素，将风险减少至预计可接受的程度，从而保障其使命要求。

在国家标准 GB/T 20274.1《信息安全技术　信息系统安全保障评估框架　第 1 部分：简介和一般模型》中描述了信息系统安全保障模型，该模型包含保障要素、生命周期和能力成熟度 3 个维度，如图 9-5 所示。

该信息系统安全保障模型将风险和策略作为信息系统安全保障的基础和核心。首先，强调信息系统安

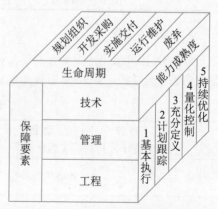

图 9-5　信息系统安全保障模型

全保障持续发展的动态安全模型，即信息系统安全保障应该贯穿于整个信息系统生命周期的全过程；其次，强调综合保障的观念，信息系统的安全保障是通过综合技术、管理和工程的安全保障来实施和实现信息系统的安全保障目标，通过对信息系统的技术、管理和工程的评估，提供对信息系统安全保障的信心；第三，以风险和策略为基础，在整个信息系统的生命周期中实施技术、管理和工程保障要素，从而使信息系统安全保障实现信息安全的安全特征，达到保障组织机构执行其使命的根本目的。

其中，生命周期是指信息系统安全保障应贯穿信息系统的整个生命周期，包括规划组织、开发采购、实施交付、运行维护和废弃 5 个阶段，以获得信息系统安全保障能力的持续性。保障要素是指信息系统安全保障需要从技术、工程、管理和人员 4 个领域进行综合保障，由合格的信息安全专业人员，使用合格的信息安全技术和产品，通过规范、可持续性改进的工程过程能力和管理能力进行建设及运行维护，保障信息系统安全。安全能力成熟度等级用来评价基于生命周期的过程安全保障要素的保障能力，划分为 5 个等级，从低至高依次为：

- 基本执行级。特征为随机、被动地实现基本实践，依赖个人经验，无法复制。
- 计划跟踪级。特征为主动地实现基本实践的计划与执行，但没有形成体系化。
- 充分定义级。特征为基本实践的规范定义与执行。
- 量化控制级。特征为建立了量化目标，基本实践的实现能进行度量与预测。
- 持续优化级。特征为能根据组织的整体目标，不断改进和优化实现基本实践。

在这个模型中，更强调信息系统所处的运行环境、信息系统的生命周期和信息系统安全保障的概念。信息系统生命周期有各种各样的模型，信息系统安全保障模型中的信息系统生命周期模型是基于这些模型的一个简单、抽象的概念性说明模型，它的主要用途在于对信息系统生命周期模型及保障方法进行说明。在信息系统安全保障具体操作时，可根据实际环境和要求进行改动和细化。强调信息系统生命周期，是因为信息安全保障要达到覆盖整个生命周期的、动态持续性的长效安全，而不是仅在某时间点下保证安全性。

9.3　信息安全规划的主要内容

信息安全规划是为了确保组织在信息安全方面的稳健性而进行的一系列活动。这个规划的目标是识别、评估和管理信息安全风险，并采取适当的措施来保护组织的资产和机密信息。信息安全规划是一个系统性的过程，需要从组织整体出发，综合考虑多个方面，确保组织的信息安全性和完整性得到有效的保护。

9.3.1　关注利益相关方的安全诉求

利益相关方是对于组织活动能够产生影响、受到影响或感觉受到影响的任何个人、群体或组织，能对相关活动进行决策，产生一定影响。利益相关方可能来自组织内部，如不同的部门、不同的层级、不同的业务对象，也有可能来自组织外部，如监管单位、客户方、用户、公众等，他们可能主动参与信息安全建设，也可能被动地关注信息安全。

所有的利益相关方有各自的视角，他们可能对信息安全建设产生积极或消极的影响，不同的利益方之间可能有相互竞争的关系。利益相关方的管理对信息安全规划的成功至关重要，事实上，任何一件事的成功都是如此，因为在不同角色的视角中存在不同的诉求，一件事的成功是众多人的合力。这个道理说起来很容易，做起来却很难。例如，对于信息安全主管而言，期望更多的信息安全投资；对于股东而言，更多地考虑这些投入是否会产生效益；对于员工而言，则只关心信息安全对自己有什么影响。

因此，在信息安全规划中，我们必须认真考虑利益相关方的诉求，甚至要考虑隐性的、口是心非的诉求。一件事的决策如何做，可能取决于利益或决策者的直觉，但其表现出来的却是听起来冠冕堂皇的理由，识别这些理由背后的逻辑非常重要，常常决定了一个项目的成败。

9.3.2 信息安全组织体系规划

信息安全的目的是保护组织的重要信息资产不被窃取、外泄和破坏，信息安全是要在保障组织利益的基础上实现有选择、有条件、有范围的共享，若想解决这种受限访问和共享的矛盾，就必须依靠对组织框架进行顶层设计，自上而下地建立起各级信息安全机构，形成信息安全组织体系，才能在组织中形成一种保护信息安全的行政推力，有效、快速地推动信息安全建设工作。因此，信息安全规划成功的一个重要保障就是要建立起信息安全组织体系，以协调推动信息安全工作。

信息安全组织体系是决策规划、统筹管理、落实执行、监督检查信息安全相关工作的基础，是相关工作得到有效落实和推动的强力保障。明确各层级之间的垂直管理关系，将各层级工作进行有效衔接，并通过各层级之间管理工作的传达、反馈和督促，信息安全工作才能在受监督和控制下有效执行，优秀的组织框架将极大激活组织的效能和活力。在信息安全规划过程中，一系列的工作开展都需要完善、有效的信息安全组织架构来支撑。信息安全组织体系建设的目的主要是通过构建和完善信息安全组织架构，明确不同安全组织、不同安全角色的定位、职责以及相互关系，强化信息安全的专业化管理，实现对安全风险的有效控制。信息安全组织架构需明确各类信息安全组织的定位、相互间关系和职能。

有力的组织支撑是信息安全实践成功的关键要素之一。在任何管理实践中，技术都只能有限地提高战斗力，组织形式才是基础。同样的一群人，由于组织形式的不同，绩效差异可能极大。一个合理的组织框架至少应包括：

- 信息安全的最高管理层。其中包括治理者和执行管理者。
- 信息安全的协调机构。协调机构应该包括最高管理层和各个部门的负责人。
- 信息安全的内部组织。内部组织包括主管部门与配合部门，组织可以新增信息安全部门主管，也可以指定信息技术部门主管。
- 信息安全的外部联系。外部联系指组织应该与诸多外部组织保持固定的联系，例如，与消防部门保持联系，以定期进行消防演练；与信息安全专业组织保持联系，以获取最新的信息安全行业资讯；与政府、地方监管部门等诸多组织都应该保持联系。

9.3.3　信息安全管理体系规划

信息安全管理体系是组织在整体或特定范围内建立的信息安全方针和目标，以及完成这些目标所用的方法和手段所构成的体系。信息安全管理体系是信息安全管理活动的直接结果，表示为方针、原则、目标、方法、计划、活动、程序、过程和资源的集合。

信息安全管理体系是一个系统化、程序化和文件化的管理体系，应具有以下特点：

● 体系的建立基于系统、全面、科学的安全风险评估，体现以预防控制为主的思想。

● 强调遵守国家有关信息安全的法律法规及其他合同方要求。

● 强调全过程和动态控制，本着控制费用与风险平衡的原则合理选择安全控制方式。

● 强调保护组织所拥有的关键性信息资产，而不是全部信息资产，确保信息的机密性、完整性和可用性，保持组织的竞争优势和业务运作的持续性。

不同的组织在建立与完善信息安全管理体系时，可根据自己的特点和具体情况采取不同的步骤和方法。信息安全管理体系第三方认证为信息安全体系提供客观公正的评价，具有更大的可信性，并且能够使用证书向利益相关的组织提供保证。总之，通过参照信息安全管理模型，按照先进的信息安全管理标准建立完整的信息安全管理体系并实施与保持，达到动态的、系统的、全员参与的、制度化的、以预防为主的信息安全管理方式，能够以最低的成本，达到可接受的信息安全水平，从根本上保证业务的连续性。

目前常见的有基于 ISO 27001 的信息安全管理体系和基于等级保护的信息安全管理体系。

1. 基于 ISO 27001 的信息安全管理体系

ISO/IEC 27001，即《信息安全管理体系标准》，它是信息安全管理体系的规范性标准，各类组织可以按照 ISO/IEC 27001 的要求建立自己的信息安全管理体系。ISO/IEC 27001 着眼于组织的整体业务风险，通过对业务进行风险评估来建立、实施、运行、监视、评审、保持和改进其信息安全管理体系，确保信息资产的保密性、可用性和完整性。该标准还规定了为适应不同组织或部门的需求而制定的安全控制措施的实施要求，也是独立第三方认证及实施审核的依据。

ISO/IEC 27002 是配合 ISO/IEC 27001 标准来使用的，体现了其专用性；同时，它提出的信息安全控制目标和控制措施又是从信息安全工作实践中总结出来的，不管组织是否建立和实施信息安全管理体系，均可从中选择适合自己的思路、方法和手段来实现目标，这又体现了其通用性。

2. 基于等级保护的信息安全管理体系

信息安全等级保护是指对国家秘密信息、法人和其他组织及公民的专有信息以及公开信息和储存、传输、处理这些信息的信息资源分等级实行安全保护，对信息资源中使用的信息安全产品实行按等级管理，对信息资源中发生的信息安全事件分等级响应、处置。等级保护对象主要包括运营商和服务提供商、重点行业和重要机关等。

● 运营商和服务提供商。包括电信、广电行业的公用通信网、广播电视传输网等基础信息网络，经营性公众互联网信息服务组织、互联网接入服务组织、数据中心等组织的重要信息资源。

- 重要行业。包括铁路、银行、海关、税务、民航、电力、证券、保险、外交、科技、发展改革、国防科技、公安、人力资源和社会保障、财政、审计、商务、水利、国土资源、能源、交通、文化、教育、统计、工商行政管理、邮政等行业、部门的生产、调度、管理、办公等重要信息资源。
- 重要机关。包括市（地）级以上党政机关的重要网站和办公信息资源。

1）等保等级的定义

等保等级的定义如下：

- 第一级（自主保护级）。等级保护对象受到破坏后，会对公民、法人和其他组织的合法权益造成损害，但不损害国家安全、社会秩序和公共利益。
- 第二级（指导保护级）。等级保护对象受到破坏后，会对公民、法人和其他组织的合法权益产生严重损害，或者对社会秩序和公共利益造成损害，但不损害国家安全。
- 第三级（监督保护级）。等级保护对象受到破坏后，会对公民、法人和其他组织的合法权益产生特别严重损害，或者对社会秩序和公共利益造成严重损害，或者对国家安全造成损害。
- 第四级（强制保护级）。等级保护对象受到破坏后，会对社会秩序和公共利益造成特别严重损害，或者对国家安全造成严重损害。
- 第五级（专控保护级）。等级保护对象受到破坏后，会对国家安全造成特别严重损害。

2）等保基本框架

等保充分体现了"一个中心三重防御"的思想，一个中心指"安全管理中心"，三重防御指"安全计算环境、安全区域边界、安全网络通信"，同时，等保2.0强化可信计算安全技术要求的使用。等保基本框架如图9-6所示。

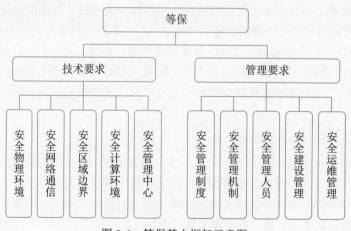

图9-6　等保基本框架示意图

3）实施方法

等保的实施方法中主要涉及以下内容：

- 安全定级。对系统进行安全等级的确定。
- 基本安全要求分析。对应安全等级划分标准，分析、检查系统的基本安全要求。
- 系统特定安全要求分析。根据系统的重要性、涉密程度及具体应用情况，分析系统特定安全要求。
- 风险评估。分析和评估系统所面临的安全风险。
- 改进和选择安全措施。根据系统安全级别的保护要求和风险分析的结果，改进现有安全保护措施，选择新的安全保护措施。
- 实施安全保护。

9.3.4 信息安全技术体系规划

信息安全规划不仅需要规划组织体系和管理体系，技术方面的规划同样重要。理解和应用信息安全技术的首要前提就是能够将信息系统所需要的安全技术提前规划到信息安全策略和设计当中，通过使用许多的信息安全技术和机制为信息系统提供保密性、完整性和可用性。这些信息安全的主要技术和措施包括身份认证、访问控制、入侵检测、防火墙、网闸、防病毒、数据加密技术等。

1. 身份认证

身份认证是在计算机网络中确认操作者身份的过程。身份认证可以分为用户与主机间的认证和主机与主机之间的认证。常见的认证措施如下：

（1）虚拟身份电子标识（Virtual Identity Electronic Identification，VIEID）。虚拟身份电子标识俗称网络身份证，是网民在网络上的身份标识，具有唯一性。VIEID 是一段含有标识持有者身份信息并经过信息安全系统内的身份认证中心审核签发的电子数据，只要在网络环境中有需要识别用户身份、进行信息交换和传输的地方，都可以用电子标识保障安全。

（2）静态密码。用户的密码通常都是由用户自己设定的。在网络登录时输入正确的密码，计算机就认为操作者是合法用户。

（3）智能卡。一种内置集成电路的芯片，芯片中存有与用户身份相关的数据，智能卡由专门的厂商通过专门的设备生产，是不可复制的硬件。智能卡由合法用户随身携带，登录时必须将智能卡插入专用的读卡器读取其中的信息，以验证用户的身份。

（4）短信密码。短信密码以手机短信形式请求包含 4 位或 6 位或一定位数随机数的动态密码，身份认证系统以短信形式发送随机的密码到客户的手机上。客户在登录或者交易认证时输入此动态密码，从而确保系统身份认证的安全性。它利用 what you have（你拥有什么）方法，也是日常生活中经常用到的认证方法之一。

（5）动态口令。动态口令是目前比较常用的且安全性较高的身份认证方式，它也是利用 what you have 方法，是一种动态密码。动态口令牌是客户手持用来生成动态密码的终端，大多是基于时间同步方式的，在固定时间（如每 60 秒）变换一次动态口令，口令一次有效，它产生 6 位动态数字进行一次一密的方式认证。

（6）USB Key。基于 USB Key 的身份认证方式是当前一种方便、安全的身份认证技术。它采用软硬件相结合、一次一密的强双因子认证模式，很好地解决了安全性与易用性之间的矛盾。USB Key 是一种 USB 接口的硬件设备，内置单片机或智能卡芯片，可以存储用户的密钥或数字证书，利用 USB Key 内置的密码算法实现对用户身份的认证。基于 USB Key 的身份认证系统主要有两种应用模式：一种是基于冲击/响应（挑战/应答）的认证模式；另一种是基于公钥基础设施（Public Key Infrastructure，PKI）体系的认证模式，比较多地运用在电子政务、网上银行等方面。

（7）生物识别。生物识别是运用 who you are（你是谁）方法，通过可测量的身体或行为等生物特征进行身份认证的一种技术。生物特征是指唯一的、可以测量或可以自动识别和验证的生理特征或行为方式。生物特征分为身体特征（人脸识别）和行为特征（左右转头、眨眼、张嘴等）两类。

（8）双因素认证。双因素认证就是将两种认证方法结合起来，进一步加强认证的安全性。目前使用最为广泛的双因素有动态口令牌 + 静态密码、USB Key+ 静态密码、二层静态密码等。

（9）Infogo 认证。它是网络安全准入设备的制造商与国内专业网络安全准入实验室联合研制并获得准入认证后，向信息安全市场推出的一种安全身份认证技术。

（10）虹膜认证。虹膜是瞳孔周围的环状颜色组织，具有丰富而各不相同的纹理图案，构成了虹膜识别的基础。虹膜识别技术是通过一种近似红外线的光线对虹膜图案进行扫描成像，并通过图案像素的异或操作来判定相似程度。与现有大量指纹鉴别产品相比，虹膜鉴别在可靠性、安全性（指纹易仿造）、稳定精度等方面仍具有巨大的优势。

2. 访问控制

访问控制技术指防止对任何资源进行未授权的访问，从而使计算机系统在合法的范围内使用，它是通过用户身份及其所归属的某项定义组来限制用户对某些信息项的访问，或限制对某些控制功能的使用的一种技术，如 UniNAC 网络准入控制系统就是基于此技术的。访问控制通常用于系统管理员控制用户对服务器、目录、文件等网络资源的访问。

访问控制机制是否对请求进行授权，决定着这个操作能否顺利执行下去。所以，了解访问控制机制的规则至关重要。常见的访问控制机制有以下四种：

- 自主访问控制（Discretionary Access Control，DAC）。让客体的所有者来定义访问控制规则。
- 基于角色的访问控制（Role-Based Access Control，Role-BAC）。将主体划分为不同的角色，然后对每个角色的权限进行定义。
- 基于规则的访问控制（Rule-Based Access Control，Rule-BAC）。制定某种规则，将主体、请求和客体的信息结合起来进行判定。
- 强制访问控制（Mandatory Access Control，MAC）。一种基于安全级别标签的访问控制策略。

3. 入侵检测

入侵检测系统是依照一定的安全策略，通过软硬件对网络、系统的运行状况进行监视，尽可能发现各种攻击企图、攻击行为或攻击结果，以保证网络系统资源的机密性、完整性和可用性。

入侵检测可以分为实时入侵检测和事后入侵检测两种。实时入侵检测在网络连接过程中进行，系统根据用户的历史行为模型、存储在计算机中的专家知识及神经网络模型对用户当前的操作进行判断，一旦发现入侵迹象立即断开入侵者与主机的连接，并收集证据和实施数据恢复。这个检测过程是不断循环进行的。而事后入侵检测则是由具有网络安全专业知识的网络管理人员定期或不定期进行的，它不具有实时性，因此防御入侵的能力不如实时入侵检测系统。

入侵检测系统是国家信息安全的重要建设内容之一，已经纳入信息安全等级保护和安全测评的范畴。

4. 防火墙

防火墙，又称防护墙、火墙，其功能主要是及时发现并处理计算机网络运行时潜在的安全风险、数据传输风险等问题，同时可以对计算机网络安全中的各项操作进行记录与检测，以确保计算机网络正常运行。

目前的防火墙已经是一个由软件和硬件设备组合而成的，在内部网和外部网之间、专用网与公共网之间的界面上构造的保护屏障，是一种获取安全性方法的形象说法。防火墙位于计算机和它所连接的网络之间，计算机流入、流出的所有网络通信和数据包均需要经过它。防火墙在 Internet 与 Intranet 之间建立起一个安全网关，从而保护内部网免受非法用户的侵入。防火墙主要由服务访问规则、验证工具、包过滤和应用网关 4 个部分组成。

5. 网闸

网闸是使用带有多种控制功能的固态开关读写介质、连接两个独立主机系统的信息安全设备。由于两个独立的主机系统通过网闸进行隔离，使系统间不存在通信的物理连接、逻辑连接及信息传输协议，不存在依据协议进行的信息交换，只有以数据文件形式进行的无协议摆渡。因此，网闸从逻辑上隔离、阻断了互联网、工作外网等对工作内网具有潜在攻击可能的一切网络连接，使外部攻击者无法直接入侵、攻击或破坏内网，保障了内部主机的安全。

网闸技术也称为网络隔离技术，由两套各自独立的系统分别连接安全和非安全的网络，两套系统之间通过网闸进行信息摆渡，保证两套系统之间没有直接的物理通路。在通信过程中，当存储介质与安全的网络连通时，断开与非安全网络的连接；当与非安全网络连通时，断开与安全网络的连接；通过分时使用两套系统中的数据通路进行数据交换，以达到隔离与交换的目的。此外，在数据交换过程中，需要同时进行防病毒、防恶意代码等信息过滤，以保证信息的安全。

6. 防病毒

防病毒指用户主动防范计算机等电子设备不受病毒入侵，从而避免出现用户资料泄密、设备程序被破坏等情况。病毒潜伏在电子设备中，即使还没有开始发作也总会留下一些"蛛丝马迹"。常见的病毒防护策略准则包括：

(1) 拒绝访问能力。来历不明的入侵软件（尤其是通过网络传输的软件）不得进入系统。

(2) 病毒检测能力。应当认识到，病毒总是有可能进入系统的，系统中应设置检测病毒的机制。除了检测已知病毒外，能否检测未知病毒是一个重要的指标。

（3）控制病毒传播的能力。应当认识到，没有一种方法能检测出所有病毒。一旦病毒进入系统，不应让病毒在系统中到处传播，系统一定要有控制病毒传播的能力。

（4）清除能力。如果病毒突破了系统的防护，即使它的传播受到了控制，也要有相应的措施将它清除掉。对于已知病毒，可以使用专用杀毒软件；对于未知病毒，在发现后使用软件工具对它进行分析，尽快编写出消杀软件。当然，如果有后备文件，也可以使用它直接覆盖受感染文件，但一定要查清楚病毒的来源。

（5）恢复能力。有可能在消除病毒以前，病毒就破坏了系统中的数据，系统应提供一种高效的方法来恢复这些数据。

（6）替代操作。系统应该提供一种替代操作方案。在恢复系统时可用替代系统工作，问题解决后再换回来。这一准则对于某些关键的系统应用是必须予以保证的。

7. 数据加密技术

数据加密技术是一种保护数据在传输或存储过程中不被未授权访问或泄露的技术。这种技术通过在数据上应用加密算法和密钥来实现数据的加密和解密。加密后的数据只有在拥有相应密钥的情况下才能被解密和阅读，从而保证了数据的安全性和机密性。

数据加密技术可以分为对称加密和非对称加密两种。对称加密是指加密和解密使用相同的密钥，如单密钥体制。这种加密方式的特点是加密和解密速度快，但密钥的分发和管理比较困难。非对称加密则使用一对密钥，其中公钥用于加密数据，私钥用于解密数据。这种加密方式的特点是密钥管理相对简单，但加密和解密速度较慢。

除了对称加密和非对称加密外，还有其他的数据加密技术，如链路加密、节点加密和端到端加密等。链路加密是在通信链路上对数据进行加密，保证数据在传输过程中不被泄露。节点加密是在通信节点上对数据进行加密和解密，保证数据在节点上的安全性。端到端加密则是在数据发送端和接收端之间进行加密和解密，保证数据在整个传输过程中的安全性。

在信息安全规划中，这些技术需要根据组织的实际情况和需求进行选择和配置，以形成一个全面的信息安全防护体系。同时，还需要定期更新和评估这些技术，以应对不断变化的安全威胁和挑战。

9.3.5 信息安全运营体系规划

当前网络环境下，信息安全规划还需要将运营考虑进去。信息安全运营的主要目的是保护资产，这里的资产包括信息、数据、系统、设备、设施、应用程序等。而信息安全运营规划有助于提前识别威胁和漏洞，并结合规划实施相应的安全管理和技术手段来降低资产的风险。

在信息安全的背景下，安全运营是一个长期持续的过程，有多种合理的措施进行安全运营规划，下面介绍几种在信息安全运营中常用的安全控制方法。

1. 因需可知和最小特权

因需可知和最小特权是任何安全的信息系统环境都要遵循的两个标准原则，这两个原则通过限制对资产的访问来帮助保护有价值的资产。需要注意的是，尽管两者是相关的，并且对许多人来说这些术语是可以互换使用的，但两者之间存在明显差异。

因需可知是指仅授予用户执行工作所需数据或资源的访问权限。它的主要目的是让秘密信息保持秘密状态。

最小特权是指主体仅被授予执行指定工作所需的特权。这里的特权既包括访问数据的权限，也包括执行信息系统任务的权力。对于数据，特权是指控制写入、创建、更改或删除数据的能力，因此，限制和控制特权即可保护数据的完整性和保密性。例如，如果用户仅可以修改工作要求的数据文件，最小特权原则就可以保护环境中其他文件的完整性。

2. 职责分离和责任

职责分离和责任能够确保某个个体无法完全控制关键功能或信息系统。确保没有任何一个人可危及信息系统或信息安全，这种做法是必要的。相反的，组织中的不法分子想要对信息系统或信息安全造成危害，需要两人或更多的人进行密谋或串通才可以，增加了不法分子的风险成本。

职责分离形成一个制衡系统，其中两个或多个用户验证彼此的行为，并且必须协同完成必要的工作任务。这种做法使得个人更难从事恶意、欺诈或未经授权的活动，并扩大了检测和报告的范围。反之，如果认为可以侥幸逃脱，个人可能更愿意执行未经授权的行为，如果涉及两个或更多人，暴露风险便会增加，并起到有效的威慑作用。

在信息系统规划中，需要把流程分解为多个任务或职责，并将这些职责分配给不同的人来预防欺诈。

3. 其他常用安全运营方法

双人控制是指要求经过两个人批准后才能执行关键任务。在信息系统中，使用双人控制可以实现同行评审并减少串通和欺诈的可能性。此外，还可以将一些特权活动配置成双人控制，从而要求两个管理员一起操作以完成任务。

岗位轮换是指信息系统中的相关员工进行岗位轮换，或和其他员工进行职责轮岗。岗位轮换也可以实现同行评审和减少欺诈，同时还能实现交叉培训，可减少环境对任何个体的依赖。岗位轮换还可以充当威慑和检测机制，如果员工知道其他人将在某个时候接管他们的工作职责，他们就不太可能参与欺诈活动；如果他们选择这样做，那么后来接管工作职责的人可能会发现欺诈行为。

强制休假是指信息系统中相关人员会被要求强制休假一周或两周。这种做法提供一种同行评审形式，有助于发现欺诈和串通行为。此方法一般是突然实施的，能够确保另一名员工至少有一周时间接管某个人的职责，如果员工参与欺诈活动，那么接管岗位的人可能会发现。

特权账户管理是指限制特权账户的访问权限，或者检测账户是否使用了提升的特权。在这种情况下，特权账户是指管理员账户或具有特定提升特权的账户。这就需要通过在安全运营规划中设计长期持续的检测手段监控提升特权的使用。

4. 安全培训与意识提升

在信息安全规划中，安全培训与意识提升是至关重要的一环。通过对员工进行安全培训，可以提高他们对信息安全的认识和理解，增强他们的安全意识，从而减少安全漏洞和风险的发生。安全培训应该包括以下几个方面：

- 基础知识培训。员工需要了解常见的安全威胁和攻击方式，学习如何识别和应对各种安全事件。这种培训可以通过在线课程、培训视频和安全宣传资料等形式进行。
- 操作规范培训。员工需要掌握公司的信息安全政策和操作规范，了解如何正确地处理和保护敏感信息。这种培训可以通过内部培训班、定期会议和考核等方式进行。
- 模拟演练培训。通过模拟真实的安全事件场景，让员工亲身体验并学习如何应对和处理安全事件。这种培训可以通过定期组织演练活动来实施。
- 持续宣传教育。除了定期的培训活动，还需要通过内部通信、安全提示和宣传海报等方式，持续加强员工对信息安全的关注和理解。

通过以上的安全培训与意识提升措施，可以帮助员工形成良好的安全习惯和行为，提高整个组织的信息安全水平。同时，也可以减少员工因为不懂安全知识而导致的安全事件和风险，保护组织的核心资产和利益。

5. 应急响应

应急响应是信息安全规划中的重要组成部分，它确保在发生安全事件或紧急情况时，能够迅速、有效地应对和恢复。在信息系统安全运营规划中，应急响应计划必须规划成周期性活动，需要管理人员定期组织应急响应计划的演练，以检验当前应急响应计划是否符合组织的实际情况，并能够及时发现其中的问题，针对性地进行应急响应计划的修改和完善。

以下是一个具体的应急响应计划的示例：

- 制定应急响应策略。首先，制定一个明确的应急响应策略，包括明确的责任人和应急响应团队的成员。在策略中，明确定义各种安全事件的级别和相应的响应措施，以及如何通知相关人员和部门。
- 建立紧急联系渠道。建立一个紧急联系渠道，确保在发生安全事件或紧急情况时，能够及时通知和协调相关人员和部门。包括建立紧急联系电话、电子邮件列表和即时通信工具，以便快速沟通和协调。
- 制定应急响应流程。制定一个清晰的应急响应流程，包括如何检测和确认安全事件、如何采取措施进行应急响应和恢复、如何进行调查和分析等。在流程中，应明确各个环节的责任人和时间要求，确保响应过程的高效性和协同性。
- 进行应急演练。定期进行应急演练，以验证应急响应计划的有效性和可行性。演练可以包括模拟各种安全事件的发生，并按照应急响应计划进行相应的处理和恢复。通过演练，可以及时发现和纠正计划中的不足之处，提高团队的应急响应能力。
- 建立应急响应报告和记录。建立应急响应报告和记录的机制，对每次安全事件的响应过程进行详细记录和分析，以便后续的改进和总结。报告和记录可以包括事件的起因和影响、采取的响应措施和恢复过程、演练的结果和改进的建议等。

通过以上的应急响应计划，可以有效应对和恢复各种安全事件和紧急情况，保障信息系统的稳定和安全运行。同时，定期进行应急演练和总结，可以不断提高团队的应急响应能力和效率。

6. 事件处理与恢复

在信息安全规划中，应急响应与恢复是非常重要的一部分，它涉及对安全事件的处理和系统的恢复。为了有效应对安全事件，需要建立一个完整的事件处理流程。通过建立完善的事件处理流程，可以提高对安全事件的应对能力，降低安全事件对系统造成的损害。同时，对事件的调查和总结也可以为后续的安全规划和预防提供宝贵的经验和教训。

7. 事后总结与改进

事后总结与改进是信息安全规划中至关重要的一环，它能够帮助组织在遭受安全事件后进行全面的评估和反思，并采取相应的改进措施，以提高安全性。在事后总结与改进阶段，以下步骤是必不可少的：

- 收集数据和信息。首先，需要收集与安全事件相关的数据和信息，包括事件的起因、影响范围、损失情况等。这些数据和信息将为后续的分析和评估提供基础。
- 分析和评估。基于收集到的数据和信息，进行深入的分析和评估。包括确定安全事件的根本原因、评估现有的安全措施的有效性，以及发现潜在的安全漏洞和风险。
- 制定改进措施。根据分析和评估的结果，制定相应的改进措施。这些措施可能包括加强安全培训和教育、更新安全策略和流程、加强安全监控和检测等。
- 实施改进措施。将制定的改进措施付诸实施。这需要组织内部各个部门的合作和协调，确保改进措施能够有效地落地并取得预期的效果。
- 监控和评估改进效果。在改进措施实施后，需要进行持续监控和评估，以确保改进措施的有效性和可持续性。如果发现改进措施存在问题或需要进一步优化，需要及时进行调整和改进。

通过事后总结与改进，组织能够不断提高信息安全的水平，减少安全事件的发生和影响，并为未来的安全工作提供宝贵的经验和教训。

9.4　信息安全规划案例

信息安全规划是一个组织为了保护其信息资产而制定的一系列的策略、程序和技术措施的总体规划。

以下是一些典型的信息安全规划案例：

（1）某大型金融公司。在遭受网络攻击导致客户数据泄露后，该金融公司加强了信息安全建设。进行了风险评估，明确了安全目标，并制定了一套全面的信息安全策略。通过部署防火墙和入侵检测系统、加密敏感数据、实施多因素认证等技术手段来加强安全防护。

（2）某大型房产公司。该公司业务遍布多个城市及海外，在进行数字化转型的过程中发现需重视信息安全。组建了专门的信息安全团队，按照《中华人民共和国网络安全法》和等级保护标准要求，逐步建立起一个主动、全面的安全防护体系。此外，还开展了长期的信息安全宣传，提升员工的安全意识。

（3）某大学。作为教育机构，面临黑客攻击日益专业化和隐蔽化的挑战。为此，该大学从组织人员、安全管理、技术保障三个方面出发，制定了一系列管理规定，并通过网络安全管理平台和运维平台实现对校园网全面防护的规划设计。

（4）某公司应用信息安全模型。A 公司 B 信息安全系统多年来一直不断进步更新，IT 规划、IT 治理及信息安全规划也不断完善，但大多数还是基于现状调研与需求分析、总体架构与蓝图设计、项目规划与实施设计三大步骤，如图 9-7 所示。

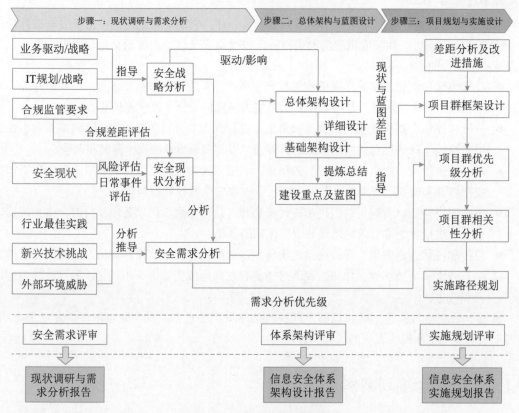

图 9-7　信息安全规划过程

步骤一：首先，信息安全总体战略目标是信息安全规划的起点，明确信息安全发展方向和战略目标也就决定了企业信息安全总体架构模式，为建设何种信息安全项目才能满足公司业务战略、IT 战略、合规监管要求等指明了方向。没有明确的战略目标，信息安全项目建设就容易偏离战略方向，可能会存在重局部轻整体的问题，从而导致信息安全战略目标在信息安全建设中无法真正得以实现，与此同时，也不能适应未来业务发展和变化。其次，通过风险评估、合规差距评估、组织自身需求等手段，开展针对性的信息安全现状分析，并结合行业最佳实践、新兴技术挑战及外部环境威胁，了解客户信息安全建设所处阶段，分析明确信息安全建设需求，为总体架构及蓝图设计奠定基础。

步骤二：信息安全总体架构与蓝图设计是信息安全规划的核心部分。根据信息安全战略目标和安全需求分析结果，构建符合客户未来发展的信息安全总体架构和基础架构，并提炼出信息建设重点及蓝图。

步骤三：明确信息安全总体架构和建设重点后，需对安全现状及总体架构之间的差距进行分析，提出改进措施，明确所需关键项目，并从阶段目标、项目优先级以及相关性进行分析，制订关键项目实施计划，并监督执行，从而最终实现整体信息安全发展战略目标。

通过以上案例，反映出不同类型和规模的组织在信息安全规划上的共同点和差异。共同之处在于它们都强调了信息安全的重要性，并采取了相应的技术和管理措施来降低安全风险。差异则体现在不同组织根据自身的业务需求、规模大小以及所处行业的特点，制定了符合自身情况的安全策略和解决方案。

第 10 章　云原生系统规划

现在数以亿计的高并发流量都依赖于云原生技术的快速弹性扩容来实现。而对于组织而言，选择云原生技术也就不仅仅是出于降本增效的考虑，它还能为组织创造过去难以想象的业务承载量，对于组织业务规模和业务创新来说，云原生技术都正在成为全新的生产力工具。过去组织看重的办公楼、厂房、IT 设施等有形资产，其重要性也逐渐被这些云端数字资产所超越，组织正通过云原生构建一个完整的数字孪生的新体系，而这也是云原生技术的真正价值所在。

10.1　云原生发展背景

"云原生"来自于 Cloud Native 的直译，拆开来看，Cloud 就是指其应用软件和服务是在云端，而非传统意义上的数据中心；Native 代表应用软件从一开始就是基于云环境、专门为云端特性而设计的，可充分利用和发挥云计算的弹性与分布式优势，最大化释放云计算生产力。

10.1.1　概念

云原生的概念最早出现于 2010 年，在 Paul Fremantle 的一篇博客中被提及，它被描述为一种和云一样的系统行为的应用编写，比如分布式的、松散的、自服务的、持续部署与测试的。当时提出云原生是为了能构建一种符合云计算特性的标准来指导云计算应用的编写。

2013 年，Matt Stine 在推特上迅速推广云原生概念，并在 2015 年《迁移到云原生架构》一书中定义了符合云原生架构的特征，包括：12 要素（如表 10-1 所示）、微服务、自服务、基于 API 协作、抗脆弱性等。而由于这本书的推广，上述特征也成了很多人对云原生的早期印象，云原生也被 12 要素变成了一个抽象的概念。2015 年，由 Linux 基金会发起了一个 CNCF（Cloud Native Computing Foundation）基金会项目，CNCF 基金会的成立标志着云原生正式进入高速发展轨道，Google、Cisco、Docker 各大厂纷纷加入，并逐步构建出围绕云原生的具体工具，而云原生这个概念也逐渐变得更具体化。当时把云原生定位为三方面：应用容器化、面向微服务架构、应用支持容器的编排调度。2017 年，云原生应用的提出者之一 Pivotal 在其官网上将云原生的定义概括为 DevOps、持续交付、微服务、容器这四大特征，这也成了很多人对云原生的基础印象。到了 2018 年，随着 Service Mesh 的加入，CNCF 对云原生的定义发生了改变，而这也逐渐作为被大家认可的官方定义：①基于容器、服务网格、微服务、不可变基础设施和声明式 API 构建的可弹性扩展的应用；②基于自动化技术构建具备高容错性、易管理和便于观察的松耦合系统；③构建一个统一的开源云技术生态，能和云厂商提供的服务解耦。

表 10-1 12 要素说明

编号	要素名称	简介
1	基准代码	一份基准代码（Codebase）、多份部署（Deploy）
2	依赖	显式声明依赖关系
3	配置	在环境中存储配置
4	后端服务	把后端服务当作附加资源
5	构建、发布、运行	严格分离构建、发布和运行
6	进程	以一个或多个无状态进程运行应用
7	端口绑定	通过端口绑定提供服务
8	并发	通过进程模型进行扩展
9	易处理	快速启动和优雅终止，最大化健壮性
10	开发环境与线上环境等价	尽可能保持开发、预发布、线上环境相同
11	日志	把日志当作事件流
12	管理进程	把后台管理当作一次性进程运行

10.1.2 发展概述

对于信息化和数字化水平不高的组织而言，组织内部 IT 建设采用"烟筒"模式比较多，即每个职能（部门）的每个应用都相对独立，如何管理与分配资源成了难题。大多数应用都基于 IDC 设施独自向上构建，需要单独分配基础设施资源，这就造成资源被大量占用且难以被共享。但是上云之后，由于云服务组织提供了统一的 IaaS 能力和云服务等，大幅提升了组织 IaaS 层的复用程度，组织自然也想到 IaaS 以上层的系统也需要被统一，使资源、产品可被不断复用，从而能够进一步降低组织信息能力的建设与运营成本。

对于开发而言，传统的 IT 架构方式将开发、IT 运营和质量保障等过程分别设置，各自独立，开发与运行或运营之间存在着某种程度的"鸿沟"，开发人员希望基础设施更快响应，运行管理及运营人员则要求系统的可靠性和安全性，而业务需求则是更快地将更多的特性发布给最终用户使用。这种模式被称为"瀑布式流程"开发模式，一方面造成了开发上下游的信息不对称，另一方面拉长了开发周期和调整难度。但是随着用户需求的快速增加和应用产品迭代周期的不断压缩，原有的开发流程不再适合现实的需求，这时开发建设组织引入了一种新的开发模式，即敏捷开发。但是，敏捷开发只是解决了软件开发的效率和版本更新的速度问题，还没有和运维管理等有效打通。出于协调开发和运维的"信息对称"问题，开发者又推出了一套新的方法，即 DevOps（Development Operations，开发运维一体化），DevOps 可以看作开发、技术运营和质量保障三者的交集，促进三者之间的沟通、协作与整合，从而缩短开发周期和提高效率。而云原生的容器、微服务等技术正是为 DevOps 提供了很好的前提条件，是保证软件开发实现 DevOps 开发和持续交付的关键应用。换句话说，能够实现 DevOps 和持续交付，已经成为云原生技术价值不可分割的内涵部分，这也是无论大型互联网组织，还是众多中小型应用开发组织和个人，越来越多地选择云原生技术和工具的原因。

对于整个云计算产业的发展来说，云原生区别于早先的虚拟机阶段，也完成了一次全新的技术生产力变革，是从云技术的应用特性和交付架构上进行了创新性的组合，能够极大地释放云计算的生产能力。此外，云原生的变革从一开始自然而然地与开源生态走在了一起，也意味着云原生技术从一开始就选择了一条"飞轮进化"式的道路，通过技术的易用性和开放性实现快速增长的正向循环，又通过不断壮大的应用实例来推动组织业务全面上云和自身技术版图的不断完善。云原生能够有效支撑组织的未来业务发展，已经成为众多组织的共识，其在经历了这一轮云原生的变革后，可穿越组织的原有成长周期，驱动组织跨越到新的数字经济发展阶段，从而在全面数字新时代更好地开发业务。

随着各类开源项目的不断更新和逐步成熟，也促使各组织在AI、大数据、边缘计算、高性能计算等新兴业务场景不断采用云原生技术来构建创新解决方案。大量组织尝试使用容器替换现有人工智能、大数据等的基础平台，通过容器更小粒度的资源划分、更快的扩容速度、更灵活的任务调度，以及天然的计算与存储分离架构等特点，助力人工智能、大数据等在业务性能大幅提升的同时，更好地控制成本。各类云服务组织也相继推出了对应的容器化服务，比如某云服务商的AI容器、大数据容器、深度学习容器等。

云原生技术与边缘计算相结合，可以比较好地解决传统方案中轻量化、异构设备管理、海量应用运维管理的难题，如目前国内典型的边缘计算落地项目——国家路网中心的全国高速公路取消省界收费站项目，就使用了基于云原生技术的边缘计算解决方案，解决了10多万异构设备管理、30多万边缘应用管理的难题。主流的云计算厂商也相继推出了云原生边缘计算解决方案，如某云服务商的云智能边缘平台（IEF）等。

云原生在高性能计算（High Performance Computing，HPC）领域的应用呈现出快速上升的势头。云原生在科研及学术机构、生物、制药等行业率先得到应用，例如中国科学院上海生命科学研究院、中国农业大学、华大基因、武汉未来组生物科技有限公司、欧洲核子研究中心等组织都已经将传统的高性能计算业务升级为云原生架构。为了更好地支撑高性能计算场景，各类云服务组织也纷纷推出面向高性能计算专场的云原生解决方案。

云原生与业务场景的深度融合，不仅为各行业领域注入了发展与创新的新动能，也促使云原生技术更快发展、生态更加成熟，主要表现为以下几个方面：

（1）从为组织带来的价值来看，云原生架构通过对多元算力的支持，满足不同应用场景的个性化算力需求，并基于软硬协同架构，为应用提供极致性能的云原生算力；基于多云治理和边云协同，打造高效、高可靠的分布式泛在计算平台，并构建包括容器、裸机、虚拟机、函数等多种形态的统一计算资源；以"应用"为中心打造高效的资源调度和管理平台，为组织提供便捷式部署、可感知应用的智能化调度，以及全方位监控与运维能力；打造计算存储一体化平台，以操作系统和数据库为基础，为组织提供完整的核心资源平台，使得组织可以快速、高效地部署和管理计算资源。通过基础软件平台，组织可以实现对计算资源的更充分利用，提高应用性能和可靠性，并降低运维成本。

（2）通过最新的DevSecOps（Development Security Operations），实现应用的敏捷开发，提升业务应用的迭代速度，高效响应用户需求，并保证全流程安全。对于服务的集成提供侵入和非侵入两种模式辅助组织应用架构升级，同时实现新老应用的有机协同。DevSecOps是指通过与 IT 安全团队、软件开发人员和运营团队合作，在标准 DevOps 周期中建立关键的安全原则，是 DevOps 概念的延续。DevSecOps 是一种融合了开发、安全及运营理念的全新的安全管理模式，其核心理念是在业务应用生命周期的每个环节（尤其在软件开发周期的每个阶段）都需要为安全负责，安全是整个 IT 团队（包括开发、测试、运维及安全团队）所有成员的责任，并且需要贯穿从研发到运营的全过程。

（3）帮助组织管理好数据，快速构建数据运营能力，实现数据的资产化沉淀和价值挖掘，并借助一系列 AI 技术，再次赋能给组织应用，结合数据和 AI 的能力帮助组织实现业务的智能升级。

（4）成熟的云原生 Operator 能够为用户提供便捷的分布式、数据仓库、图计算及丰富的周边工具，为组织提供数据分析、商业智能和信息网络检索处理能力以及数据安全保障能力。通过对数据的分析和挖掘，组织可以发现隐藏在数据中的关联、趋势和模式，从而获得对业务运营和市场情况的深入洞察，这有助于组织优化运营、发现商机和制订战略计划。

（5）结合云平台全方位组织级安全服务和安全合规能力，保障组织应用在云上安全构建，业务安全运行。云平台自动构建部署的云原生数据库具备资源的弹性伸缩、高可用性、自动灵活的备份恢复策略、智能管理运维和告警以及成本效益等优势，为应用提供更好的性能、可靠性和灵活性。

10.2 云原生技术架构

各类信息系统开发建设面临的问题往往指向一个共同点，那就是新时代需要新的技术架构来帮助组织应用更好地利用云计算和云服务的优势，充分释放云计算的技术红利，让业务更敏捷、成本更低的同时做到可伸缩性更灵活，而这些就是云原生架构专注解决的技术点。

10.2.1 架构定义

从技术的角度，云原生架构是基于云原生技术的一组架构原则和设计模式的集合，旨在将云应用中的非业务代码部分进行最大化的剥离，从而让云设施接管应用中原有的大量非功能特性（如弹性、韧性、安全、可观测性、灰度等），使业务不再有非功能性业务中断困扰，同时具备轻量、敏捷、高度自动化的特点。由于云原生是面向"云"设计的应用，因此，技术部分依赖于传统云计算的三层概念，即基础设施即服务（IaaS）、平台即服务（PaaS）和软件即服务（SaaS）。

云原生的代码通常包括三部分：业务代码、三方软件、处理非功能特性的代码。其中，业务代码指实现业务逻辑的代码；三方软件是业务代码中依赖的所有三方库，包括业务库和基础库；处理非功能特性的代码指实现高可用、安全、可观测性等非功能性能力的代码。三部分中只有业务代码是核心，是真正给业务带来价值的，另外两个部分都只是附属物。但是，随着软件规模增大、业务模块规模变大、部署环境增多、分布式复杂性增强等，使得今天的软件构建变得越来越复杂，对开发人员的技能要求也越来越高。云原生架构相比传统架构有了很大进步，从业务代码中剥离大量非功能性特性到 IaaS 和 PaaS 中，从而减少业务代码开发人员的技术关注范围，通过云服务商的专业性提升应用的非功能性能力。具备云原生架构的应用可以最大程度利用云服务，提升软件交付能力，进一步加快软件开发。

1. 代码结构发生巨大变化

云原生架构产生的最大影响就是让开发人员的编程模型发生了巨大变化。目前，大部分编程语言中都有文件、网络、线程等元素，这些元素在充分利用单机资源的同时，也提升了分布式编程的复杂性。因此大量框架、产品涌现，来解决分布式环境中的网络调用问题、高可用问题、CPU 争用问题、分布式存储问题等。

在云环境中，"如何获取存储"变成了若干服务，包括对象存储服务、块存储服务和文件存储服务。云不仅改变了开发人员获得这些存储能力的界面，还解决了分布式场景中的各种挑战，包括高可用挑战、自动扩缩容挑战、安全挑战、运维升级挑战等，应用的开发人员不用在其代码中处理节点宕机前如何把本地保存的内容同步到远端的问题，也不用处理当业务峰值到来时如何对存储节点进行扩容的问题，而应用的运维人员不用在发现"零日漏洞（zero-day）"安全问题时紧急对三方存储软件进行升级。

云把三方软硬件的能力升级成服务，开发人员的开发复杂度和运维人员的运维工作量都得到极大降低。显然，如果这样的云服务用得越多，那么开发和运维人员的负担就越小，组织在非核心业务实现上从必须的负担变成了可控支出。在一些开发能力强的组织中，对这些三方软硬件能力的处理往往是交给应用框架（或者说组织内自己的中间件）来做的。在新时代组织提供了更全面的服务，使得所有软件组织都可以因此获益。

这些使业务代码的开发人员不再需要掌握文件及其分布式处理技术，不再需要掌握各种复杂的网络技术，从而让业务开发变得更敏捷、更快速。

2. 非功能性特性大量委托

任何应用都提供两类特性：功能性特性和非功能性特性。功能性特性是真正为业务带来价值的代码，比如建立客户资料、处理订单、支付等。即使是一些通用的业务功能特性，比如组织管理、业务字典管理、搜索等也是紧贴业务需求的。非功能性特性是没有给业务带来直接业务价值，但通常又是必不可少的特性，比如高可用能力、容灾能力、安全特性、可运维性、易用性、可测试性、灰度发布能力等。

云计算虽然没有解决所有非功能性问题，但确实有大量非功能性问题被云计算解决了，特别是分布式环境下的复杂非功能性问题。以大家最头疼的高可用为例，云计算在多个层面为应用提供了解决方案，如虚拟机、容器和云服务等。

（1）虚拟机。当虚拟机检测到底层硬件发生异常时，自动帮助应用做热迁移，迁移后的应用不需重新启动，仍然具备对外服务的能力，应用本身及其用户对整个迁移过程都不会有任何感知。

（2）容器。有时应用所在的物理机是正常的，只是应用自身的问题（比如 bug、资源耗尽等）导致无法正常对外提供服务。容器通过监控检查探测到进程状态异常，从而实施异常节点的下线、新节点上线和生产流量的切换等操作，整个过程自动完成，无须运维人员干预。

（3）云服务。由于云服务本身具备极强的高可用能力，如果应用把"有状态"部分都交给了云服务（如缓存、数据库、对象存储等），加上全局对象的持有小型化或具备从磁盘快速重建能力，那么应用本身会变成更薄的"无状态"应用，高可用故障带来的业务中断会降至分钟级；如果应用是 $N:M$（N 台客户端中的每一台都可以访问到 M 台服务器）的对等架构模式，那么结合负载均衡产品可获得很强的高可用能力。

3. 高度自动化的软件交付

软件一旦开发完成，需要在组织内外部各类环境中部署和交付，以将软件价值交给最终用户。软件交付的困难在于开发环境到生产环境的差异，以及软件交付和运维人员的技能差异，填补这些差异往往需要很多安装手册、运维手册和培训文档等。而容器则以一种标准的方式对软件打包，容器及相关技术则帮助屏蔽不同环境之间的差异，进而基于容器做标准化的软件交付。

对自动化交付而言，还需要一种能够描述不同环境的工具，让软件能够"理解"目标环境、交付内容、配置清单并通过代码去识别目标环境的差异，根据交付内容以"面向终态"的方式完成软件的安装、配置、运行和变更。

基于云原生的自动化软件交付相比于当前的人工软件交付是一个巨大的进步。以微服务为例，应用微服务化以后，这些服务往往被部署到成千上万个节点上，如果系统不具备高度的自动化能力，任何一次新业务的上线，都会带来极大的工作量挑战，严重时还会导致业务变更超过上线窗口而不可用。

10.2.2　设计原则

作为一种架构模式，云原生架构通过若干原则来对应用架构进行核心控制。通过遵从这些架构原则，技术主管和架构师在做技术选择时不会出现大的偏差。关于云原生架构原则，立足不同的价值视角或技术方向等，其原则也会有所不同，常见的原则主要包括服务化、弹性、可观测、韧性、所有过程自动化、零信任、架构持续演进等。

1）服务化原则

服务化设计原则是指通过服务化架构拆分不同生命周期的业务单元，实现业务单元的独立迭代，从而加快整体的迭代速度，保证迭代的稳定性。同时，服务化架构采用的是面向接口编程方式，增加了软件的复用程度，增强了水平扩展的能力。服务化设计原则还强调在架构层面抽象化业务模块之间的关系，从而帮助业务模块实现基于服务流量（而非网络流量）的策略控制和治理，而无须关注这些服务是基于何种编程语言开发的。

当代码规模超出小团队的合作范围时，就有必要进行服务化拆分了，包括拆分为微服务架构、小服务（MiniService）架构等，通过服务化架构把不同生命周期的模块分离出来，分别进行业务迭代，避免迭代频繁模块被慢速模块拖慢，从而加快整体的进度和提升系统稳定性。同时服务化架构以面向接口编程，服务内部的功能高度内聚，模块间通过公共功能模块的提取增加软件的复用程度。

分布式环境下的限流降级、熔断隔仓、灰度、反压、零信任安全等，本质上都是基于服务流量（而非网络流量）的控制策略，所以云原生架构强调使用服务化的目的还在于从架构层面抽象化业务模块之间的关系，标准化服务流量的传输，从而帮助业务模块进行基于服务流量的策略控制和治理，不管这些服务是基于什么语言开发的。

2）弹性原则

弹性原则是指系统部署规模可以随着业务量变化自动调整大小，而无须根据事先的容量规划准备固定的硬件和软件资源。优秀的弹性能力不仅能够改变组织的 IT 成本模式，使得组织不用再考虑额外的软硬件资源成本支出，也能更好地支持业务规模的爆发式扩张，不再因为软硬件资源储备不足而留下遗憾。

大部分系统部署上线需要根据业务量的估算，准备一定规模的各类软硬件资源，从提出采购申请，到与供应商洽谈、软硬件资源部署、应用部署、性能压测，往往需要好几个月甚至一年的周期，而这期间如果业务发生了变化，重新调整也非常困难。弹性则是指系统的部署规模可以随着业务量的变化而自动伸缩，无须根据事先的容量规划准备固定的硬件和软件资源。好的弹性能力不仅缩短了从采购到上线的时间，让组织不用关注额外软硬件资源的成本支出（包括闲置成本），降低了组织的 IT 成本，更关键的是当业务规模面临海量突发性扩张时，不会因为既有软硬件资源储备不足而"说不"，保障了组织收益。

在云原生时代，组织在构建 IT 系统时，应该尽早考虑让应用架构具备弹性能力，以便在快速发展的业务规模面前灵活应对各种场景需求，充分利用云原生技术及成本优势。

3）可观测原则

可观测性更强调主动性，在云计算这样的分布式系统中，主动通过日志、链路跟踪和度量等手段，让一次 App 点击所产生的多次服务调用耗时、返回值和参数都清晰可见，甚至可以下钻到每次第三方软件调用、SQL 请求、节点拓扑、网络响应等信息中。运维、开发和业务人员通过这样的观测能力可以实时掌握软件的运行情况，并获得前所未有的关联分析能力，以便不断优化业务的健康度和用户体验。

大部分组织的软件规模都在不断增长，原来单机可以对应用做完所有调试，但在分布式环境下需要对多个主机上的信息做关联，才可能回答清楚服务为什么离线，哪些服务违反了其定义的 SLO（Service Level Objective，服务等级目标），目前的故障影响哪些用户，最近这次变更对哪些服务指标带来了影响等问题，这些都要求系统具备更强的可观测能力。可观测性与监控、业务探活、应用性能检测（Application Performance Monitor，APM）等系统提供的能力不同，可观测性是在云这样的分布式系统中，主动通过日志、链路跟踪和度量等手段，使得一次点击背后的多次服务调用的耗时、返回值和参数都清晰可见，甚至可以下钻到每次第三方软件调用、SQL 请求、节点拓扑、网络响应等，这样的能力可以使运维、开发和业务人员实时掌握软件运行情况，并结合多个维度的数据指标，获得关联分析能力，不断对业务健康度和用户体验进行数字化衡量和持续优化。

4）韧性原则

当业务上线后，最不能接受的就是业务不可用，让用户无法正常使用软件，影响体验和收入。韧性代表当软件所依赖的软硬件组件出现各种异常时，软件表现出来的抵御能力，这些异常通常包括硬件故障、硬件资源瓶颈（如 CPU/ 网卡带宽耗尽）、业务流量超出软件设计能力、影响机房工作的故障和灾难、软件漏洞（bug）、黑客攻击等对业务不可用带来致命影响的因素。

韧性从多个维度诠释了软件持续提供业务服务的能力，核心目标是提升软件的平均无故障时间（Mean Time Between Failure，MTBF）。从架构设计上，韧性包括服务异步化能力、重试 / 限流 / 降级 / 熔断 / 反压、主从模式、集群模式、AZ（Availability Zones，可用区）内的高可用、单元化、跨 Region（区域）容灾、异地多活容灾等。

5）所有过程自动化原则

技术往往是把"双刃剑"，容器、微服务、DevOps、大量第三方组件的使用等，在降低分布式复杂性和提升迭代速度的同时，因为整体增大了软件技术栈的复杂度和组件规模，所以不可避免地带来了软件交付的复杂性，如果控制不当，应用就无法体会到云原生技术的优势。通过 IaC（Infrastructure as Code）、GitOps、OAM（Open Application Model）、Kubernetes Operator 和大量自动化交付工具在 CI/CD 流水线中的实践，一方面标准化组织内部的软件交付过程，另一方面在标准化的基础上进行自动化，通过配置数据自描述和面向终态的交付过程，让自动化工具理解交付目标和环境差异，实现整个软件交付和运维的自动化。

6）零信任原则

零信任安全针对传统边界安全架构思想进行了重新评估和审视，并对安全架构思路给出了新建议。其核心思想是，默认情况下不应该信任网络内部和外部的任何人 / 设备 / 系统，需要基于认证和授权重构访问控制的信任基础，如 IP 地址、主机、地理位置、所处网络等均不能作为可信的凭证。零信任对访问控制进行了范式上的颠覆，引导安全体系架构从"网络中心化"走向"身份中心化"，其本质诉求是以身份为中心进行访问控制。

零信任的第一个核心问题就是身份（Identity），赋予不同的实体不同的身份，解决是谁在什么环境下访问某个具体资源的问题。在研发、测试和运维等微服务场景下，身份及其相关策略不仅是安全的基础，更是众多（包括资源、服务、环境等）隔离机制的基础；在用户访问组织内部应用的场景下，身份及其相关策略提供了即时的接入服务。

7）架构持续演进原则

信息技术及其业务应用的演进速度非常快，很少有一开始就清晰定义架构并在整个软件生命周期里都适用的情况，相反往往需要对架构进行一定范围内的重构，因此云原生架构本身也必须是一个具备持续演进能力的架构，而不是一个封闭式架构。除了增量迭代、目标选取等因素外，还需要考虑组织（例如架构控制委员会）层面的架构治理和风险控制，特别是在业务高速迭代情况下的架构、业务、实现平衡关系。云原生架构对于新建应用而言的架构控制策略相对容易选择（通常是选择弹性、敏捷、成本的维度），但对于存量应用向云原生架构迁移，则需要从架构上考虑遗留应用的迁出成本 / 风险和到云上的迁入成本 / 风险，以及技术上通过微服务 / 应用网关、应用集成、适配器、服务网格、数据迁移、在线灰度等应用和流量进行细颗粒度控制。

当前，演进式架构还处于快速成长与普及阶段。不过，整个软件工程领域已经达成共识，即软件世界是不断变化的，它是动态而非静态的存在。架构也不是一个简单的等式，它是持续过程的一种快照。所以无论是在业务应用还是在平台研发层面，演进式架构都是一个必然的发展趋势。业界大量架构更新的工程实践都诠释了一个问题，即忽略实现架构，要保持应用常新所要付出的精力是非常巨大的。但好的架构规划可以帮助应用降低新技术的引入成本，这要求应用与平台在架构层面满足架构标准化、职责分离与模块化。而在云原生时代，开发应用模型正在迅速成为演进式架构推进的重要助力。

10.2.3　架构模式

云原生架构有非常多的架构模式，不同的组织环境、业务场景和价值定位等，通常采用不同的架构模式。常用的架构模式主要有服务化架构、Mesh化架构、Serverless、存储计算分离、分布式事务、可观测架构、事件驱动架构等。

1. 服务化架构模式

服务化架构是新时代构建云原生应用的标准架构模式，要求以应用模块为颗粒度划分一个软件，以接口契约（例如IDL）定义彼此的业务关系，以标准协议（HTTP、gRPC等）确保彼此的互联互通，结合DDD（Domain Driven Design，领域驱动设计）、TDD（Test Driven Development，测试驱动开发）、容器化部署提升每个接口的代码质量和迭代速度。服务化架构的典型模式是微服务和小服务模式，其中小服务可以看作一组关系非常密切的服务的组合，这组服务会共享数据。小服务模式通常适用于非常大型的应用系统，避免接口的颗粒度太细而导致过多的调用损耗（特别是服务间调用和数据一致性处理）和治理复杂度。

通过服务化架构，把代码模块关系和部署关系进行分离，每个接口可以部署不同数量的实例，单独扩缩容，从而使整体的部署更经济。此外，由于在进程级实现了模块的分离，每个接口都可以单独升级，从而提升了整体的迭代效率。但也需要注意，服务拆分导致要维护的模块数量增多，如果缺乏服务的自动化能力和治理能力，会让模块管理和组织技能不匹配，反而导致开发和运维效率的降低。

2. Mesh 化架构模式

Mesh（网格）化架构是把中间件框架（如RPC、缓存、异步消息等）从业务进程中分离，让中间件SDK（Software Development Kit，软件开发工具包）与业务代码进一步解耦，从而使得中间件升级对业务进程没有影响，甚至迁移到另外一个平台的中间件也对业务透明。分离后在业务进程中只保留很"薄"的Client部分，Client通常很少变化，只负责与Mesh进程通信，原来需要在SDK中处理的流量控制、安全等逻辑由Mesh进程完成。整个架构如图10-1所示。

实施Mesh化架构后，大量分布式架构模式（如熔断、限流、降级、重试、反压、隔仓等）都由Mesh进程完成，即使在业务代码的制品中并没有使用这些三方软件包；同时获得更好的安全性（比如零信任架构能力等），按流量进行动态环境隔离，基于流量做冒烟/回归测试等。

3. Serverless 模式

Serverless（无服务器）将"部署"这个动作从运维中"收走"，使开发者不用关心应用运行地点、操作系统、网络配置、CPU性能等。从架构抽象上看，当业务流量到来/业务事件发生时，云会启动或调度一个已启动的业务进程进行处理，处理完成后云会自动关闭/调度业务进程，等待下一次触发，也就是把应用的整个运行都委托给云。

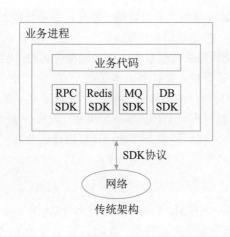 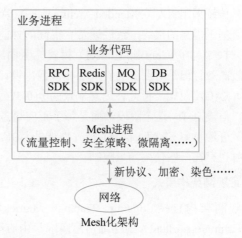

图 10-1 Mesh 化架构

云计算已经成为主流，越来越多的公司正在寻找一种更简单、灵活有效的方式来管理和维护云上资源（包括数据库），以便为用户提供一种更为合理的按需付费商业模式。随着新技术和产业政策的双轮驱动，无服务器数据库市场迎来蓬勃发展。计算与存储分离、一写多读架构、依据数据流量自动部署计算节点、对象存储、丰富的 RESTful API 管理接口以及完备的周边管理工具已成为不可或缺的能力。

Serverless 并非适用于任何类型的应用，因此架构决策者需要关心应用类型是否适合于 Serverless 运算。如果应用是有状态的，由于 Serverless 的调度不会帮助应用做状态同步，因此云在进行调度时可能导致上下文丢失；如果应用是长时间后台运行的密集型计算任务，会无法发挥 Serverless 的优势；如果应用涉及频繁的外部 I/O（包括网络或者存储，以及服务间调用等），也会因为繁重的 I/O 负担、时延大而不适合用 Serverless。Serverless 非常适合于事件驱动的数据计算任务、计算时间短的请求 / 响应应用、没有复杂相互调用的长周期任务。

4. 存储计算分离模式

分布式环境中的 CAP（一致性：Consistency；可用性：Availability；分区容错性：Partition tolerance）困难主要是针对有状态应用，因为无状态应用不存在 C（一致性）这个维度，因此可以获得很好的 A（可用性）和 P（分区容错性），因而获得更好的弹性。在云环境中，推荐把各类暂态数据（如 session）、结构化和非结构化持久数据都采用云服务来保存，从而实现存储计算分离。但仍然有一些状态如果保存到远端缓存，会造成交易性能的明显下降，比如交易会话数据太大、需要不断根据上下文重新获取等，这时可以考虑采用时间日志＋快照（或检查点）的方式，实现重启后快速增量恢复服务，减少不可用对业务的影响时长。

5. 分布式事务模式

微服务模式提倡每个服务使用私有的数据源，而不是像单体这样共享数据源，但往往大颗粒度的业务需要访问多个微服务，必然带来分布式事务问题，否则数据就会出现不一致。架构师需要根据不同的场景选择合适的分布式事务模式。

（1）传统采用 XA（eXtended Architecture）模式，虽然具备很强的一致性，但是性能差。

（2）基于消息的最终一致性通常有很高的性能，但是通用性有限。

（3）TCC（Try-Confirm-Cancel）模式完全由应用层来控制事务，事务隔离性可控，也可以做到比较高效；但是对业务的侵入性非常强，设计、开发、维护等成本很高。

（4）SAGA 模式（指允许建立一致的分布式应用程序的故障管理模式）与 TCC 模式的优缺点类似，但没有 Try 这个阶段，而是每个正向事务都对应一个补偿事务，也使开发维护成本高。

（5）开源项目 SEATA 的 AT 模式性能非常高，无代码开发工作量，且可以自动执行回滚操作，同时也存在一些使用场景限制。

6. 可观测架构模式

可观测架构包括 Logging、Tracing、Metrics 三个方面。Logging 提供多个级别（verbose/debug/warning/error/fatal）的详细信息跟踪，由应用开发者主动提供；Tracing 提供一个请求从前端到后端的完整调用链路跟踪，对于分布式场景尤其有用；Metrics 则提供对系统量化的多维度度量。

架构决策者需要选择合适的、支持可观测的开源框架（比如 OpenTracing、OpenTelemetry 等），并规范上下文的可观测数据规范（例如方法名、用户信息、地理位置、请求参数等），规划这些可观测数据在哪些服务和技术组件中传播，利用日志和 Tracing 信息中的 spanid/traceid，确保进行分布式链路分析时有足够的信息进行快速关联分析。

由于建立可观测性的主要目标是对服务等级目标（SLO）进行度量，从而优化 SLA（Service Level Agreement，服务级别协议），因此架构设计上需要为各个组件定义清晰的 SLO，包括并发度、耗时、可用时长、容量等。

7. 事件驱动架构模式

事件驱动架构（Event Driven Architecture，EDA）本质上是一种应用 / 组件间的集成架构模式。事件和传统的消息不同，事件具有 Schema，所以可以校验 Event 的有效性，同时 EDA 具备 QoS 保障机制，也能够对事件处理失败进行响应。事件驱动架构不仅用于（微）服务解耦，还可应用于下面的场景中：

（1）增强服务韧性。由于服务间是异步集成的，也就是下游的任何处理失败甚至宕机都不会被上游感知，自然也就不会对上游造成影响。

（2）CQRS（Command Query Responsibility Segregation，命令查询的责任分离）。把对服务状态有影响的命令用事件来发起，而对服务状态没有影响的查询才使用同步调用的 API 接口；结合 EDA 中的 Event Sourcing 机制可以用于维护数据变更的一致性，当需要重新构建服务状态时，把 EDA 中的事件重新"播放"一遍即可。

（3）数据变化通知。在服务架构下，往往一个服务中的数据发生变化，另外的服务会感兴趣，比如用户订单完成后，积分服务、信用服务等都需要得到事件通知并更新用户积分和信用等级。

（4）构建开放式接口。在 EDA 下，事件的提供者并不用关心有哪些订阅者，不像服务调用，数据的产生者需要知道数据的消费者在哪里并调用它，因此 EDA 保持了接口的开放性。

（5）事件流处理。应用于大量事件流（而非离散事件）的数据分析场景，典型应用是基于 Kafka 的日志处理。

（6）基于事件触发的响应。在 IoT 时代大量传感器产生的数据不会像人机交互一样需要等待处理结果的返回，天然适合用 EDA 来构建数据处理应用。

10.2.4　架构优势

云原生架构相比传统架构具有更高的可扩展性、可用性、灵活性、安全性、成本效益和高度自动化等优势，能够更好地适应不断变化和发展的业务需求。具体如下：

- 高可扩展性。云原生架构的微服务可以独立部署和扩展，可以根据业务需求快速增加或减少服务实例。这种可扩展的架构模式可以满足业务快速发展的需求，提高应用程序的可靠性和性能。
- 高可用性。云原生架构的微服务可以分布在多个节点上，可以实现负载均衡和容错处理。这种可用的架构模式可以提高应用程序的稳定性和可用性，减少单点故障的风险。
- 灵活性。云原生架构的微服务可以独立部署和管理，可以使用不同的编程语言和技术栈。这种灵活的架构模式可以满足不同业务场景和需求的要求，提高应用程序的适应性和可维护性。
- 安全性。云原生架构使用容器化技术来隔离不同的微服务，可以减少安全漏洞的风险。同时，云原生架构使用自动化工具来管理和部署微服务，可以提高安全性和可靠性，减少人为错误的风险。
- 成本效益。云原生架构可以提高应用程序的可靠性、可扩展性和安全性，同时可以减少运维成本和时间。这种成本效益的架构模式可以为组织带来更高的 ROI 和竞争优势。
- 高度自动化。云原生架构可以与基础设施深度整合优化，将计算、存储、网络资源管理以及自动化部署和运维能力交给云上 PaaS 来落地，如此应用本身会更灵活，具备弹性和韧性，降低技术管理成本。

10.3　云原生建设规划

云原生架构体系内容众多，如果深入到微服务、容器、DevOps、服务网格（Service Mesh）、自服务敏捷基础设施、混沌工程、安全等任何一项内容都有很多工作需要做。云原生这么多的内容做不到一步到位，而且彼此之间也存在先后次序相关性，它需要通过一系列的项目持续完成相关的能力，从而实现云原生融合架构。由于云原生架构体系内容众多，需要对其有相对深入的理解并能根据组织实际做出实施顶层规划，然后以分步实施的方法边建设边交付价值，使整个体系建设具备可持续性。

根据云原生架构体系中技术之间的关系和实际经验，基于"顶层规划 + 分步实施"的原则，将云原生架构规划实施路线图定义为 5 个步骤，分别为微服务采用及运行环境容器云平台构建、服务管理和治理、持续交付及安全、自服务敏捷响应基础设施、增强生产环境韧性和安全性。

每个实施步骤又可以根据实际建设需要分为若干个子项目，并可能需要多次迭代。比如说，第一个步骤微服务采用及运行环境容器云平台构建中，容器云平台建设和系统微服务架构采用可能需要分别以不同的项目立项。容器云平台作为基础设施平台，通常需要规划采购服务器、存储、网络设备等，这需要根据微服务系统改造进度持续进行采购，同时，最好进行前期的咨询、规划指导和培训等。微服务的设计开发就是一个持续的过程，可能涉及不同系统的新建或改造重构。不同的单位实际情况不同，所采取的步骤和方式也会不同。

1. 微服务采用及运行环境容器云平台构建

云原生架构体系中，应用是交付业务价值的载体，而微服务是构建业务应用的技术。经微服务架构分解的应用服务运行在容器中。所以第一步在采用微服务的同时需要构建容器环境支撑微服务的运行。

基于容器技术和容器调度管理技术（如 Kubernetes）构建组织内私有容器云平台，支撑微服务应用系统的部署、运行和管理，实现微服务运行时的环境支持，基于容器云平台可以实现相关的自服务敏捷能力，比如弹性扩展、服务路由、分发限流、健康检查、错误隔离、故障恢复、资源调度等。

以云原生 12 要素为指导设计微服务。当前微服务分拆的方式通常是基于领域驱动设计（DDD）方法。不过 DDD 对业务领域的划分往往难以清晰定义领域边界，存在着领域划分不合理、数据同时存在于不同领域的问题，为每个服务选择合适的责任级别及其范围是困难的，需要极深的经验和对业务的理解。因此 Martin Fowler 建议可以先建一个传统的大一统系统，在对领域知识有更好的了解以后，再通过重构将其改造成微服务。笔者觉得 DDD 通过领域划分可以在一定程度上简化业务关系，从而简化微服务设计，但领域划分也使每个领域缺乏全局认识，所以 DDD 更像是一种分类简化的设计方法，这会造成多次重复迭代，造成浪费。而 Martin Fowler 的建议则使 DDD 有了全局的视角，能够从上到下，从全局看到领域划分和设计，但这个大一统系统并不容易建设。

笔者基于实践提出了"主数据驱动设计"的微服务设计方法，主数据本来就是系统间共享的高价值数据，基于组织主数据设计的微服务天然具备系统间的可重用性。而且基于行业通用数据模型（Common Data Model，CDM）则很容易定义并完善主数据微服务，减少重复的迭代设计和实现。

2. 服务管理和治理

微服务架构在分解应用的同时也带来了微服务数量的成倍增长，使服务的管理和治理难以通过人工完成。随着微服务量的增加，需要完善服务的管理和治理能力。在完成容器云平台运行时支撑建设之后，可以侧重实现服务的治理和 API 的定义，以支持高效的管理和敏捷的服务编排响应，同时实现基于 API 的协同。

微服务治理有多种实现的方法。基于容器云平台可以直接利用 Kubernetes 的能力实现服务的注册发现、配置、路由分发、负载均衡、弹性扩容等，不过容器云平台要作为组织级应用支撑平台，需要在 Kubernetes 之上扩展实现服务的管理和治理能力。

CNCF 推荐用 Service Mesh，代理东西向流量，并支持跨语言平台部署。Pivotal 的 Spring

Cloud 框架提供了相对完整的服务治理实现，比如服务的注册发现、配置、熔断、客户端负载均衡等。

微服务架构提出的一个主要目的就是通过 API 来屏蔽开发语言，无论用什么开发语言，只要遵循同样的 API，都可以进行协同。其实这类似于地球上不同国家之间的交流，通过相互可以理解的公共语言就可以对话。因此在实现服务治理时需要考虑跨平台能力以及对内和对外 API 服务能力。这里要区分微服务的 API 和对外的 OpenAPI，可以将它们看作两个层次。OpenAPI 通常是跨平台、跨组织的，用于构建生态系统，不过组织内部也可以用于构建组织内部生态。思想都是一样的。

云原生以 API 为协同方式，因此在公司内部可以实现容器云平台和 API 网关两层的服务治理能力。同一个微服务可以通过 API 网关暴露为不同的 API，或者也可以多个微服务暴露为一个 API。API 既可以面向组织内部，也可以面向外部生态伙伴。

3. 持续交付及安全

前两个步骤完成了微服务运行、运营的基础能力，具备了支撑微服务弹性扩展、协同交互的能力。有了部署运维平台和服务管理治理能力，就可以侧重提升研发端的持续交付能力。这样，无论开发多少微服务，在服务管理和治理方面也就没有了后顾之忧。以 DevOps 理论为指导，构建持续集成、持续部署、持续交付、持续监控、持续反馈的闭环流程。

之所以要先建设容器云平台和服务管理治理能力，就是要提前准备好在应用微服务化、分布式微服务量爆炸增长的情况下，具备支撑弹性伸缩、可视化、可观察性、故障隔离、容错、故障自恢复等能力。这样才能支持各个团队的持续交付要求。这也是一直提倡先着力构建微服务运行支撑环境的重要原因。

DevOps 是一种思想和方法论，其核心是协作反馈，只有及时反馈才能反思和改进。利用 DevOps 思想构建持续交付能力的过程中，会涉及组织架构的优化，这可能是一个难点。首先，组织领导要能够理解 DevOps 思想和理念，知道组织的弱点并愿意尝试改进；其次，DevOps 体系（DevOps 体系可能不仅仅是一个平台）可能涉及众多的组件和工具，或者需要一体化的设计研发，每种方式都会花费大量人力和时间。比如用开源工具，持续集成和持续交付流程涉及开发、源码管理、源码检查、单元测试、用例管理、构建、安全测试、交付管理等众多的工具，仅考虑打通这些工具的认证权限管理就不是一件容易的事。因此有些 DevOps 厂商直接选择自研持续集成、持续交付等流水线。

如果具备这样的研发能力，建议尽可能自研或者合作研发，这也是为系统融合打好基础，避免众多的开源第三方工具带来众多的集成问题。

认证和权限是 DevOps 体系中的基础安全措施。代码安全检查、镜像安全检查、系统安全、应用安全、接口安全、容器安全等都需要在 DevOps 工具链和流水线实施及使用过程中逐步完善，以提升云原生的整体安全性。

4. 自服务敏捷响应基础设施

基础设施在第一步搭建容器云平台和微服务时就会用到，只不过这个阶段微服务量相对较少，对自服务敏捷响应基础设施没有迫切需求。随着持续交付能力的提升、微服务量的增长，运维能力需要从量变演化到质变。对自动化、自服务敏捷响应能力的需求提上日程。

基础设施大致可以划分为三个部分：基础设施资源、支撑平台和纯技术工具。基础设施资源可能有很多种异构资源和云平台，需要通过统一的层次（比如多云管理平台）来封装，提供统一的基础设施资源服务，隔离底层异构资源细节，简化应用资源调度。支撑平台主要是微服务开发、运行、运维的平台，例如持续交付平台、容器云平台等。纯技术工具指的是和业务无关、围绕支撑平台周边的工具，比如消息平台（RabbitMQ、Kafka）、监控平台、权限管理平台、认证平台、人脸识别平台等。这些平台可以提取构建技术中台能力，各业务应用都可以复用这些能力。

在实施持续交付的同时，也是在部分构建自服务敏捷响应基础设施能力，比如持续集成、持续交付流水线等。在这个步骤中，需要重点构建和完善自动化、自服务的基础设施能力，包括统一身份认证和权限服务、日志服务、配置服务、监控服务、告警服务、安全服务、AI服务（人脸识别、文字识别、图像识别、语音识别、自然语言处理、知识图谱、算法等）、消息服务、调度服务等基础服务和 CI/CD 研发流程服务等。实现这些服务的自服务能力是构建应用敏捷响应的关键。

基础设施资源的自服务敏捷响应是所有这些服务实现敏捷响应的前提。由于基础设施资源多种多样，可能来自不同的厂商品牌、不同的型号、不同的架构、不同的协议、不同的云平台等，为基础设施资源的融合管理和敏捷响应带来了挑战。需要考虑构建统一的基础设施资源管理平台或多云管理平台来提供统一的基础设施资源服务，封装底层资源细节，提升资源交付效率。

在这个过程中，组织架构可以同步调整，比如基础设施资源团队来运维运营基础设施资源，为平台和工具提供资源服务；平台团队来运维运营平台；工具团队来持续研发工具和技术中台服务；支撑以应用管理为中心的架构；应用研发团队专注于业务应用微服务的研发，使用自服务的资源、平台、工具实现服务的研发、测试、部署、运行、运维等全生命周期管理。

5. 增强生产环境韧性和安全性

脆弱性的反面是健壮性、韧性。抗脆弱性（或反脆弱性，Antifragility）的目的就是持续定时或不定时通过在运行环境中注入故障的方式来主动找到弱点，并强制修复这些弱点，从而提升环境的健壮性和韧性。以人类免疫系统为例，当受到病毒侵害时，人体的免疫系统就会自动做出反应，会变得更强；而当人被隔离时，免疫系统会变得更弱。

用人类免疫系统的思想来构建云原生架构的韧性，以抵御不同场景下的故障。Netflix 的 Simian Army 项目有一个著名的子模块"混沌猴（Chaos Monkey）"，它将随机故障注入生产组件，目的是识别和消除体系结构中的弱点。通过明确查找应用程序体系结构中的弱点、注入故障并强制进行补救，体系结构自然会随着时间的推移收敛到更高的安全程度。因此可以在完成前几个步骤之后，或者在条件允许的情况下，或伴随着前述步骤过程，通过抗脆弱性试验持续增强环境的韧性。

安全能力建设也是系统抗脆弱性的一部分。安全措施是防御性的，而系统是在持续变化之中的，随时可能出现不可预知的漏洞，因此除了在开发设计时尽可能消除安全隐患，在运行时的安全措施也一样不能少，而且是持续性的，所以需要不断地改进安全举措，持续增强抗击漏洞攻击等行为。

10.4 云原生实践案例

某快递公司作为发展最为迅猛的物流组织之一，一直积极探索技术创新赋能商业增长之路，以期达到降本提效的目的。目前，该公司日订单处理量已达千万量级，亿级别物流轨迹处理量，每天产生数据已达到 TB 级别，使用超过 1300 个计算节点来实时处理业务。过往该公司的核心业务应用运行在 IDC 机房，原有 IDC 系统帮助该公司安稳度过早期业务快速发展期。但伴随着业务体量指数级增长，业务形式愈发多元化。原有系统暴露出不少问题，传统 IOE 架构、各系统架构的不规范、稳定性、研发效率都限制了业务高速发展的可能。软件交付周期过长、大促保障对资源的特殊要求难以实现、系统稳定性难以保障等业务问题逐渐暴露。在与某云服务商进行多次需求沟通与技术验证后，该公司最终确定采用云原生技术和架构实现核心业务搬迁上云。

1. 解决方案

该公司核心业务系统原架构基于 VMware+Oracle 数据库进行搭建。随着搬迁上云，架构全面转型为基于 Kubernetes 的云原生架构体系。其中，引入云原生数据库并完成应用基于容器的微服务改造是整个应用服务架构重构的关键点。

（1）引入云原生数据库。通过引入 OLTP 与 OLAP 型数据库，将在线数据与离线分析逻辑拆分到两种数据库中，改变此前完全依赖 Oracle 数据库的情况。满足在处理历史数据查询场景下 Oracle 数据库所无法支持的实际业务需求。

（2）应用容器化。伴随着容器化技术的引进，通过应用容器化有效解决环境不一致的问题，确保应用在开发、测试、生产环境的一致性。与虚拟机相比，容器化提供了效率与速度的双重提升，让应用更适合微服务场景，有效提升产研效率。

（3）微服务改造。由于过往很多业务是基于 Oracle 的存储过程及触发器完成的，系统间的服务依赖也需要 Oracle 数据库 OGG（Oracle Golden Gate）同步完成。这样带来的问题就是系统维护难度高且稳定性差。通过引入 Kubernetes 的服务发现，组建微服务解决方案，将业务按业务域进行拆分，让整个系统更易于维护。

2. 架构确立

综合考虑该快递公司实际业务需求与技术特征，该组织确定的上云架构如图 10-2 所示。

1）基础设施

全部计算资源取自某云服务商上的裸金属服务器。相较于一般云服务器（ECS），Kubernetes 搭配服务器能够获得更优的性能及更合理的资源利用率。而且云上资源按需取量，对于拥有促销活动等短期大流量业务场景的公司而言极为重要。相较于线下自建机房、常备机器而言，云上资源随取随用，在促销活动结束后，云上资源使用完毕后即可释放，管理与采购成本更低。

图 10-2   该快递公司核心业务上云架构示意图

2）流量接入

云服务商提供两套流量接入服务，一套面向公网请求，另一套是服务内部调用。域名解析采用云 DNS 及 PrivateZone。借助 Kubernetes 的 Ingress 能力实现统一的域名转发，以节省公网 SLB 的数量，提高运维管理效率。

3）平台层

基于 Kubernetes 打造的云原生 PaaS 平台优势明显，主要包括：

- 打通DevOps闭环，统一测试、集成、预发、生产环境。
- 天生资源隔离，机器资源利用率高。
- 流量接入可实现精细化管理。
- 集成了日志、链路诊断、Metrics平台。
- 统一APIServer接口和扩展，支持多云及混合云部署。

4）应用服务层

每个应用都在 Kubernetes 上面创建单独的一个 Namespace，应用和应用之间实现资源隔离。通过定义各个应用的配置 YAML 模板，当应用在部署时直接编辑其中的镜像版本即可快速完成版本升级，当需要回滚时直接在本地启动历史版本的镜像快速回滚。

5）运维管理

线上 Kubernetes 集群采用云服务商托管版容器服务，免去了运维 Master 节点的工作，只需要制定 Worker 节点上线及下线流程即可。同时，业务系统均通过云服务商的 PaaS 平台完成业务日志搜索，按照业务需求提交扩容任务，系统自动完成扩容操作，降低了直接操作 Kubernetes 集群带来的业务风险。

3. 应用效益

该公司通过使用云原生架构，其应用效益主要体现在成本、稳定性、效率、赋能业务等方面。

（1）成本方面。使用公有云作为计算平台，可以让组织不必因为业务突发增长需求，而一次性投入大量资金成本用于采购服务器及扩充机柜。在公共云上可以做到随用随付，对于一些创新业务想做技术调研十分便捷。用完即释放，按量付费。另外，云产品都免运维，自行托管在云端，有效节省人工运维成本，让组织更专注于核心业务。

（2）稳定性方面。云上产品提供至少 5 个 9（99.999%）的 SLA 服务确保系统稳定，而自建系统稳定性相去甚远；在数据安全方面，云上数据可以轻松实现异地备份，云服务商数据存储体系下的归档存储产品具备高可靠、低成本、安全性、存储无限等特点，让组织数据更安全。

（3）效率方面。借助与云产品深度集成，研发人员可以完成一站式研发、运维工作。从业务需求立项到拉取分支开发，再到测试环境功能回归验证，最终部署到预发验证及上线，整个持续集成流程耗时可缩短至分钟级。在排查问题方面，研发人员直接选择所负责的应用，并通过集成的 SLS 日志控制台快速检索程序的异常日志进行问题定位，免去了登录机器查日志的麻烦。

（4）赋能业务方面。云服务商提供超过 300 种云上组件，组件涵盖计算、AI、大数据、IoT 等诸多领域。研发人员开箱即用，有效节省业务创新带来的技术成本。

1. 选择题

（1）为了保持设备日常正常运转，企业需要花费大量时间和精力去处理、传达和交换信息，非常低效，导致这些问题的原因是_____。

    A. 数据都是根据既定目标进行处理和选择后进行传输的，大量元数据的属性价值被过滤而不复存在

    B. 同级或周边系统无法直接分享数据，需要经过上位系统周转，数据价值未充分发挥

    C. 上位系统基于数据的决策以非实时的方式逐级下达并执行

    D. 以上都是

参考答案：D

（2）关于应用系统分层结构的特点的描述，不正确的是_____。

    A. 系统从上至下被划分为界面交互层、业务处理层、数据处理层、设备聚集层

    B. 各层面内部由协作元素（如子系统、组件、数据库）聚集

    C. 层面之间依靠接口实现通信

    D. 各个层面有比较确定的功能目标，并有特征明确的构造元素与构造规则

参考答案：A

（3）IaaS 的适用场景不包括_____。

    A. Web 应用程序部署   B. 大规模数据处理

    C. 云原生应用   D. 备份和灾难恢复

参考答案：C

（4）最准确地描述了云资源规划的基本流程的是_____。

    A. 确定云资源需求、预算分配、购买资源、资源分配、监控和维护

    B. 监控和维护、确定云资源需求、预算分配、购买资源、资源分配

    C. 确定云资源需求、监控和维护、预算分配、购买资源、资源分配

    D. 购买资源、确定云资源需求、预算分配、资源分配、监控和维护

参考答案：A

（5）_____准确地描述了云计算架构的不同层次。

    A. 应用层、传输层、网络层、物理层

    B. 基础设施即服务、平台即服务、软件即服务

    C. 用户界面层、应用程序层、操作系统层、硬件层

    D. 数据层、逻辑层、展示层

参考答案：B

（6）"虚拟化存储"的正确定义为_____。

    A. 虚拟化存储是一种用于存储数据的物理设备，如硬盘、SSD 等

    B. 虚拟化存储是一种数据备份技术，主要用于灾难恢复和业务连续性

    C. 虚拟化存储是在物理存储设备上创建逻辑存储池，并将其分配给虚拟机或应用程序的一种技术

    D. 虚拟化存储是一种云服务，允许用户在线存储和共享文件

参考答案：C

（7）关于网络管理的描述，不正确的是_____。

    A. ISO 专门定义了网络管理五大功能，分别是故障管理、配置管理、性能管理、计费管理、安全管理

    B. 配置管理通过各种技术手段，进行网络故障的判定和定位，为快速完成故障排除和网络恢复打下基础

    C. 安全管理主要提供网络中各类设备和网络管理层面的安全性管理功能，目的是保障网络安全运行

    D. 性能管理通过对网络各类性能数据的采集、分析和处理，更好地了解整个网络和其中设备的运行状况

参考答案：B

（8）关于数据资源的发展阶段的描述，不正确的是_____。

    A. 数据资源化阶段是将无序、混乱的原始数据开发为有序、有使用价值的数据资源的过程

    B. 数据资源化的目的是形成可用、可信、标准的高质量数据资源

    C. 数据在数据资产化阶段拥有了场景赋能，形成数据交换价值

    D. 数据资本化阶段在数据资产化阶段发展前期，其本质是实现数据要素的社会化配置

参考答案：D

（9）_____即保证信息从真实的发信者传送到真实的收信者手中，传送过程中没有被非法用户添加、删除、替换等。

    A. 保密性   B. 完整性

    C. 可用性   D. 可控性

参考答案：B

（10）云原生的代码通常包括三部分：业务代码、三方软件、_____。

    A. 处理非功能特性的代码   B. 业务库

    C. 基础软件   D. 基础库

参考答案：A

2. 思考题

（1）重构意味着迭代地修改整个设计吗？如果不是，它意味着什么？

参考答案：略

（2）应用系统规划过程主要涉及哪些方面？

参考答案：略

（3）常见的云计算架构模式和解决方案有哪些？

参考答案：略

（4）云资源规划的发展趋势和挑战？

参考答案：略

（5）数据资源规划的方法和技术有哪些？

参考答案：略

（6）信息安全规划的主要内容包括哪些？

参考答案：略

第三篇　能力篇

第 11 章 信息系统治理

信息系统治理（IT 治理）是组织开展信息技术及其应用活动的重要管控手段，也是组织治理的重要组成部分，尤其在以数字化发展为重要关注点的新时代，在组织的数字化转型和组织建设过程中，IT 治理起到重要的统筹、评估、指导和监督作用。信息技术审计（IT 审计）作为与 IT 治理配套的组织管控手段，是 IT 治理不可或缺的评估和监督工具，重点承担着组织信息系统发展的合规性检测以及信息技术风险的管控等职能。

11.1 IT 治理

新时代的信息技术与各领域发展进入了深度融合的发展新阶段，成为各类组织实现治理体系与能力现代化，构建敏捷运行管理体系，打造高质量的生产与服务系统，洞察社会与市场变化等高质量发展的必要过程。组织如何从其信息系统投资中获得真正的价值，如何将信息技术战略与组织战略相融合，如何从组织治理的高度对组织数字化能力做出制度安排，如何从战略投资、组织管理变革的角度降低 IT 的风险，如何利用国内外信息技术开发利用的最佳实践和重要成果加快组织的信息化、数字化工作推进等，这些都是 IT 治理所关注的问题。

11.1.1 IT 治理基础

IT 治理是描述组织采用有效的机制对信息技术和数据资源开发利用，平衡信息化发展和数字化转型过程中的风险，确保实现组织的战略目标的过程。

1. IT 治理的驱动因素

组织信息系统建设和运行需要制定总体规划，但制定 IT 资源统一规划存在很多问题：①信息系统应用已有相当的基础，但多年来分散开发或引进的信息系统形成了许多"信息孤岛"，缺乏共享的、网络化的信息资源，系统集成难题一直无法解决；②信息资源整合目标空泛，没有整合"信息孤岛"的措施，数据中心建设和数据集中管理等规划缺乏可操作性，尤其是缺少数据标准化建设方面的建设规划。这些问题的出现，表明组织在 IT 资源方面没有做到有效统一规划，如何解决这些问题成为组织发展的一个重要课题。

IT 资产作为组织资产的重要组成部分，IT 治理自然就是组织治理结构中不可分割的一部分。IT 治理是指组织在开发利用信息技术过程中，为鼓励组织所期望的组织行为而明确决策权归属和责任担当的框架，其目标是通过 IT 治理的决策权和责任影响组织所期望的组织行为。随着新时代的发展，数字特征成为组织发展的一项关键特征，组织的高质量发展对 IT 的依赖越来越强，IT 治理对组织愈发重要，为确保 IT 治理的有效，组织高层管理者需要投入越来越多的时间和精力。

随着组织在 IT 方面的投资越来越大，组织的 IT 战略要与组织战略相一致，才能确保组织核心竞争力的建设与保持。要尽可能地保持开放性和长远性，以确保系统的稳定性和延续性。要认真分析组织的战略与 IT 支撑之间的影响度，并合理预测环境变化可能给组织战略带来的偏移，在规划时留有适当的余地。组织目标变化太快，很难保证 IT 与组织目标始终保持一致，因此需要多方面的协调，保证 IT 治理继续沿着正确的方向走，这也是 IT 投资者真正关心的问题。IT 治理要从组织目标和数字战略中抽取信息需求和功能需求，形成总体的 IT 治理框架和系统整体模型，为进一步的系统设计和实施奠定基础，保证信息技术开发应用符合持续变化的业务目标。

高质量的 IT 治理能够使组织的 IT 管理和应用决策与组织期望的行为和业务目标相一致，这就需要组织 IT 治理机构对组织 IT 发展进行科学规划并确保其有效实施。驱动组织开展高质量 IT 治理的因素包括：①良好的 IT 治理能够确保组织 IT 投资的有效性；② IT 属于知识高度密集型领域，其价值发挥的弹性较大；③ IT 已经融入组织管理、运行、生产和交付等各领域，成为各领域高质量发展的重要基础；④信息技术的发展演进以及新兴信息技术的引入，可为组织提供大量新的发展空间和业务机会等；⑤ IT 治理能够推动组织充分理解 IT 价值，从而促进 IT 价值挖掘和融合利用；⑥ IT 价值不仅仅取决于好的技术，也需要良好的价值管理，以及场景化的业务融合应用；⑦高级管理层的管理幅度有限，无法深入 IT 每项管理中，需要采用明确责权和清晰管理的方式确保 IT 价值；⑧成熟度较高的组织以不同的方式治理 IT，获得了领域或行业领先的业务发展效果。

IT 治理的内涵主要体现在 5 个方面：① IT 治理作为组织上层管理的有机组成部分，由组织治理层或高级管理层负责，从组织全局的高度对组织信息化与数字化转型做出制度安排，体现了治理层和最高管理层对信息相关活动的关注；② IT 治理强调数字目标与组织战略目标保持一致，通过对 IT 的综合开发利用，为组织战略规划提供技术或控制方面的支持，以保证相关建设能够真正落实并贯彻组织业务战略和目标；③ IT 治理保护利益相关者的权益，对风险进行有效管理，合理利用 IT 资源，平衡成本和收益，确保信息系统应用有效、及时地满足需求，并获得期望的收益，增强组织的核心竞争力；④ IT 治理是一种制度和机制，主要涉及管理和制衡信息系统与业务战略匹配、信息系统建设投资、信息系统安全和信息系统绩效评价等方面的内容；⑤ IT 治理的组成部分包括管理层、组织结构、制度、流程、人员、技术等多个方面，共同构建完善的 IT 治理架构，达到数字战略和支持组织的目标。

2. IT 治理的目标价值

组织治理驱动和调整 IT 治理。同时，IT 治理能够提供关键的输入，成为战略计划的一个重要组成部分，它是组织治理的一个重要功能。IT 治理将帮助组织建立以组织战略为导向、以实现 IT 与业务匹配为重心、以价值交付为成果、以绩效管理为控制手段的 IT 管理体制，正确定位 IT 团队在整个组织中的作用，最终能够针对不同业务发展要求，统一规划 IT 资源、整合信息资源、有效规避风险、制定并执行组织发展战略。IT 治理就是要明确有关 IT 决策权的归属机制和有关 IT 责任的承担机制，以鼓励 IT 应用的期望行为的产生，以联接战略目标、业务目标和 IT 目标，从而使组织从 IT 中获得最大的价值。组织实施 IT 治理的使命通常包括：保持 IT

与业务目标一致，推动业务发展，促使收益最大化，合理利用 IT 资源，恰当厘清与 IT 相关的风险等。

IT 治理的主要目标包括：与业务目标一致、有效利用信息与数据资源、风险管理。

（1）与业务目标一致。IT 治理要从组织目标和数字战略中抽取信息与数据需求和功能需求，形成总体的 IT 治理框架和系统整体模型，为进一步系统设计和实施奠定基础，保证信息技术开发利用跟上持续变化的业务目标。

（2）有效利用信息与数据资源。目前，信息系统工程超期、IT 客户的需求没有满足、IT 平台不支持业务应用、数据开发利用效能与价值不高、信息技术与业务发展融合深度不够等问题突出，通过 IT 治理对信息与数据资源的管理职责进行有效管理，保证投资的回收，并支持决策。

（3）风险管理。由于组织越来越依赖于信息网络、信息系统和数据资源等，新的风险不断涌现，例如，新出现的技术没有管理，不符合现有法律和规章制度，没有识别对 IT 服务的威胁等。IT 治理重视风险管理，通过制定信息与数据资源的保护机制，强调对关键的信息与数据资源实施有效监控和事件处理。

3. IT 治理的管理层次

IT 治理要保证总体战略目标能够自上而下贯彻执行，治理层主要集中在最高管理层（如董事会）和执行管理层。然而，由于 IT 治理的复杂性和专业性，治理层必须依赖组织的基层来提供决策和评估所需要的信息。基层依据组织总体目标采用相关的原则，提供评估业绩的衡量方法。因此，好的 IT 治理实践需要在组织全范围内推行。管理层次大致可分为三层：最高管理层、执行管理层、业务与服务执行层。

最高管理层的主要职责包括：证实 IT 战略与业务战略是否一致；证实通过明确的期望和衡量手段交付 IT 价值；指导 IT 战略、平衡支持组织当前和未来发展的投资；指导信息和数据资源的分配。执行管理层的主要职责包括：制定 IT 的目标；分析新技术的机遇和风险；建设关键过程与核心竞争力；分配责任、定义规程、衡量业绩；管理风险和获得可靠保证等。业务及服务执行层的主要职责包括：信息和数据服务的提供和支持；IT 基础设施的建设和维护；IT 需求的提出和响应。

11.1.2　IT治理体系

IT 治理用于描述组织在信息化建设和数字化转型过程中是否采用有效的机制使得信息技术开发利用能够完成组织赋予它的使命。IT 治理的核心是关注 IT 定位和信息化建设与数字化转型的责权划分。IT 治理体系的构成如图 11-1 所示，具体包括：①IT 定位，IT 应用的期望行为与业务目标一致；②IT 治理架构，业务和 IT 在治理委员会中的构成、组织 IT 与各分支机构的 IT 权责边界等；③IT 治理内容，决策、投资、风险、绩效和管理等；④IT 治理流程，统筹、评估、指导、监督；⑤IT 治理效果（内外评价）等。

1. IT 治理关键决策

有效的 IT 治理必须关注 5 项关键决策，如图 11-2 所示，包括 IT 原则、IT 架构、IT 基础设施、业务应用需求、IT 投资和优先顺序。IT 原则驱动 IT 整体架构的形成，而 IT 整体架构又决定了基础设施，这种基础设施所确定的能力又决定着基于业务需求应用的构建，最后，IT 投资和优先顺序必须为 IT 原则、整体架构、基础设施和应用需求所驱动。然而，这些决策中又有独特问题，即 IT 治理需要确定每个决策由谁来负责输入，以及由谁来负责做出决策。

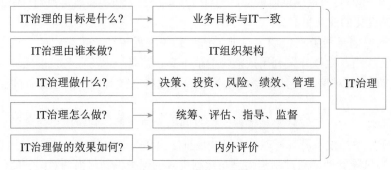

图 11-1　IT 治理体系的构成

IT原则的决策	组织高层关于如何使用IT的陈述	
IT架构的决策 组织从一系列政策、关系以及技术选择中捕获的数据、应用和基础设施的逻辑，以达到预期和商业、技术的标准化和一体化	**业务应用需求决策** 为购买或内部开发IT应用确定业务需求	**IT投资和优先顺序决策** 关于应该在IT的哪些方面投资以及投资多少的决策，包括项目的审批和论证技术
	IT基础设施决策 集中协调、共享IT服务可以给组织的IT能力提供基础	

图 11-2　关键的 IT 治理决策

IT 决策过程中，需要关注各类关键问题，如表 11-1 所示。

表 11-1　IT 决策的关键问题

关键决策	关键问题
IT 原则	组织的运行模型是什么？IT 在业务中的角色是什么？IT 期望行为是什么？如何投资 IT
IT 架构	组织的核心业务流程是什么？它们之间有什么样的关系？哪些信息在驱动着这些核心流程？数据必须如何整合？哪些技术性能应当在组织范围内得到标准化，以支持 IT 效率，方便流程标准化和整合
IT 基础设施	哪些基础设施对实现组织的战略目标来说是最关键的？对于每个能力集，哪些基础设施服务应该在组织级实现，这些服务的水平需求是什么？应当如何定价基础设施服务？如何保持基础技术的不断更新？哪些基础设施服务应当外包
业务应用需求	新业务应用的市场和业务流程机会是什么？如何设计实验以评估业务应用成功与否？如何在架构标准上满足业务需求？应当在什么时候将一个业务需求从例外转换为标准？谁拥有每个项目的成果并且发起组织变革以确保其价值

（续表）

关键决策	关键问题
IT 投资和优先顺序	哪些流程变革或者强化对组织来说在战略上是最为重要的？当前的以及在提议中的 IT 投资组合是如何分配的？这些投资组合同组织的战略目标一致吗？组织级的投资相对于业务单位的投资哪个更重要？实际投资情况会影响它们的相对重要性吗

2. IT 治理体系框架

IT 治理体系框架是实现组织 IT 治理的有效保障，缺乏良好的 IT 治理体系框架，IT 治理的过程将会变得盲目和无序。IT 治理体系框架以组织的战略目标为导向，架起了组织战略与 IT 的桥梁，实现了 IT 风险的全面管理以及 IT 资源的合理利用。IT 治理体系框架具体包括 IT 战略目标、IT 治理组织、IT 治理机制、IT 治理域、IT 治理标准和 IT 绩效目标等部分，形成了一整套 IT 治理运行闭环，如图 11-3 所示。

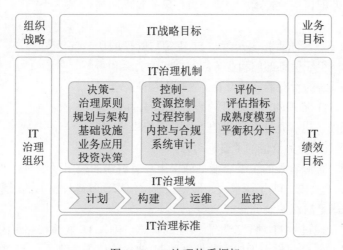

图 11-3　IT 治理体系框架

（1）IT 战略目标。为实现 IT 价值和目标，使组织从 IT 投入中获得最大收益，而针对 IT 与业务关系、IT 决策、IT 资源利用、IT 风险控制等方面制定的目标。

（2）IT 治理组织。界定组织中各相关主体在各自方面的治理范围、责权划分及其相互关系的准则，它的核心是治理机构（如 IT 治理委员会等）的设置和权限的划分。各治理机构职权的分配以及各机构间的相互协调，它的强弱直接影响治理的效率和效能，对 IT 治理效率起着决定性的作用。

（3）IT 治理机制。IT 治理机制是 IT 治理决策机制、执行机制、风险控制机制、协调机制的综合体，各机制之间是相辅相成、相互促进的关系。有效的决策机制能保障 IT 决策与组织的业绩目标和战略目标相匹配；有效的执行机制能保证 IT 治理的良好运作；有效的风险控制机制能降低 IT 活动的风险，实现信息技术开发利用的价值效益；有效的协调机制能有力地发挥 IT 治理的协调效应。

（4）IT 治理域。IT 治理域是在 IT 治理的规则之下，对组织 IT 资源进行整合与配置，根据

IT目标所采取的行动。以科学、规范的做法交付面向业务的高质量IT服务，确保信息化"高效做事情"、数字化"敏捷做决策"。其内容包括IT信息系统的计划、构建、运维与监控等。

（5）IT治理标准。IT治理标准包括IT治理基本规范、IT治理实施参照、IT治理评价体系和IT治理审计方法等方面，它是组织实施IT治理的最佳实践和对标依据。

（6）IT绩效目标。IT绩效目标关注IT价值的实现，评价IT规划与IT构建过程中是否满足业务需求以及构建过程中工期、成本、质量是否达到目标。

3. IT治理核心内容

IT治理本质上关心：①实现IT的业务价值；②IT风险的规避。前者是通过IT与业务战略匹配来实现的，后者通过在组织内部建立相关职责来实现。两者都需要相关资源的支持，并对其绩效进行有效度量。IT治理的核心内容包括6个方面，即组织职责、战略匹配、资源管理、价值交付、风险管理和绩效管理，如图11-4所示。

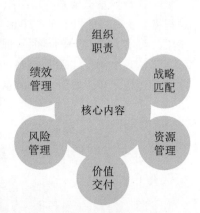

图11-4　IT治理核心内容

（1）组织职责。组织职责指组织参与IT决策与管理的所有人员的集合，明确组织信息部门和业务部门之间的关系和责任，正确划分信息系统的所有者、建设者、管理者和监控者。

（2）战略匹配。IT治理的一个重要内容是使组织的IT建设与组织战略相匹配，也就是通常所说的"战略匹配"。而战略匹配是IT为组织贡献业务价值的重要驱动力。

（3）资源管理。资源管理的主要功能是确保用户对组织的应用系统和基础设施都有良好的理解和应用，优化IT投资、IT资源（人、应用系统、信息、基础设施）的分配，做好人员的培训、发展计划，以满足组织的业务需求。

（4）价值交付。通过对IT项目全生命周期的管理，确保IT能够按照组织战略实现预期的业务价值。重点是对整个交付周期成本的控制和IT业务价值的实现，使IT项目能够在预算时间、成本范围内，按预定的质量要求完成。价值交付就是创造业务价值。

（5）风险管理。风险管理是IT治理中非常重要的内容。风险管理是确保IT资产的安全和灾难的恢复、组织信息资源的安全以及人员的隐私安全。风险管理就是保护业务价值。

（6）绩效管理。没有绩效管理，IT治理中任何一个域都不可能有效地进行管理。绩效管理主要是追踪和监视IT战略、IT项目的实施、信息资源的使用、IT服务的提供以及业务流程的绩效。绩效管理所采用的工具（如平衡计分卡）可以将组织的战略目标转化成各个职能部门或团队具体的业务活动的目标，从而保证组织战略目标的实现。

4. IT治理机制经验

建立IT治理机制的原则包括：①简单，机制应该明确地定义特定个人和团体所承担的责任和目标；②透明，有效的机制依赖于正式的程序，对于那些被治理决策所影响或是想要挑战治理决策的人来说，机制如何工作是需要非常清晰的；③适合，机制鼓励那些处于最佳位置的个人去制定特定的决策。

影响力高且具有挑战性的 IT 治理机制如表 11-2 所示。

表 11-2　影响力高且具有挑战性的 IT 治理机制

机制	目标	期望行为	不期望行为
执行层和高级管理委员会	对业务（包括 IT）的整体观念	整合 IT 的无缝管理	IT 被忽略
架构委员会	明确战略技术和标准是否被执行	业务驱动的 IT 决策制定	IT 限制和延迟
有 IT 人员参与的流程团队	有效地运用 IT 视角	端对端的流程管理	功能性技能的停滞和分散的 IT 基础设施
资金投资批准和预算	把 IT 看作另一种业务投资	对于不同投资类型的不同方法	分析瘫痪小项目，避开了正式批准
服务水平协议	对于 IT 服务的详细说明和衡量	专业的供应和需求	管理服务水平协议而不是业务需求
费用分摊机制	从业务中补偿 IT 成本	IT 的可靠应用	关于收费和歪曲的需求的争论
IT 业务价值的正式追踪	衡量 IT 投资，并通常运用平衡计分卡计算其对业务价值的贡献	使目标、利益和成本透明化	将 IT 同其他资产相分离，只关注资金流，而不关注价值

IT 治理可以从众多最佳实践中学习的经验包括：

- IT 指导委员会要吸纳有才干的业务经理，使之负责组织范围的 IT 治理决策，并在 IT 原则中加入严格的成本控制。
- 谨慎管理组织的 IT 架构和业务架构，以降低业务成本。
- 设计严格的架构例外处理流程，使昂贵的例外最小化，并可以从中不断学习。
- 建立集中化的 IT 团队，用以管理基础设施、架构和共享服务。
- 应用连接 IT 投资和业务需求的流程，既可以增加透明度，又可以权衡中心和各运营部门或团队的需求。
- 设计需要对 IT 投资进行集中协作和核准的 IT 投资流程。
- 设计简单的费用分摊和服务水平协议机制，以明确分配 IT 开支。

11.1.3　IT 治理任务

组织的 IT 治理活动定义为统筹、评估、指导和监督。统筹现在和未来的 IT 战略和组织规划、管理和绩效的实施计划、策略；评估信息技术应用与服务创新解决方案及措施等的有效性；指导 IT 管理实施、绩效考评、风险控制和业务创新；监督 IT 与业务的一致性、符合性及 IT 应用的合规性。组织开展 IT 治理活动的主要任务聚焦在如下 5 个方面：

（1）全局统筹。统筹规划 IT 治理的目标范围、技术环境、发展趋势和人员责权。组织需要适应当前信息环境和未来发展趋势，保证利益相关者理解和接受 IT 战略、目标和发展方向。组织需要把 IT 治理作为组织治理的组成部分，建立 IT 治理机构，并明确组织负责人对 IT 治理工作负责。组织还需要关注 IT 发展的规划、实施、检查和改进全过程，重点包括：①制定满足可持续发展的 IT 蓝图；②实施科学决策、集约管理的策略，实现横向的业务集成和纵向的业务管控，通过内外部的监督，确保 IT 与业务的一致性和适用性；③建立适应内外部信息环境变化的持续改进和创新机制。

（2）价值导向。包括基于实现有效收益、确保预期收益清晰理解，明确实现收益的问责机制。组织需要建立 IT 投资的价值框架，确保在可承担成本和可接受风险水平的基础上，实现 IT 的战略目标。确保 IT 治理符合组织治理的价值导向、明确战略投资方向以及由投资产生的 IT 服务、资产和其他资源。组织需要建立价值递送规则，确保利益相关者明确相应的权利和义务。这包括：①认可信息技术、信息系统和数据在组织中的价值；②识别投资目录，并以相应的方式进行评估和管理；③对关键指标进行设定和监督，并对变化和偏差做出及时回应；④权衡实施成本与预期效益，并随组织内外部环境的变化及时调整。

（3）机制保障。组织应对自身 IT 发展进行有效管控，保证 IT 需求与实现的协调发展，并使 IT 安全和风险得到有效的识别、管理、防范和处置。组织需要建立适合组织特点的机制保障方法，满足疏漏互补、协同发展、监督改进和安全风险可控的原则，避免扭曲决策目标方向。组织需要明确管理责任，明晰上下左右权利关系，落实责任制和各项措施。组织可以根据相关法律法规、行业管理和上级监管机构发布的规范文件要求，制定本组织的信息技术治理制度并实施。重点聚焦在：①指导建立规范过程管理和痕迹管理，并向利益相关者公开质量设定举措；②评审 IT 管理体系的适宜性、充分性和有效性；③审计 IT 的完整性、有效性和合规性；④监督由审计和管理评审提出的改进内容的实施。

（4）创新发展。创新发展指利用 IT 创新开拓业务领域、提升管理水平、改进质量、绩效和降低成本，确保实现战略目标的灵活性和对环境变化的适应性。组织需要通过建立围绕知识资产的创新体系，支撑组织的技术进步、管理提升和业务模式变革。组织可以持续保持管理团队的创造技能，并指导培养各级成员的发问、观察、交际和实验能力。组织可以建立支持创新的人员、技术、制度、资金、风险、文化和市场需求的机制体系，包括：①创造基于业务团队与 IT 团队的深度沟通以及对内外部环境感知和学习的技术创新环境；②确保技术发展、管理创新、模式革新的协调联动；③对组织创新能力进行评估，并对关键创新要素进行分析和评价；④通过促进和创新，有效抵御风险，并确保创新是组织文化的组成部分。

（5）文化助推。文化助推指组织与利益相关者沟通 IT 治理的目标、策略和职责，营造积极向上、沟通包容的组织文化。组织需要引导组织人员适应 IT 建设所带来的变革、遵循道德和职业规范、端正态度和规范行为。组织可以要求各级管理层把符合信息技术战略发展的文化建设作为其职责的一部分。按照文化营造、实施和改进的生命周期，保障利益相关者的沟通和透明，包括：①建立与 IT 发展相适应的组织文化发展策略；②营造包括知识、技术、管理、情操在内的积极向上的文化氛围；③根据组织内部环境的变化，评估并改进组织文化的管理。

11.1.4　IT治理方法与标准

考虑到 IT 治理对组织战略目标达成的重要性，国内外各类机构持续研究并沉淀 IT 治理相关的最佳实践方法、定义相关标准，其中比较典型的是我国信息技术服务标准（ITSS）库中的

IT 治理系列标准、信息和技术治理框架（COBIT）以及 IT 治理国际标准（ISO/IEC 38500）等。

1. 信息技术服务标准

我国 IT 治理标准化研究是围绕 IT 治理研究范畴，为 IT 过程、IT 资源、信息与组织战略、组织目标的连接提供了一种机制。通过指导、实施、管理和评价等过程，确保 IT 支持并拓展组织的战略和目标。在 IT 治理目标和边界确定的情况下，IT 治理围绕决策体系、责任归属、管理流程、内外评价四个方面，通过相关框架体系的研究，规范和引导组织的 IT 治理完成"做什么""如何做""怎么样""如何评价"等问题，如图 11-5 所示。

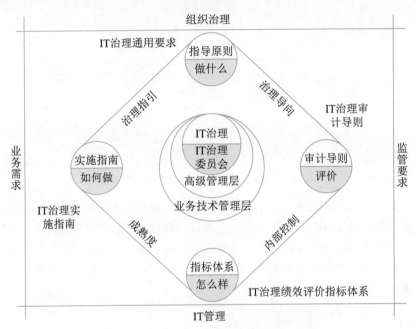

图 11-5　ITSS-IT 治理标准化的逻辑关系图

1）IT 治理通用要求

GB/T 34960.1《信息技术服务　治理　第 1 部分：通用要求》规定了 IT 治理的模型和框架、实施 IT 治理的原则，以及开展 IT 顶层设计、管理体系和资源的治理要求。该标准可用于：①建立组织的 IT 治理体系，并实施自我评价；②开展信息技术审计；③研发、选择和评价 IT 治理相关的软件或解决方案；④第三方对组织的 IT 治理能力进行评价。各级信息化主管部门可根据法律法规、部门规章的要求，使用该标准对所管辖各类组织的 IT 治理提出要求，并进行评估、指导和监督。

该标准定义的 IT 治理模型包含治理的内外部要求、治理主体、治理方法，以及信息技术及其应用的管理体系，如图 11-6 所示。

治理主体以组织章程、监管职责、利益相关方期望、业务压力和业务要求为驱动力，建立评估、指导、监督的治理过程并明确任务。治理主体通过信息技术战略和方针的统筹，指导管理者对信息技术及其应用的管理体系进行完善，并对信息技术相关的方案和规划进行评估，对信息技术应用的绩效和符合性进行监督。组织结合治理原则和模型，在 IT 治理实施的过程中，开展自我监督、自我评估和审计工作，并持续改进。

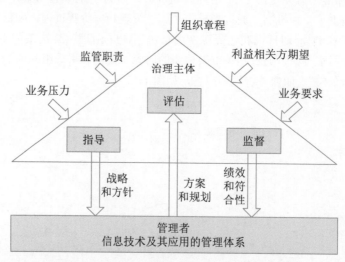

图 11-6　GB/T 34960.1 定义的 IT 治理模型

该标准定义的 IT 治理框架包含信息技术顶层设计、管理体系和资源三大治理域，每个治理域由若干治理要素组成，如图 11-7 所示。顶层设计治理域包含信息技术的战略，以及支撑战略的组织和架构；管理体系治理域包含信息技术相关的质量管理、项目管理、投资管理、服务管理、业务连续性管理、信息安全管理、风险管理、供方管理、资产管理和其他管理；资源治理域包含信息技术相关的基础设施、应用系统和数据。

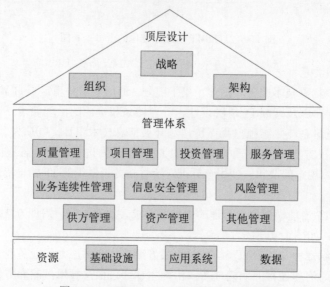

图 11-7　GB/T 34960.1 定义的 IT 治理框架

2）IT 治理实施指南

GB/T 34960.2《信息技术服务 治理 第 2 部分：实施指南》提出了 IT 治理通用要求的实施指南，分析了实施 IT 治理的环境因素，规定了 IT 治理的实施框架、实施环境和实施过程，并明确顶层设计治理、管理体系治理和资源治理的实施要求。适用于：①建立组织的 IT 治理实施框架，明确实施方法和过程；②组织内部开展 IT 治理的实施；③ IT 治理相关软件或解决方案实施落地的指导；④第三方开展 IT 治理评价的指导。

IT 治理实施框架包括治理的实施环境、实施过程和治理域，如图 11-8 所示。实施环境包括组织的内外部环境和促成因素。实施过程规定了 IT 治理实施的方法论，包括统筹和规划、构建和运行、监督和评估、改进和优化。治理域定义了 IT 治理对象，包括顶层设计、管理体系和资源。顶层设计包括战略、组织和架构；管理体系包括质量管理、项目管理、投资管理、服务管理、业务连续性管理、信息安全管理、风险管理、供方管理、资产管理和其他管理；资源包括基础设施、应用系统和数据。组织可以结合实施环境的分析，按照实施过程，以治理域为对象开展 IT 治理实施。

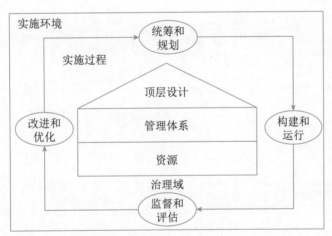

图 11-8　GB/T 34960.2 定义的 IT 治理实施框架

2. 信息和技术治理框架

COBIT 是面向整个组织的信息和技术治理及管理框架，由成立于 1969 年的国际信息系统审计协会（ISACA）组织设计并编制。COBIT 对治理和管理进行了明确区分，这两个学科涵盖不同的活动，需要不同的组织结构，并服务于不同的目的，具体区别为：①治理确保对利益干系人的需求、条件和选择方案进行评估，以确定全面均衡、达成共识的组织目标；通过确定优先等级和制定决策来设定方向；根据议定的方向和目标监控绩效与合规性。②管理是指按治理设定的方向计划、构建、运行和监控活动，以实现组织目标。在大多数组织中，管理是首席执行官领导下的高级管理层的职责。ISACA 设计并编制了《框架：治理和管理目标》《设计指南：信息和技术治理解决方案的设计》，主要供组织信息和技术治理（EGIT）、鉴证、风险和安全专业人员作为学习资料使用。

1）治理和管理目标

COBIT 介绍了 40 项核心治理和管理目标，以及其中包含的流程和其他相关组件。COBIT 核心模型如图 11-9 所示。在 COBIT 中治理目标被列入评估、指导和监控（EDM）领域，在这个领域，治理机构将评估战略方案，指导高级管理层执行所选的战略方案并监督战略的实施。管理目标分为 4 个领域：①调整、规划和组织（APO）领域针对 IT 的整体组织、战略和支持活动；②内部构建、外部采购和实施（BAI）领域针对 IT 解决方案的定义、采购和实施以及它们到业务流程的整合；③交付、服务和支持（DSS）领域针对 IT 服务的运营交付和支持，包括安全；④监控、评价和评估（MEA）领域针对 IT 的性能监控及其与内部性能目标、内部控制目标和外部要求的一致程度。治理目标与治理流程有关，而管理目标与管理流程有关。治理流程通常由董事会和执行管理层负责，而管理流程则在高级和中级管理层的职责范围内。

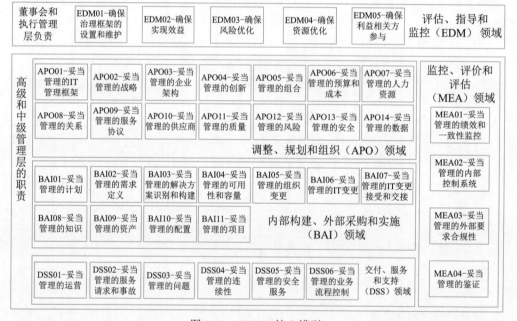

图 11-9　COBIT 核心模型

为满足治理和管理目标，每个组织都需要建立、定制和维护由多个组件构成的治理系统，如图 11-10 所示。治理系统的组件包括：①流程。流程描述了一组为实现某种目标而安排有序的实践和活动，并生成了一组支持实现整体 IT 相关目标的输出内容。②组织结构。组织结构是组织的主要决策实体。③原则、政策和程序。原则、政策和程序用于将理想行为转化为日常管理的实用指南。④信息。在任何组织中，信息无处不在，包括组织生成和使用的全部信息。COBIT 侧重于有效运转组织治理系统所需的信息。⑤文化、道德和行为。个人和组织的文化、道德和行为作为治理和管理活动的成功因素，其价值往往被低估。⑥人员、技能和胜任能力。人员、技能和胜任能力对做出正确决策、采取纠正行动和成功完成所有活动而言是必不可少的。

⑦服务、基础设施和应用程序。服务、基础设施和应用程序包括为组织提供 IT 治理系统的基础设施、技术和应用程序。

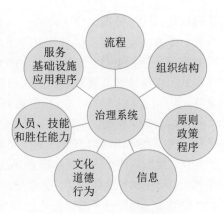

图 11-10　COBIT 治理系统组件

2）信息和技术治理解决方案的设计

COBIT 设计指南描述了组织如何设计量身定制的组织 IT 治理解决方案。高效和有效的 IT 治理系统是创造价值的起点。COBIT 定义的 IT 治理系统设计因素包括组织战略、组织目标、风险概况、IT 相关问题、威胁环境、合规性要求、IT 角色、IT 采购模式、IT 实施方法、技术采用战略、组织规模和未来因素，如图 11-11 所示。这些设计因素可能影响组织治理系统的设计，为成功使用 IT 奠定基础。

图 11-11　COBIT 治理体系设计因素

组织开展治理系统设计通过流程化的方式进行，如图 11-12 所示，COBIT 给出了建议设计流程：①了解组织环境和战略，需要了解组织战略、目标、风险概况和单签；②确定治理系统的初步范围；③优化治理系统的范围；④最终确定治理系统的设计。

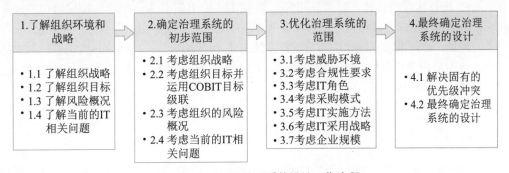

图 11-12　COBIT 治理系统设计工作流程

3. IT 治理国际标准

2008 年 4 月，ISO/IEC 正式发布 IT 治理标准 ISO/IEC 38500，它的出台不仅标志着 IT 治理从概念模糊的探讨阶段进入了一个正确认识的发展阶段，而且也标志着信息化正式进入 IT

治理时代。这一标准促使国内外一直争论不休的 IT 治理理论得到统一，也促使我国在引导信息化科学方面发挥重要作用。2014 年，ISO/IEC 发布了第二版的 ISO/IEC FDIS 38500，替换了 2008 年第一版的 ISO/IEC 38500。ISO/IEC FDIS 38500：2014 提供了 IT 良好治理的原则、定义和模式，以帮助最高级别组织的人员理解和履行其在组织内使用 IT 方面的法律、法规和道德义务。

该标准为组织的治理机构（可包括所有者、董事、合伙人、执行经理或类似机构）的成员提供了关于在其组织内有效、高效和可接受地使用信息技术（IT）的指导原则。该标准包括：①责任。组织内的个人和团体理解并接受他们在 IT 的供应和需求方面的责任。那些负有行动责任的人也有权执行这些行动。②战略。组织的业务战略考虑到 IT 的当前和未来的能力；使用 IT 的计划满足了组织业务战略的当前和持续的需求。③收购。IT 收购是出于正当的理由，在适当和持续的分析基础上，有明确和透明的决策。在短期和长期内，在利益、机会、成本和风险之间都存在着适当的平衡。④性能。IT 适合于支持组织，提供满足当前和未来业务需求所需的服务、服务水平和服务质量。⑤一致性。IT 的使用符合所有强制性法律和法规。政策和实践有明确的定义、实施和执行。⑥人的行为。IT 团队的政策、实践和决策表明了对人的行为的尊重，包括所有"在这个过程中的人"的当前和不断发展的需求。

该标准规定治理机构应通过评估、指导和监督三个主要任务来治理 IT。

（1）评估。治理机构应审查和判断当前和未来的 IT 使用，包括计划、建议和供应安排（无论是内部、外部或两者兼有）。在评估 IT 的使用时，治理机构应考虑作用于组织的外部或内部压力，如技术变革、经济和社会趋势、监管义务、合法的利益相关者期望和政治影响。治理机构应根据情况的变化不断地进行评价。治理机构还应考虑当前和未来的业务需要，即他们必须实现的当前和未来的组织目标，例如维持竞争优势，以及他们正在评估的计划和建议的具体目标。

（2）指导。治理机构应负责战略和政策的编制和执行。战略应该为 IT 领域的投资设定方向，以及 IT 应该实现的目标。政策应在使用 IT 时建立良好的行为。治理机构应通过要求管理者及时提供信息、遵守方向和遵守良好治理的 6 项原则来鼓励其组织中的良好治理文化。

（3）监督。治理机构应通过适当的测量系统来监测 IT 的表现。他们应该保证自己的业绩符合战略，特别是在业务目标方面。治理机构还应确保 IT 符合外部义务（法规、立法、普通法、合同）和内部工作惯例等。

11.2 IT 审计

随着大数据、云计算、人工智能、移动互联网、物联网等新一代信息技术的快速普及和深入应用，以及商业新模式、制造新模式、运行新模式等的出现和迅速繁荣，在给组织带来快速发展的同时，也加大了组织的 IT 风险。为了有效控制 IT 风险，有必要对组织的信息系统治理及 IT 内控与管理等开展 IT 审计，充分发挥 IT 审计监督的作用，提高组织的信息系统治理水平，促进组织信息系统治理目标的实现。

11.2.1　IT 审计基础

IT 审计对组织 IT 目标的达成以及组织战略目的的实现具有重要的作用,这与人们通常所说的传统审计的重要性概念不同。传统审计的重要性是指被审计单位会计报表中错报或漏报的严重程度,这一严重程度在特定环境下可能影响会计报表使用者的判断或决策。传统审计在量上表现为审计重要性水平,也就是被审计单位财务报表中可能存在的不影响报表使用者做出决策和判断的错报及漏报最大限额。IT 审计重要性是指 IT 审计风险(固有风险、控制风险、检查风险)对组织影响的严重程度,如财务损失、业务中断、失去客户信任、经济制裁等。

1)IT 审计定义

IT 审计经过多年的发展,国内外机构对 IT 审计从不同角度进行了描述,目前主流的 IT 审计定义如表 11-3 所示。

表 11-3　主流的 IT 审计定义

机构 / 标准名称	定义
国际信息系统审计协会(Information Systems Audit and Control Association,ISACA)	IT 审计是一个获取并评价证据,以判断计算机系统是否能够保证资产的安全、数据的完整以及有效利用组织的资源并有效实现组织目标的过程
国际货币基金组织(International Monetary Fund,IMF)	IT 审计是对计算机化的系统进行审计,不仅是对现有信息系统的控制,还包括对系统建立过程、计算机设备和网络管理等方面的控制
最高审计机关国际组织(International Organization of Supreme Audit Institutions,INTOSAI)	IT 审计是一个通过获取并评估证据,以判断 IT 系统是否保护组织的资产、有效地利用组织的资源、保障数据的安全性和一致性,以及有效地达到组织业务目标的过程
日本通产省情报处理开发协会信息系统审计委员会	IT 审计是为了信息系统的安全、可靠与有效,由独立于审计对象的信息系统审计人员,以第三方的客观立场对以计算机为核心的信息系统进行综合检查与评价,向信息系统审计对象的最高领导层提出问题与建议的一连串活动
GB/T 34690.4《信息技术服务　治理　第 4 部分:审计导则》	IT 审计是根据 IT 审计标准的要求,对信息系统及相关的 IT 内部控制和流程进行检查、评价,并发表审计意见

2)IT 审计目的

IT 审计的目的是指通过开展 IT 审计工作,了解组织 IT 系统与 IT 活动的总体状况,对组织是否实现 IT 目标进行审查和评价,充分识别与评估相关 IT 风险,提出评价意见及改进建议,促进组织实现 IT 目标。

组织的 IT 目标主要包括:①组织的 IT 战略应与业务战略保持一致;②保护信息资产的安全及数据的完整、可靠、有效;③提高信息系统的安全性、可靠性及有效性;④合理保证信息系统及其运用符合有关法律、法规及标准等的要求。

3)IT 审计范围

一般来说,IT 审计范围需要根据审计目的和投入的审计成本来确定。在确定审计范围时,除了考虑前面提及的审计内容外,还需要明确审计的组织范围、物理位置以及信息系统相关逻辑边界。IT审计范围的确定如表11-4所示。

表11-4　IT审计范围的确定

IT审计范围	说明
总体范围	需要根据审计目的和投入的审计成本来确定
组织范围	明确审计涉及的组织机构、主要的流程、活动及人员等
物理范围	具体的物理地点与边界
逻辑范围	涉及的信息系统和逻辑边界
其他相关内容	……

在实际的应用实践中，审计人员在实施IT审计项目前，应先对组织与信息系统相关的总体情况进行了解和风险评估，确定主要IT风险，如与环境控制相关的风险、与系统相关的风险、与数据相关的风险等，然后根据确定的风险来判断哪些控制、流程对组织的影响比较大，并结合审计项目预计的时间、配备的审计力量等来确定重点审计范围。

4）IT审计人员

根据GB/T 34690.4《信息技术服务　治理　第4部分：审计导则》，对IT审计人员的要求包括职业道德、知识、技能、资格与经验、专业胜任能力及利用外部专家服务等方面，如表11-5所示。

表11-5　对IT审计人员的要求

分类	具体要求
职业道德	● 在执业过程中保持独立、客观、公正 ● 在执业过程中保持正直、诚实、守信 ● 正确履行审计职责（其中包括遵守相应的职业审计标准） ● 对在实施IT审计业务中所获取的信息负有保密责任
知识、技能、资格与经验	● 掌握与IT相关的专业知识和技能 ● 掌握审计、财务及管理等通用知识和技能 ● 拥有与IT审计工作相关的基本技能、专业技能和软技能 ● 拥有与所处管理或业务岗位相适应的IT审计职业资格及经验
专业胜任能力	● 具备相应的IT审计专业胜任能力 ● 拥有与所处管理或业务岗位相适应的IT审计职业资格 ● 定期参加持续的职业教育和培训
利用外部专家服务	● 对外部专家的专业资格及专业经验进行评价 ● 对外部专家的独立性、客观性进行评价 ● 对外部专家的专业胜任能力进行评价 ● 与外部专家签订书面协议 ● 对外部专家的服务结果进行评价和利用

5）IT审计风险

IT审计风险主要包括固有风险、控制风险、检查风险和总体审计风险。固有风险、控制风险、检查风险的内容如表11-6所示。

表 11-6　固有风险、控制风险和检查风险的内容

类别	描述
固有风险	● 含义：是指IT活动不存在相关控制的情况下，易于导致重大错误的风险 ● 分类：可从组织层面IT控制、一般控制及应用控制三个方面分析固有风险 ● 特点：固有风险是IT活动本身所具有的，审计人员只能评估，却无法控制或影响它；固有风险的衡量是主观的、复杂的，不同的IT活动其固有风险水平不同
控制风险	● 含义：是指与IT活动相关的内部控制体系不能及时预防或检查出存在的重大错误的风险 ● 分类：可从组织层面IT控制、一般控制及应用控制三个方面分析控制风险 ● 特点：与内部控制制度执行的有效性有关，与审计无关，属于内部控制的范畴，审计人员只能评估其风险水平而不能对其实施控制和影响。其风险水平的衡量由于需要兼顾传统内部控制的思想和计算机系统管理的知识，因而较为复杂且难以准确计量
检查风险	● 含义：检查风险是指通过预定的审计程序未能发现重大、单个或与其他错误相结合的风险 ● 影响检查风险的因素：由于IT审计规范不完善、审计人员自身或者技术原因等影响审计测试正确性的各种因素

总体审计风险是指针对单个控制目标所产生的各类审计风险总和。良好的审计计划应尽可能评估和控制审计风险，减少或控制所检查领域的审计风险，比如采取合适的审计工具，在完成审计时把总体审计风险控制在足够低的水平之内，以达到预期的保证水平。

审计风险也用于描述审计人员在执行审计任务时准备接受的风险水平。审计人员可通过设定目标风险水平并调整审计工作量，以合适的审计成本满足最小化总体审计风险的要求。

11.2.2　IT 审计方法与技术

1. IT 审计依据与准则

IT 审计活动的开展需要结合相关法律法规、准则与标准。国际上发布的常用审计准则有：

● 信息系统审计准则（ISACA，国际信息系统审计协会发布）。

● 《内部控制——整体框架》报告，即通称的COSO（The Committee of Sponsoring Organizations of the National Commission of Fraudulent Financial Reporting，美国反虚假财务报告委员会下属的发起人委员会）报告。

● 《萨班斯法案》（Sarbanes-Oxley Act，SOX）。SOX是美国政府出台的一部涉及会计职业监管、组织治理、证券市场监管等方面改革的重要法律。

● 信息及相关技术控制目标（Control Objectives for Information and Related Technology，COBIT）是目前国际上通用的信息及相关技术控制规范。

我国的 IT 审计相关法律法规、准则和标准如表 11-7 所示。

表 11-7　我国 IT 审计相关法律法规、准则与标准（举例）

类别	名称
法律法规	《中华人民共和国审计法》《中华人民共和国网络安全法》《中华人民共和国数据安全法》《中华人民共和国个人信息保护法》等

（续表）

类别	名称
审计准则	《信息系统审计指南——计算机审计实务公告第 34 号》《第 2203 号内部审计具体准则——信息系统审计》等
标准	GB/T 34960.4《信息技术服务 治理 第 4 部分：审计导则》等
组织内部控制	《组织内部控制基本规范》《组织内部控制应用指引第 18 号——信息系统》等
行业规范	《商业银行信息科技风险管理指引》《证券期货经营机构信息技术治理工作指引（试行）》《保险公司信息化工作指引（试行）》等

2. IT 审计常用方法

IT 审计方法就是为了完成 IT 审计任务所采取的手段。在 IT 审计工作中，要完成每一项审计工作，都应选择合适的审计方法。常用审计方法包括访谈法、调查法、检查法、观察法、测试法和程序代码检查法等，如表 11-8 所示。

表 11-8　IT 审计常用方法表（举例）

分类	说明
访谈法	● 含义：是指通过访谈人和受访人面对面地交谈来了解被审计对象的信息。依据不同研究问题的性质、目的或对象，访谈法具有不同的形式 ● 分类：根据访谈进程的结构化程度，可将它分为结构型访谈和非结构型访谈
调查法	● 含义：是指为了达到预期目的，在制订调研计划的基础上，通过书面或口头回答问题的方式收集研究对象的相关资料，并做出分析、综合，得到某一结论的研究方法 ● 目的：可能是全面把握当前状况，也可能是为了揭示存在的问题、弄清前因后果，以便为进一步的研究或决策提供观点和论据
检查法	● 含义：是指审计人员对被审计单位内部或外部生成的记录和文件（如纸质、电子或其他介质形式存在的资料）进行审查，或对资产进行实物审查 ● 分类：从技术层面上可分为审阅法、核对法、复算法和分析法
观察法	● 含义：是审计人员到被审计单位的经营场所及其他有关场所进行实地察看，来证实审计事项的一种方法 ● 应用：观察程序具有方向性，即从书面记录观察到实物或过程，反之，从实物或过程观察到书面记录。观察法既可以用于对通过其他方法获得的审计证据进行补充，证实审计证据，也可以用于直接收集相关证据。观察法可以比较准确地获得审计项目如何运行的信息，适用于正在进行中的审计事项
测试法	● 含义：通过测试来评估程序的质量是一项常用的审计技术，其基本原理是从计算机输入开始，跟踪某项业务直至计算机输出，以检验计算机应用程序、控制程序和系统可靠性。执行此类方法使用的是用于测试目的的业务数据，称之为测试数据 ● 分类：主要包括黑盒法和白盒法。黑盒法测试是把程序看成黑盒子，完全不考虑其内部结构和处理过程，只检查程序的功能是否符合它的需求规格说明。白盒法是通过测试来检测产品内部动作是否按照规格说明书的规定正常进行，按照程序内部的结构测试程序，检验程序中的每条通路是否都能按预定要求正确工作，主要用于软件验证
程序代码检查法	● 含义：是指对被审程序的指令逐条加以审查，以验证程序的合法性、完整性和程序逻辑的正确性 ● 应用：审计人员可使用代码静态扫描工具进行程序代码的检查

3. IT 审计技术

常用的 IT 审计技术包括风险评估技术、审计抽样技术、计算机辅助审计技术及大数据审计技术。

1）风险评估技术

IT 风险评估技术一般包括：

- 风险识别技术，用以识别可能影响一个或多个目标的不确定性，包括德尔菲法、头脑风暴法、检查表法、SWOT技术及图解技术等。
- 风险分析技术，是对风险影响和后果进行评价和估量，包括定性分析和定量分析。
- 风险评价技术，是在风险分析的基础上，通过相应的指标体系和评价标准，对风险程度进行划分，以揭示影响成败的关键风险因素，包括单因素风险评价和总体风险评价。
- 风险应对技术，是IT技术体系中为特定风险制定的应对技术方案，包括云计算、冗余链路、冗余资源、系统弹性伸缩、两地三中心灾备、业务熔断限流等。

2）审计抽样技术

审计抽样是指审计人员在实施审计程序时，从审计对象总体中选取一定数量的样本进行测试，并根据测试结果，推断审计对象总体特征的一种方法。审计抽样适用于时间及成本都不允许对既定总体中的所有交易或事件进行全面审计时。"总体"是指需要检查的全部事项，"样本"是用于测试总体的子集。审计抽样的方法的分类如表 11-9 所示。

表 11-9　审计抽样方法分类表

类别	说明
统计抽样	<ul><li>采用客观的方法来确定样本量和样本抽取标准。统计抽样采用概率学原理，涉及计算样本量、抽取样本</li><li>评价样本结果并做出推断。利用统计抽样，审计人员可以量化描述样本与总体的接近程度（评价抽样精度）以及用百分比表示的样本能够代表总体的概念（可靠性或置信水平）。有效的统计抽样结果是量化的</li><li>常用的统计抽样方法有：①属性抽样。也称为固定样本量属性抽样或频率估计抽样，用于估计总体中某种特性（属性）的发生比率（百分率）的抽样方法，属性抽样回答"有多少"的问题。可被测试的属性的一个例子是计算机访问申请表上的批准签字。②变量抽样。变量抽样也称为金额估计抽样或平均值估计抽样，是一种由样本估计总体的货币金额或其他度量单位（如重量）的抽样技术。变量抽样的一个例子是检查组织重要交易的余额表及对生成余额表的程序实施的应用系统审计</li></ul>
非统计抽样	常指判断抽样，即采用审计人员判断来确定抽样方法、样本量（从总体中抽取的一定数量的事项以执行测试）及抽样标准（选择哪些事项用于测试）。抽样结果是基于审计人员对抽样事项或交易的重要性及风险的主观判断

3）计算机辅助审计技术

计算机辅助审计（Computer Assisted Audit Tools，CAAT）也称为利用计算机审计，是指审计人员在审计过程和审计管理活动中，以计算机为工具来执行和完成某些审计程序和任务的一种新兴审计技术。它并非电算化系统审计特有的方法，对手工系统的审计也可应用这些技术。

计算机辅助审计技术是审计人员在这种环境下收集信息的重要工具。由于系统有不同的硬件和软件环境、数据结构、记录格式或处理功能，如果没有软件工具来收集和分析记录内容，审计人员收集证据几乎是不可能的。CAAT也使得审计人员可以独立地收集信息，CAAT为针对既定的审计目标访问和分析数据提供了一种方法，并以系统记录的可靠性为重点报告审计发现。源信息可靠性是审计发现的保证基础。CAAT包括多种工具和技术，如通用审计软件（GAS）、测试数据、实用工具软件、专家系统等。

4）大数据审计技术

大数据审计是指遵循大数据理念，运用大数据技术方法和工具，利用数量巨大、来源分散、格式多样的数据，开展跨层级、跨系统、跨部门和跨业务等的深入挖掘与分析，提升审计发现问题、评价判断、宏观分析的能力。大数据审计技术包括大数据智能分析技术、大数据可视化分析技术及大数据多数据源综合分析技术等，如表11-10所示。

表11-10　大数据审计技术（举例）

分类	说明
大数据智能分析技术	以各种高性能处理算法、智能搜索与挖掘算法等为主要研究内容，是目前大数据分析领域的研究主流。该技术从计算机的视角出发，强调计算机的计算能力和人工智能，如各类面向大数据的机器学习和数据挖掘方法等。常用技术包括A/B Testing、关联规则分析、分类、聚类、遗传算法、神经网络、预测模型、模式识别、时间序列分析、回归分析、系统仿真等
大数据可视化分析技术	从人作为分析主体和需求主体的视角出发，强调基于人机交互的、符合人的认知规律的分析方法，目的是将人所具备的、机器并不擅长的认知能力融入数据分析过程中，如R语言、Python、D3.js、Leaflet等
大数据多数据源综合分析技术	大多数大数据多数据源综合分析技术是对采集来的各行各业、各类大数据，采用数据查询等常用方法或其他大数据技术方法进行相关数据的综合比对和关联分析，从而发现更多隐藏的审计线索

4. IT 审计证据

审计证据是指由审计机构和审计人员获取，用于确定所审计实体或数据是否遵循既定标准或目标，形成审计结论的证明材料。审计证据是审计意见的支柱，是审计人员形成审计结论的基础。审计人员必须基于足够、相关和适当的审计证据，为其审计观点提供合理的结论。审计证据还可以被作为解除或追究被审计人经济责任的依据，并且审计证据还是控制审计工作质量的关键。

审计证据的特性是指审计证据的内在性质和特征，具体体现为审计人员围绕这些性质和特征收集审计证据时应达到的基本要求。对审计证据的特性，在国际上有不同的描述。审计证据的特性如表11-11所示。

表 11-11　审计证据的特性

分类	说明
充分性	指要求审计人员根据所获证据足以对被审计对象提出一定程度保证的结论,是对审计证据数量的要求,主要与审计人员确定的样本量有关
客观性	指审计证据必须是客观存在的事实材料。客观的审计证据比需要判断或解释的证据可靠
相关性	指审计证据与审计事项之间必须有实质性联系
可靠性	指审计证据能够反映和证实客观经济活动特征的程度。审计证据的可靠性受到审计证据的类型、取证的渠道和方式等因素的影响
合法性	指审计证据必须符合法定种类,并依照法定程序取得

电子证据是信息环境下经常使用的一种证据类型。电子证据是指以电子的、数据的、磁性的或类似性能的相关技术形式存在并能够证明事件事实真实情况的一切材料。刑事诉讼法中指出电子证据无论是形式还是证据规则都与传统证据有很大区别,高要求的技术规范,贯穿于电子证据的收集、提取、保存到出示、审查、判断、认证的各个环节。因此,通过司法解释缓解司法实践中的矛盾仅仅是权宜之计,彻底解决电子证据法律定位问题还是要从立法上予以突破,即应通过修改诉讼法或出台证据法典来明确电子证据的法律地位,赋予电子证据独立的法律地位,以电子证据取代视听资料的证据地位。

为了使收集到的分散、个别、不系统的审计证据变成充分、适当、具有证明力的证据,审计人员必须按照一定的方法对审计证据进行分类整理与分析,使之条理化、系统化,然后对各种审计证据进行合理归纳,并在此基础上形成恰当的整体审计结论。审计证据评价应考虑的因素包括证据提供者的独立性、提供信息/证据的个人资质、证据的客观性、证据的时效性、与审计目标的相关性、审计证据的说服力及审计证据的充分性。此外,在审计过程中还必须考虑取得审计证据的经济性,必须考虑成本效益原则,合理把握审计证据的充分性。

5. IT 审计底稿

审计工作底稿是指审计人员对制订的审计计划、实施的审计程序、获取的相关审计证据,以及得出的审计结论做出的记录。审计工作底稿是审计证据的载体,是审计人员在审计过程中形成的审计工作记录和获取的资料。它形成于审计过程,也反映整个审计过程。审计底稿的作用表现在:

- 是形成审计结论、发表审计意见的直接依据。
- 是评价考核审计人员的主要依据。
- 是审计质量控制与监督的基础。
- 对未来审计业务具有参考备查作用。

审计工作底稿一般分为综合类工作底稿、业务类工作底稿和备查类工作底稿,具体如表 11-12 所示。

表 11-12　审计工作底稿分类

底稿类型	说明
综合类工作底稿	指审计人员在审计计划阶段和审计报告阶段，为规划、控制和总结整个审计工作并发表审计意见所形成的审计工作底稿。主要包括：审计业务约定书、审计计划、审计总结、审计报告、管理建议书、被审计单位管理当局声明书以及审计人员对整个审计工作进行组织管理的所有记录和资料
业务类工作底稿	指审计人员在审计实施阶段为执行具体审计程序所形成的审计工作底稿。包括：符合性测试中形成的内部控制问题调查表和流程图、实质性测试中形成的项目明细表等
备查类工作底稿	指审计人员在审计过程中形成的对审计工作仅具有备查作用的审计工作底稿。应随被审计单位有关情况的变化而不断更新；应详细列明目录清单，并将更新的文件资料随时归档；应根据需要，将其中与具体审计项目有关的内容复印、摘录、综合后归入业务类审计工作底稿的具体审计项目之后。通常，备查类审计工作底稿是由被审计单位或第三方根据实际情况提供或代为编制的，审计人员应认真审核，并对所取得的有关文件、资料标明其具体来源

审计工作底稿作为审计人员在整个审计过程中形成的审计工作记录资料，在编制上应满足内容和形式两方面的要求：

- 内容要求包括资料翔实、重点突出、繁简得当、结论明确。
- 形式要求包括要素齐全、格式规范、标识一致、记录清晰。

通常，根据审计机构的组织规模和业务范围，可以实行对审计工作底稿的三级复核制度。审计工作底稿三级复核制度是指以审计机构负责人、部门负责人和项目负责人（或项目经理）为复核人，依照规定的程序和要点对审计工作底稿进行逐级复核的制度。三级复核制度目前已成为较为普遍采用的形式，对于提高审计工作质量、加强质量控制起到重要的作用。

为了维护被审计单位及相关单位的利益，审计机构对审计工作底稿中涉及的商业秘密保密，建立健全审计工作底稿保密制度。但由于下列两种情况需要查阅审计工作底稿的，不属于泄密情形：

- 法院、检察院及国家其他部门依法查阅，并按规定办理了必要手续。
- 审计协会或其委派单位对审计机构执业情况进行检查。

审计工作底稿按照一定的标准归入审计档案后，应交由档案管理部门进行管理，并确保审计档案的安全、完整。

11.2.3　IT 审计流程

审计流程是指审计人员在具体审计过程中采取的行动和步骤。科学、规范的审计流程不但是分配审计工作的具体依据，还是控制审计工作的有效工具，它还具有以下作用：①有效地指导审计工作；②有利于提高审计工作效率；③有利于保证审计项目质量；④有利于规范审计工作。

通常，审计流程的含义有广义和狭义两种。狭义的审计流程是指审计人员在取得审计证据、完成审计目标、得出审计结论过程中所采取的步骤和方法。广义的审计流程是指审计机构和审计人员对审计项目从开始到结束的整个过程采取的系统性工作步骤，一般分为审计准备、审计实施、审计终结及后续审计 4 个阶段，每个阶段又包含若干具体内容。

（1）审计准备阶段。IT 审计准备阶段是指 IT 审计项目从计划开始，到发出审计通知书为止的期间。准备阶段是整个审计过程的起点和基础，准备阶段的工作是否充分、合理、细致，对提高审计工作效率，保证审计工作质量至关重要。准备阶段的工作一般包括：①明确审计目的及任务；②组建审计项目组；③搜集相关信息；④编制审计计划等。

（2）审计实施阶段。IT 审计实施阶段是审计人员将项目审计计划付诸实施的期间。此阶段的工作是审计全过程的中心环节，是整个审计流程的关键阶段，关系到整个审计工作的成败。实施阶段主要完成的工作包括：①深入调查并调整审计计划；②了解并初步评估 IT 内部控制；③进行符合性测试；④进行实质性测试等。

（3）审计终结阶段。IT 审计终结阶段是整理审计工作底稿、总结审计工作、编写审计报告、做出审计结论的期间。审计人员应运用专业判断，综合分析所收集到的相关证据，以经过核实的审计证据为依据，形成审计意见、出具审计报告。终结阶段的工作一般包括：①整理与复核审计工作底稿；②整理审计证据；③评价相关 IT 控制目标的实现；④判断并报告审计发现；⑤沟通审计结果；⑥出具审计报告；⑦归档管理等。

（4）后续审计阶段。后续审计是在审计报告发出后的一定时间内，审计人员为检查被审计单位对审计问题和建议是否已经采取了适当的纠正措施，并取得预期效果的跟踪审计。后续审计并不是一次新的审计，而是前一次审计的有机组成部分。实施后续审计，可不必遵守审计流程的每一过程和要求，但必须依法依规进行检查、调查，收集审计证据，写出后续审计报告。

11.2.4　IT 审计内容

IT 审计业务和服务通常分为 IT 内部控制审计和 IT 专项审计。IT 内部控制审计主要包括组织层面 IT 控制审计、IT 一般控制审计及应用控制审计；IT 专项审计主要是指根据当前面临的特殊风险或者需求开展的 IT 审计，审计范围为 IT 综合审计的某一个或几个部分。有关 IT 内部控制审计与 IT 专项审计的具体内容如表 11-13 所示。

表 11-13　IT 审计业务分类表

大类名称	子类名称	审计内容
IT 内部控制审计	组织层面 IT 控制审计、IT 一般控制审计及应用控制审计	● 组织层面IT控制审计主要指对IT战略、组织、架构、业务连续性、风险管理、外包管理、网络与信息安全及监督管理等进行审计 ● IT一般控制审计主要是指针对与应用系统、数据库、操作系统、网络相关的策略和措施等进行审计 ● 应用控制审计是指针对业务流程层面运行的人工或自动化程序进行审计，主要包括输入控制、处理控制和输出控制的审计

大类名称	子类名称	审计内容
IT 专项审计	信息系统生命周期审计	主要是对信息系统的规划、设计、开发、测试、运行和维护等进行审计
	信息系统开发过程审计	主要围绕信息系统规划、设计、建设、实施是否符合 IT 架构和战略进行评估和监督
	信息系统运行维护审计	主要针对 IT 运维能力、IT 运维流程策划、实施、监控改进等情况进行审计，内容包括基础设施的运行、系统的运行维护、质量保证及 IT 服务管理等
	网络与信息安全审计	主要以网络与信息安全为核心，围绕安全相关的组织、人员、系统、设备和环境等，重点关注网络与信息安全相关流程、制度的执行情况，对相关法律法规的遵从性，包括适用的数据保护、个人隐私保护等合规要求
	信息系统项目审计	主要是通过对信息系统项目管理过程的评价，向管理层提供信息系统项目管理过程得到控制、监督并遵循最佳实践要求的合理保证
	数据审计	通过控制活动，负责定期分析、验证、讨论、改进数据安全管理相关的政策、标准和活动
	……	……

针对信息系统项目的专项审计，其目标是通过对信息系统项目管理过程的评价，向管理层提供信息系统项目管理过程得到控制、监督并遵循最佳实践要求的合理保证。信息系统项目管理审计内容与方法举例如表 11-14 所示。

表 11-14　信息系统项目管理审计内容与方法（举例）

类别	审计内容	审计方法
组织管理	● 组织是否设立项目管理机构或明确项目管理职能的归属 ● 组织是否制定了项目管理制度与流程 ● 组织级的项目管理制度与流程是否全面合理 ● 是否对信息系统项目团队的组成、人员的配备及能力等进行要求	● 访谈组织级项目管理相关人员，了解组织级信息系统相关组织机构、项目管理制度及流程等的制定情况 ● 取得组织级信息系统相关组织机构的情况，检查组织架构、职责与权限设计的合理性
项目启动与计划	● 项目启动会的组织是否规范 ● 项目管理目标是否清晰定义及跟踪 ● 是否建立与项目规模及重要程度相适应的项目管理团队并明确职责 ● 团队人员是否稳定 ● 是否存在职责不相容的情况 ● 项目人员配备及能力是否满足要求 ● 是否制订项目计划 ● 项目计划是否完备	● 访谈项目负责人，了解项目启动与计划的总体情况 ● 取得项目组织机构图、职责及人员配备，检查项目组织机构图、人员职责对应表的合理性，检查团队人员变更的情况 ● 取得项目资料（如项目合同、工作说明书、项目计划等），检查文档的编制是否符合要求，检查内容的全面性及合理性

（续表）

类别	审计内容	审计方法
项目实施与控制	● 项目干系人是否参与项目活动并发挥作用 ● 是否建立了科学、高效的项目沟通机制 ● 项目的资源是否有效利用 ● 项目是否进行了必要的配置管理 ● 项目的采购是否规范 ● 是否建立了适合组织的风险管理方法 ● 项目是否建立了绩效评价体系 ● 各阶段产生的文档是否合理、真实 ● 项目是否采取措施，有效地制订了进度计划、控制进度的活动 ● 项目是否建立规划质量、实施质量保证、实施质量控制的控制手段	● 访谈项目相关人员，了解项目实施与控制的总体情况 ● 检查与观察项目现场物理环境的控制情况 ● 访谈项目相关人员，询问文档有关内容 ● 取得项目相关文档（如项目审查记录和发布通知、项目有效性审查评估记录、项目安全事件记录等），检查文档编制的规范性以及相关控制的合理性 ● 取得应用系统的测试资料，检查测试过程控制的规范性，以及测试报告编制的合理性等
项目收尾管理	● 项目验收申请材料是否完整且规范 ● 是否建立项目验收流程 ● 项目验收评审流程是否规范 ● 是否在规定时间内完成项目验收 ● 项目质量是否达标 ● 第三方项目质量检测机构的流程是否规范，报告内容是否完整	● 访谈项目验收相关人员，了解项目收尾相关情况 ● 取得项目验收相关材料，检查材料编写的规范性、内容的合理性和全面性
工程方法审计	● 是否真实地进行了可行性调研 ● 可行性阶段产生文档是否合理 ● 是否对系统实施的技术方案和方法进行过论证 ● 是否编制项目需求计划，内容是否全面、合理 ● 是否编制概要设计文档，内容是否全面、合理 ● 是否进行产品技术方案选型 ● 是否制定编码规范，内容是否全面、合理 ● 是否每个开发人员都熟悉编码规范 ● 是否制订测试计划 ● 测试计划的内容是否全面、合理 ● 上线前是否对系统进行了确认测试，是否填写业务测试验收文档，是否得到客户的确认 ● 是否有系统运行的日志	● 访谈相关人员了解项目可行性研究情况 ● 取得项目投资报告及其审批文档，检查手续费的规范性、完整性 ● 检查信息来源的真实性及内容的合理性 ● 取得项目技术方案及其论证文档，检查对系统实施的技术方案和方法论证内容的全面性、合理性 ● 访谈相关人员，了解项目需求计划制订情况 ● 取得项目需求计划及评审、批准的相关记录，检查项目需求计划及评审、批准内容的全面性、合理性

第 12 章　信息系统服务管理

随着 5G、人工智能、物联网、大数据等代表性的新一代信息技术的不断涌现，信息系统服务管理面临技术架构日趋复杂、管理规模日渐增大、业务需求快速迭代等新挑战。信息系统服务管理作为支持组织运作、实现组织目标的重要手段，其质量与水平直接影响组织的生存与发展。如何提高信息系统服务管理水平，增加信息系统投资回报率，降低信息系统运营风险，保障业务正常、稳定、高效地运行，逐渐成为组织决策者关注的焦点。

12.1　服务战略规划

服务战略规划可以帮助信息系统服务供方识别客户的服务需求，并对其进行全面分析，最终形成服务级别协议（SLA）。如果未进行有效的规划设计，那么信息系统服务就很难充分满足客户的需求，还可能会造成信息系统服务可用性低、服务能力不足、预算超支等问题，从而导致客户满意度的下降。

12.1.1　规划设计活动

服务规划设计流程中的各项主要活动如图 12-1 所示。在需求阶段，客户结合服务目录的定义和自身要求，提出服务级别需求。服务供方根据服务级别需求，同时兼顾成本控制和定价，进行服务级别设计，最终形成服务级别协议、运营级别协议和支持合同。

12.1.2　服务目录管理

服务目录是整理、分析服务产品和管理客户期望的重要工具，是服务供方为客户所提供服务的集中信息来源，定义了服务供方所提供服务的全部种类和目标，以确保客户可以准确地看到服务供方可提供的服务范围、内容及相关细节。

服务目录可为服务供需双方提供一个准确、一致的中心数据源，同时记录所有服务的状态及信息，能够在识别客户服务需求、制定服务级别协议、运营级别协议及支持合同的过程中发挥支撑作用。

1. 服务目录管理的活动

服务目录管理过程的目的是确保服务目录生成和维护，同时包含所有服务的准确信息。服务目录管理活动一般按照以下步骤进行：

（1）成立管理小组。服务目录管理小组成员至少应包括市场销售人员、系统规划与管理人员、信息系统服务工程师，以确保在制、修订服务目录时的视角是全面的。

（2）列举服务清单。管理小组应当列出服务清单，包含当前正在提供的服务，以及准备开展的服务。

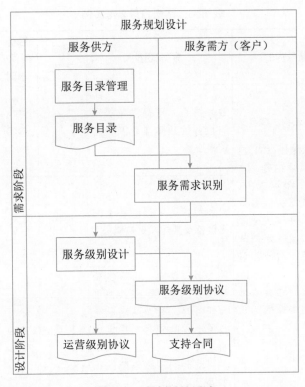

图 12-1　规划设计活动

（3）确定服务类别与代码。对服务清单中的内容，按照服务对象的技术维度或服务性质维度进行分类，并为每类服务赋予唯一代码。

（4）编制服务详述。详细描述服务清单所列举的各项服务，包括服务内容、服务目标、服务级别、技术实现方法等。

（5）评审并发布服务目录。服务目录在通过内部评审后，就可正式发布，作为供方服务交付和服务管理的基准。

（6）完善服务目录。根据市场需求及业务发展趋势，对服务目录进行持续改进，保持服务目录与供方服务能力相一致。

2. 参考实例

服务目录的参考实例如表 12-1 所示。

12.1.3　服务需求识别

在服务规划设计的需求阶段，客户结合服务目录所定义的服务范围及内容，识别自身的服务需求。客户对信息系统服务的需求一般可划分为可用性需求、连续性需求、服务能力需求、信息安全需求、价格需求及服务报告需求。

表 12-1　服务目录参考实例

服务代码	服务名称	服务内容	服务描述	服务方式	服务时间/小时	服务级别
4020101	网络设备应急响应服务	包括故障排查服务、设备维修服务、重大事件保障服务。通过该服务能有效地诊断并发现故障情况，及时定位故障位置，对故障进行处理，直到故障解决，快速有效地恢复网络系统的正常运行	故障排查：可提供各类网络设备的故障排查及处理解决服务	现场+远程	5×8 7×9 7×24	响应时间10/30分钟，到达现场时间2/4/8/24小时，故障解决时间4/8/24/48小时
4020102			设备更换：可提供各类网络设备及其配件更换服务	现场	5×8	响应时间10/30分钟，到达现场时间2/4/8/24小时，故障解决时间4/8/24/48小时
4020103			重大事件保障：可提供警卫任务、节假日或其他重大任务时，指派网络系统服务工程师到客户指定现场进行值守，保证重大事件活动期间网络系统的正常运行	现场	5×8 7×9 7×24	响应时间10/30分钟，到达现场时间2/4/8/24小时，故障解决时间4/8/24/48小时
4020104	网络设备例行维护服务	包括日常工作值守服务、巡检服务、清洁服务。通过该服务能有效预防故障的发生，降低故障发生概率，大幅度提升网络正常稳定运行的平均时间，提供更可靠、更及时的保障，延长设备使用寿命，节约资源成本	巡检：可提供网络类设备告警信息及日志查询和诊断、系统配置参数校对、风扇运行状态检查、设备运行状态检查、基础环境温湿度检查等服务；巡检过程中发现有故障设备，可及时进行备件更换恢复业务	现场+远程	5×8	响应时间10/30分钟，到达现场时间2/4/8/24小时，故障解决时间4/8/24/48小时
4020105			实时监测：可提供网络设备安放基础环境温湿度等指标、设备运行状态指标、传输网络拓扑连通性、出口带宽、数据转发速率、设备温度、设备硬件资源占用情况等性能指标的实时监测服务	驻场+远程	5×8 7×9 7×24	响应时间10/30分钟，到达现场时间2/4/8/24小时，故障解决时间4/8/24/48小时
4020106			清洁保养：各类网络设备的清洁及养护服务	现场	5×8	响应时间10/30分钟，到达现场时间2/4/8/24小时，故障解决时间4/8/24/48小时

（续表）

服务代码	服务名称	服务内容	服务描述	服务方式	服务时间/小时	服务级别
4020107	网络设备优化改善服务	包括隐患排查服务、性能优化服务。通过该服务能升级设备应用系统配置功能，精简配置有效发挥网络系统的最佳性能	系统升级：可提供各类网络设备的系统软件版本升级服务	现场＋远程	5×8	响应时间10/30分钟，到达现场时间2/4/8/24小时，故障解决时间4/8/24/48小时
4020108			性能调优：可提供各类网络设备的系统配置优化服务	现场＋远程	5×8	响应时间10/30分钟，到达现场时间2/4/8/24小时，故障解决时间4/8/24/48小时

1. 可用性需求识别

在进行可用性需求识别的过程中，要将客户的业务需求转化为信息系统的可用性需求，内容如下：

- 服务不可用对业务的影响，即客户可以承受多长的停机时间。
- 从业务角度分析，服务不可用（或质量下降）时造成的成本损失。

可用性相关指标如表 12-2 所示。

表 12-2　可用性指标（示例）

可用性指标	指标描述	计算公式
平均无故障时间（Mean Time Between Failure，MTBF）	从一次事件中恢复到下一次事件发生之间的平均间隔时间，也称为正常运行时间。平均无故障时间越长，系统的可靠性越高	平均无故障时间＝系统运行时间／系统在运行时间的故障次数
平均故障修复时间（Mean Time To Repair，MTTR）	故障发生和服务恢复之间的平均时间，是检测时间与解决时间之和，也称为宕机时间。平均故障修复时间越短，表示易恢复性越好	平均故障修复时间＝系统故障耗时／故障次数
平均故障间隔（Mean Time Between System Incidents，MTBSI）	两次相邻事件之间的间隔时间。平均故障间隔（MTBSI）等于平均故障修复时间（MTTR）与平均无故障时间（MTBF）之和。平均故障间隔越长，表示可靠性越高	平均故障间隔＝平均无故障时间＋平均故障修复时间

2. 连续性需求识别

组织的业务是由多种业务流程和信息系统支撑组成的，信息系统的连续可用是组织业务运行的保障。在系统运行过程中，灾难性事件比突发性事件所造成的后果更为严重，因此必须针对信息系统的连续性需求，编制灾难恢复计划。

在进行连续性需求识别时，可以通过风险评估来确定可能造成信息系统中断的潜在威胁，包括具有负面影响的事件、存在安全隐患的环境因素等。通过风险评估预测这些威胁可能造成的损失程度，并且评估所采取的控制措施是否能够有效防止威胁的发生。风险评估表示例如表 12-3 所示。

表 12-3　风险评估表（示例）

风险	服务器硬件	网络设备	系统软件	应用软件	服务
断电	高	高	—	—	—
火灾	高	高	—	—	—
水灾	中	中	—	—	—
人为错误	—	—	—	中	—
无法登录	—	—	—	低	高
病毒攻击	—	高	高	—	—

3. 服务能力需求识别

服务能力是指以最及时、最有效的方式满足客户当前及未来的服务级别需求的能力。服务能力需求分析要对客户的现状、业务需求以及信息系统进行深入了解，保证以合理的成本满足所有对能力的需求，尤其是对于未来能力需求的把握，从某种程度上来说，这是能力管理对于组织的竞争力产生积极作用的主要体现。

4. 信息安全需求识别

通常来看，信息安全需求主要包括如下三方面：

- 机密性（或保密性）。信息仅可以被授权的人访问和使用。
- 完整性。保护信息防止未授权的修改。
- 可用性。在协议规定的时间内，信息都应该是可获取且可用的。

这些信息安全需求的优先级和重要性一般由信息系统的数据和其包含的业务内容所决定。

5. 价格需求识别

对服务内容确认后，估算服务成本并进行定价是必不可少的一个环节。从服务供方的角度来看，服务成本主要包括设备成本、软件成本、人力成本、第三方支持成本、管理成本和其他成本等。

6. 服务报告需求识别

为了记录服务的过程和结果，并与客户进行有效沟通与互动，需要对各类服务报告的需求进行识别。服务报告需求识别要素包括：

- 需要对客户的具体业务需求和局部情况进行分析和考虑。
- 在进行服务报告设计时，要明确服务报告产生的前提条件和服务报告内容的要素。

不同环境下的典型服务报告包括如下内容：

- 按照既定服务水平目标衡量的服务绩效。

- 主要工作的绩效报告，如定期的服务概况、事件、变更汇报。
- 工作的特点和工作量信息，如突发事件、问题、变更和任务、分类、位置、客户、季节性趋势、优先级的混合以及要求帮助的数量。
- 某段时间的趋势信息，如一天、一周、一个月或其他长度的一段时间。
- 报告中要包含未来计划工作的信息。

12.1.4　服务级别设计

在服务规划设计阶段，客户结合服务目录的定义和自身需求，提出服务级别需求。服务供方根据服务级别需求，同时兼顾成本控制和定价，进行服务级别设计，最终形成服务级别协议、运营级别协议和支持合同。

1）服务级别设计

服务级别（Service Level）是指服务供方与客户就服务的质量、性能等方面所达成的双方共同认可的级别要求。服务级别设计是服务供方与需方一起协商适度的目标，经商定后进行文档记录，以便在服务运营期进行监测，把服务交付实际情况和商定的服务级别进行比较，衡量服务质量与价格。服务级别设计的结果在确认后通常会形成服务级别协议。

2）服务级别协议

服务级别协议（SLA）是在一定成本控制下，为保障服务的性能和可靠性，服务供方与客户间定义的一种双方认可的协定。一个完整的 SLA 也是一个合法的文档，包括涉及的当事人、协定条款（包含应用程序和支持的服务）、违约的处罚、费用和仲裁机构、政策、修改条款、报告形式和双方的义务等。同样，服务供方可以对客户在工作负荷和资源使用方面进行规定。

3）运营级别协议

运营级别协议（Operational Level Agreement，OLA）是与某个内部信息服务部门就某项信息系统服务所签订的后台协议，OLA 在内部定义了所有参与方的责任，并将这些参与方联合在一起提供某项特别服务。各方就所提供服务的质量和数量等级达成一致。例如，如果 SLA 中包含了一个针对恢复某个具有高优先级事件的总目标，则 OLA 中就应该包括针对整个支持链的每个环节的具体目标（如针对服务台响应呼叫的目标、进行事件升级的目标、技术支持人员启动调查和解决相关事件的目标等）。

4）支持合同

支持合同（Underpinning Contract，UC）是指服务供需双方签订的有关服务实施的正式合同。UC 是正规的、具备法律效力的协议。从内容上看，UC 主要由 SLA 的内容加上法律条文中的责任、权利和义务构成。

12.2　服务设计实现

服务设计实现是以兑现对客户的服务承诺为目的，对信息系统服务进行整体设计，协调安排服务要素，构建符合服务设计要求的资源、计划、方案，确保提供的服务就绪。在识别出需方的服务需求后，就可以开始设计相应的信息系统服务方案，服务方案的设计需要考虑服务模式的选择和人员、资源、技术、过程要素的管理策略。服务方案设计是整个设计实现阶段的核心工作，系统规划与管理人员需要综合考虑服务供需双方以及第三方的能力和要求，设计出让各方满意的信息系统服务方案。

12.2.1　服务模式设计

信息系统服务供方应结合服务需求分析的结果，对服务模式进行设计，能够根据客户需求和服务内容，提供不同模式的服务。做到随需而变，从而提升客户满意度。

常见的信息系统服务模式一般分为远程服务和现场服务两类。远程服务的方式包括远程集中监控和远程技术支持；现场服务的方式包括上门技术支持和驻场技术支持。信息系统服务模式的分类如表 12-4 所示。

表 12-4　信息系统服务模式的分类

分类	方式	服务内容
远程服务	远程集中监控	服务供方通过特定的监控平台，对客户的信息系统进行实时监控，如发生任何异常，及时介入处理或告知客户
	远程技术支持	服务供方通过电话、邮件、远程登录等方式，在客户的配合下进行服务请求的处理和系统故障的排除
现场服务	上门技术支持	当遇到远程支持不能解决的系统故障或服务请求时，服务供方提供按需或定期的上门技术支持服务
	驻场技术支持	服务供方派专人常驻客户现场，随时响应客户的服务请求、处理信息系统故障

在信息系统服务模式的设计过程中，系统规划与管理师需要充分考虑以下几点：

（1）选择的服务模式与客户可用性、连续性、安全性等方面的服务需求相一致。

（2）服务供方的人员和资源配置与所设计的服务模式相匹配。

（3）服务供方具备同时提供多种服务模式的能力，能够根据客户需求的变化，及时对服务模式进行调整。

12.2.2　人员要素设计

在服务设计实现阶段，人员要素设计是必不可少的一个环节。服务供方要根据客户的需求或潜在需求适当地配置服务人员，以最大限度地满足客户需求，提高客户满意度。人员要素设计过程中，系统规划与管理人员通过对人员岗位和职责、人员绩效、人员培训三方面的设计，来实现以下目标：

- 确保服务团队组织架构与服务需求和服务模式相适应。
- 确保配置的服务人员数量能同时满足服务和成本两方面的需求。
- 确保服务人员的能力持续满足服务的需求。
- 保持服务人员稳定的工作状态。
- 保持服务人员的连续性。

1. 人员岗位和职责设计

在信息系统服务供方组织内应该有一个专职的服务交付团队，这是保障信息系统服务质量的前提。一个完整的信息系统服务团队应包括管理岗、技术支持岗、操作岗等主要岗位。

1）管理岗

管理岗对信息系统服务实施进行管理，例如服务总监、服务项目经理、质量经理等。管理岗的职责主要有两个方面：一是对需方信息系统服务需求的管理；二是对信息系统服务过程和结果的管理。供方组织需要特别关注管理岗对服务需求的管理，重点关注对需方真实需求的挖掘、分析和信息传递。管理岗应建立与需方的沟通渠道和沟通机制，整理需求，并将需求完整、准确、及时传送至供方相关岗位。

2）技术支持岗

技术支持岗在信息系统服务过程中提供技术支持，例如主机工程师、网络工程师、数据库工程师等。技术支持人员的能力要求重点在于专业技术能力和对服务需求的响应支持能力。专业技术能力是指具有对应岗位需要的专业知识和技能，通常与该专业被行业认可的培训、认证挂钩；对服务的响应支持能力更多地体现在人员的相关工作经验、服务态度和事件响应处理速度上。

3）操作岗

操作岗按照信息系统服务规范和操作手册，执行服务交付的各个过程。例如，呼叫中心热线工程师、系统监控工程师、机房值守人员等。

2. 人员绩效方案设计

人员绩效考核是服务供方针对其成员所承担工作的实际效果及贡献或价值，应用各种科学的定性和定量的方法，进行核定、评价与评估。服务供方通过绩效考核保持、提升其成员的服务态度和服务意识，进而保障供方自身的服务能力。人员绩效方案设计主要包括以下活动：

（1）确定绩效指标。依据信息系统服务人员岗位职责的不同，定义不同的绩效管理目标。岗位职责是指一个岗位所要求的需要去完成的工作内容，以及应当承担的责任范围，根据工作职责可以明确应该干什么、应该怎么干、应该干到什么标准，这些就是工作绩效的目标。因此，针对不同的岗位，系统规划与管理人员应设计出差异化的绩效考核指标，例如，一线支持岗位与技术方案专家的岗位职责不同，绩效指标也不相同。

（2）明确考核信息来源。绩效指标确定之后，系统规划与管理人员可以根据指标的定义及考核范围，明确考核信息的来源及采集方式，例如，系统故障日志、服务系统中记录的客户满意度反馈等。

（3）制定绩效指标计算方法。系统规划与管理人员可以根据绩效考核信息数据的性质，设置绩效指标的关键参数及计算公式。

（4）定义绩效考核周期。人员绩效考核要有确定的期限，可根据人员岗位职责和工作性质的不同，设定不同的绩效考核周期。例如，一般服务人员的考核周期为每季度 1 次，高级别服务管理人员可定义为每半年或一年考核 1 次。

（5）设计绩效考核策略。针对信息系统服务人员绩效指标及可能的达成情况，设计绩效考核和策略，通过绩效考核结果的公开和反馈，达到引导激励的作用。

3. 人员培训方案设计

为保障服务人员持续具备满足 SLA 要求的服务能力，需要通过培训来辅助服务人员的技术能力持续满足技术发展的需要，确保服务管理能有效实施，并满足服务人员的成长需求。人员培训方案设计主要包括以下活动：

（1）培训需求分析。通过内部调查了解各层面员工需要什么培训、什么时候需要、对培训的关注程度、需要什么形式的授课。通过高层访谈和参与管理层会议的形式，了解管理层所需要收获的能力，例如，如何提高服务管理水平、如何提高信息系统服务的效益等。

（2）培训内容设计。具体包括：

- 管理培训。管理培训主要培养在执行服务交付过程中的管理人员，这些人员应该具备优秀的沟通能力、执行能力、合理规划能力、过程管理能力、在服务交付过程中良好的承上启下的能力等。

- 技术培训。信息系统服务人员技术培训重在学习专业技能，尤其是专业领域的技术，要求每位服务人员有扎实的专业技能，以解决服务过程中的请求、事件和问题为契机，不断提升其专业技能和实践能力，进而全面提升其服务能力。

- 工具培训。生产力的提升离不开工具，信息系统服务能力的提升更离不开工具的使用。在服务活动中往往重视各种工具的建立，而忽略工具在改造、升级、人员交接过程中造成的使用和规范性问题。所以，在信息系统服务工具培训中，无论是监控工具、过程管理工具还是专业工具，基本的工具使用问题是必不可少的，还应该考虑工具使用的规范性培训。

- 过程培训。过程管理是信息系统服务能力计划制订后到服务执行前的一系列管理工作，主要对象是服务活动中的操作人员以及与之相关的其他人员。过程培训包括信息系统服务活动中各个过程的规范、与SLA相关的指标、考核制度等。

- 交付和应急培训。通过对交付岗位人员培训，使交付人员明确交付职责、分工、指标及关键管理节点，减少交付人员错误、提高质量。在交付过程中，为了降低设备在运行维护过程中发生故障的频率，应制定应急预案，并组织应急培训，包括对各环节应急预案的响应规范、故障发生频率和周期性知识、风险意识、应急演习等，使人员能够在信息系统服务过程中领会交付和应急管理的重要性，提升岗位人员的交付、应急素质和处理能力。

（3）培训实施过程设计。具体包括：

- 制订培训计划。根据组织一定时期的信息系统服务发展需要，将培训需求进行客观分析并转变为组织服务培训的总体计划。培训计划和经营计划一样是组织实施经营的必要保证，没有计划的培训会导致培训秩序重叠、效果差、成本高，所以实施培训的前提是需要一份培训计划。

- 确定培训形式。在信息系统服务活动中，培训要想达到好的效果，形式的选择非常重要。根据课程目标的需要选择不同的培训形式，合理利用组织资源优势、员工特点和需求以及培训内容，选择适合所需的培训形式，达到最终的培训目的。通常的培训形式有授课式培训、实操示范、研讨会、在线视听学习、讨论等。
- 规范培训纪律。良好的纪律是培训质量的有力保证，在培训体系建设过程中往往局限于设计好的培训课程，实际上培训纪律才是培训本身有序进行的前提。除了从培训设计本身吸引员工注意力外，还应创造良好的氛围，因为员工的学习习惯各有差异，保证培训质量要从培训纪律规范性上加以管理。

（4）培训效果评价方法设计。

培训效果评价有助于完善培训制度，改进培训质量，从而提升整个信息系统服务团队的绩效。培训的评价形式一般包括调查问卷、考试、课堂表现和实际操作。评价的内容主要包括课程内容、课程安排、讲师、个人收益等。

12.2.3　资源要素设计

在设计实现过程中，根据已经识别的服务需求和设定的服务级别，信息系统服务供方需要进行资源要素的设计，确保服务供方具备提供足够资源的能力，以满足与需方约定的及需方未来的服务需求。资源要素设计主要包括对服务工具、服务台、备件库、知识库的设计。

1. 服务工具设计

随着信息系统资源规模的不断增加、业务复杂度的不断提升，信息系统服务人员通过人工手段已不能满足服务交付的需求，因此需要借助自动化工具来提高工作的效率、降低服务风险。常见的信息系统服务工具包括监控类工具、过程管理类工具和其他工具。

- 监控类工具。监控服务对象的状态数据，为过程管理提供数据支撑。信息系统服务人员能够通过监控工具对客户系统环境中的资源进行监控，及时了解系统资源的基础信息、动态信息、告警信息。
- 过程管理类工具。信息系统服务过程管理实现了从技术管理到服务过程的流程化管理，过程管理类工具提供了面向最终用户的服务台及服务运营层次的流程，即服务级别管理、服务报告管理、事件（故障）管理、问题管理、配置管理、变更管理和发布管理等。
- 其他工具。通过此类工具，信息系统服务人员能够进行重复或批量工作的自动化管理，提高服务效率和效果。这类工具包括应用程序进程管理工具、补丁管理工具、软件分发工具、远程桌面管理工具、网络访问管理工具、接入安全管理工具、桌面设置管理工具、外设管理工具、预警管理工具、知识管理工具和安全管理工具等。

系统规划与管理师应根据实际服务需求、服务成本、客户期望、工具的技术架构及团队的技术水平等因素，判断是否需要服务工具。

2. 服务台设计

服务台不是一个服务过程，而是一个服务职能，目的是为用户和信息系统服务供方提供一个统一联系点。在设计实现阶段，一旦确定了服务级别和服务内容，服务供方就需要在服务台中配置相关的服务信息，包括相关的客户信息、服务内容和服务级别等基础信息，以便于服务提供。

服务供方应使用有效手段受理需方的服务请求，及时跟踪服务请求的处理进展，确保实现服务级别协议要求。系统规划与管理师在进行服务台设计时，应注意以下几点：

- 设置专门的沟通渠道作为与需方的联络点，沟通渠道可以是热线电话、传真、网站、电子邮箱等。
- 设定专人负责服务请求的处理。
- 针对沟通渠道整合服务过程，建立管理制度，包括服务请求的接收、记录、跟踪和反馈等机制，以及日常工作的监督和考核。

3. 备件及备件库设计

备件库主要是为信息系统服务的客户提供设备备件。一般来说，信息系统服务供方应具备自己的备件库，或者有外部备件支持方来保证备件资源。一旦确认服务需求和服务级别，就需要及时地配置备件资源，主要是配置备件响应方式和级别定义。另外，从服务供方整体来看，规范备件采购流程、出入库管理流程也是在备件库设计阶段需要考虑的内容。系统规划与管理师在对备件库进行设计时，应注意以下几点：

- 备件响应方式和级别定义，能够满足SLA所约定的备件支持。
- 备件供应商管理，能够规范备件的采购过程，对供应商进行选择和评价。
- 备件出入库管理，能够对入库备件进行标识，规范备件的使用和核销，备件物品的账务管理。
- 备件可用性管理，能够定期对备件状态进行检测，以确保其功能满足运行维护需求。

4. 知识库设计

在信息系统服务交付的过程中，应具备相关的知识积累，以保证在整个组织内收集、共享、重复使用所积累的知识和信息。系统规划与管理师在对知识库进行设计时，应注意以下几点：

- 针对常见问题的描述、分析和解决方法建立知识库。
- 确保整个组织内的知识是可用的、可共享的。
- 选择一种合适的知识管理策略。
- 知识库具备知识的添加、更新和查询功能。
- 针对知识管理要求制定相关管理制度，并进行知识生命周期管理。

12.2.4　技术要素设计

服务供方在提供信息系统服务过程中，可能面临各种问题、风险以及新技术和前沿技术应用所提出的新要求，服务供方应根据需方要求或技术发展趋势，具备发现和解决问题、风险控制、技术储备以及研发、应用新技术和前沿技术的能力。系统规划与管理师在对技术要素进行设计时，应从技术研发、发现问题的技术、解决问题的技术三个方面来进行考量。技术研发与发现问题、解决问题的关系如图 12-2 所示。

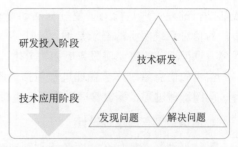

1. 技术研发

在设计实现阶段，系统规划与管理师应对技术研发成本进行估算，组织编制技术研发预算，为运营阶段的技术研发活动提供资金方面的保障。

图 12-2　技术研发与发现问题、解决问题的关系

2. 发现问题的技术

1）制定监控指标及阈值表

根据需方业务和信息系统服务需求识别出各类监控对象的监控指标和阈值，是监控工具能提供有效监控的基本要求。在设计实现阶段，系统规划与管理师应识别出需要被监控的各种设备，制定设备监控指标及阈值表。

2）制订测试环境建设计划

仿真测试环境通过模拟真实应用系统环境中的场景，为各类测试和分析提供必要的条件，以验证技术的可行性和可靠性。在设计实现阶段，系统规划与管理师应根据服务内容，在考虑服务成本和客户期望的前提下制订仿真测试环境建设计划，为服务运营阶段提供技术保障，规避信息系统服务的潜在缺陷，增加客户和服务供方的信心。

3. 解决问题的技术

1）制定技术活动标准操作流程

在设计实现阶段，系统规划与管理师应识别出信息系统服务可能涉及的技术活动，根据技术活动的频率和影响程度，列出需要标准化操作的技术活动，制定技术活动标准操作流程，指导信息系统服务人员进行标准化的操作，以降低风险、提高效率。

2）制定应急预案

由自然灾害、基础设施故障、核心应用故障、安全事件等引发的重大突发事件，将对信息系统服务的运营产生严重影响，为了避免出现这些事件或出现后及时恢复，应建立相应的应急预案及演练计划。在设计实现阶段，系统规划与管理师应识别出重大突发事件的类型和等级，进行风险评估，制定应急预案，并确保在服务运营阶段有足够的能力实施该计划。

3）完成知识转移

完备的知识可提高信息系统服务技术的支撑能力，降低风险，缩减成本，提升效率。在设计实现阶段，系统规划与管理师应识别过往信息系统服务中产生和使用的历史资料、基础架构资料、应用系统资料、业务资料等，并完整地转移到现有的服务团队中，为运营阶段的服务交付活动提供知识保障。

12.2.5　过程要素设计

过程是指为达到某个目的或目标而以确定的方式执行或发生的一个或一系列有规律的行动

或活动。过程管理是指为了使过程活动更有效，对过程采取的测量、考核、计划和控制措施。客户对信息系统服务的需求是通过一个个过程及相关活动实现的，过程要素是服务需求实现的保障，过程活动的贯穿使服务更加轨道化、标准化、规范化，进而服务产出更加标准、稳定。

常见的信息系统服务管理过程包括：服务级别管理过程、服务报告管理过程、事件管理过程、问题管理过程、配置管理过程、变更管理过程、发布管理过程、信息安全管理过程。

1. 服务级别管理过程设计

系统规划与管理师在对服务级别管理过程进行设计时，应明确角色与职责，梳理过程活动和顺序，设计过程管理指标和改进机制。服务级别管理过程须确保服务供方通过定义、签订和管理服务级别协议，满足服务需方对服务质量的要求。

服务级别管理过程设计的主要活动包括：

- 建立服务目录，签订服务级别协议。
- 建立SLA考核评估机制，包括SLA完成情况、达成率等。
- 制定改进及跟踪验证机制。

服务级别管理的关键指标包括服务目录定义的完整性、签订服务级别协议文件的规范性以及SLA考核评估机制的有效性和完整性。

2. 服务报告管理过程设计

系统规划与管理师在对服务报告管理过程进行设计时，应根据服务需求和项目干系人的需要，设计报告的内容和频度，特别是报告中的数据来源和计算公式，以及数据准确性的校验机制。服务报告管理过程须确保服务供方可通过及时、准确、可靠的报告与需方建立有效的信息沟通，为双方管理层提供决策支持。

服务报告管理过程设计的主要活动包括：

- 确定与服务报告过程一致的活动，包括建立、审批、分发、归档等。
- 制订服务报告计划，包括提交方式、时间、需方接收对象等。
- 建立服务报告模板，包括格式、提纲等。

服务报告管理的关键指标包括服务报告过程的完整性，服务报告的及时性、准确性等。

3. 事件管理过程设计

系统规划与管理师在对事件管理过程进行设计时，应根据服务对象的技术特性和资源配备情况对事件进行分类和分级，设计处理各类事件的活动、顺序以及合理的事件升级机制，并根据SLA的要求设计各类事件的考核指标。建立事件处理情况的定期回顾机制，通过数据分析发现服务改进机会，为服务报告提供信息支持。事件管理过程须确保服务供方具有准确检知事件、及时解决事件的能力。

事件管理过程设计的主要活动包括：

- 确定与事件管理过程一致的活动，包括事件受理、分类分级、初步支持、调查诊断、解决、进度监控与跟踪、关闭等。
- 建立事件分类、分级机制。

- 建立事件升级机制。
- 建立事件满意度调查机制。
- 建立事件解决评估机制，包括事件及时解决率、事件平均解决时间等。

事件管理的关键指标包括事件管理过程的完整性、有效性，事件解决评估机制的有效性等。

4. 问题管理过程设计

系统规划与管理师在对问题管理过程进行设计时，应根据客户业务的特性和服务人员的技能情况，定义什么是问题，什么情况下启动问题处理过程，设计问题分类和分级，重点关注事件与问题转换的处理方式，规划处理问题的人员与工作机制，设计必要问题管理活动、顺序以及考核机制。问题管理过程须确保供方通过识别引起事件的原因并解决问题，预防同类事件重复发生。

问题管理过程设计的主要活动包括：

- 确定与问题管理过程一致的活动，包括问题建立、分类、调查和诊断、解决、错误评估、关闭等。
- 建立问题分类管理机制，包括问题的影响范围、重要程度、紧急程度并确定优先级。
- 建立问题导入知识库机制。
- 建立问题解决评估机制，包括问题解决率、问题平均解决时间等。

问题管理的关键指标包括问题管理过程的完整性、问题解决评估机制的有效性等。

5. 配置管理过程设计

系统规划与管理师在对配置管理过程进行设计时，应根据提供的信息系统服务特性以及相关资产的管理权限，设计配置管理的范围和颗粒度，梳理信息系统相关资产的分类和分级，设计资产的状态属性和连接关系属性，根据工具的配备情况设计配置信息的收集方式，以及配置信息的增、删、改的活动过程，设计配置信息的考核指标和计算方式。配置管理过程须保证配置数据的可靠性和时效性，关联支持其他服务过程。

配置管理过程设计的主要活动包括：

- 确定与配置管理过程一致的活动，包括识别、记录、更新和审计等。
- 建立配置数据库管理机制。
- 建立配置项审计机制。

配置管理的关键指标包括配置管理过程的完整性，配置数据的准确、完整、有效、可用、可追溯，配置项审计机制的有效性等。

6. 变更管理过程设计

系统规划与管理师在对变更管理过程进行设计时，应根据服务模式的特征，定义变更管理的控制范围，定义变更的分类和分级，设计变更控制活动和顺序，特别注意变更控制与事件和问题的关联关系，应与变更控制活动有机结合，关注由变更带来的连锁反应，当产生重大变更时可能要重新做服务规划设计，制定变更管理考核指标，持续优化过程。变更管理过程须确保供方通过管理、控制变更的过程，确保变更有序实施。

变更管理过程设计的主要活动包括：

- 确定与变更管理过程一致的活动，包括请求、评估、审核、实施、确认和回顾等。
- 建立变更类型和范围的管理机制。
- 建立变更过程和结果的评估机制，包括未经批准的变更数量及占比、不同类型的变更数量及占比、不成功的变更数量及占比、取消的变更数量及占比、变更关联的配置数。

变更管理的关键指标包括变更管理过程的完整性、变更记录的完整性等。

7. 发布管理过程设计

系统规划与管理师在对发布管理过程进行设计时，应根据变更管理的设计、资源的配置情况（如备件库、专用工具、最终软件库等）和对信息系统资产的管理权限，设计发布管理的范围、分类、分级和活动顺序，如需与外部资源协同进行发布活动时，还需要设计与外部资源的沟通和约束机制，并写入 OLA 或 UC 中，设计发布管理考核指标、计算方式和回顾机制，关注发布管理与事件管理、问题管理、配置管理的关联。

发布管理过程设计的主要活动包括：

- 确定与发布管理过程一致的活动，包括规划、设计、建设、配置和测试等。
- 建立发布类型和范围的管理机制。
- 制定完整的方案，包括发布计划、回退方案、发布记录等。
- 建立发布过程和结果的评估机制，包括发布成功率、发布及时率、是否更新配置管理数据库等。

发布管理的关键指标包括发布管理过程的完整性以及发布过程记录的完整性、准确性等。

8. 信息安全管理过程设计

系统规划与管理师在对信息安全管理过程进行设计时，应根据客户业务特征和服务管理要求，识别服务中的信息安全风险，定义信息安全管理范围、信息安全事件的特征和等级，分析信息安全风险，制定应对措施，如信息安全管理策略及制度、应急预案及演练计划等。

信息安全管理过程设计的主要活动包括：

- 确定与信息安全管理过程一致的活动，包括识别、评估、处置和改进等。
- 建立与信息系统服务要求一致的信息安全策略、方针和措施。

信息安全管理的关键指标信息的保密性、可用性和完整性等。

12.3　服务运营提升

服务运营提升是以持续改进服务质量、改善需方服务感受或降低服务成本、提升服务效率为目的，确保组织服务战略和目标的实现。系统规划与管理师要认识并了解信息系统服务管理的复杂性，掌握业务关系管理、服务营销度量、服务成本度量、服务项目预结算管理、服务外包收益等方面的知识和技能，从而更好地管控信息系统服务项目。

12.3.1　业务关系管理

在信息系统服务运营中，维护稳定、共赢的业务关系非常重要，本小节将重点介绍业务关系管理中的客户关系管理、供应商关系管理和第三方关系管理。

1. 客户关系管理

客户是组织的收入之源，是组织的核心资产。客户关系管理是业务关系管理中最重要的一环，客户关系管理的好坏决定着业务关系的持续性和有效性。

1）目标

客户关系管理的目标主要是服务并管理好客户需求，培养客户对服务更积极的评价和应用，与客户建立长期和有效的业务关系，实现共赢发展。

2）活动

在信息系统服务运营过程中，需要在每个"接触点"亲近客户，了解客户需求变化和服务感知，培养和管理客户需求，提升客户认可与信任，从而促进服务目标的达成，保持长期有效的业务关系。在信息系统服务运营过程中，系统规划与管理师主要通过以下活动提升与客户的关系：

- 定期沟通。履行服务级别协议中约定的定期沟通计划和在服务运营过程中与客户新确立的沟通计划。定期沟通的主要内容包括供需双方对服务达成情况的总结回顾，重点问题的协商处理及确立后续改进计划等。定期沟通的时间可以以周、月、季度等为周期，如供需双方可约定次月5个工作日内提交服务报告，并在次月10个工作日内举行服务总结沟通会。
- 日常沟通。除进行定期沟通外，服务供方应在日常工作中与客户保持一定频率的接触。这样做一方面可以及时了解客户对服务的感知情况，及时跟进客户需求变化，为后续服务改进制定针对性措施，同时在日常沟通过程中，可更加快捷地处理客户所关心的问题；另一方面使客户感到被重视，从而培养客户更积极的服务评价和认可。
- 高层拜访。在服务运营过程中，要把握高层拜访的时机，特别是重要支持事件、投诉处理等，以便及时让客户高层了解所提供服务的价值，挖掘、引导客户高层对服务的需求和期望。面向客户高层拜访可邀请公司高层共同参与。
- 投诉管理。投诉管理属于应急处理机制，投诉管理能力是信息系统服务管理能力的一种体现。客户投诉不一定完全是坏事，客户投诉体现出客户对供方服务的重视和关注，客户投诉更期望得到服务提供方的重视和反馈。重视客户投诉，对投诉进行及时有效的处理甚至可以更好地提升客户对服务的感知，增加与客户之间的亲切感，促进客户对服务更积极的评价。
- 表扬管理。服务需要自我经营和宣传。系统规划与管理师可以对客户表扬进行一定的内外部宣传，以营造积极向上的学习氛围，及时给予相应工程师自我价值的认可。对表扬的管理可以采取公开表扬信、组织客户做服务体验沟通交流、请工程师进行经验分享等形式；表扬可面向个体工程师，也可面向整个服务团队。
- 满意度调查。主要包括两种类型：①Case by Case满意度调查，指针对特定服务事件面向直接相关客户进行的满意度调查回访，了解客户对此服务事件的感受及评价，如对拨打热线的客户及时跟踪回访。②公开调查，是以电话、问卷、网站、走访面谈等方式了解客户对信息系统服务各方面的认知和感受，进而总结相关优秀经验，改进服务中的不足。

- 增值服务。服务级别协议难以提前约定所有的服务情景和要求，并且客户对相同质量服务的重复性体验会产生满意度下降的感受，因此保持客户对服务的认可和感知很重要，而增值服务通常能产生这样的效果。如在服务协议约定的范围外，为需方少量VIP客户提供定期的计算机健康体检活动等。增值服务通常是指超出协议约定内容之外的服务。增值服务不能随意选择，需要把握以下4个原则：①不能影响现有协议约定的服务内容；②增值服务贴合客户需要；③增值服务投入在可接受的范围内；④本身有能力对增值服务内容进行引申。

3）可能存在的风险和控制

在客户关系管理过程中，可能存在的风险如表 12-5 所示。

表 12-5　客户关系风险控制表

可能的风险	影响	控制措施
未能了解客户真正需求，特别是关键客户的需求	服务不符合客户期望，得不到客户认可，团队士气受到影响	挖掘客户真正需求，及时签署补充协议，争取客户高层的支持和配合
服务相关干系人多，服务需求多样化	服务难以标准化、统一化，原定服务资源不足	针对客户提供差异化服务报告，及时总结回顾，为客户内部提供相关的成本费用核算数据，必要时引导客户签署补充协议

2. 供应商关系管理

在某些情况下，信息系统服务组织难以通过自身力量完全满足所有客户需求，通常会选择其他产品或服务提供商给予协作支持，因此供应商关系管理对服务的优劣成败有着重要的影响。

1）目标

供应商关系管理的目标主要包括：

- 与供应商建立互信、有效的协作关系。
- 整合资源，共同开拓保持客户。
- 与供应商建立长期、紧密的业务关系。
- 实现与供应商的合作共赢。

2）活动

与供应商关系管理相关的活动包括：

- 供应商的选择/推荐。一个信息系统服务组织通常有多家服务供应商，系统规划与管理师可以从自身组织已有的供应商列表中选择，也可以推荐其他组织作为自身负责项目的合作供应商。供应商的选择可以参考以下原则：供应商注册资本，人员规模、学历及专业构成，供应商已有客户规模，供应商信息系统服务、信息安全相关资质，供应商的服务流程规范性、支持服务体系，供应商工程师技术能力水平、相关业界认证资质，供应商服务范围的可扩展性，供应商的人员能力体系及发展通道是否健全，供应商服务面临服务压力时的可扩展性（例如，当客户方因突发原因支持量增加50%或更高时，供应是否能够消化或有内部冗余力量给予解决），供应商与自身服务业务的竞争性及互补性，供应商的业界评价。

- 供应商审核及管理。定期对供应商进行审核评估，确保供应商具备配套的能力要求，从而确定与供应商业务关系的有效性，培养供应商，保障面向客户服务的持续稳定。供应商的审核可从以下6个方面考虑：①响应能力；②问题解决能力；③问题解决效率；④人员稳定性；⑤客户反馈；⑥合作氛围等。
- 供应商间的协调。一项服务有时会涉及多家供应商，如ERP服务从应用架构构成上包括网络、主机、数据库、中间件和ERP应用等，任何一个节点的失效或不稳定，在客户角度体现的都是ERP不可用，在问题原因未明确之前，通常需要各供应商之间紧密协作才能准确定位，建立各供应商间的协作机制是系统规划与管理师的重要职责之一。
- 争议处理。在与供应商协作过程中，因工作范围、责任不明确等引起的争议需要及时进行处理，系统规划与管理师是争议处理的第一负责人，需要提前约定与供应商的争议处理方式，以及适用于发生在供应商之间的争议处理方式。争议处理的目标是有利于保障面向客户服务的质量和满意度，同时兼顾供应商之间合作的持续性。
- 支持合同管理。系统规划与管理师通常需要负责与供应商确定支持保障合同条款及内容。合同内容要高于与客户签订的服务协议约定要求，以预留一定的空间。

3）可能存在的风险和控制

在供应商关系管理过程中，可能存在的风险如表 12-6 所示。

表 12-6　供应商关系风险控制表

可能的风险	影响	控制措施
未能提前识别并约定所有可能的情景，出现利益及责任分配问题	供应商积极性不高	签署明确有效的支持合同，避免留有产生争议的空间，及时识别潜在争议，并有效处理
多供应商之间的配合问题	服务不符合客户期望，得不到客户认可，团队士气受到影响	建立良好的供应商协作及沟通机制
供应商组织变动或业务发生变更	无法从供应商持续获得服务，团队士气受到影响	<ul><li>建立多供应商竞争及备份机制，避免单一服务源带来的服务中断</li><li>定期对供应商情况进行审核及评估，积极识别可能的风险并提前预防，及时向客户传递相关的信息</li></ul>
多级分包对服务质量及业务持续性保障造成的挑战	服务质量降低，与客户联系减少，进而失去客户，知识流失	<ul><li>对供应商限定分包内容，并约定审核条款，对整个服务保障链条进行定期审核及评估</li><li>保持与客户的紧密接触和沟通</li><li>与分包商明确知识产权及相关信息安全要求</li></ul>

（续表）

可能的风险	影响	控制措施
供应商不配合	无法面向客户提供所承诺的服务	● 选择有效的供应商 ● 定期对供应商进行评估审核，对不符合条件的供应商及时更换 ● 签署明确有效的支持合同，消除争议产生的空间 ● 争取供应商高层支持和配合 ● 加强与供应商协作沟通

3. 第三方关系管理

在信息系统服务运营过程中，除了需要有良好的客户关系和服务供应商关系外，还需要维系互相信任、互相支持的第三方关系，如政府、资质认证单位、服务监理公司等。第三方关系管理是系统规划与管理师的重要工作内容之一，对第三方关系的处理在关键时刻甚至会左右与客户业务关系的稳定性和持续性。

1）目标

通过第三方关系管理的相关活动，培养发展长期、互信、良性的第三方业务合作关系，进而更好地获得客户认可，实现与客户建立长期和有效的业务关系。

2）活动

系统规划与管理师主要通过以下活动提升与第三方的关系：

● 定期沟通。建立与第三方的定期沟通机制，如可以以周、月、季度等为周期，进行定期的总结回顾、问题协商，并确立后续重点问题、推进协调计划等。

● 日常沟通。系统规划与管理师需在日常工作中与第三方保持紧密的协作关系，获得第三方的支持和认可，进而获得客户更积极的服务评价和认可。

● 信息收集分享。按照5W1H（原因Why、对象What、地点Where、时间When、人员Who、方法How）原则，确立与第三方的信息共享内容及范围、信息共享流程、信息共享方法、时间和授权机制等。

● 第三方关系协调。遇到争议及其他需沟通事宜，系统规划与管理师需及时召集多方会议，积极协调。

● 配合支持第三方工作。为认证、监理、其他直接面向客户的产品及服务商等第三方提供信息及协作支持。

3）可能存在的风险和控制

在第三方关系管理过程中，可能存在的风险如表 12-7 所示。

表 12-7　第三方关系风险控制表

可能的风险	影响	控制措施
沟通不顺畅	与第三方配合不顺畅，进而影响服务的交付或服务不符合客户期望	建立良好的第三方协作沟通机制

（续表）

可能的风险	影响	控制措施
未能提前识别并约定所有可能的情景，出现利益及责任分配问题	第三方配合积极性不高	与第三方界定工作的协作机制，避免留有产生争议的空间
第三方工作得不到客户的支持	最终工作无法得到有效认可	提前获取客户对相关第三方工作的支持

12.3.2　服务营销管理

通常，服务营销过程分为 4 个阶段，如图 12-3 所示。

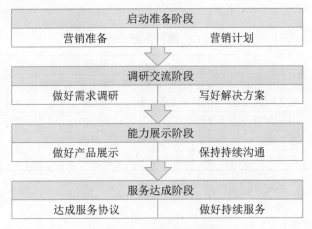

图 12-3　服务营销过程

1. 启动准备阶段

1）营销准备

充分和妥善的服务营销准备是有效沟通（如服务产品介绍）的基础。系统规划与管理师应该有一定的服务营销方面的知识储备。服务营销准备活动如表 12-8 所示。

表 12-8　服务营销准备活动

活动	说明
做好成为专业销售人员的基础准备	系统规划与管理师要理解自己成为专业销售人员的必要性；学习服务营销管理方法
做好客户行业和区域的知识准备	熟悉客户所在行业的行业知识；熟悉客户所在行业的信息化现状；熟悉该行业客户的特征
做好目标客户的营销准备	目标客户包括当前正在服务的客户；做好目标客户考察，熟悉客户相关的资料

（续表）

活动	说明
做好现有客户信息系统服务的总结	对现有客户的信息系统服务情况进行总结；对行业同类客户的信息系统服务情况进行总结；做好服务质量对比分析；做好服务质量改进措施
熟悉自身的信息系统服务产品	熟悉自身的信息系统服务产品，以做到有的放矢

2）营销计划

"预则立，不预则废。"服务营销同样需要先"预"。"预"的目的就是要求系统规划与管理师在进行具体的服务营销活动之前，先对每个信息系统服务产品、目标客户群（或管辖客户群）、营销方式等编制营销计划，来保证完成营销过程中的每项工作。在营销计划中，具体活动如表 12-9 所示。

表 12-9　服务营销计划活动

活动	说明
营销计划的制订	针对所有对应的服务营销对象（客户群）制订营销计划；营销计划的内容涉及：服务项目预算（项目合同额大小）、营销成本估算、售前支持人员、立项计划等
营销计划的执行	根据营销计划执行营销工作；及时记录营销过程中的问题和相关情况
营销计划的跟踪	定期跟踪和检查营销计划的执行情况；根据执行情况出具计划修正意见
营销计划的修正	及时修正营销计划，以签单或达成备忘录为目标

2. 调研交流阶段

1）做好需求调研

调研交流是服务营销的重要环节，通过深挖客户需求，其调研的结果可以帮助系统规划与管理师进一步掌握客户的现况。好的调研和询问能够引导客户朝正确的方向进行销售工作。同时，通过询问也能找到更多的资料，支持系统规划与管理师说服客户。

服务营销需求调研活动如表 12-10 所示。

表 12-10　服务营销需求调研活动

活动	说明
高层领导访谈	了解高层对未来三五年内组织发展的总体战略设想、目标和可能采取的主要战略举措等；通过业务战略明确信息化战略；引导客户对组织进行信息系统规划
信息化建设现状梳理	收集客户信息化基础设施、数据资源、应用系统、信息化管理各方面的现状；对现状进行初步分析，摸清家底
信息化建设需求收集	收集客户各单位、各部门未来一定时期明确的信息化需求；对收集的需求进行初步筛选和分析，从而厘清需求
挖掘客户潜在需求	根据明确的信息化需求和部门访谈，挖掘客户潜在需求，为经营该客户打基础

2）写好解决方案

编写解决方案（或项目建议书）是营销工作的核心过程，起到承上启下的作用，它是基于客户信息收集、科学分析的基础上，制定符合客户所在行业未来发展趋势的重要方案或重大举措，并且证实该方案或举措是领先的、可行的、高效的、明智的。该阶段的核心工作是编制解决方案，并保持高效沟通，具体活动如表 12-11 所示。

表 12-11　服务营销编制解决方案活动

活动	说明
熟悉解决方案（或项目建议书）的格式和规范	格式规范，专业高效；提高综合营销能力，运用撰写技巧
细化解决方案的内容	解决方案针对性强；尽力做到解决方案充分得到客户认可
评审解决方案	组织本单位人员对解决方案（项目建设书）进行评审
沟通论证	组织客户对解决方案（项目建设书）进行评审；参与人员为分析方案的所有利益相关者，包括相关部门、部门的上级单位、下级单位、与该部门平级的部门和单位中的相关人员等
确定解决方案	客户最终确定解决方案

3. 能力展示阶段

1）做好产品展示

做好服务产品展示的目的就是让客户直观地感受到信息系统服务的效果。服务产品展示活动如表 12-12 所示。

表 12-12　服务营销产品展示活动

活动	说明
服务产品展示的准备	针对所有对应的服务营销对象（客户群）制订营销计划；营销计划的内容涉及：服务项目预算（项目合同额大小）、营销成本估算、售前支持人员、立项计划等
服务产品的说明	产品特性、优点、特殊利益；注意将特性转换成利益的技巧；产品说明的步骤及技巧
服务产品展示	运用展示及演示技巧；重点演示产品要点
服务产品展示的互动	收集反馈意见；达到营销目的
提供现场考察和技术交流	让客户切实了解组织本身运作情况及服务能力的情况

2）保持持续沟通

持续沟通和服务是为了维护客户关系，及时沟通和及时服务更增加了客户选择服务供应商的信心，特别需要做好与客户高层沟通，以获取他们的支持。保持持续沟通需要进行如下活动，如表 12-13 所示。

表 12-13　服务营销持续沟通活动

活动	说明
制订持续沟通计划	沟通计划包括沟通频率、方式和内容
保持持续沟通	根据沟通计划保持联系沟通，及时记录沟通过程中的相关信息
沟通信息整理	根据沟通信息的记录，整理有效的营销信息
沟通信息汇报	针对重要的营销信息，及时跟组织沟通汇报，积极推动营销活动前进

4. 服务达成阶段

1）达成服务协议

与客户签订服务级别协议或服务合同是营销过程的最后阶段，也是服务项目管理的开始阶段。该过程的目的是实现服务营销计划的目标，签订服务级别协议或合同，与客户就服务级别的各方面进行有效的沟通和协商，增强客户对服务的感知程度和认同程度，为进一步开展服务、保证服务质量奠定基础。该过程涉及服务级别协议准备、协商、达成和签订等活动，具体如表 12-14 所示。

表 12-14　服务营销达成服务协议活动

活动	说明
准备服务级别协议	明确服务内容；形成或更新服务目录；拟订服务级别协议草稿；根据实际需要，草拟服务合同、支持合同、运营级别协议
服务级别协议的协商	与客户就服务级别协议进行协商；根据需要，与相关方就支持合同、运营级别协议进行协商
服务级别协议的达成	与客户就服务级别协议达成一致；根据需要，与相关方就支持合同、运营级别协议达成一致
签订服务级别协议	双方签订服务级别协议（或服务合同）；记录服务级别协议配置项

2）做好持续服务

做好持续服务是为了今后能签订更多的新的服务合同或更顺利地续签原有的服务合同。该过程涉及的活动具体如表 12-15 所示。

表 12-15　服务营销持续服务活动

活动	说明
提高客户满意度	有一套完整的项目管理和服务规范，做什么事情都有章可循；主动服务；敬业精神；针对客户指出的不足和服务过程中出现的问题，需及时处理和采取措施；系统升级或程序发布
维持好业务关系	及时与客户沟通项目服务内容、服务请求处理计划及进展情况，按时提交服务报告；站在客户的角度，为客户的工作提供合理的解决方案，成为客户不可或缺的帮手
做好需求的挖掘	做好现有服务项目升级的需求挖掘；做好对现有客户其他相关项目的需求挖掘

（续表）

活动	说明
促使客户新需求落地实施	挖掘需求之后，就要促使需求落地，找到决策者，促使客户立项并付诸实施
提供部分增值服务	增值服务往往会有意想不到的收获
适当的营销管理方法	方法运用得当会起到事半功倍的效果

12.3.3　服务成本度量

信息系统服务成本度量对信息系统服务项目的策划、建设、运维等阶段都具有重要的意义，是信息系统服务项目实施的关键步骤，它可以衡量服务价值、净化产业生态、度量和评估项目成本。信息系统服务成本包括直接人力成本、直接非人力成本、间接人力成本和间接非人力成本，信息系统服务总成本为各分项成本之和。

1. 直接人力成本

信息系统服务项目中的直接人力成本主要包括人员劳动报酬、人员社保规费、人员福利等。

（1）人员劳动报酬。人员劳动报酬指信息系统服务供方或其委托机构支付给直接参与服务项目人员的劳动报酬，包括实得工资、奖金、各种补贴、组织为个人代缴的个人所得税等。

（2）人员社保规费。人员社保规费指信息系统服务供方或其委托机构需要为直接参与服务项目人员交纳的养老保险、医疗保险、工伤保险、生育保险、失业保险、公积金。

（3）人员福利。人员福利指信息系统服务供方或其委托机构支付给直接参与服务项目人员的日常基本福利、逢年过节的物质奖励以及各种补充商业保险、组织年金等。

2. 直接非人力成本

直接非人力成本指为达成信息系统服务项目目标所支付的非人力费用。一般包括办公费、差旅费、培训费、业务费、采购费、租赁费等。这些费用必须是为特定信息系统项目所支出的。例如：

（1）项目组因信息系统服务项目需要租用会议室而产生的费用计入直接非人力成本的办公费。而项目组成员日常办公场地的租赁费用则不属于直接成本。

（2）对于需要在异地开展工作的项目，因项目组成员出差所产生的交通费、住宿费、差旅补贴等计入直接非人力成本的差旅费。

（3）服务方为了完成特定项目，给项目成员提供的专项培训费用计入直接非人力成本的培训费。而项目组成员参加的通用技能培训（如 Office 使用技巧）费用则不属于直接成本。

（4）为保证项目顺利实施而产生的一些辅助活动费用，如专家评审费、某项目活动验收费等，应计入直接非人力成本的业务费。

（5）项目实施过程中，需要独立采购或租赁的专用设备或软件，其费用支出计入直接非人力成本的采购费或租赁费。而通用设备或软件（如办公软件）的采购或租赁费用则不属于直接成本。

3. 间接人力成本

信息系统服务项目中的间接人力成本指非项目组人员的人力资源费用分摊。与信息系统服务相关的常见非项目组人员包括服务实施部门管理人员、相关管理办公室（PMO）人员、组织级配置管理或质量保证人员。他们为组织的所有服务项目服务，但并不直接服务于某个具体的项目，其费用分摊计入间接人力成本。

4. 间接非人力成本

信息系统服务项目中的间接非人力成本指与达成项目目标相关，但不直接服务于特定项目的非人力费用。间接非人力成本通常包括办公费、差旅费、培训费、业务费、采购费、租赁费等。其与直接非人力成本的主要差别在于，此类费用的产生不会因某个特定的服务项目结束或终止而不再发生。如前文提到的项目组成员日常办公场地的租赁费用就属于间接非人力成本中的办公费，而通用设备或软件（如办公软件）的采购或租赁费用则属于间接非人力成本中的采购费或租赁费。

5. 服务成本度量方法

传统上，信息系统服务成本更多采用经验法来确定，即在对信息系统服务工作进行任务分解后，对每一项任务进行工作量估算，将所有任务的工作量加和后，即得到该项目的总体工作量，之后，再根据相应的人力成本费率，确定该项目的总体成本。这种传统的方法通常会面临两个难以解决的问题：一是估算的准确程度完全依赖于估算专家的经验；二是整个估算过程是一个"黑盒子"，当不同的人员估算结果产生极大差异时，难以判断谁是那个更有经验的人，从而也难以客观、科学地达成一致。

为了能够科学、客观地计算服务成本，系统规划与管理师在进行服务成本度量工作时，应充分考虑以下因素：

（1）服务对象规模。信息系统服务包括基础环境、硬件、软件、安全等类型。对于每一类的服务，需要采用不同的方法度量其规模。例如，对于应用软件，其规模度量通常采用功能点方法；对于硬件和基础环境，其规模度量通常是计量相关设备的数量。

（2）单位工作量。单位工作量即在一定周期（通常是一年）内服务于某一类对象所需的人·日数，体现的是某行业或某组织为特定服务对象提供服务时的综合效率。

（3）调整因子。考虑到信息系统服务工作的复杂性，还需要引入调整因子以准确评估各类因素对实际所需工作量和成本的影响。常见调整因子类型包括：

- 服务要求：指服务需方对供方提出的信息系统服务质量要求，通常存在于服务级别协议（SLA）中。
- 服务能力：指为达成服务目标，服务供方所应具备的能力，包括但不限于人员经验、知识背景、自动化运维工具的使用等。
- 服务对象和业务特征：指信息系统服务项目或服务对象自身的特点，如系统的部署方式、用户的规模等。

在根据以上因素确定了信息系统服务工作量后，即可对直接人力成本、直接非人力成本、间接人力成本以及间接非人力成本分别进行度量。其中，直接人力成本通常根据工作量度量结果及单位价格（即每单位工作量所需的费用，单位通常为元 / 人·天或万元 / 人·月）直接计算；而间接成本（包括间接人力成本和间接非人力成本）通常和直接人力成本高度正相关，宜根据直接人力成本计算结果按照一定的比例分摊计算；直接非人力成本则与直接人力成本没有直接的关系，其多少通常与项目特点相关。

12.3.4　服务项目预算、核算和结算

系统规划与管理师应该了解信息系统服务项目的预算、核算和结算的基本概念及工作内容，以便从财务的角度来衡量信息系统服务项目工作开展的有效性，达到高效利用项目资金，提高服务投入产出比的目的。

1. 服务项目预算

1）目的和意义

信息系统服务项目预算包括项目的收入和开支，收入是指从客户方获取的项目可支配费用，开支是指项目周期内所有涉及人员、资源、技术、过程管理活动所产生的费用总和。建立服务项目预算的目的及意义包括：便于形成资金使用计划；便于交流资金使用规划意图；协调资金使用活动；便于项目资源分配；提供责任计算框架；费用开支授权；建立资金控制系统；评估资金使用效果。

2）内容和方法

在信息系统服务项目启动前建立预算可以对项目的收支情况、盈利情况有具体的预测，对开支进度建立计划。信息系统服务项目具备周期性和重复性特征，项目预算的制定分为以下 3 个步骤。

- 识别项目预算收入项与开支项。收入一般没有类型划分，但开支具备多种类型，我们称之为"开支项"。对开支项的划分有很多种方法，如表12-16和表12-17所示。

表 12-16　开支项的划分（示例 1）

类型	开支项	说明
人员	人员开支	指投入到项目中的人工所带来的开支，一般以人 / 天或人 / 月来计算。这些人工开支主要指项目的直接参与人员，包括系统规划与管理师、信息系统服务工程师等
资源	服务台开支	为支持本项目所建立的专用系统的投入开支，包括：语音话务硬件设备、语音话务平台软件、场地费用、电话费等；如果复用统一的服务台系统，需要计算分摊费用开支
	备品备件开支	项目中如果包含硬件维保内容，将会产生备品备件采购开支，以及附加的备品备件存储、保管所产生的折旧、场地、损耗费用分摊。一般为备品备件管理所产生的人工开支也计算在此
	服务工具开支	部分项目会携带监控工具、流程化管理工具、自动化工具等进行服务，工具产生的采购、租用成本要计算在内
	知识库开支	如果项目单独建立或共享了知识库系统，相关成本应该进行分摊，包括工具采购或租用开支，系统建设与维护的人工费用开支

类型	开支项	说明
技术	研发分摊开支	部分组织会将研发运维工具的成本对所有运维项目进行分摊，相关的开支需要进行记录
过程	过程管理活动开支	事件、问题、变更等运维流程化管理的成本是很高的，这包括执行过程管理活动所产生的人工开支、过程管理工具的维护开支等

表 12-17　开支项的划分（示例2）

开支项	说明
人工开支	工资、社保费用、报销性费用、加班费用、奖金、差旅费用、公司管理分摊等
硬件开支	维护所需的硬件设备、备品备件等的开支
软件开支	工具软件的开支、其他相关软件的开支
场地开支	服务人员工作场地开支
外部支持开支	购买的第三方支持服务的开支
其他开支	其他项目执行过程中所发生的开支项

- 划分信息系统服务项目执行阶段。信息系统服务项目一般有着很强的周期性和重复性，服务运营占了绝大多数时间，一般以一个月、周、日为单位，对各项开支项进行预算，可以将预算总开支均分在各个时间段内，也可以根据历史数据进行更精确的资金分布。
- 形成预算表。将预算执行阶段与预算收入项、开支项结合后，就可以形成预算表，如表12-18和表12-19所示。

表 12-18　服务项目预算表（示例1）　　　　　　　　单位：万元

时间	项目收入	人工开支	服务台开支	备品备件开支	服务工具开支	知识库开支	研发分摊开支	过程管理活动开支
1月份	60	2	0.3	1	0.2	0.15	0.3	0.85
2月份		2	0.3	1	0.2	0.15	0.3	0.85
3月份		2	0.3	1	0.2	0.15	0.3	0.85
…								
合计	100	24	3.6	12	2.4	1.8	3.6	10.2

表 12-19　服务项目预算表（示例2）　　　　　　　　单位：万元

时间	项目收入	人工开支	硬件开支	软件开支	场地开支	外部支持开支	其他开支
1月份	120	10	1.5	1	0.6	0.5	0.3
2月份		10	1.5	1	0.6	0.5	0.3
3月份		10	1.5	1	0.6	0.5	0.3
…							
合计	220	120	18	12	7.2	6	3.6

通过建立预算表，形成对信息系统服务项目收入与开支的有效跟踪计划，为下一步执行项目确定了资金使用的依据。但预算只是计划，在项目执行过程中，需要对实际的收入、开支情况不断进行核算，并对照预算计划，用以跟踪预算执行的基本情况。在项目结束后要进行集中结算，对项目财务收支情况进行总结。

2. 服务项目核算

1）目的和意义

信息系统服务项目的核算概念来源于财务核算概念，在此特指在服务项目的执行过程中对服务活动执行情况及收支情况进行连续的、系统的、全面的记录、分析和计算的过程。其主要目的和意义包括：随时掌握项目收入、开支情况及项目盈亏状态；形成及时调整项目资源分配的依据；寻找对成本开支控制的改进方法；改进预算编制方法，提高预算编制准确性。

2）内容和方法

信息系统服务项目的核算需要基于预算进行，以预算为依据，持续地记录真实的收入和开支情况，并加以分析和计算，最终得出核算结果。由于项目实施过程是一个不断投入资源、消耗资源的过程，对组织当前储备的可用资源情况也需要进行核算，以保证项目资源需求得到持续满足。同时，在核算过程中，系统规划与管理师还需定期分析总结，发现和改进预算及核算过程和方法。基于以上要求，在信息系统服务项目核算过程中具体实施的主要工作内容和方法如下。

- 编制核算记录表。核算以开支项为统计科目，逐笔记录项目的收入与开支情况，并进行计算，给出项目当前的盈亏情况。服务项目核算表的编制可以分为两个步骤，即首先编制流水表，然后编制汇总表，具体如表12-20和表12-21所示。

表 12-20　服务项目核算表（流水表）示例　　　　　单位：万元

序号	发生日期	科目	收入	支出	盈亏
1	1月5日	项目首付款	120	0	120
2	1月5日	硬件开支	0	14	106
3	1月15日	场地开支	0	1.5	104.5
4	1月25日	软件开支	0	3	101.5
5	1月25日	人工开支	0	10	91.5
...					
合计			220	94.8	125.2

表 12-21　服务项目核算表（汇总表）示例　　　　　单位：万元

时间	项目收入	人工开支	硬件开支	软件开支	场地开支	外部支持开支	其他开支	盈亏
1月份	120	10	1.5	1	0.6	0.5	0.3	106.1
2月份		10	1.5	1	0.6	0.5	0.3	−13.9
3月份		8	1.5	1	0.6	0.5	0.3	−11.9
...								
合计	220	118	18	12	7.2	6	3.6	55.2

- 组织资源使用情况核算。系统规划与管理师应该对组织内的可用资源进行核算统计，这里所指的资源包括人员、备件、硬件设备、软件工具、场地设施等。特别是前两项，人员和备件储备情况比较常用，系统规划与管理师需要及时掌握这些资源的储备情况，以保证在发生开支需求后能够及时获得相关资源。

- 核算分析与总结。核算的分析与总结的目的是改进预算编制过程和核算过程。主要检查和改进的方面包括：预算开支项的设计是否合理；预算资源及资金在开支项上的分配是否合理；预算资源及资金在时间周期上的分配是否合理；核算范围是否全面，是否涵盖了所有收入和开支；核算数据是否准确；项目资金运用上是否出现亏损或严重偏离预算；对资金投入大、超支大的开支项进行成本降低方案分析。

3. 服务项目结算

1）目的和意义

信息系统服务项目的结算是在项目结束后的总体核算，工作内容和采用的方法与核算非常类似，但目的略有不同。结算是要对整个项目生命周期内所有的收入、开支情况进行总结，时间跨度较长，涉及数据量比较大，需要计算、总结、分析的问题也比较多。

2）内容和方法

信息系统服务项目的结算由于在具体方法上与项目核算比较类似，在此不再赘述。

4. 衡量项目收益的指标

1）项目投入产出比

项目投入产出比是指项目的投入资金与产出资金之比。通过对投入产出比的计算和统计分析，可以帮助组织决策者了解不同项目的盈利水平，确定合理的业务发展方向。计算公式如下：

$$R=K/IN=1 \colon N$$

其中，R 为投入产出比，K 为项目投资总额，IN 为项目收入总额。

投入产出比常用 1：N 的形式来表示，N 值越大，经济效益越好。例如，某信息系统服务项目的投资总额为 120 万元，项目总收入为 160 万元，项目的投入产出比为 120/160=1：1.33。

2）项目投资回报率

项目投资回报率是指组织通过投资项目而返回的价值，即组织从一项项目投资活动中得到的经济回报。通过投资回报率的计算和统计分析，可以让组织对开展的不同业务、不同项目的价值进行横向比较，找到获取最佳投资价值的重点方向、重点项目类型。计算公式如下：

$$项目投资回报率 = 项目利润 / 项目投资总额 \times 100\%$$

例如，某运维服务项目的投资总额为 100 万元，获取净利润为 35 万元，投资回报率为 35/100×100%=35%。

3）项目净产出

项目净产出是指项目的净利润产出总额，净利润需要在收入的基础上扣除所有开支，包括人员开支、硬件开支、软件开支、场地开支、第三方支持开支等，最终结余的净利润为项目净产出。对项目的净产出进行评估有利于了解组织的主要利润来源。

4）人均产出

人均产出是指一定周期内项目或组织内人均产出的净利润水平。对于人员成本占投入成本比重比较大的组织，应该衡量单位人均产出，并建立改进目标，持续优化提升。计算公式如下：

$$单位人均产出 = 净利润总额 / 人员数量$$

例如，某组织 2022 年净利润为 1000 万元，拥有员工 200 人，单位人均产出为 1000 万元 /200 人 =5 万元 / 人，即组织每个成员每年可以为组织带来 5 万元的净利润。又如，某信息系统服务项目净利润为 30 万元，项目组成员 5 人，项目的单位人均产出为 30 万元 /5 人 =6 万元 / 人。

12.3.5　服务外包收益

随着信息技术服务外包商的信誉和管理机制的不断提高和健全，以及国家对信息技术服务外包行业的积极推动，近年来，信息技术服务外包迎来了快速发展的局面。信息技术服务外包给组织带来的收益主要表现为以下几点：

（1）成本效益。组织如果需要不断完善自身的信息技术交付能力，则需要耗费大量的时间和精力在招聘、培养和管理方面，隐性成本在整个成本中占有较大的比重。特别是目前几乎所有组织都面临"招聘难"和人员流动率高的问题，一个员工从招聘到适岗通常需要 3 个月的时间，而在这段时间内需要耗费大量的时间来进行培训和考核。IT 服务外包可以选择按需采购按需付费，组织只需要提要求并对结果进行考核，既不会产生隐性成本又能够获取专业的 IT 服务外包。

（2）效率提升。对于外包服务商而言，为了能够提升竞争力，会不断地注重人员稳定性的控制、基本技能的储备、新技术的开拓和先进管理体系的建立，而这些正是组织建立和完善自己信息技术服务必不可少的元素。选择信息技术服务外包，也将外包服务商的先进管理理念和关联的资源带到现场，组织可以快速借鉴和吸收当前较先进的经验来弥补或提高自身的信息技术服务能力，从而能够为实现技术目标起到良好的作用。

（3）降低风险。组织信息技术在发展过程中，抵御风险的能力在任何时期都被视为工作重点，而风险是未知的，同时处置风险需要足够的技能和经验，一般组织很难建立起完善的风险应对机制。信息技术服务外包商因服务众多用户，在长期的服务交付过程中需要面对各种风险，已经具备了成熟的风险控制和应对能力，通过采购外包服务，可以直接获取专业风险应对能力。

（4）专注于主营业务。专注于主营业务的发展是组织发展的首要任务。随着组织信息化程度的逐步深化，信息技术已经逐步过渡为主营业务的重要支撑。对于信息技术部门来说，特别是组织的信息系统已基本进入运维阶段后，大部分的工作都是基础的、反复的基础操作工作，而这部分工作耗费了信息技术部门大量时间和精力，应将其及早地外包给专业的运维服务商，将主要精力投入到主营业务的发展中。

（5）管理简单。随着组织的发展，管理层级越来越多，管理扁平化的诉求愈发明显。同时，随着信息技术基础架构的发展，需要的支持团队也越来越多，各部门之间的协调、沟通等事务占用大量的时间。由于各支持团队之间业务往来频繁，职责界定困难，出现问题互相推诿。若选择服务外包，组织只需要对一个外包服务商进行结果考核，亦可达到想要的信息技术服务。

（6）提升满意度。衡量信息技术服务的核心指标是客户满意度指标达成与否，而客户满意度的影响因素较多，如需求响应不及时、处理效率低下、故障预见能力差、抵御风险的能力不足、缺少主动服务、服务体验差等。服务外包商因需要面对多个项目，对客户满意度已经有较成熟的管理体系，通过采购信息技术服务外包，能够帮助信息技术部门建立和完善服务机制，进而能够不断提高客户满意度。

12.4　服务退役终止

服务退役终止是服务生命周期的最后阶段。在服务退役终止过程中，系统规划与管理师主要负责组织召开评审会议、制订服务退役计划、评估服务终止风险、释放并回收资源、整理项目数据和资料等工作，确保服务退役终止过程的顺利实施。

12.4.1　沟通管理

服务退役终止是一个复杂的过程，系统规划与管理师需要与客户、项目团队等利益相关方进行充分良好的沟通，确保服务退役终止过程的顺利实施，同时总结经验教训，为下一次合作打下良好的基础。服务退役终止阶段，供需双方的沟通主要以会议形式为主，一般包括服务终止计划编制会议、服务终止计划评审会议、移交会议、经验交流会等。

1. 服务终止计划编制会议

在确定某项服务进入退役终止阶段后，系统规划与管理师须与该项服务的项目经理及团队人员会面，确认现阶段服务交付、人员、资源等情况，确定在服务退役终止阶段所需处置的相关事项，了解项目服务团队希望完成或传达的其他事项，最终形成书面的服务终止计划。服务终止计划应包括的内容如下：

（1）服务终止适用的条件。

（2）服务终止的目标与成功要素。

（3）其他各方执行流程的控制。

（4）所有相关方的角色与职责，如需方、外部供方、内部团队。

（5）约束、风险与问题。

（6）里程碑和交付物。

（7）活动分解和每个活动的描述。

（8）约定的服务终止与责任终止的完成标准。

（9）服务对需方不再有效的时间，服务终止的时间。

（10）要终止的服务和其他服务之间的接口将如何由其他服务处理。

（11）安排信息安全审查，包括敏感信息的删除等。

（12）确保任何悬而未决的事件、问题、用户请求和变更请求的具体内容已与需方达成共识，与需方的协议包括由此产生的任何行动。

2. 服务终止计划评审会议

在服务终止计划编制会议后，系统规划与管理师应尽快组织供需双方高层领导、服务项目经理以及其他利益相关方召开服务终止计划评审会议。服务终止计划评审过程中的注意事项如下：

（1）参会人员共同评审服务终止计划，明确服务终止过程中的各方责任。

（2）确定在服务终止过程中所涉及的所有任务的分配。

（3）明确在服务终止阶段需要通知或联系的第三方，如外部供应商、财务部门等。

（4）确定移交会议可能涉及的部门、人员及议程。

（5）服务终止计划需获得供需双方高层的批准，并取得各利益相关方的接受。

3. 移交会议

服务移交实际是服务管理和相关技术的转让，使得服务需方或其他服务继任者能够独立、持续地使用或提供相关服务。作为系统规划与管理师，应组织协商所有数据、文件和系统组件的所有权，按照协商结果或合同约定向客户方移交相关成果。移交会议的参会人员必须包括需方的高层领导，以及即将承担服务工作的继任项目团队成员及其负责人。移交的内容主要包括文件信息移交、知识移交、技能移交、基线移交和模拟环境移交。

（1）文件信息移交可包括服务使用手册、服务指南、服务维护技术相关文档等。

（2）知识移交可包括服务相关维护知识、服务的问题解决方案等。

（3）技能移交可包括服务提供技能、服务维护技能、服务改善技能、服务问题发现技能等。

（4）基线移交可包括服务运营环境的服务组件的状态及相关属性和设置。

（5）模拟环境移交可包括服务模拟环境的服务组件及相关环境组成要素。

当移交工作顺利完成，需方高层确认并签审后，服务项目的执行工作也就告一段落了。不过，服务项目团队内部的工作还未结束。

4. 经验交流会

经验交流会是一项非常有价值的收尾活动。经验交流会通常是一次大型会议，一般包括所有的项目利益相关方或其代表。召开这样的交流会表明项目的正式结束，它同样为获得利益相关方的认可及讨论改善未来的服务管理流程和程序提供了一个机会。

根据服务团队、客户以及其他利益相关方处获得的信息，系统规划与管理师负责编制服务项目经验总结报告。服务项目经验总结报告是对服务项目成功或失败的总结性文件，也是服务供方通过项目形成知识的重要渠道。它可以为未来服务项目的服务级别、团队架构、成本预算等提供历史数据和参考建议。

12.4.2　风险控制

在服务退役终止阶段，系统规划与管理师应建立服务终止的风险列表，并对风险等级进行评估，对风险等级较高的风险应制定应对措施方案。风险列表是一种常用的风险管理工具，它指明了服务项目在该阶段面临的最大风险。简单地列一张当前风险清单，可以使系统规划与管理师的头脑中保持风险管理意识。在服务退役终止过程中，所面临的风险一般有数据风险、业务连续性风险、法律法规风险和信息安全风险。

1. 数据风险

系统规划与管理师可按照服务对象的性质对数据进行分类（例如，终端数据、网络数据、应用数据、存储数据等），然后再对每类数据在服务退役终止阶段可能面临的风险等级进行判别，对等级较高的数据风险可采取相应的风险控制措施。数据风险等级列表如表 12-22 所示。

表 12-22　数据风险等级列表（示例）

类别	数据泄露	数据篡改	数据滥用	违规传输	非法访问	…
终端数据	高	中	低	低	低	
网络数据	中	低	中	低	低	
应用数据	中	中	高	中	低	
存储数据	高	中	低	低	低	
…						

在服务退役终止阶段，可能涉及的数据风险主要包括以下 5 类：

（1）数据泄露。包括但不限于数据被恶意获取，或者转移、发布至不安全环境等相关风险。

（2）数据篡改。包括但不限于造成数据破坏的修改、增加、删除等相关风险。

（3）数据滥用。包括但不限于数据超范围、超用途、超时间使用等相关风险。

（4）违规传输。包括但不限于数据未按照有关规定擅自进行传输等相关风险。

（5）非法访问。包括但不限于数据遭到未授权访问等相关风险。

2. 业务连续性风险

服务进入退役终止阶段，并不意味着客户业务的即刻终结，系统规划与管理师应对本阶段可能引起的业务连续性风险进行评估和控制。

1）服务人员变动风险

服务进入退役终止阶段，意味着服务项目即将结束，服务团队也面临解散，势必会造成服务团队的不稳定。在服务项目完全终结之前，团队成员，特别是关键岗位的人员离职，可能会导致服务质量的下降，给客户业务的连续性带来风险。

2）服务信息同步风险

如果现有服务项目将由客户自行接管或更换服务供应商，双方团队将面临复杂而烦琐的项目移交工作。由于现任服务团队和继任服务团队是两个不同的组织，两个组织之间进行服务交接确认时，本身就存在信息传递的风险。该风险是指在服务交接的过程中，由于继任团队对客户需求理解得不到位，或现任团队对接人员的专业素质问题，可能导致无法将客户的真实意图和需求妥善地传递给继任团队，并完善地落实在交接文档内。如果产生了服务信息同步风险，将会在后续服务过程中发现继任团队的服务方式和服务级别与客户需求有较大的落差，可能会给客户的业务连续性带来风险。

3. 法律法规风险

供方在服务过程中所涉及的合同、协议、知识产权、商业秘密等多方面，都存在着法律风险。如果在一些条款和关键信息上的阐述不够明确或有缺失、有歧义，而双方的法务并没有及时发现和更正，在发生了类似违约等事件后，难以凭借合同条款对处理方式达成一致，引发后续的法律纠纷，可能会导致服务供方受到巨大的经济损失和声誉损害。在服务退役终止阶段，系统规划与管理师应组织法务人员对可能引起法律纠纷的文件及相关条款进行核对，对有争议的内容与相关方进行沟通协商，将风险降到最低。

4. 信息安全风险

客户信息系统中存储了大量的客户数据，其中包含隐私数据、商业数据等，服务供方人员在日常工作中除了接触到以上数据外，也会接触到一些客户内部的文件材料，如果客户内部的监督管控不到位，服务供方的保密培训不到位，或者服务人员出于一些利益驱使，可能导致银行数据和信息的对外泄密。在服务退役终止阶段，系统规划与管理师应协助客户加强信息安全监管，在服务团队内部强调保密责任，必要时可签署保密协议。

12.4.3　资源回收

在服务退役终止阶段，系统规划与管理师应做好文件归档，以及财务、人力、基础设施等资源的回收与确认工作。

1. 文件归档

为了使项目知识得到沉淀，也为了给未来服务项目的设计、计划、估算和管理积累经验，要注意对项目文件进行归档。在服务退役终止过程中，由于服务团队的注意力集中在项目收尾和工作交接方面，记录项目文件归档、进行经验 / 教训的总结很容易被人遗忘。服务项目文档是帮助供方改善服务管理的重要参考来源，每个组织可能对文件归档的具体要求不同，但一般应包括服务日志、项目计划（项目章程、项目范围说明书及风险管理计划等）、项目来往函件、项目会议记录、项目进展报告、合同文档、技术文件以及其他信息。

服务供方应该建立保存和维护这些项目数据的计算机信息系统，这样在需要时可以很方便地检索查找。当收集了足够的项目数据后，服务供方可开发"案例库"，为以后做出合理的服务项目费用估计和编制具有现实意义的服务项目计划提供参考。

2. 财务资源回收

项目账目收尾是服务退役终止阶段针对于项目团队成员的内部流程。如果没有设定明确的日期或提供正式的项目账目收尾流程，项目账目往往会在项目结束日期后仍旧存续，项目团队成员仍然可以借项目名义使用财务或其他资源。如果发生这种情况，项目便不再是项目，很可能变成没有结束日期的活动。既然项目都有自己的有限预算和明确的生命周期，必须在某点上结束项目账目。

大多数项目都有项目账目编码，它们使财务部门能够跟踪项目费用以及其他资源等。在项目结束时，应及时撤销这些账目编码，以确保没有人能够继续凭项目账目编码支付工资和采购材料等。

项目账目编码的撤销应由系统规划与管理师通过书面形式向负责财务的部门提出请求，或由财务部门向系统规划与管理师和相关部门提出通知。要让项目相关人员知道，若超过项目结束日期，组织将不能再为其工作时间提供工资或为项目采购资源等。

3. 人力资源回收

在服务退役或终止后，系统规划与管理师应该根据服务终止计划及时把服务团队成员送回到服务项目管理部门。如果服务项目终止了，但团队成员迟迟不能及时回归，不但严重影响了组织其他项目的工作，也会造成人力成本增加。处理团队的解散工作要十分谨慎。团队成员对项目做出了巨大的贡献，有的甚至是做出了一些牺牲。如果系统规划与管理师没有意识到他们的贡献和牺牲，会使团队成员在项目临近尾声时感到失落。如果不能及时有效地消除团队成员对项目的失落感，将导致其带着怨气进入下一个服务项目或者新的工作中，对组织的后续发展产生负面作用。因此，必须保证团队成员都能为自己的付出得到相应的回报或者肯定。

4. 基础设施资源回收

如果服务供方在服务运营过程中投入了相关设备或工具，在服务退役终止阶段，系统规划与管理师就应告知负责控制设备或工具的人员做好回收准备，以确保这些设备或工具处于可以被其他服务项目获得的状态。在服务项目结束后，系统规划与管理师要负责检查设备或工具的说明文件或操作手册，以确定它们是否被修改（例如，在结构、数据或技术参数等方面）。当然，使服务项目所使用的设备或工具恢复到初始状态会增加费用和人力要求，系统规划与管理师可根据实际情况加以判断。

12.4.4　信息处置

在服务退役终止阶段，系统规划与管理师应与客户协商并明确所有服务数据、项目文档等信息资产的所有权。根据所有权的不同，对信息资产进行转移或清除，在必要情况下，还需对存储介质进行清除或销毁，以确保供需双方信息资产（尤其是数据资产）的安全。

1. 信息转移和清除

对于具有信息资产所有权的一方，采取适当措施将信息资产转移到安全介质中，确保将来可以继续使用；同时，不具备该项信息资产所有权的一方，采用安全的方法清除相关信息。具体过程如下：

（1）确定要转移或清除的信息资产，列出要转移或清除的信息资产清单。

（2）制定信息资产的处理方式和处理流程，如果包含敏感或涉密信息，应按照国家相关部门的规定进行转移和清除。

（3）按照信息资产处理方式和流程对信息资产进行转移和清除，监控实施过程中出现的意外情况，并记录信息转移和清除的过程，包括参与的人员、转移和清除的方式以及目前信息所处的位置等。

2. 存储介质清除或销毁

通过采用合理的方式对存储介质（包括磁带、磁盘、打印结果和文档等）进行信息清除或销毁，防止介质内不具备所有权的敏感信息泄露。具体过程如下：

（1）确定要清除或销毁的介质，列出要清除或销毁的存储介质清单。

（2）根据存储介质承载信息的敏感程度制定对存储介质的处理方案，包括数据清除和存储介质销毁等，如存储介质包含敏感信息，应按照国家相关部门的规定进行处理。

（3）严格按照存储介质处理方案对存储介质进行清除或销毁，监督介质处理过程中的风险，记录清除或销毁的过程（包括参与人员、处理方式等），检查是否有残余信息等。

12.5　持续改进与监督

持续改进与监督活动贯穿信息系统服务的全生命周期，且是持续性的，不存在明显的起止时间。系统规划与管理师应依据服务级别协议及信息技术服务标准对信息系统服务进行评价，并对服务供方的服务过程、交付结果实施监督和绩效评估，确保实现预定的服务要求，从而提升客户满意度和服务质量。持续改进与监督环节的主要活动包括服务风险管理、服务测量、服务质量管理、服务回顾及服务改进 5 项活动。

12.5.1　服务风险管理

风险是在实现服务目标过程中所带来的不确定性和可能发生的危险。风险一旦发生，会对服务产生某种影响。在信息系统服务提供过程中会遇到各种风险，可能会对服务带来不利影响，使得服务目标不能正常实现。这些风险通常包括 5 个方面，即人员、技术、资源、过程和其他。例如，在人员方面，会出现服务人员流动导致服务质量波动大、人员误操作导致业务数据丢失的风险；在技术方面，会存在采用发现问题的技术和服务对象不匹配的风险；在资源方面，会发生备品备件失效、服务工具失效等风险；在过程方面，会出现过程规定不完善的风险；在其他方面，会出现服务范围蔓延的风险等。

风险管理包括策划、组织、领导、协调和控制等活动，通过风险识别、风险分析和风险评估，提供一个有效的事先计划，并合理地使用回避、减少、分散或转移等方法，对风险实行有效的控制，妥善地处理风险造成的不利后果，以合理的成本保证安全，可靠地实现预定的目标，减少风险对组织资源、收益和现金流的不利影响。

12.5.2　服务测量

服务测量用于获得与服务交付过程相关的各种数据，进而获得服务改进活动所需的各种原始资料。对服务进行有效测量是进行服务改进的基础，通过服务测量可以获得各种数据，进而作为服务改进的基准和依据，并为服务改进设定目标。如果没有有效的服务测量，将使得服务改进活动失去方向和动力，并可能最终导致服务质量下降。

1. 服务测量的目标

服务测量的目标是监视、测量并评审服务及服务管理目标的完成情况，分析与服务计划的差距，并为服务改进提供依据。服务测量活动的价值体现在：

- 验证之前所做的决策是否正确，所做的工作是否有效果。
- 目前的服务在成本、质量、有效性等方面是否比之前有所改进。
- 证明服务改进活动的必要性，并向管理层争取必要的资源，以支持服务改进。
- 指导服务改进活动的方向和目标。

2. 服务测量的活动

在实施服务测量的各项数据收集活动前，系统规划与管理师应明确测量的目标和方向是否与服务供方的运营目标及业务需求相匹配。以下将从人员、资源、技术及过程几个要素分别描述具体测量活动。

1）服务人员测量

考虑到人员是提供信息系统服务的基础，因此从服务改进测量的角度，我们更应该关注人员培训管理、人员招聘管理、人员绩效管理、人员储备管理、岗位职责管理、人员工作量管理等，具体对应如下测量活动：

- 识别备份工程师对项目的满足度和可用性。
- 测量人员招聘需求匹配率。
- 收集培训的应用情况，如培训覆盖率、满意度及评价。
- 人员能力测量，如识别并收集考评团队内部最新的人员技能、资历认证等。
- 服务工作量测量，如根据来电量进行服务台人员配比预测等。
- 岗位职责更新情况，如识别最新组织结构变化等。
- 人员绩效考核分配机制测量，如关注分配比例的合理性。
- 实时监控团队工作状态，如关注员工异动隐患等。

下面给出人员测量参考实例。针对信息系统服务人员绩效指标及实际达成情况，进行绩效考核和评估，绩效评估及应用可按表 12-23 所示操作，测量分配比例的有效性和具体指标，测量分配比例是否达到绩效考核的目的，同时关注参评人员对于该分配比例的反馈。

表 12-23　IT 服务人员绩效考核表

考核级别	分值区间	分配比例及说明
A：优秀	≥ 95	最多不超过团队成员的 10%
B：良好	≥ 80 且 < 95	团队成员的 50%
C：需改进	≥ 70 且 < 80	团队成员的 30%
D：需淘汰	< 70	最多不超过团队成员的 10%，可以为 0

2）服务资源测量

跟踪服务资源现状和变化趋势，针对信息系统服务运维工具、服务台、知识库和备件库进行相关测量。以项目为单位，根据不同服务项目的进程需求，由系统规划与管理师周期性统计该项目的资源健康状态和使用情况。

- 信息系统服务运维工具。针对服务过程中使用的监控工具、过程管理工具和专用工具进行测量，测量活动包括：测量工具的功能与服务管理过程是否有效匹配；周期性识别相关工具的使用手册是否有效并进行相关验证；监视服务运维工具的健康状态，如可用性、软/硬件历史故障等。
- 服务台。服务台关键测量指标示例如表 12-24 所示。

表 12-24　服务台关键测量指标

关键测量指标	测量描述
接听率	周期性进行服务台接听量与呼入量的收集和测量，接听率 = 服务台人员响应的电话总数量 / 用户呼叫服务台的总数量 ×100%
派单准确率	服务台人员首次派单得到解决的事件或服务请求总数量 / 事件或服务请求总的数量 ×100%
录单率	接收用户呼叫并做记录的事件或服务请求总数量 / 服务台接到的所有用户呼叫总数量 ×100%
平均通话时间	用户呼叫持续总时间 / 事件或服务请求总数量 ×100%

- 备件库。由系统规划与管理师根据项目要求，周期性统计发生的资源消耗情况（事件数量、备品备件数量等），做出工作效率分析，并与前期数据对比分析，出具服务资源需求分析等。测量活动包括：盘点备件资产、统计备件损坏率、统计备件命中率、统计备件复用率。
- 知识库。知识库的测量活动包括：收集知识的积累数量、统计知识的利用率、统计知识的更新率、统计知识的完整性、计算各类知识的比重、统计知识新增数量与事件、问题发生数量的对比关系。

3）服务技术测量

服务技术测量主要包括：

- 识别研发规划。根据技术研发计划，测量技术规划的完整性和落实情况。
- 识别研发成果。各种技术对业务的实际应用效果和实用性。
- 技术手册及 SOP 统计。如根据事件分类进行 SOP 覆盖率的定期统计，根据诊断方案或典型故障的解决方案进行使用率的定期统计等。
- 应急预案实施统计。收集所有应急预案在实施过程中针对人员能力、职责、流程、技术等方面的量化指标，如实际发生的应急响应、升级时间等。
- 监控点和阈值统计。定期比对监控点的适用性，通过测量实际监控结果，判断阈值设定的合理范围。

4）服务过程测量

服务过程测量活动是分层次的，对于单一服务项目而言，测量活动至少应该覆盖服务管控和服务执行两个层次。前者主要从业务和用户的视角来测量服务过程，关注服务交付结果；后者主要从技术视角来测量服务过程，关注具体的服务过程和细节。服务级别分析属于服务管控测量内容，事件统计分析、问题统计分析、变更与发布统计分析和配置统计分析等属于服务执行测量内容。

- 服务级别分析。由系统规划与管理师制订阶段性项目计划及需求，进行统计分析，并形成项目绩效分析作为项目总结报告或月度服务报告的核心组成部分。分析内容包括服务SLA达成率分析、重大事件分析（MTTR、服务效率）、人员绩效分析等。
- 事件统计分析。动态跟踪服务过程中每个事件的完成情况，及时发现服务过程的不足之处，并予以纠正。分析内容包括重大事件回顾、事件统计和分析、汇总和发布等。
- 问题统计分析。问题经理定期统计周期范围内产生的问题和解决方案，并形成相关报告发布给所有服务实施团队，出具问题分析报告。分析内容包括周期内问题数量、已解决问题数量、遗留问题数量、知识库更新信息等。
- 变更与发布统计分析。变更经理负责监控每个变更、发布的执行过程的合规性及变更执行的有效性，并跟踪管理直至相关活动结束。周期性地对服务的变更发布活动做数据汇总和统计分析，作为总结报告的组成部分；出具变更、发布分析报告。
- 配置统计分析。记录配置管理活动的细节，使得相关人员可以了解各配置项的内容和状态，确保配置项和基线的所有版本可以恢复；按照配置管理计划，定期或按事件驱动进行检查。

12.5.3 服务质量管理

1. 信息技术服务质量评价模型

由于信息系统服务的无形性、不可分离性、差异性等特点，给服务量化带来了很大的不确定性。GB/T 33850—2017《信息技术服务 质量评价指标体系》提出了用于评价信息技术服务质量的信息技术服务质量模型，该模型定义了服务质量的5类特性：安全性、可靠性、响应性、有形性、友好性。每大类服务质量特性进一步细分为若干子特性。这些特性和子特性适用于定义各类信息技术服务质量的评价模型，如图12-4所示。

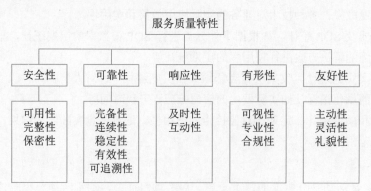

图12-4 信息技术服务质量评价模型

信息技术服务质量评价分为确定需求、指标选型、实施评价以及评价结果分级4个步骤，具体操作参阅标准 GB/T 33850—2017《信息技术服务 质量评价指标体系》。

2. 服务质量管理活动

服务质量是指服务能够满足规定和潜在需求的特征和特性的总和，是信息技术服务能够满足服务需方需求的程度。服务质量管理活动包括服务质量策划、服务质量检查、服务质量改进等。

1）服务质量策划

对服务质量的整体策划一般由服务质量负责人主导完成，策划的内容包括：

- 确定服务质量的目标。结合业务实际情况、服务客户的需要以及当前服务能力水平，设定合理的服务质量目标。确定服务质量管理的活动，为了达到服务质量目标，必须事先策划所要采取的质量保证和质量控制活动，目前常见的服务质量活动的形式包括：①项目质量保证；②用户满意度管理；③客户投诉管理；④日常检查；⑤质量文化和质量教育；⑥体系内审及管审。
- 确定服务质量管理相关的职责和权限。服务质量策划是对相关的过程进行的一种事先安排和部署，而任何过程必须由人员来完成。服务质量策划的难点和重点就是落实质量职责和权限。如果某一个过程所涉及的质量职能未能明确，没有文件给予具体规定（这种情况事实上是常见的），会出现推诿扯皮现象。
- 确定时间安排。在策划阶段需要对确定的各类质量活动时间做出大致安排，或者确定频率周期。
- 确定质量策划文件。服务质量策划最终要形成质量策划文件，在最终确定后，应该以正式的形式发送给相关方。

2）服务质量检查

质量人员按照前期服务质量策划的内容对各阶段服务的质量进行检查和实施工作，必要时还要制订详细的质量计划。比如项目质量保证工作，需要针对检查的项目制订项目质量保证计划，并按照项目质量保证计划实施质量保证工作；满意度调查管理需要事先制定满意度调查问卷等。

常见的质量实施和检查活动包括：

- 满意度调查。
- 项目质量保证工作。
- 内审。
- 管理评审。
- 日常检查。
- 质量文化培训等。

质量人员在质量检查或者实施过程中也要对检查的过程结果进行客观记录，以方便事后的分析和判断。服务质量负责人和业务负责人需要定期关注质量检查活动的执行状况，保证各项质量工作按照计划在执行，必要时给予指导。关注的方式可以是正式的也可以是非正式的，可以采用的方式包括但不限于：

- 定期召开质量会议。
- 定期质量报告。
- 不定期的邮件质量问题沟通。

3）服务质量改进

服务质量负责人和业务负责人应当清楚当前的服务质量总体状况，并要结合当前的服务业务现状及能力水平，针对当前的质量问题确定质量改进方向和改进目标。质量改进目标确定后，就要安排具体质量人员落实改进任务，虽然具体的改进工作是由质量人员落实和跟踪的，但最终的结果需要服务质量负责人和业务负责人决定并掌控，因为质量改进过程中很多工作是需要服务工程师参与完成的，如果没有质量负责人和业务负责人的支持，很多改进工作会流于形式，起不到真正质量改进的作用。在服务质量改进过程中，业务负责人和质量负责人也要定期关注改进情况，一旦出现偏差，要及时给予指导和帮助。

12.5.4 服务回顾

服务回顾的主要目标是为适当的受众（包括用户、业务部门、供应商、技术人员、管理层等）回顾各种服务测量数据，并作为后续活动的参考和依据。及时关注并发现客户业务需求的变化，并及时、有效地对这些需求变化做出回应；通过定期的服务回顾，保持与客户之间沟通渠道的有效和畅通，评估上个周期的服务质量，了解服务范围、服务级别协议、合同以及业务需求的变化，修订服务范围和相关协议。

根据服务需方与供方不同的关注内容，服务回顾的主要活动分为两类，一是与客户回顾内容，二是团队内部回顾内容。应该对相关服务回顾机制进行过程管理，规定回顾级别、具体内容、频率和参与者等内容。服务回顾工作可与服务质量评审会议一起举行，由系统规划与管理师与业务关系经理组织，双方相关人员参与。

（1）服务回顾机制。采用表 12-25 中的四级服务回顾机制进行内外部服务回顾。

表 12-25　四级服务回顾机制

级别	内容	频率	参与者
一级	针对重大事件、特殊事件的沟通，包括服务内容变更、客户投诉等	不定期按需沟通	系统规划与管理师、客户接口人
二级	项目月度例会，向客户汇报当月服务情况，包括服务量、SLA 达成率、当月重大事件等内容	每月度	系统规划与管理师、客户接口人
三级	项目季度回顾，向客户汇报当季项目运营情况，包括服务数据分析、SLA 达成率、客户满意度、服务改进计划等内容	每季度	系统规划与管理师、服务供方业务关系经理、客户接口人
四级	合作年度回顾，回顾项目的整体实施交付情况	每年度	服务供方高层管理人员、系统规划与管理师、服务供方业务关系经理、客户接口人

（2）与客户回顾内容主要包括：

- 服务合同执行情况。
- 服务目标达成情况。
- 服务绩效（服务级别协议）、成果。
- 满意度调查。
- 服务范围、工作量。
- 客户业务需求的变化。
- 服务中存在的问题及行动计划。
- 上一次会议中制订的行动计划的进展汇报。

（3）团队内部回顾内容主要包括：

- 上周期工作计划回顾。
- 本周期内遇到的特殊或疑难工单。
- 讨论本周期内未解决的工单。
- 各小组工作简报。
- 本周期的问题回顾。
- 本周期内的工程师KPI总结（如工程师工单量、工程师平均响应时间、工程师平均解决时间、工程师现场支持解决率）。
- 下周期工作计划安排。

注：对于重大项目，应以项目复盘的形式进行内部的服务回顾。

12.5.5　服务改进

服务改进的目标是利用管理方针、管理目标、审核结果、服务测量、服务回顾、客户满意度管理、投诉管理及管理评审等活动，促进服务管理能力在有效性和效率方面的持续改进和提升。优化后的服务可以更好地支持过程运行，提升 IT 对业务的支撑力度。

服务改进需要进行生命周期管理，主要活动包括服务改进设计、服务改进实施、服务改进验证，涉及服务管理人员、技术、资源、过程等方面，如图 12-5 所示。

1. 服务改进设计

服务改进设计主要包括以下内容：

（1）定义服务改进目标。服务改进的总体目标应是促进服务管理能力在有效性和效率方面的持续改进与提升。这种持续改进和提升应以满足需求、为用户和客户提供更优质、更稳定的 IT 服务为初衷。因此，在制定具体活动或项目的改进目标时应注意：

- 改进目标应与服务目标相一致，需要客户的参与，并与相关部门进行有效沟通。
- 改进目标应是现实可行并是可测定的，在改进计划或方案中应对此进行详细的描述。

图 12-5　服务改进四要素

- 改进目标是进行改进项目或活动回顾的重要依据，因此必须确保其满足了用户和客户部门的需求，并且是符合法律法规及相关标准要求的。

（2）识别服务改进输入。服务改进的来源可能是：

- 服务测量及服务回顾过程中分析或确认的服务改进需求。
- 客户需求与IT服务运营实际结果的差异。
- IT服务管理业界标准。
- 内部员工提出的改进意见。
- 管理层提出的要求。
- 服务目标。
- 对服务管理体系审核的结果。
- KPI指标的变化趋势。
- 过程改进实施后的反馈。
- 业务和技术上的变革。
- 对日常运行、服务报告和服务过程回顾发现存在的问题。

（3）制订服务改进计划。识别服务改进措施，编制服务改进计划。服务改进计划应包括如下内容：

- 文档介绍，包括文档简介、文档目的。
- 服务改进活动基本信息，包括服务改进活动名称、改进活动负责人、改进活动团队成员、计划活动起止时间、主要预期成果。
- 服务改进描述，包括服务改进动机、服务改进目标、涉及范围。
- 服务改进方案，包括总体方案和进度安排、各阶段具体活动、预算和资源安排。
- 角色和职责，包括角色、职责、活动。
- 服务改进回顾，包括主要衡量标准、改进回顾团队、时间安排。

（4）确认服务改进职责。服务四要素改进主要由系统规划与管理师和服务质量负责人负责，包括：

- 负责识别服务四要素改进需求。
- 负责制定具体的改进目标和方案。
- 负责管理和控制服务四要素改进项目的实施。
- 对改进活动的结果负责。
- 负责定期组织改进回顾，巩固改进成果。
- 负责改进项目完成后进行知识转移。

2. 服务改进实施

系统规划与管理师组织服务质量负责人及相关人员实施服务改进计划和具体方案。服务质量管理部门会同其他相关部门共同制订改善目标及改善计划，并监督实施。

服务改进涵盖了服务的四要素，以下列举可能的改进领域。

（1）人员的改进包括：

● 改善人员管理体制。根据业务现状和业务发展需要来设计和完善运维人员管理体制，包括任职资格体系、人员培训和绩效考核方法等。

● 提高IT人员素质。通过改进措施提高人员对其负责角色和职责的理解，提高对整个服务管理过程的理解，提高人员的服务与客户意识。

● 调整人员储备比例。通过周期观测服务人员储备的使用情况，合理调整各级别人员储备比例，降低因人员变动而影响服务连续性的可能性。

● 调整人员和岗位结构。根据业务需要实现人员和岗位的动态调整和优化。

（2）资源的改进包括：

● 保障各类资源对业务的支撑作用。

● 持续完善IT工具。为提升过程效率和对特定指标量化管理（如可用性指标），建立必要的工具平台，并不断优化完善工具。

● 持续优化服务台管理制度。根据服务测量与回顾输出的关于服务台改进意见进行持续改进。

● 知识库管理制度改进优化。

● 备件库管理制度改进优化。

（3）技术的改进包括：

● 技术研发计划重新规划及改进。针对技术研发涉及的职责分工、经费、测试及生产环境等重新进行评估和调整，确保满足市场目标和业务目标。

● 技术成果优化改进。对技术成果进行评价与评估，根据分析或者在实践中的信息，对技术成果进行新一轮的开发，并增加相应的预算。

● 完善技术文档。针对服务过程中使用的解决方案、SOP及其他技术/工程文档的完备性、适用性、保存方式及访问控制、文档之间的相关性和一致性等进行改进。

● 改进应急预案。依据应急预案的成功率，细化应急预案的职责分配和执行流程。

● 更新监控指标及阈值。周期性地与客户确定监控点、指标及阈值，根据服务目标及能力进行动态调整。

（4）过程的改进包括：

● 完善现有过程。检查过程目标、过程范围、过程原则、过程负责人、子过程、过程活动、输入信息、输出信息、过程角色和职责描述、技能要求、考核指标等是否定义准确清晰，是否可以在某些环节优化，以提高过程的执行效率。

● 建立新的服务管理过程。如建立服务级别管理过程、可用性管理过程、问题管理过程、员工离职IT终端回收流程、机房巡检流程等。

● 调整过程考核指标。根据过程执行情况及IT部门状况，设定和调整合适的考核指标目标，通过持续的指标监控发现变化趋势，并采取措施进行绩效改进。

● 提升对外服务形象。改进对外服务形象，提供服务目录，建立服务等级协议。

● 提供新的服务。根据客户的反馈和对客户的需求分析，不断推出新的服务，加强IT部门与客户的联系。

- 为业务部门提供管理报表。根据客户需要，提供特定客户关心的IT服务管理报表，并提出分析建议和改进措施。

3. 服务改进验证

服务改进验证主要包括以下内容：

（1）服务改进项目的检查。当服务改进项目实施完成后，系统规划与管理师应对照服务改进计划中定义的服务改进目标，发起服务改进回顾会议，服务供需双方核对服务改进活动的目标达成情况，会同相关人员对实施效果进行验证，并记录验证或验收评价结果。当实施效果未能达到预期效果时，应组织相关部门进行原因分析，制定相应的整改措施或重新制订改善计划并实施。

具体验证过程包括：

- 系统规划与管理师组织服务交付部门，按服务改进计划中所列项目对项目指标完成情况进行检查，检查结果记录在服务改进控制表中。
- 对于未达标的项目，组织相关部门进行原因分析，制定改进措施。
- 形成书面统计分析及改进报告，分别提报主管领导及监督部门。
- 服务质量监督部门按照相关规定实施过程考核。

（2）提交服务改进报告。服务质量责任人负责监督服务改进计划的执行情况，并根据执行结果和检查情况，编写服务改进报告，服务改进报告应包括服务改进计划的相应内容。

第 13 章　人员管理

　　人力资源不仅是组织中最重要的资源之一，也是对组织发展最具影响力的资源。高层管理者之所以日益重视人力资源的战略地位，其根本原因在于对人力资源的有效开发利用是组织保持竞争优势的必要条件。新生代员工的管理、移动互联网及智能制造时代的到来等因素都为人力资源管理带来新的挑战，员工的行为表现是组织能否达成目标的关键，在组织不断提高竞争力和努力完成各种使命的过程中，人力资源管理起着至关重要的作用。组织是由人构成的，也是由人来管理的，优秀的人力资源将助力于组织的发展和壮大。正确处理组织中的"人"和"与人有关的事"所需要的观念、理论和技术是人力资源管理的关键。

13.1　人力资源管理基础

　　人力资源管理工作直接影响整个组织的经营状况和运行状态等，具体取决于人力资源的管理政策、体制设计和贯彻实施。在人力资源管理方面，组织的整体目标是尽可能拥有高质量的员工，以及合理的人才能力梯次分布，并力求通过改进员工的职责、技能和动机，来调动员工的积极性，提高工作效率与效能，从而使组织获得更好的可持续竞争优势，而人力资源管理部门则主要侧重于与这一整体目标有关的更为具体的目标。

　　人力资源管理目标包括：①建立员工招聘和选择体系，以获得最符合组织需要的员工；②充分挖掘每个员工的潜能，使其既服务于组织的发展目标，也满足员工的事业发展需求；③留住那些通过自己的工作绩效助力组织实现目标的员工，同时淘汰那些无法满足组织发展需要的员工；④确保组织遵守政府关于人力资源方面的法律、法规、政策和标准等。

　　如上，人力资源管理的广义目标是充分利用组织中的人员使组织的各项工作效率水平达到最高；狭义目标是帮助各团队负责人更加有效地管理团队成员。人力资源管理部门通过制定和解释政策、规范等管理活动来完成这两个目标。人力资源管理主要包括以下内容：

- 规划：指确认组织中的工作要求，确定这些工作需要的人员容量与技术需求，向有资格的工作申请人提供均等的选聘机会。本环节主要进行工作分析与岗位设计，根据各工作岗位任务的特点，确定组织中各工作岗位的性质及岗位要求，预测组织的人力需求，为开展招聘工作提供依据。

- 招聘：指根据工作需要确定最合适人选的过程，确保组织能够从工作申请人中选拔出符合组织需要的员工。

- 维护：指维护员工有效工作的积极性，维护安全健康的工作环境，包括如何管理员工的工资和薪金，做到按照员工的贡献等因素进行收入分配，做到奖惩分明，并通过绩效、福利等措施激励员工。

- 提升：指提高员工的知识、技能和经验等方面的能力，保持和增强员工的工作素养，包括对新员工进行工作指导和培训，培育和培养各级管理人员及骨干人才，以及为了使员工保持理想的技能水平而开展的一系列活动。

● 评价：指对员工的工作结果和工作表现与人力资源管理相关策略执行情况的观察、测量和评估，包括决定如何评价员工的工作绩效，如何通过面谈和辅导等方式促使员工满足组织规定的岗位要求等。

13.2　工作分析与岗位设计

工作分析活动是对组织分工和分工内容进行清晰的界定，让任职者更清楚工作的内容，甚至没有从事过某项工作的人也能清楚该工作是怎样完成的。若岗位工作内容和工作设置不是最优的，则需对工作的内容进行重新界定，这就是岗位设计。岗位设计是确定完成工作的方式、所需完成的任务，以及界定该项工作在组织中与其他岗位工作的关系的过程。

为了更好地进行岗位设计，需要全面了解现有的岗位工作，发现工作设置上的问题。岗位设计是把工作的内容、从事工作的资格条件和薪酬结合起来，从而满足员工和组织建设与发展的需要。

13.2.1　工作分析

工作分析的目的是明确所要完成的任务以及完成这些任务所需的人的能力特征。工作分析将每项工作所包含的任务、责任和任职资格用正式的文件明确下来，确保组织中的每项工作都是按照管理人员的意愿进行分配。

1. 工作分析作用

表 13-1 对工作分析的作用进行了概括。

表 13-1　工作分析作用

招聘和选择员工	发展和评价员工	薪酬政策	组织与岗位设计
人力资源计划 识别人才招聘 选择安置 公平就业 工作概览	工作培训和技能发展 角色定位 员工发展计划	确定工作的薪酬标准 确保同工同酬 确保工作薪酬差距公正合理	高效率和优化激励 明确权责关系 明确工作群之间的内在联系

从招聘和录用方面看，对工作要求的充分理解是组织实现有效招聘的前提条件。有效的人力资源计划是组织人力资源管理工作的重要指导，而工作分析正是预测人力资源需求的基础，也是对培训、调任或晋升等活动的计划基础。招聘录用是要发现最能胜任工作的人员的过程，这就需要首先明确工作对工作者的要求。工作分析能够提供工作内容和任职的资格条件方面的资料，从而用来决定招聘与任用哪种人才；同时，工作分析也可以用作选择候选人的遴选工具。

从员工的入职、成长和发展来看，员工在培训中学到的应该是在工作中要用到的知识和技能，因此培训应充分结合员工的实际工作情况。通过工作分析得到的工作说明书指明了各项工作所需要的技能，据此就可以设计培训、培养计划，包括评估培训的需求、选择培训方式和衡量培训对工作绩效产生的效果等。同时，工作分析还可以用来建立员工的晋升渠道和职业发展路径。在组织帮助员工建立自己的职业发展规划时，只有组织和个人对工作的要求与各项工作之间的联系有明确的了解，才能设计出有效的职业生涯规划。从员工自身的角度看，工作说明和工作规范也可以帮助员工进行有效的职业定位。另外，员工工作绩效评价也是人力资源管理的一项重要内容，而工作要求是评价员工工作成绩的标准和依据。工作分析可以决定绩效标准，然后把员工的实际绩效和组织的期望绩效相比较，从而进行绩效评估。

从制定薪酬政策的角度看，工作分析是合理确定薪酬标准的基础。工作分析要求深入地理解各种工作要求，这样才能根据它们对组织价值的贡献大小进行排序。工作分析通过了解各项工作的内容、工作所需要的技能、学历要求、工作的危险程度等因素，确定工作相对于组织目标的价值，从而作为确定合理薪酬的依据。

从组织和岗位设计的角度看，工作分析信息可以帮助我们明确各项工作之间在技术和管理责任等各个方面的关系，消除盲点，减少重复，提高效率。只有运用工作分析的资料和成果，才能可靠地确定组织中各项工作之间的关系结构，正确划分岗位序列。如果组织要使用稳定高效的设备设施改进某项工作，就需要确切地了解工作对操作者的要求，工作方式的改进也需要明确的工作要求。另外，在工作分析中，经常可以发现由环境因素或员工的习惯造成的安全隐患等。

2. 工作分析过程

工作分析通常划分为 4 个阶段，包括 10 个具体步骤，如表 13-2 所示。

表 13-2　工作分析步骤

阶段	步骤	内容
第一阶段： 明确工作分析范围	1	确立工作分析的目的
	2	确定工作分析的对象
第二阶段： 确定工作分析方法	3	确定所需信息的类型
	4	识别工作信息的来源
	5	明确工作分析的具体步骤
第三阶段： 工作信息收集和分析	6	收集工作信息
	7	分析所收集的信息
	8	向组织报告结果
	9	定期检查工作分析情况
第四阶段： 评价工作分析方法	10	以收益、成本、合规性和合法性等为标准评价工作分析的结果

工作分析的核心流程如下：

（1）明确工作分析对象。

影响工作分析对象的选择因素有工作的重要性、完成难度和工作内容变化等。对组织非常关键的工作需要进行认真研究，对那些因工作完成难度较大而需要对员工进行全面培训的工作也是需要分析的。如果由于技术变动或组织的管理方式变化使得员工当前的工作内容与以前拟定的工作描述出现差别，以原有的工作描述为基础的人力资源管理功能无法得到正确的体现，这时就需要对这一工作进行工作分析。另外，如果设置了新的工作岗位，也应该对这一工作岗位进行工作分析。

（2）选择收集工作分析信息的人员。

收集工作分析信息的人通常有三种类型：工作分析专家、主管人员和典型任职者。工作分析专家收集工作分析信息的优点是他们最客观公正、方法科学合理，能够保持信息的一致性，在工作分析方式的选择上有专长；但其缺点是成本较高，而且他们可能因对组织情况缺乏了解而忽略工作中某些无形的方面。由主管人员收集工作分析信息的优点是他们对所要分析的工作具有全面、深入的了解，同时收集信息的速度也比较快；但其缺点是首先需要对主管人员开展如何进行工作分析的培训，并且收集工作分析信息对主管人员来说存在较重的时间负担，而且，在某些场景下或时间负担过重的情况下，其工作的客观性没有保证。由典型任职者收集工作分析信息的优点是他们对工作最熟悉，信息收集的速度也很快；但其缺点是所收集信息的标准化程度和工作职责的完整性都比较差。这就需要组织开展工作分析信息收集活动时，根据具体工作分析对象，选择适合的分析信息收集人员，如关键重要工作由工作分析专家实施、新工作或变动工作由主管人员实施、相对成熟工作由典型任职者实施。

（3）编制工作说明书。

工作分析通常是人力资源管理活动的起点，为了充分利用工作分析中得到的信息，需要把这些信息制成工作说明书。工作说明书是一种文本文件，其中记载着任职者需要做什么、如何去做，以及在什么条件下完成这些工作。工作说明书主要包括工作描述和工作规范两个方面。

工作描述通常包括以下几项主要内容：①工作设定，包括工作称谓、工作角色、工作部门、工作地点等。②工作定义，即说明工作的目的，包括这项工作产生的理由，这项工作如何与其他工作以及整个组织的目标相互联系，这项工作的绩效标准等。对于管理工作，工作定义通常要包括这项工作控制的预算规模，管理的下属人数及其称谓，以及与上下级之间的报告关系。③工作说明，指明工作的主要职责、工作任务、受监督程度、工作者行为的界限和工作条件等。

工作规范要回答的是需要哪些个人特征和经验才能胜任这项工作。工作规范要说明对承担某项工作的员工在教育、经验和其他特征方面的最低要求，而不应该是最理想的工作者的形象。工作规范一般由上一级管理者、工作承担者和工作分析人员共同研究制定。在建立工作规范时，需要综合考虑以下三个方面：①某些工作可能面临法律、法规或标准上的资格要求；②职业传统，例如，员工在进入某些行业以前必须经过学徒阶段；③胜任某一工作应该达到的标准和具备的特征，这在很大程度上取决于组织管理人员的主观判断，通常是通过综合工作说明中的信息，对现在承担该工作的员工及其主管人员的特征进行概括之后总结出来的，例如，申请项目经理岗位通常需要5年工作经验。工作规范可以包括在工作说明书中，也可以单独编写。

（4）工作分析的评价。

对工作分析的评价可以通过考察工作分析的灵活性与权衡成本收益来进行。工作分析工作越细致，所要花费的成本就越高。于是，在工作分析的细致程度方面就存在最优的问题。工作分析还涉及可靠性和有效性的问题，工作分析的可靠性是指不同的工作分析人员对同一个工作的分析所得到的结果的一致性和同一个工作分析人员在不同的时间对同一个工作的分析所得到的结果的一致性；工作分析的有效性是指工作分析结果的精确性，实际上是将工作分析结果与实际的工作进行比较。

3. 工作分析方法

在开展工作分析时，收集工作分析信息的方法有很多，但是人力资源管理人员需要注意的是，各种方法都有自己的优缺点，没有一种收集信息的方法能够获得非常完整的信息，应该综合使用这些收集方法，从而实现各类信息间的相互融合。我们可以将工作分析的方法划分为定性和定量两类。

1）定性的工作分析方法

定性的工作分析方法主要有工作实践法、直接观察法、面谈法、问卷法和典型事例法。

- 工作实践法。工作实践法指工作分析人员亲自从事所需要研究的工作，由此掌握工作要求的第一手材料。工作实践法的优点是可以准确地了解工作的实际任务和对技能、环境、社会等方面的要求，适用于那些短期内可以掌握的工作。工作实践法的缺点是不适用于需要进行大量训练和危险的工作。

- 直接观察法。直接观察法指工作分析人员观察所需要分析的工作的过程，以标准格式记录各个环节的内容、因素和方法，从而系统地收集一种工作的任务、责任和工作环境方面的信息。直接观察法的优点是工作分析人员能够比较全面和比较深入地了解工作的要求，适用于那些工作内容主要是由身体活动来完成的工作，如装配、保安等。直接观察法的缺点是不适用于对脑力劳动要求比较高的工作和处理紧急情况的间歇性工作，如律师、教师、急救站的护士等。

- 面谈法。一般来说，正在承担某一工作的员工对这项工作的内容及其任职资格最有发言权，因此与工作承担者面谈是收集工作分析信息的一种有效方法。面谈法的优点是能够简单而迅速地收集工作分析信息，适用面广。这种方法可以使工作分析人员了解直接观察法所不容易发现的情况，有助于管理者发现被忽视的问题。面谈法的缺点是工作分析经常是调整薪酬的前序，因此员工容易把工作分析看作变相的绩效考核，从而夸大其承担的责任和工作的难度，这就容易引起工作分析信息的失真和扭曲。同时，分析人员也可能会因对面谈内容的理解不够明确或不够准确而造成误解。因此，面谈法不应该作为工作分析的唯一方法。

- 问卷法。收集工作分析信息的问卷可以由承担工作的员工来填写，也可以由工作分析人员来填写。开放式的问卷很容易产生面谈法所产生的问题，因此可以采用结构化程度比较高的问卷。在结构化问卷中，列举出一系列的任务或行为，请工作者根据实际工作要求对任务是否执行或行为是否发生做出回答。问卷法的优点包括：①它能够从许多员工那里迅速得到工作分析所需的信息，可以节省时间和人力，一般比其他方法费用低，速度快；②调查表可以在工作之余填写，不会影响工作时间；③这种方法可以使调查的样本量很大，因此适用于需要对很多工作者进行调查的情况；④调查的资料可以数量化，由计算机进行数据处理。问卷法的缺点是：①设计理想的调查表要花费很多时间、人力和物力，费用比较高，而且在问卷使用之前还应该进行测试，了解员工理解问卷中问题的情况，为了避免误解，还经常需要工作分析人员亲自解释和说明；②填写调查表由工作者单独进行，缺少交流，因此被调研者可能不积极配合和认真填写，从而影响调查的质量。

- 典型事例法。典型事例法指对实际工作中工作者特别有效或者无效的行为进行简短的描述，通过积累、汇总和分类，得到实际工作对员工的要求。典型事例法的优点是直接描述工作者在工作中的具体活动，可以揭示工作的动态性质；其缺点是收集归纳典型事例并进行分类需要耗费大量时间。此外，由于描述的是典型事例，因此很难对通常的工作行为形成总体概念，而工作分析更看重通常的工作行为。

2）定量的工作分析方法

定量的工作分析方法主要有职位分析问卷法、管理岗位描述问卷法和功能性工作分析法等。

- 职位分析问卷法。职位分析问卷法是1972年由麦考密克（E.J.McCormick）提出的一种适用性很强的工作分析方法。职位分析问卷法中的所有项目被划分为六个部分：第一部分包括员工在完成工作过程中使用的信息来源方面的内容项，用来了解员工如何和从哪里获得完成工作所需使用的信息；第二部分是工作所需要的智力活动，回答工作需要进行哪些推理、决策、计划和信息处理活动的问题；第三部分识别工作的"产出"，回答工作完成哪些身体活动和使用哪些机器、工具和设施的问题。后三个部分考虑工作与其他人的关系、完成工作的自然和社会环境，以及其他的工作特征。在应用这种方法时，工作分析人员要对以下各个方面给出一个6分制的主观评分：使用程度、时间长短、重要性、发生的可能性、对各个工作部门以及部门内部各个单元的适用性。职位分析问卷法所需要的时间成本很高，非常烦琐。

- 管理岗位描述问卷法。管理岗位描述问卷法是由托诺（W.W.Tornow）和平托（P.R.Pinto）在1976年提出的，它与职位分析问卷法非常相似，包括208个用来描述管理人员工作的问题。这种问卷由管理人员自己填写，也是采用6分制对每项内容进行评分。这208个问题可被划分为13个类别，包括：①产品、市场和财务战略计划，指的是进行思考并制订计划以实现业务的长期增长和组织的稳定性强化；②组织其他部门和人事管理工作的协调，指的是管理人员协调对自己没有直接控制权的员工个人和团队活动；③内部业务控制，指的是检查与控制组织的财务、人事和其他资源；④产品和服务责任，指的是控制产品和服务的技术方面，以保证生产和服务的及时性与质量；⑤公共与客户关系，指的是一般通过与人直接接触的办法来维护组织在用户和公众中的名誉；⑥高层次的咨询指导，指的是发挥技术水平，解决组织中出现的特殊问题；⑦行动的自主性，指的是在几乎没有直接监督的情况下开展工作活动；⑧财务审批权，指的是批准组织大额的财务投入；⑨雇员服务，指的是提供诸如寻找事实和为上级保持记录这样的雇员服务；⑩监督，指的是与下属员工面对面交流，以计划、组织和管理这些人的工作；⑪复杂性和压力，指的是在很大的压力下工作，以便在规定的时间内完成所要求的工作任务；⑫重要财务责任，指的是制定对组织绩效构成直接影响的大规模的财务投资决策和其他财务决策；⑬广泛的人事责任，指的是从事组织中对人力资源管理和影响员工的其他政策具有重大责任的活动。

● 功能性工作分析法。这种方法所依据的假设是每一项工作的功能都反映在它与数据、人和事三项要素的关系上，故可由此对各项工作进行评估。在各项要素中，各类基本功能都有其重要性的等级，数值越小，代表的等级越高；数值越大，代表的等级越低。采用这种方法进行工作分析时，各项工作都会得出数值，据此可以确定薪酬和待遇标准。

13.2.2　岗位设计

岗位设计的目的是明确某类或某组工作的内容和方法，明确能够满足技术上和组织上所要求的工作与员工的社会和个人方面所要求的工作之间的关系。岗位设计关注工作、任务和角色如何被构建、制定和修正，以及其对个人、群体和组织的影响。

1. 岗位设计内容

岗位设计的主要内容包括工作内容设计、工作职责设计和工作关系设计三个方面。

工作内容设计是岗位设计的重点，一般包括工作的广度、工作的深度、工作的完整性、工作的自主性以及工作的反馈性五个方面：①工作的广度，即工作的多样性。在设计工作时，应尽量使工作多样化，使员工在完成任务的过程中能进行不同的活动，保持对工作的兴趣。②工作的深度。设计的工作应具有从易到难的一定层次，对员工工作的技能提出不同程度的要求，从而增强工作的挑战性，激发员工的创新力和克服困难的能力。③工作的完整性。保证工作的完整性能使员工有成就感，即使是流水作业中的一个简单程序，也要是全过程，让员工见到自己的工作成果，感受到自己工作的意义。④工作的自主性。适当的自主权利能增强员工的工作责任感，使员工感到自己受到信任和重视，认识到自己工作的重要性，增强工作的责任心，提高工作的热情。⑤工作的反馈性。工作的反馈性包括两方面的信息：一是同事及上级对自己工作意见的反馈，如对自己工作能力、工作态度的评价等；二是工作本身的反馈，如工作的质量、数量、效率等。

工作职责设计主要包括工作的责任、权利、方法以及工作中的相互沟通等方面。其中，工作责任设计就是员工在工作中应承担的职责及压力范围的界定，也就是工作负荷的设定；工作权利与责任需要满足一定程度的对应，否则会影响员工的工作积极性；工作方法包括领导对下级的工作方法、组织和个人的工作方法设计等；相互沟通是整个工作流程顺利进行的信息基础，包括垂直沟通、平行沟通、斜向沟通等形式。

工作关系设计则表现为岗位之间的协作关系、监督关系等各个方面。

2. 岗位设计方法

一个成功有效的岗位设计，必须综合考虑各种因素，需要对工作进行周密的、有目的的计划安排，既要考虑员工的具体素质、能力及各个方面的因素，也要考虑组织的管理方式、劳动条件、工作环境、政策机制等因素。岗位设计方法包括科学管理方法、人际关系方法、工作特征模型、高绩效工作体系等。

- 传统科学管理方法。泰勒的科学管理原理是岗位设计的最早方法之一，其理论基础是亚当·斯密提出的职能专业化。泰勒的目标是管理者以较低的成本使员工生产出更多的产品，提高工作效率，由此可以给员工支付比较高的薪酬。泰勒的基本方法是把每项工作简化到最简单的任务，然后让员工在严密的监督下完成它。按照科学管理方法进行工作设计的基本途径是"时间—动作"研究，即工程师研究和分析手、臂和身体其他部位的动作，研究工具、员工和原材料之间的物理机械关系，研究生产线和工作环节之间的最佳次序，强调通过寻找员工的身体活动、工具和任务的最佳组合来最大化生产效率。"时间—动作"研究的基本目的是实现工作的简单化和标准化，以使所有员工都能达到预先确定的生产水平，这样设计出来的工作的优点是工作安全、简单、可靠，最小化员工在工作中的精力消耗。

- 人际关系方法。人际关系思想在岗位设计中运用的方法，是在按照传统科学管理方法设计出的枯燥的工作内容中增加管理的成分，提高工作对员工的吸引力。这种方法强调工作对承担这一工作的员工的心理影响。尽管按照传统科学管理方法设计工作为组织和员工都带来了利益，但是随着时间的推移，人们发现员工需要从工作中得到的不仅是表现为经济利益的外在报酬，还需要表现为工作的成就感和满足感的内在报酬。内在报酬只能来自工作本身，因此工作的挑战性越强，越令人愉快，内在报酬也就越强。而在传统科学管理方法应用中，工作的标准化和简单化降低了员工工作的独立性，只需要低水平的技能，易产生枯燥而单调的工作，限制了员工内在报酬的获得。根据人际关系思想提出的岗位设计方法包括工作扩大化、工作轮调和工作丰富化等内容。

- 工作特征模型。组织人力资源政策和薪酬等因素没有达到员工可接受水平，将引起员工的不满；相反，如果这些因素达到可接受水平，也只是使员工没有不满，但是并不能对员工产生激励作用。能够对员工产生激励作用的激励因素是员工的成就感、责任感。赫茨伯格设计了一种工作丰富化方法，即在工作中添加一些可以使员工有机会获得成就感的激励因子，以使工作更有趣、更富挑战性。工作丰富化可以采取以下措施：第一，组成自然的工作群体，使每个员工只为自己的部门工作，这可以改变员工的工作内容；第二，实行任务合并，让员工从头到尾完成一项工作，而不是只让他承担其中的某一部分；第三，建立客户关系和社会关系，让员工尽可能有和客户或组织外社会接触的机会；第四，让员工规划和控制其工作，而不是让别人来控制，员工可以自己安排工作进度，处理遇到的问题，并且自己决定上下班的时间等；第五，畅通反馈渠道，找出更好的方法，让员工能够迅速知道其绩效状况。工作丰富化的核心就是激励的工作特征模型，如图13-1所示，根据这一模型，一个工作可以使员工产生三种心理状态，即感受到工作的意义、感受到工作结果的责任和了解工作结果。这些心理状态又可以影响个人和工作的以下结果：内在工作动力、绩效水平、工作满足感、缺勤率和离职率。而引致这些关键的心理状态的因素是工作的某些核心维度，即技能的多样性、任务的完整性、工作任务的意义、任务的自主性和反馈。工作特征模型认为我们可以把一个工作按照它与这些核心维度的相似性或者差异性加以描述。于是，按照模型中的实施方法丰富了的工作就具有高水平的核心维度，并可由此创造出高水平的工作成果。

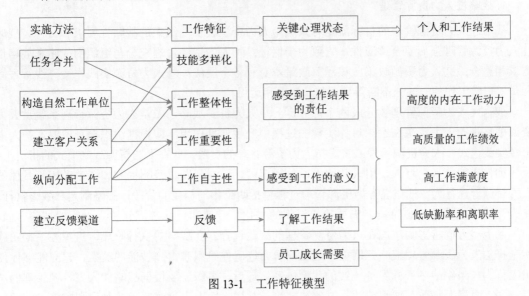

图 13-1　工作特征模型

● 高绩效工作体系。所谓的高绩效工作体系，是将科学管理哲学与人际关系方法结合起来的岗位设计方法，其特点是同时强调工作社会学和最优技术安排的重要性，认为工作社会学和最优技术安排相互联系、相互影响，必须有效地配合起来。在高绩效工作体系中，工作者不再从事某种特定任务的工作，而是每位员工都具有多方面的技能，这些员工组成工作小组，工作任务被分配给工作小组，然后由小组决定谁在什么时候从事什么任务。工作小组有权在既定的技术约束和预算约束下自主决定工作任务的分配方式，只需对最终成果负责。工作小组管理者的责任不是设计具有内在激励作用的工作，而是建立工作小组，确保小组成员拥有完成工作所需要的资格；同时，小组的目标与整个组织的目标相一致，这意味着工作小组的管理者是一个教练和激励者。当然，管理者必须使小组在组织中拥有足够的权利，并对小组实施领导。这种工作设计方法特别适合于扁平化和网络化的组织结构。

13.3　人力资源战略与计划

人力资源战略是确立人力资源管理的规划方向，明确组织人力资源管理的战略定位。人力资源计划则是人力资源战略的短期体现，是预测未来一定时期的组织任务和环境对组织的要求，以及为了完成这些任务和满足这些要求而设计的提供人力资源的过程。人力资源战略与计划的实质是依据组织的发展方向，确定组织要什么样的人力资源，以实现组织的最高管理层确定的目标。

13.3.1 人力资源战略

1. 战略性人力资源管理

战略性人力资源管理的目标就是有效运用人力资源去实现组织的战略性要求和目标。战略性人力资源管理强调整合适应性，它致力于保证：①人力资源管理充分与组织的战略和战略性需求相整合；②人力资源政策应该涵盖政策本身和各个层级；③人力资源实践作为一线管理者和员工日常工作的一部分不断得到调整、接受和运用。

战略性人力资源管理被分成两个部分，一是人力资源战略，二是人力资源管理系统。人力资源战略是指人力资源在组织目标实现的过程中产生何种作用，即根据组织自身情况选择人力资源实践模式。人力资源管理系统是指人力资源管理的实践，即在人力资源战略模式的指引下，具体如何实现选人、育人、用人和留人，包括招聘、培训开发、薪酬福利和绩效考核等具体的人力资源管理行为。战略性人力资源管理过程包括两个相辅相成的阶段：战略制定和战略执行。在人力资源战略的制定阶段，需要确定组织的文化、绩效和目标等因素决定组织的战略方向，组织的战略方向将影响组织在人力资源管理的战略选择。在战略的执行阶段，组织要贯彻实施所选择的人力资源管理战略。例如，通过招聘甄选确保组织获得高技能的员工，建立能够促使员工行为与组织战略目标保持一致的薪酬体系。最后，组织还要根据战略性人力资源管理的结果，如人力资源绩效、组织绩效、财务绩效等，对战略性人力资源管理的制定和实施进行评估反馈，实现战略性人力资源管理的动态管理。图13-2描述了战略性人力资源管理过程。

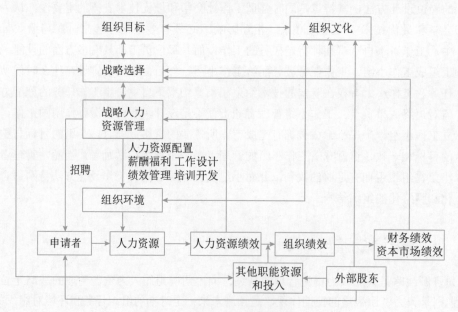

图 13-2　战略性人力资源管理过程

2. 人力资源战略模式

不同组织的人力资源战略往往有很大的差异。许多学者提出了不同的人力资源战略模式，下面详细介绍两种被广泛接受的人力资源战略模式分类方法。

1）戴尔（Dyer）和霍德（Holder）的人力资源战略模式分类

根据戴尔和霍德的分类方法，可将组织的人力资源战略分为三种类型：诱因战略、投资战略和参与战略。

- 诱因战略。采用诱因战略组织的主要目的是寻求具有高度稳定性和可靠性的员工，并依赖于高薪策略留住员工，与员工之间表现为纯粹的利益交换关系。诱因战略的主要特点是：①强调对劳工成本的控制。采用该战略的组织一方面会严格控制员工的数量，另一方面在招聘中多选择有经验、技能高度专业化的求职者，以降低员工流动和员工培训的费用。②明确员工的工作职责。这类组织强调目标管理，用合理的分工和明确的工作责任来降低员工服务过程中的不确定性。③富有竞争力的薪酬水平。这类组织提供丰厚的薪酬，提高对人才的吸引力，力求吸引到业内的尖端人才，形成稳定的高素质员工队伍；同时，富有竞争力的薪酬水平可以帮助组织吸引技能高度专业化的员工，从而降低培训费用。④薪酬与绩效密切联系。这类组织提供的薪酬中绩效薪酬占有较大的比例，员工薪酬与个人绩效和努力程度之间的联系比较紧密。⑤员工关系比较简单。这类组织与员工之间的关系比较简单，以单纯的利益交换关系为主。

- 投资战略。采用投资战略的组织多处于成长期或不断变化的环境中，将雇佣关系建立在长期的观点上，雇佣多于组织需要的人力资源数量，同时重视员工的培训，以期拥有多技能的员工能为组织多做贡献。投资战略的特点是：①强调人力资源的投资，重视人员的培训和开发。鼓励员工学习和自我发展，鼓励员工积累自身知识。②在招聘中强调人才的储备。采用这种战略的组织在招聘中会聘用数量较多的员工，并注意储备多种专业技能的员工，更看重员工的潜力和能力而非工作经验。③员工被赋予广泛的工作职责。这类组织对分工和工作职责的界定不明晰，工作内容比较广泛，给员工提供充分展示自我的舞台，利于员工的创新。④注重良好的劳资关系和宽松的工作环境。这类组织把员工视为合作伙伴，对员工短期绩效要求较少，而更看重充分挖掘员工的工作潜质，注重员工的长期发展和长期服务。

- 参与战略。采用参与战略的组织将权力下放到最基层，提高员工的参与性、主动性和创新性，让员工有参与感，并能与其他成员互动。参与战略的特点是：①鼓励员工参与到组织的管理和决策中。这类组织为员工提供多种渠道和机会，赋予员工参与决策的权利。②管理人员是指导教练。管理人员不干预员工的工作，给员工较大的自主权，只为员工提供必要的咨询和帮助。③注重员工的自我管理和团队建设。充分授权是这类组织的最大特点，鼓励员工的团队工作，培养团队精神。

2）巴伦（Baron）和克雷普斯（Kreps）的人力资源战略模式分类

巴伦和克雷普斯将组织的人力资源战略分为三种类型：内部劳动力市场战略、高承诺战略和混合战略。

- 内部劳动力市场战略。内部劳动力市场战略要实现的人力资源管理目标是：维护组织独特的知识，使选拔和培训成本最小化。内部劳动力市场战略的特点是：①组织内部层级分明，采用行政等级式的制度，为员工提供较多的晋升机会。②强调内部招聘渠道。除了初级岗位，组织内的绝大多数职位通过内部晋升填补，鼓励员工长期效力。③提供工作保障和发展机会，鼓励员工忠诚于组织，以维护组织独特的知识资本。

- 高承诺战略。高承诺战略的目标是最大限度地提高员工的产出，提高员工对组织的认同感。高承诺战略的特点是：①更加认同扁平化的组织结构和团队合作，与内部劳动力市场战略提供的工作保障不同，高承诺战略通过保证一定的员工流动率，获取组织所需要的知识和能力。②体现工作成果差别的薪酬制度。以薪酬的形式承认员工工作成果的差异，鼓励员工最大限度地提高产出。

- 混合战略。混合战略是介于内部劳动力市场战略和高承诺战略之间的一种战略模式，它既有内部劳动力市场战略的工作保障和内部晋升，也采用了高承诺战略中基于工作成果的绩效考核和薪酬方案。

13.3.2 人力资源预测

人力资源预测包括组织内部、外部的人力供给预测和组织的人力需求预测。内部供给预测与组织中各类人员的劳动力年龄分布、离职、退休和新员工情况等组织内部条件有关。外部供给预测主要考量人力市场上相关人力的供给量与供给特点。而组织的需求预测主要以与人力需求有关的预计业务量等组织因素的变化规律为基础进行预测。

1. 人力资源需求预测

人力资源需求预测受许多因素的影响，包括技术变化、客户发展与需求变化、经济形势、组织的市场占有率、政府的产业政策等。人力资源需求预测的解释变量一般包括以下几个方面：①组织的业务量，由此推算出人力需求量；②预期的流动率，指出于辞职或解聘等原因引起的职位空缺数量；③提高业务质量，或者进入新行业的决策对人力需求的影响；④技术水平或管理方式的变化对人力需求的影响；⑤组织所拥有的财务资源对人力需求的约束。

人力资源需求预测一般有集体预测、回归分析和转换比率等方法。

- 集体预测方法。集体预测方法也称为德尔菲（Dephi）预测技术。该方法是发现专家对影响组织发展的某一情况的一致意见的程序化方法。这种方法的目标是通过综合专家们各自的意见来预测某一领域的发展状况，适合对人力需求的长期趋势进行预测。集体预测方法的操作方法是：首先，选择各个方面的专家，每位专家都拥有关于人力预测的知识或专长。主持预测的人力资源部门要向专家们说明预测对组织的重要性，以得到他们对这种预测方法的理解和支持，同时通过对组织战略定位的审视，确定关键的预测方向、解释变量和难题等，并列举出预测小组必须回答的一系列有关人力预测的具体问题。其次，使用匿名填写问卷等方法设计一个可使各个预测专家在预测过程中畅所欲言地表达自己观点的预测工具。再次，人力资源部门在第一轮预测后，将专家们各自提出的意见进行归纳，并将这一综合结果反馈给他们。最后，重复上述过程，让专家们有机会修改自己的预测并说明原因，直到专家们的意见趋于一致。

- 回归分析方法。回归分析方法指的是根据数学回归原理对人力资源需求进行预测。最简单的回归分析方法是趋势分析，只根据整个组织中各个部门在过去员工数量的变动趋势对未来的人力需求做出预测。比较复杂的回归分析方法是计量模型分析法，其基本思想是确定影响组织中人力的数量和构成关系的最大因素，一般是业务量。通过研究在过去组织中的员工人数随着这种因素变化而变化的规律，得到业务规模的变化趋势和劳动生产率的变化趋势，再根据这种趋势对未来的人力需求进行预测。
- 转换比率分析法。人力资源需求分析实际上是要揭示未来的经营活动所需要的各种员工的数量。人力资源预测中的转换比率分析法是首先估计组织需要的具有关键技能的员工的数量，然后再根据这一数量估计辅助人员的数量。

2. 人力资源供给预测

人力资源供给预测与人力资源需求预测的重要差别在于：需求预测是研究组织内部对人力资源的需求，而供给预测则是研究组织内部的供给和组织外部的供给两个方面。在供给预测中，首先考察组织现有的人力资源的存量，然后假定组织现行的人力资源管理政策保持不变，并对未来的人力资源数量进行预测。在预测过程中，不仅要考虑组织内部的晋升、降职和调职等因素，还要考虑员工的辞职、下岗、退休、开除等因素的影响；而且得到的预测结果不应该仅仅是员工的规模，还应该是对员工的经验、能力、多元化和员工成本等各个方面的综合反映。

预测内部人力资源供给的思路是：首先确定各个工作岗位上现有的员工数量，然后估计在下一个时期每个工作岗位上留存的员工数量，这就要估计有多少员工将会调离原来的岗位，甚至离开组织。实际情况往往比较复杂，例如，组织的职位安排可能会发生变化，员工的职位转换和离职的变化形式可能不同于以往。因此，在进行内部人力资源供给预测时需要对人力资源计划人员的主观判断进行修正。

常用的人力资源供给预测的方法有人才盘点与技能清单、管理人员置换图、人力接续计划、转移矩阵法、人力资源信息系统和外部人力资源供给等。

- 人才盘点与技能清单。人才盘点也称为全面人才评价。首先，明确组织需要什么样的人才，统一组织内部对人才标准的规定。其次，在此基础上，清晰地了解组织人才队伍的现状，了解组织是否有充分的人才储备，发掘组织各个岗位继任的高潜人才。最后，根据组织需要和目前的人才现状，有针对性地拟定一系列的人才规划，包括人才的引进、晋升、流动、培养、激励等，形成人才管理的行动纲领。人才盘点的主要流程包括：①组织与岗位盘点，主要是从组织战略角度出发，梳理分析当前的组织架构，包括岗位设计、职责划分是否合理，需不需要调整，分析组织内哪些岗位是关键岗位。通常，关键岗位的人才是人才盘点的重点。②开展人才盘点，主要是对关键岗位的人才进行测评，包括能力和潜力等方面，并与绩效结合进行分析，从而形成本组织的人才地图。需要强调的是，进行人才测评的前提是明确本组织的人才标准，主要包括设定模型、绩效指标等。③拟定人才盘点之后的行动计划。人才盘点是一个起点而不是终点，是一项基础性的工作，人才盘点的结果应当转化为具体的可操作的人才发展规划。

- 管理人员置换图。管理人员置换图也称为职位置换卡，它记录各个管理人员的工作绩效、晋升的可能性和所需要的培训等内容，据此决定哪些人员可以补充组织的重要职位空缺。制作管理人员置换图的过程是：确定计划包括的工作岗位范围，确定每个关键职位上的接替人选，评价接替人选目前的工作情况和是否达到提升的要求，确定职业发展需要，并将个人的职业目标与组织目标相互结合。最终确保组织在未来的发展中能够有足够的、合格的管理人员供给。
- 人力接续计划。人力接续计划的关键是根据工作分析信息明确工作岗位对员工的具体要求，然后确定显然可以达到这一工作要求的候选员工，或者确定哪位员工有能力经过培训，可以胜任这个岗位。
- 转移矩阵法。转移矩阵法也称为马尔可夫方法，这种方法用于预测具有相等时间间隔的时刻点上各类人员的分布状况。在具体运用中，假设给定时期内从低一级向上一级或从某一职位转移到另一职位的人数是起始时刻总人数的一个固定比例，即转移率，在给定各类人员起始人数、转移率和未来补充人数的条件下，就可以确定出各类人员的未来分布状况，作出人员供给的预测。这种分析方法通常通过流动可能性比例矩阵来预测某一岗位上工作的人员流向组织内部另一岗位或离开的可能性。简言之，就是找出过去人事变动的规律，以此来推测未来的人事变动趋势。
- 人力资源信息系统。人力资源信息系统为收集、汇总和分析与人力资源管理有关的信息提供了一种方法。人力资源信息系统是组织进行有关人和工作信息的收集、保存、分析和报告的过程。人力资源信息系统的一个重要用途是为人力资源计划建立人事档案。在执行具体的行动计划之前，完整的人力资源计划系统需要以下两种信息：一是人事档案，用来估计目前人力资源的知识、技术、能力、经验和职业抱负；二是对组织未来的人力资源需求的预测。建立人力资源信息系统，事先要进行周密的筹划，包括清楚地阐明目标，全面分析系统的要求，特别是应该帮助管理者和员工了解人力资源信息系统的内容、作用及意义。
- 外部人力资源供给。当组织内部的人力供给无法满足需要时，组织需要了解外部的人力供给情况。与内部供给预测分析一样，外部供给预测也要研究潜在员工的数量、能力等因素。组织根据过去的录用经验可以了解那些可能进入组织的员工数量、新进员工的工作能力、经验、性别和成本等方面的特征，以及新进员工能够承担组织中的哪些工作。当然，外部人力资源供给预测不可能十分精确，但是这种预测的主要意义在于组织提供一个研究新员工的来源及其进入组织的方式的分析框架。

13.3.3　人力资源计划控制与评价

当把人力资源的供给预测和需求预测结果相互对照，就有三种可能的结果：第一，需求和供给彼此适应；第二，需求超过供给，这意味着组织在人力方面存在短缺；第三，需求小于供给，这意味着组织在人力方面存在过剩。

如果计划的人力资源需求超过供给，有两种解决方法：①增加录用的数量，通常借助于寻找新的员工招聘来源、增加对求职者的吸引强度、降低录用标准、增加临时性员工和使用退休员工等办法解决；②提高每位员工的效率或延长他们的工作时间，这就需要提高员工的工作能力并增强他们的工作动力，可借助培训、新的岗位设计、采用补偿政策或福利措施、调整管理人员与员工的关系等办法解决。

一旦组织的人力供给超过需求，组织将面临非常困难的境地，组织可以选择的策略有减少加班数量或工作时间、鼓励员工提前退休、减少新进员工的数量等，还可以让组织的合作伙伴以比较低廉的费率使用自己闲置的人力资源。在没有其他选择的时候，组织只好采用辞退的办法，缓解或解除人力供需矛盾。

人力资源计划应该具有整体性，这是指相关规划活动必须做到组织内、外部各个方面的协调一致。组织内部的一致性是指招聘、选才、安置、培训和绩效考核等人事管理工作必须相互配合。组织外部的一致性是指人事规划应该服从组织的整体规划，要考虑进入或退出某一行业、业务扩容、购置新设备和部署新的信息系统等对招聘和培训等活动的影响。整体性的人力资源计划应该包括三个部分：一是供给报表，指明每个重要员工在今后若干年内晋升的可能性；二是需求报表，指明各个部门由于调遣、离职和新职位的产生等引起的今后若干年中需要补充的职位；三是人力报表，是将供给报表和需求报表结合在一起得到的实际人事计划方案。

在对人力资源计划进行评价时，首先需要考虑人力资源计划目标本身的合理性问题。在评价人力资源计划目标的合理性时，组织需要认真考虑以下几个方面：①人力资源计划者熟悉人事问题的程度以及对其重视程度。计划者对人力资源问题的熟悉、重视程度越高，那么其制订的人力资源计划就可能越合理。②人力资源计划者与提供数据以及使用人力资源计划的管理人员之间的工作关系。这三者之间的关系越好，制订的人力资源计划就可能越合理。③人力资源计划者与相关部门进行信息交流的难易程度。这种信息交流越容易，越可能得到比较合理的人力资源计划。④管理人员对人力资源计划中提出的预测结果、行动方案和建议的重视与利用程度。这种重视和利用的程度越高，越可能得到比较好的人力资源计划。⑤人力资源计划在管理人员心目中的地位和价值。管理人员越重视人力资源计划，人力资源计划者也就越重视人力资源计划的制订过程，得到的结果才可能客观合理。

评价人力资源计划时，还需要将行动结果与人力资源计划进行对照，目的是发现计划与现实之间的差距，指导后续的人力资源计划活动。主要的工作是进行以下比较：①实际的人员招聘数量与预测的人员需求量；②工作效率的实际水平与预测水平；③实际的和预测的人员流动率；④实际执行的行动方案与计划的行动方案；⑤实施计划的行动方案的实际结果与预期结果；⑥人力费用的实际成本与人力费用预算；⑦行动方案的实际成本与行动方案的预算；⑧行动方案的成本与收益。上述这些项目之间的差距越小，说明人力资源计划越符合实际。

组织经常要进行财务或税务方面的审计，同样，在人力资源管理活动中也存在审计的需要。人力资源审计主要是指考察人力资源管理活动是否按照原来的计划执行。例如，是否在规定的期限内完成了对全体员工的工作绩效考核，是否对每一位辞职的员工都行了离职面谈，是否在员工加入组织时都建立了规定的保障计划等。

13.4　人员招聘与录用

人力资源是组织重要的资源，而招聘是组织与潜在员工接触的第一步。从组织的角度看，只有对招聘环节进行有效的设计和良好的管理，才能得到高质量的员工。但是，如果高素质的员工不了解组织的人力需求信息，或者虽然知道但对这一信息不感兴趣，或者虽然有些兴趣但还没有达到愿意申请的程度，那么组织就不容易有机会选择这些有价值的员工。

员工的招聘环节之所以非常重要，是因为以下几个原因：一是组织的绩效是由员工来实现的，做好员工进入组织前的选拔工作，可以避免日后复杂的培养与培育，乃至离职或解聘；二是员工的雇用成本是很高的，通常包括人力资源市场的搜索费用、面试费用、体检费用、测评费用、差旅费用、安置费用、迁移费用和红利保证等；三是员工的选拔工作还可能受到劳动就业法律法规的约束；四是员工测评不仅能够帮助组织制定员工雇佣的决策，也能够帮助组织制定晋升政策等。

13.4.1　招聘过程

人员的招聘活动通常包括招聘计划制订、招聘信息发布、应聘者申请、人员甄选与录用以及招聘评估与反馈等。

1）招聘计划制订

在人员招聘开始之前，组织需要确定工作职位空缺的情况，并在此基础上确定人力资源需求，包括需求数量、技术组合、岗位等级和时间要求等。人力资源计划有助于我们了解所需的工作申请人的类型和数量等，而工作分析有助于我们了解所需的工作行为与申请人的个人特征等。

招聘计划是用人部门在组织发展战略的指导下，根据部门的发展需要，在人力资源规划和工作分析的基础上，对招聘的岗位、人员数量、素质要求、能力要求以及时间限制等因素做出的详细计划。招聘计划是招聘活动的主要依据，其目的在于使招聘合理化和科学化。招聘计划的内容大致包括：①招聘的岗位、人员需求量、每个岗位的具体要求等；②招聘信息发布的时间、方式、渠道与范围等；③招聘对象的来源与范围等；④招聘方法；⑤招聘测试的实施部门；⑥招聘预算；⑦招聘结束时间与新员工到位时间等。招聘计划由人力资源部门制订，或者由用人部门制订，然后由人力资源部门进行复核，特别是要对人员需求量、费用等项目进行严格复查，签署意见后交上级主管领导审批。

2）招聘信息发布

招聘信息发布的时间、方式、渠道与范围是根据招聘计划来确定的。由于招聘的岗位、数量、任职者要求的不同，招聘对象的来源与范围的不同，以及新员工到位时间和招聘预算的限制，招聘信息发布时间、方式、渠道与范围也是不同的。常用的招聘渠道有互联网、媒体广告、现场招聘会、校园招聘、人才中介机构、猎头、雇员推荐和客户推荐等。组织需要选择最适合的招聘渠道，从而获得更多有效应聘者。

3）应聘者申请

应聘者在获取招聘信息后，可向招聘单位提出应聘申请。组织可以建立应聘者数据库，保存符合当前招聘职位以及有可能以后会符合组织需要的应聘者信息，也便于在组织需要时，从候选者库里快速搜索出具备工作所需的技能、经验和个人品质的员工，节省组织用于鉴别候选人的时间。

4）人员甄选与录用

组织收到应聘者简历，从专业、工作经验等方面综合比较、初步筛选。初选是一种快速但粗略的挑选过程，可以只根据工作所要求的某一个关键性需要进行选择。随后的录用环节应该比较严格和规范，需要进行比较全面的考察，如测试、个人面试、背景调查等。组织通过不同的甄选方法和环节，筛选并确定符合组织需要的候选人，从而确定录取人员。在录用新员工后要开展入职培训，向新员工介绍组织政策、各项规定和福利待遇等情况。为了使新员工有能力达到合格的工作绩效水准，可能还要进行技能培训工作。

5）招聘评估与反馈

完整的招聘过程还包括后续对本次招聘工作的评估与反馈。招聘评估包括招聘周期、招聘完成率、招聘成本、用人部门满意率、录用人员评估等。工作绩效考核的信息反馈也是对招聘和录用工作质量的最终检验，并在此基础上对未来招聘工作进行必要的优化。

13.4.2 招聘渠道

组织首先要确定自己的目标人力资源市场及其招聘收益的现状与需求，然后选择最有效的招聘策略，该策略包括负责招聘的人员、招聘的来源和招聘方法三个主要方面。组织在设计招聘策略时可以按照以下步骤进行：①对组织总体的环境进行研究。这需要对组织的发展方向进行分析，然后进行工作分析。②在此基础上推断组织所需要的人力资源类型。这需要考虑员工的技术知识、工作技能、社会交往能力、需要、价值观念和兴趣等各个方面。③设计信息沟通的方式，使组织和申请人双方能够彼此了解各自相互适应的程度。

组织常见的招聘渠道包括内部来源、招聘广告、职业介绍机构、猎头组织、校园招聘、员工推荐与申请人自荐、网络招聘和临时性雇员等。

1）内部来源

在运用内部补充机制时，通常要在组织内部发布信息公告，内容包括工作说明书和工作规范等信息以及薪酬情况，说明岗位情况、任职资格、主管的情况、工作时间和待遇标准等相关因素。这样做的目的是让组织现有员工有机会将自己的技能、工作兴趣、资格、经验和职业目标与工作机会进行对比，从而获取对相关工作感兴趣的员工。

2）招聘广告

招聘广告是补充各种工作岗位都可以使用的宣传方法，使用最为普遍。阅读这些广告的不仅有工作申请人、潜在的工作申请人，还有客户和一般大众，所以组织的招聘广告代表着组织的形象，需要认真实施。组织使用广告招聘的优点可包括：①工作空缺的信息发布迅速，能够在短时间内就传达给外界；②与许多其他宣传方式相比，广告渠道的成本比较低；③在广告中可以同时发布多种类别工作岗位的招聘信息；④广告发布方式可以给组织保留许多操作上的灵活性，如组织可以要求申请人在特定的时间段内亲自来组织，或者向组织人力资源部门递送自己的简历和工资要求等信息。

3）职业介绍机构

职业介绍机构的作用是帮助组织选拔人员，节省组织的时间，特别是在组织没有设立人事部门或者需要立即填补空缺时，可以借助职业介绍机构。适合采用职业介绍机构方式的场景包括：①组织根据过去的经验发现难以吸引到足够数量的合格工作申请人；②组织只需要招聘很少数量的员工，或者是要为新的工作岗位招聘人力，无法或不值得设计和实施一个详尽的招聘方案；③组织急于填充某一关键岗位的空缺；④组织试图招聘到那些现在正在就业的员工，在人力资源市场供给紧张的形势下就更是如此；⑤组织在目标人力资源市场上缺乏招聘经验。

4）猎头组织

猎头组织是一种专门"搜捕"并推荐高级管理人员和高级技术人员的组织，猎头组织的联系面很广，而且特别擅长接触那些正在工作并且没有积极性更换工作的人，可以帮助组织的高层管理者节省很多招聘和选拔高级专门人才的时间。

5）校园招聘

校园是专业技术人员的重要来源。在选择学校时，组织需要根据自己的财务约束和所需要的员工类型等因素进行决策。如果财务约束比较紧，组织可能只在当地的学校中进行选择，而实力雄厚的组织通常在全国范围内进行选择。一般而言，组织总是要极力吸引最好的工作申请人进入自己的组织。在进行校园招聘时需要注意以下问题：①要选派能力比较强的工作人员，因为他们在申请人面前代表着组织的形象；②对工作申请人的答复要及时，否则会对申请人来组织服务的决心产生消极影响；③新的大学毕业生总是感觉自己的能力强于组织现有的员工，因此他们希望组织的各项政策能够体现出公平、诚实和顾及他人的特征。

6）员工推荐与申请人自荐

员工推荐与申请人自荐可以节省招聘人才的广告费等费用，还可以得到忠诚且可靠的员工。对于毛遂自荐的应征者，组织应该礼貌对待，以免危害到组织和被推荐者之间的关系。这不仅是尊重推荐者和自荐者，还有利于树立组织声誉和业务开展。

7）网络招聘

网络招聘依靠互联网，求职者能很快捕获到组织招聘信息，在最短的时间内做出响应。组织招聘工作时间由此大大缩短，这将有利于招聘工作效率的提高和招聘成本的节省。组织对求职者的响应结果和信息等也能及时反馈，减少求职者的等待时间。组织使用网络招聘主要有以下三种方式：组织自建网站、第三方招聘网站和社交媒体。组织自建网站招聘的优点在于组织对自身人力资源需求的理解比外部网站更加深刻，同时有能力和意愿完善对求职者的反馈及配套服务。第三方招聘网站以数据的形式记录、储存组织的招聘信息和求职者的个人信息，组织在上面发布、搜集信息可以节省精力，扩大受众面。社交媒体是近几年蓬勃兴起的交流方式，并逐渐由电脑端转向移动端，利用应聘者的零碎时间可以更高效、更快速地进行招聘交互。

8）临时性雇员

随着市场竞争的加剧，组织面临的市场需求常常会发生波动，而且组织还要应对经济周期的上升与下降。在这种情况下，组织往往需要保持比较低的固定人工成本，同时使组织的运营具有很高的适应性和灵活性。为此，组织可以把核心的关键员工数量限制在一个较低水平上，并建立一种临时员工计划。这种计划可以有以下 4 种选择：①内部临时工储备。组织可以专门向外部进行招聘，也可以把以前使用或雇佣过的人员作为储备。②通过中介机构临时雇用。组织可以与那些提供人力资源储备的就业服务机构签订合同，临时性地使用人力。③利用自由职业者，如与担当顾问的专家或高级专业技术人员签订短期服务合同。④短期雇用，即在业务繁忙时期或者一个特定项目实施期间招聘一些短期服务人员。临时性雇员计划的缺点包括：①增加招聘的成本；②增加培训成本；③业务质量的稳定性存在下降风险；④需要管理人员对临时性员工加强管理和激励。

13.4.3　录用方法

组织在招聘的录用环节需要开展许多具体工作来为录用决策寻找依据，最主要的筛选方法是申请表格、员工测评和录用面试。这些工作包括对工作申请人的背景材料进行调查，对工作申请人进行测试以及建立工作申请人录用取舍的标准。

1）背景调查

背景调查是指组织通过打电话或要求工作申请人提供推荐信等方式对工作申请人的个人资料进行验证。推荐信和背景调查可以提供关于工作申请人的教育与工作履历、个人品质、人际交往能力、工作能力以及过去或现在的工作单位重新雇佣申请人的意愿等信息。

2）录用测试

员工录用测试的类型有很多，可以将它们归纳为能力测试、操作与身体技能测试、人格与兴趣测试、成就测试、工作样本法、测谎器法、笔记判定法和体检等类型。

- 能力测试。常用的能力测试方法包括一般智力测试、语言能力测试、非语言能力测试、算术能力测试、空间感判断能力测试、运动能力测试、机械记忆能力测试、推理和理解能力测试、反应速度测试和逻辑归纳能力测试等。在招聘管理人员时，智力素质测试一般包括谈吐的流利程度和空间想象能力等，可以通过他们从文字或数字资料中归纳结论的能力来判断未来管理人员的才能。
- 操作与身体技能测试。操作测试指身体的协调性与灵敏度测试，身体技能测试指力量与耐力测试。这些测试包括手指灵敏度、手艺灵巧度、手臂移动速度、力量持续的时间、静态的力气、动态的力气和身体的协调性等。
- 人格与兴趣测试。员工的工作绩效不仅取决于心智能力和身体能力，还取决于心理状态和人际沟通技巧等一些主观因素。人格测试用来衡量受试者的内省能力和情绪稳定性等方面的基本状况。常用的人格测试法是影射法，即让受试者看一个不明显的刺激物（比如图片），然后让受试者在不受约束的条件下做出反应，如根据自己对图片的理解叙述一个故事。由于刺激物很模糊，受试者的解释实际上是他们的内心状态、情感态度以及对生活理解的准确反应，考官可以根据这一故事来了解受试者的想象推测方式和性格结构等。

- 成就测试。成就测试是了解受试者已经掌握了的知识与能力，最常见的学历要求就属于成就测试，还可以让受试者提供其他技术研究和工作结果的成果，并对这些成果的获得过程进行阐述，从而获得受试者的既往成就情况。
- 工作样本法。工作样本法的主要目的是测试员工的实际业务能力而不是理论上的学习能力。工作样本法的测试可以是操作性的，也可以是口头表达的，或者对管理人员的情景测试。实施工作样本法的程序是：①选择基本的工作任务作为测试样本；②让受试者执行这些任务，并由专人观察和打分；③求出各项工作任务的完成情况的加权分值；④确定工作样本法的评估结果与实际工作表现之间的关系，以此决定是否选择这个测试作为员工选拔的依据。工作样本法的优点是：①让受试者实际执行工作中的一些基本任务，效果直接而客观，受试者很难伪装；②工作样本法不涉及受试者的人格和心理状态，不侵犯受试者的隐私权；③测试内容与工作任务明显相关，不会引起公平就业方面的忧虑。
- 测谎器法。测谎器法的工作原理是通过衡量受试者的心跳速度、呼吸强度、体温、出汗量、表情和动作等方面微小的生理变化来判断他是否在说谎。在提问的过程中，一般应该先问姓名和住址等中性的问题，然后再逐步深入问及实质性的问题。
- 笔迹判定法。笔迹判定法在员工录用中的应用呈现上升的趋势。笔迹判定专家可以根据工作申请人的写字习惯判断他是否倾向于忽视细节、是否在行为上前后保持一贯、是否是一个循规蹈矩的人，有没有创造力、是否讲求逻辑、是否谨慎、重视理论还是重视实践、对他人的批评是否敏感、是否容易与人相处和情绪是否稳定等。
- 体检。在员工录用测试中，体检是一项重要的工作。对工作申请人进行体检的目的是检查其身体的健康状况是否符合职位的要求，发现工作申请人在工作职位方面是否存在限制，同时也有助于其设定保险和福利等措施。

3）建立录用标准

工作申请表一般是由组织设计，由工作申请人填写并由组织人力资源部门保存的信息记录，它可以在组织出现岗位空缺时用来选择员工。工作申请表除记录工作申请人的姓名、地址、联系电话等基本信息以外，还有一系列问题来了解申请人的个人特征，以及与组织的空缺岗位相互匹配的情况，包括年龄、性别、身体特征、婚姻状况、教育情况、培训背景等。有的组织还根据专家的意见或经验研究结果对每个因素赋予不同的权重，由此可以计算出每位申请人的总分，在实施录用决策时参考使用。

组织在招聘录用过程中往往需要将多种测评工具结合在一起使用。在使用多元选择方法时，一般遵循补偿性原则、多元最低限制原则和混合原则。

- 补偿性原则。补偿性原则是指工作申请人在招聘测评中成绩高的项目可以补偿成绩低的项目，因此在评价时可以对不同项目设置不同的权重。例如，未来工作绩效预测值=0.6+0.4×工龄+0.3×IQ成绩+0.5×学历分值。这种补偿性原则适用于对申请人没有某种最低要求而是强调申请人综合素质的情况。

- 多元最低限制原则。多元最低限制原则是指申请人在测评的每个方面都必须达到某个最低标准。在运用这种原则时，申请人依次经过各种测试，只有在测试中没有被淘汰的才有资格参加下一种测试。为了进一步降低成本，在测试手段的安排上，应该首先选择成本较低的测试手段，成本越高的手段越应该安排在后面。
- 混合原则。组织在招聘员工时经常遇到这样的问题，即在某几个方面对员工有最低要求，但是在其他几个方面对员工没有最低要求，这时就可以使用混合原则。具体的步骤是首先对申请人使用多元最低限制原则淘汰一部分，然后依据补偿性原则对申请人进行综合评价。

13.4.4　招聘面试

尽管申请表格和录用测评等都是非常有用的选拔工具，但是最常被使用的招聘工具还是面试。面试之所以最受重视，原因有以下几点：①面试人员有机会直接判断工作申请人，并随时解决各种疑问，这是申请表格和测评无法做到的；②面试可以判断工作申请人是否对空缺岗位具有热情和才智，还可以评估工作申请人的面部表情、仪表及情绪控制能力等；③许多主管人员认为在录用员工之前必须与申请人面试一次，否则难以做出最终的录用决策。面试的缺点是面试人员容易情绪化，使得面试原有的优点无法充分发挥。

1. 面试的程序

面试的程序包括面试前的准备、实施面试和评估面试结果。

1）面试前的准备

在开展面试以前，要明确面试的目的。面试的目的可以是在申请人中间进行选择，也可以是只要求对申请人具有吸引力，或者收集申请人能够做什么事情和申请人愿意做什么工作的信息，或者检验申请人与组织要求的匹配程度，或者是向申请人提供组织的信息。因此，面试考官需要通过工作分析资料了解所招聘的工作岗位的要求，确定主要的工作职责，并严格根据工作分析结果编写设定的工作情景作为面试问题，设计并组织面试的程序，以便实现面试的目的。在准备面试问题时，一种方法是了解申请人过去的实际工作表现，其依据是过去的行为是未来的最佳预测；另一种方法是用设计的工作情景进行测试，其依据是动机与未来的工作表现密切相关。组织应设计申请人各种回答的评分标准，以便在面试结束后对申请人的表现做出量化的评价。

2）实施面试

面试的重点是通过与工作申请人的讨论和使用事先设计的情景问题，发现申请人的工作能力，挖掘工作申请人与需求岗位相关的经验、教育和培训等信息，以及申请人的工作兴趣和职业目标，据此对申请人的工作意愿和工作能力做出评价。

3）评估面试结果

在工作申请人离开后，面试人员应该仔细检查面试记录的所有要点，这有助于避免过早下结论和强调申请人的负面信息。面试人员应该根据申请人现有的技能和兴趣评价申请人能够做什么，根据申请人的兴趣和职业目标评价申请人愿意做什么，并在申请人评价表上记录对面试对象的满意程度。

2. 面试的类型

按照面试问题的结构化程度，可以将招聘面试分为非结构化面试、半结构化面试和结构化面试。

1）非结构化面试

非结构化面试的特点是面试人员完全任意地与申请人讨论各种话题。面试人员可以即兴提出问题，不依据任何固定的线索，因此对于不同的应试者可能会提出不同的问题。非结构化面试方法可以帮助组织全面了解工作申请人的兴趣。

2）半结构化面试

半结构化面试其实有两种含义：一种是面试人员提前准备重要的问题，但是不要求按照固定的次序提问，而且可以讨论那些似乎需要进一步调查的题目；另一种是面试人员依据事先规划的一系列问题对应试者进行提问，一般是根据管理人员、业务人员和技术人员等不同的工作类型设计不同的问题表格，在表格上要留出空白以记录应试者的反应以及面试人员的主要问题。这种半结构化面试可以帮助组织了解工作申请人的技术能力、人格类型和对激励的态度等。最后，面试人员要在表格上给出评估和建议。

3）结构化面试

结构化面试即提前准备好问题和各种可能的答案，要求工作申请人在问卷上选择答案，面试人员可以根据应试者的回答，迅速对应试者做出不理想、一般、良好或优异等各种简洁的结论。

13.4.5　招聘效果评估

从组织的角度看，招聘工作的成绩可以用多种方法检验，但所有的评价方法都要落实到在花费的资源既定的条件下，为工作岗位招到的申请人的适用性。这种适用性可以用全部申请人中合格的数量所占的比例、合格申请人的数量与工作空缺的比例、实际录用到的数量与计划招聘数量的比例、录用后新员工的绩效水平、新员工总体的辞职率以及各种招聘渠道得到的新员工的辞职率等指标来衡量。常见的招聘效果评估主要从招聘周期、用人部门满意度、招聘成功率、招聘达成率和招聘成本5个方面进行。

1）招聘周期

招聘周期是指完成一个职位招聘所需要的时间。对于组织来说，职位一发布，就说明这个岗位是组织所需要的，如果长时间招不到合适的人才，就会给组织的运行带来直接影响。即使这个岗位不是急缺的，招聘周期越长，组织花费在上面的人力、物力、财力就会越多。

2）用人部门满意度

用人部门满意度是指用人部门领导对所招新员工的满意程度。招聘到的员工是直接听从用人部门的安排，由用人部门使用的，如果用人部门严重不满意就很可能重新启动该职位的招聘程序，或者投入更多的培训成本和时间成本等。

3）招聘成功率

招聘成功率是指实际上岗人数和面试人数的比例。招聘成功率与用人组织的知名度、所处行业的热门程度等也有直接关系。

4）招聘达成率

招聘达成率是指实际上岗人数与计划招聘人数的比例。特别是基础岗位，需要的员工人数较多、招聘量大，但往往因为各种因素的干扰，实际能上岗的人数不能达到计划人数，这一比例与组织岗位设置有必然的关系。

5）招聘成本

招聘成本是指一个职位招聘需要花费的总费用，包括显性成本和隐性成本。组织对显性成本比较敏感，对隐性成本则认识不足。招聘成本的核算取决于多个因素，除了招聘广告费用、内部推荐奖励资金等，不可忽视的还有内部沟通、内部协商、管理层或技术骨干面试等隐性成本。

另外，试用期离职率、人才库建立、新员工满意度、外部渠道依赖性等方面也应纳入招聘效果的评估范畴。

13.5 人员培训

组织的持续发展对员工技能的要求会越来越高，越来越多的组织重视员工培训。员工培训指的是创造一个成长环境，使员工能够在这一环境中获得或学习特定的与工作要求密切相关的知识、技能、经验和心智态度等。培训的目的是按具体的工作要求塑造员工的行为方式和知识与技能结构。员工培训是一个系统的过程，它能够提高员工的能力水平，增强员工对组织规则和理念的理解，改进员工的工作态度，提高员工特征和工作要求之间的配合程度。

13.5.1 培训程序与培训类型

员工培训是指将执行工作的各种基本技能提供给新进员工或现有员工，包括一系列有计划的活动。员工培训的四个基本步骤是：①评估组织开展员工培训的需求，确定组织绩效或发展要求方面的偏差是否可以通过员工培训来弥补。②设定员工培训的目标。在确定培训目标的过程中，需要注意目标设立与评价标准密切联系，培训目标应该是可以衡量的。由于组织面临的问题会不断变化，培训在实施过程中会暴露出新的问题，因此培训目标也将不断变化。③设计培训项目。对培训项目的设计关联培训开展的很多方面，例如培训师的选择、培训地点的布置、培训方法的设计、培训教材的确定等。④培训的实施和评估。在评估过程中要比较员工接受培训前后的绩效和能力差异，以此考核培训计划的效果。

培训的类型包括入职培训及员工在职培训。

（1）入职培训。员工入职培训的目的是消除员工新进组织产生的焦虑，是促使其熟悉组织、适应环境和形势的过程。新员工进入组织会面临一定程度的"文化冲击"，入职培训意味着员工需要放弃或调整某些理念、价值观念和行为方式等，要适应新组织的要求和目标，学习新的工作准则和有效的工作行为。在这一阶段要帮助新员工建立与同事及工作团队的关系，建立符合实际的工作与发展期望，并形成积极的态度。员工应尽力使自己与组织的要求相适应，从而获得积极的工作态度和高水平的工作标准。

（2）员工在职培训。员工在职培训的目的是提升组织的工作绩效，组织可依据在职员工的工作效果有针对性地设计在职培训项目。在职培训可节约培训成本，受训者能迅速得到工作绩效反馈，学习效果明显。它的缺点是管理人员对待在职培训的态度不够重视，常常没有很好地设计在职培训，不明确在职培训的目标，在实施过程中也没指派训练有素的教员，结果是员工在经过在职培训之后收获甚微。

13.5.2 培训内容与需求评估

1. 培训内容

一般来说，新员工所需要的培训内容包括以下几个方面：①组织的管理标准、行为规范、工作期望、传统与政策等；②新员工需要被社会化，即需要学习整个组织和管理层所期望的态度、价值观和人员特质；③工作中所需知识、技能等方面的内容。人力资源部门对入职培训活动的计划和追踪负有总体责任，而人力资源部门和用人部门负责人应该明确各自的职责，以免发生信息传达的重复和遗漏。

员工在职培训内容一般可通过培训需求的循环评估模型及前瞻性培训需求分析模型确定。循环评估模型针对员工培训需求提供一个连续的反馈信息流，以便周而复始地估计培训需求。在每个循环中，都需要依次从组织整体层面、作业层面和员工个人层面进行分析。

具体可以从以下三个方面分析培训内容：

（1）组织分析。组织分析是指确定组织范围内的培训需求，以保证培训计划符合组织的整体目标与战略要求。组织分析的目的是辨析培训活动开展的背景，确定在既定组织经营战略的前提下，培训如何支持特定战略的实施，组织分析重点是组织的战略目标分析、资源分析及氛围分析等，通过分析准确找出组织中存在的问题，明确培训是不是正确解决问题的手段。

（2）绩效分析。绩效分析是考察员工目前的实际绩效与目标绩效之间是否存在偏离，然后决定是否可以通过培训来矫正。该方向员工培训的主要作用是提高员工的工作能力以改进工作绩效，但要改变员工的工作态度就需要改变奖励和惩罚等薪酬政策，或采取岗位设计优化等方法。

（3）任务分析。任务分析的目的在于分析员工达到理想的工作绩效所必须掌握的技能和能力，从而确定培训的内容。这一层面的分析包括系统地收集反映工作特性的数据，并以这些数据为依据，拟定每个岗位的工作标准，还要明确员工有效的工作行为所需要的知识、技能和其他特性。对任务进行分析的最终结果就是形成工作活动的详细描述，以及执行和完成这些任务所需要的知识、技能和经验等的描述。

2. 需求评估

随着技术的不断发展和员工在组织中个人成长的需要，即使员工目前的工作绩效是令人满意的，也可能需要为工作调动做准备、为职位的晋升做准备或者为适应工作内容的变化等而提出培训的需求。前瞻性培训需求分析模型为这种情况提供了良好的分析框架，如图 13-3 所示。

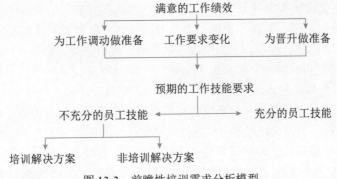

图 13-3　前瞻性培训需求分析模型

基于组织的职业发展通道，利用学习地图、领导梯队模型这样的工具进行前瞻性培训需求分析是非常有效的途径。

13.5.3　培训效果评估与迁移

1. 培训效果评估

培训效果是指在培训过程中受训者所获得的知识、技能、经验和其他特性应用于工作的程度。培训效果可能是积极的，工作绩效得到提高；也可能是消极的，工作绩效恶化；还可能是中性的，即培训对工作绩效没有明显的影响。

在对培训项目的结果进行评估时，需要研究以下问题：员工的工作能力是否发生了变化？这些变化是不是培训引起的？这些变化是否有助于组织目标的实现？下一批受训者在完成相同的培训后是否会发生相似的变化？

对受训者因培训产生能力变化的衡量涉及反应、学习效果、行为变化和培训效果。

（1）反应：即受训者对这一培训项目的反应。受训者是否感到该培训项目有好处，包括受训者对培训科目、培训教员和自身收获的感觉。

（2）学习效果：即受训者对培训内容的掌握程度，受训者能否回忆起和理解所培训的理念、概念和技能等。这可以用培训后的考试或实际操作测试来考察，如果受训者没有学会，那么培训就没有发挥作用。

（3）行为变化：即员工因参加这一培训所引起的与工作有关的能力发生的变化，受训者是否在行为上应用了学到的这些概念和技能等。工作经历的逐渐丰富、监督和工作奖励方式的变化都可能对员工的能力产生影响。为了克服这种干扰，可以使用控制组方法，即将员工分为培训组和未受培训的控制组。在实施培训之前，衡量各组的工作绩效；在实施培训之后，再衡量各组的工作绩效，通过比较发现培训的效果。

（4）培训效果：即受训者能力的变化是否对组织的结果有积极的影响，有多少积极效果（如工作效率的提高、质量的改进、离职率的下降和风险事件的减少）是由培训引起的，受训者在经过培训之后是否对组织或他们的工作产生了更加积极的态度等。

2. 培训迁移

组织通过培训让员工获得的新知识、技能、经验和态度等，如果不能迁移到工作中或在一定时间内不能维持，那么培训的价值是很小的。培训迁移重点关注的是知识、技能和态度等能否转变为行为和结果，所以在人力资源开发领域，我们更关心的是在什么条件下更容易出现培训迁移。鲍德温（Baldwin）和福特（Ford）在1988年提出了一个培训迁移过程模型，如图13-4所示，该模型指出培训输入包括受训者特征、培训设计和工作环境，这些会影响学习、保存和迁移，并且受训者特征和工作环境将直接影响迁移效果。受训者特征包括影响学习的各种能力、个性和动机。培训设计指学习环境的重要特点，包括学习目的、培训材料、培训内容、培训场地等。工作环境指能够影响培训迁移的所有工作上的因素，包括管理者和同事支持、执行机会、技术支持、转化氛围。有利于培训迁移的各种工作环境特征如表13-3所示。

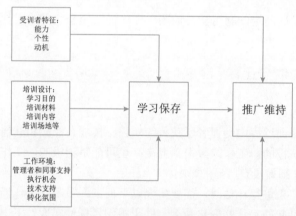

图 13-4　培训迁移过程模型

表 13-3　促进培训迁移的工作环境特征

特征	举例
直接主管：鼓励受训者使用培训中获得的新技能和行为方式并为其设定目标	刚接受过培训的管理者与主管人员和其他管理者共同讨论如何将培训成果应用到工作中
任务线索：受训者的工作特点会督促或提醒其应用培训过程中获得的新技能和行为方式	刚接受过培训的人员的工作就是按照使用新技能的方式来设计的
反馈结果：直接主管支持应用培训中获得的新技能和行为方式	直接主管应关注那些应用培训内容的刚刚受过培训的人员
不轻易惩罚：对使用从培训中获得的新技能和行为方式的受训者不会公开责难	当刚受过培训的人员在应用培训内容出现失误时，不会受到惩罚
外部强化：受训者会因应用从培训中获得的新技能和行为方式而受到外在奖励	刚受过培训的人员若成功应用了培训内容，他们的薪水或考核绩效会增加
内部强化：受训者会因应用从培训中获得的新技能而受到内部激励	直接主管和其他管理者应表扬刚受过培训就将培训所教内容应用于工作中的人员

13.6　组织绩效与薪酬管理

绩效管理是人力资源管理的核心，目的在于将部门及员工的工作与组织的战略目标紧密联系在一起，为人力资源的开发、录用、培训、晋升、薪酬和整体激励等方面提供支持，促进业务目标的实现。

组织存在的目的是实现特定的组织目标，而在组织中工作的员工在为组织提供实现目标所需要的劳动时，作为回报得到货币收入、商品和服务等，这些就构成了员工的薪酬。组织的薪酬体系在组织取得竞争优势和实现战略目标的过程中具有十分关键的作用。

13.6.1　组织绩效管理

1. 绩效管理基础

绩效管理是对绩效实现过程中各要素进行全面系统的管理，组织在持续不断的沟通过程中激励员工持续改进绩效，从而实现组织的战略规划和远景目标。绩效管理作为一个管理循环系统分为 4 个环节，即绩效计划、绩效实施与监控、绩效考核和绩效反馈面谈，如图 13-5 所示。

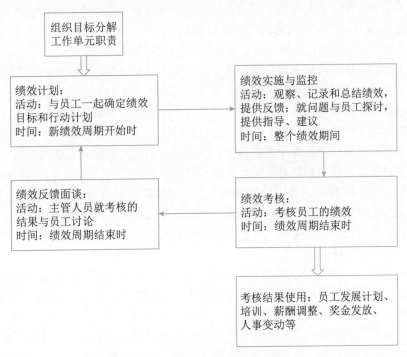

图 13-5　绩效管理的循环过程

（1）绩效计划。绩效计划是绩效目标确立的过程，包括两方面的内容：做什么和如何做。它是指在组织战略的指导下，通过员工的参与并结合员工的意愿，管理者与员工共同制定和完善员工的工作目标及计划。绩效计划通常分三个阶段进行，即收集信息、确定关键工作领域与关键绩效指标、绩效计划讨论与确定。

（2）绩效实施与监控。绩效实施与监控贯穿于绩效管理的全过程。管理者在员工工作的过程中，给予指导、激励、协调和支持，帮助员工克服工作障碍，创造条件，促进其完成工作目标。

（3）绩效考核。绩效考核贯穿于绩效管理的全过程，重点在绩效周期结束后的一段时间内。绩效考核活动的内容包括制定科学合理的考核标准，对员工的日常表现进行记录，以便进行经常性的考核。绩效考核中要把员工的自评与管理者的考核相结合。

（4）绩效反馈面谈。绩效反馈面谈在绩效考核结束时进行。绩效反馈面谈指管理者就上一绩效管理周期中员工的表现和绩效评价结果与员工进行正式的面谈。通过绩效反馈面谈，将考核结果及时反馈给员工，取得认同，以促进员工不断完善工作方式和能力，并修订考核标准。绩效反馈面谈主要有4个目的：①对绩效考核的结果达成共识；②使员工认识到自己在本阶段工作中取得的进步和存在的缺点；③制订绩效改进计划；④修订或协商下一个绩效管理周期的绩效目标和绩效计划。

2. 绩效考核方法

绩效考核方法的选择，实际上与各种评价技术本身的特点有关，有的评价技术可能非常适合用于员工奖金的分配，但是可能不适合为员工提供反馈和指导；有的评价技术可能非常适合于降低评价体系的成本，但是也可能产生评价误差。绩效考核方法主要有员工比较类评价法、关键事件法、行为对照表法、等级鉴定法和行为锚定评价法等。

（1）员工比较类评价法。主要包括以下几种：简单排序法是将员工按照工作总体情况从最好到最差进行排序；成对比较法是评价者根据某一标准将员工与其他员工进行逐一比较，并将每一次比较的优胜者选出，最后，根据每个员工净胜的次数由高到低进行排序；强制分布法是将员工按照组别进行排序，而不是针对员工个人进行排序。员工比较类评价法的特点包括：①由于它评价的基础是整体印象，而不是具体的比较因素，很难发现问题存在的领域，因此不适合用来对员工提供建议、反馈和辅导；②使用这种评价技术时，可以在员工之间给出一个用来相互比较的量化分数，但在员工提出异议的情况下，评价者很难为自己的结论提出有力的证据，因此在为奖金分配提供依据方面的作用有限；③设计和应用员工比较类评价法的成本很低，这是这种评价技术的突出优点；④这类评价技术在大多数情况下可以保持评价尺度的一致性，但是很容易发生光环效应和武断评价。

（2）关键事件法。该方法是主管人员把员工在完成工作任务时所表现出来的特别有效的行为和特别无效的行为记录下来，形成一份书面报告。关键事件法的特点包括：①它是否有助于向员工提供建议、反馈和辅导，在很大程度上取决于评价者在撰写工作报告时所选择的主题，但通常没有一个明确的结果；②由于这种评价技术没有对员工评定一个综合的分数，因此无法在员工之间进行横向的比较，也就不适合为员工的奖金分配提供依据；③这种评价技术的设计成本很低，但是应用成本很高；④在采用这种评价技术时，如果评价者对员工的观察是充分而准确的，就能够减少评价误差，但由于工作报告是非结构化的，在衡量指标上缺乏一组统一的规范，因此很容易发生评价误差。

（3）行为对照表法。该方法是人力资源管理部门给评价者提供一份描述员工规范的工作行为表格，评价者将员工的工作行为与表中的描述进行对照，找出准确的描述员工行为的陈述。行为对照表法的特点包括：①它能够发现一般性的问题，但是无法对今后员工工作绩效的改进提供具体而明确的指导，因此不太适合用来向员工提供建议反馈和辅导；②由于这种评价技术可以通过对各项评价指标的重要性设置权重，从而得到在员工之间相互比较的分数，因此能够比较好地为奖金和发展机会的分配提供依据；③设计行为对照表要花费很大的成本，但是执行成本很小，因此同其他的评价技术相比，这种评价技术的整体成本水平居中；④这种评价技术的评价标准与员工的工作内容的相关性很高，因此评价误差比较小。

（4）等级鉴定法。该方法首先确定绩效考核的标准，然后针对每个评价项目列出几种行为供评价者选择。等级鉴定法的特点包括：①它能够发现问题出现的领域，能够发现需要改进的员工行为或工作结果方面的部分信息，因此在一定程度上适合向员工提供建议、反馈和辅导；②这种评价技术虽然可以得出在员工之间相互比较的量化分数，但是在员工提出异议的情况下，评价者很难为自己的结论提出有力的证据，因此在为奖金的分配提供依据方面的作用是有限的；③设计和应用等级鉴定法的成本很低，这是这种评价技术的突出优点；④虽然这种评价技术的评价指标在形式上非常明确，但是指标定义方面的欠缺和执行中的不同理解都可能造成评价误差。

（5）行为锚定评价法。该方法明确定义每一个评价项目，同时使用关键事件法对不同水平的工作要求进行描述。行为锚定评价法的特点包括：①它能够明确指出导致问题出现的行为，适合用来向员工提供建议、反馈和辅导；②这种评价技术可以得出员工之间进行相互比较的量化分数，而且在员工提出异议的情况下，评价者能够明确地依据员工的行为，为自己的结论提出有力的证据，因此适合用来为奖金的分配提供依据；③设计行为锚定评价法的成本很高，但是应用这种评价技术的成本很低，这一点与行为对照表法相同；④这种评价技术依据的是员工的行为，能够有效地避免评价误差。

3. 绩效反馈与绩效改进

绩效考核的目的不仅是确定员工的薪酬、奖惩或晋升，更重要的是员工能力的不断提高及绩效的持续改进，绩效反馈与绩效改进是绩效管理中的重要过程。绩效反馈主要通过考核者与被考核者之间的沟通，就被考核者在考核周期内的绩效情况进行面谈，在肯定成绩的同时找出工作中的不足。绩效反馈的目的是让员工了解自己在本绩效周期内的绩效是否达到组织需求的目标、行为态度是否合格，让管理者和员工方对评估结果达成一致的看法。针对员工绩效未合格的情况，考核者和被考核者双方共同探讨绩效未合格的原因，并制订绩效改进计划；同时，管理者向员工传达组织的期望，双方对下一个绩效周期的目标进行探讨，最终形成一个绩效合约。

绩效改进是指确认组织或员工工作绩效的不足和差距，查明产生的原因，制订并实施有针对性的改进计划和策略，持续提高组织员工绩效的过程。绩效改进也称为绩效指导，是绩效考核的后续应用阶段，是连接绩效考核和下一循环计划目标制订的关键环节，也是促进员工人力资本增值的一种管理方式。绩效改进工作的成功与否，是绩效管理过程能否发挥效用的关键。

绩效改进的形式多种多样，绩效改进过程通常可以分为以下几个步骤：①分析员工的绩效考核结果，找出员工绩效中存在的问题；②针对存在的问题，制定合理的绩效改进方案，并确保能够有效实施，如个性化的培训等；③在下一阶段的绩效辅导过程中，实施已制定的绩效改进方案，尽可能为员工的绩效改进提供知识、技能等方面的帮助。

13.6.2 组织薪酬管理

1. 薪酬体系

有效的薪酬体系必须满足公平性要求。外部公平性要求组织的薪酬标准与其他组织相比有竞争力，否则难以吸引或留住人才。内部公平性要求使内部员工感到自己与同事之间在付出和所得的关系上合理。薪酬政策不仅要考虑薪酬水平的外部竞争力和薪酬结构的内部一致性，还要考虑在一个组织内部承担相同工作或者拥有相同技能水平的员工之间的薪酬关系问题。一般而言，在相同的组织中承担相同工作或拥有相同技能的员工在工作绩效方面可能存在差别，在经验方面也可能存在差别，因此绝大多数组织的薪酬政策反映了员工个人方面的差异在薪酬确定中的影响。

员工在组织中工作所得到的报酬包括组织支付给员工的薪资和所有其他形式的奖励，既包括以货币收入形式表现的外在薪酬，也包括以非货币收入形式表现的内在薪酬。这种内在薪酬包括工作保障、身份标识、给员工更富有挑战性的工作、晋升空间、对突出工作成绩的承认、培训机会、弹性工作时间和优越的办公条件等。在人力资源管理中，会把外在报酬作为员工薪酬的重点。

员工薪酬构成的基本内容可以概括为图 13-6。通常意义上的薪酬指的是外在报酬，它可以分为直接报酬和间接报酬。直接报酬包括基本薪酬、绩效加酬、鼓励员工进一步提高生产效率的各种激励性报酬和各种延期支付性质的报酬等。绩效加酬是对员工工作行为和所取得的成绩的奖励，表现为基本薪酬的增加，这取决于员工的绩效水平。此外，还有储蓄计划、股票购买和年金等各种延期支付。延期支付给员工带来的实际利益是员工要经过一个时期甚至要等到退休时才能够兑现的。间接报酬包括各种福利保障、带薪休假和服务与津贴。组织在这些方面为员工提供的报酬除受到政府有关法规的限制以外，还受到市场竞争的影响。

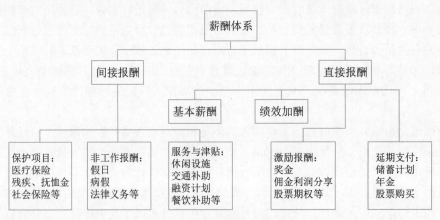

图 13-6　员工薪酬构成的内容

薪酬体系的主要任务是确定组织的基本薪酬的基础。国际上通行的薪酬体系有两类，共三种，即基于职位的薪酬体系和基于任职者的薪酬体系，后者又包括技能薪酬体系和能力薪酬体系。所谓职位薪酬体系、技能薪酬体系和能力薪酬体系，是指组织在确定员工的基本薪酬水平时，分别依据的是员工所从事的工作自身的价值、员工所掌握的技能水平以及员工所具备的能力水平，三者的差别主要体现在确定薪酬的依据不同。不同的薪酬体系在确定薪酬的流程中，所考察的内容要素也不同。无论薪酬结构的基础是什么，其共同的思路是：①收集有关工作信息；②整理、归纳这些信息；③评价什么对组织重要或具有价值；④评价工作中的异同。在各类组织薪酬体系中，职位薪酬体系是最常见的，其设计流程主要有 4 个步骤：①收集关于特定工作性质的信息，即进行工作分析；②按照工作的实际执行情况确认、界定及描述职位，即编写职位说明书；③对工作进行价值评价，即工作评价；④根据工作的内容和相对价值进行排序，即建立职位薪酬结构。

2. 工作评价

在以工作为依据设计薪酬结构时，应当先进行工作评价。工作评价是指根据各种工作所包括的技能要求、努力程度要求、岗位职责和工作环境等因素决定各种工作之间的相对价值。工作评价的目的是对工作进行系统的和理性的评价，帮助确定工作结构，然后由工作结构决定薪酬结构，从而使组织薪酬制度符合内部一致性的要求。

工作评价的内容包括评价工作的任务和责任、完成工作所需的技能，以及各种工作对组织整体目标实现的相对贡献大小。工作评价与工作分析之间有着密切的联系，工作分析所得到的信息是对工作评价的重要基础。在工作分析中，对工作进行系统的研究，得出工作描述。通过工作描述应该能够对工作的复杂性、难度、责任和价值做出恰当的评价，从而确定这些工作之间的相对价值，同时识别、确定和权衡对各种工作应该给予补偿的因素。

实施工作评价常用的方法包括：工作排序法、因素比较法、工作分类法、点数法和海氏系统法等。从是否进行量化比较的角度看，工作排序法和工作分类法属于将整个工作看作一个整体的非量化评价方法；而因素比较法、点数法和海氏系统法属于按照工作要素进行量化比较的评价方法。从工作评价的比较标准看，工作排序法和因素比较法属于在不同的工作之间进行比较的工作评价方法；而工作分类法、点数法和海氏系统法属于将工作与既定标准进行比较的工作评价方法。

3. 薪酬等级

通过工作评价的输出，结合人力市场薪酬调查及组织薪酬水平策略，最终确定组织的薪酬等级结构。薪酬等级结构的构成要素包括：①薪酬等级数；②目标薪酬，即每个或每级职位的目标薪酬（通常称为中点、基准点等）；③薪酬级差，薪酬等级中相邻两个等级的目标薪酬之间的差额；④薪酬幅度，每级职位薪酬的范围幅度（即以目标薪酬为中点，薪酬最低点与最高点之间的差额）；⑤薪酬重叠情况（即相邻两级别之间薪酬区间的重叠程度）。

1）薪酬等级数

当组织中存在许多种工作时，通常需要划分薪酬等级，每一个等级包含价值相同的若干种工作或者技能水平相同的若干名员工。同一个薪酬等级内的各种工作都得到相同或较为相近的薪酬，当然还要考虑员工个人之间在工作绩效和资历方面的差异。在价值最大的工作和价值最小的工作之间差异既定的情况下，如果划分的薪酬等级数太少，那些在工作任务、责任和工作环境上差别很大的员工被支付相同或较为相近的基本薪酬，就会损害薪酬政策的内部公平性。如果划分的薪酬等级数太多，那些在本质上没有什么明显差别的工作就会得到不同的报酬，同样也会损害组织薪酬政策的内部公平性。因此组织需要持续探索并优化薪酬等级数的定义，从而获得较为合理的薪酬等级数。

2）目标薪酬与薪酬幅度

薪酬幅度是指在某一薪酬等级内部允许薪酬变动的最大幅度，表明同一个薪酬等级内最低薪酬和最高薪酬之间的差距。薪酬幅度的中点（中值）根据目标薪酬水平设定，反映组织针对某职位所确定的薪酬水平，其具体数据取决于组织的薪酬策略，比如与当地市场相一致，或采取市场中等水平、高等水平还是低等水平等。组织的目标薪酬水平应该是一个经验丰富的员工在其工作达到规定的标准时应该得到的薪酬。

3）薪酬级差

薪酬级差是指薪酬等级中相邻两个等级薪酬标准之间的差额，它代表不同等级的工作因复杂和熟练程度不同而应当支付不同的薪酬。与薪酬级差相对应的，还有一个薪酬差额"倍数"的概念，它是指整个薪酬结构中最高薪酬等级与最低薪酬等级的目标薪酬的比值关系。在薪酬总额既定的情况下，"倍数"的确定需要考虑以下因素：①最高与最低等级工作复杂程度上的差别；②政府规定的最低薪酬；③市场可比的薪酬；④组织薪酬基金的支付能力和薪酬结构；⑤科技发展状况对工作差距的影响。一般而言，随着工作差距缩小，薪酬等级的幅度也趋于缩小。

4）薪酬重叠情况

如果各个档次的薪酬幅度大到一定程度，相邻两个薪酬等级之间将存在一定的重叠，也就是一个薪酬等级的最高水平通常高于与它相邻的较高薪酬等级的最低水平。如果组织薪酬的增长主要以员工的年资为依据，那么每个薪酬等级的范围应该比较大，因此相邻两个薪酬等级之间的重叠程度也会比较高。这是为了使在某一薪酬等级中长期从事某一类工作的员工有机会不断获得薪酬的提升，否则这些员工将出现薪酬增长的天花板，影响其工作动力和行为。

4. 薪酬激励

一个组织中的员工有许多不同的类别，如操作人员、销售业务人员、专业技术人员和高级管理人员等。对这些不同类别的员工的激励策略也应该有所不同。

对于操作人员，计件制是一种最古老和最常用的激励性给付机制。计件制包括完全计件制和部分计件制两种形式。完全计件制是指完全按照员工的产量计算薪酬；部分计件制是指员工超过某一产量水平后的收入由员工和组织按照某一比例进行分配。

销售业务人员的工作由于难以监督，因此应采用比较特殊的激励方法，主要包括佣金制和底薪制。佣金制是指销售业务人员的收入完全按照绩效而定。佣金制的优点是最能激励销售业务人员，可以吸引业务能手。佣金制的缺点是容易使销售业务人员只重视近期的销售和数额大的销售，而忽视开发有潜力的客户和为小客户提供服务。底薪制是指销售业务人员领取固定的薪水，有时也有红利等奖励。这种方法比较适合从事任务性和服务性（如寻找潜在客户）工作的销售业务人员。底薪制和佣金制的混合制也很常见，固定的底薪可以保障业务人员的基本生活，佣金部分则可以激励业务人员创造良好的绩效。

专业技术人员是指那些受过正式训练或从事研究工作的人员，如律师、医生、经济师、工程师、研究开发人员等。组织对专业人员的激励方法是加薪，一般是在公平的绩效评估的基础上，按照年资每年自动增加薪酬。由于专业人员比较重视工作成就，而相对不重视金钱，所以可以采用一些非金钱的奖励方法，如提供更好的设备、实行支持性的管理风格等。

对高级管理人员的激励通常包括以下 5 个部分：基本薪酬、短期奖励或奖金计划、长期奖励计划、正常雇员福利、高级管理人员的特殊福利或津贴。高级管理人员的激励可以区分为短期激励和长期激励。短期激励通常是指年度红利，目的在于激励高级管理人员和主管人员的短期绩效。长期激励的目的是促进组织的长期发展，包括拓展新业务、开辟新市场等，以促使管理人员重视组织的长期繁荣，而不仅仅是短期的赢利。长期激励的方法主要是发放股票，或给予购买股票的优惠，从而使主管人员的利益与组织的长期利益联系在一起。

5. 薪酬调整

组织薪酬调整包括薪酬水平的调整和薪酬结构的调整，目的是适应组织生产经营发展的需要，更好地促进员工的工作积极性。

1）薪酬水平调整

按照调整的性质，薪酬水平的调整可分为：①主动型薪酬水平的调整。这是组织为了达到一定的目标，主动采取增薪或减薪的行为。主动增薪的动机有：一是为了增强与竞争对手争夺人才和维系员工队伍的能力；二是组织的经营绩效有了大幅提高，以加薪回报和激励员工；三是组织薪酬政策发生变化。提出减薪通常是因为组织经营效益和财务支付能力处于严重恶化状态。②被动型薪酬水平的调整。这是组织在各种因素的作用下被动采取增薪或减薪的行为。例如，最低工资标准的法规、工会集体要求增加工资并采取各种行动形成强大压力等。

按照调整的内容，薪酬水平的调整可分为：①奖励性调整，指为奖励员工优异的工作绩效，强化激励机制而给员工加薪；②生活指数性调整，指为弥补通货膨胀导致实际薪酬下降的损失，给员工加薪以保持其实际生活水平不下降或少下降，属于薪酬的普调；③年资（工龄）性调整，指随着员工资历的增长而提高其年资薪酬，通常是结合经验曲线和员工绩效考核来确定调整水平，属于常规性和全员性的调整；④效益性调整，指根据组织经济效益的变化情况，全体员工从中分享利益或共担风险的薪酬水平的调整。

2）薪酬结构调整

薪酬结构调整的目的是适应组织内、外部环境因素的变化，以保持薪酬的内部公平性，体现组织的薪酬价值导向，更好地发挥薪酬的激励功能。薪酬结构的调整经常和薪酬水平的调整相结合。薪酬结构的调整主要包括纵向的薪酬等级结构调整和横向的薪酬构成调整。

常用的纵向等级结构调整方法包括增加薪酬等级和减少薪酬等级。增加薪酬等级的主要目的是细化岗位之间的差别，从而更加明确地实行按岗位和职位付薪的原则。减少薪酬等级就是合并和压缩等级结构。

横向的薪酬构成调整主要包括以下两种形式：①调整固定薪酬和变动薪酬的比例。固定薪酬和变动薪酬的特点与功效不同，使两者保持适当的比例有助于提高薪酬绩效。②调整不同薪酬形式的组合模式。组织应该根据不同薪酬形式的优缺点合理搭配，使薪酬组合模式与组织的薪酬政策和工作性质的特点相适应。

13.7 人员职业规划与管理

职业生涯是指一个人在一生中所从事的各种工作职业的总称，也是一个人一生中价值观、为人处事态度和动机变化的过程。组织在人力资源管理过程中，应该充分理解员工职业生涯的发展，给予一定的发展机会，帮助他们获得发展。

员工的职业规划方案必须能够适应组织发展的需要，适应组织在员工招聘方面竞争的需要，适应当前或未来实施的组织结构。在向员工提供职业指导和咨询以前，组织应该首先确定员工可能选择的职业道路，可通过分析员工在组织中过去与当前的工作情况来判断。对员工职业道路的要求是：①应该代表员工职业发展的真实可能性，无论是横向发展还是纵向升迁都不应该以通常的速度为依据；②应该具有尝试性，能够根据工作的内容、任职的顺序、组织的形式和管理的需要进行相应的调整，同时也不要过分集中于一个领域；③具有灵活性，要具体考虑每位员工的薪酬水平，以及对工作方式有影响的员工的薪酬水平；④说明每个职位要求员工具备的技能、知识和其他品质，以及具备这些条件的方法。

在为员工确定职业道路时，首先应该进行工作分析，找出工作对员工要求的相同点和不同点，然后将对员工的行为要求类似的工作组合在一起，形成一个工作族，并在工作族或工作族之间找出一条职业道路，最后将确定的所有职业道路连接起来，构成一个完整的职业系统。

组织的管理人员在员工的职业规划中应该承担的工作包括以下几个方面：①充当一种催化剂，鼓励员工为自己建立职业规划；②评估员工表达出来的发展目标的现实性和需要的合理性；③辅导员工做出组织与员工双方都愿意接受的行动方案；④跟踪员工的职业规划并指导其进行适当的调整。

组织在员工职业规划中的责任包括：①提供员工制定自己的职业规划所需要的职业规划模型、信息、条件和指导；②为员工和管理人员提供建立职业规划所需要的培训；③提供技能培训和在职培训。

在组织的员工职业管理过程中，员工需要承担的责任是向组织的管理人员提供所需要的技能、工作经验和职业意愿等方面的准确信息。在这一过程中，管理人员的责任包括：①发挥员工提供的信息的作用；②向员工提供自己负责的职位空缺的信息；③管理人员要综合有关的信息，为职位空缺确定合格的候选人并进行选择，同时为员工发现职位空缺、培训项目和工作轮换等职业发展机会。

组织在员工职业管理中的责任包括：①为管理人员的决策过程提供信息和程序；②负责组织内部各类信息的及时更新；③设计出收集信息、分析信息、解释信息和利用信息的便捷方法，以确保信息利用的有效性；④监控和评价员工职业管理过程的执行效果。

第 14 章　规范与过程管理

标准化管理是一项复杂的系统工程，周而复始地进行体系所要求的"计划、实施与运行、检查与纠正措施和管理评审"活动，实现持续改进的目标。标准化方法有多种形式，包括简化、系列化、组合化和模块化、综合标准化、超前标准化等，针对不同的标准化任务采用不同的标准化方法，达到不同的目的。例如，软件过程是人们用来开发和维护软件及相关产品（如软件项目计划、设计文档、代码、测试用例及用户手册）的活动、方法、实践和改进的集合。软件组织是过程的核心，过程是由组织定义的，制度也是由组织建设和维护的。软件过程管理除了加强技术创新和引进、培育优秀的人才之外，还有一项很重要的工作，就是制定组织和项目的软件过程规范。在整个组织范围内，软件工程过程和管理过程都在标准化的基础上成为一个有机整体，最大限度地提高软件产品的质量与软件开发过程的生产率。

14.1　管理标准化

标准化是指在经济、技术、科学和管理等社会实践中，对重复性的事物和概念，通过制订、发布和实施标准达到统一，以获得最佳秩序和社会效益。在国民经济的各个领域中，凡具有多次重复使用和需要制定标准的具体产品，以及各种定额、规划、要求、方法、概念等，都可称之为标准化对象。标准化对象一般可分为两大类：一类是标准化的具体对象，即需要制定标准的具体事物；另一类是标准化总体对象，即各种具体对象的总和所构成的整体，通过它可以研究各种具体对象的共同属性、本质和普遍规律。

标准化管理是一项复杂的系统工程，具有系统性、国际性、动态性、超前性、经济性。标准化管理的一个重要思想就是要求组织按照 PDCA 循环管理模式（戴明环）开展评价工作，周而复始地进行体系所要求的"计划、实施与运行、检查与纠正措施和管理评审"活动，实现持续改进的目标。标准化管理可促进统一、协调、高效率等。

14.1.1　标准化过程基本原理

标准化的基本原理通常是指超前预防原理、系统优化原理、协商一致原理、统一有度原理、动变有序原理、互换兼容原理、阶梯发展原理、阻滞即废原理。

1）超前预防原理

标准化对象是"需要标准化的主题"（GB/T 20000.1—2014），一般而言，标准化的主题是实际存在的或潜在的重复发生事项，如产品、过程、系统、接口、协议、程序、功能、方法、活动等，也可以是这些对象的某一特定方面，如衣服的尺寸、规格等。

标准化对象不仅要从依存标准化课题的实际重复发生的问题中选取，更应从其潜在的重复发生的问题中选取，以避免该对象非标准化发展后造成损失。对潜在问题实施超前标准化，就能有效地预防其不必要的多样化和复杂化。

2）系统优化原理

系统工程告诉我们，现代任何事物都存在于一定的系统之中，标准化对象也不例外，只有从系统的观点出发，即把对象作为一个系统来对待，运用系统的方法、程序，才能使其从系统总体上达到最优效率的目标。标准化对象应优先考虑其所依存主体系统中能获得最佳效益的问题。没有标准化效益的问题（或项目），不必去实行标准化。在能获取标准化效益的问题中，首先应考虑能获取最大效益的问题。在考虑标准化效益时，不仅要考虑对象系统的局部（个别）化效益，更应考虑对象所依存主体系统，即全局的最佳效益。

3）协商一致原理

标准与法律法规不同，法律法规是具有强制性效力的，而标准则以推荐性为原则，无论是国际标准，还是国家标准、行业标准，一般都是推荐性标准，是自愿执行的标准。因此，制定标准的各方应协商一致，达到"普遍同意，即有关重要利益相关方对于实质性问题没有坚持反对意见，同时按照程序考虑了有关各方的观点并且协调了所有争议"（GB/T 20000.1—2014），但这并不意味着没有异议。

标准化活动的成果（即标准）应建立在相关各方协商一致的基础上。标准化活动的成果（即标准）要让大家尤其是使用人公认并接受、理解，才会去执行，这就要求必须在标准的起草和编制过程中，让与标准相关的各方充分协商一致，取得共识。这样既可以使标准制定得科学合理，具有广泛的基础，而且又可以为标准顺利、有效地实施创造前提条件。目前我国采取标准制定项目公开招标制度，标准草案刊登在有关标准化的刊物和报纸上，公开征求大家的意见，这就是协商一致原理的实际应用。

4）统一有度原理

标准化的核心活动就是统一，但不是统一到一个尺寸或一个特性上，"单一化"并不是标准化，不能满足人类对多样化的客观需求，也不符合事物发展的客观规律。应该在一定范围、一定时期和一定条件下，对标准化对象的特性和特征做出统一规定，以实现标准化的目的。

统一有度原理是标准化的本质与核心，它使标准化对象的形式、功能及其他技术特征具有一致性。等效是统一的前提条件，只有统一后的标准与被统一的对象具有功能上的等效性，才能由统一的标准替代原来不统一的事物。统一要先进、科学、合理，也就是要有度。具体地说：

- 统一是有一定范围或层次的，为此，应根据标准化的适用范围和层次确定标准宜制定为哪一层级的标准，如国家标准、行业标准、组织标准。
- 统一是在一定水平上的统一，由此决定标准的先进性，即技术指标的高低。
- 统一又是有一定量度的，为此，有的标准要规定统一的量值，如全国运行铁路的轨距要统一为1435mm，民用电的电压和频率要分别统一为220V和50Hz；有的要统一规定量值的上限（如食品中有害物质含量）、下限（如食品中营养成分含量），更多的是规定上下允差值（如某一机器零件的几何尺寸标准）。
- 统一还可以符合一定的数系，即标准化的数系（如优先数系），如水表的型号尺寸、灯泡的功率系列等，即采用优先数系来统一水表和灯泡的相关技术特性指标，以满足大多数人的客观需要，也便于组织批量生产。

5）动变有序原理

世界上任何事物都在发展变化中，运动是绝对，稳定是相对的，变动都是绝对的。"每天升起的太阳都是新的。"标准是一定时期内依存主体技术或管理水平的反映，随着时间的变化，必然导致标准使用环境条件的变化，因此必须适时修订标准，使其随使用的环境不同而变，但这种变动应该是有规定的，有科学程序的。需要依据其所处环境条件的变化按规定的程序适时修订，以保证标准的先进性和适用性。标准的修订是有规定程序的，要按规定的时间、规定的程序进行修订和审批。如果朝令夕改，任意变动，势必会造成混乱，因此无论是国际标准、国家标准，还是行业标准、地方标准，都规定标准有五年有效期。组织的生产经营、技术开发的速度更快，组织标准的适用范围又是在组织，因此组织标准的有效期较短，一般为三年。

6）互换兼容原理

互换性是指一种产品、服务或过程能代替另一产品、服务或过程满足同样需求的能力。它一般包括功能互换性和尺寸互换性。兼容性是指不同产品、服务或过程在规定条件下一起使用，能满足有关要求而不会引起不可接受的干扰的适宜性。产品的互换兼容必然要求相应的标准具有互换兼容性。这种互换兼容性越高，标准化程度就越高，为生产和使用产品的人们带来的便利就越大。

标准应尽可能使不同的产品、服务或过程实现互换和兼容，以扩大标准化效益。研发新产品、拓展新服务以及开展各项活动过程中，都应该重视和尽可能实现互换和兼容，使得互换兼容实现标准化活动效益的最大化。如产品设计中要确定标准化系数，标准化系数越大，说明原理应用得越好。近代很多机床电子产品采用组合化、模块化设计，便是这个原理的应用。

7）阶梯发展原理

标准化活动的过程是制定标准、组织实施标准、对标准的实施进行监督检查和评价的循环过程。标准化活动过程是阶梯状的、呈上升发展的过程，直到其标准化对象发生重大变更或消除为止。这个原理告诉我们，标准的制定意味着标准化活动过程的开始。只要这个标准的标准化对象不变更或消除，那么这个标准化活动过程就不会停止。标准每修订一次，标准水平就提高一阶。标准的修订使标准的内容更加完善，一般来说，修订过的标准比原标准的内容更加全面、完善。

8）滞阻即废原理

任何标准都有二重性：既可促进标准化对象依存主体的顺利发展而获取标准化效益，也可制约或阻碍其依存主体的发展而带来负效应。因此我们对标准要定期或不定期复审，确认其是否适用，如不适用，则应根据其制约或阻碍依存主体的程度、范围等情况决定是否废止。当标准制约或阻碍其依存主体的正常发展时，应立即废止。标准是一把"双刃剑"，先进的标准会获得最佳秩序和效益，而落后的标准却会阻碍标准化对象的发展，带来负效应。标准到了有效期的最后一年，标准的审批部门或归口的技术委员会组织对标准的适用有效性进行审查，审查结果按下列 4 种方式处理：

- 更改。改动或删除标准文件中那些不适用部分的内容条文，一般以发布"标准更改通知单"的形式表述。

- 修订。对标准文件的不适用内容做较大的修改并换版，一般要重新批准、发布，更新发布年份。
- 废止。公布标准文件作废，停止实施，这一般是指标准依存主体已发生根本变化，原标准已无效用或已有新标准替代的情况。
- 确认。确认标准的适用，继续实施，并在封面上盖XXXX年确认章。

14.1.2 简化

标准化方法有多种形式，针对不同的标准化任务采用不同的标准化方法，达到不同的目的。简化就是在一定范围内缩减对象（事物）的类型数目，使之在一定时间内足以满足一般或基本需要的标准化方法。

简化不是对客观事物进行任意缩减，更不能认为只要把对象的类型数目加以缩减，就会产生效果。简化的实质是对客观事物的构成加以调整并使之最优化的一种有目的的标准化活动。因此，必须遵循简化原则和要求。这些原则和要求是：

- 对客观事物进行简化时，既要对不必要的多样化加以压缩，又要防止过分压缩。为此，简化方案必须经过比较、论证，并以简化后事物的总体功能是否最佳作为衡量简化是否合理的标准。
- 对简化方案的论证应以确定的时间、空间范围为前提。在时间范围里，既要考虑当前的情况，也要考虑今后一定时期的发展要求，以保证标准化成果的生命力和相对稳定性。对简化所涉及的空间范围以及简化后标准发生作用的空间范围都必须做较为准确的计算或估计，切实获取全局利益最大化。
- 简化的结果必须保证在既定的时间内，足以满足一般需要，不能因简化而损害用户和消费者的利益。
- 对产品的简化要形成系列，其参数组合应尽量符合标准数值分级制度。简化的应用领域十分广阔，就产品的生产过程来说，从构成产品系列的品种、规格，原材料的品种、规格，工艺装备的种类，零部件的品种、规格，到构成零件的结构要素都可作为简化的对象。至于管理业务活动中可以作为简化对象的事物也很多。简化所需要的投资较少，而收效却很显著，所以开展比较普遍，它是标准化活动中最常用的方法。

14.1.3 系列化

系列化是对同一类产品中的各类产品参数按规定数系同时进行标准化的一种方法。通过对同一类产品发展规律的分析研究，对国内外产品发展趋势的预测，结合我国的生产技术条件，经过全面的技术经济比较，对产品的主要参数、型式、尺寸、基本结构等做出合理的规划，确定先进、适用的产品系列，以协调同类产品和配套产品之间的关系。产品系列化的目的是简化产品品种和规格，尽可能满足多方面的需要。产品系列化便于增加品种，扩大产量，降低成本。系列化产品的基础件通用性好，它能根据市场的动向和消费者的特殊要求，采用发展变型产品的经济合理办法，机动灵活地发展新品种，既能及时满足市场的需要，又可保持组织生产的稳定，并能最大限度地节约设计力量。

产品的系列化一般可分为制定产品参数系列、编制产品系列型谱和开展产品的系列设计等三方面内容。

- 制定基本参数系列。产品的基本参数是基本性能或基本技术特性的标志，是选择或确定产品功能范围、规格、尺寸的基本依据。产品基本参数系列化是产品系列化的首个环节，也是编制系列型谱、进行系列设计的基础。

- 编制产品系列型谱。因为社会对产品的需要是多方面的，只是对参数分档分级有时并不能满足需要，还要求同一规格的产品有不同的型式，以满足不同的特殊要求。解决这个问题便是系列型谱的任务。系列型谱是对基本参数系列限定的产品进行型式规划，把基型产品与变型产品的关系以及品种发展的总趋势用图表反映出来，形成一个简明的品种系统表。编制型谱是一件很复杂、很细致、又需要很慎重的工作，要以大量的调查资料和科学的分析预测为基础，一经确定，轻易不宜改变。

- 开展产品的系列设计。系列设计的方法有4个方面：①首先在系列内选择基型，基型应该是系列内最有代表性的，规格适中，用量较大，生产较普遍，结构较先进，经过长期生产和使用考验，结构和性能都比较可靠，又有发展前途的型号；②在充分考虑系列内产品之间以及变型产品之间的通用化的基础上，对基型产品进行技术设计或施工设计；③向横的方向扩展，设计全系列的各种规格，这时要充分利用结构典型化和零部件通用化等方法，扩大通用化程序或者对系列内产品的主要零部件确定几种结构型式（叫作基础件），在具体设计时，从这些基础件中选择合适的；④向纵的方向扩展，设计变型系列或变型产品，变型与基础要最大限度地通用，尽量做到只增加少数专用件，即可发展一个变型或变型系列。

14.1.4　组合化和模块化

组合化建立在系统的分解与组合的理论基础上。把一个具有某种功能的产品看作一个系统，这个系统又是可以分解的，可以分解为若干功能单元。由于某些功能单元不仅具备特定的功能，而且与其他系统的某些功能单元可以通用、互换，于是这类功能单元便可分离出来，以标准模块或通用模块的形式独立存在，这就是分解。为了满足一定的要求，把若干个事先准备的标准模块、通用模块和个别的专用模块按照新系统的要求有机地结合起来，组成一个具有新功能的新系统，这就是组合。组合化的过程既包括分解也包括组合，是分解与组合的统一。

组合化是按照标准化的原则，设计并制造出若干组通用性较强的单元（标准单元），根据需要拼合成不同用途的产品（或物品）的一种标准化形式。它的特征是通过统一化的单元组合为物体，这个物体又能重新拆装，组成新的结构，而统一化单元则可以多次重复利用。因此，组合化既是建立在系统的分解与组合的理论基础上，又是建立在统一化成果多次重复利用的基础上的。它的优越性和它的效益不仅取决于组合单元统一化的顺利进行，而且取决于对这些单元的重复利用及组合后的应变能力。

在日益形成买方市场以及需求日益多样化的形势下，迫切要求组织做到：在不经常改变生产流程和改造设备的可接受的投资条件下，能迅速将新产品投入市场。要做到这一点，有必要广泛采用组合化原则和在组合化基础上形成的组合式设计系统。

14.1.5　综合标准化

综合标准化又叫作"全面标准化"或"整体标准化"，就是针对不同的标准化对象，以考虑整体最佳效果为主要目标，把所涉及的全部因素综合起来进行系统处理的标准化管理方法。我国标准 GB/T12366—2009《综合标准化工作指南》中对综合标准化进行了定义："为了达到确定目标，运用系统分析方法，建立标准综合体，并贯彻实施的标准化活动。"综合标准化是系统工程和标准化相结合的产物。它以标准化具体对象系统为研究对象，准确地把握各种相关要素之间的关系，以保证整个系统的功能效果最佳。

开展综合标准化工作，首先要求针对不同的标准化对象，制订一整套相互协调的标准技术文件，我们把这一整套经过系统处理，能够保证对象及其相关要素按内在联系或功能要求形成的相关指标协调优化、相互配合的成套整体最佳效果的标准和标准技术文件称为标准综合体。它是综合标准化的物质基础。

标准综合体按其性质可分为两大类：一类是产品标准综合体，它以产品标准作为主要标准化对象，把原料、材料、零部件、半成品、设计文件、工艺文件等相关要素标准协调起来，组成一个产品综合标准化体系。工业产品可以建立标准综合体，农业产品也可以建立标准综合体。如我国建立的长绒棉综合标准体由 20 项标准构成，烤烟综合标准体由 17 项标准构成。另一类是一般技术性标准综合体，主要是技术文件标准综合体。它概括的范围有基础标准、跨专业部门的综合性课题以及对国民经济有重要意义的专门课题等。它是为了保证跨部门的高度民主协调统一，针对国民经济的具体情况和部门生产的共性而编制的整套标准。上述两类标准综合体中，一般技术性标准综合体具有更重要的意义，它是进行跨专业部门协调工作的基础，是开展产品综合标准化的保证条件和依据。这两类标准综合体有机地结合起来，就形成了完整而统一的综合标准化体系。

国家标准在总结了大量试点经验的基础上，对开展综合标准化工作提出了如下原则要求：

- 把综合标准化对象及其相关要素作为一个系统开展标准化工作。
- 综合标准化对象及其相关要素的范围应明确并相对完整。
- 综合标准化的全过程应有计划、有组织地进行。
- 以系统的整体效益（包括技术、经济、社会三方面的综合效益）最佳为目标，局部效益服从整体效益。
- 标准综合体的标准之间，应贯彻低层次服从高层次的要求。
- 充分选用现行标准，必要时可对现行标准提出修订和补充要求。
- 标准综合体内各项标准的制定与实施应相互配合。

14.1.6　超前标准化

OCT1.0 标准中对超前标准化进行了定义："根据预测，对以后将成为最佳的标准化对象，规定出高于实际达到水平的规格和要求的标准。"超前标准化是动态标准化的具体反映。

超前标准化的工作成果就是超前标准。在超前标准中，根据现实条件，以质量分级的形式规定出具有不同实施日期的指标、规格和特性，也就是有一定的超前期。

某种产品在标准有效期内没有工业生产的同类产品，而从技术水平衡量，这种产品已跨入一个新阶段，它是体现先进技术的"带头"产品。那么针对这类产品规定的最佳规格、技术要求的标准就是超前标准。

凡为保证在标准有效期内贯彻工作的实施、组织与管理的更先进的新方法和新形式，规定有相应定额和要求的标准也是超前标准，如有关全套自动化管理体系标准、自动化设计体系标准等。某些新产品或先进产品在标准有效范围内只被个别先进组织所掌握，并且在质量指标方面显著超过其他组织的同类产品，则针对这类产品规定的最佳规格和技术要求的标准，对其他大多数组织来说也是超前标准。

在制定标准时，根据预测，给标准化对象规定的在一定期限后应达到的要求就是超前指标。超前指标通常是一些可以预测的，在一定时期内相对稳定的重要指标，并且是最佳的。超前指标可以分为若干等级，即若干阶段指标，按照不同的实施日期先后实施。制定与贯彻超前标准是一个很复杂的过程，一般可分为以下三个阶段：①准备阶段，在全面分析和处理大量的有关信息数据的基础上，选择超前标准化的对象，确定超前标准化方向，然后确定其具体指标；②制定超前标准阶段，制定超前标准同制定一般标准没有什么区别，但在超前标准中必须规定促进产品发展的指标，其发展方向应符合国民经济需要；③贯彻超前标准阶段，由于超前标准所规定的产品指标尚未被工业组织所掌握，因此必须建立贯彻超前标准所必要的物质条件、经济条件和组织技术条件，然后根据不同的产品种类，在规定的生产范围内认真贯彻实施。

超前标准化工作中，一项很重要的工作就是确定超前指标。具体地说，就是通过对需求关系、生产和使用费用、指标和科技水平等原始数据在标准化过程中随时间而发生的变化进行预测。按预测值进行最佳化分析来确定超前指标，包括确定对该指标实施超前期的要求，以保证在给定条件下取得尽可能大的效益。在确定超前指标时，预测的主要目标就是产品的某些主要质量指标。一般地说，预测对象主要是：

- 标准化对象的科学技术水平。超前指标的预测工作必须从确定标准化对象的科学技术水平开始，以便尽可能准确而详尽地规定出该对象在一定的超前期内的最佳参数值范围及其动态，预测的方法主要采用模拟法。
- 需求量。预测需求量是为了确定需求函数和生产量，这种需求函数在进行最佳化时可作为约束条件或目标函数使用。对生产资料产品需求量的预测方法主要采用模拟法、标准法、外推法和直接计算法。模拟法主要计算在中期（5～7年）和长期（10年以上）情况下需求量；标准法主要用于编制中期预测方案；外推法用于获取大致的预测数据；直接计算法用于确定短期内（1～2年）的需求量。商品的需求量主要取决于用户的数量、用户的收益分配及价格水平。因此要用经济数字模型来预测。
- 生态指标。预测生态指标主要是为了充分考虑同环境保护有关的各项要求，主要采用模拟方法和稳定的生态系统的动态模型来进行这项工作。需要的原始信息资料有：生态系统的结构，人的活动对周围环境影响的各种数量指标，生态系统各要素同人和周围环境之间相互影响的性质等。

● 经济指标。预测经济指标是为了确定总的预算投资。应考虑的因素有：投资的不同时间性、批量及其对产品成本的影响、使用期限，以及自然资源利用和周围环境利用的耗费等。在预测时采用的各种科学预测方法中，以模拟法、启发法和外推法居多。

14.2 流程规划

14.2.1 端到端的流程

端到端的流程是指从获取业务对象需求开始，到业务对象满意结束，也就是要以终为始，目标导向。端到端流程管理的本质就是要让组织更多地关注贡献，而不是任务本身。如果每个流程都满足这样的基本定位，流程体系整体就能够实现为业务对象创造价值、满足组织高质量发展的目的。端到端的流程概念如图 14-1 所示。

图 14-1　端到端的流程概念

端到端的流程本身也是分级的。整个组织的运作可以看成一个端到端的流程，也就是组织级高阶流程：以社会与市场需求为起点，以战略目标（包含业务对象满意）达成为结束。组织级高阶流程不是每个管理者都能够参与的，为此要细化到低一级的端到端流程，即中阶流程。这一层级的业务对象应当是最终业务对象，即组织的利益干系人，包括内外部业务对象，如各级经销商、最终用户、群众、股东、员工、政府、社区、供应商、合作伙伴等。流程要从业务对象的需求出发，到他们的需求得到满足为止。从中阶端到端流程的目标或者子目标出发去定义下一阶端到端流程，这样做的最大好处就是可以逆向追溯各阶流程的目的，一直追溯到组织的战略和运行目标。

端到端的本质是让组织做任何事情都要从目的而不是从任务出发，关注最终结果。端到端是以战略为导向进行全局管理、系统管理，追求整体最优，而不是分散聚焦在个人或部门的具体目标上。

14.2.2 组织流程框架

设定流程规划的目标要考虑本组织的实际情况，如目标的急迫性、目标实施的路线图、目标的可实施性等各种因素。而且流程规划的范围也需要根据实际情况界定，界定是建立全组织范围内的流程规划，还是仅完成某类或某项端到端流程的规划，如供应链流程或客户服务流程等。流程规划工作不是推倒重来，而是系统化完善；流程规划不是一步到位，而是持续改进的过程。

通过端到端流程的识别，建立了一条条流程的"线"。组织运作是一个整体系统，这些线与线之间也存在密切的关联性，因此需要将组织里的各条流程紧密地捏合在一起，不但让每条流程稳定且高效地运转，而且使各条流程之间能进行良好的配合，从而形成组织整体的流程框架，确保组织整体效益。从端到端的流程到组织整体流程框架，称为流程从"线"到"面"的优化，具体包括两个方面：流程与战略的匹配和流程间运行始终协同。流程从"线"到"面"的优化，使得组织按纵向和战略目标对齐，而横向执行的步调一致，从而提升组织战略一体化的管控能力。

某组织战略导向的整体流程框架，如图 14-2 所示。

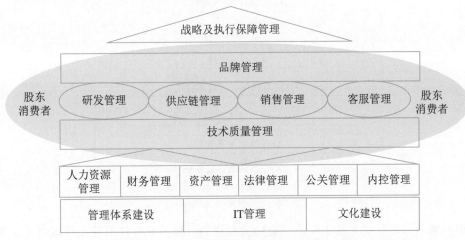

图 14-2　组织整体流程框架

组织的整体流程框架反映其整体业务模式，体现的是从组织最高管理层视角对组织的整体认识。因此，整体流程框架图既要能反映组织的业务运作特点，又要能突出组织的战略或核心竞争力，以及组织各业务领域的定位和相互间的逻辑关系。组织的最高管理层是流程框架总图的责任人，其主要职责是制定并传达组织的战略，同时使组织里的各条流程都能紧密衔接，通过建立组织各项活动的有机组合，形成整体系统，从而确保战略的实现。构建流程框架是一个理清组织管理结构的过程。整体流程框架往往反映组织的一级、二级流程，通过将一级流程逐渐往下分类分级细化，形成二级、三级直到完整的组织流程清单。

不同的组织可以按照自己的实际业务情况来建立流程框架和流程清单。美国生产与质量中心（American Productivity&Quality Center，APQC）结合美国近百家高业绩组织的流程实践，提出了一套流程框架，如图 14-3 所示。

14.2.3　流程规划方法

流程规划是一项技术性较强的专业工作，也是一项工作量较大、持续时间较长的工作。其前期策划工作一般由流程管理部门来完成。为确保流程规划的整体性和流程间的一致性，组织一般会成立专门的"流程规划小组"，其成员至少应该包括：高级管理层、流程管理部门人员和涉及流程的部门负责人等。流程规划小组的工作需要得到组织高层的支持，并把此项工作纳入相关部门管理者的绩效考核中。

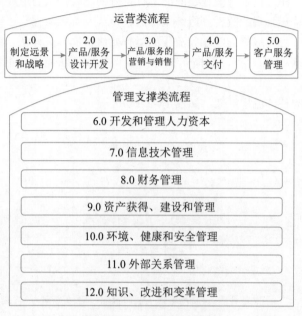

图 14-3　APQC 流程框架

流程规划的方法可参考基于岗位职责的流程规划及基于业务模型的流程规划，如表 14-1 所示。

表 14-1　流程规划参考方法

描述	工作路径	优缺点
岗位职责开始（从下到上）	①流程管理部门先确定每个部门的代表性岗位 ②流程管理部门与每个代表性岗位进行工作访谈 ③分解出主要工作并评价其重要度 ④流程管理部门梳理出工作中包含的流程及其关键控制要点 ⑤与各部门负责人访谈，补充和完善访谈结果 ⑥汇总各部门的流程信息，完成流程清单和流程框架等	优点： ①工作分析细致透彻，不容易遗漏 ②因整个过程中流程管理部门起主导作用，对被访谈人的流程管理方面的专业知识、技能和经验要求不高 ③各级流程干系人充分参与，工作成果容易被接受，流程规划成果的应用较容易推进 缺点： ①工作量比较大 ②工作质量容易受访谈人的工作经验及描述工作能力影响

（续表）

描述	工作路径	优缺点
业务模型开始（从上到下）	①流程管理部门根据组织业务绘制业务模式简易模型 ②流程管理部门进行模型分解 ③流程管理部门与流程干系人就模型与现有的流程进行关联对接 ④无法对接的部门，由流程管理部门与代表岗位人员进行工作访谈 ⑤完成流程清单和流程总图	优点： ①工作量相对比较小 ②流程管理部门对整个工作控制力度大，工作进度和风险易于控制 缺点： ①因为没有对工作进行详细的分析，工作容易出现遗漏 ②对参与人员的流程规划专业能力要求较高 ③由于各级流程干系人未充分参与，工作成果可能不被认可

14.2.4　流程分类分级

组织内所有流程理论上是可以互相关联和贯通的，为了高效管理这些流程，有必要先根据流程的性质进行分类，这有利于从整体上把握不同类别流程的定位与作用，有利于更好地设计组织流程体系。组织流程通常可分为战略流程、运行流程和支持流程。

1）战略流程

战略流程是面向未来的，为组织提供发展方向和整体管理。战略流程包括：组织长中短期战略目标的规划、战略目标的分解、制定战略目标实现策略、确定所采用的竞争策略与商业模式和战略过程的控制与调整等。

2）运行流程

运行流程就是直接为业务对象创造价值的流程，能够被内外部业务对象看到或感觉到，运行流程从业务对象提出需求开始，到满足业务对象需求结束。运行流程包括：产品价值链（新产品管理）、市场链（营销和销售）、供应链（产品与服务的提供）和服务链（服务管理）等。运行流程以战略流程为导向，以战略流程确定的架构为基础展开，它的逻辑顺序是：战略—业务模式—运行流程。

3）支持流程

支持流程为运行流程提供支持与服务，通常包括决策支持、后勤支持与风险控制三类。支持流程一般是纵向职能专业导向的，专业管理部门明确，干系人相对容易确定，流程横向协调的难度相对较低。支持流程设计要以战略流程为导向，要能够有效地支持组织未来发展战略，为战略目标的实现准备好相应的专业资源、支持与管控能力；要以支持与服务运行流程为目的，能够真正帮助提升运行流程的效率与效果。

在流程划分过程中，可以对同样范围（即相同起点与相同终点）的流程因不同的管理需求设计不同的流程管理操作线路：

- 按业务对象分类。例如，可以分为组织级业务对象、个人用户、政府单位及其他。
- 按业务风险分类。如普通审批流程和审批绿色通道等。

- 按不同的输入分类。如电子订单处理流程与手工订单处理流程。
- 按重要度分类。如主辅料采购流程、备件采购流程、办公用品采购流程等。
- 按业务模式分类。如定制产品管理与库存产品管理。
- 按管理对象不同分类。如收入会计、管理会计、应付会计、固定资产、总账等。

对于流程的分类分级，就是把流程从粗到细、从宏观到微观、从端到端的流程到具体指导操作的明细流程进行分解，可将其分为以下级别：

- 一级流程。一级流程是高阶流程，也称为"域"。它往往是端到端的流程。
- 二级流程。二级流程是中阶流程，在每个"域"内，也称为"域过程"。
- 三级流程。三级流程是低阶流程，即对域过程进行细分，由子流程（也就是四级流程）和业务活动构成，即工作活动比较具体的流程。

14.3   流程执行

组织导入流程管理的目的不是要简单地获得理念认同，也不仅仅是要获得各种流程制度。组织想要的是流程价值，是通过流程管理解决组织面临的问题，提升组织的发展绩效。为此，流程执行能够成功地把流程管理推动起来，并且通过流程管理方法的应用，为组织带来回报与价值。

如何保障流程管理有效执行，可参考的措施包括如下几个方面：

（1）理解流程是执行流程的前提。流程能够被有效执行的前提是流程设计要能够被流程执行人员理解。这里的理解包括两个层面：①既要理解流程是什么，还要准确理解流程设计的方法与规则，确保执行者之间、执行者与设计者之间的一致理解；②要理解建立流程的原因、流程设计的目的、流程设计遵循的原则，至少要了解本岗位执行的目的与价值以及不按要求执行的后果。

（2）做好流程变更后的推广。当关键流程发生重要变更时，有必要采取培训、交流等方式推广流程。

（3）新员工入职流程制度培训。新员工入职是流程执行的一个黄金时期。作为新人，其对组织的文化、人员、内部运作都不熟悉，有着迫切的需求去了解新的组织、新的部门和新的岗位等，而流程制度蕴含着组织运行体系，可以满足新员工对组织的初步认识。同时，通过流程制度培训也有利于组织对新员工的工作行为进行塑造。

（4）找对流程执行负责人。流程管理者是对流程整体结果负责任的岗位，他要负责流程的设计、流程的执行推动、流程的检查与优化等，担负流程执行主要责任。流程管理者重点负责流程的设计，通常并不在流程中负责执行，无法实时了解流程的运行状态，当流程运行出现较大的问题时才会反馈给流程管理者，因此流程管理者需要与推动流程执行的角色协作。该角色通常为流程助手，流程助手须负责流程执行，在流程中参与执行，具备掌握流程运行实时情况的能力，能够在督导流程按要求执行方面弥补流程管理者的不足。

（5）流程审计及监控。流程的执行情况需要有相应的监督考核机制，通过流程的稽查与评价，保证流程的有效实施和持续改进。通过流程制度建立适当的违规惩处措施，有利于促进流程的落实运行。

（6）把流程固化到信息系统中。通过信息系统固化流程是解决流程执行力的有效手段之一。当流程在信息系统上运行时，流程执行情况一目了然。流程信息化同时也带来信息共享、自动化处理、知识积累等多种优势，因此对于重执行、大型或复杂的流程需要提高执行力时，可考虑通过信息系统来固化。

（7）把流程固化到制度中。制度是管理的标准与基本准则，制度同样是流程执行保障的重要工具，把重要流程形成正规制度后，其执行力能够得到保证，制度代表了组织权威，有强制属性，有较强的约束力。制度包括两大部分：①流程必须要遵守的规则，保证流程操作有章可循，将流程的关键控制点用制度的方式严格地管理起来；②对流程执行绩效的激励制度，保证流程执行有激励机制保障。

（8）流程文化宣导。当一个组织逐渐变成以流程为做事的基本准则时，就会重视流程的权威性，通过流程的视角来看问题，用流程的意识去开展工作，逐渐地潜移默化，从而影响每一个员工的工作行为习惯。

14.4　流程评价

流程评价是流程管理最重要的环节，它承上启下，对上促进流程设计的优化，确保设计更加符合战略要求，如流程运行线路精简，不增值活动比率低等；对下确保组织有力执行，流程目标能够实现。没有流程检查，流程管理就会缺乏闭环管理，不利于组织管理的持续改进。

1. 流程检查方法

常见的流程检查的方法主要有流程稽查、流程绩效评估、满意度评估和流程审计等。

1）流程稽查

流程稽查是对单个流程的稽查，主要稽查流程的安排（主要表现为组织的流程制度）是否得到执行，执行是否到位，是否符合流程制度的要求等。流程稽查基本实施步骤如表 14-2 所示。

表 14-2　流程稽查基本实施步骤

步骤	概述	描述
1	理解流程的目的、目标及管理原则	流程的本质不是流程图、流程制度，而是流程制度设计的思路，是流程的目的、目标及管理原则，流程制度通常展示的是实现目的的手段与方法。理解了流程的本质，做流程稽查才有明确的方向，才知道重点所在，否则只能做一些简单的制度与执行的核对工作
2	确定流程稽查的关键点	为提升流程稽查的效益，需要确定几个关键的稽查点。关键点的确定首先是从流程本质出发。关键点是对流程目的、目标的达成起关键作用的流程控制点。其次还需要考虑流程实际执行情况，有些关键点容易出现问题，而有的关键点绩效则很稳定，不需要安排稽查

（续表）

步骤	概述	描述
3	确定稽查方法	稽查方法通常包括：查记录与资料、现场观察执行、人员访谈等
4	设计稽查线路与实施计划	由于流程稽查可能要查阅多个记录，同样的记录会被多个不同稽查点使用，要保证流程稽查的效率，需要汇总不同稽查点的稽查方法，设计一个最佳的稽查路线
5	开展流程稽查	为了保证流程稽查的效果，不论是流程管理者还是独立的第三方，在开展流程稽查之前都应当与受稽查部门、岗位明确流程稽查的目的与背景，要强调流程稽查是基于改进流程的目的出发。开展流程稽查时的另外一个重要问题是一定要保证稽查记录的可追溯性、可量化及真实性，以便于对稽查问题的描述准确、清晰，从而有利于后续改进的确立
6	提交流程稽查报告	在正式提交流程稽查报告之前要与相关岗位人员充分地沟通，确保大家对于报告内容是经过充分沟通并达成一致的。另外，稽查报告需要暴露的问题应当是具有普遍性的、重大的、有代表性的
7	跟进流程稽查问题整改	流程稽查问题整改中，最关键的要素是问题严重度的评估及问题的根源分析。问题严重度评估的目的是根据组织资源配备状况及工作优先安排，考虑改进的投入及问题本身的重要度等

2）流程绩效评估

流程绩效评估是对流程运行的结果、效果进行评估，并将其与流程的设计目标进行对比，评估流程目标是否有效达成，以及流程目标达成的具体情况。流程绩效评估的三个维度为：效果、效率和弹性。流程效果也就是流程的产出在多大程度上满足了业务对象的需求和期望，是达成流程绩效设定目标的程度。流程效率是指追求流程效果的过程中，各类资源节约和杜绝各类浪费的程度。流程效率的典型指标有：处理时间、投入产出比、增值时间比例和质量成本等。流程弹性是指流程应具备的动态调整能力，以满足业务对象当前和未来的需求，适应性是流程弹性的典型指标。

图14-4所示为流程绩效评估指标体系。建立战略导向的流程绩效评估指标体系的步骤包括：①将组织战略目标按平衡计分卡从4个维度分解成符合效率管理模型（又称SMART原则）的目标；②将流程目标分解到组织一级流程上；③将一级流程目标分解到可管理级流程目标；④确定流程绩效评估指标体系。

流程绩效评估是手段，而不是目的，其是为了对流程绩效进行控制，保证流程绩效在符合流程目标的基础上，持续地改善流程绩效。因此，要通过流程绩效评估结果分析找到流程设计或执行中存在的问题，以促进流程体系的持续改善。通常来说，流程绩效评估结果分析

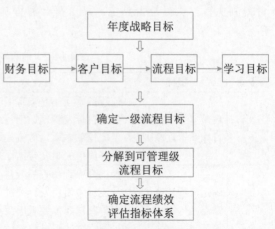

图14-4　流程绩效评估指标体系图

可以从 4 个方面开展：①与流程绩效目标对比分析，找出现实绩效与流程绩效目标之间的差距，对差距进行原因分析，找到问题所在并加以改进；②在组织内部做横向比较，其适用于在不同区域设有分支机构或办事处的组织，通过横向比较，促进不同区域之间流程绩效的相互竞争及流程管理成功经验的相互学习；③与同行业的主要竞争对手进行流程绩效对比分析，从而了解本组织在市场上的相对表现，结合组织的运行策略，能够准确地找到组织流程改进的方向及目标；④对流程绩效评估结果的稳定性进行分析，通常可以采用控制图的方式。当流程绩效处于稳定状态，说明流程已经处于受控状态，如果要改善则必须从流程优化入手，而当流程绩效处于波动状态，说明流程处于非受控状态，通过加强流程的质量控制就能够提高流程的绩效水平。

3）满意度评估

流程的要求都是组织内部的设计和规范，虽然其反映了业务对象的需求，但在业务对象需求传递与实现的过程中，可能会有信息衰减或错误，加上业务对象需求处于不断变化中，因此，业务对象满意度评估对于流程管理有着极其重要的价值与意义。通常来说，满意度评估信息的来源有：①日常沟通记录。通过与业务对象的日常沟通，可以发现大量业务对象的需求、不满和建议等。②投诉、抱怨信息。对于业务对象的投诉、抱怨及时有效地处理，有助于保持甚至提高业务对象满意度。③走访信息。定期对业务对象走访或拜访，目的是维护好关系，同时了解其需求，为其解决问题。④电话回访。通过对业务对象进行回访，了解其对于产品及服务的满意度状况。⑤满意度问卷调查。满意度问卷调查是满意度评估的一个参考或补充。⑥满意度评估信息库的建立。组织需要将上述不同渠道的满意度评估信息进行汇总，建立一个集成的信息库，通过整合、分析，从而得出全面的评估结论。

4）流程审计

流程审计是针对组织流程体系整体进行全面的、系统的检查，目的是评估流程体系的充分性、适用性、有效性及效率性，它的输出是流程体系整体的评估与改进建议。流程审计的流程如表 14-3 所示。

表 14-3　流程审计的流程

活动	名称	说明
1	制订计划	组建审计组，确认审计组组长。组内成员至少有业务方面的专业技术人员，以确保审计的深度与效果
2	确定审计范围	根据审计的目的确定审计流程体系实际的范围，流程审计范围的确定是以流程为主线，要审哪些流程等
3	流程初步调研	以流程为主线厘清流程文件的作用与关联，建议画出完整的流程图，分析文件之间的一致性，包括版本之间的一致性及文件之间衔接的一致性。收集并分析流程的绩效测评资料与流程问题反馈。本项工作的目的是掌握流程存在的问题，以提高流程审计的针对性，提高审计的效率与效果
4	编制检查表	根据发现的问题，确定流程审计的重要关注点，根据流程文件与业务经验提炼出流程审计的检查点。将所有的检查点列出，并确定检查点审计的方法，如现场观察、问询、查阅记录等，并确定验证判断的标准及抽样的方法

活动	名称	说明
5	制订审计实施计划	审计计划关键是对现场审计的人员、时间以及审计路线做好安排，内容通常包括审计目的、审计范围、审计依据和审计组成员等
6	召开首次会议	首次会议主要是与受审方确认审核计划，启动内部流程审计工作，以得到他们的支持
7	现场审计	现场审计是按照审计计划的安排，通过现场观察、查阅文件和有关记录，与受审方人员交谈和沟通，必要时要经实际测定等调查方法，抽取一定样本，查证发现问题和获取客观证据
8	补充审计	按审计计划完成审计之后，如果还存在不确定事项，而且又会对审计结果产生影响时，应开展小范围的补充审计
9	编制审计报告	流程审计完成之后，流程审计组长应召开流程审计小组总结会议，以流程为主线将流程审计结果进行汇总串联，充分地说明审计过程与审计发现
10	召开末次会议	末次会议应邀请组织高层、流程管理者、受审方及流程执行关键人员参与。末次会议重点包括：流程审计简要介绍（目的、范围、依据、过程）；审计发现及不合格项；审计结论通报；与责任部门确定不合格整改的安排
11	改进追踪	流程审计小组负责流程审计发现不合格项的改进追踪。追踪是流程审计能否产生价值的关键所在，需要流程审计小组高度重视

2. 流程评价应用

流程评价的价值在于是否能够将评价结果应用到工作中，并通过这些应用使流程检查产生价值。流程检查结果可用于以下几个方面：

（1）流程优化。不断地以业务对象需求为导向来优化流程，业务对象满意度会提高，流程所创造的价值也会提高，流程的绩效也会随之提升。根据流程绩效评估结果，可以发现哪些流程的绩效与目标差距比较大，这些差距就是流程优化的方向。通过流程审计，组织可以发现流程体系的全局性问题，也会发现关键流程存在的问题。由于问题非常明确，而且以具体的检查事实为依据，所以流程优化项目的目标清晰且价值明确，流程优化项目的开展通常会比较顺利。

（2）绩效考核。流程绩效评估反映了流程结果的质量、流程执行的水平和流程管理的水平，并能够显示出流程管理者在流程管理方面存在的缺陷或不足，这也是绩效考核的重要内容。可将流程检查结果作为绩效考核指标的一部分，也可以设立专项流程考核方案，根据流程检查的结果对流程管理者奖优罚劣，还可以将流程检查的结果与员工的评优、晋升及福利等挂钩。

（3）过程控制。流程评价结果提交之后，责任部门应及时提交整改单，对问题的严重度进行评审，对不合格事项进行处理，并迅速采取补救措施，将不符合流程的现象扭转过来，确保流程结果能够符合要求。

（4）纠正措施。对于系统性原因产生的问题，例如大面积发生问题，或类似的问题反复发生，应要求采取纠正措施。要求责任部门认真分析问题发生的根本原因，从根源上采取有针对性的措施，把问题彻底解决，促使组织的管理体系得到根本的改善。

（5）战略调整。将业务对象满意度评估的结果与流程绩效评估的结果进行关联，这对于组织战略调整具有极强的参考价值。根据业务对象满意度评估结果，可清楚地了解业务对象关心的价值点在哪里，也能清楚地了解组织在这些价值点做得如何，同时也会了解竞争对手在这些方面的表现。

14.5 流程持续改进

根据流程优化需求驱动因素的不同，流程优化需求大致可分为三种：问题导向、绩效导向、变革导向。问题导向，如流程优化建议、流程事件、内外部投诉及意见反馈、流程审计报告等。绩效导向，如流程目标及绩效测量报告、标杆组织对比分析报告等。变革导向，如组织战略、运行思路及策略、重要改革举措、流程规划报告等。

流程优化需要找到优化目标：一是找实现组织战略要求的目标；二是找组织需要解决的问题。找到目标后，流程优化就有了方向。

首先，进行流程框架体系的优化。流程框架体系优化是流程优化的基础，明确问题的边界和逻辑关系。流程框架体系的优化是优化组织的业务模式、优化组织的资源配置，以及优化组织的职能，提升组织的效率。流程框架体系优化之后进行流程的优化。流程的优化其实是指优化组织业务模式后能落地在流程上，这方面的流程优化就是要通过流程优化的手段解决组织的问题。前期进行现状分析及诊断时，会发现组织存在很多问题，这些问题比较散，应该把组织的问题归结起来形成重要问题。流程优化就是要去解决这些重要问题。最后是流程的标准化，是指把组织的一些具体的流程，以及在流程里做事的规范、标准及知识沉淀下来，然后标准化。框架体系的优化和流程的优化一定要落实到组织中去，也要落实到制度及执行标准、执行规范等流程的作业手册上。

最终，优化后的流程是否实现了优化目标还需要通过流程评价活动进行评价，如无法达到预设效果则需再次进入流程优化活动。项目化流程的优化过程如图 14-5 所示，流程优化活动可参考项目管理的模式来开展。

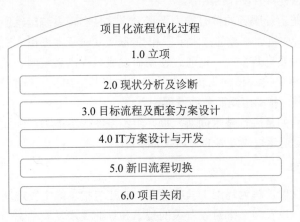

图 14-5 项目化流程的优化过程

第 15 章　技术与研发管理

新的信息技术及其应用创新持续涌现并快速迭代，对信息系统的管理带来了巨大的挑战。这就需要组织持续关注新的、前沿的信息技术及其发展，持续强化对各类信息技术的应用创新。在信息系统管理过程中，除信息技术相关的研发和创新外，还需要重点关注信息系统运行维护的相关技术。

15.1　技术研发管理

技术研发是为了有效实施信息系统的运行维护服务，建立、提升组织的核心能力，投入专门的人力、财力、环境等资源，研究和开发与系统运维服务有关的各种方法、工具和手段的活动。例如，研发统一的服务交付管控平台管理日常系统运维服务的交付过程；研发支撑日常服务运营的运营指标采集、汇总和分析方法等；研发系统监控工具对主机、网络、数据库、中间件和进程服务等进行统一的性能监控和告警，通过一站式系统满足用户对 IT 性能和状态的监控和告警等需求；研发如何有效地诊断系统故障，以及解决故障问题的具体操作步骤等。

15.1.1　目标和范围

任何技术从其诞生起就具有目的性。技术的目的性贯穿整个技术活动的过程。技术的实现需要通过社会协作，得到社会支持，并受到社会多种条件的制约。这诸多社会因素直接影响技术的成败和发展进程。所谓多元性，是指技术既可表现为有形的工具装备、机器设备、实体物质等硬件，也可以表现为无形的工艺、方法、规则等知识软件，还可以表现为虽不是实体物质却又有物质载体的信息资料、设计图纸等。

技术作为提供系统运维服务的核心能力要素之一，是实现系统运维服务所需要的、与系统规划与管理相关的各种先进、高效的技术手段和 IT 服务实施管理操作方法。

技术研发的目的主要有两个：一是通过使用研发成果提高系统服务效率和服务质量；二是通过对组织信息系统相关技术和行业新技术的研究，将其应用到系统服务产品和服务工具中，以丰富和拓展服务范围，推动组织服务的发展。

技术研发管理的目的是进行技术创新，提升组织系统服务能力。因此，技术创新是知识经济时代组织参与竞争、追逐较快发展的一项重要手段。

1. 技术研发的范围

不能将技术研发仅仅理解为运维工具的研发，它还包括运维中发现问题的相关技术和解决问题相关技术的研发，以及与运维对象有关的技术和行业技术发展动态的研究和应用。技术研发的范围主要有以下几个方面：

（1）与系统运行相关的技术研发。

IT 服务是采用 IT 手段及方法，依据需方提出的服务级别要求，对其所使用的 IT 运行环境、业务系统等提供的综合服务。其受体是 IT 服务对象本身，包括应用系统、基础环境、网络平台、硬件平台、软件平台、数据等。因此，对 IT 服务对象本身技术的掌握程度是供方开展 IT 服务必要的基本能力。例如，与基础环境相关的空调制冷方面的技术、机房制冷环境设计方面的技术、电源方面的技术、机房电源设计方面的技术、消防设计方面的技术；承载 IT 运行的服务器、网络、存储设备、系统软件采用的技术与产品，如存储技术、网络技术、操作系统技术、数据库技术；支撑 IT 高质量、可靠运行的网络与系统管理技术、业务应用管理技术、数据管理技术、网络与系统安全技术、业务应用安全技术、数据安全技术等。

除此之外，供方对新技术的研究和应用可以更好地适应系统规划与管理需求，如云计算技术、智能终端技术等。IT 技术不同于其他技术，IT 技术发展很快，几乎每年都有大量新技术出现，又有大量新产品被市场接受并得到大规模使用，还有一些老技术、产品被市场所淘汰。IT 技术与产品的成活期（寿命）比较短，从著名的摩尔定律就可见一斑，从摩尔定律可以知道计算机硬件产品的更新换代会从量变发展到质变，会出现新的创新的硬件技术，并颠覆目前市场上的主流产品，当出现颠覆性 IT 技术与产品时，如果能够把握住这个趋势，一定会为组织的 IT 运维能力提高带来巨大帮助。

（2）技术规范的研发。

IT 服务与常规的服务一样具有典型的服务特性，如无形性、不可分离性、异质性与易消失性等，使得服务质量与有形产品的质量存在很大的差异，诸如服务质量取决于服务生产的过程，服务质量难以保持稳定和一致，服务质量取决于客户体验等。为了保证供方提供的 IT 服务质量，固化服务行为的技术规范研发是必不可少的。技术规范是供方设计制定的服务过程中所应用的服务规范和服务提供规范，通常服务规范规定了服务应达到的水准和要求，也就是服务质量标准。服务规范中要对所提供的服务及其特性有清晰的描述，包括人员能力、设施要求、技术和安全要求、有形化要求等，同时要规定每一项服务特性的验收标准，以便进行有效的质量控制。服务提供规范规定了用于提供服务的方法和手段，也就是怎样达到服务设计过程中制定的服务规范的水准和要求。服务提供规范应明确每一项服务活动如何实施才能保证服务规范的实现，是对服务过程的规范化。有时也将服务提供规范称为操作规程或技术操作手册。

（3）发现信息系统中存在问题的技术和解决问题相关技术的研发。

在提供 IT 服务过程中，可能面临各种问题，比如 IT 服务对象本身的技术故障、服务中的风险等各种各样的技术问题，有些问题甚至会危及整个 IT 系统的安全稳定运行，严重的会导致系统瘫痪或数据丢失，造成业务或经营损失。及时、准确地发现问题和解决问题会直接影响运维过程中的响应速度和服务质量，供方对发现问题相关技术、解决问题相关技术的研发和合理应用，是 IT 服务供方必备的基本能力。通过研发一定的技术手段和方法，对运行维护对象进行监控，对运行数据信息进行检查和采样，通过诊断和分析，发现可能存在的问题或隐患；针对常见技术问题和疑难技术问题编写处理操作手册、问题处理的测试环境、解决问题所配套使用的软硬件工具、问题处理所需的脚本及程序文件、风险控制手册等。

发现问题相关技术、解决问题相关技术的研发成果可以是便于人工操作的手册，也可以是将经验和方法固化的系统工具。

（4）运行维护工具研发。

使用工具是为了提升 IT 服务效能和服务准确性，也是降低服务成本的有效利器。在运维通用要求标准的资源部分明确要求供方应使用有效工具实施和管理 IT 服务，包括监控工具、过程管理工具和专用工具，这些工具的研发属于技术研发的范畴，应纳入技术研发管理。

（5）IT 服务产品研发。

IT 服务产品化是供方将 IT 服务有形化、标准化的设计过程，通过研究服务的基本属性和特征，构建服务产品的组成要素，像有形商品一样，为服务供需双方建立清晰的、一致的、可评估的服务内容和结果。供方在服务产品研发中应尽可能地融入自身核心能力和独特设计，体现出差异化服务为需方带来的服务体验。

可感知的属性是服务营销、服务传递的基础，也是服务交付成本核算的基础。这需要经过服务过程标准化、服务交付物标准化、服务人员专业化、技能多元化、服务人员本地化等多元素综合战略部署和配套实施保障共同实现。因此，服务产品的研发往往需要多个部门协同配合，共同参与研发才能完成。

2. 管理对象

技术研发的管理是在组织研发体系结构设计的基础上，借助信息平台对研发进行的团队建设、过程设计、绩效管理、风险管理、成本管理、项目管理和知识管理等活动。

研发体系是技术战略实现的支撑体系，是对技术路线、技术储备、人才培养、研发过程等统筹后的综合管理，使研发和技术实现过程可评估、可测量、可控制。技术研发管理首先要确定研发体系结构，然后按照体系结构组建高水平研发团队，设计合理高效的研发过程，借助合适的研发信息平台支持研发团队高效工作，用绩效管理调动研发团队的积极性，用风险管理控制研发风险，用成本管理使研发在成本预算范围内完成研发工作，用项目管理确保研发项目的顺利进行，而知识管理让研发团队的智慧沉淀为组织的技术资产。技术研发管理主要包括以下内容：

（1）研发团队。研发是一项创造性的工作，研发团队并不仅仅包含研发部门或技术部门，而应将组织内所有可能涉及研发工作的部门和岗位作为技术研发的参与对象加以管理。在研发活动中应明确规定各部门所承担的职责，这些部门至少包含质量、营销、生产、采购、人力资源等，部分组织的研发过程还应考虑需方或供应商的参与。

（2）研发过程。研发过程管理是协调各个部门和管理层级共同为需方创造价值的相互关联的活动进程，它是对研发运作的规范，是一套围绕各个研发环节共同打造组织核心竞争力的管理活动。研发过程的管理就是将一些常规或可能形成常规的环节程序化、制度化。在研发管理活动中，组织往往同时进行多个项目的开发，而项目负责人在推进自己的项目时会不自觉地占有资源，从而使其他项目受到影响甚至延误。这就需要在过程设计和管控上考虑这些因素的标准化，并设计研发过程的持续改进活动。如何加快研发速度，在实现需方价值最大化的同时实现组织自身价值的最大化，成为技术研发管理中需要解决的重要问题。优越的研发过程是始终能够发现最佳的机遇，推出有竞争力的产品和服务，并以最快的速度把这些研发成果投入应用。

（3）研发成本。研发需要考虑成本投入以及投入后的成本管理。针对一项技术研发，组织应该召集相关部门人员参与，这样有利于大家集中精力从全局的角度去考虑成本的控制。研发成本控制并非指压缩研发规模或者减少研发投资，而是指减少研发中不必要的开支，用较少的投入获取较大的研发成果。

（4）研发项目。研发活动是动态的，整个研发过程可能横跨多个部门，所以研发是以项目为导向的，研发管理中项目管理不可或缺。

（5）研发绩效。研发的绩效管理能够有效地激励研发团队积极工作，促成研发成果。研发管理的绩效评价指标包括：研发项目的难度、研发效率和研发质量。研发绩效管理应该考虑组织的整体战略，可用平衡计分卡等工具制定研发绩效评估系统。

（6）研发风险。研发风险管理是以风险为主要控制目标，制定一系列规章制度和控制措施，有效将风险降低到可接受水平之下。比如，关键的研发人员可能存在离职风险，研发信息可能被有意无意泄露或者破坏，也可能因为遭受灾难、意外事件或者恶意攻击导致风险等。

15.1.2　组织架构

技术研发是 IT 服务供方发展 IT 服务能力的重要活动，需要有相应的组织承担这项工作，并实行体系化的管理。由于不同的组织规模差异比较大，负责技术研发的组织结构也会有较大的差异。从技术研发管理角度来看，一般都会存在如下角色：

- 技术研发决策负责人。技术研发决策负责人承担技术研发的总体决策。技术研发决策负责人根据 IT 服务的发展需求，负责与运维相关的技术规划、实施、应用和改进。技术研发决策负责人在不同的组织可能具有不同的岗位，一般是 IT 服务主管、IT 服务副主管或主管技术负责人等。

- 技术研发需求负责人。技术研发需求负责人负责技术研发需求调研和技术研发成果应用。技术研发需求负责人在经过相关调研和论证的基础上提出研发需求，在通过初审之后与技术研发部门一起进行技术研发项目规划和立项申请。立项申请通过终审之后，技术研发需求负责人要配合技术研发部门进行详细需求设计，并对项目详细需求设计结果进行审核和确认。在研发结果形成之后，技术研发需求负责人要对研发成果进行验收和应用，并将应用的结果反馈给技术研发部门。技术研发需求负责人在不同的组织可能具有不同的岗位，如 IT 服务部门负责人、技术部负责人等。

- 技术研发负责人。技术研发负责人负责技术研发规划、技术研发的过程组织以及技术研发成果在 IT 服务中的应用支持。技术研发负责人在不同的组织可能具有不同的岗位，如技术总监、研发部负责人、技术主要负责人等。

- 质量管理负责人。质量管理负责人是组织质量管理体系的建设、实施、检查和改进的负责人。技术研发管理是质量管理体系的重要组成部分，质量管理体系负责人需要参与研发管理体系的建设，并且对研发管理体系的执行进行检查，提出改进意见。质量管理体系负责人在有的组织中也称为质量管理部经理。

其他参与研发管理的角色还有财务负责人，负责审查研发的投入产出比、筹措研发费用、度量研发成果的财务回报等。

15.1.3　管理过程

技术研发的管理过程包括：

（1）规划过程。在技术研发规划阶段，根据IT服务发展的总体发展目标，确定技术研发目标，制定技术研发方案，分析方案可行性，分析其投入产出，形成研发立项报告，并得到技术研发决策负责人的批准。技术研发规划阶段的工作主要有：研发需求调研、确定研发目标、制定研发方案、投入产出分析、形成立项报告、规划评审发布等。

（2）实施过程。在技术研发实施阶段，需要制订具体的实施计划，组织实施技术研发，产出技术研发成果。实施计划是研发团队根据研发目标，对研发实施工作所进行的各项活动做出周密安排。实施计划应围绕研发目标，系统地确定研发项目的任务、各项任务的时间进度、责任人、阶段里程碑等，体现了做什么、什么时候做、由谁去做以及如何做的行动方案，从而保证研发任务能够在合理的时间内，用合理的成本完成高质量的工作。

（3）监控过程。为了确保技术研发能够按照计划完成研发目标，供方需要在组织层面监控技术研发的过程，对研发质量、研发成本和研发进度方面进行监控和管理，当实际情况与计划发生偏差时要及时采取措施，纠正偏差，保证达成研发目标。监控的形式可多样化，例如，研发团队内部的项目周报、月度报告、里程碑总结报告的监控，以及质量审计、内审和管理评审等监控。

（4）应用过程。研发成果应用是指技术研发结果被推广运用到IT服务中，并有效改善IT服务水平。通过研发成果的应用，可带来组织整体能力的提高，如服务人员素质的提高、技能的提升、服务效率的增加等。因为科学技术是第一生产力，而生产力包括人、生产工具和劳动对象。因此科学技术这种潜在的生产力最终是通过提高人的素质、改善生产工具和劳动对象来实现的。从这种意义上讲，研发成果应用是指将研发成果从研发部门转移到使用部门，使服务人员的素质、技能或知识得到增强，服务工具得到改善，服务效率得到提高。

在对技术研发成果的应用中，组织技术负责人和技术研发团队是研发成果的培训者、应用技术的支持者。例如，对于IT服务产品，研发团队很可能就是相应的服务产品经理，应有责任将研发的IT服务产品贯彻到服务交付团队，并指导交付团队进行服务交付，达成服务产品设计目标。运维交付负责人也需要主动应用技术研发成果，以提高服务交付的质量，降低成本。例如，积极应用运维工具，实现对系统的监控，提高对潜在故障及早发现的可能性，也可以通过问题解决方案的有效推广应用提高SLA水平。

15.1.4　管理要点

技术研发管理至少应具备以下三方面条件：

- 制造一个鼓励创新、适合研发的环境，必须采取弹性而目标化的管理，不以死板的制度限制员工的创意，必须要求实质的成果。
- 为使有限的资源发挥最大的效益，应将市场的观念融入研发中，最好是让市场人员参与研发的过程，这样成果才具有更高价值。

● 研发策略的制定与掌握，有了策略方针，才能使研发团队对手中所掌握的有限资源善加
规划、运用，以求在最短的时间内达到最高效益。

1. 服务产品研发管理

服务产品研发管理主要包括以下内容：

（1）服务产品研发的定位。服务产品研发的目标就是提供需方愿意购买的服务产品，其需
求主要有两个来源：需方的需求和 IT 服务供方的业务拓展需求。要研发出需方愿意购买的服务
产品，在服务产品规划时需要回答如下问题：

● 谁是我们的需方？
● 需方为什么需要这个服务产品？
● 需方为什么需要我们提供服务产品？
● 用什么方式提供这个IT服务产品？
● 研发这个服务产品是为了获取直接的经济利益还是为了提高需方对我们服务的黏着度？

（2）服务产品研发队伍。服务产品研发队伍一般是一个虚拟的团队，团队的成员可能来自
于不同的部门，譬如市场部门、售前部门、服务交付部门、质量管理部门等，一般会设置专门
的产品经理负责服务产品的研发、推广以及团队的管理。

（3）服务产品的研发成果。服务产品研发常常会延伸到服务产品的售前支持和服务交付支
持。服务产品的研发成果一般包括如下内容：

● 服务目录。服务目录是服务产品的重要信息，包括服务名称、服务对象、服务内容、服
务价值、服务交付形式、服务级别协议等，这些都应该在服务产品研发中完成。
● 服务交付方式。服务交付方式是服务产品研发的重要内容，包括服务团队组织、服务交
付的文档和服务交付过程等，这些也都需要在产品研发中完成。
● 服务质量管理。服务质量管理包括服务级别协议的指标要求以及相应的度量方式，也是
服务产品研发的成果。

2. IT 服务规范研发管理

IT 服务规范研发管理包括以下内容：

（1）IT 服务规范的研发定位。IT 服务规范化是服务产品化的前提条件，只有建立 IT 服务
规范，IT 服务的水平才能得以稳定，IT 服务才能批量复制，才能真正实现 IT 服务产品化。

（2）IT 服务规范的研发队伍。技术规范的研发团队一般由质量管理负责人、资深技术专家
和资深需方服务经理组成。

（3）IT 服务规范的研发过程。IT 服务规范的研发过程一般为：研发团队编写规范，经过测
试演练之后定稿，交由评审组评审，评审通过之后由服务交付部门负责执行，质量管理部门负
责监督。IT 服务规范需要根据执行过程中发现的问题进行定期更新。

（4）IT 服务规范的研发环境。IT 服务规范有过程规范和技术规范，其中过程规范一般只需
要个人电脑和常用办公软件就可以满足要求；而技术规范需要进行测试验证，一般需要有相应
的实验环境。

（5）IT 服务规范研发的产出物。IT 服务规范研发的产出物一般为 IT 服务工作指南、过程管理规范、技术手册、故障处理手册等。

3. 服务工具研发管理

服务工具研发管理包括以下内容：

（1）服务工具研发的定位。服务工具主要分为两类：一类是面向内部的服务过程管理工具，主要用于内部的 IT 服务管理，可以提高 IT 服务管理水平。另一类是面向业务服务的监控工具和专用工具，监控工具主要对 IT 服务对象进行数据采集和监控，评估可能导致 IT 服务对象故障的因素，可以显著提高运维的可视性、操作的便利性和安全性；专用工具主要是一些用于特殊要求的工具，比如安全工具等，是为某些 IT 服务特制的工具。

（2）服务工具的研发队伍。服务过程管理工具的研发团队一般是由服务交付管理人员和专业的软件人员组成；监控工具和专用工具的研发团队一般是由服务交付技术人员和专业软件开发人员组成。

（3）服务工具的研发过程。IT 服务工具的研发一般以软件为主，集成的硬件一般以直接采购成熟的产品为主。因此，其研发过程可以参考软件的研发过程，包括需求、设计、编码、测试等。

（4）服务工具研发环境。与软件研发类似，服务工具研发环境一般有开发环境和测试环境，需要配置必需的硬件和软件环境。

（5）服务工具研发的产出物。服务工具研发的产出物一般体现为软件产品。其产出物需要包括如下内容：

- 工具发布包、工具使用手册等，能够提供给最终用户进行安装、配置、使用。
- 工具介绍文档，能够提供给潜在用户了解运维工具的特性，作为选择工具的依据。
- 服务工具的需求文档、设计文档和源代码，能够提供给后续开发者进行升级开发和维护。

4. 发现问题的技术和解决问题的技术研发管理

发现问题的技术和解决问题的技术研发管理包括以下内容：

（1）发现问题和解决问题相关技术研发的定位。发现问题的相关技术主要分为两类：一类是信息采集和监控的手段。这类技术解决运维中如何进行信息采集和监控的问题，可以通过专业工具自动监测获取的方式，也可以通过工作过程中的一些操作方法和步骤进行人工巡查等方式，这是供方根据自身运维经验积累，总结、研发出来的对需方最适用的方式方法。第二类是诊断和分析问题的方法。这类技术解决 IT 服务对象出现问题时如何定位和排查的问题，可以通过专业的故障诊断软件或硬件诊断工具自动或人工使用分析，自动发现可能存在的故障问题，也可以通过人工方式按照技术文档对运行情况数据进行对比分析或趋势分析，发现潜在的问题。

解决问题的相关技术也主要分为两类：一类是解决问题的方法和手段。这类技术主要解决 IT 服务中遇到问题时应该如何解决问题，指导运维人员使用此方法和手段找出问题出现的根本原因，制定解决问题方案和计划的思路等。另一类是问题解决的判断方法。这类技术主要解决如何对问题解决结果的正确性和有效性进行判断，判断问题是否得到彻底解决。

（2）发现问题和解决问题相关技术的研发队伍。发现问题和解决问题相关技术的研发团队一般是由高级运维工程师和技术专家组成。

（3）发现问题和解决问题相关技术的研发过程。发现问题和解决问题相关技术研发一般是建立专门的研发小组，确定研发目标。如果是工具类研发，则按照上面服务工具研发管理过程执行；如果是技术手册资料研发，则按照研发分工，分头完成相关内容的编写，经过测试演练之后定稿，交由评审组评审，评审通过后上传知识库，发布执行，由质量管理部门负责监督。

（4）发现问题和解决问题相关技术的研发环境。发现问题和解决问题相关技术研发一般需要相应的实验环境，需要配置必需的硬件和软件。

（5）发现问题和解决问题相关技术研发的产出物。发现问题和解决问题相关技术研发的产出物一般包括：具备问题诊断分析功能和有助于问题解决的软硬件工具，故障分析诊断技术文档和相关技术资料，故障诊断作业指导书，知识案例库，解决问题操作手册等。

5. 新技术研究管理

新技术研究管理包括以下内容：

（1）新技术研究的定位。新技术可以分为两类：一类是支撑需方业务的新技术。这类新技术的应用必然会提供新的 IT 服务机会，提前进行技术储备可以确保在将来的环境发展中占得先机。另一类是支撑 IT 服务的新技术。这类新技术的应用可以有机会提升 IT 服务的质量和效率。

（2）新技术的研究队伍。新技术的研究团队一般是由资深技术专家组成。

（3）新技术的研究过程。新技术研究一般是由资深技术专家对新技术进行跟踪研究，并进行新技术应用前景分析和知识积累，在时机成熟之后在内部进行知识传递。

（4）新技术的研究环境。新技术研究一般需要相应的实验环境，需要配置必需的硬件和软件。

（5）新技术研究的产出物。新技术研究的产出物一般为应用前景分析报告、技术文档和培训教材。

15.2　技术研发应用

通过 IT 技术的应用能够提高组织的效率，帮助组织实现业务目标。但 IT 技术的应用也需要经过科学的管理，方可使其发挥最大的作用。随着更多新兴的 IT 应用技术的出现，IT 技术和管理的变革成为组织数字化和智能化转型过程中更为重要的一环。

15.2.1　管理要点

IT 技术的应用在组织管理中变得越来越重要。从组织内部的流程管理到与客户的互动，IT 技术已成为组织成功的关键因素之一。但同时 IT 技术的应用也需要经过有效的管理，才能最大化地发挥它的潜力。IT 技术在组织内能良好地应用，需要有一套应用与推广的机制作为保障。应设立专门的部门或岗位负责技术应用与推广的管理工作，应当遵循有利于组织的可持续发展，有利于促进组织科技进步，有利于提高经济效益和社会效益的原则。遵循自愿、互利、公平、公开、诚实信用原则，依法或者依照合同约定，享受利益，共同承担风险。

新技术或研发的新系统、新工具应进行技术评定，形成技术评定报告，经审批后对新技术进行测试，通过测试并证明有效性后可形成验收报告，进行推广阶段。以这个过程中的管理要点如下：

（1）技术风险与机遇。具体包括：

- 对技术引进与服务创新的风险能够进行分析并采取有效控制措施。
- 对各种潜在影响因素及其影响进行分析，包括有利的与不利的。
- 对于不利因素应纳入风险管理中，采取措施，将风险降低到可接受的程度。

（2）判断与选择。具体包括：

- 通过科学的方法，对技术在服务中的应用效果进行判断与选择。
- 采用结构化方法，分析有利与不利因素。
- 识别哪些困难是不可逾越的，克服这些困难需要什么资源与条件。
- 对于资源获取进行可行性分析，确保资源得到保证。
- 对技术实现条件进行分析。

（3）技术验证。具体包括：

- 对性价比较高、风险较大的技术应用应进行验证。
- 必要时，开发技术原型，验证技术在服务中的应用效果。

（4）技术决策。具体包括：

- 技术方向的选择。
- 服务中使用的相关技术的选择。
- 服务工具使用的技术选择。
- 技术可行性分析。

（5）技术应用。具体包括：

- 将技术传递给人员，转变成人员的服务能力。
- 将技术转变成服务工具，利用工具提高服务质量与效率。
- 将技术内容作为服务的一部分交付给客户，提高客户的业务绩效，实现服务价值。
- 利用新技术进行服务的创新，获得组织对其投资价值的认可。
- 对技术内容知识化、文档化，以便支撑服务。

（6）技术实现跟踪管理。具体包括：

- 应定期评估技术实现状态。
- 在技术应用过程中进行跟踪与评估，发现技术存在的问题，对于不适用的技术能够及时终止，防止损失。
- 对利用技术创新造成的失败能够进行很好的处理，以培养利用新技术创新服务的文化。
- 应根据服务组合管理的要求及时调整技术应用。
- 将技术应用分成不同级别，确定不同级别的负责人。

- 确保技术应用的状况，应对所有的技术应用结果负责。
- 根据市场环境的变化，实施服务组合管理，服务应用技术需求也会发生变化，技术规划应根据变化及时调整。

15.2.2　主要应用

在 IT 服务过程中可能面临各种技术难题（如硬件故障）、风险（如安全漏洞）以及新技术和前沿应用所提出的新要求，供方应根据需方要求或技术发展趋势，部署发现和解决问题的技术能力。

1. 知识转移

知识转移是技术部署实施的重要环节，完备的知识转移可提高 IT 服务技术支撑能力，降低风险，缩减成本，提升效率。知识转移的内容包括：

（1）历史运维资料。具体包括：

- 相关工作界面和人员职责说明书。
- 内外部支持信息（开发商、厂商、业务部门、公司内部相关部门）。

（2）基础架构资料。具体包括：

- 系统部署和网络物理拓扑。
- 系统架构说明，软/硬件配置。
- 系统数据备份与恢复操作说明书。
- 系统应急、容灾处理方案（如集群切换和恢复）。
- 系统日常运维操作手册。

（3）应用系统资料。具体包括：

- 应用系统测试报告。
- 应用系统使用手册。
- 应用系统需求和设计文档。
- 应用系统安装配置手册。
- 应用版本说明（包含与其他系统的依赖关系说明、已知错误列表及对应的临时措施等）。

（4）业务资料。具体包括：

- 业务架构图（业务功能模块在系统中的分布）。
- 业务流程（系统交互、工作流说明、业务功能说明、业务对象说明）。
- 业务场景说明（前台业务高峰说明、后台关键作业时间周期）。
- 业务培训资料。
- 业务运维文档（业务问题FAQ、业务问题诊断）。

技术部署实施与知识转移实例如图 15-1 所示。

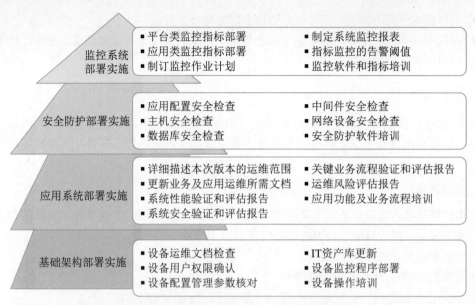

图 15-1　技术部署实施与知识转换实例

2. 应急响应预案的制定与演练

应急预案是组织在信息系统方面的总体应急预案，适用于组织 IT 系统发生重大系统性故障，导致全国性或地区性的业务中断、大量客户数据资料丢失以及组织认为应采取应急机制的其他 IT 系统重大突发事件，包括以下情形：

- 自然灾害引起的对IT系统的灾难性破坏。
- 网络通信设备、通信线路故障导致IT系统的重大故障。
- 电源电路以及机房等基础设施故障导致IT系统的重大故障。
- IT系统数据库、系统和存储、中间件故障导致的重大系统性故障。
- IT系统发生网络攻击破坏、计算机病毒传播或被利用从事违法犯罪活动等引发的重大安全突发事件。
- 应用系统发生重大故障。
- 组织认为应采取应急机制的其他IT系统重大突发事件。

应急演练原则包括：

- 结合实际、合理定位。紧密结合应急管理工作实际，明确演练目的，根据资源条件确定演练方式和规模。
- 着眼实战、讲求实效。以提高应急指挥人员的指挥协调能力、应急队伍的实战能力为着眼点。重视对演练效果及组织工作的评估、考核，总结推广好经验，及时整改存在的问题。
- 精心组织、确保安全。围绕演练目的，精心策划演练内容，科学设计演练方案，周密组织演练活动，制定并严格遵守有关安全措施，确保演练参与人员及演练装备设施的安全。

- 统筹规划、厉行节约。统筹规划应急演练活动，充分利用现有资源，努力提高应急演练效益。

3. SOP 标准操作规范

SOP 就是将某一事件的标准操作步骤和要求以统一的格式描述出来，用来指导和规范日常工作。SOP 的精髓是将细节进行量化，用更通俗的话来说，SOP 就是对某一程序中的关键控制点进行细化和量化。SOP 的作用是：

- 将组织积累下来的技术和经验记录在标准文件中，以免因技术人员的流动而使技术流失。
- 使操作人员经过短期培训，快速掌握较为先进合理的操作技术。
- 树立良好的服务形象，取得客户信赖与满意。
- SOP是贯彻标准化作业的具体体现，实现服务管理规范化、服务流程条理化、标准化、操作的形象化、简单化。
- SOP是系统规划与管理师最基本、最有效的技术管理手段。

SOP 的编写通常需要遵循如下原则：

- 在人力、财力、物力等资源允许的范围内可以做到。
- IT服务人员都能看懂，且每个人的理解都相同。
- 效率最高和成本最低，并识别出关键风险点。
- SOP正式发布前要经过测试与评价环节。
- 可以根据业务与技术发展需求实现快速迭代。

4. 技术手册发布

编写各类用于发现与解决问题的技术手册，其中应包含发现问题的技术手段，如监控阈值、测量方法等，以及解决问题的措施与可选方案。技术手册发布的流程如图 15-2 所示，具体包括：

- 审核。技术手册在发布前应进行审核，验证可行后以文档管理的要求进行存档。
- 存档。为了能够使技术手册实现高效使用，应采用分级管理的方法，分级管理便于使用者快速定位到所需要查看的技术手册。
- 发放。通知相关人员进行查看，组织培训讲解，确保使用者按手册要求进行操作。

图 15-2　技术手册发布的流程

5. 搭建测试环境

搭建发现与解决问题所需的测试环境。依据规划设计要求建立测试目标，运用各类测试模拟工具模拟真实环境中的场景，执行测试设计中的要求，通过测试验证技术的可行性和可靠性等要求，增加客户和服务提供方的信心，规避 IT 服务的潜在缺陷，有效减少突发事件的发生率。

6. 对技术成果进行培训与知识转移

对技术成果进行培训与知识转移，具体包括以下内容：

- 知识性研发成果培训。对知识性研发成果进行培训，如组织自行研发的或基于方法论衍生的方法论框架，如鱼骨图法、KT分析法。
- 工具类研发成果培训。对用于优化IT服务管理的工具的功能进行培训，例如，对自行研发的监控或IT服务流程管理工具进行培训。
- 应急预案与解决方案手册的知识转移。对应急预案与解决方案手册，根据不同的岗位和工作范围进行知识转移。

7. 对技术成果的内容进行演练或推演

对技术成果的内容进行演练或推演，具体包括以下内容：

- 演练。定期对应急预案、灾备方案进行仿真演习，必要时需要所有相关方参加，并投入充足的资源。下面给出一个演练计划模板。
- 推演。通过沙盘或模拟的方式，对可能发生的情况进行研讨。根据多方的圆桌会议，最终对技术研究成果给予改进建议与评价。

【实例】演练计划模板。

概述：

演练目的：……

演练地点：……

演练时间：……

演练内容：……

演练类型：……

□模拟演练　□真实演练　□其他

演练场景：

演练场景一：××××

演练场景二：××××

演练参加人员

内部人员

序号	姓名	部门	角色	职责
1				
2				

外部支持人员

序号	姓名	部门	角色	职责
1				
2				

演练过程记录

演练计划步骤

××××演练步骤：

序号	操作内容	操作人	计划时间
1			
2			

演练结果记录

××××演练过程记录：

序号	演练操作记录	演练结果	操作人	记录人
1				
2				

演练问题总结

存在问题

序号	问题详细描述	所属系统	发生环节
1			
2			

改进行动

序号	改进行动描述	负责人	完成时间
1			
2			

演练结论：……

8. 对技术成果进行优化改进

对技术成果进行评价与评估，根据分析或在实践中的信息，对技术成果进行新一轮的开发，并增加相应的预算。

15.3 知识产权管理

GB/T 21374—2008《知识产权文献与信息 基本词汇》中对知识产权的定义是：知识产权是在科学技术、文学艺术等领域中，发明者、创造者等对自己的创造性劳动成果依法享有的专有权，其范围包括专利、商标、著作权及相关权、集成电路布图设计、地理标志、植物新品种、商业秘密、传统知识、遗传资源以及民间文艺等。知识产权对于组织来说是非常重要的，是组织核心竞争力和创新能力的重要保障，它对组织的发展和竞争地位具有重要影响。为了保护和管理知识产权，组织需要树立正确的知识产权意识，加强内部管理，通过法律手段进行保护，建立合作关系，以及进行有效的知识产权管理。只有充分重视组织知识产权的保护和管理，组织才能在竞争激烈的市场环境中取得持续的成功。

15.3.1　目标和范围

知识产权对组织来说具有很大的价值，它可以保护组织的技术、研发成果和核心竞争力，提高组织的市场竞争能力和营利能力。首先，知识产权可以保护组织的技术创新成果，使其能够独占市场，从而获取更多的利润。其次，知识产权可以防止他人对组织的技术、品牌等进行侵权，保护组织的商业利益和声誉。再次，知识产权可以促进组织之间的合作和交流，提高行业的整体创新能力。知识产权包括专利权、商标权、著作权、商业秘密等几种形式。

- 专利权是指对于发明的一种技术解决方案所享有的专有权利。
- 商标权是指商标所有人对其商标使用和保护的专有权利。
- 著作权是指作品的作者对其作品使用和保护的专有权利。
- 商业秘密是指组织所拥有的商业信息和技术信息。

规范的知识产权管理能够使组织随时了解核心技术的发展状况和法律状态，明确自身的产品定位和市场定位，防范可能带来的法律风险。同时，规范、良好的知识产权管理也是组织转型升级的切入点和工作重心。组织在技术与研发管理方面对知识产权管理的需求一般包括：

- 研发新技术、新产品、新工艺。
- 提高产品附加值，扩大市场份额。
- 防范知识产权风险，保障经营安全。
- 提高生产经营效率，增加经济效益。

15.3.2　管理职责

知识产权管理是组织对其拥有的知识产权按照组织的发展目标、方针、战略进行统计、归纳、分析、规划、布局、运用和处理等系列活动的总称。

首先，组织需要建立起知识产权管理的机构和团队，专门负责知识产权的管理工作。其次，组织需要完善知识产权管理的制度和流程，明确知识产权的归属和使用规则。再次，组织可以通过知识产权的交易和许可来实现知识产权最大化的价值。最后，组织还可以通过知识产权的评估和监控来了解组织知识产权的价值和安全风险，为组织的决策提供参考。

组织知识产权管理的指导原则包括：

- 战略导向。统一部署经营发展、创新创造和知识产权战略，使三者互相支撑、互相促进。
- 领导重视。最高管理者的支持和参与是知识产权管理的关键，最高管理者全面负责知识产权管理，确保知识产权合规义务得到履行。
- 全员参与。知识产权涉及组织各业务领域和各业务环节，所有人员都应遵守知识产权合规义务。
- 全程管理。组织在产品和/或服务的全生命周期开展知识产权管理，全过程履行知识产权合规义务，防范知识产权风险，实现知识产权价值。

最高管理者是组织知识产权管理的第一责任人，最高管理者应该：确保组织知识产权管理以高质量发展为目标，提升市场竞争力，确保在组织经营发展中运用知识产权实现短期和长期、显性和隐性、财务和非财务的价值；确保维护知识产权合规承诺，并妥善处理不合规行为；确保知识产权合规义务得以履行，有能力识别、应对和预防内外部事项导致的存在的及潜在的知识产权风险。

组织需要建立知识产权管理机构并配备专业的专职或兼职工作人员，承担以下职责：

- 推进识别知识产权合规义务，监督已识别的知识产权合规义务的职责在组织内得到适当分配。
- 负责就知识产权合规相关事项提出建议。
- 负责组织知识产权工作计划制订和实施，监督和考核完成情况。
- 负责组织知识产权日常管理工作。
- 负责统筹与其他管理机构相关的知识产权管理工作。
- 宜建立专利导航工作机制，参与重大项目的知识产权布局。
- 组织中的其他部门负责落实与知识产权管理机构相关的知识产权工作。

15.3.3　管理制度和流程

为了加强组织对研发成果所涉及的专利、商标、著作权和商业秘密的申请、保护与管理工作，维护知识产权所有者、使用者、专利发明人和设计人的合法权益，鼓励发明创造，促进技术创新和形成组织自主知识产权，推动组织技术与研发管理，应依据有关法律法规，制定知识产权管理制度或流程，并通过以下措施对知识产权管理所需过程进行策划、实施和控制。

- 识别组织知识产权管理目标及实现目标的方法，并确定实施知识产权管理所需要的资源和资源的可获得性。
- 确定组织的知识产权类型和管理重点。
- 按知识产权类型制定知识产权获取、维护、运用、保护过程控制的要求，并按照要求实施过程控制。
- 确定并保持、保留成文信息。
- 确保与知识产权管理相关的内部和外部的有效沟通。

1. 知识产权获取

知识产权获取包括以下措施：

- 根据知识产权目标，制订不同类型知识产权的获取计划，明确获取的方式或途径。
- 建立必要的审核机制或工作流程，防止非正常申请专利行为、不正当获取他人商业秘密、歪曲、篡改、剽窃他人作品等情况的出现。
- 确保专利质量得到管控，在申请专利前进行必要的检索和分析，以评价获得专利权的前景以及可实现的价值，并保障发明创造人员的署名权。
- 适时办理作品登记，明确职务作品、委托作品、合作作品等著作权及与著作权有关的权利的权属，保留作品创作过程的记录，保障作品作者的署名权。

- 通过遴选、密级划分等方式确定商业秘密的范围、保密事项等，应明确商业秘密的接触范围、流转要求和存证方式。

2. 知识产权的维护

知识产权的维护应注意以下几个方面：

- 建立知识产权分类管理档案，进行日常维护。
- 知识产权权属变更与放弃。
- 进行知识产权相关会计信息披露。
- 建立知识产权会计核算档案，有条件的组织定期对知识产权的成本和知识产权的产出效益进行核算。
- 对涉及知识产权的产品和/或服务的资料加以保管，包括宣传、广告、促销、包装、说明书等。
- 对知识产权进行分级管理。
- 保留有关知识产权维护的成文信息，并实施有效的管理。

3. 知识产权运用

知识产权运用包括以下几个方面：

（1）实施和使用。促进知识产权的实施和使用，开展实施场景、成熟度、所需配套条件等方面的调查，对于已实施和使用的知识产权，组织可评估知识产权对组织的贡献。被许可实施和使用知识产权时，应清楚许可实施的类型，在相应的范围内进行实施。明确知识产权实施和使用的管理要求，建立知识产权实施和使用（包括但不限于专利、著作权及与著作权有关的权利、商业秘密）的管理过程，监控知识产权的合规实施和使用，对知识产权密集型产品进行备案管理。

（2）许可和转让。知识产权许可或转让前，应制定许可或转让方案，根据相关方要求开展或自行开展知识产权评估，并履行相关审查、备案或登记程序；适当时，可自愿进行知识产权开放许可，知识产权进行许可时，可对许可使用中的增值部分进行预先评估或约定归属。国有企业的知识产权在转让时应遵循国有资产的管理规定，避免国有资产流失。

（3）投融资。组织开展投融资活动前，对投融资活动对象涉及的知识产权开展尽职调查，评估其风险和价值。在境外投资前，针对相关知识产权法律、政策及其执行情况进行风险分析。

（4）企业重组。企业合并或并购前，开展知识产权尽职调查，根据合并或并购的目的设定对相关方知识产权状况的调查内容，并进行知识产权评估。企业出售或剥离资产前，对相关知识产权开展调查和评估，分析出售或剥离的知识产权对企业未来竞争力的影响。

（5）标准化。组织参与标准化组织前，了解标准化组织的知识产权政策，将包含专利和专利申请的技术方案向标准化组织提案时，按照知识产权政策要求披露并做出许可承诺。牵头制定标准时，组织制定标准工作组的知识产权政策和工作程序。

4. 知识产权保护

知识产权保护主要包括风险管理和争议处理两个方面。

（1）风险管理。具体包括：

- 采取措施，避免或降低生产经营活动中所涉及的设备、软件、作品和/或作品元素侵犯他人知识产权的风险。
- 应定期监控产品及工艺可能涉及他人知识产权的状况，分析可能发生的纠纷及其对组织的损害程度，提出防范与应对预案。
- 应将知识产权纳入组织风险管理范围，对知识产权风险进行识别、分析和监测，采取相应风险控制措施。
- 建立涉密人员、涉密载体、涉密设备、涉密区域、涉密信息的管理要求，并按要求开展商业秘密管理工作。
- 对外信息披露前，开展必要的知识产权合规、保密审查，并保留成文信息。
- 组织结合风险发生的时间、频次、影响因素及后果等方面开展知识产权风险分析，并根据可能造成的影响及其后果的严重程度，将风险进行相应的分级，对不同级别的风险采取适当的方式加以预防和应对。

（2）争议处理。及时发现和监控知识产权被侵犯的情况，适时提出应对方案，运用自力救济、行政和司法救济等途径保护知识产权。在处理知识产权纠纷时，评估通过协商、诉讼、仲裁、调解等不同处理方式对组织的影响，选取适宜的争议解决方式。

5. 知识产权合规管理

创建管理制度和流程，防止知识产权的泄露和侵权行为的发生。应基于知识产权合规义务的履行，在知识产权管理过程中实施必要的审查，组织若涉及违反相关法律法规、政策等要求的行为，要以相关法律法规、政策规定为依据，充分评估该行为可能导致的法律后果。

15.3.4 评价、审核与改进

组织应策划并实施必要的监控和审查，评价知识产权合规管理体系的绩效，确保知识产权合规义务被履行。定期根据获得的适当的数据和信息进行分析并形成结果，利用分析结果对以下几个方面进行评价：

- 知识产权价值实现的符合性。
- 知识产权合规管理体系的绩效和有效性。
- 策划是否得到有效实施。
- 知识产权合规的监测结果。
- 应对风险和机遇所采取措施的有效性。
- 外部供方的绩效。
- 知识产权合规管理体系改进的需求。

第 16 章　资源与工具管理

从广义上讲，资源指的是一切可被人类开发和利用的物质、能量和信息的总称。信息系统建设和运维服务过程中所需要的资源包括软件、硬件、数据、人力、工具、技术、过程、方法、环境设施等。本章讨论的资源，主要指信息系统建设和运维服务中的管理资源和工具，具体包括信息系统设计开发过程中的研发测试管理环境和工具，系统服务过程中的运维工具、服务台、知识库、备件库及相关管理工具，以及贯穿信息系统生存周期的项目管理工具等。

16.1　研发与测试管理

研发与测试环境是指在基本硬件和宿主软件的基础上，为支持系统软件和应用软件的工程化开发和维护而使用的一组软件。它由软件工具和环境集成机制构成，前者用以支持软件开发的相关过程、活动和任务，后者为工具集成和软件的开发、测试、维护及管理提供统一的支持。

研发测试与环境之间的关系非常重要，研发测试环境的质量直接影响研发人员的工作效率和质量。研发测试环境包括开发机器的获取、网络配置、基本工具以及代码的获取和配置。

16.1.1　研发管理工具

研发管理是在研发体系结构设计和各种管理理论的基础上，借助信息平台对研发过程中的团队建设、流程设计、绩效管理、风险管理、成本管理、项目管理和知识管理等进行的一系列协调活动。研发管理是一个较为宽泛的管理范畴，本章主要讨论的内容是管理资源和工具，因此研发管理的工具部分也聚焦在相对狭义的范围内，即研发或技术部门对其工作进行管理所借助的工具或平台，尤其是开发过程所涉及的管理工具。

1. 软件开发工具

软件开发工具一般是指用来辅助软件的开发、运行、维护、管理和支持等活动的应用系统。它的目的是降低软件开发和维护的成本，提高软件生产效率，改进软件产品的质量。

目前有两个层次的软件开发工具。一个层次是孤立的单个软件开发工具，用于支持软件开发过程中的某一项特定活动，它们有不同的用户界面，不同的数据存储格式，彼此独立。另一个层次的软件工具是集成化的 CASE（Computer Aided Software Engineering，计算机辅助软件工程）环境，它将对软件开发过程的不同阶段使用的工具进行集成，使其有一致的用户界面和可以共享的信息数据库。常用的软件开发工具包括以下几种。

1）Visual Studio 集成开发环境

Visual Studio 是由微软公司开发的一个集成开发环境，可以用于开发计算机程序，以及 Web 站点、Web 应用、Web 服务和移动应用。Visual Studio 使用 Microsoft 软件开发平台。

Visual Studio 包含了一整套全面的开发工具，如代码编辑器、代码调试器、图形用户界面设计器、数据库模式设计器、类设计器和 Web 设计器等。这些工具不仅可以帮助开发者提高开发效率，还可以使开发者更加专注于编写高质量的代码。

　　Visual Studio 支持多种编程语言，包括但不限于 C/C++、C#、Visual Basic.NET、F#、Python、JavaScript 和 HTML/CSS 等。它还支持多种操作系统平台的开发，包括 Windows、Android 和 iOS 等。此外，Visual Studio 还提供了一系列的协作和版本控制功能，可以帮助开发团队更好地进行协作开发。通过 Visual Studio Team Services（VSTS，微软代码管理服务），开发团队可以进行敏捷计划、测试管理、持续集成和持续交付等活动。Visual Studio 是一个强大、全面的开发工具，无论是单人开发还是团队协作，都能提供良好的支持。对于组织中的程序开发人员来说，Visual Studio 是会经常使用的工具，拥有强大的调试编译功能，为开发人员提供了高效的开发环境。

　　2）Eclipse

　　Eclipse 是基于 Java 的、开放源代码的可扩展集成开发平台，它最初由 IBM 公司投入资金开发，然后捐献给国际源代码组织。除了小部分的运行核心外，Eclipse 的其他功能都是插件，这种开放式可扩展的结构提供了一个免费的、功能强大的集成开发环境，吸引了越来越多的软件开发人员。

　　Eclipse 的主要特点包括：

- 完全开放源代码。用户可以自由使用，也可以参与到Eclipse功能开发中。
- 跨平台。可以运行在任何支持Java的平台上，包括Windows、Linux和Mac OS。
- 插件化。Eclipse的功能主要通过插件来实现，用户可以根据需要安装不同的插件，也可以开发自己的插件。
- 强大的Java支持。提供一整套Java开发工具，包括代码编辑器、编译器、调试器等。
- 高级的代码编辑功能。支持语法高亮、代码补全、重构、快速修复等高级功能。
- 集成的构建工具。集成了Ant和Maven，可以方便地进行项目构建。
- 版本控制支持。支持CVS、SVN、Git等多种版本控制系统。
- 丰富的社区资源。其活跃的开发者社区提供了大量的插件和教程。

　　Eclipse 平台采用的是插件开发环境（Plug-in Development Environment，PDE），该环境使得软件开发人员可以根据需要随时在开发环境中添加新的插件，从而能够轻松构建与 Eclipse 平台无缝集成的开发环境。

　　3）PyCharm

　　PyCharm 是由 JetBrains 公司开发的一款 Python IDE，被广泛应用于 Python 语言的开发。PyCharm 提供了一些非常有用的特性，如智能代码编辑器、代码审查工具、快速修复、集成的 Python 调试器、集成的单元测试、集成的版本控制系统、远程开发功能、数据库工具等。

　　PyCharm 的主要特性有：

- 智能代码编辑器。支持Python语法高亮、代码自动完成、代码重构等功能，可以大大提高编程效率。
- 代码审查工具。可以检查代码中的错误和潜在问题，并提供快速修复的选项。

- 集成的Python调试器。内置强大的Python调试器，支持断点、单步执行、数据查看等功能。
- 集成的单元测试。支持Python的单元测试框架，如unittest、pytest等，并提供图形化的测试结果显示。
- 集成的版本控制系统。支持Git、SVN、Mercurial等多种版本控制系统，可以方便地进行版本控制操作。
- 远程开发功能。PyCharm可以通过SSH连接到远程服务器，进行远程开发和调试。
- 数据库工具。内置数据库工具，支持MySQL、PostgreSQL、SQLite等多种数据库。
- Web开发支持。支持HTML、CSS、JavaScript、Django、Flask等Web开发技术。

2. 代码管理工具

代码管理工具是现代软件开发中必不可少的工具之一，在大规模软件多人协同开发环境下，它可以管理代码、协同开发以及进行版本控制等，有效提高了软件开发的效率和质量。代码管理工具是用于存储、追踪代码和目录及其修改历史的专用软件，可以标识不同阶段的代码，进行差异分析，也可以修改撤销，回退到某个代码版本状态。面对软件开发过程中种类繁多、更改频繁的代码文件、源程序等，代码管理工具可以有序管理、快捷查找、高效利用、多方协作代码，提升软件开发整体质量。代码管理工具主要分为集中式版本控制工具和分布式版本控制工具。

1）集中式版本控制工具

集中式版本控制工具采用典型的客户端/服务器架构模式，将文件集中存储于服务器，各开发人员将文件检出到本地，在本地修改后再提交至服务器。在集中式版本控制工具的管理下，各开发人员只需要连接上中央服务器，就可以获取任意版本的文件内容并在本地计算机上修改，修改完成后可以提交到中央服务器上并形成新的版本。

Subversion（简称SVN）就是一种典型的集中式版本控制工具。SVN的基本原理是在服务器上维护一个中央仓库，所有的开发者从这个仓库中进行代码的获取和提交。SVN使用版本号来标识不同的代码状态，每当代码发生变更时，SVN会生成一个新的版本号。SVN的生命周期从创建版本库开始，完成检出、更新、执行变更、复查变化、修改错误、解决冲突，最后提交更改。SVN工作示意图如图16-1所示。

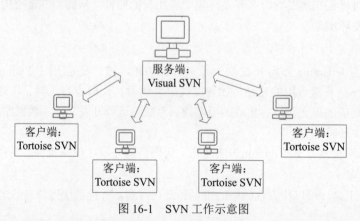

图16-1   SVN工作示意图

SVN 因其管理方便、逻辑明确的特点而被众多组织广泛使用，其集中式服务器机制更能保证安全性和代码的一致性。SVN 有如下特点：

- 每个版本库有唯一的URL，每个用户都从这个地址获取代码和数据，包括同步更新。
- 提交必须有网络连接（非本地版本库）。
- 提交需要授权，如果没有写权限，提交会失败。
- 提交并非每次都能成功，同一部分代码多人先后提交，则后提交者需要基于最新的提交版本先解决代码冲突才能提交。

2）分布式版本控制工具

分布式版本控制工具采用的是本地代码仓库和远程代码仓库的模式，本地代码仓库是开发者自己终端上的仓库，远程代码仓库可以是其他开发者的仓库，也可以是服务器上的仓库。分布式版本控制工具的每个开发者都拥有一个完整的代码库，不管是统一的服务器还是某个开发者终端出现故障，都可以用其他开发者的本地仓库快速恢复。分布式版本控制工具工作示意图如图 16-2 所示。

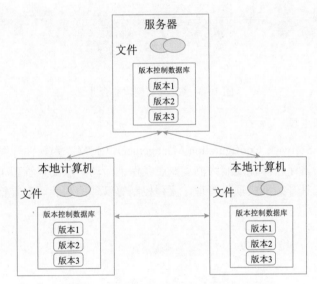

图 16-2　分布式版本控制工具工作示意图

分布式版本控制工具在没有和服务器连接的情况下仍然可以查看日志、提交代码、创建分支，可以快速方便地实现各种分支管理、分布式分块管理以及负载分流管理。

Git 是一个非常典型和常用的分布式版本控制工具，它是为了帮助管理 Linux 内核开发而开发的一个开放源代码的版本控制软件，用于敏捷高效地处理各种大小的项目。和集中式版本控制系统截然不同的是，分布式版本控制系统的服务端和客户端都有一套完整的版本库。即使脱离服务端，客户端依然可以管理版本，包括查看版本历史以及版本比较。因此分布式版本控制系统比集中式版本控制系统更能提高版本管理的效率。另外，Git 记录版本历史只关心文件数据的整体是否发生变化，不保存文件内容前后变化的差异数据。而且 Git 会在本地磁盘上保存项目相关的所有历史更新，所以绝大多数操作都只需要访问本地文件和资源，更是大大提升了处理速度。

由于 Git 最初是为了方便世界各地的 Linux 内核开发者而创建，其设计目标之一就是要让分支的创建和合并操作变得简单而且安全。Git 分支创建和合并如图 16-3 所示，开发者通过创建分支的方式来进行并行开发，图中的每一个点都代表该项目的一个版本。由于在 Git 中，只能对整个项目进行版本化，所以每个点同时也代表属于同一版本的各个文件。

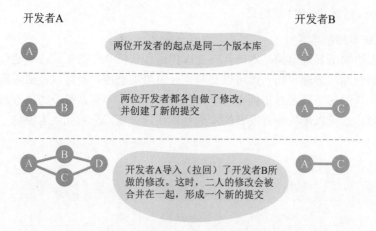

图 16-3　Git 分支创建和合并

3. 软件配置管理工具

软件配置管理（Software Configuration Management，SCM）为软件开发提供了一套管理办法和活动原则，成为贯穿软件开发始终的重要质量保证活动。从配置管理工具的发展来看，越来越多的配置管理工具开始集成项目管理、流程控制等管理的功能。配置管理工具的功能模块如图 16-4 所示。

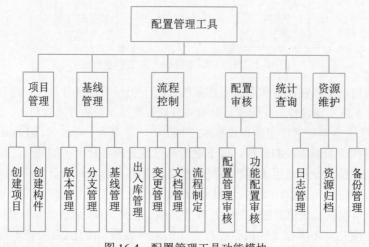

图 16-4　配置管理工具功能模块

目前常见的配置管理工具如 Harvest、ClearCase、StarTeam 和 Firefly 等，软件配置管理工具已经有了长足的发展，并且依然在快速发展中。配置管理工具的主要功能包括：

（1）项目管理。软件配置管理工作贯穿整个项目的生命周期，项目启动后建立配置管理计划、创建配置库是首要的工作。完成项目的创建和结构组件的配置，保证项目条理清晰并且可回溯。项目组可以在此基础上继续需求分析、设计、开发、测试等其他后续工作。项目要确定哪些重要的资产和配置需要纳入配置管理的范围内，配置项可以包括：信息系统和软件（包括第三方软件）的所有发行和发布的版本及相关的系统文档，如需求规格说明、设计、测试报告、发布文档；适用环境的配置基线或其建立声明，以及标准硬件的建立和发布；软件库和工具包等。

（2）版本管理和基线控制。配置管理工具记录项目和文件的修改轨迹，跟踪修改信息，使软件开发工作以基线渐进方式完成，从而避免软件开发不受控制的局面，使开发状态变得有序。同时，配置管理工具可以对同一文件的不同版本进行差异比较，可以恢复个别文件或整个项目的早期版本，使用户方便地得到升级和维护必需的程序和文档。

（3）增强的版本控制。快照和分支以基本的版本控制功能为基础，使版本控制的功能又更进一步增强。快照是比版本高一级的概念，它是项目中多个文件各自的当前版本的集合。快照使恢复项目的早期版本变得方便，它还支持批量签入、批量签出和批量加标签等操作。版本控制和增强的版本控制是配置管理工具其他功能的基础。

（4）流程控制和变更管理。配置管理工具提供有效的问题跟踪和系统变更请求管理。通过对软件生命周期各阶段所有的问题和变更请求进行跟踪记录，来支持团队成员报告、抓取和跟踪与软件变更相关的问题。

（5）资源维护。开发团队成员需要在开发项目上协同、并发地工作，这样可以大大提高软件开发的效率。沙箱技术为并行开发提供了独立的工作空间，使用沙箱，开发人员能够将所有必要的项目文件拷贝到一个私有的树状目录，修改在这些副本上进行。一旦对修改感到满意，就可以将修改合并到开发主线上去。

（6）过程自动化。配置管理工具使用事件触发机制，即让一个事件触发另一个事件产生行为，来实现过程自动化。比如，让"增加项目成员"操作自动触发"产生功能描述表"操作，要求开发人员填制该文件的功能描述表，规范开发过程。过程自动化不仅可以缩短复杂任务的开发时间，提高生产率，而且还规范了团队开发的过程，减少混乱。

（7）管理项目的整个生命周期。从开发、测试、发布到发布后的维护，配置管理工具预先提供典型的开发模式模板，以减少重复劳动；另一方面，配置管理工具也支持项目自定义生命周期模式，以适应特殊开发需要。

（8）与主流开发环境的集成。将版本控制功能与主流集成开发环境集成，极大地方便了软件开发过程。从集成开发环境的角度看，版本控制是其一项新功能；从配置管理工具的角度看，集成开发环境充当了沙箱的角色。

16.1.2　测试管理工具

随着计算机技术的高速发展，软件类型快速增长，软件需求、软件业务逻辑越来越复杂，对软件测试管理水平的要求也不断提高，传统的人工管理严重浪费人力成本和时间成本，无法做到高效、标准化、规范化以及流程化。通过构建软件测试信息化过程管控手段，结合软件配置管理和软件质量保证，可以对测试项目立项、测试需求分析、测试策划、测试设计与实现、测试执行、测试总结进行全过程管控，形成全面统一的、标准化的软件测试管理过程框架和工具实现。

软件测试工具能够提高软件测试工作的效率，可分为自动化软件测试工具和测试管理工具。自动化软件测试工具是用软件来代替一些人工输入，提高测试用例的复用率。测试管理工具用于对测试过程进行管理，完整的测试管理工具应该能对整个测试流程的各个环节进行管理。

1. 自动化软件测试工具

软件自动化测试是一个相对独立且完整的测试过程，包括自动化测试计划、自动化测试设计、自动化测试实施和自动化测试执行 4 个阶段。同时还提供了内嵌软件测试流程的测试管理工具的支持，以及完整的测试评测方法。

如图 16-5 所示，软件自动化测试工具的标准流程可以提供一套完整的测试流程框架，测试团队可以此为基础做进一步的定制软件测试流程。

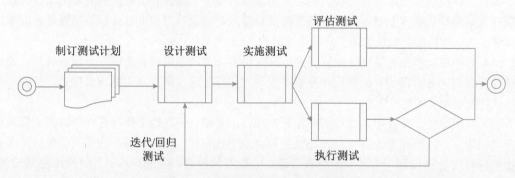

图 16-5　软件自动化测试工具流程图

常见的自动化软件测试工具主要有单元测试工具、性能测试工具和功能测试工具。按照测试技术分类原则，自动化测试工具又可划分为白盒测试工具、黑盒测试工具和性能测试工具。

1）功能测试工具 UFT

UFT（Unified Functional Testing）原名为 QuickTest Professional（QTP），是一款由 HP 公司开发的自动化测试工具，旨在帮助测试人员自动化执行 GUI 测试和 API 测试。UFT 支持广泛的平台和开发语言，例如 Web、VB、.NET、Java 等，适用于各种规模的软件项目。

UFT 的主要功能包括：

- 图形用户界面测试。录制和回放用户在应用程序中的操作，从而自动化执行 GUI 测试。
- API 测试。支持对各种类型的 API 进行测试，包括 REST、SOAP 等。
- 数据驱动测试。可以使用外部数据源（如 Excel、数据库等）来驱动测试，实现大规模的自动化测试。
- 关键字驱动测试。支持用户通过简单的关键字来定义测试步骤。

- 脚本语言。支持使用VBScript编写脚本实现复杂的测试逻辑。
- 集成开发环境。提供集成开发环境，用户可以在其中编写、调试和运行测试脚本。
- 报告和分析。可以生成详细的测试报告，帮助用户分析测试结果和定位问题。

2）性能测试工具 LoadRunner

LoadRunner 是一个应用广泛的性能测试工具，通过在实验室环境中模拟真实的用户行为，重现生产环境中可能出现的业务压力，再通过测试过程中获取的信息和数据来确认和查找软件的性能问题，分析性能瓶颈。LoadRunner 会自动监控指定的 URL 或应用程序所发出的请求及服务器返回的响应，它作为一个第三方监视客户端与服务端的所有请求，然后把这些请求记录生成脚本，再次运行时模拟客户端发出的请求，捕获服务端的响应。

如图 16-6 所示，性能测试的基本流程包括计划测试、创建脚本、定义场景、运行场景和分析结果。LoadRunner 通过三大主要功能组件来覆盖此过程：

图 16-6　性能测试的流程

- Virtual User Generator（虚拟用户脚本）。用于捕获最终用户业务流程和创建自动性能测试脚本。
- Controller（控制器）。组织、驱动、管理和监控负载测试。
- Analysis（分析）。对测试结果数据进行分析，保存大量分析性能测试结果的数据视图，可以根据实际情况选择相关的数据视图进行分析，分析结果可以生成一些不同格式的测试报告。

以下是 LoadRunner 的一些主要特性：

- 负载生成。模拟数以千计的并发用户来对系统进行压力测试，从而检测系统在高负载下的性能。
- 协议支持。支持HTTP、HTTPS、FTP、TCP/IP等多种网络协议，可以测试各种类型的应用程序。
- 脚本录制和编辑。提供脚本录制和编辑工具，方便用户创建和修改测试脚本。
- 性能监控和分析。收集响应时间、吞吐量、错误率等各种性能数据，提供图形化的分析工具。
- 集成监控。支持集成各种监控工具，如服务器监控、数据库监控等，以获取更全面的性能数据。
- 报告和分析。生成详细的测试报告，帮助用户分析测试结果和定位性能问题。

2. 测试管理工具

测试管理工具在软件测试过程中起着至关重要的作用，它可以帮助测试团队更有效地进行测试活动，提高测试的质量和效率。测试管理工具的系统框架如图 16-7 所示，主要包括如下功能：

- 测试计划管理。帮助测试团队创建和管理测试计划，包括定义测试目标、测试策略、测试范围等。

- 测试用例管理。支持测试团队创建、编辑和管理测试用例，包括用例的设计、实施、执行和维护。
- 测试任务执行。支撑测试团队执行测试用例，记录测试结果，以及管理测试数据。
- 缺陷记录跟踪。当在测试过程中发现问题时，测试管理工具可以帮助测试团队记录和跟踪缺陷，直到问题被解决。
- 报告和分析。生成各种测试报告，包括测试进度报告、测试结果报告、缺陷报告等，这些报告可以帮助测试团队分析测试结果，找出问题和改进点。
- 团队协作。支持测试团队更好地协作，包括任务分配、进度跟踪、沟通交流等。
- 集成其他工具。与其他工具（如需求管理工具、持续集成工具、自动化测试工具等）集成，以实现更高效的测试流程。

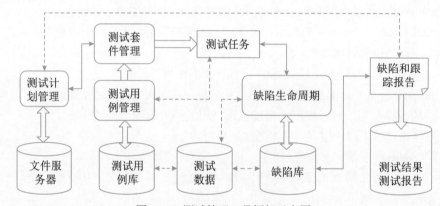

图 16-7　测试管理工具框架示意图

测试管理工具的核心是测试用例库和缺陷库。围绕测试用例的管理包括：测试用例管理、测试套件管理、测试执行结果等；围绕缺陷的管理包括：缺陷记录、缺陷跟踪及分析报告。而测试资源分配、测试数据管理、测试环境配置等可以归为测试管理工具的一部分，也可以归为测试基础设施的一部分。

常见的测试管理工具有以下几种。

1）TestRail

TestRail 是一个测试用例管理工具，提供全面的、基于 Web 的测试用例管理功能，帮助团队组织测试工作，并实时了解测试活动。用户可以通过屏幕截图和预期结果获取有关测试用例或场景的详细信息，跟踪单个测试的状态，比较多个测试运行、配置和里程碑的结果，并利用信息丰富的仪表盘和活动报告测量进度。

TestRail 通过网页交互界面创建、管理和组织测试用例和套件。工具的待办事项列表、过滤器和电子邮件通知有助于协调测试运行并提高测试人员的生产力和责任，确保每个团队成员始终了解他们的任务，并且团队负责人可以根据他们的工作量为测试人员分配新任务。项目是 TestRail 中的主要组织单位，所有数据，如测试运行、测试结果、里程碑等，都直接与特定项目相关联。测试用例则基于产品的特定项目模块或区域，被组织成 Section 和 Subsection 的集合。

TestRail 的测试用例由测试准备条件、测试步骤列表和预期结果组成，同时提供普通、基线（类似 Git 分支）和多套件三种测试用例管理方式，其结构更易于支持大规模测试管理，即多个并行测试的组织和协调。虽然 TestRail 不提供需求和缺陷管理模块，但其支持集成众多缺陷追踪工具，如 JIRA、GitHub、YouTrack 等，有助于提高整体的测试效率。

2）Quality Center

Quality Center 是基于 Web 的测试管理工具，能够组织和管理应用程序测试流程的所有阶段，包括制定测试需求、计划测试、执行测试和跟踪缺陷。此外，Quality Center 还可以创建报告和图表进行测试流程监控。

Quality Center 包括 4 个部分：

- 明确需求。对产品定义进行分析，提取测试需求。
- 测试计划。根据测试需求创建测试计划、分析测试要点、设计测试用例。
- 执行测试。在测试运行平台上创建测试集，或调用测试计划中的测试用例执行测试。
- 跟踪缺陷。报告应用程序中的缺陷，在缺陷管理视图中进行添加新缺陷、匹配缺陷、更新缺陷、缺陷关联等操作，并跟踪缺陷直至被修复。

Quality Center 将一个项目的测试周期细分成各个模块，把各个阶段集成到统一的平台上，通过模块与模块之间的联系来控制项目测试流程的执行，以达到保证项目质量的目的。测试执行者和监督者在同一个平台上按照统一的标准进行相关测试工作，也方便项目各个阶段的沟通、评审和检查，提高工作效率。

3）Bugzilla

Bugzilla 是一个开源的缺陷跟踪系统，用于跟踪软件开发过程中的缺陷、错误和问题。它提供了一个集中化的平台，允许开发团队、测试团队和用户报告和跟踪软件中的缺陷，以便及时发现、修复和验证这些问题。

Bugzilla 的主要功能有：

- 缺陷报告管理。可以创建、编辑和提交缺陷报告，记录缺陷的相关信息，如缺陷的描述、优先级、严重性、所属项目、版本号等，并附加文件、截图等信息。
- 缺陷查询和过滤。提供强大的缺陷查询和过滤功能，可以根据多个条件进行高级搜索和过滤，以便快速找到和解决问题。
- 缺陷状态管理。支持自定义的缺陷状态流，根据项目的需要定义不同的缺陷状态，如新建、已确认、已解决、已关闭等，并可以根据项目的实际情况进行状态的流转管理。
- 缺陷统计和报告。可以根据不同的维度和条件生成图表、表格等形式的缺陷统计报告，以便更好地了解项目的缺陷情况和趋势。
- 用户管理和权限设置。允许管理员进行用户管理和权限设置，包括定义用户角色、分配权限、添加和删除用户等。用户可以根据其角色和权限在 Bugzilla 中执行不同的操作，如创建、编辑、查询、关闭缺陷等。
- 自定义字段和工作流。Bugzilla 允许管理员自定义缺陷的字段和工作流，包括添加自定义字段、定义字段的类型、设置字段的默认值、创建工作流等，使得 Bugzilla 可以根据项目的需求进行灵活配置和扩展。

- 通知和邮件集成。支持通过邮件进行缺陷的通知和交流。用户可以订阅缺陷的变更，并通过邮件接收相应的通知。此外，Bugzilla还支持与邮件系统集成，直接通过邮件进行缺陷的创建和更新。
- 插件和扩展。Bugzilla支持插件和扩展，用户可以根据项目的需求进行自定义开发和扩展，以满足特定的业务需求。

Bugzilla作为一款成熟的开源缺陷跟踪系统，具有其特点和优势，用户可以通过插件和API对其进行二次开发扩展，如通过API进行数据的读取、创建、修改和删除等操作，从而实现与其他系统的集成，包括测试管理系统、版本控制系统、持续集成工具、项目管理工具等。通过这些集成工具和插件，用户可以实现在不同系统之间的数据传递和共享，从而更好地协同工作和提高团队的效率。

16.1.3　研发与测试环境搭建和维护

在软件开发过程中，研发与测试环境的搭建和维护是至关重要的环节。研发测试环境的质量直接影响软件的质量和稳定性。为了提供高效的研发测试环境，应当遵循以下原则：

- 可重现性。研发测试环境应该可重现，以便研发测试人员方便地复现问题并调试。
- 可协作性。研发测试环境应该可协作，以便多人协作开发，避免冲突。
- 与生产环境相似性。研发测试环境应与生产环境尽量相似，以便减少环境带来的问题。
- 自动化环境管理。使用自动化工具来管理和配置研发环境，以提高研发效率，减少人为出错。
- 测试覆盖率。研发测试环境应该提供测试覆盖率，确保研发结果符合预期。
- 灵活性。研发测试环境应具备灵活性和可扩展性，使团队能够尝试新的开发方法、框架和工具。
- 环境隔离性。研发测试环境应该隔离，以避免研发测试人员之间的环境干扰。
- 可维护性。研发测试环境应能够随时更新和维护。

1. 研发测试环境部署

研发测试环境的部署是对软件研发测试过程中所需环境的搭建和配置，包括硬件环境、操作系统环境、应用程序环境、数据库环境等方面。研发测试环境部署需要遵循以下步骤：

（1）硬件设备的选取和配置。研发测试环境需要具备与生产环境相同或相近的硬件设备，用于模拟真实的生产环境。在硬件设备配置方面，需要考虑研发测试所需的内存、处理器、硬盘等资源，以及能够支持研发测试的网络架构、存储、备份等方面的硬件设备。

（2）操作系统的安装和配置。研发测试环境需要安装并配置与生产环境相似的操作系统，以确保研发测试环境与生产环境的软件支持环境相同。例如，如果生产环境使用的是Linux操作系统，那么研发测试环境也应该使用Linux操作系统，并确保与生产环境相同的操作系统版本和配置。

（3）应用程序的安装和配置。研发测试环境需要安装并配置与生产环境相同的应用程序，以确保能够充分验证软件在生产环境中的行为。

（4）数据库的安装和配置。研发测试环境需要安装并配置与生产环境相同或类似的数据库，以确保软件在生产环境中的数据存储和访问行为能够得到充分的验证。

（5）测试工具和脚本的准备。研发测试环境部署还需要准备相应的测试工具和脚本，用于验证软件在测试环境中的性能、可靠性、安全性等方面的表现。

2. 研发测试环境维护

研发测试环境部署完成后，还需要进行定期的维护，以确保研发测试环境的稳定性和可用性。研发测试环境维护需要遵循以下要求：

（1）定期备份研发测试环境数据。研发测试环境中的数据需要进行备份，以确保数据的安全性和完整性。备份的频率可以根据研发测试环境的特点和数据量来确定，通常建议每天进行备份。

（2）定期更新研发测试环境软件和补丁。研发测试环境中的软件和补丁也需要定期更新，以确保与生产环境保持一致，并且不会出现安全漏洞。更新的过程需要注意备份相关数据，避免当前的更新操作引起不必要的出错。

（3）定期清理研发测试环境数据和日志。研发测试环境中的数据和日志需要定期清理，以释放磁盘空间和提高研发测试环境的稳定性和性能。清理频率可以根据研发测试环境的特点和数据量来确定，通常建议进行定期清理。

（4）监控研发测试环境状态。研发测试环境中的硬件、软件、网络等方面都需要进行监控，以便及时发现并解决可能出现的问题。可以使用一些监控工具来实现研发测试环境状态的实时监控和报警。

16.2 运维管理

对 IT 运维服务体系进行规划建设并有效地实施和管理，离不开运维工具的支持。监控工具、过程管理工具及专用工具在运维中的使用，可以显著提高运维的可视性、过程组织的有效性以及操作的便利性和安全性。

16.2.1 监控工具

监控工具主要对运行维护服务对象进行数据采集和监控，评估可能导致运行故障的因素。监控工具的种类可以分为：（1）IT 基础设施监控，如主机、网络、存储、应用、机房动力环境监控等；（2）性能监控，包括业务性能监控、应用性能监控和网络性能监控等；（3）业务运营监控，包括业务运营管理、业务流程监控、业务容量监控等。监控工具可以是对单一功能的监控，也可以是综合性的运维监控平台。

1. 常见监控工具

1）Zabbix

Zabbix 是一个组织级的开源分布式监控解决方案，它基于 Web 界面提供分布式系统监控以及网络监控功能，可实时监控数千台服务器、虚拟机，以及应用程序、服务、数据库、网站、云等，并支持采集百万级的监控指标。如果配置得当，不管对于拥有少量服务器的小型组织还是拥有大量服务器的大企业来讲，Zabbix 都可以在监控 IT 基础设施方面发挥作用。

Zabbix 拥有良好的扩展性和灵活的通知机制，可以监控 CPU 负荷、内存使用、磁盘使用、网络状况、端口使用、日志信息等。其所有报告和统计数据以及配置参数都可以通过 Web 前端访问，以便及时评估系统网络状态和服务器的健康状况。同时，Zabbix 的适应性比较广，可以运行在 Linux、Solaris、HP-UX、IBM AIX、FreeBSD、NetBSD、OpenBSD 和 Mac OS X 等所有主流平台上。

2）Nagios

Nagios 是一款用于监控系统、网络和 IT 基础设施的开源应用程序，能有效监控硬件、网络、应用、服务、业务流程和 Windows、Linux、UNIX 等操作系统的各项状态和性能，并根据设定的阈值和关键指标定期检查系统或服务状态，在发现异常时通过短信、邮件等方式及时通知网站运维人员，可运行自动脚本来控制和纠正问题，在状态恢复后发出正常通知。

Nagios 包括两个主要版本：

● Nagios Core。免费的开源网络监视工具，侧重于监控服务的可用性，支持多种告警方式，但不支持 Web 方式管理和配置，基于文件的配置方式扩展性和易读性较差，管理耗时，不易维护。

● Nagios XI。Core 的付费扩展版本，提供用于监控的高级组件和工具。

Nagios 通常作为守护进程在主机服务器上运行，采用服务器代理架构在需要监控的网络元素上设置代理，负责与服务器通信，通过代理监测指标，并根据事件和阈值条件做出决策。Nagios 支持丰富的插件组合，包括官方提供的插件、社区成员开发的第三方插件，也支持用户创建自定义插件。

3）Prometheus

Prometheus 是一套开源的系统监控报警框架，它既适用于面向服务器等硬件指标的监控，也适用于高动态的面向服务架构的监控，包括微服务及云环境监控。Prometheus 的基本原理是通过 HTTP 周期性抓取被监控组件的状态，任意组件只要提供对应的 HTTP 接口并且符合 Prometheus 定义的数据格式，就可以接入 Prometheus 监控。Prometheus Server 负责定时在目标上抓取指标数据并保存到本地存储里。

传统的监控系统大多采用推（Push）模型的监控系统，客户端需要负责在服务端上进行注册及监控数据推送；而 Prometheus 采用拉（Pull）模型架构，其具体的数据拉取行为完全由服务端决定。由此，服务端可以基于某种服务发现机制来自动发现监控对象，同时能够更方便地实现服务端的横向扩展，因此也更适用于微服务架构。Prometheus 的另一大特点是支持时序数据，即按照时间顺序记录系统、设备状态变化的数据。Prometheus 采集的所有指标都以时间序列的形式进行存储，每个时间序列由值、时间戳和标签表组成，监控数据的源信息全部记录在标签表里。同时 Prometheus 支持在监控数据采集阶段对监控数据的标签表进行修改，具备更加灵活、强大的扩展能力，相较关系型数据库也有性能好、存储成本低的优点。因此，Prometheus

也更适用于对时序数据要求高的实时运维监控，如无人驾驶车辆运行数据监控、金融证券实时数据监控等场景。

2. 统一运维监控平台

随着系统规模的不断扩大和复杂性的提高，IT 运维管理的难度也在增加，单一的运维监控工具不能完全满足复杂的集成网络空间和不同业务单元对监控的不同需求，更多的场景是将所有业务系统中所涉及的网络、硬件、软件、数据库等资源纳入统一的运维监控平台中，并通过消除管理软件、数据采集手段的差别，对各种不同的数据来源实现统一采集、统一监控、统一告警和统一展示等一整套监控管理，最终实现运维规范化、自动化、智能化的运维管理。

如图 16-8 所示，统一运维监控体系一般包括数据采集、数据检测、告警管理、故障管理、视图管理和监控管理六大模块。

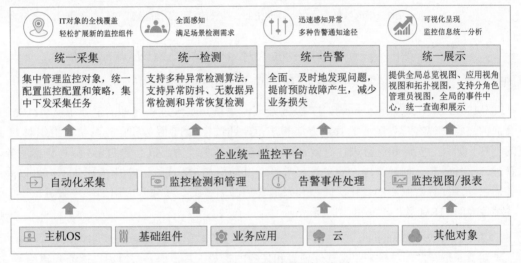

图 16-8　统一运维监控体系示意图

常见的运维监控平台建设方式包括：

（1）基于开源监控软件自主开发。在传统开源监控工具的基础上，结合不同监控软件的优势，根据组织自身业务需要，对其进行集成封装和二次开发，以实现对运维数据的统一监控管理。

（2）定制商业化运维监控平台。选择成熟的运维服务工具供应商提供的一体化监控平台产品，并根据组织的需求进行裁剪和定制。如嘉为蓝鲸、锐捷网络、华胜天成、联想等国内多家企业均可提供统一运维监控平台产品，为运维需求方提供更多专业化、定制化选择。

16.2.2　过程管理工具

过程管理工具的作用主要是根据合同约定的服务级别协议（SLA），对运行维护服务的交付过程或 IT 服务的全过程进行管理，实现 IT 服务的可视、可管、可控、可衡量，从而提升 IT 服务质量、降低服务风险、提高服务满意度。过程管理工具常见的逻辑架构如图 16-9 所示。

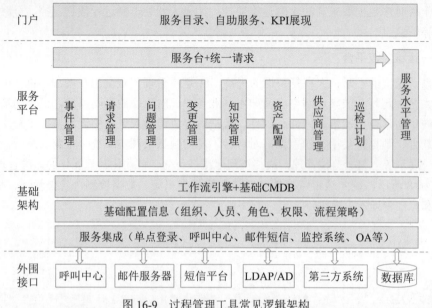

图 16-9　过程管理工具常见逻辑架构

ITSM（IT Service Management，IT 服务管理）系统是实现过程管理的主要工具。ITSM 是一套面向过程、以客户为中心的管理方法和规范，通过集成 IT 服务和业务，帮助组织对 IT 系统的规划、研发、实施和运营进行有效管理，提高 IT 服务能力。核心的 ITSM 流程包括服务请求管理、事件管理、问题管理、变更管理等。通过使用 ITSM 系统，IT 服务团队不但可以满足业务需求，还能针对组织的变化、转型和发展实施战略方案。从独立应用到平台服务，市场上有各种各样的 ITSM 软件工具可供选择。

1）Jira Service Managemen

早期 Jira 是开发人员用来跟踪软件项目和任务的管理工具，但一些组织也逐渐开始使用 Jira 处理服务台请求。于是，Atlassian 团队创建了名为 Jira Service Management 的单独产品线，将基本架构扩展得更易于普通用户访问，同时专注于工作流程，并为自助服务增加了移动端的支持。它支持运维团队基于模板创建服务台、定制请求表单，将来自电子邮件、聊天工具、服务台和其他渠道的请求整合到一起，使用批量工作单操作，自动将服务请求、事件、问题和变更进行分类，并可利用人工智能技术为客户提供自助服务和虚拟支持人员。

Jira Service Management 工具有多个服务级别，从免费的入门版本到收费的高级、组织级工具，提供不同的集成选项和额外功能，例如资产和配置管理，以及用于管理重大问题的事件指挥中心等。

（2）ServiceHot ITSM

ServiceHot ITSM 提供的服务流程管理套件具有可视化管理能力，满足对事件管理、问题管理、变更管理、发布管理、配置管理、服务级别管理的需求。平台内置了 IT 服务的全部流程，开箱即用、界面友好简单、功能模块自由扩展。系统底层也采用可视化引擎、拖拽流程设计，做到快速落地实施、无须繁重的二次开发。此外，ServiceHot ITSM 软件平台已完成国产化适配，可在国内主流芯片（如龙芯中科、飞腾、鲲鹏等）、操作系统（如中标麒麟、银河麒麟、红旗、红帽等）、数据库（如高斯、达梦、人大金仓等）等国产化计算机环境中稳定运行。

16.2.3　自动化专用工具

在 IT 运维服务过程中常用到一些专用工具，用于在特殊场景或需求下实现监控工具与过程管理工具无法提供的服务。尤其是随着运维对象的多样化和规模化，自动化专用工具成为了必不可少的运维工具。

1. 作业调度 / 批处理工具

作业调度 / 批处理工具用于实现常规化、标准化作业的统一管理，降低作业执行错误风险，降低服务人员的工作强度，提高服务质量和服务效率。此类工具对作业任务进行统一编排和管理，提供多种调度方式，对作业情况进行全面监控和分析并提供反馈。常见的作业调度和批处理工具有以下几种。

1）Puppet

Puppet 是较早的 Linux 自动化运维工具，是一种适配 Linux、Windows、UNIX 跨平台的自动化工具，主要用于管理和部署各种应用程序和服务。使用 Puppet 可以将服务器管理工作自动化，包括安装、更新和配置操作系统、安装软件、配置应用程序、管理服务器角色和功能等，完全可以满足各种服务器管理需求。

Puppet 采用最典型的 C/S 结构，需要安装服务端和客户端。所有的客户端和一个或多个服务器交互，每个客户端周期地连接一次服务器，下载最新的配置文件，并且严格按照配置文件来配置客户端，保证和配置信息同步。Puppet 还提供了管理所有服务器的 Web 界面，用于集中管理和更新各个节点，简化了管理工作，提高了管理员的工作效率。

2）SaltStack

SaltStack 和 Puppet 一样，也是 C/S 模式，需要安装服务端和客户端。由于加入了 MQ 消息同步机制，可以使执行命令和执行结果高效返回，甚至能够秒级在数万台服务器上进行各种操作。同时，SaltStack 使用 RAS Key 方式确认身份，传输采用 AES 加密，安全性能更高。但其执行过程需要等待客户端全部返回，如果客户端没有及时返回或者没有响应的话，可能会导致部分机器没有执行结果。

3）Ansible

不同于以上两种工具，Ansible 只需要在一台普通的服务器上运行即可，不需要在管控对象上安装客户端。因为 Ansible 基于 SSH 协议进行远程管理，而 Linux 服务器大部分都离不开 SSH，所以 Ansible 不需要为配置添加额外的支持。

Ansible 安装使用都很简单，可基于上千个插件和模块实现各种软件、平台、版本的批量系统配置、批量程序部署、批量运行命令等功能，并支持虚拟容器多层级的部署。

2. 操作自动化工具

操作自动化工具将 IT 服务过程中大量的重复性工作由手工执行转为自动化操作，提升 IT

服务效率，降低 IT 服务风险。实际上，批处理工具也是操作自动化工具的一种，通过批处理操作可以轻松地定义配置和管理代码，从而实现服务器自动化安装和部署，简化管理工作，提高管理员的工作效率。此外，还有以下几种常用的自动化工具。

1）Jenkins

Jenkins 是一款持续集成自动化工具，适用于自动构建、测试和部署软件项目，能够实现快速的迭代开发和交付。作为一款跨平台工具，Jenkins 提供了灵活的插件和扩展体系结构，能够同时支持不同系统和环境的部署，非常适合快速构建和测试。同时，Jenkins 基于 Java 开源，可以兼容各种持续集成 / 开发工具，便于使用者对其进行二次开发，以更好地集成和支持各种自动化工具和开发软件的过程。

2）Chef

Chef 是新一代的自动化 IT 工具，主要用于自动化部署、配置和管理云计算、物联网环境。它提供了一个由 Ruby 编写的动态脚本语言（Dynamic Script Language，DSL），可以定义全面的 IT 任务流程，从而自动化执行各种系统和应用程序的配置和管理。Chef 的优点非常显著，比如支持多个平台和云服务、易于使用和开发、内部自定义仓库和应用库、擅长大规模部署等，非常适合基于云业务的开发运维团队进行自动化部署和管理。

16.2.4　服务台

服务台又称为服务支持中心，在 IT 服务支持中扮演着重要的角色。服务台是 IT 运维服务中供方与需方沟通交互的重要界面，负责对需方的问题和需求进行响应和处理，以及组织内部各个团队之间的沟通协调。作为供方与需方之间的单一连接点，服务台须确保沟通渠道的畅通，可以在不联系特定技术人员的情况下处理大部分的服务请求。

早期的服务台根据需方的业务分布、地理位置、人员能力以及成本考量，有分布式服务台和集中式服务台的管理模式。随着信息技术和业务环境的不断发展变化，服务台已经演变成为线上线下相结合的模式，并且结合 ITSM 系统的服务门户成为了 ITSM 的基础。

1. ITSM 与服务台

在 ITSM 中，IT 服务台是标准服务台的延续，也是处理和管理所有事件、问题和请求的单一联络点，所有事件报告、问题报告和服务请求都始于此处。在许多情况下，服务台还负责运营和维护与 ITSM 相关的自助门户网站和知识库，即整个 IT 服务的服务门户。因此，服务门户工具的核心功能就是为用户、服务人员、管理人员提供统一的服务信息和资源的访问入口，以便快速地实现信息共享、服务交付、运营掌控，提高服务效率和体验。此类工具通常提供统一的用户权限管理、数据集成接入、数据视图 / 报表管理、消息管理、平台系统管理等能力。

常见的服务台工具包括以下几种。

1）ServiceDesk Plus

ServiceDesk Plus 是基于功能模块及图形化的工作流的构建器门户，能够在可视化界面中自由拖拽创建工作流，根据业务需求构建 IT 服务和业务流程的自动化过程，支持与网络管理、应用管理、桌面管理和 AD 管理等应用软件集成，实现全方位的 IT 可视化管理。

ServiceDesk Plus 不仅仅是 IT 服务台，也可以将 IT 服务管理、IT 资产管理和 CMDB（配置管理数据库）与人力资源、设施和财务等部门的组织服务管理能力相结合，集成事件管理、问题管理、变更管理、资产管理、IT 项目管理、知识库等众多功能模块，成为一整套 IT 服务管理方案，满足 IT 部门日常运维的各种需求。

2）ServiceHot

ServiceHot 在传统 ITSM 软件中融入 AI 智能机器学习和分析，为 IT 服务管理、IT 资产管理、IT 项目管理和客户服务管理提供了更智能的体系化方案。

ServiceHot 的自助服务门户包括服务台、公告消息、自助服务、排班表、报表统计、系统配置等功能，支持邮件、电话、Web、微信等多种渠道提交服务请求，方便用户按规范提交服务申请和故障申报，查询服务进度，自助解决问题。同时，服务台统一进行运维工作调度，跟踪、查询已提交服务的处理状态，获取用户的服务评价和反馈，从而更好地支撑 IT 公告、满意度调查、供应商管理和服务台流程管理。

3）云智慧服务台

云智慧服务台是云智慧运维服务管理产品体系的工具之一，通过即时聊天平台建立服务消费者（终端用户）和服务提供者（一二线人员）的沟通渠道，融合即时通信、呼叫中心和自助提单，实现一个服务台有效支持多个渠道的服务请求，提高服务提供者的服务效率和质量，从而提升用户体验。

云智慧服务台基于 AI 技术和全文检索引擎，实现 0 线服务支持，同时用户也可选择转接人工客服，并在排队期间给服务台或坐席发送信息，由支持坐席给用户推荐知识、查看用户信息和历史聊天记录，或转接会话给其他坐席进一步处理，并且可实现自动创建工单，将聊天记录自动同步到工单内。依托云智慧数字化运维管理平台，服务台连通事件管理、问题管理、变更管理、发布管理、服务请求管理、知识管理等实践，提供事件自动分派、重大事件识别、变更日历、服务请求自动化等功能，极大地提升管理过程中的效率和用户体验。

2. ChatOps

随着人工智能技术在 IT 运维领域的应用不断深入，以往单纯通过人工利用流程和工具解决问题的方法逐渐失效。因此，利用 AI 和大数据实现自动化和主动管理，将人和大型机器产生的结构化、非结构化数据集输入到工具中，对于具有流程优化和数据处理实践需求的 IT 管理部门尤为重要。由此应运而生的智能化工具就是 ChatOps。

ChatOps 将人与人、人与工具、工具与工具之间自然地衔接在一起，消除信息孤岛问题，为 IT 服务带来效率的提升和极致的协作体验。此类工具以沟通为中心，通过 ChatBot（聊天机器人）将成员和各项辅助工具连接在一起，以对话的方式完成工作，改进用户、开发者、运维人员之间的沟通。

目前，许多主流的 ITSM 系统平台，均提供了面向用户的智能客服，如 ServiceHot 的 AI 智能机器人，云智慧的智能服务助理云小慧，利用自然语言识别技术帮助用户解决常见问题，在快速响应用户的同时极大地减少了运维工程师的工作量。如若问题无法即时解决，便会转接到人工服务台或自动创建工单转交到二线的运维团队，同时将智能机器人在线聊天的内容自动带到工单中，为后续工程师解决问题提供参考，并把信息归档，方便下次处理问题。

16.2.5 知识管理

知识库是信息系统建设和维护中的重要资源，通过对知识库的有效管理，能够确保知识管理工作规范化，保证知识库信息的准确性、完整性和可用性，并且能够有效地促进和提高团队的技术和管理能力，提升服务质量，减少重复劳动。同时，知识库与其他信息系统要素相互协同，尤其是通过知识库与服务台的集成，可以提高服务请求处理时效。以下介绍三个常见的知识库工具。

1）ITSM 内置知识库

主流的 IT 服务管理（ITSM）解决方案大多提供了内置的知识管理功能，可与 ITSM 中的服务请求流程、需求管理流程、事件流程、故障流程、问题管理流程、变更管理流程、发布管理流程、巡检管理流程等紧密耦合，有助于知识的高效共享和利用。另外，还可通过知识库赋能 IT 服务台，为服务台智能推送解决方案，便于用户自助查询解决方案，减少重复故障申报。

2）Confluence

Confluence 是 Atlassian 团队提供的一个专业的企业知识管理与协同软件，也可以用于构建企业 Wiki，是信息技术组织中广泛使用的一款知识库工具。它具有强大的编辑和站点管理功能，提供富文本编辑功能和文档模板，能够帮助团队成员进行共享信息、文档协作、集体讨论、信息推送。丰富的插件生态系统也是 Confluence 的一大亮点，借助数百种应用（包括主题设计、图表绘制和工作流管理解决方案），团队可以依据需求对 Confluence 进行定制。同时，与 Jira Service Management 结合可以快速建立服务台并持续进行调整。利用 Confluence 提供的自动化自助知识库，可以将相关支持文档嵌入到 IT 服务流程中，实现知识库与服务台的深度衔接。除此之外，Confluence 也可与其他主流 IT 服务管理应用集成，对知识进行统一维护和管理，并提供便捷的自助知识查询服务，为服务团队构建自动化支持工作流程。

3）PingCode Wiki

PingCode Wiki 是国内十分受欢迎的一款知识库产品，在功能上与 Confluence 类似，但其利用自动化技术大大降低了随着人数规模变大而带来的管理成本，如通过配置自动化规则，为新人自动匹配权限和页面。PingCode Wiki 既能整合企业微信、飞书、钉钉等第三方平台，同时支持 Confluence、HTML、Markdown 等多类型历史数据一键迁移，便于组织积累历史数据。PingCode Wiki 支持 Markdown 语法，可以与 GitHub、GitLab 等代码托管平台无缝集成，实现文档和代码的同步管理。PingCode Wiki 从知识创作、知识管理、知识分享以及安全管控方面提供了全方位的支撑。

16.2.6 备件管理

备件管理在信息系统建设，尤其是 IT 运维服务中占有举足轻重的地位，是有效运维的基础。备品备件管理不仅针对硬件，也包括软件等虚拟资产，备件库也可分为实体备件与虚拟备件两种形态。目前大部分组织的备件管理已经与 ITSM 系统结合，集成在 IT 资产管理模块中，通过建立 IT 资产库和备品备件库，实现组织对在用 IT 资产和 IT 备件的整体掌控。一般来说，备品备件管理的常见功能包括：

（1）库存信息管理：包括各类 IT 备件库存数量；各类 IT 备件资产信息、采购信息；IT 备件供应商信息及维保服务信息；IT 备件相关电子文档；IT 备件干系人信息等。

（2）备件维保服务生命周期管理：在 IT 备件交付过程中提供技术服务流程管理；IT 备件维保服务流程管理；IT 备件维修流程管理；IT 备件退换货流程管理；IT 备件报废流程管理等。

（3）出入库审批流程：制定 IT 备件出入库或调拨流程；定义和展示流程相关属性信息；编辑定义审批环节、审批人员；与其他 IT 服务管理流程无缝关联等。

（4）备件查询与追踪：提供便捷查询和申领备品备件的入口；快捷实现对备件当前状况及历史信息等的跟踪查询；可视化报表分析等。

ITSM 系统中的资产管理模块可对资产的整个生命周期进行全程管理，并且可与服务请求、事件管理、问题管理、变更管理、巡检管理等 IT 管理流程衔接，支持跟踪与资产关联的所有工单。同时还可进行资产跟踪、配置管理、软件许可管理、软件使用监控、采购与合同管理等，实现对在用资产和设备资源的合理配置，减少资产和备件的损耗率，帮助组织实现 IT 资产价值分析与优化。

16.2.7　新型运维工具

随着大数据、云计算、人工智能等新兴技术的发展，复杂多样的信息系统环境也对运维工具提出了一些特殊需求，尤其是支持可视化、智能化、多云管理的工具成了新型运维业务的关注焦点。

1. AIOps

AIOps（Artificial Intelligence for IT Operations），即智能运维，旨在利用大数据、人工智能或机器学习技术，把运维人员从一些纷繁复杂的运维事务中解放出来。

智能运维产品主要分为智能运维平台和智能运维工具，其中智能运维平台占比较高，其往往是针对业务场景的一套解决方案，基于对已有运维数据的整合分析，通过算法分析、可视化、智能调度等人工智能的方式解决自动化运维所未能解决的问题，提高系统的预判能力和稳定性，最终实现运维无人化、智能化。

1）嘉为蓝鲸智能运维解决方案

嘉为蓝鲸智能运维解决方案基于腾讯蓝鲸 PaaS 体系，通过数据治理和数据挖掘平台，进行样本管理、特征提取、算法调参、模型训练、模型发布，以场景式向导方式，低门槛构建运维人员可用的智能场景，能够支持异常检测、指标预测、关联分析、健康画像、故障根因分析等场景，从而提升业务可靠性、降低运营成本、沉淀决策经验。嘉为蓝鲸 AIOps 架构图如图 16-10 所示。

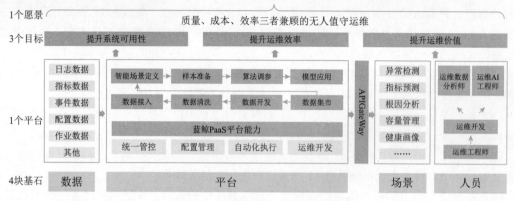

图 16-10　嘉为蓝鲸 AIOps 架构图

2）云智慧智能业务运维平台

采用基于数据驱动的平台架构，构建面向运维监控、服务管理、可视化的一体化技术底座，提供从数据采集、存储、处理、建模、智能分析到数据应用的运维数据服务，降低数据治理的总成本。云智慧智能业务运维平台具备可配置、组件化的开发能力，可快速搭建复杂的分析与管理系统。面向不同行业提供数百个应用场景模板，可快速交付项目进行定制开发，提供智能业务运维解决方案。

该平台还可适配国产的主流 CPU、操作系统、数据库、中间件等，支持本土组织构建安全、自主、可控的信息技术应用创新体系。

2. DevOps

DevOps 一词来自于 Development（开发）和 Operations（运维）的组合，目的就是让软件开发人员和运维人员更好地沟通合作，尤其是通过自动化的持续集成、持续部署，实现软件的快速交付和持续改进。

为了实现这个目标，DevOps 使用了很多工具，以下是一些常见的 DevOps 工具：

- 版本控制工具。例如 Git、Mercurial、SVN（Subversion）等。
- 自动化构建工具。例如 Maven、Gradle 等。
- 自动化测试工具。例如 Selenium、JUnit 等。
- 持续集成/持续交付工具。例如 Jenkins、Travis CI、GitLab CI/CD 等。
- 配置管理工具。例如 Ansible、Chef、Puppet 等。
- 日志管理工具。例如 ELK Stack（Elasticsearch、Logstash、Kibana）、Graylog 等。
- 容器化工具。例如 Docker、Kubernetes 等。
- 云平台。例如 AWS、Microsoft Azure、Google Cloud Platform 等。

这些工具在 DevOps 流程中扮演了不同的角色，例如，版本控制工具用于管理代码的版本，自动化构建工具用于自动构建应用程序，持续集成 / 持续交付工具用于自动化测试和部署应用程序，配置管理工具用于自动化配置和管理服务器，等等。通过使用这些工具，DevOps 可以将开发和运维团队整合在一起，并提高软件交付的速度和质量。

此外，还有一类 DevOps 解决方案，为组织提供面向业务、需求、研发、测试、运维和运营的一站式的 DevOps 平台，帮助组织从规划咨询、流程建设、平台引入、工具定制、持续优化等方面进行全方位的 DevOps 能力体系构建。如嘉为蓝鲸、云加速、博云牧繁等产品均可提供定制化的 DevOps 解决方案。

3. 云管理

随着云服务的普及，多云架构给 IT 管理增添了显著的复杂性。要有效地管理多个云，必须依赖相应的云管理工具，它支持从多个公共云中收集和分析数据，发现其中某个云的问题或趋势，分析其对不同云中托管的工作负载性能的影响。常见的云管理工具主要有以下几种：

（1）虚拟化云 CloudOS 工具。虚拟化云 CloudOS 工具把硬件资源从物理方式转变为逻辑方式，打破原有物理结构，使用户可以灵活管理这些资源，从而最大限度地利用现有的硬件资源，提升 IT 投资回报率。

（2）CMP 云管理工具。CPM 云管理工具对各类公有云、私有云、容器云、虚拟化平台以及物理服务器、虚拟机、网络设备、存储设备等进行统一管理，帮助用户用好云、管好云。此类工具包含云资源适配器、云资源管理、云服务管理、云运营管理、云门户等功能。

（3）CSM 云安全工具。CSM 云安全工具保障云资源以及运行在云资源之上的应用安全和数据安全。此类工具提供了面向云资源的综合安全监控和处置能力，包含安全监测、安全审计、威胁分析、安全防护、安全处置等能力。

（4）CPS 云专业服务工具。CPS 云专业服务工具为基于云资料的各类专业服务提供支撑，用以增强服务效率和质量、降低服务风险。此类工具包含云迁移、云测试、云备份等云工具。

16.3　项目管理工具

随着应用程序开发市场的不断演变，原有单一开发工具模式已经无法满足复杂的软件开发管理需求，具有高集成度的项目管理工具应运而生，在同一个系统平台上实现从需求分析、项目规划、项目实施、配置管理、测试管理到软件交付的软件全生命周期管理，使软件研发过程更高效，项目综合管理能力也更强。

1. 常用项目管理工具

1）PingCode

PingCode 是一款覆盖软件研发全生命周期的项目管理系统，也可以说是一个研发管理工具集合，涵盖项目管理、测试管理、知识管理、效能度量、目标管理等场景，被广泛用于需求收集、需求管理、需求优先级、产品路线图、项目管理、工时管理、资源管理、测试管理、缺陷追踪、项目文档管理、效能度量等领域。

在项目管理方面，PingCode 是国内相对比较成熟的敏捷开发项目管理软件，完整支持标准的 Scrum 敏捷开发流程、敏捷 Kanban 开发流程，以及规模化敏捷的管理。无论团队使用何种管理方式、开发模型或代码托管/构建工具，都可以在PingCode中得到很好的支持。通过不同的子产品组合，PingCode可以满足研发管理过程中的绝大多数业务场景，如：

- 敏捷开发。提供专业的敏捷开发场景支持，包括Scrum和Kanban两种敏捷项目类型，支持迭代的规划、燃尽图、任务板/故事墙、迭代回顾工具、WIP/WIP Limit、多泳道、DoD等，帮助团队更好地落地敏捷实践。

- Kanban管理。提供可视化团队工作端到端流动过程、创建团队个性化工作流、规划工作项卡片、在制品限制（WIP）、版本发布规划等能力。

- 瀑布模型开发。提供瀑布开发模型的全流程覆盖，支持可视化的项目计划，方便团队进行WBS分解，手动/自动排期模型，简化任务排期流程，支持里程碑、交付物管理、工时登记等。

- 产品需求管理。通过条目化的需求管理，汇总来自于产品规划、客户反馈、内部需求、竞品调研等不同渠道的需求，根据业务规划进行需求评审，设定需求优先级的影响指标和计算方法，最终对需求形成优先级列表和排期。

- 文档协作。提供结构化知识库来记载信息和知识，便于团队沉淀经验、共享资源，支持多人同时在线编辑、文档版本回溯等。

- 测试管理。提供专业的测试管理工具，包括测试用例的维护、用例版本管理、测试用例评审、制订测试计划及执行测试计划，并自动生成测试报告。

- 研发效能度量。把研发管理过程中使用的其他子产品中产生的过程数据（如在Project中进行项目管理，在TestHub中进行测试管理）通过自动化的方式收集起来，并进行加工清洗，最终以可视化的效能仪表盘形式展现出来，帮助团队进行效能分析与洞察。

2）禅道

禅道是一款国产开源的专业研发项目管理软件，集产品管理、项目管理、质量管理、文档管理、组织管理和事务管理于一体，在一个软件中将软件研发过程中的需求、任务、缺陷、用例、计划、发布等要素有序地跟踪管理起来，完整覆盖项目管理的核心流程。同时禅道也是一款提供多种解决方案的项目管理软件，包括全生命周期项目管理解决方案、DevOps一体化解决方案和自动化解决方案。

禅道的4个核心管理框架包括项目集、产品、项目和执行。

- 项目集。一组互相关联且被协调管理的项目集合，帮助管理者从宏观视角出发，通过创建项目集，分解子项目集，维护项目的预算、周期、负责人等情况，制定公司战略规划、分配资源。项目集在整个框架中属于最高层级。

- 产品。在禅道中所有的工作都是围绕产品展开的，产品是整个项目管理活动的核心，是项目完成的最终交付物，和项目集相关联。由产品经理在产品模块下创建产品后，关联项目集，搭建产品体系框架，在产品下梳理用户需求，规划管理。

- 项目。单个项目属于项目集下的一个层级，项目经理可以在项目管理框架下创建新的项目。在项目立项后，可以根据项目管理的实际需求，选择敏捷模型、瀑布模型或看板模型进行管理。

- 执行。执行是完成项目所需要的一系列动作，属于项目下的一个层级，其核心概念是需求、任务、缺陷、用例。执行框架所管理的是项目下的迭代，完成一次项目执行，就是完成一期迭代。

基于以上管理框架，禅道提供三种典型的项目管理模型：

- Scrum敏捷开发全流程项目管理。通过迭代式管理方法将项目分为多个短期迭代，通过多个快速迭代实现持续优化，确保功能实现贴合实际需求。
- 瀑布式项目管理模型。根据项目的生命周期，在前期做好详细的计划，将项目分为多个管理阶段，保证整体项目按照既定的规划实施，以达到预期的目标。
- 专业研发看板项目管理。通过看板的拉动式管理推进项目进展，可以将需求从定义到交付给客户的全流程可视化，根据项目实际规模和人员分工设置在制品数量限制，提升交付效率。

3）Jira

Jira 是全球最早的软件研发过程管理工具之一，也是全球知名的 IT 项目管理软件，被广泛应用于缺陷跟踪、客户服务、需求收集、流程审批、任务跟踪、项目跟踪和敏捷管理等工作领域。Jira 配置灵活、功能全面、部署简单、扩展丰富，具有支持任何类型项目的灵活性和可扩展性，可以与数千个应用程序集成在一起工作，因此也被全球的企业或组织广泛使用。

在 Jira 中，项目的概念是一组事务的集合，项目可以根据组织需求来定义，例如，一个软件研发项目、一场市场营销活动、一款电子产品的研发等。事务是 Jira 中可以跟踪和处理的最小单元，可以是缺陷、新的功能或者任何其他想要跟踪的任务。事务从创建到完成所遍历的连续路径称为工作流，工作流由一系列状态和变迁构成，一个问题在其生命周期中会经过一系列状态和变迁。

Jira 使用功能丰富的敏捷面板和统一的数据源管理项目的整个流程。首先通过故事、事务和任务，将宏大的想法分解为各个团队中易于管理的小部分，支持团队完成对项目的规划。然后在各个级别全面了解情况，确定团队工作的优先次序，并在一个集中的位置上共享信息、讨论问题、评估任务等。通过对事务工作流的可视化跟踪，及时为团队提供快速制定决策所需的背景信息，并根据直观的实时数据，在整体环境下提升团队绩效。当然，Jira 也有其美中不足之处。相对于 Bugzilla 等开源软件，Jira 价格不菲，同时其专业性也导致了配置的复杂性，而且 Jira 的中文界面适配也不够友好。这些问题也会导致国内的一些中小企业对 Jira 望而却步。

4）Microsoft Project

Microsoft Project 软件是微软最畅销的桌面产品之一，在推出初期几乎没有竞争。它设计的目的在于协助项目经理制订计划、为任务分配资源、跟踪计划、管理预算和分析工作量，能够帮助项目经理高效、准确地定义和管理各类项目。Microsoft Project 是较为典型的项目管理软件，集成了国际上许多现代的、成熟的管理理念和管理方法，在项目管理的 5 个阶段——建议阶段、启动和计划阶段、实施阶段、控制阶段以及收尾阶段发挥重要的作用。

Microsoft Project 的主要功能包括：

- 项目计划。用户可以创建项目计划，并添加任务、里程碑、资源和预算等详细信息。

- 任务管理。可以帮助用户跟踪任务的进度、优先级和关系，以便更好地控制项目进度。
- 资源管理。用户可以管理项目所需的资源，包括人力、物资和设备等，并将它们分配给各个任务。
- 时程表和进度管理。可以帮助用户创建和维护项目的时程表，并跟踪实际进度与计划进度的差异。
- 多种视图。用户可以使用多种视图，如用网格视图规划任务列表，用板视图跟踪项目任务状态，用日程表视图（甘特图）跟踪项目任务的日期、分配情况和相互关系等。
- 报告。使用预生成的报告跟踪项目、资源、计划和项目组合的进度。
- 路线图。将整个组织中不同的项目类型汇集起来以供查看，构建直观的交互式路线图。
- 项目协作。支持多人同时协作，用户可以通过共享任务列表、文档和进度信息等方式，与项目团队共同工作。

早期的 Microsoft Project 是单机软件，近年来发展为支持在线协作的 Project Online 版本，利用与 Microsoft 365 工具的集成连接来节省时间并完成更多工作。Microsoft Project 与 Microsoft Teams 可以进行无缝衔接，协作处理和管理团队项目的各个方面，包括文件共享、聊天、会议等。

2. 项目管理工具的选择

合适的项目管理工具可以提高团队工作效率，团队成员在同一个管理架构中共享产品研发和实施部署过程，开发人员只需要关注项目计划与产品需求，便能够有条不紊地进行开发工作。同时，同一平台管理整个产品交付过程，也可以提高产品质量，有效促进跨部门协作，及时掌握项目状况，使最终交付的实际产品符合客户需求。因此，选择适合的项目管理工具至关重要。

可以通过对如下几个方面进行评估来选择项目管理工具：

- 团队规模。不同规模的团队需要不同类型的项目管理工具。对于小团队，简单的任务列表和进度跟踪工具也许就足够了。而对于大型团队，可能需要更复杂的项目管理工具，能够高效分配任务、促进沟通协作、跟踪整个项目的进度资源和质量。
- 团队的工作方式。考虑团队的工作方式，例如是否需要远程协作、是否需要实时协作、是否需要移动端访问支持等。
- 业务需求。不同的项目管理工具匹配不同的业务需求。根据团队的业务需求考虑软件提供的功能和特性，以及部署环境要求等。
- 自定义和可扩展性。考虑团队的未来增长和扩展性，可选择自定义能力强、可扩展的项目管理工具，以便在需要时可以轻松添加新功能或用户。
- 易用性。项目管理工具应该易于使用，即使对于非技术用户也是如此。软件的用户界面应该直观明了，易于导航和访问关键功能，并提供更多可视化功能。
- 安全性。选择安全性好的软件，确保敏感信息得到保护。对于一些行业（例如医疗保健和金融），安全性是必要的。
- 成本。考虑软件的成本，确保软件符合团队的预算。免费的开源工具也许需要进行二次开发，商业软件则要考虑订阅付费或一次性购买的成本。

第 17 章 信息系统项目管理

项目管理就是将知识、技能、工具与技术应用于项目活动，以满足项目的要求。项目管理通过合理地应用并整合特定的项目管理过程，使组织能够有效并高效地开展项目。

17.1 项目基本要素

17.1.1 项目基础

项目是为创造独特的产品、服务或成果而进行的临时性工作。

1. 独特的产品、服务或成果

开展项目是为了通过可交付成果达成目标。目标是指工作所指向的结果、要取得的战略地位、要达到的目的、要获得的成果、要生产的产品，或者要提供的服务。可交付成果是指在某一过程、阶段或项目完成时，形成的独特并可验证的产品、成果或服务。可交付成果可能是有形的，也可能是无形。实现项目目标可能会产生一个或多个可交付成果。

某些项目的可交付成果和活动中可能存在相同的元素，但这并不会改变项目本质上的独特性。也就是说，即便采用相同或相似的语言或工具，由相同的团队来开发，但每个信息系统项目仍具备独特性，例如需求、设计、运行环境、项目干系人都是独特的。

项目可以在组织的任何层级上开展。一个项目可能只涉及一个人，也可能涉及一组人；可能只涉及一个组织单元，也可能涉及多个组织的多个单元。

一些项目的例子包括：为市场开发新的复方药，扩展导游服务，合并两家组织，改进组织内的业务流程，为组织采购和安装新的计算机硬件系统，一个地区的石油勘探，修改组织内使用的计算机软件，研发新的工艺流程，建造一座大楼等。

2. 临时性工作

项目的临时性是指项目有明确的起点和终点。临时性并不一定意味着项目的持续时间短。项目可宣告结束的情况主要包括：达成项目目标，不能达到目标，项目资金耗尽或不再获得资金支持，对项目的需求不复存在（例如，客户不再要求完成项目，战略或优先级的变更致使项目终止，组织管理层下达终止项目的指示），无法获得所需的人力或物力资源，出于法律或其他原因终止项目等。

虽然项目是临时性工作，但其可交付成果可能会在项目终止后依然存在。例如，纪念碑建设项目就是要创造一个可以流传下来的建筑。

3. 项目驱动变更

项目驱动组织进行变更。从业务价值角度看，项目旨在推动组织从一个状态转换到另一个状态，如图 17-1 所示，从而达成特定目标，获得更高的业务价值。在项目开始之前，组织处于"当前状态"，项目驱动变更是为了获得期望的结果，即"将来状态"。通过成功完成一个或一系列项目，组织可以实现将来状态并达成特定的目标。

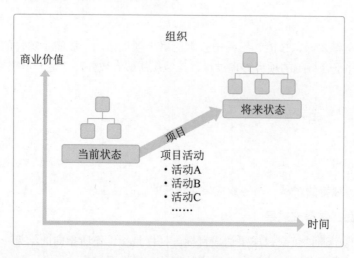

图 17-1   组织通过项目进行状态转换

4. 项目创造业务价值

业务价值是从组织运营中获得的可量化的净效益。项目的业务价值指特定项目的成果能够为干系人带来的效益。项目带来的效益可以是有形的、无形的或两者兼而有之。有形效益的例子包括：货币资产、股东权益、公共事业、固定资产、工具、市场份额等。无形效益的例子包括：商誉、声誉、商标、公共利益、战略联盟、品牌认知度等。

5. 项目启动背景

促进项目创建的因素多种多样。组织领导者启动项目是为了应对影响该组织持续运营和业务战略的因素。这些因素说明了项目的启动背景，它们最终应与组织的战略目标以及各个项目的业务价值相关联。促进项目创建的因素大致可以分为 4 个基本类别，各类项目示例如表 17-1 所示。

表 17-1   促进项目创建的因素

特定因素	特定因素示例	符合法律法规或社会需求	满足干系人要求或需求	创造、改进或修复产品、过程或服务	执行、变更业务或技术战略
新技术	某电子公司批准一个新项目，在计算机内存和电子技术发展基础上，开发一种高速、廉价的小型笔记本电脑			√	√

（续表）

特定因素	特定因素示例	符合法律法规或社会需求	满足干系人要求或需求	创造、改进或修复产品、过程或服务	执行、变更业务或技术战略
竞争力	为保持竞争力，产品价格要低于竞争对手产品价格，需要降低生产成本				✓
材料问题	某市政桥梁的一些支撑构件出现裂缝，因此需要实施一个项目来解决问题	✓		✓	
政策变革	在某新政策影响下，当前某项目经费发生变更				✓
市场需求	为应对汽油紧缺，某汽车公司批准一个低油耗车型的研发项目		✓	✓	✓
经济变革	经济滑坡导致某当前项目优先级发生变更				✓
客户要求	为了给新工业园区供电，某电力公司批准一个新变电站建设项目		✓	✓	
干系人需求	某干系人要求组织进行新的输出		✓		
法律要求	某化工制造商批准一个项目，为妥善处理一种新的有毒材料制定指南	✓			
业务过程改进	某组织实施一个运用精益六西格玛价值流图的项目			✓	
战略机会或业务需求	为增加收入，某培训公司批准一个项目，开发一门新课程			✓	✓
社会需要	为应对传染病频发，某发展中国家的非政府组织批准一个项目，为社区建设饮用水系统和公共厕所，并开展卫生教育		✓		
环境需要	为减少污染，某上市公司批准一个项目，开创电动汽车共享服务			✓	✓

17.1.2　项目管理的重要性

有效的项目管理能够帮助个人、群体以及组织：①达成业务目标；②满足干系人的期望；③提高可预测性；④提高成功的概率；⑤在适当的时间交付正确的产品；⑥解决问题和争议；⑦及时应对风险；⑧优化组织资源的使用；⑨识别、挽救或终止失败项目；⑩管理制约因素（例如范围、质量、进度、成本、资源）；⑪平衡制约因素对项目的影响（例如范围扩大可能会增加成本或延长进度）；⑫以更好的方式管理变更等。

项目管理不善或缺失可能导致：①项目超过时限；②项目成本超支；③项目质量低劣；④返工；⑤项目范围失控；⑥组织声誉受损；⑦干系人不满意；⑧无法达成目标等。

项目是组织创造价值和效益的主要方式。当今外部环境动荡不定，变化越来越快，组织领导者需要应对预算紧缩、时间缩短、资源稀缺以及技术快速变化的情况。组织为了在全球经济中保持竞争力，需要充分利用项目管理，来持续创造价值和效益。

有效和高效的项目管理是一个组织的战略能力。它使组织能够：①将项目成果与业务目标联系起来；②更有效地展开市场竞争；③实现可持续发展；④通过适当调整项目管理计划，以应对外部环境改变给项目带来的影响等。

17.1.3　项目成功的标准

确定项目是否成功是项目管理中最常见的挑战之一。

时间、成本、范围和质量等项目管理测量指标，历来被视为确定项目是否成功的最重要的因素。确定项目是否成功还应考虑项目目标的实现情况。

明确记录项目目标并选择可测量的目标是项目成功的关键。主要干系人和项目经理应思考三个问题：①怎样才算项目成功？②如何评估项目成功？③哪些因素会影响项目成功？主要干系人和项目经理应就这些问题达成共识并予以记录。

项目成功可能涉及与组织战略和业务成果交付相关的标准与目标，这些项目目标可能包括：①完成项目效益管理计划；②达到可行性研究与论证中记录的已商定的财务测量指标，这些财务测量指标可能包括净现值（NPV）、投资回报率（ROI）、内部报酬率（IRR）、投资回收期（PBP）和效益成本比率（BCR）；③达到可行性研究与论证的非财务目标；④组织从"当前状态"成功转移到"将来状态"；⑤履行合同条款和条件；⑥达到组织战略、目的和目标；⑦使干系人满意；⑧可接受的客户／最终用户的采纳度；⑨将可交付成果整合到组织的运营环境中；⑩满足商定的交付质量；⑪遵循治理规则；⑫满足商定的其他成功标准或准则（例如过程产出率）等。

为了取得项目成功，项目团队必须能够正确评估项目状况，平衡项目要求，并与干系人保持积极沟通。如果项目能够与组织的战略方向持续保持一致，项目成功的概率就会显著提高。有可能一个项目从范围／进度／预算来看是成功的，但从业务角度来看并不成功，这是因为业务需求或市场环境在项目完成之前发生了变化。

17.1.4　项目、项目集、项目组合和运营管理之间的关系

1. 概述

项目管理过程、工具和技术的运用为组织达成目标奠定了坚实的基础。一个项目可以采用三种不同的模式进行管理：独立项目（不包括在项目集或项目组合中）、在项目集内、在项目组合内。如果在项目集或项目组合内管理某个项目，则项目经理需要与项目集或项目组合经理沟通与合作。

为达成组织的一系列目的和目标，可能需要实施多个项目。在这种情况下，项目可能被归入项目集中。项目集是一组相互关联且被协调管理的项目、子项目集和项目集活动，目的是获得分别管理所无法获得的利益。项目集不是大项目，大项目是指规模、影响等特别大的项目。有些组织可能会采用项目组合，有效管理在任何特定的时间内同时进行的多个项目集和项目。项目组合是指为实现战略目标而组合在一起管理的项目、项目集、子项目组合和运营工作的集合。项目组合、项目集、项目和运营在特定情况下是相互关联的，如图 17-2 所示。

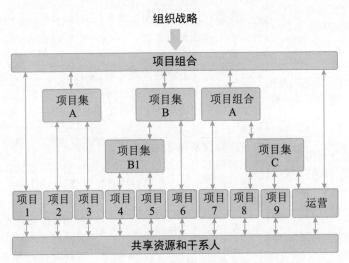

图 17-2 项目组合、项目集、项目和运营的关系

项目集管理和项目组合管理的生命周期、活动、目标、重点和效益都与项目管理不同；但是，项目组合、项目集、项目和运营通常都涉及相同的干系人，还可能需要使用同样的资源，而这可能会导致组织内出现冲突。这种情况促使组织增强内部协调，通过项目组合、项目集和项目管理达成组织内部的有效平衡。

图 17-2 所示的项目组合结构表明了项目集、项目、共享资源和干系人之间的关系。项目组合能够促进这项工作的有效治理和管理，从而有助于实现组织战略和相关优先级。在开展组织和项目组合规划时，要基于风险、资金和其他考虑因素对项目组合组件进行优先级排列。项目组合有利于组织了解战略目标在项目组合中的实施情况，还能适当促进项目组合、项目集和项目治理的实施与协调。这种协调治理方式可以合理分配资源，为实现预期绩效和效益分配人力、财力和实物资源。

从组织的角度看：①项目和项目集管理的重点在于以"正确"的方式开展项目集和项目，即"正确地做事"；②项目组合管理则注重于开展"正确"的项目集和项目，即"做正确的事"。表 17-2 概述了三者在定义、范围、变更、规划、管理、监督和成果方面的不同。

表 17-2　项目、项目集、项目组合管理的比较

比较方面	项目	项目集	项目组合
定义	项目是为创造独特的产品、服务或成果而进行的临时性工作	项目集是一组相互关联且被协调管理的项目、子项目集和项目集活动，以便获得分别管理所无法获得的效益	项目组合是为实现战略目标而组合在一起管理的项目、项目集、子项目组合和运营工作的集合
范围	项目具有明确的目标。范围在整个项目生命周期中是渐进明细的	项目集的范围包括其项目集组件的范围。项目集通过确保各项目集组件的输出和成果协调互补，为组织带来效益	项目组合的组织范围随着组织战略目标的变化而变化
变更	项目经理对变更和实施过程做出预期，实现对变更的管理和控制	项目集的管理方法是，随着项目集各组件成果和/或输出的交付，在必要时接受和适应变更，优化效益实现	项目组合经理持续监督更广泛的内外部环境的变更
规划	在整个项目生命周期中，项目经理渐进明细高层级信息，将其转化为详细的计划	项目集的管理利用高层级计划，跟踪项目集组件的依赖关系和进展。项目集计划也用于在组件层级指导规划	项目组合经理建立并维护与项目组合整体有关的必要过程和沟通
管理	项目经理为实现项目目标而管理项目团队	项目集由项目集经理管理，其通过协调项目集组件的活动，确保项目集效益按预期实现	项目组合经理可管理或协调项目组合管理人员或对项目组合整体负有报告职责的项目集和项目人员
监督	项目经理监控项目开展中生产产品、提供服务或成果的工作	项目集经理监督项目集组件的进展，确保整体目标、进度计划、预算和项目集效益的实现	项目组合经理监督战略变更以及总体资源分配、绩效成果和项目组合风险
成果	项目的成果通过产品和项目的质量、时间表、预算的依从性以及客户满意度水平进行衡量	项目集的成果通过项目集向组织交付预期效益的能力以及项目集交付所述效益的效率和效果进行衡量	项目组合的成果通过项目组合的总体投资效果和实现的效益进行衡量

2. 项目集管理

项目集管理指在项目集中应用知识、技能与原则来实现项目集的目标，获得分别管理项目集组成部分所无法实现的利益和控制。项目集组成部分指项目集中的项目和其他项目集。项目管理注重项目内部的依赖关系，以确定管理项目的最佳方法。项目集管理注重项目集组成部分之间的依赖关系，以确定管理这些项目的最佳方法。项目集的具体管理措施包括：①调整对项目集和所辖项目的目标有影响的组织或战略方向；②将项目集范围分配到项目集的组成部分；③管理项目集组成部分之间的依赖关系，从而以最佳方式实施项目集；④管理可能影响项目集内多个项目的项目集风险；⑤解决影响项目集内多个项目的制约因素和冲突；⑥解决作为组成部分的项目与项目集之间的问题；⑦在同一个治理框架内管理变更请求；⑧将预算分配到项目

集内的多个项目中；⑨确保项目集及其包含的项目能够实现效益。

建立一个新的通信卫星系统就是项目集的一个实例，其所辖项目包括卫星与地面站的设计和建造、卫星发射以及系统整合。

3. 项目组合管理

项目组合是指为实现战略目标而组合在一起管理的项目、项目集、子项目组合和运营工作的集合。项目组合管理是指为了实现战略目标而对一个或多个项目组合进行的集中管理。项目组合中的项目集或项目不一定存在彼此依赖或直接相关的关联关系。

项目组合管理的目的是：①指导组织的投资决策；②选择项目集与项目的最佳组合方式，以达成战略目标；③提供决策透明度；④确定团队资源分配的优先级；⑤提高实现预期投资回报的可能性；⑥集中管理所有组成部分的综合风险；⑦确定项目组合是否符合组织战略。

要实现项目组合价值的最大化，需要精心检查项目组合的各个组成部分。确定各组成部分的优先级，使最有利于组织战略目标的部分拥有所需的财力、人力和实物资源。

4. 运营管理

运营管理是另外一个领域，不属于项目管理范围。

运营管理关注产品的持续生产、服务的持续提供。运营管理使用最优资源满足客户要求，以保证组织或业务持续高效地运行。运营管理重点管理把输入（如材料、零件、能源和人力）转变为输出（如产品、服务）的过程。

5. 运营与项目管理

运营的改变可以作为某个项目的关注焦点，尤其是当项目交付的新产品或新服务将导致运营有实质性改变时。持续运营不属于项目的范畴，但是项目与运营会在产品生命周期的不同时间点存在交叉，例如，在新产品开发、产品升级或提高产量时，在改进运营或产品开发过程时，在产品生命周期结束阶段，在每个收尾阶段会存在交叉。在每个交叉点，可交付成果及知识都会在项目与运营之间转移，可能是将项目资源及知识转移到运营部门，也可能是将运营资源转移至项目中。

6. 组织级项目管理和战略

项目组合、项目集和项目都需要符合组织战略，由组织战略驱动，并以不同的方式服务于战略目标的实现：①项目组合管理通过选择适当的项目集或项目，对工作进行优先级排序，并提供所需资源，与组织战略保持一致；②项目集管理通过对其组成部分进行协调，对它们之间的依赖关系进行控制，从而实现既定收益；③项目管理使组织的目标得以实现。

组织往往用战略规划引导项目投资，明确项目对实现组织战略和目标的作用。通过组织级项目管理，对项目组合、项目集和项目进行系统化管理，可以确保项目符合组织战略业务目标。组织级项目管理是指为实现战略目标，通过组织驱动因素整合项目组合、项目集和项目管理的框架。

组织级项目管理旨在确保组织开展正确项目并合适地分配关键资源。组织级项目管理有助于确保组织的各个层级都了解组织的战略愿景、实现愿景的措施、组织目标以及可交付成果。图 17-3 展示了项目组合、项目集、项目和运营相互作用的组织环境。

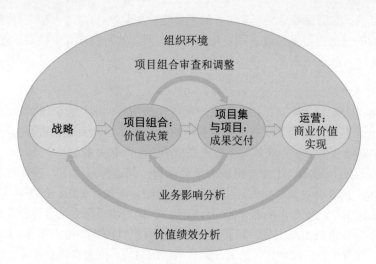

图 17-3   组织级项目管理的组织环境

17.1.5   项目内外部运行环境

项目在内部和外部环境中存在和运作，这些环境对价值交付有不同程度的影响。内部和外部环境可能会影响规划和其他项目活动。这些影响可能会对项目特征、干系人或项目团队产生有利、不利或中性的影响。

1. 组织过程资产

组织过程资产包括：

- 过程资产，包括工具、方法论、方法、模板、框架、模式或PMO资源。
- 治理文件，包括政策和流程。
- 数据资产，包括以前项目的数据库、文件库、度量指标、数据和工件。
- 知识资产，包括项目团队成员、主题专家和其他员工的隐性知识。
- 安保和安全，包括对设施访问、数据保护、保密级别和专有秘密的程序和实践等。

2. 组织内部的事业环境因素

组织内部的事业环境因素包括：

- 组织文化、结构和治理，包括愿景、使命、价值观、信念、文化规范、领导力风格、等级制度和职权关系、组织风格、道德和行为规范。
- 设施和资源的物理分布，包括工作地点、虚拟项目团队和共享系统。
- 基础设施，包括现有设施、设备、组织和电信通道、IT硬件及其可用性和功能。
- 信息技术软件，包括进度计划软件、配置管理系统、信息系统的网络接口、协作工具和工作授权系统。
- 资源可用性，包括合同和采购制约因素、获得批准的供应商和分包商以及合作协议。

- 员工能力，包括通用和特定的专业知识、技能、能力、技术和知识等。

3. 组织外部的事业环境因素

组织外部的事业环境因素包括：

- 市场条件，包括竞争对手、市场份额、品牌认知度、技术趋势和商标。
- 社会和文化影响因素，包括政策导向、地域风俗和传统、公共假日和事件、行为规范、道德和观念。
- 监管环境，包括与安全性、数据保护、商业行为、雇佣、许可和采购相关的全国性和地区性法律法规。
- 商业数据库，包括标准化的成本估算数据和行业风险研究信息。
- 学术研究，包括行业研究、出版物和标杆对照结果。
- 行业标准，包括与产品、生产、环境、质量和工艺相关的标准。
- 财务考虑因素，包括汇率、利率、通货膨胀、税收和关税。
- 物理环境因素，包括工作条件和天气相关因素等。

17.1.6　组织系统

项目运行时会受到项目所在的组织结构和治理框架的影响与制约。为有效且高效地开展项目，项目经理需要了解组织内的组织机构及职责分配情况，帮助自己有效地利用其权力、影响力、能力、领导力等，以便成功完成项目。

组织内多种因素的交互影响创造出一个独特的组织系统，该组织系统会影响项目的运行，并决定了组织系统内部人员的权力、影响力、利益、能力等，包括：治理框架、管理要素和组织结构类型。

1. 治理框架

治理是在组织各层级上的组织性或结构性安排，旨在确定和影响组织成员的行为。治理是一个多维度概念，需要考虑人员、角色、结构和政策，同时需要通过数据和反馈提供指导和监督。治理框架是在组织内行使职权的框架，包括规则、政策、程序、规范、关系、系统和过程，该治理框架会影响组织目标的设定和实现方式，风险监控和评估方式，以及绩效优化方式。

2. 管理要素

管理要素是组织内部关键职能部门或一般管理原则的组成部分。组织根据其选择的治理框架和组织结构类型确定一般的管理要素。组织的管理要素包括：部门；组织授予的工作职权；工作职责，用于开展组织根据技能和经验等属性合理分派的工作任务；行动纪律（例如尊重职权、人员和规定）；统一指挥原则（例如对于一项行动或活动，仅由一个人发布指示）；统一领导原则（如对服务于同一目标的一组活动，只能有一份计划或一个领导）；组织的总体目标优先于个人目标；支付合理的薪酬；资源的优化使用；畅通的沟通渠道；在正确的时间让正确的人使用正确的材料做正确的事情；公正、平等地对待所有员工；明确的工作职位；确保员工安全；允许任何员工参与计划和实施；保持员工士气。

组织会将这些管理要素分配给相应的员工负责这些管理要素的落实。员工可以在不同的组织结构中落实这些管理要素。例如，在层级式组织结构中，员工之间存在横向关系和纵向关系。纵向关系从一线管理层一直向上延伸到高级管理层。在特定的组织结构中，需要赋予员工所在层级的职责、终责和职权，才能保证员工在特定的组织结构之内落实相应的管理要素。

3. 组织结构类型

组织结构的形式或类型多种多样，组织在确定本组织选取并采用哪一种组织结构类型时，需要考虑各种可变因素，不存在适用于所有组织的通用的结构类型，特定组织最终选取和采用的组织结构具有各自的独特性。几种常见组织结构类型及其对项目的影响如表 17-3 所示。

表 17-3　常见组织结构类型及其对项目的影响

组织结构类型	项目特征					
	工作安排方式	项目经理批准	项目经理的角色	资源可用性	项目预算管理人	项目管理人员
系统型或简单型	灵活；人员并肩工作	极少或无	兼职；工作角色（如协调员）指定与否不限	极少或无	负责人或操作员	极少或无
职能（集中式）	正在进行的工作（例如，设计、制造）	极少或无	兼职；工作角色（如协调员）指定与否不限	极少或无	职能经理	兼职
多部门（职能可复制，各部门几乎不会集中）	其中之一：产品；生产过程；项目组合；项目集；地理区域；客户类型	极少或无	兼职；工作角色（如协调员）指定与否不限	极少或无	职能经理	兼职
矩阵 - 强	按工作职能，项目经理作为一个职能	中到高	全职；指定工作角色	中到高	项目经理	全职
矩阵 - 弱	工作职能	低	兼职；作为另一项工作的组成部分，并非指定工作角色，如协调员	低	职能经理	兼职
矩阵 - 均衡	工作职能	低到中	兼职；作为一种技能的嵌入职能，不可以指定工作角色（如协调员）	低到中	混合	兼职
项目导向（复合、混合）	项目	高到几乎全部	全职；指定工作角色	高到几乎全部	项目经理	全职

（续表）

组织结构类型	项目特征					
	工作安排方式	项目经理批准	项目经理的角色	资源可用性	项目预算管理人	项目管理人员
虚拟	网络架构，带有与他人联系的节点	低到中	全职或兼职	低到中	混合	全职或兼职
混合型	其他类型的混合	混合	混合	混合	混合	混合
项目管理办公室	其他类型的混合	高到几乎全部	全职；指定工作角色	高到几乎全部	项目经理	全职

在确定组织结构时，每个组织都需要考虑大量的因素。在最终分析中，每个因素的重要性也各不相同。综合考虑各种因素及其价值，能够帮助组织决策者选择合适的组织结构。选择组织结构时应考虑的因素主要包括：与组织目标的一致性，专业能力，控制、效率与效果的程度，明确的决策升级渠道，明确的职权线和范围，授权方面的能力，终责分配，职责分配，设计的灵活性，设计的简单性，实施效率，成本考虑，物理位置（例如集中办公、区域办公、虚拟远程办公），以及清晰的沟通（例如政策、工作状态、组织愿景）等。

4. 项目管理办公室

项目管理办公室（PMO）是项目管理中常见的一种组织结构，PMO 对与项目相关的治理过程进行标准化，并促进资源、方法论、工具和技术共享。PMO 的职责范围可大可小，小到提供项目管理支持服务，大到直接管理一个或多个项目。PMO 的具体形式、职能和结构取决于所在组织的需要。PMO 有如下几种不同类型：

- 支持型。支持型PMO担当顾问的角色，向项目提供模板、最佳实践、培训，以及来自其他项目的信息和经验教训。这种类型的PMO其实就是一个项目资源库，对项目的控制程度很低。
- 控制型。控制型PMO不仅给项目提供支持，而且通过各种手段要求项目服从，这种类型的PMO对项目的控制程度中等。控制型PMO可能要求项目：①采用项目管理框架或方法论；②使用特定的模板、格式和工具；③遵从治理框架。
- 指令型。指令型PMO直接管理和控制项目。项目经理由PMO指定并向其报告。这种类型的PMO对项目的控制程度很高。

PMO 还有可能承担整个组织范围的职责，在支持战略调整和创造组织价值方面发挥重要的作用。PMO 从组织战略型项目中获取数据和信息，进行综合分析，评估高层战略目标的实现情况。PMO 在组织的项目组合、项目集、项目与组织考评体系（如平衡计分卡）之间建立联系。PMO 只是把项目进行了集中管理，其所支持和管理的项目之间不一定彼此关联。为了保证项目符合组织的业务目标，PMO 有权在每个项目的生命周期中充当重要干系人和关键决策者。PMO 可以提出建议、支持知识传递、终止项目，并根据需要采取其他行动。PMO 的一个主要职能是通过各种方式向项目经理提供支持，包括：①对 PMO 所辖全部项目的共享资源进行管理；②识别和制定项目管理方法、最佳实践和标准；③指导、辅导、培训和监督；④通过项目审计，监督项目对项目管理标准、政策、程序和模板的合规性；⑤制定和管理项目政策、程序、模板及其他共享的文件（组织过程资产）；⑥对跨项目的沟通进行协调等。

17.1.7　项目管理和产品管理

在当前复杂的项目管理环境中，项目组合、项目集、项目和产品管理等领域的相互关联性正逐渐加强。了解它们之间的关系能为项目提供有用的背景信息。

产品是指可量化生产的工件（包括服务及其组件）。产品既可以是最终制品，也可以是组件制品。产品管理涉及将人员、数据、过程和业务系统整合，以便在整个产品生命周期中创建、维护和开发产品（或服务）。产品生命周期是指一个产品从引入、成长、成熟到衰退的整个演变过程的一系列阶段，如图 17-4 所示。产品管理可以在产品生命周期的任何时间点启动项目集或项目，以便为创建或增强特定组件、职能或功能提供支持。

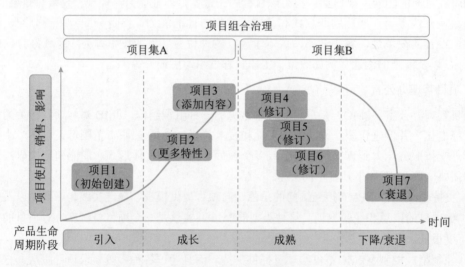

图 17-4　产品生命周期

初始产品开始时可以是项目集或项目的可交付物。在整个生命周期中，新的项目集或项目可能会增加或改进创造额外价值的特定组件、属性或功能。在某些情况下，项目集可以涵盖产品（或服务）的整个生命周期，以便更直接地管理收益并为组织创造价值。

产品管理可以表现为如下三种不同的形式：

（1）产品生命周期中包含项目集管理。这种方法的产品生命周期中包括相关项目、子项目集和项目集活动。对于规模很大或长期运作的产品，一个或多个产品生命周期阶段可能非常复杂，因此需要一系列协同运作的项目集和项目。

（2）产品生命周期中包含单个项目管理。这种方法将产品作为某个单个项目的目标来进行管理，将产品功能的开发到成熟作为持续的业务活动进行监督。这种方法根据需要特许设立单个项目，执行对产品的增强和改进，或产生其他独特成果。

（3）项目集内的产品管理。这种方法会在给定项目集的范围内应用完整的产品生命周期。为了获得产品的特定收益，项目集内也可以特许设立一系列子项目集或项目。可以通过应用产品管理能力（例如竞争分析、客户获取和客户代言）增强这些收益。

虽然产品管理是一个单独的领域，有自己的知识体系，但它是项目集管理和项目管理这两个领域中的一个关键整合点。可交付物中包含产品的项目集和项目会使用一种综合方法，这种方法包含所有相关知识体系及其相关实践、方法和工件。

17.2　项目经理的角色

项目经理在领导项目团队达成项目目标方面发挥着至关重要的作用。在整个项目期间，项目经理的角色作用非常明显。很多项目经理从项目启动时参与项目，直到项目结束。在某些组织内，项目经理可能会在项目启动之前就参与评估和分析活动，包括咨询管理层和业务部门领导者的想法，推进战略目标的实现，提高组织绩效，或满足客户需求等活动。某些组织还可能会要求项目经理管理或协助项目的可行性研究、项目论证的制定以及项目组合管理等事宜。项目经理还有可能参与项目完成后的后续跟进活动，以实现项目的业务价值。不同组织对项目经理的角色有不同的定义，项目经理角色需要符合组织需求。

17.2.1　项目经理的定义

项目经理的角色不同于职能经理或运营经理。一般而言，职能经理专注于对某个职能领域或业务部门的管理监督；运营经理负责保证业务运营的高效性；项目经理则由执行组织委派，负责领导团队实现项目目标。

17.2.2　项目经理的影响力范围

项目经理在其影响力范围内可担任多种角色，这些角色反映了项目经理的能力，体现了项目经理的价值和作用。项目经理会涉及项目、组织、行业、专业学科和跨领域范围内的角色。

1）项目

项目经理领导项目团队实现项目目标和干系人的期望。项目经理利用可用资源，平衡相互竞争的制约因素。

项目经理还担任项目发起人、团队成员与其他干系人之间的沟通者，可以提供指导和展示项目成功的愿景和目标。项目经理使用软技能（例如人际关系技能、人员管理技能）来平衡项目干系人之间相互冲突和竞争的目标，以达成共识。这里的共识指即便不能做到 100% 赞同，干系人也会支持项目决定和行动。

成功的项目经理可以持续、有效地使用一些必要技能，包括人际关系、沟通技能和积极的态度。项目经理与团队和发起人等干系人沟通的能力适用于项目各个方面，包括：①通过多种方法（例如口头、书面或非言语）培养完善的技能。②创建、维护、遵循沟通计划和进度计划。

③以可预见的、一致的方式进行沟通。④积极了解项目干系人的沟通需求（沟通可能是某些干系人在最终产品或服务完成之前获取信息的唯一渠道）。⑤以简练、清晰、完整、简单、适宜、定制的方式进行沟通。⑥包含重要的正面和负面消息。⑦统一反馈渠道。⑧人际关系技能，即通过项目经理的影响力范围拓展广泛的人际网络。这些人际网络包括正式的人际网络，例如组织架构图。但项目经理发展、维护和培养的非正式人际网络更加重要。非正式人际网络包括与专家和具有影响力的领导者建立的个人人际关系。通过这些正式和非正式的人际网络，项目经理可以让很多人参与解决问题并绕过项目中遇到的官僚主义障碍等。

2）组织

项目经理需要积极地与组织内其他项目经理互动。其他独立项目或同一项目集的其他项目可能出于一些原因对项目造成影响，这些原因包括：①对相同资源的需求；②资金分配的优先顺序；③可交付成果的接受或发布；④项目与组织战略和目标的一致性等。

与其他项目经理互动有助于产生积极的影响，以满足项目的各种需求，包括团队为完成项目而需要的人力、技术或财力资源和可交付成果。项目经理需要寻求各种方法来培养人际关系，从而帮助团队实现项目目标。

此外，项目经理在组织内扮演着强有力的倡导者角色。在项目执行期间，项目经理应积极地与组织中的各位经理互动。项目经理还应与项目发起人合作，处理内部的组织体系和战略问题，这些问题可能会影响团队或项目的可行性或质量。

项目经理还应该努力提高自己在组织内的总体项目管理能力和技能，并参与隐性和显性知识的转移或整合计划。项目经理还应该：①展现项目管理的价值；②提高组织对项目管理的接受度；③提高组织内现有 PMO 的效率。

基于组织结构，项目经理有可能向职能经理报告。而在其他情况下，项目经理可能与其他项目经理一起，向 PMO、项目组合或项目集经理报告。PMO、项目组合或项目集经理对整个组织范围内的一个或多个项目承担最终责任。为了实现项目目标，项目经理需要与所有相关经理紧密合作，确保项目管理计划符合所在项目组合或项目集的计划。项目经理还需与其他角色紧密协作，如组织经理、专家以及可行性研究分析人员。在某些情况下，项目经理可以是临时被委任的外部顾问。

3）行业

项目经理应该时刻关注行业的最新发展趋势，获取并判断这些信息对当前项目的影响。行业最新发展趋势包括：产品和技术开发；新兴且正在变化的市场空间；标准（例如项目管理标准、质量管理标准、信息安全管理标准）；技术支持工具；影响当前项目的经济力量；影响项目管理学科的各种力量；过程改进和可持续发展战略等。

4）专业学科

对项目经理而言，持续的知识传递和整合非常重要。知识传递和整合包括：①在当地、全国和全球层面（例如实践社区、国际组织）向其他专业人员分享知识和专业技能；②参与培训、继续教育和发展，包括项目管理专业（可通过大学、项目管理协会学习）、相关专业（例如系统工程、配置管理）和其他专业（例如信息技术、航空航天）。

5）跨领域

专业的项目经理可以指导和教育其他专业人员了解项目管理方法对组织的价值。项目经理还可以担任非正式的宣传大使，使组织了解项目管理在按时交付、质量、创新和资源管理方面的优势。

17.2.3　项目经理的能力

项目经理需要重点关注三个方面的关键技能，包括项目管理、战略和商务，以及领导力方面。这些技能有助于支持更长远的战略目标，实现营利。为了最有效地开展工作，项目经理需要平衡这三种技能。

- 项目管理。与项目、项目集和项目组合管理特定领域相关的知识、技能和行为，可以帮助达成项目目标。
- 战略和商务。关于行业和组织的知识和专业技能，有助于提高绩效并取得更好的业务成果。
- 领导力。指导、激励和带领团队所需的知识、技能和行为，可以帮助组织达成业务目标。

1. 项目管理技能

项目管理技能指有效运用项目管理知识实现项目集或项目的预期成果的能力。项目经理经常会依赖专家判断来有效开展工作。要获得成功，项目经理必须了解个人专长以及如何找到具备所需专业知识的人员。

研究表明，顶尖的项目经理往往具备如下几种关键技能：①重点关注并随之准备好所管理的各个项目的关键项目管理要素，包括项目成功的关键因素、进度表、指定的财务报告和问题日志；②针对每个项目裁剪传统工具、敏捷工具、技术、方法；③花时间制订完整计划并谨慎排定优先顺序；④管理项目要素，包括进度、成本、资源风险等。

2. 战略和商务管理技能

战略和商务管理技能包括了解组织概况、有效协商、执行有利于战略调整和创新的决策及行动的能力。这项能力可能涉及学习其他职能部门的工作相关的知识，例如财务部门、市场部门和运营部门相关知识。战略和商务管理技能还包括发展和运用相关的产品和行业专业业务知识。这些知识可以帮助项目经理：①向其他人解释关于项目的必要商业信息；②与项目发起人、团队和专家合作制定合适的项目交付策略；③以实现项目业务价值最大化的方式执行策略。

为制定并执行关于项目成功交付的最佳决策，项目经理应咨询具备组织运营专业知识的运营经理，了解组织的工作以及项目计划会对其工作造成的影响。对项目经理而言，项目相关的情况了解得越多越好，可帮助项目经理向干系人说明以下内容：组织战略、使命、项目目标、产品和服务；运营情况，如类型、技术等；市场和市场条件，如客户、市场状况（发展或萎缩）、上市时间因素等；竞争，如竞争什么、与谁竞争、市场地位等信息。

为确保组织一致性行动，项目经理同时也要将组织战略、使命、目的和目标、优先级、策略、产品和服务（例如可交付成果）的知识和信息运用到项目中。

战略和商务管理技能有助于项目经理了解与项目相关的商业因素。项目经理应确定这些商业和战略因素对项目造成的影响，同时了解项目与组织之间的相互关系。商业因素包括：①风险和问题；②财务影响；③成本效益分析（净现值、投资回报率等），包括各种可选方案；④业务价值；⑤效益预期实现情况和战略；⑥范围、预算、进度和质量等。

通过运用这些商务知识，项目经理能够为项目确定适当的决策方案，并提出合理的建议。项目经理需要与项目发起人持续合作，使项目策略和业务战略保持一致。

3. 领导力技能

领导力对组织项目的成功至关重要，领导力技能指指导、激励和带领团队的能力。这些技能包括协商、抗压、沟通、解决问题、批判性思考和人际关系技能等。项目经理需要运用领导力技能与所有项目干系人进行合作。

1）人际交往

人际交往占据项目经理工作的绝大部分，项目经理需要研究人的行为和动机，尽力成为一个好的领导者。项目经理应注意自己与他人的关系，借助人际关系可以让项目相关事项得到落实。

2）领导者品质和技能

领导者的品质和技能主要包括：①有远见，可以帮助描述项目的产品、目的和目标，构建梦想并诠释愿景。②积极乐观。③乐于合作。④通过特定方式管理关系和冲突，包括建立信任，解决顾虑，寻求共识，平衡相互竞争和对立的目标，运用说服、协商、妥协和解决冲突的技能，发展和培养个人社会关系和职场人脉，以长远的眼光把人际关系看成与项目同样重要，持续发展和运用职业敏锐性。⑤通过多种方式进行沟通，包括花大量时间沟通（研究显示，顶尖项目经理约90%的时间花在沟通上），管理期望，诚恳地接受反馈，提出建设性意见，询问和倾听。⑥尊重他人（帮助他人保持独立自主）、谦恭有礼、友善待人、诚实可信、忠诚可靠、遵守职业道德。⑦诚信正直和文化敏感性，果断、勇敢，能够解决问题。⑧适时称赞他人。⑨终身学习，以结果和行动为导向。⑩关注重要的事情，包括通过必要的审查和调整持续优化工作；寻求并采用适用于团队和项目的优先级排序方法；区分高层级战略的优先级，尤其是与项目成功的关键因素相关的事项；对项目的主要制约因素保持警惕；在战术优先级上保持灵活；能够从大量信息中筛选出最重要的信息。⑪以整体和系统的角度来看待项目，同等对待内部和外部因素。⑫运用批判性思维（例如运用分析方法来制定决策）并将自己视为变革推动者。⑬创建高效的团队，以服务为导向，展现幽默，与团队成员有效地分享乐趣等。

3）政策和权力

政策涉及影响、谈判、自主和权力。政策及其相关要素不局限于"好"与"不好"以及"正面"与"负面"之分。项目经理对组织运行方式的了解越多，就越有可能获得成功。项目经理应观察并收集有关项目和组织概况的数据，然后从项目、相关人员、组织以及整个环境出发来审查这些数据，从而得出计划和执行大多数行动所需的信息和知识。项目经理应体察并尊重他人。项目经理的有效行动保持了相关人员的独立自主。项目经理的行动成果就是让合适的人执行必要的活动来实现项目目标。

权力体现了个人或组织的特征。人们对领导者的认知通常是因为权力，行使权力的方式有很多，项目经理可以自行决定。由于权力的性质以及影响项目的多种因素，权力及其运用变得非常复杂。权力的表现形式包括：

- 地位（有时称为正式的、权威的、合法的，例如组织或团队授予的正式职位）。
- 信息（例如对信息收集或分发的控制）。
- 参考（例如因为他人的尊重和赞赏而获得的信任）。
- 情境（例如在危机等特殊情况下获得的权力）。
- 个性或魅力（例如魅力、吸引力）。
- 关系（例如参与人际交往、联系和结盟）。
- 专家（例如拥有的技能和信息、经验、培训、教育、证书）。
- 奖励相关（例如能够给予表扬、金钱或其他奖励）。
- 处罚或强制力（例如给予纪律处分或施加负面后果的能力）。
- 迎合（例如运用恭维或其他常用手段赢得青睐或合作）。
- 施加压力（例如限制选择或活动的自由，以符合预期的行动）。
- 引发愧疚（例如强加的义务或责任感）。
- 说服力（例如能够提供论据，使他人执行预期的行动方案）。
- 回避（例如拒绝参与）。

项目经理需要在组织政策、协议和程序许可的范围内主动寻求所需的权力和职权，而不是等待组织授权。

4. 领导力与管理

领导力不等同于管理。管理指执行一系列已知的预期行为指挥一个人从一个位置到另一个位置。领导力指通过讨论或辩论的方式与他人合作，带领他们从一个位置到另一个位置。二者的主要区别如表 17-4 所示。

表 17-4　团队管理与团队领导力的区别

管理	领导力
直接利用职位权力	利用关系的力量指导、影响与合作
维护	建设
管理	创新
关注系统和架构	关注人际关系
依赖控制	激发信任
关注近期目标	关注长期愿景
了解方式和时间	了解情况和原因
关注赢利	关注范围
接受现状	挑战现状
正确地做事	做正确的事
关注可操作性的问题和问题的解决	关注愿景、一致性、动力和激励

为获得成功，项目经理必须同时采用领导力和管理这两种方式，针对不同的情况找到恰当的平衡点。项目经理的领导风格通常体现了他们所采用的管理和领导力的方式。

1）领导力风格

项目经理领导团队的方式多种多样，项目经理会根据个人偏好或在综合考虑了与项目有关的如下多个因素后，选择并调整适合自己的领导力风格：①领导者的特点（例如态度、心情、需求、价值观、道德观）；②团队成员的特点（例如态度、心情、需求、价值观、道德观）；③组织的特点（例如目标、结构、工作类型）；④环境特点（例如社会形势、经济状况和政策因素）等。

项目经理可以采用多种领导力风格，包括：①放任型（允许团队自主决策和设定目标，又称为无为而治型）；②交易型（根据目标、反馈和成就给予奖励）；③服务型（做出服务承诺，处处先为他人着想，关注他人的成长、学习、发展、自主性和福利，关注人际关系、团体与合作，服务优先于领导）；④变革型（通过理想化特质和行为、鼓舞性激励、促进创新和创造，以及个人关怀提高追随者的能力）；⑤魅力型（能够激励他人，精神饱满，热情洋溢，充满自信，说服力强）；⑥交互型（结合了交易型、变革型和魅力型领导的特点）等。

2）个性

个性指人与人之间在思维、情感、行为的特征模式方面的差异。个性特征包括：真诚、谦恭、创造力（抽象思维、不同看法、创新的能力等）、文化、情绪、智力、管理、以服务为导向、社会（能够理解和管理他人）、系统化（了解和构建系统的驱动力）。

高效的项目经理在个性特征的各个方面都具备一定程度的能力。每个项目、组织和情况都要求项目经理重视个性的不同方面。

17.3   价值驱动的项目管理知识体系

价值驱动的项目管理知识体系关注价值的实现，包含了项目管理原则、绩效域、项目生命周期、过程组、十大知识领域和价值交付系统，它们之间的关联关系如图 17-5 所示。项目管理原则是基础，是所有项目干系人在整个项目生命周期过程中各项活动的行动指南；项目在整个生命周期过程中，始终要坚持项目管理原则，通过涵盖十大知识领域的项目管理过程组对项目进行管理，同时密切关注干系人、团队、开发方法和生命周期、规划、项目工作、交付、测量和不确定性因素，这些因素与绩效密切相关，通过这 8 个绩效域帮助项目在系统内运作，实现价值交付系统的功能，为组织及其干系人创造价值，从而实现组织的战略和目标。

17.3.1   项目管理原则

项目管理原则用于指导项目参与者的行为，这些原则可以帮助参与项目的组织和个人在项目执行过程中保持一致性。项目管理原则包括：①勤勉、尊重和关心他人；②营造协作的项目团队环境；③促进干系人有效参与；④聚焦于价值；⑤识别、评估和响应系统交互；⑥展现领导力行为；⑦根据环境进行裁剪；⑧将质量融入过程和成果中；⑨驾驭复杂性；⑩优化风险应对；⑪拥抱适应性和韧性；⑫为实现目标而驱动变革。

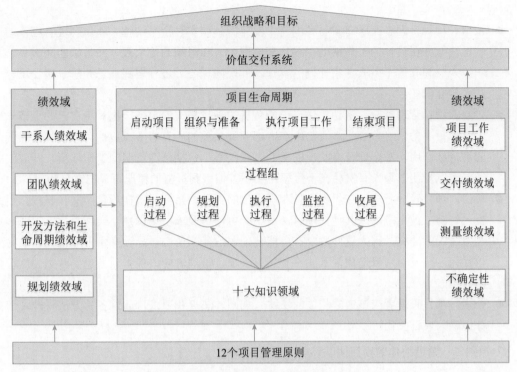

图 17-5 价值驱动的项目管理知识体系

1. 原则一：勤勉、尊重和关心他人

项目管理者在遵守内部和外部准则的同时，应该以负责任的方式行事，以正直、关心和可信的态度开展活动，同时对其所负责的项目的财务、社会和环境影响做出承诺。

（1）关键点。项目管理者在坚持"勤勉、尊重和关心他人"原则时，应该关注的关键点包括：①关注组织内部和外部的职责；②坚持诚信、关心、可信、合规原则；③秉持整体观，综合考虑财务、社会、技术和可持续的发展环境等因素。

（2）工作内容。在组织内，项目管理者在坚持"勤勉、尊重和关心他人"原则时，需要履行的职责并做到相应的工作内容包括：①运营时要做到与组织及其目标、战略、愿景、使命保持一致并维持其长期价值；②承诺并尊重项目团队成员的参与，包括薪酬、机会获得和公平对待；③监督项目中使用的组织资金、材料和其他资源；④了解职权和职责的运用是否适当等。

在组织外部，项目管理者在坚持"勤勉、尊重和关心他人"原则时，需要履行的职责并做到相应的工作内容包括：①关注环境可持续性以及组织对材料和自然资源的使用；②维护组织与外部干系人（例如其合作伙伴和渠道）的关系；③关注组织或项目对市场、社会和经营所在地区的影响；④提升专业化行业的实践水平等。

（3）职责。"勤勉、尊重和关心他人"原则反映了项目管理者对信任的理解和接受度以及产生和维持信任的行动和决定。项目管理者需要遵守明确的职责，也需要遵守隐含的职责。这些职责包括：

- 诚信。项目管理者在所有参与和沟通中都应做到诚实且合乎道德。项目管理者应该通过制定决策并在具体的工作活动中践行和展现个人和组织的价值观，并带领团队成员、同职级人员和其他干系人考虑他们的言行、展现同理心、进行自我反思并乐于接受反馈，从而建立信任。
- 关心。项目管理者应该密切关注自己所负责的项目相关的事务，像对待自己的事情一样关心项目事务。"关心"涉及与组织内部业务相关的所有事务，包括对环境和自然资源的可持续利用、对全球公众状况的关心。"关心"包括营造透明的工作环境、开放的沟通渠道以及让干系人有机会在不受惩罚或不害怕遭到报复的情况下提出意见和建议。
- 可信。项目管理者应该在组织内外明确自己的身份、角色、所在项目团队和职权，帮助投入资源、做出批准或其他的项目决策。"可信"要求主动识别个人利益与组织或客户利益之间的冲突，因为这些冲突有可能会削弱信任和信心，导致产生不道德或非法等失信行为，或者对项目造成混乱或不利后果。项目管理者应该保护项目免受此类失信行为的影响。
- 合规。项目管理者应该遵守相关的法律、规则、法规和要求，通过各种方法将合规性充分地融入项目文化。

2. 原则二：营造协作的项目团队环境

项目团队由具有多样的技能、知识和经验的成员组成。协同工作的项目团队可以更有效率、更有效果地实现共同的目标。

（1）关键点。项目管理者在坚持"营造协作的项目团队环境"原则时，应该关注的关键点包括：①项目是由项目团队交付的；②项目团队在组织文化和准则范围内开展工作，通常会建立自己的"本地"文化；③协作的项目团队环境有助于与其他组织文化和指南保持一致；④个人和团队的学习和发展；⑤为交付期望成果做出最佳贡献。

（2）协作的项目团队涉及的因素。营造协作的项目团队环境涉及团队共识、组织结构和过程方面的因素。这些因素支持团队成员共同工作，并通过互动产生协同效应的文化。

- 团队共识。团队共识是一套由项目团队制定的，需要大家做出承诺并共同维护的工作规范。团队共识应在项目开始时形成，随着项目团队的深入合作，所需遵守的规范和所需实施的行为会随之变化，团队共识也会不断演变。
- 组织结构。组织结构是指项目工作要素和组织过程之间的对应关系。这些结构可以基于角色、职能或职权。可提升协作水平的组织结构具备的特点包括：确定了角色和职责；将员工和供应商分配到项目团队中；有特定目标任务的正式委员会；定期评审特定主题的站会。
- 过程。项目团队会定义能够完成任务和所分配工作的过程，包括使用工作分解结构（WBS）、待办事项列表或任务板。

（3）协作的项目团队文化。为了最有效地实现项目目标，项目团队在组织文化、项目性质以及所处的运营环境的影响下，会建立自己的团队文化，并对组织结构进行裁剪。通过营造包容和协作的环境，有助于传递知识和专业技能，可使项目实现更好的成果。

澄清角色和职责可以改善团队文化。澄清角色和职责包括与任务相关的职权、担责和职责：

- 职权，指在特定背景下有权做出相关决策、制定或改进程序、应用项目资源、支出资金或给予批准。职权是从一个实体授予（包括明示授予、默示授予）另一个实体的。
- 担责，指对成果负责。担责不能由他人分担。
- 职责，指有义务开展或完成某件事。职责可与他人共同履行。

在项目团队中，特定任务可以委派给个人，也可以由项目团队成员自行选择。无论谁应为特定项目工作承担责任，而且无论谁负有开展特定项目工作的职责，协作的项目团队都会对项目成果共同负责。

多元化的项目团队可以将不同的观点汇集起来，丰富项目环境。项目团队可以由组织内部员工、签约贡献者、志愿者或外部第三方组成。此外，一些项目团队成员是短期加入项目，而其他成员则是更长期地参与项目。将这些人与项目团队整合起来是一种挑战。相互尊重的团队文化允许团队内部存在差异，并致力于找到有效利用差异的方法，这种文化鼓励团队成员通过有效的方式管理冲突。

协作的项目团队环境还包括实践标准、道德规范和其他准则，项目团队会考虑这些标准或指南使用的既定准则，以及如何利用这些标准或指南为工作提供支持，以避免各领域之间可能发生的冲突。协作的项目团队环境可促进信息和个人知识的自由交流，可帮助项目成员在交付成果的同时实现共同学习和个人发展，使相关的每个人都能尽最大努力交付期望的成果。

3. 原则三：促进干系人有效参与

"促使干系人有效参与"原则就是积极主动地让干系人参与进来，最大限度促使项目成功和客户满意。

（1）关键点。项目管理者在坚持"促进干系人有效参与"原则时，应该关注以下关键点：①干系人会影响项目、绩效和成果；②项目团队通过与干系人互动来为干系人服务；③干系人的参与可主动地推进价值交付。

（2）干系人参与的重要性。干系人是影响项目组合、项目集或项目的决策、活动或成果的个人、群体或组织，包含会受到或自认为会受到组合、项目集或项目决策、活动或成果影响的个人、群体或组织。干系人以积极或消极的方式直接或间接影响项目、项目绩效或成果。干系人可以影响项目的许多方面，包括范围或需求、进度、成本、项目团队、计划、成果、文化、收益、风险、质量等。

从项目开始到结束，识别、分析并主动争取干系人参与，将潜在的消极影响最小化，将积极影响最大化，有助于项目团队找到干系人普遍接受的解决方案，并帮助项目取得成功。在项目的整个生命周期内，干系人可能会参与进来，也可能会退出。此外，随着时间的推移，干系人的利益、影响或作用也会有所变化。干系人（特别是那些影响力高且对项目持不赞同或中立观点的干系人）需要有效地参与进来，以便项目团队了解他们的利益、顾虑和权利，并通过有效参与和支持来做出应对措施，帮助成功地实现项目成果。

项目团队本身就是项目干系人，这些干系人与其他干系人互动，理解、思考、沟通并回应他们的利益、需要和意见。

（3）有效果且有效率的参与和沟通。有效果且有效率的参与和沟通包括确定干系人参与的方式、时间、频率等，其作用包括：①沟通是参与的关键部分，深入的参与可以了解他人的想法，吸收其他观点以及协同努力制定共同的解决方案。②参与包括通过频繁的双向沟通建立和维持牢固的关系。鼓励通过互动会议、面对面会议、非正式对话和知识共享活动进行协作。干系人参与在很大程度上依赖于人际关系技能，包括积极主动、正直、诚实、协作、尊重、同理心和信心。这些技能和态度可以帮助每个人适应工作和彼此适应，从而增加成功的可能性。参与有助于项目团队发现、收集和评估信息、数据和意见，帮助形成共识和一致性，识别、调整和应对不断变化的环境，从而实现项目成果。

4. 原则四：聚焦于价值

"聚焦于价值"原则就是针对项目是否符合商业目标以及预期收益和价值，进行持续评估并做出调整。

（1）关键点。项目管理者在坚持"聚焦于价值"原则时，应该关注的关键点包括：①价值是项目成功的最终指标；②价值可以在整个项目进行期间、项目结束或完成后实现；③价值可以从定性和/或定量的角度进行定义和衡量；④以成果为导向，可帮助项目团队获得预期收益，从而创造价值；⑤评估项目进展并做出调整，使期望的价值最大化。

（2）项目价值。价值是指某种事物的作用、重要性或实用性。价值是项目的最终成功指标和驱动因素。项目的价值具体可表现为财务收益值，也可表现为所取得的公共利益和社会收益（包括客户从项目结果中所感知到的收益）。当项目是项目集的组件时，项目的价值也可以表现为对项目集成果的贡献。

价值通过可交付物的预期成果来体现。项目的目的就是提供预期的成果，预期的成果通过有价值的解决方案来实现。可通过商业论证方式，从定性或定量方面说明项目成果的预期价值。商业论证包含商业需要、项目理由和商业战略要素。

- 商业需要。商业需要包含了项目有关的商业目标的详细信息，源于项目章程或其他授权文件中的业务需求，目的是满足组织、客户、合伙人或公共福利等的需要。明确说明商业需要有助于项目团队了解未来状态的商业驱动因素，并使项目团队能够识别机会或问题，从而提高项目成果的潜在价值。

- 项目理由。项目理由与商业需要相关，项目理由增加了成本效益分析和假设条件，解释了为什么商业需要值得投资以及为什么在此时应该满足商业需要。

- 商业战略。商业战略是开展项目的原因，价值具有主观性，从某种意义上说，同一个概念对于不同的人和组织具有不同的价值，因此价值取决于组织商业战略，包含短期财务收益、长期收益和其他非财务要素。

商业需要、项目理由和商业战略一起为项目团队提供信息，帮助项目团队做出知情决策，以达到或超过预期的业务价值。

在项目生命周期内，项目可能会发生变更，项目团队需要在整个生命周期内，以不断迭代的方式对项目预期的成果进行清晰描述、评估和更新，保证项目与商业需要保持一致，并交付预期的成果。在项目执行过程中，如果发现项目或干系人不再与商业需要保持一致，或者项目不可能提供预期的价值，组织可以选择终止项目。有时，特别是在没有预先确定范围的适应型项目中，项目团队可以与客户共同努力，确定哪些功能值得投资，哪些功能缺乏足够的价值，无须增加到输出之中，从而优化价值。

（3）关注预期成果。为了支持从项目中实现价值，项目团队可将重点从可交付物转到预期成果。这样做可以让项目团队实现项目的愿景或目标，而不是简单地创建特定的可交付物。可交付物可能会支持预期的项目成果，但它可能无法完全实现项目的愿景或目标。例如，客户需要某一特定的软件解决方案，该解决方案可以满足提高生产力的商业需要。软件是项目的可交付物，但软件本身并不能实现预期的生产力成果。在这种情况下，可以增加针对软件的培训这一新的可交付物，帮助实现更好的生产力成果。

5. 原则五：识别、评估和响应系统交互

"识别、评估和响应系统交互"就是从整体角度识别、评估和响应项目的内外部环境，积极地推进项目绩效。

（1）关键点。项目管理者在坚持"识别、评估和响应系统交互"原则时，应该关注的关键点包括：①项目是由多个相互依赖且相互作用的活动域组成的系统；②需要从系统角度进行思考，整体了解项目的各个部分如何相互作用以及如何与外部系统进行交互；③系统不断变化，需要始终关注内外部环境；④对系统交互做出响应，可以使项目团队充分利用积极的成果。

（2）将系统整体性思维应用于项目。系统是一组相互作用且相互依赖的组件，它们作为统一的整体发挥作用。项目是一个动态环境中的多层次的实体，具有系统的各种特征。项目可在较大的系统中运作，一个项目的交付物可以成为较大系统的某个部件。例如，一个项目可能是某一项目集的部件，而该项目集又可能是某一项目组合的部件。这些相互关联的结构称为系统体系。项目团队需要平衡由内向外和由外向内的观点，保持整个系统体系的一致性。反之，当单个项目团队开发某一可交付物的独立组件时，系统内所有组件都应有效地整合起来，项目团队需要定期互动使系统中各子系统或组件的工作保持一致。

系统还需要考虑时序要素，即随着时间的推移，项目将交付或实现哪些目标或成果。例如，如果项目可交付物以增量方式发布，则每个增量都会扩展以前版本的累积成果或能力。随着项目的开展，内部和外部条件会不断变化。单个变更可能会产生多种影响。例如，在大型施工项目中，需求的变更可能会导致与主要承包商、分包商、供应商或其他方面的合同发生变更。这些变更有可能会对项目成本、进度、范围和绩效产生影响。这些变更同时会调用变更控制协议，获得外部系统中实体（如服务提供商、监管机构、金融机构和政府机构）的批准。项目生命周期内影响项目的变更随时可能出现，项目团队可以通过系统整体性思维，并持续关注内外部环境，控制变更对项目的影响，使项目与干系人期望保持一致。

（3）将系统整体性思维应用于项目团队。系统整体性思维同样适用于项目团队，一个多样性的项目团队聚集在一起成为一个整体，为共同的目标而努力。这种多样性给项目团队带来了价值，同时也带来了差异，项目团队需要有效平衡差异性，帮助项目团队紧密协作。多样性项目团队成员可以建立一种综合性的团队文化，形成共同的愿景、语言和工具集，帮助项目团队

成员有效参与并体现自身价值，并支持项目系统整体的正常运行。由于系统体系中各个系统之间的这种交互性，项目团队在开展工作时需要如下技能帮助建立系统整体性思维，应对系统不断变化的动态特性：①对商业领域具有同理心；②关注大局的批判性思维；③勇于挑战假设和思维模式；④寻求外部审查和建议；⑤使用整合的方法、工件和实践，对项目工作、可交付物和成果达成共识；⑥使用建模和情景假设等方法，对系统动力学互动和反应进行假设；⑦主动管理整合，支持商业成果的实现等。

（4）识别、评估和响应系统交互带来的收益。识别、评估和响应系统交互可以为项目带来好处：①尽早考虑项目中的不确定性和风险，寻找替代方案并预见后果；②具有在整个项目生命周期内调整假设和计划的能力；③可持续提供信息和执行情况；④与干系人及时沟通项目计划、进展情况，并对项目未来进行预测；⑤使项目目标与客户的目标和愿景保持一致；⑥能够适应不断变化的需要，通过协同获得收益；⑦能够利用潜在的机会并发现面临的威胁；⑧有利于整个组织决策；⑨更全面、更明智地识别风险等。

6. 原则六：展现领导力行为

"展现领导力行为"原则就是展现并调整领导力行为，为项目团队和成员提供支持。

（1）关键点。项目管理者在坚持"展现领导力行为"原则时，应该关注的关键点包括：①有效的领导力有助于项目成功，并有助于取得积极的成果；②任何项目团队成员都可以表现出领导力行为；③领导力与职权不同；④有效的领导者会根据情境调整自己的风格；⑤有效的领导者会认识到项目团队成员之间的动机的差异性；⑥领导者应该在诚实、正直和道德行为规范方面展现出期望的行为。

（2）有效领导力。愿景、创造力、激励、热情、鼓励和同理心，这些特质通常与领导力有关。为了实现预期成果，领导力包括对项目团队内外的个人施加影响的态度、才能、性格和行为。有效领导力对项目至关重要。项目通常涉及多个组织、部门、职能或供应商，他们会不定期进行互动。高层领导和干系人会影响项目，这往往会造成更大程度的问题和冲突。领导力并非任何特定角色所独有。高绩效项目可能会有多名成员表现出有效的领导力技能，例如项目经理、发起人、干系人、高级管理层甚至项目团队成员。任何开展项目工作的人员都可以展现有效的领导力特质、风格和技能，以帮助项目团队执行和交付所要求的结果。高绩效的项目会表现出一种由更多影响者组成的看似矛盾的联合体，每位影响者以互补的方式贡献领导力技能。例如，在某个项目中，项目发起人说明了项目目标和优先级后，技术主管牵头开展交付相关的讨论，在讨论过程中，参与者会陈述利弊，最终由项目经理协调并进行决策，达成共识。成功的领导力能够在各种情况下随时影响、激励、指导他人。

领导力与职权不同。职权是指组织内人员被赋予的控制地位，可以帮助高效履行其职能。通常通过正式手段（例如章程文件或指定的职务）授予某人。职权可以用来影响、激励、指导他人，或在他人未按要求或指示行事时采取措施，但职权与领导力不同。例如，某项目经理被授予了组建项目团队并交付某项成果的职权。但项目经理仅仅拥有职权是不够的，他还需要领导力来激励团队成员处理好个人与项目集体之间的关系，激励团队实现共同的目标。

（3）领导力风格。有效的领导力会借鉴并结合各种领导力风格。领导力包括专制型、民主型、指令型、协作 型、授权型、放任型、参与型、自信型、支持型和共识型等。领导力风格没有好坏之分，不同的领导力风格适合于不同的环境。充分发挥不同领导力风格的独特优势，融合各种风格、持续增长技能并充分利用激励因素，任何项目团队成员或干系人，不论其角色或职位如何，都可以激励、影响、教导和培养项目团队。不同的领导力风格具有以下特点：①在混乱无序的环境下，相比于协作型，指令型的领导行动力更强，解决问题更清晰、更有推动力；②对于拥有高度胜任和敬业员工的环境，授权型比集中式协调更有效；③当优先事项发生冲突时，民主中立的引导更有效。

（4）领导力技能的培养。有效的领导力技能是可以培养的，可以通过学习提升。项目团队成员通过以下方法可以提升领导力技能：①让项目团队聚焦于预定的目标；②明确项目成果的激励性愿景；③为项目寻求资源和支持；④商榷最优路线并达成共识；⑤克服项目进展中的障碍；⑥协商并解决项目团队内部以及项目团队与干系人之间的冲突；⑦根据受众情况调整沟通风格和消息传递方式；⑧教导项目团队成员；⑨欣赏并奖励积极行为；⑩提供提高技能和未来发展的机会；⑪引导团队进行协同决策；⑫运用有效对话和积极倾听；⑬向项目团队成员赋能并向他们授予职责；⑭建立勇于担责、有凝聚力的项目团队；⑮对项目团队和干系人的观点表现出同理心；⑯对自己的偏见和行为有自我意识；⑰在项目生命周期过程中，管理和适应变革；⑱拥有通过承认错误促进快速学习的思维方式；⑲以身作则，对期望的行为进行示范等。

当项目团队成员展现出符合干系人特定需要和期望的适当领导力特质、技能和特征时，项目团队会蓬勃发展。以最佳方式与他人沟通、激励他人或者在必要时采取行动，有助于提高项目团队绩效，帮助扫清障碍，使项目取得成功。

当一个项目中有多人发挥领导力时，这种领导力可以促使大家对项目目标承担共同的责任，同时可以帮助营造健康的、充满活力的环境。在领导有方的项目中，单个项目团队、项目团队成员和干系人都会积极参与其中。每名项目团队成员都会心系项目共同的愿景，努力实现共享的成果，聚焦于交付结果。

7. 原则七：根据环境进行裁剪

"根据环境进行裁剪"原则就是根据项目的背景及其目标、干系人、治理和环境的不同应用合适的项目开发方法，使用合适的过程来实现预期成果，同时最大化价值、降低管理成本并提高速度。

（1）关键点。项目管理者在坚持"根据环境进行裁剪"原则时，应该关注的关键点包括：①每个项目都具有独特性；②项目成功取决于适合项目的独特环境和方法；③裁剪应该在整个项目进展过程中持续进行。

（2）裁剪的重要性。裁剪是对项目管理方法、治理和过程进行的深思熟虑的调整，使之更适合特定环境和当前项目任务。商业环境、团队规模、不确定性和项目复杂性都是裁剪项目应该考虑的因素。项目系统可以从整体角度，充分考虑其内在的相互关联的复杂特性进行裁剪。通过使用合适的过程、方法、模板和工件实现项目期望的成果。裁剪是为了在管理因素的制约下将项目价值最大化，最终实现提高绩效的目标。

项目团队需要和 PMO 一起进行裁剪，在组织治理的策略下，逐一讨论每个项目，确定每个项目的交付方法，选择要使用的过程、开发方式方法和所需的工件，明确所需资源和计划实现的成果。

项目具有独特性，每个项目都处于特定的组织、客户、渠道和动态环境中，每个项目都需要裁剪，项目团队应综合判断每个项目的各种独特条件，寻找实现项目期望成果的最适当的方法。

（3）裁剪的收益。裁剪项目可以为组织带来以下收益：①提高创新、效率和生产力；②吸取经验教训，分享改进优势，并将它们应用于未来的工作或项目；③采用新的实践、方法和工件，改进组织的组织过程资产和方法论；④通过实验探索新的成果、过程或方法；⑤有效整合多个专业背景下的优秀方法和实践；⑥提高组织对未来的适应性等。

项目生命周期中，裁剪是一个持续迭代的过程。项目团队需要收集所有干系人的需求，了解在项目进展过程中，裁剪后的方法和过程的效果并评估其有效性，给组织增加价值。

8. 原则八：将质量融入过程和成果中

"将质量融入过程和成果中"原则就是保持关注过程和成果的质量，过程和成果要符合项目目标，并与干系人提出的需求、用途和验收标准保持一致。

（1）关键点。项目管理者在坚持"将质量融入过程和成果中"原则时，应该关注的关键点包括：①项目成果的质量要求，即达到干系人期望并满足项目和产品需求；②质量通过成果的验收标准来衡量；③项目过程的质量要求，即确保项目过程尽可能适当有效。

（2）质量的内容。质量是产品、服务或成果的一系列内在特征满足需求的程度。质量包括满足客户明示的或隐含的需求的能力。项目团队需要对项目的产品、服务或成果进行测量，以确定其是否符合验收标准并满足使用要求。质量包含多个方面和维度：

- 绩效。是否符合项目团队和干系人的期望。
- 一致性。是否满足使用要求，是否符合规格。
- 可靠性。在每次实施或生成时是否会具有一致的度量指标。
- 韧性。是否能够应对意外故障并快速恢复。
- 满意度。在可用性和用户体验等方面是否获得最终用户的满意。
- 统一性。相同的实施过程或生成过程是否能够产生相同的成果。
- 效率。是否能以最少的投入产生最大的输出。
- 可持续性。是否会对经济、社会和环境产生积极影响。

（3）质量的测量。项目团队需要依据需求，使用度量指标和验收标准对质量进行测量：①需求是为满足需要，某个产品、服务或成果必须达到的要求或具备的能力。需求（无论是明确的还是隐含的）来源于干系人、合同、组织政策、标准或监管机构。②度量指标和验收标准是一系列在工作说明书或其他设计文件中明确规定，并根据需要不断更新的指标，这些指标需要在验收过程中确认。

质量不仅与项目成果有关，也与生成项目成果的项目方法和活动有关。在关注项目成果质量的同时，也需要对项目活动和过程进行评估。因此，质量管理更加关注过程的质量，侧重于在过程中提前发现和预防错误及缺陷的发生，帮助项目团队以最适当的方式交付符合要求的成果，达到客户和干系人的要求，并使资源最小化、目标最大化，最终实现以下目标：①快速交付成果；②尽早识别缺陷并采取预防措施，避免或减少返工和报废。

（4）质量的收益。将质量融入过程和成果中，可以带来如下收益：①成果符合验收标准；②成果达到干系人期望和商业目标；③成果缺陷最少或力求无缺陷；④交付及时，提高交付速度；⑤强化成本控制；⑥提高交付质量；⑦减少返工和报废；⑧减少客户投诉；⑨整合供应链资源；⑩提高生产力；⑪提高项目团队的士气和满意度；⑫提升服务交付能力；⑬改进决策；⑭持续改进过程等。

9. 原则九：驾驭复杂性

"驾驭复杂性"原则就是不断评估和确定项目的复杂性，使项目团队能够在整个生命周期中，成功找到正确的方法应对复杂情况。

（1）关键点。项目管理者在坚持"驾驭复杂性"原则时，应该关注的关键点包括：①复杂性是由人类行为、系统交互、不确定性和模糊性造成的；②复杂性可能在项目生命周期的任何时间出现；③影响价值、范围、沟通、干系人、风险和技术创新的因素都可能造成复杂性；④在识别复杂性时，项目团队需要保持警惕，应用各种方法来降低复杂性的数量及其对项目的影响。

（2）复杂性的来源。项目是由相互作用、相互交互的要素组成的完整的系统。复杂性源于项目要素、项目要素之间的交互以及与其他系统和项目环境的交互。交互的性质和数量决定了项目的复杂程度。例如，项目的复杂性随着干系人的数量和类型的增多（例如监管机构、国际金融机构、多个供应商、多个专业分包商或当地社区）而加深，这些干系人单独或共同对项目的复杂性造成重大影响。虽然复杂性无法控制，但项目团队可以随时调整项目活动，降低复杂性对项目的影响。

项目团队通常无法预见复杂性的出现，因为复杂性是风险、依赖性、事件或相互关系等许多因素交互形成的，很难分离出造成复杂性的特定原因。常见的复杂性来源包括：

- 人类行为。人类行为包括人的行为举止、态度和经验，以及它们之间的相互作用。主观因素的引入也会使人类行为的复杂性加深。位于偏远地区的干系人可能地处不同的时区，讲不同的语言，遵守不同的文化规范。

- 系统行为。系统行为是项目要素内部和项目要素之间动态的相互依赖与交互的结果。例如，不同技术系统的集成可能会增加复杂性，项目系统各组件之间的交互也可能导致相互关联的风险，造成新的不可预见的问题。

- 不确定性和模糊性。不确定性是缺乏对问题、事件、目标路径和解决方案的理解和认识而导致的一种状态，是超出了现有的知识或经验的新因素引起的。模糊性是一种不清晰、不知道会发生什么情况或无法理解某种情况的状态。选项众多或不清楚哪个是最佳选项都会导致模糊性，不清晰或误导性事件、新出现的问题或主观情况也会导致模糊性。在复杂的环境中，不确定性和模糊性往往混合在一起，导致其对项目影响概率和可能性难以确定。

- 技术创新。技术创新包括产品、服务、工作方式、流程、工具、技术、程序等的颠覆性创新。创新有助于项目产生新的解决方案，但新技术带来的不确定性也可能导致项目混乱，从而增加复杂性。

复杂性可能在项目生命周期的任何时间出现，通过持续关注项目组件和整个项目执行情况，项目团队可以时刻关注复杂性产生的迹象，识别贯穿整个项目的复杂性相关的要素。系统性思维、复杂的自适应系统、相关的项目经验，可帮助项目团队提升驾驭复杂性的能力。

10. 原则十：优化风险应对

"优化风险应对"原则就是持续评估风险（包括机会和威胁），并采取应对措施，控制风险对项目及其成果的影响（机会最大化，威胁最小化）。

（1）关键点。项目管理者在坚持"优化风险应对"原则时，应该关注的关键点包括：①单个和整体的风险都会对项目造成影响；②风险可能是积极的（机会），也可能是消极的（威胁）；③项目团队需要在整个项目生命周期中不断应对风险；④组织的风险态度、偏好和临界值会影响风险的应对方式；⑤项目团队持续反复地识别风险并积极应对，需要关注的要点包括明确风险的重要性、考虑成本效益、切合项目实际、与干系人达成共识、明确风险责任人。

（2）风险及应对方法。风险是一旦发生就可能对一个或多个目标产生积极或消极影响的不确定事件或条件。在整个项目生命周期内，项目团队应努力识别和评估项目内外部的已知和未知的风险。

项目团队应力求最大化地增加积极风险（机会），减少消极风险（威胁）。机会可以带来收益，例如缩短进度、降低成本、提高绩效、增加市场份额或提升声誉等。威胁会导致问题，例如进度延迟、成本超支、技术故障、绩效下降或声誉受损等。

项目团队需要监督项目的整体风险。项目整体风险是不确定性对项目整体的影响。整体风险源自所有不确定性，是单个风险的累积结果。项目整体风险管理的目标就是要将项目风险保持在可接受的范围内。项目团队成员应该争取干系人参与，了解他们的风险偏好和风险临界值。风险偏好是为了获得预期的回报，组织或个人愿意承担的不确定性的程度。风险临界值是围绕目标的可接受的偏差范围，它反映了组织和干系人的风险偏好。由于风险临界值能够反映风险偏好，风险偏好和风险临界值可以帮助项目团队识别并应对项目中的风险。

风险可能存在于组织、项目组合、项目集、项目和产品中。从成本角度来看，提前采用一致的风险评估、规划风险、积极主动地管理风险，这些投入会降低风险发生概率甚至规避风险，比风险发生后再采取措施投入的成本要低。

11. 原则十一：拥抱适应性和韧性

"拥抱适应性和韧性"原则就是将适应性和韧性融入组织和项目团队的方法之中，可以帮助项目适应变革。

（1）关键点。项目管理者在坚持"拥抱适应性和韧性"原则时，应该关注的关键点包括：①适应性是应对不断变化的能力；②韧性是接受冲击的能力和从挫折或失败中快速恢复的能力；③聚焦于成果而非某项输出，有助于增强适应性。

（2）适应性和韧性。项目在生命周期的某个阶段难免会遇到挑战或障碍。如果项目团队开展项目的方法同时具备适应性和韧性，则有助于项目适应各种影响并保持生命力。适应性和韧性是任何开展项目的人员都应具备的有益的特征。

项目会受到内外部因素（新需求、问题、干系人影响等）的影响，这些因素相互作用，构成了一个完整的动态系统，因此项目很少会按最初的计划执行。项目中的某些要素可能会失败或达不到预期，此时就需要项目团队重新组合、重新思考和重新规划，从整体的角度做到适应性，例如采用适当的变更控制过程，避免范围蔓延等问题。

（3）提升项目团队的适应性和韧性能力。在项目环境中，帮助提升项目团队的适应性和韧性能力的方法包括：①采用较短的反馈路径；②持续学习和改进；③拥有多样性技能、文化和经验，具备所需技能领域的拥有广博知识的主题专家；④定期检查和调整项目工作，识别改进机会；⑤多样化的项目团队，获得广泛丰富的经验；⑥开放、透明，促进内外部干系人参与；⑦鼓励小规模的原型法和实验，勇于尝试新方法；⑧充分运用新的思考方式和工作方式；⑨平衡工作速度和需求稳定性；⑩鼓励在组织内的开放式对话；⑪充分理解以往类似工作中所获得的学习成果；⑫积极预测多种潜在情景，为多种可能的情况做好准备；⑬延迟决策，将决策推迟到最后时刻；⑭获得管理层支持等。

在项目中保持适应性和韧性，可使项目团队在内外部环境发生变化时，能够关注项目预期的成果，帮助项目团队学习和改进，帮助项目团队从失败或挫折中快速恢复，并继续在交付价值方面取得进展。

12. 原则十二：为实现目标而驱动变革

"为实现目标而驱动变革"原则就是驱动变革，使受影响者做好准备，采用新的过程并执行新的方法，完成从当前状态过渡到项目成果所带来的预期的未来状态。

（1）关键点。项目管理者在坚持"为实现目标而驱动变革"原则时，应该关注的关键点包括：①采用结构化变革方法，帮助个人、群体和组织从当前状态过渡到未来的期望状态；②变革源于内部和外部的影响；③变革具有挑战性，并非所有干系人都接受变革；④在短时间内尝试过多的变革会导致变革疲劳，使变革易受抵制；⑤干系人参与、激励，有助于变革顺利进行。

（2）积极驱动变革。根据项目本身的定义，项目会创造新的事物，是变革推动者。项目经理需要具备独特的能力，让组织做好变革的准备。

变革管理或驱动变革是一种综合的、周期性的和结构化的方法，可使个人、群体和组织从当前状态过渡到实现期望收益的未来状态。组织中的变革可能源自内部，例如需要新的能力应对绩效差距；变革也可能源自外部，例如技术进步、人口结构变化或社会经济压力。任何类型的变革都需要经历变革的群体以及与其互动的行业具有适应或接受变革的能力。在组织中推动变革充满了挑战，因为有些人可能天生抵制变革或厌恶风险，尤其是在具备保守型文化的组织中推行变革会更加艰难。有效的变革管理需要采用激励型策略，而不是强制型策略。积极参与并鼓励双向沟通，可营造有效变革的环境，让变革更容易被采用和接受。

项目团队成员和项目经理需要和干系人共同合作，解决抵制变革等相关的问题，提高客户成功采纳或接受变革的可能性。提倡在项目早期开始，进行沟通与变革相关的愿景和目标，争取各方对变革的认同。在整个项目期间，向组织内所有层级的人员说明变革的收益和变革对工作过程的影响。

同时，项目团队成员和项目经理需要掌握变革的节奏，试图在太短的时间内进行过多的变革，会因变革饱和而受到抵制。为了加强变革效果、促进收益，项目团队成员和项目经理还需要在变革实施后开展一些活动，强化变革效果，避免再次回到变革前的初始状态。认识并解决干系人在整个项目生命周期内接受变革的需要，有助于将变革整合到项目工作中，促进项目的成功。

17.3.2 项目生命周期和项目阶段

1. 项目生命周期和项目阶段

项目生命周期指项目从启动到完成所经历的一系列阶段，这些阶段之间的关系可以顺序、迭代或交叠进行。项目生命周期为项目管理提供了一个基本框架，它适用于任何类型的项目。项目的规模和复杂性各不相同，但不论其大小繁简，所有项目都呈现下列通用的生命周期结构，包含启动项目、组织与准备、执行项目工作和结束项目4个项目阶段，如图17-6所示。

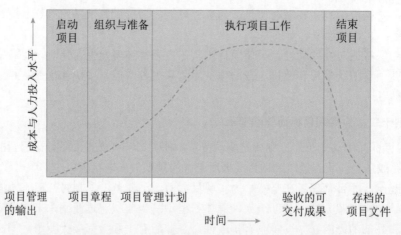

图 17-6   通用项目生命周期结构中典型的成本与人力投入水平

通用的生命周期结构具有如下特征：①成本与人力投入在开始时较低，在工作执行期间达到最高，并在项目快要结束时迅速回落，这种典型的走势如图17-6所示；②风险与不确定性在项目开始时最大，并在项目的整个生命周期中随着决策的制定与可交付成果的验收而逐步降低，做出变更和纠正错误的成本随着项目越来越接近完成而显著增高，如图17-7所示。

上述特征在几乎所有项目生命周期中都存在，但是程度有所不同。

在通用生命周期结构的指导下，项目经理可以确定需要对哪些可交付成果施加更为有力

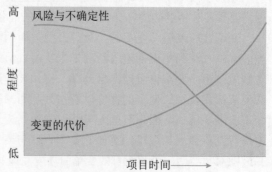

图 17-7   风险与不确定性以及变更的代价随项目时间的变化

的控制，或者哪些可交付成果完成之后才能完全确定项目范围。大型复杂项目尤其需要这种特别的控制。在这种情况下，项目经理需要将项目工作正式分解为若干阶段并根据项目特点采取合适的方法进行控制。

2. 项目生命周期类型

项目生命周期内通常有一个或多个阶段与产品、服务或成果的开发相关，这些阶段称为开发生命周期。开发生命周期可分为多种类型，包括预测型（计划驱动型）、迭代型、增量型、适应型（敏捷型）和混合型，采用不同的开发生命周期的项目会呈现出不同的项目生命周期的特点。

（1）预测型生命周期。采用预测型开发方法的生命周期适用于已经充分了解并明确确定需求的项目，又称为瀑布型生命周期，在生命周期的早期阶段确定项目范围、时间和成本，对任何范围的变更都要进行严格管理，每个阶段只进行一次，每个阶段都侧重于某一特定类型的工作，如图 17-8 所示。

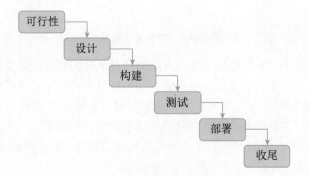

图 17-8　预测型生命周期

高度预测型项目范围变更很少、干系人之间有高度共识。这类项目会受益于前期的详细规划，但有些情况（如增加范围、需求变化或市场变化）会导致某些阶段重复进行。

（2）迭代型生命周期。采用迭代型生命周期的项目范围通常在项目生命周期的早期确定，但时间及成本会随着项目团队对产品理解的不断深入而定期修改，如图 17-9 所示。

图 17-9　迭代型生命周期

（3）增量型生命周期。采用增量型生命周期的项目通过在预定的时间区间内渐进增加产品功能的一系列迭代来产出可交付成果。只有在最后一次迭代之后，可交付成果具有了必要和足够的能力，才能被视为完整的，如图17-10所示。

迭代方法和增量方法的区别：迭代方法是通过一系列重复的循环活动来开发产品，而增量方法是渐进地增加产品的功能。

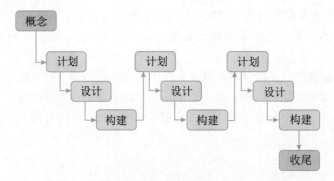

图17-10   增量型生命周期

（4）适应型生命周期。采用适应型开发方法的项目又称为敏捷型或变更驱动型项目，适合于需求不确定，不断发展变化的项目。项目和产品的愿景与范围，在开始迭代之前被定义和批准，每次迭代（又称"冲刺"）结束时，客户会对具有功能性的可交付物进行审查。审查时关键干系人会提供反馈，项目团队会更新项目待办事项列表，以确定下一次迭代中特性和功能的优先级，如图17-11所示。适应型项目生命周期的特点是先基于初始需求制订一套高层级计划，再逐渐把需求细化到适合特定规划周期所需的详细程度。

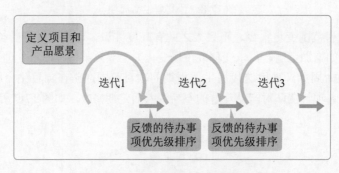

图17-11   适应型生命周期

（5）混合型生命周期。混合型生命周期是预测型生命周期和适应型生命周期的组合。

项目生命周期具有复杂性和多维性。特定项目的不同阶段往往采用不同的生命周期，项目管理团队需要确定项目及其不同阶段最适合的生命周期。各生命周期之间的联系与区别如表17-5所示。开发生命周期需要足够灵活，才能够应对项目包含的各种因素。

表 17-5　各生命周期之间的联系与区别

预测型	迭代型	增量型	适应型
需求在开发前预先确定	需求在交付期间定期细化		需求在交付期间频繁细化
针对最终可交付成果制订交付计划，然后在项目结束时一次交付最终产品	分次交付整体项目或产品的各个子集		频繁交付对客户有价值的各个子集
尽量限制变更	定期把变更融入项目		在交付期间实时把变更融入项目
关键干系人在特定里程碑点参与	关键干系人定期参与		关键干系人持续参与
通过对基本已知的情况编制详细计划来控制风险和成本	通过用新信息逐渐细化计划来控制风险和成本		随着需求和制约因素的显现而控制风险和成本

17.3.3　项目管理过程组

项目管理过程组是为了达成项目的特定目标，对项目管理过程进行的逻辑上的分组。项目管理过程组不同于项目阶段，具体表现为：①项目管理过程组是为了管理项目，针对项目管理过程进行的逻辑上的划分；②项目阶段是项目从开始到结束所经历的一系列阶段，是一组具有逻辑关系的项目活动的集合，通常以一个或多个可交付成果的完成为结束标志。

项目管理过程可分为以下 5 个项目管理过程组：

- 启动过程组。定义了新项目或现有项目的新阶段，启动过程组授权一个项目或阶段的开始。
- 规划过程组。明确项目范围、优化目标，并为实现目标制订行动计划。
- 执行过程组。完成项目管理计划中确定的工作，以满足项目要求。
- 监控过程组。跟踪、审查和调整项目进展与绩效，识别变更并启动相应的变更。
- 收尾过程组。正式完成或结束项目、阶段或合同。

一个过程组的输出通常成为另一个过程组的输入，或者成为项目或项目阶段的可交付成果。例如，需要把规划过程组编制的项目管理计划和项目文件（如风险登记册、责任分配矩阵等）及其更新提供给执行过程组作为输入。各过程组在项目或阶段期间的重叠关系如图 17-12 所示。

过程组中的各个过程会在每个阶段按需要重复开展，直到达到该阶段的完工标准。在适应型和高度适应型生命周期中，过程组之间相互作用的方式会有所不同。

1. 适应型项目中的过程组

（1）启动过程组。在采用适应型生命周期的项目上，启动过程通常要在每个迭代期开展。适应型项目非常依赖知识丰富的干系人代表，他们要能够持续地表达需要和意愿，并不断针对新形成的可交付成果提出反馈意见。因此应该在项目开始时识别出这些关键干系人，以便在开展执行和监控过程组时与他们频繁互动，获得的反馈意见能够确保项目交付出正确的成果。同时，随着项目进展，优先级和情况动态变化，项目制约因素和项目成功的标准也会变化。因此，需要定期开展启动过程，频繁回顾和重新确认项目章程，以确保项目在最新的制约因素内朝最新的目标推进。

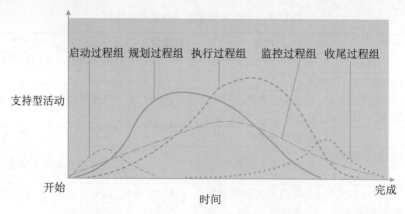

图 17-12　项目阶段中各过程组的相互作用

（2）规划过程组。在高度复杂和不确定的项目中，对于采用适应型生命周期的项目，应该让尽可能多的团队成员和干系人参与到规划过程，以便依据广泛的信息开展规划，降低不确定性。高度预测型项目范围变更很少、干系人之间有高度共识，这类项目会受益于前期的详细规划。适应型项目生命周期的特点是先基于初始需求制订一套高层级的计划，再逐渐把需求细化到适合特定规划周期所需的详细程度。预测型和适应型生命周期在规划阶段的主要区别在于做多少规划工作，以及什么时间做。

（3）执行过程组。在适应型（敏捷型）项目生命周期中，执行过程通过迭代对工作进行指导和管理。每次迭代都是在一个很短的固定时间段内开展工作，然后演示所完成的工作成果，有关的干系人和团队基于演示来进行回顾性审查。这种演示和审查有助于对照计划检查进展情况，确定是否有必要对项目范围、进度或执行过程做变更。进行回顾性审查有利于及时发现和讨论与执行方法有关的问题，以及提出改进建议。

虽然工作是通过短期迭代进行的，但是也需要对照长期的项目交付时间框架对其进行跟踪和管理。先在迭代期层面上追踪开发速度、成本支出、缺陷率和团队能力的走势，再汇总并推算到项目层面，来跟踪整体项目的完工绩效。在高度适应型项目中，项目经理聚焦于高层级的目标，并授权团队成员作为一个小组，用最能实现目标的方式自行安排具体工作，有助于团队成员高度投入，制订出切合实际的计划。

（4）监控过程组。在适应型（敏捷型）项目生命周期中，监控过程通过维护未完项的清单，对进展和绩效进行跟踪、审查和调整。

● 针对未完成的工作项：在项目团队的协助（分析并提供有关技术依赖关系的信息）下，业务代表对未完成的工作项进行优先级排序，基于业务优先级和团队能力，提取未完项清单最前面的任务，供下一个迭代期完成。

● 针对变更：业务代表在听取项目团队的技术意见之后，评审变更请求和缺陷报告，排列所需变更或补救的优先级，列入工作未完项清单。

这种把工作和变更列入同一张清单的做法，多应用于充满变更的项目环境。在这种项目环境中，无法把变更从原先计划的工作中分离出来，所以把变更和原先的工作整合到一张未完项清单中，便于对全部工作进行重新排序，能够为干系人管理和控制项目工作、实施变更控制和确认范围提供统一的平台。

随着排定了优先级的任务和变更从未完项清单中提取出来，并通过迭代加以完成，就可以测算已完成工作的趋势和指标、变更工作量和缺陷率。通过在短期迭代中频繁抽样，计算变更影响的数量和缺陷补救工作量，就可以对照原来的范围来考察团队能力和工作进展，进而能够基于实际的进展速度和变更影响来估算项目成本、进度和范围。

应该借助趋势图表与项目干系人分享这些指标和预测，以便沟通进展情况、共同面对问题、推动持续改进，以及管理干系人期望。

（5）收尾过程组。在适应型（敏捷型）项目生命周期中，收尾过程对工作进行优先级排序，以便首先完成最具业务价值的工作。这样，即便不得不提前关闭项目或阶段，也很可能已经创造出一些有用的业务价值。这就使得提前关闭不太像是一种归因于沉没成本的失败，而更像是提前实现收益、快速取得成功或验证某种业务概念。

2. 适应型项目中过程组之间的关系

（1）以迭代方式顺序开展的项目。适应型项目往往可分解为一系列先后顺序进行的、被称为"迭代期"的阶段。在每个迭代期都要利用相关的项目管理过程，为了有效管理高度复杂且充满不确定性和变更的项目，重复开展项目管理过程组会产生管理费用，在迭代的各个阶段，所需的投入水平如图 17-13 所示。

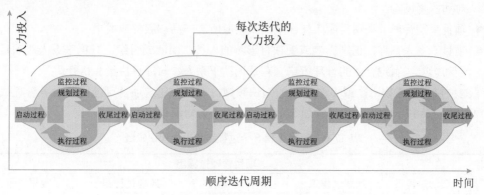

图 17-13　以迭代方式顺序开展的项目的人力投入水平

（2）持续反复开展的项目。高度适应型项目往往在整个项目生命周期内持续实施所有的项目管理过程组。采用这种方法，工作一旦开始计划就需根据新情况而改变，需要不断调整和改进项目管理计划所有要素。这种方法中的过程组相互作用如图 17-14 所示。

17.3.4　项目管理知识领域

除了过程组，过程还可以按知识领域进行分类。知识领域指按所需知识内容来定义的项目管理领域，并用其所含过程、实践、输入、输出、工具和技术进行描述。

虽然知识领域相互联系，但从项目管理的角度来看，它们是分别定义的。按照美国项目管理协会出版的《项目管理知识体系指南（第六版）》，大多数情况下大部分项目通常使用的十大知识领域包括：

图 17-14   持续反复开展的项目的过程组之间的关系

- 项目整合管理。识别、定义、组合、统一和协调各项目管理过程组的各个过程和活动。
- 项目范围管理。确保项目做且只做所需的全部工作以成功完成项目。
- 项目进度管理。管理项目按时完成所需的各个过程。
- 项目成本管理。为使项目在批准的预算内完成而对成本进行规划、估算、预算、融资、筹资、管理和控制。
- 项目质量管理。把组织的质量政策应用于规划、管理、控制项目和产品的质量，以满足干系人的期望。
- 项目资源管理。识别、获取和管理所需资源以成功完成项目。
- 项目沟通管理。确保项目信息及时且恰当地规划、收集、生成、发布、存储、检索、管理、控制、监督和最终处置。
- 项目风险管理。规划风险管理、识别风险、开展风险分析、规划风险应对、实施风险应对和监督风险。
- 项目采购管理。从项目团队外部采购或获取所需产品、服务或成果。
- 项目干系人管理。识别影响或受项目影响的人员、团队或组织，分析干系人对项目的期望和影响，制定合适的管理策略来有效调动干系人参与项目决策和执行。

某些项目可能需要一个或多个其他的知识领域，例如，建造项目可能需要财务管理或安全与健康管理。表 17-6 列出了项目管理 5 个过程组和十大知识领域。

表 17-6   项目管理 5 个过程组和十大知识领域

知识领域	项目管理过程组				
	启动过程组	规划过程组	执行过程组	监控过程组	收尾过程组
项目整合管理	● 制定项目章程	● 制订项目管理计划	● 指导与管理项目工作 ● 管理项目知识	● 监控项目工作 ● 实施整体变更控制	● 结束项目或阶段
项目范围管理		● 规划范围管理 ● 收集需求 ● 定义范围 ● 创建WBS		● 确定范围 ● 控制范围	

（续表）

知识领域	项目管理过程组				
	启动过程组	规划过程组	执行过程组	监控过程组	收尾过程组
项目进度管理		● 规划进度管理 ● 定义活动 ● 排列活动顺序 ● 估算活动持续时间 ● 制订进度计划		● 控制进度	
项目成本管理		● 规划成本管理 ● 估算成本 ● 制定预算		● 控制成本	
项目质量管理		● 规划质量管理	● 管理质量	● 控制质量	
项目资源管理		● 规划资源管理 ● 估算活动资源	● 获取资源 建设团队 ● 管理团队	● 控制资源	
项目沟通管理		● 规划沟通管理	● 管理沟通	● 监督沟通	
项目风险管理		● 规划风险管理 ● 识别风险 ● 实施定性风险分析 ● 实施定量风险分析 ● 规划风险应对	● 实施风险应对	● 监督风险	
项目采购管理		● 规划采购管理	● 实施采购	● 控制采购	
项目干系人管理	● 识别干系人	● 规划干系人参与	● 管理干系人参与	● 监督干系人参与	

17.3.5　项目绩效域

项目绩效域是一组对有效地交付项目成果至关重要的活动。项目绩效域是项目执行过程中需要密切关注的相互作用、相互关联和相互依赖的领域，它们可以协调一致地实现预期的项目成果，共有干系人、团队、开发方法和生命周期、规划、项目工作、交付、测量、不确定性8个项目绩效域。这些绩效域共同构成一个统一的整体。这样，绩效域就可以作为一个整合系统运作，每个绩效域都与其他绩效域相互依赖，从而促使成功交付项目及其预期成果。

无论价值是如何交付的（经常地、定期地或在项目结束时），这些绩效域在整个项目期间同时运行。例如，从项目开始到项目结束，项目领导者花费时间聚焦于干系人、项目团队、项目生命周期、项目工作等方面。不能把这些绩效域当作孤立的工作加以处理，因为它们相互重叠且相互关联。每个项目中各个绩效域之间相互关联的方式各不相同，但这些方式存在于每个项目之中。

17.3.6　价值交付系统

价值交付系统描述了项目如何在系统内运作，为组织及其干系人创造价值，包括项目如何创造价值、价值交付组件和信息流。

1. 创造价值

项目存在于组织中（包括政府机构、科研院所、企事业单位和其他组织），为干系人创造价值。项目可以通过以下方式创造价值：①创造满足客户或最终用户需要的新产品、服务或结果；②做出积极的社会或环境贡献；③提高效率、生产力、效果或响应能力；④推动必要的变革，以促进组织向期望的未来状态过渡；⑤维持以前的项目集、项目或业务运营所带来的收益等。

2. 价值交付组件

可以单独或共同使用多种组件（例如项目组合、项目集、项目、产品和运营）以创造价值。这些组件共同组成了一个符合组织战略的价值交付系统。价值交付系统所包含的组件如图 17-15 所示，该系统有两个项目组合，它们包含了多个项目集和项目。该系统还显示了一个包含多个项目的独立项目集以及与项目组合或项目集无关的多个独立项目。任何项目或项目集都可能包括产品。运营可以直接支持和影响项目组合、项目集和项目以及其他业务职能，例如工资支付、供应链管理等。项目组合、项目集和项目会相互影响，也会影响运营。

图 17-15　价值交付系统

价值交付系统是组织内部环境的一部分，该环境受政策、程序、方法论、框架、治理结构等制约。内部环境存在于更大的外部环境中，包括经济、竞争环境、法律限制等。价值交付系统中的组件创建了用于产出成果的可交付物。成果是某一过程或项目的最终结果或后果。成果可带来收益，收益是组织实现的利益。收益继而可创造价值，而价值是具有作用、重要性或实用性的事物。

3. 信息流

当信息和信息反馈在所有价值交付组件之间以一致的方式共享时，价值交付系统最为有效，能够使系统与战略保持一致，这样的信息流如图 17-16 所示。高层领导会与项目组合分享战略信息。项目组合与项目集和项目分享预期成果、收益和价值。项目集和项目的可交付物及其支持和维护信息一起传递给运营部门。

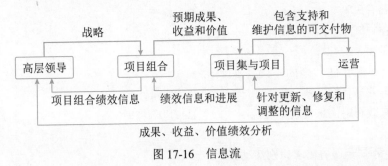

图 17-16 信息流

反之，从运营部门到项目集和项目的信息反馈表明对可交付物的调整、修复和更新。项目集和项目给项目组合提供实现预期成果、收益和价值方面的绩效信息和进展。项目组合会给高层领导提供项目组合绩效信息，与高层领导一起对项目组合进行绩效评估。此外，运营部门还给高层领导提供有关组织战略推进情况的信息。

1. 选择题

（1）IT 审计师的决定和行动最可能影响_____。

　　A．固有风险　　　　　　　　　B．检查风险
　　C．控制风险　　　　　　　　　D．业务风险

参考答案：B

（2）_____不属于 IT 治理的三大主要目标之一。

　　A．与业务目标一致　　　　　　B．质量控制
　　C．有效利用信息与数据资源　　D．风险管理

参考答案：B

（3）_____不属于服务需求识别活动。

　　A．服务可用性需求识别　　　　B．网络安全需求识别
　　C．价格需求识别　　　　　　　D．信息安全需求识别

参考答案：B

（4）_____不属于服务测量的目标。

　　A．验证之前所做的决策是否正确，所做的工作是否有效果

　　B．比较目前的服务在成本、质量、有效性等方面是否比之前得到了改进

　　C．比较是否超出服务范围

　　D．指导服务改进活动的方向和目标

参考答案：C

（5）岗位设计的主要内容包括工作内容设计、工作职责设计和_____三个方面。

　　A．工作目标设计　　　　　　　B．工作成效设计
　　C．工作关系设计　　　　　　　D．工作成本设计

参考答案：B

（6）组织流程通常可分为：战略流程、运行流程和_____。

　　A．改进流程　　　　　　　　　B．增值流程
　　C．支持流程　　　　　　　　　D．业务流程

参考答案：C

（7）应急演练原则中，_____是为了明确演练目的，根据资源条件确定演练方式和规模。

　　A．结合实际、合理定位　　　　B．着眼实战、讲求实效
　　C．精心组织、确保安全　　　　D．统筹规划、厉行节约

参考答案：A

（8）从项目、项目集、项目组合管理的目标来看，_____注重于开展"正确"的工作，即

"做正确的事"。

　　A．项目组合管理　　　　　　　B．单个项目管理

　　C．大项目管理　　　　　　　　D．项目集管理

参考答案：A

（9）价值驱动的项目管理知识体系关注价值的实现，包含了项目管理原则、绩效域、项目生命周期、过程组、十大知识领域和价值交付系统，其中_____是基础，是所有项目干系人在整个项目生命周期过程中各项活动的行动指南。

　　A．项目生命周期　　　　　　　B．项目管理原则

　　C．绩效域　　　　　　　　　　D．价值交付系统

参考答案：B

2. 思考题

（1）IT 治理的核心内容包括 6 个方面，具体是什么？请简述。

参考答案：略

（2）请指出 IT 审计的常用方法，并根据你的理解举例说明信息系统项目管理可能使用的方法及具体运用。

参考答案：略

（3）在服务设计阶段，服务供方根据服务级别需求，同时兼顾成本控制和定价，进行服务级别设计，最终形成服务级别协议、运营级别协议和支持合同。请指出服务级别协议、运营级别协议和支持合同的联系和区别。

参考答案：略

（4）工作环境指能够影响培训迁移的所有工作上的因素，包括管理者和同事支持、技术支持、转化氛围以及在工作中应用新技能的机会。请描述有利于培训迁移的工作环境具备的特征，并分析你所在公司的工作环境是否有利于培训迁移，如果实施改进，该从哪些角度进行？

参考答案：略

（5）标准化活动的成果（即标准）应建立在相关各方协商一致的基础上。请结合实际，具体说明标准制/修订过程中哪些地方体现了协商一致原则。

参考答案：略

3. 判断题

判断下列说法的正误，正确的选 √，错误的选 ×。

（1）规划过程组是为了完成项目管理计划中确定的工作，以满足项目要求。　　　　　（　　）

（2）项目管理者在遵守内部和外部准则的同时，应该以负责任的方式行事，以正直、关心和可信的态度开展活动，同时对其所负责的项目的财务、社会和环境影响做出承诺。这体现了"展现领导力行为"的原则。　　　　　（　　）

（3）项目绩效域是项目执行过程中需要密切关注的相互作用、相互关联和相互依赖的领域，它们可以协调一致地实现预期的项目成果。　　　　　（　　）

（4）项目可通过提高效率、生产力、效果或响应能力创造价值。　　　　　（　　）

（5）放任型领导关注他人的成长、学习、发展、自主性和福利。　　　　　（　　）

参考答案：（1）×　（2）×　（3）√　（4）√　（5）×

4. 案例题

阅读下列说明，回答问题1至问题3。

【说明】

B公司为某银行客户服务超过10年，该银行X项目的重大故障率和可用性指标都逐年好转，但客户近两年的满意度并不高，甚至有降低的趋势。

公司委派小王针对该银行客户近几年的服务做回顾分析，争取进一步提高与客户的黏性。小王首先从内部发起回顾活动，然后与客户各部门进行沟通，发现以往与客户的交流总结缺乏对相关效果的及时评估，大家都是为了完成既定的沟通任务而沟通，对其有效性有所忽略。

【问题1】

为提高服务回顾的有效性，小王特制定如下服务回顾机制。请帮小王补充完整以下表格（请将①～③处的正确答案填写在答题纸的对应栏内）。

级别	内容	频率
一级	针对重大事件、特殊事件的沟通，包括服务内容变更、客户投诉等	①
二级	项目月度例会，向客户汇报当月服务情况，包括服务量、SLA达成率、当月重大事件等内容	每月度
三级	向客户汇报项目运营情况，包括服务数据分析、SLA达成率、客户满意度、服务改进计划等	②
四级	合作年度回顾，回顾项目的　③	每年度

【问题2】

结合案例，请选择④～⑦的正确选项。

（1）以上四级服务回顾中，第三级回顾的参与者分别是：　④　。

A. 小王、银行X项目接口人

B. 小王、银行X项目接口人、银行X项目责任经理

C. 小王、银行X项目接口人、银行X项目责任经理、银行X项目高层管理者

（2）下列不建议作为服务回顾形式的是　⑤　。

A. X项目阶段内部会议

B. X项目年度服务报告

C. 第三方机构对该银行的意见收集

D. X项目的支持团队关键人员绩效排名

（3）根据服务供需双方关注内容的不同，服务回顾的主要活动可以分为：　⑥　。

A. 客户回顾、团队内部回顾

B. 管理层回顾、操作层回顾

C. 业务团队回顾、交付团队回顾

D. 客户回顾、用户回顾

（4）服务回顾工作可与____⑦____会议一起举行。

　　A．项目启动会　　　　　　　　　B．服务质量评审会议

　　C．人员职称评审会　　　　　　　D．运维工具评审会

【问题3】

结合案例，请描述与客户进行服务回顾时需要涉及的内容。

参考答案

【问题1】

① 不定期按需沟通

② 每季度

③ 整体实施交付情况

【问题2】

④ B

⑤ D

⑥ A

⑦ B

【问题3】

（1）服务合同执行情况

（2）服务目标达成情况

（3）服务绩效（服务级别协议）、成果

（4）满意度调查

（5）服务范围、工作量

（6）客户业务需求的变化

（7）服务中存在的问题及行动计划

（8）上一次会议中制订的行动计划的进展汇报

第四篇　实践篇

第 18 章　智慧城市发展规划

智慧城市（Smart City）起源于传媒领域，是指在城市规划、设计、建设、管理与运营等领域中，通过物联网、云计算、大数据、空间地理信息集成等信息数字技术的应用，使得城市管理、教育、医疗、房地产、交通运输、公用事业和公众安全等城市组成的关键基础设施组件和服务更互联、高效和智能，从而为市民提供更美好的生活和工作服务，为组织创造更有利的商业发展环境，为政府赋能更高效的运营与管理机制。智慧城市代表当今城市管理发展的趋势和潮流，是一个不断演进的发展主题，其推进方式和发展思路会伴随着经济、社会和技术的发展而不断丰富完善。

18.1　发展整体环境

智慧城市是"智慧地球"落实到区域的做法，是"智慧地球"的核心要素和突破点，也是城市发展的一种新型策略。历经多年发展，我国智慧城市发展大致经历了四个阶段：第一阶段（1999—2008 年）是我国智慧城市建设的初始形成期；第二阶段（2009—2015 年）是智慧城市发展的布局期；第三阶段（2016—2018 年）为我国智慧城市建设新型转换期；第四阶段（2020 年至今），我国新型智慧城市建设进入新的发展阶段。伴随着信息数字技术的发展，智慧城市的建设实践呈现数据融合、场景融合需求逐步提升和数据智能化支持要求越来越高两方面特征。

18.1.1　概念演进

从某种意义上来说，智慧城市是一种城市发展的状态目标，站在不同的角度，对其理解也不同，并且这一概念也随着城市、技术、经济与社会发展而持续演进。

1. 发展起源

随着全球物联网、新一代移动宽带网络、5G、云计算等信息数字技术的迅速发展和深入应用，信息化发展正酝酿着重大变革和新的突破，向更高阶段的智慧化发展已成为必然趋势。2008 年，"智慧地球"概念被 IBM 公司首席执行官彭明盛提出，他认为世界的基础结构正在向智慧的方向发展，可感应、可度量的信息源无处不在（Instrumented），互联网的平台让这一切互联互通（Interconnected），让一切变得更加智能（Intelligent）。

"智慧地球"是由智能化的各行业、各社会层面、各组织组成的，但最终还是由具备思想的、能够实现自我创新创造的、不断进化的每个地球人组成，正是通过每个人的衣、食、住、行、学、业、娱的代代相传，知识与财富不断积累，人类在壮大自己对地球的影响力和改变地球的能力的同时，希望地球也能像人类一样具备智慧，从而满足人类进一步发展的要求。人类的梦想与追求，促成了飞速发展的信息、网络和计算等技术，促进了科学技术与文化的整合及在管理实践中的升华，创造出了更有"智慧"的行业，甚至更有"智慧"的地球。"智慧地球"

提出以更智能的方法，按照人类的意愿，通过包括新一代信息技术在内的综合科技，提高实时信息的感知与响应速度和处理能力，增强业务弹性和连续性，促进社会各项事业的全面和谐发展。"智慧地球"仅是人类美好的愿景，它从更加以人为本的视角来审视今天的IT产业，促使我们更加关注、关心和关爱一个人从生命的起始到结束在地球上的一切活动，以及与自然和社会的和谐共处，从而达到天、地、人的统一，使地球变得更加有"生命感"。

世界城市化、全球经济一体化和服务型经济的发展，使城市在发展过程中获得了经济、政治和科技文化等方面的更多控制权。城市的经营、组织以及交通、水、能源和通信等核心基础设施系统正在被整体定位；城市的环境、公用事业、城市服务、公民和产业发展，可以充分利用信息数字技术进行智慧的感知、分析、集成，满足地方政府在行使经济调节、市场监管、社会管理和公共服务职能中的需求，创造一个更好的生活、工作、休息和娱乐环境，使城市变得更加"智慧"，并实现持续的繁荣。

从历史与现实看，智慧城市是应对城市不断增长、资源日益短缺的对策。过去的一百多年，全球经历了史无前例的城市化进程。有关数据统计显示，1900年，全球仅13%的人口居住在城市，当时百万级人口的城市只有12个；20世纪中叶，全球30%的人口居住在城市，百万级人口城市数量增至83个；到2008年，城市人口首次超过农村人口；现在，百万级人口城市已超过400个，其中20个都市圈人口超过1000万。据预测，全球城市还将继续快速扩张，到2050年，全球将有超过70%的人口生活在城市。城市人口发展态势如图18-1所示。

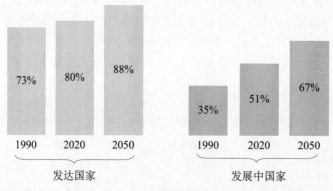

图18-1　1990～2050年（预期）居住在城市人口的百分比

亚洲城市化速度尤为迅猛，在印度，平均每分钟就有30个人进入城市。到2030年将有11亿亚洲人进入城市。随着经济与社会的发展，城市规模持续加速增长，城市经济增长和社会发展面临房地产"泡沫化"、环境恶化、交通拥挤、淡水和能源供应紧张、失业上升、犯罪增加等一系列的瓶颈问题，需要创新性地引入新的方法解决问题。智慧城市的建设不仅使城市实现跨越式、可持续发展，还为增强城市综合竞争力、破解城市发展难题提供了一次难得的机遇。

"智慧"的愿景正逐步融入具体运作中，例如研发、制造、购买和销售实体物品的系统和流程，执行服务的系统和流程，人员流动，货币流通，石油、水、电资源的流动。数十亿人的工作生活中，"智慧"可谓无处不在。在人类历史发展过程中，城市的形态和功能不断变化，让城市更"智慧"是发展的必然。要提高人们的生活质量，保证城市可持续发展的能力，城市"智慧"必不可少。

智慧城市是有意识地、主动地运用先进的信息和通信技术，将人、商业、运输、通信、水和能源等城市运行中的核心系统加以整合，把"智慧"嵌入系统和流程中，服务交付、产品开发、制造、采购和销售等活动得以高效实现，从人力、资金到石油、水资源乃至电子的运动方式都更为"智慧"，使亿万人的生活和工作方式变得更加"智慧"。未来，我们将生活在一座座"智慧"又"聪明"的城市里，在这里，网络是最基本的基础设施，它无处不在，就像城市的神经系统，一个强大的数据处理中心将成为城市的"大脑"，它能够按照规定的程序自动帮助人类提高生活质量。

智慧城市是一种看待城市的新角度，是一种发展城市的新思维。它要求城市的管理者和运营者把城市本身看成一个生命体。城市是一个系统，城市中的人、交通、能源、商业、通信这些过去被分别考虑、分别建设的领域，实际上是一个普遍联系、相互促进、彼此影响的整体。只不过由于科技手段的不足，这些领域之间的关系一直是隐形的存在。借助新一代的物联网、云计算、决策分析优化等信息数字技术，通过感知化、互联化、智能化的方式，可以将城市中的物理基础设施、信息基础设施、社会基础设施和商业基础设施连接起来，成为新一代的智慧化基础设施，使城市中各领域、各子系统之间的关系显化，就好像给城市装上网络神经系统，使之成为可以指挥决策、实时反应、协调运作的"系统之系统"。

智慧城市让城市更聪明。通过互联网把无处不在的、被植入城市物体的智能化传感器连接起来，形成物联网，实现对物理城市的全面感知，利用云计算等技术对感知信息进行智能处理和分析，实现网上"数字城市"与物联网的融合，并发出指令，对包括政务、民生、环境、公共安全、城市服务、工商等活动的各种需求，做出智能化响应和智能化决策支持。

2. 概念定义

智慧城市是"智慧地球"的体现形式，是城市信息化发展到高级阶段的必然产物。智慧城市借助物联网、云计算、大数据、人工智能等技术，涉及生产、生活、治理多个领域。加快智慧城市发展，能够推动产业关键技术攻关，构建城市发展的智慧环境，塑造基于海量信息和智能过滤处理的新的生活、产业发展、社会治理等模式。智慧城市是一个比较宽泛的概念，不同的组织以不同的视角给出了对应的定义。

1）IBM 的定义

运用信息和通信技术手段感测、分析、整合城市运行核心系统的各项关键信息，从而对包括民生、环保、公共安全、城市服务、工商业活动在内的各种需求作出智能响应。该定义的实质是强调使用先进的信息技术，实现城市智慧式管理和运行，促进城市的和谐、可持续成长。

智慧城市的理念把城市本身看成一个生态系统，城市中的市民、交通、能源、商业、通信、水资源构成一个个子系统，这些子系统形成一个普遍联系、相互促进、彼此影响的整体。在过去的城市发展过程中，这些子系统之间的关系无法为城市发展提供整合的信息支持。而借助新一代的物联网、云计算、决策分析优化等信息技术，通过感知化、物联化、智能化的方式，可以将城市中的物理基础设施、信息基础设施、社会基础设施和商业基础设施连接起来，成为新一代的智慧化基础设施，使城市中各领域、各子系统之间的关系显现出来，使之成为可以指挥决策、实时反应、协调运作的"神经系统"。智慧的城市意味着在城市不同部门和系统之间实现信息共享和协同作业，更合理地利用资源，做出更好的城市发展和管理决策，及时预测和应对突发事件和灾害。

IBM公司发布的《智慧城市白皮书》将城市信息化的内容分为4个方面，即网络与信息资源建设、城市管理与运行、社会和社区综合服务以及产业发展和经济运行，并认为智慧城市的核心是"建立一个由新工具、新技术支持的涵盖政府、市民和商业组织的新城市生态系统"。

2）国家部委的定义

我国智慧城市概念最初由住房和城乡建设部（简称住建部）提出，2012年11月发布的《住房城乡建设部办公厅关于开展国家智慧城市试点工作的通知》中明确："智慧城市是通过综合运用现代科学技术、整合信息资源、统筹业务应用系统，加强城市规划、建设和管理的新模式。"随着智慧城市的实践和认知不断变化，2014年，国家发改委从数字化与技术角度认为："智慧城市是运用物联网、云计算、大数据、空间地理信息集成等新一代信息技术，促进城市规划、建设、管理和服务智慧化的新理念和新模式。"2021年国家发改委对《中华人民共和国国民经济和社会发展第十四个五年规划和2035年远景目标纲要》中新型智慧城市概念进行定义，指出："新型智慧城市是利用新一代信息技术创新城市管理和公共服务方式，向居民提供便捷丰富的信息服务、透明高效的在线政府、精细精准的城市治理、融合创新的信息经济和自主可控的安全体系，有利于提升城市治理体系和治理能力现代化水平。"

3）国家标准的定义

智慧城市是全球城市发展的新理念和新模式。根据国家标准《智慧城市 术语》（GB/T 37043—2018）的定义，智慧城市是"运用信息通信技术，有效整合各类城市管理系统，实现城市各系统间信息资源共享和业务协同，推动城市管理和服务智慧化，提升城市运行管理和公共服务水平，提高城市居民幸福感和满意度，实现可持续发展的一种创新型城市"。

4）城市之间不同的智慧城市理念

深圳的智慧城市理念是指充分借助物联网、传感网，在智能楼宇、智能家居、路网监控、智能医院、城市生命线管理、食品药品管理、票证管理、家庭护理、个人健康与数字生活等诸多领域，发挥城市信息通信产业发达、RFID相关技术领先、电信业务及信息化基础设施优良等优势，建设城市信息通信基础设施、认证、安全等平台和示范工程，形成基于海量信息和智能过滤处理的新的生活、产业发展、社会管理等模式，构建全新的城市形态。南京的智慧城市发展的理念是一个智慧基础设施先进、信息网络通畅、智慧技术应用普及、生产生活便捷、城市管理高效、公共服务完备、生态环境优美、惠及全体市民的城市。

智慧城市的定义有很多，但尚无统一的界定。整体来看，智慧城市的理念提供了城市创新发展的新思路与新视角，其本质是以先进的信息数字技术和多网融合为依托，以数字基础设施、智慧经济、智慧生活、智慧治理等为重要内容的城市发展新模式和新形态。

18.1.2　实践发展

智慧城市伴随城市发展的全过程，并持续与城市发展深度融合，成为城市发展进入新阶段的一种特征标识。智慧城市发展是一个持续摸索的过程，城市发展的多样化，决定了其智慧化进程差异巨大，但总体来说，智慧城市发展也有其一定的发展规律可循。

1. 发展历程

智慧城市作为"数字中国""新型基础设施建设""智慧社会"等国家战略实施的重要载体，引领着我国城市发展的新方向。历经多年发展，我国智慧城市发展大致经历了四个阶段。

第一阶段（1999—2008 年）是我国智慧城市建设的初始形成期。我国进入"十一五"规划时期后，提出了"2010 年单位 GDP 能耗降低 20% 左右"的目标，这一降能减排的目标对我国社会经济的发展模式提出了新的要求。而作为智慧城市建设初始形态的数字工程建设为我国城市治理提供了新的契机。典型的例子是湖南、福建等省启动的数字工程建设，这为我国智慧城市初始形态提供了实践性探索，并为我国智慧城市初期发展模式积累了基本经验。

第二阶段（2009—2015 年）是智慧城市发展的布局期。2011 年第一批智慧城市建设试点在深圳和武汉启动，随后国家层面出台了智慧城市试点建设方面的通知、管理办法及评价体系等文件。2014 年 8 月，国家发改委等八部门联合印发《关于促进智慧城市健康发展的指导意见》，对我国智慧城市建设进行了国家层面的顶层设计，并对中国特色智慧城市建设的目标进行了规划。2015 年 12 月经国务院批准成立的"新型智慧城市建设部际协调工作组"，提高了我国智慧城市建设的高度，我国智慧城市建设进入初步布局期及调整期。

第三阶段（2016—2018 年）为我国智慧城市建设新型转换期。"十三五"规划纲要于 2016 年 3 月正式发布，提出了包括"基础设施智能化、公共服务便利化、社会治理精细化"的新型智慧城市建设工作的重点。2016 年 4 月，习近平总书记在网络安全和信息化工作座谈会上提出分级分类推进智慧城市建设的要求。特别是提出智慧城市建设"三融五跨"的新理念、新模式，这些为我国智慧城市建设指明了新的方向，提供了信息保护新机制，并提出了更好的发展要求，这也标志着我国智慧城市建设进入新的发展阶段。因此，可以说这一时期我国智慧城市建设实现了新型智慧城市建设的转换。

第四阶段（2020 年以来），我国新型智慧城市建设进入数字化发展期。区块链技术在智慧城市建设中逐步运用，数字孪生技术逐步推广，加之 2020 年新基建投资的推动，我国新型智慧城市建设进入了新的发展阶段：一是智慧城市将成为新基建最主要的"服务对象"，也是新基建上层应用的"主战场"；二是智慧城市将从"纵强横弱、数据不通"迈向"纵强横通、数据融通"的新阶段；三是智慧城市评价体系将驱动"横向规建营评一体化"模式兴起，可持续运营价值更被重视；四是智慧城市建设将加速下沉，三、四、五线城市及县域将成为新的增长极。未来通过虚实交互、仿真推演等新阶段、新特征的普及应用和不断创新，城市将进入决策智能阶段，完成智能化向智慧化转型。

2. 成熟度模型

建设新型智慧城市，是党中央、国务院立足我国发展实际，主动适应和引领新常态、打造经济发展新动能做出的重大决策部署。2016 年 4 月 19 日，习近平总书记在全国网络安全和信息化工作座谈会上的讲话中指出："分级分类推进新型智慧城市建设，打通信息壁垒"，明确了新型智慧城市发展的破局关键，也为满足我国各城市未来发展指明了方向。从全国新型智慧城市评价工作的分析结果来看，我国东部地区、中部地区、西部地区之间，新型智慧城市建设和发展水平差距较大，发展不平衡、不充分将会进一步加剧数字鸿沟，影响社会公平，削弱人民获得感和幸福感。

对任何城市来说，其智慧城市的建设与发展过程，都是一个逐渐迈向更高成熟状态的长期渐进过程，是基础设施、信息资源、网络安全、体制机制、惠民服务、城市治理等各方面能力的持续提升过程。因此需要引入成熟度理论和方法，构建智慧城市成熟度模型，从动态评价的角度对城市智慧化的发展阶段进行衡量，以便更有针对性地提炼最佳实践和发展方向。

1）模型框架

智慧城市成熟度模型参考框架如图18-2所示，由成熟度等级、能力要素、成熟度分级特征三部分构成。根据城市治理与职能分工，将能力要素分为共性基础类、场景应用类两类，定义了若干能力域，并细分为一系列具体的能力子域。

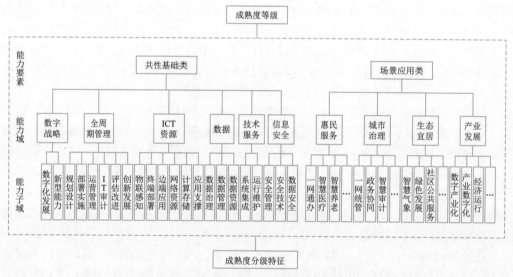

图 18-2　智慧城市成熟度评价模型

（1）共性基础类能力要素的划分与特征。

智慧城市共性基础类能力要素作为智慧城市建设的能力支撑，贯穿智慧城市发展的全过程，包括数字战略、全周期管理、ICT资源、数据、技术服务、信息安全等。

数字战略能力域站在战略和全局的高度，为智慧城市建设提供上位输入，主要包括数字化发展和新型能力。在此基础上，全周期管理能力域是进一步对智慧城市"计划、执行、检查、处理"的发展全过程进行剖析，分解为规划设计、部署实施、运营管理、IT审计、评估改进和创新发展等阶段。同时，作为智慧城市发展重要的基础支撑，ICT资源、数据、技术服务、信息安全等能力域则分别从城市关键共性数字基础设施、城市重要资产与生产要素、相关技术服务供给、城市建设重要保障等方面进行划分。

（2）场景应用类能力要素的划分与特征。

智慧城市场景应用类能力要素作为智慧城市建设的应用场景落地的具体体现，规定了各领域应用场景建设的成熟度水平,从业务角度将场景应用能力要素划分为惠民服务、城市治理、生态宜居、产业发展四大能力域,各能力域由一系列典型应用场景的能力子域组成。

惠民服务能力域主要聚焦各城市多元主体多样化、均等化的公共服务需求,包括一网通办、智慧医疗、智慧养老等能力子域。城市治理能力域重点关注跨部门多业务协同应用,以解决城市治理中的突出问题,包括一网统管、政务协同、智慧审计等能力子域。生态宜居能力域围绕生态优化绿色发展理念,着重展现生态文明建设与智慧城市建设的有机结合,包括智慧气象、绿色发展、社区公共服务等能力子域。产业发展能力域深度反映城市数字经济发展水平的相关方面,包括数字产业化、产业数字化、经济运行等能力子域。

2)成熟度等级划分

综合共性基础能力要素和场景应用能力指标评估结果,将智慧城市在不同发展阶段应达到的水平特征划分为五个成熟度等级,自低向高分别为一级(规划级)、二级(管理级)、三级(协同级)、四级(优化级)和五级(引领级),如图18-3所示。较高的成熟度等级应具备低于该成熟度等级的全部特征,具体定义如下。

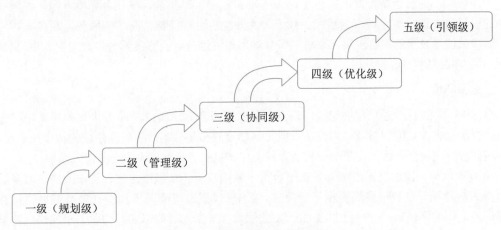

图 18-3　智慧城市成熟度等级划分

- 一级(规划级):智慧城市发展策划清晰,相关职责分工和工作机制明确,初步开展数据采集和应用,相关活动有序开展。
- 二级(管理级):智慧城市发展战略、原则、目标和实施计划等明确且具体,城市基础设施的智能化改造持续推进,多领域实现信息系统单项应用,实施智慧城市全生命周期管理。
- 三级(协同级):有效管控智慧城市各项发展目标,实施多业务、多层级、跨领域应用系统的集成,持续推进信息资源的共享与交换,推动惠民服务、城市治理、生态宜居、产业发展等的融合创新,实现跨领域的协同改进。
- 四级(优化级):智慧城市与城市发展深度融合,基于数据与知识模型实现城市经济、社会精准化治理,数据要素的价值挖掘和开发利用活跃,城市竞争力持续提升。
- 五级(引领级):智慧城市敏捷发展,城市物理空间、社会空间、信息空间的融合演进和共生共治,能够引领城市集群治理联动,形成高质量发展共同体。

智慧城市成熟度模型的一至三级，重点聚焦城市各项治理与管理工作的效率与效能的提升，强化信息技术应用与创新，强调通过信息（流程）自动化的"体力替代"价值，持续改变城市发展相关活动的"生产与交付结构"。智慧城市成熟度模型的三至五级，重点聚焦城市各项治理与管理结构与韧性的改善，强化数字技术应用与创新，强调通过数据（模型）自动化的"脑力替代"价值，凸显对"城市治理与管理结构"的深度改革，以及面对城市这一复杂巨系统的决策敏捷性与韧性应变能力。三级作为城市数字化转型的过渡级别，重点强调城市发展知识沉淀、个性化与特色能力的建设，作为效率效能向敏捷决策的过渡级别。

18.1.3　宏观环境

智慧城市规划与建设过程中，要注意以国家发展战略为导向，适应生产力提升要求，顺应城市社会与技术发展趋势。在政策环境方面，智慧城市发展随着国家新型城镇化战略推进，被赋予空间、功能等方面的新内涵，同时进一步与数字中国等国家战略融合。在经济环境方面，数字经济在国民经济中的地位更加稳固，通过数字技术与实体经济深度融合，加速重构经济发展与治理模式，为智慧城市发展提供生产力基础和数据生产要素。在社会环境方面，我国数字社会建设显著加快，智慧城市为居民、政府、企业提供更加便捷、高效的服务。在技术环境方面，新一代信息技术的广泛应用，正引领智慧城市相关综合解决方案朝着走深向实、协同布局、社会与生态共赢的方向发展。

1. 政策环境

自2015年12月习近平总书记提出新型智慧城市理念后，2017年十九大报告中又提出建设智慧社会，标志着我国智慧城市建设从智能化基础设施和装备制造等硬件建设的初步探索布局，开始转向智慧化社会应用、智慧产业发展和相关体制机制等软件建设的全面深入发展。

2020年以来，国家发展改革委先后出台了一系列政策，从城市治理、县城改造、城乡融合等角度为新时期智慧城市发展提出了新要求。《国家发展改革委关于加快开展县城城镇化补短板强弱项工作的通知》（发改规划〔2020〕831号）、《国家发展改革委办公厅关于加快落实新型城镇化建设补短板强弱项工作　有序推进县城智慧化改造的通知》（发改办高技〔2020〕530号）等政策文件为县城智慧城市建设指明了方向。国家发展改革委关于印发《2022年新型城镇化和城乡融合发展重点任务》的通知（发改规划〔2022〕371号）明确提出"提升智慧化水平。完善国土空间基础信息平台，构建全国国土空间规划'一张图'。探索建设'城市数据大脑'，加快构建城市级大数据综合应用平台，打通城市数据感知、分析、决策、执行环节。推进市政公用设施及建筑等物联网应用、智能化改造，促进学校、医院、养老院、图书馆等资源数字化。推进政务服务智慧化，提供商事登记、办税缴费、证照证明、行政许可等线上办事便利"。

2021年3月《国民经济"十四五"规划》第五篇"加快数字化发展　建设数字中国"中明确指出"加快数字社会建设步伐。适应数字技术全面融入社会交往和日常生活新趋势，促进公共服务和社会运行方式创新，构筑全民畅享的数字生活"以及"建设智慧城市和数字乡村"。

2021年12月，中央网络安全和信息化委员会办公室印发《"十四五"国家信息化规划》，对我国"十四五"时期信息化发展作出部署安排。该规划提出"新型智慧城市分级分类有序推进，数字乡村建设稳步开展，城乡信息化协调发展水平显著提升"以及"推进新型智慧城市高质量发展。因地制宜推进智慧城市群一体化发展，围绕公共交通、快递物流、就诊就学、城市运行管理、生态环保、证照管理、市场监管、公共安全、应急管理等重点领域，推动一批智慧应用区域协同联动，促进区域信息化协调发展"。

2023 年 2 月，中共中央、国务院印发《数字中国建设整体布局规划》（以下简称《规划》）。《规划》中指出，"要全面赋能经济社会发展。一是做强做优做大数字经济。二是发展高效协同的数字政务。三是打造自信繁荣的数字文化。四是构建普惠便捷的数字社会"。

2. 经济环境

根据国家统计局公布的近些年来增长情况的相关统计，我国经济 GDP 总额一直保持增长态势，说明当前我国经济环境稳定。一方面，可以为智慧城市的建设提供安定的环境和稳定的资金支持；另一方面，智慧城市的建设运营通过引进新一代信息技术可以转变城市的经济增长方式，促进城市经济的发展。

当前，数字经济在国民经济中的地位更加稳固。数字经济以数字化的知识和信息作为关键生产要素，以数字技术为核心驱动力量，以现代信息网络为重要载体，通过数字技术与实体经济深度融合，不断提高经济社会的数字化、网络化、智能化水平，加速重构经济发展与治理模式，为智慧城市发展提供生产力基础和数据生产要素。

整体来看，数字经济为智慧城市提供富有韧性的经济保障，数字产业化、产业数字化、数字化治理、数字价值化将构建智慧城市产业新生态，不断适应城市经济社会发展新需求，加速智慧城市供给侧结构性改革。

3. 社会环境

智慧城市为居民提供更加便捷、高效的服务，形塑居民的生活工作习惯。第 49 次《中国互联网络发展状况统计报告》显示，我国互联网基础建设加速推进，5G 和光纤宽带覆盖千家万户，网民规模超过 10 亿，互联网普及率达 73.0%，数字社会建设显著加快。即时通信、在线办公、网络支付、网络购物、网上外卖、网约车、在线医疗、在线教育逐渐成为人们工作和生活的新常态。

智慧城市可以为政府部门提供更加便捷的管理手段，提高行政部门的管理效率。通过智慧城市建设中的智慧公共服务、智慧管理体系等，政府能够更好地发挥其职能角色，使政府在面临重大突发事件和应急事件时做出及时的反应和处理，还能通过智能化的数据分析，做好防护预警措施，从而为城市居民提供高效便捷的服务。此外，智慧城市具备强大的物联网感知系统，能够随时感知城市各角度的区位情况，为城市的公共安全提供保障。

此外，站在商业组织的角度来看，智慧城市把城市的每一个角落相互联结，提高了服务效率，降低了业务成本，为其提供了便利的移动商务解决方案，同时也为其和政府之间的互动沟通、商务合作搭建了便利的桥梁。对生活在城市中的每个居民而言，智慧城市中便捷的公共服务、智能化的公共基础设施都为其生活提供了极大的便利，同时，智能家居的推广和应用使得居民的家庭生活更加智能化、便捷化。总而言之，政府和商业组织等是智慧城市建设运营的服务提供者，让社会管理科学化、便捷化；城市居民作为智慧城市公共服务的消费者，能够享受到便捷且智能的吃、喝、住、娱、购、行等城市生活。

由此可见，智慧城市的建设运营涉及整座城市的方方面面，能够为生活在城市中的个体和各个群体提供便利的生活条件、生产条件和商业氛围等。智慧城市的建设运营符合市民、政府、企业等群体、个体的共同利益，受到整个社会各阶层的支持和鼓励。

4. 技术环境

智慧城市的管理和服务方式对信息技术的支撑作用和知识创新的推动作用具有很大的依赖性。从技术发展的角度而言，智慧城市的发展需要借助物联网、移动互联网、新一代信息通信等技术的互动性、关联性以及协同性，进一步推动智慧城市不断向前发展。从社会发展的视角而言，智慧城市集多种工具和应用于一体，如社交网络平台、综合管理平台以及系统集成方法等，通过这些工具实现信息和知识主导的社会环境不断更新，以期创造出更高的社会价值，从而最终实现经济、社会、环境与人的全面协调、可持续发展。5G、物联网、大数据、云计算、边缘计算、人工智能、数字孪生等智慧城市建设运营的技术环境在不断地被优化，这正为智慧城市的建设运营创造了良好的发展契机。

18.2　发展关注焦点

智慧城市的建设与发展遵循一定的基本原理。随着智慧城市的持续迭代升级，智慧城市已经从信息化建设与信息技术产品应用阶段，演进到了信息化与城市现代化深度融合阶段，其基本原理也在发生变化。随着数字技术的发展与成熟应用，智慧城市的关注焦点从使用信息化应用提高工作效率，转为通过数字关系计算提高决策效能；从局部信息技术应用，转为广泛互联互通环境下的综合应用创新；从强调管理体系和规范性，转为突出主动服务与精准施策等。当前，大多数城市的智慧城市建设与发展聚焦在城市治理、惠民服务、生态宜居、产业发展、区域协同五大领域，如图 18-4 所示。

18.2.1　城市治理

城市治理领域主要包括城市管理、应急管理、公共安全、基层治理、市政管理、市场监管、交通治理等具体业务。智慧城市中"物"组建的智能系统与"人"连接形成的关系网络交叉，将极大优化城市内政府、企业、社区等主体的治理效率。在政府治理方面，通过电子政务手段构建"横向联动、纵向贯通"的智慧政府，为政府办公、服务、监管、决策降本增效。在企业管理方面，引导企业积极应用相关信息技术，建立智能、互联的生产、经营管理系统，提升企业经营管理效率；在社区治理方面，加强社区信息化建设，构建网格化管理、精细化服务、多主体联动的社区综合服务管理信息化平台。

1）城市管理

依托信息技术创新城市管理模式，管理内容涵盖城市公用设施、道路交通、市容环境、园林绿化、宣传广告、施工管理、街面秩序及突发事件等方面。通过信息化手段和移动通信技术手段来处理、分析和管理整个城市的所有城管部件和城管事件信息，对全面提高城市管理的效率、质量和水平，具有重要的作用。

图 18-4　智慧城市发展聚焦领域示意图

2）应急管理

加强应急管理信息化建设，集约建设信息基础设施和信息系统。推动跨部门、跨层级、跨区域的互联互通、信息共享和业务协同。强化数字技术在灾害事故应对中的运用，全面提升监测预警和应急处置能力。加强空、天、地、海一体化应急通信网络建设，提高极端条件下应急通信保障能力。建设绿色节能型高密度数据中心，推进应急管理云计算平台建设，完善多数据中心统一调度和重要业务应急保障功能。系统推进"智慧应急"建设，建立符合大数据发展规律的应急数据治理体系，完善监督管理、监测预警、指挥救援、灾情管理、统计分析、信息发布、灾后评估和社会动员等功能。

3）公共安全

智慧城市建设是城市高质量发展的"智慧防线"和有力支撑。通过城市安全体系的建设，城市将快速形成交通、视频监控、物联网等公共安全网络，为整个城市提供安全保障。此外，通过建立犯罪实时监控、预警和分析侦破系统，从海量数据中甄选有价值的信息，为公安机关等部门提供智能分析支持，使案件侦破手段显著改进，有利于打击和预防犯罪，保证城市的安全稳定。

4）基层治理

结合政府协同治理与居民实际需求搭建基层政务办公自动化系统，搭建各部门协同治理统一的智能化平台，通过数据的采集、存储、开发、分析与传递，实现部门间治理协作水平的提高。推进基层数据治理创新，将基层社区多渠道收集的数据集成整合及标准化管理，将实时更新的数据用于社区管理和服务，并随时为上级各部门提供所需数据，解决重复填报问题，为基层减负，提高智慧治理的实际效能。

5）市场监管

充分运用互联网、云计算、大数据、人工智能等现代技术手段，加快提升市场监管效能。建立市场监管与服务信息资源目录和标准规范体系，全面整合市场监管领域信息资源和业务数据，深入推进市场监管信息资源共享开放和系统协同应用。着重加强重点食品安全追溯、完善国家法人单位信息资源库、升级改造国家企业信用信息公示系统、推进12315平台一体化建设、整合广告智慧监管信息化建设、完善网络市场交易监管信息化建设、加强国家商品数据库建设。

6）市政管理

利用物联网、云计算、大数据和GIS等先进技术，对城市的燃气、电力、供排水、热力、水利、综合管廊等进行统一管控，以达到感知、集中监控、诊断分析、远程运维、在线模拟、输配管理城市基础设施及资源的目的，实现城市指挥中心的统一调度，进行城市功能的智能联动和快速响应，提高城市市政管理水平。

7）交通治理

采用智能交通解决方案，管理部门可以实时了解交通状况，并进行模型预测分析，加上同其他相关部门系统的协同集成，能有效缓解交通拥堵等事件的发生，并快速响应突发状况，为城市大动脉的良性运转提供科学的决策依据和管理服务工具。

18.2.2　惠民服务

惠民服务领域主要包括政务服务、交通服务、社保服务、医疗服务、社区服务、教育服务、养老服务、就业服务、无障碍服务、停车服务、文体服务等具体业务。智慧城市将通过物联网、互联网等新兴技术打破信息壁垒，为城市居民带来便利。一方面，政府、医院、社区等服务主体通过电子信息技术，建立不同部门、地区内及其相互之间的信息互认、互联互通，提高信息传递速度，为组织、民众提供快捷、简便、高效的服务；另一方面，智慧城市利于建立政府和社会各主体之间互联互通的沟通机制，实现公共服务供给和需求的有效对接，以城市网络公共空间、网络问政平台等方式为公众参与政府决策、分享信息化和城市化发展成果搭建渠道，切实解决城市居民最关心、最直接的现实问题。

1）政务服务

各地区、各部门政务服务事项全部纳入全国一体化政务服务平台管理和运行，加快实现"一网通办"。加快全国一体化政务服务平台移动端建设，推动企业和群众经常办理的政务服务事项"掌上办、指尖办"，推进身份证电子证照、电子社保卡、电子驾驶证、电子行驶证、电子营业执照等高频电子证照在政务服务平台移动端汇聚，并在日常生产生活各领域中应用。在确保安全可控的前提下，发挥第三方平台渠道优势，拓展政务服务移动应用。依托全国一体化政务服务平台，建设企业和个人专属服务空间，完善"一企一档""一人一档"，规范和拓展二维码、数字名片等场景应用，实现个性化精准服务。充分运用大数据、人工智能、物联网等新技术，推出"免申即享"、政务服务地图、"一码办事"、智能审批等创新应用模式。

2）交通服务

建立基于现代电子信息技术面向交通运输的服务系统，以信息的收集、处理、发布、交换、分析、利用为主线，为交通参与者提供多样性的服务。通过覆盖市民出行前、出行中、出行后全场景的服务支撑，智慧化的交通服务可实现违章处理、智慧停车、在途引导、资源共享、智能移动警务等服务，整合政府多部门交通数据、互联网数据及用户上报数据，让城市交通管理全民参与、社会联动，用户在出行过程中实时感知，为用户通畅出行提供数据支撑。

3）社保服务

通过智能工作流、自动分派、电子档案、数据分析等机制，对社会保险各业务流程进行标准化梳理，形成智能化业务流水线，支持流程化业务经办，实现以业务流程驱动业务事项办理，自动推送待办事项，提高社保服务效率。构建网页、微信、自助终端服务平台的多元服务渠道，优化社保查询、养老保险查询、参保证明打印、社保待遇养老金领取资格认证、失业保险金申领、社保卡申领激活挂失进度查询等社保业务服务形式。

4）医疗服务

建立电子病历和电子健康档案，数据收集要直接深入地方医护工作站和一线临床，并且全面记录，互操作性至关重要。医院和社区中间的电子病例档案不光是在文档格式层面，甚至在语义层面都是可以交换甚至互操作的，需要开放的基础架构帮助实现数据共享。从最小数据集建立、标准化方法论，到标准本身，卫健部门及其下属的标准化组织正在编写详细的行业标准。在标准的实施上，通过建立数据共享平台、定义数据提供者和数据消费者来测试系统的互操作性。

5）社区服务

开发社区协商议事、政务服务办理、养老、家政、卫生、托育等网上服务项目应用，推动社区物业设备设施、安防等智能化改造升级。集约建设智慧社区信息系统，开发智慧社区移动应用服务，加速线上线下融合。推进数字社区服务圈、智慧家庭建设，促进社区家庭联动智慧服务生活圈发展。大力发展社区电子商务，探索推动无人物流配送进社区。推动"互联网＋"与社区服务的深度融合，逐步构建服务便捷、管理精细、设施智能、环境宜居、私密安全的智慧社区。以县（市、区、旗）为单位，支持利用互联网、物联网、区块链等现代信息技术，深入组织开展智慧社区、现代社区服务体系试点建设，高效匹配社区全生活链供需，扩大多层次便利化社会服务供给。

6）教育服务

全面推进智慧校园、智慧教室建设，建成教育管理、学校教学和公共服务应用功能全覆盖，各级各类教育机构与用户使用全覆盖的智慧教育云平台。充分应用云计算、大数据、物联网、移动互联网、社交网络、人工智能、5G 等新一代信息技术支持的教育环境，提高教育监管评价决策、教学信息资源服务、师生家长交互以及教育教学活动的智能化水平，促进信息技术与教育融合创新。

7）养老服务

推动"互联网＋养老服务"发展，推动互联网平台企业精准对接养老服务需求，支持社区养老服务机构平台化展示，提供"菜单式"就近便捷养老服务，鼓励"子女网上下单、老人体验服务"。培育城市级综合信息平台和行业垂直信息平台。引导有条件的养老服务机构线上线下融合发展，利用互联网、大数据、人工智能等技术创新服务模式。鼓励互联网企业开发面向老年人各种活动场景的监测提醒功能，利用大数据方便老年人的居家出行、健康管理和应急处置。

8）就业服务

通过就业信息资源库和就业信息平台，对内实现业务统一办理、对外实现服务统一提供。推进招聘求职、政策申领、职业指导等在线服务，支持劳动者和企业便捷享受就业政策和服务。汇聚人社全领域数据资源，共享相关部门和市场机构数据，实现政策申领、就业管理和就业服务等信息"一库管理"，做准、做实、做全服务对象底数。打造全国就业公共服务平台，开通就业失业登记、就业见习、就业政策服务等全国统一服务入口，支持全国性、跨地区就业业务线上办理。完善我国公共招聘网和"就业在线"，提升全国一站式招聘求职服务能力，构建全国就业信息资源库，实时归集就业管理和服务数据，支持业务办理和形势分析研判。

9）无障碍服务

通过打造优化无障碍基础设施，实现无障碍公共服务、社会服务、信息交流，构建无障碍服务环境。各类政务服务场所要加强无障碍环境建设和改造，为老年人、残疾人等特殊群体提供便利服务。鼓励文化、旅游、体育、金融、邮政、电信、交通、商业、餐饮、住宿、物业管理等服务场所结合所提供的服务内容，为残疾人、老年人提供辅助器具、咨询引导等无障碍服务。加强居住建筑、居住区、公共建筑、公共场所、交通运输设施、城乡道路等基础设施无障碍化建设。

10）停车服务

将无线通信技术、移动终端技术、GPS定位技术、GIS技术等综合应用于城市停车位的采集、管理、查询、预订与导航服务，实现停车位资源的实时更新、查询、预订与导航服务一体化，实现停车位资源利用率的最大化、停车场利润的最大化和车主停车服务的最优化。各停车场数据实时互联，使系统能及时知道空余泊位，从而通过移动终端引导车主至空余停车场。在不增设停车位的情况下，减少车位的空置率。与传统停车场相比，智慧停车场解决了传统停车场人工成本高、出入口拥堵、管理难度大、车位利用率低等痛点，在一定程度上解决了停车难、缴费烦琐等停车问题。

11）文体服务

面对传统"文体"产业智慧升级转型，整合8K投影、大数据可视化、智能楼宇、数据中心基础设施与工业自动化等，为文体场馆、智慧景区、博物馆、大型表演提供智慧化活动场地设施，帮助传统线下体育、文化服务事业实现科学的、高效的新型管理模式，同时给用户带来便捷和科技体验，推动体育文化旅游走向新高峰。全面加强网络文体服务机构的监管力度，督促强化安全播出、网络安全、设施保护一体化运行管理。加大专项排查清理，开展广播电视节目和网络视听等文娱领域综合治理。充分利用大数据、云计算、人工智能等新技术手段，建设网络文化监测平台，完善网络视听新媒体监管体系建设。

18.2.3　生态宜居

生态宜居领域主要包括绿色低碳、生态环保、智慧能源、智慧水利、城市公园、自然资源监管等具体业务。智慧城市的发展更要重视维护人与自然的关系，构建绿色低碳的可持续发展体系，主要体现在三方面：一是依托信息技术本身的"低碳排强度、高减排能力"特性，通过无纸化、共享经济等新型方式，推动生产、生活方式由"高能耗、高物耗、高污染、高排放"向"绿色、低碳、高效"转变；二是利用信息技术赋能传统行业，通过智能电网、智能建筑、智能物流等途径促进企业节能减排与产业转型；三是借助智慧城市的智慧终端，通过大数据对城市环境数据进行实时监测与分析，打好城市污染防治攻坚战。

1）绿色低碳

在生产方面，以数字技术赋能绿色技术创新，通过清洁技术改造、管理模式创新等，革新既有生产模式，形成绿色低碳循环的生产方式，帮助传统工业提升生产效率、加快"脱碳"进程；加强数字技术在低碳绿色领域的应用，充分运用人工智能、大数据、区块链等数字技术为工艺设计、生产制造、回收利用等各环节绿色低碳转型赋能，实现对工业碳排放数据的实时监测、管理与核算。在生活方面，以数字化方式探索公众参与碳减排，构建政府主导、企业主体、公众参与的减污降碳新格局，通过数字化智慧手段在网络空间宣传绿色发展主旋律，在全社会倡导简约适度、绿色低碳的生活方式，普及和推广数字政务、互联网医疗、在线教育、共享单车等低碳生活新形态。

2）生态环保

突出精准治污，全面准确地掌握污染源的数量、结构、区域等基本信息，识别污染发生的重点区域、重点时段、重点污染因子、重点行业等，加强污染监测预警预报，及时掌握污染信息，精准施策。系统提升生态环境监测现代化能力，建立健全生态环境监测配套基础设施，集成卫星遥感、无人机、地面台站等技术手段，建立"天空地一体化"的生态环境监测网络体系。强化卫星遥感等高新技术、先进装备与系统的应用，开展监测大数据分析，支撑生态监管与风险预警和防控。

3）智慧能源

发挥智能电网延伸拓展能源网络潜能，推动形成能源智能调控体系，提升资源精准高效配置水平；推动数字化、智能化技术在煤炭和油气产供储销体系全链条和各环节的覆盖应用，提高行业整体能效、安全生产和绿色低碳水平。围绕重点领域、关键环节、共性需求，依托能源工程因地制宜挖掘和拓展数字化智能化应用，重点推进在智能电厂、新能源及储能并网、输电线路智能巡检及灾害监测、智能变电站、自愈配网、智能微网、氢电耦合、分布式能源智能调控、虚拟电厂、电碳数据联动监测、智慧库坝、智能煤矿、智能油气田、智能管道、智能炼厂、综合能源服务、行业大数据中心及综合服务平台等应用场景的系统性、数字化、智能化建设。

4）智慧水利

推进智慧水利建设要以数字化场景、智慧化模拟、精准化决策为路径，以构建数字孪生流域为核心，加快构建具有预报、预警、预演、预案功能的智慧水利体系。构建数字孪生流域，建设数字孪生平台，建设基础数据统一、监测数据汇集、二三维一体化、三级贯通的数据底板。此外，在传统水利监测体系的基础上，利用智能感知技术和通信技术，建设对涉水对象属性及其环境状态进行监测和智能分析的"天空地一体化"水利感知网。扩展定制流域防洪数字化场景，升级完善洪水预报、预警功能，重点构建模拟仿真模块，补充旱情综合监测、预测功能和淤地坝洪水预报功能，搭建防汛抗旱"四预"业务平台。

5）城市公园

在公园中运用"互联网＋"的思维和物联网、大数据云计算、移动互联网、信息智能终端等新一代信息技术，对服务、管理、养护过程进行数字化表达、智能化控制和管理，实现与游人互感、互知、互动。加强网络传输和通信网络、电子信息屏、多媒体触摸屏终端机、视频监控、智能广播、求助设施、感测设施等信息基础设施建设，优化网络服务平台、入园基础服务、游园导览、信息发布、个性化服务、咨询投诉服务、虚拟体验等服务内容，进行数字化记录、监测、监控，重点设施建立三维场景，并实现巡查对比；实现养护信息管理、植物水肥管理、植物病虫害监测等信息化与智能化。

6）自然资源监管

运用数字技术推动山水林田湖草沙一体化保护和系统治理，完善自然资源三维立体"一张图"。建设覆盖综合受理、政务审批、GIS 辅助审批、三维 BIM 辅助审查、指标比对、数字档案管理等在内的政务审批一体化智能应用；涵盖国土空间用途管制实施监测评估、自然资源开发利用监管、国土空间综合整治与生态修复、自然资源资产监管等系统的业务管理一体化应用；涵盖廉政风险防控、重点事项督办、各项专题监管、决策智治的监管决策一体化智慧应用以及内容全面、自由有序、全程留痕、处处提醒、随时交流、事事关联的自然资源一体化综合调度应用。

18.2.4　产业发展

产业发展主要包括智慧商圈、智慧物流、智慧园区、智慧金融、智慧农业、智慧出行、智慧旅游等具体业务。智慧城市是信息技术的创新融合应用，也将依托技术创新促进城市内旧新产业的发展。一方面，智慧城市内物联网、云计算等新兴技术的应用将带动创新产业、软件与信息服务业等新兴产业发展，加速重构以战略性新兴产业为主体的城市现代产业体系；另一方面，智慧城市也将通过数字技术建立政府、企业、公众等组织间多维、新型协作关系，建立以企业为主体、以市场为导向的技术研发创新机制，加快传统企业转型和结构优化，通过技术创新、组织创新和服务创新等方式来提升相关产业和企业的核心竞争力。

1）智慧商圈

加强移动互联网、无线网络等基础设施建设，促进物联网、大数据、云计算、人工智能、虚拟现实等新技术应用。推动商圈数字化改造，丰富智能化场景应用。建设商圈大数据平台，运用大数据技术加强消费互动和运行监测，规范采集客流、车流、物流、资金流等数据，定期发布商圈客流、业态、品牌分析报告，为商家精准营销和服务提供信息支撑。具体表现为实现商圈 Wi-Fi 全覆盖和提供免费 Wi-Fi 接入服务，具备智能监控商圈信息（人流量、车流量等）

及环境设备信息（空气质量、设备运行情况等）等功能，利用互联网技术整合商圈实体商家产品和服务，发展商圈网订店取、互动体验等 O2O 新业态服务，实时统计商圈内各主体停车场的空余停车位，提供交通引导、车位查询、车位预订、车位共享、车辆流量统计与分析服务等方面。

2）智慧物流

完善集约高效的现代物流服务体系，支撑现代产业体系升级，推动产业迈向全球价值链中高端。加快运输、仓储、配送、流通加工、包装、装卸等领域数字化改造、智慧化升级和服务创新，补齐农村物流、冷链物流、应急物流、航空物流等专业物流短板，增强专业物流服务能力，推动现代物流向供应链上下游延伸。深度应用第五代移动通信（5G）、北斗、移动互联网、大数据、人工智能等技术，分类推动物流基础设施改造升级，加快物联网相关设施建设，发展智慧物流枢纽、智慧物流园区、智慧仓储物流基地、智慧港口、数字仓库等新型物流基础设施。鼓励智慧物流技术与模式创新，促进创新成果转化，拓展智慧物流商业化应用场景，促进自动化、无人化、智慧化物流技术装备以及自动感知、自动控制、智慧决策等智慧管理技术应用。加快高端标准仓库、智慧立体仓储设施建设，研发推广面向中小微企业的低成本、模块化、易使用、易维护智慧装备。

3）智慧园区

智慧园区建设内容按照园区发展定位可划分为智慧环境、智慧招商、智慧办公、智慧生活，另外还有智慧管理、智慧基础设施以及针对专业园区建设的各类专项应用。一方面，智慧园区将会朝创新化、生态化发展。未来智慧园区建设将会更加注重高新技术、生态环保型等产业的发展，融入低碳管理理念，将新的技术、管理手段、管理平台与园区的创新结合在一起。另一方面，智慧园区建设与园区产业发展相结合。引入一批发展潜力大、市场前景好的智慧产业，逐步形成"智慧制造"到"智慧服务"一条龙园区产业格局。产业园区通过核心和关联产业的聚集，达到产业规模效应，人才和知识聚集，生产力提升，供应链效率提升。未来城市发展与管理可以以智慧园区建设为牵引，拉动智慧城市建设，并将智慧园区的管理职能融入智慧城市的管理体系建设中去，实现智慧园区管理与城市化管理的高度融合，打造极具区域影响力的智慧化城市管理体系。

4）智慧金融

发挥数字技术在金融行业前台、中台、后台过程中的支撑作用，实现金融行业对风控、营销、运营等业务的智慧化。在前台，通过智能营销和智能客服，提升金融服务的客户体验，使服务更加人性化、多样化；在中台，通过智能投顾、智能投资、智能投保理赔等服务，支持各类金融服务的分析和决策，使分析和决策更加高效化、智能化；在后台，利用智能风控和智慧运营，可以用于风险识别和防控，使管理更加精细化。其中，智慧风控通过将大数据、人工智能等技术作为风控工具应用到风险控制流程中，以客户为中心，多种技术结合应用，以提升风险控制效率和精准度，实现将风险控制在目标区间范围。智慧营销主要在金融产品的销售环节，通过对用户多维度信息数据的采集、分析，即客户画像，增强营销与获客精准度。智慧运营通过使用人工智能、机器人流程自动化技术，使重复性的工作让机器自动完成，提升工作效率。

同时，依托人工智能基础能力、识别合成、图像识别，借助语义完成结构化信息抽取，经逻辑判断自动审核。

5）智慧农业

智慧农业聚焦物联网、人工智能、区块链等新一代信息技术与农业生产经营和管理服务的深度融合，以基层政府部门、企业和农业新型经营主体为主要对象，突出建设成效、推广模式和先进实用技术，涵盖智慧种植、智慧畜牧、智慧渔业、智能农机、智慧园区、综合服务等多个行业和领域。

6）智慧出行

打造一体化出行服务平台，倡导"出行即服务"理念，鼓励企业整合多方式出行信息资源，为旅客提供全链条、多方式、一站式出行服务。推动旅客联程运输发展和全程服务数字化；推动综合客运枢纽智能化升级改造；推动客运售票、检票、安检、登乘等环节电子化、无感化；建设枢纽内智能引导设施；完善全国道路客运电子客票服务体系，在二级及以上道路客运站及定制客运线路普及电子客票应用；提升农村客运信息服务水平，提供城乡一体化客运服务；推动电子船票应用；推动城市客运智能化；推广智能公交、城市轨道交通智能运营管理，提升公共交通柔性运营能力；推进城市交通大数据综合应用，实现信息一体融合、综合服务；推进快速智能安检、快速支付等技术应用；积极采用"传统＋智能"方式解决老年人、残疾人等群体出行问题。

7）智慧旅游

建设智慧旅游城市、旅游景区、度假区、旅游街区，培育一批智慧旅游创新企业和重点项目，开发数字化体验产品，发展沉浸式互动体验、虚拟展示、智慧导览等新型旅游服务，推进以"互联网＋"为代表的旅游场景化建设。提升旅游景区、度假区等各类旅游重点区域5G网络覆盖水平。推动停车场、旅游集散中心、旅游咨询中心、游客服务中心、旅游专用道路、旅游厕所及旅游景区、度假区内部引导标识系统等数字化、智能化改造升级。通过互联网有效整合线上线下资源，促进旅行社等旅游企业转型升级，鼓励旅游景区、度假区、旅游饭店、主题公园、民宿等与互联网服务平台合作建设网上旗舰店。鼓励依法依规利用大数据等手段，提高旅游营销传播的针对性和有效性。

18.2.5 区域协同

区域协同领域主要包括城乡联动、城市群发展、跨区域协同等具体业务。智慧城市为跨域发展提供抓手，能够在一定程度上打破城市和乡村之间、城市与城市之间存在的地理、物理隔阂。一是统筹推进智慧城市与数字乡村建设，扩大城市治理、公共服务、产业发展辐射半径的同时，兼顾城乡之间发展的公平与效率。二是通过数据要素流通、标准化技术应用、城市区域分工，带动城市群发展、区域协同，实现城市之间优势互补、突出地域发展特色。

1）城乡联动

推进城镇公共服务向乡村覆盖。积极建设城乡学校共同体，深化"县管校聘"改革，推进县域内义务教育优质均衡发展。发展普惠托育服务，构建多元化、多样化、覆盖城乡的婴幼儿照护服务体系，办好乡镇公办幼儿园。建设紧密型县域医共体，实行医保基金总额付费、结余留用，建立柔性人员上下流动机制，推动"县聘乡用、乡聘村用"。增强县级医院综合能力，通过对口帮扶、远程医疗、专科联盟等方式，推动城市优质医疗资源向县域下沉。健全县乡村衔接的养老服务网络，发展乡村互助式养老服务。推进城镇基础设施向乡村延伸。因地制宜推动供水供气供热管网向城郊乡村和规模较大中心镇延伸。推动县乡村（户）道路联通，促进城乡道路客运一体化。建设联结城乡的冷链物流、电商平台、农贸市场网络，建设重要农产品仓储设施和城乡冷链物流设施。推动城乡基础设施管护一体化。

2）城市群发展

加强城市群内的智慧城市合作，探索建立统一标准，开放数据端口，建设互通的公共应用平台，建设全面覆盖、泛在互联的智能感知网络以及智慧城市时空信息云平台、空间信息服务平台等信息基础设施，大力发展智慧交通、智慧能源、智慧市政、智慧社区。推进电子签名证书互认工作，推广电子签名互认证书在公共服务、金融、商贸等领域应用，共同推动城市群电子支付系统互联互通等。

3）跨区域协同

探索建立跨区域城市协同发展的利益分享机制，对于跨区域的项目建设、产业转移、投资活动等，通过采取联合共建、股份化运作等方式和途径，进行利益分成和利益共享。此外，探索建立跨区域城市协同发展的利益补偿机制，通过规范财政转移支付制度、建立城市间补偿制度和城市协调发展专项资金等方式，对周边城市在协同发展过程中的利益损失予以补偿。发挥数字手段对于城市协同发展中的支撑作用，如加强生态环境监测对跨域环境治理的支撑、产业数字平台对跨域产业链发展的支撑。

18.3　发展规划要点

智慧城市发展规划是一项系统性工程，在明确智慧城市建设目标的基础上，自上而下将目标层层分解，对智慧城市的建设任务、总体架构、实施路径等进行规划。规划需考虑的因素主要包括：①应与国家城镇化、信息化发展规划进行有机结合，与城市其他相关规划、政策文件相衔接。②应推进公共服务便捷化、城市管理精细化、生活环境宜居化、基础设施智能化、网络安全长效化等目标的实现。③应从城市整体发展战略层面对智慧城市建设目标、总体架构及业务架构、数据架构、应用架构、基础设施架构、安全体系、标准体系、产业体系等进行规划和设计；从操作层面对主要任务、重点工程、运营模式、实施阶段、保障措施等进行设计。④应考虑政府、企业、居民等多元主体的实际需求。⑤应围绕目标导向、问题导向和需求导向展开，确定发展方向、建设目标、总体架构与实施路径等内容，并宜区分需求和目标的轻重缓急。⑥应重点围绕跨部门、跨领域、跨层级的资源统筹、数据共享、业务协同，从体制机制和技术应用两方面进行创新。智慧城市发展规划的基本过程如图 18-5 所示。

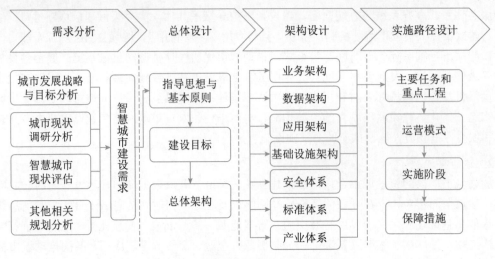

图 18-5　智慧城市发展规划的基本过程

18.3.1　承接城市战略

城市战略是对一个城市经济、社会、环境等各领域的发展所作的全局性、长期性、决定全局的连续性谋划和总体部署，城市战略由一个城市自然禀赋、人文环境、区位特征等多方面共同确定。在我国，城市战略从制定到落地由系统性规划体系来保障推进，我国的规划体系包括发展规划、区域规划、空间规划和一系列专项规划，其中，专项规划是指导特定领域发展、布局重大工程项目、合理配置公共资源、引导社会资本投向、制定相关政策的重要依据。

智慧城市发展规划属于规划体系中的专项规划，是信息数字技术赋能城市治理能力和服务水平的路径和方法的指引性和规范性文件。智慧城市发展规划应充分承接城市国民经济和社会发展五年规划、区域规划等上位规划文件，重点阐述智慧城市建设作用于城市战略的宏观效果和中观机制，全面推进智慧城市建设与城市战略深度融合。将智慧城市发展规划锚定到城市战略落地的大体系中，也是提升智慧城市发展规划自身价值的重要方式。

具体来说，智慧城市发展规划应以城市宏观发展战略、数字化纲要性文件为支撑，结合本地区城市数字化建设需求及重点解决问题，围绕数字政府、数字社会、数字经济、数字基础设施等方面的基础条件及实际需求，设计本地区智慧城市的战略框架、战略定位和战略举措，并凝练形成智慧城市规划的指导思想和战略路径等。其中，指导思想立足大格局总括城市未来发展，是智慧城市建设推动城市战略实现的宏观效果；战略路径是智慧城市建设推动城市战略落地的中观机制。

如某城市的城市战略是不断凸显省域副中心城市地位，使其成为国家区域中心城市，建成革命老区高质量发展示范区。在智慧城市发展规划中，以城市战略为纲要，设计了"数据资源体系"和"智能计算中心"双引擎，从提升城市竞争力、省域辐射力、区域影响力三个层面支撑城市战略实现，并系统性阐述了数据和算力着力于城市竞争力、省域辐射力、区域影响力的赋能路径。

18.3.2　确立规划原则

智慧城市的规划原则是承接指导思想和战略路径，是对规划内容提出的更加具体和细化的要求。智慧城市规划的原则：①应充分结合城市智慧化发展所面临的实际问题，避免空泛偏离方向；②原则提出的要求应具体，并且在该城市可实施，避免脱离实际，缺乏操作性；③原则提出的具体要求应覆盖全面、无遗漏，能全面规范智慧城市推进工作，避免疏漏缺失。一般来说，智慧城市发展规划可以参考以下基本原则。

- 以人为本，增强用户体验。以人民需求和体验为中心，打造基于用户画像特征的主动服务、特定人员全生命周期的精准服务、重点聚焦主题的综合聚类服务等。
- 技术赋能，提升业务效率。运用新一代信息技术，依托城市数字底座，融合技术特性与业务特征，用场景化解决方案激活数据业务价值，提升城市各领域治理效率。
- 规则重构，优化资源配置。通过体制机制的优化和规则的革命性创新，贯通业务发展全流程，以数据的有效流动化解城市复杂系统的不确定性，优化资源配置效率。
- 多元创新，推进全局性转变。通过业务创新、产品创新、场景创新、商业模式创新等，推动城市治理、产业发展、民生服务三大领域的整体性转变。
- 多方共建，提升城市竞争力。通过政府引导、市场主导、全社会共同参与，打造共建、共治、共享的城市发展格局，释放城市发展潜力，提升城市面向未来的综合竞争力。

如通过全面的调研分析，某城市目前面临的突出问题是智慧城市建设统筹力度不足；数据汇聚难、共享难、融合应用难；建设资金不足，严重依赖财政；前期信息化建设市民和企业体验感不强等问题。针对这些具体问题，拟定的基本原则包括：以人为本，惠民利企；统筹规划，集约建设；数字赋能，融合创新；政府主导，多元参与；自主可控，保障安全等。

18.3.3　明确目标愿景

规划目标是规划成果的高度概括和呈现，既要有形象目标，也要有规划期内的量化目标，一般分为总体目标和具体目标两部分。规划的时间节点一般分为近期、中远期，应分别提出各期目标值。要设计符合实际的指标体系，包括定性目标、定量目标、约束性指标和预期性指标等。具体的规划目标应满足以下要求。

- 以阶段为划分，明确各阶段的主要任务、建设内容及建设成果。
- 具有明确性、可衡量性、可达成性，并有明确时限，同时应与城市自身的数字化发展设想和其他城市规划目标相匹配，并列表展示。
- 总体目标以近期为准，应明确规划期完成后在政务、经济、社会、文化、生态文明等领域所取得的宏观成效，具体目标应就以上方面分领域描述应取得的具体成效。
- 规划目标应展望中远期达成成效和愿景，较总体目标更为宏观。
- 目标设定应充分衔接城市战略及智慧城市指导思想等内容。
- 建立指标体系，实现对智慧城市建设效果的量化。

如某城市结合城市战略和相关上位文件，提出智慧城市发展总体目标：立足绿色生态和智能科技的基础优势，坚持数字赋能、协同融合、科学集约、绿色发展的建设理念，将信息科技与发展实际相融合，构建"可感、可传、可知、可用"的智慧城市有机生命体。到2025年，实现可感可知的神经网络全域铺设，跨部门、跨领域业务协同、快速响应；高效融通的数据资源高质汇聚，运行态势动态监测、实时上报；智能决策的"城市大脑"全面建成，全量汇聚的数据中枢运行高效；跨域融合的智慧场景搭建完成，实现智慧融合、创新融合、生态融合；品牌跃迁的数字经济转型升级，产业进一步跨越式发展，建成绿色高质量发展示范区，最终打造成为某区域智能科技产业的重点区、全国新型智慧城市创新发展的先行者，以及展示社会主义现代化大都市形象和成果的重要窗口。

18.3.4　业务与技术融合规划

城市各项发展与信息数字技术的融合是开展智慧城市规划的关键，它支撑智慧城市目标和原则的落地与达成，带动城市包括数字基础设施在内的各类设施能力提升，对大多数城市来说，智慧城市关注的业务与技术融合内容，主要集中在数字政府、数字社会和数字经济部分。

1. 数字政府规划

政府作为城市治理和社会服务的主体，是城市各领域活动的关键参与方，因此数字政府规划是智慧城市规划的重要方面。数字政府是指以信息数字技术为支撑，通过构建大数据驱动的政务新机制、新平台、新渠道，进一步优化调整政府内部的组织架构、运作程序和管理服务，全面提升政府履职能力，形成"用数据对话、用数据决策、用数据服务、用数据创新"的现代化治理模式。

根据政府对内对外业务划分，数字政府规划可分为政府机关内部的数字化和政府对外治理和服务的数字化。政府机关内部的数字化一般可概括为"一网协同"；政府对外治理和服务的数字化一般可概括为"一网统管"和"一网通办"。

1）一网协同

一网协同规划应聚焦于机关内部办公、办会、办事等方面数字化提升方法和途径，打造统一的横向到边、纵向到底的政务办公统一门户，通过实施机关内部"一件事"集成改革和加强政务流程优化再造，提高党政机关跨层级、跨地域、跨部门、跨系统、跨业务的协同联动能力。

2）一网统管

一网统管规划应聚焦于城市治理和社会治理难点、堵点，运用大数据、人工智能、云计算、5G、物联网等新技术，以数据应用为核心，系统性谋划政府职能转变方式和业务流程再造模式，推进政府治理精细化呈现、智能化分析和精准化预警，实现一网统管全域、一网统一指挥、一网统筹决策。

3）一网通办

一网通办规划应聚焦于城市服务各领域，从技术、业务流程、机制体制等方面开展一系列规划，通过推动各类政务服务、公共服务和社会服务渠道资源集聚融合，不断提高政务服务的完备度、便捷度、成熟度，为企业和市民提供一站式的城市综合服务体验。

如某城市在智慧城市规划中，数字政府规划单独成章，系统性谋划了"一网协同""一网统管""一网通办"平台和业务流程再造与配套机制体制改革，规划了一批城市治理和服务领域特色场景应用，助力推进政府治理体系和治理能力现代化水平。

2. 数字社会规划

社会是人类生活的共同体，人的工作、生活、娱乐等活动都是社会活动的范畴。数字社会是继农业社会、工业社会、信息社会过渡之后的一种新的社会形态。数字社会是在传统社会基础上，在以大数据、人工智能等为代表的信息数字技术的赋能作用下，社会的生产方式、生活方式和传播方式发生革命性改变，物理现实社会与数字虚拟社会高度融合的社会形态。

数字社会规划应针对社会生活范畴内的事项，结合城市发展现状，规划未来一段时间应开展的一系列推进社会数字化的行动和项目。数字社会范畴的事项主要包括公共服务、教育、医疗、社会治理、数字乡村、便民服务等领域。

在公共服务规划方面，应聚焦于数字技术如何高效推进公共服务的普惠化进程；在教育规划方面，应聚焦于持续推进教育数字化战略；在医疗规划方面，应聚焦于发展数字健康，规范互联网诊疗和互联网医院发展；在社会治理规划方面，应聚焦于推进数字社会治理精准化；在数字乡村方面，应聚焦于深入实施数字乡村发展行动，以数字化赋能乡村产业发展、乡村建设和乡村治理；在便民服务规划方面，应聚焦于普及数字生活智能化，打造智慧便民生活圈、新型数字消费业态等。

如某城市在智慧城市规划中，数字社会规划单独成章，通过全面统筹公共服务与数字乡村建设，以数字化建设引领民生福祉改善，打造普惠便捷公共服务场景，构筑智慧共享数字生活试点，建设融合发展数字乡村样板，进一步优化城乡资源配置，全面提升城乡居民幸福感、获得感和安全感。

3. 数字经济规划

经济是人们生产、流通、分配、消费一切物质精神资料的总称，数字经济就是在以上各环节运用数字技术进行赋能，直接或间接利用数据来引导经济循环中的资源发挥作用，推动生产力发展。

数字经济产业发展规划包含数字产业化、产业数字化、数据要素市场化等设计内容，其中数据要素是核心资产，数字产业化是数字经济发展的基础，产业数字化是数字经济的主体。

数字产业化的规划设计要紧紧围绕区域的创新基础及信息产业基础，致力于提升区域科技创新水平，推动区域数字产业特色发展。城市数字产业规划包括区域发展定位、产业战略定位、产业发展策略、重点项目策划、制定规划实施路径等步骤。

产业数字化规划总体思路应以产业互联网为主要发展方向，结合区域产业发展基础，推动农业、制造业、服务业等行业数字化升级，培育、壮大数字融合新业态、新模式，构建现代产业体系，形成数字经济发展新动能。城市产业数字化转型规划包括制定产业数字化转型战略、制定推进产业数字化转型的关键行动、构建产业数字化保障条件三个步骤。

引导数据要素市场化配置，充分考虑数据安全和数据产权，在统筹管理、市场交易、数据融合、价值评估等方面推动数据要素发展，主要包括：

- 规划数据要素技术研发、产品开发体系。
- 规划城市数据要素交易公共平台，支撑数据要素市场主体开展数据交易活动。

- 规划数据要素市场化管理配置机制，包含但不限于对数据要素市场主体的数据收集、融合、处理、开放、共享、价值评估、交易等活动的秩序规范。
- 规划监测和评价体系，对数据要素市场主体的数据治理及交易活动进行监测和评价。

如某城市在智慧城市规划中，数字经济规划单独成章，核心规划内容为：构筑融合发展的"一网创新"新经济体系，围绕城市产业战略布局，推动数字产业化和产业数字化发展，优先部署战略性新兴产业和未来产业，不断提升数字经济领域原始创新能力，集聚科技、金融和人才资源，共建世界级电子信息产业发展高地，构建全要素、全产业链、全价值链的"一网创新"新经济体系。

18.3.5　数字基础设施规划

这里的数字基础设施与新型基础设施等同，主要包括信息基础设施、融合基础设施和创新基础设施。数字基础设施规划是智慧城市规划的重点内容，智慧城市业务稳定运行离不开底层数字基础设施的支撑。

1. 信息基础设施

信息基础设施主要包括"云、网、数、智、安、端"等内容。其中，"云"是指城市的云基础设施，包含政务云、行业云、公有云等；"网"是指城市的网络基础设施，包括电子政务外网、行业专网、互联网、物联网、算力网等；"数"是指一体化数据资源体系，包括推进资源归集、治理、共享开放、交易流通等各环节技术和制度建设；"智"是指城市智能中枢，包括数字孪生、时空地理信息、物联感知、视频汇聚智能分析、人工智能等各类平台能力，并通过连接枢纽将各能力融合集成，统一对外服务；"安"是指一体化网络和数据安全体系，包括安全物理环境、安全通信环境、安全区域边界、安全计算环境相关的软硬件及一系列安全管理措施，同时包括商用密码体系；"端"是指各类智能感知终端，包括视频摄像头、温湿度传感器、烟雾传感器、流量探测器等，将各类"端"设备融合于设施实体上，则该实体被称为融合基础设施，如智慧灯杆等。

2. 融合基础设施

融合基础设施是指传统基础设施应用信息数字技术进行智能化改造后形成的基础设施形态，包括以工业互联网、智慧交通物流设施、智慧能源系统为代表的新型生产性设施，和以智慧民生基础设施、智慧环境资源设施、智慧城市基础设施等为代表的新型社会性设施，包括但不限于智能化道路、交通监控设施、智慧灯杆、智能电网、智能充电桩、智能燃气等。

3. 创新基础设施

创新基础设施是指支撑科学研究、技术开发、新产品和新服务研制的具有公益属性的基础设施。例如科技基础设施：生物医药等领域的国家实验室；科教基础设施：前沿科学研究平台、产业创新共性平台等；产业技术创新基础设施：企业技术中心等。

需要注意的是，智慧城市规划需要结合城市实际需求规划设计各类数字基础设施，以上内容并非一定要全部包括在特定城市的规划中。

18.3.6 组织与保障体系规划

组织与保障体系规划是确保智慧城市建设与发展的关键因素，相关内容的匮乏，通常是城市智慧化发展不畅乃至失败的主要原因。智慧城市组织与保障体系规划涉及的方面很多，因城市的现状基础、目标定位等不同而存在较大差异，但都需要重点关注组织体系、市场化生态、人才队伍和信息安全等。

1. 组织体系

智慧城市建设是一个复杂巨系统工程，参与的主体众多，包括政府、社团、企业和群众等，因此智慧城市建设与发展的组织体系，往往不会是单一组织下的内部建设，但都具有主要性组织单位。目前大多数智慧城市项目的组织单位是政府机构，也有很多城市建设运营关系比较紧密的组织，如城市建设投资公司、城市运营公司等。

在进行智慧城市组织体系规划时：①需要识别所有参与相关工作的主体，并从中找出主要组织单位，并基于此定义所有参与主体的角色与职责；②定义主导组织单位的相关责任分工，需要包括领导与协调、业务与项目管理、技术创新与决策、数据资源与安全等；③明确相关职责的承担部门或主体，并确保相关职责能够到人，必要时，技术创新与决策部分可以使用社会化力量进行承担；④明确主体组织单位外的其他组织单位角色与职责，这部分尽量能够到人，至少要与相关组织的内部架构进行匹配和融合；⑤所有单位的角色职责融合一体化。

切记以下几点：①不要忽略主体组织外的其他组织与群体；②避免相关职责没有得到有效宣贯；③所有责任体系要明确，确保基于组织架构等能够直接或间接实现所有任务或活动责任到人；④各类角色职责之间不要缺乏一体化融合。

2. 市场化生态

伴随城市的发展，智慧城市的建设也是一项持续的过程，而这一过程离不开市场化组织的参与，也就是说，智慧城市很多项目和内容需要配备社会化运营，方能发挥其应有的价值和作用，才能持续迭代发展。对于城市或城市群来说，培育智慧城市市场化生态，既是发展区域经济的需要，也是能够有效驱动和保障智慧城市建设的需要。

从智慧城市发展规划角度来看，需要结合城市的区委情况和相关产业的发展基础，给出适合城市繁荣智慧城市市场的路径和方法。智慧城市市场化生态不仅仅包括信息技术及其服务行业，也包括信息数字技术驱动衍生的城市新业态，如共享经济等。这就需要：①开展智慧城市规划时，把市场化生态作为一项工作内容考虑；②充分挖掘智慧城市发展与建设过程中，能够衍生的经济新模式、市场新业态等；③考虑城市信息技术及其服务产业的发展基础，给出利用智慧城市建设促进相关产业发展的方法（注意：并不是所有的城市和地区都适合发展信息数字技术及其服务，需要充分结合城市区位现状）；④尽量确保相关市场化生态覆盖模式革新、技术创新和管理创新等，包含咨询、标准化、设计、研发、建设、运维、运营等；⑤明确城市基于市场化生态的创新机制、措施和模式等。

3. 人才队伍

人才是各类组织开展智慧化、数字化建设所必需的能力要素，对智慧城市的建设、发展和创新起到了至关重要的作用，在进行智慧城市相关规划时，人才因素需要得到足够的重视。在大多数规划中，人才因素都会有所考虑，但智慧城市相关的人才因素思考内容有其独特性，即广泛的人才链接。这是因为智慧城市的参与主体众多，单一主体往往无法驱动智慧城市的高质量发展，而每个参与智慧城市的主体，又都涉及对应的人才问题。

在实施智慧城市人才保障体系规划时，需要注意：①确保智慧城市主体组织单位相关人才体系与人才容量的有效性，尤其是决策、调度和指挥人才；②特定业务主体单位，相关业务人员的数字能力，包括数字意识、数字素养和数字技能等；③领军、标杆等创新人才的打造，以及其带头和影响力建设；④信息数字技术人才对智慧城市业务的认知与融合创新能力等；⑤城市社会化智慧城市人才建设与发展情况，包括能力评价、培训与教育等。

4. 信息安全

相对于单纯的信息化应用，智慧城市系统复杂度较高，超越了智能制造等系统的复杂性，这是因为智慧城市不仅仅应用系统众多，其数字化基础设施更多（包括容量与多样性），系统使用主体的多元化，更加加剧了这一系统的复杂性。复杂性相对于信息安全来说，是一种巨大的"伤害"，这是因为，信息安全环境中，任何漏洞都可能让所有的安全措施无效，让安全环境成为摆设。

因此在进行智慧城市相关信息安全保障措施规划时，需要注意：①全面落实信息安全责任制，全力保障任何安全风险和安全事件都有对应的人负责；②系统分析信息安全体系的完整性和有效性，保障管理体系的管理活动得到合理安全，如内审、管理评审等；③在重视网络安全、数据安全和系统安全的基础上，需要把终端安全（IoT、ICT等）的重要性提高到新的高度；④确保安全工具的有效性，如病毒库的更新、威胁情报的获取等；⑤强化网络行为审计和运维审计等，保障各类攻防的有效性。

18.4　系统架构

智慧城市架构是承上启下的重要内容，向上承接和细化智慧城市发展战略意图，向下指导任务工程、运营及支撑体系、实施路径等分板块的设计。智慧城市总体架构包括业务架构、数据架构、应用架构、技术架构、安全体系、标准体系、产业体系等内容。基于智慧城市建设的总体目标，从智慧应用、数据及服务融合、计算与存储、网络通信、物联感知、建设管理、安全保障、运维管理等多维角度设计总体架构。

18.4.1　业务架构

智慧城市业务架构是智慧城市建设的业务需求，是根据城市的战略定位和目标、经济与发展、自然和人文条件等因素，在社会、数字经济、数字政府（或者"五位一体"，即经济建设、政治建设、文化建设、社会建设、生态文明建设）的大逻辑下，以业务为核心，识别并规划城市智慧化建设的核心业务场景，具有较强的地域特色。智慧城市业务架构参考如图18-6所示。

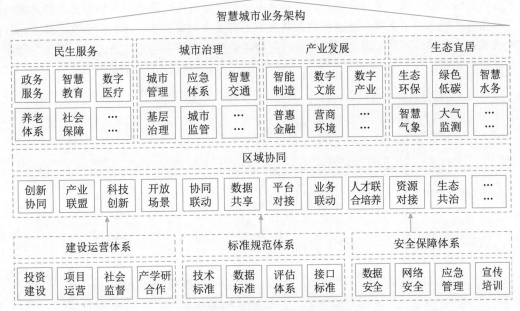

图 18-6　智慧城市业务架构参考

业务架构的设计应与城市特点相结合，在明确城市发展类型与梳理城市业务的基础上，对特色业务有所侧重，根据城市的实际需求进行业务的适配、增添和删减。智慧城市的业务架构既可以根据项目的建设阶段进行设计，也可以根据城市发展需要进行设计，以便能够清晰地展示城市的未来发展规划和适应项目建设的需求。

依据智慧城市核心业务需求，可进一步细化各领域的业务架构设计，即对城市核心业务进行分层梳理，明确 L1～L3 三层业务架构，对需要进行流程优化的业务形成对应的三层流程架构，并对流程进行详细描述。

18.4.2　应用架构

智慧城市的应用架构是以智慧城市各应用系统为重点服务内容的多层级、立体式智慧城市服务体系的结构以及关联关系，定义了业务应用的基本特性。基于智慧城市的总体业务架构，考虑服务化、前中后台的设计因素，设计智慧城市总体应用架构。智慧城市应用架构参考如图 18-7 所示。

结合业务视角及数据视角，按照分层对应原则，分析设计应用域、应用组；基于应用域、应用组对应的应用系统进行集成，同时对应用域、应用组所涉及的新建、改造、利旧的应用系统进行识别和标注，形成总体应用架构。智慧城市应用架构应包含以下要点：①总体梳理城市应用系统。梳理支撑前述业务架构中各业务所需的应用系统，结合城市已有应用系统现状，明确需要新建或升级改造的重点信息系统。②识别可重用或共用的系统模块，统筹设计城市内部跨部门使用的信息系统。③设计重点信息系统的功能。针对城市重点发展的业务支撑系统，考虑系统承载业务、系统功能、责任主体及职责、服务对象、提供的决策支持和指挥功能、为个人或企业提供的公共服务内容及渠道等。④设计城市内部跨部门信息系统的功能，包括系统承载业务、系统功能、责任主体及职责、涉及使用单位、业务协同模式、共享方式、提供的决策支撑和指挥功能、为个人或企业提供的公共服务内容及渠道等。⑤设计应用系统、节点、数据交互关系。设计系统不同层级之间的关系，包括各业务主题内不同系统的关系、不同主题业务系统之间的关系。

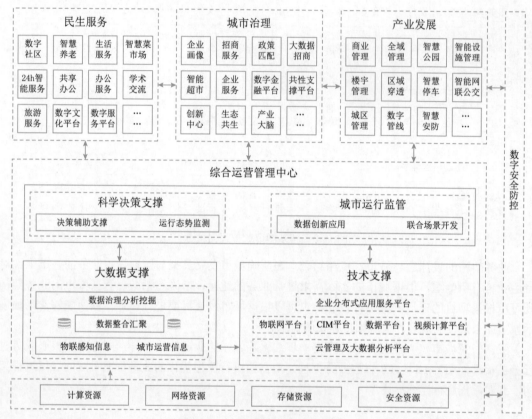

图 18-7　智慧城市应用架构参考

18.4.3　数据架构

　　基于智慧城市的总体业务架构，设计智慧城市总体数据架构。在分析城市数据资源、相关角色、IT 支撑平台和工具、政策法规和监督机制等数据共享环境和城市数据共享目标基础上，依据城市数据共享交换现状和需求分析，识别出智慧城市业务中所依赖的数据、数据管理主体、数据提供方、数据需求方等，设计城市总体的数据模型、数据分布和数据服务，建立智慧城市总体数据架构。智慧城市数据架构参考如图 18-8 所示。

　　城市总体数据架构主要包括城市总体数据模型、数据分布和数据服务。城市总体数据模型指面向城市级别需要建立的数据结构，及其包含的各类基础库、主题库、专题库等；数据分布指城市级各类宏观数据，如政府数据、社会数据、物联网数据、外部数据的宏观分布情况；数据服务指提供的城市级数据服务，主要包括数据交换共享服务、数据开发开放服务、数据交易服务等；充分考虑城市数据与国家、省、行业部门等主体进行数据共享和交换。

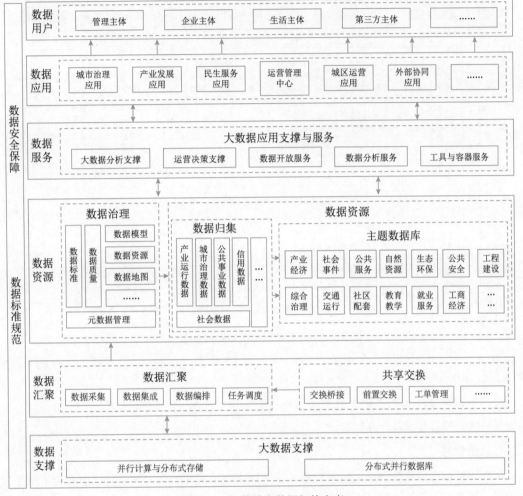

图 18-8　智慧城市数据架构参考

18.4.4　技术架构

依据城市数字化现状、城市数字化平台服务能力需求和新基建发展战略，结合应用架构的设计，识别可重用或者共用的数字能力，依据"集约建设、资源共享、适度超前"的原则，设计接口开放、面向服务的技术架构。智慧城市技术架构参考如图 18-9 所示。

其中感知层包括面向城市各业务领域的物联感知体系、视频监控等，具体包括交通、生态、水务、气象等领域；数据层包括数据汇聚、清洗、分析、共享交换，为城市各业务系统运行提供数据资源保障；平台层一般包括业务平台、技术平台等，以共性平台为主，通过统筹集约方式建设服务各业务领域运行；应用层与展示层是直接面向用户的业务系统，包括民生服务、城市治理、产业发展、生态环保等。

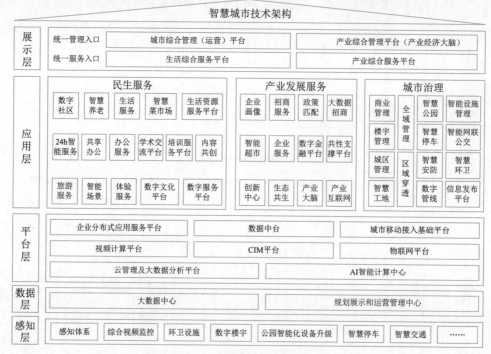

图 18-9　智慧城市技术架构参考

18.4.5　其他内容

除以上主要架构内容，智慧城市规划还需要考虑安全体系、标准体系、产业体系等内容，以指导后续的项目建设及产业赋能。

1. 安全体系

依据智慧城市信息安全相关标准规范，结合国家政策文件中有关网络和信息安全治理要求，从规则、技术、管理等维度进行综合设计。安全体系设计内容包括但不限于：

- 规则方面。提出应遵循的及建议完善的安全技术、安全管理相关规章制度与标准规范。
- 技术方面。依据GB/T 34678—2017《智慧城市　技术参考模型》第7章规定的ICT技术参考模型，明确应采取安全防护保障的对象，及针对各对象需要采取的技术措施。
- 管理方面。对从事智慧城市安全管理的组织、管理制度及管理措施等方面提出相应的管理要求。

2. 标准体系

从智慧城市总体基础性标准、支撑技术与平台标准、基础设施标准、建设与宜居标准、管理与服务标准、产业与经济标准、安全与保障标准等维度开展相应的标准体系的规划工作。同时结合本地区特点，注重实践经验的固化，在遵循、实施现有国家行业及地方标准的基础上，规划、设计可支撑当地智慧城市建设与发展的标准。

3. 产业体系

围绕智慧城市建设目标，结合新技术、新产业、新业态、新模式的发展趋势，基于城市产业基础，提出城市智慧产业发展目标，规划产业体系。宜通过定位城市的细分产业领域，从基础设施服务商、信息技术服务商、系统集成商、公共服务平台企业、专业领域创新应用商、行业智慧化解决方案商等角度梳理，提出重点发展培育的领域方向。从创业服务、数据开放平台、创新资源链接、新技术研发应用等角度设计支撑产业生态的智慧产业创新体系。

18.5　实践案例

当前，全国各地智慧城市建设取得了较大成效，政策法规与标准体系不断完善，智慧城市数字底座持续夯实，智慧城市建设亮点纷呈，数据开放水平稳步提升，智慧城市场景开放试点逐步完成。从各地智慧城市建设实践来看，基本上是沿着发展规划—建设实施—评估评价三段式推进智慧城市落地和运营，可见智慧城市发展规划的价值和意义在实践中得到了认可。

18.5.1　某市数字政府和智慧城市发展规划

1. 案例概况

近年来，全国各地高度重视智慧城市和数字政府建设，某市将其作为推进深化改革、优化营商环境和增进人民福祉的重要抓手，推出了一系列改革措施，为提升城市治理体系和治理能力现代化赋能。为持续推动智慧城市和数字政府建设，该市发布《数字政府和智慧城市"十四五"发展规划》（以下简称《规划》），《规划》总结了发展基础和面临形势，是"十四五"乃至更长一段时期促进某市数字政府和智慧城市建设事业发展的综合性、基础性、指导性文件。

该城市在智慧城市领域建设方面成绩斐然，在数字经济、数字政府、数字社会等领域处于全国领先地位，特别是在数字经济方向，基于其地理、资源、政策等方面具备独特优势，集聚了大量科技创新型企业主体，同时在城市数字化转型方向不断探索尝试，实现多业务领域数字化应用创新。具体包括：政务服务方面，完成"一网通办"的全面推行，实现政务服务事项100% 可网办，99% 以上事项"最多跑一次"，数百项事项"秒报秒批"，政务服务水平领军全国；社会治理方面，已初步建立以大数据为支撑的政府决策机制；率先推行城市网格化管理，实时动态、精准掌握社会管理基础信息，"受理—执行—督办—考核"的基层矛盾纠纷闭环处理机制基本形成；创新应用方面，人工智能、5G、工业互联网等新技术高效推广，不断催生出众多新业态和新模式，推动经济社会高质量发展，工业企业的生产设备数字化率、数字化研发设计工具普及率、关键工序数控化率均处于全国前列；工业互联网应用全国领先，围绕电子制造等领域打造了一批典型应用，催生出协同制造、个性化定制等一系列新业态、新模式；此外，在基础设施层面，该市已达到领先水平，完成 5G 基站、政务云、数据库、共性平台以及物联感知体系的搭建，支撑全市数字化发展。

2. 总体架构

围绕打造数据驱动、一体协同、智能高效、安全可控的自进化智能体，构建标准统一的数字底座、集约高效的智能中枢和泛在连接的统一门户,高效赋能全场景智慧应用,实现全域感知、全网协同、全业务融合、全场景智慧,全面支撑"四位一体"的数字城市建设。该市智慧城市和数字政府规划总体架构如图18-10所示。

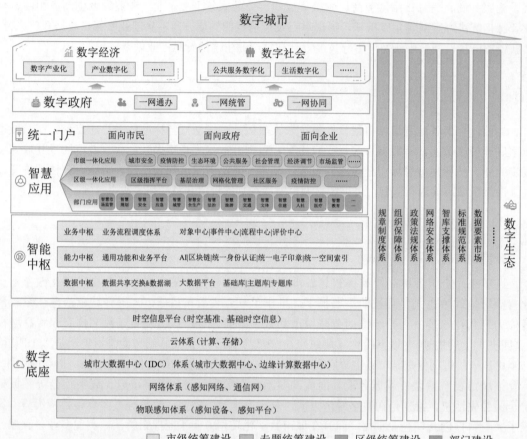

图 18-10　某市智慧城市和数字政府规划总体架构

1)数字底座

统筹建设的全市一体化信息基础设施体系,为城市全要素数字化、城市运行实时可视化、城市管理决策协同化和智能化提供强有力支撑,并与省政务云、政务网、政务大数据中心全面实现互联互通。

2)智能中枢

基于数字底座打造的共性支撑平台体系,为加快"三融五跨"全场景智慧应用的迭代升级提供支撑。

3)智慧应用

基于数字底座、智能中枢平台,分级分类建设的智慧化应用系统。

4）统一门户

面向群众、企业、党政机关工作人员等不同对象打造的主要入口和交互界面，与"粤系列"平台实现互联互通。

3. 主要内容

为实现总体目标，《规划》以"创新驱动先行示范""以人为本服务为民""统筹规划整体联动""标准引领安全高效""政企协同共建共治"为基本原则，并分别提出 2025 年和 2035 年工作目标，部署了提升数字底座新能级、构建智能中枢新体系、打造数字政府新优势、绘就数字社会新图景、赋能数字经济新发展、形成数字生态新格局、创新工作推进机制等工作任务，具体包括以下几方面内容。

1）提升数字底座新能级

聚焦打造全网协同的智能联接，提供标准统一的数字服务能力支撑，围绕 CIM 基础平台、物联感知平台、"云网数"等数字底座建设，提出 15 项工作任务，规划 10 个重点工程。

2）构建智能中枢新体系

聚焦支撑技术融合、业务融合、数据融合，实现跨层级、跨地域、跨系统、跨部门、跨业务的"三融五跨"协同管理和服务，围绕打造数据中枢、能力中枢、业务中枢三大中枢体系，建设 BIM/CIM、人工智能、区块链、统一身份认证等一系列共性能力平台，提出 11 项工作任务，规划 5 个重点项目。

3）打造数字政府新优势

升级现有政务服务平台，加快全市域通办；推进政府治理"一网统管"，建设"互联网＋监管"、公共信用信息等平台；强化政府运行"一网协同"，共提出 49 项工作任务，规划 38 个重点项目。

4）绘就数字社会新图景

聚焦助力"民生七优"，围绕教育、医疗、养老、抚幼、就业、文体、助残等重点领域，推动智慧医疗、智慧教育、智慧民政、数字人社、智慧文旅等平台建设，加快打造均等普惠的智慧民生服务体系，让数字社会建设成果更好地惠及全体市民，提出 19 项工作任务，规划 11 个重点项目。

5）赋能数字经济新发展

围绕数字产业化和产业数字化转型，实施"上云用数赋智"行动，建设世界级 5G 应用示范标杆城市、人工智能应用发展高地、软件与信息服务产业集群等，推动产业形态不断更新、产业能级持续提升、产业辐射力显著增强，共提出 7 项工作任务。一方面，推进数字产业化、5G 应用示范标杆城市、人工智能应用发展高地、软件与信息服务集群、数字创意产业集群、区块链与量子信息产业集群；另一方面，推进产业数字化、培育服务业数字化新业态，以数字化巩固提升制造业优势。

6）形成数字生态新格局

开展数据要素市场化配置改革试点，推进数据交易市场建设，研究探索跨境数据流动试点；加强网络安全保障，夯实网络安全基础设施，提升全面防护能力；加强标准规范体系建设，组建标准化技术委员会，建立健全总体标准等七大类标准；深化对外交流合作等，共提出 28 项工作任务，规划 2 个重点项目。

7）创新工作推进机制

坚持整体谋划和统筹管理，通过进一步健全数字政府决策咨询制度，优化建设管理运营机制，完善绩效评估机制，强化运维保障机制以及创新数字化人才体系，高质量推进数字政府和智慧城市建设。

为确保方案有效落地，在保障措施方面，以领导小组会议、市区协同机制强化组织保障，以市区两级财政共享、财政资金绩效评估和审计监管强化资金保障，将数字政府和智慧城市建设用地纳入国土空间规划，强化空间保障，同时广泛宣传数字政府和智慧城市新理念、新做法，加强建设工作引导。

18.5.2　某市智慧城市发展规划

1. 案例概况

随着国家层面对于智慧城市、智慧社会、数字中国、网络强国战略的部署，某市不断推进城市级数字化建设，基于其独特的历史文化和自然资源，逐步深化在社会服务、城市治理、文化旅游等业务领域的数字化建设，在基础设施、惠民服务、城市治理、数字经济等领域逐步积累，城市现代化建设水平不断提升，但整体上在城市数字化转型方面存在较多空白和问题，包括信息人才缺失，由于垂直化管理等问题导致的统筹力度不足，各业务领域信息化建设水平参差不齐，以及安全保障体系不完善等。为进一步提升市数字赋能深度和广度，该市政府发布《市数字城市顶层设计规划方案》（以下简称《规划方案》），为全市实现创新发展、跨越发展、智能发展新局面奠定基础、指明方向。

2. 总体架构

智慧城市分为基础设施层、数据服务层、平台服务层、软件服务层 4 个部分，分别以智慧化建设的基础需求、共性服务建设需求、业务应用需要、创新提升需求等为切入点进行整体架构的搭建，如图 18-11 所示。

1）基础设施层

夯实数字城市信息化基础设施，开展网络设施提升工程，提升及整合高速宽带网络、视频传输网、电子政务外网、业务专网等；推进雪亮工程建设，加强全市物联感知网络体系搭建；搭建全市统一的运行指挥中心，提供城市动态监测、预警、分拨处理、协同指挥及辅助决策；推进市政务云及工业云平台建设，为全市提供共性云服务。

2）数据服务层

搭建全市统一的大数据中心，汇聚"人、事、地"等各层数据，借助大数据平台，对接周边省市及国家，完善数据共享交换机制，完善数据资源基础支撑、数据信息库，数据的采集、转换、存储和分析，加强大数据可视化展示和数据挖掘服务；创新市服务支撑体系，利用人工智能、物联网、区块链等新一代信息技术为各单位、各业务领域提供智能化基础支撑。

图 18-11　某市智慧城市规划总体架构

3）平台服务层

打造精细化网格治理体系，加强集约建设和城市管理统筹，实现全市统一网格、统一队伍、统一流程、统一平台；搭建项目管理体系，健全项目管理制度，其中包括发改、扶贫等项目的全流程管理；创新知识体系，利用数字化手段升级图书馆、博物馆、档案馆等；打造产业"云＋链"工程，加强电子信息产业、应急装备、纺织等产业链集聚，推动企业上云，实现产业数字化升级。

4）软件服务层

搭建统一门户，健全门户网站、App、微信公众号等，面向企业、市民提供便捷化信息服务；围绕"互联网＋政务"、交通服务、应急服务、司法服务、人社服务、环保服务、卫健服务、旅游服务等领域，利用新一代信息技术进行迭代升级，全面提升城市治理精细化程度及惠民服务的便捷化水平。

3. 主要内容

《规划方案》以数字化、智能化建设手段为两大抓手，以建设"数字赋能、创治持优"的数字城市为目标，通过数字化城市建设，实现以新技术、新产业、新模式为核心的新动能显著增强，以大数据思维推进经济社会运行数字化、网络化、智能化不断提升，数字红利充分释放，数字经济推动高质量发展的作用充分体现，从信息化基础建设、大数据应用、城市精准治理、惠民便民服务、城市品牌打造等几方面，进一步挖掘城市发展潜能，优化经济发展效能，实现城市级动能转换，打造数字城市建设标杆。具体任务主要包括以下几方面。

1）构建数字孪生城市，引领政府数字转型

打造数字化融合共享体系，强化大数据的基础汇聚、共享开放、协同融合，深化大数据价值挖掘及决策辅助效能释放。搭建市大数据中心，汇聚城管、人社、交通、环保等各领域基础数据，形成包括人的全生命周期、地下管网、地上空间部件、空间及遥感、事件相关等数据架构体系，上线大数据平台；构建基于大数据中心的数字孪生城市，打造城市数字画像，洞悉城市脉搏，打造横断业务融合，形成时空数据的全面交互，形成数字驱动业务发展态势；赋能市产业数字价值，基于数字智能，驱动服务业再造、产业再造，推动产业数字化转型、数字产业创新发展；强化大数据思维广泛根植，提升政府社会服务智慧化、数字化水平，提升社会运行效率。

2）夯实可信数字基础，提升信息支撑水平

打造数字化基础支撑体系，坚持集约化建设、统筹管理原则，整合全市信息化基础资源，打造共性基础服务。整合基础设施建设，整合政务网络，加强电子政府外网覆盖范围，实现"链路合一、多网共用"；推动各单位非涉密政务信息系统上云，并根据业务需求打造政务云平台，提升政务云资源服务能力，加强统一运维、统一管理、统一安全防护，实现城市基础部件共用，提升资源利用效率，科学引导业务发展；打造物联感知体系，依托雪亮工程织密城市监控，实现物联感知部件集约共享、多级联动、跨部门协同能力部署；打造统一的城市运行指挥中心，实现公安、交通、城管、应急等多部门的联合指挥，实时监控城市运行情况，辅助城市决策；打造统一门户，对外提供信息服务、文化宣传、智能应用等，同时构筑城市级安全可信保障基础，制定城市统一服务标准及安全策略。

3）优化创新治理能力，发挥数字杠杆价值

依托统一大数据平台，创新城市治理、惠民服务等领域模式，优化城市治理格局，通过数字化建设全面提升城市智能化运行和便利化服务水平。打造"一网格、一队伍、一智能"的综合治理体系，整合现有网格治理资源，打破部门边界，形成城市级治理力量；承接湖北省政务服务平台资源，分层分级推进互联网＋政务服务，整合社保、交通、就业、住房、教育、招商等各领域公共服务智能，实现"一数、一网、一窗、一号、一码"的"一网通"政务服务联动体系，打造线上线下相融合的服务模式。

4）打造特色产业优势，繁荣城市经济发展

数字赋能城市文化资源、产业创新资源、区位优势资源，塑造产业"云＋链"、文旅"域＋端"、借力"路带圈"的城市品牌体系和城市群发展，提升城市影响力、创新产业发展新动能。挖掘域内品牌文化，推动数字文化产业建设；结合区块链技术，搭建区块链金融信用体系，为产业发展、企业投融资提供普惠金融服务。加强公有云服务，推动企业上云，加强创新服务、产学研合作、跨区域资源联动，带动电子信息制造业、应急装备、物流运输等主导产业数字化转型升级，推动产业链集聚效应，重点打造产业主副链协同发展；推动文旅数字化，构建多元数字文旅建设，打造"多点链接、全域联动"的数字旅游新模式，提升内生文化建设，提升全市文化生活建设，实现文旅的数字化格局，塑造城市品牌标签；借力国家政策及全局数字发展，实现跨区域的数字化人才引育、产学研合作、项目落地等，鼓励技术、模式、应用和管理创新。

以上任务分成三个阶段推动实施：①基础夯实阶段。该阶段要加强对城市基础网络设备、城市运行指挥中心、各领域业务系统平台的建设；对已建系统和城市基础数据资源进一步优化整合，实现资源利用最大化；加强跨部门、跨行业数据资源共享，规范数据交换标准体系；推动相关标准规范和政策制定，为后续项目建设提供有效支撑与保障作用。②深化应用阶段。对已建基础设施和智能应用进行完善，进一步提升城市整体智能感知能力；扩大智能化应用的使用范围和受用人群，实现全方位、多维度的社会管理与公共服务体系；增强大数据辅助政府决策的科学性，提高城市运行综合治理精细化水平，促进产业结构升级转型。③融合创新阶段。进一步加强智能应用服务的场景细化，更加贴近民众的实际生活需要；依托大数据分析和人工智能等手段，描绘应用群体画像，提供更加精准化、个性化的智能服务，提升用户使用感受和满意度，打造一个充满温度的城市，进一步提升城市吸引力。

第 19 章　智慧园区发展规划

　　园区是指国家或地区政府根据经济发展阶段和自身经济发展要求，通过行政、市场等手段，聚集各种生产要素，并在一定空间范围内进行科学整合，使之成为功能布局优化、层次结构合理、产业特色鲜明的企业集聚的经济特区。同时，通过完善的基础设施、良好的投资环境、优美的生产生活环境和高质量的服务，吸引各类机构来此经营与发展。智慧园区是依托对物联网、移动互联网、云计算、大数据、人工智能等新一代信息技术的开发利用，面向各类业务场景，整合内外部资源，实现设备设施智能化、运营管理高效化、产业服务便捷化、信息数据共享化、产业生态体系化、双碳发展科学化，赋能产业高质量发展，深化产业协同创新，从而打造具备韧性、敏捷、高效、绿色等特征的新型园区。

19.1　发展整体环境

　　智慧园区是园区信息化发展的重要表现形态和发展趋势，也是智慧城市的重要表现形态之一，其体系结构与发展模式是智慧城市在一个小区域范围内的缩影，既反映了智慧城市的主要体系模式与发展特征，又具备不同于智慧城市发展模式的独特性。

19.1.1　宏观政策与引导

　　随着园区在国民经济与社会发展中的作用越来越明显，以及产城融合发展的持续深入，党和国家持续注重智慧园区的建设与发展，各级政府发布了众多政策推进智慧园区的建设，驱动越来越多的各类园区积极投入园区智慧化。具有一定代表意义的国家相关政策主要有以下几个：

　　（1）2012 年，科技部关于印发《国家高新技术产业开发区"十二五"发展规划纲要》的通知指出，建设智慧园区，抓住三网融合和物联网快速发展的重要机遇，推广应用有关技术和产品，搭建国家高新区区域服务和产业发展的数字化载体，提升区域研发、生产、物流、服务等活动的效率和范围，构建对外交流和资源共享的渠道和平台。

　　（2）2017 年，科技部关于印发《国家高新技术产业开发区"十三五"发展规划》的通知中，以"发展高科技、培育新产业"为方向，坚持科技创新和制度创新双轮驱动，优化国家高新区、自创区战略布局，着力营造产业生态和创新创业生态，发展新经济，培育新动能，塑造更多依靠创新驱动、更多发挥先发优势的引领型发展，实现经济、科技、社会、生态和谐统一。

　　（3）2020 年，《国务院关于促进国家高新技术产业开发区高质量发展的若干意见》指出，加快产城智慧园区融合发展，推进安全、绿色、智慧科技智慧园区建设。同年，国务院国资委办公厅《关于加快推进国有企业数字化转型工作的通知》指出，加快推进产业数字化创新，推进智慧办公、智慧园区等建设，加快建设推广共享服务中心，推动跨企业、跨区域、跨行业集成互联与智能运营。

（4）2022 年，《国务院关于印发"十四五"数字经济发展规划的通知》中提出，"推动产业园区和产业集群数字化转型。引导产业园区加快数字基础设施建设，利用数字技术提升园区管理和服务能力"，标志着园区的智慧化进程正式进入新阶段，利用物联网、云计算、大数据等新一代信息技术，依托园区管理应用平台，为园区及企业提供数字化运营环境，成为我国智慧园区的数字化转型和高质量发展的重要举措。

19.1.2　发展现状与路径

智慧园区建设与园区发展紧密融合，园区是智慧园区建设的基础，智慧园区是园区发展的导向。当前我国园区高速、高质发展，根据科技部 2022 年发布的《"十四五"国家高新技术产业开发区发展规划》，到"十四五"末，国家高新区数量增长到 220 家左右，实现东部大部分地级市和中西部重要地级市基本覆盖。在国家级经济技术开发区方面，根据商务部发布报告显示，2022 年，全国 230 家国家级经开区地区生产总值为 15 万亿元。除此之外，由政府主导的自贸区、产城融合区等，以及蓬勃建设发展的工业园区、物流园区、科技园区、文化创意园区、生态农业园区等，蕴藏着巨大的市场潜力与机遇，为数字化技术应用推广提供广袤的天地，驱动智慧园区多元化、高质量发展。

1. 发展现状

随着我国进入新时代，信息数字技术深度渗透到各领域当中，园区作为智慧城市的组成部分、作为经济的关键载体等，其智慧化建设自然也是新时代条件下的必然选择。当前我国智慧园区总体呈现多元化、多态化高速发展，对其本质性认识和标准化工作还处在初级阶段。

1）从区域分布来看

智慧园区的分布随园区分布。长三角地区受到长江经济带等区域规划政策及城镇化影响，园区土地市场供需两端的占比都是最大；环渤海地区在京津冀协同发展战略带动下，园区的规模仅次于长三角；东北地区受经济发展的影响，园区规模在全国相对较小。因此，从地理位置上来说，我国已经形成"东部沿海集聚、中部沿江联动、西部特色发展"的智慧园区空间格局。环渤海、长三角和珠三角地区成为全国智慧园区建设的三大聚集区；中部沿江地区大力开展智慧园区建设；西部地区正加紧布局智慧园区建设工程。环渤海地区拥有大量大型企业总部和重点科研院校，是国内科技创新资源最为密集的地区。

2）从建设特点来看

智慧园区发展是一个持续的过程，当前智慧园区的建设特点，主要体现在：①开放、共建、共享。数据开放，驱动多元开发，发挥数据要素驱动作用；多元共建，政府、企业、园区从业人员等，共同参与智慧园区的规划、建设和管理等；发展共享，既包括数字环境下共享能力给各参与主体带来的发展红利，也包括智慧园区建设带来的价值成果共享。②服务均等化。服务是园区运行的关键主旨，信息鸿沟常影响服务主动性和普及率，智慧化建设通过数字流动带动信息流动，从而带动服务流通，实现对包含信息弱势群体在内的全面公共服务。③发展特色化。智慧园区的建设与发展源于园区自身产业结构，各园区的发展都有其独特性，智慧园区将进一步推动园区特色化建设，驱动智慧园区的相关建设采用"一园一案"的方式进行，"大而统"的智慧园区发展模式有可能因为削弱园区本身的独特性而失去发展的基础。

3）从发展趋势来看

目前，我国园区正在从传统园区向智慧园区过渡，在形式上呈现从低级向高级、从单一向综合园区发展的趋势。在智慧园区阶段，商业、金融等配套服务进入园中，产业中心逐渐形成，注重服务平台打造，强化后期运营增值服务。园区立足于以智慧化建设构建完善可靠的信息基础设施和保障体系，为园区丰富的信息化应用奠定基础，使信息资源得到有效利用，信息应用覆盖社会、经济、环境、生活的各层面，使智慧化的生产、生活方式得到全面普及，人人享受到数字信息带来的成果和实惠。

4）从投资模式来看

智慧园区投资模式主要包括：①由园区管委会推动的"智慧园区"建设；②由运营商推动的"智慧园区"建设；③由各种厂商推动的"智慧园区"的建设；④在园区管委会支持下组建专业第三方公司推动的"智慧园区"建设。就目前实践情况来看，第④种模式最大的特点是具有自主权，受到的制约因素较少，投资建设较灵活，所以，这种全新模式也是目前最受推崇的模式。

随着全球物联网、移动互联网、云计算等信息数字技术的迅速发展和深入应用，园区信息化、智慧化建设已成为发展趋势。近年来，我国的产业园区也向着智慧化、创新化、科技化转变。随着国家相关政策的支持，智慧园区试点工作的推进，我国智慧园区建设投资掀起了一波热潮。

2. 主要问题

历经数十年建设，我国在园区领域取得了长足的发展，众多园区的智慧化建设也取得了较高的成效，但智慧园区发展还面临规划不足、数据孤岛、特色不清、安全不强、标准匮乏等问题。

1）技术模型和总体规划不足

当前，国内许多二、三线城市智慧园区建设缺少长期和完善的规划，一些智慧园区规划设计中普遍存在"重建设、轻应用"的建设理念。一些地方在统筹智慧园区规划时，仅从信息技术、管理系统、数据资源等技术角度出发考虑园区的建设和运营，未能充分将人的需求（以人为本的理念）列入考虑范围，从而在本质上缺少统筹全局的科学理论与方法体系。

2）数据孤岛问题普遍存在

数据共享问题是各园区在开展智慧园区建设中长期存在的一个共性问题：①政府等相关职能部门专业化分工程度高，大量政务数据、社会数据分布在不同部门、不同单位的不同平台，部门间的共享协同机制不健全；②各部门的数据开放服务程度不同，各平台数据采集质量参差不齐，有时数据还相互冲突，分享数据会带来信息安全隐患；③不同地域智慧园区建设的基础不同，建设思路不同，建设水平存在较大差异，跨智慧园区和跨产业协同的合作较为欠缺，形成了园区与园区间的信息孤岛。

3）"千园一面"未能因地制宜

一方面，国内智慧园区建设大多以政府指导或管理下的管理委员会为主导，这种模式存在其独特的优越性，但是容易参考其他园区的建设经验，使各园区之间"争相复制"，导致智慧园区建设"撞衫"的现象非常严重，智慧园区建设缺乏特色，建设类型单一，这种情况虽然对园区运行的效率提升起到了一定作用，却抑制了信息数字技术对园区创新发展的支撑能力。另一方面，我国智慧园区建设，大多以数据中心和物联网设施等硬件为切入点，将新技术、新模式应用于交通管理和社会治安等通用领域，没有和园区特色以及当地民众的需求结合起来，没有做到以人为本，无法真正让智慧园区服务于园区相关主体。

4）信息安全和法律法规不健全

智慧园区建设带来的新模式、新业态对个人信息保护造成重大冲击，原有的个人信息保护规则已经落后于技术、产业的发展变化，无法有效保护个人权利。网络安全方面，当前全球网络安全形势日益严峻，网络安全事件数量激增，各地建设智慧园区对网络的高度依赖与网络安全的极度脆弱两者间的矛盾十分突出。监管方面，智慧园区建设带来的新技术、新业务为各园区主管部门带来的诸多挑战，需要规范新技术、新业务的管理，为智慧园区发展提供稳定的制度保障。

5）缺乏标准化规范指导

目前国内的园区标准主要基于各地建设实际，且标准发布的时间不同，随着技术不断地发展，缺乏国家层面的标准体系自顶向下地进行总体指导，造成标准化建设工作目标各异、发展方向不一、标准化工作开展缓慢等现象，无法发挥标准化引领智慧园区建设的作用。随着智慧园区建设的逐步加深，智慧园区建设、管理和服务对信息资源共享开放的需求越来越强烈，而信息采集、信息交换共享、信息开放和应用等数据融合支撑智慧园区标准体系的基础标准均还有待制定。

3. 路径阶段

在园区发展的带动下，以及信息数字技术的驱动下，智慧园区发展持续迭代。从价值实现和技术应用的多角度融合来看，我国的智慧园区建设与发展大致经历了三个阶段，即单项应用阶段、平台化发展阶段、全要素融合阶段。

1）单项应用阶段

单项应用阶段，园区以"提升工作效率、实施体力替代"为主要关注焦点，通过园区信息化建设和设备设施数字化改造等，面向局部或单个场景实现数据一体化融合和智能化体验，如基于人脸识别的闸机通行、基于摄像头的安防监控、基于 OA 系统的协同办公等。目前，我国大多数园区处于该阶段。

2）平台化发展阶段

平台化发展阶段，园区基于信息数字技术的业务融合创新比较活跃，园区智慧化特色逐步突出，园区通过一体化的信息数字平台，使得智慧化场景实现基本打通和场景联动服务，同时智慧园区建设开始更重视数据融合和数据价值挖掘，用数据支持园区精益运营，实现园区数据和服务共享等。目前，我国少量园区处于该发展阶段。

3）全要素融合阶段

全要素融合阶段，园区将以人工智能、数字孪生等技术为依托，打造"全要素聚合、全场景智慧"，强化数字环境下的模拟和预测能力，从而持续丰富园区各项业务与发展的自控制、自学习、自由化和自决策等，驱动园区运行最优化、经济价值与社会价值最大化。

19.1.3   投资运营模式

园区智慧化建设过程的涉及面广、项目众多，投融资模式存在多元化的特点。在建设过程中，需综合考虑项目属性、涉密性、投资规模、专业跨度、共享性和专业难易等多方面因素，选择项目投融资模式，充分发挥社会力量参与智慧园区建设，提升资金利用效率和项目运营能力。目前，智慧园区投资模式主要有政府投资类、平台公司类、政府和社会资本合作共建等。

1）政府投资类

政府投资类项目完全由政府财政主导投资建设，项目建设完成后所有权归政府所有。该模式主要适用于前期投资大、涉及政府部门较多，且后期无法带来明确商业价值的建设项目，包含通用功能、政务服务、社会保障、公共安全、政务管理、综合治理、园区规划等业务领域。在数字政府建设过程中，可以在规划建设管理、产品经济运行、双招双引、安监应急管理等方面，考虑与智慧园区相关内容的融合或互补。

2）平台公司投资

平台公司通过自筹基金的方式在园区全领域进行投资建设，包括运营维护服务、政务服务、数字经济、数字社会、基础支撑平台和数字基础设施。智慧园区中与公共管理与服务相关的内容，政府可使用财政专项基金向平台公司购买年度服务，减轻政府一次性建设财政压力。

3）政府和社会资本合作共建

充分发挥市场机制，政府开放资源，积极引导鼓励社会企业按需开展或参与基础通信网络、5G、物联网等领域的建设，综合利用企业债券、资本市场公开上市、基金运作等投融资方式为智慧园区建设筹集资金，解决政府财政投入不足的问题。这一建设模式在经济、社会专项投资建设中发挥重要作用。PPP（Public—Private—Partnership，公共私营合作制）就是政府按照一定的程序，吸引社会资本以政府购买服务合同、特许经营协议为基础，明确双方权利和义务，发挥双方优势，由社会资本出资建设，向公众提供智慧园区建设的产品与服务，最终实现使合作各方达到比预期单独行动更为有利的结果。PPP 项目运作方式共有 9 种：委托运营（Operations&Maintenance，O&M）、管理合同（Management Contractor，MC）、转让 - 运营 - 移交（Transfer-Operate-Transfer，TOT）、改建 - 运营 - 移交（Retrofit-Operate-Transfer，ROT）、建设 - 运营 - 移交（Build-Operate-Transfer，BOT）和建设 - 拥有 - 运营（Build-Own-Operate，BOO）、租赁 - 运营 - 移交（Lease-Operate-Transfer，LOT）、建设 - 租赁 - 移交（Build-Lease-Transfer，BLT）、区域特许经营（Regular Chain，RC）、设计 - 建设 - 融资 - 运营（Design-Build-Finance-Operate，DBFO）等。

19.2   发展关注焦点

2021 年国务院发布的《"十四五"数字经济发展规划》，明确提出推动产业园区和产业集群数字化转型，标志着园区作为新型基础设施建设和数字经济建设的重要组成部分进入新阶段。依托信息数字技术，融合园区管理平台及应用，为园区管理、产业升级及企业经营提供数字化环境，形成数据要素持续聚集，技术场景不断融合的园区数字化生态，推动产业园区从诸多痛点中逐步解放，成为我国智慧园区数字化转型重要举措。结合新时期智慧园区安全、高效、绿色发展的要求，智慧园区的主要场景包括招引建设、经济监测、园区运行、公共安全、产城融合、绿色园区、关键评价指标等方面。

19.2.1　招引建设

招商引资活动是园区建设与发展的前置条件与首要环节，在招商引资过程中，组织管理方往往面临着信息资源分散、无法全程可视化监管等现实问题，严重影响了园区及园区在产业结构布局、区域资源分配和产业链升级等方面的效率，园区发展也会因此遇到瓶颈。

1. 招商引资

招商引资主要涉及园区产业定位、招商目标、优惠政策、服务定价、营销推广和便捷运营等方面的工作。

1）产业定位

产业发展依托园区建设，园区发展又以产业发展为基底，因此，在规划产业定位的过程中，需要同步推动"城、产、学、研"的相融相携与共生共长。招商引资建设顶层设计中，产业定位的精准程度起着决定性作用，合适的产业定位将对区域经济良势演进、园区高效管理及企业蓬勃发展提供有力支持。

园区、园区场景智慧化升级首先需要智能精准地确认企业、园区、园区产业定位。结合园区智能基础设施设备物联数据，通过大数据分析进行智能决策，促进企业生态与园区公共资源互利共生。为企业、园区客户精准定位其产业发展优势区域，对不同区域内的企业、园区进行合理降低运营成本，增加合作机会和市场机遇。结合园区资源、人口、结构、地理等现状，为园区智能分析产业定位，打造符合地域实情的产业生态，对外精准招商引资。

2）招商目标

通过产业定位为园区制定精准招商目标。园区在制定招商目标过程中，一方面需要对自身产业情况透彻了解，另一方面需要对市场需求深入研究。打破数据壁垒，整合区域企业、园区资源，通过产业定位智能双向匹配，为园区和企业提供双向精准招商，可大幅提升园区招商效率。

3）优惠政策

在智慧园区生态下，惠政信息将是园区／园区招商引资的重要筹码，适合实际需求的惠政政策一方面促进园区招商引资，另一方面为企业提供便利和成本节支。整合惠政资源，根据企业、园区画像智能推送符合其实际需求的惠政资源，并提供便利的撮合合作流程，进而为园区产业规模化富集提供有力支持。

4）服务价格

园区管理与服务方在招商过程中往往由于缺乏数据与信息的支持，导致服务定价与市场的贴合度不足，对园区招商与企业入园造成了阻碍。在智慧园区生态下，可通过对园区资源、周边市场、人才流动情况等底层数据进行智能决策分析，为园区提供适宜市场行情的价格参考，便于更高效地撮合园区服务与企业入园意向。

5）营销推广

在招商引资过程中，园区需要更多曝光度，企业需要清楚了解园区，以及展示企业自身发展潜力，以便获得意向园区的入驻资格。在这种双向交互的合作关系中，依托整合的信息资源可为双方提供撮合。结合园区特征为其定向筛选符合园区产业招商方向的企业，减少园区招商成本，提升招商效率。

6）便捷运营

招商引资后的智慧化运营同样是园区与园区需要具备的重要能力，智慧化运营有多个业务场景，如数字政府、全流程线上电子服务等，一方面便捷企业、人员使用体验和效率，另一方面降低运营成本，还可以通过运营数据可视化，为园区未来发展提供预测支持和决策辅助。

2. 全程监管

招引建设的全过程需要通过有效的监管才能确保其价值的有效发挥，全过程监管主要涉及信用体系打造和履约风险监测等。

1）信用体系打造

在园区及其关联产业高速发展的同时，我国社会信用体系建设也在与时俱进，通过信用支撑金融服务与企业间交易，进而对实体经济发展做出基础信用支持。尤其在招商引资环节，"信用＋"产品和服务形式已逐步成为创新服务方式、提升服务效率、高效精准监管的主要方式。

"信用＋园区"服务模式通过四大建设目标实现招商引资与园区运营管理的全程有效监管，切实解决园区招商引资、企业融资、孵化、培育、长期发展等问题，优化升级园区生态的营商环境。

建立园区企业信用大数据管理体系，实现企业信用画像全覆盖；建设信用金融服务管理体系，通过"企业-园区"评级增信，有望解决小微企业融资问题；打造金融服务超市，模块化输出金融服务产品，支持企业、园区、个人金融产品个性化选配，实现企业与金融机构产品和服务的一站式对接；建立智慧园区、智慧园区新型监管服务体系，通过信用体系和信用评级管理提供底层架构支持，结合上层风险监管规则和金融服务产品动态配置，全面推进监管与服务一体化。

2）履约风险监测

为响应当下鼓励中小微企业发展政策，园区建设与发展过程中，在招商引资环节会衍生出大量中小微企业金融服务场景，包含企业融资、孵化、培育、投资等业务。因此在企业入驻前，园区需要对企业进行信用审查和履约情况审查，在企业入驻后，需要辅助金融机构加强融资监管。可依托国家信用体系，引入区块链、大数据分析等新技术，打造电子履约、数字政府、金融超市等新产品，对企业履约行为的监测能力进行全面升级，降低招商引资环节引入存在金融性风险企业的概率，进而提升招商引资效率。

3. 资源赋能

资源是任何事物发展的关键基础，以及高质量运行的必要条件，智慧园区建设的核心之一是区域资源的整合与协同，涉及园区资源规划和资源分配等。

1）园区资源规划

园区的建设与发展，受到其区域交通、产业配套设施、关联产业分布、人口结构等多重资源因素影响，并且这些因素也在持续的变化当中。在传统模式下，实施园区资源因素的规划，需要耗费大量的人力物力，且对变化的感知和反应往往相对滞后，从而不利于园区的发展。

在园区招引工作中，园区资源情况是招引对象关心的重点之一，这就需要持续对园区资源进行规划，这类规划包含两个层面的含义：①基于园区定位和发展部门，精准识别园区资源部署存在的优势和不足，从而及时补足相关资源，并有效放大优势资源；②动态感知园区资源的变化，从而能够及时对招引对象系统发布和传递相关资源信息，包括规划中的资源信息等。

智慧园区建设需要能够通过信息数字技术开发利用，及时获取园区资源现状，分析园区资源优劣势，动态感知与预测资源发展趋势，从而有力支撑园区资源的高质量规划、部署和链接等。

2）园区资源分配

对招引获取单位的生产生活和运营的后续服务，也是园区运营的重点，这就需要园区能够及时获取相关单位的运行情况，从而主动、精准地提供各类服务。在传统模式下，园区资源的供给与分配，往往是招引单位自行开发利用，园区对相关单位的资源需求及其预测等，处在被动状态，从而不利于园区及其相关产业的发展。

智慧园区需要实现对招引单位资源需求的动态感知，并及时实施资源调度和分配，最大程度地满足这些需求。尤其是针对新招引的单位，这种感知不仅能够支撑招引单位对园区资源环境的快速适应，也能够进一步提升园区品牌价值。通过园区资源调度与分配信息，及时反馈到招引环节，可以支撑进一步精准招引中的产业生态打造，确保产业定位精准，以及定向招引目标对象。

与此同时，结合国家"碳达峰、碳中和"战略目标，打造"零碳"园区也是智慧园区运营过程中的重要任务，通过信息数字技术推动节能源园区建设，可减少资源浪费，并有效进行资源整合，进行合理再分配，从而实现对园区资源调度质的提升。

19.2.2　经济监测

园区是各类经济体的集合，支撑和驱动经济发展是园区天然使命。目前大多数园区因无法精准、及时地掌握自身及园区单位的运行情况，从而导致其招商引资、促进园区单位发展、解决共性问题等方面，存在一定的主观性，不利于园区的科学决策和高质量发展。

为提升园区对各入驻单位的服务水平，科学帮扶各单位遇到的需求和困难，及时解决公共关键问题等，我国部分园区通过运用大数据、云计算、人工智能等技术，完成对园区内单位，尤其中小微企业进行经营数据、金融财政等数据的收集和聚合，完成数据沉淀，并实现动态数据实时更新，随时掌握各单位经营动向和发展情况，为园区管理提供数据价值应用，进而为园区管理提供科学的业务决策依据。

1. 企业画像

企业画像是园区对入园企业各类情况的客观刻画和表达。通过企业画像，园区可以全局把握企业的发展情况、资源与服务需求等。园区对企业画像的因素越多、颗粒度越小、数据实时性越强，就越能增加园区对企业的服务能力，实现园区与企业的良性互动和共同发展。

企业画像可以基于企业发展全生命周期开展，即注册、开业、孵化、成长、成熟、拓展等过程。园区可以通过获取政府公开数据、企业共享数据、行业组织以及民间其他组织公布的数据，打造企业多维画像。如注册资本、经营范围、投资人、高管、再投资企业、企业关联关系、企业信用评级情况等，以及服务与产品清单、主要收入情况、生态链或产业链齐套情况等。

2. 经营总览

园区管理在驻园企业经营过程中起到服务和监管的双重作用，园区管理者和相关企业经营者自身都需要一图总览企业的经营状况，并有效对未来的风险进行预警和处置。为园区管理者、企业经营者提供一图总览的全局看板，首先需要进行信息资源的整合。随着大数据、云计算、人工智能等新技术的应用，智慧园区建设更应推动业务、运营和科技的深度融合，针对园区内企业，尤其中小微企业进行经营数据、金融财政等数据的收集和聚合，完成数据沉淀。其次针对这些数据进行不同层次的分析，结合智能决策等手段，为相关企业经营提供一图总览的全局视角，在全局管理下，对企业经营风险进行预警。最后园区需要结合企业经营的底层数据搭建企业信用评级模型，达到"风险预警、防控在先"的目的。

企业经营状况一图总览可以接入物联终端等设备末端数据，无缝对接企业产品、需求、流程、成本、管理的节点数据，有效对企业的实际经营现状进行实时监控，同时结合各类管控和服务内容，促进企业的高质量发展，如结合金融评级数据，对企业融资进行评估，减少系统性金融风险。

19.2.3　园区运行

利用互联网、物联网等多元网络手段，可以推动园区的各项数据的全面接入，打通经营管理分割、设备设施离散数据等信息壁垒，实现所有软硬件系统一体化集成至智能集控中心统筹管理；所有数据汇总至数字孪生平台用于分析决策；园区人与人、人与物、物与物、业务与业务间深度融合等。从而满足园区全域管控、隐患预警、及时响应、事件可控等管控需求。

1. 智慧管理

充分利用新一代信息技术手段，强化数据获取自动化、监督管理精细化、业务职能协同化、服务手段多样化、辅助决议智能化、执法管控人性化等，即通过信息资源整合实现园区管理与综合治理的数字化、精细化、智慧化、科学化升级。智慧管理可以以数字地图和单元网格划分为基础，集成基础地理、地理编码、部件事件等多种数据资源，以智能设备设施、园区监管员、园区居民等为信息收集渠道，结合园区管理和服务综合指挥系统建设，通过多部门信息共享、协同工作，构建沟通快捷、责任到位、处置及时、运转高效的园区管理、公共服务的监督和处置机制，全面提高园区管理和公共服务水平。园区智慧管理重点可以体现在设备管理、商户管理、物业管理、合同管理、招商管理、访客管理、财务管理等方面。

1）设备管理

实时监测和管理园区内的各类设备，包括空调、照明、电梯等。通过对设备的远程监控和故障诊断，可以及时发现并解决设备故障，提高设备的可靠性和效率。

2）商户管理

管理商户信息，包括租赁信息、合同管理、租金收支情况等。通过系统的自动化管理，可以提高商户管理的效率和准确性，减少人为错误。

3）物业管理

实现对园区内各建筑物和设施的全面管理，包括维修保养、清洁卫生、安全巡检等。通过系统的自动化任务分配和工单管理，可以提高物业管理的效率和响应速度。

4）合同管理

管理合同信息，包括合同起止日期、租金支付等。通过系统的提醒和通知功能，可以及时处理合同到期续签等事务，避免因合同管理不善而造成损失。

5）招商管理

管理招商信息和招商流程，包括招商计划、招商进展等。通过系统的数据分析和报表功能，可以帮助园区制定有效的招商策略，提高招商效果。

6）访客管理

管理访客信息和访客流程，包括访客预约、访客登记等。通过系统的访客身份验证和通行控制，可以提高园区的安全性和管理效率。

7）财务管理

管理财务信息和财务流程，包括收支记录、费用管理等。通过系统的财务分析和报表功能，可以帮助园区做出准确的财务决策，提高财务管理的效率和准确性。

2. 智慧环保

随着全球环境问题的日益突出，绿色可持续发展已经成为各行各业的共同追求。在园区建设中，智慧环保的能力建设越来越受到重视。园区智慧环保即构建集感知监测、综合管理、智能处理、科学决策等能力于一体的智能化环境管理体系，对园区内的环境数据进行感知、收集、分析和管理，以实现园区环境的监测、控制和优化。通过智慧环保建设，园区可以实现对环境资源的高效利用，减少能源消耗和废物排放，实现绿色可持续发展。园区智慧环保重点可以体现在环境监测、节能减排、废物管理、环境预警等方面。

1）环境监测

实时监测园区内的环境指标，如空气质量、噪音水平、水质等，及时发现异常情况并进行处理，保障园区内的环境质量。

2）节能减排

对园区内的能源消耗进行监测和管理，通过优化能源使用和管理，实现节能减排的目标，降低园区的能源成本。

3）废物管理

对园区内的废物产生和处理进行监测和管理，实现废物的分类、回收和处理，减少废物的排放和对环境的污染。

4）环境预警

通过数据分析和模型预测，提前预警园区内可能出现的环境问题，帮助管理者及时采取措施，避免环境事故的发生。

3. 智慧水务

深入挖掘和广泛运用水务信息资源，包括水务信息采集、传输、存储、处理和服务，全面提升水务管理的效率和效能，实现水务业务系统的控制智能化、数据资源化、管理精确化、决策智慧化，保障水务设施安全运行，使水务业务运营更高效、管理更科学和服务更优质。园区智慧水务建设全面覆盖的智能终端设施，采集河道、湖泊、管网等各类数据，能够有效提升园区防汛、水资源开发利用、水生态环境保障、城乡供水排水以及为公众服务的能力，提高水务建设管理和服务水平。园区智慧水务重点可以体现在水资源环境评价预警、水资源环境数据治理、水资源管控应急一体化等方面。

1）水资源环境评价预警

利用水质在线实时监测数据，通过对水环境因子的污染等级进行评估，实现对水环境质量的科学评价和考核，以及水环境质量的预警。

2）水资源环境数据治理

通过针对雨水井、过滤池、蓄水池、提升泵、处理/回收设施以及清水池等设施的全过程监测，实时抓取雨量、液位、流量、水质等监测指标，进而计算相应区域的雨水综合利用率、净化率、排放率以及时间段内的用水节约量，为开展水资源管理提供数据支撑。

3）水资源管控应急一体化

以水文、气象、物资、人员、视频、排水设施、水利工程等信息为基础，基于地表产汇流、排水管网模型及空间 GIS 技术，建立集监测预警、模拟预报、业务管理、应急指挥与会商决策于一体的管控与应急能力。

19.2.4 公共安全

对于园区而言，赋能安全生产管理工作为核心要义。尤其是化工园区，一般致力于发展石油化工、精细化工、新材料等主导产业，往往原材料或者半成品属于危化品，且园区内大型装置众多，一旦发生爆炸、火灾、有毒有害化学品泄露等事故，将产生连锁反应，持续时间长，危害极大。与此同时，大部分园区内人员密集，一旦发生事故，将会造成重大人员伤亡。因此，园区对安全领域的智慧化建设需求显得尤为重要且突出。

1. 综合安全

智慧园区的综合安全领域往往需要关注周界防范、视频监控和安全巡检等。

1）周界防范

安保管理人员可以使用入侵报警系统，配合前端防区探测器（警戒、热成像、电子围栏、激光雷达等）进行园区范围内的入侵行为或意外事件的迅速感知和处理，建立园区第一道防线——外围周界的高效安全防范。

2）视频监控

监控中心的安保人员可以通过预览画面对重要场所进行实时监控，通过录像回放/下载进行事后分析取证，过程中可进行抓图、云台控制、语音对讲、上墙等操作，以提升安保区域的安全防护等级和问题追溯效率。

3）安全巡检

安全巡检主要应用在园区办公楼、厂区、库房等需要固定巡查作业的场所，主要应对人工现场巡检任务量大、效率与及时性低下，同时对巡检结果难以归档保存等问题，利用视频、物联传感、5G 单兵等多种设备，针对园区安全隐患，采用线下线上融合、AI 辅助自动巡检等多种巡检方式，实现从巡检计划执行到整改优化的业务闭环，切实推动园区安全巡检提质增效，有效防范安全隐患。

2. 安消一体

智慧园区在安消一体方面往往需要关注规范管理、报警预警、消防一张图等。

1）规范管理

为园区安全管理者提供防火巡查、防火检查、值班值守、隐患管理、报警管理、消防台账等业务，固化消防工作流程，降低日常工作难度，提高消防工作效率。

2）报警预警

基于前端各类物联感知设备，集中管控火灾报警、电气火灾、可燃气体、消防用水、充电桩等多种消防告警事件，实现对园区消防设备、设施日常运行状况全面、动态的监督和管理，实现对园区内若干建筑物的火警进行集中监管，实现对风险隐患的统一管理、统一调度、统一应急处理，降低人员成本。

3）消防一张图

消防一张图服务是针对园区单位数据、建筑物数据、消防设施数据、消防设施完好率数据、设备报警数据、设备隐患数据进行相关统计，以 3D、GIS 等可视化手段呈现，方便管理人员了解相关消防设备运行状态。

3. 人员管理

智慧园区的人员管理领域往往需要关注通行权限、访客管理、特殊人员管理等。

1）通行权限

面向园区大门、重要建筑物出入口，以及电梯、办公室、会议室、资料室、实验室、数据中心等重点区域，基于门禁、通行闸机、梯控等设备，依据工牌、二维码、身份证、指纹、人脸、虹膜等多种权限介质分别配置人员通行权限，以满足人员进出区域的安全管控。

2）访客管理

保安对外来访客进行登记，采集姓名、身份证等信息，并授予其门禁点 / 电梯 / 车辆出入口等通行权限，以满足针对外来访客的出入管控。支持通过 H5 和公众号的方式进行线上访客线上预约、被访人邀请、访客审批等功能。

3）特殊人员管理

面向园区管控重点人员、陌生人员、高频人员等特殊人员，以人脸识别技术为核心，通过前端人脸抓拍设备，实现视频中人脸的自动识别、抓拍及管理，及时发现和联动报警，达到事前预防、预警的效果。

4. 车辆管理

智慧园区在车辆管理方面往往需要关注进出管理、车辆防冲撞、行使轨迹等。

1）进出管理

车辆进出管理是通过对园区进出大门、室内外停车场的车辆进行车牌识别，适应各类出入口场景，实现出入车辆控制管理高度智能化，准确记录识别车牌号码，确保车辆的进出有据可查、进出可控。

2）车辆防冲撞

园区的主干道、生产办公核心区域，对于车辆通行具有高安全要求。车辆防冲撞是保证路障系统按需求起降，其控制方式灵活机动，适用于高安全车辆进出场所的车辆通道控制。

3）行驶轨迹

对于园区重要生产车辆、物流转运车辆、班车，通过车载主机上传的 GPS/ 北斗定位数据，或者通过 GIS 地图实时更新地理位置，可查看车辆的行驶轨迹，GIS 地图上展示可视化路线，同时可查询该行驶路径内的速度、报警信息、定位等。

5. 应急指挥

智慧园区在应急指挥领域往往需要关注应急一张图、综合分析研判、协同会商、辅助决策、指挥调度等。

1）应急一张图

将园区 GIS 地图、地图定位、范围查询、任务书管理、突发事件管理、风险隐患、应急力量、应急物资、值班信息、灾害应急处置等应用集成到应急一张图中，实现园区应急指挥调度一体化应用。

2）综合分析研判

综合分析展示子系统通过报送、接入、抓取等手段，按照主题分类持续智能关联、汇总事态相关信息，实现对突发事件动态、舆情动态、应急响应、资源调度、监测预警、专业研判、救援进展等各类应急信息的可视化展示，主要包括综合信息汇聚、关联分析、数据可视化、综合查询等功能。

3）协同会商

通过整合现场监控图像、单兵设备、移动终端和视频会议等多媒体手段，建立数据传输、语音通话、视频接入的融合通信系统，实现前后方和相关部门的音视频会商，实现多方协同综合研判会商，主要包括音视频会商、共享标绘、文件共享等功能。

4）辅助决策

在综合信息汇聚、专题研判基础上，利用多源数据融合、大数据关联分析、机器学习、案例推演等技术，结合法律法规、标准规范、事件链、预案链、事故案例、资源需求、专业知识等信息，建立面向各类事故灾害的辅助决策知识模型，采用系统自动生产、人工干预等方式，分析各类事故灾害的发生特点、演化特征、救援难点等内容，提出风险防护、应急处置等决策建议，为高效化、专业化救援提供支撑，主要包括事故灾情预测分析、知识辅助分析、辅助决策方案等功能。

5）指挥调度

应用大数据分析、机器学习、案例推演等技术，建立资源需求分析模型，面向各类事故灾害类型智能化提供资源调度建议。利用有线、无线、卫星等多种通信手段，实现指挥调度信息的一键快速分发、应急资源跟踪定位、任务跟踪反馈等功能，支持短信、语音、传真等多路并发，强化前后方指挥调度通信保障和任务全过程可视化管理，主要包括资源需求分析、一键调度、现场指挥调度、任务跟踪反馈等功能。

19.2.5　产城融合

产城融合是通过推动城市和园区的融合发展，实现以产兴城、以城带产，将产业和园区发展融为一体，并推动园区向集生产、经营、生活等配套于一体的多元化园区发展。智慧园区强调可持续发展，通过园区的智慧化建设，可促成产、城、人的有机统筹及深度融合，以达到产城共同繁荣的发展目的。

1. 产业结构调整

无论是从全国视角、行业视角、城市视角，还是园区视角，任何产业都处在持续发展和变化当中，包括产业链变革和产业生态变革等方面，即使是相对稳定的产业链和产业生态，在不同的时间段，其发展主旨和发展重点都在变化当中。洞察产业发展趋势、感知产业发展动态，是国家、行业、城市的重要关注点之一，这是因为"占领先机"是规划发展的基本原则。那么，站在园区层面，也希望能够及时捕获其所在产业领域的发展导向，从而在支撑城市发展的同时，服务好相关产业企业，也实现自身的高质量发展。

基于大数据、人工智能等信息数字技术，可以对产业发展方向的确立进行科学模拟，从而支撑园区的产业布局与精准招商等。智慧规划园区产业结构，需要落实广泛的数据获取，包括互联网数据、城市共享数据、园区产业运行数据等，再通过对数据的综合分析和深度挖掘，提取出影响相关发展的各类变量，及其发展趋势等，结合园区自身的基础条件和竞争优势等，以高质量发展为目标，获得最优的产业结构规划。通过精准招商引资、精细政策制定与推广、精确资源调度与分配等方式，逐步微调园区产业结构，趋向目标状态。

2. 生产经营配套

在园区企业运营、生产与发展过程中，经营性成本是一项企业不得不考虑如何节约的固定成本投入，如安全管理、办公配套等；同时，生产波动带来的各种成本也是企业不希望存在的，如波峰带来的人员、能源等成本增加，波谷带来的生产设备资源占压等；还有生产辅助配套成本，如环保、能源等，也是企业希望能够达到最优化的。从单企业来看，很难有企业能实现自耦合的生态体系，这就需要园区能够站在企业群的角度，统筹各类生产经营配套，从而最大程度地帮助企业节约成本、优化资源利用、构造能流最优化、布局环保循环等。

园区可以通过智慧化建设，以云服务的模式，为企业提供办公配套服务，如智能考勤、智能门禁、智能会议室等；园区可以通过"互联网＋金融"的模式，驱动城市发展相关金融服务，融合到园区企业发展当中；园区可以通过打造一体化园区智慧能源，驱动各类能源的梯级应用和集合供能等，实现能源的最大化开发利用；园区可以基于总体环保治理的方式，实现园区环保的集中管理；园区可以拉动企业间各类资源的共享，提升各类企业资源的利用效率，如生产设备、实验环境等。

园区是城市的一个缩影，智慧园区的生产经营配套智能化，能够有效提升城市的发展潜力，减轻城市发展的配套压力，甚至成为城市大配套的一个组成部分，并可与城市共同确立相关引导和支持性政策，制定相关的标准规范等。

3. 公共生活配套

人员是园区活动中的关键主体，人员也是城市的关键组成部分和发展的驱动因素，因此，园区的公共生活配套，也是城市对应配套的重要组成部分。对城市来说，有效的园区公共生活配套，能够提升城市发展质量；对园区来说，便捷高效的公共生活配套，能够有效提升园区的产业凝聚力和发展竞争力。

"以人为本"的理念围绕学校、医院、社区、酒店、超市、商场等公共生活服务，需要城市配套和园区配套的高度融合，这种融合一方面体现在相关配套资源的建设部署，另一方面是通过信息数字技术实现线上融合，包括将就业、房屋租赁、水电缴交服务线上化，从而达到线上线下一体化。线上融合能够最大限度地发挥线下资源的供给和开发利用，还能够让人员实时感知高质量服务供给。

园区公共生活配套的智慧化包括4个主要层次：①园区范围内的相关公共服务配套的智能化，也就是在设备设施、线上服务等方面的能力建设；②园区范围内的相关公共服务配套，与城市人民生活所需公共配套的资源融合，如园区商业、公共卫生设施、医疗服务等，资源分布和余量信息，与城市相关服务体系的共享；③园区周边一定范围内的公共生活配套，通过智能化系统融合到园区的整体服务体系中；④与城市一起，就园区及周边的公共生活配套进行一体化统筹，以及智慧化规划。

4. 区域交通优化

交通关系到一城一地的发展，也直接影响市民的日常生活，对大多数园区来说，早晚车流高峰现象比较明显，道路拥堵现象普遍。这就需要园区与城市一道，共同努力推动以发展为主线，以"融合"为重点的区域交通一体化发展。构建园区区域交通大数据是实施交通优化的必要前提，这既包括手机信令数据、道路流量数据、轨交和公交轨道刷卡数据等多源数据资源，也包括园区相关企业的从业人员数据、人员分布数据、工作时段数据、生产物流数据等。

在园区区域交通大数据的基础上，深度分析区域人员出行需求、生产物流数据等，综合开发利用大数据、人工智能等信息数字技术，优化交通信号控制，研判交通供需情况，辅助道路建设、公交线网优化等相关决策。同时，持续关注和推动跨区路网通道、轨道交通、常规公交的规划和建设，从而构建更加高效便捷、内畅外联的交通路网，积极推动园区区域协调一体化发展，为区域经济社会高质量发展提供交通支撑。

5. 精准集合营销

园区往往是产业链、产业群的集聚区，也往往是一个城市或区域经济发展的名片之一，城市形象、园区知名度、企业品牌等对于区域发展来说，需要一定程度的价值互通性、融合互动性等。拥有高质量发展的企业，能够提升园区的知名度，从而促进城市形象进一步发展；反过来，城市的高质量发展，能够为园区带来更多的资本、人才的流入，从而拉动产业企业的进一步升级。园区相对城市和企业来说，起着至关重要的桥梁作用，推动城市、园区、企业的精准集合营销，正是这种桥梁价值的重要体现。

精准集合营销主要覆盖 4 个层面内容：①利用城市公共媒体资源的城市产业推介，以及示范、试点宣传等；②利用园区公共空间，开展园区产业、企业产品与服务的集中展示和公共推介；③通过集合舆情治理，提升企业面对公共风险事件的应对能力，并降低相关成本；④公共资讯信息的精准推送，充分开发利用集合化的媒资平台，以产业信息、发展故事、案例报道等方式，提升产业、企业产品和服务的主动推介能力。

19.2.6　绿色园区

2021 年 3 月，政府工作报告将"扎实做好碳达峰碳中和各项工作"列为重点工作之一，并指出将制定 2030 年前碳排放达峰行动方案。园区应充分发挥自身改革试验田的作用，作为区域践行绿色发展理念的样板，持续提升当地宜居宜业的生态水平。

构建低碳绿色园区，根本上应从控制碳排放和加大碳吸收两方面入手，同时建立碳交易市场，加强智慧管控。首先，控制碳源，从能源、生产、交通、建筑、生活等方面节能减排，优化产业生产模式、使用绿色可再生能源、发展低碳负碳技术、倡导低碳交通和低碳生活。其次，加大碳吸收，发展生态碳汇、碳捕捉与封存等技术。再次，建立碳交易市场，实现碳排放权优化配置，推动企业进行技术升级。最后，打造零碳操作系统，汇聚园区内水电、光伏、储能、充电桩等各类能源数据，实现园区能源智慧管控。

零碳智慧园区是一个整体性的概念，要实现园区碳中和的建设目标，必须要对园区规划、空间布局、基础设施、生态环境、运行管理等进行系统性考虑，并将零碳理念落实到园区主要的碳排放场景中，统筹考虑企业生产、楼宇建筑、园区交通等方面的直接或间接碳排放，全面推动零碳生产、零碳建筑、零碳交通等应用场景转型。

1. 零碳生产

在能源消费侧，能源总量和强度双控、降低高耗能制造业碳排放量、实现"绿色制造"是我国实现碳中和目标的关键一步，其中钢铁、化工、有色金属和建材等行业需要重点发力。高耗能工业园区实现低碳化乃至于零碳化的主要途径包括：①优化产业链布局以提升集群内循环效率，以园区或区域能源系统大循环视角进行产业链的聚集，通过园区内、产业集群内企业的生态共生，实现跨企业、跨行业的统筹规划和梯级利用；②工艺优化以提升能源产出效率，积极推动工艺创新，针对不同行业的特点，加快低碳工艺的研发和推广应用；③通过电气化以及清洁能源利用降低生产过程直接排放，推广风能、光能等清洁能源替代化石能源，利用柔性电力技术、储能技术等，推动园区建设绿色能源供应体系；④利用负碳技术降低终端排放。

2. 零碳建筑

零碳建筑是在建筑全生命周期内，充分利用建筑本体节能措施和可再生能源资源，通过减少碳排放和增加碳汇实现净零碳排放的建筑，同时，还可以减少其他空气污染物，降低建筑运营成本，改善建筑内部环境，并提高建筑抵御气候变化的能力。根据世界绿色建筑协会相关数据，来自建筑物的温室气体排放量占所有温室气体排放量的近40%，成为各种类型园区中的主要碳排放来源之一，并贯穿园区建设的全过程。其中来源于钢铁、水泥、玻璃等建筑材料的生产和运输，以及现场施工过程的碳排放称为建筑的内含碳排放；来源于建筑运行阶段，包括暖通空调、生活热水、照明及电梯、燃气等能源消耗产生的碳排放为建筑的运营碳排放。打造零碳建筑，在源头上实现全部能耗由场地产生的可再生能源提供，积极采用低排放水泥等绿色建筑材料，充分结合新设备、新技术对建筑内部环境进行节能改造，最大幅度降低建筑供暖、空调、照明能耗。

3. 零碳交通

零碳交通指交通运输使用能源所产生的碳排放能够为零，或者其产生的碳排放能够被其他途径所吸收中和。常见的交通减排方式包括减少出行、改变出行方式以及使用零排放的交通工具、选择使用更加清洁的能源、提升交通工具能源使用效率、提升路网通行效率等。园区实现零碳交通，首先需要以新能源汽车为核心，实现交通工具电气化，通过合理规划、有序建设充电站等配套设施，做好充电设施预留接口与停车场区域总体布局，以电能代替化石燃料实现交通过程的零碳排放。其次，优先发展园区公共交通，建设集约高效、智慧便捷的绿色公共交通体系，鼓励公共出行、共享出行等零碳排放出行方式。再次，园区需要完善智能交通体系，推动智能化交通管理和智能化交通服务以提升通行效率。最后，园区需要通过合理的规划布局、应用新型技术方案等方式避免和减少出行，提升出行效率等。

19.2.7　关键评价指标

园区的智慧化建设一直以来都是多方关注的重点，一方面是因为智慧园区是智慧城市的重要组成部分，其发展需要满足智慧城市的相关需要；另一方面驱动园区智慧建设也带来园区间的发展竞争，以及相关企业的发展诉求。因此，如何评价一个园区的智慧化水平，既成为园区智慧化建设现状的一个客观评价，也是拉动园区进行智慧化提升的重要手段。

1. 指标体系框架

园区的种类比较多，不同的园区其智慧化建设的优先关注点存在一定的差异，例如部署有管委会的大型园区，其建设优先关注点往往会聚焦在招商引资和政务辅助等方面，面向工业生产的园区，会关注能源、环保和安全等方面，但无论何种园区，其关注点大致相同。因此，构建覆盖全面的评价指标体系还是非常有必要的，通过指标体系的搭建和应用，能够促进园区建设发现自身不足、明确建设方向等。

图 19-1 所示为智慧园区评价指标体系的最佳实践框架，它明确了智慧园区建设可选的覆盖方向，包括产城融合、组织战略、运营管理、产业服务、社群服务、绿色环保、安全应急、运行管理、信息与应用等，园区可以结合自身的发展阶段、属性类型和特征特点，进行选择性使用和规划布局。

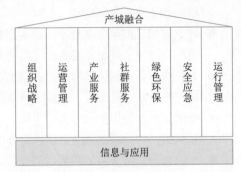

图 19-1　智慧园区评价指标体系最佳实践框架

2. 产城融合

产城融合主要评价园区与城市融合发展方面的智慧化程度，重点关注以下几方面：

- 政务协同。通过信息化手段实现园区与政府之间政务工作业务整合、信息共享、跨组织跨层级跨部门协同等，从而优化办事流程，提高各类办事效率。
- 专项治理。针对特定领域或问题协助政府进行的集中整治和改进，并通过信息技术手段实现事项全过程管理，实现业务流与数据流互联互通。
- 专项监督。对主要社会公共问题与政府相关职能部门进行的全过程协同管理。
- 政策应用。将相关政策应用于园区相关入驻单位和人员的运营和管理中，以实现园区的可持续发展和社会经济效益的提升。
- 园区效能。在园区发展过程中，及时通过信息技术手段获取园区发展水平和价值效益等。

3. 组织战略

组织战略是指园区发展过程中，对智慧化能力建设相关的各项工作统筹及规划情况，重点关注以下几方面：

- 战略管理。园区通过高效的治理机制，确保自身可持续发展和智能化建设，并有效协调园区内部与外部各组织层面之间的关系。
- 数字能力。通过信息技术手段驱动园区产业经济、治理效能、低碳环保等领域价值体系优化、创新和重构的核心发展动力。
- 创新驱动。将创新作为引领园区发展的第一动力，促进园区可持续的知识积累、技术进步和模式提升转变，向更高级形态转变。

4. 运营管理

运营管理是指园区业务经营发展相关领域的智慧建设情况，重点关注以下几方面：

- 招商管理。园区积极开发信息数字技术，提升招商工作效率效能，大力发展精准招商和高效驱动招商服务等。

- 计划调度。在园区运营过程中进行计划、组织、协调的一系列活动，包括年度计划、管理计划、资源调度、异常管理等。
- 财务管理。通过信息与数字手段，确保园区财务工作的合规性和高效性，并确保建立业财一体化和资金制度等。
- 物业管理。使用信息技术手段实现物业与入驻单位及业主之间的紧密联系，保障物业数据的有效性以及相关服务的可用性与主动性等。
- 人员管理。运用信息技术对智慧园区内各类人员的技能、培训、储备、绩效考核和岗位建设等活动进行全面、高效、精准的管理。
- 资产管理。使用信息与数字手段，提升资产管理效率、规范资产管理过程、强化资产可视化等，从而确保园区资产的高价值利用。
- 知识管理。园区持续积累各类知识、积极开发利用各类知识的情况，以及结合信息数字技术的应用，持续开展知识创新。
- 停车管理。园区通过管理系统、资源可视化以及物联网设施等，提升停车场智能化水平和智慧管理能力等。
- 满意度管理。信息数字技术对园区内各类用户的满意度进行调查、分析、提升、存储的活动。

5. 产业服务

产业服务是指园区在相关产业统筹、企业服务、新型经济等方面的发展情况，重点关注以下几方面：

- 产业运行。借助信息数字技术，对园区内的产业进行高效、精准的规划、管理和控制，从而实现园区产业的可持续发展和最大化效益。
- 营商环境。为园区内的企业、机构和个人提供更好的投资环境、创新创业支持和公共服务，促进园区产业招引和经济发展。
- 企业发展。利用信息数字技术等手段，为园区内的企业提供高效、便捷、全面的服务和支持，促进企业创新和发展。
- 数字经济。在智慧园区内，注重引导、推动、协助园区入驻企业的数字化发展水平，关注园区内各类服务的多样性，推动产业数字化、数字产业化和数据要素市场发展，促进实现数字经济的发展。
- 共享融合。在识别分析园区入驻企业资源能力、识别分析园区产业链产业生态的基础上，努力实现各类产业企业的信息共享与产业融合，以提升园区的整体竞争力和创新能力，推动园区经济的繁荣发展。

6. 社群服务

社群服务是指园区为园区从业人员提供各类服务的智慧化情况。重点关注以下几方面：
- 培训服务。对园区的社群提供专业技能培训，并使用信息数字技术强化相关服务效能。

- 就业服务。针对社群的就业需求和企业的人员需求等，积极获取就业人员信息，匹配园区企业人才需求，形成双赢发展格局。
- 特殊帮扶。针对园区社群中的特定群体，通过精准识别和个性化匹配等，提供或协助提供相应的特殊帮扶。
- 商业配套。通过信息数字技术等手段，提升社群生产生活商业配套的服务能力。

7. 绿色环保

绿色环保是指园区通过信息数字技术，推动园区在环保、能源、双碳等方面的智慧化情况。重点关注以下几方面：

- 环保管理。通过信息数字技术，提升园区环保管理能力，强化环保监测、处置及开发利用等。
- 能源管理。通过智能化、信息化的手段对园区内的能源使用、能源消耗、能源排放等进行监测、分析和优化的活动。
- 双碳发展。园区在低碳发展的过程中，通过制定园区特色的"双碳"战略目标，规划双碳实施方案，实现园区碳排放的监测、评估、控制和管理，以达到减少碳排放量、促进碳循环利用、绿色环保发展等目标的一种管理模式。
- 绿色能源。园区通过能源管理和调度等活动，持续统筹各类绿色能源的使用。

8. 安全应急

安全应急是利用信息数字技术，在园区及相关单位的风险评估、安全管理、减灾赈灾、应急调度等方面的智慧化情况。重点关注以下几方面：

- 安全生产。在园区自身及相关单位的安全生产相关工作中，开发利用信息数字技术获得的价值和效果等。
- 防灾减灾。园区利用信息数字技术，持续提升风险评估与检测、灾害防治和救灾辅助等方面的能力。
- 应急管理。园区利用信息数字技术，强化应急预案管理、优化应急演练、敏捷应急指挥等。

9. 运行管理

运行管理是指园区在各类设备设施、绿化、照明、楼宇等日常运行管理活动中，使用智能化手段和智慧化管理的情况。重点关注以下几方面：

- 设施设备管理。通过信息技术手段强化园区各类设备设施的运行维护能力，包括检测、维护和辅助决策等。
- 绿化管理。围绕园区绿化建设和管理的全生命周期，通过信息数字技术提升相关活动的工作效能。
- 施工管理。针对园区内路面破除及恢复，地下及地上燃气管道敷设，安装调压设备，明设热镀锌钢管燃气管道，安装燃气计量表，地上地下管衔接（含与地下现状管的衔接），安装燃气控制阀、自闭阀、金属软管，地下管线保护等施工工作的全过程，使用信息数字技术，提升其工作效能、强化过程管控、支撑安全管理等。

- 充电管理。利用信息数字技术合理规划充电设施，高效管理充电活动，并确保充电安全等。
- 事件管理。结合信息数字技术对园区范围内发生的各类服务请求和公共事件的获取、响应、处置等。
- 智慧照明。具有远程调控、协同管理、边缘计算和智慧应用四个主要特征功能的照明系统。
- 安防管理。利用物联网技术打通园区内的人、车、物，将多方数据汇入并整合、展示，实现对园区内环境的全方位立体防控。
- 消防管理。利用物联传感技术，实现对烟、水、电、可燃气体、温度、报警、视频等多种多样数据的采集，实现园区安防消防的融合及安全管控一体化，也支持通过消防安全培训及消防演练等提升园区人员安全素养。
- 楼宇安全。对园区建筑内冷热源、供暖通风和空气调节、给水排水、供配电、照明、电梯等使用状况进行集中监控和管理，实时掌握园区的能耗、设备运营数据、设备空间分布及运行工况。
- 公共卫生。通过信息数字技术提升园区的公共卫生建设与服务能力，覆盖宣传、教育、消杀和防控等各环节。
- 治安联防。依托大数据、云计算等新技术实现集指挥调度、治安防控、风险研判等于一体的信息共享、协调一致的联防联控。

10. 信息与应用

信息与应用是在园区各项管理与运行活动中，信息与数字基础设施的建设情况，以及信息化系统应用的部署与应用能力等，重点关注以下几方面：

- 信息治理。园区实施信息与应用管控的战略、组织、导向和原则等方面的能力情况。
- 数据治理。对园区运行过程中的各类信息资源，依托有效的治理机制和措施，实现各类多样化数据的汇集、标准化等，全面提升园区运行的各类数据质量。
- 物联感知。采用传感器、物联设备、物联网络等手段，实现对各类对象的状态和运行数据的实时采集和获取。
- 网络传输。园区在互联网、园区网、移动网、无线网、企业网等方面，覆盖区域、资源容量、利用效率等能力情况。
- 数据中心。园区范围内使用的可用于部署各类计算、存储和网络设施的空间资源和基础环境部署情况。
- 计算资源。园区使用的各类计算机及其存储资源情况，以及对这些资源的管理能力。
- 应用建设。园区在经营管控、日常运行管理等方面部署使用信息系统的情况，即这些应用带来的价值效益等。
- 数据部署。园区在数据资源管理方面的能力建设情况，包括资源目录、资源标准、数据开发利用等。

- 运行维护。园区在各类信息系统、数据、信息资源设施、信息基础设施等方面的运行维护体系、工具的建设情况，以及运行维护的价值效益等。

19.3　发展规划要点

各类综合园区既有"千园一面"的共性，又有定位和业态的特色和差异。因此在智慧园区规划建设过程中，需要以园区的规划战略为导向，根据自身的地理位置、产业结构、园区职能、人口因素和战略定位与分析，结合国际或国内前沿案例的智慧体系建设方法，与园区发展战略定位与产业特点的结合，与公众需求相匹配的智慧体系架构进行智慧园区建设。通过利用各种智能化终端、智慧化应用帮助园区产业实现生产方式、经营方式及运营模式的提升和转变。

19.3.1　数智化转型提升

智慧园区建设的重点在于数智化能力提升，主要体现在基础设施集约化、运营管理精细化、园区服务平台化、产业发展数字化等 4 个方面。

1. 基础设施集约化

基础设施是智慧园区建设的基石，需坚持"统一设计、统一规划、统一建设"的原则，基于新一代信息技术，构建泛基础设施、厚平台支撑的智慧园区一体化建设格局。建设泛在感知的信息基础设施，园区各建筑物全光网络接入、5G 信号全覆盖，铺设 NB-IoT、LoRA 等低功耗广域物联网，实现万物互联以及网络安全自主可控，为上层平台与应用建设提供丰富的感知、计算、存储与网络资源的支撑。建设应用和数据平台支撑，对下实现信息基础设施的状态监控和资源管理，对上提供统一多元的服务支撑。以集约化不断整合共享资源，降低成本投入。

2. 运营管理精细化

统筹整合云端办公、政务协同、暖通空调、给排水、变配电、火灾报警、环境保护监测、视频监控、防盗报警、门禁管理、巡更、公共照明、电梯监视、客流统计、停车管理、信息发布、能耗监测、应急管理等多种场景能力，全方位实现园区的智能化管理，使各系统信息交互、信息共享、参数关联、联动互动、独立共生，建立更加全面、深入和泛在的互联互通体系，使人与人、人与物、物与物之间形成系统化的协同工作模式，从而形成更高效、精细的智慧化园区运营管理体系。

3. 园区服务平台化

为了更好地服务园区入驻企业，全力推进增值服务体系建设，将围绕企业在人才、技术、资金、市场、政策、服务等方面需求，精准匹配要素端、需求端、供给端，开展以平台为主体、多种外部创新要素为补充的创新协同。通过产业链、资金链、服务链融合创新，提供精准服务，为入驻企业打造全要素、全生命周期服务平台。建设产业数字化分析平台，实现园区企业信息、产业规模、产业结构、园区税收、园区产值等信息的可视化分析展示，为园区智能化招商引资和产业布局提供指导意见。

4. 产业发展数字化

推动园区企业将研发设计、生产制造、运营管理等核心业务向云平台迁移，实现业务流、人才流、资金流等的在线化、网络化、智能化。助力企业在产品研发、生产控制、经营管理、物流营销等环节加大新技术、新装备应用，加快两化深度融合，建设数字化车间／智能工厂。

19.3.2　建设发展可持续

园区智慧体系的建设是基础，高效的后期运营也是不可忽略之关键。在智慧园区规划设计过程中，应把运营管理的理念与需求贯穿始终，使智慧体系各系统板块成为具有生命力的良性循环系统；在前期规划设计中，明确牵头单位与实施主体的权责，让体系建设后，通过良好的智慧运营服务，优化园区运营环境，支持园区运转，激活具有创新性与可持续性的运营模式，为园区可持续发展提供原动力。

1. 提升管理能力，建设效能园区

通过对园区智慧化的运营管理，提升园区治理能力。传统的运行管理存在着管理效率低、监管手段不健全、跨部门综合治理能力弱、基础设施安全监测与保障能力不足、数据价值挖掘利用率低等问题，难以满足新形势下安全运行和精细化管理的要求。基于建设阶段完成后的信息模型，建设智慧园区运营中心，利用规划、建设阶段预置的传感设备，对地下排水、供水、燃气管网等园区生命线、生态环境和洪涝灾害等进行实时监测，敏捷掌控园区安全、应急、生态环境等突发事件，实现事前预防与控制，多级协同，将园区管理精细到"细胞级"水平。利用积累的时空大数据资产，反过来可以指导、优化园区的规划，形成"规建管一体化"的业务闭环，使规划更合理、建设更高效、管理更精细，大大提升园区建设治理能力和服务水平。通过基于多维数据分析引擎驱动的园区智能管理决策平台，以"数字孪生"新理念为亮点，以新规划、新建设和新管理一体化新模式为创新焦点，将对加快转变园区发展方式、提升园区治理能力、加快现代化园区建设发挥重要推动作用。

2. 提升企业服务，凝聚企业力量

近年来，园区主动接轨国际规则，打造市场化、法制化、便利化营商环境，助力企业发展提质增效。一是努力打造舒适安全的环境，包括健全的设施设备、完善的生态治理、坚固的安全保障和美好的园区风貌；二是提供运营要素支撑，例如资产运营、信息管理和服务体验；三是引入产业和合作伙伴，包含高水平研发机构、创新型企业、物流公司、商业伙伴，具体需求包括安全保障、交通便利、设施设备维护联动等后勤保障。

通过园区智慧化运营管理平台，对收集到的园区企业各类数据进行汇总，并采用大数据技术进行数据挖掘，挖掘园区内企业的业务范围、运营模式、合作企业等，进而绘制出园区产业链和产业网，为园区内产业定位和发展提供有力支持，也为企业挖掘潜在增长点。对优势资源进行整合开放，优化营商环境。

面向园区企业，最终应融入园区智慧体系建设的各类平台，通过智慧办公、智慧商圈的应

用，提升企业的生产效率，提高产品质量，促进资源的高效流动，增强利用率；建立信息沟通与交互，提升协同化效应，打通行业间的信息壁垒，挖掘价值提升的空间。推动企业信息化建设与电子商务，从车间生产、存储管理、物流运输、销售服务及售后维修各环节提升产品的质量和服务水平，全方位提高企业形象与盈利能力。

3. 汇集园区数据，加强数据融合

随着智慧园区的建设，园区管理领域会出现海量的数据，只有对这些数据进行智能化的处理，才能实现对园区运行状态从宏观和微观层面进行科学判断，并提出正确的应对策略和管理方法。智慧园区背景下的大数据主要有三个来源：一是智慧园区建设过程中产生的人口、地理、经济、环境等领域的基础性数据；二是园区物联网运行过程中产生的各种实时和动态数据；三是智慧园区建设背景下通过互联网产生的海量移动数据。数据信息是智慧园区建设的重要载体和基础，但是建设的最终目标并不是数据的智能化处理本身，而是通过处理获得有价值的信息，并为需求者服务。通过对园区运行管理中的大数据进行分析，实现对园区状态的全面感知，进而做出最适合实际情况的决策，提高园区的管理效率，为广大园区居民提供良好的生活环境和优质的园区服务，在大数据的支持和影响下，园区管理将逐步呈现出信息化、网络化、精细化的特征。

4. 加强科研创新，促进成果转化

科技创新和制度创新是人类社会创新的两大基本形式。在园区智慧化进程中，需要科技创新与制度创新两个轮子一起转，才能创造出新的智慧园区模式。在智慧园区建设过程中，责任单位不能只注重建设网站和数据库，不能因加大信息技术设备的投入，而忽视管理流程、组织等方面的制度创新。从技术内涵来说，智慧园区是对现有互联网技术、传感器技术、智能信息处理等科技创新技术的高度集成，是实体基础设施与信息基础设施的有效结合，可以说，科学技术加速创新应用，为智慧园区建设奠定了技术基础。智慧园区是把园区看作一个有机体，着力培养它的监控、学习、反应、调整和适应能力。因而，有关信息的感知、获取、传递、控制、处理和利用的设施构成智慧园区的基础。借助于科技创新的信息技术，园区系统中的物理基础设施、信息基础设施、社会基础设施和商业基础设施连接起来，将成为智慧化基础设施。智慧园区的发展是一个动态的过程，建设智慧园区其实就是实现区域从传统发展到智能发展，致力于提高城镇化的效率，尤其是实现资源的合理利用和环境质量的提升。通过科技进步和技术创新，鼓励资源节约和环境友好型产业的发展，促使企业在生产过程中追求技术的更新和资源使用效率的提高；坚持完善科技创新体制，实施更加高效的科技创新战略，进一步激发智慧园区建设的活力。

5. 促进节能减排，建设低碳园区

建设智慧园区，应综合考虑环境影响和资源利用效率，走低碳、绿色可持续发展道路。大力推进智慧园区新型信息技术和信息系统产品的应用，有利于发展资源能源节约型、环境友好型的新型工业，有利于发展循环经济、低碳经济、绿色经济，有利于加快形成低消耗、可循环、低排放、可持续的产业结构和生产方式。

1）产业优化

优化产业结构，加快推广普及碳应用，促进产业链优化，并结合实际情况设定产业优化方案，淘汰一批，改造一批，引进一批。一方面，在原有园区产业基础上，鼓励产业与城市融合发展，淘汰落后产能，促进第三产业发展，推动建立低能耗、低污染、低排放的新型产业集聚区。另一方面，推动园区企业利用低碳设备、低碳技术及低碳材料进行技术改造、装备升级，提高能源利用率，进一步实现园区高耗能行业转型升级。再一方面，在招商过程中，避免引入高耗能、高污染、高碳排放项目和企业进入园区，同时也加大对新能源、高新技术产业、节能环保等新兴产业的引进力度，从源头上筑起绿色低碳发展屏障。

2）机制引导

通过建立相关组织机制，创新碳排放激励机制等，完善园区低碳管理机制，并积极探索建立园区零碳建设的长效机制与政策措施，为实现节能减排、低碳发展提供制度保障。一方面，建立健全专项工作推进机制，制定相关督查考核办法，常态化开展阶段绩效评估，将低碳责任与成效明确到个人，对完成目标任务的责任主体予以奖励，对未完成目标任务的责任主体追究责任。另一方面，鼓励园区企业积极参与碳市场交易，积极融入全国碳市场建设与运行；制定财税激励政策，综合考虑能源、环境和碳税的协同配置，引导形成园区低碳发展长效机制。

3）零碳改造

根据园区碳排放碳达峰行动方案，完善空间布局，加强低碳基础设施建设，对园区用水、用电、用气等基础设施建设实施低碳化、智能化改造。一方面，推广新能源和可再生能源使用，鼓励在建筑、生活设施中使用可再生能源利用设施，如分布式光伏发电系统、风光互补路灯、智能充电桩等。另一方面，对园区采暖、空调、热水供应、照明、电器等基础设施进行节能改造，提高能源利用效率。再一方面，加强碳监测等实际零碳改造，建立能源消耗和碳排放统计监测平台，加强对园区工业、建筑、交通用电等基础数据统计，建立并完善企业碳排放数据管理和分析系统，支撑园区管理者科学规划、精准部署。

4）数字赋能

通过智慧园区体系，对园区内水电、光伏、储能等各类能源数据进行全面管理及趋势分析，整合碳管理模块，建设碳智慧管控大脑。基于智慧管控大脑，利用大数据、云计算、边缘计算和物联网等技术对采集数据进行聚类、清洗和分析，建立企业范围内的资源—能源平衡模型，并设定评价指标体系，结合统计分析、动态优化、预测预警、反馈控制等功能，实现企业能源信息化集中控制、设备节能精细化管理和能源系统化管理，降低设备运行成本，提升能源利用效率。

19.3.3　技术与制度创新

智慧园区的发展不能只依靠建设本身，需要通过一系列的保障措施，为园区的长效发展保驾护航。

1. 数字化改革促进园区发展

园区发展应打破固有思维模式，树立数字化理念，结合园区实际需求，明确数字化转型的实施路径，精心编制实施方案，推进园区数字化转型，以数据驱动提升园区智能化决策水平，探索数字化改革与建设在能源管理、精细化管理、安防管理、办公管理等领域的应用。通过数字化改造，园区可以实现安防、办公、管理、环境、能源等数据的全面线上化、信息化、数字化，释放出数据资源的整合价值，提高管理效率，丰富决策依据，降低管理成本，提高服务水平，强化协同效率，加强安全防控，让园区企业享受园区数字化、智能化带来的服务红利，推动园区高水平发展。

2. 促进数据开放创新共享机制

打破数据孤岛问题的关键在于创新信息管理机制。政府可倡导、主导并切实推动数据开发共享，打通部门间的信息驱动，通过统筹整合同类职能部门，打破数据碎片化，整合资源，搭建园区统一数据共享平台。同时，在信息共享机制的创建中要坚持问题导向推进，实现信息资源的协同共享，打破各园区、各部门、各产业领域的条块分割，实现互联网与传统产业的深度融合，实现信息畅享效益的最大化。

3. 因地制宜充分发挥园区特色

因地制宜创新建设运营模式。相对智慧园区建设，园区大脑的技术复杂度更高、更新速度更快、系统集成度更高，势必需要专业的公司进行建设和运营。园区大脑建设应根据自身园区发展战略、数字政府建设需求、数字社会及数字经济发展需求，遵循"需求导向、顶层设计、示范引领、分步实施"思路稳步推进，避免贪大求快。根据项目实施重点的不同，可以将园区大脑建设期细分为夯实基础、推广应用、全面建设三个主要阶段。夯实基础阶段重点围绕顶层设计编制、平台运营公司组建、平台及重点子系统建设等工作开展；推广应用阶段重点围绕平台及重点系统完善、先行先试示范应用项目建设等工作开展；全面建设阶段重点围绕各领域智慧应用服务全面深化和协同运行，形成一批特色智慧应用，输出地方特色方案。

4. 规范法律法规和制度设计

面对信息安全和法律法规不健全的问题，主要从以下几方面着手解决：一是加快个人信息保护立法，强化政府部门对于个人数据保护的监管，平衡隐私保护与产业发展、政府监管与个人数据安全的关系，同时积极探索个人信息保护配套规则和救济机制；二是加强网络安全保障，完善网络空间顶层设计，建立立法和标准配套制度，夯实智慧园区发展基础；三是加快出台相关法令，设立专门管理机构，为新技术新业务的发展提供稳定的制度环境，促进智慧园区创新发展。

19.3.4　运维与运营体系

智慧园区应配备专业化维护管理队伍，建立健全园区运维服务流程及规章制度，培养高素质的运维服务队伍，专人专职负责为园区各类前端基础设施、数字孪生中枢、各业务系统等关键核心模型提供集中统一的运维保障；引入先进的运维技术和自动化运维工具快速支持运维工作，提高运维效率，确保运维工作的智能化和高效性；为保障运维质量，成立园区运营管理中心，制定详细的评价指标，加强风险管控和任务考核，形成融合多元化的运维模式。

1. 运维组织体系建设

结合园区运维管理主体众多、园区面积大、协调事项多的特点，建设园区运维组织架构、运维管理领导小组。成立园区运营管理中心，实现对园区各企业等统筹协调及管理，按照其管理范围、职能职责制定园区运维管理制度。推动园区运维从传统的多点运维、线下运维、多方运维等的传统运维模式向新的运维模式演进，实现统一运维管理。改变被动运维，向智能运维推进。

2. 运维管理制度体系建设

围绕园区运维需求和要求，从管理、技术等层面建立运维标准、制度和规范内容，包括运维服务管理、运维流程、运维质量监督、运维评价考核等，确保运维管理规范化。按照"统一领导、按级负责、分工管理"，积极引导各级运维单位做好运维配合工作。

建立健全楼宇设施、市政设施、环境设施、信息基础设施、应用软供、信息数据、信息机房、运维人员、故障处理、应急预案、信息保密、运维值班、信息资源保障、服务质量、服务绩效、服务流程、运维外包、资产运维等各项运维管理制度。

3. 运维考核指标体系建设

围绕交互质量、实施质量和结果质量等方面建立多级运维管理指标，完成对园区各家运维管理单位、运维人员、运维质量进行评价和考核，找出在运维管理服务方面存在的问题，提高运维管理服务水平。

将运维服务质量评价水平划分多维等级，依据建立评价指标制成相关的评价表。最终制定出一套科学的运维管理指标体系，更好地完成对园区的运维管理。

4. 园区综合运维平台

建设园区综合运维平台，实现对楼宇内部、园区公区、景区的设备设施、市政设施、IT设施及资源的综合管理。实现设备设施状态监测、运行维护全过程管理，通过检维修、预防性维护、预测性维修保证设备健康、稳定、高效运行。

19.4 信息系统架构

基于园区的重要发展战略，需要充分考虑其智慧化系统的数量多、种类繁杂、结构复杂等特点。园区需要平台化、集成化的数据标准、规范化设计，使得众多信息系统实现相互连通，避免硬件资源独立、数据共享困难等情况，通过完善数据互联的标准规范，提升园区相关服务质量，为整个园区的业务发展需要提供坚实保障。此外，园区智慧应以物联、数联技术为核心支撑，以人工智能推动智联为未来技术发展方向，以数据的采集、整合、集中存储、联动为主要突破点，改善或解决园区管理难、信息孤岛严重、协同性差等痛点与难题。智慧园区的总体参考架构如图19-2所示。

智慧园区的技术架构、安全架构等与智慧城市内容类似，参见18.4节。

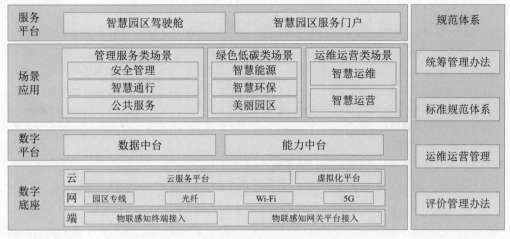

图 19-2　智慧园区的总体参考架构

19.4.1　应用架构

结合业务视角及数据视角，按照分层对应原则，分析设计应用域、应用组；基于应用域、应用组对应的应用系统进行集成，同时对应用域、应用组涉及的新建、改造、利旧的应用系统进行识别和标注，形成总体应用架构。智慧园区应用架构如图 19-3 所示。

1. 综合安防

园区综合安防是指通过创建园区情境智能整体解决方案，使园区主管部门具备实时、准确的情境意识，实现先进的园区安防集成。安防系统集成融合不同类型的实时传感器和数据采集子系统，可在固定和移动等各种模式下运行并适应各种环境条件，为所有的使用者和相关方提供实时的动态数据信息和决策操作平台。

2. 便捷通行

园区便捷通行是指人员出入管理方案，需要聚焦在园区办公人员（包括员工、访客）的体验提升、园区物业和运营人员管理效率的改进两方面，从门禁、闸机、访客、一卡通等系统打通和联动，到大数据平台、IoT 平台、视频调阅平台、GIS 平台等新技术和新平台的应用，支撑人员无感知进出、支撑园区人流统计、园区人员轨迹查询等安保诉求。整体建设目标包括：区内交通管理；车辆管理，通行便利；人员管理，来访顺畅；高效运营。

3. 设施管理

园区设施管理是指园区的运营人员需要随时可以查询园区中的设备运行数据，集成设备子系统上传的设施告警、数据信息进行实时展示，使用户可以实时查看告警信息，针对设备设施运营过程中发生的事件和告警自动派发检修维护工单，针对设备设施的事件和告警，关联进行事件的处置，在移动端完成工单作业的闭环，并在 PC 端进行工单作业的查询、统计和分析。

图 19-3　智慧园区应用架构示意图

4. 资产管理

园区资产管理是指为保证实时掌握物品的数量、位置、状态信息，实现从物品的入库、库存实时盘点到物品储库的全过程管理，使用 RFID 标签简化繁杂的工作流程，有效改善供应链的效率和透明度。资产进出敏感区域，以及在敏感区域的活动轨迹，都将被系统授权或者拒绝并记录。物品与人员实时数据都将送往后台进行处理，并与外部系统（如 ERP 系统，门禁系统等）进行接口，以保证系统联动。资产管理应用主要包括档案管理、仓储管理、资产采购、资产维修、资产报废等记录。

5. 能耗管理

园区能耗管理是指采集公共用水、用电、用气、采暖等能耗数据，通过监测能耗数据指标指导节能降耗。实时管理界面随时管理园区内能效相关设备的运行状态和能源使用的相关指标。提供园区能源管理的专业指标和报表，为运营管理人员提供管理依据。

6. 环境管理

园区环境管理是指通过统一数据采集，将园区内的环境监测传感器数据收集并进行整理和分析，通过数据和报表进行发布。环境空间管理主要包括空气监测、水质监测、卫生管理（垃圾分类）等。

7. 智能运营中心

园区智能运营中心是指在智慧园区场景中，采用 GIS 技术对园区实现可视化动态管理，成为园区的报告中心、指挥中心、统一入口，建立从运营状态可视、业务分析和预警、辅助决策、执行的能力，并融合园区应用，提供用户统一入口，实现园区的可视、可管、可控。

19.4.2　数据架构

智慧园区数据架构针对园区的通用业务提供必要的数据湖、主题库、专题库（例如安防专题库、能耗专题库、轨迹库等），以及相关的数据处理脚本和分析工具，如图 19-4 所示。数据架构体现园区数据使能，主要指园区项目的数据底座，主要负责完成各异构子系统和业务应用系统的数据集中建模管理和使用，实现园区的基础数据整合，统一规划数据语言。向下提供已接入子系统应用的数据集成接口，把对应的源数据转换成为结构化数据，保存在数据使能组件的相应主题库中；向上提供数据服务、计算能力接口给智慧应用系统消费相关数据。

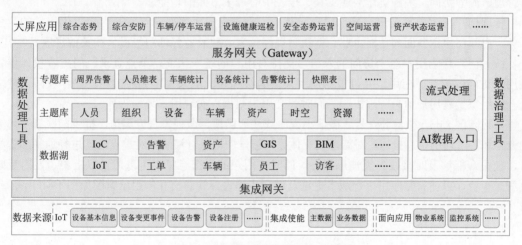

图 19-4　智慧园区数据架构示意图

19.4.3　交互体系

围绕智慧园区运营、管理、服务的需求，建设智慧交互体系。以智慧化为导向，基于数据孪生中枢实现用户、系统、信息三者之间的交互，方便智慧应用系统之间的数据调度，提供全域感知信息。借助其与虚拟环境的实时交互，指导现场人员或机器人等智能设备做出对现实环境的操作；方便用户利用大屏、移动设备、微型设备等查看信息，为用户提供个性化的智慧服务，并实时获取用户的实用信息更新应用状态。智慧交互架构示意图如图 19-5 所示。

图 19-5　智慧交互架构示意图

建设统一的、综合性门户是智慧交互系统建设的重中之重。它能够在技术层面实现统一用户管理、单点登录、多渠道接入、应用集成等多方面价值，在功能层面提供统一信息发布与内容管理、流程协同、多种协作沟通工具、报表中心等多方面的功能。

管理门户分为内部门户与外部门户。其中，外部门户主要面向互联网用户提供相关的信息服务，内部门户主要面向功能企业、枢纽管理经营者、政府监督部门等提供相关信息服务。

统一门户作为用户统一访问的入口，支持对用户的统一认证、单点登录、用户鉴权，供各级用户访问各类智慧应用，并可根据使用人员的级别和职能来设定相应的访问操作权限，建立统一的组织架构用户信息管理机制。同时建立用户数据，实现用户统一管理。

建设园区 App、微信公众号、微信小程序或注册微博、微视等官方渠道，提供园区智慧体系的介绍和各阶段的信息推送，对智慧交互体系的智慧应用进行演示，对重点活动进行通知和提醒等，使民众能够及时接收各类消息服务。同时，用户的反馈意见也可以通过以上渠道及时反映到智慧平台，以便智慧应用进行版本更迭及进一步建设。智慧交互应用示意图如图 19-6 所示。

19.5　建设实践案例

智慧园区建设如火如荼，各园区都在聚焦特色产业，突出产城融合智慧化发展理念，承载着智慧科研、信息服务、智慧教育、智慧康养、智慧楼宇等复合功能。

19.5.1　产城融合智慧园区案例

1. 案例概况

某园区紧贴"以人为本"的核心战略，承接国家"物联网 +"与某市"三创"战略以及"建设宜居宜业的现代化山海品质新城"规划，在园区内内打造"IoT 物联平台 +IoC 决策运营平台中心 +9 大智慧园区服务体系 +9 个场景智慧解决方案"，该智慧园区项目在远程控制、在线检测、协同办公等 13 个场景实现 5G 部署，实现园区智慧科研、信息服务、智慧教育、智慧康养、智慧楼宇、配套服务等多种业态 5G 全覆盖，为园区提供统一管理、应急部署、互动展示等方面的有效管理和集成，为用户带来安全、绿色、高效、便捷的园区生活，构建创新、开放、共赢的社群生态圈平台及智慧生活产业链群，造就以新兴产业为主导、智慧生活及精品商业为配套的百万平米级智慧产城园区。

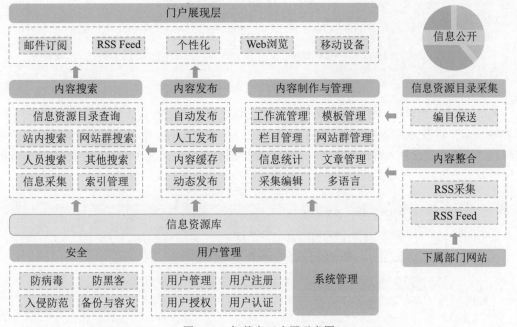

图 19-6　智慧交互应用示意图

凭借智慧社区极致的服务体验和赋能城市发展的非凡效果，该园区项目赢得业界广泛赞誉，荣获"国家双创示范基地""领军科创项目""智慧城市示范园区""产业升级示范项目"等多个奖项，稳居物业服务百强 TOP50，为实现增值分享、体验迭代和创造物联网美好生活而努力。目前，园区已形成了以"新产业"——物联网生态总部、高端家电制造业、工业互联网、双创、人工智能等产业链为牵引，吸引高端创业人才进驻，加上配套的智慧社区和以学校为代表的创新教育链，最终形成一个"园区＋社区＋学区"的"三区融合"新模式。在这里，产业、创业、生活、教育四大链条相互融合、促进，形成四新经济生态圈，并在园区内扎根、拔节，不断生长为一棵棵参天大树。截至 2021 年 12 月，园区内有 4 座税收过亿元的楼宇，其中一座更是超过 10 亿元，园区总税收达 25 亿元左右。

2. 主要内容

整体上，该园区项目按照"2-3-4"规划框架进行部署和应用，如图 19-7 所示。其中，2 是指 2 个所属空间，即依托 5G 通信技术，同时结合人工智能、大数据、物联网等技术实现对园区数字资产的管理，将物理空间与数字空间一一映射，实现无缝交互与对接；3 是指 3 个建设目标，即实现智慧园区的安全可靠、绿色高效和业务创新；4 是指 4 个基本特征，即利用数字孪生技术，实现对园区的全面感知、泛在连接、主动服务和智能进化。

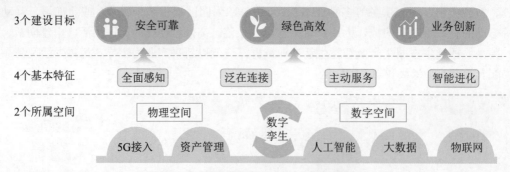

图 19-7　某智慧园区"2-3-4"规划框架

利用 5G 技术构建可扩展、高并发的平台，如 AIoT 平台（如图 19-8 所示）、大数据平台（如图 19-9 所示）以及公共服务平台（如图 19-10 所示），并以此为基础，赋能上层业务场景应用，将科技"智造"理念注入产品和服务，为用户提供围绕家庭、社区（园区）全物理空间，以及物业服务于一体的、覆盖多业态的、全生命周期的物联智慧美好生活体验。

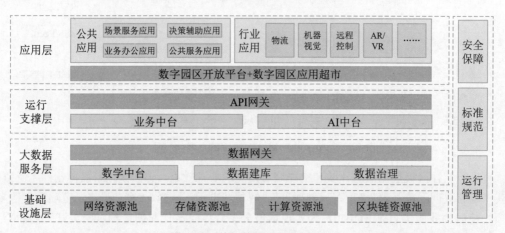

图 19-8　某智慧园区 AIoT 平台

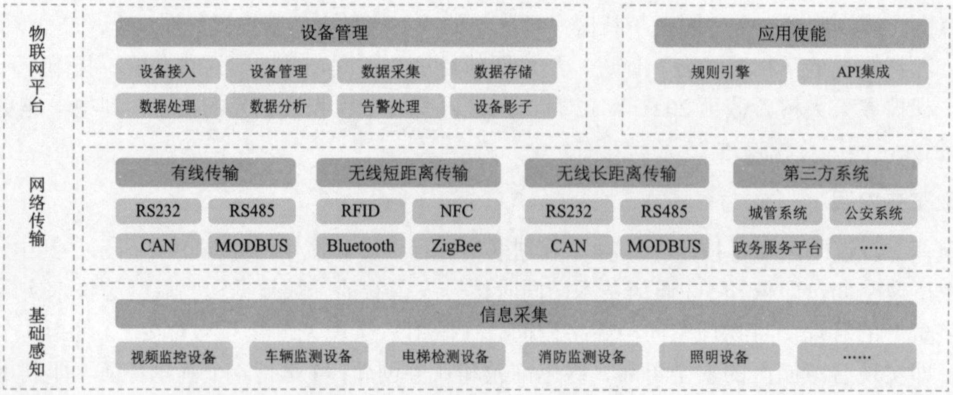

图 19-9　某智慧园区大数据平台

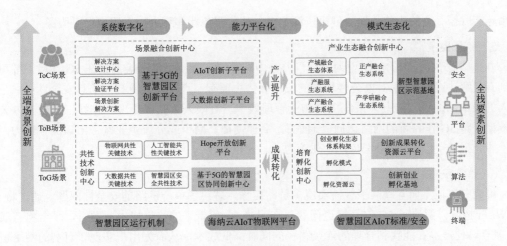

图 19-10　某智慧园区公共服务平台

1）5G 终端

在 5G 终端建设方面，云谷园区部署了 5G 融合的基础设施，实现对高清摄像机、照明灯杆、机器人等硬件设备的深度融合；同时，深度挖掘 5G 技术与业务的痛点需求，对 5G 终端进行高效点位设置与合理部署，充分利用 5G 在高带宽、低延迟等方面的优势，实现 5G 终端的高效能使用，解决传统 4G 环境下场景应用的不足，实现包括远程控制、在线检测、协同办公等 13 个场景在内的落地应用。

2）智慧科研

建设园区内的数字化家电国家重点实验室。在该实验室围绕智慧家庭的应用场景，利用 5G 大容量、低时延、广连接的特点，实现包括 8K 高清视频直播、云 VR/AR、远程医疗、智慧安防等场景；建设场景应用实验室，通过聚集全球多家研发、制造、模块商等资源，实现与用户的零距离交互，进而实现持续的体验迭代。此外，还有智能制造、智慧物流等方面也将展开相关场景测试工作。

3）智慧教育

随着 5G 的到来，教育形态也发生了巨大变化，可以演变为上百种应用场景，包括虚拟现实课堂教学、虚拟现实科学实验、远程教学、科技研究、仿真校园、远程互动教学、互动课堂、全景课堂、AR/VR 虚拟实验、人工智能教育、课堂情感识别 / 分析、课堂行为识别 / 分析、校园智能管理、家校互动、园区智能化设备管理等，提升校园管理水平及教育体验。

4）智慧康养

目前大部分穿戴型智慧康养设备均基于蓝牙、Wi-Fi 与手机及服务器终端相连。一方面存在信号干扰、信息丢失的问题，另一方面也存在相关设置过于烦琐，老年人无法操作的问题。5G 和物联网铺开后，所有的穿戴设备都是通过物联网与手机相连，再通过手机的 5G 网络传输至数据中心，极大地提高了信息流的稳定性与操作的便捷性。在此基础上，开创线上家庭健康档案、线上购物商城、在线直播系统、在线诊疗系统，结合线下社区门店、区域公司、社区养老、连锁药店联盟、全龄康旅基地等健康资源整合一体化服务新体系为广大用户提供服务。

5）智慧楼宇

办公楼对 5G 技术的应用更为迫切，办公中网速卡、画质不清晰等问题在 5G 环境下都可以得到有效解决。5G 技术对办公楼场景的应用优势主要有三点，一是更高的信息安全性；二是降低人力成本，通过智能办公系统提高物业管理效率，有限人数完成更多工作；三是提升办公生产效率，将 5G 作为新的网络访问"通道"，高速便捷，减少或分流企业宽带出口流量压力，且基于 5G 云平台提供的轻办公应用，供商办企业灵活使用。

6）信息服务

围绕卡奥斯工业互联网平台，实现多链路传输，解决了单一链路的安全性问题。通过将 5G 与 Wi-Fi 搭配，解决了 5G 信号穿透问题。在解决 5G 所带来的流量成本问题时，平台将有线与 5G 融合，使产品在能找到合理的连接路径的同时降低成本，从而为用户实现较有利的网络覆盖能力。

19.5.2　科技园智慧园区案例

1. 案例概况

某科技生态园专注于科技园区开发、产业生态运营，园区动态引进超 800 家创新企业，以华为、腾讯、云天励飞、微众银行、联发科等行业领军企业为龙头，以园区众多的优质中小企业为配套，聚焦打造人工智能、鲲鹏计算、科技金融等多个产业创新生态子系统。科技生态园作为汇聚创新资源、整合产业链条、强化产业培育的重要载体，肩负着推动新兴产业发展、助力区域率先建设高质量现代产业体系的重要使命。

2. 主要内容

该科技园着眼国际一流水准，树立科技园区标杆，按照产业生态创新、园区运营创新、标准体系创新的模式，打造科技园区品牌，按照"一区多园""圈层梯度"理念成批量打造具备复合功能和强大聚合力的 5.0 版世界一流科技园区，实行标准化、品牌化、规模化发展，构建产业资源服务平台，整合产业创新生态链条，强化产业培育核心载体，助力区域建设科技产业创新中心。科技园智慧园区总体框架如图 19-11 所示。

在园区现有智能化系统建设的基础上，通过数字平台统一业务与设备数据接入标准，部署产业生态资源大数据平台底座，满足产业生态运营模式快速复用要求，助力构建产业系统生态圈；通过智慧服务系统融合合作伙伴产业生态资源，打造引领型资源平台，通过产业生态资源数字化、基础服务线上化、专业服务集约化，实现园区产业生态资源价值再造；搭建智慧安防、智慧能源、智慧通行、智慧停车等多项应用系统，以人为本改善园区工作及生活环境，以"绿色"为目的、以"智能"为手段，践行"智慧、绿色、安全"的发展理念；借助"物理孪生"实现园区全域感知、全场景智慧的数字化管理与精细化治理，产业生态运营成果一屏呈现分析，辅助产业生态创新运营决策。

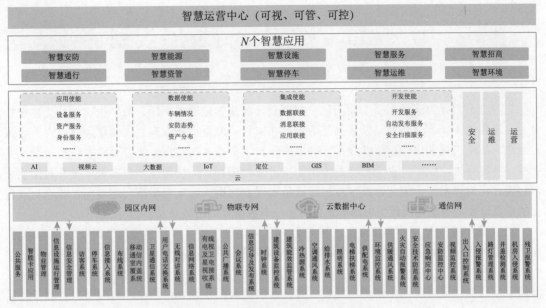

图 19-11　科技园智慧园区建设总体框架

第 20 章　数字乡村发展规划

党的二十大报告强调，要全面推进乡村振兴，加快建设农业强国、数字中国。全面建设社会主义现代化国家，最艰巨最繁重的任务仍然在农村。世界百年未有之大变局加速演进，我国发展进入战略机遇和风险挑战并存、不确定难预料因素增多的时期，守好"三农"基本盘至关重要、不容有失，应举全党全社会之力全面推进乡村振兴，加快数字乡村建设，提升我国农业农村现代化治理水平。因此，数字乡村建设是实现乡村振兴的重要举措，是实现农业农村现代化的重要途径，也是建设数字中国的重要内容，有着重要的战略意义。

2023 年中央一号文件强调要大力推进数字乡村建设，数字乡村建设符合时代发展的趋势。在实施乡村振兴战略的大背景下，加强数字与乡村振兴的深度融合，既为乡村建设提供了强大支撑，也是落实乡村全面振兴的应有之义。新一代信息数字技术向乡村地区的下沉，进一步推动了乡村各领域的现代化转变、发展。信息数字技术在农业农村的推广与应用，有利于拓展乡村新业态，提升乡村生产力，推进农业农村现代化进程；有利于改善乡村人居环境，把乡村建设得更加数字化、信息化、智能化和智慧化，增强乡村居民的获得感，提升乡村居民的幸福感，提高乡村居民的安全感，不断满足乡村居民对于美好生活的需要；有利于推动农业高质量发展，让广大乡村人民共享数字经济的红利；有利于加快构建新发展格局，推进数字中国建设。

20.1　发展整体环境

数字乡村是运用信息数字技术，整合农业农村各领域数据资源，实现数字化与农业农村经济社会发展的全面深度融合，推动农业农村现代化、乡村治理能力智能化和城乡基本公共服务均等化，全面推进乡村振兴。

在信息数字技术和数字经济快速发展的背景下，数字乡村的建设是实现未来农业农村现代化的必要条件。首先，数字农业是农业现代化的核心，通过运用现代信息数字技术对农业对象、环境和全过程的可视化呈现、数字化设计、信息化管理、智能化运行控制，使信息数字技术融入农业生产各环节，实现农业管理精准化和生产自动化，降低农业生产风险和成本。其次，数字乡村是农村现代化的基础，以信息数字技术为工具，对乡村生产、生活、生态等方面进行数字重塑，推动乡村治理发展理念、手段逐渐走向信息化、数字化、智能化、智慧化，潜移默化地影响农民的思维方式和实践活动。

20.1.1　宏观政策与引导

近年来，中共中央、国务院高度重视实施数字乡村发展战略，开展国家数字乡村试点，各部门、各地区出台了一系列支持政策，探索数字乡村发展模式。

1. 国家政策

党的十九大以来，中共中央、国务院及有关部门相继发布了 20 余项数字乡村相关的政策，涵盖行动纲领、中长期战略、阶段性规划、年度任务、试点工作及建设指南，初步形成了较为完善的数字乡村建设政策体系。按照时间顺序，我国数字乡村政策大致经历了规划起步、谋篇布局、试点推进、全面部署和加快建设 5 个阶段。

1）规划起步

2017 年 10 月，党的十九大报告中明确提出要实施乡村振兴战略，建设数字中国。数字经济赋能乡村发展迎来了关键期，数字乡村建设呼之欲出。

2018 年中央一号文件《中共中央 国务院关于实施乡村振兴战略的意见》正式提出要实施数字乡村战略，并强调做好整体规划设计。同年 9 月，中共中央、国务院印发的《乡村振兴战略规划（2018—2022 年）》对实施乡村振兴战略作出阶段性谋划，并将实施数字乡村战略和大力发展数字农业作为重要抓手。

2）谋篇布局

2019 年中央一号文件《中共中央 国务院关于坚持农业农村优先发展做好"三农"工作的若干意见》将实施数字乡村战略单独作为一节，提出依托"互联网＋"深入推进互联网在农业、农产品和农村公共服务上的应用。同年 5 月，中共中央办公厅、国务院办公厅印发《数字乡村发展战略纲要》分阶段明确了数字乡村建设的战略目标。同年 7 月，中央网信办、农业农村部会同相关部门制定印发《〈数字乡村发展战略纲要〉重点工作任务落实分工方案》，明确各项任务的职责分工，扎实有序推进数字乡村建设，确保各项任务落到实处。同年 12 月，农业农村部、中央网信办联合印发《数字农业农村发展规划（2019—2025 年）》，阶段性部署了推进数字农业农村建设的重点任务，有力支撑数字乡村战略实施。

3）试点推进

2020 年中央一号文件《中共中央 国务院关于抓好"三农"领域重点工作确保如期实现全面小康的意见》提出加快现代信息技术在农业领域的应用，并开展国家数字乡村试点。同年 5 月，中央网信办等四部门联合印发《2020 年数字乡村发展工作要点》，进一步部署了 2020 年我国数字乡村发展 8 个方面 22 项重点任务。同年 7 月，中央网信办等七部门联合印发《关于开展国家数字乡村试点工作的通知》，确定 117 个县（市、区）为国家数字乡村试点地区，部署开展国家数字乡村试点工作。

4）全面部署

"十四五"规划纲要（以下简称《纲要》）中将加快推进数字乡村建设作为数字中国建设的重要内容。《纲要》发布以来，国务院、中央网信办、农业农村部先后发布《"十四五"推进农业农村现代化规划》《"十四五"国家信息化规划》《"十四五"全国农业农村信息化发展规划》，分别对"十四五"时期加快数字乡村建设的任务进行了安排。中央网信办、农业农村部等十部门联合印发《数字乡村发展行动计划（2022—2025 年）》，对"十四五"时期数字乡村工作进行了全面部署安排。

2021年中央一号文件《中共中央　国务院关于全面推进乡村振兴加快农业农村现代化的意见》提出实施数字乡村建设发展工程。为扎实有序推进数字乡村建设，同年7月，中央网信办等七部门联合印发《数字乡村建设指南1.0》，系统搭建了数字乡村建设的总体参考框架。

5）加快建设

2022年中央一号文件《中共中央　国务院关于做好2022年全面推进乡村振兴重点工作的意见》明确强调要大力推进数字乡村建设，提出加快推动数字乡村标准化建设，研究制定发展评价指标体系，持续开展数字乡村试点。同年4月，中央网信办等五部门联合印发《2022年数字乡村发展工作要点》，进一步部署了2022年我国数字乡村发展10个方面30项重点任务。同年5月，中共中央办公厅、国务院办公厅印发《乡村建设行动实施方案》，提出实施数字乡村建设发展工程，推进数字技术与农村生产生活深度融合，持续开展数字乡村试点。2022年8月，中央网信办等四部门联合印发《数字乡村标准体系建设指南》，提出了数字乡村标准体系框架。

党的二十大报告中明确提出加快建设数字中国，加快发展数字经济，促进数字经济和实体经济深度融合，全面推进乡村振兴。2023年中央一号文件出台发布，提出要深入实施数字乡村发展行动，推动数字化应用场景研发推广，将进一步加快中国数字乡村建设步伐。

2. 地方政策

为贯彻落实中共中央办公厅、国务院办公厅印发的《数字乡村发展战略纲要》中的精神，进一步发挥发展数字经济在乡村振兴中的作用，加快数字乡村发展，各地区结合实际，认真贯彻落实数字乡村战略部署，积极探索数字乡村发展模式。浙江、广东、河南、江西等20余个省份相继出台数字乡村发展相关政策文件，政策体系更加完善，统筹协调、整体推进的工作格局初步形成。例如《浙江省数字乡村建设"十四五"规划》提出，到2025年，浙江乡村基础网络体系逐步完备，数字"三农"协同应用平台全面建成，乡村数字经济发展壮大，城乡"数字鸿沟"逐步消除，实现"三农"数据"全面共享、互联互通"，业务应用"横向协同、纵向贯通"，为农服务"上下联动、实时高效"。《广东省贯彻落实〈数字乡村发展战略纲要〉的实施意见》提出，到2025年，20户以上自然村光网实现深度覆盖，5G网络实现农村重点区域普遍覆盖。培育形成一批特色农村电商典型企业，基本形成乡村智慧物流配送体系。乡村网络文化繁荣发展，乡村数字治理体系日趋完善。河南省印发《河南省人民政府办公厅关于加快推进农业信息化和数字乡村建设的实施意见》部署了六项重点任务，包括加强农业农村信息基础设施建设，加快现代信息技术与农业深度融合，用数字化引领驱动乡村发展，加快数据资源融合共享，培育发展新业态新模式，坚持创新驱动发展。江西省印发的《江西省实施数字乡村发展战略的意见》明确提出：加快乡村信息基础设施建设，大力发展农村数字经济，强化科技创新供给服务，促进智慧绿色乡村建设，繁荣发展乡村网络文化，推进乡村治理能力现代化，深化农村信息惠民服务，激发乡村振兴内生动力，巩固网络扶贫成果，推动城乡信息化融合发展。

20.1.2 产业发展驱动

民族要复兴，乡村必振兴。建设发展数字乡村，是催生乡村发展内生动力、推进乡村治理转型、提升乡村生活服务水平的现实需求，也是实施乡村振兴的战略需求，对筑牢数字中国根基、拓宽农民增收渠道、保障改善农村民生、促进城乡融合发展意义重大。

1. 产业发展现状

随着我国针对农业农村现代化的多年政策引导和大力投入，我国数字化乡村发展的基础条件得到了极大的改善，各地区结合自身现状，做了大量的探索和尝试，金融体系也在其中逐步发挥更大的作用。整体来看，聚焦数字形成的产业体系，蕴含了巨大的发展空间，相关产业还需要持续强化和丰富。

1）农村信息基础设施建设不断完善

在乡村振兴和数字乡村发展战略背景下，农村网民规模持续增加，农村互联网覆盖范围进一步提升。根据官方数据显示，截至 2022 年 12 月，我国农村网民规模为 3.08 亿，占网民整体的 28.9%，农村地区互联网普及率为 61.9%。

2）各县域探索差异化发展路径

县域是落实数字乡村战略的主战场，县委书记是乡村振兴"一线总指挥"，在国家政策指引下，各县立足自身特色，根据资源禀赋，建立与本地乡村特色产业发展、农村政务管理服务能力、农民生产生活水平相匹配的"数字乡村"发展模式。综合现有各试点地区的实践探索经验，可以看出各试点县立足自身，在"数字乡村"建设中向着不同方向发力。与此同时，近年来众多互联网企业纷纷布局县域农业农村领域，除了在基于互联网的农产品电商基地直采等新型农业产业模式、农业农村流通现代化方面的实践之外，各互联网厂商还在乡村产业、乡村治理、乡村文化等领域进行数字乡村的全方位战略部署。

3）数字普惠金融助力乡村振兴

乡村信息基础设施的不断完善为金融机构产品与服务向乡村地区延伸构筑了技术底座，信息数字技术的不断发展为金融机构探索农业产业链平台建设提供技术可行性。

金融机构结合金融产品与科技服务能力，已经开始在以下几方面赋能数字化乡村发展：①数字乡村经济，包括农业数据资源建设、农村特色产业数字化监测、农村电子商务、农机数字化服务、农业科技信息服务以及基于此而发展的农村普惠金融；②乡村治理，金融机构虽然不直接参与乡村治理，但凭借信息数字技术，目前已有地区开始实践基于普惠金融服务点的智慧党建、网上村务管理、基层综合治理信息化服务等；③乡村普惠服务，例如乡村远程教育、远程医疗、农村医疗机构信息化、乡村文化普及与推广等。以上这些内容，目前已有多类型金融机构，包括商业银行、保险公司通过在乡村地区建设普惠金融服务点来具体落实。例如中国建设银行，通过在遍布全国的"裕农通"普惠金融服务点及"裕农通"线上平台，已将部分金融产品与服务推广至田间地头。在农业产业方面，中国建设银行打造了山东寿光蔬菜智慧经营平台、湖北鳌虾交易平台、烟台苹果智慧经营服务平台、新疆库尔勒香梨数字化交易平台、黑龙江智慧畜牧业平台、甘肃蓝天马铃薯平台等多品类农业产业链服务平台，通过数字化方式，为产业链上核心企业服务，以"金融＋科技"赋能乡村数字化发展。

4）新产业新业态竞相涌现

农产品电子商务蓬勃发展，据商务部数据，2022 年全国农村网络零售额达 2.17 万亿元，网络销售的农产品占比达到14.8%。基于农产品电商、农业遥感的大数据服务产品不断丰富，数字产业化创新发展。定制农业、创意农业、认养农业、云农场等新业态、新模式方兴未艾，乡村分享经济逐步兴起，"互联网+"农业社会化服务加快推进。

5）产业数字化赋能相对欠缺

数字乡村领域产业的发展很大程度上依托于数字化，数字化与农业的结合实现数字农业。数字农业是一项集农业科学、地球科学、信息科学、计算机科学、空间对地观测、数字通信、环境科学等众多学科理论与技术于一体的现代科学体系，是由理论、技术和工程构成的三位一体的庞大系统工程。涉及多个领域，一个系统就需要一个核心领队的专家和跨领域人才、团队。目前我国既懂农业技术又熟悉信息化等新技术的跨界型、复合型人才较少，农业信息化人才体系及队伍不完善，严重影响信息数字技术在农业农村领域的推广应用。

2. 问题及挑战

当前，我国数字乡村建设存在发展不平衡等现象，相关的标准和人才的不足，也成为制约乡村发展的关键因素之一。

1）目前全国各地数字乡村建设发展不平衡

我国数字乡村建设在全国各地发展的不平衡，表现在东部发达地区建设发展较快，中西部欠发达地区相对滞后，区域的差距比较大。目前，需要进一步提升对数字乡村建设重要性认识，加强对数字乡村信息化和新型农民教育培训资源投入，汲取先进地区数字乡村成功经验，推动欠发达地区数字乡村的建设与发展。

2）数字乡村标准化建设待进一步统筹建设和完善

数字乡村标准化建设要重点研究制定一批能够驱动数字农村建设、符合农业农村信息化发展特征的综合性和基础性标准。充分借鉴已有数字乡村优秀经验，推动数字乡村标准的研制，通过加强跨行业、跨领域、跨层级的统筹协调和指导，根据管理、技术、应用方面标准需求，构建适合我国国情的数字乡村标准体系，充分发挥标准在数字乡村建设与发展中的引领、规范作用，从而促进数字乡村发展。

3）数字乡村建设人才培养和乡村居民数字素养待进一步加强

目前农业信息数字技术应用和实践的专业人才仍有较大缺口，数字乡村建设急需培养大量熟悉信息数字技术、农业技术和农村管理等多专业、多学科交叉的跨界人才和团队，以便真正将技术和能力应用到"三农"服务中。目前农业农村数字化培训教育资源相对缺乏，村民接触信息化教育的机会较少，熟练使用信息化设备的技能有待提升，需要进一步加强农村数字能力方面的教育培训，提升广大村民的数字意识和技能。

20.1.3   标准体系规范

标准在各领域发展中，具备引领、规范和促进作用，通过跨行业、跨领域、跨层级的统筹协调和指导，根据管理、技术、应用方面标准需求，构建适合我国国情的数字乡村标准体系，是推动我国数字乡村高质量发展的关键举措之一。

1. 国外数字乡村标准

1）国际标准方面

ISO 智慧农业标准化战略咨询组（SAG SF）成立于 2021 年 6 月，旨在聚焦全球可持续发展战略，分析智慧农业标准化需求，提出 ISO 智慧农业标准化发展路线图，就未来智慧农业标准化活动和优先事项提出建议，协同推动全球智慧农业数据标准化发展。社区可持续发展技术委员会（ISO/TC 268）负责城市和社区的可持续发展领域的标准化工作，包括基本要求、指南、支持技术和工具等，用以帮助不同类型社区实现可持续发展，其中研制的标准适用于不同类型和规模的城市、社区和乡村，覆盖可持续发展的需求、框架、技术和工具等。国际电信联盟标准化部（ITU-T）成立的物联网、智慧城市和社区研究组（ITU-T SG 20）虽然没有专门针对数字乡村相关领域的标准化研究，但在物联网和智慧社区相关领域的研究成果，有助于数字乡村方面的建设和发展。

2）国外先进国家标准

数字经济驱动经济高质量发展已成为世界各国高度关注的热点问题。多国加快释放信息数字技术在乡村建设的活力，对于提升生产效率、稳定农民收入、促进乡村发展具有重要意义。美国、英国、日本、欧盟等国家和地区，在相关政策支持、标准发布、新技术研发应用等方面，形成了具有鲜明特征的数字乡村发展模式。

美国电气电子工程师学会启动智慧乡村计划（IEEE Smart Village），通过集中可持续电能、教育、创业创新方案等资源，助力于电能源贫瘠的乡村智慧化发展，下设安全、质量、可靠性和标准委员会（Safety，Quality，Reliability&Standards Committee），与各类标准机构合作推动智慧乡村标准的研制和应用。

英国的数字乡村建设，主要通过加大乡村地区宽带接入、移动覆盖、远程教育、电子政务、电子保健、在线公共服务等政策性投入来推进。在标准化机构层面，英国标准学会（British Standards Institution，BSI）于 2021 年成立数字化战略顾问工作组（Digital Strategic Advisory Group），以确保 BSI 的标准化工作在战略上支持包括乡村数字化在内的英国国内全面数字化转型。

日本十分重视农业信息系统建设，20 世纪 90 年代初，日本设立了农业技术信息服务全国联机网络，即电信电话公司的实时管理系统，农民依托分中心，可快速有效地进行农业信息收集、处理和共享。针对农业科技信息，日本将 29 个国立农业科研机构、381 个地方农业研究机构及 570 个地方农业改良普及中心全部联网，农民可以通过手机、计算机随时随地查询 271 种主要农作物育种、栽培、种植等技术。

2. 国内数字乡村标准

1）国家标准

我国数字乡村建设整体处于起步阶段，为了推动和规范我国数字乡村快速发展，与国际标准接轨，国务院和农业农村部等先后出台了多个政策文件，全力支持我国数字乡村标准化发展。2022 年中央网信办等四部门联合发布《数字乡村标准体系建设指南》，明确给出数字乡村标准体系框架，旨在加强数字乡村标准化建设，指导当前和未来数字乡村标准化工作。

在农业农村部的领导下，全国信息技术标准化技术委员数字乡村标准研究组 2022 年 7 月正式成立，主要聚焦数字乡村的基础共性、数据与平台、应用发展、建设运维等方面标准工作。

2）行业标准

目前农业农村部牵头发布了多项数字乡村领域行业标准，如 NY/T 3988-2021《农业农村行业数据交换技术要求》、NY/T 4325-2023《农业农村地理信息服务接口要求》、NY/T 3989-2021《农业农村地理信息数据管理规范》、NY/T 3746-2020《农村土地承包经营权信息应用平台接入技术规范》、NY/T 3747-2020《县级农村土地承包经营权信息系统建设技术指南》等。

3）地方标准

湖北省农业生态和农村建设标准化技术委员会（HUBS/TC11）2022 年成立，主要负责病虫草害绿色防控技术、耕地资源生态保护、农业信息化与新农村建设等领域地方标准的制修订及标准化相关工作。

陕西省农业农村标准化技术委员会成立于 2023 年 2 月，主要承担全省农业农村专业领域内的标准化技术归口管理工作，推进全省农业农村各类标准制定、修订、转化和采用。

四川省农业标准化技术委员会成立于 2021 年 6 月，是制定农业标准、实施农业标准战略、推动农业标准化发展的重要平台，主要负责完善省级农业标准体系、加快标准推广应用、助力实施标准集成应用试点。

基于数字乡村发展区域特点，全国各地区纷纷成立了地方性的数字乡村标准化技术委员会，逐步开展数字乡村地方标准研制工作，旨在提升地方数字乡村标准化建设，服务当地数字乡村发展。

全国各大省市研制了丰富的乡村公共管理服务、美丽乡村等领域标准。例如，山东省为推动各级农业农村主题政务信息资源的归集和服务，研制了 DB37/T 4223.3-2022《政务信息资源　数据元　第 3 部分：农业农村》；湖北省研制的 DB42/T 1749-2021《农业农村大数据应用乡村基础信息分类》规定了乡村基础信息提供和公布的基本原则、信息分类、信息内容、信息格式和信息管理要求，为农村大数据应用领域的基础信息采集、存储、交换、共享和利用提供技术支撑；鹤壁市 2022 年发布了四项数字乡村系列标准，分别为 DB4106/T 67-2022《数字乡村建设指南》、DB4106/T 68-2022《数字乡村发展水平评价指标体系》、DB4106/T 69-2022《数字乡村平台建设指南》、DB4106/T 70-2022《数字乡村服务站管理指南》。总的来看，针对数字乡村建设与发展的地方标准还不够丰富，需要持续强化建设。

20.2　发展关注焦点

建设发展数字乡村，既是建设数字中国、实施乡村振兴的战略需求，也是催生乡村发展内生动力、推进乡村治理转型、提升乡村生活服务水平的现实需求。作为代表发展方向的数字化乡村形态，数字乡村发展的关注焦点主要集中在数字经济、数字服务、数字治理和数字生态等方面。

20.2.1　乡村数字经济

信息数字技术广泛渗透农业生产、经营管理、商贸流通等环节，智慧农田、智慧牧场、智慧渔场等新型农业生产形态成为主流，也激发乡村旅游、休闲农业、民宿经济等乡村新业态蓬勃兴起。农村电商、直播带货等成为工业品下乡和农产品出村进城的重要渠道，农村电商继续保持乡村数字经济"领头羊"地位。地理标志产品、地方农特产品等借助数字信息技术，持续实现标准化、品牌化和价值化。主要方向包括农业数字化、乡村电子商务、乡村普惠金融、乡村新业态等。

1. 农业数字化

农业数字化主要包括农业数字化基础设施建设、农业数据资源建设、农业生产数字化（种业数字化、种植业数字化、林草数字化、畜牧业数字化、渔业渔政数字化）、农产品加工智能化、乡村特色产业数字化监测、农产品市场数字化监测和农产品质量安全追溯管理等内容。

1）农业数字化基础设施建设

农业数字化基础设施建设包括电信网络和广播电视网络等网络基础设施、村级政务服务代办站（点）、农村电商服务站、益农信息社、村级供销合作社等信息服务基础设施，以及支撑智慧农业发展与应用的重要信息基础设施。基于农业地理信息测绘平台、农业生产管理平台、农业大数据平台、农产品交易服务平台等数字基础设施，有助于农业生产流通精细化管理，实现农业生产要素的数字化设计、智能化控制、精准化运行、科学化管理、互联网营销，推动农业信息化建设，促使农业生产率提高、产业附加值提升。

2）农业数据资源建设

依据农业农村数据共享开放相关政策和管理规范，汇聚基础地理、遥感数据、农业生产经营主体基础信息数据资源、耕地基本信息数据资源、渔业水域本底数据资源、农业投入品数据资源、农产品市场交易数据资源，开发涵盖种植业、养殖业、林业等方面的农业资源决策分析系统，实现农作物种植适宜性评价、"三品"基地适应性评价分析、重大动物疫情防控决策、病虫害预警分析评价、农业产业结构调整等功能，为农业管理部门应急决策与指挥调度提供技术支撑。

3）农业生产数字化

当前，农业生产数字化主要聚焦在种业、种植业、林草、畜牧业、渔业渔政等方面。

- 种业数字化。通过大数据、人工智能、物联网和智能装备等，在种业全产业链的应用，实现育种科研、制种繁种、生产加工、营销服务和监督管理服务的多场景信息化，如品种创新数字化、生产经营智能化和产业体系生态化等。
- 种植业数字化。信息数字技术在农作物种植各环节的应用，通过获取、记录农业生产经营各环节数据，计算分析得出应对方案，为种植各环节流程提供智能决策，提高生产效率。
- 林草数字化。利用遥感、地理信息系统和全球定位系统等信息数字技术，处理和解决林草系统的生产和经营管理问题，形成林草立体感知、管理协同高效、生态价值凸显、服务内外一体的林草发展新模式。

- 畜牧业数字化。综合运用信息数字技术和智能装备技术，将畜牧养殖管理和技术数字化，并利用互联网平台，实现畜牧养殖数字化、智能化管理，推动畜牧养殖由传统粗放型向知识型、技术型转变。
- 渔业渔政数字化。综合应用信息数字技术，深入开发和利用渔业信息资源，促进渔业生产过程与监督管理的智能化和信息化，提升渔业生产和渔业管理决策的能力与水平。

4）农产品加工智能化

主要聚焦在利用物联网技术和设备监控技术等，配备作业机器人、智能化电子识别和数字监测设备，强化农产品加工智能车间建设，以及果蔬产品包装智能分级分拣装置，能够实现果蔬产品的包装智能分级分拣。同时，智能管理应用系统，能够实时准确地采集生产线数据，合理编排生产计划，实时掌控作业进度、质量与安全风险。

5）乡村特色产业数字化监测

围绕乡村特色产业全产业链，采集生产基地、加工流通、品牌打造等方面的基础数据，实现特色产业监测指标与基础数据的直接对应。基于安全传输技术，实现数据自动汇聚，通过大数据技术、可视化技术进行多维度的数据可视化分析，实现特色产业画像及乡村特色产业"一张图"呈现，可为乡村特色产业发展提供数据支撑与决策支持服务。依托公众号、App 等手段，及时发布特色产业运行情况，宣传特色产业建设成果和消费价值服务等。

6）农产品市场数字化监测

利用自动定位匹配采集、信息智能识别与数据规则验证等信息数字技术，通过信息采集设备和信息采集系统，依据信息采集标准规范，对农产品交易地点、价格、交易量等多维度信息进行实时采集，并进行大数据分析，实现对农产品价格及变化趋势的监测预警。利用 App、公众号及时发布热点品种市场供需和价格信息，可为市场监管主体、农业生产经营主体和消费者提供决策依据。

7）农产品质量安全追溯管理

运用信息数字技术手段，跟踪记录生产经营主体、生产过程和农产品流向等农产品质量安全信息，满足监管和公众查询需要。利用农产品质量安全追溯管理平台，规范企业生产经营活动，可实现农产品来源可追溯、流向可跟踪、风险可预警、产品可召回、责任可追究，有效促进农业绿色生产，保障公众消费安全。

2. 乡村电子商务

乡村电子商务旨在促进乡村电子商务、网络销售快速发展，利用互联网、计算机、多媒体等信息数字技术，大幅提高农村商品物流配送能力和农产品商品化率，实现快递到乡镇（街道）、配送到村，加强电商氛围，健全配套体系，与"三农"发展融合，使电子商务物流成本逐步下降，农村物流现代化水平提高，从而促进农村经济效益增长。

乡村电子商务场景建设内容主要包括电子商务大数据、农村电商公共服务体系、电子商务物流信息服务、农产品质量溯源管控以及乡村电子商务培训等。

1）电子商务大数据

电子商务大数据是对农村电商数据的汇聚、整合与展示，利用大数据、云计算、区块链等信息数字技术，对电商数据进行处理，构建电商数据可视化模型，将电商数据精准有效地展示，从而为科学决策提供数据支撑。

2）农村电商公共服务体系

在建设公共服务平台的基础上，完善县级农村电子商务公共服务中心和村级电子商务服务站等实体机构，实现各级电子商务公共服务信息互联互通、快速协同，可为农村电子商务从业者提供线上线下多元化支持服务。

3）乡村电子商务培训

组织学校、企业、社会团体等，面向电子商务从业者、创业大学生、农村基层干部等集中开展农村电商、直播带货、电商营销和数据洞察等专题培训，可提高农业经营主体电商从业能力。

4）电子商务物流信息服务

通过建立开放、透明、共享的物流信息数据应用平台，完善面向农村的综合物流信息服务。主要包括销售地统计、物流收发件信息以及相关物流信息等。

5）农产品质量溯源管控

实现农产品质量溯源管理，实现一品一码农产品质量溯源，通过溯源系统信息，展示农产品溯源信息，具体内容包括投入品总量统计、农产品溯源系统使用频率、溯源企业、溯源产品、地理标志产品、绿色农产品认证企业等信息的溯源管控。

3. 乡村普惠金融

乡村普惠金融主要包括便捷金融服务、涉农信贷服务、新型农业保险等。通过整合本地金融资源，发挥线上渠道方便快捷、受众广、覆盖率高的数字化优势，全力破除信息壁垒，减少金融服务中的信息不对称，精准匹配资金需求，降低农民和新型生产经营主体融资门槛；建立"全覆盖、多渠道、简便快"的综合金融服务平台，实现"让数据多跑路，让群众少跑腿"，推动金融服务向乡村下沉；健全乡村金融服务体系，拓宽乡村金融服务场景，优化乡村金融生态环境，打通金融服务乡村振兴的"最后一公里"，缓解农村融资难、融资贵、融资慢等问题。

1）便捷金融服务

在农村地区部署自助式服务终端和便民服务站点，为村民提供"足不出村"的金融服务，并在此基础上向民生、政务、电商等多领域延伸，包括但不限于现金存取、转账汇款等金融类服务，养老金领取、涉农补贴、水电费缴纳等生活类服务，社保、医保的查询、缴费及签约等民生类服务。

2）涉农信贷服务

基于互联网技术，优化创新与"三农"有关的金融线上贷款业务，开展收益权、承包权、生产对象、不动产等评估授信，提供免担保、纯信用、广覆盖、低门槛的小额贷款服务，可实现"最多跑一次"或"一次也不跑"，满足农业生产经营主体的资金需求。

3）新型农业保险

依托农业气象风险识别与分析技术、人工智能、大数据等技术，在传统保险的基础上提供精细化管理及服务。保险公司可聚焦农险客户需求和农险业务管理需求，依托暴风系统、灾情预警、风险地图、台风预警等功能，帮助农户防灾减损。

4. 乡村新业态

乡村新业态是指随着现代农业发展和农村第一、二、三产业融合发展，基于信息数字技术在乡村农林牧渔、旅游、文化、教育、康养等领域的应用，形成的新型产业组织形态，包括智慧文旅、休闲农业、民宿经济、康养服务等。

1）智慧文旅

运用数字化赋能乡村旅游管理、服务、营销、运营各环节，通过线上线下融合，实现乡村旅游服务方式和管理模式创新，打造游前、游中、游后服务体验闭环。游客在出行前，可通过信息服务平台查询旅游信息、制订出游计划、进行在线预订；在旅游过程中，可通过智能化设施享受便捷的停车、导览、观光、购物、游玩、居住体验等。旅游运营管理方可通过客流量实时监控、快速投诉处理、高效应急处置，为游客营造安全放心的旅游环境；通过游客评价、购物数据的收集分析，进一步完善景观线路设计、旅游设施布局，提升旅游产品和服务质量。

2）休闲农业

休闲农业是综合利用农村的资源环境，为城市居民提供观光、休闲、体验等多项需求的农业经营活动，是一种以农业为基础，以休闲为目的，以服务为手段，以城镇市民为对象，贯穿农村一、二、三产业，融合生产、生活和生态功能，紧密联结农业、农产品加工业、服务业的新型产业形态和新型消费业态，例如休闲农场、认养农业、农业公园、观光农园、共享农场等。

3）民宿经济

乡村民宿是指利用乡村民居等相关资源，主人参与经营服务，为游客提供体验当地自然、文化与生产生活方式的小型住宿设施。民宿经济是依靠民宿和当地第一、二、三产业融合促进农村经济发展的新业态。

4）康养服务

乡村在环境、生态、空气、山、水、林、湖等生态资源上具有独特的、不可比拟的优势。立足于生态资源发展乡村康养，能够通过环境的营造，构建和谐的自然景观与人文景观，给人以美的享受，进而沉淀浮躁与喧嚣，释放郁闷与压抑，调节机体的免疫系统，起到养生、保健、治疗的作用。乡村数字康养是以智能产品和信息系统平台为载体，深度融合新一代信息技术的新兴产业形态，以实时健康监测、远程医疗等科技手段，打消人民群众对乡村养老服务的就医顾虑，促进乡村康养服务的产业化发展。

20.2.2 乡村数字服务

随着数字乡村建设的稳步推进，面向"三农"的电子政务实现网上办、马上办、少跑快办，打通乡村治理"最后一公里"，可通过平台集成智能化终端和社会化服务功能，实现联动联勤全响应、通知宣传全覆盖。"互联网＋政务""互联网＋医疗""互联网＋养老"等服务不断向农村地区下沉覆盖，能够驱动农村数字惠民服务的日趋完善。

1. "互联网＋政务"

信息数字技术融入乡镇政务服务，可助推乡镇政务服务理念从"对上"负责、"被动服务"，转变为"对下"负责、"主动服务"。

1）政务服务下移

乡镇政务服务，聚焦群众服务需求，对上明晰省、市、县、乡镇纵向层级及部门的服务权力清单，有效承接依法下放的"直接面向人民群众、量大面广、由乡镇服务管理更方便有效的各类事项"，明确乡镇政务服务的事项、内容和要求，通过信息数字技术将服务清单网络化、公开化、规范化；对下持续推动"互联网＋"政务服务下移，将便民服务事项前移至村级服务终端，将政务服务接件办理窗口前移到村庄，群众不出村即可办理服务事项，让"信息跑路"代替"群众跑腿"。

2）便捷个性化服务

面对群众服务的便捷性需求和个性化服务需求，"一站式""一窗口"服务办理需要政府以一个"整体政府"提供服务，因此，应当建立自上而下的、政府内部跨部门的一体化数字协同机制，村民只需在接件窗口或者平台系统登录一个入口就可以了解所需的服务信息、提交所需的服务资料，避免多系统多界面的繁杂"劝退"农村群众使用数字服务；同时通过大数据共享一体化平台，使基层政府能够获取村民的个人属性、服务痕迹、网络行为等大数据，通过数据甄别提供精准个性化服务。

2. "互联网＋医疗"

"互联网＋医疗"主要包括乡村医疗机构信息化、乡村远程医疗等内容，是将互联网等信息数字技术与传统医疗健康服务深度融合，形成的一种新型医疗健康服务业态，通过开发新的医疗健康应用、创新医疗健康服务模式，解决区域医疗资源分布不平衡、不充分问题，可为乡村地区带来优质医疗资源，提升乡村医疗服务的普惠性和通达性。

1）乡村医疗机构信息化

运用基础信息通信网络、信息化医疗设备等，打通省、县、村三级医疗机构的信息流通渠道，可为实现远程医疗、分级诊疗等"互联网＋医疗"模式提供基础保障。

2）乡村远程医疗

城市地区医疗机构可利用远程通信技术，为乡村居民提供远程专家会诊、辅助开药等医事服务，可为基层医生提供远程指导与教学等服务。

3. "互联网＋养老"

"互联网＋养老"是指利用智能穿戴设备、家居设备和呼叫设备等，为农村地区老年人提供远程医疗、健康管理、随身监护、关爱视频等综合性、多样性的养老服务，提升农村老年人生活质量。

1）居家养老服务

通过智能家居设备、传感器、视频监控、健康管理等技术手段，可实现老年人在家中的便捷生活和健康管理。

2）村社养老服务

以村区为基础，提供老年人社交、文化、体育、医疗等多种服务，建立智慧村社和互助网络。

3）医养结合服务

医疗和养老融合，将医疗服务和养老服务相结合，打造一体化的医养服务体系，提升老年人的健康水平。

4）保障与救助服务

基于位置、识别等技术手段，进行老年人失踪预防、求救服务，保障老年人的人身安全和财产安全。

5）智慧辅助设施

借助智能轮椅、智能助行器、智能感应系列等辅助器具，帮助老年人更好地行动和维持日常生活。

6）智慧养老机构建设

通过信息数字技术手段，管理老年人的身体健康、心理健康和社交健康等方面，提高养老机构的服务质量和人性化程度。

20.2.3　乡村数字治理

将信息数字技术广泛应用于基层治理安全、重点人员排查、应急决策部署等，能够使乡村治理数字化平台充分发挥作用。借助网络和数字化应用，推进数字化村务管理、数字化社区服务持续创新，可实现农村三务线上公开，明确村民主体地位，不断提升农民自治能力。智慧党建、网上村务管理、互联网＋政务、基层综合治理信息化、乡村自然灾害应急管理、乡村公共卫生安全防控、农村网络文化建设、乡村文化数字资源、森林防火等是数字乡村治理的重点。

1. 智慧党建

智慧党建主要包括党务管理信息化、新媒体党建宣传、党员网络教育等内容，通过互联网、大数据等信息数字技术应用，推动农村党建相关党务、学习、活动、监督、管理、宣传等工作的全面整合，打破农村党建传统条件限制，提高县级、村级党建工作的一体化、智能化、数字化水平，并通过数据分析手段，及时跟踪了解基层党建工作进展，不断提升党建管理效率和科学水平。

1）党务管理信息化

农村党务工作线上线下协同开展，推进农村基层党组织建设管理、党员管理、民主评议、党代表联络服务、党内生活、党内表彰与激励关怀、组织员队伍建设、计划总结等业务融合，线上开展"三会一课"、主题党日等活动，重点解决农村党组织分散、党员流动性大的问题，可实现农村党务管理应用场景智慧化。

2）新媒体党建宣传

利用网站、手机 App、公众号、短视频等新媒体平台开展村基层党建宣传工作，及时传达上级党组织精神，并将基层党建有关事务按规定在党内或者向党外公开。

3）党员网络教育

在电视端、PC 端和移动端，构建党务知识、法规制度、党员网课、党内集中教育等模块，通过手机 App、公众号、小程序等载体，对接"学习强国"等平台资源，开设农村党员干部网上党课，自动向党员推送学习资料、收集反馈学习情况，为流动党员、农村党员提供便捷化的学习渠道，可实现随时随地学的远程主题教育活动。

2. 基层综合治理信息化

基层综合治理信息化主要包括基层网格化治理、社会治安综合治理信息化、综合治理智能化提效、数字乡村一体化协同治理、数字乡村一张图、"一村一户一码"综合应用等内容，通过将互联网、大数据、人工智能等信息数字技术与基层综合治理深度融合，构建立体化基层综合治理联动体系，实施网格化服务管理，提升基层一体化协同治理能力，形成乡村数字治理一图统览，构建农业农村服务对象数字身份，提升基层综合治理的"预测、预警、预防"能力。

1）基层网格化治理

通过信息数字技术在公共管理和服务领域的创新应用，将县域内网信、党建、综治、公安、环保、安监、城管、信用、矛盾调解等融入网格治理，构建基层网格化服务管理体系，形成资源整合、全域覆盖的基层治理格局，实现信息统一采集、矛盾纠纷联调、社会治安联防、重点领域联管、事务处办联动、突出问题联治、为民服务联合、依法治理联抓、平安建设联创等，提升乡村治理"精准度"。

2）社会治安综合治理信息化

综合运用数据挖掘、人像比对、智能预警、地理信息系统等信息数字技术，建设综合治理信息化管理平台，面向综合治理重点人群和重点事件，开展打击、防范、教育、管理、建设、改造等工作。

3）综合治理智能化提效

乡村治理工作点多、线长、面广，村级组织和村干部直接面对基层群众，常常是事多事杂人手少，疲于应对各类任务和突发事件，对乡村施行切实有效的治理难度很大。乡村是服务群众的第一线，为村级组织提质赋能就是为乡村综合治理增效。随着人工智能、大数据等信息数字技术手段的逐渐成熟，综合运用各类技术辅助乡村综合治理工作，逐渐成为一种行之有效的可靠选择。借助智能摄像机、AI 算法分析等手段，对乡村治理各类异常事件进行智能识别、预警，代替传统人工巡逻巡查方式，既可以有效降低村级组织、村干部的工作量，又有助于构建立体化乡村综合治理联动体系，助力网格化服务管理，提升乡村综合治理的"预测、预警、预防"能力，可为乡村综合治理工作提供有力支撑。

4）数字乡村一体化协同治理

利用大数据、云计算等信息数字技术，对乡村基层中的智能办公、村务管理、智慧党建、网格管理、公共服务、社会治理等业务进行有序整合，构建形成数字乡村治理工作综合平台，实现多元主体信息共享、资源共用，各项工作协同处理、及时互馈，同时可将数字乡村工作成效和进展进行集中展现，对汇聚的各类信息数据进行系统性分析研判和针对性决策处置，持续为数字乡村工作中的检查指导、部署落实、协调联动、治理服务等赋能，可提升数字乡村一体化协同治理效能。

5）数字乡村一张图

依托三维地理信息技术，通过数字乡村一张图，叠加多维地图数据，可视化展现智慧乡村全貌信息，实现重点乡村数字化孪生，从整体智治的角度，全面综合展示乡村发展信息。

6）"一村一户一码"综合应用

"一村一户一码"场景基于数字孪生身份技术，为每个乡村、农户进行统一赋码，并以"码"汇聚数据、关联数据、集成应用等，建立村社、农户和产业的数字化管理档案，提供一站式信息聚合和"码"上多跨场景应用，为农业农村管理部门决策分析提供数据基础，为农村基层管理人员数字化管理提供工具手段，为农业主体生产、营销等提供统一服务窗口，全面赋能乡村产业发展、基层治理、公共服务体系数字化、精细化建设，加快乡村生产生活方式变革。

20.2.4　乡村数字生态

信息数字技术在智慧绿色乡村建设中的作用正在进一步发挥，赋能农业绿色生产信息化监管能力全面提升，提高乡村生态保护监管效能。借助农业物联网应用和现代农业设施，农业可实现绿色规模化发展。信息数字技术为农村人居环境治理提供创新解决方案，广泛应用于农业生态环境监测、山水林田湖草沙系统监测、农村人居环境监测、农村饮用水源水质监测等，为发展保护农村生态环境，实现农业绿色生产、农民绿色生活起到了至关重要的作用。

1. 农业生态环境监测

农业生态环境监测是一项长期性、基础性的工作。开展农业生态环境监测，对于准确判断我国当前农业生态环境形势，精准实施农业农村污染治理行动、不断改善农业生态环境质量、保障农产品质量安全等具有重要意义。

1）农产品产地土壤环境监测

根据农产品产地土壤环境状况、土壤背景值等情况，开展土壤和农产品协同监测，可及时掌握重点区域农产品产地土壤环境总体状况、潜在风险及变化趋势等。

2）做好农田氮、磷流失监测

依据农田氮、磷污染的发生规律和地形、气候等情况，开展农田氮、磷流失监测，分析不同种植模式下，区域主推耕作方式和施肥措施等，从而改善对农田氮、磷流失的影响。

3）做好农田地膜残留监测

综合考虑覆膜作物、覆膜年限、回收方式等情况，开展地膜残留监测，可摸清农田地膜残留量和回收情况。

4）农业生物物种资源调查和外来生物入侵监测

开展国家重点保护农业野生植物调查，加大农业野生植物原生环境保护力度，加强入侵物种调查和监测，可开展预警与应急灭除等。

2. 山水林田湖草沙系统监测

山水林田湖草沙是生命共同体，各种自然要素、自然过程、自然系统是有机生态系统，利用信息数字技术手段赋能自然资源保护、环境污染治理、生态系统修复等是数字乡村建设的重要任务。

1）自然资源数据库

建立自然资源数据库，融合山地、耕地、森林草原（地）、湿地、水、海域海岛、地下、地表基质、地质遗迹、林草种质等资源。充分利用大数据、云计算等信息数字技术，建设区域自然资源数据库管理系统，可为各类与国土空间相关的规划、管理、决策、服务、环境治理等提供数据支撑。

2）监测与治理

水环境治理可利用无人机对水面存在的蓝绿藻、睡眠漂浮物等现象，进行智能识别、监测、上报，通过传感设备可对水质进行动态监测。通过变更调查成果、遥感影像判读、外业调查核实三种监测手段，建立林草生态综合监测，可掌握林草年度消长动态变化。按照生物多样性、土壤质地等指标分类，可对耕地资源质量分类开启数字"精细化"管理，形成多种耕地资源特点组合，科学保障粮食产量。

3. 农村人居环境监测

利用高清视频监控、物联网、人工智能、图像识别等信息数字技术手段，对农村地区垃圾收运、污水治理、村容村貌维护等进行监测分析，可为农村人居环境整治提供监管依据。

4. 农村饮用水源水质监测

在农村河流、水库、地下水、蓄水池（塘）等饮用水水源采样点设置数据采集点，对温度、色度、浊度、PH 值、电导率、溶解氧、化学需氧量和生物需氧量进行综合性在线自动监测，可为农村饮用水安全提供保障。

20.2.5　文化资源数字化

乡村文化资源数字化主要包括农村数字博物馆建设、农村文物资源数字化、农村非物质文化遗产数字化等，通过信息数字技术采集农村风土民情、非遗资源、文物遗址等文化资源信息，以数字化形式进行资源存储、管理、分析、利用和展示等，实现乡村传统文化的保护与网上广泛传播。

1）农村数字博物馆建设

通过信息数字技术手段对传统村落资源进行挖掘、梳理、保存和推广等，以网站、手机

App、小程序等形式建设数字博物馆平台，可集中展示村落的自然地理、传统建筑、村落地图、民俗文化、特色产业等。

2）农村文物资源数字化

农村文物资源数字化包括数字化采集与展示，前者指应用信息数字技术将农村文物的自然属性信息与人文属性信息加工为图文、视频、3D影像等资源，后者指对采集成果进行故事化加工创作，通过各类网络平台对外宣传展示。

3）农村非物质文化遗产数字化

对农村地区传统口头文学及文字方言、美术书法、音乐歌舞、戏剧曲艺、传统技艺、医疗和历法、传统民俗、体育和游艺等非物质文化遗产进行数字化记录、保存与宣传展示，实现农村非物质文化遗产的数字化留存和传播。

20.3 发展规划要点

数字乡村建设与发展需要立足新时代的发展趋势，明确如何从融合发展角度创新建设，以数字化建设推动农业专项发展，进而带动数字乡村进入新高度、新境界。数字乡村规划重点聚焦在加强乡村数字基础建设、推动数字治理体系建设、加快城乡教育一体化建设、坚持数字经济发展为导向、关键技术与数字乡村应用的深度融合。

20.3.1 加强乡村数字基础建设

我国农村地区的信息网络建设逐步加快，但各地普遍存在农民信息素养不高、信息化应用水平不高、农村数据资源难以共享等问题。农村数字基础还比较薄弱，应加大城乡交通一体化、互联网基础设施建设力度，推动农业基础设施优化升级和涉农数据资源共享共用，推动农业农村领域数字产业化。

1. 城乡交通一体化

地理空间上的间隔需要依靠交通设施的连接打破，城市到乡村的空间距离需要城乡交通基础设施的连接，只有优化城乡之间的交通设施，实现互联互通，才能畅通城乡之间的资源流通。城乡交通一体化也不单纯是物理上的互联互通，还应包括信息与数据领域的互通融合，才能实现真正意义上的城乡发展一体化。具体包括以下几个层面：①加快推进交通信息化建设方面，将乡村道路交通纳入统一的信息化建设管理平台，构建高效便捷的城乡综合交通网络，以城市为"点"，以道路为"线"，辐射到广大乡村区域，将城乡交通连成"面"，从而密切市、县（区）、乡镇之间的联系，真正实现城乡交通一体化无缝连接；②加强城乡交通运输信息化水平建设，利用信息数字技术变革交通道路运输管理，建设交通信息通信网络，实现一"网"走遍天下。

万物互联的信息社会离不开交通信息化与其他公共基础设施的融合，加速乡村智慧水利、智慧交通、智慧广电、智能电网、智慧物流、智慧农业基础设施建设。以城乡交通一体化为核心的硬件基础设施建设一体化的实现，将延长城市的空间边界，淡化乡村身份和落后形象。

2. 互联网基础设施建设

网络通信是党和政府宣传国家政策、弘扬社会主义先进文化的便捷工具，是政府公共服务能力供给的重要组成部分。城乡基本公共服务均等化要求加强乡村信息化建设，特别是为落后乡村提供信息基础设施建设，满足乡村居民的各类通信需求。将城市的网络信息传播到乡村的最基层，让人民群众真正享受城乡信息化建设带来的城乡公共信息产品和服务供给。乡村信息化建设也是发挥宣传载体和先进文化传播载体媒介，这就需要拓展综合信息服务和智慧化应用，加大力度推广网络在城乡居民中间的覆盖率和使用率，使其成为服务数字乡村建设、数字经济发展和政府城乡公共服务供给的基础载体。

20.3.2　推动数字治理体系建设

加强乡村数字治理体系建设、提升乡村公共服务效能是乡村治理效果最直接的体现，以教育、医疗、社保服务等民生保障领域为重点，充分发挥信息数字技术赋能作用，着力推进城乡基本公共服务均等化；开展农村服务数字化治理，将网格化管理、精细化服务、数字化支撑作为乡村治理创新的重要内容；注重乡村数据人才建设，加大数字乡村复合人才的培养，以支撑数据治理体系落地。

1. 推进城乡公共服务一体化向乡村延伸

基本公共服务均等化是保证人人都享有教育基本公共服务、基本社会保障、基本医疗卫生公共服务和公共文化的基本权利，人人都享有基本的公共设施使用的便利，人人都普遍享有公共安全。推进城乡公共服务一体化，是将优质公共服务提供到广大乡村中，特别是关系到百姓生产生活的政务服务以及乡村治理体系化能力。

互联网＋政务服务的行政末梢应该是乡村，乡村事务的复杂性要求将乡村治理纳入区域政务服务一体化平台系统，使乡村群众不出乡村、不出村屯即可享受政府公共服务的供给；同时，加快信息数字技术在乡村治理中的运用，提高信息化设备、现代科技产品在乡村治理中的运用。例如打造数字化乡村党支部（村委会）、实施农村党建信息化示范工程、实现农村党建信息化全面覆盖。还有加强农村基层党建信息平台的应用，加快网上政务服务进村，互联网＋公共法律服务进村，推进党务、财务、村务网上公开，构建数字乡村治理体系。

2. 提高乡村治理体系的精细化、智慧化水平

数字化、信息化、网络化已经开始从城市向乡村覆盖，乡村治理模式面临巨大的时代变迁，信息数字技术带来的治理理念和治理工具变迁，将使乡村治理模式从传统的经验治理走向科技治理，从人情治理走向法治治理，从事后治理走向事前预防、事中监督、事后纠正治理模式。

乡村和社区作为人员来往密集的场所，在特殊事件处理过程中，如何做到精准管理，保证管理的有效性，是一个艰巨的挑战。如何迅速掌握流动人员信息、预防人员聚集，并对大量杂乱的信息进行有效处理，都是乡村治理过程中必须解决的问题。数字乡村治理体系的构建，需要充分发挥信息数字技术在信息获取、收集与处理方面的优势，实现快速识别和精准定位，并具有精细化和智慧化的特点。

数字化乡村治理体系的构建还能用在人口统计、经济统计、农业生产、信息传播、宣传教育、村务（财务、党务）监督、村民选举等乡村生产生活的方方面面。数字乡村的建设就是要整合乡村事务，搭建乡村综合网络服务系统，将乡村"万物互联"纳入数字化治理平台，整合乡村农业、扶贫、教育、文化、卫生、社保等农村要素，实现数字化在乡村的全覆盖，从而实现乡村事务精准、有效、快速处理。

20.3.3　加快城乡教育一体化建设

城乡教育一体化建设主要包括：推进乡村教育信息化，缩短城乡教育资源差距；优化城乡农民职业教育体系，通过搭建乡村数字资源的共享平台，使农民掌握现代信息化、网络化知识，培养数字农民，进而推进数字乡村建设。

1. 推进乡村教育信息化

农村是社会发展的重要基础，社会发展与改革必须包括广大农村，需要从发展农村教育入手。任何一个国家要实现现代化，农村教育都具有基础性、全局性的重要作用。教育的基础性作用要求国家必须重视并加大对教育的投入，特别是对农村教育的全方位投入。乡村教育现代化是中国乡村教育发展的方向，教育现代化的支撑则是信息化，发挥信息数字技术在传播教育方面的作用，改造并完善乡村教育。

推进乡村教育信息化，缩短城乡教育资源差距，主要从以下方面着手：①要推进信息化教学与设备在乡村地区的普及，重点在于乡村教学资源的"硬件"与"软件"，加快教育资源公共服务平台和教育管理公共服务平台实现融合发展。硬件上，加快对农村地区义务教育阶段学校的改造，特别是将现代化教学设备连接到各学校，推进数字校园建设；软件上，则是师资队伍的建设与教学方式、教育理论的现代化，将互联网与教育资源进行整合，搭建统一的教育平台。②要发挥共享经济在实现教育资源交换共享等方面的作用，充分挖掘信息数字技术的空间，使优质教育资源可以通过网络传输途径下沉到乡村教育的最前沿，从而实现通过互联网络在线、弥补地理空间上的教育不均衡状况。

2. 搭建乡村数字资源的共享平台

乡村作为中国农耕文明的发祥地，是支撑中国人民和中华民族走到新时代、走向民族复兴的力量源泉，它是中华民族的根，更是中华民族的魂。当今中国日益走近世界舞台中央，展现中国魅力，参与全球治理，提供中国方案，更需要牢记中华文化的根源，弘扬先进民族文化。传承和发展优秀传统文化需要与时俱进，不断开拓创新，就是要实现乡土文化与城市文明的互补共生，推进乡村优秀文化资源数字化，建立历史文化名镇、名村和传统村落"数字文物资源库""数字博物馆"，加强农村优秀传统文化的保护与传承。网络的全球化意味着乡土文化可以通过信息数字技术手段传播到全世界，这种传播方式不受时间、空间、气候影响，这对大力宣传中华优秀农耕文化，培养乡村居民的文化自信和民族自信具有重要的作用。加强乡村网络文化引导，挖掘优秀乡村故事题材，加以创作和宣传，弘扬乡村文化建设的主旋律，乡村网络也是一个看不见的大平台。网络传播具有双向作用，需扬长避短，利用好乡村网络文化这把"双刃剑"，发挥其正面作用，摒弃其副作用，才能构建乡风文明的数字乡村。

3. 培育新型数字农民为主的人才

数字乡村建设，有效治理是关键，人才是前提，要大力加强乡村数字人才的培育。数字乡村建设需要政务、商务、教育、医疗、旅游、金融、农业、环保、文化、电商等相关行业的人才，要采取有效措施加快乡村数字化人才的供给和培育。主要从以下方面着手：①加快数字化农民的培训。提升线上培育的普及性，建立农民新技术创业创新中心，开展新型职业农民数字化生产经营培训，提供高素质农民、农业经理人、新型农业经营主体在线培训服务。同时，加强乡村与城市联系，充分利用城市的资源，特别是科研技术方面的优势资源，将农民送到学校课堂，开展现代农业知识、乡村管理技术、现代科学技术等专业化培训，增长和拓展农民的才能和视野，从而达到培养"数字农民"的目的。②充分利用各行业的专业化、数字化人才服务乡村治理。乡村振兴意味着广大乡村将成为中国经济发展的下一个突破口，将会有各种各样的企业、组织、人才加入乡村振兴的行动中，这些组织掌握着先进的技术、理念、资金、模式等生产要素，要充分发挥先进生产要素在数字乡村治理中的参谋作用、人才培养作用、技术支撑作用和引路人作用。③推动高素质、高知识大学生下乡转化为数字化人才，服务乡村振兴。

20.3.4　坚持数字经济发展为导向

农业农村的数字经济发展，需要以农村普及率高的农村电商、数字娱乐等为依托，深化"数商兴农"，培育壮大农特产品网络品牌，培养新型农村电商人才，发展农村电商新基建。以农业数字化转型、商贸流通数字化改造、数字金融等培育发展新经济业态。

1. 畅通资源"进城下乡"渠道

优化城乡要素资源的双向流动，不断探索适合的城市资金、技术、人才、管理与乡村土地、资源、文化、劳动力等要素相结合，有序合理地引导资本下乡，参与乡村地区的开发建设，发展乡村休闲旅游、现代化农业生产、乡土文化开发、特色农产品养殖基地等项目开发，为广大城市居民提供更加个性化、特色化、高品质的现代农产品或农业产业服务。真正把广大乡村地区的"绿水青山"变成农民获益的"金山银山"，从而实现城乡互促、工农互补的结构体系；同时，加快优化营商环境体系机制建设，将优化营商环境拓展到乡村地区，通过制度创新、治理创新、技术创新等手段，利用乡村振兴战略、数字乡村建设等国家大战略的实施，营造乡村优良的发展环境，特别是在交通、审批、管理、服务、政策支撑等方面的环境，将广大乡村地区发展成为新一轮"改革开放"的新天地。

2. 创新科技成果转化下乡机制

随着经济社会的不断发展，"中国制造"已经被"中国创造"所代替，中国科技创新能力不断提高，科技成果转换率也在不断提高。如何将科技成果转换成农村生产所必需的技术和设备，而不是停留在实验室或者发明专利上，利用这些成果服务乡村振兴战略的实施，推进乡村产业发展，成为各地区必须考虑的事情。要敢于打破常规，创新科技成果转换体制机制，鼓励企业、个人积极参与农业开发创造，特别是现代科学技术与农业相结合的创新发明，增强科技成果在农业农村地区的使用水平，真正实现农业生产靠科技、科技服务于农业生产发展的新局面。

向科技要生产力是农村发展数字经济的最大保障。要做到：①加大科技创新在农业农村领域的研发投入。②允许农村资源要素通过特定的方式有条件、有步骤地进入市场，特别是土地、矿产、乡土文化、传承艺术、传统手艺等资源要素。将乡村各种资源要素与最新科技成果相结合，赋予这些要素时代价值和科技含量，发展专业化、个性化、定制化的乡村特色产业经济，推进乡村产业振兴、文化振兴，实现乡村经济的发展。同时，创造新的经济形态，满足城乡居民更多的物质文化生活需要，使人民群众对美好生活的向往这一追求得以更好地实现。

3. 积极发展农村数字经济新业态

一个新的生产方式的出现，往往能够带动相关产业的发展和壮大。数字经济降低实体经济成本、提升效率、促进供需精准匹配，使现存经济活动费用更低，并激发新业态、新模式，推动经济向形态更高级、分工更精准、结构更合理、空间更广阔的阶段演进。当前农村出现各种基于"互联网＋"的农产品推广和销售新模式，例如特色农业、乡村旅游、电子商务等。特别是网上商城村的出现和壮大，以及短视频的出现等各种新的业态，这些都为乡村经济的发展提供了更加广阔的空间。具体来说就是要加快发展农业农村电子商务，创新流通方式，重构农业农村经济产业链、供应链、价值链。除此之外，还要搭建农业大数据，整合农产品市场供需信息，利用大数据的强大分析检索能力，准确把握农产品市场变化的行情，有目的、有针对性地开展农产品生产与销售，特别是利用科技创新带来的农业技术变革，通过科学规划，生产具有高附加值的农产品。这些都是数字经济与时代发展，特别是与农村发展相结合催生的事物，需要解放思想，大胆创新，进一步拓展农产品销售市场。

20.3.5 关键技术与数字乡村应用的深度融合

信息数字技术应用于数字乡村建设，是为了更好地赋能与业务应用，提高业务的及时性、有效性、精确性和融合性。数字乡村建设只有努力实现技术、数据、产业、场景的深度融合，才能打牢数字乡村基础，为现代化农业农村发展提供关键支撑。

1. 新型基础设施技术

近些年，新型基础设施技术及其应用发展迅速，已成为各领域数字化转型的关键，针对数字乡村建设，新型基础设施技术依然可以发挥重大作用，如5G移动通信技术、无人机应用技术等。

1）5G移动通信技术

5G移动通信技术的应用促进了农业农村资源的深度链接与"跨界整合"。5G移动通信技术已在智慧农场、智慧养殖、智慧林场等数字乡村场景中深入应用。实现农场管理"一键互联"，集中操控环境传感器和灌溉设备；通过物联网、5G网络、智能设备等搭建智慧养殖体系，实现养殖全过程掌控；5G智慧林业有利于森林的养护，减少森林病虫害，预防森林火灾，保护野生动植物。

未来，5G技术将在物联网、数字农场和大数据等领域带来一系列创新，实现农业精准管理、实时监控，并及时调整农业生产计划，有效提高农作物的产量和质量。

2）无人机应用技术

无人机作为新型测绘基础设施，为数字乡村提供无人植保、灾情监测等智慧应用数据采集支撑。无人机系统是一个集成了飞行器平台、飞行控制与导航、信息传输与处理、任务载荷，以及地面运输与保障等系统的高度综合系统。当前，无人机应用技术在数字乡村领域主要用于农业植保、灾害监测等方面。

- 在农药喷洒方面。可自动定量、精确控制和小剂量无人机喷洒作业。
- 在播种施肥方面。有利于大规模生产活动。
- 无人机灌溉监测。可直观观察植物叶片、叶茎、嫩芽枯萎现象，实现科学灌溉。
- 农田灾害监测。可利用无人机航空拍摄，全面了解作物生长环境和周期，从灌溉到土壤变异，再到病虫害和细菌入侵，监测识别问题区域，精准指导田间作业。

未来，无人机有望与智能技术、农艺制度、农业经营、农田建设等进一步融合，更深入地介入农业领域，影响农业全行业链条，支撑智慧农业发展。

2. 数字乡村信息感知技术

数字乡村常使用的信息感知技术主要包括物联网技术、空天地一体化智能感知技术、雷视融合精准感知技术、热成像灾害监测感知技术等。

1）物联网技术

物联网技术是数字乡村信息感知的重要手段，通过感知设备，按照约定协议，连接物、人、系统和信息资源，实现对物理和虚拟世界的信息处理，并做出反应。对于数字乡村场景来说，物联网是实现智慧农业的关键，运用物联网技术可以实现乡村资源数字化管理、智能化生产以及农业农村数字化运营服务等功能。

通过物联网技术把感应器装备嵌入电网、路网、水网、灌溉系统、植保设备、机械设备等物体中，然后将其与"互联网"整合起来，实现万物互联，组成"物联网"。目前，物联网技术在乡村场景中的应用，主要涉及环境监控和预警、智能农业生产、畜禽养殖、灾害监测、资源管理等方面，实现了数据的互联互通和实时传输。同时，物联网技术在乡村金融服务数字化与服务点管理智能化中也发挥了重要作用，实现了客流监测、数据获取、合规风险分析等效果。此外，物联网与大数据技术融合能够更好地满足农民在生产生活中对智能化数据管理的需求。

未来，随着数字乡村建设的推进，底层物联网设备接入能力不断完善，设备控制能力进一步提升，基于物联感知层的上传应用场景建设将持续丰富，此外物联网组网密度的不断增加，应用安全管护能力、设备降耗能力将不断完善提升。

2）空天地一体化智能感知技术

空天地一体化智能感知技术是指构建区域"空、天、地、人、网"一体化信息采集体系，其为数字乡村信息资源提供全维度感知体系。它通过整合和集成高精度基础地理信息数据、多源多尺度卫星和低空遥感数据、气象数据、物联网数据、长时间序列地面观测数据、农业监测统计数据等各种数据资源，形成全覆盖、全信息、多尺度、多时相、多元化的乡村数据资源。

在智慧农业领域，利用空中遥感卫星对大范围内的农业环境、作物长势、土壤养分、产量预估等的精准感知；利用无人机搭载多光谱、视频器件等设备感知地面环境、长势、叶面、病虫害等信息；通过地面部署智能虫情测报灯、太阳能物联网杀虫灯、高清摄像头等物联设备，感知植物环境、病虫害信息。通过空天地一体化联动，实现农作物的立体化监测、精细化调节、科学化管理、数据化决策。

未来，空天地一体化智能感知技术将高效融合物联网、大数据、互联网等技术应用，将监测信息拓展到农产品产业的智慧管理，从而带动农业全产业链提档升级、提质增效。

3）雷视融合精准感知技术

雷视融合精准感知技术是利用雷达和视频光电设备特点互补结合而成的目标感知技术，为乡村安全提供精细化防控与风险感知。雷达监测和视频联动可有效发现目标，实现低照度及恶劣天气下的全天候高精准感知。

雷视融合精准感知技术利用雷达设备比视频光电设备具有更远的探测距离和更高的检测精度的特点，发现疑似目标，可以将目标物体的经纬度信息传递给光电设备，实现光电设备的角度、焦距（变焦和聚焦）自动控制，自动引导跟踪目标，从而实现雷达监测和视频联动。可应用在农业监测、乡村数字安全等领域。农业监测以渔业为例，可监测过往船只的长度、速度、距离等信息，并可统计航道内经过船舶的数量。在乡村数字安全方面，在易发事故路段，可对过往车辆目标进行实时精确监测安全预警，并结合 AI 视频能力，实现对道路路障、施工、抛洒物、拥堵、大车占道等事件进行监测、抓拍、记录、预警，形成执法依据。

未来，雷视融合精准感知技术将服务车路协同/无人驾驶等乡村路侧基础建设。结合风光互补供电方式，对乡村景区等无人值守区域的道路进行预警监测，助力平安乡村建设。

4）热成像灾害监测感知技术

热成像灾害监测感知技术根据红外辐射原理，热成像摄像机通过红外探测器获取光学镜头收集的被测物发射的红外线辐射，并检测被测物的红外辐射能量，根据辐射能量和温度存在的对应关系，通过信号处理系统将辐射能量（即温度）通过不同灰度显示出来，灰度的不同代表温度不同，并通过建立灰度与温度的对应关系，实现红外热成像和测温。

热成像灾害监测感知技术基于任何物体在常规环境下都会产生自身的分子和原子无规则的运动，并不停地辐射出热红外能量的原理，实现物体信息监测感知。该技术是乡村畜牧养殖异常、生态环境异常、森林防火等监测感知的核心。目前，热成像技术在数字乡村领域主要应用在畜牧养殖、生态保护、乡村安全等场景。在畜牧养殖方面，可及时监测所养殖动物（如猪、牛）的体温变化；在生态保护方面，可实时监测秸秆焚烧现象，实时监测森林火情。同时还可应用于边界安全防护、农村消防、粮仓安全、农村疾病传播防护等文面。

未来，随着热成像技术的发展与成熟，低成本红外成像设备将陆续出现，其在数字乡村方面的应用将扩展至乡村治理、乡村环境、智慧农业等方面。

3. 数字乡村智能化应用技术

在数字乡村智能化应用领域，主要涉及的关键技术包括大数据监测预警与分析技术、区块链技术、农产品数字编码技术和全域数字孪生技术等。

1）大数据监测预警与分析技术

大数据监测预警与分析技术助力数字乡村多源数据信息深度挖掘。通过大数据技术可实现数据管理的集成化与综合化，进一步分析农业生产、乡村生态等体系规律、内在联系。

大数据监测预警与分析技术以大数据挖掘分析为核心，融合海量多源乡村数据资源，深度分析数据内在关系，可应用在乡村经济、乡村生态监测等方面。在乡村经济产业方面，在以市场为导向进行农业生产时，运用大数据技术，挖掘产业、产量、价格等趋势规律，为转变传统农业生产方式提供依据；在乡村生态环境方面，基于物联网各类植物与生物生长的数据分析，对灾情进行预警与分析；在乡村金融方面，基于服务点的线上交易、风险、经营及线下行为、操作等数据，分析风险因子和营销因子，实现服务点精准画像、合规风险提示以及营销机会发现，实现服务点网格化管理与精准施策。

未来，通过深度融合分析乡村"生态、生活、生产"数据，实现乡村经济、生态、金融监测预警、指挥调度、分析决策，从微观到宏观各角度进行精细管理及精准服务。

2）区块链技术

区块链技术是利用块链式数据结构来验证与存储数据，利用分布式节点共识算法来生成和更新数据，利用密码学的方式保证数据传输和数据访问的安全，利用由自动化脚本代码组成的智能合约来编程和操作数据的一种全新的分布式基础架构与计算方式。它是一种综合应用了分布式数据存储、点对点传输、共识机制、加密算法等计算机技术的技术组合。

区块链技术在宅基地管理、农村综合产权交易、质量安全追溯、农村金融保险、农业供应链、农业农村大数据等方面广泛应用。主要用以解决数字乡村中农产品质量安全、农产品产供销及农业保险信贷等难题。农产品追溯，不仅有效地降低了农产品检查的成本，还在各参与主体间实现了信任共享。区块链运用于农产品供应链可以防止链上的信息被篡改，预防恶性竞争，可以加强运送安全保障，进一步降低农产品供应链的物流成本；农产品信贷可基于链上真实交易信息，构建和升级新型农村信用体系，解决信息不对称问题。

未来，随着区块链技术应用成本与应用门槛的进一步降低，除农产品溯源、农业保险存证等应用场景外，它在农业全产业链和乡村治理、服务中的更多应用场景会被进一步发掘。

3）农产品数字编码技术

农产品数字编码技术以资源、主体、产品为主线，按照统一的规范标准，为各类涉农主体、产品、要素与乡村赋予唯一数字身份标识。推动乡村数据资源目录的构建、数据开放共享、数据分析与应用，为数字乡村建设提供强有力的数据支撑。

农产品数字编码技术可应用于乡村治理、生产管理、流通营销、行业监管、公共服务等方面，赋码对象覆盖农业农村领域资源、主体和产品等，码上应用可兼容多级应用，数据服务横向贯通各业务系统，纵向贯穿各级行政区划，可为农业农村管理部门决策分析提供数据基础，为农村基层管理人员数字化管理提供工具手段，为农业主体生产、营销等提供统一服务窗口，通过全场景服务赋能乡村振兴和农业高质量发展。

未来，农产品数字编码将实现"一码直达"、服务民众"亮码办事"等场景，让民众生产、生活更便利，同时支持各类市场主体根据实际需求定制化应用场景。

4）全域数字孪生技术

面向数字乡村建设，以三维地理（3D GIS）信息为基础，应用遥感、物联网、大数据、智能设备等信息数字技术，打造数字乡村数字孪生承载底座。

全域数字孪生技术结合遥感影像、三维模型、监控视频、物联感知及农业、农村、农民等数据，构建实景可视化数字乡村，呈现多场景、多业务协同、动态交互的数字乡村立体全景图。实现在立体直观的乡村场景中，实时掌控乡村资源及动态，同时支持乡村仿真推演，实现虚实协同演进，为乡村指挥决策提供支撑。结合数字乡村业务，实现乡村治安管理、人口信息、重点人群、民政管理、网格管理、土地确权、宅基地管理、乡村生态、集体经济、基层服务以及产业全产业链监管等数据的实景孪生映射，构建数字乡村孪生体，打造数字乡村元宇宙。针对重点区域外围场景进行实景三维建模，并融合监控视频资源，在数字孪生平台实现三维立体场景视频自动化展现。基于三维地理信息，实现一体化重点区域一张图直观通览。结合二维地图、矢量地图、三维地图来实现"以图管房、以房管人"的同时，通过网格地图确定经纬度坐标，可以轻松实现在各辖区信息中对人、房、事、单位、社会风险、重点场所进行查询、管理。

未来，全域数字孪生技术将扩展应用于智慧党建、网格化治理、村务管理、数字孪生家庭农场、智慧种植、养殖及水产、现代农业产业园、全产业链管理、智慧农旅等多个数字乡村应用场景，全面支撑乡村全流程、全生态管理与服务应用。

4. 数字乡村数据安全共享与传输技术

在数据安全领域，数字乡村重点关注多源多级数据融合技术、数据链路传输与安全加密技术的应用。

1）多源多级数据融合技术

多源多级数据融合技术是数字乡村数据资源构建的核心，实现不同数据来源的各类异构数据（结构化、半结构化、非结构化）进行充分的融合和级联，保障数据来源和数据质量，形成农业农村数据资产的互联互通，发掘其最大价值。

多源多级数据融合技术面向农业农村数据全域共享的一体化、智能化应用，提供跨各农业部门、跨区域、跨层级的数据共享流通服务，助力用户形成农业农村全域数据资产体系，支撑灵活快捷的农业数据业务创新，是数字乡村领域的数据基石。各地区要具备省、县、村镇的农业数据级联管理、流通共享、智能治理等能力，构建"横向到边，纵向到底"的数据高速路网，打造省、县、村镇的一体化信息资源服务体系。从而提供农业数据汇聚服务、数据推送服务、数据高铁服务、敏捷查询服务、数据填报服务和比对订阅服务等，有效提升各类场景的专业服务水平，提升省、县、村镇的数据统计和级联效率。

未来，多源多级数据融合技术将由纵向、横向数据一体化阶段，迈入基于数据操作系统的一体化阶段。从数字乡村的生态建设角度来看，其将推动构建数据操作系统，建立数字乡村的数据生态体系。

2）数据链路传输与安全加密技术

数据链路传输与安全加密技术是数字乡村数据共享应用的基础。数字乡村业务数据传输安全应根据具体业务流程和权限分配等情况，合理划分安全域，并在安全边界上配置相应的访问控制策略及部署安全措施。通过在数据流转、传输过程中，对参与到传输的设备、程序及人员进行可靠的身份鉴别，对重要数据的传输通道进行加密或使用专线传输，以保证数据传输的机密性和完整性。

　　建立数据通信链路安全保护措施，利用加密、签名、鉴别、认证、冗余等机制对传输中的数据和传输通道进行安全防护，在传输通道前对两端主体身份进行鉴别和认证，对较高安全级别的数据传输应采用数字证书方式验证双方身份；通过校验码技术或密码技术对传输数据的完整性进行检测；通过对敏感数据进行加密确保敏感信息的机密性保护；对关键的网络传输链路、网络设备节点实行冗余建设，保证数据传输可靠性和网络传输服务可用性。

　　未来，更多地通过对设备可靠性（透明、多因子）和账户合法性进行强制认证，加强数据安全传输。同时结合去中心化的区块链技术，让物联网设备的身份认证更加可靠。

20.4　信息系统架构设计

　　数字乡村是以现代信息网络及基础设施为重要载体，以信息数字技术创新为乡村振兴的核心驱动力，实现乡村生产数据化、治理数据化与生活数据化，赋能乡村数字经济、数字服务、数字治理、数字生态等业务发展，提高传统产业数字化、智能化水平，加速重构经济发展与农村治理模式的新型经济形态。纵向来看，乡村数字化转型是智慧城市建设向乡村延伸；横向来看，智慧城市与数字乡村是国家乡村振兴政策在基层落实的重要载体。数字乡村建设过程中，应注重智慧城市、数字政府同步谋划、同步建设，吸收借鉴智慧城市的建设经验，促进城乡数据要素资源自由流动，全民共享数字化成果，不断缩小城乡差距。

20.4.1　业务架构

　　我国各地区的乡村发展因地域、特色和发展阶段不同，存在较大的差异，针对数字乡村的建设模式和方法也不完全一致，需要在乡村数字生态文明、乡村数字经济、乡村数字服务、乡村数字治理等方面，结合区域特点，定义其业务发展的重点和建设节奏，从而满足基层群众、基层管理与治理相关人员的各类需求。图 20-1 所示为典型的数字乡村发展业务架构。

　　数字乡村建设需要围绕提升乡村农民、农村、农业不同领域的服务效能，补齐乡村短板，分别打造农民服务体系、农村服务体系以及农业服务体系。针对不同的应用场景，为村民群众提供生活便利、为市县乡村三级管理人员提供管理便捷、为其他政府部门管理人员提供业务便捷服务。

　　1）乡村数字经济

　　在乡村数字经济方面，为农业提供涵盖农产品、畜牧业、渔业及新型经营主体等不同方面的服务，建设农业生产数字化、农产品智能化加工、农产品市场数字化监测、农产品质量安全溯源、农村电子商务、农村普惠金融、农机数字化服务、农业科技信息服务、智慧乡村旅游、农林特色产业监测等业务。

　　2）乡村数字服务

　　在乡村数字服务方面，为农民提供教育、医疗、养老、金融等不同方面的服务，主要包括互联网＋教育、互联网＋医疗健康、智慧养老、便捷金融服务、消防救援、劳务就业、数字素养提升、"三农"专家服务等业务。

图 20-1　数字乡村业务参考架构

3）乡村数字治理

在乡村数字治理方面，为农村提供覆盖党建、治理、文化等不同方面的服务，主要包括智慧党建、基层综合治理信息化、农村网络文化建设、乡村文化数字资源、乡村自然灾害应急管理、互联网＋政务、乡村公共卫生安全防控、网上村务管理等业务。

4）乡村数字生态文明

在乡村数字生态文明方面，为农村提供发展绿色农业、保护农村生态环境等方面的服务，主要包括农业绿色生产、农业生态环境监测、山水湖草沙系统监测、人居环境综合监测、饮用水源水质监测、农村生态系统脆弱性监测等业务。

另外服务乡村扶贫、建设数字化精准扶贫、防止返贫服务、乡村振兴指数、扶贫资金监管等业务也是实现乡村振兴的基本业务。

20.4.2　总体架构

数字乡村的信息数字体系建设，需要通过总体架构进行引导和管控。总体架构需要满足数字乡村建设的各方面，包括业务场景、技术支撑、数据能力、基础设施、运营管理、标准与安全等。图 20-2 所示为数字乡村信息系统总体参考架构。

该参考架构按照分层、分块、分条线的逻辑，从基础设施、数据资源、平台支撑、业务应用等方面给出了内容参考：

● 基础设施。包括网络基础设施、信息服务基础设施、集约化计算存储设施、感知接入基础设施等。

● 数据资源。通过数据的采集、汇聚、治理和挖掘分析等，建立基础数据库和数字乡村业务相关的专题数据库，例如农业生产数据库、乡村治理数据库、乡村生活数据库等。

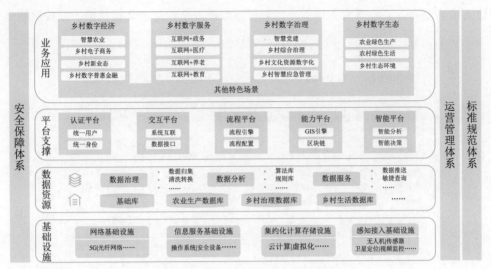

图 20-2　数字乡村信息系统总体参考架构

- 平台支撑。提供统一认证平台、交互平台、流程平台和GIS引擎、区块链等能力支撑平台，以及智能决策与分析等。
- 业务应用。主要场景包括乡村数字经济、乡村数字服务、乡村数字治理、乡村数字生态等。

同时建立安全保障体系、运营管理体系和标准规范体系，有力支撑数字乡村业务推动以及产业发展。

20.4.3　数据架构

数字乡村的数据体系，需要按照"以用促建、共建共享"的原则，打造健壮稳定、集约高效、自主可控、安全可信、开放兼容的数据资源体系，强化数据治理能力，充分运用数据智能技术和手段，助力提高数据服务能力，同时保障数据安全，构建数据标准，打造纵向一体化、横向协同化的数据架构，从而助力支撑数字乡村重点领域业务场景应用。图 20-3 所示为数字乡村数据体系参考架构。

该参考架构依托数字基础设施，充分汇聚各层级、各部门的农业、农村、农民等涉农数据，向上联通区域五大基础库（人口库、法人库、信用库、自然资源库、地理空间库）；整合农业数据、农民数据、党建数据、政务数据、公安数据、文旅数据、气象数据、生态环境数据等，形成部门专题库；围绕数字乡村治理、经济、文化、服务、绿色生活生产等不同领域业务目标，梳理农业生产经营主题、乡村旅游资源主题、乡村生态环境主题、乡村政务服务主题、基层综合治理主题、乡村电子商务主题、乡村医疗健康主题以及脱贫攻坚成果主题等，形成主题库。

通过清洗转换、数据存储、数据编目、共享交换、数据开放、数据融合、数据质检、数据采集、数据一体化、实时计算、数据血缘、挖掘分析、数据供需、数据标签等手段，促进数据归集以及数据存储与计算，提升数据开放与共享能力，保障数据质量，对数据进行充分分析挖掘，更好地进行数据治理。通过知识、算法、规则、组件、模型等支撑，提升数据智能化水平，更好地支撑有效完备的数据服务体系。同时保障数据安全，形成数据标准，以数据驱动业务创新。

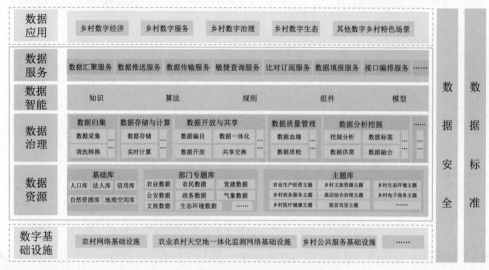

图 20-3　数字乡村数据体系参考架构

20.4.4　运营与服务架构

数字乡村运营与服务架构可分为运营指导中心、运营主体、运营对象、运营服务保障以及运营安全保障等几部分，参考架构如图 20-4 所示。

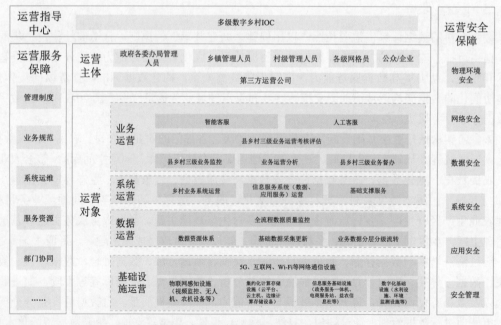

图 20-4　数字乡村运营与服务参考架构

1）运营主体

数字乡村运营管理需结合县乡村三级管理人员，以及相关运营组织等，建立运营主体体系，实施数字乡村的持续性运营管理服务。

2）运营对象

数字乡村运营管理对象主要包括基础设施运营、数据运营、系统运营、业务运营等。

- 基础设施运营。主要以5G、互联网、Wi-Fi等网络通信设施为基础，涵盖物联网感知设施（主要包括视频监控、无人机、农机设备等信息传感设施）、集约化计算存储设施（云平台、云主机，以及边缘计算存储设备）、信息服务基础设施（政务服务一体机、电商服务站、益农信息社等），以及数字化基础设施（水利设施、环境监测设施等）。
- 数据运营。主要面向数字乡村建立数据资源体系，完成基础数据采集更新（如人口、村庄、地块等基础信息），同时建立业务数据分层分级流转、全流程数据质量监控，形成数据全流程闭环运营服务。
- 系统运营。支撑数字乡村数据、业务稳定运行，提供面向乡村业务系统运营、信息服务系统（数据、应用服务）运营、基础支撑服务等。
- 业务运营。面向数字乡村分层分级业务流转与数字化推广，实现县乡村三级业务监控、业务运营分析，并依据分析结果进行针对性的县乡村三级业务督办，根据办理结果实现县乡村三级业务运营考核评估。同时采用智能客服、人工客服形式进行对外服务，实现数字乡村业务运营的及时反馈、高效应答。

3）运营服务保障

主要是运营工作正常运行所必需的保障服务，包括制定管理制度和业务规范、提供系统运维和服务资源，进行部门协同等工作。

4）运营安全保障

主要是全面覆盖数字乡村运行的安全管护，保障物理环境安全、网络安全、数据安全、系统安全、应用安全，并根据运营情况建立相应的安全管理制度。

数字乡村建设各地可根据本地资源禀赋和发展情况进行运营管理与服务能力评估，可根据评估结果有针对性地提升本地数字乡村建设能力成熟度。

20.5　建设实践案例

我国各地根据区位地理位置及自然环境不同、优势资源不同、经济水平差异、民风及文化特色等方面的综合考虑，寻找适合自己的业务方向，并根据信息化水平现状，选择合适的实施路径，形成各具特色的数字乡村建设实践。

20.5.1　乡村数字经济实践案例

A县作为浙江省第一批省级乡村振兴产业示范县，以四季鲜果产业为抓手，进行具有地方特色的数字乡村规划建设。通过搭建物联网基础设施、构建智慧农业大数据中心和开发数字乡村大数据平台，深化物联网、云计算、大数据和区块链等信息数字技术在农业农村领域的应用，全面提升农产品的生产、管理、营销水平和乡村的数字化水平，实现"打造成为长三角地区数字乡村创新高地和示范区"的目标。

1. 总体架构

A县数字乡村建设从农业大数据中心、业务应用平台、智慧农业示范点等数字化系统和平台建设入手，对接现有业务系统，整合相关数据资源，实现农业农村行政监管、农业生产经营主体、智慧农机、产业数据可视化分析和数据应用。通过智慧果园和数字植物工厂建设，实现信息数字技术与生产经营相融合，提升A县农业数字化生产、智慧化管理、网络化经营与便捷化服务水平。A县数字乡村系统架构如图20-5所示。

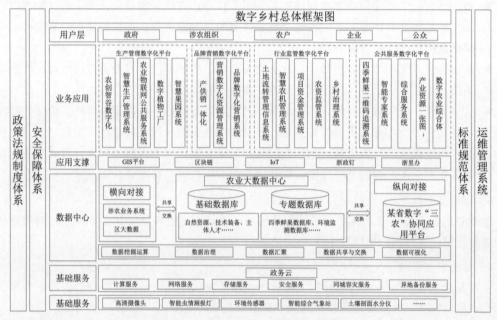

图20-5　A县数字乡村系统架构示意图

- 数据采集层。包括各类物联网智能终端和智能农业设备。
- 基础服务层。包括系统的云计算、云存储、云安全、容灾备份等基础服务。
- 数据中心层。通过构建A县十大基础数据库和特色专题数据库，为上层应用提供数据支撑；同时，通过数据中心实现数字"三农"协同应用平台和A县农业大数据中心的纵向、横向数据共享。
- 应用支撑层。提供统一认证平台和GIS信息、区块链等支撑软件。统一认证平台简化了认证流程，提高了安全防护能力，支撑软件为系统的开发、部署、应用提供了各项应用支撑，简化了系统实施的过程。
- 业务应用层。依托数据中心实现特色产业生产管理、品牌营销、行业监管和公共服务，具体包括生产管理数字化平台、品牌营销数字化平台、行业监管数字化平台和公共服务数字化平台及各类业务应用。

● 用户层。包括政府、涉农组织、农户企业和公众等。

2. 网络架构

A县数字乡村网络由智慧农业物联网和政务云两部分组成。其中智慧农业物联网是数字乡村数据采集基础网络，通过部署环境传感器、摄像头、虫情测报灯、微型气象站、农机智能终端和位置定位系统等设备，实现对果园、育苗场和农田等作物生长状况、虫情状况和农机状况的实时监测和数据采集，通过 ZigBee、WSN 等传输协议传送至智能网关，并由智能网关通过互联网传送至政务云。

A县数字乡村大数据平台部署在政务云上，由政务云数据服务中心提供数据存储、日志审计和安全防护服务。同时，平台接入电子政务外网，用户通过资源共享专网和公众服务专网两个基本虚拟专网访问数据资源和相关应用。

3. 农业大数据中心

A县围绕特色产业发展现状和业务需求，依托 5G、农业物联网、卫星遥感等技术，与益农信息社、省智慧农业云平台、县政府现有系统等进行数据共享，构建以天、地、空、水、机、人组成的多维度信息采集管理一张网，打造农业大数据中心，建立自然资源、技术装备、主体人才、产业产品、经济政策、社会事业、农村信用、乡村文化、美丽乡村、市场营销等十大类数据库，并根据 A县特色产业构建专题数据库。同时实现对 A县农业农村发展的宏观、中观和微观动态监测，从而实现生产数字化、服务高效化、监管智能化和营销精准化。依托 GIS 地理信息和数据可视化技术，构建农业农村一张图以及四季仙果全产业链可视化专题、四季仙果营销可视化专题和产业融合数据可视化专题，为相关部门决策分析提供数据支撑。A县农业大数据中心架构如图 20-6 所示。

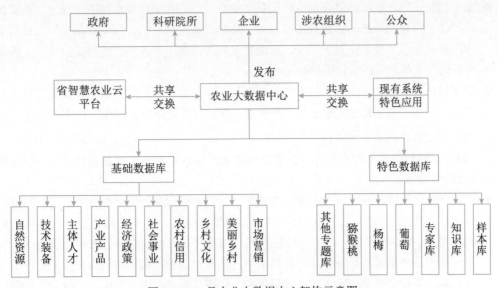

图 20-6　A县农业大数据中心架构示意图

4. 业务应用平台建设

A县业务应用平台主要包括生产管理数字化平台、品牌营销数字化平台、行业监管数字化平台和公共服务数字化平台等。

1）生产管理数字化平台

A县通过生产管理数字化平台对农业生产进行数字化、网络化全程动态监测，从而降低生产成本，提升智能化管理水平，实现农业生产的统一监管。主要包括农创智谷示范园区、智慧生产管理系统、农业物联网公共服务系统、智慧果园、数字植物工厂、数字果汁工厂等。

- 农创智谷示范园区。项目以现代化设施大棚为载体，引进设施农业技术、现代农业管理技术、绿色防治技术等先进技术，打造集生产加工、创客孵化、成果转化、示范推广、研学教育、品牌建设等功能于一体的农业科技创业孵化平台。

- 智慧生产管理系统。系统能够实现对农产品生产过程中关键控制点信息的自动采集和电子台账自动生成，并建立安全生产档案，包括资源管理、基地展示、种植管理、采收管理、库存管理、营销管理、订单管理和质量追溯等八大子系统。

- 农业物联网公共服务系统。系统采集生产环境数据、投入品数据和生产过程等农业生产数据，实现对农业生产的全程数字化和网络化动态监测。该系统也可满足产品生产质量、生产安全和农技推广等方面的数字化监管服务需求。系统包括农林环境墒情监测模块、作物生产实时监控模块、数据超限预警模块、预警管理模块、设备管理模块和查询分析模块，同时接入A县各农业生产主体建设的物联网设备。

- 智慧果园。运用物联网、大数据和5G等技术，率先打造盖北葡萄、谢塘翠冠梨、章镇猕猴桃和驿亭杨梅等四个样板产业的智慧果园，共18个示范基地，包括环境监测系统、视频监控、自动化控制系统和展示系统等。

- 数字植物工厂。包括数字育苗工厂和数字果汁工厂，其中数字育苗工厂通过建设育苗保温库体和物联网系统，实现育苗过程数字化监管和自动控制。数字育苗工厂包括数字化生产管理平台、数字化展示平台、智能化水肥一体灌溉系统、智能育苗系统、土壤墒情绿色防控系统和水质监测系统等。

- 数字果汁工厂。推进四季仙杏农产品精深加工生产线、生产工艺数字化，通过对桑葚果汁加工厂等主要水果加工企业数字化改造，开拓农产品深加工市场，延长产业链条。

2）品牌营销数字化平台

A县通过品牌营销数字化平台进行品牌管理和农产品销售服务。主要包括产销一体化系统和品牌营销管理等。

- 产销一体化系统。通过技术手段与农业生产、销售等产业链环节融合，推进农产品产销一体化深度融合应用。系统包括产销一体化管理应用、产销一体化公共服务应用和掌上应用App等三个模块。其中，通过产销一体化管理应用构建特色农产品优势区管理系统、农产品产销监测系统和品牌管理系统，从而实现生产和采购信息的匹配；产销一体化公共服务应用模块能够实现"水果供应一张图"和"市场一张图"，解决产和销之间信息不对称的问题；而掌上应用App实现主体详细信息查询、服务信息精准推送、供需信息发布和产销对接等功能。

- 品牌营销管理。构建A县"四季仙果之旅"农旅品牌营销系统，为政府和经营主体提供农旅资源管理功能，为游客提供"四季仙果之旅"的掌上应用。系统包括营销资源管理和品牌营销管理两个模块。其中通过营销资源管理模块有效管理应用于营销端的数字化资源，包括文本、图像、音视频、VR拍摄、网上商城链接、宣传网站/程序等一切用于"四季仙果"推广营销的媒体资料；品牌营销管理模块实现农户应用、政府监管和农旅信息发布等功能。

3）行业监管数字化平台

通过行业监管数字化平台对A县涉农相关主体、设施和场所等进行监控，构建贯通A县农业机构的项目数据档案，实现农机数字化管理和智能化调度，提高农资监管和服务水平。平台主要包括土地流转管理信息系统、智慧农机管理系统、项目资金管理系统和农资监管系统等。

- 土地流转管理信息系统。基于A县土地确权数据，结合GIS技术，实现"以图管流转""以图管应用"的信息化、精准化管理模式。系统能够实现土地利用现状管理、土地流转合同管理、土地承包经营权属管理、土地分析决策管理、土地数据查询统计和土地资源信息图形化展示等功能。
- 智慧农机管理系统。能够实现终端数据的自动采集、农机作业智能化监测、农机合作社的规范化管理和农机大数据管理与辅助决策，达到业务数据在线管理、在线展示、在线查询、在线分析和信息资源开放共享的目标，有效提高农机管理水平和智慧农机应用水平。系统功能包括实时定位及轨迹查询、农机监理、农机作业自动监控、作业面积统计分析、农机补贴查询分析、农机年检和农机驾驶员考证培训等。
- 项目资金管理系统。实现项目申报和批复的网络化管理，对项目的实施进度和绩效情况进行整体把控，做到从项目申报到项目验收全程跟踪和管理。系统主要包括省级及以上和区级两类项目的审核管理、项目库管理、项目实施管理、项目绩效管理、查询统计、专项资金设置和实施主体管理设置等方面。
- 农资监管系统。通过农资监管系统，对投入品进行严格的审批和管理，从源头上对农资店准入渠道进行监管；应用"二维码"技术追溯农资产品，应用"人脸识别"技术落实实名制监管。系统包括人脸识别、二维码赋码、农资经营台账、定额制监管预警、农资行政监管、农资店/农资公司配套硬件和农药废弃包装物回收管理等功能。

4）公共服务数字化平台

公共服务数字化平台展示A县农业数字化建设成果，同时具有新闻动态宣传、溯源信息查询、政策发布和关键农事指导等功能。主要包括数字农业综合体、溯源中国四季仙果数字经济平台、综合服务系统、智能专家系统和产业资源一张图。

- 数字农业综合体。融入AR、VR、3D等技术，数字化呈现A县乡村振兴的发展成果，形成A县数字农业监督管理中心、产品展示中心、农旅集散中心、学术交流中心和社会服务中心的农旅融合模式，通过线上线下融合互动，打造集为农服务、项目招商、学术交流、休闲观光于一体的产业综合平台，拓展数字农业信息应用和服务领域。

- 溯源中国四季仙果数字经济平台。包括政府监管平台、果园智慧管理公共服务云平台、"一物一码"溯源营销平台和公共品牌营销服务平台。其中政府监管平台包括产业资源管理、文旅果园、码上果园、智慧果园、社区果园子系统以及GIS支撑，实现上虞四季仙果的产业资源现状、生产管理、品牌推广、商品营销的数字化监管服务；果园智慧管理公共服务云平台由智慧管理云平台、掌上农场App、技术指导App和农事记录小程序组成，帮助果园实现从基地管理到生产、采收、库存、订单的标准化管理，并依托云平台的数据实现水果的可追溯；"一物一码"溯源营销平台实现二维码基础管理、生命周期管理、码数据管理、码等级管理、码激活管理、活动设置管理、奖项配置管理、积分管理、产品管理和抽奖管理等；公共品牌营销服务平台由Web端和小程序组成，实现线上认养、认种和购买等功能。

- 综合服务系统。基于A县综合服务平台和浙里办，对接浙江省万村联网平台和农民信箱，重点提供农业新闻、政策法规、农业技术、市场行情、培训体验、农业气象灾害、病虫害信息等综合服务。

- 智能专家系统。通过智能专家系统，为农技工作者和农民提供农业生产技术咨询和决策服务，帮助用户在线解决种植难题，实现农作物的远程医疗。系统包括知识查询、智能在线服务、数据统计、专家预约与指导、知识库和专家库等功能。

- 产业资源一张图。依托GIS信息和数据可视化技术，实现产业资源一张图，包括水果采摘基地一张图、民宿农家乐一张图、旅游景区一张图、精品示范村一张图、农业企业一张图、农资门店一张图和规模种粮主体一张图。

20.5.2　乡村数字治理服务实践案例

近年来，随着农村经济发展、城镇化进程和农村人口流动加快，农村正在发生着深刻变革，而目前乡村治理普遍存在治理资源分配不均衡、治理体系系统化不足、治理能力欠缺现代化要素等治理难点，乡村治理方式难以满足新形势、新需要。充分运用信息数字技术新手段，发挥数字的"乘数效应"，赋能乡村治理现代化、激发乡村振兴内生动力具有十分重大的意义。

B市是全国乡村治理体系建设的首批试点县（市、区）。B市以开发应用"乡村钉"为抓手，推动社会治理和服务重心向基层下移，用数字化方式破解乡村治理中村民诉求解决慢、村级事务参与少、信息沟通耗时长、流动人口触达难等问题，实现农村公共服务和乡村治理在线化、实时化、精准化。

1. 建设内容

"乡村钉"基于钉钉打造，以新技术、新业态为技术支撑和底层架构，利用钉钉数字化组织管理和协同的优势，建立以户为单位的最小管理单元，构建"县、乡镇（街道）、村（社区）、组（小区）、户"五级管理架构，通过大数据分析实现多元主体共治，高效回应村民的实际诉求。

"乡村钉"实现了"协同 & 业务在线""沟通在线""组织在线""数据在线（数字大屏）"，包括层级化组织架构、数字党建、美丽乡村、本地生活（网上村庄）、政务服务、数字经济等六大主要功能模块，如图 20-7 所示。

图 20-7　某市"乡村钉"功能示意图

2. 应用场景

"乡村钉"以实用性和便捷性为主要目的，目前，已形成民情上报、村民议事、信息宣传、民生服务等四大应用场景。

1）民情上报

通过"乡村钉"的组织在线的"村民通讯录管理 / 查看"可以随时随地找到村委，不用存手机号就能直接发消息、打电话，秒速找人、快速沟通；在"全员群"随时报送安全隐患、公开曝光村内问题，村民人人都是网格员；通过"有事找村里"可创建民情反馈表单，与四个平台系统无缝对接，村干部需在规定时间内做出回应，无纸化、可留痕的形式既让基层干部从做台账、填报表中解放出来，又实现"一网通办"、公开透明；"书记信箱"让群众诉求快捷高效地直达上级，从源头减少信访事件。

2）村民议事

"乡村钉"将村内大小事搬上"村友群"，打造24小时不关门的网上村民议事会，提升自治参与度。开发"四务公开"板块，充分发挥党组织领导作用，建立特色群组织，如党员群、妇女群等，村务党务公开透明，村民可以线上讨论村级事项，实现线上实时监督，创造全民参与、全民监督、全民治理的环境。以数字化来量化乡村治理各项事务指标，设专栏并开通积分项目、积分兑换等功能，将村民参加义务巡防、垃圾分类、美丽庭院、环境卫生、志愿服务等村级事务实践通过积分形式体现，推动道德评价显性化。

3）信息宣传

"乡村钉"基于钉钉原生能力，升级成新时代乡村"大喇叭"。以"公告"模式集中定期发布信息，村民在手机端查收，有疑问的直接在公开信息下留言；利用"钉一下"功能点对点精准推送信息，设定户已读率、个人已读率规则，村干部通过已读和未读功能掌握村民信息接收状况；开展"有奖答题"，群众参加线上平安三率、消防安全、防电信诈骗、交通安全、垃圾分类等知识竞答，提升群众安全防范意识；基于会议功能建设线上数字文化礼堂，实现堂内现场活动、村内网上直播等。

4）民生服务

"乡村钉"融合政务服务功能，形成代办、约办和通办的集约化服务平台。"本地通讯录"记录生活所需的服务电话，村民可以通过"一键呼叫"找到村干部、供电所、自来水公司、镇文化广播站等一系列生活所需的服务电话，实现问题咨询"零次跑"；可以通过网格预约，由平安跑腿员上门帮助办理流动人口居住登记、优抚证、老年公交卡等便民事项；基于"群收款"功能，实现缴费的线上化；通过钉钉的"租客申报"，实现辖区内租客信息的全透明和全记录，实现对流动人口的精准管理；老年人可通过人工智能设备（M2S）移动可视、语音呼叫、电话直达。此外，可连接和打通各业务应用系统，推进各部门涉农政务服务一平台通办。

3. 经验总结

1）激活基层治理的"数据"富矿

过去，由于乡村信息化水平相对滞后，数据统计困难，一定程度上造成了信息不通畅、服务效率低下、人民满意度差等问题。但实际上，基层是一个"数据"的富矿，挖掘好、筛选好、利用好数据，打通数据壁垒，对于解决乡村治理领域的问题具有巨大作用。

"乡村钉"为乡村量身定制，以户为最小单元沉淀乡村底层数据，村民的信息、需求都以数据的形式实时存储，建立精准的"村民手册"。钉钉具有开放性和可拓展性，支持链接和打通其他业务应用系统，推动涉农信息资源整合、涉农政务服务触达。打通乡村治理现代化的神经末梢，让党群、干群关系变得"零距离"。

2）整体智治思维，推进县乡一体

一直以来，乡镇政府权责不对等，面临"上面千条线、下面一根针"的治理困局。在推广"乡村钉"的过程中，B市出台相应文件，成立4个服务团队，以专班形式运作，县乡分工协作、一体作战；根据构建不同场景的需要，分条块明确牵头部门，分领域攻坚，横向联动，纵向贯通。同时，坚持"市里共性、镇村个性"的理念，在市级平台统一场景模块，在镇村平台展示特色亮点，按照"发现问题—分析问题—解决问题"的全流程运行机制，推动"乡村钉"不断优化。"乡村钉"作为乡村政务服务集成平台，更加注重政府的整体性，将跨部门的事项整合打通，推动资源向一线倾斜、管理向一线下沉、服务向一线集中，进一步提升政府各部门、各层级的一体化水平。"乡村钉"的实践坚持整体智治的系统思维，从群众的急、难、愁、盼出发，打造数字化应用场景，在村级构建起上下贯通、信息畅通、整体联动的高效协同治理格局。

3）贯穿"最多跑一次"理念

"乡村钉"蕴含"最多跑一次"的理念、方法、作风，运用数字化手段践行群众路线，满足人民日益增长的美好生活需要。"乡村钉"是线上的办事大厅和服务窗口，推动网上办事向村（社区）延伸覆盖，方便了基层群众，实现让数据跑代替群众跑、干部跑。群众有问题、有矛盾、有纠纷，可以一键提交各类办事项，村干部线上接收、认领、办理、反馈，县级部门统筹协调解决疑难问题，真正把问题解决在一线，有效减少信访事件。

4）调动群众积极性，推进乡村自治

"乡村钉"以数字手段为支撑，各镇村结合实际，积极探索积分量化激励模式，充分调动广大村民的积极性、主动性、创造性，有效发挥村民在乡村治理中的主人翁作用，以此推进德治和法治。例如，B 市某镇运用"乡村钉"探索出"美好账本"机制，建立每家每户村民的线上"账本"，将垃圾分类、美丽庭院、爱心公益、邻里和睦、说事议事、创业致富等村务情况纳入管理，村民通过扫二维码上传完成情况获得积分。同时，整合镇域内的农商银行、超市、医院等资源，将"美好账本"积分与信用数据嵌套，形成美好信用贷、美好消费券、美好体检单的组合激励套餐。

5）"经验治理"向"数据治理"转变

在传统乡村管理中，主要决策模式是村干部基于经验、少量调研进行决策，对出现的各类问题往往采取"头痛医头、脚痛医脚"式的事后处置，这种模式针对性、科学性和有效性不强，也难以适应日益纷繁复杂的乡村治理需要，治理效能也比较低。而数据的挖掘使用，能更好地为乡村治理决策提供技术支撑。"乡村钉"后台驾驶舱是个"决策大脑"，通过对所搜集数据进行统计、汇总和分析，并以数字大屏的形式展现，为优化公共服务和基层治理提供大数据参考，为管理层科学决策打下了基础。驾驶舱分乡镇（街道）、村（社区）两级，直观简洁地展示功能模块基础数据，定期分析研判，既能找准村民关注的热点，又能找到某时期、某区域治理难点，及时解决一些共性问题，提前消除一批风险隐患，推进科学决策、服务前置，提升乡村治理水平。

第 21 章　企业数字化转型发展规划

当前，新一轮科技革命和产业变革正在重塑全球竞争格局，世界各国为了抢占未来经济发展制高点，纷纷推进数字化转型战略布局。我国企业数字化转型对经济产出的贡献份额呈现逐年增长的趋势，其已经成为驱动经济高质量发展的新动能。加快推动企业数字化转型，深化数字信息技术和传统实体企业的深度融合，不断释放新一代信息技术发展的巨大潜能，增强数字经济发展的动力和活力，能够推动新一代信息技术在构建新发展格局中实现更大作为，助力我国数字经济等战略发展目标顺利实现。

企业数字化转型是构建数字经济等新形态的重要抓手，也是驱动企业高质量发展的重要引擎，新一代信息技术的颠覆式创新正在以前所未有的广度、速度和深度改变企业治理、运营、管理、生产和服务等方面，促使企业从传统的业务模式向信息化、数字化和智能化的新模式转变，并正在逐步成为企业培育核心竞争力和保持竞争优势的关键。

21.1　转型驱动力

当今世界正在经历百年未有之大变局，加快推动企业数字化转型早已成为全球主要国家的共同战略选择。需求重塑、技术突破、产业调整、政策升级等多重变革力量交织汇聚，共同推动数字化浪潮螺旋式上升，正对生活方式、生产模式、经济形态、国际格局等产生重大而深远的影响。习近平总书记指出，世界经济数字化转型是大势所趋。《中华人民共和国国民经济和社会发展第十四个五年规划和 2035 年远景目标纲要》提出，要加快数字化发展。全球主要国家、领军企业也在加快部署推进数字化转型。总的来看，我国的数字化转型大致经历了三大阶段：①以计算机和信息通信技术驱动的信息化发展阶段；②以"互联网＋"驱动的数字化转型阶段；③以大数据、人工智能等新一代信息技术驱动的数字化转型阶段。

21.1.1　时代演进驱动力

"紧跟时代步伐，满足时代需求"是企业高质量发展的基础，面对新时代的到来，企业需要能够高效捕捉到满足新时代发展的新业务、新模式和新方法等，从而实现高质量发展。消费重塑、产业调整、劳动供给、绿色低碳、发展格局等，都是时代驱动企业开展数字化转型的关键动力。

1. 消费重塑

党的十九大报告对我国社会面临的主要矛盾作了新的界定，指出中国特色社会主义进入新时代，我国社会主要矛盾已经转化为人民日益增长的美好生活需要和不平衡不充分的发展之间的矛盾。相比过往"人民日益增长的物质文化需要同落后的社会生产之间的矛盾"，这一矛盾变化揭示了当今时代，消费需求日益个性化，消费需求动态变化加快。消费需求的变化传递到供给端，敏捷、弹性、韧性、服务等成为各类企业数字化转型的关注焦点，从而引发产业链和生态链的整体转型升级。即使作为原材料供应的企业，随着消费价值传递，也必然走向服务化发展新模式。消费重塑驱动企业变革的主要表现为：①更小的生产批量。产品的生产批量从几十万、几万降低到几千、几百，极端的个性化需求可能将生产批量推到几十，甚至单品。②更好的定制化体验服务。生产制造要从以生产者和产品为中心转向以消费者为中心，要从关注产品的性价比、功能和耐用性等，转向关注用户的参与感、交付体验、分享与交流等感受体验。③更短的产品生命周期或生产周期。手机等消费电子产品的换代周期从过去几年更新一代到如今每年迭代，汽车的换代周期从十年变为几年，甚至一年，互联网则让服装等快时尚行业的产品更迭周期从年、月变为周、天。

在外部需求同质化且稳定的时代，生产的规模决定成败，在需求个性化且多变的时代，速度决定成败。推动供给体系更快适应需求变化，关键在于推动过去刚性的、大规模生产体系加快向敏捷柔性的定制化生产体系转变，同时保持成本不变。这是一场系统性、全局性的生产方式大变革，产品变得日益复杂进一步加剧了这场转变的复杂性，这不仅是中国企业面临的问题，也是全球企业面临的共同难题。

企业如何构建一套新的业务体系，从而适应消费需求的快速变化，其基本路径是大力推进数字化转型，即数字信息技术与企业各项活动深度融合，以数据流驱动业务流、以数据模型驱动敏捷决策、以数据共享优化业务协同、以数据要素驱动业务变革等，从而将企业这一复杂系统改造为敏捷协同作业系统。在这方面，我国陆续发布的智能制造成熟度模型、数字化转型成熟度模型等国家标准，给出了企业数字化转型的基本路径框架，即 1～3 级成熟度，强化自动化、信息化对企业各类活动效率提升的价值，优化企业的生产结构；3～5 级成熟度，强化知识与数据模型驱动决策与变革效能的价值，改革企业的治理结构。

2. 产业调整

各类企业为了更好地适应服务化发展需求，强化了面对客户的全领域、全业态服务能力体系化建设，依托数字化转型与创新，实施了多样性化的探索。从领军企业来看，其"点、线、面"三个维度往往都有整体布局和调整，驱动自身数字化转型升级并带动产业群、产业链，乃至产业业态的整体变革。

从点看，领军企业正通过战略并购、建立联盟、推出新产品新服务等多种方式，在点上突破，以期把握新技术带来的红利，占领转型制高点。如某制造领军企业，通过一系列的仿真软件并购与战略合作等多种方式，建立了覆盖全生命周期的完整数字孪生模型体系，可将产品创新、生产效率提升至新的高度。

从线看，领军企业正在通过数字协同等，实现产、供、销、服的一体化融合，以及社会化资源的深度开发利用等，以期获得更好的集合化成本优势和更加灵活的业务部署。如某资源领军企业，通过数字供应链搭建等，建立了满足供销融合的能源服务一体化等。某地区企业群，通过联合组建专业人力资源服务生态，实现企业数字人才跨越式发展等。

从面看，领军企业一方面将多种数字化工具和能力进行整合，着力构建覆盖全价值链的数字化解决方案，提供全链条服务；另一方面，也不断将数字化解决方案拓展到更多行业领域，提供全行业服务。如某制造企业推动过去各种割裂的数字化解决方案大集成大融合，率先实现了多种工业数字化解决方案的改善与整合。某化工企业通过将工业互联网平台在内的数字部门独立出来，构建全资拥有、独立运营的公司，整合集团内部多种数字化工具、资产和能力，制定了领先的工业互联网完整解决方案，可以为多个行业提供服务。某发动机生产公司，通过跨界平台的建设，整合了整车销售、物流服务、司乘服务、维修服务等，满足多元主体的多业态服务一体化。

从整体看，越来越多的领军企业开始搭建低门槛的数字化平台生态，将更多需求端的服务开发者和量大面广的中小企业纳入生态之中，从而跨越网络效应启动的临界点，实现平台生态的快速扩张。

3. 劳动供给

劳动力是企业运行和发展的基本生产要素，新时代我国劳动力结构和供给能力等都持续发生深刻变化，这将会倒逼自动化、信息化、智能化的广泛应用，加速推进企业数字化转型。一是劳动力供给量出现拐点。人口老龄化加剧和新生儿出生率持续下降造成人口红利逐渐消退，并且这种情况在未来呈现持续发展趋势。二是劳动力结构发生变化。过往我国劳动力人口中，体力劳动者占比较高，但随着教育强国的建设，具备专业技能的劳动力比例大幅提升，这些劳动力更加适合从事创新型脑力活动，而不是体力劳动。三是劳动力成本的提升。我国已于2004年3月正式实施《最低工资规定》，明确在全国范围内实施最低工资标准，最低工资制度是企业必须遵守的国家政策规定。国务院印发的《"十四五"就业促进规划》中六次提及劳动报酬，强调要不断完善最低工资标准，增加一线劳动者的劳动报酬，这将直接或间接地增加企业的用工成本。

从另外一个角度看，随着以人工智能、大数据为代表的新一代信息技术发展，"数字劳动力"正逐步成熟，虚拟员工应用场景快速丰富，其在业务流程化生产和节约劳动力成本方面显示出巨大潜能，无人递送、无人驾驶、无人售货、机器人生产、辅助决策等都在高速普及中。由此可见，人口红利逐渐消退、劳动力成本上涨正在迫使企业主动寻求劳动力用工模式转型，促进人机协同，加速企业数字化转型。

4. 绿色低碳

"双碳"目标是实现可持续发展的关键，企业数字化转型是实现"双碳"目标的有效手段。我国提出要力争于2030年前二氧化碳排放达到峰值，努力争取2060年前实现碳中和的战略目标。作为绿色低碳转型的重要抓手，数字化转型能够推动企业低碳化发展。因为人工智能技术可以在碳排放领域改变决策模式，云计算技术可以推动数据向绿色低碳技术领域渗透和应用，"数字孪生"可以帮助企业进行数据分析和优化，实现企业高效运作和节能减排等。企业数字能源建设，可以实现企业能源管理的精细化与可视化、能源调度与平衡的智能化等，从而支撑企业充分实现能源的多元利用和节约用能等。特别是对于石化、电力、煤炭、钢铁等排碳大户企业，在应对更严格的环境监管要求过程中，可通过数字技术手段改变以往依赖资源的粗放式发展模式，提高能源生产和使用效率，有助于减少碳排放。另外，欧洲"绿色新政"和日本绿色发展战略也都提出通过数字化促进绿色低碳转型来应对气候变化。全球气候行动峰会发布的

《指数气候行动路线图》指出，数字技术应用可以帮助全球减少 15% 的二氧化碳排放量。我国碳达峰、碳中和"1+N"政策体系也明确提出要推动数字技术与绿色低碳产业深度融合。由此可见，"双碳"目标加速了企业数字化转型。

5. 发展格局

当今世界正在经历百年未有之大变局，逆全球化思潮抬头、单边主义盛行、国际贸易摩擦频繁、地缘冲突及欧美制裁等全球无序发展的状态造成了高度不确定的外部环境，不可避免地对中国现有产业链、供应链和实体企业发展带来冲击。在国内外政治经济环境不确定性加剧的背景下，党中央提出建立以国内大循环为主体、国内国际双循环相互促进的新发展格局的战略部署。在"双循环"新发展战略下，企业所处的外部环境得到优化，特别是数字经济的蓬勃发展、全球产业链的畅通以及消费升级等方面均为企业数字化转型提供了基础条件。另外，在"双循环"新发展战略中坚持的对外开放战略也有利于推动企业数字化转型。因为"双循环"新发展战略要求坚持实施更大范围、更宽领域、更深层次对外开放，更好利用"两个市场"和"两种资源"（国内市场和国际市场，国内资源和国外资源），而实施对外开放能够满足企业数字化转型中的财务和创新需求。一方面，企业数字化转型需要财务保障。对外开放能够直接促使企业获取转型资金以及国外投资者的数字设备投资，并且还可以间接通过获得技术溢出而提升企业竞争力，增强企业的融资能力，进而改善企业的财务状况，降低数字化转型成本。另一方面，企业数字化转型需要创新动能。对外开放有助于企业引进和借鉴国外的先进技术，降低创新失败的风险，增强企业数字化转型的动力和信心。另外，企业"走出去"也有助于整合利用企业所需的创新资源，与外资企业建立前后向关联，便于获取国外的先进知识和科技资源，然后应用到技术研发当中，增加企业创新动能，进而为数字化转型提供助力。

21.1.2　技术资源驱动力

随着新一代信息技术的持续成熟，以及其与各类企业业务融合的丰富多元化，技术已成为企业数字化转型的关键驱动力。另外，我国大量投资信息基础设施，在建成网络强国的基础上，大力发展新型基础设施，这些为企业数字化转型提供了关键的信息基础保障。

1. 技术突破应用

新时代，数字信息技术及其应用与服务创新加速突破，无论是网络连接、计算存储，还是智能分析与技术融合等，都为企业数字化转型提供更加丰富的工具和更加多元的支撑能力，乃至引领企业的转型升级。

在连接方面。"5G（第五代移动通信）+TSN（时间敏感网络）/ 工业以太网 +NB-IoT（窄带物联网）"等网络技术突破，驱动网络的峰值速度可达 1TB/s，时延达到 0.1ms，OPC UA 等统一网络协议加快应用，可以满足海量实时、差异化连接需求，有力地促进企业全要素全面连接和实时数据上传下达等，推动基于海量实时数据的数字化应用场景快速涌现。

在计算方面。计算架构由冯氏架构向多架构综合发展，通用芯片稳步发展，神经元芯片快速迭代，计算能力进入每秒万亿次时代，计算功耗大幅降低，推动现场算力规模化普及，使得计算智能可以从顶层大规模下沉到业务现场，有力支撑基于数据计算的业务现场设备设施的运行效率和智能化水平提升。

在分析方面。以深度学习、知识图谱等为代表的新一代人工智能技术爆发式发展，正推动简单智能向多元复杂智能发展，可解决大量机理可知、不可知的复杂多维问题，随着大模型的持续发展，将企业的分析决策水平提升到全新高度。

在技术融合方面。一方面，感知、传输、计算、分析等多种技术组合，协同解决企业现实问题。例如，工业互联网的基本机理是从感知物理世界，通过数字空间一系列建模分析，优化决策，再回到物理世界中去。另一方面，技术之间的组合架构正由过去的单体式技术架构向基于云边端协同的新技术体系转变。与传统的单体式技术体系相比，这是一个更具灵活性，更加敏捷，可伸缩性和灵活性更强的技术体系。

2. 基础设施升级

基础设施建设是推动企业数字化转型的基础保障，新型基础设施建设、国家大数据战略等基础设施建设能够为企业数字化转型提供基础条件支持。硬性基础设施和软性基础设施建设是经济发展中的两大支柱，相得益彰，共同驱动企业数字化转型。

在硬性基础设施方面，聚焦在新型基础设施技术发展和资源建设等，主要涉及信息、融合和创新三大类基础设施，通常包括通信网络、新技术和算力三部分内容，三者的融合能够推动企业数字化转型。新型基础设施建设赋能企业数字化转型的机制主要是通过新旧动能接续转换、真实物理空间与虚拟网络空间交互融合、构造数字生态圈和驱动价值链攀升等路径得以实现。同时，"东数西算"作为数字经济时代的新型基础设施建设工程，可以夯实数字经济发展基础，实现数据要素的跨域流通，释放算力资源的乘数效应和数据要素的倍增效应，为企业数字化转型提供底层技术支持。

在软性基础设施方面，智慧城市、国家大数据体系等作为"软性基础设施"，能够发挥人才集聚和技术创新效应推动企业数字化转型。首先，智慧城市持续发展政策为企业数字化转型嵌入重要动力来源。一方面，智慧城市建设通过发挥技术资本积累效应，可有效解决企业数字化转型资金约束问题；另一方面，智慧城市建设能够发挥人力资本集聚效应，解决企业数字化转型面临的人才发展瓶颈问题，从而激励辖区内企业进行数字化转型。其次，国家大数据体系建设通过数字基建赋能效应、产业助推效应、政府扶持效应，解决企业在数字化转型过程中资金和技术研发与应用方面的困境，有效推动企业数字化转型。

21.1.3   政策金融驱动力

近年来，各国在不断适应技术产业的新变化，加速迭代数字化转型政策。我国早在 20 世纪八九十年代就认识到信息通信技术对经济社会发展的带动作用，强调"以信息化带动工业化、以工业化促进信息"、网络强国、数字中国等建设与发展，持续发布了覆盖各方面、各层级的政策。

1. 国际方面

世界各国都充分理解新一轮科技革命的重要性，数字化转型自然成为其保持竞争力、寻求新发展的关注焦点。一方面，各国政策目标加速向构建全局性、系统性数字化转型生态体系演进。例如德国以"工业 4.0"为标识，致力于构建互联互通的数字化转型产业生态，将机器与互联网互联作为数字化发展的颠覆性创新技术加速推动，先后发布了《国家工业战略 2030》《2030 年德国工业 4.0 愿景》等，通过政府直接干预等手段确保国家掌握新技术，保证其在竞争中处于领先地位。另一方面，各国加速推动企业数字化转型关键举措落地应用，加快推动底层技术产研发，并创新数字化转型落地机制。英国在其《英国数字化战略》中计划通过"数字化弹射器"项目共享最佳实践并提供商业培训"训练营"，从而帮助英国早期数字化企业顺利发展。美国、新加坡等均大力推动开放实验室建设，为数字化创新提供非竞争性的实验场所。

2. 国家层面

企业数字化转型离不开政府的引导和支持，为了推动企业数字化转型，国家制定并发布了众多推动企业数字化转型的相关文件，全方位支持企业数字化转型。与此同时，地方政府也在不断加强数字经济的战略引导，纷纷出台相关政策，为企业数字化转型保驾护航。我国在支撑、规范、引导、赋能各类企业开展数字化转型方面的政策系统全面且多元，持续性强且快速迭代。重点文件如下：由国务院印发的《关于深化"互联网 + 先进制造业"发展工业互联网的指导意见》，提出"到 2035 年，建成国际领先的工业互联网网络基础设施和平台，形成国际先进的技术与产业体系，工业互联网全面深度应用并在优势行业形成创新引领能力"；由工业和信息化部印发的《工业和信息化部办公厅关于推动工业互联网加快发展的通知》，要求各有关单位加快新型基础设施建设，加快拓展融合创新应用，加快健全安全保障体系，加快壮大创新发展动能，加快完善产业生态布局，加大政策支持力度，推动工业互联网在更广范围、更深程度、更高水平上融合创新，培植壮大经济发展新动能，支撑实现高质量发展；由国家发改委、中央网信办联合印发的《关于推进"上云用数赋智"行动培育新经济发展实施方案》，要求进一步加快产业数字化转型，培育新经济发展；由国家发改委等 13 个部门发布的《关于支持新业态新模式健康发展激活消费市场带动扩大就业的意见》，把支持线上线下融合的新业态新模式作为经济转型和促进改革创新的重要突破口，等等。

3. 财政金融方面

从财政驱动力视角看，财政科技支出、政府创新补贴作为激发企业创新活力的典型政策工具，激励企业数字化转型。一方面，财政科技支出或者创新补贴不仅能够直接向微观企业提供资金支持，缓解企业在数字化转型过程中的融资约束问题，而且财政资金具有一定的引领和示范作用，获得资助的企业一般都是高效率、高潜能企业，这有助于金融资源集中和引入外部投资者，同样能够缓解企业融资约束问题，为企业数字化转型提供财务保障。另一方面，通过政府资金扶持的方式还能够降低创新成本和分担研发风险。财政支出或补贴具有"创新靶向性"和"后效性"特征，能够优化资金流向管理和绩效考核机制，这有利于为企业营造良好的创新生态场景，为企业数字化转型的系统工程奠定坚实基础。此外，税收优惠也能够通过强化企业创新动能和缓解企业的融资约束促进企业数字化转型，具体表现为减税降费力度越大，企业数字化转型程度越高。

21.1.4　升级发展驱动力

数字化转型是企业内外部因素共同驱动作用的结果，如今企业外部环境的 VUCA 特征（不稳定 -Volatile、不确定 -Uncertain、复杂 -Complex、模糊 -Ambiguous）日益凸显，许多企业选择借助并拥抱数字技术来应对环境冲击，并实现增长和发展壮大。此外，企业数字化转型离不开管理层的助力，管理层的专业知识、实践经验、战略思维以及可接触的社会关系等因素在数字化转型过程中发挥着重要作用。

1. 自我提升驱动力

传统发展视角下，组织为提升自身的竞争力，往往通过优化组织结构体系（如组织结构扁平化）、提升工艺技术与装备（如应用新技术或自动化装备）、降低业务成本（如人员容量、材料成本、加工成本等）等方式展开，这种优化与提升从某种程度上实现了对组织竞争力和竞争优势的保持和增强。这种发展模式下，组织通过治理和管理体系强化组织的协同性和创新力，并降低组织风险；通过减少客户个性选择驱动业务规模化发展，优化产品生产和服务交付成本。

新时代，经济与社会竞争的进一步加剧，传统发展视角下的竞争力与竞争优势的保持和增强等方法，越来越难以支撑企业的发展需求，典型体现如下：

- 决策瓶颈。以企业架构构建的治理与管理体系决策效率容易遇到瓶颈，并且企业规模越大，行政层级越多，决策效率效能越容易达到瓶颈。
- 变革制约。企业组织变革是一项系统工程，这不仅仅包括新组织、新工艺、新产品、新营销等的策划、规划和设计等，其部署落实也是一组复杂的工作，变革的效能常常受组织文化、人员技能、技术现状等方面的制约，太多的变革一致性无法解决。
- 知识资产流失。企业研发或沉淀的各类经验，如使用传统的知识体系（如用文档资料管理），容易随着人员流动而流失，这是因为传统知识方法需要相关人员全部掌握。
- 需求响应延迟。企业为了有效地控制成本，最常用的方法是固化管理、工艺等，通过"简单可复制"的模式，达到一致性和成本最优化，这会导致企业对客户或服务对象的个性化需求延迟满足乃至放弃满足。

企业的数字化转型是基于企业既有的治理与管理体系、工艺路径和产品技术、服务活动定义等，打造更加高效的决策效率、更灵活的工艺调度、更多元的产品与服务技术应用和更丰富的业务模式等。需要企业结合数字信息技术的开发利用，对组织完成深层次变革。发展是企业永恒的主题，是企业不断发现问题、解决问题的迭代过程。相对过往企业转型升级主要手段的流程自动化、工艺自动化等，当前大部分企业已经充分认知到数字自动化、生产自动化等带来的"智力替代"，是企业必然面对的一项选择。

2. 数据要素驱动力

面对数字化转型带来的新一轮发展机遇，数据资产作为核心战略生产要素越来越受到重视，正逐步渗透到企业经营管理与业务活动的各环节，对各业务领域产生新价值，诸如客户导向的数字化产品和服务、企业导向的运营效率提升以及经营决策等方面。

数据是物理世界的表达，随着企业数据能力的持续提升，企业会逐步从数据中洞察到大量的信息，这些信息往往是过去企业容易忽略或无法获取的内容。随着数字技术的发展，企业也不仅仅满足于对信息的洞察，提升数据价值、改善决策模式与效能等，逐渐成为企业开发利用数据的关注焦点，数字化红利得到快速释放。随着企业越来越意识到数据的价值，数据的流动可能不仅仅局限于企业内部，更大范围的数据流动，既可以为企业带来新的数据挖掘与机器学习的原料，又为企业数据走出，形成直接经济价值等带来新的机会。

目前，越来越多的企业都意识到，企业各类业务活动都离不开数据的支撑，数据、流程、技术、工艺、设备设施等都是企业关注的关键生产要素。随着数据要素的导入，企业各类业务活动不仅能够获得效率、质量的提升，也能够获得新模式、新业态、新体系等带来的创新价值。

21.2　转型关注焦点

培育满足市场需求和行业发展潮流的核心业务是企业生存与发展的关键，新时代需要企业时刻保持更加敏锐的嗅觉与洞察力，保持资源要素配置的高度弹性和敏捷度，并加速传统业务的"因势而变"和新业务的"顺势而为"，弥合快速变化的外部环境带来的"发展风险"与"盈利鸿沟"等。这需要企业组织模式、经营方法和技术范式等更加灵活和适配，更需要企业文化意识上适应社会变革，同时形成强大的"向心力"等，确保行动上的一致性。

新时代，企业数字化转型的关注焦点大部分集中在客户中心、数智赋能、敏捷组织、新型文化等方面，从而实现从业务、能力、组织、文化等多层次融合高质量发展。新时代企业整体转型升级的参考框架如图 21-1 所示。

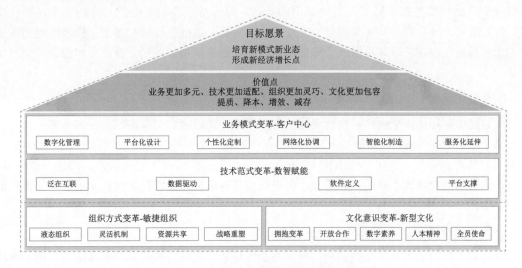

图 21-1　新时代企业整体转型升级参考框架

21.2.1　客户中心

以"客户为中心"长期以来都是企业服务的核心理念，但在传统业务体系下，绝大部分企业商业价值的创造往往以产品为中心，即关注的是产品研发、生产、质量、效率等的提升，往往只有最终的销售环节面向客户。随着新时代的消费重塑，产品和服务的内在逻辑也在发生变化，"产品即服务化、服务即产品化"的模式更加凸显，市场对于产品多样化、个性化需求的提升，要求企业实时洞察并及时满足客户需求，为客户提供更加积极的体验，并以客户的视角来看待并优化整个业务，加速从"以产品为中心"转向"以客户为中心"，从规模化转向个性化，从产品运营商转变为客户运营商，从交付产品模式向运营产品模式转变。这就需要企业为客户参与产品的设计、生产、营销、服务等全生命周期打造良好的体验环境，提升产品的内生力，提高客户黏性和忠诚度，进而提高企业可持续发展竞争力。业务模式的变革是企业开展数字化转型的出发点和落脚点，是转型价值的直接体现，这就需要企业重点关注数字化管理、平台化设计、个性化定制、网络化协同、智能化生产和服务化延伸等数字化转型应用场景。

1. 数字化管理

如何通过数字化手段创新业务管理模式，提升产品和服务的质量、打造极致的客户体验，是新时代每个企业都需要积极洞察并解决的问题。企业基于对业务运行产生数据的挖掘和利用，将业务通过数字化手段进行呈现、优化和管理，培育企业战略决策、运营管理、市场服务等业务活动的新动能，从而提升企业精准服务的能力和行业竞争力等，成为绝大部分企业开展数字化转型的优先关注点。

2. 平台化设计

平台化是一种实现连接和共享的架构方式，是提升研发设计效率和质量的有效手段。通过运用云计算、数字孪生等技术，将产品和服务在物理空间内的信息进行数字化、可视化表达，模拟分析产品和服务在不同工况与场景下的状态，得到对应的价值数据，并通过平台整合供需双方需求与设计资源，开展集成化、轻量化、协同化、敏捷化设计，基于先验数据对物理实体的孪生预测，直观获取客户需求并降低试错成本，推进新技术应用、新产品和服务的交付实施等。

3. 个性化定制

面对更加多样化、个性化及快速变化的客户需求，通过客户交互定制平台和资源平台为客户提供个性化定制体验，推进敏捷开发、柔性生产、精准交付等模式，增强客户全流程参与度，提升客户体验满意度。利用"互联网+"精准对接客户个性化需求这一特点，实现企业研发、生产、服务和商业模式之间的数据贯通，促进供给与需求的精准匹配，实现企业和客户价值的共同创造。

4. 网络化协同

伴随着产品与服务分工日益细化，产品与服务复杂程度日趋提升，业务集成的广度和深度大幅拓展，依靠单个企业、单个部门已无法覆盖企业的业务创新、生产和服务活动。通过网络化平台整合分散的生产、服务、供应链和销售等资源，实现跨部门、跨层级、跨组织的业务互联与分工合作，推动生产和服务方式由线性链式向网络协同转变，从而促进企业群资源共享、业务优化和效率提升。

5. 智能化生产

以数字化为核心，以数据驱动为基础，采用智能化手段突破生产中的瓶颈问题。利用生产环节的自感知、自学习、自决策、自执行、自适应，对生产现场"人机料法环测"多源异构数据的全面采集和深度分析，发现并消除导致效率瓶颈与产品缺陷的深层次原因，减少生产过程中的不确定性，不断提高生产效率及产品质量，提质、降本、降耗、增效。

6. 服务化延伸

企业依托平台化模式实现对产品使用和服务环节的数据打通，深度挖掘各类业务数据及其背后价值，探索基于产品使用和服务行为大数据分析、产品增值服务、产品远程运维等新型业务模式，实现从"产品"到"产品＋服务"的转变，同时依靠用户数据驱动产品和服务的持续优化变革，实现企业沿价值链向高附加值环节延伸，以及跨界服务的融合等。

21.2.2　数智赋能

数字信息技术促进了人与物、物与物、人与人之间的连接，突破了传统物理层面连接方式和数量的限制，泛在连接和跨域协作形成了海量的数据资产。数据作为新的生产要素为企业的生产、组织和运营带来了新的价值创造。基于对海量数据的采集、分析、治理及共享，并综合大数据、云计算、数字孪生等技术积累的专家经验、建立的知识库、沉淀的模型，推动企业业务决策从"人智"不断发展为计算机辅助决策，并向"数智化"演进，提升资源优化配置效率、提高客户需求响应效能等。这就需要企业关注泛在互联、数据驱动、软件定义和平台支撑等数智赋能相关的主要场景。

1. 泛在互联

依靠传感网络，建立全面、实时、高效的数据采集体系，提升异构工业数据、多元服务数据的网络互通能力，支撑各类业务数据的高密度采集，实现企业对业务活动中"哑设备、哑岗位、哑环节"的数字化改造，推动设备设施跨协议互通、跨设备互联、跨域互操作等，实现数字化转型背景下的全要素连接。

2. 数据驱动

通过业务活动等各流程数据的自由流动，实现科学决策和对资源配置的优化，从而达到提高全要素效率效能的目的。在数据接入层、传输层、存储处理层、业务分析层、孪生模拟层等，需要具备较为全面的数据运算、分析、统计、展现功能的融合软硬件工具，以数据驱动企业的创新、生产、服务、调度与决策等。

3. 软件定义

软件是构建数据自由流动的规则体系。软件定义的核心是实现"硬件资源的软件化、软件资源的模组化"，提升资源的弹性和灵活性。同时软件定义打破了传统的业务流程和活动编排模式等，通过重构一个虚拟孪生空间，实现研发、设计、仿真、实验、生产、服务全流程在虚拟孪生空间的运行，推动业务过程快速迭代、持续优化和效率提升。

4. 平台支撑

平台是连接多方参与的信息服务共享载体，是全要素连接的枢纽，是资源配置的核心。通过平台，企业可以更高效地实现知识的沉淀、传播、复用和价值创造，拓展竞争新赛道、布局产业新方向、整合平台生态资源等，从而实现更广泛、更深层次的价值网络和产业生态拓展。

21.2.3　敏捷组织

新技术、新业务和新模式的创新，需要组织结构、人员结构和行为模式等相应作出调整，从而支撑新业务的应用。传统的金字塔组织架构，信息"星形"传递效率低，很难适应快节奏的市场变化以及客户对于业务全流程、全生命周期参与的需求。新时代，信息的传递更需要满足社交网络的"环形互动"，每个人都可以成为信息接收与发布的节点，这需要企业构建新型组织方式，以平台为基础和聚焦点，形成逻辑扁平化组织模式，为员工提供开放共享、沟通协作空间，从而更加敏捷、高效地响应客户各种需求。企业敏捷组织建设需要重点关注业务自组织、灵活机动、资源共享和战略重塑等方面。

1. 业务自组织

业务自组织是一种能够自我组织、自我适应的组织形态，在该组织模式中，每个员工都成为组织网络上的一个节点，带动企业资源围绕市场变化和客户需求而不断改变自己的组织和驱动方式，提高企业快速响应外部环境变化的敏捷性。业务自组织的持续动力不是利益而是思想，企业将从强化管理精细化走向治理敏捷化，从以流程为核心，追求规范与规矩，走向以能力提升和动态重组为重心，关注成长的动力和可持续性等。

2. 灵活机动

高效灵活是企业内部组织结构变革的关键目标。管理者需要提供更加灵活的管理制度，按照业务板块来划分组织，形成小巧灵动的"特种部队"，即能力单元，有机融合职能部门与业务团队的业绩关系，激发组织自发协同，激励每一位员工主动参与经营（如开展业财一体化等），以更快地响应市场、迭代产品与服务、更充分地利用有限的资源，从而最大程度地创造价值，提高业务运行效益和效能。

3. 资源共享

企业将工艺、知识、创意等技术能力资源以数字化形态置于企业的资源平台中（即业务活动与能力的数字化"封装"），形成可以共享的资源库，汇聚知识基础、沉淀核心能力、发挥知识洞察价值等，服务于每一个"节点员工"、每一支"特种部队"，加速技术成果的业务化、产业化。同时聚集业务团队和需求方于同一平台，聚合和收敛多元智慧，打造企业与社会资源的一体化融合，驱动企业的高质量和可持续发展。

4. 战略重塑

在要素资源配置更加灵活的趋势下，"闭门造车"很容易错失客户，无法生存。企业管理者需要树立与客户共同定义新产品、与客户共同创造新业务、与客户共享新价值的企业经营战略，利用灵活的组织和平台资源围绕企业战略自组织、自涌现、自优化等，让客户需求直达业务的研发、设计、生产和服务的创造过程，用企业能力敏捷重组动态满足客户需求，适时为客户创造新价值。

21.2.4　新型文化

德鲁克有一句名言："文化能把战略当早餐吃掉"。法国凯捷咨询公司曾对 8 个国家 340 家企业中 1700 名经理人进行过调研，62% 的人认为企业文化是数字化转型第一障碍，由此可见，企业文化在数字化转型中的重要性和建设难度。大多数企业的数字化转型更着重于技术、管理等，而忽视了作为企业运行基础要素的"人"在数字化转型中发挥的重要作用。企业无论从何种视角（如经营管理、服务过程、生产活动等）推动数字化理念，其最终目标都是培育全员从数字化视角思考问题、改变行为、优化工作等，从而形成数字化文化。企业在新时代企业文化建设中，需要关注拥抱变革、开放合作、人本精神、全员使命和数字素养等主要场景。

1. 拥抱变革

企业进行数字化转型的目的是以高效灵活的战略、组织、运营和服务等适应新时代客户需求的不确定性，及其满足的敏捷性，这就需要整个组织具备拥抱变革的精神和勇气。在数字化转型过程中，最难的不是具体新技术的应用、新工具的部署等，而是对现有组织、流程、习惯、利益进行变革时存在的"恐惧"。数字化转型是企业提升自身竞争力、实现更好发展的必由之路，企业全员一定要从企业大局出发，从企业长远发展出发，培养拥抱变革的文化。

2. 开放合作

在企业内部，要形成真诚、开放、合作的企业文化，规避传统模式下的形成层级思想和管理地盘意识等，通过齐心合力和共同努力，创造更有竞争力的产品和服务，提升企业竞争力。在企业外部，也要发扬开放合作精神，与客户和上下游合作伙伴紧密合作，共建和谐共生的生态圈，构建富有竞争力和可持续性发展的商业模式。尤其是在创新活跃的新时代，任何领域的专业性和经验积累等变得更加重要，导致社会分工进一步细化，这就更加需要企业坚持开放合作，更好地构建基于数据环境下的社会化生态合作，降低企业成本，保持轻量化核心资产，满足业务动态调整的灵活性需要。

3. 人本精神

人是企业数字化转型的设计者和执行者，是企业文化的核心载体和聚合点，也是事关企业数字化转型成功与否的决定性因素。如果仅仅停留在"机器换人"视角、停留在人工智能等纯技术使用环节，而没有帮助、激发"人"这个企业中最具价值的主体，就会本末倒置，数字化转型很难取得理想的实施效果。树立人为核心、机器服务于人的意识，合理利用自动化、数字化、网络化、智能化等技术手段，解放人的体力与脑力，赋能与拓展人的能力，充分发挥其创新、创造的价值优势，才能高效实现企业的创新发展。

4. 全员使命

企业全体员工需要对数字化转型的意义有深刻的认识和充分的理解，数字化转型绝不仅仅是企业领导层和信息化部门的事情，需要全员的共同努力，只有全员深刻理解数字化转型的重大意义，并在日常工作中认真践行、多元创新、群策群力，才能成功实现企业数字化转型。

5. 数字素养

数据已成为数字经济时代的关键生产要素，算法也成为一种新型生产力。在推进数字化转型过程中，除了重视数据以外，还要提升全员数字素养，在数字优先和数据驱动决策的理念下，充分利用数字化手段和方法，有效地发现、获取、利用数据，优化与提升生产与服务效率与质量。如通过数字孪生技术，在虚拟环境中进行设计、优化产品与管理，减少物理世界因反复试验而造成的物质与时间浪费；通过数据洞察和分析，改变业务运行模式和决策效率等，从而提升企业运营的敏捷性等。数字素养建设就是培养全员识数、读数、用数等的意识和能力，提升全员的数字敏感性和敏锐性等，让其充分认可数据开发利用是一项必备的基础素质的过程。

21.3 转型能力成熟度

企业数字化转型是一个持续动态的过程，是企业长期发展需要坚持的导向，可以认为是只有起点，没有终点的企业高质量发展基本原则，企业需要在所有领域按照成熟度方法，逐步深化数字要素的开发利用，迭代数字化转型内容。

21.3.1 数字化转型成熟度模型

GB/T 43439—2023《信息技术服务 数字化转型 成熟度模型与评估》国家标准给出组织开展数字化转型的成熟度等级、能力域、能力子域定义等，企业可遵循和借鉴该国家标准，实施数字化转型相关活动。

1. 参考框架

从企业运营与发展视角来看，无论其采用何种形式的组织模式和组织分工等，其数字化转型的能力域可以划分为组织、技术、数据、资源、数字化运营、数字化生产和数字化服务，前面四个能力域是企业开展数字化转型的基础能力，后面三个能力域是企业实施业务转型的重点关注。

在组织能力域，企业需要重点关注组织建设、转型战略、流程管理和变革管理等能力子域的建设；在技术能力域，企业需要重点关注研发管理、技术创新和信息安全等能力子域的建设；在数据能力域，企业需要重点关注业务数据湖、数据管理、数据资产和数据业务化等能力子域的建设；在资源能力子域，企业需要重点关注基础设施、应用支撑资源、资金和知识等能力子域建设；在数字化运营能力域，企业需要重点关注数字化营销、数字化财务和数字供应链等能力子域建设；在数字化生产能力域，企业需要重点关注产品设计、工艺设计、计划调度、生产作业、质量管控、设备管理和仓储配送等能力子域建设；在数字化服务能力域，企业需要重点关注服务产品、服务能力、服务交付、服务运行等能力子域的建设。

2. 等级定义

数字化转型成熟度等级适用于根据企业现状和业务目标明确转型工作所要达成的成熟度等级目标，并根据目标等级的分级特征和要求制定详细的转型工作路径和各细项目标。成熟度等级可分为五个等级，自低向高分别为一级、二级、三级、四级和五级。

21.3.2　转型基础能力成熟度演进

企业有序、高效地开展数字化转型能力建设，离不开转型的基础环境和能力，组织是牵引数字化转型的引导动能，技术是开展数字化转型的有效支撑，数据是数字化转型的新型生产要素，资源是落实数字化转型的关键保障。

1. 组织

在企业开展数字化转型的组织层面，企业需要关注组织建设、转型战略、流程管理和变革管理等能力子域的成熟度建设。

在组织建设方面，企业需要重点关注数字化转型相关组织体系构建、人员队伍部署、数字文化和数字人才建设等。成熟度一级，企业需要明确数字化转型相关职责，配备数字化转型所需的人员，积极培育全员的数字意识，并有效识别数字转型所需要的关键人才等；成熟度二级，企业需要建立统筹数字化转型的团队，建立数字化转型所需的人员考核与培养体系，培养企业数字文化，并确保数字化转型技术专业力量的建设；成熟度三级，企业需要将数字化转型相关考核与其日常考核进行充分融合，采用多元化的机制与措施，确保数字化转型执行力的建立和保持，强化人员开发利用数据的能力，并形成面向领域或场景的数字化专业人才库；成熟度四级，企业需要以量化的手段，实施人才梯队建设，使用数据分析，深度优化数字化转型的方向和路径，强化人员知识、技能和经验的软件化与数字化，并持续开展复合型数字人才建设；成熟度五级，企业需要基于数据模型的价值应用，优化、变革岗位结构和职责体系等，并能够建设完成创新活跃、价值明显的数字化转型生态文化，并通过生态融合的手段，打造满足企业高质量发展且覆盖全面的专业技术人才体系。

在转型战略方面，企业需要重点关注数字化转型相关的战略制/修订、执行监督监测、价值分析与评估、战略的迭代优化等。成熟度一级，企业需要明确数字化转型的重点和方法，并确保管理人员具备数字化转型意识；成熟度二级，企业需要定义其数字化转型的战略框架，并确保参与数字化转型骨干人员具备较好的数字能力；成熟度三级，企业需要具备完整的数字化转型战略，应明确数字化转型相关治理活动具体方案等；成熟度四级，企业需要对数字化转型战略的实施进行量化监控，并适时优化相关战略；成熟度五级，企业需要使用多元数字技术驱动战略敏捷决策和优化，使用数据模型对转型战略进行预测与模拟等，从而更好地开发利用数字化转型战略。

在流程管理方面，企业需要重点关注面向流程数字运行相关的设计、运行、监测和改进等。成熟度一级，企业需要重视流程管理的规范化，并在重要领域流程相关活动中得到应用；成熟度二级，企业需要结合数字化转型目标等，对流程进行优化，并强化各类流程的电子化等；成熟度三级，企业需要持续强化各类流程运行的监测和管理，并能够开展流程运行的量化评估与分析；成熟度四级，企业需要建立流程管理和配置数据库，并能够及时感知和处置多元流程的冲突与矛盾点；成熟度五级，企业需要基于流程运行情况，定义流程设计、运行、发布等方面的模型，实现流程各项活动的自优化等。

在变革管理方面，企业需要重点关注数字化带来变革的策划、验证、监测和优化等。成熟度一级，企业需要建立面向数字化转型的变革管理领导机制；成熟度二级，企业需要精准识别数字化转型变革的需求，并基于计划开展数字化转型变革活动；成熟度三级，企业需要具备变革有效性验证机制，识别变革风险，并通过信息技术手段监控风险管理的全过程；成熟度四级，企业需要形成体系化的变革驱动模式，通过指标体系，监测和管理各类变革；成熟度五级，企业需要建立持续竞争力模型，并通过数据模型进行变革预测和优化等。

2. 技术

在企业开展数字化转型的技术能力层面，企业需要关注研发管理、技术创新和信息安全等能力子域的成熟度建设。

在研发管理方面，企业需要重点关注研发管理、研发团队、研发工具和研发绩效等。成熟度一级，企业需要基于研发管理体系，响应各类数字化需求；成熟度二级，企业需要部署专门的团队与资源，支撑数字化需求的落地，并具备研发绩效管理等；成熟度三级，企业需要具备体系化的研发治理与管理，并通过信息系统管理研发的全生命周期；成熟度四级，企业需要能够实现基于研发平台的敏捷研发，并能够基于研发绩效模型，驱动研发管理变革；成熟度五级，企业通过统一的研发协同平台，实现产业生态的协同研发，并能够实现研发知识重组与再造的自动化。

在技术创新方面，企业需要重点关注信息技术与企业各类业务的融合创新等。成熟度一级，企业需要关注成员的数字创新意识，以及对信息数字技术的理解等；成熟度二级，企业需要主动考虑信息数字技术在各类业务转型升级中的使用；成熟度三级，企业需要能够全面、系统地掌握信息数字技术的导入、研发、应用和推广等；成熟度四级，企业需要将信息数字技术纳入关键发展驱动因素，在各领域实施数字孪生建设；成熟度五级，企业需要实现基于数据模型共享的新业态或新模式快速迭代，并驱动创新与融合的信息数字技术，在产业或行业发展与重构中的应用。

在信息安全方面，企业需要重点关注信息安全风险管理、信息数字技术安全和信息安全态势感知等。成熟度一级，企业需要明确数字化转型活动中，各类信息安全的要求；成熟度二级，企业需要开展信息安全风险评估和风险应对等活动；成熟度三级，企业需要定期开展信息安全防护措施的监测与评估，并持续强化全员对信息安全知识和技术的掌握；成熟度四级，企业需要具备通过攻防演练和安全威胁情报的及时获取等，实现主动防御和安全事件应急处置等；成熟度五级，企业需要能够通过多元技术应用，实现信息安全的风险自评估、处置自优化与自决策等。

3. 数据

在企业开展数字化转型的数据能力层面，企业需要关注业务数据化、数据管理、数据资产和数据业务化等能力子域的成熟度建设。

在业务数据化方面，企业需要重点关注业务数据的采集、分析和支撑能力等。成熟度一级，企业要关注业务的结构化及数据的记录；成熟度二级，企业需要定义业务数据需求清单，并持续提升数据的自动化采集水平；成熟度三级，企业需要对业务数据进行分级、分类等，强化面向业务的数据分析能力建设；成熟度四级，企业要充分识别业务的数据要素，并且强化基于数据的业务互联互通与融合能力；成熟度五级，企业需要强化基于数据的业务创新和转型，以及数据驱动的业务自优化等。

在数据管理方面，企业需要重点关注数据管理规范体系和平台能力等。成熟度一级，企业需要强调数据规范建设；成熟度二级，企业需要定义清晰的数据管理体系和管理过程指标等；成熟度三级，企业需要使用数据管理平台，固化各项管理，并明确各类管理绩效要求，形成相关绩效评估机制；成熟度四级，企业需要通过数据管理过程绩效模型，开展相关绩效的评估与分析等；成熟度五级，企业需要联合生态伙伴形成跨组织的数据管理体系，并通过智能平台建设，支撑生态伙伴的融合数据管理。

在数据资产方面，企业需要重点关注数据资源目录、盘点和运营等内容。成熟度一级，企业需要识别其数据资源，形成数据资产目录；成熟度二级，企业需要建立数据资产管理目标和实施方案等，并确保数据使用的合规性；成熟度三级，企业需要部署数据资产管理相关的组织体系，明确数据资产管理机制，并确保数据资产台账的有效性；成熟度四级，企业需要建设数据资产管理平台，定义数据资产联动的运营规则，确保数据资产的保值增值；成熟度五级，企业需要将数据资产作为企业核心资产，纳入资产负债表，并通过数据资产服务运营机制，将数据资产能力建设与企业生态化发展进行有机融合。

在数据业务化方面，企业需要重点关注数据业务化的目标、机制、战略和价值实现等。成熟度一级，企业需要具备数据业务化的意识；成熟度二级，企业需要识别数据业务化的需求，并及时响应这些需求；成熟度三级，企业需要具备数据业务化的战略，包括目标、范围和路径等；成熟度四级，企业需要基于数据资产运营管理，形成新型数据业务；成熟度五级，企业需要基于数据资产价值的持续提升，实现业务变革。

4. 资源

在企业开展数字化转型的资源能力层面，企业需要关注基础设施、应用支撑资源、资金和知识等能力子域的成熟度建设。

在基础设施方面，企业需要重点关注数字化转型所需基础设施的需求、供给和管理等。成熟度一级，企业应确保相关基础设施，能够满足数字化转型的基本需求；成熟度二级，企业应建立相关基础设施管理机制，主动保障数字化转型需求；成熟度三级，企业应通过体系化的措施，确保相关资源得到合理规划和应用；成熟度四级，企业需要部署一体化的基础设施资源库，从而实现数字化转型所需资源的统一调配；成熟度五级，企业需要采用有效的技术和管理措施，确保相关资源可伸缩、可拓展和可监控等。

在应用支撑资源方面，企业需要重点关注相关资源的规划、部署、集成、组件化和敏捷等。成熟度一级，企业需要确保相关应用支撑资源能够满足数字化应用的需求；成熟度二级，企业需要主动开展相关资源的系统性规划，确保资源获取有序；成熟度三级，企业需要强化相关资源的弹性和一体化能力；成熟度四级，企业需要能够通过组件化模式，支撑数字化转型应用的敏捷开发与部署；成熟度五级，企业需要确保相关资源的敏捷和动态，并能够支撑生态链上下游的一体化应用开发和部署等。

在资金方面，企业需要重点关注数字化转型资金的统筹、使用、核算和风险控制等。成熟度一级，企业需要安排专项资金保障数字化转型需求的实现；成熟度二级，企业需要针对数字化转型战略等，明确相关活动的资金计划，以及配套的管理措施等；成熟度三级，企业需要基于所处行业特点，定义资金投入及管控机制，并通过有力的保障措施，确保相关资金的有效性；成熟度四级，企业需要通过资金精细化管理和划小核算单位等方式，管控数字化转型资金的高效应用，并基于数字化转型资金风险管控机制，保障相关资金的应急储备和使用等；成熟度五级，企业需要基于数字化生态建设需求，定义相关资金的储备、使用和管控等模式，并通过审计自动化措施，保障资金合规和安全等。

在知识方面，企业需要重点关注与数字化转型相关的知识管理体系、知识库、知识平台以及知识资源共享等。成熟度一级，企业需要重视数字化转型相关的知识积累；成熟度二级，企业需要确保数字化转型相关知识，能够得到体系化的管理；成熟度三级，企业需要建立数字化转型相关的知识库，并对相关知识资源进行系统化管理；成熟度四级，企业需要能够基于知识图谱等模型，形成数字化转型知识的预期规划，并通过知识平台化建设，管理数字化转型的各类数据模型及其应用等；成熟度五级，企业需要构建面向行业或生态的数字化转型知识体系，并实现上下游企业间的知识资源共享和知识再造等。

21.3.3　业务转型能力成熟度演进

企业数字化转型涉及企业的方方面面，不同产业、行业、领域的企业，其数字化转型的重心有所区别。对大多数企业来说，运营变革是其业务数字化转型的必要前提，然后根据企业业务特点，确立生产与服务领域具体业务的数字化转型。

1. 数字化运营

在企业开展数字化转型的运营层面，企业需要关注数字化营销、数字化财务和数字化供应链等能力子域的成熟度建设。

在数字化营销方面，企业需要重点关注需求与计划、客户管理、业务协同、精准营销和模式创新等。成熟度一级，企业需要使用信息数字技术手段进行客户需求管理，以及销售订单、合同管理等；成熟度二级，企业需要通过信息数字技术手段制/修订营销计划、客户动静态信息及客户档案等；成熟度三级，企业需要基于对市场和客户数据的分析，指导营销活动，并能够基于客户满意度，优化客户交互规范；成熟度四级，企业需要统一管理所有营销方式，并能够基于客户画像和分级分类等，预测客户需求；成熟度五级，企业需要能够动态跟踪客户中长期发展规划，并持续建设基于虚拟现实等技术的客户使用场景虚拟体验等。

在数字化财务方面，企业需要重点关注财务管理、预算决算、资金统筹、合规审计和业财一体等。成熟度一级，企业需要能够通过信息数字技术手段管理财务报表、开展财务分析等；成熟度二级，企业需要具备完善的财务管理体系，通过信息系统实现财务管理，并通过信息系统分析相关数据,满足各项预算与决算决策需求;成熟度三级,企业需要能够使用信息系统及时提醒重大资金风险,实施产品与服务成本的精细化核算和全面预算等;成熟度四级,企业需要通过数据与系统集成,实现合同、订单、费用、进度等的业务协同与一致性管理,并建立经营分析与成本控制知识库;成熟度五级,企业需要应用数据模型,支撑营销、生产与交付业务的敏捷经营决策,并基于经营监测、预测模型,支持业务领域预算与决策的动态管理。

在数字化供应链方面,企业需要重点关注采购管理、供应商管理、物流管控、供应链安全和供应链金融等。成熟度一级,企业需要通过信息数字技术手段制订采购计划,管理采购订单、合同和供应商等信息;成熟度二级,企业需要通过信息系统管理采购和销售的关键节点信息,并通过信息数字技术手段,实现物流或服务过程信息采集;成熟度三级,企业需要实现采购计划的自动化生成,采购单据的自动同步,并能够通过信息数字技术手段实现供应商的寻源与量化评价,以及面向客户的销售物流信息推送等;成熟度四级,企业需要通过系统平台实现协同供应链,并通过数据模型,监控预警采购风险和异常处置;成熟度五级,企业需要基于供应链模型,获取覆盖采购、生产、销售、物流的最优方案,并能够基于云平台等实现供应链风险监测与预警等。

2. 数字化生产

在企业开展数字化转型的生产层面,企业需要关注产品设计、工艺设计、计划调度、生产作业、质量管控、设备管理和仓储配送等能力子域的成熟度建设。在产品设计方面,企业需要重点关注产品设计的工具应用、知识管理、数据管理、协同与集成等;在工艺设计方面,企业需要重点关注工艺设计的工具应用、知识管理、数据管理、协同与集成等;在计划调度方面,企业需要重点关注生产计划、作业调度和异常管控等;在生产作业方面,企业需要重点关注标准化作业、数据采集应用等;在质量管控方面,企业需要重点关注过程质量控制、质量追溯等;在设备管理方面,企业需要重点关注巡检监控、知识应用、维护管理和优化改进等;在仓储配送方面,企业需要重点关注仓储管理、配送管理,以及相关系统与工具、数据采集与优化等。

企业智能制造能力建设,也就是企业生产领域的数字化转型、相关能力成熟度的演进,可依据国家标准 GB/T 39116—2020《智能制造能力成熟度模型》、GB/T 39117—2020《智能制造能力成熟度评估方法》进行。

3. 数字化服务

在企业开展数字化转型的服务层面,企业需要关注服务产品、服务能力、服务交付、服务运行等能力子域的成熟度建设。

在服务产品方面,企业需要重点关注服务产品研发、服务发布、服务部署和服务度量等。成熟度一级,企业需要梳理主要的服务目录,使用信息数字技术手段记录服务过程,明确服务责任主体等;成熟度二级,企业需要通过信息系统管理服务研发活动,固化服务资源和管理流程,并确保采取必要的信息数字手段,确保服务目录版本的有效性和服务投入运行前的测试等;成熟度三级,企业需要通过多系统集成,实现数据驱动服务产品创新、服务发布的自动化,并基于所在行业特点,建立服务度量框架;成熟度四级,企业需要基于模型实现客户需求预测、精准服务发布策略、实施服务仿真,以及服务价值与客户需求的一致性度量等;成熟度五级,企业基于价值模型和价值链定义，实现服务集成与融合，通过服务度量模型的动态优化，实现行业、领域服务模式的变革等。

在服务能力方面，企业需要重点关注服务能力管理、服务级别、服务容量和服务连续性等。成熟度一级，企业需要建立包含人员、流程、过程和资源等在内的能力管理框架，并记录相关活动的关键数据；成熟度二级，企业需要基于能力管理体系实现服务能力持续改进，并通过服务连续性和容量等管理，确保服务能力的高可用等；成熟度三级，企业需要通过信息系统管理能力各要素，通过数据集成的方式，实现服务能力的优化管理，并能够结合行业特点，建立服务能力标准或指标；成熟度四级，企业需要具备组织级、产品级和项目级服务能力模型，实现对服务能力的预测、仿真，以及服务级别预测性管理、服务容量的趋势预测等；成熟度五级，企业需要通过互联网数字平台，整合跨区域、跨行业服务资源，实现面向重点客户的一体化服务能力，并利用信息数字技术的综合应用，驱动服务级别管理的和服务生态融合的自优化与自组织。

在服务交付方面，企业需要重点关注交付管理、交付方式、交付内容和交付质量等。成熟度一级，企业需要具备服务交付规范和项目管理机制，并使用信息数字技术手段记录交付过程和质量结果等；成熟度二级，企业需要建立产品级服务交付规范，使用信息系统管理项目级服务交付和服务质量，并实现现场交付与远程交付的融合协同；成熟度三级，企业需要基于服务管理体系，实现研发、营销、交付的协同和管理优化，需要强化无形成果的有形化和数字化，并能够及时获取客户服务感知，及时发现服务质量问题和异常等；成熟度四级，企业需要通过数据模型，支撑服务管理人员的快速分析，以及服务的精细化、精准化，并建立服务客户忠诚度模型，实现客户感知质量和客户期望质量的预警与预测；成熟度五级，企业基于区块链等技术，确保在数据可信条件下，实现生态化服务的感知和动态优化等。

在服务运行方面，企业需要重点关注服务编排、服务集成、计划与调度和服务安全等。成熟度一级，企业需要建立服务安全管理相关规范，并充分识别服务过程中的安全风险等；成熟度二级，企业需要通过多元化服务解决方案，满足客户的需求，使用信息系统管理服务安全和服务风险，从而确保风险识别得到定期识别和高效控制；成熟度三级，企业需要结合服务产品化建设，实现面向客户场景需求服务组合的自动生成，通过数据和系统集成，确保服务各项管理之间的协同联动，并能够通过交付端的跟踪等，强化服务现场的安全；成熟度四级，企业需要基于数据模型，实现服务编排的自动化，从而快速响应客户需求，以及实现基于数据的风险源动态识别、评审和治理等；成熟度五级，企业需要通过多模型的应用，实现服务编排的自动化，通过一体化生态合作集成，实现服务融合创新和变革，并能够通过服务应急决策体系，实现服务应急事件的预测和处置辅助决策等，从而满足服务交付与服务安全的一体化。

21.4　转型的规划要点

当前，传统产业链在内部管理环境和外部市场环境均发生了深刻的变化，尤其进入产业互联网时代，客户行为与需求也正在发生变化，客户对个性化、一体化的产品和服务的高价值需求正逐步增加，挑战着我国企业的资源配置能力、战略布局能力和经营管控能力。我国企业的竞争模式从原本的传统价格竞争走向了更激烈的质量服务竞争以及运营方式和生产能力的竞争。传统产业如何升级技术供给，占领数字化转型新高地，为传统产业能力提升培育新供给、新动能，创造新需求、新模式、新业态，降低企业运营成本，打好供给侧结构性改革攻坚战，推动行业持续健康发展，关乎国家各领域产业发展的命运与未来。

纵观国内外各类企业数字化发展转型道路与经验教训，以及企业开展数字化转型工作的必然性和阶段性等，企业需要基于自身现状，充分导入引进、消化吸收各类研究成果，参考借鉴行业最佳实践和成功经验等，对企业数字化转型进行总体规划和设计，统筹部署各类数字化转型活动等，是企业有序高效、高质高速开展数字化转型建设的必由之路。

21.4.1　管控规划活动

数字化转型不仅仅涉及企业信息化能力建设和数据技术开发利用水平的提升，更是一项与业务转型紧密结合的综合性活动，需要企业综合运用多领域知识和技术的融合创新，充分识别数字化转型的现状、清晰定义数字转型蓝图、精准选择和编排数字化转型的场景、精细化定义数字化转型的活动、体系化确立数字化转型规划及推进的组织，并有机应用行政管理、培训体系和绩效考核等手段，确保数字化转型的有效性和高效性。这就需要企业从组织、宣教、目标、过程和成果等方面，对数字化转型规划活动实施有力的管控。

1. 组织

考虑到数字化转型的业务紧密关联性，企业实施数字化转型规划时，需要充分调动经营管理、生产、交付等业务相关负责人与骨干的充分参与，与实施规划的团队形成一体化组织团队，充分研讨业务演进的路径与步骤，以及新技术等带来的各类变革与创新。从组织形式上可以分成若干小组，并把这些小组构建成为业务维度、技术维度的矩阵模式，如业财一体化小组，业务条线为财务相关人员、某项管理相关人员等，技术条线为信息技术人员、数据开发人员等。在组织活动层，需要充分发挥相关队伍的创新能力，可以形成面向某一转型场景的"作战小队"，重点攻克。此外，在这项活动中，可以考虑充分引入外部团队或专家力量，从而获取更加丰富的专项经验或技巧，以及更加多元的实践场景案例，启发企业数字化转型的方案制定。

2. 宣教

数字化转型是企业的一项重要发展与改革活动，需要企业全员的参与，也需要全员能够充分认识到数字化转型的急迫性、紧迫性和必要性等。这就需要企业协助全员克服对变革的各种担忧，如技能无法匹配、岗位职责变动、组织体系调整等，还需要企业经营管理团队具备较好的领导力和应变能力等。这些都需要企业做好数字化转型的宣教工作，部署相关团队或职能，确保全员理解数字化转型的时代背景、转型价值、转型方法、转型控制原则，以及转型创新关键作用等。

企业在开展数字化转型宣教活动时，需要确保培训组织体系的有效性，有效融合人力资源部门和各业务部门的职能与职责，确保其目标和价值的一致性。在宣教内容方面，既要注重信息数字技术的教育培训、数字化转型深层次逻辑的宣传宣贯，也要重视全员的"软技能"建设，如发现问题与解决问题的方法等，还要注重结合企业实践的案例宣传和知识学习等，从而让宣教对象能够全面、系统地理解数字化转型，并能够有一定的场景感和现实感。

3. 目标

数字化转型是新时代企业持续坚持的一项战略性活动，企业需要按照内外部发展环境，设定合理的转型目标，并持续监测、跟踪和优化目标的达成情况。如何确立合理的数字化转型目标，是开展数字化转型规划的核心要点，目标设定既要有一定的前瞻性、具备有效的可落地性，还要能够就目标设定与达成要求，取得企业经营管理与技术骨干的一致性认识。

企业数字化转型目标一定要细化，避免以原则性替代时效性、以宏观概念替代条线定义；目标最好能够明确出量化要求，且合理分配对应的责任人，最好不要只定义到责任部门；目标的定义不应该只有业绩或经营指标，需要结合部门职能定位或组织设置，形成具备相互关联、相互映衬的指标体系；还需要做好目标的宣传与宣贯，充分吸收各类意见、建议，并融合到组织的培训体系与绩效考核体系当中。

在企业数字化转型规划活动中，针对企业相关目标的设定，需要充分考虑其阶段性和可持续性，并能够考虑到不同目标的生存周期，做到周期的有效融合与匹配。最好还能够基于局部目标达成风险，定义总体目标或目标调整与优化的策略与方法，从而确保企业发展过程的韧性，以及数字化转型的灵活性。

4. 过程

数字化转型规划有其特有的特征特点，涉及企业的方方面面，例如一项综合性比较强的规划，需要在进行相关规划时，特别强调沟通的有效性、系统性和全面性，这些就需要规划者能够从不同的角度，与相关人员进行有价值的交流，并且充分了解企业各方面的具体情况、生产与运行特点等。

数字化转型作为相对较新的事物，企业中较多的人员对其熟悉程度不高，且具备相关能力的人才较少，因此数字化规划过程往往需要伴随较多的宣教活动。与成熟领域的规划不同，数字化转型规划无论是局部还是整体，企业相关人员往往无法给出清晰的目标定义或价值确认，这就需要规划人员在进行规划交流时，能够基于企业发展需求，预设一个目标、路径和价值定位等，从而确保规划交流的有效性。

5. 成果

数字化转型规划成果可包括最终成果和过程成果，相对其他类型的规划活动，数字化转型规划不仅要关注最终成果的完整性和有效性等，也需要重视过程成果的整理、归纳和整合等，因为在数字化转型规划过程的研讨、分析、交流等活动中，蕴含了大量的转型细则内容，包括实施方法、节奏控制、创新内容等显性知识内容，以及文化导引、执行力部署等相关的隐性知识内容等。

另一方面，考虑到企业数字化转型的多元性和融合性等，需要企业在开展相关成果收敛或确认时，重视语言语境的一致性检查，避免不同视角的规划成果出现定位、目标、导向、价值等方面的差异等，如规划全面建设数据开发利用能力体系，但数字人才建设定位于骨干人员等。

21.4.2　定义数字化蓝图

当前我们已经发展到了以数字创新驱动的全面发展的新战略时期，促使企业从战略层次考虑数字化转型的总体发展战略架构，形成统一愿景，科学引领各职能、各业务板块的数字化发展规划与建设工作。另一方面，数字化转型对任何企业来说，都是一项极具挑战性的工作，当企业遭遇转型困境或创新疲倦时，良好的愿景蓝图能够发挥较好的引导和促进作用，从而给企业数字化转型提供驱动力。定义数字化蓝图，需要企业能够做到目标长远、战略高度、拥抱数字、顺势而为等。

1. 目标长远

考虑到企业数字化转型是一项长期且持续的过程，因此在定义企业数字化蓝图时，需要明确其中长期目标，即 10～15 年的目标。对于中长期目标的设定，可以使用较多的定性描述，如全面实现企业经营管理敏捷化，实现所有制造环节的生产自组织等。企业数字化转型的长期目标，作为企业数字化转型的长周期愿景，需要与企业的中长期发展目标匹配，两者相辅相成，既可以基于数字化转型长期目标确立企业发展目标，也可以基于企业长期发展目标，定义其数字化转型长期目标。这一点与数字化转型短期目标的定义模式有所区别，通常来说，数字化短期目标是基于企业近期发展目标的定义而确立的。

2. 战略高度

数字化转型区别于传统意义上的信息化建设，这是因为数据要素的引入，能够引发企业治理结构发展根本性变化，如无限可能的组织扁平化，无限量的团队设置（而不会因为团队数量增加，引发协同瓶颈），这与信息化带来的生产结构变化（主要是业务效率提升）有着本质性的差别。因此，企业数字化转型蓝图的定义，需要其最高决策组织作为核心主导者，从而确保其蓝图的定义能够成为企业战略的关键组成部分，满足企业所有部门和团队将其作为工作改进导引的关键价值，且覆盖企业的全部业务活动，包括组织体系、人员体系、经营体系、生产过程和服务过程等。

3. 拥抱数字

数据作为新的生产要素，是驱动企业开展数字化转型的主要动因，企业的数字化转型蓝图定义需要系统体现这一观念，覆盖发展理念调整、思想文化重塑、业务变革与创新、经营管理改革与优化、生产模式调整、服务效能提升等方面。在企业相关蓝图定义中，拥抱数字不仅仅作为一种理念体现出来，也需要能够结合企业发展的动态性，考虑落实的有效性，如短周期条件下的人才培育、中周期条件下的复合型人才梯队、长周期条件下的人员更迭等。

4. 顺势而为

数字新时代各类环境变化成为一种常态，并且随着各类组织敏捷能力的提升，各类变化的周期越来越短，因此，"顺势而为"不仅仅作为定义企业数字化转型蓝图的一个参考原则，也是蓝图本身的组成内容，也就是需要在蓝图中定义企业适应或引导内外部变化的能力，何时达到何种程度。

21.4.3　明确数字化发展需求

数据资产作为企业各项业务的核心生产要素，是支撑企业高质量发展不可或缺的新型能力要素。为推动数据资产与企业业务的深度融合，实现新旧动能转换与服务的高质量发展，需要精准识别企业数字化现状、全息企业数字能力的长短板、科学分析数字化转型的节奏控制等，从而实现数字化发展需求的精细化确立。

1. 开展诊断评估

虽然数字化转型是相对较新的事物，但国内外各种类型的组织做了大量的实践，获得了比较丰富的转型经验。另外，按照成熟度的模式，数字化转型对于企业来说并不遥远和陌生，正是大部分企业正在开展的既定工作之一。无论企业处在何种状态、何种数字能力水平，都可以作为企业数字化转型的起始点，但企业需要以数字化视角全面、系统、细致、精准地识别和认识自己。

开展诊断评估是实施各类规划的常用方法，即基于国内外标准、最佳实践、标杆示范、参考框架等，对企业的现状进行摸排和评估，从而找到需要改进、创新和突破的关键点。但考虑到数字化转型的长期持续性特点，企业相关工作需求和目标等往往需要处于已知的动态管控中（即具备明确的阶段性目标），因此，数字化转型的诊断评估不适合采用行业最领先或最高成熟度案例作为参考标准与依据，而是基于企业基本状态，按照成熟度分领域、分等级的方法，进行逐级诊断评估。

针对企业数字化转型规划的诊断评估，通常经历的步骤包括：①基于企业业务特征、行业特点和职能设施等，分析并确立企业所需的能力域、能力子域，乃至能力分项。②定义各能力领域的成熟度标尺，可参考相关的标准，如数字化转型成熟度、智能制造成熟度、IT运维成熟度、软件开发过程管理成熟度等。如果没有相关的标准可借鉴，需要结合领域特点和企业情况，自行定义成熟度标尺。③结合企业的发展导向、行业特点和标准与实践等，明确各能力领域的权重体系，以便能够计算出企业整体的数字化转型水平。④编制诊断评估的调研表单、调研问题、调研计划等，根据计划实施调研活动，并对企业各能力域进行量化评价。⑤针对重点领域，召开研讨活动，一方面精准把握现状，另一方面借此开展数字化相关知识、技能和经验的宣教工作。⑥对企业各领域能力成熟度进行分析，在明确长短板的基础上，洞察形成这种能力分布的深层次原因，如某项短板的系统部署不足，或者某几项短板都关联企业的知识体系建设等。⑦逐项分析企业所处整体等级和高一等级不满足成熟度标尺细化要求的情况和程度，要具体到标尺条款，并分析相关不满足情况的关联性等。

2. 识别能力需求

基于诊断评估的分析结果和企业当前所处的数字化转型整体成熟度等级，设定企业短期、中期和长期需要达到成熟度等级或成熟度标尺（针对成熟度较高的企业）的满足需求，并根据短期设定的满足需求，逐项分析企业存在的不足和需要提升的空间。针对每项不足和提升空间，分布从人员、技术、资源、过程、数据等能力要素维度，提出具体的能力需求和解决办法，然后以能力要素为主线，合并所有的能力需求和解决办法，并整合成为该能力要素总体能力需求和解决方案等。

基于企业当前的组织架构与职能设置（或者进一步组织架构和职责调整的假设），拆分能力要素对应的能力建设与部署、优化与提升的需求，并分析研究对应解决方法的适用性和可行性等。针对不具备实施性或可行性较弱的解决方案，进一步分析如何通过企业整体环境变化来实现优化的需求，如组织文化、决策体系、管理模式等。如果通过企业整体环境变化，仍然无法满足解决方案落实的有效性，可进一步分析借助企业外部资源，实现相关能力建设的需求。最后形成包含企业局部、整体和外部资源的数字化转型初步能力需求。

在初步能力需求的基础上，结合企业中期、长期数字化成熟度等级或标尺，进一步分析相关需求满足后，对企业数字化转型蓝图的支撑情况，必要时，可以进一步优化或定义需求的阶段和层次，从而形成满足企业短期、中期和长期数字化转型成熟度需要的最终能力需求。

3. 常见能力关注要点

在企业数字化转型中，从外部来看，企业运营管控能力面临的挑战可以分成企业外部环境挑战和企业内部管理挑战两方面。

从外部环境来看，"一带一路"倡议下，企业要走出国门，参与国际市场竞争。中国企业的国际化进程使得融入全球价值网络、拓展国际新空间成为一个新的挑战。企业不得不直面两大挑战：一是如何适应现阶段"全球化"与"逆全球化"的并存环境，在全球数字化发展浪潮下，建立怎样的数字化能力，去适应和推动企业产业链战略布局；二是如何内部提升企业管控效能，通过数字化手段管控内部风险，如因机制、体制问题造成的合规经营、投资决策不规范，又如因管理层级多、管控不到位导致的经营风险、效率低下等。

横向看，我国企业数字化转型立足企业转型愿景，立足战略管控机制下的企业可持续高效运营，主要关注各板块业务组合的协调发展、投资业务的战略优化和协调，以及战略协同效应的培育，从而塑造企业能力框架，通过数字化方法支撑赋能企业能力实现的过程；纵向看，集团企业数字化发展涉及集团总部、各产业公司、基础单位等层次，集团总部通过对各成员企业的战略施加影响而达到管控目的，主要管控手段为财务控制、战略规划与控制、人力资源控制以及部分重点业务的管理，是介于集权与分权之间的一种管控模式。多元化企业运营管控解决方案通过构建企业统一数据标准、制定数据采集流程和制度，打破集团总部与各产业公司和基础单位的信息屏障，实现系统互联互通和信息共享。围绕着科研、制造、物流分销、国际经营、金融投资等业务板块，在战略管控、运营绩效、运营风险、运营监控、运营资源等领域构建企业数字化业务一致性运营管控能力体系，确保企业按照战略目标保持可持续运营和发展。

21.4.4　制定解决方案与路径计划

企业数字化转型需求的满足，需要体系化的解决方案，这就需要对能力需求分析过程中定义的解决方案进行体系化整合，并给出合理的建设路径和清晰的建设计划。

1. 平台化发展

平台化发展是企业数字化转型的重要特征之一，对企业数字化转型解决方案的体系化整合，需要充分满足这一特点。

从数字化赋能角度，通过数字化建设可以有力推动业务协同与资产管控能力提升等，借力数字化进一步实现企业平台化。发挥数字化生态系统的颠覆力量，制定数字化战略，塑造企业未来的新角色，开拓新的路径。

从数字化建设角度，构建强大的数据平台生态系统，依托由利益相关方组成的平台生态系统，创造与释放企业大数据价值，推进数字化转型，赋能各板块。进一步利用云计算、大数据、物联网等技术，从客户体验数字化、运营数字化、业务模式数字化三方面推进数字化转型，建立企业大数据中心，实现智能决策、预测性分析等。具体围绕数字化架构设计，坚持以业务为导向、以架构为指引的数字化发展规划工作模式。统筹分析企业数字化发展必须具备的核心业务能力相关范围，对各能力领域拉动业务主责按照职能分工协同规划设计，形成各业务能力主线的数字化发展解决方案。

2. 路径与计划

企业围绕其数字化愿景蓝图，必须开展数字化实施方案设计。从数字化目标出发，开展必要的投资分析，坚持先易后难、滚动增效，坚持自下而上创新，坚持自上而下变革；从能力基础出发，开展必要的阶段规划和路径设计，从推行难度与先后依赖性出发设计实施顺序。

企业数字化能力的提升，需要一步一步实施和开展，也就是沿着能力成熟度等级的设定，逐级提升，没有捷径和跳跃成熟度的可行性。这些需要在进行企业数字化转型路径设定时，有效平衡短期投入与中长期需求，还要尽量管控各能力领域之间的关联性和差异情况，基于投入内容的生存周期，确立其实施路径分布。在制订转型计划时，尽可能明确细则，清晰定义任务内容、目标定义、时间设定、责任人主体、完成条件与标准、参与人员与团队等。在责任主体定义时，尽可能不要使用团队责任主体模式，而是明确责任到人或职能角色，确保相关内容得到关注，从而保障其得到有效实施。

21.4.5　确保保障措施有效性

企业数字化转型是一个复杂的系统工程，需要从组织管理、流程制定、业务模式、IT架构，甚至企业文化等方面入手，促进企业全方位管理优化、业务流程优化，甚至商业运作模式的重构，行之有效的保障措施才能确保企业数字化转型的有序开展。

1. 重视文化

数字化转型本质上是企业各项能力在数字环境下的解构与重组，需要企业持续升级发展理念、战略思维、业务模式、管理模式、技术体系、组织文化和核心能力。数据要素的导入，往往需要对企业文化进行重塑，数字文化需要成为企业重要的组织文化内容，同时，变革的普遍性、变化的敏捷性、创新的价值性等也会对传统企业文化带来冲击。这就需要企业实施文化重塑，形成满足时代特征的新型文化，并持续宣传、宣贯和打造，改变全员的数字思维和意识等，才能保障其数字化转型的有效落地。

2. 措施量化

保障措施是企业数字化转型解决方案的重要组成部分，也需要体现数据要素的价值应用。与常见规划中，保障措施通常以定性或原则性描述不同，数字化转型的保障措施要尽可能地使用量化语言进行表达，并将量化内容与企业绩效考核等进行一体化融合。其中一个重要的原因是数字化转型较多的内容涉及企业职能管理部门，量化措施的缺乏容易引起相关部门的"惰性"和影响改革积极性，让其处于"旁观"状态。

3. 动态监测

从复杂工程原理来看，有效的监控才能合理地控制，从而实现有序的建设。数字化转型作为企业战略层面的发展改革，其系统性要求非常高，因此对保障措施的动态监测至关重要，因为保障措施往往是"牵一发而动全身"的基础内容，是决定企业数字化转型成功与否的关键所在。

对保障措施的动态监测，可分为直接数据和间接数据，直接数据主要针对企业经营管理责任主体和职能工作责任主体，间接数据（多元直接数据加工后的数据）主要应用于态势感知分析、宏观决策辅助等方面，两种类型数据的融合应用，方能跟踪、测量、优化、决策企业的保障措施。

21.4.6　规划建设数字人才

数字新时代从根本上改变了商业世界的竞争方式，也从根本上改变了企业的商业逻辑。在全社会数字化转型的大背景下，企业数字化转型成为必选题。要想在数字时代赢得先机，数字人才培养是重中之重。因此企业应该将数字人才培养作为一项长期的系统工程，在数字化转型和人才培养方面持续发力，打造数字人才高地，推动企业可持续的数字化转型，确保数字化转型成功落地。

1. 数字人才体系

企业持续推动数字化转型所需的人才涉及面广、复合性强。相对传统人才建设来说，数字人才培育难度也比较大，需要能够搭建并持续优化其数字人才体系，可采用分类、分级、分阶段的长效机制，通过有的放矢、循序渐进的方式，才能确保其数字人才培育的有效性和价值性等。

从分类视角来看，企业的数字人才可以分为数字化领导者、数字应用人才和数字技术人才。数字化领导者主要指引领企业开展数字化转型的决策者，如首席执行官、首席数据官、首席信息官等，这些人才需要具备数字化变革思维和数字领导力等；数字应用人才是指推动数字技术与企业业务深度融合与创新的管理者或业务骨干，如战略、营销、财务、人力资源等业务核心人员，这些人才需要具备应用数字技术驱动业务创新的能力，需要掌握不同场景条件下，数字技术开发应用的方式方法等；数字技术人才是指信息数字技术领域的专业技术人员，如软硬件工程师、数据分析工程师等，这些人员需要具备大数据、大模型、大平台、物联网等专业技术的研发、部署与运维的相关能力。

从分级角度来看，企业需要打造符合其特征特点的数字人才梯队，包括若干数字能力层次，如初级、中级、骨干和专家等。这就需要企业制定出一系列的数字人才标准，从"数据价值观、数字知识、数字素养、数字技能、数字绩效"等维度，构建人员数字能力模型，并结合基本要求、执行能力、行为规范和价值创造等方面内容，对人员相关能力等级进行综合评价和认定。

从阶段角度来看，企业首选需要对自身的数字人才情况进行盘点，并结合数字化转型蓝图、战略与计划等，明确不同周期范围的数字人才需求。其次，企业需要大范围地开展数字通知教育，打造数字文化基础语言语境。再次，企业针对数字化领导者、数字应用人才和数字技术人才的建设目标，制定差异化、个性化的培育方案，包括知识培训、场景实训和模拟演训等方式。最后，内部研讨、思想碰撞和宣传宣贯等，形成具备企业特色的数字化文化环境。

2. 数字人才建设关键控制点

企业数字人才建设是一项系统化工程，在相关建设过程中，企业需要重点关注部门壁垒、个性化需求、持续推进等方面的关键控制。

1）打破部门壁垒进行数字人才培养

企业的数字化转型不单纯是技术转型，更多的是整个业务模式的转型。数字应用人才需要了解足够的数字化专业知识才能实现业务的数字化转型，数字技术人才也不可能脱离业务场景去搭建一个数字化空中楼阁。为了更好地培养数字化复合型人才，企业应该打破部门壁垒，在数字化转型过程中，尤其是在打造数字化平台的过程中，将业务部门和技术部门绑定，共同参与实践项目，促进业务部门和技术部门之间的交流和互动，共享优质资源，激发业务创新动力，确保数字化转型紧贴业务场景。

2）满足数字人才个性化需求

企业的数字人才所熟悉的业务场景不同，所掌握的专业知识不同，所处的层次不同，就会有不同的学习需求。企业在执行数字人才培养时，应该提前了解学员的个性化需求，分门别类地进行个性化培养。有条件的企业可以搭建数字化在线学习平台，针对不同数字化人才的特点和需求，分层分级为人才挑选学习模块，满足人才的个性化需求，提高人才培养的针对性和效率。

3）持续推进数字人才培养

企业数字化转型是一个全方位的转型，也是一个比较漫长的转型。在数字人才培养方面，应该与企业数字化转型的节奏保持一致，从易到难，从思维转型到业务转型，逐步递进式培养，在培养过程中时刻以企业战略和业务发展需要为目标和出发点，在业务场景中、实战项目中培养数字人才，时刻总结经验，调整培养目标和进度，循序渐进，螺旋式上升，逐步实现全面数字化转型，以确保数字人才队伍能够满足企业数字化转型的需要。

21.5　转型系统架构规划设计

企业数字化转型离不开信息系统的能力支撑，这就需要持续从业务、数据、应用和技术等方面，持续迭代相关架构，从而驱动企业由点到面、由局部到全局，分阶段展开数字化转型。

21.5.1　业务架构

数字化转型往往伴随企业业务架构的深层次变革，这就需要企业明确数字环境下，企业新型业务架构的模式定义、主线原则等，从而形成企业数字化转型条件下的统一业务架构规划，并明确数字化建设各职能之间的边界与协同，促进数字化能力建设的权责关系清晰划分。

1. 业务范围和运营模式分析

开展相关分析活动，需要综合企业当前业务领域的基本业务范围和业务运营状态，识别当前组织单元结构、核心业务布局、市场定位和业务运营规则，还原当前组织的核心业务运营价值链，具体可分为能力主线业务架构、全域业务架构、企业级价值链三个层级，如图 21-2 所示。

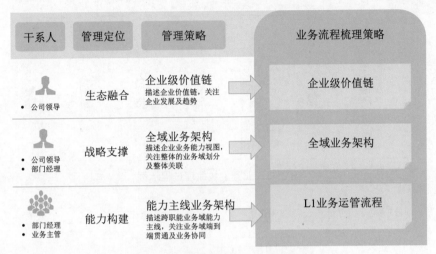

图 21-2　数字化转型业务分析框架图

- 企业级价值链。从企业领导视角构建企业生态融合发展的价值链。
- 全域业务架构。从企业领导及部门经理视角，实现企业业务能力的构建，实现生态融合的战略支撑。
- 能力主线业务架构。从各业务板块视角，构建各业务能力主线，注重业务协同。

2. 主线识别与业务流程架构梳理

甄选核心业务，进行业务主线框架梳理与端到端业务运营流程框架分析，并基于业务运营的基本支撑要素，进行适当的业务流程优化和数据流分析。业务主线梳理过程示例如图 21-3 所示。

3. 业务能力组件识别与架构构建

基于主线业务的端到端业务运营流程结构分析成果，提炼各主线的业务能力组件，结合当前组织结构、治理机制、监管要求内外部依赖关系，进行业务架构的抽象与设计。业务框架视图示例如图 21-4 所示，横向围绕企业核心业务流程，贯穿企业总部、区域、项目公司三级纵向业务流程，识别核心业务能力组件。

可基于管理和创新需求，以及数据系统的上层逻辑呈现需求，设计不同的业务架构视图模式。例如，将业务与业务主线、业务与管理主线的关系进行呈现，也是企业架构视图裁剪的原则之一。

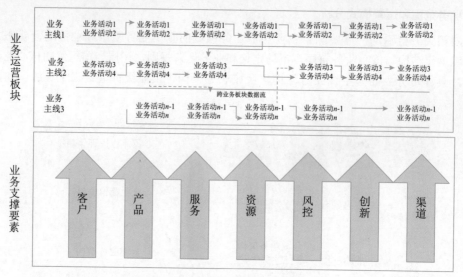

图 21-3　业务主线梳理过程示例

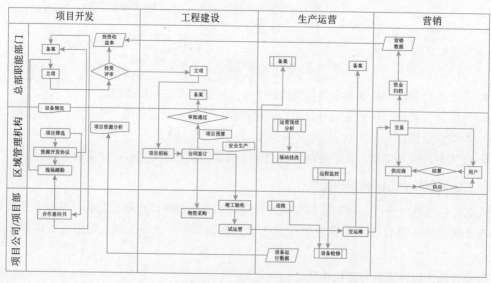

图 21-4　业务框架视图示例

21.5.2　数据架构

数据治理体系打造是企业数字化转型的重点工作，企业基于业务架构和主线业务流程梳理结果，识别主要的业务对象和数据资产，确立核心数据资产的生产和消费关系，并进一步构建核心数据资产运行和服务架构。企业可以结合国内外数据治理与管理的标准和最佳实践等，指导数据资产的建设，推动面向业务运营的数据资产融合，形成统一的数据架构视图定义，包括数据主题视图、数据资产服务视图、数据分布流转视图等。

1. 梳理与确定数据主题目录

在开展相关工作时，一方面围绕核心业务主线，确立主要数据主题需求，必要时进一步开展主责业务部门的数据运营报告和数据洞察需求调研；另一方面基于企业的数字化战略，开展重点数字化转型业务域的数字化绩效分析；再基于数据运营模型框架，开展数据运营主题的梳理与确定。

数据主题框架示例如图 21-5 所示，将企业数据主题目录分为战略管控层，人力、财务、物流等保障层，以及生产、设备、质量等业务运营层。

战略	人力		财务	物流	生产	设备	质量	
组织情境	人力资源规划	能力素质	总账	原料物资管理	生产策划	情报	目标及计划	产品检测
职能反思	组织/部门	职业发展	预算	辅料物资管理	生产计划	购置与改造	标准与规范	过程监控
目标计划	岗位	业务外包	投资	糖香料物资管理	生产准备	资产	技术情报	工艺事件
绩效	员工	招聘/调配	税务	成品物资管理	生产执行	运维	质量风险	质量评价
	培训	干部选拔聘任	审核	物流设备保障		状态监控	产品试验	分析改进
	绩效	考勤	成本			备件		
	薪酬	知识管理	稽核			计量		
	员工关系					特种设备		

图 21-5　数据主题框架示例

2. 梳理与确定数据资产目录

在开展相关工作时，一方面基于主线业务流程，开展业务过程数据资产的识别；另一方面基于业务数据模型，开展业务数据对象的识别；最终综合归纳和抽取与业务架构相匹配的业务数据资产清单。基于端到端的业务主线，梳理业务活动输入输出所匹配的业务对象。如图 21-6 所示，某企业业务活动阶段分为市场开发阶段、投标报价阶段、启动规划阶段、项目实施阶段、项目收尾阶段，识别各业务活动产生的业务信息 / 数据，并基于主数据、维度数据、指标数据开展数据资产梳理。

如图 21-7 所示，根据基于业务主线流程梳理数据资产的结果，按照战略管理、业务核心活动（包括服务定义、供应、销售、交付和客户经营）以及管理保障层面（包括服务资源管理、财务管理和 IT 服务管理）对数据架构进行分层分级归纳。

3. 梳理与确定数据分布流转

将数据资产的生产和消费关系、数据资产的关联关系、数据资产的生命周期管理支撑架构进行相应的还原优化。图21-8所示为某电网企业的数据分布流转图，描述企业人力资源、账务资产、设备管理、设计、采办、施工、市场开发、合同法务、项目管理、经营计划和QHSE（质量、健康、安全、环境）管理等信息沿不同域的消费流转过程。

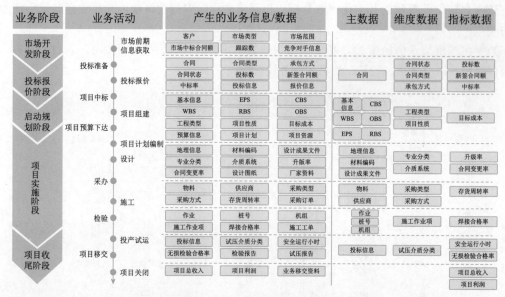

图21-6　基于业务主线流程梳理数据资产清单示例

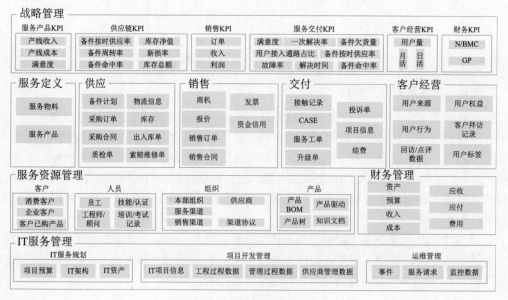

图21-7　数据架构示例

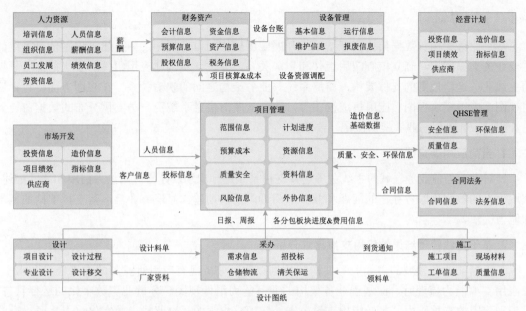

图 21-8　数据分布流转图示例

4. 数据资产价值链运营设计

围绕数据资产价值链全生命周期运营设计，需要适应企业的数据资产生产、采集、聚合、存储、分析、加工、服务与应用的周期机制，以及梳理企业需要开展的数据治理保障工作框架。图 21-9 所示为数据从数据源层到数据中台加工处理、数据前台业务利用的过程，即数据聚、存、管、出、用的全过程的数据价值链生命周期运营过程。

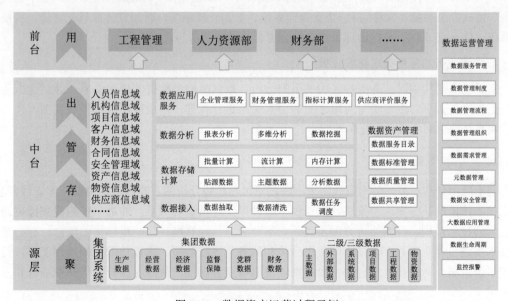

图 21-9　数据资产运营过程示例

21.5.3　应用架构

基于业务架构和数据架构梳理结果，开展应用架构的设计规划，需要通过识别信息系统的主要业务支撑需求，确立核心应用组件和集成关系，并进一步构建应用组件对于当前业务领域的主线业务运营规则的支撑架构，厘清系统与业务架构之间的映射关系。在视图方面，包括应用视图、应用模块视图、应用集成视图等，达到从厘清信息系统资产与支撑分布式数据流转到设计规划，并确保与业务架构保持一致性。

1. 当前应用架构调研

针对企业当前业务领域的主线业务运营支撑系统进行识别，建立应用组件清单和属性描述。获取现有的数字化服务存在的问题和业务部门诉求，以期建立对现有业务运营支撑架构的范围和能力认知。

2. 基于主线梳理结果的应用支撑需求分析

基于当前业务领域的主线业务架构和数据架构，分析现有应用对业务的支撑能力和水平，在应用支撑能力梳理时，应基于业务架构的业务能力组件视图，分析业务数字化的运行状态，以识别应用的支撑能力，包括应用支撑范围、应用支撑强弱，以此找出数字化重点需要提升的内容。

3. 主线业务的应用支撑组件识别

根据当前企业业务主线运营的应用支撑需求，进一步开展应用组件识别。在应用视图的基础上，进一步对应用进行功能细化，形成应用模块，作为后续应用系统详细功能设计的重要参考。评估现有的应用组件选取、整合和淘汰策略。图 21-10 所示为应用组件视图示例，将管理支撑类应用分为一体化集中智控系统、电子商务平台（物资采购）、采购管理系统、电子招投标平台、协同办公系统（含移动）、档案管理系统、知识管理系统、新闻宣传信息化管理、科技管理系统、IT 治理系统、数据治理系统、综合管理系统和法务等。

4. 主线业务的应用集成需求分析

基于业务架构中对业务组件之间关系的分析、数据架构中数据的传递关系，并结合上述应用的组件功能划分，进一步对应用之间的交互关系进行梳理，形成应用组件集成视图，作为后续应用系统选取和集成的重要参考。

21.5.4　技术架构

基于应用架构和数据架构梳理结果，通过研讨与趋势分析的方式，识别主要技术支撑需求，确立核心技术解决方案选型策略，识别技术组件以及逻辑运行关系，并进一步构建支撑主线业务运营的技术架构。技术架构方面，我国大部分企业已经有模块化、组件化的概念，有必要通过技术规划引领企业数字化技术朝着平台化和服务化进行转型。通过技术架构规划工作，统一技术平台范畴，明确技术平台的主要类别以及典型服务组件，从而支撑数字化开发项目和系统采用。

图 21-10　应用组件视图示例

1. 当前技术支撑能力调研

从数据流贯通与运营技术需求分析、统一平台架构设计研讨、全局数据架构设计研讨、分布式微服务架构设计研讨、统一数据中心云架构设计研讨、全局区块链架构设计研讨、各产业互联网技术架构设计研讨等公共技术框架方面需要进行梳理定义。

2. 开展技术架构优化设计

结合企业现有技术框架，面向典型业务场景的服务支撑能力需求，分析现有技术框架升级优化需求，开展技术架构视图设计，展现企业全局的公共技术能力，统一设计技术架构层次。如图 21-11 所示是基于 IaaS（基础即服务）、DaaS（数据即服务）、PaaS（平台即服务）以及前台门户层，同时体现统一研发、统一运营的全局性业务管控的技术架构框架。

注意：可结合业务主线的分类和运营特征，开展业务专项的技术架构方案选型，也可以基于技术专项领域（数据运营架构、网络架构、技术平台架构、物理环境等）开展更具体的技术架构设计。

21.6　转型的实践案例

某国有集团企业成立于 20 世纪 50 年代，具备石油和化工、农业现代化服务、城市开发、非银行金融等多元化业务。该集团旗下的销售公司，经过多年的建设，成为了我国主要的油品销售力量之一，业务覆盖 20 多个省（直辖市、自治区），拥有 20 多家区域销售公司，建设和运行加油站近 2000 座，配套分销油库 50 余座，正以灵活多样的营销方式为消费者提供清洁、高品质的燃油，以及满足差异化需求的增值服务。该销售公司于 2018 年率先进行了数字化转型实践并取得了积极成效，具备企业开展数字化转型案例的典型性。

图 21-11   总体技术架构视图示例

21.6.1　转型概览

自 2018 年某国有集团提出"科学至上"发展理念以来，该集团销售公司将自己的企业愿景设置为"建设成为创新驱动的国内一流油品综合服务商"，积极推进数字化转型，制定了数字化转型创新的一揽子支持政策，营造良好的数字化转型文化氛围，创新商业模式，促进业务转型升级。经过研究数字化环境下的业务协同、融合和提升方向，该销售公司绘制了数字化业务场景的全景图和数字化蓝图，确定了"自营＋平台＋服务"战略，具体以建设承载公司核心业务的数字化平台（管服平台和贸易平台）为抓手，提高开放、融合的数字技术服务能力，全面提升战略运营管控效能，加速公司数字化转型进程。陆续建设了油品采购平台、海运物流服务采购平台、终端客户销售平台、零售客户销售平台、贸易客户销售平台等，不断推进经营数字化和决策智能化，重构业务流与上下游关系，打造经营生态，并在初步建立起数字生态的基础上，为巩固并不断提升数字化转型的效果，进一步促进生产运营效率和客户体验，该集团自上而下地成立了"数字化转型"部门及"线上 XX"工作领导小组。转型历程概览如图 21-12 所示。

图 21-12   某企业数字化转型历程概览

21.6.2 驱动因素

与绝大多数企业一样，该企业也处于复杂多变的环境中，企业变革既有来自外部的被动压力，也有源自企业内部的主动破壳动力，内外部因素可以共同落脚在企业面临的不确定性上，不确定性驱动了企业的数字化转型的强烈意愿。该企业上级集团处于产业链的顶端，有凭借其规模、资金和技术等优势，加强产业链上合作伙伴协同创新，促进产业链价值跃升的义务，也有通过数字化转型整合企业内部、产业上下游及周边业务，构建产业生态，形成高效信息共享机制，从而推动数据赋能全产业链，提升产业链信息处理能力，应对业务开展的不确定性的内在诉求。因此，不确定性驱动了企业数字化转型，其面临的不确定性包括三方面，即外部环境、任务和任务依赖，如图 21-13 所示。

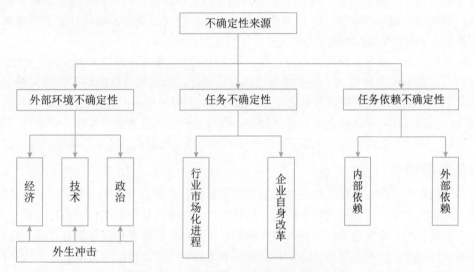

图 21-13 某企业数字化转型驱动因素分析

1. 外部环境不确定性

企业面临的宏观环境不确定性主要体现在经济走势、技术发展、政策环境和外生冲击 4 个方面。

（1）经济形势变化对企业经营造成不确定性。首先，经济形势影响商贸交流、外汇收入、就业指数和商业消费，这 4 个方面对置身其中的个人和企业都存在直接的影响。其次，国内外经济政策从宏观和产业层面影响企业经营。近两年，国家对企业数字化转型发起了持续全面的号召和推动，此类政策对企业的发展起着十分重要的指引作用。对该企业而言，除了国家层面对企业制定的相关政策外，与成品油经营相关的政策，如成品油经营市场化进程的推进、国有企业重组计划、成品油税收变化、"双碳"目标和环保要求等都会对企业的经营造成重大影响。国内外经济走势和经济政策的不确定性，对企业信息及时捕获、大数据处理、智慧决策、信息高效传递等能力提出了更高要求。

（2）信息技术的进步推动社会快速发展，为企业发展带来发展机遇的同时，也催生了企业经营的不确定性。信息技术迅猛发展，深刻改变了人民群众的生产生活方式。对置身其中的企业而言，一方面，消费需求决定市场发展，新技术环境下，客户的需求不断个性化、智能化，企业的经营需要符合并不断提升客户的消费体验，将零散的客户数据体系化、数据源精准化、服务个性化；另一方面，在信息技术大发展的背景下，如何抓住机遇，提高企业的效率，推动企业以及产业整体的发展，是企业必须回答的问题。新技术不断涌现，采用何种信息技术，使用新技术旨在发挥什么样的作用，预计达到什么样的效果，选择新技术后对业务的改变，客户在新技术环境下的偏好，新技术向竞争对手扩散的影响，都增加了企业经营发展的不确定性。

（3）国有企业代表国家意志，坚决维护国家立场。与其他性质的企业相比，国有企业更容易受到政策环境的影响。国际地缘政治对国际原油价格有显著影响，而国内成品油市场价格又对国际原油价格有直接的跟随。国际关系的不稳定因素将改变供需结构，快速影响原油价格，从而联动影响国内成品油价格。政治事件存在随机性，但其对企业的影响却十分快速和巨大，政治因素加大了企业经营的不确定性。

（4）外生冲击造成企业经营的不确定性。外生冲击往往带有随机性和突发性，外生冲击对该企业造成的影响快速且剧烈。外生冲击造成市场变化，如需求急剧萎缩、供应突然中断等，直接影响企业的经营计划。对国有企业而言，面对突发的外生冲击，需要更多地承担社会责任，迅速响应，高效调度，保证社会经济秩序稳定。通过建立数字化运营全景图，企业可以形成敏捷反应机制，畅通信息通报渠道，提高决策效率和准确性，增强"产用需"调度能力。

2. 任务不确定性

任务不确定性是指完成任务所需的信息量与实际拥有的信息量之间的差异，即信息量的欠缺部分，更进一步体现在任务变化性和可分析性方面。任务变化性是指任务执行过程中遇到的用历史工作程序和方法无法处理的例外事件数量；任务可分析性是指任务执行过程中是否有可以参照解决问题的方法和清晰的执行步骤。该企业的任务不确定性，一方面存在于成品油行业市场化改革的不确定性中，另一方面存在于自身业务转型的不确定性中。

（1）成品油行业市场化改革。近年来，我国成品油行业市场化进程不断加速，旨在最大限度地发挥市场化原则，推动成品油逐步迈向高质量持续发展阶段。从国家下放原油进口配额开始，其间历经了成品油定价机制改革、成品油批发仓储，以及零售经营审批权下放，再到税收制度规范及政策的收紧等变革，成品油市场运行各主要环节都加入改革要素，石油行业整体处于市场化程度不断深化的变革当中。成品油市场化是必然的方向，但市场化的过程是不断探索的过程，于产业链上的企业而言，则是充满了不确定性。

（2）企业自身业务转型。长远来看，如今的能源公司将成为"类似于服务提供商和日益增长的分布式电网的守护者角色，而不是今天的集中式电力生产者们"。重资产投资的红利已经逐渐减弱，各类经营者将发展目标转向轻资产模式，同时数字连接和平台模式正在改变世界，以平台为核心的平台商业生态系统逐渐成为经济发展的重要支撑。将平台化运营的思维与传统的能源产业相结合，可改变原有线性价值链模式，通过"平台"提供"服务"，实现复杂的平台价值矩阵。因此该企业自2019年确定开展平台化转型，确定了在保留传统业务开展模式的基础上，依托平台进行管理服务输出的轻资产发展模式，其在转型的实践过程中存在大量不确定性。

3. 任务依赖不确定性

任务依赖（Task interdependence）是指某一组织单元为了完成自己的任务，而必须与其他组织单元交换信息和资源的程度。企业数字化转型涉及与内部和外部的组织协作，任务内部依赖即组织内部协作的不确定性，一方面，来源于组织内部人员的变动，人员之间工作水平的差异；另一方面，来源于组织发展战略的变化。组织内部员工对企业管理工具的理解程度不同，自身能力的差异、态度的差异导致工作完成度不一，造成内部协作的不确定性；人员调整给工作交接带来困难也会造成内部协作的不确定性。组织发展战略调整使得组织内部协作机制改变。

以该企业为例，面对内外部环境的深刻变化和发展中遇到的瓶颈问题，集团于 2016 年末实施了组织架构和管控模式的重塑优化，本着"小总部、大业务"的原则，明确战略管控型总部定位，精简总部部门设置并成立五大事业部，不断加大授权放权力度，让业务团队做决策，更快更好地响应市场和客户需求。2018 年，集团提出了"科学至上"的发展理念，要求企业秉持"科学至上"的价值理念，瞄准世界一流企业先进管理理念和方法的方向，探索适合自身的最佳发展方式和路径；2021 年 3 月，该集团经历了联合重组，新公司需要更好地整合资源，发挥协同效应，做好管理提升。类似的内部发起或外界触发的变革要求，对企业内部协作进行大幅调整甚至颠覆，也有因变革扩张了企业的业务范围、业务规模，甚至颠覆了已有的业务机制，从而触发企业内部协作机制的调整。企业内部机制调整造成了任务内部依赖的不确定性。

外部依赖的不确定性主要来源于两方面：一是合作伙伴业务本身存在的不确定性，二是与合作伙伴数字化水平和信息共享机制的差异。任务的开展需要与多种外部机构进行协作。对该企业来说，成品油经营业务开展是否顺利，与油品供应商资源供应的及时性、稳定性，海运物流服务的时效性，油品化验、计量的准确性以及仓储损耗和码头作业调运的合理性有直接关系。而合作伙伴的业务本身存在不确定性，例如海船运输市场尚未完全规范，市场资源不透明，市场化竞争不充分，同时期、同船型、同航线的报价可能存在较大差异，导致不确定性；在油品化验环节，不同供应商检测的结果可能存在差异触发不确定性；仓储公司码头调度当前仍为线下模式，泊位调度标准不明确，人为因素较多，导致船舶装卸货计划的不确定性。同时，信息技术不断发展，合作伙伴数字化水平不一，如一方数字化水平较高，另一方数字化水平无法匹配，或者数字化水平相当，但采用的技术差异，导致集成困难，从而出现协作和信息共享机制的不确定性。

21.6.3　策略机制

该企业数字化转型的主要机制包括：①推动企业与业务关联主体建立横向关系，加强组织合作，各主体之间通过协同内外部资源，从传统行业上下游合作向跨领域、跨行业的协作生态转变，形成生态共同价值；②投资垂直数字化平台系统，建立具有横向合作关系的数字化平台，实现在线联系、协作、控制的机制；③横向关系与垂直数字化平台两个维度不断迭代，保持信息处理需求与能力的动态匹配，实现企业持续的数字化转型。

1. 建立横向关系

对于该企业而言，在数字化转型中横向关系的建立，首先是与国家各相关行政条线建立密切联系，确保企业发展方向与国家政策引领的方向保持一致，发展速度与国家经济发展节奏保持一致；其次，该公司作为信息密集型供应链企业，需要在组织边界内外与不同的利益相关群体进行协调和信息交流。与合作伙伴的亲密关系可以提高流程效率，稳定供应，从而降低成本。这种成本的降低和效率的提高反过来会反映在油品质量和有竞争力的价格上，最终有利于公司的财务绩效。

该企业在数字化转型过程中首先争得了政府的支持。2017年12月，习近平总书记在中央政治局第二次集体学习时重要讲话中提到"大数据发展日新月异，我们应该审时度势、精心谋划、超前布局、力争主动"。对此，集团在2018年年初提出了"科学至上"的发展理念。该企业在集团的统一号召下确立了加强数字化技术应用、科学发展的理念。在后续的"促进数字经济和实体经济融合发展""关于加快推进国有企业数字化转型工作的通知"等一系列数字化转型的政策号召下，主动承担数字化转型的试点责任，在数字化发展的过程中，与政府部门密切配合，对于转型中出现的困难寻求政府政策、资源的帮助，保证转型效果。

该企业在数字化转型过程中加强与重要外部供应商的合作，实现逐步整合。企业在业务不断发展的过程中，从供应商评价体系出发，经过不断筛选，与部分外部优质供应商形成了战略合作关系。其供应商由油品供应商和服务供应商组成，油品供应商为其主业，服务供应商有物流服务、仓储服务、油品质量检验服务、市场资讯服务供应商等。在油品方面，随着规模的连年扩大，除了承接集团自有炼厂资源外，还需对外采购符合国家标准的成品油资源。对外，该企业筛选两家东北地方炼厂开展合作，每月进行固定数量的采购，参考当期市场价格，对下月价格进行预判，提前达成双方认可的交易价格，开展资源的均匀供应；对内与集团自有炼厂制订内部供应计划，提前半月确认下月资源供应数量、价格及供应时间，达成常规采购机制，降低资源供应的不确定性。通过以上方式，企业固定了每月销量约60%的资源，有效地降低了资源供应端的不确定性。对于因市场波动导致约定价格偏离实际市场行情的情况，双方通过友好协商对实际结算价格进行一定调整，降低违约风险。在服务方面，以物流服务为例，国内成品油水路运输市场未形成充分市场化机制，运价随机性高，跟随不同时期的油品供需结构快速变化，同时因欠缺行业标准，同质服务的价格也会存在差异，该企业通过与部分物流承运商建立长约机制，固定一定期限内同一船型同一航线的运价，减少水路运输服务存在的波动，降低了不确定性。其他服务供应端的不确定性，同样通过规模效应，与供应商构建长期稳定的关系，有效降低服务效果的不确定性。

该企业在数字化转型过程中打造客户生活生态圈。与客户的整合体现在与客户的有效互动，根据客户需求精准供应主营产品和客户需要的其他附加产品或服务。通过与客户整合，企业能及时掌握客户的需求（价格、数量、时效和品质要求等），从而对客户的需求做出准确快速的反应。企业客户主要分为三类，即机会型贸易客户、终端客户、零售客户。影响机会型贸易业务成交的最大的不确定性因素为价格，如计划与贸易客户达成战略合作协议，则需要为贸易类客户提供价格保障。企业在探索为客户提供油品资源的同时，利用金融工具提供期货保值服务，降低油品跌价风险，从而促进与贸易客户达成长期稳定的合作协议，降低客户需求的不确定性；终端客户多为工厂、车队，资源需求较为固定，该类客户需要通过一定的价格优势和优质服务，加强客户黏性，从而保证客户需求的稳定；对于零售类客户，由于产品和服务的同质化程度高，竞争激烈，企业前期通过优惠、免费附加服务等方式吸引其成为会员类客户，交易的过程中不断积累数据，刻画客户肖像，为其提供定制化、个性化服务，通过精准营销提高其黏性，从而降低其需求的不确定性。通过横向建立与各类型客户的联系，整体上有效降低需求端的不确定性。

该企业在数字化转型过程中优化内部组织，打造更敏捷智能的内部结构。数字化时代的到来，要求组织内部的流程和管理要更加智能和敏捷。首先，随着企业对外横向关系的不断加强，组织内部将获取到海量数据，需要建立智能高效的内部决策模型，提高决策的效率和准确度。其次，组织应该建立敏捷的内部结构，以快速反应外部业务，使得整体业务流程能够以客户为中心。企业结合自身数字化发展的步调，及时调整内部组织，匹配横向关系建立的分类，将内部结构分为贸易、管服两大平台。贸易平台主要负责供应商管理、贸易销售业务开展，而管服平台主要以零售业务为主，并在此基础上建立民营油站的管理服务输出，构建零售端的客户生态。

2. 投资垂直数字化平台系统

该企业在构建数字化产业生态的过程中，同步投资搭建数字化平台，利用数字化连接打破企业边界，搭建数据交流平台，增加合作伙伴之间的信息连接，使得数据具有更强的交互能力，从而有效降低交易成本和信息不对称，进一步促进线下合作，推动构建产业数字生态。利用数字化计划，降低供应商端、客户端以及内部的不确定性。为了保证各业务线条的专业性，该企业分别建设了开展油品采购业务的对外信息化平台、开展服务采购业务的信息化平台（主要为物流和油品质量检验服务的采购）、开展机会型贸易业务的信息化平台、搭建终端销售业务的平台，以及开展零售业务的平台。每一个平台的建设都紧紧围绕运用数字化先进技术，推动业务流程高效、准确、敏捷化发展，达到减少业务经营不确定性的初衷。相关信息系统生态如图 21-14 所示。

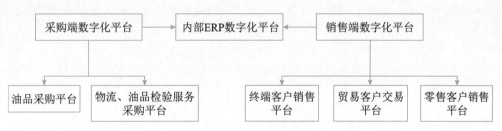

图 21-14　某企业数字化信息生态

3. 横向关系与垂直数字化平台迭代演进

该企业在横向关系不断扩建的过程中，完善相应数字化平台，而数字化平台的不断升级发展促进了横向关系的稳定、持续。例如，在横向关系的发展中，引入期货保值业务，相应数字化平台实现了与交易所的互联互通，使得企业的客户在开展业务的平台上即可实现金融保值服务，从而加强客户与公司的横向关联关系。横向关系与垂直数字化平台两者不断迭代，互相促进，实现在业务发展中推动数字化技术的发展、在数字化技术的发展中推进业务的新形态，实现不断迭代的良性循环。

21.6.4 达成效果

该企业的数字化转型，对采购端、销售端、与政府协作以及企业内部管理等方面进行了全面性布局。销售数字化转型让企业更好地了解需求，减少了需求的不确定性，有助于对在库资源和物流计划的提前确认；采购数字化转型让企业确认了可获取的油品、物流和质量检验服务等，有助于为客户提供更可靠的油品和服务。采销全环节的数字化转型，汇总了业务相关的全面的数据和信息，可有效提升企业决策的科学性。随着平台应用的成熟，该企业尝试将平台开放给相关领域的企业使用，吸引更多合作伙伴加入，形成开放的创新生态圈，进一步提高数字化转型的效益。

该企业数字化转型取得的显著成果包括：①提高了消费者的服务水平。数字化生态能够满足消费者的碎片化需求，凸显"长尾效应"，网络协同提高客户黏性。敏捷化的服务激发了产业数字化生态活力，提高了产品的附加价值，为用户提供了更优质的体验。②提升了企业的运营效率。随着对数字化技术的应用，企业在数据获取、存储、分析等方面的能力均得以增强，全面提升业务开展的效率。③为能源产业升级起到了带头作用，构建了国内成品油产业的生态体系。发挥了数字化转型中国有企业的带头作用，通过运营基于数字化技术的商务流程，拉动了全产业的协同创新、高效运营和价值提升。随着产业生态的形成，形成规模经济，产生巨大的网络价值。④为国家经济发展、资源配置起到了推动作用。该企业是能源企业的代表，能源是社会发展进步的命脉，通过将数字化技术应用在油品交易、大型海船调度等领域，优化了国内成品油、水路物流等资源的分配效率，通过提高其市场化水平提升了资源利用率，有利于环境保护。提升国有企业在国际市场环境中的竞争力，做强国有资本，扩大财政收入，支撑现代化体系建设，维护国家经济安全。⑤促进了成品油消费，推动了经济增长和技术发展。国有企业覆盖领域广泛，其数字化转型将有力带动全社会的数字化进程，便捷智能的数字化消费方式可以有效拉动消费能力；同时，消费者对数字化方式不断提出新的要求，又能倒逼信息技术持续发展进步。

第 22 章　智能制造发展规划

　　智能制造（Intelligent Manufacturing，IM）是基于新一代信息通信技术与先进制造技术深度融合，贯穿于设计、生产、管理、服务等制造活动的各环节，具有自感知、自学习、自决策、自执行、自适应等功能的新型生产方式。智能制造是一项重要的国家战略，是各国推动新一代工业革命的关注焦点，也是企业数字化转型在生产制造业的体现。

　　在生产制造企业中推动智能制造的规划和落地实施，能够有效缩短产品研制周期、提高生产效率和产品质量、降低运营成本和资源能源消耗，促进智能化生产、数字化协同，并形成个性化定制和产业链协同的新业态、新模式。智能制造具有以智能工厂为载体、以关键制造环节智能化为核心、以端到端数据流为基础、以网络互联为支撑等特征，强化智能制造的核心技术、管理要求和主要功能，制定明确和合理的智能制造经济目标，智能制造对于各国工业制造企业转型升级和国民经济持续发展均起到非常重要的作用。

22.1　发展整体环境

　　智能制造是伴随信息技术的不断普及而逐步发展起来的，大致经历了三个阶段：起始于 20 世纪 80 年代人工智能在制造领域中的应用，智能制造概念被正式提出；发展于 20 世纪 90 年代智能制造技术、智能制造系统的提出；成熟于 21 世纪以来信息数字技术条件下的"智能制造"。

22.1.1　发展演进与历程

　　20 世纪 80 年代，美国纽约大学怀特教授（P.K.Wright）和卡内基梅隆大学的布恩教授（D.A.Bourne）在《智能制造》一书中，首次提出了智能制造的概念，就智能制造的内涵与前景进行了系统描述，将智能制造定义为"通过集成知识工程、制造应用系统、机器人视觉和机器人控制来对制造技工们的技能与专家知识进行建模，以使智能机器能够在没有人工干预的情况下进行小批量生产"。

　　20 世纪 90 年代，随着信息技术和人工智能的发展，智能制造的研究获得欧、美、日等工业化发达国家的普遍重视，围绕智能制造技术（IMT）与智能制造系统（IMS）开展国际合作研究。美国、日本等国纷纷设立智能制造研究项目基金及实验基地，智能制造的研究及实践取得了长足进步。1991 年，日、美、欧共同发起实施的"智能制造国际合作研究计划"中提出："智能制造系统是一种在整个制造过程中贯穿智能活动，并将这种智能活动与智能机器有机融合，将整个制造过程从订货、产品设计、生产到市场销售等各环节以柔性方式集成起来的能发挥最大生产力的先进生产系统"。

　　21 世纪以来，发达国家认识到以往去工业化发展的弊端，制定"重返制造业"的发展战略，同时大数据、云计算等一批信息数字技术发展的前端科技引发制造业加速向智能化转型，把智能制造作为未来制造业的主攻方向，给予一系列的政策支持，以抢占国际制造业科技竞争的制高点。在 2013 年 4 月的汉诺威工业博览会上，德国正式推出工业 4.0 战略，虽没明确提出智能制造概念，但包含了智能制造的内涵，即将企业的机器、存储系统和生产设施融入"虚拟网络 - 实体物理系统（Cyber-Physical Systems，CPS）"。在制造系统中，这些 CPS 包括智能机器、存储系统和生产设施，能够相互独立地自动交换信息、触发动作和控制。

22.1.2　传统制造业的强化转型升级

现代工业体系可以分为 39 个工业大类、151 个中类、525 个小类。中国是世界上唯一全部工业门类齐全的国家，我国工业经历了改革开放四十年的突飞猛进，取得了不菲的成绩，成为了全球第一制造大国，但我们是制造大国而不是制造强国，许多高端技术仍然掌握在西方国家手里，如高端装备、工控系统、集成电路、工业软件等。部分行业设备和工艺依然滞后于高质量发展的要求。同时，企业也面临原材料、设备运维、能源消耗、人工等综合成本不断上涨的挑战，人口负增长带来的劳动力短缺在一些地方也初步显露，这些均促使制造业进行数字化和智能化的转型升级。

持续提升自动化能力是制造企业转型升级的核心价值体现，自动化是指机器设备、系统或生产、管理过程在没有人或较少人的直接参与下，按照人的要求，经过自动检测、信息处理、分析判断、操纵控制，实现重复性的复现和执行预期目标的过程。智能制造作为企业数字化转型在制造业中的体现，需要适应新时代市场发展等宏观环境，其不单纯是传统制造劳动效率和质量控制能力的提升，而是企业转型发展和制造变革的全面体现。如表 22-1 所示，传统制造模式下的能力提升，与智能制造环境下的能力构建，还是存在本质且巨大的差异。

表 22-1　传统制造自动化与智能制造自动化对比

领域	传统制造升级	智能制造转型
核心	面向规模化生产，提高生产效率	产品的全生命周期治理（面向产品快速迭代、小批量、个性化定制等）
本质	把生产的"边界"尽量固定下来，通过抑制干扰来保证质量、成本和效率，即希望在生产制造上受到的不必要的干扰尽量少、时间和资源的浪费尽量少	推动各类创新主体的高效互动、产品的快速迭代、模式的深刻变革、用户的深度参与，强调出现问题的干扰快速应对，即在"制造即服务"模式下，强调对"干扰"的敏捷控制、应对和处置
目的	机器换人、降低生产成本、提高产品质量的一致性	面对经营管理、生产制造、服务交付等多元交织的类复杂环境（如柔性制造和个性化定制带来的生产组织高度复杂、质量控制难度大增），实现各类事件与问题的快速感知与及时处理
发展理念	经营管理、生产制造过程的高效率，即使用机械化、电气化、信息化等提高劳动效率，实现"体力替代"	经营管理、生产制造等治理、管理和控制的自动化，即使用数据自动化和数据模型等提高决策效率，实现"脑力替代"
实现方法	技术锁定、工艺锁定、关键环节自动控制	通过智能化的感知、人机交互、决策和执行技术，实现设计过程、制造过程和制造装备整体智能化

（续表）

领域	传统制造升级	智能制造转型
技术应用	传感技术、测试技术、数控技术、产品技术、工艺技术等	在现代传感技术、网络技术、自动化技术、拟人化智能技术等先进技术的基础上，通过智能化的感知、人机交互、决策和执行技术，实现设计过程、制造过程和制造装备智能化，是信息技术、智能技术与装备制造技术的深度融合与集成

22.1.3　信息数字技术突破发展

近年来，信息数字技术正加速普及应用，为企业智能制造提供硬件和软件的支撑，开辟了智能制造发展的新浪潮。持续深化的信息化与工业化融合，支撑制造企业在智能装备、信息化建设、数据开发利用、多元信息技术融合创新等方面，创新突破发展。

（1）在智能装备方面。数控机床、焊接机器人、数控高端装备、上料和码垛机器人、自动化包装生产线、AGV（Automated Guided Vehicle）智能运输车、智能立体仓库等新型智能化装备广泛应用，持续提升智能制造装备资源能力。

（2）在信息化建设方面。从传统 ERP（Enterprise Resource Planning，企业资源管理计划）系统和 MES（Manufacturing Execution System，制造执行系统）系统向基于工业互联网平台的MOM（Manufacturing Operation Management，制造运营管理）系统的转变，信息化系统对业务的覆盖和支撑作用逐步加强，形成了从销售 CRM（Customer Relationship Management，客户关系管理）、计划 APS（Advanced Planning and Scheduling，高级计划与排程）、采购 ERP、生产制造 MES/MOM、仓储 WMS（Warehouse Management System，仓储管理系统）、发运 TMS（Transportation Management System，运输管理系统）和服务（服务平台）的信息系统全覆盖。

（3）在数据开发利用方面。新一代智能装备本身具有数控系统，通过打通设备底层的 PLC（Programmable Logic Controller，可编程逻辑控制器）和其他控制系统，动态实时采集设备状态和运行参数，实现设备的动态感知，通过数据分析模型和算法及设定的规则进行自主决策，再通过设备控制系统接口执行设备调整和优化指令，实现智能化生产模式的跃迁。

（4）在多元信息技术融合创新方面。结合大数据、云计算、区块链、人工智能等新型技术手段和工具，可以对人、机、料、法、环、测等要素进行数据分析。以深度学习、知识图谱等为代表的新一代人工智能技术爆发式发展，正推动简单智能向多元复杂智能发展，可解决大量机理可知、不可知的复杂多维问题，从而将企业的分析决策水平提升到全新高度。

22.1.4　各国智能制造发展战略加速

随着全球新一轮科技革命和产业变革深入发展，新一代信息技术、新材料技术、新装备、新工艺、工业互联网、大数据和人工智能等新技术不断突破，并与先进制造技术加速融合，为制造业高端化、智能化、绿色化发展提供了技术支撑。同时，国际环境日趋复杂，全球科技和产业竞争更趋激烈，大国战略博弈进一步聚焦制造业，美国《先进制造业美国领导力战略》、德国《国家工业战略 2030》、《英国工业 2050 战略》计划、《新工业法国》计划、印度制造、韩国《未来增长动力落实计划》等，都以重振制造业为核心的发展战略，均以智能制造为主要抓手，力图抢占全球制造业新一轮竞争制高点。

1. 德国《国家工业战略 2030》

《国家工业战略 2030》（National Industrial Strategy 2030：Strategic Guidelines for a German and European Industrial Policy）是德国和欧洲产业政策的战略指导方针，于 2019 年发布，其根本性目标是维护和确保德国在工业、技术和经济方面的世界领先地位。这种领先地位有利于长久保障德国的就业水平，提高国家经济实力和促进国家繁荣。同时，在国际经济关系中坚决反对他国强行干涉市场经济进程，并系统地保护德国的经济利益，从而给全球带来更大的市场、更繁荣的经济。

《国家工业战略 2030》的产业政策包括支持突破性创新（Ground-breaking Innovations）、提升工业整体竞争力和对外经济等三方面的措施。①大力支持突破性创新活动，牢牢掌握工业主权和技术主导力；②修改竞争法，支持一些关键领域大企业的合并，尤其强调打造龙头企业成为本国及欧洲旗舰（National and European Champions）的重要性；③建立国家参与机制（National Participation Facility），国家可持有战略重要性企业的股份，参与关键领域发展。《国家工业战略 2030》还具体提出："在平台经济、人工智能和自动驾驶等极为重要的议题上，为实现目标进行直接的国家参与，如同空中客车当时的情形，这种干预是必要的、合理的。"

2. 美国《先进制造业美国领导力战略》

《先进制造业国家战略》（National Strategy for Advanced Manufacturing，NSAM）是美国国家制造业战略规划，于 2012 年首次发布，后于 2018 年发布《先进制造业美国领导力战略》，又于 2022 年发布《先进制造业国家战略》。《先进制造业美国领导力战略》展示了新阶段美国引领全球先进制造的愿景，提出通过发展和推广新的制造技术，教育、培训和匹配制造业劳动力，扩大国内制造业供应链能力三大任务，确保美国国家安全和经济繁荣。相关文件从影响先进制造业创新和竞争力的八大因素出发，将"技术、劳动力、供应链"三方面作为保障先进制造领导地位的核心要素，既提出了目标，又明确了路径。

3.《英国工业 2050 战略》计划

《英国工业 2050 战略》（The future of manufacturing：a new era of opportunity and challenge for the UK）是一项定位于 2050 年英国制造业发展的长期战略研究，通过分析制造业面临的问题和挑战，提出英国制造业发展与复苏的政策。报告的主要观点是科技改变生产，信息通信技术、新材料等科技将在未来与产品和生产网络的融合，极大改变产品的设计、制造、提供甚至使用方式。报告认为制造业并不是传统意义上"制造之后进行销售"，而是"服务加再制造"，未来制造业的主要趋势是个性化的低成本产品需求增大、生产重新分配和制造价值链的数字化。这将对制造业的生产过程和技术、制造地点、供应链、人才甚至文化产生重大影响。

4.《新工业法国》计划

《新工业法国》计划旨在通过创新重塑工业实力，使法国重回全球工业第一梯队。该战略是一项 10 年期的中长期规划，展现了法国在第三次工业革命中实现工业转型的决心和实力。其主要目的为解决三大问题：能源、数字革命和经济生活。但是，时隔不到两年的 2015 年，法国政府对"新工业法国"计划进行了大幅调整。"新工业法国 II"标志着法国"再工业化"开始全面学习德国工业 4.0。此次调整的主要目的在于优化国家层面的总体布局。调整后的法国"再工业化"总体布局为"一个核心，九大支点"。一个核心，即"未来工业"，主要内容是实现工业生产向数字制造、智能制造转型，以生产工具的转型升级带动商业模式变革。九大支点，包括大数据经济、环保汽车、新资源开发、现代化物流、新型医药、可持续发展城市、物联网、宽带网络与信息安全、智能电网等，一方面旨在为"未来工业"提供支撑，另一方面同时提升人们日常生活的新质量。

5. 印度制造

2014 年，印度政府正式出台"印度制造"计划，有五大任务和四大支柱：五大任务包括吸引投资、推动创新、强化技能、保护知识产权、建设高级别制造业基础设施；四大支柱又称"四新"，即新流程、新基建、新部门、新观念。新流程指对企业创建和运营的"去许可证"和"去管制"，即简化营商程序，并将其视作培育企业家精神的最重要途径。新基建既包括现有制造业基础设施的升级改造，也包括新建基于现代通信和综合物流的工业走廊和智慧城市；既包括支持创新和科研的快速注册体系，也包括能够胜任产业技术要求的产业工人队伍。新部门指向外资大幅开放军工、建筑、铁路等部门。新观念则是要改变政府与企业的关系模式，即政府不再是企业的管理者，而是要服务于企业。

6. 韩国《未来增长动力落实计划》

2014 年，韩国政府制订了《未来增长动力落实计划》，针对有望带动韩国经济发展的十三大未来增长动力产业提出了具体的推进落实计划。重点聚焦技术和产业的创新及融合，包括九大战略产业（智能汽车、5G 移动通信、深海底海洋工程设备、智能机器人、可穿戴智能设备、实感内容、定制型健康管理、灾难安全管理智能系统、新再生能源混合系统）和四大基础产业（智能型半导体、大数据、融复合材料、智能型物联网）。这十三大未来增长动力均是全球关注的热点技术产业领域，极大地突出了物联网及智能技术应用的未来产业趋势。

22.1.5　《中国制造2025》

《中国制造 2025》是由国务院印发的部署全面推进实施制造强国的战略文件，是中国实施制造强国战略第一个十年的行动纲领，于 2015 年发布。《中国制造2025》指导思想是全面贯彻党的十八大和十八届二中、三中、四中全会精神，坚持走中国特色新型工业化道路，以促进制造业创新发展为主题，以提质增效为中心，以加快新一代信息技术与制造业深度融合为主线，以推进智能制造为主攻方向，以满足经济社会发展和国防建设对重大技术装备的需求为目标，强化工业基础能力，提高综合集成水平，完善多层次多类型人才培养体系，促进产业转型升级，培育有中国特色的制造文化，实现制造业由大变强的历史跨越。

《中国制造 2025》确立了以创新驱动、质量为先、绿色发展、结构优化、人才为本的基本方针，构建了九大战略任务，由要素驱动向创新驱动转变；由低成本竞争优势向质量效益竞争优势转变；由资源消耗大、污染物排放多的粗放制造向绿色制造转变；由生产型制造向服务型制造转变的四大转变。通过制造业创新中心建设工程、智能制造工程、工业强基工程、绿色制造工程、高端装备创新工程等五大工程，新一代信息技术产业、高档数控机床和机器人、航空航天装备、海洋工程装备及高技术船舶、先进轨道交通装备、先进轨道交通装备、电力装备、农机装备、新材料、生物医药及高性能医疗器械等十大领域。实现从制造业大国向制造业强国转变，最终实现制造业强国的一个目标。

2021年12月，工业和信息化部等八部门联合印发了《"十四五"智能制造发展规划》（以下简称《规划》），《规划》总结了"十三五"制造业数字化、网络化、智能化取得的成绩和发展态势，对发展形势进行了研判，新一轮科技革命的发展，全球国际环境日趋复杂，美国、德国、日本均以重振制造业为核心制定发展战略，均以智能制造为主要抓手，力图抢占全球制造业新一轮竞争制高点。

《规划》以习近平新时代中国特色社会主义思想为指导，坚持市场主导基本原则，积极推进智能制造，关键要立足制造本质，紧扣智能特征，以工艺、装备为核心，以数据为基础，依托制造单元、车间、工厂、供应链和产业集群等载体，构建虚实融合、知识驱动、动态优化、安全高效的智能制造系统。作为一项持续演进、迭代提升的系统工程，智能制造需要长期坚持，分步实施。到2025年，规模以上制造业企业基本普及数字化，重点行业骨干企业初步实现智能转型。到2035年，规模以上制造业企业全面普及数字化，骨干企业基本实现智能转型。

22.2　发展关注焦点

建设和发展智能制造，既是制造业转型升级的战略需求，也是推动制造业内生动力，提升企业的自动化、数字化和智能化的现实需求。通过推动工厂自动化、数字化、网络化和智能化的规划、实施和落地，全面提升智能制造人才培养、数字化研发设计、生产过程透明化智能化、设备数字化管理、智能物流、智慧安全与环保、智慧能源管理等方面的综合能力，推动制造企业进行智能化改造和数字化转型，从而提高企业生产效率，降低成本，全面提升企业核心竞争力，最终实现智能制造。

22.2.1　智能制造人才培养

推进智能制造，人才是关键。智能制造融合了先进制造技术、工业自动化技术、信息数字技术、现代企业管理和新型服务技术，贯穿设计、生产、管理、服务等制造业的全价值链。智能制造是工业软件、智能装备、工业机器人、传感器、互联网、物联网、通信技术、人工智能、虚拟现实/增强现实、增材制造、云计算，以及新材料、新工艺等相关技术蓬勃发展并交叉融合的产物，是帮助制造企业提升核心竞争力的综合集成技术。基于智能制造的广泛的宽度范围和深度技术特点，制造企业在推进智能制造过程中，衍生出大量人才需求，制造企业可以借用外部咨询服务机构、工业软件、工业自动化解决方案提供商的人才优势，但也需要建立自己的智能制造人才队伍。

1. 人才需求

在智能制造时代下，单一技术能力已经很难适应现代技术的发展，技术人才，尤其是高端技术人才除了要具备智能制造通用知识体系外，还需要具备知识和技术的融合能力、以智能制造的手段推动业务发展的前瞻能力，以及能突破原有思维跨界寻求解决方案的创新能力。企业为了推进智能制造，企业需要培养和发展技能人才、应用人才、推进人才、领军人才等四大类人才，而复合型、创新型人才对于智能制造的规划和实施起到决定性的作用。

（1）技能人才。指工作在企业生产现场，熟练掌握智能装备操作的技术工人，强调一专多能，能够操作多种类型的智能装备，熟悉制造、装配、检验等工艺，具备基本的设备维护技能，能够及时在 MES 等系统进行报工，高级技工应掌握数控编程、机器人编程，以及机械和电气知识。

（2）应用人才。指企业内的技术和管理骨干，根据工作岗位的需求，分别熟练掌握 CAD（Computer Aided Design，计算机辅助设计）、CAM（computer Aided Manufacturing，计算机辅助制造）、CAE（Computer Aided Engineering，计算机辅助工程）和 EDA（Electronic Design Automation，电子设计自动化）等工具类软件和 ERP、MES、设备管理、质量管理等各类信息系统的应用，熟练掌握数控编程和机器人编程等技术，遵循 PLM（Product Lifecycle Management，产品全生命周期管理）、ERP、CRM、SCM（Supply Chain Management，供应链管理）等核心应用软件的工作流程协同配合，完成相关数据的采集和分析等工作。

（3）推进人才。指企业推进智能制造的中坚力量，需要在理解企业业务发展需求，熟练掌握智能制造单元技术的相关知识和具体功能基础上，对各项智能制造技术的实施方法论、项目管理、数据治理等技能熟练应用，能够与智能制造解决方案供应商协同配合，实现智能制造技术的集成应用，实现智能制造项目实施落地。

（4）领军人才。指企业推进智能制造的领导者，需要具备丰富的智能制造实践经验，并熟悉企业的发展战略和企业运营，对智能制造进行统筹规划并掌控落地实施。

2. 培训体系

企业需要建立智能制造人才培训体系。在企业传统培训体系上建立健全以规划设计、技术开发、业务应用为核心的智能制造人才培训体系。其中，规划管理模块侧重于智能制造成熟度模型、信息系统开发流程、敏捷项目管理、软件工厂等数字化转型理论及工具应用。技术模块除传统的网络及信息系统运维和设备运维外，还需强化数据采集、治理、架构、建模，以及信息系统开发、PLC、RPA（Robotic Process Automation，机器人流程自动化）、仿真工具运用等技术的开发培训。业务领域需要强化信息系统的应用、业务流程梳理与规划等内容的培训。

3. 绩效考评

在人才绩效考评方面，企业可以运用激励制度引导知识传播及实践应用。综合运用绩效考核与激励制度，促使知识经验技能转化为价值创造。通常绩效考核可以分为部门、班组、个人三级考核制度，也可以结合项目估值、团队贡献、个人评估三级制度进行补充。激励制度有创新激励、专项竞赛鼓励、技术岗位补贴、讲师激励等方式，所有的激励与能力到价值的转化相结合。通过绩效考核的助力和激励制度的推力双向作用，不断促进知识的传播和转化成果的落地增值。

4. 知识管理

智能制造人才培养的同时，企业需建立企业知识管理体系和系统。知识管理的核心是将员工长期积累的经验和技能类的隐性知识显性化，显性知识能被结构化，结构化知识能被数字化，数字化知识能被软件化，软件化的知识才能够被信息化系统和工业软件调用，最终实现基于专家知识的人工智能决策。知识管理是一个循序渐进的过程：①要进行结构化治理，对制造过程的异常信息进行归纳总结，以质量知识库搭建为例，实现以产品别、设备别、不良现象或不良代码为主要因素的结构化治理；②以不良现象为要素，不断将分析步骤和解决方案以流程图和图片说明的方式，形成标准作业方法，将经验不断以标准化形式进行固化；③完成固化后，随着在相应业务领域的相关业务流程形成试点示范后，可进行知识库各业务领域、各维度的拓展。

22.2.2　数字化研发设计

数字化研发设计是应用数字化软件工具进行产品和工艺设计开放的过程，通常指应用数字化三维设计与工艺设计软件进行产品、工艺设计与仿真，并通过虚拟样机、数字化虚拟工厂以及物理检测、试验等方式进行验证与优化。建立产品数据管理系统，实现产品多配置管理、研发项目管理，产品设计、工艺数据的集成管理。对产品生产过程建立虚拟模型，仿真并优化生产流程。对各环节制造数据、绩效数据集成分析，优化生产工艺，提高产品质量，降低生产成本。

产品三维设计是指通过三维建模工业软件的应用，以产品三维模型为基础的三维产品设计，通过产品数据管理系统软件对产品设计的输出的图纸和文档进行管理，实现产品设计、工艺设计、零部件采购、生产制造和产品使用等阶段产品数据、文档、资源和流程的产品全生命周期管理。产品全生命周期数据管理系统集成 CAX（CAD、CAM、CAE 等的集合）、ERP、CRM 以及 SCM 系统中的信息，使企业的各部门、用户、供应商之间共享产品数据，从而实现产品概念设计、详细设计、工艺设计、生产制造、售后服务的全流程管理。三维设计和全生命周期管理广泛应用于飞机、汽车、船舶、工程机械、大型装备等行业。

传统制造企业在设计过程中需要生成大量工程图纸，传统的二维图管理复杂、查找困难。大多数二维图以纸质文件保存，数据非结构化，完整性难于保证，设计信息在产品设计、工艺设计、零部件采购、生产制造和产品运维各阶段传递困难，难于跟踪设计参数的执行情况，难于接收生产阶段和运维阶段的数据来优化产品设计和工艺设计，变更时难于保证版本信息的一致和信息的可靠传递。

通过数字化设计手段可以实现三维设计、模型和设计规范的数字化管理，应用三维建模工业软件进行产品的三维设计，通过信息化系统实现对产品图纸、模型及设计规范等图文档进行全面结构化管理，并实现文档的审查、批准、变更等信息化管理。

应用基于模型的定义 MBD（Model-Based Design，基于模型的设计）来将 3D 模型（如实体模型）、产品和制造信息（Product and Manufacturing Information，PMI）以及相关元数据来定义单个部件和产品装配体，使用一个集成化的三维数字化实体模型表达完整的产品定义信息，成为制造过程中的唯一依据。实现产品设计、工艺设计的协同和信息共享。实现与 MES 的集成、设计信息向生产制造的有效传递和基于生产数据的产品和工艺优化。

通过基于 MBD 的全生命周期动态管理，实现基于三维模型定义在 CAD/CAE/CAM、CAPP（Computer Aided Process Planning，计算机辅助工艺过程设计）、ERP、SCM、CRM 等系统之间的动态协同，基于 MBD 的三维模型最大限度地实现跨越时空、地域和供应链的交互和共享。

22.2.3　生产过程智能化

智能制造的核心是智能化生产，智能化生产是基于自动化设备，通过制造执行、高级排产、过程监控等信息系统，实现生产计划管理、生产过程控制、产品质量管理、车间库存管理、项目看板管理智能化，提高企业制造执行能力。

1. 生产排程柔性化

企业通过建立高级计划与排产系统（APS），实施集中排程、可视化调度，及时准确掌握原料、设备、人员、模具等生产信息，应用多种算法提高生产排程效率，实现柔性生产，全面适应多品种、小批量的业务发展需求。

2. 生产作业数字化

企业通过生产任务基于生产计划自动生成，并传送至制造执行系统（MES）生产现场终端等，系统自动接收生产工单；通过制造执行系统（MES）生产现场终端可下发图纸、工艺标准等技术文件及物料清单（BOM）信；还可以根据详细生产作业计划，按照工序或工步的情况，自动下发包含流媒体或动画模式的工艺文件，支撑生产工艺执行的一致性。

3. 过程质量可追溯

企业通过建立数据采集与控制系统，融合条形码、二维码或无线射频识别（RFID）卡等识别技术，可查看每个产品生产过程的订单信息、报工信息、批次号、工作中心、设备信息、人员信息，实现生产工序数据跟踪，产品档案可按批次进行生产过程和使用物料的追溯；使用用于生产关键过程执行和质量检测的传感器技术等，自动采集质量检测设备参数和计算结果等，产品质量实现在线自动检测、报警和诊断分析，提升质量检验效率与准确率；生产过程的质量数据实时更新，统计过程控制（SPC）自动生成，实现过程质量全程追溯。

4. 生产管理透明化

可视化系统实时呈现包含生产状况（如生产数、生产效率、订单总数、完成率等）、品质状况（如生产数中的不良数、不良率等）、设备状况等生产数据；生产加工进度通过各种报表、图表形式展示，直观有效地反映生产状况及品质状况。

22.2.4　设备管理智能化

设备是工厂进行生产活动的基础设施，智能制造高度依赖联网的自动化和数字化设备，通过设备联网和数据采集对设备运行状态和运行数据进行监控和预警，对设备磨损老化部件进行预测性维护，通过设备运行综合效率的分析，不断优化设备运行，提高设备效率，并不断通过设备效率监控提升和优化生产，最终实现设备的全生命周期数字化管理。设备数字化和智能化管理主要包括设备数字化维保、设备联网数据采集、设备监控与故障分析、设备综合效率管理、设备预测性维护等内容。

1. 设备数字化维保

设备维护保养是保障设备正常运行的关键，设备管理信息化系统是开展设备管理的基础支撑。根据设备台账赋予每台设备一个独一无二的编码，并形成设备码，通过扫码即可查看设备档案、维修、维护记录、相关文档等，满足设备日常管理基本需求。基于设备管理信息化系统，构建设备维保计划，包含年度大保养、季度中保养、月度详细小保养，通过信息化管理系统与手机或平板 App 实现设备的数字化点巡检，实现设备的维护、保养、点检的数字化和透明化。

2. 设备监控与故障分析

设备监控与故障分析需要在设备联网和数据采集的基础上，通过设备状态信息和运行参数（如设备温度、速度、转速、电压、电流等）监测，以及设备监测系统的设定阈值和多参数相关分析模型，对设备健康状态进行远程监控，结合设备知识库，开展设备故障分析。当监测系统发现设备异常时，通过知识库对比查询，自动报送检修工单，并通知和委派合适的维修技师进行现场维修，维修后将维修内容录入设备管理系统，实现自动报修和维修的闭环管理。

3. 设备综合效率管理

设备综合效率（Overall Equipment Effectiveness，OEE）是一个独立的测量工具，用来表现机器实际的生产能力相对于理论产能的比率。它由时间稼动率、性能效率以及合格率三个关键要素组成，即 OEE= 稼动率 × 性能效率 × 合格率。

通过收集设备实时数据，分析设备的有效利用时间，以便实时监控设备运行，最大化挖掘设备生产潜力，降低由于设备停机、待料、空转、降速运行等带来的设备运行损失，不断提高设备运行效率，提升设备综合效率。

OEE 的统计分析根据统计时长的不同和实时程度的不同，用于不同的业务场景，如设备管理人员的绩效、生产主计划的生成、生产工艺的优化（含自动优化）、生产调动的自优化等。

4. 设备预测性维护

企业生产现场发生设备故障、突发异常将导致生产调度困难，影响生产计划达成。设备故障维修响应不及时、缺乏明确的维修工作标准等，往往是设备维护模式多处于被动式维护和经验式维护的主要原因，并影响紧急故障做出的科学预判。通过实时监控设备运行状态，对设备运行关键指标进行趋势分析，智能化定制维护方案，提前发现设备潜在异常，降低设备故障发生概率，提升设备故障维修效率。

预测性维护（Predictive Maintenance，PM）是以设备状态为依据的维修，在设备运行时，对它的主要或需要部位进行定期或连续的状态监测和故障诊断，判定设备所处的状态，预测设备状态未来的发展趋势，依据设备的状态发展趋势和可能的故障模式，预先制订预测性维修计划，确定设备应该修理的时间、内容、方式和必需的技术和物资支持等。

实施设备预防性维护，需要建立设备管理系统，收集日常点检与维修故障数据，通过整理设备常见故障事件，形成故障原因分析与维保方案知识积累，从而提供预防性维护方案。企业可以通过设备联网或加装传感器，采集设备关键运行参数，综合分析设备异常报警信息和关键参数信息，远程定位设备可能出现的异常原因，并自动基于报警信息生成维修工单，管理并监控维修效率，基于故障知识快速匹配并推荐维修策略，为设备维修作业提供支撑，最终实现设备故障报修与维修闭环管理。

建设设备故障预测性维护能力，需要结合设备典型故障，定位影响设备异常的关键参数因子，并结合多因子关联趋势分析与数值拟合，验证故障历史数据样本，构建设备故障预测判定模型。通过关键因子实时数据采集与模型预测，提前预测设备潜在异常，基于设备异常类型自动推荐维护方案。

22.2.5　智能物流与仓储配送

智能物流就是利用条形码、二维码、射频识别技术（RFID）等标识识别技术，结合 AGV 自动运输小车、数字仓库及 WCS（Warehouse Control System，立体仓库控制系统）、WMS 等信息化系统，实现原材料、半成品、成品的收货、仓储、拣货、配送、包装、装卸及运输等基本物流活动的自动化运作和高效率优化管理，提高仓储配送和物流运输的效率和服务水平，降低成本，减少自然资源和社会资源消耗。智能物流与仓储配送在制造业中的应用主要包括出入库管理、库位管理、快速拣货和及时配送、仓储和配送优化等。

1. 出入库管理

原材料和成品的出入库管理是供应链管理的基础，企业可以使用移动端 PDA 设备，对需要入库或出口的物品进行条码、二维码扫码，实现物料信息的自动采集并上传 WMS，实现物料出入库管理。

2. 库位管理

企业通过构建 WMS，对原材料和成品进行系统制定分配库区库位，实现货物的精准库位管理。通过 WMS 的策略配置还可对仓储进行合规管理，以及基于物品的使用特点（如使用频次、分拣方法等）优化库位分配、盘点库位资源等。

3. 快速拣货和及时配送

企业通过 WMS、移动端 PDA 终端、按灯与声控拣货等手段，进行入库和拣货作业，通过 AGV 小车控制系统与 WMS、生产执行系统的集成，实现关键部件的及时配送。

4. 仓储和配送优化

通过 AGV 运输车、RGV 轨道运输系统、智能立体仓库等数字化仓储设备与 WCS 立体仓库控制系统、WMS 仓储管理系统、MES 生产执行系统的集成，实现依据生产状态实时拉动物料配送。并建立仓储模型和配送模型，不断优化配送方式、配送路径、配送批次、配送数量等仓储配送参数，实现最小库存和高效配送。

22.2.6　智慧安全管理

安全生产管理是指以企业安全生产全要素数字化管理为目标，采用物联网、定位服务、移动终端以及大数据等先进信息数字技术，对生产过程中的人员、设备、环境等进行全面智能化管理和升级改造，杜绝现场作业人员不安全行为，规范运行和检修作业过程，强化人员培训，通过实时监控、动态分析、知识库集成应用实现一体化安全管理，主动驱动闭环管控。

企业安全生产过程中存在的问题可大致归结为制度单一、管理滞后、安全隐患多、人员素质不高、效益不佳、教育培训空洞等。随着企业新技术和新管理模式的推广应用，原有的依靠经验、惯性进行生产的管理模式难以满足实际生产需要。企业需要通过构建透明化、信息化和数字化安全管理机制，实现智慧安全管理，重点需要关注安全监测、安全预测和安全闭环管理。

1. 安全监测

基于企业风险识别、危险源管理、安全作业、应急管理等机制要求，对生产制造过程中风险较高区域及风险较高设备，实时采集温度、浓度、压力等关键指标，设定安全报警阈值并联动高效的通知机制，通过网状的监控覆盖实时监控人的作业行为，以系统取代人工监控，自动采集"人、机、环"安全数据，实现安全管理的数字化、可视化。

2. 安全预测

开发不同场景的监控和安全分析模型，通过对数据和模型分析，及时、全面、准确地了解企业有关安全生产、经营管理的信息，实现风险源的动态识别、风险的预测、管理方案的优化，辅助安全管理决策的下达。

3. 安全闭环管理

建立典型风险管理和应急管理知识库，构建一体化的安全生产管理平台，实现安全生产数据及管理数据的整合，为企业的整体信息化提供统一的数据源，实现透视化管控和精细化管理，做到各系统数据共享，报警联动，推送应急处理方案，实现企业安全生产的智能化、透明化。

22.2.7　智慧环保管理

智慧环保管理是以遵循环保集中管控为基础、以环境综合评价体系为核心的思想，通过实时监测、过程监控、风险预警的一体化设计，对生产环境中的各项风险进行预测、评价、管控。企业需要制定相应的应急方案和措施，形成污染物排放的有效预警机制，为企业绿色生产、智慧制造提供有力支撑。

企业传统环保管理只对污染物总量排放和达标排放实施排污监测和监控，没有重视事前预测、过程分析和风险管控，无法对环保管控发展趋势进行分析，业务流程管理无法满足信息化、可视化、自动化、定量化和高效化的要求。实现智慧环保管理需要经历环保管理信息化、环保排放预警与预测、模型驱动排放优化三个阶段的实践路径。

1. 环保管理信息化

基于环保管理机制、环境管理体系、能源管理体系，结合企业源头治理、过程控制、末端削减的管理要求，实现从清洁生产到末端治理的全过程环保数据的采集。通过对污染物排放、污染隐患、固废处置、厂区环境的监控，协助企业开展节能环保检查、跟踪突发环境事件、规范环保监测和治理。

2. 环保排放预警与预测

基于企业设备运行排放量、综合环境治理、设备运行成本的要求，设定预警价值最优阈值，实时监控环保设备运行参数与排放参数，实现排放总量预警及预警处理情况的跟踪。集成应用环保监测数据和生产作业数据，通过大数据分析开展排放预测，并生成排放预测报告。

3. 模型驱动排放优化

基于环保、生产、设备等全面实时监控的数据，综合设备运行成本分析和综合指标评价，建立设备排放预警模型，应用数据分析模型，预测生产排放自动生成末端环保治理方案并执行，自动调整企业外排排放量，优化总量排放。

22.2.8　智慧能源管理

智慧能源管理是指通过安装智能电表、引入能源管理系统平台等，实时采集能源数据，实现能耗透明化和数据可视化。利用能源数据的积累和分析对老旧高耗能设备进行能效评价，并对制造企业的空压机、冷冻机、工业窑炉等高能耗设备进行智能联控，实时开展设备的节能改造，从而从根本上摆脱设备老旧、能源利用率低下的状况。

目前制造企业在能源管理上的痛点主要包括：企业能源数据采集和分析仍停留在人工抄表和人工数据分析阶段，尚未通过智能电表和信息化系统进行能源的实时透明化和精细化管控，缺少设备联网智能集控，老旧设备受制于设备本身技术和机械结构运行效率低、能源消耗大，亟待改造升级。实现能源数字化管理的实践路径主要包括能源数据自动采集和分析、能源指标精细化管理、高能耗设备智能联控、基于能效评估的节能改造等。

1. 能源数据自动采集和分析

通过加装智能电表、燃气仪表和水表，利用通信模块将智能仪表上的能源数据自动上传到信息系统，实现能源的自动采集和高能耗设备能源消耗数据的实时上传。基于能耗管理机制，引入能源管理系统平台，对采集能源数据进行可视化分析，重点能耗进行趋势分析，形成日、周、月、年度的能源数据报表及同比、环比数据分析。

2. 能耗指标精细化管理

建立科学的能源计量指标体系，从单体设备、产线、企业等三个层面建立完整的企业能耗指标体系（源头指标、关联指标、末端指标）和能耗计算模型，准确计算各项能耗指标，为能源计量、能效分析与评估提供基础。全面构建企业能源流动图谱，监控和计量能耗数据，并对能耗数据展开对标分析、能流分析、节能对策分析，实现企业能耗精细化管理。

3. 高能耗设备智能联控

通过高能耗设备的智能化联控系统，通过打通设备底层 PLC 控制系统，实时提取高能耗设备运行状态和运行参数，对高能耗设备进行实时状态监控，动态调整设备运行状态，降低能源消耗。通过智能排班、峰谷平电价差异、日高夜低、自发电最佳效率匹配及发电曲线与需求和计划匹配等方法和优化手段，不断调节和平衡电力供给，达到各能源管网的平衡和稳定，实现能源成本最小化和经济效益最大化。

4. 基于能效评估的节能改造

通过能耗数据的积累和对比分析，结合高耗能设备的能源消耗和机理分析，研究能源消耗的关键部件，通过新技术的应用，实现空压机、冷冻机组、冷却泵、电加热工业窑炉、照明灯具等的节能改造。

22.3   能力成熟度模型

在工业和信息化部的支持下，由中国电子技术标准化研究院牵头组织制定了 GB/T 39116—2020《智能制造能力成熟度模型》、GB/T 39117—2020《智能制造能力成熟度评估方法》两项国家标准。CMMM（Capability Maturity Model Manufacture，智能制造能力成熟度模型）是用于评估智能制造当前状态的工具，建立智能制造战略目标和实施规划的框架；它是一套描述智能制造能力提升阶梯及核心要素的方法论；CMMM 描述了智能制造的核心要素、特征以及等级演进的路径，为企业持续提升智能制造核心能力提供参考，为评价智能制造水平提供依据。

22.3.1   CMMM概览

1. 模型构成

GB/T 39116—2020《智能制造能力成熟度模型》明确了智能制造能力建设服务覆盖的能力要素、能力域及能力子域。

如图 22-1 所示，CMMM 定义的企业开展智能制造能力建设需要关注的能力要素包括人员、技术、资源和制造。人员能力要素包括组织战略和人员技能两个能力（子）域；技术能力要素包括数据、集成、信息安全三个能力（子）域；资源能力要素包括装备、网络两个能力（子）域；制造能力要素包括设计、生产、物流、销售、服务五个能力域，覆盖产品设计、工艺设计、采购、计划与调度、生产作业、设备管理、安全环保、仓储配送、能源管理、物流、销售、客户服务和产品服务，共计 13 个能力子域。

2. 等级定义

CMMM 规定了智能制造在不同阶段应达到的水平，共分为五个等级，自低向高分别为一级（规划级）、二级（规范级）、三级（集成级）、四级（优化级）和五级（引领级），如图 22-2 所示，较高的成熟度等级要求涵盖了低成熟度等级的要求。

- 一级（规划级）。企业应开始对实施智能制造的基础和条件进行规划，能够对核心业务（设计、生产、物流、销售、服务）进行流程化管理。
- 二级（规范级）。企业应采用自动化技术、信息技术手段对核心装备和业务等进行改造和规范，实现单一业务的数据共享。

- 三级（集成级）。企业应对装备、系统等开展集成，实现跨业务间的数据共享。
- 四级（优化级）。企业应对人员、资源、制造等进行数据挖掘，形成知识、模型等，实现对核心业务的精准预测和优化。
- 五级（引领级）。企业应基于模型持续驱动业务优化和创新，实现产业链协同并衍生新的制造模式和商业模式。

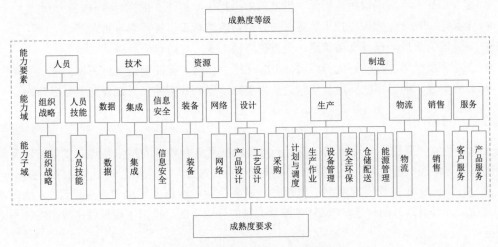

图 22-1　智能制造能力成熟度模型

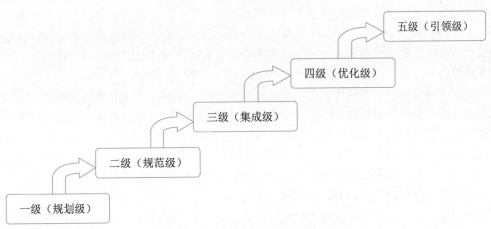

图 22-2　智能制造能力成熟度等级

3. 价值体现

CMMM 主要解决的问题包括：

- 对制造企业。了解企业自身所处的现状，识别差距，明确发展目标，明确投资方向，对项目建设效果进行评价。

- 对政府主管部门。掌握辖区内企业的智能制造水平（看数据），选择辖区内优秀企业作为标杆示范（树标杆），判断智能制造阶段成果和扶持方向（立政策）。
- 对服务商。把握甲方的需求，目标清晰（明需求），统一技术路径和方法帮助制造企业实现智能制造（找路径）。

CMMM 评估的价值主要体现在：

- 智能制造全面梳理与认识。消除成见，避免走弯路，打破传统，勇于变革。
- 建设把控。项目建设所需资源，进度与效果把控，关注、重视、参与。
- 全员意识提升。知识与技术储备，培养创新改造意识，提需求不再迷茫。
- 企业能力展现。权威资质认定，全方位考核方式，优质供应商遴选。
- 企业资质优势。招投标优势资质，差异化能力体现，智能制造项目荣誉。
- 以评促建。通过评估促进智能制造能力提升、生产效率提升、综合竞争力提升。

22.3.2　CMMM应用

企业的智能制造建设涉及领域众多，不同领域虽然具有各自的技术特点，发展演进具有其特定的模式与路线，但所有企业发展都是围绕整体目标进行，各领域之间相互交织、密不可分、有机融合。因此企业在开展智能制造建设时，需要企业能够纵向实施"深度建设"，横向落实"融合发展"。针对这方面问题，CMMM 结合大量的行业实践，给出了规范性指导、路径与方法引导等。

1. 整体能力建设

智能制造是工业企业发展的必然选择，但其涉及面广、融合深度深等特点，也常常让企业对相关工作的开展感觉无从下手。无论是中小企业还是大企业，不同规模的企业都有智能制造能力提升需求，企业基础不同、内外部环境不同，导致其智能化发展方向、建设路径、工作重心也不尽相同。

企业组织构成是一个有机体，各职能业务间存在相互关联，单点的智能化建设能够实现单一能力快速提升，获得短期效益，但从企业长远发展来看，建设不均衡导致的短板最终会成为企业的瓶颈，也就是"木桶效应"，个别能力提升带来的价值效益也难以充分显现。CMMM 的20 个能力子域对企业各项业务的智能化管控都提出建设要求，这不同于单项、亮点能力打造，而是更注重企业多方位能力均衡发展，每个等级都包含 20 个能力子域的相应建设要求。

成熟度模型"等级"的内涵，就是引导企业处于某一发展阶段时，既要有优先重点建设，又要均衡发展，还要关注其短板能力。如果企业各能力子域发展不平衡，甚至各能力间差距较大，个别优势能力发展太快反而会急功近利地影响整个企业发展。这就好比某企业生产作业智能化达到四级水平，短期内企业获得生产效益，产量飞速提升，但是安全环保因为没有直接效益忽视智能化管理，安全风险隐患没有及时监控，只达到二级水平，一旦出现重大安全事故，终将会导致企业停产，甚至倒闭。

再如，有些企业为满足规模化生产需要，引进了很多智能化装备，"装备"能力域建设水平较高，装备智能化在同行业处于领先，但后期设备使用中不注重"设备管理"能力建设，虽然使用初期大部分设备都能正常工作，但随着设备日久磨损，后期维护工作量加大，设备故障处理时效低，生产进度就会受到影响。因此，企业应在早期通过智能化手段积累设备故障历史数据，建立故障知识库，为快速解决设备故障打下基础，并通过定期维保尽可能减少设备非计划性停机。

CMMM 有助于企业识别所处的发展阶段，同时针对同一业务能力子域的不同等级，逐级提升要求，这种逐级提升反映在阶段性、有序性、纵深性几方面。

1）阶段性建设

强调企业智能化建设不要想着一步到位、变革过猛、跨度太大，造成与企业生产管理水平、人员配置、应用环境不相适应，不同发展阶段应有建设重点，取得阶段性目标和适用成果，再持续化改进。企业可通过各级条款要求判断所达到的能力（当前等级），以及后续提升的方向（下一等级）。

2）有序性建设

表现为同一业务在发展等级之间的关联性，企业具备了一定的建设基础，才有利于开展后续的智能化建设，建设重点具有先后顺序。例如，CMMM 中"生产作业"质量检验业务方面要求，"二级 c"条款仅要求关键工序采用数字化质量检测设备，这阶段企业重点对单点关键工序质量严格把控；随着企业发展，产品产量规模变大，质量检验效率要求变高，"三级 c"条款要求质量检测设备集成于产线中，实现"在线检测"，并与信息系统检验指标比对实现"自动判读"，收集质量信息，总结"质量问题知识库"；企业继续发展，需要进一步降低质量不合格率，能够对质量异常进行提前预测，因此"四级 c"条款要求，质量预测基于三级的"在线检测"，并通过一段时间知识库数据积累，通过监控这些检验指标的实时趋势进行潜在超差分析预测。

3）纵深性建设

表现在对同一业务的智能化应用能力不断增强。例如对于"生产作业"能力的生产现场管控要求，"二级 b"条款仅要求收集关键生产过程数据，通过信息系统有效管控，"三级 b"条款增强了数据采集实时性并能够对数据异常进行监控。通常企业达到这个阶段容易遇到瓶颈，以为做到异常监控就达到了现场管控目标，而对于异常情况处理，还是依靠人工调度解决。通过成熟度模型的导向作用，企业此时应继续转向生产数据的深层次应用方面能力提升，所以"四级 b"条款要求通过构建分析模型，基于采集的实时生产数据动态优化生产过程，以敏捷响应生产过程中存在的异常情况，保证生产活动时刻处于最佳状态。

2. 制造新模式建设

很多企业为了满足市场大批量产品需求，通过构建自动化流水线实现产品高效生产，以为实现了智能制造，然而这些产线由于缺少柔性化适配，刚性有余、柔性不足，仅适合几种单一型号的产品制造，几年后产品过时，产线面临淘汰。此外，单一产品很难长时间与同行对手拉开差距，虽然部分企业仅靠几种产品、可靠的客户源就能正常经营，但企业需要避免同质化竞争，需要拓宽市场，不断研发新产品，这就为企业能够适应多品种产品制造提出需求。

企业生产产品种类变多后，已不是追加生产设备能够解决的问题，企业的生产组织管理成为关键，然而管理最难的是"人"，人与人之间最难的是协同。人虽然能够很好地处理柔性化问题，但人变多，协同成了难点。如何保证企业跨业务之间、人与人之间、人与设备间的高效协同，就成为智能化建设解决的核心问题。

CMMM从"三级/集成级"开始就是通过系统集成实现各业务敏捷协同与信息同步共享，满足生产多品种、柔性化需要。例如"生产作业三级a"条款，要求根据生产作业计划自动将工艺文件下发到生产单元，这就是通过工艺系统和生产系统集成方式随生产任务下达将技术文件准确下发给生产现场，防止同一产线或工位混线生产不同产品时作业人员选错工艺参数，以此提高作业指令下达的精准度。此外，三级要求在多个业务能力域构建"知识库"，利用知识固化管理流程和管理经验，通过已有知识的快速复用实现多样化问题的敏捷处理。而对于四级、五级的条款要求，更是为了满足企业柔性化、大规模个性化定制生产需要，以及实现与供应链上下游企业的业务协同。

此外，企业对于制造环节的管控是一个动态过程，CMMM四级、五级条款更是要求企业面对外部需求变化、制造异常变动、潜在失效风险，需要做出敏捷响应，需将企业知识封装为分析模型，并通过模型驱动逐渐代替人工判断决策，实现系统自动辅助决策和优化。因此，在"采购"四级能力，要求基于采购执行、生产消耗和库存等数据建立采购模型，实时监控采购风险并及时预警，要求根据供应商供货历史表现数据，适时调整供应商量化评价模型；在"计划调度"四级能力，对生产异常情况进行自动决策优化调度。

然而，部分企业在对标成熟度模型三级以上能力要求时，发现条款要求对其不完全适用。究其原因，是某些企业生产产品种类不多、工艺不复杂、个性化需求不高，对生产组织、业务协同与敏捷响应无较高要求，这样对高阶的智能化应用没有迫切需求，也就不会开展能力建设，达不到高等级要求。当然这些企业的生存也面临危险，产品结构单一、工艺简单，仅靠生产装备几年的先进性，容易逐步被同行效仿，甚至超越。由此，企业为扩大生存空间，为了突出差异化竞争力，会不自觉地将主营业务向多品种产品、多工序覆盖、工艺优化改进、新材料应用、满足个性化需求等维度拓展延伸，这就促进了企业智能化建设进一步提升需求。

22.4   发展规划要点

智能制造是一项长期而艰巨的任务，需要持续进行深入梳理、详细调研和系统规划，智能制造规划需要既结合企业实际情况，符合智能制造相关技术发展趋势，又充分满足企业内外部战略发展与环境变化等。

22.4.1   规划原则

在实施智能制造发展规划中，通常需要遵循需求驱动、投入产出、有效性和全局性等方面的原则。

1. 需求驱动原则

智能制造建设过程是信息数字技术和企业制造活动密切结合的过程，这种结合最重要的是实际应用需求。如果信息化项目缺少对企业具体工艺等的考虑、对应用需求分析存在不足，在不清楚要解决什么问题或不清楚此项目与其他信息化项目之间的逻辑关系和业务关系的情况下就盲目上马，往往容易导致失败。因此，相关规划首先体现的是需求驱动的原则，即整体规划是针对企业实际需要的生产、管理、经营需求而制定的。

2. 投入产出原则

智能制造规划需要从企业生产及其管理各方面的实际出发，突出重点，务求实效。根据企业的特点，从对影响企业生存和发展的问题入手，抓住关键环节，紧紧围绕提高企业核心竞争力进行规划，确定实现的目标和任务，制订实施的计划和措施，从而提高智能化数字工厂投入产出的效果。

3. 有效性原则

有效性原则包括两方面含义：一是总体规划的正确性，要求总体规划充分利用各种资源，与企业内外部环境匹配。二是总体规划的可行性，要求总体规划适合企业的实际需要，做到与企业转型战略匹配。通过规划回答企业生产变革"要求做什么、能够做什么、应该怎么做"的问题。

4. 全局性原则

智能制造是面向企业的产品生命周期，因此相关规划需要从企业战略目标出发，分析企业对数字化运营、信息数字技术与信息资源的需求，逐步得出智能制造的战略目标和总体方案。确保规划具备高层次、全局性的分析，能够给后续工作以指导，有序引导和驱动企业的智能制造水平提升。

22.4.2　规划活动要点

智能制造发展规划成果的落脚点虽然依然是信息系统的建设与优化，但其实施过程与过往的企业信息化规划还存在较大差异，这是因为生产设备 IT/IP 化后，生产设备的控制系统（如工控主机、数字控制系统、AGV 系统等）成为了企业信息系统的一个重要组成部分。信息系统与企业经营管理和生产制造深度融合，智能制造规划具备知识涉及面广（产品知识、工艺知识、经营管理知识、服务知识等）、个性化强（生产活动纳入信息系统范畴后，更加加剧企业信息系统的差异化）等特点。因此智能制造规划需要重点关注诊断评估、均衡部署、突破重点和人才保障等方面的规划活动及成果。

1. 诊断评估

开展信息系统规划工作，摸清规划对象的现状是必要的一项重要活动，实施智能制造发展规划，这一过程也是必然的。企业对智能现状的摸排与常见的信息化规划调研对标，有其独特性，这种独特性源自于智能制造带来的管理与生产过程的深度融合、信息技术与工业技术的深度融合、数据应用与企业制造模式转型升级的深度融合。

对任何企业来说，智能制造的投资都是巨额的，企业的需求往往不能全面满足，常常也不能参照制造业顶级的建设模式和投资方法，因为这些需求满足或者"高规格"建设通常是企业无法承受的，这不仅仅体现在资金投入方面，还包括企业生产工艺成熟度、人员技能部署与获取情况等。这就需要开展智能制造规划，必须建立在对企业全面的深度诊断与评估，而不单单是现状和需求的调研和汇总。

智能制造规划所需的诊断评估需要保障其深度和广度，可以参考 CMMM 模型所规定的范围，如组织战略、人员技能、生产作业、工艺设计等。同时要确保每个能力子域的调研深度，这个深度不仅包括信息系统现状与需求的调研颗粒度，还要包括与之相关业务能力的诊断与评估，明确企业在智能制造能力子域需要关注各项活动的运行情况，以及下一步能够达到的状态。

企业智能制造能力建设是一个循序渐进的过程，因此，面向其发展规划的诊断评估可以参考 CMMM 的成熟度定义，由低级向高级演进，直到找到企业当前所处的成熟度水平，从而结合 CMMM 下一级的定义，细化客户需求，实施有针对性的评估。表 22-2 所示为基于 CMMM 标准条款，需要开展诊断评估的内容。

表 22-2　智能制造诊断评估调研内容示例

能力子域 / 等级	调研内容	诊断评估细项
生产作业 / 三级	企业通过什么信息系统管理各种工艺文件，如何实现生产工艺设计与工艺文件之间的匹配关系	工艺文件的信息化管理平台情况
	企业如何通过集成或数据共享的方式实现工艺文件下发与生产作业计划的高度同步一致性	工艺文件下发与生产作业计划的同步一致性情况
	企业如何通过信息系统实现工艺文件的版本控制，如何确保生产作业人员使用的是最新版本的工艺文件	工艺文件的版本控制
	企业如何根据生产作业计划自动下发工艺文件到生产单元，各类生产作业人员通过使用哪些（终端）设备自动获取相应工艺文件	工艺文件接收设备
	企业在生产过程中，都关注哪些与生产作业计划相关的动态数据，这些数据通过什么方式进行监测和呈现，生产作业计划的完成情况如何实时获取与呈现	生产作业计划动态数据的监测与呈现
	企业在生产过程中重点关注哪些生产资源	生产过程中重点关注的生产资源
	企业在生产过程中通过什么方式和技术手段监测主要设备的运行状态和运行效率，能够实现动态监测的设备占比是多少	生产过程中主要设备设施的状态监测情况
	企业如何统计当前设备稼动率信息，当前主要影响稼动率的异常时间是哪类时间，由哪个部门负责分析和优化主要设备的稼动率	主要设备的稼动率统计与优化情况
	企业在生产过程中通过什么方式和技术手段监测主要物料和关键辅料的使用与消耗情况，能够实现动态监测的生产物料占比是多少	生产过程中生产物料的使用情况监测
	……	……

在开展企业智能制造诊断评估时，如果企业有特定业务领域不在 CMMM 标准定义的范围内，可以基于规范化、系统化、协同化、智能化、生态化的等级逻辑，定义对应能力域的针对要求，从而获得智能制造相关工作的全面诊断评估。

2. 均衡部署

制造企业经过诊断评估后，可以获得企业在各能力子域或更小颗粒度的能力水平，按照均衡发展的逻辑，企业优先需要建设的是"短板"部分，这是因为"短板"往往是制约企业智能制造发展的主要因素，考虑到"短板"部分的形成不是一蹴而就的，规划填补"短板"规划时，需要综合考虑它的形成因素，如组织机制限制、人员能力或容量不足、技术创新或储备不够、资源配置较弱等。

当诊断评估或规划设计无法在短时间内乃至根本无法解决企业"短板"问题时，通常需要通过规划对企业相关能力进行"裁剪"或"避让"。"裁剪"是指通过业务外包的模式，通过社会资源支撑企业相关能力的补齐；"避让"通常是针对那些集团化单位，由于集团相关力量的薄弱而造成的"短板"，这种情况下，最好能够与集团相关单位进行协商，驱动其对相关能力转型与提升等。

在确保企业"短板"部分能够得到补充的情况下，需要设定企业整体需要达到的智能制造水平，通常的设定方式是把企业"最长板"作为企业智能制造发展的短期目标，将比"最长板"高一个等级作为企业中长期发展的目标，直到最高等级成熟度，并基于均衡部署方法，通过规划支撑企业各能力子域的均衡发展。切忌，在相关规划中，采用超过企业可及的"最高等级"发展模式。

在相关信息系统功能或能力规划中，不要使用全模块建设的规划模式，需要考虑企业可达情况，如企业首次建设 MES 系统，就需要对预测性功能进行"裁剪"，重点确保企业在作业调度管理、生产作业管理和设备管理等基本功能的有效性和价值性。在规划中，不建议以部署信息系统作为分期选择依据，如建设 MES 系统全模块，而把工艺设计相关平台放到下一期进行建设等，而应采取细化模块的方式进行分期主线，例如在建设 MES 基础模块的同时，开展工艺设计管理中 CAPP 相关功能建设。

3. 重点突破

每个制造企业向更高等级的演进，往往需要有个突破点，突破点对很多企业来说有其天然的促成因素，如同企业发展受到基因控制一样，每次升级的突破点基本保持一致。除非企业发生并购或重大变革等，企业发展文化得到重塑，企业的发展突破点才会发生改变，但这是一个比发展更加困难的事情，发生的概率极低。因此，在相关规划活动中，需要注意并重视这个因素，不建议试图通过规划来改变企业的发展突破点。

通常来说，企业升级发展的突破点可以是技术、管理和模式，也就是说每次企业升级提升，往往选择相同的突破点。技术突破驱动的变革，是指企业变革升级优先由技术突破开始，从而引发企业智能制造整体能力的提升，包括产品技术突破、工艺技术突破、IT 技术突破等。管理突破驱动的变革，是指企业变革升级由管理突破开始，从而引发企业智能制造水平的提升，包括管理方法突破、管理水平提升、业务流程变革等，需要注意的是管理的局部变化往往不会引起企业整体的转型升级。模式突破驱动的变革，是指企业变革升级由经营或生产模式突破开始，从而引发企业智能制造水平提升，包括柔性生产新模式、数字营销新模式等。

在进行企业智能制造规划中，需要在均衡部署的基础上，洞察企业变革发展的历史惯性等，精准识别到企业能够引发或驱动企业全面变革的关键点，并让该部分的能力规划超越其他的能力子域（最多一个等级），从而为企业进一步的发展奠定基础。另外，在进行转型计划安排时，可以考虑将突破点作为补齐短板后的有限建设内容。

4. 人才保障

人才是企业开展智能制造的关键基础，但也常常是相关规划时容易忽略的内容，或者将其作为整体保障措施中的一个局部进行简单描述。调研证明，人才问题是制约企业智能制造发展的重要因素之一，包括人员意识、人员技能、人员经验和数字素养等方面。复合型人才更是企业智能制造建设的核心要素，是业务人员 IT 化、IT 人才业务化的长期沉淀，这类人才是企业有效落实智能制造的中坚力量。

人才保障相关规划主要涉及以下几方面。

1）统筹智能制造的团队

需要结合企业的组织体系和运管模式等，明确其总体统筹智能制造的团队，确保相关团队的人员技能能够充分理解智能制造相关知识，以及其发展演进的路径与方法等，并能够确保团队成员相关技能能够覆盖智能制造涉及的各领域，并尽量确保相关统筹职能能够与相关人员日常岗位职责融合一体。

2）智能制造专业技术人员

智能制造专业技术人员主要涉及 IT 基础、数据分析、应用建设、编程调试、设备维护、系统维护等相关人员。这些人员既可以是企业内部人员技能能够覆盖，或者提升之后覆盖；也可以通过企业与第三方组织合作，获取相关人员能力供给。

3）培训体系构建

培训是确保企业人员持续获得智能制造所需知识和技能的主要手段。企业的培训体系建设需要包括组织体系化、课程体系化和内容体系化三个层次。组织体系化是需要结合企业的组织架构建设和职能分工等，确保业务部门与人力资源部门面对培训组织工作的一体化协同；课程体系化是指企业需要有效布局各类培训课程、实训内容等，确保课程体系覆盖 IT 技术、软件应用、数字装备使用、现代化管理体系等；内容体系化是指企业需要在培训实施过程中，既要重视知识内容的传播，更要重视人员软技能培育。

4）知识体系建设

对任何工业企业来说，很难找到一个与自己一模一样的对标企业，这就需要重视自身的知识沉淀，特别是经验类知识沉淀。一方面企业要培育全员的自我知识管理能力，通过强化其自主成长，确保企业知识能够获得可靠的来源；另一方面，企业通过适合自身知识管理制度和方法，保障全员能够积极贡献自身的经验，从而支撑企业自主能力的建设，以及数字化、软件化的知识、技能和经验生成。

5）业务人员数字素养

这里所指的制造企业业务人员是从事产品设计、工艺设计、销售、物流、客户服务、产品服务、计划调度、生产作业、仓储配送、设备管理、能源管理和安全环保管理等相关人员。业务人员的数字素养对企业智能制造能力建设起着决定性作用。这些数字素养主要包括面向问题的结构化思维、信息数字技术的理解、数据开发利用的技能，以及使用数据洞察、发现和解决问题的能力等。

22.4.3　规划管理要点

智能制造发展规划与大多数系统规划一样，是一项多元约定与制约因素条件下达成一致性认识的过程，也是制造企业多条件下的发展最优解获取过程。智能制造的发展规划因其涉及范围广、影响因素多等特征，其规划的"求解"过程更为复杂，既涉及产品与供给技术，也涉及装备部署，还关联企业的运营管理等。因此智能制造发展规划的过程，也需要得到有效管理，从而保障企业获得可行、可信、可靠的智能制造发展规划。

1. 多元参与

智能制造发展规划是以企业产品全生命周期为主线，以持续迭代为关键模式，以切实可行为关注焦点，打造出企业的发展新阶段。智能制造涉及企业的方方面面，其规划过程自然也需要广泛的组织团队参与。因此，企业在实施智能制造规划时，要做好动员工作，确保相关团队的主要负责人和骨干人员能够充分参与其中。

对于智能制造成熟度较低的企业（如一级、二级），可以通过成立虚拟团队的方式，聚合企业主要管理人员和骨干人员，由企业的最高负责人或主要负责人牵头，按照能力域的方式，推进相关规划活动；对于智能制造成熟度相对较高的企业（如三级、四级和五级），可以成立跨专业领域的"军团"或"工作组"模式，面向企业当前重点关注的场景，开展研究和研讨，形成创新突破的成果，再将成果进行归集，形成规划。

无论是企业当前处于何种智能制造等级水平，企业均可以考虑引入第三方力量参与其智能制造的规划活动，但需要确保第三方的知识、技能和经验等，能够有效地传递到企业当中，避免规划工作"虚高"。

2. 知识传递

智能制造发展规划是多元业务单元和能力域协同研讨与讨论的活动，企业可以充分利用这些活动契机，做好知识传递工作，即通过交流让不同领域的人员获得相关领域的知识、技能和经验，从而实现跨领域创新的同时，实现知识在企业内容的交融和传播。

如果企业在实施智能制造规划活动中，引入了第三方力量，企业就需要重视外部知识、技能和经验的导入。可以通过培训、交流、专题研讨等方式，或者面向具体场景的头脑风暴等，积极推进知识传递。

3. 目标控制

企业实施智能制造建设不是一蹴而就的工作，需要长期坚持、持续迭代，这就需要企业在开展智能制造规划时，切实做好目标控制。目标定义得过低，容易造成投资浪费，目标定义得过高会导致规划的可实施性不强、规划内容的颗粒过大等情况，使规划成果束之高阁。

规划的目标可以分为总体目标和分项目标两方面。总体目标尽量避免使用较为空洞的语言，如达到世界一流等，尽量使用5年能够达到的状态，如满足CMMM四级要求等；分项目标可以采用"做一看一"的方式进行设定，即在现状基础上，迈出一步，并观察和理解下一步。

目标控制还涉及相关人员理解一致性的情况，这就需要将总体目标控制进行充分宣贯，确保参与规划的所有人员都能理解企业下一步需要达到整体状态，并获得一致性认同的情况，细化分项目标内容。必要时，还需要开展分项目标与总体目标控制的一致性研讨和讨论，确保目标控制的一体化。

4. 实践借鉴

借鉴最佳实践是规划工作的常用手段，通过借鉴能够支撑规划的有效性和价值性。在规划实施过程中的实践借鉴需要注意以下几方面：

- 放大鉴小。借鉴最佳实践最好是面向场景或局部的借鉴，整体或宏观方面的借鉴往往不能给企业带来实效。
- 背景分析。任何最佳实践的形成都有其特定的背景环境，即促成因素，因此要充分获取这些实践的形成条件。
- 创新借鉴。借鉴过程中不能采用照搬照抄的方法进行，需要根据自身情况，在获取最佳实践原理或本质的基础上，基于自身情况进行创新后使用。
- 坚持自主。借鉴过程中要避免对最佳实践的"迷恋"，否则企业将失去自我，导致借鉴不但没有起到该有的价值，反而反噬自身发展。

22.5   信息系统架构

智能制造是以信息数字技术和生产装备设施为重要载体，以信息化系统和数字化手段为企业业务提供支撑，在设计、生产、管理、服务等环节，实现自感知、自学习、自决策、自执行、自适应等功能的新型生产方式。企业的智能制造建设，需要通过总体架构进行引导，通过集成架构进行控制，从而确保实施的有序，避免重复投资或短期迭代带来投资浪费等情况。

22.5.1   总体架构

智能制造系统架构从生命周期、系统层级和智能特征三个维度对智能制造所涉及的活动、装备、特征等内容进行描述，如图22-3所示。智能制造的关键是实现贯穿企业设备层、单元层、车间层、工厂层、协同层等不同层面的纵向集成，跨资源要素、互联互通、融合共享、系统集成和新兴业态不同级别的横向集成，以及覆盖设计、生产、物流、销售、服务的端到端集成。

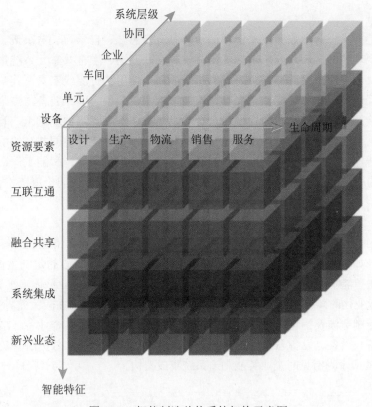

图 22-3　智能制造总体系统架构示意图

1. 生命周期

生命周期是指从产品原型研发开始到产品回收再制造的各阶段，包括设计、生产、物流、销售、服务等一系列相互联系的价值创造活动。设计是指根据企业的所有约束条件以及所选择的技术对需求进行构造、仿真、验证、优化等研发活动过程；生产是指通过劳动创造所需要的物质资料的过程；物流是指物品从供应地向接收地的实体流动过程；销售是指产品或商品等从企业转移到客户手中的经营活动；服务是指提供者与客户接触过程中所产生的一系列活动的过程及其结果，包括回收等。生命周期的各项活动可进行迭代优化，具有可持续性发展等特点，不同行业的生命周期构成不尽相同。

2. 系统层级

系统层级是指与企业生产活动相关的组织结构的层级划分，包括设备层、单元层、车间层、企业层和协同层。设备层是指企业利用传感器、仪器仪表、机器、装置等，实现实际物理流程并感知和操控物理流程的层级；单元层是指用于工厂内处理信息、实现监测和控制物理流程的层级；车间层是实现面向工厂或车间的生产管理的层级；企业层是实现面向企业经营管理的层级；协同层是企业实现其内部和外部信息互联和共享过程的层级。

3. 智能特征

智能特征是指基于信息数字技术使制造活动具有自感知、自学习、自决策、自执行、自适应等一个或多个功能的层级划分，包括资源要素、互联互通、融合共享、系统集成和新兴业态等五层智能化要求。资源要素是指企业在生产时所需要使用的资源或工具及其数字化模型所在的层级；互联互通是指通过有线、无线等通信技术，实现装备之间、装备与控制系统之间、企业之间相互连接及信息交换功能的层级；融合共享是指在互联互通的基础上，利用云计算、大数据等新一代信息通信技术，在保障信息安全的前提下，实现信息协同共享的层级；系统集成是指企业实现智能装备到智能生产单元、智能生产线、数字化车间、智能工厂，乃至智能制造系统集成过程的层级；新兴业态是企业为形成新型产业形态进行企业间价值链整合的层级。

22.5.2 集成架构

不同类型的企业，由于其所处的行业不同（如化工等流程行业、机械加工等离散行业等）、业务重心不同（如以代加工为核心的生产加工、以流行消费品为核心的定制生产等）、基础条件不同（如处在智能制造的不同发展阶段）、内外部环境不同（如行业整体水平等）、技术力量不同（如具备专业化的装备设计团队）等，其信息系统集成架构也存在较大差异。但通常来说，大部分企业智能制造涉及销售、设计、采购、计划、生产、交付等多个业务环节，涉及多种信息化系统，设备与设备、设备与系统、系统与系统之间的集成互通，数据融合流动是智能制造的关键。图 22-4 所示为常见的企业智能制造系统集成架构。

图 22-4   智能制造系统集成架构参考示意图

智能制造系统集成架构一般分为设备层、传输层、执行层、业务层、决策层 5 层架构体系。

- 决策层。以大数据、驾驶舱、数字孪生、人工智能等的典型应用为代表，构建智能制造的数据驱动决策体系，提高企业运营和管理决策效率和准确性。
- 业务层。以客户关系管理（CRM）、产品全生命周期管理（PLM）、企业资源管理系统（ERP）为核心的业务和流程管理系统，为业务数字化奠定基础，实现从订单到交付的数字化管理。

● 执行层。以生产执行系统（MES）或生产运营管理系统（MOM）为核心，同时配合仓储管理系统（WMS）、质量管理系统（QMS）等其他信息化系统，实现生产下发和过程数据采集上传、开工报工等生产全透明管理。

● 传输层。也叫网络层，是以工业互联网、物联网、数据采集及配套工业互联网或物联网（IoT）平台为核心，为设备状态和运行数据的采集提供数据通道，打通设备层与执行层的通道，实现底层设备和上层信息化系统的集成互通。

● 设备层。以自动化生产设备、数字化检测设备、AGV 运输车和立体仓库等智能物流设施为基础，构成智能制造底层基础设施。

22.5.3　实施路径

智能制造建设是一个庞大复杂的系统工程，不是一蹴而就的，需要在系统架构和蓝图规划的前提下进行分步实施。依据企业自身特点分阶段进行实施落地。信息化系统可以第一阶段的由缺到全，第二阶段的由全到通，第三阶段的由通到智，最终实现信息系统和基础建设的全面覆盖、全面通畅和全面智能。图 22-5 所示为某企业智能制造实施路径，该企业通过总体规划和分步实施，逐步提升智能制造能力水平，通过五年智能化建设，努力实现企业智能化生产，实现生产效率提升、单位成本降低、能源利用率提高、产品不良率降低、订单交付周期缩短等关键 KPI 绩效目标。

图 22-5　智能制造实施路径参考

22.6　建设实践案例

智能制造的规划建设和落地设施具有长周期性、高投入性的特点，各企业根据行业特点、发展趋势、企业规模、投资能力、技术能力、人员配备等方面的综合考虑，探索一条适合自身发展的智能制造之路。全国各地智能制造建设在最近几年间取得了长足的发展和进步，涌现了一批又一批的智能制造试点示范单位企业，为智能制造的规划落地提供了实践案例。

22.6.1　发动机智能制造案例

A公司为发动机行业龙头企业，主打产品为柴油发动机，主要为重卡提供配套服务。企业积极响应国家智能制造战略，引入智能制造理念与技术，将重型车用发动机生产基地的设计数字化、制造自动化、信息集成化进行融合与提升，并将精益化和绿色化贯穿生产全过程，实现工厂运营管理智能化。工厂运行数据的自动采集、传输、存储、决策分析与反馈控制的闭环系统，具有自我学习、自行维护与自主控制的初步智能，并根据实际运行环境自行调整最佳系统配置，实现生产制造过程在"质量、成本、效率"等多目标的最优化。

公司智能制造遵循总体规划和分步实施的原则，项目实施分三个阶段进行。第一阶段为2010—2013年，主要包括对发动机生产基地进行总体规划、对工厂进行数字化设计及生产设备自动化等三方面的工作。第二阶段为2014—2018年，主要进行物流自动化规划与实施、生产过程数据采集与可视化、能源动力数据采集的工作。第三个阶段为2018—2022年，主要进行ERP、PDM、CAPP、MES系统集成应用，互联网＋工厂智造，互联网＋智能服务。

公司积极推进智能制造项目建设，重型车用发动机生产基地规划、建设及运营，始终紧盯行业最新科技进展，力争先进技术应用、运行管理综合水平保持行业领先，经过数年的努力，智能制造模式已初具雏形，实现了各领域数字化设计，生产线柔性、高效、自动化生产，设备互联进步提高，并逐渐形成产品全生命周期管理信息化系统框架。

1. 工厂规划设计数字化

企业构建了工厂系统模型，通过数字化建模及厂区物流仿真，确定最优布局方案，及早发现错、漏、碰、缺等问题，设计效率提高30%，规划成本降低5%。

运用计算机辅助生产线仿真设计，实现最佳生产线平衡、最小投资成本或最优化投入产出等方案，克服了传统规划模式效率低、准确性差等缺点，提高规划精准性并缩短设计周期。

借助计算机辅助工艺设计CAPP系统及CAM辅助制造软件，缩短工艺及加工程序编制时间，提升工艺设计的规范性和准确性，实现了内部数据的高度统一，使产品研制周期缩短10%。

2. 生产线装备自动化和智能化

企业机加工生产线以金切设备为主，全部采用高精度加工中心及专机设备，通过动力滚道以及桁架机械手形成串并联自动生产线。配合SPC检测站和在线监测机等在线测量手段集信息处理、自动控制等新技术于一体，具有高精度、高效率、柔性自动化等特点。数控系统实现了高速、高精、高效控制，在加工过程中可以自动修正、调节与补偿各项参数，实现了开放式实时动态全闭环控制及在线诊断和智能化故障处理。实现了从毛坯上线到成品下线全自动流通加工，自动化率达到90%，可适应混线生产，具备多品种柔性制造能力，单次换型可在120min内完成。

缸体缸盖机械加工生产线应用大量高精、高柔性数控设备，集成传感技术、计算机技术、自动控制技术等现代智能控制技术，实现实时动态全闭环控制及在线诊断和智能化故障处理，生产线自动化率达78.33%，同时生产线柔性设备占比67%，具有较强的可重构、可扩充等特点以及产品快速转换能力。

装配生产线在确保发动机高品质装配的前提下，遵照安全环保、高开动率、高稳定性、高柔性、高效率、低成本原则，充分体现精益生产中必备的高质量、低消耗的准时化生产理念，总装线自动化率达 28%，使建成的生产线具有更高的生产效率和更强的生产柔性，装配后的发动机获得更高的产品质量。

自动化物流设备应用大量自动化输送设备实现缸体、缸盖、零部件及整机转运。发动机从总装上线到油封下线，中途发动机不落地。装配过程物流实现了全自动化输送，形成主动分析、按需配送的智能物流系统。这些措施大大降低了人工成本，同时提高了转运效率和输送准确性。

3. 生产线过程数据采集和分析可视化

充分利用现场总线和工业软件，并采用 RFID、DPM（Direct Part Mark，直接零部件标识）码等技术作为数据载体，实现生产过程数据的采集、上传和可视化管理。

通过 RFID、二维码技术、扫描枪、视觉等技术对过程信息进行收集。通过自动分析质量数据的变化趋势，实现产品质量不良的早期预警，便于及时对过程加以控制改进，采取改进措施提升过程能力。

由智能电表在线监测各类电能指标，利用无线传送至电能云平台进行实时监控和处理，通过手机 App 可及时掌握电能情况，确保电能使用受控。

4. 构建节能环保绿色制造

将绿色环保放在首位，广泛运用绿色制造技术以及节能生产系统。机加线关键工序——缸盖枪铰加工采用 MQL（Minimal Quantity Lubrication，微量润滑）加工技术，刀具寿命提高 10 倍，切削液消耗节约 3%。装配线在国内首次将冷试技术应用于重型发动机的批量生产，直接出厂比例为 90%。相对传统热试工艺，每台发动机缩短生产时间 80% 以上，缩短整机交付时间 75min，项目实施至今，减少二氧化碳排放量 747 178kg。

5. 建设"互联网 +"业务驱动集成应用软件平台

以工厂发展战略为导向，以对标行业水平为目标，结合"互联网 +"战略规划内容，稳步推进车联网、云计算、移动智能、"互联网 +"等技术在工厂的落地工作，以"统筹规划、分步实施、循序渐进、逐步升级"为信息化建设步骤，建设"互联网 + 工厂智造 + 智能服务"的信息化平台。

6. 互联网 + 工厂智造 + 智能服务

互联网 + 工厂智造：搭建以 ERP、TDS、PDM、CAPP、MES 等各类系统为基础的管理和生产平台，以及以物联网技术为核心的发动机数据远程采集系统的信息化建设框架，形成"内外互联、上下互通、运行高效"的数字化管理体系。

互联网 + 智能服务：依托日趋成熟的工厂车联网及发动机电子身份证项目，开发智慧 App，结合发动机 DPM 二维码技术升级，实现服务模式由传统被动呼叫向精准化主动关怀转型。

企业通过智能制造项目实施，实现重型车用发动机的数字化、智能化生产，在生产线设计、先进技术应用等方面创造了多项国内领先。运营成本降低 20.8%，生产效率提高 50.1%，产品研发周期缩短 38.5%，产品不良率降低 53.9%，能源利用率提升 56%，各方面绩效考核指标成效显著。使企业各项运营数据位居行业前列。智能化工厂建设为企业生产经营带来了重大转变，增强了企业竞争力。

22.6.2 电缆智能制造案例

电线电缆制造属于国家基础性传统机械制造工业，随着"中国制造2025"和智能制造战略的推进，电线电缆制造在传统制造企业转型升级显得尤为迫切，在改进传统加工制造工艺、引进先进加工制造设备、采用数字化信息管理系统的同时，产品和工艺数字化设计、自动化生产、绿色化制造、智慧化管理等成为企业转型升级的方向，也确立了企业转型升级的方法。

作为企业电缆的龙头企业，F公司积极推进智能制造建设，主要在智能化设备、物联网工厂仿真规划、生产过程仿真优化、物联网技术应用、数据采集、数据分析、数据驱动模型的数字孪生、AGV智能物流、在线设备状态监控、在线生产数据监控、在线质量数据检测、数据集成、数据融合、智能展示等方面进行了系统规划与建设。达到了国内电线电缆行业乃至世界电缆行业的领先地位。

该企业通过新设备接口打通和老设备数字化改造，部分设备增加控制模块，生产和检测设备100%实现联网。在挤塑机上实现了塑料原料落料称重数据采集，与挤塑机生产状态和挤塑后的电缆绝缘壁厚进行数据关联与反馈，及挤塑后绝缘壁厚偏心数据采集与反馈；在所有机台上实现在线电缆外径的检测；在所有机台上实现火花机放电次数的在线数据采集与电缆绝缘质量的关联；应用物联网技术对所有设备进行数据采集与数据分析；应用三维建模软件和仿真软件对新工厂进行三维建模与生产过程仿真，使生产流程得以优化。同时物联网终端采集的数据驱动虚拟工厂的三维模型，实现"数字孪生"的物理工厂与基于模型的虚拟工厂的同步映射，形成虚拟信息系统与物理系统的同步。

1. 工厂仿真规划

对工厂设备和产线进行三维建模，在三维模型基础上进行生产仿真，从仿真模型的优化迭代到新车间的建设实施，保证新车间布局的合理性和生产的高效性，从而避免生产规划中存在的问题。

2. 设备互联互通

通过环形光纤网络＋星形以太网的结构设计与线缆生产智能设备控制系统对接，以及外接传感器等方式，实现设备的网络联接，通过采集设备的状态、生产信息、质量信息，实现生产过程的监视和追溯。

3. 质量在线检测

全面部署在线检测设备，如挤塑机的落料称重系统、绝缘层的测偏仪、电缆测径仪、火花机等的联网等，并接入质量数据采集分析系统，实现质量数据的实时在线检测和质量追溯。通过实时在线的能源管理系统，实现能源消耗精确到每个机台、每个设备，高耗能机台的数据实时感知和重点监控，总能耗和单位能耗得以持续下降。

4. 智能物流

企业部署了激光引导智能（AGV）运输车、仓库管理信息化系统，实现原材料和工序间的物料自动输送，减轻了工人劳动强度，提高了物料配送的准时性。

5. 仿真排产

应用工业工程和精益生产与仿真排产相结合，实现按订单驱动，拉动式生产，减少在制品库存，消除浪费。

6. 系统集成

通过 SCADA/ERP/MES/APS/WMS 等信息化系统的数据集成与数据融合，实时洞察工厂的生产、质量、能耗和设备状态信息，避免非计划性停机，辅助各级管理人员通过数据做出正确决策，实现从订单到计划、排产、生产执行、质量追溯到交付的数字化、可视化、透明化和智能化。

7. 数字孪生技术应用

通过设备实时采集数据与工厂三维仿真模型对接，实现 1∶1 的工厂数字化"双胞胎"的虚实联动，在数字孪生的虚拟工厂中，制造工程师可以洞察设备状态与生产过程，任何生产问题可以及时预警，可以快速做出决策。

8. 虚拟现实技术应用

通过虚拟现实技术，构建工厂三维仿真虚拟模型，通过 VR/3D 眼镜，可以身临其境地沉浸式体验立体三维工厂的场景，仿佛置身于真实的工厂，进而通过虚拟审核发现目前生产中的问题，为工厂的持续优化提供解决方案。

第 23 章　新型消费系统规划

随着经济的高速发展和城乡居民消费水平的提高，新型消费模式和消费系统逐渐兴起。新型消费是指不断适应居民消费升级趋势和方向，利用互联网、人工智能、区块链等信息数字技术实现供需、产销高效匹配，形成一系列新业态、新模式、新场景和新服务，从而有效满足消费者对更好产品和服务的需求，并促进消费高质量发展的各类消费的总称。新型消费不是一成不变的，而是随着技术进步和经济社会发展水平的变化而不断变化的。

23.1　发展整体环境

消费升级一般指消费结构的升级，是各类消费支出在消费总支出中的结构升级和层次提高，它直接反映了消费水平和发展趋势。总的来看，我国经历了三次消费升级：第一次消费升级在改革开放之初，粮食消费下降，轻工产品消费上升。这一转变对我国轻工、纺织产品的生产产生了强烈拉动，带动了相关产业的迅速发展，并带动了第一轮经济增长。第二次消费升级出现在 20 世纪 80 年代末到 90 年代末，家用电器等消费快速增长，这种转变对钢铁、电子、机械制造业产生了强大驱动力，并带动了第二轮经济增长。当前正处在第三次消费升级中，增长最快的是教育、娱乐、文化、交通、通信、住宅、旅游、电商等方面的消费。在这之中，作为新型消费核心的互联网相关产业消费增长最为迅速。

23.1.1　发展历程

新型消费以互联网技术为基础，通过线上线下融合、场景化、个性化等方式，为消费者提供更加便捷、多元化、个性化的消费服务。我国新型消费主要经历了电子商务时代、移动互联网时代、智慧消费时代和深度互动阶段。

1. 第一阶段：电子商务时代

21 世纪初，随着互联网技术的普及和电子商务的兴起，新型消费的雏形开始出现。2003 年，伴随着我国首家 B2C 电商平台成立，标志着我国电子商务迈入了成熟阶段。此后，淘宝、京东、苏宁等一批电商巨头相继涌现，推动了我国电子商务的快速发展。电子商务平台以线上销售为主，为消费者带来了便捷、丰富的购物体验，极大地拓展了消费者的消费渠道。

电子商务时代是新型消费的起点，它的产生一方面得益于互联网技术的快速普及，另一方面是消费者对于便捷、快速、低成本的购物方式的需求。

2. 第二阶段：移动互联网时代

21 世纪 10 年代初，随着 3G 网络的发展和智能手机的普及，我国进入了移动互联网时代。移动互联网改变了人们的消费习惯，越来越多的消费者开始通过移动设备进行线上购物、支付和服务体验。移动支付、O2O 等新型消费模式相继涌现，为消费者带来了更加便捷、高效的消费体验。移动互联网的兴起，为新型消费系统的发展打下了坚实的基础，而消费者对于便捷、高效、个性化的消费体验的需求不断增长，促使移动互联网消费飞速发展。

3. 第三阶段：智慧消费时代

21 世纪 10 年代末，随着人工智能、大数据等新技术的发展和应用，我国进入了智慧消费时代。智慧消费时代是新型消费的又一次升级，模式开始从线上拓展到线下，新零售、智慧餐饮、智慧旅游等新型消费模式相继涌现，通过场景化、个性化等方式，为消费者提供更加智慧化、多元化、便捷化的消费服务。同时，智慧消费时代也倡导绿色消费、共享经济等新型消费理念，为可持续发展和环境保护做出了贡献。

4. 第四阶段：深度互动阶段

在当前新型消费领域中，深度互动已经成为一个重要的趋势，它将信息数字技术与现实世界相结合，为用户提供丰富的、沉浸式的体验。5G 技术的低延迟、高速率等特点，使得实时互动成为可能，同时，边缘计算技术加速了数据处理和服务响应。这两种技术结合，可以为消费领域（如在线游戏、远程医疗等）提供高质量的实时互动体验。VR 和 AR 技术使用户能够体验到沉浸式的虚拟环境和现实世界的信息叠加，例如，在零售业中，用户可以通过 VR 设备在虚拟商店中购物，或使用 AR 技术在家中预览家具摆放效果。

23.1.2　宏观政策引导

随着新型消费成为我国居民消费的重要形态，以及成为扩大内需的主要场所和经济的重要组成部分，国家和各地方纷纷出台了大量的政策，促进、引导、扩大和规范新型消费市场。

1. 国家政策

多年以来，国家发改委、商务部、工信部等多部门积极部署，提出加快线上线下消费融合，鼓励发展新业态、新模式、新场景，促进定制、体验、智能、时尚等新型消费；培育一批信息消费示范城市和示范项目，加快 5G 技术与能源、教育、文旅等垂直行业融合应用，大力挖掘消费潜力等举措。新型消费的主要政策如表 23-1 所示。

表 23-1　新型消费相关国家政策内容梳理

出台时间	政策名称	政策内容
2015 年 11 月	《关于积极发挥新消费引领作用　加快培育形成新供给新动力的指导意见》	明确消费升级重点领域和方向，即服务消费、信息消费、绿色消费、时尚消费、品质消费和农村消费；加快推进重点领域制度创新；全面改善优化消费环境；创新并扩大有效供给；优化政策支撑体系
2016 年 7 月	《关于推动积极发挥新消费引领作用　加快培育形成新供给新动力重点任务落实的分工方案》	促进以消费新热点、消费新模式为主要内容的消费升级，引领相关产业、基础设施和公共服务投资迅速增长；推动与消费者体验、个性化设计、柔性制造等相关的产业加速发展

（续表）

出台时间	政策名称	政策内容
2016 年 10 月	《关于推进电子商务进社区促进居民便利消费的意见》	加大政策支持力度；加大用地保障力度；优化商业网点布局；完善标准规范体系，发挥示范引领作用
2017 年 8 月	《国务院关于进一步扩大和升级信息消费　持续释放内需潜力的指导意见》	以生活类信息消费、公共服务类信息消费、行业类信息消费和新型信息产品消费为重点领域；提高信息消费供给水平；扩大信息消费覆盖面；优化信息消费发展环境
2020 年 7 月	《关于支持新业态新模式健康发展激活消费市场带动扩大就业的意见》	积极探索线上服务新模式，激活消费新市场；加快推进产业数字化转型，壮大实体经济新动能；鼓励发展新个体经济，开辟消费和就业新空间；培育发展共享经济新业态，创造生产要素供给新方式；出台相应的保障措施
2020 年 9 月	《国务院办公厅关于以新业态新模式引领新型消费加快发展的意见》	加力推动线上线下消费有机融合；加快新型消费基础设施和服务保障能力建设；优化新型消费发展环境；加大新型消费政策支持力度；强化组织保障
2021 年 3 月	《加快培育新型消费实施方案》	就进一步培育新型消费、鼓励消费新模式新业态发展、促进线上线下消费融合发展提出了 24 项政策措施。例如培育壮大零售新业态；深入发展数字文化和旅游；有序发展在线教育；大力发展智能体育；加强商品供应链服务创新；提升新型消费网络节点布局建设水平
2021 年 12 月	《"十四五"国内贸易发展规划》	积极培育新型消费，鼓励发展定制、体验、智能、时尚等消费发展，不断扩大信息消费、数字消费和绿色消费
2022 年 4 月	《关于进一步释放消费潜力促进消费持续恢复的意见》	适应常态化疫情防控需要，促进新型消费，加快线上线下消费有机融合，扩大升级信息消费，培育壮大消费新业态，加强消费跨界融合，积极拓展消费新场景，有序引导网络直播等规范发展
2022 年 12 月	《扩大内需战略规划纲要（2022－2035 年)》	指出要"加快培育新型消费"。在全面建设社会主义现代化国家新征程上，全面贯彻新发展理念，加快构建新发展格局，着力推动高质量发展，不断推进以新型消费扩大内需新空间。新型消费具有自身的特征，在扩大内需新空间中发挥着重要作用

　　国家政策的支持为新型消费带来了更大的市场空间，同时政策法规对于新型消费市场的监管要求也越来越高。近年来，由于一些电商平台存在虚假宣传、低价诱骗、假货售卖等问题，消费者的权益受到了侵害，对于此类违规行为，政府加强了监管和打击力度。同时，一些新型消费模式的兴起，例如共享经济、P2P 金融、网约车等，也对监管提出了新的挑战。政府需要加强监管和规范，保障消费者权益，维护市场秩序，短期内，可能会对新型消费市场的发展产生一定的影响。例如，一些新型消费模式需要更高的准入门槛和更严格的监管措施，会增加企业的成本和风险，对市场竞争产生一定的制约作用。然而，加强监管也有助于消费者信心的提升和市场的健康发展，对于市场的长期发展有利。

2. 地方措施

线上与线下、业态与场景的融合发展，正在成为新型消费的典型特征。线上下单和预订、线下体验和配送越来越普遍，线上线下融合消费日益成为主导消费模式。为顺应新业态、新模式创新和居民消费升级趋势，各地也积极采取措施发展新型消费，激发消费市场潜力。

1）北京

北京积极培育消费新模式，打造智慧新生活，壮大"互联网 +"消费新模式。通过完善网络零售、"互联网 + 流通"、跨境电商等政策体系助力消费。推进生活性服务业规范化、连锁化、便利化、品牌化、特色化、智能化发展，推动便利店、书屋、药店进驻地铁站。持续开启数字化新生活，推动数字人民币落地冬奥场景 40.3 万个。

2）上海

上海通过加强新型消费场景应用，培育数字商圈和直播电商基地，支持电商平台孵化网络新消费品牌，举办数字生活节暨双品网购节、"11 直播月"等活动，提升新消费品牌影响力。

3）广东

广东持续推动线上线下消费有机融合，加快基础设施和载体建设，加大政策支持，提升发展环境，全面培育壮大新型消费。广东稳步推进 5G 网络、数据中心和工业互联网等基础设施建设，将 5G 产业作为促进数字经济和新型消费发展的重要抓手。

4）重庆

重庆强调全方位、全流程提升消费者购物体验，加快促进数字经济与生产生活深度融合，塑造巴渝文化特色消费场景。推进实体商业线上线下融合发展，试点建设智慧商圈、智慧菜场。壮大"互联网 + 社会服务"消费业态，发展网上商场（店）、网上超市、网上餐厅、云家政、云旅游等业态。推进电子商务进农村综合示范创建。

此外，四川、浙江、云南、湖南等地也纷纷推出培育新型消费的行动方案，打造富有地方特色的消费场景：成都打造数字消费生活节，杭州开启数智新消费暨文三数字生活嘉年华等，各地通过线上与线下结合的方式，不断挖掘新型消费潜力，促进消费新业态、新模式发展。

23.1.3　数字经济加持

随着我国经济的不断发展和人民收入水平的提高，消费需求不断增加，消费升级趋势日益明显，为新型消费提供了广阔的市场空间。与此同时，数字经济快速发展，根据《数字中国发展报告（2022 年）》，2022 年我国数字经济规模达 50.2 万亿元，占 GDP 比重提升至 41.5%，数字经济的发展也促进了新型消费的升级，数字经济条件下的消费新业态、新模式主要体现如下。

1. 数字经济拓宽消费渠道，新消费场景不断涌现

自 2013 年起，我国已连续八年成为全球最大的网络零售市场。以"互联网 +"为代表的数字消费更好地促进了国内消费，有利于加快形成国内大循环为主体、国内国际双循环相互促进的新发展格局。

另外，随着互联网及信息数字技术手段与传统金融服务业态的有机结合，网上支付、移动支付、网上银行、金融服务外包以及网上借贷、网上保险、网上基金等数字金融服务相继出现。同时，随着数字经济的快速发展以及数字金融的广泛普及，诸多新的消费场景不断涌现，如电商直播、"云购物"、在线教育、在线医疗、智慧旅游等。

2. 数字经济改变消费模式和消费习惯，推动消费升级

近几年，线上服务需求爆发式增长，线上办公、在线游戏、线上教育培训等行业需求激增。同时，发展数字经济成为各国促进经济尽快恢复的一项关键性举措。在此契机之下，网上购物、电子消费迅速发展，推动了数字消费模式转型升级。数字消费不仅改变了人们的生活方式，同时逐渐改变着居民的消费模式。消费模式由以广播、电视等传统消费方式，到如今以网络购物、网上支付为载体的现代服务方式，逐渐由实向虚，虚实并存。

伴随着消费模式的转变，数字经济也推动居民消费习惯的优化。信息数字技术的普及和发展，为广大消费者提供了各种丰富的信息资源，提高了信息对称性，方便了城市居民的工作和生活，满足了个人全面健康发展的需求，推动了城市居民的消费结构由以往传统的以物质性消费为主，逐步向物质性与非物质性消费并重转变，在某种程度上使得我国居民的恩格尔系数（Engel's Coefficient，食品支出总额占个人消费支出总额的比重）下降。居民的消费开始逐渐重视对精神财富的追求，这体现了我国居民生活水平的提高以及消费结构的优化。同时，数字金融的普及和规范化及法治化发展，利于中低收入家庭降低生产和生活成本，对生活相关的基础性消费具有显著的促进作用。

3. 数字经济缩小城乡居民消费差距，驱动消费结构优化

一方面，受到移动互联网技术、大数据及人工智能技术等新兴技术的影响和以此为主要代表的数字经济新业态的驱使，数字消费在推动我国城乡居民消费水平和消费质量差距进一步缩小的同时，极大程度地挖掘了农村居民的消费潜力，消费需求走向多元化的趋势明显，消费结构持续调整优化。另一方面，数字经济可以渗透到社会主义经济和生产活动的各方面，不但能够极大地提高企业的生产和服务效率，而且还能够极大地扩大企业的就业规模，提高劳动生产率和生产质量，进而推动和促进收入分配结构的调整，增加居民有效需求，提升消费水平和层次，推动消费结构的转型升级。

在数字经济的引导下，消费者的需求将从单一产品体验的提升，进一步发展为定制化的消费场景。数字经济以科学技术的推动力重塑了我国居民对于商品消费的需要和动能模型，拓宽了一些新场景，如商品和服务消费的新范围和新途径，更新了我国居民商品消费结构最终优化的新思路。同时，互联网等新兴技术为中小企业提供了新的发展机会，为新兴经济体提供了一系列全新的机遇。服务业的数字化快速发展极大地推动了我国传统生产要素之间的组织关系结构的转变，催生了一系列能够适应现代产业融合发展战略方向与现代消费发展趋势的新业态、新模式。

23.1.4　技术演进推动

新型消费系统是伴随着技术发展而逐渐形成的，新型技术与新型消费相互促进、融合，新技术驱动新型消费发展，新型消费带动新技术创新和应用。与新型消费紧密相关的关键技

术主要包括电子商务技术、移动支付技术、大数据技术、人工智能技术、物联网技术和 XR（Extended Reality，拓展实现）技术等。

1. 电子商务技术

电子商务技术是新型消费系统的基础，它可以让消费者通过网络购物、支付和交流，实现线上消费。电子商务技术包括电子商务平台、支付系统、物流系统、数据管理系统等。随着电子商务技术不断完善，消费者可以通过各种渠道方便地获取商品信息、选择商品、下订单、支付、配送等，从而实现线上消费。为了高效、稳定、安全地服务日益增长的线上用户，应对丰富的产品特性，电商系统也在不断更新迭代。

2. 移动支付技术

移动支付技术是指通过移动设备进行支付的技术，包括 NFC、二维码支付、近场通信等。移动支付技术的出现，让消费者可以随时随地进行支付，不再受限于传统的现金、银行卡等支付方式。移动支付技术还可以与电子商务技术相结合，让消费者实现线上线下一体化消费。支付宝、微信支付、银联在线支付等都是移动支付的典型应用例子。

3. 大数据技术

大数据技术是指通过对大量数据进行分析和挖掘，发现其中潜在的价值和规律的技术。大数据技术可以让企业了解消费者的需求和行为，从而提供更加个性化的产品和服务。消费者可以通过大数据技术获取更多的商品信息、评价、推荐等，从而更好地满足自己的需求。当前大数据生态系统中有很多开源的技术和框架，能较好地满足企业在大数据收集、存储和处理方面的诉求。

4. 人工智能技术

人工智能技术是指通过模拟人类的智慧，实现机器的自主学习、分析和决策的技术。人工智能技术可以让消费者获得更加智能化的消费体验，例如通过语音识别和自然语言处理技术与智能客服进行交流，获取更加个性化的服务。人工智能技术还可以通过对消费者的行为进行分析，为企业提供更加精准的市场营销策略。

5. 物联网技术

物联网技术是一种通过物品之间的互联互通，实现物品之间信息共享、数据传输和自主决策等功能的技术，它可以帮助消费者实现更加智能化和便捷的消费体验。物联网技术在新型消费中的应用非常广泛，例如智能家居、智能健康、智能零售等。智能家居可以通过物联网技术连接家电、家居设备等，实现智能控制和自动化操作，为消费者提供更加便捷、智能化的生活服务。智能零售可以通过物联网技术实现智能化的商品管理、库存管理、销售管理等，为消费者提供更加智能、个性化的购物体验。

6. XR 技术

XR（扩展现实）技术是指通过以计算机为核心的现代高科技手段营造真实、虚拟组合的数字化环境，以及新型人机交互方式，为体验者带来虚拟世界与现实世界之间无缝转换的沉浸感，是 AR、VR、MR 等多种技术的统称。XR 应用可分为大众应用和行业应用，大众应用包括游戏、社交、影视、直播、文旅等，行业应用主要包括工业、医疗、教育、电子商务等。例如，XR 博物馆，通过导览，实现故事化设计，给观众提供不同角色的导览路线，将沉浸式的智能视觉效果体验，通过各种 VR 展现元素的结合，使用户感受全新智能交互体验。教育方面，进行 XR 人工智能编程教育、VR 校园安全教育等。

23.1.5　特征与挑战

新事物的兴起和发展，会衍生出许多新需求、新模式以及新的文化规则，也会带来新的瓶颈、难题、短板、弱项。这也意味着，加快新型消费发展不仅考验谋划功力，也考验治理水平。新型消费治理方面需要破旧立新，敢于打破以往按区域、按行业治理的模式，在监管创新方面着力探索，把规则制度这一关键的"基础设施"切实建设好。此外，强化监测评估，完善劳动保障政策等，对消费新业态、新模式行稳致远也分外重要。

1. 主要特征

新型消费契合了居民消费向发展型、享受型和品质型消费快速升级的趋势，与传统消费相比具有明显的科技化、网络化、数字化、智能化的特征，为数字经济中长期增长创造了新空间。

1）科技化

党的二十大报告强调，必须坚持科技是第一生产力。近年来科技在经济社会生活当中扮演的角色越来越重要。新型消费的显著特征之一就是科技化。基于科学技术的全方位、系统化发展，新型消费越来越成为其现实载体，也越来越表现出明显的科技化特征。

2）网络化

新型消费之所以新，重要原因在于新型消费建立在新技术的基础上。新型消费借助互联网，把支付从现金纸币催生为移动支付，深入拓展线上与线下、业态与场景的融合发展，线上下单和预订，线下体验和配送越来越普遍，线上线下融合消费日益成为主导消费模式。"文旅＋购物""文旅＋康养""娱乐＋购物"等消费业态的跨界发展为消费者提供更丰富的选择。绝大多数的新型消费都依赖网络开展。网络化是新型消费的重要特征之一。

3）数字化

数字化是网络的深层次逻辑，是电子计算机技术在网络和新型消费空间等场景中的深层次应用。通过信息数字技术和消费应用的广泛深入发展，新型消费深深地筑基在信息数字技术之上，表现出明显的数字化特征。各种新型消费具体场景的应用，基本上立足于数字化技术，通过与具体消费深度融合，形成现实可行的新型消费场景应用。新型消费通过促进生产与消费、供给与需求的更好匹配，实现消费资源的更高效配置。基于大数据，生产者可以及时响应消费需求新变化，营销、物流、支付等环节数字化推动供应链创新，使消费者需求得以有效满足。新型消费扩大了传统商品和服务消费可触达范围，有助于提升商品和服务使用价值、降低供给成本，既增加供给的丰富性、多样性，又促进消费可持续和高质量发展。如共享型消费，使得随时随地、批量复制服务成为可能，扩大了消费规模，也提升了服务业生产效率。

4）智能化

智能化依赖于网络和数字技术，是对网络数字技术、计算机技术的更深层次应用。通过物联网、万物互联、区块链、大数据、生物识别等技术应用，使新型消费具有智能的特点。自动化、智能化、机器人、虚拟现实等技术的广泛应用，深度催生了新型消费的智能化。智能化在新型消费中还处于发展中，有很大的开拓空间，也为以新型消费扩大内需新空间提供了新的更大的可能。智能化是新型消费的重要特征和新的增长点。

2. 问题挑战

新型消费对于全面深化改革、不断扩大内需具有很大的促进作用，对于促进经济高质量发展、稳定扩大就业具有重要保障作用，对于促进企业转型升级、满足人民美好生活向往具有重要的支撑作用。但是，在新时代以新型消费扩大内需新空间的实践中，还是存在诸多困难，具体如下：

（1）基础设施建设有短板，发展缺少支撑。

目前，以新型消费扩大内需新空间所需的相关基础设施建设还存在较为明显的短板，在促进发展过程中还缺少相应的支撑。例如，5G 技术、人工智能、物联网、区块链等新一代信息网络基础设施建设需要进一步加强，商贸流通基础设施需要进一步完善，数字化商品流通体系需要进一步健全，数据的开发共享商用平台打造还需要进一步加快，智能化技术集成创新应用需要进一步推动。新型消费发展中还缺少以保障能力建设为内容的相关服务支撑。城市和乡村的治理体系和治理能力现代化还需要进一步提高。农村的基础设施建设和对农民的新型消费保障和服务还有很大的提升空间。农业、农村和农民有关的新型消费服务保障水平较为低下，需要进一步加大支持力度。

（2）生产、分配、流通、消费等诸多环节还有堵点，新型消费高质量发展不足。

新型消费在各领域、各环节还存在较为明显的堵点，新型消费高质量发展还没有很好地实现。生产上计量筹划欠缺，存在盲目生产现象；分配上配额计划缺少大数据支撑，存在分配不均匀的现象；流通上手段方式有制约，存在不够及时快捷的现象；消费上存在统计不准，存在不能够为生产提供支撑的现象，制约新型消费的深度发展。

新型消费高质量发展不足，一个重要的原因是新型消费高质量发展的法规和制度环境需要进一步完善。新型消费作为近年来的新兴事物，现实生活中与之相关的法规和制度建设存在延时，这就导致了在生产、分配、流通、消费等诸多环节还存在需要通过完善法规和制度来加以约束和规范的具体行为。

（3）畅通内需循环还存在障碍，新型消费扩大内需新空间发展缺乏动力。

实践中，内需循环构建仍有待加强，省域之间大循环战略支点没有明显形成；确保内需良性循环发展格局还需要进一步搭建；新型消费的服务机构发展意识需要进一步增强；机构支持新型消费发展的力度有待提高，例如支持新型消费发展的支付环境和服务保障水平尚需进一步优化和提高。此外，在服务上，服务内需循环还有改进空间，例如银行等各类型支付清算服务主体需要进一步降低手续费用，降低商家、消费者支付成本，支持企业开展"共享用工"等。叠加国际国内复杂形势，当前新型消费发展后劲不足现象明显。

（4）稳定新型消费市场、挖掘内需动力不足，经济高质量发展缺乏后劲。

当前，大的经济发展环境方面还存在消费市场不够平稳、消费能力增速较缓、消费意愿提升较慢、消费信心提振较差等现象。同时，挖掘内需潜力还有不到位的地方，例如较为缺乏焕发市场活力的有效办法，促进消费模式升级转型缺乏相应配套举措，新型消费升级创新缺乏自发的激活条件等。这些现象导致扩大新型消费的后劲不足。与这些不足相伴生的还有新型消费的组织和平台搭建方面还需要进一步完善。新型消费需要进一步加强组织协调和引导，需要进一步完善监测评估等工作，加大宣传引导力度。这些不足在某种程度上显示了新型消费市场挖掘内需动力的不够，以及经济社会高质量发展后劲的缺乏，在某种程度上制约了新型消费的进一步发展。

新型消费在实践中存在问题的原因是多方面的，但是，较为关键的原因是新型消费的相关管理制度、法规体系建设等在某种程度上存在滞后现象，具体表现如下：

（1）标准管理体系建设滞后。

在以新型消费扩大内需新空间的发展过程中，对跨界融合和新型消费新的业务状态和新的消费模式反应跟进不够，海量信息数据资源开发整合缺乏标准化、规范化、体系化管理，影响到新型消费的进一步扩大。新型消费的标准化、规范化管理体系滞后现象明显，有待进一步健全和完善。"不以规矩，不能成方圆"，新型消费管理缺乏体系化和制度化，不利于其更好地发展，不利于以新型消费扩大内需新空间。

（2）适应新型消费健康发展要求的监管体系尚有待完善。

由于各地对平台经济、共享经济、灵活用工等领域的政策制定和实施还存在不够完善的地方，在新型消费快速发展的过程中，市场秩序不规范的现象时有发生，甚至一段时期内出现了无序竞争、虚假宣传、价格欺诈、隐私泄露等情况。由于新型消费尚属于新生事物，行政部门传统意义上的监管在很大程度上容易"失灵"。与新型消费相关的监督管理体系需要进一步完善和发展。

（3）对新型消费政策的支持力度还有待进一步加强。

目前，以新型消费扩大内需新空间，各地执行财政支持政策标准不一致，导致较难进行全局优化金融服务。相关从业人员的劳动保障和保护还需要进一步制定统一标准，逐步完善劳动保障和保护的具体措施，不断加大对新型消费的政策支持力度。

（4）人才培养体系需要进一步完善和发展。

与新型消费相关的人才培养体系还较为薄弱，人才短缺问题比较突出，这种状况在中小城市、农村地区表现更加明显。人才是新型消费扩大内需新空间的基础和保障。进一步培养更多的人才、完善人才培养体系对于以新型消费扩大内需新空间具有重要的战略意义。

3. 发展对策

针对新型消费面临的问题和挑战，应大力发展数字生产力，丰富数字产品和服务，制定支撑数字消费的产品和服务标准，进一步加强数字化技术方面的投入，构建高质量的数字信息基础设施，形成有利于新兴消费业态的监管方式。

1）积极推动线上线下消费有机融合

近年来，在新一轮科技革命和产业变革的背景下，我国加快推进新经济业态模式发展，培育经济新增长点。以网络购物、移动支付、线上线下融合等为特点的新经济业态，在促进可持续和健康的经济发展中发挥了重要作用。信息数字技术与居民生活消费的有机结合为其消费发展提供了一种全新的驱动力，推动了居民生产和消费方式变革。为了加快资本循环和周转，实现商品价值，可以通过适度的消费信用扩张来完成消费的扩张。

2）打造数字消费产品和服务体系

在市场经济中，生产扩张往往快于消费扩张，从而导致产能过剩；给定范围内的需求变化往往无法在生产端及时传递，导致有效供给不足。供应方面体现为产品的供给能力跟不上需求变化，不能有效满足日益增长的消费需求，更难以引导和创造消费需求。应该在传统数字消费领域的基础上，创新数字产品和服务供给，积极探索融合性数字服务新业态、新模式，构建更加完整的数字经济产品和服务生态，打造数字消费新亮点。

3）构建与新型消费相适应的物流支撑体系

推动线上线下消费有机融合，需要进一步完善电子商务体系和快递物流配送体系，畅通物流大通道，加快构建覆盖全球、安全可靠、高效畅通的流通网络。加快物联网相关设施建设，发展智慧物流枢纽、智慧物流园区、智慧仓储物流基地、智慧港口、数字仓库等新型物流基础设施。鼓励智慧物流技术与模式创新，促进创新成果转化，拓展智慧物流商业化应用场景，促进自动化、无人化、智慧化物流技术装备以及自动感知、自动控制、智慧决策等智慧管理技术应用。健全进口冷链食品检验检疫制度，加快区块链技术在冷链物流智慧监测追溯系统建设中的应用，推动全链条闭环追溯管理，提高食品药品流通效率和安全水平。

4）构建数字消费增长的长效机制

需加大对数字消费领域的科研投入，增强扶持力度，鼓励金融机构研发数字消费专属产品和服务。同时，增强居民的数字消费能力，提高居民收入，尤其是中下层居民的收入。由于边际消费倾向的作用，低收入者的收入提高越大，越容易促进消费。因此，应该进一步加快调整分配结构，更加注重社会公平，真正从根本上扭转收入差距扩大的趋势。应始终坚持富民优先发展的基本思路，将初次分配和再分配视为一个有机的整体，不仅要从再分配的环节，即社会保障、公共服务等综合水平和其他合理的结构进行改革，更要拓宽至初次分配的各环节，包括对薪酬、保险、福利"三位一体"在内的薪酬制度体系进行改革。

5）加强对新型消费领域的执法监管

深入实施公平竞争政策，强化反垄断和反不正当竞争执法，加快建立健全全方位、多层次、立体化监管体系，进一步完善网络交易平台监管服务系统。加快消费信用体系建设，推进信用分级分类监管，组织开展诚信计量示范活动，依法依规实施失信惩戒。加强价格监管，严厉打击低价倾销、价格欺诈等违法行为，严格规范平台经营者自主定价。加大对《中华人民共和国电子商务法》的宣传和贯彻力度，切实落实相关规定，全面加强跨地区、跨部门、全流程协同监管，继续加强消费品质量安全监管，加强重点服务领域质量监测评价。

23.2　发展关注焦点

在信息数字技术的推动下，居民消费方式已从单纯的线下、线上发展到线上线下相结合的模式，低交易成本的线上消费和高用户体验的线下消费相互赋能，各类新型消费方式不断涌现，与互联网消费方式伴生的共享经济、二手经济、拼单网购、跨境消费等多种新型消费方式蓬勃发展，极大地丰富了消费内容，提升了消费体验，更好地满足了消费需求。新型消费是互联网、大数据和云计算等现代技术与消费产业融合的产物，它的出现推动了线上平台与各类线下实体店的合作发展，并催生出各类在线服务，如在线医疗、在线教育以及互联网健身等新业态。

当前，新型消费发展的焦点主要聚焦在新零售业态、"互联网＋"服务、共享型消费和智慧文旅等方面。

23.2.1 新零售业态

新零售是以用户为中心，在技术驱动下，建立在可塑化、智能化和协同化的基础设施上，依托新供应链，线上线下深度融合，重构人、货、场，满足用户需求，提升行业效率，实现"全场景、全客群、全数据、全渠道、全时段、全体验、全品类、全链路"的零售新模式。新零售的主要特点包括如下几方面：

（1）新零售，即企业以互联网为依托，通过运用大数据、人工智能等先进技术手段，对商品的生产、流通与销售过程进行升级改造，进而重塑业态结构与生态圈，并对线上服务、线下体验以及现代物流进行深度融合的零售新模式。

（2）区别于传统零售，新零售是从以品牌为主体转换为以消费者为主体，能够极大程度地提高从"欲望"到"拥有"的效率，帮助消费者把"我是谁"匹配到"我想要什么"，所有商机都是以此为基础。

（3）新零售将传统商业三要素"货、场、人"的重要顺序，调整为"人、货、场"，重组零售行业的逻辑和链条，以满足人类本能对及时获得的强烈感受。

目前对于各行各业来说，新零售有以下几种运作模式。

1）线下实体店的内在变革

线下实体店是目前最多的新零售方式，在全球的零售中，跨界模式是现在的风潮之一，这个风潮早在新零售概念出现之前就已经有了。例如，永辉超市推出了"超级物种"，主要的模式是在商超里面加入餐饮的元素，逛超市逛累了，直接吃，吃完了接着逛。盒马鲜生是阿里巴巴对线下超市完全重构的新零售业态，盒马是超市，是餐饮店，也是菜市场，同时消费者可到店购买，也可以在盒马 App 下单。盒马最大的特点之一就是快速配送，如门店附近 3km 范围内，30min 送货上门。

2）线上导流，线下消费

例如小米之家，小米之家是目前线上导流、线下多品类经营的典型案例。简单地说，小米之家通过线上的影响力，把线上的流量以及大型商超的自然流量导入线下的小米之家门店中，然后在门店中以多品类的小米系列产品来吸引消费者，在增强消费者的用户体验的同时，能够促使消费者购买不同品类的小米产品，从而增加销量。

3）线上线下一体化

新零售的最终目标，就是线上线下一体，这个目标的实现需要大数据的支持。例如，某电商平台原来只做在线卖书的业务，后来该平台发现在 A 地购买了同品类的几本书的用户，在 B 地也会发生这样的情况，所以，A 和 B 两个地方存在同样的群体，他们有着类似的兴趣爱好。于是该电商平台开始进行数据分析，并根据数据将人群进行了划分，例如用户浏览了两本畅销的科幻类作品，并最终做出了购买的行为，那么平台就会根据用户的购买和浏览行为，结合大数据分析，看看同类数据当中除了该用户购买的书之外，还会买哪些书，然后把这些书做成排行推荐给该用户。通过推荐，图书销售额大幅增长，这就是大数据的力量，也是未来新零售必然要结合的力量。

4）无人零售

无人零售是指利用物联网、人工智能等技术实现自助购物和智能化管理的一种新型零售形态。在无人零售场景下，消费者可以通过扫码、刷脸等方式进行商品选择和支付，实现快速便捷的购物体验。同时，商家可以通过物联网等技术对商品库存、物流配送等方面进行智能化管理，降低人力成本和管理成本。

无人零售的主要特点包括：

- 自助化。消费者可以自主选择商品、支付和离开，无须人工干预，节省时间和精力。
- 智能化。商家可以通过物联网等技术对商品库存、物流配送等方面进行智能化管理，提高管理效率和降低成本。
- 安全性。无人零售可以通过刷脸、扫码等技术对消费者进行身份识别和安全监控，保障消费者权益和商家利益。
- 便捷性。无人零售可以通过智能化技术实现24h全天候营业，提供便捷的购物体验。

23.2.2　互联网+服务

在线健康医疗服务、在线文娱、在线健身、在线旅游等正成为消费恢复性增长的新动力和新空间。目前，远程医疗服务县（区、市）覆盖率达到 90% 以上，成为用户规模增长最快的领域之一。云旅游、云赏剧、云看展等成为休闲娱乐消费新时尚。智能健身、云赛事、虚拟运动等新兴运动促进全民健身智慧化发展。

1. 数字化教育

数字化教育是指利用互联网、移动互联网等技术手段，将教育资源和服务数字化，是实现教育的普及和提高教育质量的一种新型教育方式。在新型消费场景下，数字化教育已经成为了一种重要的教育趋势。通过数字化教育，消费者可以随时随地自主自学，提高自身的知识水平和能力。数字化教育的主要特征包括：

- 便捷性：数字化教育可以随时随地自主自学，提高学习效率和效果。
- 个性化：数字化教育可以根据学员的学习习惯和能力水平，提供个性化的学习服务，满足学员的不同需求。
- 互动性：数字化教育可以与学员进行互动，提高学习的参与度和效果。
- 可持续性：数字化教育可以减少教育资源浪费，提高教育资源利用效率和可持续性。

2. 互联网健身

新冠疫情的爆发，加重了人们对于健康的焦虑感，群众的健康观念与健身习惯发生了转变。很多用户受健身时间、场地等限制，逐渐转向线上发展，互联网"云"健身兴起，在线健身平台成为健身行业发展的新契机。

互联网健身包括健身软件、可穿戴设备、数据服务三方面。以智能设备为数据收集终端，以 App 为服务载体，结合用户训练目标，为健身用户提供健身数据反馈，不断为用户推送合适的课程和指导；签到、打卡等奖励机制，社区交流，直播互动等新颖的健康运动社交方式，更加精准个人化的训练服务；不断提升用户健身运动的频率，对用户养成使用智能运动 App 产生了催化作用。

3. 智慧文旅

智慧文旅解决方案，以景区旅游转型、突破发展和开展智慧建设为契机，以景区特色文旅资源为依托，以"游客为中心"为服务理念，利用云计算、物联网、移动通信等多种先进技术，构建景区智慧文旅体系，利用景区定位、智能导览等提高旅游的体验度。云旅游作为智慧文旅的一种新兴方式，具有鲜明的特点、突出的优点和强大的生命力。主要表现在：

（1）技术上的先进性。云旅游是随着现代信息技术的发展而出现的新型旅游方式，5G、大数据、人工智能（AI）、增强现实（AR）、虚拟现实（VR）、无人机、直播、短视频等技术共同构成了云旅游的技术基础，云旅游是现代高端信息技术在旅游领域集中运用的成果。旅游者求新求异，从某种意义上来讲，云旅游本身就是一种新奇的旅游产品，能够激发旅游者的旅游动机。

（2）供给上的多样化。在现代技术支持下，云旅游以图文、全景、短视频、直播等多种形式利用新媒体呈现，所提供的产品具有类型多、内容丰富、形式多样的鲜明特点，能够为旅游者提供多种形式的沉浸式观赏体验。

（3）时空上的无限性。云旅游不受时间、空间等条件限制，只要有网络便可实现随时随地随意游，通过云旅游沉浸式体验，观赏美景、增长知识、放松心情、陶冶情操。当然，强调云旅游发展的必要性，并不是要以云旅游取代线下旅游，两者是互补关系，不是替代关系。促进线上线下融合发展，注重旅游产业链条的延伸，将是未来旅游业的发展趋势。

（4）文化上的人文性。在文旅融合背景下，云旅游应朝着维护文化生态、激发文化生命力、引导旅游者对当地文化的真正接触和体验这一方向提升发展。其中，最关键的是在技术语言、形象塑造以及文化意蕴层面体现更多的人文性。

23.2.3 共享型消费

共享经济是指通过互联网和移动互联网等技术手段，实现资源共享和利用的一种商业模式。在新型消费场景下，共享经济已经成为一种重要的商业趋势。通过共享经济，消费者可以更加便捷、经济地使用各种资源，例如共享单车、共享汽车、共享办公室等。同时，商家也可以通过共享经济模式，降低成本，提高效率和利润。图 23-1 所示为共享经济类型。

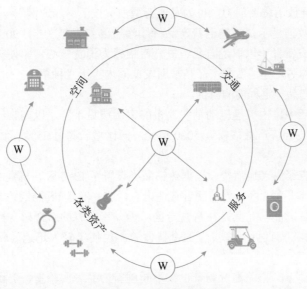

图 23-1　共享经济类型

共享经济的主要特点包括：

- 经济性：共享经济可以通过资源共享和利用，降低消费者的使用成本，提高商家的利润。
- 可持续性：共享经济可以减少资源浪费、减少环境污染，提高资源利用效率和可持续性。
- 便捷性：共享经济可以通过互联网和移动互联网等技术手段，提供便捷、快捷的共享服务，满足消费者的不同需求。

以共享汽车为例，随着自动驾驶技术的进步，共享汽车会彻底改变人们的出行方式。自动驾驶技术消除了人工驾驶的疲劳和错误，提高了汽车的安全性和稳定性，同时也提升了出行效率，减少了拥堵和路况不畅等问题，为消费者带来更加便捷、高效的出行体验。共享汽车将消除驾驶员的人工成本，降低运营成本，同时也降低了消费者的使用成本，提高了汽车使用效益，使得汽车成为更加经济、实用的交通工具。共享汽车的出现将减少汽车的购买和使用，遏制城市交通拥堵、污染等问题，有利于城市的可持续发展。

23.2.4　兴趣消费

宠物、露营、手办、剧本杀、围炉煮茶……近年来，随着"90后""00后"逐渐成为消费主力军，追求个性化、体验感的年轻人也让这些以"兴趣"为主导的各式新型消费不断兴起，甚至"出圈"。单纯注重消费价格和功能的时代已经过去，近两年消费增长点不再是传统百货商场里的服装鞋帽等实物商品，能够刺激现代人消费的很多是基于精神层面的、个人兴趣的内容，以兴趣消费为代表的新型消费正在不断培育消费新热点，释放消费新活力。在兴趣消费的影响下，不少业态和品牌也在应需而变、推陈出新，打造出更多元化消费场景、更丰富的消费体验，以培育消费新热点，释放消费新活力，也为发展新型消费按下"加速键"。

有关机构发布的数据显示，兴趣消费产品持续渗透到新青年（指"90后"及"00后"）消费者的生活中。超六成新青年以取悦自我、提升幸福感为消费核心，驱使其购买兴趣消费类产品；五成以上新青年购买兴趣消费类产品是被朋友或圈内人士"种草"，为了融入社交圈层。近七成青年表示可接受产品一定程度的溢价。

当前，在日常生活中，由兴趣驱动消费决策的案例屡见不鲜。以宠物经济为例，有关数据显示，2022年我国宠物经济产业规模近5000亿元，同比增长超过25%，预计2025年市场规模超过8000亿元。

某品牌全球旗舰店聚焦兴趣消费，根据热销品类设置了IP专区、盲盒专区、玩具专区、香氛专区以及美妆专区等十大专区，为消费者营造出有内容、有趣味的独特购物体验，提供好看、好玩、好用的"三好"产品。尤其是在盲盒专区，拆分盲盒时的新奇感、惊喜感让年轻人仿佛打开了新世界的大门，"一直拆一直爽"的奇特体验，也使年轻人迅速转化为盲盒专区的忠实粉丝。

在兴趣消费的推动下，相关消费场景也在不断创新，品牌实验室、美术馆形态、开放社区等门店"新物种"在城市商圈中不断涌现，IP主题、跨界联营、城市概念等多元兴趣文化的创新融合，也为品牌线下店注入新的内涵，丰富着年轻人的消费体验。此外，不少兴趣消费的场景还延伸到城市以外，攀岩、溯溪、露营等均成为不少年轻人热衷的消费新项目。

23.3　规划要点

新型消费系统规划的生命周期活动是一个不断循环的过程，从需求分析到设计开发、部署上线、运营维护和优化升级，不断迭代和完善，以满足市场和用户的需求。

23.3.1　需求分析

需求分析是指对消费系统功能需求和性能指标的分析和定义，对系统优缺点、风险和投资回报率的评估和预测。

1. 重点关注

针对新型消费系统规划的需求分析，需要关注以下几方面：

（1）确定系统的核心功能和特性。例如，电商平台需要具备的功能包括商品展示、购物车、下单、支付、物流等，而社交电商平台需要具备的功能包括社区互动、商品推荐、营销促销、订单管理等。

（2）收集用户需求和期望。可以通过问卷调查、用户访谈、数据挖掘等方式收集用户需求和期望，以便更好地满足用户的需求。

（3）分析市场和竞争情况。了解同类产品的优势和劣势，分析市场趋势和用户行为，以确定系统的市场定位和竞争策略。

（4）确定系统的性能指标。例如，系统的响应时间、并发量、容错性、安全性等指标，以保证系统的性能和稳定性。

（5）进行投资回报率预测和成本效益分析。评估系统的商业价值和投资回报率，以确定系统投资的可行性和优先级。

以购物 App 为例，我们需要提供用户注册与登录、商品浏览和搜索、购物车和下单、订单管理和售后、会员和优惠、社交和推荐等方面的功能。每种功能需要给出需求背景、收益、核心交互流程、边界异常处理、预期效果等方面具体内容。

2. 注意事项

对于新型消费来讲，其主要特点是快速满足需求的变化，乃至引领消费需求，因此，在进行相关需求分析时需要注意：

- 需要具备一定的前瞻性，充分预测用户的需求发展。
- 强调对隐性需求的分析。
- 消费场景尽可能细化。
- 充分考虑地域发展和文化的差异。
- 强化对消费群体的归集。
- 预留充足的需求变革适应能力。
- 考虑消费者对消费入口工具的使用等。

23.3.2　用户体验

对于新型消费来说，用户体验设计和优化对消费系统而言至关重要，优秀的用户体验可以提高用户的满意度和信任度，增加用户的忠诚度和消费频率。

1. 重点关注

针对新型消费系统规划的用户体验，需要关注以下几方面：

（1）设计简洁、易用和美观的用户界面。用户界面应该简单明了、易于操作，同时采用符合用户口味的美学设计，以提高用户的交互体验和易用性。

（2）优化系统的反馈机制。系统应该及时反馈用户的操作结果和订单状态，例如订单确认、支付成功、发货情况等，以提高用户的满意度和信任度。

（3）提供个性化的设置和选项。例如，商品推荐、促销活动等，以满足用户的个性化需求。

（4）采用数据分析和挖掘技术。通过分析用户行为和偏好，实现个性化推荐和定制化服务，以提高用户的满意度和忠诚度。

（5）不断优化和改进用户体验。根据用户反馈和行为数据，持续优化和改进用户体验，以提高用户满意度和忠诚度。

2. 注意事项

新型消费的用户体验需要结合主要用户群体的使用习惯进行，良好的用户体验也是决定新型消费系统和业务成败的关键，在开展相关体验规划时需要注意：

- 建立用户体验反馈群体或虚拟组织，从使用中获得体验反馈。

- 策划用户体验的发布策略，逐步引导用户的体验。
- 关注人体工程相关的知识应用，保障体验的顺畅性。
- 充分考虑各类终端的特征特点，与体验融为一体。
- 强化视觉优化，确保静动态页面的美感及一致性。

23.3.3　精准营销

在新型消费场景下，互联网营销已经成为了商家获取客户、推广产品和增加销售额的重要手段。通过社交媒体、搜索引擎、电子邮件等互联网渠道，商家可以更加精准地定位目标客户，提高品牌知名度和产品曝光率，从而提高销售业绩。因此，系统规划时需要考虑系统对于精准营销的支撑能力。

1. 重点关注

针对新型消费系统规划的精准营销，需要关注以下几方面：

（1）互联网历史数据有助于企业精准、高效地配置目标用户，提高广告投放效果。

（2）系统能够支持营销活动与消费者进行互动，提高品牌和产品的认知度和美誉度。

（3）能够对消费者的购买行为、消费习惯和偏好进行深度分析，提供个性化推荐服务，提高消费体验以达到复购目的。

（4）通过大数据分析，预测消费者的购物趋势和未来需求，帮助商家更好地规划生产和销售策略。

（5）通过技术手段对商品库存、物流配送等方面进行智能化管理，提高管理效率和降低成本。

（6）通过技术方式，自动化地完成一些重复性、烦琐的工作，减轻人力成本和管理压力，例如机器人客服等。

2. 注意事项

精准营销是新型消费系统应用的主要手段，是其获客的关键，灵活、便捷的营销接口控制和营销模式部署模型等，有利于新型消费系统的生命力提升。要实现精准营销需要注意：

- 注重联合营销接口的支撑能力，便于后期与其他平台的联合拓展。
- 在营销相关模块中，部署流量计量等功能，乃至流量计费模型等。
- 对国家相关法律法规、标准的遵循，包括互联网广告、程序化营销等。
- 关注细节数据沉淀以及数据关联的标注等。

23.3.4　效益分析

通过成本效益分析和投资回报率的评估，可以确定系统的商业价值和投资回报率，以指导后续的系统开发和运营决策。

针对新型消费系统规划的效益分析需要关注以下几方面：

（1）评估系统开发和实施的成本。包括硬件、软件、人力和其他费用，以确定系统开发和实施的成本。

（2）预测系统运营和维护的收益。包括用户数量、消费频率、收费模式等，以预测系统的收益和投资回报率。

（3）进行成本效益分析和投资回报评估。评估系统的商业价值和投资回报率，以确定系统投资的可行性和优先级。

（4）采用灵活的商业模式和收费策略。例如，按照交易量、按照服务等级、按照广告收入等，以满足不同用户需求和市场竞争。

（5）不断优化和改进商业模式和收费策略。根据用户反馈和市场变化，持续优化和改进商业模式和收费策略，以提高系统的商业价值和投资回报率。

23.3.5　关键要素

新型消费系统基于互联网开展，通过数字化手段赋能获客导流、促活锁客、变现留客、精准运营等成为系统规划成功的关键要素。表 23-2 描述了主要环节如何通过数字化方式进行规划，不同的消费业态按照其特征重点关注相关度高的内容。

表 23-2　新型消费系统成功因素参考表

目标	数字化关键要素		数字化要素描述
获客导流	精准拉新	数据收集	建立线上和线下的客户数据收集体系，针对实体店铺部署 Wi-Fi 探针、人脸识别等设施
		客户识别	建立用户标签体系，并通过静态标签和动态标签，对客户进行全方位画像
		精准投放	能够自定义投放人群、时间、渠道（触点）、内容、频次，实施精准投放
		效果评估	获取广告投放数据。对广告曝光、点击、最终购买等数据进行汇总，对广告效果进行评估
	裂变推荐	可控存量客户	在个人号、公众号、社群等流量池中，具备基础的存量客户，有活跃度，有意愿参与公司活动
		活动策划能力	活动有趣、好玩，可裂变，并且活动策划能够结合时事热点，有合作资源拓展能力，引入跨界联合活动
		内容制作能力	能够根据活动文案，制作活动小程序、活动图文、短视频、条漫等内容形式
促活锁客	导入私域流量	搭建私域流量池	传播阵地：公众号、微博、抖音 / 快手 / 小红书（半公域）
			销售阵地：个人号、社群
			活动阵地：线下智慧门店
		建立触点矩阵	根据用户的体验旅程，梳理可控触点，包围用户
		触点上埋入转域诱饵	在可控触点上，设置客户加入个号、社群的福利诱饵
		存量用户转域	将公众号粉丝、会员系统会员转入微信个人号、社群运营管理

（续表）

目标	数字化关键要素		数字化要素描述
促活锁客	消费型互动运营	内容策划能力	围绕独特"心因"主张，能够从用户生活、情感、知识、教程、成长等方面策划内容，且内容带有鲜明的人格属性
		周期运营	在私域流量池内，运营团队按照日、周、月内容计划，进行周期性互动
	分销型互动运营	创业赋能体系	围绕KOC，培训产品知识、销售技巧、销售礼仪、激励机制
		周期性运营	在私域流量池内，运营团队按照日、周、月内容计划，进行周期性互动
变现留客	无缝交易	家店一体	支持店铺现场购、到店自提、配送到家
		上下一体	实现线上订单线下发货、自提
			实现线下订单线上发货
		渠道一体	打通B2C、B2B2C各渠道，形成渠道矩阵，并布局新的渠道触点
			小程序商城购、直播互动购、独立App购、社交分享购、店中店触屏购、样品卡片购、VR全景购
	全渠道带货	B2C	利用平台电商、社交电商开店带货
		B2B2C	利用平台电商分销、社交电商分销，或者外卖渠道分销
		B2K2C	门店导购具备店内、店外的获客、互动、带货的综合能力
			导购有能力发展社群代理/社区团长，进行分销
		短视频/直播带货	将短视频、直播作为品牌营销或带货销售的重点，公司持续投入
		实体终端小程序带货	公司终端导购能够在私域流量池中，开展小程序直播、拼团带货
			公司导购能够拓展公域流量，在线上与线下（店内、店外、社区）借助小程序商城进行带货
	会员管理	触点管理	对接微信、App商城等人流渠道，打通各渠道触点，统一管理
		标签管理	针对会员的基础信息、生命周期、购买力、影响力，进行标签管理
		权益分层	对会员建模并做价值分层
			根据会员分层设计积分与权益策略
		交互分层	根据会员分层，制定不同的互动机制与内容，制定内容推送流程，开展定时、定向精准互动
精准运营	业务赋能	管理赋能	为前台终端商户、导购提供各种店铺管理工具
		营销赋能	为前台终端商户提供各种营销工具，如直播、拼团、社群运营、活动小程序等
		供应链赋能	为前台终端商户提供丰富、优质、低价的商品供应，让商户灵活选择，择优销售
		内容赋能	为前台终端提供用户运营的内容与素材，实现一键转发
		业务互动	打通线上和线下不同渠道间的用户、客流、会员、商品、订单、库存

（续表）

目标	数字化关键要素		数字化要素描述
精准运营	数据驱动	经营分析	对店铺进行整体经营分析，了解客户、客流、商品的整体销售情况，找出问题和原因，为未来经营给出预测
		客户分析	洞察客户，了解客户画像、进店、停留、偏好、购买和离开各项数据，为客户营销和店铺优化提供数据支持
		商品分析	收集商品数据，提供商品结构优化、商品布局优化、商品销量预测和商品库存管理
		场区分析	能够进行区域总体分析、重点区域分析、区域销售异动分析和区域品类分析

23.4　系统架构

随着科技进步、生产力提升，社会经济长足发展。在用户消费需求升级、网络提升、智能终端普及、支付和物流等基础设施逐步完善的情况下，新型消费系统也在不断迭代升级。新型消费系统需具备：①多元化的消费场景和渠道，消费者可以在不同的时间和地点进行消费，并可以通过多种渠道获得商品或服务。②智能化的交互方式和个性化的服务，消费者可以通过智能设备、物联网等技术实现更加便捷、智能和个性化的消费体验，并可以获得更加贴近个人需求和偏好的服务。③数据驱动的商业模式和运营决策，商家可以通过大数据、人工智能等技术分析消费者行为和需求，优化产品和服务的设计和运营，提高市场竞争力。④生态化的产业结构和合作模式，产业链上的各环节之间相互依存、相互支持，通过合作和共赢实现共同发展。

23.4.1　总体架构

新型消费场景下系统架构设计需要考虑以下几方面：

（1）处理大量用户请求能力。采用大规模分布式系统架构，通过将系统拆分为多个小型服务，并将这些服务部署在多个服务器上，可以提高系统的可扩展性、性能和可靠性。微服务架构是一种将系统拆分为多个小型服务的架构模式。在新型消费场景下，微服务架构可以提供更灵活、可扩展、可维护的系统架构。每个服务都可以独立运行、部署和扩展，可以快速响应不同的业务需求。云计算和容器化技术可以提供高效、灵活、弹性的计算资源。通过将系统部署在云平台上，并使用容器化技术，可以快速部署、扩展和管理系统，提高系统的可靠性和可用性。

（2）大量数据处理分析能力。采用数据处理和分析技术，例如机器学习、数据挖掘、人工智能等，对数据进行处理和分析，提高系统的智能化和自动化水平。

（3）数据安全和隐私保护能力。新型消费系统涉及用户基本信息、消费行为、爱好、社交等大量个人敏感数据，因此需要特别关注数据安全，需要利用加密技术、访问控制、身份认证等，保护用户数据的安全和隐私。

（4）实时响应和交互能力。采用实时计算和交互技术，例如实时数据处理、实时推荐、实时搜索等，提高系统的响应速度和用户交互体验。

（5）多终端支持能力。新型消费场景下的计算机系统需要支持多种终端，例如 PC 端、移动终端等。因此，需要采用响应式设计和移动端开发技术，例如响应式布局、移动端应用程序等，提高系统的多终端支持能力。

新型消费系统参考架构如图 23-2 所示。

图 23-2　新型消费系统架构参考

23.4.2　技术架构

新型消费系统的技术架构从逻辑上看，与大多数信息系统比较相近，但也有其独特的业务技术特点。以新零售为例，技术架构如图 23-3 所示。

从层级划分角度来看，新型消费系统的技术架构具体包括如下层级：

● 设备层。包括消费者终端设备和商家终端设备，用于与系统进行交互和操作。

● 接口层。包括消费者App接口、商家Web接口、支付网关接口、物流接口和规则引擎接口，用于不同系统之间的通信。

● 服务层。包括消费者App服务、商家Web服务、支付服务、物流服务、数据服务、推荐和搜索服务，提供了系统的核心功能。

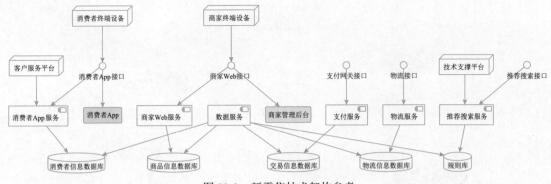

图 23-3　新零售技术架构参考

- 数据层。包括消费者信息数据库、商品信息数据库、交易信息数据库、物流信息数据库和规则库，用于存储系统所需的各种数据。
- 应用层。包括消费者App和商家管理后台，提供了系统的用户界面和交互体验。
- 支撑平台层。包括客户服务平台和技术支撑平台，提供系统支持和维护。

23.4.3　安全保障

新型消费系统的系统安全与稳定性保障是非常重要的，因为消费者对于个人信息和支付安全有着极高的关注度。如图 23-4 所示，保障系统安全和稳定性的主要措施如下：

（1）数据加密和身份认证。采用数据加密技术来保护用户的个人信息和支付信息。同时，采用身份认证技术来保证只有授权用户才能访问系统。

（2）防火墙和入侵检测系统。采用防火墙和入侵检测系统来保护系统免受外部攻击和恶意软件的侵害。防火墙可以监控网络流量，阻止未授权的访问，而入侵检测系统可以检测和防止攻击者的入侵。

（3）安全培训和意识教育。采用安全培训和意识教育来提高员工的安全意识和技能。通过定期安全培训和演练，员工可以学习如何识别和防范安全威胁，从而提高系统的安全性和稳定性。

（4）系统备份和容灾。采用系统备份和容灾技术来保证系统的可用性和稳定性。通过定期备份系统数据和应用程序，以及实施容灾方案，可以在发生灾难性事件时快速恢复系统，并保证用户的服务不受影响。

（5）监控和日志记录。采用监控和日志记录技术来追踪系统的使用情况和性能瓶颈，以及监控系统的安全性和稳定性。通过定期分析监控数据和日志记录，可以及时发现和解决系统问题，提高系统的安全性和稳定性。

23.4.4　灵活扩展

由于消费市场变化迅速，系统需要良好的可扩展性和灵活设计，以快速适应市场需求和变化。重点从以下几方面考虑：

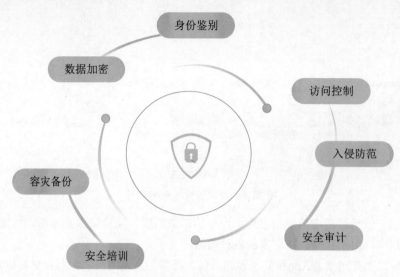

图 23-4　新型消费系统安全保障逻辑示意图

（1）模块化设计。通过将系统划分为多个模块，每个模块都有明确的功能和接口，可以方便地进行扩展和修改，从而快速适应市场需求和变化。

（2）基于云计算的架构。通过使用云计算服务提供商提供的弹性计算、存储和网络资源，可以根据用户数增加等业务需求动态扩展系统资源，从而满足不同的业务场景和需求。

（3）自动化运维和部署。通过使用自动化工具和脚本，实现系统的快速部署和配置，快速实现系统的扩展和升级，从而提高运维效率和系统的稳定性。

（4）开放式接口和标准化协议。通过使用开放式接口和标准化协议，可以方便地与其他系统集成，实现数据共享和业务协同，同时避免系统之间的耦合和依赖。

（5）统一数据管理和分析平台。通过建立统一的数据管理和分析平台，可以集中管理和分析系统的数据，提供数据共享和数据分析服务，从而实现系统的快速扩展和灵活设计。

23.5　实践案例

新型消费通过推动消费数字化转型，布局多渠道销售，打开了企业转型发展的思路。近年来，新型消费方式层出不穷，逐步得以普及甚至常态化，便利和丰富了人们的生活。

23.5.1　服装类智慧门店案例

在现阶段的零售格局中，就服装商品而言，由于线上选购在时空和品类方面不设限制，以及具备精简便捷的特点，使得消费者对传统型服装实体门店的依赖程度降低，进而推动其对消费场所的选择从物理环境过渡到在线空间。在这种趋势下，服装实体经营日渐艰难。

虽然新零售所倡导的渠道融合模糊了虚拟消费环境与有形购物场所的界限，但因许多保守型服装企业不具备足够的创新能力，使得线上与线下并不能有效地互通互融。面对电商压迫所带来的线下客流减少、销售停滞、库存失衡等多个难题，一些服装品牌商选择缩减实体门店数量以维持经营，但这并非长久之计，退而求其次并不能使企业的衰退经济呈现回暖之势。如何贯通新零售理念，抓住时代机遇突破实体经营瓶颈，依靠全渠道平衡线上与线下消费流量分布，是服装企业关注的重点。

1. 需求分析

新零售革命驱动了人、货、场的关系重整，致使消费者主权时代降临，消费需求成为品牌主要的成长导向。受大数据环境催生的新潮思维影响，人们的消费观念与需求层次发生了极大变化，已从基础性商品消费逐渐递进为高水平价值消费，以及从大众化消费步入个性化消费。在新零售成为新常态后，需求的差异性使服装市场趋向纷繁多样。并且，新生代消费主力军在服装色彩风格、款式造型、面料质感等方面都表现出较强的自我意识和求新主义，这不仅加速了服装商品的迭代更新，也带动了服装零售领域智慧营销的流行。

为灵活应对当下服装消费的偏好变化，服装企业需善用智能技术改进产销端，以迎合、满足不同属性的消费需求。此外，拥有物质收获已不是消费的唯一目的，新时代消费者将更加注重购物过程，尤其是其间的体验与享乐时段。消费体验环节能够刺激感官与情感，被认为是影响消费决策的关键因素。服装实体零售对于消费者的最大益处是能提供近距离的产品感触，从而对服装质量及衣身合体度有更准确的把控。相比于服装线上商城，实体店铺能从更多的感官维度抵达消费者的消费心理，提高体验价值，这是在线消费所不可比拟的优势。因此，应借助大数据与新兴科技，充分放大服装实体零售亮点。通过将多种智慧型技术手段有机结合，搭建服装消费新场景，为消费者营造沉浸式氛围体验，也为品牌本身打造强势的文化输出与表现渠道。

由此可见，对于企业而言，构建服装智慧门店成为摆脱实体零售困境的有力对策。

2. 智慧门店

为积极响应日益增强的个性化消费需求和精神体验需求，服装品牌商应对消费者的行为特征进行清晰定位和剖析，进而建立完善的服务机制。在传统的服装实体门店，读取顾客的时尚取向多倾向于依靠销售员的主观判断，推荐的适配商品较难符合顾客的真实喜好。而智慧门店存在的一大意义就是摆脱该人工弊端，利用数字大脑洞察消费行为。精细化的数据分析手段能为实体经营带来独到的营销见解，以达到合理优化消费体验布局、辅助消费者做出购买决策的目的。根据对顾客消费旅程中的行为解读顺序，可将构成服装智慧门店的基础技术划分为交互引流、室内定位、射频识别和虚拟试衣，如图 23-5 所示。

1）交互引流

门店物理维度不足以限定消费体验的边界，充分结合智能交互技术能为消费者在进店前或逛店期间创造更多的体验可能。消费者更愿意在数字和现实世界的承接转换中获取服装信息，因为交互过程中产生的惊喜元素能调动消费积极性，驱使消费者主动探知品牌最新的服装主题设计。许多服装品牌已经将数字互动作为一种引流方式融入了店铺中。依靠对智能触摸屏、互动数字标牌、数字化展示墙等的整合运用，使消费者在全身心投入感知商品物理属性的同时，还能打破次元壁徜徉在品牌的数字海洋。借助互动技术，也可以保证商家对消费者兴趣变化的动态把控，依据消费者的浏览与互动重点对服装商品推荐内容进行及时更新。

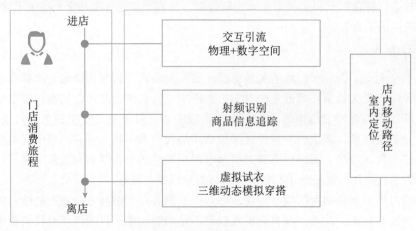

图 23-5　服装智慧门店基础技术分区

2）射频识别

射频识别（Radio Frequency Identification，RFID）技术是基于无线射频信号的非接触式自动识别技术，主要用于对目标对象的信息追踪和传递。在服装实体零售领域，RFID 技术应用广泛，可有效避免人为的信息统计错误，提高商品管理与销售效率。其中常见的运用形式包括：为待售服装绑定 RFID 电子标签，以利于信息读取与入库管理；在服装展架上部署 RFID 接收装置，记录目标样衣被拿取的频次，经数据自动传输至计算机控制中心后，顾客的消费喜好将会被清晰掌握；同时，为便于顾客能自主了解服装的设计构想与面料组成，智慧门店的试衣间内部会配置有 RFID 功能的电子触摸屏，既能为顾客实时传递商品信息，也会推送相应的服饰搭配。

RFID 技术的精密性和高效性成为助推服装实体经营智慧转型的有力工具。

3）虚拟试衣

为弥补网购服装时合体度掌控不佳的问题，虚拟试衣技术被提出，即基于消费者的身体测量数据构建三维人体模型，进而模拟服装产品的试穿效果。虚拟试衣技术在满足消费者享乐主义、改善消费体验方面拥有着巨大潜力，随着对线下消费创意化接触点的呼声越来越高，其被认为是促进实体零售创新升级的有力手段之一。三维虚拟试衣技术具备的易用性和有用性是吸引消费者尝试的重点。快速实现虚拟试衣、换装功能，能够简化线下复杂的穿脱试衣环节，有利于增强顾客的消费体验新鲜感和对品牌的积极态度。目前，线下的虚拟试穿功能主要依靠智能试衣镜和三维虚拟试衣间两种形式实现。在向消费者以 360°三维全景方式反馈其虚拟试穿形象后，还允许消费者贴合自身特点与需求，自定义服装款式和颜色。这些穿衣偏好将会被虚拟试衣系统数字量化，随后进行采集与比对，对于品牌的个性化定制设计有着较高的实际意义。

4）室内定位

在普通的服装门店管理中，商家通常依据顾客的静态消费数据来制订相应的营销计划，对于顾客在购物过程中的行为动态没有具体的洞悉和记录形式。面向智慧型服装实体经营，需要获取顾客的店内运动轨迹和消费状态来辅助加强门店销售管理策略的科学性。而利用室内定位技术可以随时抓取顾客的位置信息，得到顾客在人机交互、商品导览、虚拟试衣等多个场景的停留时间和重游率。对这些动态数据的存储和剖析能帮助商家清楚知晓顾客的兴趣方位，合理规划服装的陈列设计和场景服务布局。常见的室内定位技术主要依靠无线电波通信，例如蓝牙、移动 Wi-Fi、RFID 等，其中基于 RFID 的人员定位依附于品牌为顾客供应的便捷式会员卡（内含电子标签），可便于服装门店的会员管理。

3. 发展空间

1）基于消费多元触点升级的服务增值

服装智慧门店中为优化消费体验而打造的场景触点，是使品牌与顾客之间形成多维性互动所不可或缺的要素。依附于智能技术的关键触点能让消费者在创新科技化的体验中，产生与品牌的情感和价值观共鸣，也是为品牌探知潜在消费需求、实现深耕细作的保障。为应对日后消费者对线下更新颖化、人性化与个性化时尚场景的追求，品牌需在消费场景的空间和内容方面有更精细化的技术投入，如针对虚拟试衣层面，现阶段还存在虚拟面料仿真度较低、人物模型较为僵化的问题。为更符合顾客的试衣预期，应切实改善系统的模拟效果，这或将大幅度提高该场景的实用性与交互性。同时，在全渠道战略影响下，结合线上的媒体触点将为智慧门店引入更多潜在客户。新时代人群的圈层化特质决定了其商品信息接收方式截然不同，面向这个局面，网络社区平台、短视频直播、在线时尚论坛等链路形态汇成了服装品牌丰富的线上传播体系。服装智慧门店可适当扩充媒介营销来承载多元化的消费触点，从而促成消费者线上线下闭环式的无缝式购物体验（如图 23-6 所示），为品牌实现服务增值。

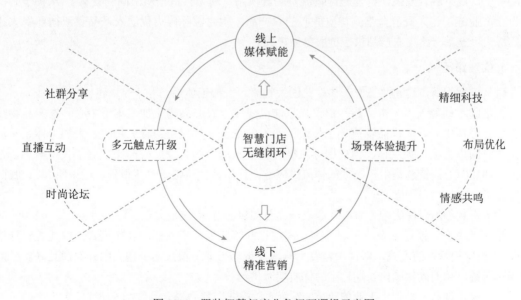

图 23-6　服装智慧门店业务闭环逻辑示意图

2）智慧物流的选择应用

在物理与数字并存的消费触点加持下，服装智慧门店运营将更倾向于"线下体验＋线上购买"的模式。因此，打通线上线下库存系统，拥有高效的物流管理至关重要。对于门店来说，依托先进的库存管控技术可以有效规避货物积压、销售混乱、周转率低等常见的服装经营问题。在5G物联与人工智能支持下，根据以往的进销存数据对未来服装需求进行预测也将变得更加高速化。对于消费者来说，及时的物流配送可以加深其购物愉悦性，亦能提高复购率，增强其对品牌的忠诚度。加快服装智慧门店的效率性仓储物流系统建设，将为品牌与消费者带来双赢。

3）服装产业链的协同共促

以消费者的多样性需求为第一驱动力，联通集成设计端、生产端与零售端，能让服装门店跳脱单一经营路线，进阶成为多链态综合体。为迈向智慧型产销一体化，可着重服装智慧门店的业务拓展，顺应时代潮流开发个性化定制的云端平台，以线下体验、线上下单的形式为品牌与消费者的价值协同创造赋能。并且，把柔性制造这一工业4.0的衍生产物作为智慧定制平台的生产技术支撑，将在很大程度上助力品牌数字化建设水平以及核心竞争力的提升。这样的服装产业链集群式智慧升级，是服装品牌企业谋求可持续化发展的探索方向之一。

23.5.2 农产品新型消费案例

粮食安全始终是关系国计民生的重大战略问题。如何寻求"粮食安全"的新突破，一直是粮企所思考的问题。某老字号粮油企业，立足国内，搭乘"一带一路"东风，走出国门，探索"粮食安全"供应链新模式。多年来，企业紧扣为消费者提供优质健康粮油产品这一宗旨，以自有销售网络为媒介，以中外双循环为抓手，积极促进产业链、价值链、供应链三链协同，努力推动线上、线下融合发展，构建跨国物流供应链体系，竭力打造"从田间到餐桌""从种子到筷子"全产业链，让人民群众吃到优质放心的农产品。构建国际国内优质农产品"双循环"大通道，探索"一带一路"农产品供应链服务新模式。

1. 实践路径

（1）理念创新，构建"三位一体"跨国大物流、大加工体系。

该集团主动融入"一带一路"倡议，目前已建成"农产品物流加工集结中心、农产品物流加工中转分拨中心、农产品物流加工集散中心"的三位一体优质粮食大物流、大加工体系，形成了"以国内大循环为主体、国内国际双循环良性互动"的新发展格局，打通了我国与"一带一路"共建国家，特别是中亚国家的物流供应链，让境外优质粮源"买得到、运得回"，让我国特色轻工业产品出口国际。

（2）机制创新，探索中外农商互联农产品跨国供应链运作新模式。

推行"政府＋银行＋企业＋农场主＋高校"的"新型订单农业"合作模式，并通过"订单收购""预付货款"的方式，解决种粮费用问题，带动当地种植，逐步建立中外农商互联农产品跨国供应链，从而确保国内长期稳定的优质粮源供给。

（3）模式创新，推行"工业体验游＋"新旅游模式，着力提升品牌影响力。

为进一步提升品牌影响力，增加产品销量，依托国内外先进的面粉、大米、食用油加工生产车间，企业改造提升爱粮节粮科普文化馆、健康生活饮食体验馆、放心产品展销中心，并融入数十种造型的丝路菊花展，打造一个集观赏、学习、品鉴、体验等为一体的现代化、花园式的工业园区，力争让广大市民"请进来、留得住、有所得"，实现以"菊"聚人，以"体验"留人，争取让每一个来企参观体验的消费者成为产品的忠实粉丝。

（4）产业升级，探索"中央厨房＋食材冷链配送＋主食成品正常配送"服务模式。

发挥现有主食产业化优势，探索"大制造"，打造主食产业化升级版"中央厨房"，新建20 000多平方米加工中心，成立现代化的检测中心，实施标准化质量体系，建立产品追溯制度，严把产品"出口关"。研发推出五彩凉皮、多种稀饭、各种包子、速冻扯面、烤饼、肉夹馍、卤面、系列蒸碗、系列营养砂锅等，努力满足市民成品、半成品需求。与一些企业建立"代加工＋双商标"合作模式，增加盐、酱、醋、调料等，丰富企业产品种类。依托于各类实体连锁网点约1000家，探索"自有电商＋第三方电商平台"合作机制，统筹规划，选择部分网点成为"社区粮仓取货点"，逐步打造一个让广大市民可以一站式"购、选、取"的"线上线下融合"的综合连锁物流网点，做市民家庭的"后厨"，为市民健康把关，进而推动线下线上融合消费双向提速。依托"自有为主＋合作为辅"的物流配送网络，解决"好粮油进社区"最后100米问题，向广大人民提供营养、健康、快捷、方便的好食品。

2. 新型经验

（1）对外拓展合作，建立利益联结机制。

推行"政府＋银行＋企业＋农场主＋高校"的新型"订单农业"合作模式，打造"一带一路"农业命运共同体，实现多方共赢。同时企业发展的"哈萨克斯坦北哈州、新疆阿拉山口、西安国际港务区"三位一体优质粮食大物流、大加工体系，不仅响应了"国内国际双循环"发展，也与国外公司形成了业务上的密切往来，分散了业务风险。另外，"工业体验游＋连锁物流网络"新模式，不仅塑造了品牌形象，还增加了新的经济增长点。从该集团的一系列创新探索可知，供应链企业应与利益相关方开展密切合作，建立利益共同体，不仅分散业务发展的风险，还可以在密切合作中开辟新的业务和收入增长点。

（2）打造电商平台，深度融合线上线下服务。

紧抓"无接触""宅生活""云消费"等新型消费大潮，及时调整新型消费布局。与一些企业建立"代加工＋双商标"合作模式，依托于"各类网点＋自有电商＋第三方电商平台"，筹建"社区粮仓取货点"，逐步打造市民可一站式"购、选、取"的"线上线下融合"的综合连锁物流网点。通过探索"中央厨房＋食材冷链配送＋主食成品正常配送"服务模式，极大地拓展了产品应用场景，为市民提供极大便利，丰富了市民的体验感。通过搭建电商平台连接线上和线下服务，是该品牌向新型消费转型的一个重要突破点。

3. 成效总结

该集团新兴消费，借助"互联网＋"大背景，实现线上线下融合发展，线上数据对接、共享、汇总和分析，线下"人、财、物"相互配合、相互制约、共同发展，取得了显著成效。

（1）利益联结机制切实保障了服务质量。

先后实施政府放心粮油、放心馒头、放心豆制品三大惠民工程。在某省份率先承诺该集团面粉不加增白剂、增筋剂，让消费者吃得更健康。在全国率先取缔散装油，研发推出10kg、15kg 一次性包装油品，杜绝了卫生隐患，为消费者提供了安全保障。自行研发出真正"无任何添加剂"的全国首例的"可以生吃的"放心豆芽，填补了我国规模化无添加剂豆芽生产技术的空白。

特殊时期，作为龙头企业积极履行社会责任，各销售网点实行"不断货、不涨价、不关门"的三不政策，携手保障粮食市场供应稳定。

（2）模式创新显著为企业增益提效。

发展"订单农业"新型农业生产经营模式，有效避免农户盲目生产，规避市场风险，目前在某国建立优质粮食订单种植基地150万亩，累计向国内输送优质原粮12万吨，保证了粮食产量稳步增长。

通过打通我国与"一带一路"共建国家，特别是中亚国家的大物流供应链，优质粮食、优质食品供给大幅增长，企业利润也随之快速增长，同时也带动了近千人的就业。

通过供应链创新，打造"三位一体"优质粮油产供销全产业链。在某国首家实现集装箱散装粮运输，大大降低了物流成本，极大地提高了流转效率。

第 24 章　法律法规和标准规范

法律法规作为一种行为规范，对信息化的建设发展和管理过程起到了促进和规范作用，标准规范的建立能够规范信息化建设过程，为过程中的各类活动提供规则和指南。随着信息技术的飞速发展，在信息化建设过程中，应充分利用法律法规和标准规范引导新技术在行业中的应用。

24.1　法律法规

信息化法律法规作为国家信息化体系的六大要素之一，对信息化建设的发展和管理起到了有力促进和规范作用，为依法规范和保护信息化建设快速、健康和可持续发展提供了有力保障。本节将围绕法与法律的基本概念、法律体系、法的效力、法律法规体系的效力层级以及系统规划项目管理中常用的法律进行介绍。

24.1.1　法与法律

1. 基本概念

法是由国家制定、认可并保证实施的，反映由特定物质生活条件所决定的统治阶段意志，以权利和义务为内容，以确认、保护和发展统治阶级所期望的社会关系和社会秩序为目的行为规范体系。

法律是指由国家行使立法权的机关依照立法程序制定和颁布的涉及国家重大问题的规范性文件，通常规定社会政治、经济以及其他社会生活中最基本的社会关系和行为准则。一般来说，法律的效力仅低于宪法，其他一切行政法规和地方性法规都不得与法律相抵触，凡有抵触，均属无效。

2. 本质与特征

法的本质是统治阶级意志的体现，是由特定社会的物质生活条件决定的。

一般认为法具有四大基本特征：①法是调整人的行为或社会关系的规范；②法是由国家制定或认可，并具有普遍约束力的社会规范；③法是以国家强制力保证实施的社会规范；④法是规定权利和义务的社会规范。

24.1.2　法律体系

法律体系通常是指一个国家全部现行法律规范分类组合为不同的法律部门而形成的有机联系的统一整体。

1. 世界法律体系

世界范围内，延续时间较长，且产生较大影响的法系包括大陆法系、英美法系、印度法系、中华法系等。对世界影响最大的法系是大陆法系和英美法系。这两种法系涉及历史、文化、信仰立场、社会背景等方面的不同，从本质到理念上均有较大差别。

大陆法系（Civil Law）又名欧陆法系、罗马法系、民法法系。大陆法系与罗马法在精神上一脉相承。12世纪，查士丁尼的《国法大全》在意大利被重新发现，由于其法律体系较之当时欧洲诸领主国家的习惯法更加完备，于是罗马法在欧洲大陆上被纷纷效法，史称"罗马法复兴"，在与基督教文明与商业文明等渐渐融合后，形成了今天大陆法系的雏形。此为大陆法系的由来，故大陆法系又称罗马法系。

大陆法系沿袭罗马法，具有悠久的法典编纂传统，重视编写法典，具有详尽的成文法，强调法典必须完整，以致每一个法律范畴的每一个细节，都在法典里有明文规定。大陆法系崇尚法理上的逻辑推理，并以此为依据实行司法审判，要求法官严格按照法条审判。

英美法系（Common Law）又称普通法系、海洋法系。英美法系因其起源，又称之为不成文法系。同大陆法系偏重于法典相比，英美法系在司法审判原则上更遵循先例，即作为判例的先例对其后的案件具有法律约束力，成为日后法官审判的基本原则。而这种以个案判例的形式表现出法律规范的判例法（Case Law）是不被实行大陆法系的国家承认的，最多只具有辅助参考价值。否则好像法律是被逐渐累积起来的，而无须经过立法机关。

英美法是判例之法，而非制定之法，法官在地方习惯法的基础上，归纳总结形成一套适用于整个社会的法律体系，具有适应性和开放性的特点。在审判时，更注重采取当事人进行主义和陪审团制度。下级法庭必须遵从上级法庭以往的判例，同级的法官判例没有必然约束力，但一般会互相参考。

在实行英美法系的国家中，法律制度与理论的发展实际上是一个个案例推动的。因此，我们看英美等地的判决，法官、陪审团、律师之间都在相互博弈，往往一个史无先例的判决产生后，都为后世相同情况的判决提供了依据。

由于大陆法系在形式上具有体系化、概念化的特点，便于模仿和移植，因此容易成为中国、日本等后进国家效仿的对象。我国目前的法律体系主要借鉴于德国，属于大陆法系，大陆法系的诸多特征通过我国的法律体系就能略知一二。在实行大陆法系的国家中，法律进步与完善的标志是一部部新法律的出台与实施。

大陆法系与英美法系作为当今世界最重要的两大法系，并不是对立的，现在也多有交流和融合。

2. 中国特色社会主义法律体系

中国特色社会主义法律体系，是以宪法为统帅，以法律为主干，以行政法规、地方性法规为重要组成部分，由宪法相关法、民法商法、行政法、经济法、社会法、刑法、诉讼与非诉讼程序法等多个法律部门组成的有机统一整体。

（1）宪法相关法是与宪法相配套、直接保障宪法实施和国家政权运作等方面的法律规范，调整国家政治关系，主要包括国家机构的产生、组织、职权和基本工作原则方面的法律，民族区域自治制度、特别行政区制度、基层群众自治制度方面的法律，维护国家主权、领土完整、国家安全、国家标志象征方面的法律，保障公民基本政治权利方面的法律。

（2）民法商法是规范社会民事和商事活动的基础性法律。民法是调整平等主体的公民之间、法人之间、公民和法人之间的财产关系和人身关系的法律规范，遵循民事主体地位平等、意思自治、公平、诚实信用等基本原则。商法调整商事主体之间的商事关系，遵循民法的基本原则，同时秉承保障商事交易自由、等价有偿、便捷安全等原则。

（3）行政法是关于行政权的授予、行政权的行使以及对行政权的监督的法律规范，调整的是行政机关与行政管理相对人之间因行政管理活动发生的关系，遵循职权法定、程序法定、公正公开、有效监督等原则，既保障行政机关依法行使职权，又注重保障公民、法人和其他组织的权利。

（4）经济法是调整国家从社会整体利益出发，对经济活动实行干预、管理或者调控所产生的社会经济关系的法律规范。经济法为国家对市场经济进行适度干预和宏观调控提供法律手段和制度框架，防止市场经济的自发性和盲目性所导致的弊端。

（5）社会法是调整劳动关系、社会保障、社会福利和特殊群体权益保障等方面的法律规范，遵循公平和谐和国家适度干预原则，通过国家和社会积极履行责任，对劳动者、失业者、丧失劳动能力的人以及其他需要扶助的特殊人群的权益提供必要的保障，维护社会公平，促进社会和谐。

（6）刑法是规定犯罪与刑罚的法律规范。通过规范国家的刑罚权，惩罚犯罪，保护人民，维护社会秩序和公共安全，保障国家安全。

（7）诉讼与非诉讼程序法是规范解决社会纠纷的诉讼活动与非诉讼活动的法律规范。诉讼法律制度是规范国家司法活动解决社会纠纷的法律规范，非诉讼程序法律制度是规范仲裁机构或者人民调解组织解决社会纠纷的法律规范。

我国法律体系中的法律法规包括法律，法律解释，行政法规，地方性法规、自治条例和单行条例以及规章等。

（1）法律：我国最高权力机关全国人民代表大会和全国人民代表大会常务委员会行使国家立法权，立法通过后，由国家主席签署主席令予以公布。因而，法律的级别是最高的。

（2）法律解释：是对法律中某些条文或文字的解释或限定。这些解释将涉及法律的适用问题。法律解释权属于全国人民代表大会常务委员会，其做出的法律解释同法律具有同等效力。还有一种司法解释，即由最高人民法院或最高人民检察院做出的解释，用于指导各基层法院的司法工作。

（3）行政法规：是由国务院制定的，通过后由国务院总理签署国务院令公布。这些法规也具有全国通用性，是对法律的补充，在成熟的情况下会被补充进法律，其地位仅次于法律。

（4）地方性法规、自治条例和单行条例：其制定者是各省、自治区、直辖市的人民代表大会及其常务委员会，相当于各地方的最高权力机构。地方性法规大部分称作条例，有的为法律在地方的实施细则，部分为具有法规属性的文件，如决议、决定等。

（5）规章：其制定者是国务院各部、委员会、中国人民银行、审计署和具有行政管理职能的直属机构，这些规章仅在本部门的权限范围内有效。还有一些规章是由各省、自治区、直辖市和较大的市的人民政府制定的，仅在本行政区域内有效。

24.1.3　法的效力

法的效力即法律的约束力，是指人们应当按照法律规定的那样行为，必须服从。通常，法的效力分为对象效力、空间效力和时间效力。

1. 对象效力

对象效力即对人的效力，是指法律对谁有效力，适用于哪些人。根据我国法律，对人的效力包括以下两方面：

（1）对中国公民的效力。中国公民在中国领域内一律适用中国法律。在中国境外的中国公民，也应遵守中国法律并受中国法律保护。但是，这里存在着适用中国法律与适用所在国法律的关系问题。对此，应当根据法律区分情况，分别对待。

（2）对外国人和无国籍人的效力。外国人和无国籍人在中国领域内，除法律另有规定者外，适用中国法律，这是国家主权原则的必然要求。

2. 空间效力

法律的空间效力指法律在哪些地域有效力，适用于哪些地区，一般来说，一国法律适用于该国主权范围所及的全部领域，包括领土、领水及其底土和领空，以及作为领土延伸的本国驻外使馆、在外船舶及飞机。

3. 时间效力

法律的时间效力，指法律何时生效、何时终止效力以及法律对其生效以前的事件和行为有无溯及力。

（1）法律的生效时间。法律的生效时间主要有三种：

- 自法律公布之日起生效。
- 由该法律规定具体生效时间。
- 规定法律公布后符合一定条件时生效。

（2）法律终止生效的时间。法律终止生效，即法律被废止，指法律效力的消灭。一般分为明示的废止和默示的废止两类。

（3）法的溯及力。法的溯及力是指法律对其生效以前的事件和行为是否适用。如果适用，就具有溯及力；如果不适用，就没有溯及力。

24.1.4　法律法规体系的效力层级

法律法规的效力层级是指法律体系中的各种法的形式，由于制定的主题、程序、时间、使用范围等的不同，具有不同的效力，形成法律法规的效力等级体系。

纵向效力层级。宪法具有最高的法律效力，随后依次是法律、行政法规、地方性法规、规章。按制定机关来说，全国人大及其常委会制定的法律高于国务院、国务院各部门、各地人大及政府制定的法规和规章；国务院制定的行政法规效力高于国务院各部门制定的规章以及各地制定的地方性法规、地方性规章；地方人大及其常委会制定的地方性法规效力高于当地政府制定的规章。

横向效力层级。主要指同一机关制定的法律、行政法规、地方性法规、规章，特别规定与一般规定不一致的，适用特别规定。

时间序列效力层级。同一机关制定的法律、行政法规、地方性法规、规章，新的规定效力高于旧规定，也就是我们平常说的"新法优于旧法"。

特殊情况有以下处理原则：

（1）法律之间对同一事项新的一般规定与旧的特别规定不一致，由全国人大常委会裁决。

（2）地方性法规、规章新的一般规定与旧的特殊规定不一致时，由制定机构裁决。

（3）地方性法规与部门规章之间对同一事项规定不一致，不能确定如何适用时，由国务院提出意见。国务院认为适用地方性法规的，应当决定在该地方适用地方性法规的规定；认为适用部门规章的，应当提请全国人大常委会裁决。

（4）部门规章之间、部门规章与地方政府规章之间对同一事项的规定不一致时，由国务院裁决。

24.1.5　系统规划项目管理中常用的法律

1.《中华人民共和国民法典》(合同编)

2020 年 5 月，中华人民共和国第十三届全国人民代表大会第三次会议通过的《中华人民共和国民法典》（合同编）是信息化法律法规领域的最重要的法律基础。根据《中华人民共和国民法典》（合同编）规定，合同是民事主体之间设立、变更、终止民事法律关系的协议。依法成立的合同，受法律保护。依法成立的合同，仅对当事人具有法律约束力，但是法律另有规定的除外。当事人对合同条款的理解有争议的，应当依法确定争议条款的含义。合同文本采用两种以上文字订立并约定具有同等效力的，对各文本使用的词句推定具有相同含义。各文本使用的词句不一致的，应当根据合同的相关条款、性质、目的以及诚信原则等予以解释。

2.《中华人民共和国招标投标法》

《中华人民共和国招标投标法》是国家用来规范招标投标活动、调整在招标投标过程中产生的各种关系的法律规范的总称。另外，国家还颁布《中华人民共和国招标投标法实施条例》作为执行补充。这两部法律法规中，对招投标保护及其具体措施作出了明确的规定。

3.《中华人民共和国政府采购法》

2014 年 8 月 31 日第十二届全国人民代表大会常务委员会修正了《中华人民共和国政府采购法》，该法律的制定是为了规范政府采购行为，提高政府采购资金的使用效益，维护国家利益和社会公共利益，保护政府采购当事人的合法权益，促进廉政建设。2015 年 3 月 1 日施行的《中华人民共和国政府采购法实施条例》规定，政府采购是指各级国家机关、事业单位和团体组织，使用财政性资金采购依法制定的集中采购目录以内的或者采购限额标准以上的货物、工程和服务的行为。政府集中采购目录和采购限额标准依照《中华人民共和国政府采购法》规定的权限制定。

4.《中华人民共和国专利法》

2020年10月17日第四次修正的《中华人民共和国专利法》（以下简称《专利法》）通过，并于2021年6月1日正式实施。《专利法》规定发明创造是指发明、实用新型和外观设计。发明，是指对产品、方法或者其改进所提出的新的技术方案。实用新型，是指对产品的形状、构造或者其结合所提出的适于实用的新的技术方案。外观设计，是指对产品的整体或者局部的形状、图案或者其结合以及色彩与形状、图案的结合所作出的富有美感并适于工业应用的新设计。

5.《中华人民共和国著作权法》

2020年11月11日发布第三次修正版《中华人民共和国著作权法》。同时，国家主席习近平在2020年11月11日发布主席令，其中指出《全国人民代表大会常务委员会关于修改〈中华人民共和国著作权法〉的决定》已由中华人民共和国第十三届全国人民代表大会常务委员会第二十三次会议于2020年11月11日通过，现予公布，2021年6月1日正式施行。这部法律中，对著作权保护及其具体实施作出了明确的规定。

6.《中华人民共和国商标法》

2019年4月23日通过，2019年11月1日起施行的最新《中华人民共和国商标法》（以下简称《商标法》）是信息化领域政策法规的重要的法律基础之一。国务院工商行政管理部门商标局主管全国商标注册和管理的工作。国务院工商行政管理部门设立商标评审委员会，负责处理商标争议事宜。经商标局核准注册的商标为注册商标，包括商品商标、服务商标和集体商标、证明商标；商标注册人享有商标专用权，受法律保护。

7.《中华人民共和国网络安全法》

2017年6月1日起正式实施的《中华人民共和国网络安全法》（以下简称《网络安全法》），是我国第一部全面规范网络空间安全管理方面问题的基础性法律。《网络安全法》中给出了网络、网络安全、网络数据等的定义，明确了部门、企业、社会组织和个人的权利、义务和责任。规定了国家网络安全工作的基本原则、主要任务和重大指导思想、理念。《网络安全法》的制定是为了保障网络安全，维护网络空间主权和国家安全、社会公共利益，保护公民、法人和其他组织的合法权益，促进经济社会信息化健康发展。适用于在中华人民共和国境内建设、运营、维护和使用网络，以及网络安全的监督管理。

8.《中华人民共和国数据安全法》

《中华人民共和国数据安全法》（以下简称《数据安全法》）于2021年9月1日起正式施行，从数据安全与发展、数据安全制度、数据安全保护义务、政务数据安全与开放的角度对数据安全保护的义务和相应法律责任进行规定。《网络安全法》作为数据安全领域最高位阶的专门法，与《网络安全法》一起补充了《国家安全法》框架下的安全治理法律体系，更全面地提供了国家安全在各行业、各领域保障的法律依据。同时，《数据安全法》延续了《网络安全法》生效以来的"一轴两翼多级"的监管体系，通过多方共同参与实现各地方、各部门对工作集中收集和产生数据的安全管理。

24.2　标准规范

构建生产和管理行为制定统一的标准化体系，是现代化社会发展的客观需要，同时也为推动整个社会的发展进程发挥了巨大作用。本节围绕标准和标准化的知识要点以及国际和我国信息技术服务标准体系进行介绍，使系统规划与管理师对信息技术服务各项标准及其相互关系有所理解，为系统规划与管理师开展信息技术相关项目提供参考和依据，也可为系统规划与管理师的职业发展、从业要求和具体工作起到规范与指导作用。

24.2.1　标准和标准化

1. 标准和标准化基本概念

国家标准 GB/T 20000.1-2014《标准化工作指南　第 1 部分：标准化和相关活动的通用术语》给出了关于标准的定义，标准是指："通过标准化活动，按照规定的程序经协商一致制定，为各种活动或其结果提供规则、指南或特性，供共同使用和重复使用的文件。"标准的作用是保障人类健康和安全、保护环境、促进资源的合理利用；增进相互理解；保障法规的有效实施。标准是经济社会活动的技术依据，是国家基础性制度建设的重要内容。

国家标准 GB/T 20000.1-2014 对标准化的定义是："为了在既定范围内获得最佳秩序，促进共同效益，对现实问题或潜在问题确立共同使用和重复使用的条款以及编制、发布和应用文件的活动。标准化活动确立的条款，可形成标准化文件，包括标准和其他标准化文件。标准化的主要效益在于为了产品、过程或服务的预期目的改进它们的适用性，促进贸易、交流以及技术合作。"标准化工作的任务是制定标准、组织实施标准以及对标准的制定、实施进行监督。

2. 主要标准化机构

1）国际标准化组织（International Organization for Standardization，ISO）

ISO 是世界上最大、最有权威性的国际标准化专门机构，目的和宗旨是在全世界范围内促进标准化工作的发展，以便于国际物资交流和服务，并扩大在知识、科学、技术和经济方面的合作。其主要活动是制定国际标准，协调世界范围的标准化工作，组织各成员国和技术委员会进行情报交流，以及与其他国际组织进行合作，共同研究有关标准化问题。

2）国际电工委员会（International Electro Technical Commission，IEC）

IEC 是世界上成立最早的国际性电工标准化机构，负责有关电气工程和电子工程领域中的国际标准化工作，宗旨是促进电气、电子工程领域中标准化及有关问题的国际合作，增进相互了解。IEC 标准的权威性是世界公认的。

3）国际电信联盟（International Telecommunication Union，ITU）

ITU 是联合国的一个专门机构，也是联合国机构中历史最长的一个国际组织，分为国际电信联盟标准化部门（ITU-T）、国际电信联盟无线电通信部门和国际电信联盟电信发展部门，其中标准化部门的主要职责是完成国际电信联盟有关电信标准化的目标，使全世界的电信标准化。

4）中国标准化协会（China Association for Standardization，CAS）

CAS是由全国从事标准化工作的单位和个人自愿参与构成的全国性法人社会团体，是中国科学技术协会重要成员单位之一，宗旨是充分发挥社会团体的桥梁和纽带作用，团结和组织全国标准化科技工作者，根据政府、社会、市场、企业的需要，宣传、普及标准化知识，开展标准化学术研讨，提供标准化技术咨询服务，促进国内、国际标准化的合作与交流，推动中国标准化事业的发展。

5）中国国家标准化管理委员会（Standardization Administration of China，SAC）

SAC职责划入国家市场监督管理总局，对外保留国家标准化管理委员会牌子，主要职责是以国家标准化管理委员会名义，下达国家标准计划，批准发布国家标准，审议并发布标准化政策、管理制度、规划、公告等重要文件；开展强制性国家标准对外通报；协调、指导和监督行业、地方、团体、企业标准工作；代表国家参加国际标准化组织、国际电工委员会和其他国际或区域性标准化组织；承担有关国际合作协议签署工作；承担国务院标准化协调机制日常工作。

6）全国信息技术标准化技术委员会（China National Information Technology Standardization Technical Committee，NITS）

NITS是原全国计算机与信息技术处理标准化技术委员会，是在国家标准化管理委员会和工业和信息化部的共同领导下，从事全国信息技术领域标准化工作的技术组织，工作范围是信息技术领域的标准化，涉及信息采集、表示、处理、传输、交换、描述、管理、组织、存储、检索及其技术，系统与产品的设计、研制、管理、测试及相关工具的开发等标准化工作。

24.2.2 标准分级与标准分类

1. 标准的层级

根据2017年修订发布的《中华人民共和国标准化法》标准分为国家标准、行业标准、地方标准、团体标准和企业标准五个级别。各层次之间具有一定的依从关系和内在联系，形成覆盖全国且层次分明的标准体系。

（1）国家标准。对需要在全国范围内统一的技术要求，应当制定国家标准。国家标准由国务院标准化行政主管部门编制计划和组织草拟，并统一审批、编号、发布。

（2）行业标准。对没有推荐性国家标准、需要在全国某个行业范围内统一的技术要求，可以制定行业标准。行业标准由国务院有关行政主管部门制定。

（3）地方标准。为满足地方自然条件、风俗习惯等特殊技术要求，可以制定地方标准。地方标准由省、自治区、直辖市人民政府标准化行政主管部门制定；设区的市级人民政府标准化行政主管部门根据本行政区域的特殊需要，经所在地省、自治区、直辖市人民政府标准化行政主管部门批准，可以制定本行政区域的地方标准。地方标准由省、自治区、直辖市人民政府标准化行政主管部门报国务院标准化行政主管部门备案，由国务院标准化行政主管部门通报国务院有关行政主管部门。

（4）团体标准。团体标准是依法成立的社会团体为满足市场和创新需要，协调相关市场主体共同制定的标准。国务院标准化行政主管部门统一管理团体标准化工作。国务院有关行政主管部门分工管理本部门、本行业的团体标准化工作。县级以上地方人民政府标准化行政主管部门统一管理本行政区域内的团体标准化工作。县级以上地方人民政府有关行政主管部门分工管理本行政区域内本部门、本行业的团体标准化工作。

（5）企业标准。企业标准是对企业范围内需要协调、统一的技术要求、管理要求和工作要求所制定的标准，是企业组织生产、经营活动的依据。企业可以根据需要自行制定企业标准，或者与其他企业联合制定企业标准。

2. 标准的类型

根据《中华人民共和国标准化法》国家标准分为强制性标准、推荐性标准。行业标准、地方标准是推荐性标准。强制性标准必须执行。国家鼓励采用推荐性标准。我国现行的标准体系如图 24-1 所示。

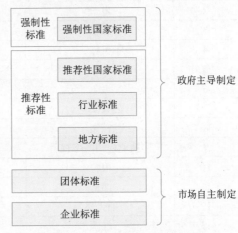

图 24-1　我国现行的标准体系

（1）强制性标准。对保障人身健康和生命财产安全、国家安全、生态环境安全以及满足经济社会管理基本需要的技术要求，应当制定强制性国家标准。国务院有关行政主管部门依据职责负责强制性国家标准的项目提出、组织起草、征求意见和技术审查。国务院标准化行政主管部门负责强制性国家标准的立项、编号和对外通报。国务院标准化行政主管部门应当对拟制定的强制性国家标准是否符合前款规定进行立项审查，对符合前款规定的予以立项。省、自治区、直辖市人民政府标准化行政主管部门可以向国务院标准化行政主管部门提出强制性国家标准的立项建议，由国务院标准化行政主管部门会同国务院有关行政主管部门决定。社会团体、企业事业组织以及公民可以向国务院标准化行政主管部门提出强制性国家标准的立项建议，国务院标准化行政主管部门认为需要立项的，会同国务院有关行政主管部门决定。强制性国家标准由国务院批准发布或者授权批准发布。法律、行政法规和国务院决定对强制性标准的制定另有规定的，从其规定。

（2）推荐性标准。对满足基础通用、与强制性国家标准配套、对各有关行业起引领作用等需要的技术要求，可以制定推荐性国家标准。推荐性国家标准由国务院标准化行政主管部门制定。

24.2.3　我国标准的编号及名称

1. 标准编号

根据 2022 年发布的《国家标准管理办法》，国家标准的代号由大写汉语拼音字母构成。强制性国家标准的代号为"GB"，推荐性国家标准的代号为"GB/T"，国家标准样品的代号为"GSB"，指导性技术文件的代号为"GB/Z"。国家标准的编号由国家标准的代号、国家标准发布的顺序号和国家标准发布的年份号构成。国家标准样品的编号由国家标准样品的代号、分类目录号、发布顺序号、复制批次号和发布年份号构成。

行业标准的代号由国务院标准化行政主管部门规定。目前我国共有 73 个行业标准代号，其中，与信息技术行业相关的行业标准代码如表 24-1 所示。行业标准的编号由行业标准代号、标准顺序号及发布年号组成。

表 24-1　部分行业标准代码

序号	行业标准名称	行业标准代码	主管部门
1	减灾救灾与综合性应急管理	YJ	应急管理部
2	电子	SJ	工业和信息化部
3	通信	YD	工业和信息化部
4	机械	JB	工业和信息化部
5	轻工	QB	工业和信息化部
6	汽车	QC	工业和信息化部
7	公共安全	GA	公安部
8	档案	DA	国家档案局
9	广播电视和网络视听	GY	国家广播电视总局
10	粮食	LS	国家粮食和物资储备局
11	国密	GM	国家密码管理局
12	石油天然气	SY	国家能源局
13	能源	NB	国家能源局
14	认证认可	RB	国家认证认可监督管理委员会
15	铁路	TB	国家铁路局
16	新闻出版	CY	国家新闻出版署
17	医药	YY	国家药监局
18	邮政	YZ	国家邮政局
19	出入境检验检疫	SN	海关总署
20	海关	HS	海关总署
21	交通	JT	交通运输部
22	民政	MZ	民政部
23	农业	NY	农业农村部
24	劳动和劳动安全	LD	人力资源和社会保障部
25	国内贸易	SB	商务部
26	环境保护	HJ	生态环境部
27	水利	SL	水利部
28	司法	SF	司法部
29	卫生	WS	卫生健康委员会
30	旅游	LB	文化和旅游部
31	文化	WH	文化和旅游部

（续表）

序号	行业标准名称	行业标准代码	主管部门
32	消防救援	XF	应急管理部
33	民用航空	MH	中国民用航空局
34	气象	QX	中国气象局
35	金融	JR	中国人民银行

地方标准的编号，由地方标准代号、顺序号和年代号三部分组成。省级地方标准代号，由汉语拼音字母"DB"加上其行政区划代码前两位数字组成。市级地方标准代号，由汉语拼音字母"DB"加上其行政区划代码前四位数字组成。

团体标准编号依次由团体标准代号"T"、社会团体代号、团体标准顺序号和年代号四部分组成。社会团体代号由社会团体自主拟定，可使用大写拉丁字母或大写拉丁字母与阿拉伯数字的组合。社会团体代号应当合法，不得与现有标准代号重复。

企业标准的编号依次由企业标准代号"Q"、企业代号、标准发布顺序号和标准发布年代号组成。

2. 标准名称

标准名称是规范性的必备要素，是对文件所覆盖的主题的清晰、简明的描述，可直接反映标准化对象的范围和特征，关系到标准信息的传播效果。

国家标准《标准化工作导则　第 1 部分：标准化文件的结构和起草规则》（GB/T 1.1-2020）对名称命名及表述原则进行了详细说明。名称的表述应使得某文件易于与其他文件相区分，不应涉及不必要的细节，任何必要的补充说明由范围给出。

标准名称由尽可能短的几种元素组成，其顺序由一般到特殊。所使用的元素应不多于以下三种：

（1）引导元素（可选元素）。表示文件所属的领域。如果省略引导元素会导致主体元素所表示的标准化对象不明确，那么文件名称中应有引导元素；如果主体元素（或者同补充元素一起）能确切地表示文件所涉及的标准化对象，那么文件名称中应省略引导元素。

（2）主体元素（必备元素）。表示上述领域内文件所涉及的标准化对象。

（3）补充元素（可选元素）。表示上述标准化对象的特殊方面，或者给出某文件与其他文件，或分为若干部分的文件的各部分之间的区分信息。如果文件只包含主体元素所表示的标准化对象的：①一或两方面，那么文件名称中应有补充元素，以便指出所涉及的具体方面；②两个以上但不是全部方面，那么在文件名称的补充元素中应由一般性的词语（例如技术要求、技术规范等）来概括这些方面，而不必一一列举；③所有必要的方面，并且是与该标准化对象相关的唯一现行文件，那么文件名称中应省略补充元素。

24.2.4　我国标准的有效期

自标准实施之日起，至标准复审重新确认、修订或废止的时间，称为标准的有效期，又称标龄。由于各国情况不同，标准有效期也不同。以 ISO 标准为例，该标准每 5 年复审一次。我国在《国家标准管理办法》中规定国家标准实施5年内需要进行复审，即国家标准有效期一般为5年。

《行业标准管理办法》《地方标准管理办法》分别规定了行业标准、地方标准的复审周期一般不超过5年，但对于地方标准中有下列情形之一的，应当及时复审：

（1）法律、法规、规章或者国家有关规定发生重大变化的。

（2）涉及国家标准、行业标准、地方标准发生重大变化的。

（3）关键技术、适用条件发生重大变化的。

（4）应当及时复审的其他情形。

《企业标准化管理办法》中明确企业标准应定期复审，复审周期一般不超过3年。当有相应国家标准、行业标准和地方标准发布实施后，应及时复审，并确定其继续有效、修订或废止。

24.2.5 国际信息技术服务标准

1. ISO/IEC 20000 信息技术服务管理体系

ISO/IEC 20000是第一部信息技术服务管理（IT Service Management）领域的国际标准，于2005年12月15日发布。作为认证组织的IT运营和服务管理水平的国际标准，ISO/IEC 20000具体规定了IT服务管理行业向企业及其客户有效地提供服务的、一体化的管理过程以及过程建立的相关要求，帮助识别和管理IT服务的关键过程，保证提供有效的IT服务以满足客户和业务的需求。它着重于通过"IT服务标准化"来管理IT问题，即将IT问题归类，识别问题的内在联系，然后依据服务级别协议进行计划、管理和监控，并强调与客户的沟通。

ISO/IEC 20000标准的主要目的是为IT服务提供商就IT服务管理提供一套方法，并通过第三方认证以证实组织有能力满足顾客要求。

ISO/IEC 20000标准包含以下两部分：

（1）ISO/IEC 20000-1 Information technology-Service management Part-1：Specification（信息技术－服务管理－规范）。

（2）ISO/IEC 20000-2 Information technology-Service management Part-2：Code of practice（信息技术－服务管理－实施指南）。

2. ISO/IEC 27000 信息安全管理体系

ISO/IEC 27000系列标准是信息安全管理体系系列标准，主要包括：

（1）ISO/IEC 27000，信息安全管理体系-概述和词汇。

（2）ISO/IEC 27001，信息安全管理体系要求。

（3）ISO/IEC 27002，信息安全控制。

（4）ISO/IEC 27003，信息安全管理体系指南。

（5）ISO/IEC 27004，信息安全管理-监视、测量、分析和评价。

（6）ISO/IEC 27005，信息安全风险管理指南。

（7）ISO/IEC 27006，提供信息安全管理体系审核和认证机构的要求。

（8）ISO/IEC 27007，信息安全管理体系审计指南。

（9）ISO/IEC TS 27008，信息安全控制评估指南。

（10）ISO/IEC 27009，特定行业应用要求。

（11）ISO/IEC 27010，跨部门和跨组织的通信的信息安全管理。

（12）ISO/IEC 27011，基于 ISO/IEC 27002 的电信组织信息安全控制实用规则。

（13）ISO/IEC 27013，ISO/IEC 27001 标准和 ISO/IEC 20000-1 标准整体实施指南。

（14）ISO/IEC 27014，信息安全治理。

（15）ISO/IEC TR 27015，金融服务用信息安全管理指南。

（16）ISO/IEC TR 27016，信息安全管理 - 组织经济学。

（17）ISO/IEC 27017，基于 ISO/IEC 27002 的云服务信息安全控制实用规则。

（18）ISO/IEC 27018，公有云中作为个人身份信息处理者保护个人身份信息的实用规则。

（19）ISO/IEC TR 27019，能源公共事业行业信息安全控制。

（20）ISO/IEC 27021，信息安全管理系统专业人员能力要求。

（21）ISO/IEC TS 27022，信息安全管理体系过程指南。

（22）ISO/IEC TR 27023，ISO/IEC 27001 和 ISO/IEC 27002 修订版本的映射关系。

（23）ISO/IEC DIS 27031，信息和通信技术的业务连续性准备。

其中 ISO/IEC 27001 是标准族的主标准，其前身为英国的 BS 7799 标准，各类组织可以按照 ISO/IEC 27001 的要求建立自己的信息安全管理体系（ISMS）。ISO/IEC 27001 标准规定了在组织背景下建立、实施、维护和持续改进信息安全管理体系，还包括信息安全风险评估和处置要求，可裁剪以适用于组织等。该标准的要求是通用的，适用于所有的组织，不考虑类型、规模和特征。

ISO/IEC 27002 可作为组织基于 ISO/IEC 27001 实现信息安全管理体系（ISMS）过程中选择控制时的参考，或作为组织在实现通用信息安全控制时的指南。ISO/IEC 27002 共包括 35 个主要安全类别以及 114 项控制。

3. ISO9000 质量管理体系

ISO9000 质量管理体系是国际标准化组织（ISO）制定的国际标准之一，是在 1987 年提出的概念，是由 ISO/TC 176（国际标准化组织质量管理和质量保证技术委员会）制定的所有国际标准。ISO9000 系列标准为各类组织建立了一个质量管理的通用框架和语言，也为组织赢得顾客对其生产合格产品的基本信任明确了途径，为全球经济合作效率的提升起到了基础作用。ISO9000 包括以下 4 个核心标准：

（1）ISO9000《质量管理体系　基础和术语》，该标准阐述了 ISO9000 族标准中质量管理体系的基础知识、质量管理八项原则，并确定了相关的术语。

（2）ISO9001《质量管理体系　要求》，该标准规定了一个组织若要推行 ISO9000，取得 ISO9000 认证，所要满足的质量管理体系要求。组织通过有效实施和推行一个符合 ISO9001：2000 标准的文件化的质量管理体系，包括对过程的持续改进和预防不合格，使顾客满意。

（3）ISO9004《质量管理体系　业绩改进指南》，该标准以八项质量管理原则为基础，帮助组织有效识别能满足客户及其相关方的需求和期望，从而改进组织业绩，协助组织获得成功。

（4）ISO19011《质量和环境管理体系审核指南》，该标准提供质量和（或）环境审核的基本原则、审核方案的管理、质量和（或）环境管理体系审核的实施、对质量和（或）环境管理体系审核员的资格等要求。

4. ITIL

ITIL（Information Technology Infrastructure Library，IT 基础架构库）从复杂的 IT 管理活动中梳理出各组织所共有的最佳实践（如事件管理、问题管理、变更管理、配置管理、服务水平管理、可用性管理等），然后将这些流程规范化、标准化，明确定义各流程的目标、范围、职能和责任、成本和效益、规划和实施过程、主要活动、主要角色、关键成功因素、绩效评价指标以及其他流程的相互关系等。

从 1980 年至今，ITIL 经历了 4 个主要的版本。

1）Version 1（1986—1999 年）

原始版主要基于职能型的实践，开发了 40 多卷图书。ITIL v1 由 10 位顶级 IT 管理专家共同编写，后来这 10 位专家将其传播到全球，特别是传播到欧洲各国。荷兰政府将 ITIL v1 作为政府信息技术服务采购的强制标准，之后 ITIL v1 在欧洲得到广泛应用。

2）Version 2（1999—2006 年）

Version 2 主要是基于流程型的实践，共有 10 本图书，包含 7 大模块：服务管理、IT 服务管理实施规则、应用管理、安全管理、ICT 基础架构管理、服务提供与支持、业务视角。它已经成为了 IT 服务管理领域全球认可的最佳实践框架，如图 24-2 所示。

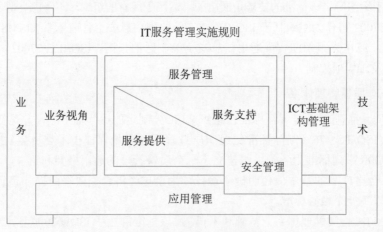

图 24-2　ITIL v2 框架图

3）Version 3（2004—2007 年）

ITIL v3 在整合了 v1 和 v2 的精华的基础上，融入了最新的 IT 服务管理领域的最佳实践。它强调了 ITIL 最佳实践的执行支持，以及在改善过程中需要注意的细节。ITIL v3 包括服务战略、服务设计、服务转换、服务运营和持续服务改进 5 个核心流程，这 5 个流程构成了 ITIL 的核心组件，是 IT 服务管理的基础，如图 24-3 所示。

图 24-3　ITIL v3 框架图

4）Version 4（2011 年至今）

相较于 ITIL v3，ITIL v4 更加注重数字化时代企业的数字化转型和数字化服务管理，同时保持了对传统 IT 服务管理的支持。ITIL 的 2011 年版本使用 5 个主要书面指导文件，分别论述了 IT 服务的服务战略、服务设计、服务转换、服务运营和服务的持续改进。涉及 4 个职能：服务台、运营管理、应用管理、技术管理；26 个流程：事件管理、事态管理、请求履行、问题管理、资产与配置管理、变更管理、发布与部署管理、服务级别管理、连续性管理、可用性管理、容量管理、IT 服务财务管理、信息安全管理、服务报告、业务关系管理、供应商管理、知识管理、服务目录管理、战略制定、需求管理、服务组合管理、变更评估、设计协作管理、服务验证与测试、转换规划与支持、访问管理。

24.2.6　我国信息技术服务标准体系

ITSS（Information Technology Service Standards）是一套成体系和综合配套的信息技术服务标准库，全面规范了信息技术服务产品及其组成要素，用于指导实施标准化和可信赖的信息技术服务。

1. ITSS 的来源

ITSS 是在工业和信息化部、国家标准化管理委员会的联合指导研制的，是我国 IT 服务行业最佳实践的总结和提升，也是我国从事 IT 服务研发、供应、推广和应用等各类组织自主创新成果的固化。

2. 组成要素

IT 服务由人员（People）、过程（Process）、技术（Technology）和资源（Resource）组成，简称 PPTR。

（1）人员。指提供 IT 服务所需的人员及其知识、经验和技能要求。

（2）过程。指提供 IT 服务时，合理利用必要的资源，将输入转化为输出的一组相互关联和结构化的活动。

（3）技术。指交付满足质量要求的 IT 服务应使用的技术或应具备的技术能力。

（4）资源。指提供 IT 服务所依存和产生的有形及无形资产。

3. 生命周期

IT 服务生命周期由规划设计（Planning&Design）、部署实施（Implementing）、服务运营（Operation）、持续改进（Improvement）和监督管理（Supervision）5 个阶段组成，简称 PIOIS。

（1）规划设计。从客户业务战略出发，以需求为中心，参照 ITSS 对 IT 服务进行全面系统的战略规划和设计，为 IT 服务的部署实施做好准备，以确保提供满足客户需求的 IT 服务。

（2）部署实施。在规划设计基础上，依据 ITSS 建立管理体系、部署专用工具及服务解决方案。

（3）服务运营。根据 IT 服务部署情况，依据 ITSS，采用过程方法，全面管理基础设施、服务流程、人员和业务连续性，实现业务运营与 IT 服务运营的全面融合。

（4）持续改进。根据 IT 服务运营的实际情况，定期评审 IT 服务满足业务运营的情况，以及 IT 服务本身存在的缺陷，提出改进策略和方案，并对 IT 服务进行重新规划设计和部署实施，以提高 IT 服务质量。

（5）监督管理。本阶段主要依据 ITSS 对 IT 服务质量进行评价，并对 IT 服务供方的服务过程、交付结果实施监督和绩效评估。

4. ITSS 标准体系 5.0

在数字中国建设、产业高质量发展、新发展格局构建以及自主创新的国家战略和市场需求的双轮驱动下，以基础服务标准为底座，以通用标准和保障标准为支柱，以技术创新服务标准和数字化转型服务标准为引领，共同支撑业务融合的实现。

ITSS 5.0 的主要内容包括通用标准、保障标准、基础服务标准、技术创新服务标准、数字化转型服务标准和业务融合标准，其体系框架如图 24-4 所示。

（1）通用标准。指适用于所有信息技术服务的共性标准。主要包括分类与代码服务级别协议指南、服务生存周期过程、服务工具及集成框架、质量评价指标体系、服务基本要求、从业人员能力评价要求、服务成本度量指南和服务安全要求等。

（2）保障标准。指对信息技术服务提出保障要求的标准。主要包括服务管控标准和外包标准，服务管控标准是指通过对信息技术服务的治理、管理和监理活动和要求，以确保信息技术服务管控的权责分明、经济有效和服务可控，服务外包则对组织通过外包形式获取服务所应采取的业务和管理措施提出要求。

图 24-4 ITSS 5.0 体系框架图

（3）基础服务标准。指面向信息技术服务基础类服务的标准，包括咨询设计、开发服务、集成实施、运行维护、云服务、数据中心等标准。

（4）技术创新服务标准。指面向新技术加持下新业态、新模式的标准，包含智能化服务、数据服务、数字内容处理服务和区块链服务等标准。

（5）数字化转型服务标准。指支撑和服务组织数字化转型服务开展和创新融合业务发展的标准，包含数字化转型成熟度模型、就绪度评估模型、效果评价模型、数字化监测预警技术要求等标准。

（6）业务融合标准。指支撑信息技术服务与各行业融合的标准，包括面向政务、广电、教育、应急、财会等行业建立具有行业特点的信息技术服务相关的标准。

ITSS 体系持续动态发展，与信息技术服务相关的技术、服务和产业发展紧密相关，同时也与标准化建设工作的目标和定位紧密相关。

5. 通用标准

通用标准是信息技术服务的共性抽象内容，也是整个标准体系的根本。通用标准具有如下5个方面的重要作用：

- 界定服务边界，规范市场秩序。
- 支撑服务产品开发、采购和付费。
- 评价并保障服务质量。
- 规定服务工具全景，引导服务工具集成。
- 支撑从业人员培养。

通用标准详细内容如表24-2所示。

表 24-2　通用标准

序号	标准号	标准名称	主要内容	适用范围	类别
1	GB/T 29264—2012	信息技术服务分类与代码	该标准规定了信息技术服务的分类与代码，是信息技术服务分类、管理和编目的准则，为ITSS体系的建立提供了范围基础	该标准适用于信息技术服务的信息管理及信息交换，供科研、规划等工作使用	国家标准
2	GB/T 33850—2017	信息技术服务质量评价指标体系	该标准建立了信息技术服务质量模型，规定了信息技术服务质量评价指标、测量方法以及质量评价过程等	该标准适用于对信息技术服务质量进行评价	国家标准
3	GB/T 37696—2019	信息技术服务从业人员能力评价要求	该标准规定了信息技术服务从业人员的职业种类、能力要素、能力要素等级要求和评价方法	该标准适用于信息技术服务从业人员的能力评价与培养	国家标准
4	GB/T 37961—2019	信息技术服务服务基本要求	该标准规定了信息技术服务中服务过程基本要求、信息技术咨询、设计与开发、信息系统集成实施、运行维护、数据处理和存储、运营等服务的活动内容和成果要求	该标准适用于服务供方和需方确立服务内容及签署合同	国家标准
5	GB/T 39770—2021	信息技术服务服务安全要求	该标准提出了信息技术服务安全模型，规定了安全总则、生存周期和能力要素的安全要求	该标准适用于信息技术服务提供方、服务需求方和第三方	国家标准

（续表）

序号	标准号	标准名称	主要内容	适用范围	类别
6	SJ/T 11623—2016	信息技术服务从业人员能力规范	该标准提出了信息技术服务行业从业人员的能力模型，规定了从业人员的职业种类、能力要求、评价方法和能力培养模式	该标准适用于提供信息技术服务的组织招聘、评价和培养从业人员，实施员工职业发展活动；提供与信息技术服务相关的劳务派遣组织招聘、评价和培养从业人员，实施员工职业发展活动；服务需方评价和选择服务供方的服务人员；提供信息技术服务相关的教育、培训机构开发课程体系，实施培训活动	行业标准
7	SJ/T 11691-2017	信息技术服务服务级别协议指南	该标准给出了信息技术服务级别协议的各项要素，并提出了针对服务级别协议的管理流程	该标准适用于建立、管理并评价一致的、全面的、可量化的服务级别协议提供指南	行业标准
8	T/CESA 1154—2021	信息技术服务从业人员能力评价指南设计与开发服务	该标准规定信息技术服务设计与开发专业从业人员的职责要求、职业序列及等级、各职业等级的准入条件和职业能力要求	该标准适用于提供相关专业信息技术服务的企业及有关组织进行从业人员能力管理、能力评价和技能培训等	团体标准
9	T/CESA 1155—2021	信息技术服务从业人员能力评价指南集成实施服务	该标准规定信息技术服务集成实施专业从业人员的职责要求、职业序列及等级、各职业等级的准入条件和职业能力要求	该标准适用于提供相关专业信息技术服务的企业及有关组织进行从业人员能力管理、能力评价和技能培训等	团体标准
10	T/CESA 1156—2021	信息技术服务从业人员能力评价指南运行维护服务	该标准规定信息技术服务运行维护专业从业人员的职责要求、职业序列及等级、各职业等级的准入条件和职业能力要求	该标准适用于提供相关专业信息技术服务的企业及有关组织进行从业人员能力管理、能力评价和技能培训等	团体标准
11	T/CESA 1157—2021	信息技术服务从业人员能力评价指南云计算服务	该标准规定信息技术服务云计算从业人员的职责要求、职业序列及等级、各职业等级的准入条件和职业能力要求	该标准适用于提供相关专业信息技术服务的企业及有关组织进行从业人员能力管理、能力评价和技能培训等	团体标准

序号	标准号	标准名称	主要内容	适用范围	类别
12	T/CESA 1158—2021	信息技术服务从业人员能力评价指南信息安全服务	该标准规定信息技术服务信息安全专业从业人员的职责要求、职业序列及等级、各职业等级的准入条件和职业能力要求	该标准适用于提供相关专业信息技术服务的企业及有关组织进行从业人员能力管理、能力评价和技能培训等	团体标准

6. 保障标准

保障标准包括服务管控标准和服务外包标准两类。

1）服务管控标准

服务管控类标准是通过对信息技术服务的治理、管理和监理活动，以确保信息技术服务的经济有效。主要分为治理、服务管理和监理三个子域。

（1）治理。治理类标准制定了信息技术服务管理的目标要求，通过信息技术服务通用要求、实施指南、绩效评价和监督管理形成一个闭环，并结合具体的治理对象和全面风险管理要求，研制专项治理、专项监督标准并进行落地，实现信息技术服务的价值。

信息技术服务治理通用要求提出信息技术治理的指导原则、模型、任务和管控要求，组织按照实施指南、专项治理规范，在相关领域实施信息技术治理的活动；遵从绩效评价的规范要求，使组织能够定量或定性地把握信息技术治理的绩效；按照监督管理与专项监督的规范要求，对信息技术及其应用进行自评估、风险管控和审计，并及时调整信息技术战略。治理标准如表 24-3 所示。

表 24-3　治理标准

序号	标准号	标准名称	主要内容	适用范围	类别
1	GB/T 34960.1—2017	信息技术服务治理 第1部分：通用要求	该标准规定了信息技术治理（IT治理）的模型和框架，规定了实施IT治理的原则，以及开展信息技术顶层设计、管理体系和资源的治理要求	该标准适用于建立组织的IT治理体系，并实施自我评价；开展信息技术审计；研发、选择和评价IT治理相关的软件或解决方案；第三方对组织的IT治理能力进行评价。各级各类信息化主管部门可根据法律法规、部门规章的要求，使用本标准对所管辖各类组织的IT治理提出要求，并进行评估、指导和监督	国家标准

（续表）

序号	标准号	标准名称	主要内容	适用范围	类别
2	GB/T 34960.2—2017	信息技术服务治理　第2部分：实施指南	该标准提出了IT治理通用要求的实施指南，分析了实施IT治理的环境因素，规定了IT治理的实施框架、实施环境和实施过程，并明确顶层设计治理、管理体系治理和资源治理的实施要求	该标准适用于建立组织的IT治理实施框架，明确实施方法和过程；组织内部开展IT治理的实施；IT治理相关软件或解决方案实施落地的指导；第三方开展IT治理评价的指导	国家标准
3	GB/T 34960.3—2017	信息技术服务治理　第3部分：绩效评价	该标准提出了IT治理的绩效评价模型、评价要素模型和评价方法，规定了IT绩效指标体系的建立程序	该标准适用于建立组织的IT绩效评价体系；组织评价自身IT治理能力成熟度；需方评价供方IT治理实施能力；第三方对组织的治理能力进行评价	国家标准
4	GB/T 34960.4—2017	信息技术服务治理　第4部分：审计导则	该标准规定了信息技术审计（IT审计）总则、审计组织管理、审计人员、审计流程、审计报告、审计适用对象和范围等内容	该标准适用于组织治理主体实施IT审计监督职能；建立或完善组织的IT审计体系；明确组织IT审计过程中的相关要求；规范组织IT审计业务的开展；建立或完善信息化下审计体系的指导；第三方或其他相关机构开展IT审计的指导；建立或未建立内部IT审计机构的组织，均可聘请第三方依据本标准的相关要求开展IT审计	国家标准
5	GB/T 34960.5—2017	信息技术服务治理　第5部分：数据治理规范	该标准提出了数据治理的总则、框架，规定了数据治理的顶层设计、数据治理环境、数据治理域及数据治理的过程	该标准适用于数据治理现状自我评估，以及数据治理体系的建立；数据治理域和过程的明确，数据治理实施落地的指导；数据治理相关的软件或解决方案的研发、选择和评价；数据治理能力和绩效的内部、外部和第三方评价	国家标准

（续表）

序号	标准号	标准名称	主要内容	适用范围	类别
6	T/CESA 1077—2020	信息技术服务治理　IT风险治理	该标准规定了风险治理总则、风险治理框架、顶层设计、风险治理环境、风险管理体系的治理、要素的治理及风险治理过程等内容	该标准适用于组织治理主体实施IT风险治理顶层设计职能；建立或完善组织的IT风险治理体系；明确组织IT风险治理过程中的相关要求；规范组织IT风险治理业务的开展及相关平台的建设；第三方或其他相关机构开展IT风险治理咨询业务的指导。各级各类信息化主管部门、监管机构等，可根据法律法规、部门规章的要求，使用本标准对所管辖各类组织的IT全面风险管理提出要求，并进行监督	团体标准
7	T/CESA 1078—2020	信息技术服务治理　数据审计	该标准规定了数据审计总则、数据审计组织管理、数据审计人员、数据内部控制审计、审计流程、审计系统、审计报告等内容	该标准适用于组织治理主体实施数据审计监督职能；建立或完善组织的数据审计体系及相关平台；明确组织数据审计过程中的相关要求；规范组织数据审计业务的开展及相关平台的建设；第三方或其他相关机构开展数据审计的指导；建立或未建立内部数据审计机构的组织，均可聘请第三方依据本标准的相关要求开展数据审计	团体标准
8	T/CESA 1101—2020	信息技术服务治理　安全审计	该标准规定了信息技术相关的安全审计总则、安全审计组织管理、安全审计人员、安全内部控制专项审计、安全特定领域专项审计、安全审计流程、安全审计系统及安全审计报告等内容	该标准适用于组织决策层实施信息技术相关内部安全审计监督职能；建立或完善组织信息技术相关内部安全审计体系；明确组织信息技术相关内部安全审计过程要求；规范组织信息技术相关内部安全审计业务开展；第三方或其他机构开展信息技术相关安全审计的指导；建立或未建立内部审计机构的组织，均可聘请第三方依据本标准要求开展信息技术相关安全审计	团体标准

（2）服务管理。服务管理标准给出实施信息技术服务管理活动中的技术要求和实施指南，以确保信息技术服务的经济有效。信息技术服务管理标准如表24-4所示。

表 24-4　服务管理标准

序号	标准号	标准名称	主要内容	适用范围	类别
1	GB/T 36074.2—2018	信息技术服务 服务管理 第2部分：实施指南	该标准给出了信息技术服务管理通用要求实施过程中的组织环境、领导作用、策划、支持、运行、绩效评价和持续改进等要求	该标准适用于为组织建立或改善信息技术服务管理实施方法和过程提供指南；为组织或信息技术服务提供方所交付的信息技术服务管理进行考评提供参考依据；为第三方开展信息技术服务管理评价提供参考依据	国家标准
2	GB/T 36074.3—2019	信息技术服务 服务管理 第3部分：技术要求	该标准规定了信息技术服务管理的技术框架、监控管理、过程管理和决策支撑等技术要求	该标准适用于信息技术服务组织的开发、测试和工具选择	国家标准
3	SJ/T 11693.1—2017	信息技术服务 服务管理 第1部分：通用要求	该标准规定了信息技术服务管理体系的通用要求，这些要求包括信息技术服务管理体系的建立、实施、保持和改进	该标准适用于从服务供方寻求服务并确保其服务要求得到满足的组织；要求对所有服务供方，包括供应链中的各方，采用一致方法的组织；意图证实其服务的策划、设计与开发、部署、运营和终止能力满足服务要求的服务供方；监视、测量和评审其服务管理过程和服务质量的服务供方；通过服务管理体系有效实施和运行来改进服务的策划、设计与开发、部署和转换的服务供方；评估服务供方的服务管理体系是否满足本部分要求的第三方评估机构	行业标准

（3）监理。监理标准主要由 7 个部分构成，具体情况如表 24-5 所示。

表 24-5　监理标准

序号	标准号	标准名称	主要内容	适用范围	类别
1	GB/T 19668.1—2014	信息技术服务 监理 第1部分：总则	本标准规定了信息系统工程建设与运行维护中信息系统工程监理及相关信息技术服务的一般原则	本标准适用于监理及相关服务的资质认证及资格认定和监督管理部门；从事监理及相关服务的单位和人员；信息系统工程的业主单位；信息系统工程的承建单位；信息系统运行维护服务的供方单位和需方单位；从事监理及相关服务的教育、培训和研究单位	国家标准

序号	标准号	标准名称	主要内容	适用范围	类别
2	GB/T 19668.2—2017	信息技术服务 监理 第2部分：基础设施工程监理规范	本标准规定了基础设施工程新建、升级和改造中各阶段的监理目标、监理内容和监理要点	本标准适用于信息系统工程建设的规划设计工作，以及部署实施部分各阶段的监督管理	国家标准
3	GB/T 19668.3—2017	信息技术服务 监理 第3部分：运行维护监理规范	本标准规定了运行维护监理及相关信息技术服务的监理要求、监理内容和监理要点，并按照基础设施、软件、数据和信息安全四类运行维护服务给出了具体的监理要点	本标准适用于计划提供运行维护监理服务的组织建立监理服务能力体系；运行维护监理服务组织评估自身条件和能力；为需方、供方和监理服务组织在运行维护服务招标、实施及评估阶段提供服务依据，并规范其服务行为；运行维护服务需方评价和选择运行维护监理服务单位	国家标准
4	GB/T 19668.4—2017	信息技术服务 监理 第4部分：信息安全监理规范	本标准规定了信息系统工程新建、升级、改造过程中各阶段信息安全监理工作的主要目标、内容和要点	本标准适用于在信息系统工程建设规划设计、招标、设计、实施和验收阶段中提供有关信息安全的监督管理	国家标准
5	GB/T 19668.5—2018	信息技术服务 监理 第5部分：软件工程监理规范	本标准规定了软件工程监理在规划设计、招标、设计、实施、验收阶段的监理要求、监理服务内容和要点，以及监理文档要求	本标准适用于信息系统工程中软件工程项目的监理工作	国家标准
6	GB/T 19668.6—2019	信息技术服务 监理 第6部分：应用系统：数据中心工程监理规范	本部分规定了应用系统中数据中心工程监理的过程和相关服务。计算机场地（机房）和其他基础设施的监理不在本部分描述	本部分适用于面向应用系统的数据中心建设工程的招标、设计、实施和验收过程的监理服务	国家标准
7	GB/T 19668.7—2022	信息技术服务 监理 第7部分：监理工作量度量要求	本标准规定信息系统工程监理工作度量的方法和估算的要点	本标准适用于信息系统工程监理服务全过程，主要涉及规划设计、招标、实施、运维等阶段开展监理工作度量	国家标准

2）服务外包标准

服务外包标准涵盖 IT 外包（ITO）和业务流程外包（BPO）两部分。ITO 主要关注服务外包供需双方为完成服务交付需要执行的共性和基础性的过程，以保证服务外包的顺利实施；BPO 主要侧重业务流程及外包组织原型研究。标准具体情况如表 24-6 所示。

表 24-6 服务外包标准

序号	标准号	标准名称	主要内容	适用范围	类别
1	GB/T 33770.1—2017	信息技术服务 外包 第 1 部分：服务提供方通用要求	该标准就信息技术服务外包承接组织的服务交付相关活动提出过程要求，以保障外包服务的顺利交付，满足客户的服务需求	该标准适用于有信息技术服务外包的发包接包行为或准备发包接包的组织，包括公众和私有公司、政府组织、研究机构和非营利组织，不论其组织规模大小	国家标准
2	GB/T 33770.2—2019	信息技术服务 外包 第 2 部分：数据保护要求	该标准构架了数据保护的整体框架和规则，包括数据保护原则、数据主体权利、数据管理者责任和义务、数据保护体系（包括数据保护方针、管理机制、保护机制、安全机制、过程改进机制等）等	该标准适用于信息技术服务外包组织中数据（个人信息、商业数据）的保护	国家标准
3	GB/T 33770.6—2021	信息技术服务 外包 第 6 部分：服务需求方通用要求	该标准规定了需方在外包中的策划、实施等方面的要求，以及对外包供应商、外包订单及其交付项目具体管理要求。以 IT 服务外包的基本生命周期过程（策划、准备、实施、收尾）为线索，围绕 IT 服务外包中的关键要素（人员、流程、工具、资源），以 IT 服务外包需方为标靶，通过对 IT 服务外包各阶段的管控进行要求规定，形成一套 IT 服务外包管控规范或标准	该标准适用于信息技术服务外包中需方进行规范和改进外包管控能力评估信息技术服务外包可能带来的服务风险，并在信息技术服务外包中明确外包管理要求；也可作为信息技术服务评估机构和监管部门对需方进行信息技术服务外包能力评估和监督管理	国家标准

（续表）

序号	标准号	标准名称	主要内容	适用范围	类别
4	SJ/T 11673.3—2017	信息技术服务 外包 第3部分：交付中心规范	该标准规定了外包服务中心的生命周期、管理规范要求。本标准将外包服务中心的提案、规划、建设、运营、监控、关闭六大阶段进行了定义，对其所涉及的管理领域，包括：业务管理、人员管理、知识管理、质量管理、安全管理、服务环境管理、服务能力管理、服务关系管理、服务交付管理，明确了各管理领域的规范性要求	该标准适用于外包服务中心建设和运营，也适用于外包服务中心的升级与扩展	行业标准
5	SJ/T 11445.4—2017	信息技术服务 外包 第4部分：非结构化数据管理与服务规范	该标准包括设计、开发和部署软硬件文件处理系统，在文件内容采集、分发、存储、检索、流转、共享、输出等各环节实现文件的安全高效管理	该标准通过专业外包服务，实现节能减排，降本增效	行业标准
6	SJ/T 11445.5—2018	信息技术服务 外包 第5部分：发包方项目管理规范	该标准基于业务目标和信息技术战略来构建外包管理体系；综合风险、成本、进度等方面做出外包决策，包括：外包商审查、选择、评价标准、外包商清单、外包过程的服务级别管理、外包商考评、绩效考核、外包服务的安全性、风险控制、外包服务人员的能力评估和管理、合同管理（合同终止、续签、重签）	该标准用于引导甲方用户进行信息技术服务外包，做出合理的外包决策，指导其规范供应商管理流程	行业标准
7	SJ/T 11739—2019	信息技术服务 呼叫中心运营管理要求	该标准是针对呼叫中心在战略规划、运营过程、人员管理、服务品质管理、系统管理等方面的运营管理规定了基本要求	该标准适用于呼叫中心的运营管理，以及对管理质量水平的评估	行业标准

7. 基础服务标准

基础服务标准是围绕信息技术服务基本服务内容和服务形态构建的标准族。基础服务标准包含咨询设计服务、集成实施服务、运行维护服务、云服务、数据中心等领域的相关标准。

1）咨询设计标准

咨询设计阶段处于信息技术服务生命周期前期，咨询设计标准是信息技术服务的重要业务标准。主要指在信息技术战略规划、信息管理体系建设、信息系统工程建设、信息资源开发利用与运维支撑等方面提供的管理和技术咨询评估服务。咨询设计标准详细内容如表 24-7 所示。

表 24-7　咨询设计标准

序号	标准号	标准名称	主要内容	适用范围	类别
1	GB/T 36463.1— 2018	信息技术服务　咨询设计　第 1 部分：通用要求	该标准提出了信息技术咨询设计服务模型，规范了咨询服务能力的要求、关键要素和能力管理要求。其中过程、人员、技术、资源是咨询服务能力具有的关键要素，策划、实施、检查和改进是咨询服务能力持续改进的管理过程	该标准适用于信息技术咨询设计服务的供方建立服务能力体系、改进和提升自身的服务能力；信息技术咨询设计服务需方选择和评价供方；第三方评价信息技术咨询设计服务供方	国家标准
2	GB/T 36463.2— 2019	信息技术服务　咨询设计　第 2 部分：规划设计指南	该标准给出了规划设计咨询服务的服务过程，并提供了规划设计准备、业务分析、架构设计和服务评价工作的建议	该标准适用于信息化领域的规划设计咨询服务	国家标准

2）集成实施标准

集成实施标准对计算机信息技术系统集成全过程进行要求和指导，其中通用要求分别从人员、过程、技术、资源角度规定了提供系统集成服务的组织（机构）需具备的管理和能力要求，并根据技术和行业的发展针对特定的系统集成分类，制定了规范要求，适用于计算机信息系统集成服务活动涉及的各类组织。集成实施标准主要涵盖通用要求、项目实施和验收规范、云系统集成、数据集成、应用集成 5 个部分。已发布的集成实施标准详细内容如表 24-8 所示。

表 24-8　已发布的集成实施标准

序号	标准号	标准名称	主要内容	适用范围	类别
1	SJ/T 11674.1— 2017	信息技术服务　集成实施　第 1 部分：通用要求	该标准提出了信息技术系统集成管理和实施服务的能力模型，规定了在过程、人员、资源、技术等方面的能力要求	该标准适用于系统集成方建立、评估及改进系统集成管理和实施服务的能力；客户方或第三方用于评定系统集成方的综合管理能力	行业标准

序号	标准号	标准名称	主要内容	适用范围	类别
2	SJ/T 11674.2—2017	信息技术服务集成实施 第2部分：项目实施规范	该标准提出了传统的信息系统集成项目的实施规范（不包括云系统集成、数据集成、应用集成）。规定传统信息系统集成项目的实施要求	该标准适用于传统系统集成项目的服务交付活动；适用于供方、需方、监理等对项目进行管控和验收使用	行业标准
3	SJ/T 11674.3—2017	信息技术服务集成实施 第3部分：项目验收规范	该标准提出了传统的信息系统集成项目验收规范（不包括云系统集成、数据集成、应用集成）。规定传统信息系统集成项目验收要求	适用于传统系统集成项目的服务交付活动；适用于供方、需方、监理等对项目进行管控和验收使用	行业标准

3）运行维护标准

运行维护是信息技术和服务生命周期中重要一环，运行维护标准的构建提升了各方在创建、使用和管理运行维护能力中的沟通效果与合作效率，以及明确能力建设和能力要素管理方面应满足的要求和关键指标，指导构建运行维护服务能力管理体系，在各种业务场景中实现服务价值，满足数字化时代中最为关注的用户体验，并提供选择和评价服务提供方的依据，同时也为相关的国家和地方法律法规、行业管理办法贯彻实施提供支持。运行维护标准详细内容如表24-9所示。

表24-9　运行维护标准

序号	标准号	标准名称	主要内容	适用范围	类别
1	GB/T 28827.1—2022	信息技术服务 运行维护 第1部分：通用要求	该部分提出了信息系统运行维护的管理公共框架，旨在改善各方在创建、使用和管理运行维护能力中的沟通与合作，以及明确能力管理和要素方面应满足的要求和关键指标	该部分适用于指导服务提供方策划、实施、检查和改进其运行维护服务能力，并为需方提供选择和评价服务提供方的依据，同时也为相关的国家和地方法律法规、行业管理办法贯彻实施提供支持	国家标准
2	GB/T 28827.2—2012	信息技术服务 运行维护 第2部分：交付规范	该部分对不同服务对象、服务过程和服务需求的能力要素进行抽象，并通过关键指标对服务能力进行评价，同时对运行维护服务过程、服务交付内容以及特定服务需求提出要求，另外，针对不同服务对象的运行维护服务提出了要求	该部分旨在为运行维护服务交付过程中涉及的交付管理、交付内容、交付方式、交付成果提供指导，可作为需方选择供方的依据，也可以作为供方改进运行维护服务交付能力的指南	国家标准

（续表）

序号	标准号	标准名称	主要内容	适用范围	类别
3	GB/T 28827.3—2012	信息技术服务 运行维护 第3部分：应急响应规范	该部分规定了提供信息技术运行维护服务的组织应具备的能力、服务交付形式和内容，以及运行维护服务中的应急响应过程和管理方法	该部分适用于提升组织的应急响应能力，提前发现隐患，及时解决问题，降低应急事件可能带来的不良影响。本标准还适用于组织为满足应急响应实施需要而开展的信息系统完善和升级改造工作	国家标准
4	GB/T 28827.4—2019	信息技术服务 运行维护 第4部分：数据中心服务要求	该部分提出了数据中心的运行维护管理框架，规定了数据中心运行维护的对象、交付内容和管理要求	该部分适用于数据中心运行维护相关方	国家标准
5	GB/T 28827.6—2019	信息技术服务 运行维护 第6部分：应用系统服务要求	该部分提出了应用系统运行维护服务模型，规定了运维对应用系统设计、交付、运行、终止和评价的要求	该部分适用于应用系统运行维护相关方	国家标准
6	GB/T 28827.7—2022	信息技术服务 运行维护 第7部分：成本度量规范	本文件规定了信息技术服务运行维护成本的构成、运行维护成本度量模型及运行维护成本度量过程	本文件适用于各类组织实施信息技术服务运行维护成本度量活动	国家标准
7	GB/T 28827.8—2022	信息技术服务 运行维护 第8部分：医院信息系统管理要求	本文件规定了医院自用信息系统在规划、建设、运行维护、持续改进、安全保障过程中的管理要求本文件	该标准适用于医院临床、管理、后勤、行政等各方面的信息技术服务需求	国家标准
8	SJ/T 11564.5—2017	信息技术服务 运行维护 第5部分：桌面及外围设备规范	本标准定义了桌面及外围设备类运行维护对象和交付内容的关系，提出了规范管理、安全可控、及时便捷和节能环保四项基本要求，并详细了五类服务对象的基本服务内容	本标准适用于指导运维服务供方制定服务目录和优化和改善运维服务交付	行业标准
9	ITSS.1—2015	信息技术服务 运行维护服务能力成熟度模型	本标准规定了各级运维服务成熟度在管理、人员、过程、技术和资源方面应满足的要求	本标准适用于运维服务供方建立、保持和改进运维服务能力，也适用于评价供方运维服务能力	团体标准

4）云服务标准

云计算服务标准简称云服务标准，用于规范云服务设计与部署、交付和运营。云服务标准详细内容如表 24-10 所示。

表 24-10 云服务标准

序号	标准号	标准名称	主要内容	适用范围	类别
1	GB/T 36326—2018	信息技术 云计算 云服务运营通用要求	该标准给出了云服务总体描述，规定了云服务提供者在人员、流程、技术及资源方面应具备的条件和能力	该标准适用于：云服务提供者向云服务开发者提出需求的依据；云服务提供者评估自身的条件和能力；云服务客户选择和评价云服务提供者；第三方评估云服务提供者的能力	国家标准
2	GB/T 36325—2018	信息技术 云计算 云服务级别协议基本要求	本标准给出了云服务级别协议的构成要素，明确了云服务级别协议的管理要求，并提供了云服务级别协议中的常用指标	本标准适用于：为云服务提供者和云服务客户建立云服务级别协议提供指导；为客户对提供者交付的云服务进行考评提供参考依据；为第三方进行云服务级别协议评估提供参考依据	国家标准
3	GB/T 35293—2017	信息技术 云计算 虚拟机管理通用要求	本标准规定了虚拟机的基本管理，以及虚拟机的生命周期、配置与调度、监控与告警、可用性和可靠性、安全性等管理通用技术要求	本标准适用于虚拟机相关产品的设计、开发、测评、使用等	国家标准
4	GB/T 37738—2019	信息技术 云计算 云服务质量评价指标	本标准规定云服务质量的评价指标	本标准适用于为云服务提供商评价自身云服务质量提供方法、为云服务客户选择云服务提供商提供依据和为第三方实施云服务质量评价提供参考	国家标准
5	GB/T 37736—2019	信息技术 云计算 云资源监控通用要求	本标准规定对云资源进行监控的技术要求和管理要求	本标准适用于：为云服务提供者建立云资源监控能力提供指导；为云服务客户评价云资源的运行情况提供依据	国家标准
6	GB/T 37741—2019	信息技术 云计算 云服务交付要求	本标准给出云服务交付所包含的内容，服务交付的主要过程及其应遵循的要求，明确了云服务交付的质量要求及交付过程中的管理活动	本标准适用于云服务提供者评估和改进自身的交付条件和能力；云服务客户和第三方评价和认定云服务提供者的交付能力	国家标准

5）数据中心标准

数据中心属于信息技术服务的基础设施，是为已经投产的，负责环境、设施、网络、系统、应用、数据的运行、维护及安全保障并持续优化与提升的，向相关方提供信息技术专业服务的组织，其适用范围包括企业内部的数据中心、商业数据中心等。数据中心相关标准明确了其建设目标，以及从数据中心相关方实现收益、控制风险和优化资源的基本诉求出发，确立数据中心的目标以及实现这些目标所应具备的服务能力。数据中心标准如表 24-11 所示。

表 24-11　数据中心标准

序号	标准号	标准名称	主要内容	适用范围	类别
1	GB/T 33136—2016	信息技术服务　数据中心服务能力成熟度模型	该标准提出了数据中心服务能力成熟度模型，从数据中心相关方实现收益，控制风险和优化资源的基本诉求出发，确定了数据中心的目标以及实现这些目标所应具备的内容，并划分了相关的能力项目，进行综合评估之后，得到数据中心服务能力成熟度	数据中心对自身能力进行构建、监视、测量和评价。外部评价机构对数据中心服务能力成熟度进行测量和评价	国家标准
2	GB/T 42581—2023	信息技术服务　数据中心业务连续性等级评价准则	该标准界定了数据中心业务连续性等级模型，规定了业务连续性等级要求，描述了对应的评价方法	数据中心对自身能力进行构建、监视、测量和评价。外部评价机构对数据中心服务能力成熟度进行测量和评价	国家标准

8. 技术创新服务标准

技术创新服务是指在传统信息技术服务基础上，与新一代信息技术充分结合产生的新型服务模式，如智能化服务、数据服务、数字内容处理服务、区块链服务等。该标准族规定了技术创新服务的相关要求，已发布标准如表 24-12 所示。

表 24-12　技术创新服务标准

序号	标准号	标准名称	主要内容	适用范围	类别
1	GB/T 43208.1—2023	信息技术服务　智能运维　第 1 部分：通用要求	该标准基于行业发展及组织实践，提出智能运维的框架，描述智能运维的特征，并针对数据、算法、技术三个智能运维能力的关键要素从治理层面提出要求。目的是为智能运维组织提供智能运维框架，指导组	该标准适用于组织识别智能运维活动，评估自身条件和能力；智能运维组织自身建设、管理和评估；第三方对智能运维组织进行测量和评价	国家标准

序号	标准号	标准名称	主要内容	适用范围	类别
			织从组织治理、智能运维场景和能力域三个方面开展智能运维建设，并持续提升智能运维水平，实现运维目标		
2	GB/T 40685—2021	信息技术服务 数据资产管理要求	该标准提出数据资产管理规范的总则，规定数据资产管理规划、数据资产管理组织保障、数据资产管理环境及数据资产管理过程	该标准的使用者包括需要实施数据资产管理工作的组织和提供数据资产管理服务的组织等	国家标准
3	GB/T 34941—2017	信息技术服务 数字化营销服务 程序化营销技术要求	该标准规定数字化营销中各程序化营销平台之间的接口，程序化投放执行过程的基本活动和任务，以及程序化营销中涉及的各类数据的定义、来源、分类和应用	该标准适用于各个广告交易（平台）与需求方平台之间的竞价和ID映射，广告主资质和广告物料审核，数据测量与计费，以及用户、媒体、广告主数据的分类及应用	国家标准
4	CBD-Forum-001—2019	区块链隐私计算服务指南	该标准规定了区块链隐私计算服务，包括区块链隐私计算服务原则和相关方、服务技术框架、服务管理	该标准适用于指导区块链隐私计算服务的开展；评估相关方的区块链隐私计算服务能力；评估区块链隐私计算服务对组织的适用性；审计区块链隐私计算服务安全性和合规性	团体标准

9. 数字化转型服务标准

数字化转型基于创新性技术组合的应用，构建平台化业务、运营数字化服务，实现组织与业务的弹性适配，重塑客户体验、运营流程、合作伙伴协同和商业模式的运转机制，建立能够快速适应内外部环境变化的能力体系。从标准高度对组织推进数字化转型进行定义、约束和实施支撑，对于引领组织深入理解数字化转型的内涵和外延，推进各组织的数字化转型工作具有重要意义。目前，数字化转型领域有 GB/T 43439—2017《信息技术服务 数字化转型 成熟度模型与评估》等国家标准，该领域标准还在持续丰富中。

10. 业务融合标准

业务融合标准是重点开展信息技术服务与各业务场景融合的标准。我国在应对突发公共安全事、智慧法院、智慧财务、融合媒体数字化等领域布局了相关标准。

第四篇练习

1. 选择题

（1）关于智慧城市的表述，不正确的是：_____。

  A．面向政府、企业、市民等主体提供智慧化的服务为主要模式

  B．重点强化数据治理、数字孪生、边际决策、多元融合和态势感知五个核心能力要素建设

  C．目标旨在推动城市治理、民生服务、生态宜居、产业经济、精神文明"五位一体"的高质量发展

  D．主要业务包括政务服务、惠民服务、生态宜居、产业发展、区域协同五大领域

参考答案：D

（2）关于智慧交互体系的描述，不正确的是：_____。

  A．实现用户、系统、设备三者之间的交互

  B．交互平台内容包括统一用户管理、单点登录、多渠道接入

  C．内部门户主要是面向功能企业、枢纽管理经营者、政府监督部门

  D．数字孪生中枢为交互体系提供支撑

参考答案：A

（3）以下相关描述，不正确的是：_____。

  A．数字农业是农业现代化的核心

  B．数字乡村是农村现代化的基础

  C．乡村数字经济是数字乡村的重要组成部分

  D．信息数字技术是制约数字乡村发展的关键因素之一

参考答案：D

（4）数字乡村发展关注焦点，不包括_____。

  A．乡村数字经济   B．乡村数字技术

  C．乡村数字服务   D．乡村数字治理

参考答案：B

（5）针对企业数字化驱动力的描述，不正确的是：_____。

  A．企业如何构建一套新的业务体系，从而适应消费需求的快速变化，其基本路径是大力推进数字化转型

  B．从整体看，越来越多的领军企业开始搭建低门槛的数字化平台生态，将更多需求端的服务开发者和量大面广的中小企业纳入生态之中

  C．"双碳"目标是实现可持续发展的关键，但企业数字化转型与实现"双碳"目标缺乏本质性联系

D. 企业的数字化转型是基于企业既有的治理与管理体系、工艺路径和产品技术、服务活动定义等，打造更加高效的决策效率、更灵活的工艺调度、更多元的产品与服务技术应用和更丰富的业务模式等

参考答案：C

（6）企业数字化转型的能力成熟度分为_____个级别。

A. 6 　　　　　　　　　　　B. 5

C. 4 　　　　　　　　　　　D. 3

参考答案：B

（7）企业为了推进智能制造，企业需要培养和发展_____四大类人才。

A. 软件开发、系统集成、信息安全、数据分析

B. 技能人才、应用人才、推进人才、领军人才

C. 装备设计、工艺研发、作业调度、安全环保

D. 软件开发、数据集成、装备设计、工艺研发

参考答案：B

（8）关于智能制造发展规划中的诊断评估的理解，不正确的是：_____。

A. 诊断评估可以借鉴 CMMM

B. 由低级向高级演进，直到找到企业当前所处的成熟度水平

C. 诊断评估是在现状调研基础上，按照成熟度的模式，评估企业所处水平

D. 诊断评估是对标行业先进企业最佳实践的差距分析

参考答案：D

（9）针对新型消费系统规划要点的描述，不正确的是：_____。

A. 收集用户需求和期望。可以通过问卷调查、用户访谈、数据挖掘等方式收集用户需求和期望，以便更好地满足用户的需求

B. 策划用户体验的发布策略，逐步引导用户的体验

C. 注重联合营销接口的支撑能力，便于后期与其他平台的联合拓展

D. 强调新技术的使用，在各部分部署最新的信息数字技术

参考答案：D

（10）_____不属于新型消费系统架构需要考虑的能力。

A. 处理大量用户请求能力 　　　B. 互联网接入能力

C. 数据安全和隐私保护能力 　　D. 多终端支持能力

参考答案：B

（11）中国特色社会主义法律体系以_____为统帅。

A. 宪法 　　　　　　　　　　B. 法律

C. 行政法规 　　　　　　　　D. 道德

参考答案：A

（12）根据我国《标准化法》的规定，行业标准由_____制定。

A. 国务院有关行政主管部门

B. 国务院标准化行政主管部门

C. 地方标准化行政主管部门

D. 企业协会

参考答案：A

（13）我国国家标准有效期一般为_____年。

A. 3 年   B. 5 年

C. 8 年   D. 10 年

参考答案：B

2. 思考题

（1）智慧城市规划需要考虑的因素有哪些。

参考答案：略

（2）对于数字人才相对丰盈地区与相对匮乏地区，智慧城市规划侧重点有何不同？

参考答案：略

（3）请指出智慧园区的发展阶段，并说明每个阶段的重点任务有哪些。

参考答案：略

（4）请简述智慧园区运维与运营体系规划的主要内容。

参考答案：略

（5）请针对我国东部沿海地区农业农村发展情况，列出其数字乡村相关规划的主要聚焦点。

参考答案：略

（6）针对以物流为业务重点的企业，其开展数字化转型的驱动力包括哪些？

参考答案：略

（7）数字人才在企业数字化转型中的关键价值是什么？如何培育相关人才？

参考答案：略

（8）企业数字化转型系统规划主要包括哪些活动和内容？

参考答案：略

（9）请针对自身对制造企业的理解，阐述智能制造发展规划的关键过程。

参考答案：略

（10）针对目前比较流行的共享经济，其业务逻辑本质和相关系统规划该如何定义？

参考答案：略

（11）站在消费品生产企业角度，如何部署其线上营销体系或系统？如何有效管控线上线下的一体化营销？

参考答案：略

参考文献

[1] 贾卓生，张树玲. 信息系统监理师教程 [M]. 2 版. 北京：清华大学出版社，2024.

[2] 刘明亮，宋跃武. 信息系统项目管理师教程. [M]. 4 版. 北京：清华大学出版社，2023.

[3] 叶宏. 系统架构设计师教程 [M]. 2 版. 北京：清华大学出版社，2022.

[4] 侯杰，董宁，顾天一. 大数据时代信息安全管理研究 [M]. 北京：北京工业大学出版社，2022.

[5] 杨竹青. 新一代信息技术导论 [M]. 北京：人民邮电出版社，2020.

[6] 李利军. TongWeb 中间件实用教程 [M]. 人民邮电出版社，2021.

[7] 王珊，萨师煊. 数据库系统概论 [M]. 5 版. 高等教育出版社，2014.

[8] A. Silberschatz，H.F.Korth，S.Sudarshan. 数据库系统概念 [M]. 杨冬青等译. 7 版. 机械工业出版社，2021.

[9] 云计算与大数据研究所. 下一代数据存储技术研究报告（2021 年）[R]. 北京：中国信息通信研究院，2021.

[10] 工业和信息化部. 中小企业数字化转型指南 [R]. 北京：工业和信息化部，2022.

[11] 工业和信息化部. 中小企业数字化水平评测指标（2022 年版）[R]. 北京：工业和信息化部，2022.

[12] 中国信息通信研究院. 中国数字经济发展报告（2022 年）[R]. 北京：中国信息通信研究院，2022.

[13] 中共中央、国务院. 数字中国建设整体布局规划 [R]. 北京：中共中央、国务院，2023.

[14] 许国志. 系统科学 [M]. 上海：上海科技教育出版社，2000.

[15] 毛泽东. 矛盾论 [M]. 北京：人民出版社. 1952.

[16] 毛泽东. 实践论 [M]. 北京：人民出版社. 1951.

[17] 王雨田. 控制论、信息论、系统科学与哲学 [M]. 2 版. 北京：中国人民大学出版社，1988.

[18] 魏宏森，曾国屏. 系统论——系统科学哲学 [M]. 北京：清华大学出版社，1995.

[19] 陈先达，杨耕. 马克思主义哲学原理 [M]. 北京：中国人民大学出版社，2018.

[20] 杨选辉，郭路生，王果毅. 信息系统分析与设计 [M]. 2 版. 北京：清华大学出版社，2019.

[21] 孟秀转，于秀艳，郝晓玲，等. IT 治理 标准、框架与案例分析 [M]. 北京：清华大学出版社，2012.

[22] 杜娟. 信息系统分析与设计 [M]. 3 版. 北京：清华大学出版社，2021.

[23] 王晓敏，崔国玺，李楠，等. 信息系统分析与设计 [M]. 5 版. 北京：清华大学出版社，2021.

[24] 陈刚. 数据资源规划与管理实践 [M]. 5 版. 北京：北京交通大学出版社，2021.

[25] 迈克·查普罗，詹姆斯·迈克尔·斯图尔特，达瑞尔·吉布森. CISSP 官方学习手册 [M]. 9 版. 北京：清华大学出版社，2022.

[26] 北京启明星辰信息安全技术有限公司. 安全规划服务产品技术白皮书 [R]. 北京：启明星辰集团，2018.

[27] 李拴保. 信息安全基础 [M]. 北京：清华大学出版社，2014.

[28] 汤永利 . 信息安全管理 [M]. 北京：电子工业出版社，2017.

[29] 张友生 . 系统分析师教程 [M]. 北京：清华大学出版社，2010.

[30] 谭志彬，柳纯录 . 系统集成项目管理工程师教程 [M]. 2 版 . 北京：清华大学出版社，2016.

[31] 罗杰 S. 普莱斯曼，布鲁斯 R. 马克西姆 . 软件工程 [M]. 北京：机械工业出版社，2017.

[32] 曾强聪，赵歆 . 软件工程原理与应用 [M]. 2 版 . 北京：清华大学出版社，2016.

[33] 吕云翔 . 软件工程导论（双语版）[M]. 北京：电子工业出版社，2017.

[34] 薛华成 . 管理信息系统 [M]. 6 版 . 北京：清华大学出版社，2012.

[35] 梁昭，白璐，沈琦 . 信息技术服务教程 [M]. 北京：电子工业出版社，2011.

[36] 黄梯云 . 管理信息系统 [M]. 4 版 . 北京：高等教育出版社，2009.

[37] 邓仲华 . 信息系统分析与设计 [M]. 北京：科学出版社，2003.

[38] 李劲 . 云计算数据中心规划与设计 [M]. 北京：人民邮电出版社，2018.

[39] 迈克尔 J. 凯维斯 . 让云落地：云计算服务模式（SaaS、PaaS 和 IaaS）设计决策（修订版）[M]. 北京：电子工业出版社出版，2021.

[40] 凯文·L. 杰克逊，斯科特·戈斯林 . 云计算解决方案架构设计 [M]. 陆欣彤，译 . 北京：清华大学出版社，2020.

[41] 邹润生，王隆杰 . 网络系统规划设计 [M]. 北京：人民邮电出版社，2022.

[42] Behrouz A.Forouzan, Sophia Chung Fegan. TCP/IP 协议族 [M]. 谢希仁，译 . 北京：清华大学出版社，2001.

[43] 韩仲祥，石磊，楚兴春，等 . 通信网络原理与技术 [M]. 北京：电子工业出版社，2022.

[44] James Michael Stewart，Mike Chapple，Darril Gibson. CISSP 官方学习指南 [M]. 唐俊飞，译 . 7 版 . 北京：清华大学出版社，2017.

[45] 王万良 . 人工智能通识教程 [M]. 北京：清华大学出版社，2020.

[46] 王益民 . 数字中国 200 问 [M]. 北京：中共中央党校出版社，2022.

[47] 王益民 . 数据论 [M]. 北京：中共中央党校出版社，2021.

[48] 林子雨 . 大数据导论 [M]. 北京：人民邮电出版社，2020.

[49] 汪玉凯 . 电子政务基础知识读本 [M]. 北京：电子工业出版社，2002.

[50] 江青 . 数字中国：大数据与政府管理决策 [M]. 北京：中国人民大学出版社，2018.

[51] 新玉言等 . 大数据：政府治理新时代 [M]. 北京：台海出版社，2016.

[52] 徐继华等 . 智慧政府：大数据治国时代的来临 [M]. 北京：中信出版社，2014.

[53] 吕欣等 . 大数据与国家治理 [M]. 北京：电子工业出版社，2020.

[54] 吕廷君 . 大数据时代政府数据开放及法治政府建设 [M]. 北京：人民出版社，2019.

[55] 夏道勋 . 大数据素质读本 [M]. 北京：人民邮电出版社，2019.

[56] 山东省大数据局 . 山东省机关工作人员大数据基础知识读本 [M]. 济南：山东黄氏印务有限公司，2023.

[57] 四川省大数据中心 . 四川省大数据干部读本 [M]. 成都：四川人民出版社，2020.

[58] 李文彬 . 中国地方政府大数据运用 [M]. 北京：新华出版社，2019.

[59] 邓攀等 . 政务大数据：赋能政府的精细化运营与社会治理 [M]. 北京：中信出版集团股份有限公司，2020.

[60] 兰义彤等 . 大数据引领下的政府治理 [M]. 贵阳：贵州大学出版社有限责任公司，2018.

[61] 国家工业信息安全发展研究中心 . 大数据时代 [M]. 北京：电子工业出版社，2020.

[62] 马兆林 . 一本书读懂大数据（全彩图解版）[M]. 北京：人民邮电出版社，2015.

[63] 范佳佳 . 大数据环境下政府数据的可持续运营 [M]. 上海：上海人民出版社，2022.

[64] 陈新河 . 赢在大数据：政府 / 工业 / 农业 / 安全 / 教育 / 人才行业大数据应用典型案例 [M]. 北京：电子工业出版社，2017.

[65] 耿亚东 . 大数据时代的政府治理变革 [M]. 北京：中国社会科学出版社，2022.

[66] 迪莉娅 . 我国政府部门基于大数据的决策模式研究 [M]. 北京：知识产权出版社有限责任公司，2020.

[67] 温柏坚等 . 大数据运营与管理：数据中心数字化转型之路 [M]. 北京：机械工业出版社，2021.

[68] 李广建等 . 大数据时代：新思维与新管理 [M]. 北京：中国劳动社会保障出版社，2016.

[69] 李纪珍等 . 数据要素领导干部读本 [M]. 北京：国家行政管理出版社，2021.

[70] 中国信息通信研究院 . 数据价值化与数据要素市场发展报告（2021 年）[R]. 北京：中国信息通信研究院，2021.

[71] 贵州省大数据发展促进会 . 国家大数据政策文件汇编（2022）[R]. 贵州：贵州省大数据发展促进会，2023.

[72] 周之文，周克足 . 数字经济：国家战略行动路线图 [M]. 北京：中国经济出版社，2023.

[73] 杨竹青 . 新一代信息技术导论（微课版）[M]. 北京：人民邮电出版社，2020.

[74] 李正茂，雷波，孙震强，等 . 云网融合：算力时代的数字信息基础设施 [M]. 北京：中信出版社，2022.

[75] 赵刚 . 数据要素：经济社会发展的新动力 [M]. 北京：人民邮电出版社，2021.

[76] 王融 . 数据要素——数据治理：数据政策发展与趋势力 [M]. 北京：电子工业出版社，2020.

[77] DAMA 国际 . DAMA 国际数据管理知识体系指南 [M]. 2 版 . 北京：机械工业出版社，2020.

[78] 华为公司数据管理部 . 华为数据之道 [M]. 北京：机械工业出版社，2020.

[79] GB/T 36073—2018，数据管理能力成熟度评估模型 [S] .

[80] 韩景峰 . 智慧民航数据治理数据架构规范 [M]. 北京：中国民航出版社，2022.

[81] 奇安信行业安全研究中心战略咨询规划部 . 内生安全：新一代网络安全框架体系与实践 [M]. 北京：人民邮电出版社，2021.

[82] 朱胜涛，温哲 . 注册信息安全专业人员培训教材 [M]. 北京：北京师范大学出版社，2019.

[83] GB/T 25058—2019，信息安全技术 网络安全等级保护实施指南 [S] .

[84] 朱黎明，英戈·韦伯，伦恩·拜斯 . Devops 软件架构师行动指南 [M]. 北京：机械工业出版社，2017.

[85] FreeWheel 核心业务系统开发团队 . 云原生应用架构：微服务开发最佳实战 . [M]. 北京：电子工业出版社，2021.

[86] ISO/IEC 38503 —2022，信息技术 IT 治理 IT 治理的评估 [S] .

[87] 彼得·维尔 . IT 治理：一流绩效企业的 IT 治理之道 [M]. 北京：商务印书馆，2005.

[88] GBT 34960.1—2017，信息技术服务 治理 第 1 部分：通用要求 [S] .

[89] 乔丹，赛尔库克 . IT 风险：基于 IT 治理的风险管理之道 [M]. 北京：清华大学出版社，2006.

[90] GB/T 34960.2—2017，信息技术服务 治理 第 2 部分：实施指南 [S].

[91] 崔静，贾璐 . 系统规划与管理师教程 [M]. 北京：清华大学出版社，2017.

[92] 宋跃武，白璐 . 中国 IT 运维能力建设指南 [M]. 北京：清华大学出版社，2016.

[93] [美] PMI 项目管理协会 . 项目管理知识体系指南（PMBOK 指南）[M]. 5 版 . 北京：电子工业出版社，2013.

[94] 运筹学教材编写组 . 运筹学 [M]. 3 版 . 北京：清华大学出版社，2005.

[95] 陈慧，陈艳军，王京燕 . 卓越团队绩效魔方：带团队的九个密码 [M]. 北京：清华大学出版社，2022.

[96] （美）詹姆斯 . 刘易斯 . 项目计划、进度与控制 [M]. 石泉，杨磊，译 . 5 版 . 北京：机械工业出版社，2012.

[97] 郭致星 . 项目管理实践三法　管法：从硬功夫到软实力 [M]. 北京：中国电力出版社，2018.

[98] 马欣川 . 人才测评——基于胜任力的探索 [M]. 北京：北京邮电大学，2008.

[99] 洪生伟 . 标准化管理 [M]. 7 版 . 北京：中国标准出版社，2018.

[100] 朱少民等 . 软件过程管理 [M]. 北京：清华大学出版社，2007.

[101] GB/T 8566—2022，系统与软件工程 软件生存周期过程 [S].

[102] GB/T 22080—2016，信息技术 安全技术 信息安全管理体系 要求 [S].

[103] GB/Z 18493—2001，信息技术软件生存周期过程指南 [S].

[104] 朱志强 . 管理信息系统——原理、开发及应用 [M]. 上海：复旦大学出版社，2007.

[105] [美] PMI 项目管理协会 . 项目管理知识体系指南（PMBOK 指南）[M]. 6 版 . 北京：电子工业出版社，2018.

[106] 中国电子技术标准化研究院 . IT 服务经理 [M]. 北京：电子工业出版社，2016.

[107] 中国信息通信研究院 . 中国企业软件研发管理白皮书 [R]. 北京：中国信息通信研究院，2023.

[108] 柳纯录，刘明亮，高章舜 . 信息系统项目管理师教程（第 2 版）[M]. 北京：清华大学出版社，2008.

[109] 柳纯录 . 系统集成项目管理工程师教程 [M]. 北京：清华大学出版社，2009.

[110] 陈文宇 . 面向对象技术与工具 [M]. 2 版 . 北京：电子工业出版社，2012.

[111] 赵聚雪，杨鹏 . 软件测试管理与实践 [M]. 北京：人民邮电出版社，2018.

[112] 刘毛华 . 项目管理基本工具：五图二表 [M]. 北京：化学工业出版社，2021.

[113] GB/T 36332—2018，智慧城市 领域知识模型 核心概念模型 [S].

[114] GB/T 36621—2018，智慧城市 信息技术运营指南 [S].

[115] GB/T 33356—2022，新型智慧城市评价指标 [S].

[116] 程大章 . 智慧城市顶层设计导论 [M]. 北京：科学出版社，2012.

[117] 《智慧园区应用与发展》编写组 . 智慧园区应用与发展 [M]. 北京：中国电力出版社，2020.

[118] 王兆君，王钺，曹朝晖 . 主数据驱动的数据治理——原理、技术与实践 [M]. 北京：清华大学出版社，2019.

[119] 普洛斯科技（上海）有限公司 . 智慧物流园区白皮书 [R]. 上海：普洛斯科技，2021.

[120] 智慧城市标准工作组 . 零碳智慧园区白皮书 [R]. 北京：全国信标委智慧城市标准工作组，2022.

[121] 全国智能建筑及居住区数字化标准化技术委员会（SAC/TC 426），华为技术有限公司 . 中国智慧园区标准化白皮书 [R]. 2022.

[122] 全国新标准智慧城市工作组 . 智慧园区发展研究报告 [R]. 2023.

[123] 黄新整 . 城乡一体化视角下的广西数字乡村建设问题研究 [R]. 广西民族大学，2020.

[124] 中国电子技术标准化研究院 . 数字乡村标准化白皮书 [R]. 2023.

[125] 郭树行，曾宗根，李红波 . 企业架构与数字化转型规划设计教程 [M]. 北京：清华大学出版社，2022.

[126] 中国电子技术标准化研究院 . 制造业数字化转型路线图（2021）[R]. 2021.

[127] 中国电子技术标准化研究院 . 中国智能制造发展研究报告：能力成熟度 2022[R]. 2022.

[128] GB/T 39116—2020，智能制造能力成熟度模型 [S] .

[129] GB/T 39117—2020，智能制造能力成熟度评估方法 [S] .

[130] 李康林 . 新消费时代 [M]. 北京：机械工业出版社，2020.

[131] 朱松岭 . 离线和实时大数据开发实战 [M]. 北京：机械工业出版社，2018.

[132] 喻旭 . 企业数字化转型指南：场景分析 +IT 实施 + 组织变革 [M]. 北京：清华大学出版社，2021.

[133] 国家互联网信息办公室 . 数字中国发展报告（2022 年）[R]. 2022.

[134] 全国信标委信息技术服务分技术委员会 . 信息技术服务标准体系建设报告（5.0 版）[R]. 2021.

[135] 学习考试用书研发中心 . 法律基础知识 [M]. 北京：清华大学出版社，2012.

[136] 中华人民共和国国务院新闻办公室 .《中国特色社会主义法律体系》白皮书 [R]. 2011.